**Rechtsanwaltskanzlei
Gerald Munz**
Bismarckstraße 75
70197 Stuttgart
Tel.: 07 11 / 305 888-3
Fax: 07 11 / 305 888-4
E-Mail: info@ra-munz.de
Internet: www.ra-munz.de

D1617730

v. Oefele/Winkler
Handbuch des Erbbaurechts

Handbuch des Erbbaurechts

von

Helmut Freiherr von Oefele
Notar in München

Prof. Dr. Karl Winkler
Notar in München
Honorarprofessor an der
Universität München

4., überarbeitete Auflage

Verlag C. H. Beck München 2008

Verlag C. H. Beck im Internet:
beck.de

ISBN 978 3 406 56755 1

© 2008 Verlag C. H. Beck oHG
Wilhelmstraße 9, 80801 München
Gesamtherstellung: Druckerei C. H. Beck Nördlingen
(Adresse wie Verlag)

Gedruckt auf säurefreiem, alterungsbeständigem Papier
(hergestellt aus chlorfrei gebleichtem Zellstoff)

Vorwort zur 4. Auflage

Seit Erscheinen der 3. Auflage hat sich der Anwendungsbereich des Erbbaurechts anscheinend dynamisch entwickelt: Immer mehr wird erkannt, dass es sich um das vielseitigste Rechtsinstitut des Sachenrechts handelt und werden seine weiten Gestaltungsmöglichkeiten auch verwendet. Dem trägt anscheinend der Gesetzgeber durch Änderung der Gesetzesbezeichnung „Erbbaurechtsverordnung" in „Erbbaurechtsgesetz" Rechnung.

„Natürlich" haben sich auch wieder zahlreiche Gesetzesreformen auf das Erbbaurecht ausgewirkt, neben der Aufhebung des (alten) Preisklauselgesetzes und der Preisklauselverordnung durch das neue Preisklauselgesetz vom 7. 9. 2007, dem Gesetz zur Änderung des WEG vom 26. 3. 2007, bis hin zu den (leider) zur Gewohnheit gewordenen zahlreichen Änderungen des Steuerrechts, wo die alten holzschnittartigen Bewertungsvorschriften zum Erbbaurecht, die schon bisher dessen riesigem Gestaltungsspielraum überhaupt nicht Rechnung trugen, durch neue wieder holzschnittartige Bewertungsvorschriften ersetzt wurden; dabei wurde der Erbbauzins als wichtiger Wertfaktor völlig ausgeschlossen. Im Ergebnis war bisher eine verfassungskonforme Auslegung nötig und ist diese auch bei der neuen Gesetzesregelung wieder nötig, wenn auch aus anderen Gründen.

Diese Änderungen, verbunden mit umfangreicher neuer Rechtsprechung sowie die weiter steigende Bedeutung des Erbbaurechts haben die Überarbeitung des Buchs nötig gemacht, das den Leser zuverlässig durch die komplizierte Rechtslage führen soll sowie ihm gleichzeitig bei den vielen offenen Fragen in diesem Rechtsgebiet helfen und Anregungen zur Ausnutzung des großen Gestaltungsspielraums geben will.

München, im Dezember 2007 Die Verfasser

Vorwort zur 1. Auflage

Das Erbbaurecht hat sich durch seine vielseitige Verwendbarkeit einen weiten Anwendungsbereich für private, gewerbliche, industrielle und öffentliche Zwecke erschlossen. Es wird aus den verschiedensten Gründen bestellt, von bodenpolitischen über wirtschaftliche und steuerliche bis hin zu baurechtlichen Motiven. Das Erbbaurecht ist jedoch ein besonders kompliziertes Rechtsinstitut, da es zwischen Grundstückseigentum und beschränkten dinglichen Rechten angesiedelt ist; es enthält deswegen Elemente beider Seiten sowie eine Vielzahl von nur ihm eigenen Konstruktionen. Es eröffnet ferner einen breiten Regelungsspielraum, wie er sonst dem Sachenrecht fremd ist. Dieser muss durch die vertragliche Gestaltung ausgefüllt werden, da das Gesetz die Dauerrechtsbeziehung nur unvollständig normiert hat.

Deswegen will dieses Handbuch eine Hilfe für den Praktiker sein, sowohl für die oft schwierige, aber wegen der langen Dauer auch besonders wichtige Vertragsgestaltung, als auch zur Lösung der während der Dauer des Erbbaurechts auftretenden Probleme. Die Form des Handbuchs ermöglicht eine systematische Darstellung, so dass ohne Rücksicht auf die gesetzliche Gliederung die einzelnen Themenbereiche zusammengefasst und einheitlich erläutert werden konnten. So wurden z.B. die besonderen Gestaltungsformen, wie Eigentümer-, Unter-, Gesamt- und Wohnungserbbaurecht jeweils selbständig vom Anwendungsbereich über die Zulässigkeit bis hin zu ihren Rechtsfolgen behandelt.

Gleichzeitig wird im Interesse der Praxis versucht, sowohl Lösungsmöglichkeiten für strittige Fragen aufzuzeigen, vor allem für die aktuellen und wirtschaftlich wichtigen, wie z.B. die Wertsicherung des Erbbauzinses und seine Auswirkungen in der Zwangsversteigerung, als auch noch kaum behandelte Fragen zu klären. Zur umfassenden Information des Lesers werden auch die kosten- und steuerrechtlichen Wirkungen mitbehandelt. Durch die umfassende Darstellung, ergänzt durch Beispiele und die beigefügte Mustersammlung, möchten wir dem Praktiker die Anwendung dieses Rechtsinstituts erleichtern und ihm gleichzeitig helfen, die vielseitigen Möglichkeiten des Erbbaurechts auszuschöpfen.

Inhaltsübersicht

Ein ausführliches Inhaltsverzeichnis befindet sich zu Beginn jedes Kapitels

Text des Erbbaurechtsgesetzes	Seite 1

1. Kapitel. Grundlagen und Begriff des Erbbaurechts .... Seite 11

	RdNr.
I. Entstehungsgeschichte	1
II. Normzweck	4
III. Praktische Bedeutung	15
IV. Rechtspolitik	17
V. Begriff	25
VI. Abgrenzung	31
VII. Gebäudeeigentum in den neuen Bundesländern	37

2. Kapitel. Gesetzlicher Inhalt und gesetzliche Rechtswirkungen .... Seite 27

	RdNr.
I. Vorbemerkungen	1
II. Bauwerk	5
III. Eigentum und Besitz am Bauwerk (§ 12)	36
IV. Nebenfläche (§ 1 Abs. 2)	67
V. Eigentum und Besitz des Grundstückseigentümers	88
VI. Belastungsgegenstand (§ 1 Abs. 1), Rang (§ 10)	90
VII. Berechtigter	121
VIII. Übertragbarkeit, Vererblichkeit (§ 1 Abs. 1)	130
IX. Dauer, Bedingungen (§ 1 Abs. 4)	138
X. Sonstige Rechtswirkungen (§ 11 Abs. 1 S. 1)	160

3. Kapitel. Besondere Gestaltungsformen des Erbbaurechts .... Seite 83

	RdNr.
I. Problemstellung	1
II. Eigentümererbbaurecht	8
III. Untererbbaurecht	14
IV. Gesamterbbaurecht	37
V. Nachbarerbbaurecht	70
VI. Überbau	86
VII. Wohnungs-/Teilerbbaurecht	96

4. Kapitel. Vertraglicher Inhalt des Erbbaurechts .... Seite 129

	RdNr.
I. Allgemeines	1
II. Errichtung, Instandhaltung, Verwendung des Bauwerks (§ 2 Nr. 1)	38
III. Versicherungen, Wiederaufbau (Nr. 2)	65
IV. Tragung der öffentlichen und privatrechtlichen Lasten und Abgaben (§ 2 Nr. 3)	71
V. Heimfall	77
VI. Vertragsstrafe (Nr. 5)	128

Inhaltsübersicht

	RdNr.
VII. Vorrecht auf Erneuerung (§§ 2 Nr. 6, 31 ErbbauRG)	142
VIII. Verkaufsverpflichtung des Grundstückseigentümers	155
IX. Zustimmung zu Verfügungen über das Erbbaurecht (§§ 5–8, 15 ErbbauRG)	172

5. Kapitel. Das rechtliche Schicksal des Erbbaurechts .... *Seite 227*

	RdNr.
I. Vorbemerkungen	1
II. Begründung des Erbbaurechts	4
III. Übertragung	85
IV. Belastung	105
V. Inhaltsänderung, Teilung, Vereinigung	150
VI. Zwangsvollstreckung in das Erbbaurecht und in das Grundstück (§§ 24, 25, 8)	184
VII. Beendigung (§§ 26 ff. ErbbauRG)	194
VIII. Die Grundbücher (§§ 14–17)	267

6. Kapitel. Gegenleistung für das Erbbaurecht (Vorkaufsrecht, Erbbauzins, Anpassungsklausel) .... *Seite 309*

	RdNr.
I. Vereinbarung einer Gegenleistung	2
II. Vorkaufsrechte	4
III. Vereinbarung eines Erbbauzinses	9
IV. Höhe des Erbbauzinses	65
V. Bestimmtheit des dinglichen Erbbauzinses (§ 9 Abs. 2 S. 1 ErbbauRG)	68
VI. Vereinbarungen zur Anpassung des Erbbauzinses	86
VII. Beschränkung des Anpassungsanspruchs nach § 9a ErbbauRG	165
VIII. Sicherung der Anpassungsverpflichtung durch Vormerkung	205
IX. Fehlen einer Anpassungsklausel	228
X. Zwangsvollstreckung und Erbbaurecht	242

7. Kapitel. Gebäudeeigentum in den neuen Bundesländern .... Hinweis *Seite 397*

8. Kapitel. Das Erbbaurecht in der Sachenrechtsbereinigung .... Hinweis *Seite 399*

9. Kapitel. Erbbaurecht und Kostenrecht .... *Seite 401*

	RdNr.
I. Bestellung des Erbbaurechts	1
II. Änderung und Teilung des Erbbaurechts	13
III. Übertragung des Erbbaurechts	21
IV. Belastung des Erbbaurechts	30
V. Erneuerung des Erbbaurechts	34
VI. Wohnungs- und Teilerbbaurecht	35
VII. Aufhebung des Erbbaurechts	38

10. Kapitel. Das Erbbaurecht im Steuerrecht .... *Seite 409*

	RdNr.
I. Vorbemerkung	1
II. Steuerliche Bewertung – Einheitswerte, § 92 BewG	2
III. Bedarfsbewertung, § 148 BewG	26
IV. Grunderwerbsteuer	35
V. Umsatzsteuer (Mehrwertsteuer)	65
VI. Erbschaftsteuer (Schenkungsteuer)	67

Inhaltsübersicht

	RdNr.
VII. Einkommensteuer	70
VIII. Gewerbesteuer	90
IX. Grundsteuer	95
X. Vermögensteuer	99

11. Kapitel. Formularteil .... *Seite 445*

Sachregister .... *Seite 543*

Verzeichnis der Abkürzungen und der abgekürzt zitierten Literatur

Zeitschriften werden, soweit nicht anders angegeben, nach Jahrgang und Seite zitiert.

aA	anderer Ansicht
abl.	ablehnend
Abs.	Absatz
Abt.	Abteilung
abw.	abweichend
aE	am Ende
AgrarR	Agrarrecht (Zeitschrift)
allgM	allgemeine Meinung
Alt.	Alternative
aM	anderer Meinung
Amann/Brambring/ Hertel	Die Schuldrechtsreform in der Vertragspraxis (Handbuch), 2002
Anm.	Anmerkung
Art.	Artikel
Bamberger/Roth	Kommentar zum Bürgerlichen Gesetzbuch, Band 1: 2. Aufl. 2007
BauGB	Baugesetzbuch v. 8. 12. 1986 (BGBl. I 2253)
Bauer/v. Oefele	Grundbuchordnung, (Kommentar), 2. Aufl. 2006
Baur/Stürner	Lehrbuch des Sachenrechts, 17. Aufl. 1999
Bärmann/Pick/Merle	Wohnungseigentumsgesetz, 9. Aufl. 2003
BayJMBl.	Bayerisches Justiz-Ministerialblatt
BayObLG	Bayerisches Oberstes Landesgericht
BayObLGZ	Amtliche Sammlung von Entscheidungen des Bayerischen Obersten Landesgerichts in Zivilsachen
BB	Betriebs-Berater (Zeitschrift)
bestr.	bestritten
BeurkG	Beurkundungsgesetz v. 28. 8. 1969 (BGBl. I S. 1513)
BezG	Bezirksgericht (der ehem. DDR)
BFH	Bundesfinanzhof
BGB	Bürgerliches Gesetzbuch v. 2. 1. 2002 (BGBl. I 42)
BGBl.	Bundesgesetzblatt
BGH	Bundesgerichtshof
BGHSt.	Entscheidungen des Bundesgerichtshofs in Strafsachen
BGHZ	Entscheidungen des Bundesgerichtshofs in Zivilsachen
BlGBW	Blätter für Grundstücks-, Bau- und Wohnungsrecht
Böttcher	Böttcher, Praktische Fragen des Erbbaurechts, RWS-Skript 279, 5. Aufl. 2006
Boruttau	Grunderwerbsteuergesetz, 16. Aufl. 2007
BoSoG	Bodensonderungsgesetz v. 20. 12. 1993 (BGBl. I S. 2182)
BStBl.	Bundessteuerblatt
BT-Drs.	Bundestags-Drucksache
BVerfG	Bundesverfassungsgericht
BVerwG	Bundesverwaltungsgericht
BWNotZ	Zeitschrift für das Notariat in Baden-Württemberg
bzw.	beziehungsweise
Dauner-Lieb/Heidel	Schuldrecht – Erläuterungen der Neuregelungen, 2002
DB	Der Betrieb (Zeitschrift)
Demharter	Grundbuchordnung, 25. Aufl. 2005
ders.	derselbe
dh.	das heißt
DNotIReport	Informationsdienst des Deutschen Notarinstitutes

Abkürzungsverzeichnis

DNotZ	Deutsche Notar-Zeitschrift (Zeitschrift)
DWW	Deutsche Wohnungswirtschaft (Zeitschrift)
DZWir	Deutsche Zeitschrift für Wirtschaftsrecht
ebd.	ebenda
EGBGB	Einführungsgesetz zum Bürgerlichen Gesetzbuch
Einf.	Einführung
Einl.	Einleitung
ErbbauRG	Erbbaurechtsgesetz
ErbbVO	Verordnung über das Erbbaurecht v. 15. 1. 1919 (RGBl. S. 72, ber. S. 122)
Erg.	Ergänzung
Erl.	Erlass; Erläuterung
Erman/Bearbeiter	Handkommentar zum Bürgerlichen Gesetzbuch, Band I und II, 11. Aufl. 2004
evtl.	eventuell
f., ff.	folgend(e)
FGG	Gesetz über die Angelegenheit der freiwilligen Gerichtsbarkeit v. 17. 5. 1898 (RGBl. S. 189) idF Bek. v. 20. 5. 1898 (RGBl. S. 369, 711)
FGPrax	Praxis der freiwilligen Gerichtsbarkeit (Zeitschrift)
Fn.	Fußnote
FR	Finanz-Rundschau (Zeitschrift)
Freckmann/Frings/ Grziwotz	Das Erbbaurecht in der Finanzierungspraxis, 2006
G	Gesetz
GBO	Grundbuchordnung idF v. 5. 8. 1935 (RGBl. S. 1073)
GBVfg.	Allgemeine Verfügung über die Einrichtung und Führung des Grundbuchs (Grundbuchverfügung) v. 8. 8. 1935 (RMBl. S. 637)
GE	Grundeigentum (Zeitschrift)
Geißel	*Geißel,* Der Erbbauzins in der Zwangsversteigerung unter besonderer Berücksichtigung der Beleihbarkeit des Erbbaurechts, 1992
gem.	gemäß
ggf.	gegebenenfalls
GrEStG	Grunderwerbsteuergesetz v. 17. 12. 1982 (BGBl. I S. 1777)
Gürsching-Stenger	Bewertungsgesetz (Loseblatt-Kommentar)
Herrmann/Heuer/ Raupach	Kommentar zum EStG und KStG, (Loseblatt-Großkommentar)
Hennings/Holtmann	Eintragungen zu Abteilung II des Grundbuches, 13. Aufl. 2006
hL	herrschende Lehre
hM	herrschende Meinung
i. a.	im Allgemeinen
idF (v.)	in der Fassung (vom)
idR	in der Regel
i. e.	im Einzelnen
insbes.	insbesondere
Inf	Die Information über Steuer und Wirtschaft (Zeitschrift)
iS(d.)	im Sinne (des; der)
iSv	im Sinne von
i. ü.	im Übrigen
iVm	in Verbindung mit
Ingenstau/Hustedt	Kommentar zum Erbbaurecht, 8. Aufl. 2001
JFG	Jahrbuch für Entscheidungen der freiwilligen Gerichtsbarkeit (erschienen 1924–1943)
JMBlNRW	Justizministerialblatt für Nordrhein-Westfalen
JW	Juristische Wochenschrift (Zeitschrift)
JZ	Juristenzeitung (Zeitschrift)
KEHE	*Kuntze/Ertl/Herrmann/Eickmann,* Grundbuchrecht, Kommentar, 6. Aufl. 2005

Abkürzungsverzeichnis

Kehrer/Bühler/Tröster	Notar und Grundbuch Bd. I 1971
Keidel/Kuntze/Winkler	Freiwillige Gerichtsbarkeit, 15. Aufl. 2003
Knothe	Das Erbbaurecht 1987
KO	Konkursordnung idF d. Bek. v. 20. 5. 1898 (RGBl. S. 369, 612)
KostO	Gesetz über die Kosten in Angelegenheiten der freiwilligen Gerichtsbarkeit (Kostenordnung) idF v. 26. 7. 1957 (BGBl. I S. 861, 960)
Limmer	Leitfaden Erbbaurecht, 2001
Linde/Richter	Erbbaurecht und Erbbauzins, 3. Aufl. 2001
m. abl. Anm.	mit ablehnender Anmerkung
MDR	Monatsschrift für Deutsches Recht (Zeitschrift)
MittBayNot.	Mitteilungen des Bayerischen Notarvereins (Zeitschrift)
MittRhNotk	Mitteilungen der Rheinischen Notarkammer (jetzt: RNotZ)
MünchKomm	Münchener Kommentar zum Bürgerlichen Gesetzbuch, 4. Aufl. 2000–2006 bzw. 5. Aufl. 2006 (Bände 1 und 2); soweit ohne Autor zitiert und Paragraphen ohne Gesetzesangabe beziehen sich die Zitate auf die Kommentierung der ErbbVO durch *von Oefele*
Münchener Vertragshandbuch	Münchener Vertragshandbuch, Bürgerliches Recht II, Bd. 6, 5. Aufl. 2003
Musielak	Zivilprozessordnung, Kommentar, 5. Aufl. 2007
m. weit. Nachw.	mit weiteren Nachweisen
m. zust. Anm.	mit zustimmender Anmerkung
NdsRpfl	Niedersächsische Rechtspflege (Zeitschrift)
NJW	Neue Juristische Wochenschrift (Zeitschrift)
NJWE	Entscheidungsdienst zur NJW
NotBZ	Zeitschrift für die notarielle Beratungs- und Beurkundungspraxis
NutzRG	Gesetz über die Verleihung von Nutzungsrechten an volkseigenen Grundstücken vom 14. 12. 1970 (GBl. DDR I S. 372)
NWB	Neue Wirtschaftsbriefe (Loseblattwerk in Zeitschriftenform)
NWVBl	Verwaltungsblätter für Nordrhein-Westfalen
NZM	Neue Zeitschrift für Mietrecht
o.	oben
OLG	Oberlandesgericht
OLG-NL	OLG-Rechtsprechung Neue Länder (Zeitschrift)
OLGRspr.	Die Rechtsprechung der Oberlandesgerichte auf dem Gebiete des Zivilrechts, hrsg. v. *Mugdan* und *Falkmann* (1. 1900–46. 1928; aufgegangen in HRR)
OLGZ	Rechtsprechung der Oberlandesgerichte in Zivilsachen, Amtliche Entscheidungssammlung
OV Spezial	Offene Vermögensfragen spezial (Zeitschrift)
Palandt/Bearbeiter	Bürgerliches Gesetzbuch, 66. Aufl. 2007
Planck/Strecker	Bürgerl. Gesetzbuch, 5. Aufl. 1933
PrKV	Preisklauselverordnung vom 23. 9. 1998 (BGBl. I S. 3043)
RdL	Recht der Landwirtschaft (Zeitschrift)
RdNr.	Randnummer(n)
RG	Reichsgericht
RGRK/*Autor*	Das Bürgerliche Gesetzbuch, Kommentar, herausgegeben von Mitgliedern des Bundesgerichtshofs, 12. Aufl. 1974 ff.
RGZ	Amtliche Sammlung von Entscheidungen des Reichsgerichts in Zivilsachen
RHeimstG	Reichsheimstättengesetz idF d. Bek. v. 25. 11. 1937 (RGBl. I S. 1291), aufgehoben
Richter	Der Erbbauzins im Erbbaurecht, Europäische Hochschulschriften Reihe II, Bd. 333, 1983
RJA	Reichsjustizamt (Hrsg.): Entscheidungen von Angelegenheiten der freiw. Gerichtsbarkeit

Abkürzungsverzeichnis

RNotZ	Rheinische Notarzeitschrift
Rpfleger	Der Deutsche Rechtspfleger (Zeitschrift)
Rspr.	Rechtsprechung
Rz.	Randziffer
s.	siehe
Schöner/Stöber	Grundbuchrecht, 13. Aufl. 2004
SenffA	Senfferts Archiv für Entscheidungen der obersten Gerichte (Zit. nach Bänden)
s. o.	siehe oben
SchlHA	Schleswig-Holsteinische Anzeigen (Zeitschrift)
Soergel/Bearbeiter	Bürgerliches Gesetzbuch mit Einführungsgesetz und Nebengesetzen, begründet von *Soergel*, 13. Aufl. 2001 ff.
sog.	sogenannt
st.	ständig
Stahlhacke	Vorschläge zur Neuordnung des Erbbaurechts, 2. Aufl. 1960
Staudinger/Bearbeiter	Kommentar zum Bürgerlichen Gesetzbuch, 14. Aufl. 2002 ff.
Stein/Jonas/Leipold	Kommentar zur ZPO, 21. Aufl. 1993 ff.
Stöber	Zwangsversteigerungsgesetz 18. Aufl. 2006
str.	streitig
st. Rspr.	ständige Rechtsprechung
s. u.	siehe unten
u.	und; unten; unter
u. a.	unter anderem; und andere
u. ä.	und ähnliche(s)
überwM	überwiegende Meinung
unstr.	unstreitig
usw.	und so weiter
uU	unter Umständen
UVR	Umsatz- und Verkehrssteuerrundschau (Zeitschrift)
v.	vom; von
vgl.	vergleiche
vH	von (vom) Hundert
VIZ	Zeitschrift für Vermögens- und Investitionsrecht
Vorb.	Vorbemerkung
Vossius	Kommentar zum Sachenrechtsbereinigungsgesetz, 2. Aufl. 1996
WEG	Gesetz über das Wohnungseigentum und das Dauerwohnrecht (Wohnungseigentumsgesetz) v. 15. 3. 1951 (BGBl. I S. 175)
Weitnauer	Wohnungseigentumsgesetz, 9. Aufl. 2005
Winkler	Beurkundungsgesetz, 16. Aufl. 2008
Winkler TV	*Winkler*, Der Testamentsvollstrecker nach bürgerlichem, Handels- und Steuerrecht, 19. Aufl. 2008
WPM	Wertpapiermitteilungen (Zeitschrift)
zB	zum Beispiel
ZGB	Zivilgesetzbuch der ehem. DDR
Ziff.	Ziffer(n)
ZIP	Zeitschrift für Wirtschaftsrecht
ZOV	Zeitschrift für offene Vermögensfragen
ZPO	Zivilprozessordnung idF v. 12. 9. 1950 (BGBl. I S. 533)
zust.	zuständig; zustimmend
ZVG	Gesetz über die Zwangsversteigerung und Zwangsverwaltung idF der Bek. v. 20. 5. 1898 (RGBl. S. 369, 713)

Aufsatzliteratur und spezielle, Einzelfragen behandelnde Monographien sind zu Beginn der Kapitel 1, 6, 9 und 10 nachgewiesen.

Gesetz über das Erbbaurecht

Vom 15. Januar 1919

(RGBl. S. 72, ber. S. 122)

(BGBl. III 403-6)

zuletzt geändert durch Art. 25 des 2. Ges über die Bereinigung von Bundesrecht im Zuständigkeitsbereich des BMJ vom 23. 11. 2007 (BGBl. I S. 2614)

I. Begriff und Inhalt des Erbbaurechts

1. Gesetzlicher Inhalt

§ 1 [Gesetzlicher Inhalt des Erbbaurechts]

(1) Ein Grundstück kann in der Weise belastet werden, daß demjenigen, zu dessen Gunsten die Belastung erfolgt, das veräußerliche und vererbliche Recht zusteht, auf oder unter der Oberfläche des Grundstücks ein Bauwerk zu haben (Erbbaurecht).

(2) Das Erbbaurecht kann auf einen für das Bauwerk nicht erforderlichen Teil des Grundstücks erstreckt werden, sofern das Bauwerk wirtschaftlich die Hauptsache bleibt.

(3) Die Beschränkung des Erbbaurechts auf einen Teil eines Gebäudes, insbesondere ein Stockwerk ist unzulässig.

(4) Das Erbbaurecht kann nicht durch auflösende Bedingungen beschränkt werden. Auf eine Vereinbarung, durch die sich der Erbbauberechtigte verpflichtet, beim Eintreten bestimmter Voraussetzungen das Erbbaurecht aufzugeben und seine Löschung im Grundbuch zu bewilligen, kann sich der Grundstückseigentümer nicht berufen.

2. Vertragsmäßiger Inhalt

§ 2 [Vertragsmäßiger Inhalt des Erbbaurechts]

Zum Inhalt des Erbbaurechts gehören auch Vereinbarungen des Grundstückseigentümers und des Erbbauberechtigten über:

1. die Errichtung, die Instandhaltung und die Verwendung des Bauwerkes;
2. die Versicherung des Bauwerkes und seinen Wiederaufbau im Falle der Zerstörung;
3. die Tragung der öffentlichen und privatrechtlichen Lasten und Abgaben;
4. eine Verpflichtung des Erbbauberechtigten, das Erbbaurecht beim Eintreten bestimmter Voraussetzungen auf den Grundstückseigentümer zu übertragen (Heimfall);
5. eine Verpflichtung des Erbbauberechtigten zur Zahlung von Vertragsstrafen;
6. die Einräumung eines Vorrechts für den Erbbauberechtigten auf Erneuerung des Erbbaurechts nach dessen Ablauf;
7. eine Verpflichtung des Grundstückseigentümers, das Grundstück an den jeweiligen Erbbauberechtigten zu verkaufen.

§ 3 [Heimfallanspruch]

Der Heimfallanspruch des Grundstückseigentümers kann nicht von dem Eigentum an dem Grundstück getrennt werden; der Eigentümer kann verlangen, daß das Erbbaurecht einem von ihm zu bezeichnenden Dritten übertragen wird.

§ 4 [Verjährung]

Der Heimfallanspruch sowie der Anspruch auf eine Vertragsstrafe (§ 2 Nr. 4 und 5) verjährt in sechs Monaten von dem Zeitpunkt an, in dem der Grundstückseigentümer von dem Vorhandensein der Voraussetzungen Kenntnis erlangt, ohne Rücksicht auf diese Kenntnis in zwei Jahren vom Eintreten der Voraussetzungen an.

§ 5 [Zustimmung des Grundstückseigentümers]

(1) Als Inhalt des Erbbaurechts kann auch vereinbart werden, daß der Erbbauberechtigte zur Veräußerung des Erbbaurechts der Zustimmung des Grundstückseigentümers bedarf.

(2) Als Inhalt des Erbbaurechts kann ferner vereinbart werden, daß der Erbbauberechtigte zur Belastung des Erbbaurechts mit einer Hypothek, Grund- oder Rentenschuld oder einer Reallast der Zustimmung des Grundstückseigentümers bedarf. Ist eine solche Vereinbarung getroffen, so kann auch eine Änderung des Inhalts der Hypothek, Grund- oder Rentenschuld oder der Reallast, die eine weitere Belastung des Erbbaurechts enthält, nicht ohne die Zustimmung des Grundstückseigentümers erfolgen.

§ 6 [Rechtsfolgen des Fehlens der Zustimmung]

(1) Ist eine Vereinbarung gemäß § 5 getroffen, so ist eine Verfügung des Erbbauberechtigten über das Erbbaurecht und ein Vertrag, durch den er sich zu einer solchen Verfügung verpflichtet, unwirksam, solange nicht der Grundstückseigentümer die erforderliche Zustimmung erteilt hat.

(2) Auf eine Vereinbarung, daß ein Zuwiderhandeln des Erbbauberechtigten gegen eine nach § 5 übernommene Beschränkung einen Heimfallanspruch begründen soll, kann sich der Grundstückseigentümer nicht berufen.

§ 7 [Anspruch auf Erteilung der Zustimmung]

(1) Ist anzunehmen, daß durch die Veräußerung (§ 5 Abs. 1) der mit der Bestellung des Erbbaurechts verfolgte Zweck nicht wesentlich beeinträchtigt oder gefährdet wird, und daß die Persönlichkeit des Erwerbers Gewähr für eine ordnungsmäßige Erfüllung der sich aus dem Erbbaurechtsinhalt ergebenden Verpflichtungen bietet, so kann der Erbbauberechtigte verlangen, daß der Grundstückseigentümer die Zustimmung zur Veräußerung erteilt. Dem Erbbauberechtigten kann auch für weitere Fälle ein Anspruch auf Erteilung der Zustimmung eingeräumt werden.

(2) Ist eine Belastung (§ 5 Abs. 2) mit den Regeln einer ordnungsmäßigen Wirtschaft vereinbar, und wird der mit der Bestellung des Erbbaurechts verfolgte Zweck nicht wesentlich beeinträchtigt oder gefährdet, so kann der Erbbauberechtigte verlangen, daß der Grundstückseigentümer die Zustimmung zu der Belastung erteilt.

(3) Wird die Zustimmung des Grundstückseigentümers ohne ausreichenden Grund verweigert, so kann sie auf Antrag des Erbbauberechtigten durch das Amtsgericht ersetzt werden, in dessen Bezirk das Grundstück belegen ist. Die Vorschriften des § 53 Abs. 1 Satz 1, Abs. 2 und des § 60 Abs. 1 Nr. 6 des Gesetzes über die Angelegenheiten der freiwilligen Gerichtsbarkeit gelten entsprechend.

§ 8 [Zwangsvollstreckung in das Erbbaurecht]

Verfügungen, die im Wege der Zwangsvollstreckung oder der Arrestvollziehung oder durch den Konkursverwalter erfolgen, sind insoweit unwirksam, als sie die Rechte des Grundstückseigentümers aus einer Vereinbarung gemäß § 5 vereiteln oder beeinträchtigen würden.

3. Erbbauzins

§ 9 [Bestellung und Inhalt des Erbbauzinses]

(1) Wird für die Bestellung des Erbbaurechts ein Entgelt in wiederkehrenden Leistungen (Erbbauzins) ausbedungen, so finden die Vorschriften des Bürgerlichen Gesetzbuchs über die Reallasten entsprechende Anwendung. Die zugunsten der Landesgesetze bestehenden Vorbehalte über Reallasten finden keine Anwendung.

(2) Der Anspruch des Grundstückseigentümers auf Entrichtung des Erbbauzinses kann in Ansehung noch nicht fälliger Leistungen nicht von dem Eigentum an dem Grundstück getrennt werden.

I. Begriff und Inhalt des Erbbaurechts

(3) Als Inhalt des Erbbauzinses kann vereinbart werden, daß
1. die Reallast abweichend von § 52 Abs. 1 des Gesetzes über die Zwangsversteigerung und die Zwangsverwaltung mit ihrem Hauptanspruch bestehenbleibt, wenn der Grundstückseigentümer aus der Reallast oder der Inhaber eines im Range vorgehenden oder gleichstehenden dinglichen Rechts oder der Inhaber der in § 10 Abs. 1 Nr. 2 des Gesetzes über die Zwangsversteigerung und die Zwangsverwaltung genannten Ansprüche auf Zahlung der Beiträge zu den Lasten und Kosten des Wohnungserbbaurechts die Zwangsversteigerung des Erbbaurechts betreibt, und
2. der jeweilige Erbbauberechtigte dem jeweiligen Inhaber der Reallast gegenüber berechtigt ist, das Erbbaurecht in einem bestimmten Umfang mit einer der Reallast im Rang vorgehenden Grundschuld, Hypothek oder Rentenschuld im Erbbaugrundbuch zu belasten.

Ist das Erbbaurecht mit dinglichen Rechten belastet, ist für die Wirksamkeit der Vereinbarung die Zustimmung der Inhaber der der Erbbauzinsreallast im Rang vorgehenden oder gleichstehenden dinglichen Rechte erforderlich.

(4) Zahlungsverzug des Erbbauberechtigten kann den Heimfallanspruch nur dann begründen, wenn der Erbbauberechtigte mit dem Erbbauzinse mindestens in Höhe zweier Jahresbeträge im Rückstand ist.

§ 9a [Anspruch auf Erhöhung des Erbbauzinses]

(1) Dient das auf Grund eines Erbbaurechts errichtete Bauwerk Wohnzwecken, so begründet eine Vereinbarung, daß eine Änderung des Erbbauzinses verlangt werden kann, einen Anspruch auf Erhöhung des Erbbauzinses nur, soweit diese unter Berücksichtigung aller Umstände des Einzelfalles nicht unbillig ist. Ein Erhöhungsanspruch ist regelmäßig als unbillig anzusehen, wenn und soweit die nach der vereinbarten Bemessungsgrundlage zu errechnende Erhöhung über die seit Vertragsabschluß eingetretene Änderung der allgemeinen wirtschaftlichen Verhältnisse hinausgeht. Änderungen der Grundstückswertverhältnisse bleiben außer den in Satz 4 genannten Fällen außer Betracht. Im Einzelfall kann bei Berücksichtigung aller Umstände, insbesondere
1. einer Änderung des Grundstückswertes infolge eigener zulässigerweise bewirkter Aufwendungen des Grundstückseigentümers oder
2. der Vorteile, welche eine Änderung des Grundstückswertes oder die ihr zugrunde liegenden Umstände für den Erbbauberechtigten mit sich bringen,

ein über diese Grenze hinausgehender Erhöhungsanspruch billig sein. Ein Anspruch auf Erhöhung des Erbbauzinses darf frühestens nach Ablauf von drei Jahren seit Vertragsabschluß und, wenn eine Erhöhung des Erbbauzinses bereits erfolgt ist, frühestens nach Ablauf von drei Jahren seit der jeweils letzten Erhöhung des Erbbauzinses geltend gemacht werden.

(2) Dient ein Teil des auf Grund des Erbbaurechts errichteten Bauwerks Wohnzwecken, so gilt Absatz 1 nur für den Anspruch auf Änderung eines angemessenen Teilbetrages des Erbbauzinses.

(3) Die Zulässigkeit einer Vormerkung zur Sicherung eines Anspruchs auf Erhöhung des Erbbauzinses wird durch die vorstehenden Vorschriften nicht berührt.

4. Rangstelle

§ 10 [Rangstelle des Erbbaurechts]

(1) Das Erbbaurecht kann nur zur ausschließlich ersten Rangstelle bestellt werden; der Rang kann nicht geändert werden. Rechte, die zur Erhaltung der Wirksamkeit gegenüber dem öffentlichen Glauben des Grundbuchs der Eintragung nicht bedürfen, bleiben außer Betracht.

(2) Durch landesrechtliche Verordnung können Bestimmungen getroffen werden, wonach bei der Bestellung des Erbbaurechts von dem Erfordernisse der ersten Rangstelle abgewichen werden kann, wenn dies für die vorhergehenden Berechtigten und den Bestand des Erbbaurechts unschädlich ist.

Erbbaurechtsgesetz

5. Anwendung des Grundstücksrechts

§ 11 [Anwendung anderer Vorschriften]

(1) Auf das Erbbaurecht finden die sich auf Grundstücke beziehenden Vorschriften mit Ausnahme der §§ 925, 927, 928 des Bürgerlichen Gesetzbuchs sowie die Vorschriften über Ansprüche aus dem Eigentum entsprechende Anwendung, soweit sich nicht aus dieser Verordnung ein anderes ergibt. Eine Übertragung des Erbbaurechts, die unter einer Bedingung oder einer Zeitbestimmung erfolgt, ist unwirksam.

(2) Auf einen Vertrag, durch den sich der eine Teil verpflichtet, ein Erbbaurecht zu bestellen oder zu erwerben, findet der § 311 b des Bürgerlichen Gesetzbuchs entsprechende Anwendung.

6. Bauwerk. Bestandteile

§ 12 [Bauwerk als wesentlicher Bestandteil]

(1) Das auf Grund des Erbbaurechts errichtete Bauwerk gilt als wesentlicher Bestandteil des Erbbaurechts. Das gleiche gilt für ein Bauwerk, das bei der Bestellung des Erbbaurechts schon vorhanden ist. Die Haftung des Bauwerkes für die Belastungen des Grundstücks erlischt mit der Eintragung des Erbbaurechts im Grundbuch.

(2) Die §§ 94 und 95 des Bürgerlichen Gesetzbuchs finden auf das Erbbaurecht entsprechende Anwendung; die Bestandteile des Erbbaurechts sind nicht zugleich Bestandteile des Grundstücks.

(3) Erlischt das Erbbaurecht, so werden die Bestandteile des Erbbaurechts Bestandteile des Grundstücks.

§ 13 [Untergang des Bauwerkes]

Das Erbbaurecht erlischt nicht dadurch, daß das Bauwerk untergeht.

II. Grundbuchvorschriften

§ 14 [Erbbaugrundbuch]

(1) Für das Erbbaurecht wird bei der Eintragung in das Grundbuch von Amts wegen ein besonderes Grundbuchblatt (Erbbaugrundbuch) angelegt. Im Erbbaugrundbuch soll auch der Eigentümer und jeder spätere Erwerber des Grundstücks vermerkt werden. Zur näheren Bezeichnung des Inhalts des Erbbaurechts kann auf die Eintragungsbewilligung Bezug genommen werden.

(2) Bei der Eintragung im Grundbuch des Grundstücks ist zur näheren Bezeichnung des Inhalts des Erbbaurechts auf das Erbbaugrundbuch Bezug zu nehmen.

(3) Das Erbbaugrundbuch ist für das Erbbaurecht das Grundbuch im Sinne des Bürgerlichen Gesetzbuchs. Die Eintragung eines neuen Erbbauberechtigten ist unverzüglich auf dem Blatte des Grundstücks zu vermerken. Der Vermerk kann durch Bezugnahme auf das Erbbaugrundbuch ersetzt werden.

(4) Werden das Grundbuch und das Erbbaugrundbuch in maschineller Form geführt, so genügt es für die Eintragung nach Absatz 1 Satz 2, daß lediglich der Eigentümer des belasteten Grundstücks gemäß der jeweils letzten Eintragung im Grundbuch dieses Grundstücks vermerkt ist.

§ 15 [Zustimmung des Grundstückseigentümers]

In den Fällen des § 5 darf der Rechtsübergang und die Belastung erst eingetragen werden, wenn dem Grundbuchamte die Zustimmung des Grundstückseigentümers nachgewiesen ist.

§ 16 [Löschung des Erbbaurechts]

Bei der Löschung des Erbbaurechts wird das Erbbaugrundbuch von Amts wegen geschlossen.

§ 17 [Bekanntmachungen]

(1) Jede Eintragung in das Erbbaugrundbuch soll auch dem Grundstückseigentümer, die Eintragung von Verfügungsbeschränkungen des Erbbauberechtigten den im Erbbaugrundbuch eingetragenen dinglich Berechtigten bekanntgemacht werden. Im übrigen sind § 44 Abs. 2, 3, § 55 Abs. 1 bis 3, 5 bis 8, §§ 55a und 55b der Grundbuchordnung entsprechend anzuwenden.

(2) Dem Erbbauberechtigten soll die Eintragung eines Grundstückseigentümers, die Eintragung von Verfügungsbeschränkungen des Grundstückseigentümers sowie die Eintragung eines Widerspruchs gegen die Eintragung des Eigentümers in das Grundbuch des Grundstücks bekanntgemacht werden.

(3) Auf die Bekanntmachung kann verzichtet werden.

III. Beleihung

1. Mündelhypothek

§ 18 [Mündelsicherheit]

Eine Hypothek an einem Erbbaurecht auf einem inländischen Grundstück ist für die Anlegung von Mündelgeld als sicher anzusehen, wenn sie eine Tilgungshypothek ist und den Erfordernissen der § 9, 20 entspricht.

§ 19 [Höhe der Hypothek]

(1) Die Hypothek darf die Hälfte des Wertes des Erbbaurechts nicht übersteigen. Dieser ist anzunehmen gleich der halben Summe des Bauwerts und des kapitalisierten, durch sorgfältige Ermittlung festgestellten jährlichen Mietreinertrags, den das Bauwerk nebst den Bestandteilen des Erbbaurechts unter Berücksichtigung seiner Beschaffenheit bei ordnungsmäßiger Wirtschaft jedem Besitzer nachhaltig gewähren kann. Der angenommene Wert darf jedoch den kapitalisierten Mietreinertrag nicht übersteigen.

(2) Ein der Hypothek im Range vorgehender Erbbauzins ist zu kapitalisieren und von ihr in Abzug zu bringen. Dies gilt nicht, wenn eine Vereinbarung nach § 9 Abs. 3 Satz 1 getroffen worden ist.

§ 20 [Tilgung der Hypothek]

(1) Die planmäßige Tilgung der Hypothek muß

1. unter Zuwachs der ersparten Zinsen erfolgen,
2. spätestens mit dem Anfang des vierten auf die Gewährung des Hypothekenkapitals folgenden Kalenderjahrs beginnen,
3. spätestens zehn Jahre vor Ablauf des Erbbaurechts endigen und darf
4. nicht länger dauern, als zur buchmäßigen Abschreibung des Bauwerkes nach wirtschaftlichen Grundsätzen erforderlich ist.

(2) Das Erbbaurecht muß mindestens noch so lange laufen, daß eine den Vorschriften des Absatzes 1 entsprechende Tilgung der Hypothek für jeden Erbbauberechtigten oder seine Rechtsnachfolger aus den Erträgen des Erbbaurechts möglich ist.

2. Sicherheitsgrenze für Beleihungen durch Versicherungsunternehmen

§ 21 [Beleihung durch Versicherungsunternehmen]

(1) Erbbaurechte können nach Maßgabe des § 54a des Versicherungsaufsichtsgesetzes von Versicherungsunternehmen beliehen werden, wenn eine dem § 20 Abs. 1 Nr. 3 und 4 entsprechende Tilgung vereinbart wird.

(2) Auf einen der Hypothek im Range vorgehenden Erbbauzins ist die Vorschrift des § 19 Abs. 2 entsprechend anzuwenden.

3. Landesrechtliche Vorschriften

§ 22 [Landesrechtliche Vorschriften]

Die Landesgesetzgebung kann für die innerhalb ihres Geltungsbereichs belegenen Grundstücke
1. die Mündelsicherheit der Erbbaurechtshypotheken abweichend von den Vorschriften der §§ 18 bis 20 regeln,
2. bestimmen, in welcher Weise festzustellen ist, ob die Voraussetzungen für die Mündelsicherheit (§§ 19, 20) vorliegen.

IV. Feuerversicherung. Zwangsversteigerung

1. Feuerversicherung

§ 23 [Feuerversicherung]

Ist das Bauwerk gegen Feuer versichert, so hat der Versicherer den Grundstückseigentümer unverzüglich zu benachrichtigen, wenn ihm der Eintritt des Versicherungsfalls angezeigt wird.

2. Zwangsversteigerung

a) des Erbbaurechts

§ 24 [Zwangsversteigerung des Erbbaurechts]

Bei einer Zwangsvollstreckung in das Erbbaurecht gilt auch der Grundstückseigentümer als Beteiligter im Sinne des § 9 des Gesetzes über die Zwangsversteigerung und die Zwangsverwaltung.

b) des Grundstücks

§ 25 [Zwangsversteigerung des Grundstücks]

Wird das Grundstück zwangsweise versteigert, so bleibt das Erbbaurecht auch dann bestehen, wenn es bei der Feststellung des geringsten Gebots nicht berücksichtigt ist.

V. Beendigung, Erneuerung, Heimfall

1. Beendigung

a) Aufhebung

§ 26 [Aufhebung eines Erbbaurechts]

Das Erbbaurecht kann nur mit Zustimmung des Grundstückseigentümers aufgehoben werden. Die Zustimmung ist dem Grundbuchamt oder dem Erbbauberechtigten gegenüber zu erklären; sie ist unwiderruflich.

b) Zeitablauf

§ 27 [Entschädigung für das Bauwerk]

(1) Erlischt das Erbbaurecht durch Zeitablauf, so hat der Grundstückseigentümer dem Erbbauberechtigten eine Entschädigung für das Bauwerk zu leisten. Als Inhalt des Erbbaurechts können Vereinbarungen über die Höhe der Entschädigung und die Art ihrer Zahlung sowie über ihre Ausschließung getroffen werden.

V. Beendigung, Erneuerung, Heimfall

(2) Ist das Erbbaurecht zur Befriedigung des Wohnbedürfnisses minderbemittelter Bevölkerungskreise bestellt, so muß die Entschädigung mindestens zwei Dritteile des gemeinen Wertes betragen, den das Bauwerk bei Ablauf des Erbbaurechts hat. Auf eine abweichende Vereinbarung kann sich der Grundstückseigentümer nicht berufen.

(3) Der Grundstückseigentümer kann seine Verpflichtung zur Zahlung der Entschädigung dadurch abwenden, daß er dem Erbbauberechtigten das Erbbaurecht vor dessen Ablauf für die voraussichtliche Standdauer des Bauwerkes verlängert; lehnt der Erbbauberechtigte die Verlängerung ab, so erlischt der Anspruch auf Entschädigung. Das Erbbaurecht kann zur Abwendung der Entschädigungspflicht wiederholt verlängert werden.

(4) Vor Eintritt der Fälligkeit kann der Anspruch auf Entschädigung nicht abgetreten werden.

§ 28 [Haftung der Entschädigungsforderung]

Die Entschädigungsforderung haftet auf dem Grundstück an Stelle des Erbbaurechts und mit dessen Range.

§ 29 [Hypotheken, Grund- und Rentenschulden, Reallasten]

Ist das Erbbaurecht bei Ablauf der Zeit, für die es bestellt war, noch mit einer Hypothek oder Grundschuld oder mit Rückständen aus Rentenschulden oder Reallasten belastet, so hat der Gläubiger der Hypothek, Grund- oder Rentenschuld oder Reallast an dem Entschädigungsanspruch dieselben Rechte, die ihm im Falle des Erlöschens seines Rechtes durch Zwangsversteigerung an dem Erlöse zustehen.

§ 30 [Miete, Pacht]

(1) Erlischt das Erbbaurecht, so finden auf Miet- und Pachtverträge, die der Erbbauberechtigte abgeschlossen hat, die im Falle der Übertragung des Eigentums geltenden Vorschriften entsprechende Anwendung.

(2) Erlischt das Erbbaurecht durch Zeitablauf, so ist der Grundstückseigentümer berechtigt, das Miet- oder Pachtverhältnis unter Einhaltung der gesetzlichen Frist zu kündigen. Die Kündigung kann nur für einen der beiden ersten Termine erfolgen, für die sie zulässig ist. Erlischt das Erbbaurecht vorzeitig, so kann der Grundstückseigentümer das Kündigungsrecht erst ausüben, wenn das Erbbaurecht auch durch Zeitablauf erlöschen würde.

(3) Der Mieter oder Pächter kann den Grundstückseigentümer unter Bestimmung einer angemessenen Frist zur Erklärung darüber auffordern, ob er von dem Kündigungsrechte Gebrauch mache. Die Kündigung kann nur bis zum Ablauf der Frist erfolgen.

2. Erneuerung

§ 31 [Erneuerung eines Erbbaurechts]

(1) Ist dem Erbbauberechtigten ein Vorrecht auf Erneuerung des Erbbaurechts eingeräumt (§ 2 Nr. 6), so kann er das Vorrecht ausüben, sobald der Eigentümer mit einem Dritten einen Vertrag über Bestellung eines Erbbaurechts an dem Grundstück geschlossen hat. Die Ausübung des Vorrechts ist ausgeschlossen, wenn das für den Dritten zu bestellende Erbbaurecht einem anderen wirtschaftlichen Zwecke zu dienen bestimmt ist.

(2) Das Vorrecht erlischt drei Jahre nach Ablauf der Zeit, für die das Erbbaurecht bestellt war.

(3) Die Vorschriften der §§ 464 bis 469, 472, 473 des Bürgerlichen Gesetzbuchs finden entsprechende Anwendung.

(4) Dritten gegenüber hat das Vorrecht die Wirkung einer Vormerkung zur Sicherung eines Anspruchs auf Einräumung des Erbbaurechts. Die §§ 1099 bis 1102 des Bürgerlichen Gesetzbuchs gelten entsprechend. Wird das Erbbaurecht vor Ablauf der drei Jahre (Absatz 2) im Grundbuch gelöscht, so ist zur Erhaltung des Vorrechts eine Vormerkung mit dem bisherigen Range des Erbbaurechts von Amts wegen einzutragen.

(5) Soweit im Falle des § 29 die Tilgung noch nicht erfolgt ist, hat der Gläubiger bei der Erneuerung an dem Erbbaurechte dieselben Rechte, die er zur Zeit des Ablaufs hatte. Die Rechte an der Entschädigungsforderung erlöschen.

3. Heimfall

§ 32 [Vergütung für das Erbbaurecht]

(1) Macht der Grundstückseigentümer von seinem Heimfallanspruche Gebrauch, so hat er dem Erbbauberechtigten eine angemessene Vergütung für das Erbbaurecht zu gewähren. Als Inhalt des Erbbaurechts können Vereinbarungen über die Höhe dieser Vergütung und die Art ihrer Zahlung sowie ihre Ausschließung getroffen werden.

(2) Ist das Erbbaurecht zur Befriedigung des Wohnbedürfnisses minderbemittelter Bevölkerungskreise bestellt, so darf die Zahlung einer angemessenen Vergütung für das Erbbaurecht nicht ausgeschlossen werden. Auf eine abweichende Vereinbarung kann sich der Grundstückseigentümer nicht berufen. Die Vergütung ist nicht angemessen, wenn sie nicht mindestens zwei Dritteile des gemeinen Wertes des Erbbaurechts zur Zeit der Übertragung beträgt.

§ 33 [Belastungen]

(1) Beim Heimfall des Erbbaurechts bleiben die Hypotheken, Grund- und Rentenschulden und Reallasten bestehen, soweit sie nicht dem Erbbauberechtigten selbst zustehen. Dasselbe gilt für die Vormerkung eines gesetzlichen Anspruchs auf Eintragung einer Sicherungshypothek. Andere auf dem Erbbaurechte lastenden Rechte erlöschen.

(2) Haftet bei einer Hypothek, die bestehen bleibt, der Erbbauberechtigte zugleich persönlich, so übernimmt der Grundstückseigentümer die Schuld in Höhe der Hypothek. Die Vorschriften des § 416 des Bürgerlichen Gesetzbuchs finden entsprechende Anwendung. Das gleiche gilt, wenn bei einer bestehenbleibenden Grundschuld oder bei Rückständen aus Rentenschulden oder Reallasten der Erbbauberechtigte zugleich persönlich haftet.

(3) Die Forderungen, die der Grundstückseigentümer nach Absatz 2 übernimmt, werden auf die Vergütung (§ 32) angerechnet.

4. Bauwerk

§ 34 [Bauwerk im Heimfall]

Der Erbbauberechtigte ist nicht berechtigt, beim Heimfall oder beim Erlöschen des Erbbaurechts das Bauwerk wegzunehmen oder sich Bestandteile des Bauwerkes anzueignen.

VI. Schlussbestimmungen

§ 35 [Inkrafttreten]

(1) Für nach dem Inkrafttreten des Gesetzes zur Änderung der Verordnung über das Erbbaurecht vom 8. Januar 1974 (BGBl. I S. 41) am 23. Januar 1974 fällig werdende Erbbauzinsen ist § 9a auch bei Vereinbarungen des dort bezeichneten Inhalts anzuwenden, die vor dem 23. Januar 1974 geschlossen worden sind.

(2) Ist der Erbbauzins auf Grund einer Vereinbarung nach Absatz 1 vor dem 23. Januar 1974 erhöht worden, so behält es hierbei sein Bewenden. Der Erbbauberechtigte kann jedoch für die Zukunft eine bei entsprechender Anwendung der in Absatz 1 genannten Vorschrift gerechtfertigte Herabsetzung dann verlangen, wenn das Bestehenbleiben der Erhöhung für ihn angesichts der Umstände des Einzelfalles eine besondere Härte wäre.

§ 36 [aufgehoben][1]

§ 37 *(gegenstandslos)*

§ 38 [Früher begründete Erbbaurechte]

Für ein Erbbaurecht, mit dem ein Grundstück zur Zeit des Inkrafttretens dieser Verordnung belastet ist, bleiben die bisherigen Gesetze maßgebend.

---

[1] § 36 aufgeh. mWv 25. 4. 2006 durch G v. 19. 4. 2006 (BGBl. I S. 866).

VI. Schlussbestimmungen

§ 39 [Vorkaufsrecht oder Kaufberechtigung]

Erwirbt ein Erbbauberechtigter auf Grund eines Vorkaufsrechts oder einer Kaufberechtigung im Sinne des § 2 Nr. 7 das mit dem Erbbaurechte belastete Grundstück oder wird ein bestehendes Erbbaurecht erneuert, sind die Kosten und sonstigen Abgaben nicht noch einmal zu erheben, die schon bei Begründung des Erbbaurechts entrichtet worden sind.

1. Kapitel. Grundlagen und Begriff des Erbbaurechts

Schrifttum zu Kapitel 1–5: *Bänder,* Das Erbbaurecht, BlGBW 1954, 18; *Böttcher,* Zulässigkeit u. Probleme von Gesamtrechten an Grundstücken, MittBayNot 1993, 129 und Entwicklungen beim Erbbaurecht, Rpfleger 2004, 21; *Bohnsack,* Das Erbbaurecht, Ein Lösungsmodell zur Reform des Bodenrechts?, BlGBW 1971, 161; *Braun,* Zur Beleihung von Erbbaurechten, Sparkasse 1964, 25; *Busse,* Folgen der Unwirksamkeit eines Erbbaurechts, Rpfleger 1957, 106; *Clasen,* Wesen und Inhalt des Erbbaurechts nach dem neuesten Stand in Literatur und Judikatur, BlGBW 1973, 61; *Demmer,* Kaufzwangklauseln NJW 1983, 1636; *Esser,* Richterrecht und Privatautonomie im Erbbaurecht, NJW 1974, 921; *Finger,* Erbbaurecht – ein vergessenes Rechtsinstitut? BlGBW 1983, 221; *Freckmann/Frings/Grziwotz,* Das Erbbaurecht in der Finanzierungspraxis, 2006; *Gaberdiel,* Kreditsicherung durch Grundschulden, 7. Aufl. 2004; *Glaser,* Ermittlung des Verkehrswertes eines Erbbaurechts, DB 1978, 1775; *ders.,* Das Erbbaurecht in der Praxis, 2. Aufl. 1975; *Götz,* Die Beleihbarkeit von Erbbaurechten, DNotZ 1980, 3; *Gospos,* Beleihung von Erbbaurechten, Der langfristige Kredit 1962, 549; *Groß,* Das Erbbaurecht, JurBüro 1957, 11; *Günther,* Das Erbbaurecht, Guttentagsche Sammlung Nr. 135; *Habel,* Rechtl. u. wirtsch. Fragen z. Untererbbaurecht, MittBayNot 1998, 315; *Haegele,* Streitfragen und Probleme des Erbbaurechts, Rpfleger 1967, 279; *ders.,* Übersicht über Rechtsprechung und Literatur zum Erbbaurecht, BlGBW 1959, 177; *ders.,* Muster eines Erbbaurechtsvertrages mit Erläuterungen, BWNotZ 1972, 21; *ders.,* Folgen der Unwirksamkeit eines Erbbaurechts, Rpfleger 1957, 108; *Hagemann,* Zwangsversteigerung eines Erbbaurechts, Gruchot 64, 31; *Hauschild,* Vom teilbaren Erbbaurecht, Rpfleger 1954, 602; *Helwich,* Erbbaugrundstück in der Zwangsversteigerung, Rpfleger 1989, 389; *Henseler,* Die Teilung eines Erbbaurechts, AcP 161 (1962), 44; *Huber,* Zur Beleihung von Erbbaurechten, NJW 1952, 687; *Ingenstau/Hustedt,* Kommentar zum Erbbaurecht, 8. Aufl. 2001; *Kalter,* Einige Rechtsfragen zur Zwangsvollstreckung im Erbbaurecht, KTS 1966, 137; *Kehrer,* Rechtsfragen um das Erbbaurecht, BWNotZ 1957, 52; *ders.,* Das Erbbaurecht als Gesamtbelastung mehrerer Grundstücke, BWNotZ 1956, 33; *ders.,* Die Anwendung des § 7 Abs. 1 GBO bei der Teilbelastung von Erbbaurechten, BWNotZ 1955, 194; *ders.,* Nachträgliche Veränderungen des mit dem Erbbaurecht belasteten Grundstücks und dieses Erbbaurechts, BWNotZ 1959, 87; *ders.,* Kann das mit dem Erbbaurecht belastete Grundstück dem Erbbaurecht als Bestandteil zugeschrieben werden?, BWNotZ 1954, 86; *Kehrer/Bühler/Tröster,* Notar und Grundbuch Bd. I, 1971; *Keller,* Erhöhung des Erbbauzinses bei Veräußerung des Erbbaurechts? BWNotZ 1966, 98; *Klingenstein,* Können Erbbaurecht und Dauerwohnrecht auf Lebenszeit der Berechtigten bestellt werden?, BWNotZ 1965, 222; *Knothe,* Das Erbbaurecht, 1987; *König,* Verlängerungsmöglichkeit beim Erbbaurecht, MittRhNot 1989, 261; *Kohler,* Erbbaurecht u. verwaltungsrechtl. Baubeschränkung, IR 1989, 317; *Kollhosser,* Kaufzwangklauseln in Erbbaurechtsverträgen, NJW 1974, 1302; *Krämer,* Grenzüberschreitende Bebauung benachbarter Grundstücke in Ausübung von Erbbaurechten, DNotZ 1974, 647; *Linde/Richter,* Erbbaurecht u. Erbbauzins, 3. Aufl., 2001; *Lutter,* Gesamterbbaurecht und Erbbaurechtsteilung, DNotZ 1960, 80; *ders.,* Zustimmung zur Erbbaurechtsübertragung für den Fall der Zwangsversteigerung, DNotZ 1960, 235; *Lux,* Erbbaurechtsgesetz und Wohnungsreform, JW 1919, 360; *Macke,* Die rechtliche Behandlung von Kaufzwangklauseln in Erbbaurechtsverträgen, NJW 1977, 2233; *Mattern,* Wohnungseigentum und Erbbaurecht in der Rechtsprechung des Bundesgerichtshofes, WPM 1973, 662; *Mayer,* Der Übergabevertrag, 2. Aufl. 2001; *Mohrbutter/Riedel,* Zweifelsfragen zum Erbbaurecht, NJW 1957, 1500; *Muth,* Belastungsbeschränkung des Erbbaurechts, Rpfleger 1991, 441; *Muttray,* Zur Teilung des Erbbaurechts und Anwendung des § 7 GBO bei Belastung eines Teils eines Erbbaurechts, Rpfleger 1955, 216; *v. Oefele,* Zur Hauptsacheeigenschaft des Bauwerks gem. § 1 Abs. 2 ErbbVO, MittBayNot 1992, 29; *Petersen,* Grundpfandrechte am Erbbaurecht und ihre Auswirkungen auf den Grundstückseigentümer, BlGBW 1959, 81; *Pikalo,* Besonderheiten des Erbbaurechts, RdL 1970, 92; *Pikart,* Die Rechtsprechung des Bundesgerichtshofs zum Erbbaurecht, WPM 1967, 1026; *Pöschl,* Das Erbbaurecht in der Zwangsversteigerung, BWNotZ 1956, 41; *ders.,* Zwangsversteigerung von Erbbaurechten, BB 1961, 581; *Praxl,* Zur Auslegung von § 21 ErbbauVO, Der langfristige Kredit 1980, 592; *Promberger,* Vertragsklauseln über die Dauer des Erbbauchrechts und ihre Auslegung, Rpfleger 1975, 233; *Röfle,* Neuere Rechtsprechung des BGH z. Erbbaurecht, WPM 1982, 1038; *Rahn,* Die „Dinglichkeit" des Heimfallanspruchs und der sonstigen zum Inhalt eines Erbbaurechts bestimmbaren Verpflichtungen des Erbbauberechtigten, BWNotZ 1961, 53; *Reinke,* Eigentümerzustimmung in der Zwangsversteigerung des Erbbaurechts, Rpfleger 1990, 498; *Rethmeier,* Rechtsfragen des Wohnungserbbaurechts, MitRhNot 1993, 145; *Riedel,* Gesamterbbaurecht und Erbbaurechtsteilung, DNotZ 1960, 375; *Riggers,* Neue Entwicklungen im Grundbuchrecht, Jur-Büro 1970, 729; *Ripfel,* Konkretisierte Bestellung des Erbbaurechts, NJW 1957, 1826; *Rohloff,* Die Teilung eines Erbbaurechts und ihre Eintragung in das Grundbuch, Rpfleger 1954, 84; *Rothoeft,* Grenzüberschreitende Bebauung bei Erbbaurechten, NJW 1974, 665; *Samoje,* Kommentar zur Erbbaurechtsverordnung, 1919; *Schmenger,* Aktuelle Rechtsfragen beim Erbbaurecht, BWNotZ 2006, 73; *Schmidt,* Verfügungsbeschränkungen nach § 5 ErbbauVO und § 12 WEG und Bezugnahme auf die Eintragungsbewilligung, BWNotZ 1961, 299; *Schneider,* Über die Möglichkeit der Bestellung eines Erbbaurechts an einem Erbbaurecht, DNotZ 1955, 70; *ders.,* Das Untererbbaurecht, DNotZ 1976, 411; *Schöpe,* Das Erbbaurecht, insbesondere der Erbbauzins, BB 1967, 1108; *Schraepler,* Gemeinsames Bebauen benachbarter Grundstücke im Erbbaurecht, NJW 1972, 1981; *ders.,* Gebäudeschicksal nach Heimfall oder Erlöschen von Nachbarerbbaurechten, NJW 1973, 738; *ders.,* Freiheit und Bindung der Eigentümer bei Nachbarerbbaurechten, NJW 1974, 2076; *Schulte,* Was kann Inhalt eines Erbbaurechts sein?, BWNotZ 1961, 315; *ders.,* Verbindungen von Erbbaurechten und Grundstücken gemäß § 890 BGB, BWNotZ 1960, 137; *Schupp,* Dienstbarmachung der Rechtsinstitution des Erbbaurechts zur Preisauflockerung auf dem Bodenmarkt, JR 1967, 445; *Stahlhacke,* Vorschläge zur Neuordnung des Erbbaurechts, 2. Aufl. 1960; *Stahl/Sura,* Formen der Bestellung eines Erbbaurechts, DNotZ 1981, 604; *Weber,* Probleme aus dem Erbbaurecht, MittRhNotK 1965, 548; *Weitnauer,* Zum Erbbaurecht an vertikal abgeteilten Gebäudeteilen, DNotZ 1958, 413; *ders.,* Können Erbbaurecht und Dauerwohnrecht zugunsten des Eigentümers bestellt werden?, DNotZ 1958, 352; *Werth,* Gedanken z. Änderung des § 21 ErbbVO aus der Sicht der Hypothekenbanken, Der langfrist. Kredit 1988, 562; *ders.,* Verkaufswertermittlung u. § 21 ErbbVO, Der langfrist. Kredit 1989, 68; *Winkler,* Erbbaurechtsbestellung durch den nicht befreiten Vorerben ohne Zustimmung des Nacherben, DNotZ 1970, 651; *ders.,* Das Erbbaurecht, NJW 1992, 2514; *Wufka,* Rechtseinheit zwischen Kausalgeschäft und Einigung bei Erbbaurechtsbestellungen, DNotZ 1985, 651.

Übersicht

	RdNr.
I. Entstehungsgeschichte	
1. Vorgeschichte	1
2. Von der französischen Revolution zum BGB	2
3. Vom BGB zur Erbbaurechtsverordnung und zum Erbbaurechtsgesetz	3
II. Normzweck	
1. Bodenpolitische und soziale Zwecke	
a) Soziale Zielsetzung	4
b) Förderung des Wohnungsbaus	5
c) Bekämpfung der Bodenspekulation	6
d) Faktische Grenzen	7
2. Konstruktive Zielsetzungen	
a) Rechtsunsicherheit durch die Regelung des BGB	8
b) Schaffung einer stabilen Rechtslage	9
3. Förderung der Beleihbarkeit	
a) Gründe dieses Ziels	10
b) Gesetzliche Sicherungen	11
4. Interessenlage	
a) Erbbauberechtigter	12
b) Grundstückseigentümer	13
c) Fungibler Charakter	14

III. Praktische Bedeutung
1. Zahlenmäßige Entwicklung 15
2. Anwendungsbereich 16

IV. Rechtspolitik
1. Verbesserung des Anwendungsbereichs 17
2. Hindernisse für den Bauwilligen 18
   a) Beleihungsprobleme 19
   b) Bevorzugung des Volleigentums 20
   c) Überhöhte Steigerung des Erbbauzinses, Kaufzwangklauseln 21
3. Hindernisse für den Erbbaurechtsausgeber
   a) Finanzierungsschwierigkeiten 22
   b) Erbbaurechtsspekulation 23
4. Einzelprobleme 24

V. Begriff
1. Verwendete Definitionen 25
2. Legaldefinition
   a) Gesetzliche Bestimmung durch § 1 Abs. 1 ErbbauRG 26
   b) Beschränktes dingliches Recht 27
   c) Bauwerkseigentum, Grundstücksvorschriften 28
3. Komplexe Doppelnatur 29
4. Folgen der Doppelnatur 30

VI. Abgrenzung 31
1. Eigentumsformen 32
2. Dienstbarkeitsformen 33
3. Dauerwohnrecht, Dauernutzungsrecht 34
4. Schuldrechtliche Gestaltungen 35
5. Frühere Rechtsformen 36

VII. Gebäudeeigentum in den neuen Bundesländern
1. Anwendungsbereich, Begriff 37
2. Fortgeltung, Sachenrechtsbereinigung 39

I. Entstehungsgeschichte

1. Vorgeschichte

Das Erbbaurecht ist kein neues Rechtsinstitut, sondern beruht auf einer langen **1.1** Entwicklung, die zumindest auf das römische Recht zurückreicht. Dieses kannte die **superficies,** ein dingliches Baurecht auf einem fremden Grundstück gegen Zahlung eines Entgelts (solarium).[1] Im deutschen Recht des Mittelalters entstand die sogenannte **„städtische Bauleihe"** („Bodenleihe"). Dieses Rechtsinstitut hat für die Entwicklung vieler deutscher Städte eine wichtige Rolle gespielt. Gegen Zahlung eines Jahreszinses hatte der Berechtigte ein vererbliches, aber unveräußerliches dingliches Recht an der Baustelle und Nutz- bzw. Untereigentum am Bauwerk. Gegen Ende des Mittelalters wurde dieses Recht in Volleigentum umgewandelt und der Zins in eine Reallastberechtigung.[1] Nach der Rezeption des römischen Rechts wurde die superficies in das **gemeine Recht** übernommen und teilweise mit Gedanken der städtischen Bodenleihe vermischt. Man behandelte das Institut entweder als eine Art der Grundgerechtigkeiten (ALR I 22 §§ 243 ff.) oder als einen Fall des geteilten Eigentums (ABGB §§ 1125, 1147, 1150).[1]

---

[1] *Erler/Kaufmann* Handwörterbuch zur Deutschen Rechtsgeschichte, S. 950 ff.; zur Rechtsgeschichte vgl. insbesondere *Erman* Erbbaurecht und Kleinwohnungsbau 18 ff., sowie HWB StaatsW III, 774 ff.; *Pesl* Erbbaurecht 7–58; *Michaelis* ZBlFG 19, 1 ff.; *Deibel* 1 ff.; *Hedemann* Fortschr. d. ZR i. XIX. Jahrh. 2. Tl. 1. H 382 ff.; *Seybold* DR 1935, 69.

2. Von der französischen Revolution zum BGB

1.2 Durch die von der französischen Revolution ausgelöste Rechtsentwicklung kam es im 19. Jahrhundert zur Durchsetzung des **individualistischen Eigentumsbegriffs.** In dem aus damaliger Sicht verständlichen Wunsch der Loslösung des Eigentums aus zum Teil noch aus dem Mittelalter stammenden Bindungen und durch das Ziel der Abschaffung von lehensrechtlichem Ober- und Untereigentum und dergleichen, wurde nun auch das Erbbaurecht als Fremdkörper gesehen und in den Hintergrund gedrängt. In England, das an dieser Entwicklung nicht teilnahm, hat sich dagegen aus ähnlichen Wurzeln wie die building lease entwickelt, ein noch heute für städtischen Grundbesitz weit verbreitetes Rechtsinstitut.

Das **Bürgerliche Gesetzbuch** hat nach den Motiven hierzu das Erbbaurecht zwar wegen weiterbestehender Normierungen nicht abgeschafft. Da es aber das Erbbaurecht für praktisch unbedeutend hielt und vor allem für einen Fremdkörper in seiner Eigentumskonzeption, hat es hierzu in den §§ 1012 bis 1017 BGB nur eine höchst unvollständige Regelung getroffen. Es hat dabei anscheinend verkannt, dass das Erbbaurecht eben nicht nur ein überlebtes mittelalterliches Relikt war, sondern ein auf praktischen Notwendigkeiten wurzelndes und auf uralter Überlieferung beruhendes eigenständiges Rechtsinstitut.

3. Vom BGB zur Erbbaurechtsverordnung und zum Erbbaurechtsgesetz

1.3 Um die Jahrhundertwende kam es wegen des starken Anwachsens der Bevölkerung einerseits zu Wohnungsnot, andererseits zu erheblichen Bodenwertsteigerungen. Nach Inkrafttreten des BGB trat daher ein plötzlicher Wandel ein. Die **deutschen Bodenreformer,** an deren Spitze *Damaschke,* wollten nun mittels des kaum mehr angewendeten Instituts des Erbbaurechts die Bodenspekulation bekämpfen und weiten Kreisen der Bevölkerung die Möglichkeit zum Erwerb eines Eigenheims verschaffen. Einige Großstädte gingen nun dazu über, Erbbaurechte zu vergeben. Da man aber die Regelung des BGB als ungenügend und unsicher empfand und weil vor allem eine Beleihung des Erbbaurechts praktisch kaum möglich war,[2] konnten diese Reformvorstellungen nur durch eine gesetzliche Neuregelung des Erbbaurechts verwirklicht werden. Im Anschluss an den Wiener Juristentag 1912 wurden hierzu von *Pechmann* und *Michaelis* Entwürfe zur gesetzlichen Neuregelung vorgelegt und wurde im Reichswirtschaftsamt während des 1. Weltkriegs ein „Entwurf eines Reichsgesetzes über das Erbbaurecht"[3] ausgearbeitet.

Durch diese Impulse kam es dann am **15. Januar 1919** zum Erlass der **Verordnung über das Erbbaurecht.** Die rechtspolitische Zielsetzung wird dadurch verdeutlicht, dass am gleichen Tage eine „Verordnung zur Behebung der dringendsten Wohnungsnot" erlassen wurde.[2] Die Erbbaurechtsverordnung trat am 22. Januar 1919 in Kraft (RGBl. Nr. 14/1919, 72ff.) und wurde durch das Übergangsgesetz vom 4. 3. 1919 (RGBl. Nr. 55, 285) bestätigt. Im Reichsanzeiger 1919 Nr. 26, 1. Beilage wurde ferner eine Begründung zu dieser Verordnung veröffentlicht. Die Erbbaurechtsverordnung ist, von vergleichsweise wenigen Änderungen abgesehen, heute immer noch die gesetzliche Grundlage des Erbbaurechts. Das Wohnungseigentumsgesetz vom 15. März 1951 ermöglichte in § 30 WEG die Konstruktionsform des Wohnungs- und Teilerbbaurechts sowie die Belastbarkeit eines Erbbaurechts mit einem Dauerwohnungsrecht (§ 42 WEG). Der Gesetzestitel wurde durch Art. 25 des Gesetzes vom 23. 11. 2007 (BGBl. S. 2614) im **Erbbaurechtsgesetz** geändert. Mit dieser sinnvollen Klarstellung der Rechtsnatur wurde jedoch keinerlei inhaltliche Reform verbunden, obwohl dafür genügend Handlungsbedarf bestanden hätte, vgl. RdNr. 1.17ff.

---

[2] *Lux* JW 1919, 360.
[3] Sonderbeilage zu Nr. 104 des Reichsanzeigers vom 3. 5. 1918.

II. Normzweck

1. Bodenpolitische und soziale Ziele

a) Soziale Zielsetzung. Das Hauptziel der Verordnung war die Förderung des Wohnungsbaus, insbesondere der sozial schwächeren Schichten und gleichzeitig die Schaffung eines Instruments zur Bekämpfung der Bodenspekulation. Diese soziale Zielsetzung kommt zB in der Begründung zu § 9 Abs. 3 ErbbVO, die lautet *„Die sozialen Zwecke des Erbbaurechts erfordern, dass der Erbbauberechtigte – wie gegen eine willkürliche Erhöhung des Erbbauzinses – so auch beim Verzug ... geschützt wird"* und in §§ 5 ff. ErbbauRG zum Ausdruck.[4] Sie wurde bestätigt durch die Einfügung des § 9a durch Gesetz vom 8. 1. 1974 (BGBl. 1974 I 41). Diese Zielsetzungen sind auch heute noch von Bedeutung. **1.4**

b) Förderung des Wohnungsbaus. Wenn ein Bauwilliger den idR hohen Grundstückspreis nicht aufbringen muss und er sein Bauwerk durch Ersparnisse, Eigenleistungen und Kredite finanzieren kann, so wird der Zugang zum Eigenheim tatsächlich für wesentlich breitere Schichten eröffnet. Voraussetzung ist hier allerdings, dass nun nicht der Erbbauzins wiederum spekulativen Charakter hat, sondern auf die Dauer des Erbbaurechts auch erschwinglich bleibt. **1.5**

c) Bekämpfung der Bodenspekulation. Als Mittel gegen die Bodenspekulation scheint das Erbbaurecht ideal zu sein und wird auch deswegen immer wieder zur Bodenreform vorgeschlagen.[5] Bei einer Erbbaurechtsbestellung durch die öffentliche Hand bleibt auch tatsächlich dieser nicht nur der Grundstückswert, sondern auch die eintretende Wertsteigerung. Bei einem Erlöschen des Erbbaurechts kann das Grundstück dann wieder für andere städtebauliche Zwecke verwendet werden oder kann es erneut zu günstigen Bedingungen, also ohne Berücksichtigung der eingetretenen Wertsteigerung ausgegeben werden. Diesem Ziel dient auch der Zustimmungsvorbehalt bei der Veräußerung des Erbbaurechts gemäß §§ 5 ff. ErbbauRG, allerdings muss dann wegen § 7 ErbbauRG die soziale Zielgruppe, der das Erbbaurecht vorbehalten sein soll, auch klar bestimmt sein. **1.6**

d) Faktische Grenzen. Allerdings gibt es für diese Zielsetzung erhebliche Grenzen: Einerseits werden Kommunen im Hinblick auf ihre Haushaltslage wohl selten in der Lage sein, relativ teuren Grundbesitz großflächig zu erwerben und zu finanzieren und dann den gleichen Grundbesitz unter Vereinbarung eines günstigen Erbbauzinses wieder auszugeben.[6] Andererseits kommt die Wertsteigerung eines Grundstücks meist teilweise auch dem Erbbaurecht zugute. Bei zunehmender Seltenheit von Grundbesitz oder bei zunehmender Attraktivität einer Grundstückslage führt die Bodenwertsteigerung meist auch zu einer Erhöhung des Kaufpreises für das Erbbaurecht.[7] Schließlich ist darauf hinzuweisen, dass das Erbbaurecht als Rechtsinstitut längst weit über diesen ursprünglichen sozialen Zielsetzungsbereich hinausgewachsen ist und sich wesentlich breitere und vielschichtigere Anwendungsbereiche erschlossen hat. **1.7**

2. Konstruktive Zielsetzungen

a) Rechtsunsicherheit durch die Regelung des BGB. Durch die lückenhafte Regelung des BGB (§§ 1012–1017) war eine Vielzahl rechtlicher Streitfragen **1.8**

---

[4] Vgl. *Bohnsack* BlGBW 1971, 161; *Lux* JW 1919, 360; *Gerardy* Gemeinnütziges Wohnungswesen 1966, 35.
[5] Vgl. *Bohnsack* (Fn. 1); *Schupp* JR 1967, 445; *Clasen* BlGBW 1973, 61.
[6] Vgl. *Schupp* JR 1967, 445 mit Vorschlägen zur Refinanzierung.
[7] *Bohnsack* Fn. 1, S. 163.

entstanden, noch dazu in wichtigen Punkten. So war die Anwendbarkeit des § 311 b BGB auf den schuldrechtlichen Vertrag und die rechtliche Zuordnung des Bauwerks strittig. Da die gegenseitigen Pflichten zwischen Grundstückseigentümer und Erbbauberechtigtem im Gesetz nicht geregelt waren und auch eine dingliche Vereinbarung hierzu nicht möglich war, kam dem schuldrechtlichen Vertrag eine entscheidende Bedeutung zu, die jedoch gegenüber den Rechtsnachfolgern versagte. Weil auflösende Bedingungen für beliebige Fälle vereinbart werden konnten, bestand ständig die Gefahr eines vorzeitigen Erlöschens des Erbbaurechts.[8]

1.9 **b) Schaffung einer stabilen Rechtslage.** Die Erbbaurechtsverordnung (bzw. das Erbbaurechtsgesetz) hat nach der amtlichen Begründung sich als Hauptziele gesetzt: *„Die Marktgängigkeit und Beleihungsfähigkeit des Erbbaurechts"* zu heben und *„das Erbbaurecht für den praktischen Gebrauch wirksam zu gestalten"*. Zu diesem Zweck war die Schaffung einer stabilen Rechtslage für das Erbbaurecht und den Erbbauberechtigten, aber auch für den Grundstückseigentümer nötig.[9] Durch das Verbot auflösender Bedingungen (§ 1 Abs. 4 ErbbauRG) und den Ersatz derartiger Bedingungen durch das Institut des Heimfallrechts (§ 2 Nr. 4, §§ 3, 4, 32, 33 ErbbauRG) wurde ein plötzliches unvorhersehbares Erlöschen des Erbbaurechts ausgeschlossen und eine stabile Grundlage auf einen berechenbaren Zeitraum geschaffen. Durch die §§ 2 bis 8, ergänzt durch § 27 Abs. 1 S. 2 und § 32 Abs. 1 S. 2 ErbbauRG wurde die Möglichkeit eröffnet, über den gesetzlichen Inhalt hinaus mit dinglicher Wirkung den Inhalt des Erbbaurechts vertraglich festzulegen.

Dadurch sollten einheitlich gültige Rechtsbeziehungen zwischen dem Grundstückseigentümer und dem Erbbauberechtigten auf die gesamte Dauer des Erbbaurechts geschaffen werden, welche der Rechtssicherheit und der Rechtsklarheit dienen, auch im Interesse Dritter. Durch eine wesentlich genauere Ausgestaltung des gesetzlichen Inhalts und der gesetzlichen Rechtswirkungen des Erbbaurechts, so zB durch eine klare Zuordnung des Bauwerkseigentums (§ 12 ErbbauRG) und durch Klärung der Rechtsfolgen bei Beendigung des Erbbaurechts (§§ 26 ff. ErbbauRG) sollte gleichfalls Rechtssicherheit bewirkt werden. Diese Reformen waren offensichtlich eine wesentliche Grundlage für die nunmehrige erhebliche praktische Bedeutung des Erbbaurechts (vgl. RdNr. 1.15, 16).

3. Förderung der Beleihbarkeit

1.10 **a) Gründe dieses Ziels.** Ohne Finanzierung war schon damals und ist auch jetzt im Regelfall die Errichtung eines Bauwerks unmöglich. Die Beleihung des Erbbaurechts war auch nach § 1017 Abs. 1 BGB rechtlich zulässig, aber wegen der erheblichen Gefahren der Grundpfandrechtsgläubiger praktisch kaum realisierbar: Die Rechtsunsicherheit des Erbbaurechts selbst (vgl. RdNr. 1.8) untergrub auch die Beleihungsfähigkeit desselben. Da man annahm, dass mit dem Erlöschen des Erbbaurechts auch die auf ihm lastenden Grundpfandrechte erlöschen und auch die Haftung des Bauwerks aufhört, konnte wegen der zulässigen auflösenden Bedingungen jederzeit der Wegfall der hypothekarischen Sicherheit eintreten. Da das Erbbaurecht beliebigen Rang haben durfte, konnte es auch bei der Versteigerung des Grundstücks jederzeit erlöschen.[10]

1.11 **b) Gesetzliche Sicherungen.** Wie bereits festgestellt (RdNr. 1.9), ist die Förderung der Beleihbarkeit des Erbbaurechts eines der Hauptziele der Verordnung. Dieses Ziel will die Verordnung verwirklichen durch die Schaffung einer stabileren

---

[8] Vgl. *Groß* JurBüro 1957, 11; *Staudinger/Ring* Einl. RdNr. 5.
[9] Vgl. *Planck/Strecker* Kommentar zum BGB, 5. Aufl. 1933, Einl. Anm. 2; *Groß* JurBüro 1957, 11.
[10] *Lux* JW 1919, 360; *Staudinger/Ring* Einl. RdNr. 5, 9.

II. Normzweck

Rechtsgrundlage für das Erbbaurecht, insbesondere das Verbot der auflösenden Bedingungen (vgl. RdNr. 1.9), durch die zwingend vorgeschriebene erste Rangstelle des Erbbaurechts (§ 10 ErbbauRG) und das Bestehen bleiben des Erbbaurechts in der Zwangsversteigerung des Grundstücks (§ 25 ErbbauRG). Auch für den Fall des Erlöschens des Erbbaurechts durch Zeitablauf und für den Heimfall wurden Sicherungen der Grundpfandrechtsgläubiger in §§ 29, 33 ErbbauRG geschaffen. Durch §§ 18 mit 22 ErbbauRG wurde die Bestellung mündelsicherer Hypotheken am Erbbaurecht und dessen Beleihung durch Hypothekenbanken und Versicherungsunternehmen ermöglicht.[10] Dieses rechtspolitische Hauptziel war bisher durch die Problematik des Erbbauzinses in der Zwangsversteigerung (vgl. RdNr. 4.274 ff.) gefährdet. Durch die Neueinfügung von § 9 Abs. 3 ErbbauRG (gemäß einem Vorschlag der Verfasser) wird ein versteigerungsfester Erbbauzins ermöglicht; dadurch dürfte dieses Problem für die Zukunft gelöst werden.

4. Interessenlage

Das Erbbaurecht vermag durch seinen komplexen Charakter einen weiten Bereich von Interessen abzudecken: 1.12

a) Erbbauberechtigter. Das Erbbaurecht verschafft dem Erbbauberechtigten Eigentum auf Zeit am Bauwerk und eine dem Grundstückseigentümer wirtschaftlich und rechtlich angenäherte Stellung;[11] es übernimmt daher sozialpolitisch Eigentumsaufgaben. Die zeitliche Beschränkung spielt für den Erbbauberechtigten wegen der idR langen Dauer (99 Jahre) kaum eine Rolle, so dass ihm das Erbbaurecht praktisch die gleichen Dienste leistet, wie ein kaufweise erworbenes Grundstück.[12] Andererseits spart er den Grundstückskaufpreis und zahlt dafür idR den Erbbauzins. Wenn dieser nicht zu hoch angesetzt ist, wird dadurch der Eigenheimbau für ihn finanziell gesehen wesentlich erschwinglicher.

b) Grundstückseigentümer. Ihm bleibt die Substanz und der Wertzuwachs seines Grundstücks erhalten. Nach Beendigung des Erbbaurechts erhält er das Bauwerkseigentum und die volle Nutzung seines Grundstücks zurück. Andererseits hat er während der Dauer des Erbbaurechts durch den Erbbauzins (mit Wertsicherung durch schuldrechtliche Anpassungsklausel) eine laufende Rendite ohne eigene wirtschaftliche Anstrengung. Der Erbbauzins entspricht für ihn wirtschaftlich einem Kaufpreis auf Rentenbasis, wobei er hier im Unterschied zum Kaufvertrag zusätzlich noch Eigentümer des Sachwertes bleibt. Letzteres ist für ihn gerade im Hinblick auf mögliche Inflationen von Bedeutung. Diese Kombination von Rendite und Sachwerterhaltung machen das Erbbaurecht für einen Privatmann zu einer interessanten Anlagemöglichkeit. Für die öffentliche Hand als Erbbaurechtsausgeber steht dagegen die sozialpolitische Zielsetzung, also Schaffung von Wohneigentum für sozial schwächere Schichten und die Bekämpfung der Bodenspekulation im Vordergrund.[13] Ferner kann sich der Grundstückseigentümer durch dingliche Inhaltsvereinbarungen eine Reihe von Einflussmöglichkeiten auf das Erbbaurecht vorbehalten. 1.13

c) Fungibler Charakter. Das Erbbaurecht ist wegen seiner Rechtsstruktur fungibler als alle anderen begrenzten Rechtsinstitute des Sachenrechts.[11] Durch seine konstruktiven Möglichkeiten – Erbbaurecht an einem oder mehreren Gebäuden, an Bauwerken auf oder unter der Oberfläche, Gesamterbbaurecht, Untererbbaurecht, Wohnungserbbaurecht – durch die weiten Möglichkeiten zu Regelungen über seinen dinglichen Inhalt, wodurch die Machtverhältnisse zwischen Grund- 1.14

---
[11] *Pikalo* RdL 1970, 92.
[12] *Schupp* JR 1967, 445, 447.
[13] *Stahlhacke* S. 8.

stückseigentümer und Erbbauberechtigtem hin- und hergeschoben werden können, durch die zeitliche Begrenzbarkeit und durch die Gestaltbarkeit der Gegenleistungen besteht hier ein weiter und kaum ausschöpfbarer Gestaltungsspielraum, so dass das Erbbaurecht den verschiedensten sozialen und wirtschaftlichen Verhältnissen gerecht werden kann[11] und sich ihm immer neue Anwendungsmöglichkeiten öffnen, vgl. RdNr. 1.16. Trotz seines Charakters als Sachenrecht mit Eigentumsfunktion lässt es somit eine Vertragsfreiheit zu, wie sie sonst nur dem Schuldrecht eigen ist.[14]

III. Praktische Bedeutung

1. Zahlenmäßige Entwicklung

1.15 Der Umfang der bestellten Erbbaurechte hat sich nach dem zweiten Weltkrieg erheblich erweitert.[15] Während für die Vergangenheit statistische Unterlagen fehlen, gab es nach den vom Bayerischen und vom Hessischen Ministerium der Justiz jeweils durchgeführten Ist-Untersuchungen des Grundbuchwesens[16] in diesen Ländern 1970 insgesamt folgende Anzahl von Erbbaurechten: in Bayern 39278, in Hessen 19556; zum Vergleich Wohnungs-/Teileigentum, einschließlich Wohnungs-/Teilerbbaurechte: in Bayern 128935, in Hessen 23556. Dies ergibt ein Verhältnis der Anzahl von Erbbaurechten zu der von Wohnungs-/Teileigentum (einschließlich Wohnungs-/Teilerbbaurecht) in Bayern von 1 : 3,3 und in Hessen von 1 : 1,2. Der Prozentanteil der Erbbaurechte an allen Grundbuchblättern des jeweiligen Landes beträgt in Bayern 1,7% und in Hessen 1,41%. Die Bewegungsdaten von neu angelegten Grundbuchblättern ergeben für Hessen eine jährliche Zunahme an Erbbaurechten von 1,464%, also eine geringfügige Zunahme. Neben dem vollständigen Zahlenmaterial der beiden Länder gibt es aus jüngerer Zeit einige Umfragen: Nach der von *Richter*[17] durchgeführten Befragung von insgesamt 54 Grundbuchämtern, Liegenschaftsämtern, Banken und sonstigen Institutionen konnten 57% der Befragten das prozentuale Verhältnis zwischen Grundbesitz im Eigentum oder Erbbaurecht nicht angeben, während 2,2% der Befragten den Anteil des Erbbaurechts mit 0 bis 3 Prozent und 14,8% der Befragten den Anteil mit 5 bis 20 Prozent und 5,6% der Befragten den Anteil mit über 20% schätzten. Die von *Finger*[18] vorgelegte Umfrage des Deutschen Städtetages von 1975/1976 und seine eigene Umfrage von 1981 ergaben, dass in 109 befragten Städten das Verhältnis zwischen ausgegebenen Erbbaurechten und verkauften Bauplätze folgendermaßen ist: 12 Städte deutlich mehr ausgegebene Erbbaurechte, 2 Städte gleiches Verhältnis, 95 Städte eher mehr Verkäufe als Erbbaurechtsausgaben. ZB wurden in Hamburg 1976 bis 1980 13,5% der geschaffenen Eigenheimplätze im Erbbaurecht ausgegeben, während der Anteil bei Geschossbauten 20,8% ist. Eine Befragung bei deutschen Hypothekenbanken hat ergeben, dass dort ein Geschäftsanteil von 3% auf die Besicherung von Erbbaurechten entfällt. Diese Zahlen ergeben zwar einen insgesamt bescheidenen Anteil des Erbbaurechts an den vorhandenen Grundbuchblät-

---

[14] *Ingenstau/Hustedt* Einleitung XXIV.
[15] *Haegele* Rpfleger 1967, 279; *Schöpe* BB 1967, 1108; vgl. *Finger* BlGBW 1983, 221 mit Ergebnissen einer eigenen Umfrage und einer des Dt. Städtetags.
[16] Durchgeführt für Automationsmöglichkeiten im Grundbuchwesen durch das Bayer. Staatsministerium der Justiz S. 100 und das Hessische Ministerium der Justiz; i. ü. sind Zahlenangaben nur verstreut auffindbar, vgl. *Schöpe* (Fn. 1); *Stahlhacke* S. 6; *Finger* (Fn. 1).
[17] *Richter* Der Erbbauzins im Erbbaurecht S. 99.
[18] *Finger* BlGBW 1983, 221. Vgl. a. *Großmann/Articus* u. a., Der langfristige Kredit 1999, 6 ff. zu weiteren Umfragen.

tern von 1,4% bis 1,7%, während der Anteil an den gesamten Wohnimmobilien deutlich höher sein dürfte, vielleicht entsprechend der Umfrage bei den Hypothekenbanken von gut 3%. Dagegen ist das Verhältnis des Erbbaurechts zum Wohnungseigentum und der Ausgabeanteil durch die öffentliche Hand relativ hoch.

2. Anwendungsbereich

Nach dem Inkrafttreten der Verordnung wurden Erbbaurechte vorwiegend durch **Staat, Gemeinden und kirchliche Einrichtungen** ausgegeben. Für die Gemeinden spielt dieses Instrument nach wie vor eine erhebliche Rolle. Nach der vorgenannten Umfrage des Deutschen Städtetags[18] werden hier zwar im Wesentlichen die Möglichkeiten der Bodenpolitik gesehen, bilden aber seitens der Gemeinden die haushaltsrechtlichen Probleme das Haupthindernis, während bei den Bauwilligen die Finanzierungsschwierigkeiten und die Bevorzugung des Volleigentums die Haupthindernisse sind. Für kirchlichen Grundbesitz ist vielfach auf Grund des kirchenrechtlichen Verbots der Veräußerung das Erbbaurecht der einzige Weg zur Bebauung. Daneben ist das Erbbaurecht auch für **private Grundstückseigentümer** aus den vorgenannten wirtschaftlichen Gründen (RdNr. 1.13) eine immer beliebtere Anlagemöglichkeit geworden. Ein weiterer Hauptanwendungsbereich ist der **gewerbliche und industrielle Bau** geworden,[19] so werden „Bundesbahnindustrieparks" im Erbbaurecht geschaffen und auch von Städten Erbbaurechte zu diesem Zweck ausgegeben. Daneben wird es zunehmend auch für **sonstige Zwecke,** wie soziale Einrichtungen, Sportanlagen etc. verwendet. Die Interessenlagen können hierbei die verschiedensten sein, neben den vorgenannten sozialen und bodenordnungspolitischen Zielen der öffentlichen Hand und den wirtschaftlichen Interessen sind hier steuerliche Gründe denkbar (wirtschaftliches Eigentum), Immobilien-Leasing und ganz spezielle Interessenlagen, wie zB Feriensiedlungen im Erbbaurecht, damit eine Nutzungsbindung ermöglicht wird, Windenergieanlagen und dergleichen. Zum Erbbaurecht im **Ausland** vgl. *Kofner* DWW 2004, 176.

1.16

IV. Rechtspolitik

1. Verbesserung des Anwendungsbereichs

Wie dargelegt, hat das Erbbaurecht seit Inkrafttreten der Verordnung eine erhebliche praktische Bedeutung gewonnen und vor allem sich Anwendungsbereiche geschaffen, die weit über die ursprünglichen Zielsetzungen hinausgehen. Dennoch hat es noch längst nicht die Aufnahme gefunden, die seiner Bedeutung und seinen konstruktiven Möglichkeiten zukommt. Da auch in der Zukunft zu erwarten ist, dass Bauland vor allem in den Ballungsräumen knapper wird, kann nur über Eigentumsspaltungen, wie Wohnungs-/Teileigentum oder Erbbaurecht eine breitere Streuung von Wohneigentum erreicht werden. Die **Bundesnotarkammer** hat dem Justizministerium grundlegende Reformvorschläge vorgelegt. Diese beinhalten eine **Eigentumsspaltung ähnlich dem WEG:** Bei der Erbbaurechtsbestellung würde statt einer Belastung des Grundstücks ein (WEG-ähnlicher) Vermerk in das Bestandsverzeichnis des Gundstücksgrundbuchs aufgenommen. Wie beim WEG würden grundsätzlich alle Belastungen in das Erbbaugrundbuch übertragen, sodass das leidige Problem des ersten Ranges entfiele. Es ist auch nicht einzusehen, warum das Erbbaurecht konstruktiv statt vom Normalfall der bestehenden Bebauung von der Gründungsphase, also dem bloßen Recht auf Bebauung ausgeht, während das WEG schon begründet werden kann, bevor das Gebäude errichtet wird, es also konstruktiv von der bestehenden Bebauung ausgeht.

1.17

---

[19] *Pikalo* RdL 1970, 92 und *Staudinger/Rapp* Einl. RdNr. 4; vgl. *Finger* aaO Fn. 1.

2. Hindernisse für den Bauwilligen

1.18 Seitens der Bauwilligen sind nach der vorgenannten Umfrage des Deutschen Städtetages[20] die Haupthindernisse für die Wahl des Erbbaurechts einerseits Beleihungsprobleme, andererseits die Bevorzugung des Volleigentums.

1.19 **a) Beleihungsprobleme.** Die Beleihungsprobleme beruhen bisher hauptsächlich auf den Folgen der **Zwangsversteigerung des Erbbaurechts,** also dem Risiko des Ausfalls von dem Erbbauzins nachrangigen Grundpfandrechten oder dem Risiko des Ausfalls des Erbbauzinses, wenn dieser nachrangig ist (vgl. RdNr. 6.223 ff.).[21] Der Gesetzgeber hat mit der Einfügung von § 9 Abs. 3 ErbbauRG durch das Sachenrechtsänderungsgesetz das Problem für die Zukunft vermutlich gelöst: Entsprechend einem Vorschlag der Verfasser[22] kann der Erbbauzins versteigerungsfest vereinbart werden, so dass er ohne Rücksicht auf seinen Rang immer bestehen bleibt. Ferner kann nun die schuldrechtliche Anpassungsklausel entfallen und dafür – wie bei einer normalen Reallast – eine bestimmbare Anpassungsvereinbarung Teil der dinglichen Erbbauzinsreallast werden; dadurch wird nicht nur das Grundbuch entlastet und die künftige Anpassung des dinglichen Erbbauzinses unnötig, sondern nimmt die Klausel auch am Schutz in der Zwangsversteigerung teil.

Weiter hat der Gesetzgeber die für die Beleihung hinderlichen Probleme der **Wertermittlung** bereinigt: Durch die Streichung eines Teils von § 20 ErbbauRG bleibt Beleihungswert und Beleihungsgrenze dem Hypothekenbankgesetz überlassen. Ferner ist bei einem versteigerungsfesten Erbbauzins der Zwang zu dessen Kapitalisierung iS § 19 Abs. 2 ErbbauRG entfallen.

Somit besteht wirtschaftlich bei einem Erbbauzins iS § 9 Abs. 3 ErbbauRG nun in der Versteigerung die gleiche Situation wie beim Verkauf: Der Erbbauzins bleibt immer bestehen, die Wertermittlung beim Versteigerungserlös entspricht der beim Verkauf des Erbbaurechts. In gleicher Weise erfolgt die Wertermittlung im Rahmen der Beleihung durch die Grundpfandrechtsgläubiger. Es ist zu hoffen, dass diese erhebliche Vereinfachung und Erleichterung nicht nur der praktischen Handhabung des Erbbaurechts zugute kommt, sondern auch dessen Anwendungsbereich erweitert. Allerdings hat der Gesetzgeber nur entsprechende **fakultative Regelungsmöglichkeiten** geschaffen; diese gelten nur, wenn sie in neuen Verträgen vereinbart werden bzw. bei entsprechender Änderung bestehender Erbbauzinsen.

1.20 **b) Bevorzugung des Volleigentums.** Gemeinden und Hypothekenbanken betonen laut den vorgenannten Umfragen,[23] dass die Bauwilligen ferner trotz erheblich höherer Kosten im Regelfall den Erwerb von Volleigentum vorziehen. Dies ist in dem tief verwurzelten individualistischen Eigentumsbegriff und in der **Angst vor Eigentumsbeschränkungen** begründet. Viele glauben, nur Eigentum gebe Unabhängigkeit und Sicherheit für den wichtigen Lebensbereich „Wohnen", während andere Formen durch Abhängigkeit und Unsicherheit gekennzeichnet seien. Diese Ängste werden entscheidend verstärkt dadurch, dass die **Musterverträge,** nicht zuletzt auch von öffentlich-rechtlichen Körperschaften oft perfektionistisch, **lang und schwer verständlich** sind; es werden hier häufig nicht nur die ohnehin

---

[20] *Finger* BlGBW 1983, 221.
[21] *Hartmann* Sonderdruck a. Dt. Stiftungswesen, 1960 S. 230; *Michaelis* Beleihungsgrundsätze für Sparkassen, 7. Aufl. S. 145; *Götz* DNotZ 1980, 3; *Bertolini* MittBayNot 1983, 112; *Groth* DNotz 1983, 652 u. 1984, 372; *Muth* JurBüro 1985, 801 u. 969; *Ruland* NJW 1983, 96; *Sperling* NJW 1983, 2487; *Stakemann* NJW 1984, 962; *Winkler* NJW 1985, 940; *Tradt* DNotZ 1984, 370.
[22] Schon früher *Winkler* DNotZ 1970, 391.
[23] *Finger* BlGBW 1983, 221.

schon weiten Möglichkeiten der dinglichen Inhaltsregelung voll ausgeschöpft, sondern dazu noch schuldrechtlich alles für den Ausgeber wünschbare zusätzlich geregelt.[24] Hier sollte man dem Vorschlag von *Stahlhacke*[24] folgen, wonach die dinglichen Inhaltsvereinbarungen wie beim Nießbrauch durch gesetzliche Inhaltsregelungen mit Änderungsvorbehalt ersetzt werden sollten; andererseits könnten Erweiterungen des dinglichen Inhalts durch schuldrechtliche Vereinbarungen ausgeschlossen werden. Hierdurch würden nicht nur einfachere Musterverträge erreicht, sondern auch dem Bauwilligen das Gefühl gegeben, dass er ein unkomplizierteres Bauwerkseigentum erwirbt. Durch die Änderungen zum Erbbauzins wurde bereits ein ersten Schritt in diese Richtung getan.

c) **Überhöhte Steigerung des Erbbauzinses, Kaufzwangklauseln.** Die Sorge des Bauwilligen vor überhöhten Steigerungen des Erbbauzinses dürfte dagegen durch § 9a ErbbauRG im Wesentlichen beseitigt sein. Rechtspolitisch problematisch sind auch die von der Rechtsprechung zugelassenen „Kaufzwangklauseln", wonach der Erbbauberechtigte das Erbbaugrundstück nach einer bestimmten Zeit kaufen muss, vgl. RdNr. 4.164 ff.

1.21

3. Hindernisse für den Erbbaurechtsausgeber

a) **Finanzierungsschwierigkeiten.** Soweit Städte Erbbaurechtsausgeber sind, ist es für sie kostenneutral, Bauland zu kaufen und zu den eigenen Kosten wieder zu verkaufen. Wenn sie dagegen den Baulanderwerb teuer finanzieren und dann zu einem günstigen Erbbauzins ausgeben, ist es für sie ein haushaltsrechtlich oft nicht vertretbarer wirtschaftlicher Nachteil. Hier wäre die Schaffung einer staatlichen Refinanzierung möglich oder nach dem Vorschlag von *Schupp*[25] die Übernahme dieser Aufgabe durch Bausparkassen bei einer Novellierung des Bausparkassengesetzes.

1.22

b) **Erbbaurechtsspekulation.** Andererseits besteht seitens der Städte die Sorge,[26] dass an die Stelle der Bodenspekulation die Erbbaurechtsspekulation tritt. Diesem Problem könnte dadurch abgeholfen werden, dass bei einer Erbbaurechtsbestellung zugunsten „minderbemittelter Bevölkerungskreise", wie sie die Verordnung in § 27 Abs. 2 und § 32 Abs. 2 ErbbauRG (allerdings ohne genügende Definition) nennt, die Zustimmung zur Veräußerung gemäß §§ 5 ff. ErbbauRG versagt werden könnte, wenn der Kaufpreis spekulativen Charakter hat; letzteres wäre allerdings nicht einfach zu definieren. Durch diese Vorschläge, – verbesserte Finanzierungsmöglichkeit und verbesserter Spekulationsschutz – könnte das Erbbaurecht als häufig vorgeschlagenes Mittel der staatlichen Bodenpolitik[27] wieder eine größere Bedeutung erhalten.

1.23

4. Einzelprobleme

Daneben könnten auch Einzelprobleme verbessert werden. So ist das Erneuerungsvorrecht (§ 2 Nr. 6 ErbbauRG) leicht umgehbar und sollte daher durch ein echtes Verlängerungsrecht ersetzt werden. Auch bei § 33 ErbbauRG ist rechtspolitisch bedenklich, dass beim Heimfall vom Grundstückseigentümer Schulden übernommen werden müssen, auch wenn sie höher als die Vergütung des Grundstückseigentümers sind (vgl. RdNr. 4.122). Insgesamt gesehen scheinen jedoch in

1.24

---

[24] Vgl. *Clasen* BlGBW 1973, 61; *Stahlhacke* S. 13 ff., der auch ausführlich zu rechtspolitischen Problemen Stellung nimmt und der einen Gesetzesentwurf zur Neuordnung beifügt; *Ingenstau/Hustedt* Einl. S. XXIV; *Finger* (Fn. 1).
[25] *Schupp* JR 1967, 445, 446.
[26] *Finger* BlGBW 1983, 221.
[27] Vgl. *Bohnsack* BlGBW 1971, 161; *Schupp* JR 1967, 445, 447; *Clasen* BlGBW 1973, 61.

der Zukunft nur einzelne Korrekturen der Verordnung erforderlich, während sich die Verordnung insgesamt bewährt hat und auch ihre Auslegung durch obergerichtliche Entscheidungen inzwischen weit fortgeschritten ist, so dass eine vollständige Neuregelung nur die Rechtssicherheit gefährden würde.

V. Begriff

1. Verwendete Definitionen

1.25   Das Erbbaurecht wird vom BGH, ebenso von *Pikalo*[28] als „wirtschaftlich eigentumsähnlich" bezeichnet, von *Clasen* als „eigentumsgleiches Recht",[29] während *Ingenstau/Hustedt*[30] von der „Grundstücksnatur des Erbbaurechts", *Staudinger/Rapp*[31] von einem „juristischen Grundstück" und *Wolff/Raiser*[32] von einem „juristischen Fundus" sprechen. Diese Definitionen, so sehr sie auch faktisch und wirtschaftlich zutreffen mögen, erscheinen nach hier vertretener Auffassung aber begrifflich irreführend. Eine klare begriffliche Grundlage ist beim Erbbaurecht kein Bereich akademischer Spitzfindigkeit, sondern größte praktische Notwendigkeit. An einer Fülle von Konstruktions- und Abgrenzungsproblemen zeigt sich, dass beim Erbbaurecht eine dogmatische Durchdringung und eine Lösung dieser Probleme in hohem Maße nur auf einer klaren begrifflichen Grundlage möglich ist.

2. Legaldefinition

1.26   **a) Gesetzliche Bestimmung durch § 1 Abs. 1 ErbbauRG.** Die begriffliche Klärung muss von der Legaldefinition und den sich daraus ergebenden Begriffsinhalten ausgehen. Nach § 1 ErbbauRG ist das Erbbaurecht das veräußerliche und vererbliche – somit übertragbare (RdNr. 2.130 ff.) – Recht, auf oder unter der Oberfläche eines Grundstücks ein Bauwerk (Rechtsinhalt, vgl. RdNr. 2.6 ff.) zu haben, mit welchem ein Grundstück belastet wird (Belastungsgegenstand, vgl. RdNr. 2.90 ff.); es kann nur subjektiv persönlich bestellt werden (Berechtigter, vgl. RdNr. 2.121 ff.) und kann in seiner Zeitdauer beschränkt werden (vgl. RdNr. 2.138 ff.).

1.27   **b) Beschränktes dingliches Recht.** Das Erbbaurecht ist somit einerseits ein dingliches Recht an einer fremden Sache, dem belasteten Grundstück, also ein beschränktes dingliches Recht. Dies ergibt sich aus dem Gesetzeswortlaut „ein Grundstück kann in der Weise belastet werden ...", der insoweit genau dem bei anderen beschränkten dinglichen Rechten entspricht, nämlich in §§ 1018, 1090, 1094, 1105, 1113, 1191 BGB.[33]

1.28   **c) Bauwerkseigentum, Grundstücksvorschriften.** Die Einordnung als beschränktes dingliches Recht kennzeichnet aber nur die eine Seite des Erbbaurechts. Andererseits wird nämlich der Grundsatz, dass das fest mit diesem verbundene Bauwerk Grundstücksbestandteil ist und zum Grundstückseigentum gehört (§§ 93, 946 BGB), durchbrochen: Das Bauwerk wird Bestandteil des Erbbaurechts (§ 12 Abs. 1 S. 1 ErbbauRG, vgl. RdNr. 2.38 ff.), der Erbbauberechtigte ist dessen Eigentümer. Am Bauwerk entsteht ein vom Grundstück losgelöstes Eigentum,

---

[28] BGH NJW 1974, 1137 und *Pikalo* RdL 1970, 92.
[29] *Clasen* BlGBW 1973, 61.
[30] § 11 RdNr. 2.
[31] § 11 RdNr. 2.
[32] § 104 IV.
[33] Vgl. BayObLGZ 1976, 239, 243; BGHZ 32, 11, 12; BGH DB 1963, 609, 610; *Pikart* WPM 1967, 1026.

welches untrennbar mit dem Erbbaurecht verbunden ist.[34] Aus dem Bauwerkseigentum ergeben sich grundsätzlich alle dem Eigentümer zustehenden Befugnisse daran: Recht zum Bauen, Benutzen, Ändern, Abbrechen, Erneuern desselben. Daneben können zum Erbbaurecht auch Nutzungsrechte an nicht bebauten Grundstücksteilen gehören (RdNr. 2.67 ff.); idR ist dies auch bezüglich des ganzen Grundstücks der Fall. Vom regelmäßigen Inhalt des Grundstückseigentums wird also nicht nur das Eigentum am Gebäude abgetrennt, sondern im Regelfall auch die gesamte faktische Benutzung des Grundstücks. Dem Grundstückseigentümer verbleibt bis zur Beendigung des Erbbaurechts nur die wirtschaftliche Nutzung durch die vereinbarten Gegenleistungen (idR Erbbauzins) und das Recht zur Veräußerung und Belastung des Grundstücks, beides faktisch durch den Wert des Erbbaurechts eingeschränkt, sowie die Rechte gegenüber dem Erbbauberechtigten. Das Erbbaurecht ist somit die stärkste Beschränkung des Grundstückseigentums und ist, faktisch gesehen, wirtschaftlich eigentumsähnlich. Deswegen gelten für es gemäß § 11 Abs. 1 ErbbauRG auch grundsätzlich die Grundstücksvorschriften. Allerdings können durch dingliche Inhaltsregelungen die Befugnisse des Erbbaurechts eingeschränkt werden, so dass sich eine andere Machtverteilung zwischen Erbbauberechtigtem und Grundstückseigentümer ergibt.

3. Komplexe Doppelnatur

Das Erbbaurecht ist also weder lediglich ein Benutzungsrecht oder nur ein beschränktes dingliches Recht, noch entsteht ein geteiltes Eigentum oder Miteigentum zwischen Grundstückseigentümer und Erbbauberechtigtem.[35] Vielmehr werden **wesentliche Inhalte des Grundstückseigentums von diesem getrennt und in einem grundstücksgleichen Recht verselbständigt,** das übertragbar und belastbar ist und dessen untrennbarer Bestandteil das Bauwerkseigentum ist. Daraus ergibt sich die Doppelnatur des Erbbaurechts: Recht am Grundstück verbunden mit Eigentum am Bauwerk. Trotzdem verbleibt das Erbbaurecht begrifflich ein Recht und ist keine Sache;[36] das Bauwerkseigentum ist nur Bestandteil des Rechts, genau gilt als solcher im Wege der Fiktion (vgl. RdNr. 2.40) und ist daher diesem rechtlich untergeordnet. Wirtschaftlich ist dagegen das Bauwerkseigentum die Hauptsache und muss dies gemäß § 1 Abs. 2 ErbbauRG auch sein. Dennoch geht der Gesetzgeber nicht den Weg der Verselbständigung des Bauwerkseigentums, sondern trägt dessen untrennbarer Bindung an das Grundstück dadurch Rechnung, dass er das Bauwerkseigentum als Bestandteil eines Rechts am Grundstück begreift. Das Erbbaurecht hat daher eine **komplexe Doppelnatur – Recht am Grundstück verbunden mit Bauwerkseigentum –,** bei der faktisch das Bauwerkseigentum, rechtlich dagegen das Recht am Grundstück vorrangig ist.[37]

1.29

4. Folgen der Doppelnatur

Dieser komplexen Doppelnatur trägt das Gesetz dadurch Rechnung, dass das Erbbaurecht rechtlich im Wesentlichen wie eine Sache, und zwar **wie ein Grundstück behandelt** wird (vgl. § 11 ErbbauRG); insbesondere ist es grundsätzlich übertragbar, wie ein Grundstück belastbar, erhält ein eigenes Grundbuch, das „Erbbaugrundbuch" und das schuldrechtliche Grundgeschäft unterliegt den Vorschriften des § 311b BGB. Dagegen wird es in seiner Entstehung, Veränderung

1.30

---

[34] Vgl. *Clasen* BlGBW 1973, 61; *Ingenstau/Hustedt* § 1 RdNr. 16 ff.
[35] RGRK-*Räfle* § 1 RdNr. 1; *v. Gierke* S. 130.
[36] *Pikalo* (Fn. 1) S. 93; *Ingenstau/Hustedt* § 1 RdNr. 10; *Staudinger/Rapp* § 1 RdNr. 3.
[37] So MünchKomm § 1 RdNr. 5; ähnlich *Schöpe* BB 1967, 1108, 1109; *Stahlhacke* aaO S. 9; RGRK/*Räfle* § 1 RdNr. 3.

und Aufhebung, also hinsichtlich seines unmittelbar eigenen Schicksals **lediglich als Recht behandelt** (§§ 873, 875, 877 BGB).[38]

VI. Abgrenzung

1.31   Aus dem Begriff des Erbbaurechts ergibt sich folgender Unterschied zu anderen Rechtsinstituten:

1. Eigentumsformen

1.32   Beim **Wohnungs-/Teileigentum** liegt eine untrennbare Verbindung von Bruchteilsmiteigentum am gemeinschaftlichen Eigentum – insbesondere Grundstück, tragende Bauwerksteile etc. – mit Sondereigentum an abgeschlossenen Räumen vor, während beim Erbbaurecht das vollständige Bauwerkseigentum Bestandteil des Erbbaurechts ist. Der Erbbauberechtigte hat dagegen weder Miteigentum am Grundstück, noch wird das Gebäudeeigentum in Miteigentum an tragenden Bestandteilen etc. und Sondereigentum an abgeschlossenen Räumen aufgeteilt. Bei Anwendung dieses Teilungsprinzips auf das Erbbaurecht ergibt sich Wohnungs-/Teilerbbaurecht (vgl. RdNr. 3.96 ff.). Bei der **Heimstätte** (zur Erbbau-Heimstätte vgl. RdNr. 2.164) handelt es sich um ein durch besondere gesetzliche Vorschriften gebundenes Grundstückseigentum, jedoch nicht wie beim Erbbaurecht um ein Recht am Grundstück.

2. Dienstbarkeitsformen

1.33   Ein vom Berechtigten auf Grund einer Dienstbarkeit oder eines Nießbrauchs errichtetes Bauwerk wird zwar auch hier nicht Grundstücksbestandteil (§ 95 Abs. 1 S. 2 BGB), es wird aber im Gegensatz zum Erbbaurecht nicht untrennbarer Bestandteil des Rechts; i. ü. kann sich der Inhalt dieser Rechte auf die verschiedensten Nutzungen und Unterlassungen beziehen, er erfordert kein Bauwerk. Ferner sind alle diese Rechte nicht wie Grundstücke belastbar und nicht als solche übertragbar; Nießbrauch und beschränkte persönliche Dienstbarkeit sind überhaupt nicht übertragbar, die Grunddienstbarkeit ist als Bestandteil des herrschenden Grundstücks nicht sonderrechtsfähig.

3. Dauerwohnrecht, Dauernutzungsrecht

1.34   Das Gebäudeeigentum bleibt hier im Gegensatz zum Erbbaurecht beim Grundstückseigentümer. Das Recht bezieht sich auch nur auf eine bestimmte Wohnung oder sonstige Räume und nicht wie das Erbbaurecht auf das Gebäude als ganzes. Diese Rechte sind aber wie ein Erbbaurecht veräußerlich und vererblich.

4. Schuldrechtliche Gestaltungen

1.35   Beim **Wiederkaufsrecht** wird das Grundstück vom Veräußerer dem Erwerber zu vollem Eigentum übertragen. Jedoch erhält der Veräußerer einen schuldrechtlichen Anspruch auf vollständige Rückübertragung des Eigentums, falls er von seinem Wiederkaufsrecht Gebrauch macht. Der Veräußerer hat dann ausschließlich diesen durch Vormerkung sicherbaren schuldrechtlichen Rückübertragungsanspruch, aber von der Vormerkung abgesehen, keinerlei dingliche Rechtsposition, im Gegensatz zum Grundstückseigentümer bei der Erbbaurechtsbestellung. Während für das Erbbaurecht eine feste Zeitdauer vereinbart werden muss, hängt die

---

[38] *Lutter* DNotZ 1960, 80, 89.

Ausübung des Wiederkaufsrechts ausschließlich von den Gründen ab, die für die Ausübung bestimmt sind und ferner davon, ob der Veräußerer sein Wiederkaufsrecht überhaupt ausüben will. Beim **Miet- und Pachtvertrag** entstehen keinerlei dingliche Rechte des Mieters bzw. Pächters, geschweige denn Eigentumsrechte.

5. Frühere Rechtsformen

Bei der **Erbpacht** handelt es sich um ein dingliches Nutzungsrecht an einem landwirtschaftlich genutzten Grundstück. Sie war nach Art. 63 EGBGB nur landesrechtlich zulässig. Gemäß Kontrollratsgesetz 45 Art. X 2 wurde sie verboten. Das Wort „Erbpacht" wird im Sprachgebrauch häufig fälschlich für Erbbaurecht verwendet. Das **Rentengut** wurde dem Berechtigten samt Grundstück zu Eigentum übertragen, jedoch mit einer Wiederkaufsabrede. Es war gemäß Art. 62 EGBGB ebenfalls nur landesrechtlich geregelt und wurde durch das Kontrollratsgesetz 45 Art. 10 bedeutungslos.

1.36

VII. Gebäudeeigentum in den neuen Bundesländern, Sachenrechtsbereinigung

1. Anwendungsbereich, Begriff

a) Die Vergesellschaftung von Grund und Boden und die Aushöhlung des Privateigentums waren Ziele der sozialistischen Bodenordnung. Da aber eine private Bautätigkeit nicht ausgeschlossen werden sollte, bestand der Lösungsweg in den gut kontrollierbaren Nutzungsrechten mit Gebäudeeigentum. Andererseits sollte auch der Bau von Staat, Betrieben und Genossenschaften auf beliebigen Grundstücken erleichtert werden. So entstand ein breit gefächertes System von Gebäudeeigentum mit oder ohne Nutzungsrechten, zu denen auch noch die „hängenden Fälle" kamen. Man geht insgesamt von ca. 250 000 Einfamilienhäusern und etwa 1 Million Wohnungen im komplexen Wohnungsbau aus.[39]

1.37

b) Gebäudeeigentum mit Nutzungsrecht ist zwar insofern dem Erbbaurecht ähnlich, weil es Eigentum am Gebäude mit Nutzung am Grundstück verbindet. Die Unterschiede sind jedoch gravierend: Während Nutzungsrecht/Gebäudeeigentum durch Staatsakt entsteht, ist beim Erbbaurecht das Grundbuch von zentraler Bedeutung. Während beim Nutzungsrecht/Gebäudeeigentum nur ein geringer Gestaltungsspielraum und eine unpräzise gesetzliche Regelung besteht, lässt das doch mittlerweile immer präziser geregelte Erbbaurecht einen gewaltigen Gestaltungsspielraum zu.

1.38

2. Fortgeltung, Sachenrechtsbereinigung

a) Ziel der entsprechenden Vorschriften des Einigungsvertrages mit seitherigen Änderungen war einerseits der **Bestandsschutz,** andererseits die **Abschaffung von ideologischen Bestandteilen,** wie des sogenannten persönlichen Eigentums (Einziehungsmöglichkeit, Kontrolle bei Veräußerung, Vermietung) und die **Verbesserung der Verkehrsfähigkeit.** Vgl. im Einzelnen **Kapitel 7.**

1.39

b) Trotzdem zeigte sich bald, dass eine endgültige Regelung im Interesse der Betroffenen liegt, um die Beleihbarkeit und Verwertbarkeit der betroffenen Gebäude zu verbessern und mehr Rechtssicherheit zu schaffen. Die Umwandlung der bisherigen Rechtspositionen in Volleigentum (Ankaufslösung) oder Erbbaurecht wird durch das Sachenrechtsbereinigungsgesetz ermöglicht. Vgl. im Einzelnen **Kapitel 8.**

1.40

---

[39] BT-Drucks. 12/5992 S. 95.

2. Kapitel. Gesetzlicher Inhalt und gesetzliche Rechtswirkungen

Übersicht

RdNr.

I. Vorbemerkungen
1. Gesetzliche Systematik 1
2. Normzweck 3
3. Abgrenzung 4

II. Bauwerk
1. Anforderungen an ein Bauwerk 5
2. Begriff
   a) Zwingender gesetzlicher Inhalt 6
   b) Begriffsinhalt 7
   c) „Auf oder unter der Oberfläche" 9
3. Einzelfälle
   a) Gebäude aller Art 11
   b) Gewerbliche Anlagen 12
   c) Verkehrsbauwerke 13
   d) Versorgungsanlagen 14
   e) Erschließungsanlagen 15
   f) Sportanlagen, Kinderspielplätze 16
   g) Sonstiges 17
4. Bestimmung des Bauwerks
   a) Problemstellung 18
   b) Begründung des Bestimmtheitserfordernisses 19
   c) Umfang des Bestimmtheitserfordernisses 20
      aa) Abweichende Meinungen 21
      bb) hM 22
      cc) Einschränkungen 23
      dd) Auslegung, Abgrenzung 24
   d) Einzelfälle 25
   e) Verstoß gegen Bestimmtheitsgrundsatz 26
5. Selbständiges Gebäude, Ausschluss der Beschränkung auf Gebäudeteile (§ 1 Abs. 3)
   a) Grundsatz der Rechtseinheit am Gebäude 27
   b) Voraussetzungen für ein selbständiges Gebäude 29
   c) Fallgruppen 30
      aa) Mehrere selbständige Gebäude 31
      bb) Horizontale Teilung 32
      cc) Vertikale Teilung 33
      dd) Andere Bauwerke 34
   d) Verstoß 35

III. Eigentum und Besitz am Bauwerk (§ 12)
1. Systematik, Normzweck
   a) Gesetzliche Systematik 36
   b) Normzweck 37
2. Eigentumszuordnung
   a) Zuordnung 38
   b) Unselbständige bewegliche Sache 39
   c) Fiktion 40
3. Eigentumserwerb am Bauwerk 41
   a) Bestimmungsgemäße Bebauung 42
   b) Bestimmungswidrige Bebauung
      aa) Rechtsfolge nach hM 43

2. Kapitel. Gesetzlicher Inhalt und gesetzliche Rechtswirkungen

	RdNr.
bb) Ablehnung der hM	44
cc) Rechtsfolge nach hier vertretener Meinung	45
c) Überbau	50
d) Bei der Erbbaurechtsbestellung vorhandenes Bauwerk (§ 12 Abs. 1 S. 2)	51
e) Unwirksamkeit der Erbbaurechtsbestellung	53
4. Bestandteile, Zubehör des Bauwerks (§ 12 Abs. 2)	54
a) Wesentliche Bestandteile	55
b) Nicht wesentliche Bestandteile, Zubehör	56
c) Scheinbestandteile	57
5. Rechtsfolgen der Bestandteilszuordnung	
a) Sonderrechtsunfähigkeit, Inhaltsänderungen	58
b) Unbewegliche Sache	59
c) Haftung des Bauwerks	60
6. Besitz	61
7. Umfang der Rechte, anwendbare Vorschriften	
a) Rechtsumfang	62
b) Anwendbare Vorschriften	63
8. Untergang des Bauwerks	
a) Folgen für das Erbbaurecht (§ 13)	64
b) Sonstige Folgen des Untergangs	65
c) Feuerversicherung (§ 23)	66

IV. Nebenfläche (§ 1 Abs. 2)

1. Normzweck, Rechtsnatur	
a) Normzweck	67
b) Rechtsnatur	68
c) Auseinanderfallen Belastungsgegenstand – Rechtsinhalt	69
2. Wirksamkeitsvoraussetzungen	
a) Wirtschaftlicher Vorrang des Bauwerks (§ 1 Abs. 2)	70
b) Teil der Erbbaurechtsbestellung	72
3. Die sogenannte „negative Erstreckung"	
a) hM	73
b) Gründe gegen die hM	74
c) Auslegung	75
4. Einzelfälle	
a) Erschließungsanlagen	76
b) Einfriedungen, sonstige Außenanlagen	79
c) Gärtnerische Anlagen	80
d) Verbindung zu vorübergehendem Zweck	81
5. Rechtswirkungen	
a) Eigentumslage, Umfang der Nutzungsbefugnis	82
b) Sonderrechtsunfähigkeit, Haftung	83
c) Besitzverhältnisse	84
d) Abschreibung, Dienstbarkeiten	86
e) Änderung der Nutzungsbefugnis	87

V. Eigentum und Besitz des Grundstückseigentümers

1. Eigentum	88
2. Besitz	89

VI. Belastungsgegenstand (§ 1 Abs. 1), Rang (§ 10)

1. Belastungsgegenstand (§ 1 Abs. 1)	
a) Ganzes Grundstück	90
b) Realer Grundstücksteil	91
c) Untererbbaurecht	92
2. Normzweck des erforderlichen Ranges (§ 10)	93
a) Für das Erbbaurecht und die Gläubiger daran	94
b) Schutz der Rechte am Grundstück	95
3. Erste Rangstelle (§ 10 Abs. 1 S. 1)	
a) Zeitpunkt	96

I. Vorbemerkungen

	RdNr.
b) Rangfähige Rechte iS § 879	97
aa) Grundpfandrechte	98
bb) Dienstbarkeiten	99
cc) Vorkaufsrechte	101
dd) Sonstige subjektiv-dingliche Rechte für den Erbbauberechtigten	102
ee) Vormerkungen	103
ff) Mehrere Erbbaurechte	104
gg) Rangvorbehalt	105
c) Nicht rangfähige Rechte iSv. § 879	106
aa) Verfügungsbeschränkungen des Grundstückseigentümers	107
bb) Heimstättenvermerk	108
cc) Nacherbenvermerk (str.)	109
d) Spätere Rangänderungen	110
4. Ausnahmen nach § 10 Abs. 1 S. 2 und Abs. 2	
a) Nicht eintragungsbedürftige Rechte (§ 10 Abs. 1 S. 2)	111
aa) Überbau- und Notwegerenten	112
bb) Altrechtliche Dienstbarkeiten	113
cc) Gesetzliche Vorkaufsrechte	114
dd) Öffentliche Lasten	115
b) Landesrechtliche Verordnungen (§ 10 Abs. 2)	116
c) Folgen der Versteigerung (§ 25)	117
5. Rechtsfolge der Verletzung von § 10 Abs. 1	
a) Inhaltliche Unzulässigkeit	118
b) Bereinigung des Fehlers	119

VII. Berechtigter

1. Subjektiv persönliches Recht	121
2. Eigentümererbbaurecht	122
3. Bruchteils- und Gesamthandsberechtigung	123
4. Gesamtberechtigung gemäß § 428	124
a) Begründung der Zulässigkeit	125
b) Gründe für Unzulässigkeit	126
aa) Rest von Relativität	127
bb) Struktur des Erbbaurechts	128
c) Umdeutung	129

VIII. Übertragbarkeit, Vererblichkeit (§ 1 Abs. 1)

1. Normzweck	130
2. Veräußerlichkeit	
a) Unzulässigkeit des Ausschlusses	131
b) Dingliche Beschränkungsmöglichkeiten	132
c) Schuldrechtliches Veräußerungsverbot	133
3. Vererblichkeit	
a) Unzulässigkeit des Ausschlusses	134
b) Einschränkungen	135
c) Erwerb durch Erbfolge	136
4. Veräußerung, Sonstige Verfügungen über das Erbbaurecht	137

IX. Dauer, Bedingungen (§ 1 Abs. 4)

1. Normzweck, Praxis	
a) Fehlen einer gesetzlichen Regelung über die Dauer	138
b) Einschränkung der Vertragsfreiheit	139
c) Praktische Handhabung	140
2. Dauer	
a) Bestimmte Zeitgrenze	141
b) Befristung mit ungewissem Endtermin	144
c) Ewiges Erbbaurecht	146
3. Bedingungen	
a) Aufschiebende Bedingung (§ 158 Abs. 1)	147
b) Auflösende Bedingung (§ 158 Abs. 2, § 1 Abs. 4 S. 1)	148
c) Aufhebungsverpflichtung (§ 1 Abs. 4 S. 2)	149

	RdNr.
4. Bestellung durch nicht befreiten Vorerben	
a) Rechtsfolgen nach Erbrecht	150
b) Nacherbfolge bei Tod des Vorerben	151
aa) Gründe für Zulässigkeit	152
bb) Gründe gegen die Zulässigkeit	152
c) Nacherbfolge bei anderen Voraussetzungen	153
d) Nacherbfolge (nur) in Gesamthandsanteil	153 a
5. Rechtsfolge des Verstoßes gegen § 1 Abs. 4	
a) Verstoß gegen S. 1	154
b) Verstoß gegen S. 2	155
6. Rücktrittsrechte	
a) Vertragliches Rücktrittsrecht	156
b) Gesetzliches Rücktrittsrecht	157
c) Heimfall anstelle eines gesetzlichen Rücktrittsrechts	159
X. Sonstige Rechtswirkungen (§ 11 Abs. 1 S. 1)	
1. Anwendungsbereich	160
2. Ansprüche aus Eigentum	161
3. Anwendbarkeit von Grundstücksvorschriften des BGB	162
4. Anwendbarkeit von Grundstücksvorschriften anderer Gesetze	
a) ZPO, ZVG	163
b) Erbbau-Heimstätte	164
c) Öffentliches Recht, Steuerrecht	166
d) Höfeordnung	167

I. Vorbemerkungen

1. Gesetzliche Systematik

2.1 Das Erbbaurechtsgesetz regelt in § 1 den gesetzlichen Inhalt des Erbbaurechts, also dessen zwingende gesetzliche Erfordernisse, die noch durch § 10, den nötigen Rang ergänzt werden. Sie bringt weiter gesetzliche Rechtswirkungen in §§ 11 mit 30, 34. Daneben gibt sie in §§ 2 mit 8, § 27 Abs. 1 S. 2, § 32 Abs. 1 S. 2 Möglichkeiten, mit dinglicher Wirkung den Inhalt des Erbbaurechts vertraglich zu regeln und die Rechtsfolgen hierzu, die neben den genannten Vorschriften in §§ 31 mit 33 und § 34 (Teil) geregelt werden, sowie schließlich als selbständiges Element den Erbbauzins in § 9 und die Beschränkung des Anspruchs auf Erhöhung des Erbbauzinses in § 9a. Im vorliegenden Kapitel soll zwingender gesetzlicher Inhalt (§ 1, § 10) zusammengefasst werden, sowie die grundsätzlichen Rechtswirkungen.

2.2 Der gesetzliche Inhalt lässt schon Gestaltungsspielräume zu, die an den fraglichen Stellen jeweils behandelt werden. Daneben gibt es im Erbbaurecht eine Reihe besonderer Gestaltungsformen, die in Kapitel 3 zusammengefasst werden. In Kapitel 5 wird dann das rechtliche Schicksal des Erbbaurechts von der Entstehung bis zum Erlöschen zusammengefasst. Diese beiden Kapitel 3 und 5 gehören sachlich zu Kapitel 2, werden jedoch der Übersichtlichkeit wegen ausgesondert.

2. Normzweck

2.3 § 1 ErbbauRG enthält die Legaldefinition des Begriffs des Erbbaurechts und daneben die gesetzlichen Erfordernisse für die Entstehung des Erbbaurechts, also dessen **gesetzlichen Inhalt.** Normzweck ist hier die Schaffung einer klaren Rechtsbeziehung zwischen Grundstückseigentümer und Erbbauberechtigtem sowie die Schaffung einer klaren dinglichen Rechtsposition; in § 12 ErbbauRG werden die Eigentumsverhältnisse geklärt. Zur Erleichterung der Übertragbarkeit und Beleihbarkeit wird durch § 1 Abs. 4 ErbbauRG ein unvorhersehbares Erlöschen während der vereinbarten Dauer des Erbbaurechts ausgeschlossen. Durch den erforderlichen ersten Rang des Erbbaurechts gemäß § 10 ErbbauRG wird ferner das Risiko des Erlöschens des Erbbaurechts in einer Zwangsversteigerung des Grundstücks ausgeschlossen. Dies sind alles Hauptziele des ErbbauRG, vgl. RdNr. 1.9–11. Diese zwingenden gesetzlichen Erfordernisse müssen in der Erbbaurechtsbestellung bzw. -änderung genügend bestimmt sein (vgl. RdNr. 5.44); fehlt eine derartige zwingend erforderliche Bestimmung oder ist sie ungenügend, so führt dies zur Nichtigkeit des Erbbaurechts. Auch die sonstigen gesetzlichen Rechtswirkungen sind grundsätzlich nicht abdingbar.

3. Abgrenzung

Neben dem gemäß § 1 zwingend zu regelnden gesetzlichen Inhalt geben die §§ 2–8, 27 Abs. 1 S. 2, § 32 Abs. 1 S. 2 ErbbauRG die Möglichkeit, mit **dinglicher Wirkung vertragliche Inhaltsregelungen** festzusetzen. Damit bietet das Erbbaurechtsgesetz einen weiten Rahmen, den Inhalt des dinglichen Rechts vertraglich zu bestimmen (vgl. Kap. 4). Erfolgen keine derartigen Regelungen, verbleibt es bei den gesetzlichen Rechtsfolgen. Ferner können **zusätzliche schuldrechtliche Vereinbarungen** getroffen werden, die den Inhalt des Erbbaurechts ergänzen oder eine Anpassung des Erbbauzinses festlegen; diese dürfen jedoch zwingenden sachenrechtlichen Vorschriften nicht widersprechen (vgl. RdNr. 4.6 ff., RdNr. 6.65 ff., 72 ff.). 2.4

II. Bauwerk

1. Anforderungen an ein Bauwerk

Nach dem ErbbauRG bestehen folgende Anforderungen: Das Erbbaurecht muss sich auf ein Gebäude bzw. Bauwerk beziehen, § 1 Abs. 1 ErbbauRG (RdNr. 2.6 ff.), dieses muss hinreichend bestimmt sein (RdNr. 2.18 ff.), bei Bau durch den Erbbauberechtigten muss es nach Maßgabe dieser Bestimmungen errichtet sein, § 12 Abs. 1 ErbbauRG (RdNr. 2.42 ff.) und wirtschaftlich die Hauptsache bleiben, § 1 Abs. 2 ErbbauRG (RdNr. 2.70). Bei dem Gebäude muss es sich ferner um ein einheitliches Gebäude, nicht nur einen Teil eines solchen handeln (§ 1 Abs. 3 ErbbauRG, RdNr. 2.29 ff.). 2.5

2. Begriff

a) Zwingender gesetzlicher Inhalt. Das Haben eines Bauwerks ist gemäß § 1 Abs. 1 ErbbauRG zwingender gesetzlicher Inhalt des Erbbaurechts. Bezieht sich daher das Erbbaurecht seinem Inhalt nach auf kein Bauwerk, so entsteht kein Erbbaurecht, seine Eintragung wäre inhaltlich unzulässig;[1] zu den Nichtigkeitsfolgen vgl. RdNr. 5.72 ff. Das LG Lübeck[2] hat dies in zwei Fällen entschieden, in denen jeweils ein eigenes Erbbaurecht an einer selbständigen Grundstücksparzelle bestellt wurde, die nur als Garten oder Nebenfläche benutzt wurde und nur wirtschaftlich aber nicht rechtlich zu einem Erbbaurecht des gleichen Berechtigten an einer Wohnhausparzelle gehörte. Es kann sich auf bereits bestehende oder in der Zukunft zu errichtende, auf einzelne oder mehrere Bauwerke beziehen, vgl. RdNr. 2.41 ff., 2.31. Bezieht sich das Erbbaurecht auf ein noch zu errichtendes Bauwerk, so sind **zwei Phasen** zu unterscheiden: Das Recht zum „Haben eines Bauwerks" ist zunächst die **Befugnis zur** (bestimmungsgemäßen, vgl. RdNr. 2.18 ff.) **Bebauung**; 2.6

---

[1] OLG Frankfurt Rpfleger 1975, 305, 306; LG Oldenburg Rpfleger 1983, 105.
[2] LG Lübeck SchlHA 1959, 151; LG Lübeck SchlHA 1962, 247.

nach bestimmungsgemäßer Bebauung ist es die **Grundlage für den Eigentumserwerb** am Bauwerk, vgl. RdNr. 2.42. Es muss zunächst nur das Recht zum Haben eines Bauwerks begründet werden, ob der Erbbauberechtigte dieses dann auch errichtet, ist seine Sache. Der Grundstückseigentümer kann aber eine Verpflichtung des Erbbauberechtigten zur Errichtung des Bauwerks gemäß § 2 Nr. 1 ErbbauRG zum vertraglichen Inhalt machen.

2.7 **b) Begriffsinhalt.** Die Begriffe „Bauwerk" und „Gebäude" sind gesetzlich nicht definiert, weder in dem Erbbaurechtsgesetz, noch im BGB. Diese beiden Begriffe werden in § 1 Abs. 1 und Abs. 3 ErbbauRG verwendet, vom Gesetz also unterschieden. Zu ihrer Bestimmung ist der allgemeine Sprachgebrauch und die normale Verkehrsanschauung heranzuziehen; dabei ist zu berücksichtigen, dass die Verkehrsanschauung mit dem technischen Wandel auch einer Veränderung unterliegt.[3] Baurechtliche Begriffe, wie „bauliche Anlagen" sind davon zu unterscheiden.

– **Bauwerk** ist nach RG, BGH und hM[4] eine (unbewegliche) durch Verwendung von Arbeit und (bodenfremdem) Material in Verbindung mit dem Erdboden hergestellte Sache.

– **Gebäude** ist nach BGH[5] ein Bauwerk, das durch räumliche Umfriedung Schutz gewährt und den Eintritt von Menschen gestattet.

2.8 Der Begriff des Bauwerks umfasst daher den des Gebäudes mit und geht über diesen hinaus. **Komplexe Anlagen,** zB ein Golfplatz können eine funktionelle und bauliche Einheit sein; diese bildet nach BGH[3] als Ganzes ein Bauwerk, auch wenn darin Teile enthalten sind, die als solche keinen Bauwerkscharakter haben. Eine **feste Verbindung** des Bauwerks mit dem Erdboden, also die Herstellung einer unbeweglichen Sache ist begriffsnotwendig.[6] Eine bloße Ausnutzung des Bodens genügt deswegen nicht, zB nur das Aufstellen einer festen Baracke und dergleichen.[7] Etwas anderes ergibt sich aber, zB für ein Ladengeschäft in einer „Containerkombination", die wie ein Fertighaus aufgestellt ist,[8] oder wenn ein (massiver) Gastank mit einem Fassungsvermögen von 900 m^3 nur auf dem Boden aufliegt, da er wegen der Schwerkraft fest verbunden ist.[9] Es darf sich auch nicht um eine bloße Umgestaltung des Bodens ohne Verwendung von grundstücksfremdem Material handeln, zB Aufdecken einer Quelle oder Ausheben einer Grube.[10] Eine feste Verbindung liegt auch nicht vor, wenn einzelne fertige Rohrteile im Boden versenkt und dort zusammengesetzt werden, aber untereinander nicht fest verbunden werden.[11] Die Motive führen als Beispiele Monumente, Brücken und Viadukte an, haben also an Anlagen konstruktiver Art gedacht. Dagegen genügt ein nur zu einem vorübergehenden Zweck errichtetes Bauwerk iS des § 95 Abs. 1 S. 1 BGB, weil in dem Erbbaurechtsgesetz der Zweck des Bauwerks nur zu seiner Bestimmung oder für § 2 Nr. 1 ErbbauRG maßgebend ist.[12]

2.9 **c) „Auf oder unter der Oberfläche":** Gemäß § 1 Abs. 1 ErbbauRG kann das Bauwerk „auf oder unter der Oberfläche" des Grundstücks sein. Ein Bauwerk ist

---

[3] BGH NJW 1992, 1681; KG OLGRspr 10, 410, 411.
[4] RGZ 56, 41, 43; BGHZ 57, 60, 61 = NJW 1971, 2219; BGH BGHZ 117, 19, 25 = NJW 1992, 1681; *Ingenstau/Hustedt* § 1 RdNr. 61; *Staudinger/Rapp* § 1 RdNr. 11; *Erman/Grziwotz* § 1 RdNr. 6; *Palandt/Bassenge* § 1 RdNr. 7.
[5] DB 1972, 2298; *Palandt/Bassenge* § 908 RdNr. 1.
[6] BayObLG OLGRspr 6, 594, 596; OLG Kiel OLGRspr 26, 126; LG Oldenburg Rpfleger 1983, 105.
[7] Vgl. KG OLGRspr 10, 412; *Ingenstau/Hustedt* § 1 RdNr. 62.
[8] BGH NJW 1992, 1445.
[9] LG Oldenburg Rpfleger 1983, 105.
[10] *Ingenstau/Hustedt* § 1 RdNr. 62; *Soergel/Stürner* § 1 RdNr. 10.
[11] KG OLGRspr 10, 410.
[12] Vgl. *Ingenstau/Hustedt* § 1 RdNr. 62.

üblicherweise zum Teil auf und zum Teil unter der Oberfläche, zB Keller oder Fundament. Dies wird nicht nur vom Gesetz klargestellt, sondern auch die Möglichkeit eröffnet, dass sich **ein Bauwerk ganz unter der Oberfläche** befindet. Das Erbbaurecht kann sich also zB auf eine Tiefgarage, einen selbständigen Keller (ohne aufstehende Gebäude), einen Bergwerkschacht oder eine massiv verbundene Rohrleitung beziehen. Soweit die Grundstücksoberfläche nicht Bauwerksbestandteil ist (zB Zufahrt zur Tiefgarage, Zugang zum Keller) verbleibt die Oberfläche dann vollständig in Nutzung und Eigentum des Grundstückseigentümers. Bei den heutigen technischen Möglichkeiten kann sich dann sogar ergeben, dass sich das Bauwerk des Erbbauberechtigten, zB eine Tiefgarage unter der Oberfläche befindet, während sich ein Gebäude des Grundstückseigentümers, zB ein Wohn- oder Geschäftshaus darüber befindet. Maßgeblich ist jedoch, dass beide Bauwerke keine Einheit bilden (§ 1 Abs. 3 ErbbauRG), sondern beide nach der Verkehrsanschauung völlig selbständige Bauwerke bilden, also jeweils eine eigene Statik, insbesondere eigene Fundamente und eine eigene Ver- und Entsorgung aufweisen, vgl. RdNr. 2.29. Bei einem Bauwerk des Erbbauberechtigten nur unter der Oberfläche kann aber auch gemäß § 1 Abs. 2 ErbbauRG die Nutzung des Erbbaurechts auf die Grundstücksoberfläche ausgedehnt werden, zB als Zufahrt, Parkplatz und dergleichen.

Ein **Bauwerk nur auf der Oberfläche** ist dagegen nicht möglich, da es dann an der begriffsnotwendigen festen Verbindung fehlt. Dies wäre zB der Fall, wenn das Erbbaugrundstück lediglich überspannt wird, so zB von einer Brücke, Seilbahn oder Leitung, die kein Fundament, Pfeiler oder dergleichen auf dem Erbbaugrundstück haben. Der gegenteiligen Ansicht[13] ist nicht zu folgen, da es sich dann um kein Bauwerk „auf" dem Erbbaugrundstück handelt und die Verordnung nicht den Begriff des wesentlichen Bestandteils ändert, sondern nur dessen rechtliche Zuordnung. Etwas anderes gilt jedoch bei einer festen Verbindung durch Schwerkraft, wie einem Gastank mit 900 m³ (vgl. RdNr. 2.8). 2.10

3. Einzelfälle

a) Gebäude aller Art. Bauwerk im Sinne von § 1 Abs. 1 ErbbauRG sind Gebäude aller Art, wobei der Nutzungszweck des Gebäudes unerheblich ist: Wohngebäude, gewerbliche und sonstige Gebäude aller Art – zB Geschäftshäuser, Kaufhäuser, Fabriken, Lagerhallen, Kirchen, Schulen, landwirtschaftliche Gebäude, Parkhäuser, Tiefgaragen und selbständige Keller –; Tiefgarage und Keller dürfen jedoch nicht Teil eines darüber befindlichen (nicht zum Erbbaurecht gehörenden) Gebäudes sein, sondern müssen selbständige Bauwerke sein;[14] ferner ein Kindergarten mit Gebäude, sowie ein Camping-Naherholungszentrum; das LG Paderborn[15] sieht im letzteren Falle die Anlage als Einheit, bei der Wirtschaftsgebäude mit sanitären Anlagen, Geschäft, Restaurant als Gebäude, Spiel- und Sporteinrichtungen unter Umständen als Bauwerk anzusehen sind, wobei bei der ganzen Anlage das Bauwerk im Vordergrund steht. Dem hat sich der BGH[15] im Golfplatzfall angeschlossen. Ob dies jedoch mit § 1 Abs. 2 ErbbauRG vereinbar ist, muss im Einzelfalle entschieden werden. Bei einem normalen Campingplatz, in dem die reinen Rasencampingflächen wirtschaftlich und flächenmäßig den Hauptteil ausmachen, wäre danach ein Erbbaurecht unzulässig. 2.11

b) Gewerbliche Anlagen. Gebäude, wie in Abs. a) behandelt, sowie ferner Bauwerke sind: Schachtanlagen, insbesondere für Bergwerke; Windenergieanla- 2.12

---

[13] *Weber* MittRhNotK 1965, 548, 550; RGRK/*Räfle* § 1 RdNr. 25; *Erman/Grziwotz* § 1 RdNr. 6.
[14] KG JW 1933, 1334; LG Ulm BWNotZ 1971, 68, je mit Abgrenzung zu früheren „Kellerrechten" bzw. „Stockwerkseigentum" n. Württ. Landesrecht.
[15] BGH NJW 1992, 1681; LG Paderborn MDR 1976, 579.

gen;[16] Maschinenanlagen, soweit eine feste Verbindung mit dem Boden besteht (zB Hochofen), nur festgeschraubte Maschinen sind dagegen nicht fest verbunden;[17] Tankstelle,[18] unterirdischer Tank; oberirdischer massiver Gastank mit Fassungsvermögen von 900 m^3, der durch Schwerkraft mit dem Grundstück fest verbunden ist, vgl. RdNr. 2.8.

2.13   **c) Verkehrsbauwerke.** Straße oder Parkplatz, wenn nicht nur eine Planierung erfolgt, sondern ein fester Straßenkörper aus grundstücksfremdem Material (zB Unterbau aus Kies und Schotter, Teerdecke oder Pflastersteine) entsteht;[19] Gleisanlagen, da hier gleichfalls durch bodenfremdes Material eine mechanische Verbindung mit dem Grund und Boden entsteht, sowie eine Laderampe hierzu;[20] nach den Motiven auch Brücken,[21] Viadukte,[22] sowie eine Drahtseilbahn oder Schwebebahn,[23] wobei in diesen Fällen das Bauwerk auch tatsächlich durch Pfeiler, Träger und dergleichen mit dem Erbbaugrundstück verbunden sein muss und eine reine Überspannung nicht ausreicht, str., vgl. RdNr. 2.10; massive Hafenanlagen.

2.14   **d) Versorgungsanlagen.** Gemauerte Kanäle oder Schächte, Rohre oder Röhren, aber nur wenn die Einzelteile fest miteinander verbunden sind und nicht nur aneinandergelegt sind, vgl. RdNr. 2.8;[24] Brunnen, jedoch nur soweit sie ausgemauert sind und nicht soweit die Brunnenrohre nicht fest eingelassen sind;[25] Flusswehre und dergleichen;[26] Windenergieanlagen; Leitungsmasten, nicht dagegen unter dem Erdboden verlegte Kabel.

2.15   **e) Erschließungsanlagen.** Gemäß Abs. c) und d) können Erschließungsanlagen, wie Straßen, Parkplätze, fest verbundene Kanäle und dergleichen Gegenstände eines selbständigen Erbbaurechts sein. Wird dagegen das Erbbaurecht für ein Wohn- oder Gewerbegebäude bestellt, so sind Zufahrt, (private) Kanal-, Wasser-, Stromleitungen und sonstige Versorgungsanlagen außerhalb des Gebäudes, aber im Erbbaugrundstück, zwar nicht rechtlicher Bestandteil des Gebäudes, soweit sie nicht damit (fest) verbunden sind (vgl. RdNr. 2.76), aber dennoch wirtschaftlich dafür nötig. Auch wenn dies im Erbbaurechtsvertrag nicht gesondert ausgewiesen ist, was allerdings zweckmäßig ist, können vom Erbbauberechtigten die nötigen und üblichen Zufahrten, Ver- und Entsorgungseinrichtungen für sein Bauwerk errichtet werden vgl. RdNr. 2.76. Liegen derartige Einrichtungen zwar auf dem Erbbaugrundstück, aber außerhalb der Nutzungsfläche des Erbbauberechtigten (§ 1 Abs. 2 ErbbauRG), so muss das Erbbaurecht auch auf diese Einrichtungen und Anlagen gemäß § 1 Abs. 2 ErbbauRG erstreckt werden, vgl. RdNr. 2.77.

2.16   **f) Sportanlagen, Kinderspielplätze.** Soweit hier kein wirtschaftlich die Hauptsache bildendes Gebäude vorhanden ist, muss wenigstens ein sonstiges Bauwerk vorliegen: zB ein massives Schwimmbecken, ein festgemauerter Schießstand, eine Zuschauertribüne, soweit sie nicht aus einem reinen Erdwall besteht. Das gleiche gilt für Tennisplätze, da hier nicht nur Erdarbeiten, sondern auch ein Unterbau

---

[16] OLG Hamm Rpfleger 2006, 9; nach LG Flensburg NJW-RR 2005, 1610 kein Gebäude, sondern Bauwerk.
[17] BayObLG Rspr 6, 594, 596.
[18] Vgl. BayObLG MDR 1958, 691.
[19] LG Kiel SchlHA 1972, 169.
[20] KG OLGRspr 10, 412.
[21] Z. Eigentumslage an einer Brücke, deren Pfeiler auf Grundstücken verschiedener Eigentümer stehen (Miteigentum), vgl. OLG Karlsruhe NJW 1991, 926; bei dazwischenliegendem Grundstück (Fluss) DNotI-Gutachten AZ § 93–38 457.
[22] Vgl. KG OLGRspr 10, 410 u. OLGRspr 10, 412.
[23] OLG Kiel OLGRspr 26, 126.
[24] OLGRspr. 10, 410.
[25] Vgl. *Ingenstau/Hustedt* § 1 RdNr. 63.
[26] BayObLG Rspr 14, 254.

sowie eine Deckschicht aus Ziegelsand oder festem Material erforderlich ist sowie Umzäunung und Sprenganlage.[27] Die nötige bauliche Ausgestaltung ist auch bei einer Kunststofflaufbahn oder einer eingebauten Rasenheizung gegeben. Werden dagegen nur Erdarbeiten (Planierungen, Aufschüttungen, gärtnerische Anlagen) vorgenommen, entsteht kein Bauwerk.[28] Liegt jedoch ein Bauwerk vor, ist darauf zu achten, ob es mit anderen Sportanlagen **funktionelle und bauliche Einheit** bildet, so dass die gesamte Sportanlage Bauwerk iS von § 1 Abs. 1 ErbbauRG ist.[29] Dies ist sicherlich bei einem Fußball- oder Sportplatz mit Zuschauertribüne und Vereinsheim der Fall, auch wenn das eigentliche Spielfeld als Rasenplatz kein Bauwerk ist. Bei einem reinen Rasenfeld ohne sonstige Einrichtungen liegt dagegen kein Bauwerk vor. Ein größerer Kinderspielplatz ist ein Bauwerk, wenn die dort vorhandenen Geräte fest im Boden verankert sind und die wirtschaftliche Hauptsache bilden.[30] Beim Golfplatzfall des BGH[31] kommt es nicht auf die Einzelbereiche an: reine Grünanlagen – kein Bauwerk; Greens, Abschlagplätze – möglicherweise Bauwerk, wenn künstl. aus bodenfremdem Material hergestellt; Wirtschaftsgebäude, Clubhaus sowie Straßen- und sonstige Erschließungsanlagen – Bauwerkscharakter (RdNr. 2.15). Entscheidend ist vielmehr, dass die Golfanlage bei natürlicher, am Gesamtzweck und dem baulichen Zusammenhang orientierter Betrachtungsweise eine funktionelle und bauliche Einheit bildet und als solche Bauwerkscharakter hat. Allerdings verlangt der Bestimmtheitsgrundsatz, dass im Vertrag die Bestandteile angegeben werden, aus denen sich der Bauwerkscharakter der Gesamtanlage ergibt.

g) Sonstiges. Bauwerke sind: Mauern, Denkmäler, massive Grabdenkmäler, nicht dagegen ein reines Erdgrab oder ein Grabstein;[32] keine Bauwerke sind dagegen reine Gärten,[33] reine Pflanzungen und dergleichen. 2.17

4. Bestimmung des Bauwerks

a) Problemstellung. Zwar wird im Regelfalle das Erbbaugrundstück nur mit einem Bauwerk des Erbbauberechtigten bebaut sein oder auch nur eine Bebauung zulässig sein. Das Erbbaugrundstück kann jedoch auch mit mehreren Gebäuden bebaut sein, wobei sich das Erbbaurecht auf eines, mehrere oder alle dieser Gebäude beziehen kann, vgl. RdNr. 2.31. Das Erbbaugrundstück kann ebenso unbebaut sein, aber die Bebauung mit mehreren Gebäuden zulässig sein, oder es kann bereits bebaut sein, aber eine weitere Bebauung noch möglich sein. Ferner kann eine Bebauung mit ganz verschiedenartigen Gebäudetypen von Wohngebäude bis Gewerbegebäude baurechtlich zulässig sein. Hier ist es nun wirtschaftliches Interesse des Erbbauberechtigten, genau zu wissen, wie weit sein Baurecht geht, also wie viele Gebäude und welcher Art er errichten darf. Andererseits spielt dies für den Grundstückseigentümer ebenfalls eine erhebliche Rolle, da die Vereinbarung eines Erbbauzinses als wirtschaftliche Gegenleistung im Regelfall auch von dem Umfang und der Art und Weise der Bebauungsbefugnis des Erbbauberechtigten abhängt, und da er ggf. wissen muss, ob und welches Baurecht ihm verbleibt. 2.18

b) Begründung des Bestimmtheitserfordernisses. Das Bestimmtheitserfordernis ist zwar im Gesetz nicht ausdrücklich festgelegt, wird jedoch zu Recht nach 2.19

---

[27] LG Itzehoe Rpfleger 1973, 304.
[28] BGH NJW 1992, 1682; vgl. LG Braunschweig MDR 1953, 480.
[29] BGH NJW 1992, 1682; vgl. LG Braunschweig MDR 1953, 480.
[30] LG Itzehoe Rpfleger 1973, 304.
[31] BGH NJW 1992, 1682.
[32] OLG Stuttgart in OLGRspr 8, 122; AG München NJW-RR 1986, 20.
[33] LG Lübeck SchlHA 1959, 151.

allgM[34] verlangt. Der Bestimmtheitsgrundsatz des Sachenrechts und des Publizitätsprinzip des Grundbuches verlangen eine Bestimmung des Rechtsinhalts eines dinglichen Rechts am Grundstück. Während zB beim Nießbrauch die Benutzungsbefugnis gemäß § 1030 BGB im Gesetz vollständig geregelt ist, gibt § 1 Abs. 1 ErbbauRG lediglich einen allgemeinen Rahmen für seinen Rechtsinhalt. Nach § 12 ErbbauRG hängt der Eigentumserwerb des Erbbauberechtigten davon ab, dass das Bauwerk innerhalb der Bebauungsbefugnis des Erbbauberechtigten errichtet wird (vgl. RdNr. 2.42 ff.); die Bestimmung des Bauwerks ist daher die Grundlage für den Eigentumserwerb, der wiederum das wirtschaftliche Hauptanliegen des Erbbaurechts ist. Auch die Erstreckung gemäß § 1 Abs. 2 ErbbauRG auf einen für das Bauwerk nicht benötigten Grundstücksteil setzt voraus, dass überhaupt feststeht, ob ein derartiger Teil übrigbleibt. Ferner kann gemäß § 1 Abs. 2 ErbbauRG nur überprüft werden, ob das Bauwerk die Hauptsache bleibt, wenn dieses überhaupt bestimmt ist. Da das Erbbaurecht rechtlich wie ein Grundstück behandelt wird (§ 11 ErbbauRG), insbesondere veräußerlich und belastbar ist, müssen nicht nur Grundstückseigentümer und Erbbauberechtigter, sondern auch deren Rechtsnachfolger und deren Finanzierungsgläubiger genau wissen, welches Bauwerk nun erworben wird, bzw. errichtet werden kann und was nun Gegenstand der Beleihung ist. Dies ist gleichermaßen rechtlich, wie wirtschaftlich notwendig.[35]

2.20   c) **Umfang des Bestimmtheitserfordernisses.** Während das Bestimmtheitserfordernis selbst unstrittig ist, gibt es zu dessen Umfang verschiedene Meinungen.

2.21   **aa) Abweichende Meinungen.** *Lutter*[36] verneint die Wirksamkeit der Erbbaurechtsbestellung nur bei „völliger Unbestimmtheit", zB bei Bezeichnung als „ein Bauwerk". Dass derartige vage Inhaltsbestimmungen keine sichere Grundlage für den Eigentumserwerb am Bauwerk sind, zeigt schon der einfachste Fall eines Einfamilienwohnhauses: Es werden zB das Wohnhaus selbst, eine davon räumlich abgesonderte Garage, eine Gartenmauer und eine massiv ausgebaute Zufahrtsstraße errichtet, also vier Bauwerke; bei dieser Formulierung ist nicht klar, an welchem der Bauwerke nun der Eigentumserwerb erfolgt. Den gegenteiligen Standpunkt nimmt *Ripfel*[37] ein, der neben Art und Zahl der Bauwerke bei Gebäuden auch die Bestimmung der Stockwerke und Höchstgrößen der bebauten Grundstücksflächen verlangt. Dies ist mit dem BGH[35] abzulehnen. Einerseits stehen bei einer Erbbaurechtsbestellung vor Bauwerkserrichtung regelmäßig Einzelheiten der Bauausführung noch gar nicht fest, geschweige denn, deren baurechtliche Zulässigkeit. Erst recht können bei der langen Dauer des Erbbaurechts künftige Umbauten oder ein künftiger Abbruch und Neubau noch gar nicht vorhergesehen werden. Andererseits wären dann Vereinbarungen nach § 2 Nr. 1 ErbbauRG insoweit überflüssig, als dort noch zusätzliche Vereinbarungen über „die Errichtung des Bauwerks", also auch dessen Art und Ausführung mit dinglicher Wirkung getroffen werden können.

---

[34] BGHZ 47, 190 = NJW 1967, 1611; DNotZ 1969, 487; Rpfleger 1973, 355; BGH DB 1975, 883; KG Rpfleger 1979, 208; OLG Frankfurt Rpfleger 1975, 305; OLG Frankfurt OLGZ 1983, 165; OLG Hamm Rpfleger 1983, 349; *Mattern* WPM 1973, 662, 666; *Clasen* BlGBW 1973, 61, 62; *Pikart* WPM 1967, 1026; *Riggers* JurBüro 1970, 730; *Ingenstau/Hustedt* § 1 RdNr. 65; *Staudinger/Rapp* § 11 RdNr. 18; *Soergel/Stürner* § 1 RdNr. 8; *Palandt/Bassenge* § 1 RdNr. 8; *Ripfel* NJW 1957, 1826; *Lutter* DNotZ 1960, 80, 88.

[35] Z. Begründung d. Bestimmtheitserfordernisses BGH NJW 1967, 1611 = BGHZ 47, 190.

[36] DNotZ 1960, 80, 88.

[37] NJW 1957, 1826.

II. Bauwerk

bb) Herrschende Meinung. Der BGH[38] und die wohl hM[39] verlangen als **Mindestbestimmtheit** wenigstens die Anzahl der zulässigen Bauwerke und deren ungefähre Beschaffenheit, zumindest deren Grundart. 2.22

cc) Einschränkungen. Dem ist mit folgenden Einschränkungen zu folgen: Sinn des Bestimmtheitserfordernisses ist, wie oben dargelegt, die Schaffung einer klaren Grundlage für den Eigentumserwerb am Bauwerk, also dass klar feststeht, in wessen Eigentum das jeweilige Bauwerk ist. Wenn der BGH[40] die Bezeichnung „mehrere Wohnhäuser" für ausreichend erachtet, steht aber die zulässige Zahl der Wohnhäuser nicht mehr fest: Wenn der Erbbauberechtigte sodann zB zehn Wohnhäuser errichtet, ist nicht mehr klar, ob schon das dritte von ihm errichtete Wohnhaus nicht mehr sein Eigentum wird oder erst das sechste, usw. Die **zulässige Zahl** der Gebäude sollte daher gegen hM **bestimmt** sein. Andererseits kann trotz des Bestimmtheitsgrundsatzes dem Erbbauberechtigten ein weitgehendes Bestimmungs- und Konkretisierungsrecht eingeräumt werden: Wenn vertraglich festgelegt wird, dass der Erbbauberechtigte „**jede** baurechtlich **zulässige Zahl von Gebäuden**" und „**jede** baurechtlich **zulässige Art von Gebäuden**" errichten darf, so steht dem Erbbauberechtigten eben jede zulässige Bebauungsbefugnis zu und erwirbt er Eigentum an allen errichteten Bauwerken, kann diese in beliebiger Weise abbrechen, ändern und neu errichten und nutzen; dem hat sich der BGH[41] inzwischen angeschlossen. Allerdings dürfen keine Zweifel bestehen, dass das/die Bauwerk(e) die Hauptsache iS § 1 Abs. 2 bleiben. Bei Bauerwartungsland sind auch die Kreditgeber nicht besonders zu schützen, da hier immer der wirkliche Beleihungswert erst nach Erlass eines Bebauungsplans erkennbar wird. Allerdings wird die Höhe des Erbbauzinses bei einem freien Baurecht anders bemessen werden, als bei einem eingeschränkten. 2.23

dd) Auslegung, Abgrenzung. Bei der Festlegung ist zu beachten, dass sich bei der idR langen Dauer des Erbbaurechts viele Änderungsmöglichkeiten ergeben können: Wenn „ein Einfamilienwohnhaus" vereinbart ist, kann keine abgeschlossene zweite Wohnung angebaut werden, oder wenn „ein Parkhaus" vereinbart ist, kann es dann eben nicht in ein Geschäftshaus umgebaut werden. Bei „Errichtung eines Wohnhauses nach Maßgabe des im Zeitpunkt der Bestellung gültigen Bebauungsplans" ist eine spätere Änderung dieses Plans nur maßgebend, wenn er keine wesentliche Änderung beinhaltet.[42] Die Bestimmung muss in der Erbbaurechtsbestellung erfolgen (auch in Bezug genommenen Anlagen),[43] **Umstände außerhalb der Urkunde** dürfen nur herangezogen werden, wenn sie für jeden ohne weiteres erkennbar sind, so zB wenn auf Grund des bei der Einigung geltenden Baurechts nur eine bestimmte Bebauung erfolgen darf, anders dagegen wenn zusätzliche weitere unbestimmte Gebäude errichtet werden dürfen.[44] Dies gilt nicht im Grundbucheintragungsverfahren, die Bestimmungen von § 11 Abs. 2 ErbbauRG, §§ 311b, 125 BGB und § 29 GBO sind hier zu beachten.[45] Die Vereinbarung der 2.24

---

[38] AaO Fn. 34 u. DNotZ 1969, 487; Rpfleger 1973, 355.
[39] KG Rpfleger 1979, 208; OLG Frankfurt Rpfleger 1975, 305; OLG Frankfurt OLGZ 1983, 165; OLG Hamm Rpfleger 1983, 349; *Mattern* WPM 1973, 662, 666; *Clasen* BlGBW 1973, 61, 62; *Pikart* WPM 1967, 1026; *Riggers* JurBüro 1970, 730; *Ingenstau/Hustedt* § 1 RdNr. 65 allerdings f. „gelockerten Bestimmtheitsgrundsatz"; *Staudinger/Rapp* § 11 RdNr. 18; *Soergel/Stürner* § 1 RdNr. 8; *Palandt/Bassenge* § 1 RdNr. 8.
[40] BGH NJW 1967, 1611 = BGHZ 47, 190.
[41] BGH DNotZ 1988, 161; BGH MittBayNot 1994, 316.
[42] BGH WPM 1984, 1514.
[43] ThürOLG Rpfleger 1996, 242.
[44] Vgl. BGH, OLG Frankfurt und *Mattern* Fn. 34.
[45] KG Rpfleger 1979, 208; OLG Hamm (Fn. 39).

Bestimmung des Bauwerks durch einen Dritten ist nach *Ripfel*[46] unzulässig, wenn sie erst nach der dinglichen Einigung erfolgt. Die Bestimmung des Bauwerks legt nur den gesetzlichen Inhalt des Erbbaurechts fest; sie ist von den dinglichen Vereinbarungen gemäß § 2 Nr. 1 ErbbauRG über die Verpflichtung zu seiner Errichtung zu unterscheiden, ebenso von dessen späterer **Verwendung,** insbesondere seinem vertragswidrigen Gebrauch; letzterer bleibt ohne Einfluss auf das Bauwerkseigentum, vgl. RdNr. 2.42. Zur **endgültigen Unbebaubarkeit** vgl. RdNr. 5.10.

2.25   d) **Einzelfälle:** Bei einem schon bestehenden Bauwerk genügt die zweifelsfreie Bezugnahme auf dieses; enthält die Urkunde hierzu keine weiteren Bestimmungen, besteht auch kein zusätzliches weiteres Baurecht. Nach BGH und hM entspricht der erforderlichen Mindestbestimmtheit nicht: „Errichtung von Gebäuden";[47] Wiederholung des Gesetzeswortlauts; „Errichtung von Bauwerken"[48] oder „ … eines Bauwerks";[49] „Gebäude als Mietwohnung oder Eigenheim".[50] Die Bestimmung „Einfamilienhaus" ist nicht eingehalten, wenn ein nicht unterkellertes Wochenendhaus errichtet wird;[51] „Parkhaus/Tankstelle" steht der zusätzlichen Einrichtung einer Gaststätte nicht notwendig entgegen.[52] Noch genügend: „ein Wohnhaus", nach BGH[53] auch „mehrere Wohnhäuser", was jedoch nach hier vertretener Ansicht abgelehnt wird; soweit nicht dem Erbbauberechtigten ein beliebiges Bestimmungsrecht eingeräumt wird, muss die genaue Anzahl der geplanten Gebäude festgelegt werden. Soweit hier wiederum dem Erbbauberechtigten kein freies Bestimmungsrecht eingeräumt wird, ist auch die Gattung festzulegen, zB „Wohnhaus", „Miethaus", „Geschäftshaus", „Fabrikgebäude"; wenn eine Gesellschaft erwirbt, genügt wohl „Bauwerke entsprechend seinen betrieblichen Erfordernissen". Eine genauere Darstellung „ein Einfamilienhaus", „zwei Miethäuser mit je zehn Wohnungen", ein „Fabrikgebäude für einen metallverarbeitenden Betrieb" schränkt das Baurecht des Erbbauberechtigten zwar in zulässiger Weise ein, wobei jedoch hier die bei einer langen Dauer des Erbbaurechts in der Zukunft möglichen baulichen Änderungen zu bedenken sind. Eine weitere Konkretisierung mindert also klar die wirtschaftliche Verwertbarkeit des Erbbaurechts. Eine genauere Beschreibung der Lage des Bauwerks ist nicht nötig, aber zweckmäßig.[54] Auch das Errichtungsrecht für Nebengebäude, zB Garagen und Erschließungsanlagen, die selbst Bauwerke sind, ist zweckmäßig, vgl. RdNr. 2.76 ff.

2.26   e) **Verstoß gegen Bestimmtheitsgrundsatz.** Liegt die vorstehend dargelegte Mindestbestimmtheit für das Bauwerk nicht vor, kann sie also auch nicht durch die oben dargelegte zulässige Auslegung ermittelt werden, so entsteht kein Erbbaurecht, es ist als inhaltlich unzulässig zu löschen (§§ 53 Abs. 1, 52 GBO).[55] Von dem Fehlen der Mindestbestimmtheit ist jedoch die Frage einer bestimmungswidrigen Bebauung (vgl. RdNr. 2.43) oder einer bestimmungswidrigen Verwendung (vgl. RdNr. 2.42) zu unterscheiden.

---

[46] NJW 1957, 1826, 1827.
[47] BGHZ 47, 190 = NJW 1967, 1611.
[48] BGH DNotZ 1969, 487, 489.
[49] OLG Frankfurt OLGZ 1983, 165.
[50] Vgl. BGH MDR 1967, 575.
[51] OLG Frankfurt Rpfleger 1975, 305.
[52] BGH DB 1975, 833.
[53] NJW 1967, 1611 = BGHZ 47, 190.
[54] Vgl. *Riedel* DNotZ 1960, 375, 376.
[55] OLG Frankfurt OLGZ 1983, 165.

5. Selbständiges Gebäude, Ausschluss der Beschränkung auf Gebäudeteile (§ 1 Abs. 3 ErbbauRG)

a) Grundsatz der Rechtseinheit am Gebäude. § 1 Abs. 3 ErbbauRG 2.27 schließt Beschränkungen des Erbbaurechts auf einen Teil eines Gebäudes, insbesondere auf ein Stockwerk aus. Die Bedeutung der Vorschrift ist strittig. Nach Ansicht der Befürworter des Nachbarerbbaurechts sollen damit entweder nur horizontale Gebäudeteilungen oder neben diesen nur vertikale Gebäudeteilungen innerhalb eines Grundstücks ausgeschlossen werden, während vertikale Gebäudeteilungen an der Grundstücksgrenze zulässig sein sollen, vgl. RdNr. 3.72 ff.

Nach hier vertretener Ansicht ergibt sich jedoch aus § 1 Abs. 3 ErbbauRG im Um- 2.28 kehrschluss: Das Erbbaurecht muss sich auf ein **selbständiges Gebäude in seiner Gesamtheit** beziehen.[56] Damit wird der Grundsatz der Rechtseinheit am Gebäude konkretisiert, der sich auch aus der Vorschrift des § 94 Abs. 2 BGB und aus den Überbauvorschriften der §§ 912 ff. BGB ergibt. Der BGH hat sich in zwei Entscheidungen eher am Rande damit beschäftigt, und zwar einmal zur bestimmungswidrigen Bebauung[57] und einmal zum Überbau.[58] Er begründet, wie er ausführt,[58] in „ständiger Rechtsprechung" den Grundsatz der Rechtseinheit am Gebäude damit, dass es „dem Sinn des Gesetzes und der praktischen Vernunft entspricht, wirtschaftliche Einheiten grundsätzlich auch rechtlich als Eigentumseinheiten zu erhalten." Der BGH gibt ferner dem Grundsatz der Rechtseinheit zwischen den einzelnen Gebäudeteilen grundsätzlich den Vorzug gegenüber dem Grundsatz der Rechtseinheit zwischen Grundstück und den darüber befindlichen Gebäudeteilen.[59] Da ferner gemäß § 12 ErbbauRG das Gebäude als wesentlicher Bestandteil des Erbbaurechts gilt und der Erbbauberechtigte Eigentum daran erwirbt, muss es seinerseits im Verhältnis zu anderen Gebäuden bzw. Gebäudeteilen sonderrechtsfähig sein, also selbständig sein.

b) Voraussetzungen für ein selbständiges Gebäude. Ob danach ein Bau- 2.29 werk ein einheitliches (selbständiges) Gebäude darstellt, richtet sich nach Entscheidungen des BGH zum Überbau in erster Linie nach seiner **körperlichen bautechnischen Beschaffenheit;** wenn die Bauwerksteile nicht voneinander getrennt werden können, ohne dass der eine oder andere zerstört oder in seinem Wesen verändert wird, ist grundsätzlich ein einheitliches Gebäude gegeben.[60] Daraus ist zu folgern, dass zunächst für ein selbständiges Bauwerk auch eine eigene Statik nötig ist, da andernfalls der Abbruch eines Teilgebäudes den Einsturz des Gesamtgebäudes nach sich ziehen würde. Ferner ergibt sich daraus auch, dass für jedes Teilgebäude eine eigene Zugangsmöglichkeit[61] und eine eigenständige Ver- und Entsorgung[62] vorhanden sein muss, zumindest deren unbedingt nötige Elemente. Nach BayObLG[63] und anscheinend auch BGH[64] ist ferner eine räumliche Abgrenzung (Trennmauer) zum Nachbargebäude nötig; hier sollte aber das für die Statik nötige

---

[56] BayObLG Rpfleger 1957, 383 = DNotZ 1958, 409; ebenso: MünchKomm § 1 RdNr. 14; RGRK/*Räfle* § 1 RdNr. 50; *Bauer/v. Oefele/Maaß* AT RdNr. VI 277 bzw. /*Krauß* E RdNr. II 71; aA *Weitnauer* DNotZ 1958, 413; *Rothoeft* NJW 1974, 665; wohl auch *Esser* NJW 1974, 921; jetzt auch *Staudinger/Ring* § 1 RdNr. 34; *Linde/Richter* RdNr. 69.
[57] BGH NJW 1973, 1656 = Rpfleger 1973, 356.
[58] BGH NJW 1985, 789.
[59] BGH NJW 1985, 789.
[60] BGH DNotZ 1982, 43, 44 u. dort angef. Entsch.
[61] KG NJW 1933, 1334, 1335; BGH NJW-RR 1989, 1039 stellt auch auf die „funktionale Einheit" ab.
[62] BGH DNotZ 1982, 43, 44 zu Technik.
[63] Rpfleger 1957, 383 = DNotZ 1958, 409.
[64] DNotZ 1982, 43, 44.

ausreichen. BayObLG[63] und KG[62] verlangen ferner für jedes selbständige Gebäude auch seine selbständige Benutzungsmöglichkeit. Diese Prüfungsmaßstäbe sind zwar bautechnischer Natur, die Anforderungen an ein selbständiges Bauwerk werden jedoch von der Verkehrsanschauung gestellt. Diese ist nicht nur entsprechend dem bautechnischen und sozialen Fortschritt variabel, sondern kann nach BGH[63] auch im Einzelfall zu einem anderen Ergebnis führen. Nicht maßgebend sind dagegen die strengeren Maßstäbe des Baurechts[65] oder der Abgeschlossenheit iS des WEG.

2.30   c) **Fallgruppen.** Bei Anwendung dieser Grundsätze ergeben sich folgende Fallgruppen:

2.31   **aa) Mehrere selbständige Gebäude.** Bestehen auf einem Grundstück mehrere baulich nicht verbundene selbständige (einheitliche) Gebäude, so kann sich das Erbbaurecht auf eines oder mehrere von ihnen oder auf alle beziehen.[66] Nur die zum Rechtsinhalt gehörigen Gebäude sind Eigentum des Erbbauberechtigten, die übrigen Gebäude bleiben Grundstücksbestandteil; deswegen kann an dem zum Erbbaurecht gehörenden Gebäude Wohnungserbbaurecht, am zum Grundstück gehörigen Gebäude Wohnungseigentum begründet werden.[67] Nicht maßgebend ist hier die wirtschaftliche Bedeutung des Gebäudes: Auch wenn mehrere selbständige Gebäude wirtschaftlich zusammengehören, kann sich das Erbbaurecht trotzdem nur auf eines von ihnen beziehen, zB auf ein selbständiges Nebengebäude, wie Lagerhalle, Garage etc.[68] Wenn es sich umgekehrt auf mehrere Gebäude bezieht, muss zwischen diesen kein funktioneller Zusammenhang bestehen.

2.32   **bb) Horizontale Teilung.** Die Unzulässigkeit einer horizontalen Teilung eines einheitlichen Gebäudes (d. h. Teilungslinie verläuft parallel zur Grundstücksoberfläche) in einzelne Stockwerke ist in § 1 Abs. 3 ErbbauRG besonders hervorgehoben, sie ist auch unstrittig. Hier bildet das Wohnungs-/Teilerbbaurecht (§ 30 WEG) nur eine scheinbare Ausnahme; es handelt sich hier nicht um ein Erbbaurecht an Gebäudeteilen, sondern um ein nach § 3 bzw. § 8 WEG geteiltes einheitliches Erbbaurecht am ganzen Gebäude. Nicht unter dieses Verbot fällt dagegen, wenn sich zwei völlig selbständige Bauwerke übereinander befinden, zB eine Tiefgarage und darüber ein Wohn- oder Geschäftshaus (vgl. RdNr. 2.9), wobei aber für jedes Teilgebäude die Voraussetzungen gemäß RdNr. 2.29 gegeben sein müssen.

2.33   **cc) Vertikale Teilung.** Diese (d. h. Teilungslinie verläuft in vertikaler Richtung) ist nach hier vertretener Ansicht[68] (vgl. RdNr. 2.28), nur dann zulässig, wenn sich das Erbbaurecht auf ein selbständiges und damit sonderrechtsfähiges Gebäude iSv RdNr. 2.29 bezieht. Nach BayObLG[69] können sich dabei die Gebäude unter einem gemeinsamen Dach befinden und müssen nicht durch eine Feuermauer getrennt sein, müssen aber nach Gliederung und baulicher Anordnung selbständig sein; es müssen also wenigstens vertikale Trennmauern vorhanden sein. An diese vertikale Trennmauer können aber jedenfalls keine höheren Anforderungen gestellt werden, als an eine Grenzmauer für ein dem Wohnungseigentum unterliegendes Gebäude gegenüber einem Nachbargebäude, so dass zum Nachbargebäude hin

---

[65] Vgl. Gem. Senat d. Obersten Gerichtshöfe, DNotZ 1993, 48 für Unanwendbarkeit auf Abgeschlossenheit iS. § 3 Abs. 2 WEG.
[66] BayObLG Rpfleger 1957, 383 = DNotZ 1958, 409; allgM: *Ingenstau/Hustedt* § 1 RdNr. 82; MünchKomm § 1 RdNr. 15; RGRK/*Räfle* § 1 RdNr. 25.
[67] OLG Hamm NZM 1999, 179 = Rpfleger 1998, 335 = MittBayNot 1998, 347.
[68] Ebenso: BayObLG Rpfleger 1957, 383; *Clasen* BlGBW 1973, 61, 62; *Haegele* BlGBW 1959, 177; *Kehrer* BWNotZ 1957, 53; MünchKomm § 1 RdNr. 17; *Erman/Grziwotz* § 1 RdNr. 19; *Palandt/Bassenge* § 1 RdNr. 4; *Bauer/v. Oefele/Maaß* AT RdNr. VI 34; zum Begriff des „einheitlichen Gebäudes" vgl. BGH DNotZ 1982, 43; aA: *Weitnauer* DNotZ 1958, 413, 415; *Rothoeft* NJW 1974, 665; *Stahl/Sura* DNotZ 1981, 604; *Staudinger/Rapp* § 1 RdNr. 34; *Ingenstau/Hustedt* § 1 RdNr. 79.

abgeschlossene Verzahnungen von einzelnen Räumen zulässig sind, ebenso wie Verbindungstüren,[69] Durchbrüche und dergleichen; das für die Statik nötige sollte ausreichen.

dd) Andere Bauwerke. Ob Abs. 3 auch für andere Bauwerke als Gebäude gilt, ist strittig. Von hM wird dies abgelehnt, weil das Gesetz nur von „Teil eines Gebäudes" spricht.[70] Wenn man die Überbauvorschriften auch auf größere Bauwerke, zB Brücken, für anwendbar hält,[71] so sollte auf Grund des gleichen Gesetzeszweckes, der Rechtseinheit am einheitlichen Gebäude, Abs. 3 auch für größere unteilbare Bauwerke entsprechend gelten.[72]   2.34

d) Verstoß. Bei Verstoß gegen § 1 Abs. 3 ErbbauRG ist die Erbbaurechtsbestellung nichtig, ihre Eintragung wäre inhaltlich unzulässig; zu den Nichtigkeitsfolgen vgl. RdNr. 5.72 ff. Der Verstoß muss sich allerdings aus der Erbbaurechtsbestellung selbst ergeben, d. h. die Vereinbarungen über den gesetzlichen Inhalt des Erbbaurechts müssen sich auf einen Gebäudeteil beziehen; sollte sich der Verstoß gegen § 1 Abs. 3 ErbbauRG, also ein Erbbaurecht an einem unselbständigen Gebäudeteil, nicht aus dem Erbbaurechtsvertrag, sondern aus einer bestimmungswidrigen Bebauung ergeben, führt dies nicht zur Nichtigkeit, vgl. RdNr. 2.43. Wird ein Erbbaurecht an einem vorhandenen Gebäude bestellt, bei dem nicht sicher ist, ob es gegenüber dem Nachbargebäude selbständig ist, genügt die (dingliche) Bauverpflichtung des Erbbauberechtigten, ggf. alle Baumaßnahmen durchzuführen, die für die Selbständigkeit nötig sind.   2.35

III. Eigentum und Besitz am Bauwerk (§ 12)

1. Systematik, Normzweck

a) Gesetzliche Systematik. § 1 ErbbauRG regelt das Bauwerk als Teil des zwingenden gesetzlichen Inhalts des Erbbaurechts, und zwar als dessen wesentlichen Teil. Während bei der Erbbaurechtsbestellung das Bauwerk nicht vorhanden sein muss und im Regelfall auch noch nicht vorhanden ist, regelt § 12 ErbbauRG die Zuordnung des entstandenen Bauwerks und sonstiger Bestandteile sowie die Eigentumsverhältnisse daran. § 13 ErbbauRG regelt die Rechtsfolgen des Untergangs des Bauwerks, § 11 Abs. 1 ErbbauRG die Anwendbarkeit von sich auf das Grundstück beziehenden Vorschriften und solchen für Ansprüche aus dem Eigentum. Das dem Grundstückseigentümer verbleibende Eigentum und sein Besitz wird demgegenüber unter RdNr. 2.88 dargestellt.   2.36

b) Normzweck. Nach § 93 BGB ist das Bauwerk Grundstücksbestandteil und gehört gemäß § 946 BGB zum Grundstückseigentum. Für die vor Inkrafttreten der Erbbaurechtsverordnung bestellten Erbbaurechte war strittig, ob durch das Erbbaurecht dieser Grundsatz durchbrochen wird: Nach hM war und blieb das bei Erbbaurechtsbestellung vorhandene Bauwerk Grundstücksbestandteil, das vom Erbbauberechtigten danach errichtete gemäß § 95 Abs. 1 S. 2 BGB dagegen nicht (vgl. RdNr. 7.3, 4). Entsprechend ihrem Hauptzweck, der Schaffung klarer Eigentums- und Rechtsverhältnisse (vgl. RdNr. 1.8,9) hat das ErbbauRG mit § 12 diese Zweifel geklärt und gleichzeitig eine für die Rechtsnatur des Erbbaurechts wesentliche Grundlage geschaffen (vgl. RdNr. 1.28).   2.37

---

[69] Vgl. MünchKomm/*Röll* 3. Aufl. § 3 WEG RdNr. 53, 54.
[70] *Ingenstau/Hustedt* § 1 RdNr. 84; RGRK/*Räfle* § 1 RdNr. 49.
[71] MünchKomm/*Säcker* § 912 BGB RdNr. 4.
[72] MünchKomm § 1 RdNr. 18.

2. Eigentumszuordnung

2.38 **a) Zuordnung.** Der Grundsatz der §§ 93, 946 BGB wird durchbrochen und das Bauwerk des Erbbauberechtigten vom Grundstückseigentum losgelöst, und zwar bei (bestimmungsgemäßer) Errichtung des Bauwerks durch den Erbbauberechtigten durch § 95 Abs. 1 S. 2 BGB und § 12 Abs. 2 S. 2 ErbbauRG und bei vor der Erbbaurechtsbestellung vorhandenen Bauwerken ebenfalls durch § 12 Abs. 2 S. 2 ErbbauRG. Würde das ErbbauRG jedoch nur die **Loslösung des Bauwerks vom Grundstückseigentum** festlegen, so wäre das Bauwerk eine vom Erbbaurecht unabhängige rechtlich selbständige bewegliche Sache.[73] Deswegen folgt dieser Loslösung die untrennbare **Zuordnung** des Bauwerks **zum Erbbaurecht als dessen wesentlicher Bestandteil** gemäß § 12 Abs. 1 S. 1, 2 ErbbauRG. Damit steht aber auch das wegen Ausschlusses von §§ 93, 946 BGB vom Grundstück getrennte Bauwerkseigentum dem Erbbauberechtigten zu. Es ist ein untrennbarer, aber auch unselbständiger Teil der sich aus dem Erbbaurecht ergebenden Befugnisse.

2.39 **b) Unselbständige unbewegliche Sache.** Das Bauwerk behält deswegen nach hM[74] seinen Charakter als unselbständige unbewegliche Sache. Zu den Rechtsfolgen vgl. RdNr. 2.58 ff.

2.40 **c) Fiktion.** Der Begriff des wesentlichen Bestandteils iS §§ 93 ff. BGB setzt nun aber die Zuordnung zu einer Sache voraus. Da hier aber eine Sache (Bauwerk) Bestandteil eines Rechts (Erbbaurecht) wäre, wird dieser Widerspruch durch eine Fiktion beseitigt. Das Bauwerk „gilt" nach der gesetzlichen Formulierung als wesentlicher Bestandteil des Erbbaurechts. Verschiedentlich wird für das Bauwerkseigentum der Begriff „Sondereigentum" verwendet.[75] Dies ist zwar begrifflich möglich, wird jedoch hier nicht verwendet, da dann Unklarheiten bei der Aufspaltung des Gebäudeeigentums bei Wohnungserbbaurecht in Sondereigentum und gemeinschaftliches Eigentum entstehen können.

3. Eigentumserwerb am Bauwerk

2.41 Voraussetzung ist hier immer, dass das Erbbaurecht wirksam entstanden ist, vgl. RdNr. 5.41 ff. Die Konstruktion des Eigentumserwerbs ist auch unterschiedlich, je nachdem, ob das Bauwerk schon vor der Entstehung oder erst nach der Entstehung des Erbbaurechts, also dem Tag der Eintragung im Grundbuch entsteht.

2.42 **a) Bestimmungsgemäße Bebauung nach Entstehung des Erbbaurechts (§ 12 Abs. 1 S. 1 ErbbauRG).** Wird das Bauwerk nach Entstehung des Erbbaurechts bestimmungsgemäß – also entsprechend der Erbbaurechtsbestellung (vgl. RdNr. 2.18 ff.) – errichtet, tritt der Eigentumserwerb **kraft Gesetzes** mit der Errichtung ein; das Bauwerk wird also ohne rechtsgeschäftlichen Übertragungsakt Eigentum des Erbbauberechtigten. Hierfür ist § 946 BGB entsprechend anwendbar, gemäß §§ 12, 11 Abs. 1 S. 1 ErbbauRG. Es ist daher gleichgültig, ob das Bauwerk vom Erbbauberechtigten selbst errichtet wird oder von einem Dritten.[76] Die Bestimmung des Bauwerks bezieht sich auf die Zulässigkeit seiner Errichtung und nicht auf seine Verwendung; eine **bestimmungswidrige** (entgegen § 2 Nr. 1 ErbbauRG) verstoßende **Verwendung** hindert daher nicht den Eigentumserwerb, und ergibt keinen Anspruch aus § 1004 Abs. 1 S. 1 BGB auf Beseitigung des

---

[73] MünchKomm/*Holch* § 95 RdNr. 23; RG RGZ 97, 102, 103.
[74] So *Ingenstau/Hustedt* § 12 RdNr. 8 m. Einschränkung; *Erman/Grziwotz* § 12 RdNr. 2; MünchKomm § 12 RdNr. 2; RGRK/*Räfle* § 12 RdNr. 2; *Staudinger/Rapp* § 12 RdNr. 7.
[75] Zum Begriff vgl. *Clasen* BlGBW 1973, 61; MünchKomm § 12 RdNr. 2; der vom WEG eingeführte Begriff bezieht sich auf Eigentum an gem. § 93 an sich nicht sonderrechtsfähigen Gebäuden od. Gebäudeteilen, die nicht selbständig, sondern Teil des Wohnungseigentums sind.
[76] MünchKomm § 12 RdNr. 4.

III. Eigentum und Besitz am Bauwerk (§ 12)

Baues, sondern nur auf Unterlassung der bestimmungswidrigen Nutzung (vgl. RdNr. 4.61 ff.).

b) Bestimmungswidrige Bebauung nach Entstehung des Erbbaurechts
aa) Rechtsfolge nach hM. Gemäß § 12 Abs. 1 S. 1 ErbbauRG ist Voraussetzung der Bestandteilszuordnung zum Erbbaurecht und damit des Eigentumserwerbs, dass das **Bauwerk auf Grund des Erbbaurechts errichtet wird.** Die in Schrifttum hM[77] fasst die gesetzliche Formulierung „auf Grund des Erbbaurechts" ohne nähere Begründung sehr weit: 2.43

Danach fällt jedes Bauwerk darunter, das „auf Grund der Tatsache des Bestehens des Erbbaurechts" errichtet wird, so dass bei bestimmungswidriger Bebauung der Eigentumserwerb eintritt; also auch wenn ein anderes Bauwerk, als das vorgesehene, so zB wenn ein Geschäftshaus statt eines Einfamilienhauses oder ein Lagerhaus statt eines Lagerkellers oder einen Stock höher gebaut wird; bei einer Bebauung einer anderen, als der in der Erbbaurechtsbestellung vorgesehenen Fläche werden dagegen die Überbaugrundsätze angewendet. Die hM folgert aber aus § 12 Abs. 1 S. 1 ErbbauRG nicht, dass der Grundstückseigentümer ein vertragswidriges Bauwerk zu dulden hat, wie *Günther*[78] annimmt. Der Eigentümer hat danach vertragliche Schadensersatzansprüche und Ansprüche aus §§ 1004, 823 BGB auf Abänderung oder Beseitigung des bestimmungswidrigen Bauwerks. Der BGH[79] unterscheidet den Fall einer gegen § 1 Absatz 3 ErbbauRG verstoßenden Bestimmung des Bauwerks im Erbbaurechtsvertrag, die zu dessen Nichtigkeit führt, und der danach entgegen der Bestimmung des Erbbaurechtsvertrages erfolgten Bebauung. Er geht jedoch, weil dort nicht gegenständlich, auf die Rechtsfolge einer bestimmungswidrigen Bebauung nicht ein.

bb) Ablehnung der hM. Aus der gesetzlichen Formulierung „auf Grund des Erbbaurechts errichtet" ist entgegen der im Schrifttum hM zu folgern, dass die Erbbaurechtsbestellung nicht nur Ursache für die Bauwerkserrichtung sein muss, sondern dass **für den Eigentumserwerb** gemäß § 12 ErbbauRG am Bauwerk sich die Rechtsgrundlage aus §§ 1, 2 ErbbauRG ergibt. Einerseits ist es inkonsequent, dass für die Erbbaurechtsbestellung das Bestimmtheitserfordernis des Bauwerks gemäß völlig einheitlicher Meinung aufgestellt und aus dem Bestimmtheitsgrundsatz des Sachenrechts, dem Publizitätsprinzip des Grundbuches und auch der Systematik des Erbbaurechts abgeleitet wird (vgl. RdNr. 2.19), während der Eigentumserwerb am Bauwerk völlig unabhängig davon zugelassen wird. Es ist ferner inkonsequent, wenn die bestimmungswidrige Bebauung einerseits generell zum Eigentumserwerb führt, andererseits bei dem Sonderfall der Überbauung der vorgesehenen Fläche dies abgelehnt wird. Es widerspricht ferner der Formulierung von § 12 Abs. 1 S. 1 ErbbauRG und der Systematik des Erbbaurechtsgesetzes. Schließlich enthält § 12 Abs. 1 S. 1 ErbbauRG einen Ausnahmetatbestand zu den Grundsätzen der §§ 93, 946 BGB, der nicht erweiternd ausgelegt werden kann. Nach hier vertretener Ansicht[80] tritt der Eigentumserwerb nur ein, wenn das Bauwerk entsprechend seiner Bestimmung in der Erbbaurechtsbestellung gemäß § 1 Abs. 1 (vgl. RdNr. 1.19 ff.) und § 2 Nr. 1 (vgl. RdNr. 4.40 ff.) errichtet wird. 2.44

cc) Rechtsfolge nach hier vertretener Meinung. Für eine bestimmungswidrige Bebauung ergibt sich danach: 2.45
– Wird die zulässige **Zahl der Bauwerke überschritten,** also zB wenn statt einem Wohnhaus zwei Wohnhäuser errichtet werden, erfolgt am zusätzlichen Bauwerk 2.46

---

[77] *Ingenstau/Hustedt* § 12 RdNr. 6; *Staudinger/Rapp* § 12 RdNr. 4; *RGRK/Räfle* § 12 RdNr. 4; *Erman/Grziwotz* § 12 RdNr. 1.
[78] *Günther* § 12 Anm. 36.
[79] LM § 1 Nr. 7/8 = NJW 1973, 1656 = DNotZ 1973, 609.
[80] Ebenso MünchKomm § 12 RdNr. 5.

kein Eigentumserwerb. Zu diesem klarsten Fall ergibt sich auch nirgends eine anderweitige Meinung.

2.47 – Liegt die **Bestimmungsverletzung** in der **Art und Weise der Bebauung,** also entweder in der bautechnischen Abweichung, wie zu viele Stockwerke, zu groß oder in der Abweichung von der zugelassenen Nutzung, zB Geschäftshaus statt Einfamilienhaus, so können nach hier vertretener Ansicht auf Grund der entsprechenden Interessenlage die gleichen Grundsätze herangezogen werden, wie für den Erwerber von Sondereigentum nach WEG: Weicht hier die Bauausführung wesentlich von der Bestimmung der Erbbaurechtsbestellung ab, entsteht kein Bauwerkseigentum; eine unwesentliche Abweichung schadet dagegen nicht.[81] Wie dort muss auch beim Erbbaurecht stets eine differenzierte, dem Einzelfall angepasste Lösung gesucht werden, die von der Auslegung des Erbbaurechtsvertrages ausgeht. Ein Eigentumserwerb ist danach nur abzulehnen, wenn die in der Erbbaurechtsbestellung ausgedrückten Interessen des Grundstückseigentümers wesentlich beeinträchtigt werden, also zB sein eigenes Baurecht auf der Restfläche des Grundstücks oder Nachbargrundstücken beeinträchtigt wird oder wenn die Äquivalenz zu seinem wirtschaftlichen Gegenwert, den Erbbauzins erheblich verändert wird. So würde zB im Regelfall bei einem Geschäftshaus ein höherer Erbbauzins vereinbart, als bei einem Wohnhaus.

2.48 – Wird dagegen nur die Bestimmung der **zu bebauenden Fläche überschritten,** so sind mit hM[82] die Grundsätze des Überbaues gemäß § 11 Abs. 1 ErbbauRG, §§ 912 ff. BGB anzuwenden. Bei Nichtbeachtung der in der Erbbaurechtsbestellung vereinbarten Bebauungsgrenze ohne Vorsatz oder grobe Fahrlässigkeit bleibt dann der übergebaute Teil Bestandteil des gesamten Bauwerks und Eigentum des Erbbauberechtigten.

2.49 Soweit nach den vorstehenden Grundsätzen die bestimmungswidrige Bebauung nicht zu einem Eigentumserwerb des Erbbauberechtigten führt, **erwirbt** der **Grundstückseigentümer das Bauwerk.** Das Erbbaurecht selbst bleibt dagegen wirksam.

2.50 **c) Überbau.** Nach hM[83] gelten gemäß § 11 ErbbauRG für das vom Erbbauberechtigten über die Grenze des Nachbargrundstücks gebaute Gebäude die Überbauvorschriften der §§ 912 ff. BGB entsprechend. Hierzu und zum Grenzüberbau im Nachbarerbbaurecht vgl. die zusammenfassende Darstellung unter RdNr. 3.70 ff. und 3.86 ff.

2.51 **d) Bei der Erbbaurechtsbestellung vorhandenes Bauwerk (§ 12 Abs. 1 S. 2 ErbbauRG).** Das bei wirksamer Entstehung des Erbbaurechts schon vorhandene Bauwerk ist gemäß § 12 Abs. 2 S. 2 ErbbauRG nicht mehr Grundstücksbestandteil, sondern wird wesentlicher Bestandteil des Erbbaurechts gemäß § 12 Abs. 1 S. 2 ErbbauRG. Was sich daraus für das **Eigentum am Bauwerk** ergibt, ist strittig: Teils wird angenommen,[84] dass es beim Grundstückseigentümer verbleibt und nur durch die Erbbaurechtsbestellung beschränkt wird. Nach jetzt hM[85] geht kraft Gesetzes das Bauwerk in das Eigentum des Erbbauberechtigten über. Erstere Ansicht, die sich auf das Wort „gilt" stützt, ist einerseits abzulehnen, weil dadurch

---

[81] Ebenso MünchKomm § 12 RdNr. 5; vgl. z. WEG *Bauer/v. Oefele* RdNr. AT V 257 ff.; OLG Hamm DNotZ 1987, 225.

[82] *Ingenstau/Hustedt* § 12 RdNr. 7; *Staudinger/Rapp* § 12 RdNr. 5; RGRK/*Räfle* § 12 RdNr. 6.

[83] Vgl. BGH NJW 1985, 789, 780; *Staudinger/Beutler* § 912 RdNr. 11; MünchKomm/*Säcker* § 912 BGB RdNr. 55; MünchKomm § 1 RdNr. 59; *Palandt/Bassenge* § 912 RdNr. 3; *Dehner* Nachbarrecht 6. Aufl. § 24 I 3.

[84] *Huber* NJW 1952, 687; KGJ 39 B 50.

[85] *Ingenstau/Hustedt* § 12 RdNr. 12; RGRK/*Räfle* § 12 RdNr. 3; MünchKomm § 12 RdNr. 6; *Staudinger/Rapp* § 12 RdNr. 11; *Planck* Anm. 3a.

III. Eigentum und Besitz am Bauwerk (§ 12)

nur der Widerspruch zwischen einer Sache als Bestandteil eines Rechts im Wege der Fiktion gelöst wird (vgl. RdNr. 2.40). Andererseits ist ein wesentlicher Bestandteil nicht sonderrechtsfähig.[86] Der Gesetzgeber wollte mit § 12 Abs. 1 S. 1 und S. 2 ErbbauRG ferner einen einheitlichen Rechtsbegriff für das Erbbaurecht, sowohl für schon vor Bestellung bestehende, als auch für danach errichtete Bauwerke schaffen und hat auch beide Fälle in § 12 Abs. 2 und 3 ErbbauRG gleich geregelt. Letztere Ansicht ist dagegen insofern missverständlich, als es kein vom Erbbaurecht getrenntes selbständiges Bauwerkseigentum gibt, das gesondert erworben würde.

Das Eigentum am schon bestehenden Bauwerk als Bestandteil der Befugnisse des Erbbaurechts ist daher von der dinglichen Erbbaurechtsbestellung und der Einigung hierzu mit betroffen und geht **rechtsgeschäftlich** mit der Entstehung des Erbbaurechts und mit den anderen sich daraus ergebenden Befugnissen auf den Erbbauberechtigten über. Ein gesonderter Eigentumsübergang ist nicht möglich und auch nicht erforderlich.[87] Für den Eigentumserwerb ist es ferner gleichgültig, ob das schon vorhandene Bauwerk vollständig oder teilweise oder von wem es errichtet wurde.[88] Hat der Erbbauberechtigte schon vor Eintragung seines Erbbaurechts mit der Errichtung seines Bauwerks begonnen, so erwirbt er deswegen Eigentum daran mit seinem Erbbaurecht.

2.52

e) Unwirksamkeit der Erbbaurechtsbestellung. § 12 ErbbauRG setzt eine wirksame Erbbaurechtsbestellung voraus. War diese nicht wirksam, erfolgt auch kein Eigentumserwerb am Bauwerk. Das gleiche gilt, wenn überhaupt kein Erbbaurecht bestellt wird. Zur Bebauung in Erwartung der künftigen Erbbaurechtsbestellung vgl. RdNr. 2.57.

2.53

4. Bestandteile, Zubehör des Bauwerks (§ 12 Abs. 2 ErbbauRG)

Gemäß § 12 Abs. 2 S. 1 ErbbauRG gelten die §§ 94, 95 BGB für das Erbbaurecht entsprechend:

2.54

a) Wesentliche Bestandteile (§ 94 Abs. 1, 2 BGB). Nach § 94 Abs. 2 BGB gelten somit alle zur Herstellung des Bauwerks eingefügten Sachen als wesentliche Bestandteile des Erbbaurechts. Für den Eigentumserwerb gilt hier das Gleiche wie für das Bauwerk selbst. Zu den nicht einen Teil des Bauwerks bildenden Außenanlagen, sowie zu den Erzeugnissen des Grundstücks und den Pflanzen vgl. RdNr. 2.76 ff., 80.

2.55

b) Nicht wesentliche Bestandteile, Zubehör. Das Bauwerk kann neben den vorgenannten wesentlichen Bestandteilen aber auch nicht wesentliche Bestandteile und Zubehör haben. Für die nicht wesentlichen Bestandteile des Bauwerks und die Zubehörstücke gilt § 12 ErbbauRG nicht. Über § 11 Abs. 1 ErbbauRG gelten hierfür die Grundstücksvorschriften. Das Erbbaurecht kann daher Zubehör wie ein Grundstück haben, §§ 97, 98 Nr. 1; nur § 98 Nr. 2 gilt nicht, da an einem Landgut ein Erbbaurecht nicht bestellt werden kann. Die nicht wesentlichen Bestandteile des Bauwerks und die Zubehörstücke unterliegen der Haftung der auf dem Erbbaurecht lastenden Grundpfandrechte nach §§ 1120, 1121 BGB. Für den Eigentumserwerb an Zubehörteilen von Bauwerken, die bei Entstehung des Erbbaurechts vorhanden waren, gilt § 926 BGB entsprechend.[89] Beim Erlöschen des Erbbaurechts und beim Heimfall gehen daher die Zubehörstücke des Bauwerks nicht in das Eigentum des Grundstückseigentümers über, wohl aber die wesentlichen und nicht wesentlichen Bestandteile gemäß § 34 ErbbauRG.

2.56

---

[86] Vgl. MünchKomm/*Holch* § 93 RdNr. 18 ff. und unten RdNr. 2.58.
[87] Wie hier: MünchKomm § 12 RdNr. 6.
[88] *Ingenstau/Hustedt* § 14 RdNr. 12.
[89] *Staudinger/Rapp* § 12 RdNr. 16.

2.57 **c) Scheinbestandteile (§ 95 BGB).** Aus der entsprechenden Anwendbarkeit von § 95 BGB ergibt sich, dass Gegenstände, die nur zu einem **vorübergehenden Zweck** mit dem Gebäude oder dem Erbbaugrundstück verbunden werden, nicht Bestandteile des Erbbaurechts werden. Dies gilt auch für die Errichtung von Gebäuden oder anderen Bauwerken, wie zB provisorische Baracken oder Zäune, gleichgültig, ob die Errichtung durch den Erbbauberechtigten oder einen Dritten erfolgt ist. Diese Bauwerke sind also kein Bestandteil des Erbbaurechts und werden daher weder von ihm, noch von seiner Belastung erfasst. Das gleiche gilt ferner für Bauwerke bzw. wesentliche Bestandteile, die **in Ausübung eines** dinglichen **Rechts** (zB Dienstbarkeiten, Nießbrauch) oder eines obligatorischen Rechts (zB Miete, Pacht) am Erbbaurecht errichtet werden. Nach BGH[90] besteht hier auch bei massiver Bauweise und langer Nutzungsdauer die Vermutung, dass das Bauwerk nur für die Nutzungsdauer mit dem Grundstück verbunden wird. Dann bleibt das Bauwerk als bewegliche Sache Eigentum des Bauenden. Wenn dagegen dem Bauenden die spätere Übernahme des Bauwerks versprochen wurde, war eine dauerhafte Verbindung gewollt und wird es Bestandteil des Erbbaurechts.[91] Das Gleiche gilt bei einem Bau in Erwartung des Erwerbs des Erbbaurechts. Davon ist der Fall der Bauwerksserrichtung mit Zustimmung des Grundstückseigentümers in **Erwartung der künftigen Erbbaurechtsbestellung** zu unterscheiden; hier ist § 95 BGB nicht anwendbar, das Bauwerk wird Grundstücksbestandteil (§ 94 BGB) und bleibt es, außer es wird ein Erbbaurecht noch bestellt.[91] Der Ausgleich erfolgt nach §§ 946, 951 BGB.

5. Rechtsfolgen der Bestandteilszuordnung

2.58 **a) Sonderrechtsunfähigkeit, Inhaltsänderungen.** Als Bestandteil des Erbbaurechts (vgl. RdNr. 2.38) ist das Bauwerk gemäß dem nach § 11 ErbbauRG entsprechend anwendbaren § 93 BGB nicht sonderrechtsfähig. Damit kann während der Dauer des Erbbaurechts über das Bauwerk nicht gesondert verfügt werden, es kann also auch nicht Gegenstand einer Verpfändung oder Pfändung sein.[92] Die Eintragung einer Vormerkung zur Sicherung eines Anspruchs auf Übereignung des Bauwerks ist daher unzulässig.[93] Ein Eigentumsvorbehalt Dritter erlischt mit der Verbindung in gleicher Weise, wie wenn das Bauwerk Grundstücksbestandteil ist.[94] Auch der Grundstückseigentümer kann das Bauwerkseigentum während der Dauer des Erbbaurechts nicht erwerben; er kann aber das Erbbaurecht als solches erwerben oder bei einem auf mehrere Bauwerke bezogenen Erbbaurecht das Erbbaurecht hinsichtlich eines Bauwerks durch Vereinbarung mit dem Erbbauberechtigten **aufheben** und damit das entsprechende Bauwerkseigentum erlangen. Jede Änderung der Baubefugnis oder Erweiterung auf ein zusätzliches vorhandenes Bauwerk ist eine **Inhaltsänderung** des Erbbaurechts, vgl. RdNr. 5.150 ff. Andererseits wird es von sämtlichen Verfügungen über das Erbbaurecht (ipso jure) miterfasst, insbesondere bei Übertragungen, aber auch beim Heimfall.

2.59 **b) Unbewegliche Sache.** Die Anwendung aller Vorschriften über bewegliche Sachen auf das Bauwerk ist wegen dessen Sonderrechtsunfähigkeit ausgeschlossen.[95] Dies ergibt sich aus dem Normzweck, der Schaffung klarer Rechtsverhältnisse am Bauwerk. Die Haftung des Bauwerks für die Belastungen des Erbbaurechts aus § 12 Abs. 1 S. 3 ErbbauRG lässt keinen Platz für dessen gesonderte Verpfändung oder

---

[90] BGH NJW 1985, 789.
[91] BGH MDR 1961, 591.
[92] *Ingenstau/Hustedt* § 12 RdNr. 9.
[93] KG RJA 14, 187; *Staudinger/Rapp* § 12 RdNr. 6.
[94] *Ingenstau/Hustedt* § 12 RdNr. 10; vgl. MünchKomm/*Holch* § 93 BGB RdNr. 22.
[95] Nun auch *Staudinger/Rapp* § 12 RdNr. 7.

Pfändung. Das ErbbauRG sieht das Bauwerkseigentum nicht nur als Hauptinhalt des Erbbaurechts an (§ 1 Abs. 2 ErbbauRG), sondern ordnet es auch als wesentlicher Bestandteil dem Erbbaurecht zu (§ 12 Abs. 1 ErbbauRG) und lässt hierauf grundsätzlich die Grundstücksvorschriften sowie die Vorschriften über Ansprüche aus Eigentum gemäß § 11 Abs. 1 ErbbauRG entsprechende Anwendung finden. Daraus ergibt sich, dass das Erbbaurechtsgesetz ein vom Grundstückseigentum getrenntes Immobiliareigentum geschaffen hat und dieses eine unbewegliche Sache darstellt.

c) Haftung des Bauwerks (§ 12 Abs. 1 S. 3 ErbbauRG). Die Haftung des Bauwerks für **Belastungen des Grundstücks** erlischt gemäß § 12 Abs. 1 S. 3 ErbbauRG mit der Eintragung des Erbbaurechts **kraft Gesetzes.** Irgendwelche Ersatz- und Ablösungsansprüche der Belastungsgläubiger gibt es nicht. Diese sind aber durch § 10 Abs. 1 S. 1 ErbbauRG geschützt, da ohne ihre Mitwirkung das Erbbaurecht nicht den ersten Rang erhalten kann. Sie können daher den Rangrücktritt ihres Rechts von der Zahlung einer Abfindung abhängig machen. Andererseits haftet das Bauwerk vom gleichen Zeitpunkt an ebenso kraft Gesetzes für **alle dinglichen Belastungen des Erbbaurechts,** als dessen wesentlicher Bestandteil, gleichgültig, ob das Bauwerk vor oder nach der Belastung entstanden ist. Das Bauwerk wird also sowohl eigentumsmäßig, als auch haftungsmäßig gleichzeitig völlig vom Grundstück getrennt und dem Erbbaurecht zugeordnet. 2.60

6. Besitz

Aus dem Eigentum am Bauwerk folgt, dass nur der Erbbauberechtigte an diesem Besitz hat. Demgemäß hat der Grundstückseigentümer hier keinerlei Besitz, auch keinen mittelbaren.[96] Die Rechte aus Besitz und der Besitzschutz stehen hier nur dem Erbbauberechtigten zu. Nach der zu Recht von hM abgelehnten Meinung, dass bei einem vor Erbbaurechtsbestellung vorhandenen Bauwerk dieses im Eigentum des Grundstückseigentümers verbleibt (vgl. RdNr. 2.51), hätte dagegen der Erbbauberechtigte nur mittelbaren Besitz. 2.61

7. Umfang der Rechte, anwendbare Vorschriften

a) Rechtsumfang. Da der Erbbauberechtigte Eigentümer seines Bauwerks ist (vgl. RdNr. 2.41 ff.) gelten für den Umfang seines Eigentums und seines Besitzes am Bauwerk grundsätzlich sämtliche gesetzlichen Bestimmungen des Bundes und der Länder gemäß § 11 Abs. 1 S. 1 ErbbauRG, nicht nur das Sachenrecht des BGB, soweit sich aus dem Erbbaurechtsgesetz nichts anderes ergibt. An seinem Bauwerk kann er daher alle öffentlich-rechtlich zulässigen **Baumaßnahmen** durchführen, er kann Renovierungs- und Umbaumaßnahmen durchführen, es nach seinem freien Belieben abbrechen und es wieder aufbauen. Dieses freie Baurecht muss sich jedoch innerhalb der den gesetzlichen Inhalt des Erbbaurechts regelnden Bebauungsbefugnis des Erbbauberechtigten halten (vgl. RdNr. 2.18 ff.); ferner können zusätzlich als Teil des vertraglichen Inhalts gemäß § 2 Nr. 1 ErbbauRG Vereinbarungen über die Art und Weise der Bebauung, die Veränderung oder die Instandhaltung des Bauwerks getroffen sein, die dann gleichfalls das freie bauliche Änderungsrecht ausschließen. Das Gleiche gilt für etwaige weitere Bauten. Ferner kann er sein Bauwerk nach freiem Belieben vermieten und verpachten und sonst beliebig nutzen und die **Nutzung ändern.** Diese Nutzungsänderung wird allenfalls hinsichtlich baulicher Änderungen durch die Bestimmung des Bauwerks eingeschränkt (also darf zB ein Wohnhaus nicht in ein Geschäftshaus umgebaut werden, vgl. RdNr. 2.25), ferner müssen etwaige Vereinbarungen gemäß § 2 Nr. 1 ErbbauRG über die Verwendung des Bauwerks eingehalten werden. 2.62

---

[96] *Clasen* BlGBW 1973, 61, 62; *Ingenstau/Hustedt* § 1 RdNr. 20.

2.63 **b) Anwendbare Vorschriften.** Die sonst für das Erbbaurecht anwendbaren Grundstücksvorschriften (§ 11 Abs. 1 S. 1 ErbbauRG) beziehen sich wirtschaftlich teilweise auf das Bauwerk. Wegen der besseren Übersichtlichkeit und weil sie sich meistens auf Bauwerk und Nutzungsfläche beziehen, werden diese Vorschriften jedoch in RdNr. 2.160 ff. insgesamt dargestellt.

8. Untergang des Bauwerks

2.64 **a) Folgen für das Erbbaurecht (§ 13 ErbbauRG).** Zu den zwingenden gesetzlichen Voraussetzungen für die Entstehung eines Erbbaurechts gemäß § 1 Abs. 1 ErbbauRG gehört nur das **Recht zum Haben eines Bauwerks,** es wird dagegen nicht das **Vorhandensein** eines Bauwerks verlangt. Dem entsprechend bestimmt § 13 ErbbauRG, dass durch den Untergang des Bauwerks das Erbbaurecht als solches nicht erlischt. Eine Vereinbarung, dass das Erbbaurecht beim Untergang des Bauwerks erlischt, ist nach hM[97] unzulässig. Da der Untergang eines Bauwerks immer gewiss, sein Zeitpunkt aber völlig ungewiss ist, handelt es sich um eine nach § 1 Abs. 4 ErbbauRG unzulässige Befristung mit ungewissem Endtermin (str., wie hier BGH und hM, vgl. RdNr. 2.144). Dagegen kann für den Fall des Untergangs des Bauwerks ein Heimfallanspruch vereinbart werden, ebenso eine Verpflichtung zum Wiederaufbau gemäß § 2 Nr. 2 ErbbauRG mit Heimfallanspruch bei Verstoß dagegen.

2.65 **b) Sonstige Folgen des Untergangs.** Gemäß § 11 Abs. 1, § 953 stehen die Baustoffe des zerstörten Bauwerks im Eigentum des Erbbauberechtigten und können von diesem beliebig verwendet werden, nicht nur zum Wiederaufbau.[98] Die ältere Meinung[99] kommt bei einem bei Erbbaurechtsbestellung schon vorhandenen Bauwerk zu einem anderen Ergebnis, da sie gegen hM und hier vertretener Ansicht in diesem Fall Bauwerkseigentum des Grundstückseigentümers annimmt (vgl. RdNr. 2.51). Wenn hierzu im Erbbaurechtsvertrag nichts besonderes vereinbart ist, kann der Erbbauberechtigte keine Ermäßigung des Erbbauzinses verlangen, da die Höhe des Erbbauzinses grundsätzlich nicht von den wirtschaftlichen Verhältnissen des Erbbauberechtigten abhängig sein kann.[100] Wie bereits festgestellt, bleibt auch nach dem Untergang des Bauwerks das Recht zum Haben eines Bauwerks und damit das **Recht zum Wiederaufbau.** Der Erbbauberechtigte ist hierzu aber nicht verpflichtet, außer bei entsprechender Vereinbarung gemäß § 2 Nr. 2 ErbbauRG. Fraglich ist die Rechtsfolge, wenn keine Wiederaufbaupflicht vereinbart ist und bei Erlöschen des Erbbaurechts noch eine Ruine vorhanden ist. Diese, soweit sie fest verbunden ist, wird dann gemäß § 12 Abs. 3 ErbbauRG Grundstücksbestandteil. Dennoch ergibt sich aus dem Rechtsgedanken von § 27 ErbbauRG und in der Regel auch aus der Auslegung des Vertrages, dass der Grundstückseigentümer nach Erlöschen des Erbbaurechts nicht sein Grundstück mit der erheblichen wirtschaftlichen Last einer Ruine erwerben will. Danach hätte er einen Anspruch auf Beseitigung der Ruine oder Schadensersatz.

2.66 **c) Feuerversicherung (§ 23 ErbbauRG).** Eine **Pflicht** des Erbbauberechtigten zur Versicherung seines Bauwerks, insbesondere gegen Feuer besteht nicht kraft Gesetzes, kann aber gemäß § 2 Nr. 2 ErbbauRG als **dinglicher Inhalt** des Erbbaurechts vereinbart werden. Besteht eine Feuerversicherung, gleichgültig, ob sie freiwillig oder auf Grund Verpflichtung gemäß § 2 Nr. 2 ErbbauRG abgeschlossen

---

[97] *Ingenstau/Hustedt* § 13 RdNr. 4; *Staudinger/Rapp* § 13 RdNr. 3; *Erman/Grziwotz* § 13 RdNr. 1; *Planck* § 13 Anm. 3; jetzt auch RGRK/*Räfle* § 13 RdNr. 1.
[98] *Ingenstau/Hustedt* § 13 RdNr. 3; MünchKomm § 13 RdNr. 2; *Staudinger/Rapp* § 13 RdNr. 2; *Kehrer/Bühler/Tröster* § 6 I (5).
[99] *Planck* § 13 Anm. 2.
[100] BGH LM § 157 D Nr. 1.

wurde, so hat nach Anzeige des Eintritts des Versicherungsfalls der Versicherer den Grundstückseigentümer gemäß § 23 ErbbauRG unverzüglich (vgl. § 121 BGB) zu benachrichtigen. Es handelt sich hierbei um eine Schutzvorschrift für den Grundstückseigentümer. Damit soll verhindert werden, dass die Versicherungssumme ohne Wissen des Grundstückseigentümers an Dritte ausbezahlt wird. Dieser Schutz des Grundstückseigentümers ist allerdings völlig unzureichend, weil er nicht wie der Hypothekengläubiger gemäß § 1128 BGB ein Recht an der Versicherungsforderung hat. Aus Gesetzeswortlaut und Normzweck ergibt sich, dass es auch nicht darauf ankommt, wer der Versicherungsnehmer ist (str.).[101] Ein schuldhafter Verstoß gegen § 23 ErbbauRG kann zu einer Schadensersatzpflicht nach § 823 Abs. 2 BGB führen. Wird ein Erbbaurecht an einem bereits vorhandenen Bauwerk bestellt, so tritt der Erbbauberechtigte in den abgeschlossenen Versicherungsvertrag ein, da die Erbbaurechtsbestellung hier als eine „Veräußerung" i. S. v. § 95 VVG anzusehen ist.[102]

IV. Nebenfläche (§ 1 Abs. 2 ErbbauRG)

1. Normzweck, Rechtsnatur

a) Normzweck. Aus der Baubefugnis des Erbbauberechtigten und dem daraus folgenden Bauwerkseigentum folgt zunächst nur das entsprechende Nutzungsrecht an der bebauten Fläche. Abgesehen von vollständig bebauten innerstädtischen Grundstücken braucht der Erbbauberechtigte das unbebaute Grundstück zum Teil zwingend als Zufahrt sowie für Ver- und Entsorgungsanlagen und zum anderen Teil zwar nicht zwingend, aber praktisch genauso notwendig für ein Wohnhaus als Garten, Hof und für sonstige Außenanlagen oder für ein gewerbliches Objekt als Hof-, Park- oder Lagerplatz sowie eine ganze Menge von sonst üblicherweise im Außenbereich angebrachte Anlagen. Bei Sportanlagen wäre ein Erbbaurecht ohne Nutzungsbefugnis der Außenflächen kaum möglich. Diese Nutzungsbefugnis konnte nach altem Recht mit dinglicher Wirkung nur durch eine Dienstbarkeit erreicht werden; dadurch entstanden jedoch zwei verschiedene Rechtsverhältnisse mit verschiedenen rechtlichen Schicksalen und der Nutzungswert der Nebenflächen blieb bei der Berechnung des Beleihungswertes (§ 19 Abs. 1 ErbbauRG) unberücksichtigt. Die Erbbaurechtsverordnung (nun Erbbaurechtsgesetz) wollte eine stabile Rechtslage und einheitlich gültige Rechtsbeziehungen zwischen dem Grundstückseigentümer und dem Erbbauberechtigten erreichen (vgl. RdNr. 1.9). Sie schuf neben der zwingend vorgeschriebenen Baubefugnis daher in § 1 Abs. 2 ErbbauRG auch die **fakultative** Möglichkeit der **Nutzungsbefugnis** an Nebenflächen. Wegen dieses Normzwecks kann die als Inhalt des Erbbaurechts regelbare Nutzungsbefugnis nun nicht mehr Gegenstand gesonderter Dienstbarkeiten für den Erbbauberechtigten sein (so hM, vgl. RdNr. 5.108).

2.67

b) Rechtsnatur. Die aus der Erstreckung auf Nebenflächen entstehenden Befugnisse gehören zum **dinglichen Rechtsinhalt** des Erbbaurechts, bilden also kein weiteres Rechtsverhältnis.[103] Diese Nutzungsbefugnisse nehmen also am gesamten rechtlichen Schicksal des Erbbaurechts teil, ebenso wie das Bauwerk. Soweit auf Grund der Nutzungsbefugnis vom Erbbauberechtigten wesentliche Bestandteile iS § 94 BGB mit der Nutzungsfläche verbunden werden, erwirbt er daran Eigentum gemäß § 12 Abs. 2 ErbbauRG und gilt hierfür die gleiche Rechtslage, wie für das Bauwerk. Da andererseits eine § 12 Abs. 1 S. 2 ErbbauRG entsprechende Vor-

2.68

---
[101] *Ingenstau/Hustedt* § 23 RdNr. 2; *Planck* § 23 Anm. 2a; aA *Staudinger/Rapp* § 23 RdNr. 1.
[102] *Ingenstau/Hustedt* § 23 RdNr. 4; *Staudinger/Rapp* § 23 RdNr. 6; *Planck* § 23 Anm. 2a.
[103] *Clasen* BIGBW 1973, 61, 62; *Ingenstau/Hustedt* § 1 RdNr. 30; MünchKomm § 1 RdNr. 22.

schrift für derartige Bestandteile fehlt, gilt dies nicht für schon bei Erbbaurechtsbestellung vorhandene Bestandteile der Nebenfläche;[104] jedoch ist auch hier der Eigentumserwerb des Erbbauberechtigten möglich, wenn der Bestandteil selbst ein Bauwerk bildet (zB Mauer, massive Straße) durch Einbeziehung dieses Bauwerks in den Inhalt des Erbbaurechts. Soweit der Erbbauberechtigte dagegen eine reine Nutzungsbefugnis an der Nebenfläche hat, verbleibt diese selbst im Eigentum des Grundstückseigentümers. Die Nutzungsbefugnis entspricht dann rechtlich derjenigen eines Grunddienstbarkeitsberechtigten oder eines Nießbrauchsberechtigten, je nachdem, ob sie sich auf eine Nutzung in einzelnen Beziehungen oder auf eine beliebige Nutzung bezieht.[105] Konstruktiv bleibt sie jedoch ein Teil des Rechtsinhalts des Erbbaurechts.

2.69 **c) Auseinanderfallen Belastungsgegenstand – Rechtsinhalt.** Eine Erstreckung auf Nebenflächen gemäß § 1 Abs. 2 ErbbauRG ist somit Teil des Rechtsinhalts des Erbbaurechts. Hier ist zu unterscheiden: Belastungsgegenstand des Erbbaurechts muss das ganze Grundstück sein (vgl. RdNr. 2.90), zum Rechtsinhalt desselben muss aber nicht die Benutzungsbefugnis über das Grundstück gehören, die Nutzung der Nebenflächen kann dem Grundstückseigentümer ganz oder teilweise verbleiben. Die **materiellrechtlich belastete Grundstücksfläche** muss also **nicht identisch** sein **mit** der der Nutzungsbefugnis des Erbbauberechtigten unterliegenden Grundstücksfläche **(real belastete Fläche).**[106] Die Zulässigkeit des Auseinanderfallens Belastungsgegenstand-Rechtsinhalt ergibt sich zwingend aus der Gesetzesformulierung „kann ... erstreckt" werden. Es kann also nicht nur keine Erstreckung folgen, diese kann sich auf das ganze Grundstück (ganzen Belastungsgegenstand) beziehen, diese kann sich aber auch auf beliebige Teilflächen des Erbbaugrundstücks beziehen. Da im letzteren Fall aber keine Vermessung erfolgt, ist die Flächenbestimmung (Lageplan, Beschreibung etc.) nicht nur zweckmäßig, sondern auf Grund des Bestimmtheitsgrundsatzes auch notwendig. Die vom Rechtsinhalt nicht betroffene Fläche bleibt bei der Bewertung des Erbbaurechts (zB beim Heimfall) außer Ansatz.

2. Wirksamkeitsvoraussetzungen

2.70 **a) Wirtschaftlicher Vorrang des Bauwerks (§ 1 Abs. 2 ErbbauRG).** Gemäß § 1 Abs. 2 ErbbauRG ist zwingende Voraussetzung der Erstreckung, dass das Bauwerk wirtschaftlich die Hauptsache bleibt. Dadurch wird klargestellt, dass das Bauwerkseigentum der Hauptinhalt und der Hauptzweck des Erbbaurechts ist und die Nutzungsbefugnisse an den Nebenflächen nur untergeordnete Bedeutung haben. Bei dem anzustellenden Vergleich kommt es nicht auf das Erbbaugrundstück als Ganzes an, sondern nur auf die Nebenfläche iS § 1 Abs. 2, auf welche die Erstreckung erfolgt;[107] wenn sich zB der Ausübungsbereich eines Erbbaurechts für eine Windkraftanlage nur auf einen kleinen Teil eines Grundstücks bezieht, ist nur dieser maßgebend.[108] Gleichzeitig sollte damit ein Wiederaufleben der Erbpacht an landwirtschaftlichen Grundstücken vermieden werden. Für die Auslegung ist die **Ver-**

---

[104] Vgl. *Staudinger/Rapp* § 12 RdNr. 16 ff.
[105] Vgl. *Staudinger/Rapp* § 1 RdNr. 19.
[106] BayObLG Rpfleger 1957, 383 = DNotZ 1958, 409 m. weit. Nachw.; OLG Hamm DNotZ 1972, 496 u. Rpfleger 2006, 9; OLG Zweibrücken FGPrax 1996, 131; *Ingenstau/Hustedt* § 1 RdNr. 24; MünchKomm § 1 RdNr. 20; *Soergel/Stürner* § 1 RdNr. 15.
[107] OLG Oldenburg DNotI-Report 1998, 109; LG Ingolstadt MittBayNot 1992, 56; *v. Oefele* MittBayNot 1992, 29.
[108] OLG Hamm Rpfleger 2006, 9 = FGPrax 2006, 2. Nach LG Flensburg NJW-RR 2005, 1610 kein Überbau, sondern durch Dienstbarkeit sicherbares Nutzungsrecht, wenn Rotorblätter bei bestimmter Windrichtung teilweise in den Luftraum des Nachbargrundstücks ragen.

IV. Nebenfläche (§ 1 Abs. 2 ErbbauRG)

kehrsanschauung maßgebend, wobei allerdings kein zu enger Maßstab anzulegen ist.[109] Danach ist zB ein Landhaus mit Park, Zier- und Obstgarten, See zulässig; unzulässig ist dagegen ein gesamtes landwirtschaftliches Anwesen oder eine Gärtnerei einschließlich aller Betriebsflächen, da idR letztere von größerer wirtschaftlicher Bedeutung sind,[110] oder eine Pkw-Garage mit einer Gartenfläche von 1700 qm.[111] Anders wäre es dagegen bei einer Gärtnerei, deren wirtschaftliches Hauptgewicht in Glashäusern besteht, die bestimmungsgemäße Bauwerke des Erbbauberechtigten sind, oder bei einer Schweinezüchterei mit Nebenflächen von untergeordneter Bedeutung.[112] Bei Sportanlagen, wie zB einem Fußballstadion oder einer Golfanlage, ist zu berücksichtigen, dass hier Bauwerk und Grünanlage eine wirtschaftliche Einheit bilden kann, so dass die gesamte Sportanlage Bauwerk iS von § 1 Abs. 1 ErbbauRG ist (vgl. RdNr. 2.16) und damit hier der Vergleich zwischen der Gesamtanlage und etwaigen sonstigen Nebenflächen anzustellen ist. **Abgrenzungsmaßstab** ist der Vergleich (wirtschaftliche) Haupt-/Nebensache, dagegen idR kein Wertvergleich der Flächen: bei einer Annexnutzung der Nebenfläche (zB Wohnhaus/Garten u. Hof oder Gewerbegebäude/Hof- u. Lagerflächen) steht die Hauptsacheeigenschaft des Bauwerks von vornherein fest; bei verschiedenartigen Nutzungen sollte der faktische Nutzungsschwerpunkt und, nur wenn ein solcher nicht feststellbar ist, ein Wertvergleich maßgebend sein.[113]

Da das Erbbaurecht nur das Recht zum Haben eines Bauwerks umfassen muss und es für seinen Bestand nicht darauf ankommt, ob dieses auch tatsächlich genutzt wird, kommt es für die **Abgrenzung nur** auf die **Erbbaurechtsbestellung** an. War das in der Erbbaurechtsbestellung bestimmte Bauwerk die Hauptsache, so schadet es deren Wirksamkeit nicht, wenn das Bauwerk dann gar nicht oder nur teilweise gebaut wird, so dass es faktisch nicht Hauptsache wird.[114] Unzulässig ist es dagegen, wenn nach der Erbbaurechtsbestellung selbst das Bauwerk nicht die wirtschaftliche Hauptsache ist oder bei einer späteren Inhaltsänderung des Erbbaurechts der Hauptsachecharakter verloren geht. Da § 1 Abs. 2 ErbbauRG zwingend ist, muss in einem derartigen Fall zumindest die Erstreckung unwirksam sein bzw. die vorgenannte nachträgliche Änderung. Da die Erstreckung aber nur eine zusätzliche Gestaltungsmöglichkeit und nicht der zwingende Inhalt des Erbbaurechts ist, wird idR nicht die ganze Erbbaurechtsbestellung nichtig sein, allenfalls bei entsprechender Auslegung nach § 139 BGB.[115]

2.71

b) Teil der Erbbaurechtsbestellung. Die Erstreckung auf die Nebenfläche ist Teil des dinglichen Rechtsinhalts und muss daher in der Erbbaurechtsbestellung enthalten sein. Die Einigung muss sich auch hierauf beziehen.[116] Die Erstreckung kann auch nachträglich durch Inhaltsänderung des Erbbaurechts oder durch Einbeziehung eines Nachbargrundstücks und Bildung eines Gesamterbbaurechts erfolgen, vgl. RdNr. 3.57 ff. Der für das Bauwerk gültige Bestimmtheitsgrundsatz gilt auch hier, ist jedoch gleichfalls nicht eng auszulegen; die Erbbaurechtsbestellung muss daher den Umfang der Erstreckung regeln,[117] sowohl flächenmäßig, als auch

2.72

---

[109] *Ingenstau/Hustedt* § 1 RdNr. 29; MünchKomm § 1 RdNr. 21.
[110] OLG Kiel JW 1932, 1977; RGRK/*Räfle* § 1 RdNr. 45; anders: Schweinezüchterei, BayObLGZ 1970, 142; n. ThürOLG Rpfleger 1996, 242 auch landwirtsch. Gut, wenn Bauwerke im Vordergrund.
[111] BayObLG NJW-RR 1991, 718.
[112] BayObLG BayOLGRspr 1970, 142.
[113] *v. Oefele* MittBayNot 1991, 29.
[114] BGH v. 24. 3. 1972 nach *Mattern* WPM 1973, 662, 667.
[115] *v. Oefele* MittBayNot 1992, 29, 31; aA anscheinend BayObLG NJW-RR 1991, 718, 720.
[116] Vgl. BayObLG OLGRspr. 41, 165; KG DNotZ 1992, 312, 313; *Ingenstau/Hustedt* § 1 RdNr. 28; *Staudinger/Rapp* § 1 RdNr. 18; RGRK/*Räfle* § 1 RdNr. 47.
[117] Vgl. BayObLG OLGRspr. 41, 165; KG DNotZ 1992, 312, 313.

bezüglich der Nutzung, wobei die Nutzungsbestimmung aber auch weit oder für jede zulässige Nutzung gefasst werden kann. Diese Ansicht schließt begrifflich die von der hM vertretene über die „negative Erstreckung" (vgl. RdNr. 2.73 ff.) aus; dennoch wird sie von *Ingenstau/Hustedt*[116] gleichzeitig vertreten.

3. Die sogenannte „negative Erstreckung"

2.73 **a) Früher hM.** Wird das ganze Erbbaugrundstück mit einem Erbbaurecht belastet, aber die tatsächliche Ausübung des Rechts auf einen realen Grundstücksteil beschränkt, ohne dass dieser nach § 7 GBO abgeschrieben wurde und ohne dass auf das Restgrundstück eine Erstreckung iS § 1 Abs. 2 ErbbauRG erfolgt ist, so erstreckt sich nach früher hM[118] das Erbbaurecht dennoch auf das ganze Grundstück. Dies hätte die Wirkung, dass bei der Zwangsversteigerung und bei der Berechnung der Beleihungsgrenze gemäß § 19 Abs. 1 ErbbauRG dennoch der Wert des ganzen Grundstücks herangezogen würde. Es kann aber danach eine Vereinbarung dahingehend getroffen werden, dass die Nutzungsbefugnis des Erbbaurechts sich nur auf Teile des Erbbaugrundstücks bezieht (sog. „negative Erstreckung").

2.74 **b) Jetzt hM.** In der Vorauflage, der sich nun auch *Ingenstau/Hustedt* und *Staudinger/Rapp*[119] angeschlossen haben, wurde dies abgelehnt. Einerseits ist es inkonsequent, für die Erstreckung eine entsprechende Vereinbarung im Erbbaurechtsvertrag mit der nötigen Bestimmtheit zu verlangen und andererseits bei Nichterstreckung auf das ganze Grundstück dennoch das Erbbaurecht auf das gesamte Grundstück zu erstrecken. Andererseits wird der Unterschied zwischen Belastungsgegenstand *(materiellrechtlich belastete Grundstücksfläche)* und Rechtsinhalt *(real belastete Fläche)* allgemein anerkannt. Dennoch drehte die früher hM die Konstruktion des Gesetzes um. Im Gegensatz zum Nießbrauch, wo der Grundsatz der unbeschränkten Nutzung in § 1030 BGB aufgestellt und eine fakultative Einschränkung zugelassen wird, hat der Gesetzgeber beim Erbbaurecht umgekehrt die fakultative Möglichkeit eingeräumt, das Recht auf Nebenflächen zu erstrecken. Soweit von dieser Erstreckungsmöglichkeit kein Gebrauch gemacht wird, bezieht sich das Erbbaurecht eben nicht auf die Nebenflächen, ohne dass es dafür einer besonderen Vereinbarung bedürfte. Soweit eine Erstreckung der Nutzungsbefugnis nur auf eine Teilfläche erfolgt, nicht aber auf das ganze Grundstück, so bezieht sich der Rechtsinhalt des Erbbaurechts gleichfalls nur darauf. § 1 Abs. 2 ErbbauRG verlangt nicht, dass sich die Erstreckung regelmäßig auf das ganze Grundstück bezieht, sondern formuliert umgekehrt „auf einen ... Teil des Grundstücks erstreckt werden", lässt also ausdrücklich die Erstreckung auf Teilflächen zu. Wie die Baubefugnis muss also auch bei einer Erstreckung die Nutzungsbefugnis in der Erbbaurechtsbestellung konkretisiert werden. Auch eine Abschreibung (§ 7 Abs. 1 GBO) ist nicht nötig, ebenso nicht wie bei den der Nutzungsbefugnis ähnlichen Fällen der Dienstbarkeit und des Nießbrauchs.

2.75 **c) Auslegung.** Wenn andererseits in der Erbbaurechtsbestellung keine ausdrückliche Erstreckung enthalten ist, die Beteiligten aber unter Bestellung eines Erbbaurechts am ganzen Grundstück auch die Erstreckung der Nutzungsbefugnis auf das ganze Grundstück verstanden haben, und dies durch Auslegung der Urkunde zu ermitteln ist, so liegt dennoch eine Erstreckung vor.[120] Die Beteiligten sind

---

[118] OLG Hamm DNotZ 1972, 496; *Ingenstau* 6. Aufl. § 1 RdNr. 23; *Staudinger/Ring* 12. Aufl. § 1 RdNr. 20.
[119] Ebenso KG DNotZ 1992, 312, 313; MünchKomm § 1 RdNr. 23; *Schöner/Stöber* RdNr. 1693; jetzt auch *Ingenstau/Hustedt* § 1 RdNr. 33; *Staudinger/Rapp* § 1 RdNr. 18.
[120] KG DNotZ 1992, 312, 314.

4. Einzelfälle

a) Erschließungsanlagen. Die Nebenfläche kann einerseits für Zugang und Zufahrt zum Gebäude und andererseits für private Ver- und Entsorgungsanlagen nötig sein. Öffentliche Versorgungsleitungen, die von einem Versorgungsunternehmen in Ausübung eines Rechts errichtet werden, stehen diesem zu.[121] Private Ver- und Entsorgungsleitungen, die nicht mit dem Gebäude fest verbunden sind, sind dagegen nicht Gebäudebestandteil, sondern Grundstücksbestandteil gemäß § 94 BGB.[122] Soweit diese Anlagen **selbst Bauwerke** sind, zB feste Straßenkörper, gemauerte Kanäle (vgl. RdNr. 2.15) und soweit sie in der Erbbaurechtsbestellung ausgewiesen sind, ist hier die Rechtslage die gleiche, wie am damit erschlossenen Gebäude. Sind sie in der Erbbaurechtsbestellung nicht gesondert ausgewiesen, liegen sie aber **in der Nutzungsfläche** gemäß § 1 Abs. 2 ErbbauRG, so können sie im Rahmen der Nutzungsbefugnis an dieser Fläche errichtet werden und gehen dann, soweit sie wesentliche Bestandteile iS § 94 BGB sind, in das Eigentum des Erbbauberechtigten über gemäß § 11 Abs. 2 ErbbauRG. Sind sie keine wesentlichen Bestandteile, so bezieht sich die Nutzungsbefugnis hierauf. Ein (kein Bauwerk bildender) Brunnen, der schon vorher in der Nutzungsfläche vorhanden war, unterliegt im Zweifel der Nutzungsbefugnis eines Golfplatzerbbaurechts. 2.76

Ist in der Erbbaurechtsbestellung überhaupt keine Nutzungsfläche vorgesehen, oder bezieht sich die Nutzungsfläche nur auf einen Teil des Grundstücks (vgl. RdNr. 2.69) und sind die Erschließungsanlagen **außerhalb der Nutzungsfläche**, so muss eine Erstreckung gemäß § 1 Abs. 2 ErbbauRG auf diese Erschließungsanlagen erfolgen. Ist keine ausdrückliche Erstreckung in der Urkunde enthalten, so können jedoch Umstände außerhalb derselben herangezogen werden; so zB wenn auf Grund des bei der Einigung geltenden Baurechts Zufahrt und Ver- und Entsorgung nur in dieser Weise möglich sind.[123] Es müssten hier die gleichen Grundsätze gelten, wie bei der Bestimmung des Bauwerks selbst.[123] Um Auslegungsprobleme und die damit verbundene Rechtsunsicherheit auszuschließen, sollte aber bei außerhalb der Nutzungsfläche liegenden Erschließungsanlagen die zusätzliche Erstreckung hierauf gesondert vereinbart werden. 2.77

Fraglich ist jedoch die Rechtslage, wenn der **Grundstückseigentümer** selbst eine **Erschließungsanlage** in der Nutzungsfläche **allein oder mitbenutzen will.** Das BayObLG[124] geht in den Gründen der Entscheidung davon aus, dass hier eine Grunddienstbarkeit am Erbbaurecht für den Grundstückseigentümer nötig ist. Bei Alleinnutzung der Anlage durch den Grundstückseigentümer kann jedoch die Nutzungsbefugnis des Erbbauberechtigten insoweit eingeschränkt werden. Bei einer Mitbenutzung der Anlage durch Grundstückseigentümer und Erbbauberechtigten sollte eine entsprechende Ausgestaltung der Erstreckung zugelassen werden. Dies kann aus der dienstbarkeitsähnlichen Konstruktion der Nutzungsbefugnis einerseits und aus dem Umkehrschluss zu § 1 Abs. 3 ErbbauRG gefolgert werden; danach ist eben nur die Beschränkung auf Gebäudeteile, nicht dagegen die Beschränkung der Nutzungsbefugnis unzulässig. 2.78

b) Einfriedungen, sonstige Außenanlagen. Regelmäßig, jedenfalls bei freistehenden Wohnhäusern wird der Erbbauberechtigte seine Nutzungsfläche einfrie- 2.79

---

[121] MünchKomm/*Holch* § 94 BGB RdNr. 10.
[122] MünchKomm/*Holch* § 94 BGB RdNr. 16.
[123] MünchKomm § 1 RdNr. 13; vgl. RdNr. 2.24.
[124] BayObLGZ 1959, 365.

den wollen; hierfür gelten die gleichen Grundsätze, wie bei Erschließanlagen. Es sind aber noch eine ganze Reihe von weiteren Außenanlagen, die nicht Bauwerksbestandteil sind, denkbar, wie Schwimmbad oder bei gewerblichen Objekten Lagerplätze, Parkplätze, Tankanlagen, Silos und dergleichen. Hierfür gelten ebenfalls die gleichen Grundsätze, wie bei Erschließungsanlagen; im Unterschied hierzu werden diese Einrichtungen idR jedoch nicht zwingender wirtschaftlicher Bestandteil des Bauwerks sein, so dass hier eine präzise Regelung der Erstreckung in der Erbbaurechtsbestellung erforderlich ist.

2.80 **c) Gärtnerische Anlagen.** Die Erstreckung kann sich auch auf die Nutzung als Garten und Grünanlage beziehen. Ist dies der Fall, so werden die vom Erbbauberechtigten gepflanzten Bäume, Sträucher und sonstige Pflanzen nicht wesentlicher Bestandteil des Grundstücks, sondern des Erbbaurechts und damit dessen Eigentum, § 94 Abs. 1 S. 2 BGB, § 12 Abs. 2 ErbbauRG. Bei der Erbbaurechtsbestellung vorhandene Bäume gehören grundsätzlich weiter zum Grundstückseigentum, da eine § 12 Abs. 1 S. 2 entsprechende Bestimmung in § 12 Abs. 2 fehlt; jedoch wird bei einem langfristigen Erbbaurecht das Recht zur Nutzung als Garten im Zweifel auch die Verfügung über den Baum umfassen. An der Gartenfläche selbst besteht dagegen eine reine dienstbarkeitsähnliche Nutzungsbefugnis. Aus der Erstreckung auf Gartennutzung ergibt sich jedoch das Recht auf gärtnerische Gestaltung und zum Pflanzen. Für die Erzeugnisse des Gartens gelten § 94 Abs. 1 S. 1 BGB, sowie §§ 953–957 BGB zugunsten des Erbbauberechtigten gemäß § 12 Abs. 2 ErbbauRG.

2.81 **d) Verbindung zu vorübergehendem Zweck** vgl. RdNr. 2.57.

5. Rechtswirkungen

2.82 **a) Eigentumslage, Umfang der Nutzungsbefugnis.** Wie vorstehend dargelegt, werden die im Außenbereich vom Erbbauberechtigten errichteten Anlagen zum Teil sein Eigentum, und zwar entweder wenn es sich um in der Erbbaurechtsbestellung vorgesehene Bauwerke handelt (feste Straßen, Mauern) oder soweit sie Bestandteil des Erbbaurechts gemäß § 12 Abs. 2 ErbbauRG, § 94 BGB werden. Für diese Anlagen gilt das Gleiche, wie für das Bauwerk selbst, vgl. RdNr. 2.62. Soweit jedoch keine derartigen Anlagen errichtet werden, handelt es sich um eine reine Nutzungsbefugnis. Diese ist grundsätzlich nach Art und Umfang in das Belieben des Erbbauberechtigten gestellt; wie beim Bauwerk hat er sich jedoch an die Bestimmung der Nutzungsbefugnis hinsichtlich des Umfangs der Nutzungsfläche, aber auch hinsichtlich der Art und Weise der Nutzung zu halten. Wegen der Dienstbarkeitsähnlichkeit der Nutzungsbefugnis sind jedoch die Vorschriften der §§ 1020ff. über die Schonung der Interessen des Grundstückseigentümers zu beachten. Die Instandhaltung und Unterhaltung der Nutzungsfläche obliegt dem Erbbauberechtigten allein (soweit keine Mitbenutzung vorliegt). Zur Vereinbarung einer Unterhaltungspflicht hierzu vgl. § 2 Nr. 1 ErbbauRG, RdNr. 4.48ff. Die Nutzungsfläche als solche bleibt genau wie das gesamte Erbbaugrundstück Eigentum des Grundstückseigentümers.

2.83 **b) Sonderrechtsunfähigkeit, Haftung.** Die vom Erbbauberechtigten errichteten Anlagen, soweit sie in seinem Eigentum stehen oder wesentliche Bestandteile des Erbbaurechts geworden sind, sind wie das Bauwerk nach § 11 ErbbauRG, § 93 BGB nicht sonderrechtsfähig. Das gleiche gilt für die Nutzungsbefugnis als solche. Sie ist Teil des Rechtsinhalts des Erbbaurechts und damit ebenso nicht sonderrechtsfähig, so dass eine analoge Anwendung von § 96 BGB über § 11 ErbbauRG hier gar nicht notwendig ist. Insoweit ergeben sich die gleichen Rechtsfolgen wie beim Bauwerk (vgl. RdNr. 2.58ff.). Die wesentlichen Bestandteile des Erbbaurechts haften mit diesem, vgl. RdNr. 2.60, die Nutzungsbefugnis als Teil des Erbbaurechts

IV. Nebenfläche (§ 1 Abs. 2 ErbbauRG)

haftet ebenfalls mit. Das Verbot der auflösenden Bedingung gem. § 1 Abs. 4 ErbbauRG gilt wohl auch hier; wegen der mutmaßlichen Unzulässigkeit einer bedingten Nutzungsbefugnis nach § 1 Abs. 2 ErbbauRG sollte das Erbbaurecht nicht auf die betroffene Teilfläche erstreckt werden, sondern hierzu eine auflösend bedingte Grunddienstbarkeit im Rang nach dem Erbbaurecht bestellt werden.

c) Besitzverhältnisse. Soweit auf der Nutzungsfläche Bauwerke im Eigentum des Erbbauberechtigten errichtet werden oder Anlagen, die wesentlicher Bestandteil des Erbbaurechts sind, gilt für die Besitzverhältnisse das Gleiche wie beim Bauwerk (vgl. RdNr. 2.61): Nur der Erbbauberechtigte hat hieran Besitz, der Grundstückseigentümer keinen, auch keinen mittelbaren. 2.84

Soweit an der Nebenfläche jedoch eine **reine Nutzungsbefugnis** des Erbbauberechtigten besteht und an der Grundstücksfläche, auf der das Bauwerk errichtet wurde, ist hier **unmittelbarer Besitzer** der Erbbauberechtigte. Dies ergibt sich daraus, dass er die tatsächliche Gewalt über die Nutzungsfläche ausübt. Dem Grundstückseigentümer steht jedoch der mittelbare Besitz an der bebauten Fläche und an der Nutzungsfläche zu. Nach BGH[125] und heute hM[128] besteht zwischen Grundstückseigentümer und Erbbauberechtigtem ein Besitzmittlungsverhältnis iSv. § 868 BGB. Nach BGH[128] entspricht dieses dem Wesen der durch die Erbbaurechtsbestellung geschaffenen Rechtsbeziehungen; der Erbbauberechtigte besitzt ferner idR auf Zeit (vgl. § 27 Abs. 1 ErbbauRG), auf deren Dauer es nicht ankommen kann. Nach BGH[128] ist der durch Beendigung des Erbbaurechts bedingte Herausgabeanspruch nach § 870 BGB abtretbar. Dem Erbbauberechtigten steht hier als unmittelbarem Besitzer das Recht zur Selbsthilfe zu (§ 859 BGB), auch gegen den Grundstückseigentümer, ebenso zur Besitzentziehungs- (§ 863 BGB), sowie zur Besitzstörungsklage (§ 862 BGB). Der Grundstückseigentümer selbst hat dagegen nur die Rechte aus § 861 und § 862 über § 869 BGB, aber nicht gegenüber dem Erbbauberechtigten als dem unmittelbaren Besitzer. Gegen Pflichtwidrigkeiten des Erbbauberechtigten kann sich der Grundstückseigentümer nur auf Grund von Ansprüchen aus dem Erbbaurechtsvertrag und dem ErbbauRG wehren. An den Grundstücksflächen, auf die sich sein Erbbaurecht nicht bezieht, hat der Erbbauberechtigte jedoch keinerlei Besitz. 2.85

d) Abschreibung, Dienstbarkeiten. Ein Grundstücksteil, auf den keine Erstreckung erfolgt ist, und der somit auch nicht vom dinglichen Rechtsinhalt betroffen ist (nicht **real belastet** ist), kann ohne Zustimmung des Erbbauberechtigten lastenfrei abgeschrieben werden, entsprechend §§ 1026 Abs. 2, 1090 BGB, so dass das Erbbaurecht an diesen Teilflächen erlischt.[126] Diese Teilfläche ist auch mit Dienstbarkeiten belastbar.[127] Zur Belastung des Grundstücks und des Erbbaurechts mit Dienstbarkeiten auf Teilflächen, auf die sich das Erbbaurecht erstreckt, vgl. RdNr. 5.107 ff. 2.86

e) Änderungen an der Nutzungsbefugnis, Erlöschen des Erbbaurechts. Eine nachträgliche Änderung an der Nutzungsbefugnis, gleichgültig, ob sie eine Erweiterung oder eine Einschränkung bedeutet, ist eine Inhaltsänderung des Erbbaurechts, vgl. RdNr. 5.150 ff. Zu den Rechtswirkungen des Erlöschens des Erbbaurechts auf die Nutzungsfläche und dort befindliche wesentliche Bestandteile, vgl. RdNr. 5.254 ff. 2.87

---

[125] BGH WPM 1970, 680; *Clasen* BlGBW 1973, 61, 62; *Ingenstau/Hustedt* § 1 RdNr. 18 m. weit. Nachw.; MünchKomm § 1 RdNr. 27.
[126] BayObLG Rpfleger 1957, 383 = DNotZ 1958, 409 m. zust. Anm. *Weitnauer*; *Schöner/Stöber* RdNr. 1693.
[127] BayObLGZ 1959, 365 und DNotZ 1985, 375.

V. Eigentum und Besitz des Grundstückseigentümers

1. Eigentum

2.88 Das Eigentum am Grundstück verbleibt zwar dem Grundstückseigentümer. Vom Grundstückseigentum wird jedoch das Bauwerkseigentum losgelöst, ebenso das an Bestandteilen des Erbbaurechts (vgl. RdNr. 2.76 ff.), ferner können auf Grund Erstreckung Nutzungsrechte am Grundstück dem Erbbauberechtigten übertragen werden (vgl. RdNr. 2.67 ff.). Bezieht sich das Erbbaurecht auf alle Bauwerke und erfolgt die Erstreckung auf alle Nebenflächen, wie dies den Regelfall bildet, werden alle Nutzungsrechte, somit sämtliche **tatsächlichen Einwirkungsrechte** vom Eigentum losgelöst, so dass vom Inhalt des Grundstückseigentums nur noch die **rechtlichen Einwirkungsmöglichkeiten** verbleiben. Das Verfügungsrecht des Grundstückseigentümers darf rechtlich nicht eingeschränkt werden, insbesondere nicht durch Veräußerungs- und Belastungsbeschränkungen, wie sie gemäß §§ 5 bis 7 ErbbauRG für das Erbbaurecht zulässig sind. Das Erbbaurecht kann sich aber auch auf nur eines von mehreren vorhandenen Bauwerken beziehen und die Nutzungsbefugnis nur auf Teile des Erbbaugrundstücks, wonach das Grundstückseigentum für die nicht betroffenen Gebäude und Teilflächen in keiner Weise eingeschränkt wird.

2. Besitz

2.89 An den Bauwerken des Erbbauberechtigten und den wesentlichen Bestandteilen des Erbbaurechts hat der Grundstückseigentümer keinerlei Besitz, auch keinen mittelbaren (vgl. RdNr. 2.61, 84). An der Grundstücksfläche, auf die lediglich eine Erstreckung erfolgt ist, sowie an der bebauten Fläche hat er mittelbaren Besitz, vgl. RdNr. 2.85. An Flächen und Bauwerken, die vom Inhalt des Erbbaurechts überhaupt nicht betroffen sind, bleibt er alleiniger Besitzer.

VI. Belastungsgegenstand (§ 1 Abs. 1), Rang (§ 10)

1. Belastungsgegenstand (§ 1 Abs. 1)

2.90 a) **Ganzes Grundstück.** Wie sich aus dem Gesetzeswortlaut von § 1 Abs. 1 ErbbauRG ergibt, kann nur ein Grundstück im ganzen mit einem Erbbaurecht belastet werden.[128] Es können aber mehrere selbständige Grundstücke im ganzen belastet werden (Gesamterbbaurecht, vgl. RdNr. 3.37 ff.). Damit scheiden aber als Belastungsgegenstand ideelle Grundstücksanteile aller Art aus, also ein Miteigentumsanteil in Bruchteilsgemeinschaft oder ein Anteil an Gesamthandseigentum, insbesondere ein Erbteil.[129] Wenn dem Grundstückseigentümer nur ein Miteigentumsanteil am Zufahrtsgrundstück gehört, will *Diekgräf*[130] ein Gesamterbbaurecht am (eigentlichen) Erbbaugrundstück und am Miteigentumsanteil zulassen; dies widerspricht sowohl dem Eigentumscharakter des Erbbaurechts selbst, als auch der Dienstbarkeitsähnlichkeit des Nutzungsrechts nach § 1 Abs. 2; ferner wäre fraglich, ob § 25 bei der Teilungsversteigerung hält. Möglich wäre der Erwerb eines Teils des Miteigentumsanteils durch den Erbbauberechtigten, schuldrechtlich unter der auflösenden Bedingung des Heimfalls oder Erlöschens des Erbbaurechts. Aus oben

---

[128] Vgl. KG OLGRspr 14, 85; BayObLG DNotZ 1958, 409 = Rpfleger 1957, 383 und OLG-Rspr 20, 405.
[129] LG Düsseldorf DNotZ 1955, 155; *Staudinger/Rapp* § 1 RdNr. 15.
[130] *Diekgräf* DNotZ 1996, 338, 348; *Linde/Richter* RdNr. 63.

VI. Belastungsgegenstand (§ 1 Abs. 1), Rang (§ 10)

genannten Gründen kann auch ein Wohnungs-/oder Teileigentum nicht mit einem Erbbaurecht belastet werden. Anderseits ist **unerheblich, wer Grundstückseigentümer ist:** So können Miteigentümer oder eine Erbengemeinschaft für einen von ihnen ein Erbbaurecht bestellen (§ 1009 BGB); es kann auch für den Grundstückseigentümer selbst bestellt werden (Eigentümererbbaurecht, vgl. RdNr. 3.8 ff.). Das zu belastende Grundstück muss zweifelsfrei bestimmt werden, sonst ist die Erbbaurechtsbestellung nichtig.[131] Das Bestimmungsrecht kann gemäß § 317 BGB auch einem Vertragsteil oder einem Dritten übertragen werden;[132] die Bestimmung selbst ist nicht beurkundungsbedürftig,[135] muss aber spätestens gleichzeitig mit der Einigung erfolgen. Zur Heilung gemäß § 11 Abs. 2 ErbbauRG, § 311b S. 2 BGB eines unbestimmten Erbbaurechtsvertrages vgl. RdNr. 5.38.

b) Realer Grundstücksteil. Hier ist zwischen **Belastungsgegenstand** *(materiellrechtlich belastete Grundstücksfläche)* und **Rechtsinhalt** *(real belastete Fläche)* zu unterscheiden; das Auseinanderfallen Belastungsgegenstand – Rechtsinhalt ist zulässig, vgl. RdNr. 2.69. Während sich also zwar der Rechtsinhalt (Bebauungsfläche, Nutzungsfläche) auf einen bestimmten Grundstücksteil beschränken kann, kann dagegen Belastungsgegenstand kein realer Grundstücksteil (Teilfläche) sein. Das Erbbaurecht muss also an einem **ganzen und rechtlich selbständigen Grundstück** eingetragen werden. Soll eine Teilfläche belastet werden, muss diese zuerst gemäß § 7 Abs. 1 GBO abgeschrieben und als selbständiges Grundstück vorgetragen werden.[133] Voraussetzung ist daher eine Grundstücksteilung im Rechtssinn, eine nur katastermäßige Teilung (die gebildeten Flurstücksnummern bleiben als ein Grundstück vorgetragen) genügt nicht. Üblich ist aber die Erbbaurechtsbestellung an einer noch zu vermessenden Teilfläche. Ähnlich wie beim Erwerb einer noch zu vermessenden Teilfläche muss auch hier in der schuldrechtlichen Vereinbarung diese Teilfläche bestimmt oder bestimmbar sein, sonst ist sie nichtig.[134] Die Einigung mit den übrigen dinglichen Erklärungen kann dann erst nach eindeutiger Bestimmung des Erbbaugrundstücks erfolgen idR, also erst nach Vorliegen des amtlichen Messungsergebnisses. 2.91

c) Untererbbaurecht. Hier ist Belastungsgegenstand kein Grundstück, sondern ein Erbbaurecht (Obererbbaurecht), es handelt sich also um ein **Erbbaurecht am Erbbaurecht.** Vgl. hier zur Zulässigkeit und zu seinen Auswirkungen RdNr. 3.14 ff. 2.92

2. Normzweck des erforderlichen Ranges (§ 10 ErbbauRG)

Das Erbbaurecht muss nicht nur an einem ganzen Grundstück als Belastungsgegenstand eingetragen werden. Gemäß § 10 ErbbauRG muss es an diesem Grundstück grundsätzlich auch ausschließlich erste Rangstelle erhalten. Nach dem Wortlaut und dem Normzweck ist § 10 ErbbauRG **zwingend.** Dieser Bestimmung, die im Zusammenhang mit § 25 und § 12 Abs. 1 S. 3 ErbbauRG zu sehen ist, kommt für das Erbbaurecht eine entscheidende Bedeutung zu: 2.93

a) Für das Erbbaurecht und die Gläubiger daran. Durch § 10 ErbbauRG wird ausgeschlossen, dass ein im Grundbuch eingetragener vorrangig Berechtigter am Grundstück die Zwangsversteigerung desselben betreibt und das Erbbaurecht dadurch erlischt; § 25 ErbbauRG verlängert diesen Schutz dadurch, dass bei einer Zwangsversteigerung des Grundstücks aus einer nicht eingetragenen Belastung 2.94

---

[131] BGH DNotZ 1969, 487, 489 und NJW 1973, 1656 = DNotZ 1973, 609.
[132] BGH NJW 1973, 1656 = DNotZ 1973, 609.
[133] KG OLGRspr 14, 85, 87; BayObLG OLGRspr 20, 405; BayObLG DNotZ 1958, 409 = Rpfleger 1957, 383.
[134] BGH DNotZ 1969, 487, 489 u. NJW 1973, 1656 = DNotZ 1973, 609.

(§ 10 Abs. 1 S. 2 ErbbauRG) oder einer Belastung nach § 10 Abs. 2 ErbbauRG das Erbbaurecht gleichfalls bestehen bleibt. Es wird dadurch der **ungestörte Bestand** des Erbbaurechts für **seine ganze Dauer** gewährleistet. Dies dient sowohl dem Schutz des Erbbauberechtigten selbst, als auch der Gläubiger der Belastungen, die am Erbbaurecht bestehen.[135] Gäbe es diesen Schutz nicht und könnte dann das Erbbaurecht in der Zwangsversteigerung erlöschen, wäre eine **Beleihung** des Erbbaurechts kaum möglich. Die Förderung der Beleihbarkeit des Erbbaurechts ist aber ein Hauptziel der Verordnung (vgl. RdNr. 1.10).

2.95 **b) Schutz der Rechte am Grundstück.** Gleichzeitig werden aber auch die am Grundstück schon eingetragenen Rechte geschützt. Mit Eintragung des Erbbaurechts haftet ein schon bestehendes Bauwerk gemäß § 12 Abs. 1 S. 3 ErbbauRG kraft Gesetzes nicht mehr, so dass diesen Rechten die Beleihungsgrundlage entzogen würde. Da aber die erste Rangstelle des Erbbaurechts nur unter Mitwirkung der Realberechtigten am Grundstück beschafft werden kann, können sich diese im Rahmen ihrer Mitwirkung schützen.

3. Erste Rangstelle (§ 10 Abs. 1 S. 1 ErbbauRG)

2.96 **a) Zeitpunkt.** Nach § 10 Abs. 1 S. 1 ErbbauRG kann das Erbbaurecht nur zur ausschließlich ersten Rangstelle am Erbbaugrundstück bestellt werden, also weder im Nachrang, noch im Gleichrang zu einem anderen Recht. Es ist heute unstrittig, dass die ausschließlich erste Rangstelle nicht schon bei Beurkundung des Erbbaurechtsvertrages, sondern **erst bei der Eintragung** zur Verfügung stehen muss.[136] Es genügt also, dass gleichzeitig mit der Einigung Rangrücktritte der vorgehenden Berechtigten (§ 880 BGB) oder Löschungen (§ 875 BGB) vorgelegt werden.

2.97 **b) Rangfähige Rechte iS § 879 BGB.** § 10 ErbbauRG bezieht sich aber nur auf solche vor- oder gleichrangigen Belastungen, die in einem Rangverhältnis iS von § 879 BGB stehen können. Da im Grundbuchrecht die Zulässigkeit nicht von der Einzelfallgestaltung abhängen kann, spielen der Wert und die Bedeutung des anderen Rechts keine Rolle. Es stehen daher auch geringfügige oder nicht mehr ausgeübte Belastungen entgegen, selbst wenn diese tatsächlich nicht schaden können.[137] Im einzelnen ergibt sich daraus:

2.98 **aa) Grundpfandrechte.** Diese sind von der Zielsetzung des Gesetzes her (Ausfall des Erbbaurechts bei Versteigerung) der wichtigste Fall. Ihr Vorrang oder Gleichrang steht daher § 10 Abs. 1 S. 1 ErbbauRG immer entgegen.

2.99 **bb) Dienstbarkeiten.** Diese Rechte sind rangfähig und stehen der vorgeschriebenen Rangstelle entgegen, ohne Rücksicht auf Einzelfallgestaltung oder Wertigkeit;[138] so stehen zB Wegerechte entgegen, die nur einen kleinen Teil des Erbbaugrundstücks betreffen, selbst wenn sie nicht mehr ausgeübt werden,[141] oder wenn sie sich auf Teilflächen beziehen, die vom Rechtsinhalt des Erbbaurechts (Erstreckung) gar nicht betroffen sind.

2.100 Im Fall eines den Benutzungsbereich eines Erbbauberechtigten betreffenden Geh- und Fahrtrechts hat der BGH[141] zur **entsprechenden Anwendung von § 1023 BGB** über § 242 BGB entschieden, dass unter Abwägung der beiderseitigen Interessen zu prüfen ist, ob eine Verlegung des Weges auf ein Nachbargrundstück verlangt werden kann. Wenn der angebotene Weg für den Grunddienstbar-

---

[135] Vgl. BGH NJW 1954, 1443.
[136] BGH NJW 1954, 1443; OLG Hamm Rpfleger 1966, 48; LG Aachen MittRhNotK 1968, 542; LG Wuppertal NJW 1965, 1767; *Haegele* BWNotZ 1972, 21, 25, 26; *Ingenstau/Hustedt* § 10 RdNr. 10; MünchKomm § 10 RdNr. 2.
[137] BGH NJW 1954, 1443; OLG Frankfurt Rpfleger 1973, 400.
[138] BGH DNotZ 1974, 692; OLG Frankfurt Rpfleger 1973, 400.

keitsberechtigten nicht ebenso geeignet ist, muss der Grundstückseigentümer den Rechtsnachteil in der Einschränkung seiner Bau- und Nutzungsbefugnis hinnehmen, auch wenn jeweils die Entwicklung nicht vorhersehbar war. Nach BGH[141] kann in diesem Fall auch kein Rangrücktritt hinter das Erbbaurecht verlangt werden, weil nach Erlöschen des Erbbaurechts bei einer Versteigerung aus dem Entschädigungsanspruch nach § 27 ErbbauRG die Grunddienstbarkeit ausfallen kann. Er lässt daher einen **Anspruch auf Rangrücktritt** nur zu, wenn der Entschädigungsanspruch nach § 27 ErbbauRG dinglich ausgeschlossen wurde. Der Ausschluss des dinglichen Entschädigungsanspruchs nach § 27 Abs. 1 S. 2 ErbbauRG lässt jedoch einen Regelungsspielraum. Möglich wäre daher eine Vereinbarung des Inhalts, dass der Entschädigungsanspruch unter der Bedingung ausgeschlossen wird, dass er erst verlangt werden kann, wenn der Erbbauberechtigte der Grunddienstbarkeit den ursprünglichen Rang am Grundstück wieder verschafft hat. Ferner müsste zusätzlich hier am Erbbaurecht eine inhaltsgleiche Dienstbarkeit eingetragen werden, damit das dem Erbbaurecht nachrangige Wegerecht während der Laufzeit des Erbbaurechts in gleicher Weise ausgeübt werden kann; deren Inhalt muss aber im Rahmen der Befugnisse des Erbbaurechts bleiben, vgl. RdNr. 5.109. Auch sollte der Heimfall wegen § 33 Abs. 1 S. 1, 3 dahingehend eingeschränkt werden, dass er nur ausgeübt werden kann, wenn vorher oder gleichzeitig dem Grundbuchamt eine Bewilligung des Grundstückseigentümers zur Neueintragung des durch Heimfall erlöschenden Rechts vorgelegt wird (= zusätzliche Heimfallvoraussetzung), ggf. auch Rangrücktrittserklärungen der nach § 33 Abs. 1 ErbbauRG bestehen bleibenden Grundpfandrechte. Falls also keine Verlegung der Zufahrt auf ein Nachbargrundstück verlangt werden kann, kann dieses praktisch bedeutsame Problem dadurch gelöst werden, dass der Grundstückseigentümer gemäß § 242 BGB einen Rangrücktritt hinter das Erbbaurecht verlangen kann, wenn einerseits der dingliche Entschädigungsanspruch für das Erbbaurecht (mit der vorgenannten Bedingung) ausgeschlossen, der Heimfall in vorgenannter Weise eingeschränkt und gleichzeitig eine inhaltsgleiche Grunddienstbarkeit am Erbbaurecht erstrangig eingetragen wird. Schließlich ist die Eigentumsspaltung in Form der Erbbaurechtsbestellung ein so wesentliches Eigentumselement, dass es rechtswidrig ist, wenn Berechtigte, die entweder gar nicht (wirtschaftlich) betroffen sind oder in der vorgenannten Weise abgesichert werden, die Mitwirkung verweigern oder – wie häufig der Fall – ohne jede Begründung und Reaktion blockieren. Dies ergibt sich wohl auch aus dem gesetzlichen Schuldverhältnis Grundstückseigentümer/dinglich Berechtigter.[139]

cc) Vorkaufsrechte. Das dingliche Vorkaufsrecht ist wegen § 1094 Abs. 1 BGB ein rangfähiges Recht iSv. § 879 BGB, schon wegen des Vormerkungsschutzes nach § 1098 Abs. 2 BGB.[140] Nach BGH[141] schadet dagegen ein **subjektiv-dingliches Vorkaufsrecht für den jeweiligen Erbbauberechtigten** im Gleich- oder Vorrang nicht; einerseits steht es der Kaufberechtigung gemäß § 2 Ziff. 7 ErbbauRG sehr nahe, andererseits ist dieses Recht gemäß § 11 ErbbauRG, § 96 BGB wesentlicher Bestandteil des Erbbaurechts und nimmt damit an dessen Rang teil. Nach OLG Düsseldorf[141] und hM[142] gilt dies auch für ein subjektiv-persönliches dingliches Vorkaufsrecht für den Erbbauberechtigten, das nach seiner rechtlichen Ausgestaltung ebenso eng mit dem Erbbaurecht verbunden ist. In diesem Falle war

2.101

---

[139] Vgl. in anderem Zusammenhang BGH DNotZ 1986, 25; BGH DNotZ 1989, 565 = NJW 1989, 1607; *Schöner/Stöber* RdNr. 11–52.
[140] BGH NJW 1954, 1443; OLG Düsseldorf NJW 1956, 875; *Ingenstau/Hustedt* § 10 RdNr. 20; RGRK/*Räfle* § 10 RdNr. 2; jetzt auch *Staudinger/Rapp* § 10 RdNr. 8.
[141] OLG Düsseldorf NJW 1956, 875.
[142] *Ingenstau/Hustedt* § 10 RdNr. 18; *Staudinger/Rapp* § 10 RdNr. 8; *Palandt/Bassenge* § 10 RdNr. 1; *Erman/Grziwotz* § 10 RdNr. 1; *Schöner/Stöber* RdNr. 1738.

das Vorkaufsrecht zwar nicht übertragbar und stand dem Berechtigten nur solange zu, als er Erbbauberechtigter ist. Dennoch ist die Zulassung eines derartigen Rechts bedenklich, weil es eben nicht Bestandteil des Erbbaurechts ist und seine Rangwirkung somit auch gegen das Erbbaurecht und die Gläubiger daran gilt.[143]

2.102 **dd) Sonstige subjektiv-dingliche Rechte für den Erbbauberechtigten.** Aus den gleichen Gründen, wie beim subjektiv-dinglichen Vorkaufsrecht für den jeweiligen Erbbauberechtigten stehen auch derartige Rechte (zB Grunddienstbarkeiten, Reallasten) nicht entgegen.[144]

2.103 **ee) Vormerkungen.** Vormerkungen stehen wegen der Rangwirkung des § 883 Abs. 3 BGB dem vorgeschriebenen ersten Rang entgegen. Soweit eine Vormerkung zur Sicherung von Rechten besteht, die in keinem Rangverhältnis iSv. § 879 BGB stehen, was allerdings kaum denkbar ist, wäre sie dagegen wie das Recht selbst zulässig. Ganz anders zu behandeln ist eine Vormerkung zur Sicherung des Anspruchs auf Einräumung des Erbbaurechts; da diese nur den schuldrechtlichen Vertrag sichert und mit dem Erbbaurecht nicht identisch ist, ist § 10 ErbbauRG hier nicht anwendbar, auch nicht entsprechend und kann diese an nächster Rangstelle eingetragen werden.[145] Die Vormerkung ist im Gegenteil praktisch notwendig, um vor Neueintragungen anderer Rechte zu schützen, die wieder gemäß § 10 ErbbauRG die Eintragung des Erbbaurechts verhindern würden.

2.104 **ff) Mehrere Erbbaurechte.** Während sich ein Erbbaurecht auf mehrere selbständige Gebäude auf einem Grundstück beziehen kann (RdNr. 2.31), können dagegen nach hM[146] nicht mehrere selbständige Erbbaurechte an einem einzigen Grundstück bestellt werden. Hier bestünden zwar keine Bedenken aus dem Rechtsinhalt, wenn sich jedes Recht auf verschiedene eindeutig bestimmte Gebäude und Flächen bezieht. Hier würde jedoch gegen § 10 Abs. 1 ErbbauRG verstoßen, da die mehreren Erbbaurechte Gleichrang untereinander haben müssten und damit die zwingend erforderliche ausschließend erste Rangstelle nicht vorläge. Bei einer Versteigerung eines gleich- oder vorrangigen Erbbaurechts bestünde damit das Risiko des Ausfalls für die übrigen Erbbaurechte. Wenn schon bei wirtschaftlich unbedeutenden vorrangigen Rechten keine Ausnahme zugelassen wird, kann hier erst recht von dem für die Rechtssicherheit und Beleihungsfähigkeit maßgebenden Ranggebot keine Ausnahme zugelassen werden. Eine Sonderregelung enthält § 39 Abs. 1 SachenRBerG unter bestimmten Voraussetzungen (vgl. RdNr. 8.28); der Ausnahmecharakter zu § 10 ErbbauRG kommt in Abs. 1 S. 4 zum Ausdruck, weil hier nachträglich die Teilung und die Herstellung des ersten Rangs festzulegen sind, sodass diese Bestimmung eine Bestätigung der hM enthält.[147] Ein praktisches Bedürfnis besteht nicht, da ja hierzu erst das Grundstück geteilt werden kann. Deswegen kann nach Eintragung eines Erbbaurechts auch nicht ein weiteres Erbbaurecht am gleichen Grundstück eingetragen werden, dagegen schon ein Erbbaurecht am Erbbaurecht (Untererbbaurecht, vgl. RdNr. 3.14 ff.).

2.105 **gg) Rangvorbehalt.** Ein Rangvorbehalt nach § 881 BGB zur Eintragung irgendwelcher rangfähiger Rechte vor dem Erbbaurecht ist unzulässig, weil er eine ihrerseits unzulässige spätere Rangänderung ermöglichen würde, vgl. RdNr. 2.110.

---

[143] Im Ergebnis ebenso MünchKomm § 10 RdNr. 3 u. *Bauer/v. Oefele/Maaß* AT RdNr. VI 56.
[144] Vgl. *Rohloff* Rpfleger 1954, 519; *Ingenstau/Hustedt* § 10 RdNr. 21.
[145] MünchKomm § 10 RdNr. 3a; *Ingenstau/Hustedt* § 10 RdNr. 8.
[146] OLG Frankfurt DNotZ 1967, 688; *Schöner/Stöber* RdNr. 1732 und Rpfleger 1967, 279, 280; *Huber* NJW 1952, 690; *Weber* MittRhNotK 1965, 548, 564; *Ingenstau/Hustedt* § 10 RdNr. 9; MünchKomm § 1 RdNr. 37; RGRK/*Räfle* § 10 RdNr. 3; *Staudinger/Rapp* § 1 RdNr. 24; *Soergel/Stürner* § 10 RdNr. 1; *Palandt/Bassenge* § 10 RdNr. 1; jetzt auch *Erman/Grziwotz* § 1 RdNr. 11; für Zulässigkeit: LG Kassel Rpfleger 1955, 231; *Weitnauer* DNotZ 1958, 413.
[147] *Bauer/v. Oefele/Maaß* AT RdNr. VI, 54.

VI. Belastungsgegenstand (§ 1 Abs. 1), Rang (§ 10)

c) Nicht rangfähige Rechte iSv. § 879 BGB. Da nach völlig einhelliger 2.106 Meinung sich aus dem Gesetzeswortlaut und dem Normzweck ergibt, dass nur der Vor- und Gleichrang rangfähiger Rechte iSv. § 879 BGB ausgeschlossen wird, stehen nicht rangfähige Rechte nicht entgegen:

aa) Verfügungsbeschränkungen des Grundstückseigentümers. Am Grund- 2.107 stück eingetragene Verfügungsbeschränkungen, wie der Zwangsversteigerungsvermerk nach § 19 ZVG, der Umlegungsvermerk nach § 54 Abs. 1 BauGB, die Sanierungs- und Anpassungsvermerke nach §§ 143, 170 BauGB und der Zustimmungsvorbehalt nach § 6 Abs. 4 Bodensonderungsgesetz[148] sind keine rangfähigen Grundstücksbelastungen, sondern Einschränkungen der Verfügungsmacht des Rechtsinhabers.[149] Das Gleiche gilt für eingetragene Widersprüche. Hiervon ist die Frage zu unterscheiden, ob die Verfügungsbeschränkung in der Wirkung einer nach § 1 Abs. 4 ErbbauRG unzulässigen auflösenden Bedingung entspricht, wie der Zwangsversteigerungsvermerk, weil mit dem Zuschlag uU das Erbbaurecht erlischt (vgl. § 10 Abs. 4, 6, §§ 20, 44, 91 ZVG).[150] Obwohl wie beim Nacherbenvermerk (vgl. RdNr. 2.152) die Bedingung nicht auf Rechtsgeschäft, sondern auf Gesetz beruht, kommt nach dem Normzweck die Anwendung der Bestimmung in Frage. Vorsorglich sollte daher der Vertrag so gestaltet werden, dass die Erbbaurechtsbestellung durch den Wegfall des Versteigerungsvermerks (zulässig) aufschiebend bedingt ist.

bb) Heimstättenvermerk. Trotz seiner Wirkungen gemäß § 14 RHeimStG 2.108 hat der Heimstättenvermerk einerseits keinen Rang im materiellrechtlichen Sinn, wie § 5 S. 3 RHeimStG klarstellt, und andererseits kollidieren die Rangbestimmungen der § 5 RHeimStG und § 10 ErbbauRG miteinander nicht.[151] Allerdings entsteht dann beim Heimfall des Erbbaurechts eine Eigentümer-Erbbauheimstätte, was aber rechtlich zulässig ist.[154]

cc) Nacherbenvermerk. Dieser ist nach nun einhelliger Meinung[152] nur eine 2.109 nicht iS § 879 BGB rangfähige Verfügungsbeschränkung. Das OLG Hamm hat seine frühere gegenteilige Auslegung[153] von § 10 ErbbauRG, dass Verfügungsbeschränkungen entgegenstehen, deren Rangfähigkeit zurzeit des Erlasses der ErbbauVO umstritten waren, inzwischen aufgegeben.[154] Eine hiervon klar zu unterscheidende Frage ist, ob die Erbbaurechtsbestellung durch den nicht befreiten Vorerben wegen Verstoß gegen § 1 Abs. 4 S. 1 ErbbauRG unwirksam ist (str., vgl. RdNr. 2.150), so dass deswegen die Zustimmung des Nacherben einzuholen ist.

dd) Erloschene Buchrechte. Wurde bei Vollzug einer Messungsanerkennung die Löschung einer Vormerkung an dem nicht mehr betroffenen Restgrundstück bewilligt, aber nicht vollzogen, so ist dieses bloße Buchrecht nicht mehr rangfähig; mangels eines zugrundeliegenden Anspruchs kann es auch nicht gutgläubig erworben werden. Sein Vorrang schadet daher nicht.[155]

d) Spätere Rangänderungen. Nach der ausdrücklichen Regelung von § 10 2.110 Abs. 1 S. 1 Hs. 2 ErbbauRG ist auch jede spätere Rangänderung (§ 880 BGB) unzu-

---

[148] Gilt nur i.d. neuen Ländern; nach *Czub/Schmidt/Räntsch/Frenz* SachRBerG § 6 BoSoG RdNr. 9 hat er gleiche Funktion wie d. Vermerke n. BauGB; DNotI-Gutachten Fax-Abr. Nr. 1611.
[149] Vgl. MünchKomm/*Wacke* § 879 RdNr. 6 u. dort angeg. Belege.
[150] So *Böttcher* Rpfleger 1985, 381, 387; RGRK/*Räfle* § 10 RdNr. 5; *Schöner/Stöber* RdNr. 1737.
[151] LG Wuppertal NJW 1965, 1767; *Ingenstau/Hustedt* § 10 RdNr. 21.
[152] OLG Hamburg DNotZ 1967, 373; *Winkler* DNotZ 1970, 651, 654; *Ingenstau/Hustedt* § 10 RdNr. 7; *Staudinger/Rapp* § 10 RdNr. 9; *Palandt/Bassenge* § 10 RdNr. 1; *Erman/Grziwotz* § 10 RdNr. 1; *Schöner/Stöber* RdNr. 1737.
[153] NJW 1965, 1489 = Rpfleger 1966, 48.
[154] OLG Hamm DNotZ 1990, 46.
[155] DNotIReport 1999, 150.

lässig, durch die das Erbbaurecht den Nach- oder Gleichrang zu einem rangfähigen Recht iS § 879 BGB erhalten würde, deswegen ebenso ein Rangvorbehalt (§ 881 BGB). Die Ausnahmen nach § 10 Abs. 1 S. 2 und Abs. 2 ErbbauRG bleiben davon unberührt. Die Bestimmung gilt nach Wortlaut und Sinn aber nur für Rechtsgeschäfte, nicht dagegen für **Rangverschlechterungen kraft Gesetzes.** Dies ergibt sich auch aus den gesetzlichen Ausnahmen von § 10 Abs. 1 S. 2 ErbbauRG, wo ebenfalls der schlechtere Rang des Erbbaurechts sich unmittelbar aus dem Gesetz ergibt;[156] deswegen kann nach BGH[157] ein zu Unrecht gelöschtes Erbbaurecht nach einem gutgläubigen Zwischenerwerb bereits vorrangig eingetragener Grundpfandrechte Dritter auch an anderer, als an erster Rangstelle wieder eingetragen werden, da das Erbbaurecht unbeschadet der Zwischenrechte nicht erloschen ist.

4. Ausnahmen nach § 10 Abs. 1 S. 2 u. Abs. 2 ErbbauRG

2.111 a) **Nicht eintragungsbedürftige Rechte (§ 10 Abs. 1 S. 2 ErbbauRG).** Von dem gemäß § 10 Abs. 1 S. 1 ErbbauRG erforderlichen Rang sind nach S. 2 ausgenommen Rechte, die zur Erhaltung ihrer Wirksamkeit gegenüber dem öffentlichen Glauben des Grundbuches der Eintragung nicht bedürfen, da sie aus dem Grundbuch nicht ersichtlich sind. Darunter fallen insbesondere:

2.112 aa) **Überbau- und Notwegerenten.** Diese Rechte sind gemäß § 914 Abs. 2 S. 1, § 917 Abs. 2 BGB nicht eintragungsfähig. Sie gehören zum Inhalt des Grundstückseigentums und gehen auch älteren Rechten am belasteten Grundstück vor.[157] Der Verzicht oder die Feststellung der Höhe der Rente ist dagegen eintragungsfähig (§ 914 Abs. 2 S. 2, § 917 Abs. 2 BGB). Eine derartige Eintragung ist ebenfalls unschädlich, da der gesetzliche Vorrang der vereinbarten Rente nur insoweit besteht, als sie die Höhe des gesetzlichen Rentenanspruchs nicht übersteigt.[158]

2.113 bb) **Altrechtliche Dienstbarkeiten.** Altrechtliche Grunddienstbarkeiten, die bereits vor Inkrafttreten des BGB rechtswirksam entstanden waren, bleiben gemäß Art. 184 S. 1 EGBGB mit dem bisherigen Inhalt und Rang bestehen, soweit sich aus Art. 192 bis 195 EGBGB nichts anderes ergibt. Gemäß Art. 187 Abs. 1 EGBGB ist zur Erhaltung ihrer Wirksamkeit die Eintragung nicht nötig, soweit nicht gemäß Art. 187 Abs. 2 EGBGB dies durch Landesgesetz bestimmt wurde. Besteht kein landesrechtlicher Eintragungszwang, so ändert eine dennoch erfolgte Eintragung einer altrechtlichen Grunddienstbarkeit an ihrem Rang nichts, so dass die Eintragung eines Erbbaurechts nicht verhindert wird.[159]

2.114 cc) **Gesetzliche Vorkaufsrechte,** zB nach §§ 24ff. BauGB und nach §§ 4ff. Reichssiedlungsgesetz fallen hierunter, ebenso landesrechtliche gesetzliche Vorkaufsrechte.[160] Zu rechtsgeschäftlichen Vorkaufsrechten vgl. RdNr. 2.101.

2.115 dd) **Öffentliche Lasten.** Hierbei handelt es sich um auf öffentlichem Recht beruhende dingliche Verwertungsrechte, die außerhalb des Grundbuches entstehen oder bezüglich derer es keinen Gutglaubenschutz gibt, und zwar gleichgültig, ob sie eingetragen werden oder nicht.[161] Hierunter fallen zB neben rückständigen Grundsteuern und Gemeindeabgaben die Anlieger- und Erschließungsbeiträge, insbeson-

---

[156] BGHZ 51, 50 = NJW 1969, 93; *Ingenstau/Hustedt* § 10 RdNr. 5; *Erman/Grziwotz* § 10 RdNr. 1.

[157] Vgl. MünchKomm/*Säcker* § 914 BGB RdNr. 1.

[158] Vgl. MünchKomm/*Säcker* § 914 BGB RdNr. 4.

[159] BayObLG MittBayNot 1982, 129 = Rpfleger 1982, 339.

[160] Vollst. Überblick: Handbuch f. d. Notariat in Bayern u. Pfalz Nr. 461 u. MittRhNotK 1993, 243 u. 1994, 190.

[161] So hM *Ingenstau/Hustedt* § 10 RdNr. 17; *Staudinger/Rapp* § 10 RdNr. 12; *Palandt/Bassenge* § 10 RdNr. 2; *Demharter* Anh § 8 RdNr. 33; aA *Haegele* Rpfleger 1967, 279, 287 (Fn. 85) m. Nachw.

VI. Belastungsgegenstand (§ 1 Abs. 1), Rang (§ 10)

dere nach § 127 BBauG, Umlegungsbeiträge nach BBauG, Ausgleichsbetrag nach StädtebauFördG, Flurbereinigungsbeiträge und dergleichen.[162] Hierunter fallen auch nach überwiegender Meinung die **Hypothekengewinnabgabe** (§ 111a Abs. 1 LAG), unbeschadet ihrer Eintragung im Grundbuch gemäß § 111a LAG,[163] die **Abgeltungslast,** d.h. die Ablösung der früheren Gebäudeentschuldungssteuer,[164] ebenso ihre Umwandlung in eine Abgeltungshypothek (str.),[165] sowie schließlich die Umstellungsgrundschulden;[166] da diese Rechte heute kaum mehr von praktischer Bedeutung sind, wird insoweit auf die ausführliche Darstellung bei *Ingenstau/Hustedt* § 10 RdNr. 13 ff. Bezug genommen, ebenso bezüglich früherer öffentlicher Lasten, wie der Notopferhypothek nach dem Reichsnotopfergesetz und der Industriebelastung nach dem Industriebelastungsgesetz.

b) Landesrechtliche Verordnungen (§ 10 Abs. 2 ErbbauRG). Nach § 10 Abs. 2 ErbbauRG können durch landesrechtliche Verordnungen Bestimmungen geschaffen werden, wonach bei der Bestellung des Erbbaurechts vom Rangerfordernis nach § 10 Abs. 1 ErbbauRG abgewichen werden kann, allerdings nur bei Unschädlichkeit für die vorgehenden Berechtigten und den Bestand des Erbbaurechts. Die amtliche Begründung erwähnt in diesem Zusammenhang als Hauptanwendungsfall die Verfügungsbeschränkungen des Eigentümers bei gebundenem Grundbesitz (zB bei veräußerlichen Gütern, bei Fideikommissen, Lehensgütern). Die Begründung empfiehlt, dass die landesrechtlichen Ausnahmevorschriften auf dem Prinzip der Unschädlichkeitszeugnisse nach Art. 120 EGBGB aufbauen sollen. Landesrechtliche Ausnahme finden sich in: Preußische VO vom 30. 4. 1919 (GS S. 88), in Niedersachsen aufgehoben durch VO vom 26. 3. 1971 (GVBl. S. 135) und in Schleswig-Holstein durch AGBGB Art. 25 Abs. 1 Nr. 11; Baden-Württemberg: VO vom 17. 1. 1994 (GVBl. S. 49); Bayern: VO vom 17. 10. 1919 (BS III S. 130), aufgehoben durch VO vom 1. 12. 1981 (GVBl. S. 504, wobei die Aufhebung sich nicht auf früher zulässige Ausnahmen bezieht); Hamburg: § 42a AGBGB vom 1. 7. 1958 (GVBl. S. 195). Im einzelnen vgl. *Meikel/Imhof/Riedel* § 8 Anm. 10b. 2.116

c) Folgen der Versteigerung (§ 25 ErbbauRG). Alle vorstehenden Ausnahmen von dem Erstranggebot sind jedoch für den Erbbauberechtigten und dessen Belastungsgläubiger unschädlich. Gemäß § 25 ErbbauRG bleibt das Erbbaurecht nämlich auch dann bestehen, ebenso alle Belastungen am Erbbaurecht, wenn es bei der Feststellung des geringsten Gebotes nicht berücksichtigt würde. Dadurch wird der Normzweck von § 10 ErbbauRG auch auf dem Erbbaurecht möglicherweise vorausgehende Belastungen ausgedehnt. 2.117

5. Rechtsfolge der Verletzung von § 10 Abs. 1 ErbbauRG

a) Inhaltliche Unzulässigkeit. § 10 Abs. 1 ErbbauRG ist keine reine Ordnungsvorschrift, sondern nach einhelliger Meinung[167] eine materiell-rechtliche **zwingende** Bestimmung, die im Grundbuchverfahren beachtet werden muss. Dies gilt nicht nur für den Zeitpunkt der Eintragung des Erbbaurechts, sondern auch für nachträgliche Rangänderungen.[168] Erfolgt daher eine Eintragung unter Verstoß gegen § 10 Abs. 1 ErbbauRG, so ist sie inhaltlich unzulässig und deswegen nach 2.118

---

[162] Vgl. MünchKomm/*Pohlmann* § 1047 RdNr. 6 ff.
[163] Vgl. i. e. *Ingenstau/Hustedt* § 10 RdNr. 15.
[164] Gem. VO v. 31. 7. 1942, RGBl. I S. 501; vgl. i. e. *Ingenstau/Hustedt* § 10 RdNr. 14.
[165] *Ingenstau/Hustedt* § 10 RdNr. 14; aA: *Huber* NJW 1952, 687.
[166] Vgl. i. e. *Ingenstau/Hustedt* § 10 RdNr. 16.
[167] BGH NJW 1969, 93; OLG Düsseldorf NJW 1956, 875; BayObLG MittBayNot 1982, 129; OLG Hamm NJW 1965, 1489 und NJW 1976, 2023; OLG Frankfurt Rpfleger 1973, 400; *Ingenstau/Hustedt* § 10 RdNr. 25; *Staudinger/Rapp* § 10 RdNr. 6; RGRK/*Räfle* § 10 RdNr. 9.
[168] BGH NJW 1969, 93.

§ 53 Abs. 1 S. 2 GBO **von Amts wegen zu löschen.**[169] Davon sind folgende Fälle zu unterscheiden: Ergibt die Erbbaurechtsbestellung ihrem Inhalt nach, dass es nicht zur ausschließend ersten Rangstelle eingetragen werden soll, dann ist diese Rangbestimmung und unter Umständen die ganze Erbbaurechtsbestellung gemäß § 139 BGB nichtig.[169] Ebenso ist zu unterscheiden der Fall, dass ein zu Unrecht gelöschtes Erbbaurecht nach gutgläubigem Zwischenerwerb vorrangiger Rechte Dritter auch an anderer als an erster Rangstelle wieder eingetragen werden kann (Rangverschlechterung kraft Gesetzes), vgl. oben RdNr. 2.110.

2.119 **b) Bereinigung des Fehlers.** Ist ein Erbbaurecht unter Verstoß gegen § 10 Abs. 1 ErbbauRG nicht an erster Rangstelle eingetragen worden, so kann nach OLG Hamm[170] und einhelliger Meinung[171] der Fehler nicht durch Vollzug nachgereichter Rangrücktrittserklärungen bereinigt werden. Dem ist zu folgen. Das inhaltlich unzulässige Erbbaurecht existiert rechtlich nicht und steht daher in keinem Rangverhältnis zu anderen Rechten. Deswegen kann materiell-rechtlich (§ 880 BGB) dieses nicht bestehende Rangverhältnis auch nicht geändert werden. Grundbuchrechtlich muss das Grundbuchamt zwar grundsätzlich das Vorliegen einer materiell-rechtlich wirksamen Einigung über die Rangänderung nach § 880 BGB nicht nachprüfen, es kann sich aber mit einer formell-rechtlich wirksamen Bewilligungserklärung nach § 19 GBO hier nicht begnügen, wenn ihm positiv bekannt ist, dass materiell-rechtlich diese Rangänderung nicht möglich ist. Eine derartige Rangänderung wäre wiederum inhaltlich unzulässig iSv. § 53 Abs. 1 S. 2 GBO. Das Erbbaurecht gelangt daher durch die nachträgliche Eintragung von Rangvermerken nicht zur Entstehung.

2.120 Andererseits bestehen die Eintragungsanträge bezüglich des Erbbaurechts jedoch noch, so dass bei Nachreichung der erforderlichen Rangänderungen die inhaltlich unzulässige Eintragung des Erbbaurechts zu löschen ist und das **Erbbaurecht neu rangrichtig** und damit wirksam **eingetragen werden muss.**[172] Zwischenrechte können hier nicht wirksam entstehen, da der früher gestellte Eintragungsantrag gem. §§ 17, 45 GBO für die Reihenfolge der Eintragung und somit für den Rang des Erbbaurechts maßgebend bleibt. Entgegen *Ingenstau/Hustedt*[173] kann auch nichts anderes gelten, wenn gleichzeitig mit dem Antrag auf Eintragung des Erbbaurechts auch die nötigen Rangrücktrittserklärungen vorgelegt werden, diese Rangänderungen vom Grundbuch aber versehentlich nicht vollzogen wurden. Nach dieser Ansicht könnten hier diese Rangänderungen nachträglich vollzogen werden. Dies ist jedoch abzulehnen, da die materielle Rechtslage genau die gleiche ist, wie oben, also das Erbbaurecht hier ebenfalls materiell-rechtlich nicht wirksam entstanden ist.

Zu den Nichtigkeitsfolgen vgl. RdNr. 5.72 ff.

VII. Berechtigter

1. Subjektiv persönliches Recht

2.121 Erbbauberechtigter können nur bestimmte natürliche oder juristische Personen sein. Als **subjektiv dingliches Recht** kann ein Erbbaurecht dagegen nicht be-

---

[169] *Staudinger/Rapp* § 10 RdNr. 6; MünchKomm § 10 RdNr. 8.
[170] OLG Hamm NJW 1976, 2023 = Rpfleger 1976, 131.
[171] MünchKomm § 10 RdNr. 8; *Staudinger/Rapp* § 10 RdNr. 6; *Soergel/Baur* § 10 RdNr. 4; *Palandt/Bassenge* § 10 RdNr. 1; jetzt auch *Ingenstau/Hustedt* § 10 RdNr. 27.
[172] OLG Hamm NJW 1976, 2023 = Rpfleger 1976, 131.
[173] § 10 RdNr. 28.

gründet werden;[174] dies ergibt sich daraus, dass ein subjektiv dingliches Recht als Bestandteil des berechtigten Grundstücks gemäß § 96 BGB nicht sonderrechtsfähig ist, während die selbständige Veräußerlichkeit und Vererblichkeit beim Erbbaurecht zum zwingenden gesetzlichen Inhalt gemäß § 1 Abs. 1 ErbbauRG gehört, vgl. RdNr. 2.130.

2. Eigentümererbbaurecht

Wer dagegen Erbbauberechtigter ist, ist vollständig gleichgültig. Nach hM kann daher ein Erbbaurecht auch vom Grundstückseigentümer für sich selbst bestellt werden (Eigentümererbbaurecht). Als besondere Konstruktionsform des Erbbaurechts und wegen der Unterschiede in seiner rechtlichen Behandlung wird dieses Institut in Kap. 3 RdNr. 8ff. gesondert dargestellt. Zur Bestellung durch die Bruchteils- oder Erbengemeinschaft für einen von ihnen vgl. RdNr. 2.90.

2.122

3. Bruchteils- und Gesamthandsberechtigung

Die Berechtigung mehrerer zu Bruchteilen oder zur gesamten Hand ist wie beim Grundstückseigentümer zulässig (§ 11 ErbbauRG). Nach den Grundsätzen des § 11 Abs. 1 ErbbauRG über die Anwendbarkeit von Grundstücksvorschriften können die gesetzlichen Bestimmungen über das Bruchteilseigentum oder über das Gesamthandseigentum nur insoweit entsprechend angewandt werden, als sich nicht aus dem ErbbauRG oder dem Wesen des Erbbaurechts etwas anderes ergibt.[175] Insbesondere ist zu beachten, dass das Erbbaurecht ein (ohne Mitwirkung des Grundstückseigentümers, vgl. RdNr. 5. 166ff.) unteilbares Recht ist. Das Berechtigungsverhältnis ist gemäß § 47 GBO im Grundbuch zu bezeichnen.

2.123

4. Gesamtberechtigung gemäß § 428 BGB

Ob diese für das Schuldrecht zulässige, **für das Eigentum aber unzulässige** Berechtigungsform auch für das Erbbaurecht angewandt werden kann, ist strittig:

2.124

a) Begründung der Zulässigkeit. Die Gesamtberechtigung gemäß § 428 BGB wurde von der Rechtsprechung für eine Reihe von dinglichen Rechten anerkannt.[176] Das KG[177] hat dies beim Nießbrauch damit begründet, dass der dinglich Berechtigte dem Gläubiger, der durch das dingliche Recht beschränkte Eigentümer dem Schuldner und das eigene, auf dem dinglichen Recht beruhende Handeln des Berechtigten der Leistung des Schuldners entspricht. Das LG Hagen[178] begründet die Anwendbarkeit der Gesamtberechtigung auch für das Erbbaurecht damit, dass zwischen dem Berechtigten und der Sache (dem belasteten Grundstück) der Grundstückseigentümer steht; es könne einer von mehreren Erbbauberechtigten das ganze Recht für sich allein ausnutzen, d.h. ein Gebäude allein errichten, worauf dem anderen Berechtigten kein Recht mehr zusteht. Dem ist ein erheblicher Teil des Schrifttums gefolgt.[179]

2.125

---

[174] BayObLG OLGRspr 14, 254; *Staudinger/Rapp* § 1 RdNr. 9.
[175] *Ingenstau/Hustedt* § 1 RdNr. 39; *Staudinger/Rapp* § 1 RdNr. 4; MünchKomm § 1 RdNr. 62.
[176] Vgl. MünchKomm/*Bydlinski* § 428 RdNr. 13.
[177] JFG 10, 312.
[178] DNotZ 1950, 381 = Rpfleger 1950, 181.
[179] LG Bielefeld Rpfleger 1985, 248; *Dickertmann* DNotZ 1950, 382; *Ingenstau/Hustedt* § 1 RdNr. 40; *Staudinger/Rapp* § 1 RdNr. 4; *Palandt/Bassenge* § 1 RdNr. 12; *Soergel/Stürner* § 1 RdNr. 1; RGRK/*Räfle* § 1 RdNr. 34, der allerdings selbst diese Konstruktion für „ungewöhnlich" hält; OLG Hamm Rpfleger 2006, 539 geht nicht auf diese Frage ein, befasst sich nur mit Folgen.

2.126 **b) Gründe für Unzulässigkeit.** Aus der Struktur des Erbbaurechts und aus § 11 ErbbauRG ergeben sich jedoch so wesentliche Gründe gegen die Zulassung dieser Berechtigungsform, dass dieses Rechtsinstitut mit einem Teil des Schrifttums[180] abgelehnt wird:

2.127 **aa) Rest von Relativität.** Bei dinglichen Rechten ist eine Abwägung zwischen dem übrigen absoluten Charakter derartiger Rechte einerseits und den relativen Eigenschaften andererseits geboten. Die Gesamtberechtigung setzt daher einen Rest von Relativität, eine forderungsähnliche, schuldverhältnisähnliche Rechtsbeziehung zwischen Berechtigtem und Grundstückseigentümer voraus, aus der sich ein forderungsähnliches Recht des Berechtigten gegen den Grundstückseigentümer ergibt.[181] Dieser Rest ist beim Eigentum nicht mehr gegeben, hier liegt nur noch ein absolutes Recht vor. Ist das Bauwerk bestimmungsgemäß errichtet, steht es im Eigentum des Erbbauberechtigten. Wurde es nach Erbbaurechtsbestellung errichtet, erwirbt der Erbbauberechtigte unmittelbar, also ohne Zwischenschaltung des Grundstückseigentümers Eigentum daran, vgl. RdNr. 2.42 ff. Insoweit besteht daher keinerlei forderungsähnliche Rechtsbeziehung gegen den Grundstückseigentümer mehr, dieser ist bezüglich des Bauwerks nicht zwischengeschaltet; er hat auch keinerlei Wahlrecht mehr, an wen er leisten soll und die **Rechtszuständigkeit liegt endgültig fest.**[182] Vom Rechtsinhalt des Erbbaurechts verbleibt danach nur noch das etwaige Recht auf Nutzung der Nebenflächen (§ 1 Abs. 2 ErbbauRG). Soweit auf der Nutzungsfläche weitere Bauwerke oder sonstige wesentliche Bestandteile (zB massiv gebaute Zufahrten, Erschließungsanlagen, sonstige Anlagen) errichtet werden, gilt hierfür das Gleiche, wie für das Bauwerk (vgl. RdNr. 2.76). Soweit an der Nebenfläche eine reine Nutzungsbefugnis des Erbbauberechtigten besteht, wäre noch eine Gesamtberechtigung denkbar; da diese Befugnis gemäß § 1 Abs. 2 ErbbauRG wirtschaftlich aber die Nebensache sein muss, kann dies nicht für das gesamte Erbbaurecht gelten. Die von RGRK/*Räfle*[183] herangezogene Verpflichtung des Grundstückseigentümers zur Duldung des Bauwerks ergibt sich aus dem Bauwerkseigentum und genügt daher ebenfalls nicht. Sobald das Bauwerk errichtet ist, ist eine Gesamtberechtigung also begrifflich nicht mehr möglich.

2.128 **bb) Struktur des Erbbaurechts.** Aber auch wenn die Bebauung noch nicht erfolgt ist, widerspricht die Gesamtberechtigung der Struktur des Erbbaurechts. Der Doppelnatur des Erbbaurechts – Recht am Grundstück, Eigentum am Bauwerk – trägt § 11 ErbbauRG dadurch Rechnung, dass es hinsichtlich seines unmittelbar eigenen Schicksals (Entstehung, Veränderung und Aufhebung) nur als Recht, im Übrigen aber **wie ein Grundstück behandelt wird;** vgl. RdNr. 1.30. Wenn aber das Erbbaurecht im Verhältnis zu Dritten und als Objekt des Rechtsverkehrs wie ein Grundstück behandelt wird,[184] ist dafür die Rechtszuständigkeit am Erbbaurecht, die Berechtigung, eine wesentliche Grundlage. Gemäß § 11 ErbbauRG ist daher nach hier vertretener Ansicht, wie für das Grundstückseigentum, so auch für das Erbbaurecht die Gesamtberechtigung gemäß § 428 BGB ausgeschlossen. Schließlich wird bei der Gesamtberechtigung die interne Zuordnung in keiner Weise aus dem Grundbuch ersichtlich sein, so dass dadurch die Rechtssicherheit erheblich gestört

---

[180] *Bruhn* Rpfleger 1950, 182; *Kehrer* BWNotZ 1957, 52, 54; *Woelki* Rpfleger 1968, 208, 214; *Kehrer/Bühler/Tröster* § 6 (Fn. 6); *Schiffhauer* Rpfleger 1985, 248; *Bauer/v. Oefele/Maaß* AT RdNr. VI 40; u. /*Wegmann* § 47 GBO RdNr. 72; *Meikel/Böhringer* § 47 GBO RdNr. 123; *Staudinger/Noack* § 428 RdNr. 109; MünchKomm § 1 RdNr. 64, 65; wohl a. *Schöner/Stöber* RdNr. 1685.
[181] *Woelki* Rpfleger 1968, 208.
[182] *Bruhn* a. a. O., S. 183.
[183] § 1 RdNr. 34.
[184] Vgl. *Lutter* DNotZ 1960, 80, 89.

und das Ziel von § 47 GBO umgangen würde.[185] Dies zeigt sich auch in dem vom LG Bielefeld[186] entschiedenen Fall der Teilungsversteigerung des Erbbaurechts durch einen der Gesamtberechtigten daran; bei Einsteigerung durch einen der Gesamtberechtigten und Nichtzahlung des Erlöses entsteht infolge Konfusion keine Sicherungshypothek. Das Gericht, das hier unkritisch von der Zulässigkeit der Gesamtberechtigung ausgegangen ist, stellt dann fest: „diese Rechtsfolge ergibt sich jedoch ausschließlich aus der ungewöhnlichen Konstruktion des ursprünglichen Erwerbs des Erbbaurechts ... in der rechtlichen Form der Gesamtgläubigerschaft".

c) **Umdeutung.** Wenn entgegen hier vertretener Ansicht die Erbbauberechtigten bei Begründung oder Übertragung des Erbbaurechts als Gesamtberechtigte eingetragen werden, wird dadurch nicht die Eintragung des Erbbaurechts als solche inhaltlich unzulässig. Entsprechend der Rechtsprechung zur Auflassung an Berechtigte in Gütergemeinschaft, obwohl in Wirklichkeit keine Gütergemeinschaft besteht, sollte hier eine Umdeutung in eine Berechtigung zu gleichen Bruchteilen erfolgen, soweit die Auslegung nichts anderes ergibt.[187] 2.129

VIII. Übertragbarkeit, Vererblichkeit (§ 1 Abs. 1 ErbbauRG)

1. Normzweck

Die Veräußerlichkeit und Vererblichkeit des Erbbaurechts gehört nach § 1 Abs. 1 ErbbauRG zum zwingend vorgeschriebenen gesetzlichen Inhalt des Erbbaurechts, nach den Motiven (3, 471) zu seinem Wesen und ist daher grundsätzlich unabdingbar. Beides ist für den Erbbauberechtigten wirtschaftlich wesentlich, da er nur dadurch den Wert seines Bauwerks realisieren kann und diesen auf folgende Generationen weitergeben kann. Gleich wesentlich ist dies für die Grundpfandrechtsgläubiger einerseits, weil sie deswegen durch die Zwangsversteigerung ihre Forderung beitreiben können und andererseits die Gefahr beseitigt wird, dass ihnen beim Tod des Erbbauberechtigten die Belastungsgrundlage entzogen würde. Die Förderung der Beleihbarkeit war aber ein Hauptziel der Verordnung (vgl. RdNr. 1.10). Damit aber dem Grundstückseigentümer eine Möglichkeit gegeben wird, bei einer Veräußerung seine Interessen zu wahren, kann er sich durch die Vereinbarung einer Zustimmungspflicht gemäß §§ 5 bis 8 ErbbauRG schützen; zur Lösung der Kollision zwischen Veräußerlichkeit einerseits und Zustimmungspflicht andererseits wurde der Zustimmungsanspruch gemäß § 7 ErbbauRG mit Ersetzung der Zustimmung geschaffen. Dem gleichen Normzweck wie die Veräußerlichkeit und Vererblichkeit dient auch der Ausschluss von auflösenden Bedingungen gemäß § 1 Abs. 4 ErbbauRG. Aus dem Normzweck ergibt sich auch, dass Übertragungen im Zuge der Umstrukturierung von Konzernen erfolgen können.[188] 2.130

2. Veräußerlichkeit

a) **Unzulässigkeit des Ausschlusses.** Da, wie dargelegt, die Veräußerlichkeit zum zwingenden gesetzlichen Inhalt des Erbbaurechts gehört, ist es gemäß § 1 Abs. 1 ErbbauRG, § 134 BGB unzulässig, ein unveräußerliches Erbbaurecht zu bestellen oder die Veräußerlichkeit sonst mit dinglicher Wirkung auszuschließen. Dies wäre zB der Fall, wenn das Erbbaurecht unter der auflösenden Bedingung bestellt wird, dass es im Falle seiner Veräußerung erlischt,[189] wobei hier auch gegen 2.131

---

[185] *Bruhn* a.a.O. 182, 183.
[186] Rpfleger 1985, 248.
[187] BayObLGZ 1983, 118 = DNotZ 1983, 754; MünchKomm/*Kanzleiter* § 925 BGB RdNr. 21.
[188] OLG Hamm NJW-RR 2006, 656.
[189] KG RJA 9, 128 und SeuffA 63, 196; *Groß* JurBüro 1957, 11, 14; *Ingenstau/Hustedt* § 1 RdNr. 49.

§ 1 Abs. 4 ErbbauRG verstoßen würde, oder bei einem zeitweiligen Ausschluss der Veräußerlichkeit, zB zu Lebzeiten des Grundstückseigentümers, oder wenn ein Erbbaurecht subjektiv-dinglich bestellt wird zugunsten eines bestimmten anderen Grundstückseigentümers. Eine dagegen verstoßende Eintragung wäre inhaltlich unzulässig; nach KG[190] hat eine derartige Vereinbarung keine dingliche Wirkung gegen Dritte, auch nicht im Falle einer unzulässigen Eintragung im Grundbuch. Wird aber ein „unveräußerliches Erbbaurecht" bestellt (also nicht nur die Veräußerlichkeit eingeschränkt) und so eingetragen, wäre die Eintragung als solche nach hier vertretener Ansicht inhaltlich unzulässig und ergeben sich die in RdNr. 5.76ff. bezeichneten Rechtsfolgen. Zum Begriff der Veräußerung vgl. RdNr. 4.185.

2.132 **b) Dingliche Beschränkungsmöglichkeiten.** Von der Unveräußerlichkeit sind Beschränkungen hierzu zu unterscheiden. Dinglich können hier nur Vereinbarungen nach **§§ 5 bis 8 ErbbauRG** als vertraglicher Inhalt des Erbbaurechts vereinbart werden. Zu dem dafür festgelegten Rahmen vergleiche die Ausführungen hierzu RdNr. 4.193. Die §§ 5 bis 8 ErbbauRG enthalten jedoch eine abschließende Regelung, die allenfalls über den Heimfall (RdNr. 4.77ff.) erweitert werden kann, sonst dagegen nicht. Nach *Ingenstau/Hustedt*[191] sind dagegen die dinglichen Beschränkungen der Veräußerlichkeit in §§ 5 bis 8 ErbbauRG nicht erschöpfend aufgezählt; er meint zB bei einer Erbbaurechtsbestellung durch eine öffentlich-rechtliche Körperschaft zu einem sozialen Zweck, zB Krankenhaus, möchte der Eigentümer die Veräußerlichkeit nicht grundsätzlich an seine Zustimmung binden, aber den Verwendungszweck sichern. Hierfür ist aber das gesetzliche Instrumentarium ausreichend, weil neben der Vereinbarung nach § 2 Nr. 1 ErbbauRG über die Verwendung des Bauwerks die Zustimmungspflicht nach § 5 ErbbauRG dahingehend vereinbart werden kann, dass sie nur zur Sicherung dieser Zweckbindung gilt. Die Zustimmungspflicht nach §§ 5ff. ErbbauRG kann nämlich eingeschränkt, aber nicht erweitert werden (vgl. RdNr. 4.188, 193). Aus der Rechtsprechung zu § 7 ErbbauRG ergibt sich ferner, dass die §§ 5ff. ErbbauRG eben doch einen abschließenden Katalog der dinglichen Veräußerungsbeschränkungen darstellen, da andernfalls der nicht ausschließbare oder beschränkbare gesetzliche Anspruch auf Zustimmung gemäß § 7 ErbbauRG sinnlos wäre.

2.133 **c) Schuldrechtliches Veräußerungsverbot.** § 1 Abs. 1 ErbbauRG gilt jedoch nur für die dingliche Erbbaurechtsbestellung und die Einigung hierzu, nicht dagegen für das schuldrechtliche Kausalgeschäft. Ein **schuldrechtliches Veräußerungsverbot** im Rahmen des Kausalgeschäfts ist deswegen gemäß § 137 S. 2 BGB zulässig. Eine gegen dieses Verbot verstoßende Veräußerung des Erbbaurechts ist rechtswirksam (§ 137 S. 1 BGB), kann aber ggf. zum Schadensersatz führen.[192] Die schuldrechtliche Verpflichtung zur Unterlassung der Veräußerung kann nicht durch Vormerkung gesichert werden, da sie nicht auf eine dingliche Rechtsänderung gerichtet ist.[193] Davon ist aber zu unterscheiden, die Vereinbarung einer durch den Verstoß gegen das Veräußerungsverbot bedingten Rückübertragungsverpflichtung, welche ihrerseits durch Vormerkung gesichert werden kann.[194]

---

[190] KG KJB 21, A 133.
[191] § 1 RdNr. 51.
[192] Vgl. i. e. KG RJA 9, 128 und 271; *Staudinger/Rapp* § 1 RdNr. 26.
[193] *Mohrbutter/Riedel* NJW 1957, 1500, 1502; *Staudinger/Rapp* § 1 RdNr. 26 m. weit. Nachw.; *Ingenstau/Hustedt* § 1 RdNr. 52, 53.
[194] Vgl. BayObLG DNotZ 1978, 159; MünchKomm § 1 RdNr. 67; RGRK/*Räfle* § 1 RdNr. 57; MünchKomm/*Wacke* § 883 BGB RdNr. 23.

VIII. Übertragbarkeit, Vererblichkeit (§ 1 Abs. 1 ErbbauRG)

3. Vererblichkeit

a) Unzulässigkeit des Ausschlusses. Die Vererblichkeit ist wie die Veräußerlichkeit zwingender gesetzlicher Inhalt des Erbbaurechts. Wie diese kann sie daher weder allgemein, noch auf Zeit vollständig ausgeschlossen werden (vgl. RdNr. 2.131). Davon zu unterscheiden ist ein Heimfallanspruch für den Fall des Todes des Erbbauberechtigten, wodurch der Grundsatz der Vererblichkeit nicht verletzt wird.[195] Dagegen ist eine Erbbaurechtsbestellung auf Lebensdauer des Erbbauberechtigten oder des Grundstückseigentümers unzulässig, str. (vgl. RdNr. 2.144); hierdurch würde zwar nicht die Vererblichkeit generell ausgeschlossen, es handelt sich aber um eine Befristung mit ungewissem Endtermin. Zu den Rechtsfolgen eines Ausschlusses der Vererblichkeit gilt das Gleiche, wie bei der Veräußerlichkeit, vgl. RdNr. 2.131. *Ingenstau/Hustedt*[196] und *Staudinger/Rapp*[196] wollen ein deswegen nichtiges Erbbaurecht in eine beschränkte persönliche Dienstbarkeit (§ 1090 BGB) oder einen beschränkten Nießbrauch (§ 1030 Abs. 2 BGB) umdeuten, wenn die sonstigen Voraussetzungen dafür vorliegen; wegen der grundsätzlichen begrifflichen und wirtschaftlichen Unterschiedlichkeit dieser Rechtsinstitute vom Erbbaurecht kann dem aber nur in ausgesprochenen Ausnahmefällen gefolgt werden, und zwar wenn der Erbbauberechtigte in diesen Rechtsinstituten seine Interessen auch nur annähernd gewahrt sieht.

2.134

b) Einschränkungen. Die Bestimmungen der §§ 5 bis 8 ErbbauRG gelten nach einhelliger Meinung nur für Übertragungen durch Rechtsgeschäfte unter Lebenden, nicht dagegen für die Erbfolge. Durch solche Vereinbarungen kann also die Vererblichkeit nicht eingeschränkt werden. *Ingenstau/Hustedt* und *Staudinger/Rapp*[197] wollen auch hier gewisse Beschränkungen zulassen, insbesondere in den Fällen der §§ 2 bis 8, 27 und 32 ErbbauRG; sie begründen dies jedoch nicht und stellen auch nicht klar, ob dieser Ausschluss dinglich oder nur schuldrechtlich möglich sein soll. Nach der oben dargestellten (RdNr. 1.132) hier vertretenen Auffassung stellen die §§ 5 bis 8 ErbbauRG die einzigen dinglich zulässigen Einschränkungen der Veräußerlichkeit und Vererblichkeit dar, so dass deswegen eine weitere dingliche Einschränkung unzulässig ist. Schuldrechtlich kann die Erbfolge nicht eingeschränkt werden; allerdings kann ein schuldrechtliches Erwerbsrecht vereinbart werden unter der Bedingung, dass ein ausgeschlossener Personenkreis erbt.

2.135

c) Erwerb durch Erbfolge. Für den Erwerb eines Erbbaurechts im Wege der Erbfolge enthält die Verordnung im Übrigen keine Bestimmungen. Es verbleibt somit bei den Vorschriften des Erbrechts. Der Erbe hat die gleiche Rechtsstellung mit den gleichen (auch schuldrechtlichen) Rechten und Pflichten, wie der Erblasser aus dem Erbbaurechtsvertrag. Erfolgt die Übertragung eines Erbbaurechts im Wege des Vermächtnisvollzugs, so ist zwar der Vermächtnisvollzug ein Rechtsgeschäft unter Lebenden, jedoch sollten die §§ 5 ff. ErbbauRG nicht anwendbar sein, da die Konstruktion der Erbfolge insoweit keinen Unterschied machen darf.

2.136

4. Veräußerung, sonstige Verfügungen über das Erbbaurecht

Die Veräußerung und die sonstigen Verfügungen über das Erbbaurecht, insbesondere die Belastung, die Inhaltsänderung und die Aufhebung werden unter Kapitel 5 zusammenfassend dargestellt.

2.137

---

[195] OLG Hamm NJW 1965, 1488; zum Erlöschen bei Tod des Erbbauberechtigten RdNr. 2.144.
[196] *Ingenstau/Hustedt* § 1 RdNr. 57; *Staudinger/Rapp* § 1 RdNr. 28; ebenso KG RJA 9, 128.
[197] *Ingenstau/Hustedt* § 1 RdNr. 58; *Staudinger/Rapp* § 1 RdNr. 28.

IX. Dauer, Bedingungen (§ 1 Abs. 4 ErbbauRG)

1. Normzweck, Praxis

2.138 **a) Fehlen einer gesetzlichen Regelung über die Dauer.** Während andere Rechtsordnungen die Dauer eines Erbbaurechts regeln, so beträgt zB in England die Regeldauer 99 Jahre, in Österreich mindestens 30, höchstens 80 Jahre, enthält das ErbbauRG keine Vorschriften über die Dauer des Erbbaurechts. Allerdings enthält § 27 ErbbauRG die Rechtsfolgen für das Erlöschen eines Erbbaurechts durch Zeitablauf. Das Erlöschen durch Zeitablauf wird also als Gestaltungsmöglichkeit vorausgesetzt; es wird aber andererseits weder die Dauer festgelegt, noch überhaupt eine Zeitbestimmung als zwingender Inhalt des Erbbaurechts gefordert. Die Verordnung räumt also hier den Beteiligten einen **vertraglichen Gestaltungsspielraum** ein (Umkehrschluss aus § 1 Abs. 4 und § 27 ErbbauRG).

2.139 **b) Einschränkung der Vertragsfreiheit.** § 1 Abs. 4 ErbbauRG schränkt jedoch den Gestaltungsspielraum durch das Verbot auflösender Bedingungen ein. Dieser Schutz wird in Satz 2 auf schuldrechtliche Vereinbarungen, das Erbbaurecht unter „bestimmten Voraussetzungen" aufzugeben, ausgedehnt. Als Erbbaurechte noch nach §§ 1012 bis 1017 BGB bestellt werden konnten, also vor Inkrafttreten der Verordnung, wurde häufig in Erbbaurechtsverträgen vereinbart, dass dieses bei Eintritt gewisser Voraussetzungen, insbesondere bei Vertragsverletzungen durch den Erbbauberechtigten erlischt. Dadurch verlor das Erbbaurecht nicht nur sehr an praktischer Bedeutung, sondern büßte vor allem seine Kreditfähigkeit fast völlig ein. § 1 Abs. 4 ErbbauRG soll nun den Bestand des Erbbaurechts für seine gesamte, von Anfang an vorgesehene Dauer sichern und vor einem, vor allem für die Gläubiger des Erbbaurechts unvorhersehbaren Erlöschen schützen. § 1 Abs. 4 ErbbauRG ist also ein wesentliches Instrument zur Durchsetzung der Hauptnormzwecke der Verordnung (vgl. RdNr. 1.8–11):[198] Wenn die Gläubiger und die Käufer des Erbbaurechts mit einer für sie unkontrollierbaren und unvorhersehbaren Beendigung des Erbbaurechts rechnen müssten, wäre für sie ein solches in seinem Bestand unsicheres Recht aus kaufmännischen und wirtschaftlichen Gründen kaum von Interesse. Durch den sicheren Bestand des Erbbaurechts gemäß § 1 Abs. 4 ErbbauRG ist aber das Erbbaurecht wieder wirtschaftlich beleihbar und veräußerlich und wird auch für den Erbbauberechtigten selbst Rechtssicherheit geschaffen. Dem Grundstückseigentümer wird durch Vereinbarungen nach § 2 ErbbauRG, insbesondere den Heimfall und die Vertragsstrafe ein wirksamer Ersatz für die Durchsetzung seiner Interessen geschaffen: im Unterschied zum Erlöschen bleibt aber beim Heimfall das Erbbaurecht bestehen, so dass die Gläubiger daran geschützt sind (§ 33 ErbbauRG).

2.140 **c) Praktische Handhabung.** Unbeschadet des vorstehend dargelegten vertraglichen Spielraums sind in der Praxis wegen der Rentabilität der Bauwerkserrichtung und der Beleihbarkeit längere Zeiträume üblich, sehr häufig 99 Jahre. Im Rahmen der **öffentlichen Förderung** des Wohnungsbaues wird verschiedentlich eine Mindestdauer vorausgesetzt, vgl. RdNr. 5.143.

2. Dauer

2.141 **a) Bestimmte Zeitgrenze.** Die Festsetzung einer bestimmten Zeitgrenze ist gemäß § 27 ErbbauRG zulässig und praktisch der Regelfall. Für die Vereinbarung der Zeitdauer besteht Vertragsfreiheit. Das Erbbaurecht kann deswegen auch auf

---

[198] BGH DNotZ 1961, 402 u. NJW 1969, 2043; OLG Celle Rpfleger 1964, 213; *Ingenstau/Hustedt* § 1 RdNr. 102; *Staudinger/Rapp* § 1 RdNr. 29; *Klingenstein* BWNotZ 1965, 222, 225.

IX. Dauer, Bedingungen (§ 1 Abs. 4 ErbbauRG)

kürzeste Dauer bestellt werden, da dadurch begrifflich die Veräußerlichkeit und Vererblichkeit nicht ausgeschlossen wird, sondern nur diese faktisch eingeschränkt wird; auch in einem kurzen Zeitraum besteht die Möglichkeit der Vererbung und der Veräußerung.[199] Die vereinbarte Frist muss aber **bestimmt** sein, aber nicht unbedingt datumsmäßig festgelegt sein.[200] Dieses Bestimmtheitserfordernis ergibt sich aus dem Umkehrschluss von § 1 Abs. 4 ErbbauRG; damit keine unzulässige Bedingung oder eine nach hM unzulässige Befristung mit ungewissem Endtermin (vgl. RdNr. 2.144) erfolgt, muss positiv die Frist bestimmt festgelegt werden. Deswegen muss das Ende des Rechts aus dem Grundbuch selbst oder der nach § 874 BGB in Bezug genommenen Eintragungsbewilligung ersichtlich sein;[205] formellrechtlich, nämlich nach § 56 Abs. 2 GBVfg, ist die Befristung ausdrücklich in das Grundbuch selbst einzutragen. Nach OLG Frankfurt[200] darf sich daher die Befristung nicht aus einer anderen Urkunde (zB der Annahmeurkunde) ergeben, in der die Eintragungsbewilligung nicht enthalten ist. Eine (wirksame) Zeitbestimmung bildet einen wesentlichen Teil des Erbbaurechts, genau eine zulässige Beschränkung seines gesetzlichen Inhalts und muss daher von der Einigung mitumfasst werden, kann also nicht durch einen Antrag des Notars ersetzt werden.[201]

2.142 Da das Erbbaurecht erst mit dessen Eintragung im Grundbuch entsteht (§ 11 Abs. 1 ErbbauRG, § 873 BGB, vgl. RdNr. 5.60), muss der **Anfangszeitpunkt** sich mit der Eintragung des Erbbaurechts decken oder ihr nachfolgen.[206] Schuldrechtlich können jedoch die Wirkungen der Bestellung (Benutzungsübergang) schon vorher vereinbart werden. Die Dauer des Erbbaurechts bis zu seiner Beendigung kann auch von einem vor der Eintragung des Erbbaurechts liegenden Zeitpunkt an berechnet werden, zB vom Tag der Beurkundung an; darin liegt keine unzulässige Bestimmung des Anfangszeitpunkts, sondern eine zulässige des Endtermins.[202] Da die Beteiligten selten ein Interesse daran haben, den Anfangszeitpunkt des dinglichen Rechts festzulegen, aber ein großes wirtschaftliches Interesse daran haben, den Beginn der Nutzung (Besitzübergabe) schuldrechtlich festzulegen, wird mit *Promberger* und BayObLG[202] die Auslegung in der Regel ergeben, dass der Zeitpunkt vor der Eintragung einerseits nur den Benutzungsübergang und andererseits die Berechnungsgrundlage für den Endtermin darstellt.

2.143 Die zeitliche Begrenzung kann auch in der Weise erfolgen, dass das zunächst auf einen bestimmten Zeitraum vereinbarte Erbbaurecht sich danach jeweils automatisch um eine bestimmt festgelegte Anzahl von Jahren verlängert, wenn nicht ein Vertragsteil dieser automatischen **Verlängerung** vor Ablauf der normalen Lauf- bzw. Verlängerungszeit widerspricht; dies steht für die Verlängerung einer zulässigen aufschiebenden Bedingung nahe, da die Verlängerung erst eintritt, wenn der Widerspruch bzw. die Kündigung nicht erfolgt;[203] eine derartige Verlängerungsoption ist mit konstitutiver Wirkung im Grundstücksgrundbuch einzutragen,[204] zB „mehrfach aufschiebend bedingte Verlängerung um jeweils 10 Jahre". Nach Eintritt dieser Bedingung (also nach Verlängerung) ist eine Grundbuchberichtigung wegen der eingetragenen Dauer nötig. Da die Tatsache des Ausbleibens eines Widerspruchs nicht nachweisbar ist, muss eine Berichtigungsbewilligung beider Beteiligter vorgelegt werden. Eine „ewige" automatische Verlängerung um je 10 Jahre (oä)

---

[199] BGH BGHZ 52, 269, 271 = NJW 1969, 2043; *Ingenstau/Hustedt* § 1 RdNr. 115.
[200] OLG Frankfurt MittBayNot 1975, 93; *Ingenstau/Hustedt* § 1 RdNr. 113, 114; MünchKomm § 1 RdNr. 71.
[201] BGH Rpfleger 1973, 355.
[202] BayObLG NJW-RR 1991, 718; LG Würzburg Rpfleger 1975, 249; *Promberger* Rpfleger 1975, 233.
[203] BGH NJW 1969, 2043, 2046; davon zu unterscheiden ist das Verlängerungsrecht n. § 27 Abs. 3 ErbbVO, vgl. RdNr. 5.220 ff.
[204] Vgl. *Meikel/Ebeling* vor §§ 54–60 GBV.

ist wohl mit dem Gebot der bestimmten Zeitgrenze nicht vereinbar. *König*[205] will auch eine Verlängerung zulassen, wenn der Erbbauberechtigte oder Grundstückseigentümer dies positiv verlangt; hier handelt es sich aber um keine automatische Verlängerung mehr.

2.144   **b) Befristung mit ungewissem Endtermin.** Hier hängt das Fristende von einem **bestimmten Ereignis** ab, dessen **Eintritt** zwar **sicher,** dessen **Zeitpunkt** aber völlig **ungewiss** ist. Dies ist zB der Fall bei einer Vereinbarung, dass das Erbbaurecht mit dem **Tod des Erbbauberechtigten** erlischt. Hier kann das Erbbaurecht vom Erbbauberechtigten zwar veräußert und vom Erwerber vererbt werden, wenn dieser vor dem ursprünglichen Erbbauberechtigten verstirbt; dadurch wird also die Vererblichkeit (und die Veräußerlichkeit) nicht als solche ausgeschlossen.[206] Auch handelt es sich um keine auflösende Bedingung, die ein zukünftiges ungewisses Ereignis voraussetzt; vielmehr handelt es sich um eine Befristung mit ungewissem Endtermin,[210] da der Tod des ursprünglichen Erbbauberechtigten gewiss, aber sein Zeitpunkt ungewiss ist. Die Befristung mit ungewissem Endtermin ähnelt zwar begrifflich eher einer zulässigen Zeitbestimmung, bei der ebenfalls der Ereigniseintritt gewiss ist, als einer Bedingung.[210] Nach BGH[206] und wohl hM[207] ist aber **§ 1 Abs. 4 S. 1** ErbbauRG auf Befristungen mit ungewissem Endtermin **entsprechend anwendbar;** trotz der Gewissheit, dass das beendigende Ereignis eintreten wird, stellt die Frage wann es eintreten wird, einen so starken Unsicherheitsfaktor dar, wie er durch diese Vorschrift ausgeschlossen werden sollte. Hierdurch wird der Normzweck, die Beleihbarkeit, die Marktfähigkeit, und die Rechtssicherheit (vgl. RdNr. 2.139) genauso gefährdet, wie bei einer auflösenden Bedingung. Dem ist zu folgen, allerdings kann die Begründung noch folgendermaßen ergänzt werden: Die wenig beachtete Vorschrift von § 1 Abs. 4 S. 2 ErbbauRG schließt (nicht dingliche) Verpflichtungen zur Aufgabe des Erbbaurechts bei „Eintreten bestimmter Voraussetzungen" aus. Dadurch wird der Schutz von Satz 1 gegen dingliche auflösende Bedingungen auf schuldrechtliche Aufhebungsverpflichtungen erweitert (vgl. RdNr. 2.149). Unter „Eintreten bestimmter Voraussetzungen" sind aber begrifflich nicht nur auflösende Bedingungen, sondern genauso Befristungen mit ungewissem Endtermin zu verstehen. Es wäre nun sinnlos, wenn das Gesetz den Schutz gegen die rechtlich und wirtschaftlich weniger bedeutenden schuldrechtlichen Aufhebungsverpflichtungen weiter gezogen hätte, als den Schutz gegen die schwererwiegenden dinglichen Beschränkungen. Daraus ist nun zu folgern, dass entweder unter auflösender Bedingung im Sinn von Satz 1 unmittelbar auch die Befristung mit ungewissem Endtermin zu verstehen ist, oder zumindest, dass der Analogieschluss auch hierauf gestützt werden kann.

2.145   In gleicher Weise ist daher die Befristung des Erbbaurechts auf **Lebenszeit des Bestellers**[208] **unzulässig,** ebenso alle etwa **sonst noch möglichen Befristungen mit ungewissem Endtermin,** zB Untergang des Bauwerks. *Ingenstau/Hustedt*[209] lehnt zwar ebenfalls die Erbbaurechtsbestellung bis zum Tod des Erbbauberechtigten ab, will aber in gewissen Grenzen es zulassen, das Ende an bestimmte Ereignisse

---

[205] *König* MittRhNotK 1989, 261, 262f.
[206] BGH NJW 1969, 2043, 2045; OLG Celle Rpfleger 1964, 213; *Klingenstein* BWNotZ 1965, 222, 226.
[207] OLG Celle Rpfleger 1964, 213; *Clasen* BlGBWR 1973, 61, 62; *Groß* JurBüro 1957, 11, 14; *Kehrer* BWNotZ 1957, 52, 53; *Klingenstein* BWNotZ 1965, 222; *Bauer/v. Oefele/Maaß* AT RdNr. VI 48; *Ingenstau/Hustedt* § 1 RdNr. 108; MünchKomm § 1 RdNr. 72; RGRK/*Räfle* § 1 RdNr. 63; *Staudinger/Rapp* § 1 RdNr. 31; *Palandt/Bassenge* § 1 RdNr. 13; *Erman/Grziwotz* § 1 RdNr. 21; aA *Diester* NJW 1963, 183, 185 u. Rpfleger 1964, 214; *Weitnauer* DNotZ 1955, 335.
[208] BGHZ 52, 271 = NJW 1969, 2043.
[209] § 1 RdNr. 113, 115.

IX. Dauer, Bedingungen (§ 1 Abs. 4 ErbbauRG)

zu binden. Die Gründe für den Ausschluss der Befristung auf die vorgenannten Todesfälle gelten jedoch genauso für alle Fälle der Befristung mit ungewissem Endtermin, so dass neben der Zeitbestimmung kein Raum mehr bleibt, das Ende an sonstige bestimmte Ereignisse zu binden. Das OLG Celle[210] begründet zunächst die Unzulässigkeit des Erbbaurechts auf Lebenszeit des Berechtigten, lässt dann jedoch eine Klausel zu, bei der ein derartiges Recht auf mindestens 50 Jahre befristet ist, da dann der Zweck von § 1 Abs. 4 S. 1 ErbbauRG nicht mehr vereitelt würde. Dies ist jedoch mit *Klingenstein*[211] abzulehnen, da es sich nach Ablauf der Mindestzeit von 50 Jahren wieder um ein Erbbaurecht mit ungewissem Endtermin handelt (vgl. RdNr. 2.154). Es kann aber an Stelle der unzulässigen Befristung mit ungewissem Endtermin ein Heimfall für den Eintritt des Ereignisses, zB den Tod des Erbbauberechtigten vereinbart werden.[212]

c) Ewiges Erbbaurecht. Da eine Zeitgrenze im Erbbaurecht nicht zwingend vorgeschrieben ist (Umkehrschluss aus § 1 Abs. 4 und § 27 ErbbauRG, vgl. RdNr. 2.138), ist nach einhelliger Meinung auch ein völlig unbefristetes Erbbaurecht zulässig (sog. „ewiges Erbbaurecht").[213] Dies kann in Fällen zweckmäßig sein, wo das volle Grundstückseigentum übertragen werden sollte, dies aber unmöglich ist, zB weil die Teilungsgenehmigung nach dem früheren § 19 BBauG nicht erteilt wurde. Derartige Rechte wurden auch von Städten zur Errichtung von Kirchen und Museen bestellt; allerdings sollte hier der Heimfall gründlich geregelt werden, insbesondere bei Wegfall des Zwecks. IdR ist aber für den Grundstückseigentümer die Aussicht wesentlich, das Grundstück nach einer bestimmten Zeit wieder zur freien Verfügung zurückzuerhalten. Widerspricht daher ein ewiges Erbbaurecht völlig den Interessen des Grundstückseigentümers und war diesem die Bedeutung eines ewigen Erbbaurechts auch nicht klar, ist nach den Umständen des Einzelfalls zu prüfen, ob nicht das Grundstückseigentum wegen dauernder Aushöhlung seines Inhalts als Scheinrecht anzusehen ist oder die Bestellung sittenwidrig ist.[214]

2.146

3. Bedingungen

a) Aufschiebende Bedingung (§ 158 Abs. 1 BGB). Eine aufschiebende Bedingung ist zulässig. Dadurch wird der Normzweck nicht beeinträchtigt, da keine unvorhersehbaren Auswirkungen auf ein bereits entstandenes Erbbaurecht eintreten können und auch Gläubiger die Finanzierung vom Eintritt der Bedingung abhängig machen können. Zu unterscheiden hiervon ist aber die nach § 11 Abs. 1 S. 2 ErbbauRG unzulässige Erbbaurechtsübertragung unter einer aufschiebenden Bedingung.

2.147

b) Auflösende Bedingung (§ 158 Abs. 2 BGB, § 1 Abs. 4 S. 1 ErbbauRG). Auflösende Bedingungen verstoßen gegen § 1 Abs. 4 S. 1 ErbbauRG. Es kann daher zB nicht vereinbart werden, dass das Erbbaurecht erlischt bei Nichtzahlung des Erbbauzinses, bei Verkauf des Erbbaurechts, Scheidung des Erbbauberechtigten, Untergang des Bauwerks durch Brand (vgl. RdNr. 2.64ff.) oder dergleichen. Eine derartige Bedingung darf auch nicht nachträglich durch Inhaltsänderung eingeführt werden. Gemäß § 11 Abs. 1 S. 2 ErbbauRG gilt dies auch für eine Erbbaurechtsübertragung. Zur Frage, ob Verfügungsbeschränkungen hierunter fallen vgl. RdNr. 2.107.

2.148

---

[210] OLG Celle Rpfleger 1964, 213.
[211] BWNotZ 1965, 222, 226.
[212] OLG Hamm NJW 1965, 1488.
[213] LG Deggendorf MittBayNot 1987, 254; *Ingenstau/Hustedt* § 1 RdNr. 112; *Staudinger/Rapp* § 1 RdNr. 30; *Erman* Jahrbuch der Bodenreform 4, 263 Anm. 3; MünchKomm § 1 RdNr. 70.
[214] *Staudinger/Ring* 11. Aufl. § 1 RdNr. 25.

2.149 **c) Aufhebungsverpflichtung (§ 1 Abs. 4 S. 2 ErbbauRG).** § 1 Abs. 4 S. 2 ErbbauRG behandelt eine Vereinbarung, durch die „sich der Erbbauberechtigte verpflichtet, beim Eintreten bestimmter Voraussetzungen das Erbbaurecht aufzugeben und seine Löschung im Grundbuch zu bewilligen", nachstehend kurz als „Aufhebungsverpflichtung" bezeichnet. Es handelt sich hier um eine von der auflösenden Bedingung unterschiedene Fallgruppe.[215] Bei der auflösenden Bedingung wird das Erbbaurecht mit Bedingungseintritt unwirksam (§ 158 Abs. 2 BGB), während sich § 1 Abs. 4 S. 2 ErbbauRG richtig auf eine Verpflichtung zur Aufhebung, also auf ein **einseitiges Gestaltungsrecht** bezieht. Dieses Gestaltungsrecht muss dann durch die Aufhebung, also die Beendigung des Erbbaurechts durch ein eigenes Rechtsgeschäft gemäß § 26 ErbbauRG und durch die Löschung im Grundbuch vollzogen werden (vgl. RdNr. 5.197ff.); Satz 2 bezieht sich auf die Mitwirkung des Erbbauberechtigten hieran. Begrifflich kann eine Verpflichtung zur rechtsgeschäftlichen Aufhebung eines dinglichen Rechts nicht dinglicher Inhalt desselben sein, wie die Bedingung. S. 2 kann daher nur dahingehend ausgelegt werden, dass damit **schuldrechtliche Vereinbarungen** zur Aufhebung des Erbbaurechts ausgeschlossen werden. Der Schutz von § 1 Abs. 4 S. 1 ErbbauRG wird daher durch S. 2 auf derartige Vereinbarungen erweitert. Dies ergibt sich auch aus der Formulierung „eine Vereinbarung" und der von S. 1 unterschiedlichen Rechtsfolge. Der Inhalt der Bestimmung bezieht sich auf „Eintritt bestimmter Voraussetzungen", also sowohl für zukünftige ungewisse Ereignisse (Bedingungen), als auch gewisse Ereignisse, deren Zeitpunkt aber ungewiss ist (Befristung mit ungewissem Endtermin). Derartige Vereinbarungen waren für nach altem Recht bestellte Erbbaurechte (§§ 1012ff. BGB) üblich.[216] Für derartige Fälle kann aber als Ersatz der Heimfall nach § 2 Nr. 4 ErbbauRG vereinbart werden. Bei einem Heimfall (nur) zur besseren Verwertung des Grundstücks (= „umgekehrte Kaufzwangsklausel"), durch die der Grundstückseigentümer die Wiederherstellung des vollen Grundstückseigentums ohne Erbbaurecht aus rein wirtschaftlichen Gründen verlangen kann, dürfte ein Verstoß gegen § 1 Abs. 4 ErbbauRG vorliegen.[217] Weder Gesetzeswortlaut, noch Sinn beziehen sich auf eine einseitige (schuldrechtliche) **Aufhebungsverpflichtung des Grundstückseigentümers;**[218] zumindest ist der (schuldrechtliche) umgekehrte Heimfallanspruch des Erbbauberechtigten unstrittig zulässig. Auch bezieht sich die Bestimmung nicht auf das Kausalgeschäft zur rechtsgeschäftlichen Aufhebung gemäß § 26 ErbbauRG (vgl. RdNr. 5.197); hier handelt es sich um ein vom Gesetz ausdrücklich zugelassenes Rechtsinstitut. Weiter liegt hier auch in der Absicherung der Zahlungsverpflichtung keine Bedingung iS. § 1 Abs. 4 S. 2 ErbbauRG.

4. Bestellung durch nicht befreiten Vorerben

2.150 **a) Rechtsfolgen nach Erbrecht.** Eine Erbbaurechtsbestellung durch den nicht befreiten Vorerben ohne Zustimmung des Nacherben ist unter dem Gesichtspunkt des § 2113 BGB voll wirksam. Es liegt auch kein Schwebezustand vor, solange die Vorerbschaft besteht. Mit Eintritt des Nacherbfalls wird sie gemäß § 2113 BGB absolut unwirksam. Ob hier § 1 Abs. 4 S. 1 ErbbauRG auf die Erbbaurechtsbestellung entsprechend anwendbar ist, ist strittig.[219] Dies muss nach der **Art der Eintrittsvoraussetzungen** beurteilt werden:

---

[215] Jetzt ebenso *Ingenstau/Hustedt* § 1 RdNr. 103, 104.
[216] *Staudinger/Ring* 11. Aufl. § 1 RdNr. 30.
[217] *v. Oefele* MittBayNot 2004, 186 zu BGH DNotZ 2004, 143 (dort Frage nicht behandelt).
[218] *Habel* MittBayNot 1998, 315; aber nach den BGH-Entscheidungen zum Rücktrittsrecht (RdNr. 2.156ff.) fraglich.
[219] Für Anwendung von § 1 Abs. 4 S. 1: BGHZ 52, 271 = NJW 1969, 2043 m. weit. Nachw. und unter Bezugnahme auf hM zur Bestellung auf Lebensdauer des Erbbauberechtigten; OLG

IX. Dauer, Bedingungen (§ 1 Abs. 4 ErbbauRG)

b) Nacherbfolge bei Tod des Vorerben. Im Regelfall des § 2106 BGB tritt die Nacherbfolge mit dem Tod des Vorerben ein, wodurch das Erbbaurecht im Ergebnis auf die Lebensdauer des Bestellers (Vorerben) beschränkt würde.

aa) Gründe für Zulässigkeit. Hier handelt es sich zwar um keine Bedingung im Rechtssinn, sondern um eine Befristung mit ungewissem Endtermin, dem Tod des Vorerben, vgl. RdNr. 2.144. *Hönn*[219] folgert die Unanwendbarkeit von § 1 Abs. 4 ErbbauRG daraus, dass nach seiner Ansicht die Grundpfandrechtsgläubiger bei Eintritt der Nacherbfolge weitgehend gesichert sind. Dies wird von *Winkler*[219] überzeugend widerlegt. Gemäß § 2113 BGB wird mit dem Erbbaurecht auch das Grundpfandrecht absolut unwirksam. Aus der absoluten Unwirksamkeit ergibt sich aber, dass auch kein Entschädigungsanspruch gemäß § 27 ErbbauRG gegen den Nacherben besteht; dieser ist so zu stellen, als ob die Erbbaurechtsbestellung überhaupt nicht erfolgt wäre. Der nach § 10 Abs. 1 ErbbauRG vorgeschriebene Rang steht nicht entgegen, da es zwischen dem Nacherbenvermerk und einem anderen Recht kein materielles Rangverhältnis iSv. § 879 BGB gibt (vgl. RdNr. 2.109). *Winkler*[220] folgert mit OLG Hamburg[221] aus der Zulässigkeit der Auflassung durch den nicht befreiten Vorerben ohne Zustimmung des Nacherben trotz des Verbots des § 925 Abs. 2 BGB, dass dann auch die Erbbaurechtsbestellung trotz § 1 Abs. 4 ErbbauRG zulässig sein muss. Die Befürworter der Zulässigkeit schließen ferner auch die analoge Anwendung von § 1 Abs. 4 ErbbauRG hier aus.

2.151

bb) Gründe gegen die Zulässigkeit. Diesen Argumenten ist aber dennoch nicht zu folgen. Es handelt sich hier um einen Fall der Befristung mit ungewissem Endtermin. Diese wird aus den oben unter RdNr. 2.144 dargelegten Gründen zu Recht von hM unter entsprechender (bzw. direkter) Anwendung von § 1 Abs. 4 S. 1 und S. 2 ErbbauRG für unzulässig gehalten. Zur Zeit des Inkrafttretens von § 10 Abs. 1 ErbbVO (jetzt: ErbbauRG) war der Begriff des relativen Rangverhältnisses noch nicht so geklärt wie heute,[222] so dass auch dessen Normzweck heranzuziehen ist. Die Begründung wird im vorliegenden Fall noch verstärkt dadurch, dass, wie oben dargelegt, die Entschädigungsbestimmungen nach §§ 27 ff. ErbbauRG hier nicht anwendbar sind. Die Analogie mit der wesentlich begrenzteren Zielsetzung von § 925 Abs. 2 BGB greift daher hier nicht durch. Da die Auflassung sich auf ein bestehendes Grundstück bezieht, ist im übrigen die entsprechende Bestimmung im Erbbaurecht richtig § 11 Abs. 1 S. 2 ErbbauRG. Nach BGH[223] ergibt sich auch kein Unterschied daraus, dass hier die Befristung mit ungewissem Endtermin nicht auf Rechtsgeschäft, sondern auf Gesetz beruht.

2.152

c) Nacherbfolge bei anderen Voraussetzungen. Falls die Nacherbfolge unter anderen Voraussetzungen eintritt, als nach § 2106 BGB (Tod des Vorerben) gilt folgendes: Ist die Einsetzung des Vorerben auf einen bestimmten Zeitpunkt befristet, ist § 1 Abs. 4 S. 1 BGB nicht anwendbar; allerdings darf das Erbbaurecht nicht auf einen längeren Zeitraum, als den für die Vorerbschaft festgelegten vereinbart werden. Entspricht die Voraussetzung einer Bedingung, zB Wiederverheiratung des Vorerben oder einer Befristung mit ungewissem Endtermin, zB Tod einer dritten Person, so ist § 1 Abs. 4 S. 1 ErbbauRG direkt bzw. entsprechend anwendbar.[220]

2.153

Hamm NJW 1965, 1489 wegen § 10; *Ingenstau/Hustedt* § 1 RdNr. 110; *Staudinger/Rapp* § 1 RdNr. 38; RGRK/*Räfle* § 1 RdNr. 63; MünchKomm § 1 RdNr. 79; *Schöner/Stöber* RdNr. 1683; dagegen: das v. BGH aufgehobene OLG Hamburg DNotZ 1967, 373; *Hönn* NJW 1970, 138; *Haegele* Rpfleger 1971, 121, 126; *Winkler* DNotZ 1970, 651.

[220] Vgl. *Winkler* DNotZ 1970, 651; MünchKomm § 1 RdNr. 81; RGRK/*Räfle* § 1 RdNr. 64.
[221] OLG Hamburg DNotZ 1967, 373.
[222] Vgl. OLG Hamm NJW 1965, 1489.
[223] BGH BGHZ 52, 271 = NJW 1973, 2043.

2.153a **d) Nacherbfolge (nur) in Gesamthandsanteil.** Wenn zum Nachlass nicht ein Grundstück, sondern ein Anteil an einem Gesamthandsvermögen gehört, so ist nach BGH[224] § 2113 BGB auf eine Verfügung über das Grundstück nicht anwendbar. Auch eine analoge Anwendung scheidet aus, da der Schutz der Nacherben nicht in schon vorher bestehende Rechte Dritter eingreifen darf; bei Anwendbarkeit von § 2113 BGB würden nämlich auch nicht betroffene Gesamthandsanteile der Verfügungsbeschränkung unterworfen. Dann darf auch kein Nacherbfolgevermerk gemäß § 51 GBO eingetragen werden. Diese Entscheidung des BGH bezieht sich zwar auf einen Erbteil, nach Formulierung („Gesamthandsanteil") und Sinn gilt sie für alle Gesamthandsgemeinschaften, insbesondere die GbR. Wenn aber § 2113 BGB nicht anwendbar ist, hat die Nacherbfolge für das Grundstück keinen Bedingungscharakter, sodass § 1 Abs. 4 ErbbauRG ausscheidet. Ein dennoch eingetragener Nacherbfolgevermerk ist hier nach § 22 GBO (Unrichtigkeit ergibt sich aus dem Grundbuch) oder §§ 84 ff. GBO zu löschen; ein Wirksamkeitsvermerk scheidet wohl aus.

5. Rechtsfolge des Verstoßes gegen § 1 Abs. 4 ErbbauRG

2.154 **a) Verstoß gegen Satz 1.** Bei Verstoß gegen § 1 Abs. 4 S. 1 ErbbauRG durch Vereinbarung einer auflösenden Bedingung oder einer Befristung mit ungewissem Endtermin (zum Begriff und zur Anwendbarkeit von S. 1 vgl. oben RdNr. 2.148 und RdNr. 2.144) geht der BGH[225] und die hM[226] von der Unwirksamkeit der gesamten dinglichen Erbbaurechtsbestellung aus, allerdings ohne nähere Begründung. Dem ist zu folgen, da der Ausschluss von Bedingungen ein Teil des zwingenden gesetzlichen Inhalts des Erbbaurechts nach § 1 ErbbauRG ist. Etwas anderes ergibt sich auch nicht, wenn man § 139 BGB hier für anwendbar hält.[227] Aus der unzulässigen Bedingung ist idR der Wille auf zeitliche Beschränkung des Erbbaurechts zu schließen, so dass nicht bei Wegfall der Bedingung von einem ewigen Erbbaurecht ausgegangen werden kann. Etwas anderes ergibt sich jedoch in Fällen, wie dem vom OLG Celle[228] entschiedenen Fall – Erbbaurecht auf Lebenszeit des Berechtigten, jedoch mindestens auf 50 Jahre –: Hier ist die Mindestdauer (50 Jahre) klar geregelt, welche eindeutig zulässig ist; die Unwirksamkeit kann entsprechend hier vertretener Ansicht (vgl. RdNr. 2.145) daher nur eine etwaige Verlängerung bis zum späteren Tod des Erbbauberechtigten ergreifen. Das gleiche muss bei anderen unzulässigen Verlängerungen gelten oder bei einer ungenauen Formulierung des Endtermins, so dass hier die Mindestdauer wirksam bleibt. Ob auch das **schuldrechtliche Rechtsgeschäft** unwirksam wird, ist nach dem Einzelfall zu beurteilen. In dem vom BGH[231] behandelten Fall (Bestellung durch nicht befreiten Vorerben) war das Erfüllungsgeschäft durch Zustimmung des Nacherben heilbar und lag allenfalls subjektives Unvermögen vor.

2.155 **b) Verstoß gegen Satz 2.** Die Rechtsfolge des Verstoßes gegen § 1 Abs. 4 S. 2 ErbbauRG ist, dass sich der Grundstückseigentümer nicht auf diese Verpflichtung berufen kann, eine ähnliche Formulierung wie in §§ 6 Abs. 2, 27 Abs. 2 S. 2, 32 Abs. 2 S. 2 ErbbauRG. Daraus ist zu folgern, dass nur die entsprechende Verpflichtung unwirksam ist, nicht dagegen die übrige Erbbaurechtsbestellung, also § 139 BGB insoweit ausgeschlossen ist.[228] Eine Art Naturalobligation wäre hier nach Normzweck und Systematik fehl am Platze.

---

[224] BGH NJW 2007, 2114 mit Anm. *Keim* = Rpfleger 2007, 383, 459 mit krit. Anm. *Dümig* u. *Armbrüster* = MittBayNot 2007, 328 u. NJW 1978, 698; OLG Köln NJW-RR 1987, 267.
[225] BGH BGHZ 52, 271 = NJW 1973, 2043.
[226] *Ingenstau/Hustedt* § 1 RdNr. 107; *Staudinger/Rapp* § 1 RdNr. 39.
[227] MünchKomm § 1 RdNr. 77; *Schöner/Stöber* RdNr. 1682 Fn. 8.
[228] OLG Celle Rpfleger 1964, 213.

IX. Dauer, Bedingungen (§ 1 Abs. 4 ErbbauRG)

6. Rücktrittsrechte

a) Vertragliches Rücktrittsrecht. Ein vertragliches Rücktrittsrecht wäre eine 2.156 gemäß § 1 Abs. 4 S. 2 ErbbauRG unzulässige Verpflichtung, bei Eintritt gewisser Voraussetzungen (Rücktrittsgrund und Rücktrittserklärung), das Erbbaurecht aufzugeben. Es kann daher weder als dinglicher Inhalt (§ 1 Abs. 4 S. 1 ErbbauRG), noch aus den oben (RdNr. 2.149) dargelegten Gründen schuldrechtlich vereinbart werden.[229] Dies gilt jedoch erst nach Eintragung des Erbbaurechts. Solange es **noch nicht eingetragen** ist und damit das Rechtsverhältnis noch rein schuldrechtlicher Art ist, ist ein vertragliches Rücktrittsrecht noch zulässig;[230] seine Ausübung sollte aber auf die Zeit vor der Eintragung beschränkt werden.

b) Gesetzliches Rücktrittsrecht. Nach Eintragung im Grundbuch ist auch 2.157 ein gesetzliches Rücktrittsrecht bezüglich der dinglichen Erbbaurechtsbestellung **unzulässig.**[231] Es würde sich dabei um eine gesetzliche Bedingung handeln, die nach BGH[238] dem Schutzzweck des § 1 Abs. 4 ErbbauRG in gleicher Weise widersprechen würde. Dies gilt auch für ein etwaiges gesetzliches Rücktrittsrecht des Erbbauberechtigten, zB wegen vertragswidrigen Verhaltens des Grundstückseigentümers, da durch § 1 Abs. 4 ErbbauRG nicht nur der Erbbauberechtigte, sondern auch die Gläubiger und der Grundstückseigentümer (vgl. § 26 ErbbauRG) geschützt werden sollen. Im Rahmen des zum Inhalt des Erbbaurechts gehörigen dinglichen Schuldverhältnisses Grundstückseigentümer/Erbbauberechtigter ist auch für die Anwendung der für die Kündigung von Dauerschuldverhältnissen entwickelten Grundsätze kein Raum.[232] Auch eine **Kündigung des Insolvenzverwalters** nach § 109 InsO kommt nicht in Betracht.[233] Sobald das Erbbaurecht dingliche Wirkung erhalten hat, gelten für die Aufhebung, das Erlöschen und den Heimfall nur noch die Spezialvorschriften des gesetzlichen bzw. dinglich geregelten Schuldverhältnisses.[232] Der BGH[232] hat zwar offen gelassen, ob der Ausschluss des gesetzlichen Rücktrittsrechts dann auch für die verbleibenden schuldrechtlichen Vereinbarungen gilt; aus § 1 Abs. 4 S. 2 ErbbauRG sowie aus der Ersetzung des gesetzlichen Rücktrittsrechts durch die Spezialvorschriften des Erbbaurechtsgesetzes ist dies jedoch nach hier vertretener Ansicht zwingend zu folgern.

Solange aber das Erbbaurecht **noch nicht eingetragen** ist und damit das 2.158 Rechtsverhältnis noch rein schuldrechtlicher Art ist, bestehen nach BGH[234] die gesetzlichen Rücktrittsrechte noch. Dies ist auch konsequent, da zu diesem Zeitpunkt die Ersetzung des Rücktrittsrechts durch einen vereinbarten Heimfall noch nicht möglich ist.

c) Heimfall anstelle eines gesetzlichen Rücktrittsrechts. Der BGH[235] hat 2.159 bei Ablehnung des gesetzlichen Rücktrittsrechts nach Eintragung des Erbbaurechts den Erbbauberechtigten wegen vertragswidriger Behinderung der Beleihung durch den Grundstückseigentümer auf die Ersetzung der Zustimmung zur Beleihung nach § 7 Abs. 2 und 3 ErbbauRG und wegen vertragswidriger Behinderung der Bebauung auf Ansprüche auf Vertragserfüllung oder ggf. auch Schadensersatz ver-

---

[229] BGHZ 101, 143, 152 = DNotZ 1988, 161, 166; dies war noch offen in BGH NJW 1969, 1112 = DNotZ 1969, 492; ebenso MünchKomm § 1 RdNr. 82.
[230] BGH DNotZ 1961, 402, zum gesetzlichen Rücktrittsrecht.
[231] BGH DNotZ 1961, 402; BGH NJW 1969, 1112 m. insoweit zust. Anm. *Hönn* NJW 1969, 1669; *Stahlhacke* S. 26; MünchKomm § 1 RdNr. 83; RGRK/*Räfle* § 1 RdNr. 67.
[232] So BGH NJW 1969, 1112; *Pikart* WPM 1967, 1026, 1027; MünchKomm § 1 RdNr. 83; RGRK/*Räfle* § 1 RdNr. 67; aA OLG Hamburg MDR 1962, 132, das dies bei Vertrag zur Verschaffung des Erbbaurechts bejaht.
[233] Thüringer OLG OLG-NL 2006, 60.
[234] BGH DNotZ 1961, 402.
[235] NJW 1969, 1112.

wiesen. *Hönn*[236] will hier dem Erbbauberechtigten bei Vorliegen eines gesetzlichen Rücktrittsgrunds über § 242 BGB unter analoger Anwendung von § 2 Nr. 4 ErbbauRG einen Heimfallanspruch einräumen. Dies wird im Schrifttum unterstützt,[237] wobei *Ingenstau/Hustedt*[237] einen derartigen Anspruch auch dem Grundstückseigentümer einräumen will. Die hier vorgeschlagene Konstruktion widerspricht zwar nicht dem Normzweck von § 1 Abs. 4 ErbbauRG. Andererseits hat der Grundstückseigentümer die Möglichkeit, sich einen Heimfallanspruch in derartigen Fällen vertraglich einräumen zu lassen. Beim Fehlen einer derartigen Regelung kann ein derartiges Recht nicht ohne weiteres in den Vertrag hineininterpretiert werden. Vielmehr ist grundsätzlich davon auszugehen, dass er bei Fehlen einer derartigen Vereinbarung sich eben mit den übrigen gesetzlichen Rechten begnügt hat. Der Erbbauberechtigte kann aber andererseits für Fälle, die zu einem gesetzlichen Rücktrittsrecht führen würden, weder ein solches vereinbaren, noch einen dinglichen Heimfallanspruch. Auch hier wird mit BGH[238] der Erbbauberechtigte grundsätzlich auf seine sonstigen vertraglichen oder gesetzlichen Möglichkeiten zu verweisen sein. Es sind allerdings auch Extremfälle denkbar, unter denen über die Grundsätze des Wegfalls der Geschäftsgrundlage eine derartige analoge Anwendung eines Heimfallanspruchs ggf. auch zugunsten des Erbbauberechtigten möglich sein kann: Dies wäre zB der Fall, wenn sich nach Eintragung des Erbbaurechts im Grundbuch herausstellt, dass die beabsichtigte Bebauung baurechtlich völlig unmöglich ist. Diese analoge Anwendung sollte jedoch auf derartige Extremfälle eingeschränkt werden und nur dann erfolgen, wenn für die Vertragsverletzung keine erbbaurechtliche Spezialregelung besteht oder keine andere Sanktion gegeben ist. Ein (unbefristetes) vertragliches Rücktrittsrecht des Erbbauberechtigten für den Fall der **nachträglichen Unbebaubarkeit** sollte als bis zur Eintragung des Erbaurechts befristetes Rücktrittsrecht mit anschließendem (umgekehrten) Heimfallanspruch des Erbbauberechtigten ausgelegt werden; das Sicherungsinteresse bleibt nämlich danach gleich, die Parteien haben mutmaßlich § 1 Abs. 4 ErbbauRG nicht bedacht. Zur Gewährleistung und Schuldrechtsreform vgl. RdNr. 5.11 ff.

X. Sonstige Rechtswirkungen (§ 11 Abs. 1 S. 1 ErbbauRG)

1. Anwendungsbereich

2.160 Wie unter RdNr. 1.30 dargestellt, trägt das Gesetz in § 11 ErbbauRG der komplexen Doppelnatur des Erbbaurechts dadurch Rechnung, dass das Erbbaurecht grundsätzlich wie ein Grundstück behandelt wird, während es in seiner Entstehung, Veränderung und Aufhebung, also hinsichtlich seines unmittelbar eigenen Schicksals lediglich als Recht behandelt wird;[239] gemäß § 11 Abs. 1 ErbbauRG gelten hier die Rechtsvorschriften der §§ 873, 875, 877 BGB und nicht die ausgeschlossenen Grundstücksvorschriften der §§ 925, 927, 928 BGB. Nach heute allgemeiner Meinung[240] fallen unter **„sich auf Grundstücke beziehende Vorschriften"** alle bundes- und landesrechtlichen Vorschriften, die sich auf Grundstücke beziehen, nicht nur die des BGB, erst recht nicht nur die des Sachenrechts

---

[236] NJW 1969, 1669; ähnlich *Pikart* WPM 1967, 1026, 1027.
[237] *Ingenstau/Hustedt* § 1 RdNr. 123; *Stahlhacke* S. 17, 26; einschränkend MünchKomm § 1 RdNr. 84; Thüringer OLG OLG-NL 2006, 60 lehnt dies nur wegen konkreter Vertragsgestaltung ab.
[238] BGH NJW 1969, 1112.
[239] Vgl. *Lutter* DNotZ 1960, 80, 89; MünchKomm § 11 RdNr. 2.
[240] RG RGZ 108, 70; *Ingenstau/Hustedt* § 11 RdNr. 3; MünchKomm § 11 RdNr. 3; *Staudinger/Rapp* § 11 RdNr. 4.

X. Sonstige Rechtswirkungen (§ 11 Abs. 1 S. 1 ErbbauRG)

des BGB. Die anzuwendende Vorschrift muss daher ihre Anwendbarkeit auf das Erbbaurecht nicht besonders feststellen. Die entsprechende Anwendung einer Vorschrift setzt nach dem Gesetzeswortlaut voraus, dass „sich nicht aus dieser Verordnung ein anderes ergibt"; dies bedeutet nach RG,[247] dass sich weder aus dem **Inhalt, Sinn und Zweck** des ErbbauRG, noch aus dem Inhalt, Sinn und Zweck der entsprechend anzuwendenden Vorschrift etwas anderes ergibt. Dabei ist insbesondere die **Vereinbarkeit mit dem Begriff und dem Wesen des Erbbaurechts** zu prüfen.[247] Neben diesen Grundstücksvorschriften sind nach § 11 Abs. 1 S. 1 ErbbauRG auch die Ansprüche aus dem Eigentum entsprechend anwendbar.

2. Ansprüche aus dem Eigentum

Danach gelten für den Erbbauberechtigten die **Herausgabeansprüche** der §§ 985 ff. BGB, und zwar nicht nur für das Bauwerk, das ohnehin gemäß § 12 Abs. 1 ErbbauRG im Eigentum des Erbbauberechtigten steht, sondern da dies hier für das ganze Erbbaurecht gilt, auch für die Nutzungsfläche gemäß § 1 Abs. 2 ErbbauRG; ferner hat er das **Recht zum Besitz** gemäß § 986 Abs. 1 S. 1 BGB[241] (zu den Besitzverhältnissen am Bauwerk vgl. RdNr. 2.61, zu dem an Nebenflächen vgl. RdNr. 2.84, 85) sowie den **Beseitigungs- und Unterlassungsanspruch** aus § 1004 BGB.[242] Der Erbbauberechtigte hat aber auch die **nachbarrechtlichen Ansprüche** nach §§ 906 ff. BGB, sowie Ansprüche auf **Überbau- und Notwegerenten** nach §§ 916, 912 ff. und 917 Abs. 2 BGB; ein Verzicht auf diese Rechte erfordert wegen § 1126 BGB die Zustimmung der Grundpfandrechtsgläubiger am Erbbaurecht. Als unmittelbarem Besitzer stehen dem Erbbauberechtigten auch die Besitzschutzrechte der §§ 861, 862 BGB zu, vgl. RdNr. 2.85.

2.161

3. Anwendbarkeit von Grundstücksvorschriften des BGB

Soweit die anwendbaren Vorschriften anderweitig erörtert sind, wird hierauf Bezug genommen. Es sind hier insbesondere folgende Vorschriften (nach Schuldrechtsreform, frühere Bestimmungen sind in Klammern gesetzt) anwendbar:

2.162

§ 93 (wesentliche Bestandteile), vgl. RdNr. 2.37 ff., 2.58; *§ 94* (wesentliche Bestandteile des Erbbaurechts bzw. des Gebäudes des Erbbauberechtigten) vgl. RdNr. 2.55, 2.76, 2.80, 2.82, 5.254; *§ 95* (Scheinbestandteile) vgl. RdNr. 2.57; *§ 96* (mit dem Erbbaurecht verbundene subjektiv-dingliche Rechte) vgl. RdNr. 2.101, 2.102, 5.256; *§ 97, § 98* Nr. 1 (ein Erbbaurecht kann Zubehör wie ein Grundstück haben, nicht jedoch § 98 Nr. 2), vgl. RdNr. 2.56, 5.255; *§§ 99 bis 103* (Früchte, Nutzungen, Lasten) vgl. 2.56; *§ 232* (Sicherheitsleistungen durch Hypothekenbestellung); *§ 416* (Hypothekenübernahme); *§§ 435, 436, 442, 446, 448, 438* (Grundstücksvorschriften beim Kauf) vgl. RdNr. 5.8 ff.; *§ 462* (Ausschlussfrist beim Wiederkauf); *§ 469* Abs. 2 (Ausübungsfrist bei Vorkaufsrecht); die Vorschriften über die **Vermietung** eines Grundstücks (zB *§ 536* Abs. 2), *§ 570, §§ 562 ff. §§ 578 ff.*, vgl. RdNr. 5.259 ff.; *§ 566* gilt für Mietverhältnisse am Erbbauwerk (vgl. dazu § 30 ErbbauRG, RdNr. 5.259), ebenso für einen Nutzungsvertrag zwischen Genossenschaften und Genossen am Erbbaurecht,[243] nicht dagegen für die schuldrechtlichen Bestimmungen des Erbbaurechtsvertrages bei Veräußerung des Erbbaurechts;[244] die für das Mietrecht entwickelten Grundsätze für das

---

[241] OLG Frankfurt Rpfleger 1960, 409, 410.
[242] Vgl. BGH NJW 1976, 570 zu öffentlich-rechtlichen Immissionen; RGZ 77, 218, RG Warn Rspr. 1928 N. 142.
[243] LG Wiesbaden NJW 1962, 2352.
[244] BGH NJW 1972, 198.

Fernhalten von Konkurrenz sind nicht anwendbar;[245] § 648 (Bauhandwerker-Sicherungshypotheken), vgl. RdNr. 4.223; § 753 (Teilung durch Verkauf); §§ 836, 837 (Schäden durch Einsturz des Erbbauwerks); §§ 861 ff. (Besitz) vgl. RdNr. 2.61, 85; § 867 (Aufsuchen einer Sache); §§ 903, 904 (Befugnis des Eigentümers); § 905 (Begrenzung des Eigentums), unter der Oberfläche aber nur, soweit dies für die Befugnisse aus dem Erbbaurecht erforderlich ist;[246] §§ 906 ff. (Nachbarrechtliche Ansprüche) vgl. RdNr. 2.161; §§ 916, 912 ff. und 917 Abs. 2 (Überbau- und Notwegerente) vgl. RdNr. 2.161, 3.86 ff.; § 919 (Abmarkungspflicht); § 926 (Zubehör bei Veräußerung) vgl. RdNr. 2.56; § 946 (Eigentumserwerb am Bauwerk bei Errichtung durch den Erbbauberechtigten) vgl. RdNr. 2.37 ff.; §§ 953–957 (Erwerb von Erzeugnissen und sonstigen Bestandteilen, über § 12 Abs. 2 ErbbauRG) vgl. RdNr. 2.65, 2.80; § 997 (Wegnahmerecht) vgl. § 34 ErbbauRG, RdNr. 5.243; §§ 1009, 1010 (Belastung zugunsten Miterbbauberechtigter); §§ 1018, 1025 (Grunddienstbarkeit für das Erbbaurecht, Teilung des Erbbaurechts) vgl. RdNr. 5.172; nach OLG Hamm[247] ist die Übertragung einer Grunddienstbarkeit vom Eigentümer des herrschenden Grundstücks an den Erbbauberechtigten daran unzulässig; § 1126 (Erstreckung der Haftung auf wiederkehrende Leistungen zugunsten des Erbbaurechts, zB Überbaurente)[248] vgl. RdNr. 2.161; § 1287 S. 2 (Sicherungshypothek des Pfandgläubigers); § 1424 (Verfügung über Grundstücke bei Gütergemeinschaft); § 1807 Abs. 1 Nr. 1 und Abs. 2 (Anlegung von Mündelgeld); § 1821 (vormundschaftsgerichtliche Genehmigung).

4. Anwendbarkeit von Grundstücksvorschriften anderer Gesetze

2.163 **a) ZPO und ZVG.** Zur Zwangsvollstreckung in das Erbbaurecht vgl. RdNr. 5.184, zur Zwangsvollstreckungsunterwerfung wegen des Erbbauzinses (§ 794 Abs. 1 Nr. 5 oder § 800 ZPO) vgl. RdNr. 6.214, zum Erbbauzins in der Zwangsvollstreckung vgl. RdNr. 6.223 ff.; zum Konkurs des Berechtigten einer Reallast am Erbbaurecht vgl. BGH BB 1979, 208.

2.164 **b) Erbbau-Heimstätte.** Unter die analoge Anwendbarkeit von Grundstücksvorschriften fällt auch das Reichsheimstättengesetz vom 10. 5. 1920 (RGBl. S. 962), zuletzt geändert durch Gesetz vom 10. 3. 1975 (BGBl. I. 685), wie **§ 26 RHeimstG** auch ausdrücklich bestimmt. Ein Erbbaurecht kann daher als Erbbau-Heimstätte vergeben werden, wenn der Grundstückseigentümer Ausgeber einer Heimstätte sein kann (§ 26 Abs. 1, § 1 RHeimstG), AVO v. 19. 7. 1940 (RGBl. I S. 1027). Als Heimstätte kommt jedoch nur eine „Wohnheimstätte" (Einfamilienhaus mit Nutzgarten) in Betracht, während die „Wirtschaftsheimstätte" (landwirtschaftliches oder gärtnerisches Anwesen) wegen § 1 Abs. 2 ErbbauRG ausscheidet. Vereinbarungen gemäß § 2 ErbbauRG können getroffen werden. Gemäß § 26 Abs. 3 RHeimstG hat der Ausgeber keinen Heimfallanspruch nach §§ 12 ff. RHeimstG; es gelten aber die erbbaurechtlichen Vorschriften der §§ 2 Ziff. 4 etc. ErbbauRG. Wird von diesem Heimfallanspruch Gebrauch gemacht, dann sind §§ 16 und 21 Abs. 3 RHeimstG entsprechend anwendbar, desgleichen § 43 AVO. Das Erbbaurecht muss zur ersten Rangstelle im Grundbuch (§ 10 ErbbauRG), die Heimstätteneigenschaft zur ersten Rangstelle im Erbbaugrundbuch (§ 5 RHeimstG) eingetragen werden. Bei Untererbbaurechten tritt bei entsprechender Anwendung des § 26 Abs. 1 RHeimstG an die Stelle des Grundstückseigentümers der Obererb-

---

[245] OLG Karlsruhe NJW 1962, 807.
[246] Vgl. *Staudinger/Rapp* § 11 RdNr. 4.
[247] Rpfleger 1980, 225.
[248] Daher ist z. Verzicht a. Überbaurente die Zustimmung d. Grundpfandrechtsgläubigers erforderlich, SchlHOLG SchlHA 1964, 164.

X. Sonstige Rechtswirkungen (§ 11 Abs. 1 S. 1 ErbbauRG)

bauberechtigte als Ausgeber, str.[249] Ist eine Vereinbarung nach § 2 Ziff. 6 ErbbauRG getroffen und erfolgt eine Erneuerung des Erbbaurechts nach § 31 ErbbauRG, so erneuert sich auch die Heimstätteneigenschaft des Erbbaurechts, § 26 Abs. 5 RHeimstG. Gemäß § 26 Abs. 2 RHeimstG sind jedoch §§ 5 bis 8 ErbbauRG nicht anwendbar, dafür ist hier die Zustimmung zur Belastung gemäß § 17 RHeimstG erforderlich und besteht das Vorkaufsrecht gemäß § 11 RHeimstG. Die Entstehung einer Eigentümer-Erbbau-Heimstätte ist gemäß § 26 Abs. 4 RHeimstG möglich.[250] Die Zwangsvollstreckung in eine Erbbau-Heimstätte wegen einer persönlichen Schuld des Erbbauberechtigten (Heimstätters) ist grundsätzlich nicht zulässig, auch nicht die Eintragung einer Zwangs- oder Arresthypothek, vgl. § 20 RHeimstG.

Durch **Gesetz zur Aufhebung des Reichsheimstättengesetzes** vom 17. 6. 1993 (BGBl. I, 912) werden auch die Bestimmungen über die Erbbau-Heimstätte aufgehoben; Art. 6 enthält Übergangsregelungen bis zum 31. 12. 1998, danach ist der Vermerk von Amts wegen kostenfrei zu löschen.   2.165

c) Sonstige öffentlich-rechtliche und steuerrechtliche Vorschriften. Das Erbbaurecht genießt den Schutz des Art. 14 Abs. 1 S. 1 GG.[251] **Baugesetzbuch:** Nach § 200 Abs. 2 BauGB gelten die sich auf Grundstückseigentum beziehenden Vorschriften dieses Gesetzes auch für Erbbaurechte, soweit dies nicht ausdrücklich anders bestimmt ist; gemäß §§ 24 Abs. 2, 25 Abs. 2 BauGB beziehen sich die gesetzlichen Vorkaufsrechte nicht mehr auf Erbbaurechte (zur bisherigen Problematik nach BBauG und StBaufG vgl. RdNr. 5.98); zur Enteignung vgl. RdNr. 5.82 ff.; der Erbbauberechtigte ist nach BVerwG Nachbar im Sinne des Baurechts.[252] Nach VGH Mannheim[253] ist der Erbbauberechtigte nicht Zustandsstörer iSv. § 7 Bad-WürttPolG wegen einer Grundwasserverunreinigung; die Begründung passt allerdings nicht auf entsprechende Störungen durch das Gebäude. Zur Unanwendbarkeit des **Grundstücksverkehrsgesetzes** vgl. RdNr. 5.49 und zu sonstigen Genehmigungsvorschriften RdNr. 5.49. Zum **Steuerrecht** vgl. Kapitel 9.   2.166

d) Höfeordnung. Die Höfeordnung vom 24. April 1947 (Amtsblatt der Militärregierung Deutschlands, britisches Kontrollgebiet, S. 505) gilt für die ganze ehemalige britische Zone (Hamburg, Niedersachsen, Nordrhein-Westfalen und Schleswig-Holstein). Nach § 2 HöfeO gehören zur Hofstelle alle Grundstücke, die regelmäßig von der Hofstelle aus bewirtschaftet werden. Ein Erbbaurecht scheidet mit seiner Bestellung aus der Hofeszugehörigkeit aus, da es sich um ein vom Grundeigentum losgelöstes grundstücksgleiches Recht handelt und das Bauwerk gemäß § 12 ErbbauRG in das Eigentum des Erbbauberechtigten übergeht.[254]   2.167

Ob auch das **Erbbaugrundstück** die **Höfeeigenschaft verliert,** bestimmt sich nach der Person des Erbbauberechtigten oder dem Zweck der Erbbaurechtsbestellung. Handelt es sich beim Erbbauberechtigten um „hofbetriebsinterne" Personen (zB Landarbeiter, Altenteiler etc.) oder dient das Gebäude des Erbbauberechtigten dem Altenteil, so kann das Grundstück noch weiter zum Hofe gehören. Da die Erbbaurechtsbestellung keine vorübergehende Maßnahme iS der HöfeO ist, scheidet es dagegen bei einer Bestellung für „hofbetriebsfremde" Personen aus dem Hofverband aus. Daraus ergibt sich, dass damit kein Anerbenrecht mehr gilt, sondern sich für das Erbbaugrundstück die Erbfolge nach dem BGB richtet. Auf diese   2.168

---

[249] Vgl. *Wormit/Ehrenforth* § 26 RHeimstG Anm. 3a; *Planck* § 11 Anm. 9; *Ingenstau/Hustedt* § 11 RdNr. 106.
[250] Vgl. i. e. LG Wuppertal NJW 1965, 1767; *Schneider* BlGBW 1963, 199, 216 u. *Ingenstau/Hustedt* § 11 RdNr. 106.
[251] BVerfG NJW 1989, 1271.
[252] BVerwG MittBayNot 1983, 148.
[253] VGH Mannheim NJW 1998, 624.
[254] Vgl. *Ebeling* Rpfleger 1983, 383, 384.

Rechtsfolge sollte vom Notar hingewiesen werden. Ferner haben nach der AV des niedersächsischen Justizministers vom 3. 3. 1955 (Nds. Rpfleger 1955, 42, RdL 1955, 101) die Grundbuchämter dort den zuständigen Landwirtschaftsgerichten von allen Erbbaurechtsbestellungen Mitteilung zu machen. Ergibt die Prüfung, dass die Hofeigenschaft infolge der Erbbaurechtsbestellung erlischt, ist der Hofvermerk auf Ersuchen des Landwirtschaftsgerichts zu löschen.[255] Der Erbbauzins ist dann hoffreies Vermögen.

2.169 Nach der Neufassung der Höfeordnung kann in einer Erbbaurechtsbestellung eine **Veräußerung gemäß § 13 Abs. 4 b) HöfeO** liegen und den gesetzlichen Ausgleichsanspruch auslösen; dies gilt jedoch dann nicht, wenn die Miterben ausdrücklich gesetzliche Abfindungsansprüche nach § 13 HöfeO durch Vertrag ausgeschlossen haben.[256]

---

[255] Vgl. iE *Wöhrmann/Stöcker* Landwirtschaftsrecht, 4. Aufl., § 2 HöfeO RdNr. 24; *Pikalo* RdL 1970, 144; *Ingenstau/Hustedt* § 11 RdNr. 100.
[256] OLG Hamm AgrarR 1983, 72; vgl. *Ingenstau/Hustedt* § 11 RdNr. 101; *Wöhrmann/Stöcker* § 13 HöfeO RdNr. 24, 60, 65.

3. Kapitel. Besondere Gestaltungsformen des Erbbaurechts

Übersicht

RdNr.

I. Problemstellung, Abgrenzung
1. Normalfall, Abweichungsgründe 1
2. Unterschied in der Berechtigung 2
3. Unterschied im Belastungsgegenstand 3
4. Rechtsinhalt bezieht sich auf mehrere Grundstücke 4
5. Rechtsinhalt bezieht sich auf einen Teil des Grundstücks 5
6. Teilung des Rechtsinhalts 6
7. Kumulierung der Konstruktionen, Schematische Darstellung 7

II. Eigentümererbbaurecht
1. Begriff 8
2. Zulässigkeit, Anwendungsbereich 9
3. Entstehung
   a) Dingliche Erbbaurechtsbestellung 10
   b) Schuldrechtliche Vereinbarungen 11
   c) Vormerkung zur Sicherung der Erbbauzinsanpassungsklausel ... 12
4. Übertragung, sonstige Verfügungen 13

III. Untererbbaurecht
1. Begriff 14
2. Praktisches Bedürfnis, Anwendungsbereich 15
3. Generelle Zulässigkeit
   a) Rechtsgrundlage, Meinungsstand 17
   b) Vereinbarkeit mit dem ErbbauRG 18
      aa) Normzweck 19
      bb) Begriffliche Möglichkeit des Untererbbaurechts 20
      cc) Vereinbarkeit mit § 5 (Zustimmungspflicht) 21
      dd) § 10 Abs. 1 (Rang) 22
      ee) § 33 Abs. 1 (Erlöschen bei Heimfall) 23
      ff) Unübersichtlichkeit des Grundbuches 24
      gg) Bestehen bleiben des Obererbbaurechts 25
4. Einschränkungen der Zulässigkeit
   a) Recht zum Haben eines Bauwerks im Obererbbaurecht 26
   b) Schranken des Rechtsinhalts 27
5. Entstehung und Rechtswirkungen
   a) Bestellung 28
   b) Eintragung, Folgen 29
   c) Übertragung, Belastung, sonstige Befugnisse 30
   d) Inhaltsänderung, Untererbbauzins 31
   e) Heimfall des Obererbbaurechts 32
   f) Heimfall des Untererbbaurechts 34
   g) Erlöschen des Ober- und Untererbbaurechts 35

IV. Gesamterbbaurecht
1. Begriff 37
2. Anwendungsbereich 38
3. Zulässigkeit, Entstehungsmöglichkeiten
   a) Gesetzliche Bestätigung 39
   b) Entstehungsmöglichkeiten 40
4. Grenzen der Zulässigkeit aus § 1 41

3. Kapitel. Besondere Gestaltungsformen des Erbbaurechts

	RdNr.
5. Anfängliche Bestellung eines Gesamterbbaurechts	
a) Bestellungsvorgang	
aa) Schuldrechtliches Grundgeschäft	42
bb) Dingliche Bestellung	43
b) Inhalt des Gesamterbbaurechts	
aa) Gesetzlicher, vertraglicher Inhalt	44
bb) Berechtigungsverhältnis der Grundstückseigentümer	45
cc) Regelung für Beendigung	48
c) Erbbauzins, Vorkaufsrechte	49
d) Eintragung	51
6. Entstehung des Gesamterbbaurechts durch nachträgliche Erstreckung	
a) Inhaltsänderung, Eintragung	57
b) Rechtswirkungen für dinglich Berechtigte	
aa) An den Grundstücken	58
bb) Am Erbbaurecht dinglich Berechtigte	59
7. Das weitere Schicksal des Gesamterbbaurechts	60
a) Veräußerung des Grundstücks und des Gesamterbbaurechts	61
b) Belastung	62
c) Heimfall	63
d) Beendigung	
aa) Gesetzliche Rechtsfolge für das Gebäude	65
bb) Vertragliche Vereinbarungen	68
V. Nachbarerbbaurecht	
1. Begriff, Anwendungsbereich	70
2. Zulässigkeit	
a) Meinungsstand	71
b) Entstehungsgeschichte	72
c) Systematische Interpretation	73
d) Zulassung der Überbausituation	74
e) Normzweck	
aa) Einheitliches Bauwerkseigentum	75
bb) Auflösung des einheitlichen Bauwerkseigentums	76
cc) Grundsatz der Rechtseinheit am Gebäude	78
f) Ergebnis	79
3. Praktische Notwendigkeit des Nachbarerbbaurechts	80
a) Bestellung	81
b) Heimfall, Erlöschen	82
c) Beleihung	83
d) Ergebnis	84
4. Rechtsfolgen	85
VI. Überbau	
1. Anwendbarkeit der Überbauvorschriften, Abgrenzung	86
2. Rechtmäßiger Überbau iS §§ 912 ff.	
a) Bestimmungswidrige Bebauung	88
b) In der Erbbaurechtsbestellung vorgesehener Überbau	90
3. Unentschuldigter Überbau	91
4. Weitere Fälle	
a) Eigengrenzüberbau	92
b) Kommunmauer, Grenzmauer	93
c) Überbau durch Nutzungsberechtigte	95
VII. Wohnungs-/Teilerbbaurecht	
1. Begriff, Normzweck	
a) Begriff	96
b) Normzweck	99
c) Anwendbare Vorschriften (§ 30 Abs. 3 S. 2 WEG)	100
d) Anwendungsbereich	101
2. Gegenstand des Wohnungs-/Teilerbbaurechts	
a) „ein" Erbbaurecht	102

	RdNr.
b) Gebäude	
aa) Bestimmungsgemäße Bebauung	105
bb) Art des Gebäudes	106
3. Begründung von Wohnungs-/Teilerbbaurecht	
a) Vertrag (§ 30 Abs. 1, § 3 WEG)	107
b) Vorratsteilung (§ 30 Abs. 2, § 8 WEG)	109
c) Zustimmung des Grundstückseigentümers, sonstiger Berechtigter	
aa) Zustimmung des Grundstückseigentümers zu Veräußerung	110
bb) Zustimmungspflicht nach § 5 Abs. 2	113
cc) Zustimmung wegen §§ 877, 873, 876 BGB	114
dd) Aufteilung der Belastung	116
d) Bildung von Wohnungs-/Teilerbbaugrundbüchern (§ 30 Abs. 3 WEG)	117
4. Inhalt des Wohnungs-/Teilerbbaurechts	118
5. Auswirkungen auf den Erbbauzins, sonstige Rechte am Erbbaurecht	
a) Auswirkungen auf den Erbbauzins	119
b) Abweichende Vereinbarungen, Aufteilung des Erbbauzinses	120
c) Auswirkungen auf sonstige Rechte	123
6. Das weitere Schicksal des Wohnungs-/Teilerbbaurechts	
a) Veräußerung, Belastung Inhaltsänderung	124
b) Heimfall	
aa) Getrennter Heimfall	126
bb) Gesamtheimfall	127
c) Erlöschen, Vorrecht	
aa) Zeitablauf	128
bb) Aufhebung	129
cc) Umwandlung aller Wohnungs-/ Teilerbbaurechte	130
dd) Umwandlung einzelner Wohnungs-/Teilerbbaurechte	131
ee) Vorrecht	132

I. Problemstellung, Abgrenzung

1. Normalfall, Abweichungsgründe

Das Erbbaurechtsgesetz spricht dies zwar nicht aus, geht aber doch von folgendem Normalfall aus: Ein einziges Grundstück, auf dem sich ein einziges Bauwerk befindet, und ein Erbbaurecht, dessen Rechtsinhalt sich auf das ganze Grundstück und das ganze Bauwerk bezieht, d.h. **faktische Identität Grundstück/Erbbaurecht/Bauwerk,** sowie schließlich ein Dritter als Erbbauberechtigter. Einerseits kann jedoch schon die faktische Ausgangslage sowie die Zielsetzung bei der Erbbaurechtsbestellung hiervon wesentlich abweichen, andererseits können sich bei der langen Dauer des Erbbaurechts wirtschaftlich völlig neuartige Situationen ergeben. Dies entspricht den heutigen bautechnischen Möglichkeiten und wirtschaftlichen Gegebenheiten, die einerseits sehr große unteilbare Bauwerke (Kaufhäuser, Fabriken, Wohnanlagen) ermöglichen, andererseits eine wirtschaft-liche Aufteilung in Kleineinheiten benötigen. Ebenso ist die bautechnische Entwicklung des Bauwerks und auch dessen wirtschaftliche Nutzung von einer großen Dynamik geprägt, so dass erhebliche nachträgliche Änderungen der Bebauung und der Benutzung Lösungsmöglichkeiten erfordern. Dadurch ergeben sich eine Reihe von neuartigen Konstruktionsformen, die vom Normalfall abweichen. Sie sind alle in dem Erbbaurechtsgesetz nicht ausdrücklich behandelt, nur das Wohnungs-/Teilerbbaurecht ist in § 30 WEG normiert. Sie werden daher in ihrer Zulässigkeit und in ihren Auswirkungen (soweit diese Besonderheiten enthalten) zusammenfassend dargestellt. Faktisch sind nun folgende Abweichungen möglich, die zum Zweck des Verständnisses und der Abgrenzung vorangestellt werden sollen, während der Anwendungsbereich bei jedem Rechtsinstitut dargestellt wird.

3.1

2. Unterschied in der Berechtigung

3.2 Auch wenn die Identität Grundstück/Erbbaurecht/Bauwerk gewahrt ist, kann sich in der Berechtigung ein Unterschied vom Normalfall ergeben: Der Grundstückseigentümer will ein Erbbaurecht für sich selbst bestellen, zum Zwecke einer späteren wirtschaftlichen Nutzung, wie Verkauf desselben oder Bildung von Wohnungs-/Teilerbbaurecht zum Zwecke der Verwertung. Ebenso kann er später das Erbbaurecht zurückerhalten. Bei einem derartigen **Eigentümererbbaurecht** liegt die Problematik also ausschließlich in der Berechtigung, vgl. RdNr. 3.8 ff.

3. Unterschied im Belastungsgegenstand

3.3 Der Erbbauberechtigte kann es für zweckmäßig halten, an seinem Erbbaurecht wieder ein Erbbaurecht zu bestellen, also ein **Untererbbaurecht** (vgl. RdNr. 3.14 ff.). Da statt einem Grundstück hier ein Erbbaurecht belastet wird, liegt die Problematik im unterschiedlichen Belastungsgegenstand.

4. Rechtsinhalt bezieht sich auf mehrere Grundstücke

3.4 Es kann die Errichtung eines großen einheitlichen Gebäudes (zB Kaufhaus, Fabrikgebäude, Wohnanlage) über mehrere Grundstücke beabsichtigt sein oder es kann sich ergeben, dass ein Bauwerk später auf weitere Grundstücke erweitert werden soll und ein einheitlicher Baukörper entsteht. Als Gestaltungsformen kommen hierzu das **Gesamterbbaurecht** (vgl. RdNr. 3.37 ff.) und das **Nachbarerbbaurecht** (RdNr. 3.70 ff.) in Betracht. Die Problematik liegt hier darin, dass sich der Rechtsinhalt auf mehrere Grundstücke als Belastungsgegenstand bezieht. Eine grenzüberschreitende Bebauung kann schließlich durch einen **Überbau** erfolgen, vgl. RdNr. 3.86 ff.

5. Rechtsinhalt bezieht sich auf einen Teil des Grundstücks

3.5 Die Abweichung vom Normalfall kann aber auch darin liegen, dass sich der Inhalt des Erbbaurechts nur auf einen Teil des belasteten Grundstücks bezieht. Dies ist zB der Fall, wenn sich das Erbbaurecht **nur auf eines von mehreren** vorhandenen **Häusern** bezieht oder der Erbbauberechtigte nur eines von mehreren geplanten Häusern errichten darf oder die **Nutzung nur teilweise auf das Grundstück erstreckt** wird, während sie im Übrigen dem Grundstückseigentümer verbleibt. Es handelt sich hier also um den Fall, dass der Rechtsinhalt kleiner ist, als der Belastungsgegenstand (vgl. RdNr. 2.31 zu einzelnen von mehreren Bauwerken und RdNr. 2.69 ff. zur teilweisen Erstreckung auf Nebenflächen). Die Problematik liegt hier im zulässigen **Auseinanderfallen Rechtsinhalt/Belastungsgegenstand** in der Weise, dass der Rechtsinhalt sich eben nur auf einen Teil des Grundstücks bezieht.

6. Teilung des Rechtsinhalts

3.6 Schließlich kann der Erbbauberechtigte ein Interesse daran haben, sein Erbbaurecht aufzuteilen. Wenn sich das Erbbaurecht auf mehrere vorhandene Bauwerke bezieht oder sich die Bebauungsbefugnis auf mehrere Bauwerke erstreckt, kann eine derartige **Teilung in selbständige Erbbaurechte** erfolgen, vgl. RdNr. 5.161 ff. Wenn der Erbbauberechtigte dagegen ein Gebäude mit mehreren selbständigen abgeschlossenen Wohnungen bzw. sonstigen Einheiten hat, kann er wirtschaftlich an einer Aufteilung in entsprechende Einheiten interessiert sein. Hier ist vom Gesetz in § 30 WEG die Möglichkeit der Bildung von **Wohnungs-/Teilerbbau-**

I. Problemstellung, Abgrenzung

recht eröffnet, also Sondereigentum an den betroffenen Wohnungen bzw. sonstigen Einheiten und Mitberechtigung am Erbbaurecht, vgl. RdNr. 3.96 ff.

7. Kumulierung der Konstruktionen

Praktisch kann sich ergeben, dass die hier behandelten Gestaltungsformen kumuliert werden, so im Extremfall zB die Bildung von Wohnungs-/Teilerbbaurecht an einem Untererbaurecht, welches wieder an einem Gesamterbbaurecht lastet, das wieder einem der Grundstückseigentümer gehört (teilweises Eigentümer-Gesamterbbaurecht). Schon diese Übersicht der faktischen Probleme zeigt, dass sich hier eine Reihe von Zulässigkeits- und Rechtswirkungsproblemen ergeben müssen. Zum Verständnis der konstruktiven Unterschiede wird folgende schematische Darstellung beigefügt:

1) Normalfall

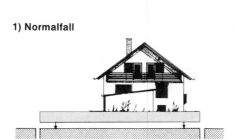

2) Eigentümererbbaurecht

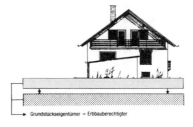

3) Rechtsinhalt bezieht sich nur auf Grundstücksteil
(restliches Gebäude gehört dem Grundstückseigentümer)

4) Untererbbaurecht

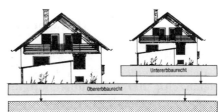

5) Gesamterbbaurecht

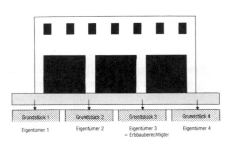

6) Nachbarerbbaurecht

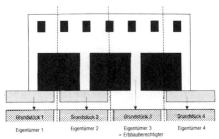

7) Wohnungserbbaurecht

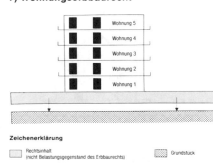

8) Kumulierung
a) Wohnungserbbaurecht an b) Untererbbaurecht a=
c) Gesamterbbaurecht zT als d) Eigentümererbbaurecht

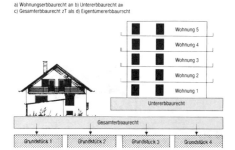

II. Eigentümererbbaurecht

1. Begriff

3.8 Beim Eigentümererbbaurecht ist der **Eigentümer des Erbbaugrundstücks gleichzeitig der Erbbauberechtigte:** er hat somit eine **doppelte Rechtsstellung,** wobei jedoch Grundstückseigentum und Erbbaurecht wie im Normalfall rechtlich klar von einander getrennt bleiben, auch hinsichtlich der Rechtsfolgen. Ein derartiges Eigentümererbbaurecht kann entstehen entweder dadurch, dass es von Anfang an als solches bestellt wird, oder durch einen späteren Erwerb des bereits eingetragenen Erbbaurechts durch den Grundstückseigentümer. Das Eigentümererbbaurecht kann sich durch Veräußerung an einen Dritten jederzeit wieder in ein normales (Fremd-)Erbbaurecht verwandeln. Auch ein teilweises Eigentümererbbaurecht ist möglich, wenn zB der Grundstückseigentümer für sich und seinen Ehegatten ein Erbbaurecht bestellt oder bei einem Gesamterbbaurecht teils an einem eigenen, teils an einem fremden Grundstück.

2. Zulässigkeit, Anwendungsbereich

3.9 Das Eigentümererbbaurecht ist nach heute einhelliger Meinung[1] zulässig. Der Rechtsgedanke, dass dingliche Rechte auch am eigenen Grundstück zulässig sind,

---

[1] BGH LM § 1 Nr. 13 = NJW 1982, 2381; OLG Düsseldorf NJW 1957, 1194 = DNotZ 1958, 423; OLG Hamm OLGZ 1985, 159; LG Wuppertal ZMR 1966, 52; *Weitnauer* DNotZ 1958, 352; *Soergel/Stürner* § 1 RdNr. 3; *Staudinger/Rapp* § 1 RdNr. 4; *Erman/Grziwotz* § 1 RdNr. 18; *Westermann* BBauBl. 1953, 19; *Stahlhacke* S. 10; *Schöner/Stöber* RdNr. 1686; *Pikalo* RdL 1970, 94 und *Kehrer/Bühler/Tröster* § 6 I, Fußn. 5; *Haegele* BWNotZ 1972, 21, 27; MünchKomm § 1

ergibt sich aus §§ 889, 1009, 1188, 1196 BGB; das RG[2] hat die Bestellung einer Grunddienstbarkeit und der BGH[3] die Bestellung einer beschränkten persönlichen Dienstbarkeit am eigenen Grundstück für zulässig erachtet. Das Erbbaurechtsgesetz schließt eine derartige Gestaltung nicht nur nicht aus, sondern lässt ein Eigentümererbbaurecht beim Heimfall (§ 2 Nr. 4 ErbbauRG) sowie bei Ausübung des Ankaufsrechts (§ 2 Nr. 7 ErbbauRG) entstehen. In diesen Fällen tritt gemäß § 889 BGB kein Erlöschen durch Konsolidation ein. Auch bei der üblichen Vereinbarung eines Vorkaufsrechts für den Grundstückseigentümer am Erbbaurecht und dessen Ausübung entsteht ein Eigentümererbbaurecht. Wenn dieses also zweifelsfrei nachträglich entstehen kann, muss es aber genauso von vorneherein zulässig sein.[1] Hierfür spricht auch ein **praktisches Bedürfnis:** Wenn ein Bauträger ein Eigentümererbbaurecht bestellt und dieses in Wohnungs-/Teilerbbaurecht aufteilt, so wird der danach geplante Verkauf und die Finanzierung der Einheiten erheblich erleichtert; sind nämlich durch eine Vorratsteilung die Wohnungs-/Teilerbbaurechte bereits im Grundbuch eingetragen, so ist danach der Verkauf der Einheiten schneller und leichter abzuwickeln und ist sofort eine gesonderte Belastung der einzelnen Einheiten möglich. In diesem Fall ist das Eigentümererbbaurecht nur als Durchgangsform gedacht. Daneben kann aber auch ein Gesamterbbaurecht für ein einheitliches Bauwerk bestellt werden, das sich zum Teil auch auf einem eigenen Grundstück des Erbbauberechtigten befindet (vgl. RdNr. 3.37); hier ist diese Konstruktion langfristig nötig.

3. Entstehung

a) Dingliche Erbbaurechtsbestellung. Eine Erbbaurechtsbestellung kann hier nicht durch Einigung gemäß § 873 BGB erfolgen, da diese notwendig zwei verschiedene Personen voraussetzt. Daraus wurden früher Bedenken gegen die Zulassung des Eigentümererbbaurechts abgeleitet.[4] Da der Wortlaut des § 873 Abs. 1 BGB Ausnahmen zulässt, genügt für das Eigentümererbbaurecht, wie für andere Eigentümerrechte, die **einseitige Erklärung des Grundstückseigentümers.**[5] Da § 20 GBO für die Erbbaurechtsbestellung „die erforderliche Einigung" voraussetzt, entfällt die Bestimmung hier ebenfalls und genügen Eintragungsbewilligung und -antrag (§§ 19, 13 GBO); vgl. hierzu sowie zur nötigen Form, den weiteren Eintragungsvoraussetzungen und zur Eintragung RdNr. 5.42, 46 ff. Nach OLG Düsseldorf[1] gilt das Gleiche für die Belastung des Erbbaurechts mit einer Erbbauzins-Reallast sowie einem Vorkaufsrecht für den Grundstückseigentümer und für ein Vorkaufsrecht am Grundstück für den Erbbauberechtigten; für diese Rechte besteht das gleiche Bedürfnis und gelten für die Zulässigkeit die gleichen Gründe, und zwar umso mehr als bei subjektiv-dinglichen Rechten die Eigentümerberechtigung unproblematischer ist.

3.10

b) Schuldrechtliche Vereinbarungen. Von der dinglichen Zulässigkeit des Eigentümererbbaurechts sind klar schuldrechtliche Vereinbarungen abzugrenzen. Zwar wird bei einer Eigentümererbbaurechtsbestellung kaum ein eigentliches schuldrechtliches Kausalgeschäft bestehen, es werden jedoch die üblichen, das Erbbaurecht schuldrechtlich ergänzenden Vereinbarungen mitaufgenommen werden, so vor allem die **schuldrechtliche Anpassungsklausel** bezüglich des Erbbauzin-

3.11

RdNr. 61; *Röll* DNotZ 1977, 69, 79; jetzt auch *Demharter* Anh. § 8 RdNr. 8; RGRK/*Räfle* § 1 RdNr. 23, *Ingenstau/Hustedt* § 1 RdNr. 36.
[2] RGZ 142, 231.
[3] BGHZ 41, 209 = NJW 1964, 1226.
[4] So vor allem *Planck/Strecker* 5. Aufl. § 873 Anm. I 3.
[5] OLG Düsseldorf Fn. 1; *Weitnauer* Fn. 1 S. 355; *Ingenstau/Hustedt* § 1 RdNr. 37; MünchKomm § 1 RdNr. 61; *Schöner/Stöber* RdNr. 1687; *Bauer/v. Oefele/Maaß* AT RdNr. VI 232 ff.

ses mit Sicherung durch **Vormerkung** (vgl. RdNr. 6.65ff., 179ff.). Nach BGH[6] setzt aber eine derartige schuldrechtliche Vereinbarung begriffsnotwendig einen Gläubiger und einen Schuldner voraus und ist also zumindest **noch nicht wirksam.** Etwas anderes kann auch nicht aus § 30 Abs. 2 in Verbindung mit § 8 WEG abgeleitet werden, da diese Bestimmungen sich nur auf den Inhalt des dinglichen Rechts beziehen. Wenn in einem nachfolgenden Kauf der Käufer „in alle Rechte und Pflichten des Erbbaurechtsvertrages" eintritt, so ist nach BGH[6] die darin enthaltene Wertsicherungsvereinbarung Inhalt des Kaufvertrages geworden. Durch Auslegung (§ 157 BGB) oder Umdeutung (§ 140 BGB) ergibt sich, dass damit alle einschlägigen Teile der Erbbaurechtsbestellung Geltung erhalten sollen. Zweckmäßiger ist es jedoch, insoweit die Eigentümererbbaurechtsbestellung im eigenen Namen und **vorbehaltlich nachträglicher Genehmigung der Erbbaurechtserwerber** (§§ 177 Abs. 1, 181, 184 BGB) abzuschließen oder ein entsprechendes Angebot an die Erwerber anzugeben, da dann diese schuldrechtlichen Teile der Erbbaurechtsbestellung von Anfang an wirksam werden. Bei späteren weiteren Verkäufen genügt dann wieder der Eintritt „in alle Rechte und Pflichten aus der Erbbaurechtsbestellung", während bei der Konstruktion im vom BGH[6] entschiedenen Fall wohl regelmäßig übersehen werden wird, in die entsprechenden Rechte und Pflichten aus dem Kaufvertrag einzutreten.

3.12   c) **Vormerkung zur Sicherung der Erbbauzinsanpassungsklausel.** Fraglich ist nun auch, ob hier die Vormerkung zur Sicherung des Erbbauzinsanpassungsanspruchs schon bei der Eigentümererbbaurechtsbestellung eingetragen werden kann: In dem vom BGH[6] entschiedenen Fall, in dem der Eigentümer nur für sich selbst gehandelt hat, entstand hier zunächst noch überhaupt kein Schuldverhältnis; ohne ein Schuldverhältnis kann aber auch keine Vormerkung eingetragen werden, sondern erst, wenn die Vereinbarung innerhalb des Kaufvertrages zustandekommt. Denkbar wäre hier allenfalls eine Auslegung als Angebot an den künftigen Käufer, das vormerkungsfähig wäre. Wird dagegen die Vereinbarung vorbehaltlich der Genehmigung des künftigen Käufers abgeschlossen, liegt bereits ein vormerkbarer künftiger Anspruch vor,[7] der künftige Schuldner (Erbbauberechtigte) ist hier bereits gebunden. Problematisch ist dann aber, dass der künftige Schuldner des vorgemerkten Anspruchs, also der Erbbaurechtserwerber hier idR noch nicht feststeht. Unzulässig sind zwar Vormerkungen gegen den jeweiligen Erbbauberechtigten oder gegen jeden Rechtsnachfolger,[8] was hier aber nicht gewollt ist. Andererseits gibt es hier bereits das belastete und das betroffene Recht, nämlich das Erbbaurecht und den Erbbauzins und damit eine gewisse Basis für die Vormerkung. Sicher zulässig ist aber die Vormerkung, sobald der Erbbaurechtserwerber feststeht.

4. Übertragung, sonstige Verfügungen

3.13   Durch die **Übertragung** des Eigentümererbbaurechts an einen Dritten entsteht ein normales (Fremd-)Erbbaurecht. Für die Übertragung selbst gelten keine Besonderheiten, vgl. iE RdNr. 5.85ff. Allerdings ist bei der Übertragung zu beachten, dass schuldrechtliche Vereinbarungen, die die dinglichen Regelungen ergänzen sollen, so insbesondere der schuldrechtliche Anspruch auf Anpassung des Erbbauzinses jetzt erst wirksam werden können und vom Erwerber erst genehmigt werden müssen (vgl. oben RdNr. 3.11, 12). Bei einem späteren **Rückerwerb** des Erbbaurechts durch den Grundstückseigentümer (zB bei Heimfall oder Ausübung des Vorkaufsrechts durch den Grundstückseigentümer) stellt sich die Frage, ob die

---

[6] BGH NJW 1982, 2381.
[7] Vgl. MünchKomm/*Wacke* § 883 BGB RdNr. 25.
[8] MünchKomm/*Wacke* § 883 BGB RdNr. 18 m. weit. Nachw.

schuldrechtlichen Vereinbarungen durch **Konfusion** wieder erlöschen. Der BGH[9] hat diese Frage offen gelassen; da das Eigentümererbbaurecht idR jedoch nur eine Durchgangsform ist, ist nach dem Zweck des Rechtsgeschäfts eine Konfusion auszuschließen.[9] Für die sonstigen Verfügungen über ein Eigentümererbbaurecht sind keine Besonderheiten ersichtlich; bei der dinglichen **Inhaltsänderung** eines Eigentümererbbaurechts ist jedoch wiederum keine Einigung iSv. § 873 BGB nötig, sondern eine einseitige Erklärung des Grundstückseigentümers, ebenso wie die Bestellung durch einseitige Erklärung erfolgt (vgl. RdNr. 3.10). Auch zur Eintragung einer **Sicherungshypothek** im Wege der Zwangsvollstreckung an einem Eigentümererbbaurecht ist gemäß §§ 15, 8, 7 ErbbauRG die Zustimmungserklärung des (personengleichen) Grundstückseigentümers vorzulegen oder deren Ersetzung;[10] da gemäß § 889 BGB keine Konsolidation eintritt, gilt der dingliche Inhalt des Erbbaurechts und damit auch die Zustimmungspflicht nach § 5 ErbbauRG unverändert.[10] In einer Vollstreckung in das Erbbaurecht liegt keine in das Grundstück, so dass das Zustimmungsrecht nicht betroffen ist. Ob die Einrede der Arglist (§ 242 BGB) erhoben werden kann, braucht das Grundbuchamt nicht zu prüfen. Der Grundstückseigentümer kann sein Eigentümererbbaurecht durch **Aufgabeerklärung** gegenüber dem Grundbuchamt und durch Schließen des Erbbaugrundbuches zum Erlöschen bringen (§ 875 BGB). Dazu ist die Zustimmung etwaiger Berechtigter in Abteilung II und III des Erbbaugrundbuches erforderlich.

III. Untererbbaurecht

1. Begriff

Beim Untererbbaurecht wird an einem Erbbaurecht **(Obererbbaurecht)** ein anderes Erbbaurecht **(Untererbbaurecht)** bestellt. Belastungsgegenstand des Untererbbaurechts ist also kein Grundstück, sondern ein Erbbaurecht (Obererbbaurecht), es handelt sich also um ein **Erbbaurecht am Erbbaurecht.** Kein Untererbbaurecht liegt dagegen vor, wenn ein bestehendes Erbbaurecht in mehrere selbständige einzelne Erbbaurechte aufgeteilt wird (vgl. RdNr. 5.161 ff.).

3.14

2. Praktisches Bedürfnis, Anwendungsbereich

Ein dringendes praktisches Bedürfnis für das Untererbbaurecht wurde mit folgendem Fall begründet:[11] Die öffentliche Hand oder eine Kirche will einen **größeren Grundstückskomplex** an eine Genossenschaft im Erbbaurecht ausgeben, worauf wiederum **zahlreiche Einzelwohnhäuser im Erbbaurecht** errichtet werden sollen. Der Grundstückseigentümer will nun nicht mit allen Einzelhausbesitzern in unmittelbare Vertragsbeziehung treten. Die Lösung soll über das Untererbbaurecht erreicht werden. Das Beispiel ist irreführend; wenn mit hM mehrere selbständige Erbbaurechte an einem einzigen Grundstück wegen § 10 Abs. 1 ErbbauRG unzulässig sind (vgl. RdNr. 2.104), so sind auch mehrere selbständige Untererbbaurechte an einem Obererbbaurecht unzulässig, da für das Untererbbaurecht die gleichen Vorschriften gelten, wie für sonstige Erbbaurechte. Es wäre aber in einem derartigen Fall möglich, ein einziges Untererbbaurecht zu bestellen und dieses in Wohnungs-/Teilerbbaurechte aufzuteilen. Dies hat für den Grundstückseigentümer den genannten Vorteil, dass er nur einen einzigen Vertragspartner

3.15

---

[9] Vgl. Verweisung des BGH NJW 1982, 2381 und MünchKomm/*Wenzel* Vorb. § 362 RdNr. 4; BGH BGHZ 48, 214 = NJW 1967, 2399.
[10] OLG Hamm OLGZ 1985, 159.
[11] So noch *Ingenstau* 7. Aufl. § 11 RdNr. 17.

(Obererbbauberechtigten) hat, der somit zwischengeschaltet ist. Diese Lösung kann erst recht zweckmäßig sein, wenn der Erbbauberechtigte an einem größeren Wohn- bzw. Geschäftshaus Wohnungs- bzw. Teilerbbaurechte bilden will. Hier hat der Grundstückseigentümer den vorgenannten Vorteil, die Unter-Wohnungs/Teilerbbauberechtigten ihrerseits aber den Nutzen, dass sie nur mit ihrem eigentlichen Erbbauzins belastet sind (vgl. RdNr. 3.120).

3.16   Es kommen aber noch eine Reihe von anderen Anwendungsfällen in Betracht.

Wenn ein Erbbauberechtigter die Baubefugnis für mehrere Häuser hat, kann er die **Baubefugnis** im Wege des Untererbbaurechts ferner **teilweise weitergeben;** dies ist für ihn vor allem dann wesentlich, wenn der Grundstückseigentümer keine Erbbaurechtsteilung will, oder die früher nötige Grundstücksteilung nach § 19 BauGB nicht genehmigt wurde. Wegen der Unzulässigkeit mehrerer Untererbbaurechte im Gleichrang untereinander sind hier dem Anwendungsbereich aber natürliche Grenzen gezogen. Möglich ist auch, dass der (Ober-)Erbbauberechtigte sein Bauwerkseigentum nur für einen **Teil seiner Erbbaurechtszeit** weitergeben will oder dass er eine **höhere Rendite** dafür erhält oder dass er **nur bestimmte Nutzungen** zulassen will; so zB wenn eine Kommune ein Erbbaurecht für eine große Sportanlage für mehrere Sportarten hat und einem Sportverein einen Teil der Anlage vergeben will.

3. Generelle Zulässigkeit

3.17   a) **Rechtsgrundlage, Meinungsstand.** Nach § 1 Abs. 1 ErbbauRG ist Belastungsgegenstand eines Erbbaurechts ein Grundstück und nicht ein Recht. Auf diese Vorschrift kann daher die Zulässigkeit des Untererbbaurechts nicht gestützt werden.[12] Nach § 11 Abs. 1 ErbbauRG kann aber ein Erbbaurecht entsprechend seinem wirtschaftlich eigentumsähnlichen Charakter und entsprechend seiner rechtlichen Doppelnatur – Recht am Grundstück, verbunden mit Eigentum am Bauwerk – grundsätzlich genauso wie ein Grundstück belastet werden, und zwar auch mit außerhalb des BGB geregelten Rechten, also auch mit einem weiteren Erbbaurecht. Die **analoge Anwendung gemäß § 11 Abs. 1 ErbbauRG** ist aber nach dem Gesetzeswortlaut nur zulässig **„soweit sich nicht aus dieser Verordnung ein anderes ergibt";** darunter wird nach einhelliger Meinung[13] verstanden, dass sich weder aus dem Inhalt, Sinn und Zweck des Erbbaurechtsgesetzes (früher ErbbVO), noch aus dem Inhalt, Sinn und Zweck der entsprechend anzuwendenden Vorschrift etwas anderes ergibt, wobei insbesondere die Vereinbarkeit mit dem Begriff und Wesen des Erbbaurechts zu prüfen ist. Daraus ergibt sich, dass das Untererbbaurecht zulässig sein muss, wenn nicht ein vorgenannter Ausnahmetatbestand vorliegt. Das Untererbbaurecht ist weder in § 1, noch in § 11 Abs. 1 ErbbauRG ausdrücklich ausgenommen. Während sich die Befürworter[14] und Gegner[15] des Untererbbaurechts bisher ungefähr die Waage hielten, haben die Befürworter durch zwei höchstrichterliche Entscheidungen das Übergewicht erhalten.[16] Durch den (BGBl. 1993 I, 2184) eingefügten § 6a Abs. 2 GBO ist vom Gesetzgeber die generelle Zu-

---

[12] BGH BGHZ 62, 179 = NJW 1974, 1137.
[13] RG RGZ 108, 70; *Ingenstau/Hustedt* § 11 RdNr. 3 und *Staudinger/Rapp* § 11 RdNr. 4; vgl. RdNr. 2.160.
[14] LG Bamberg DNotZ 1955, 324 m. zust. Anm. *Mathieu;* LG Lüneburg NJW 1962, 1573; *Haegele* Rpfleger 1967, 279, 281; *Henseler* AcP 161 (1962), 44; *Westermann* Bundesbaublatt 1953, 19; *Stahlhacke* S. 64, 65; *Stahl/Sura* DNotZ 1981, 604, 607; *Baur* S. 273; *Enneccerus/Wolf* S. 424; *Ingenstau/Hustedt* § 11 RdNr. 14ff.; *Soergel/Stürner* § 1 RdNr. 4; *Palandt/Bassenge* § 11 RdNr. 7, *Schöner/Stöber* RdNr. 1701; jetzt auch *Staudinger/Rapp* § 11 RdNr. 11.
[15] *Hieber* DNotZ 1955, 327; *Schneider* DNotZ 1955, 70 und 1976, 411; *Weber* MittRhNotK 1965, 548, 564; *Weitnauer* DNotZ 1955, 336; *Horber* § 8 Anm. 3a.
[16] BGHZ 62, 179 = NJW 1974, 1137; OLG Celle DNotZ 1972, 538.

III. Untererbbaurecht

lässigkeit mittelbar anerkannt: danach ist das Untererbbaurecht nur als Gesamtbelastung eines (GBO-)Erbbaurechts und eines Grundstücks nicht eintragungsfähig.

b) Vereinbarkeit mit dem ErbbauRG. Ob danach ein Untererbbaurecht auf Grund analoger Anwendung gemäß § 11 Abs. 1 ErbbauRG zulässig ist, ergibt sich aus der Vereinbarkeit mit dem ErbbauRG: **3.18**

aa) Normzweck. Der Normzweck der Erbbaurechtsverordnung (jetzt des ErbbauRG), Schaffung klarer Rechtsverhältnisse am Erbbaurecht und Förderung der Beleihung richtet sich zwar nicht auf die Möglichkeit der Belastung eines Erbbaurechts mit einem anderen; dies ist aber mit BGH[16] unerheblich, solange der Normzweck dieses Institut nicht ausschließt. **3.19**

bb) Begriffliche Möglichkeit des Untererbbaurechts. Nach BGH und OLG Celle[16] setzt das Erbbaurecht begrifflich nicht die Belastung eines realen Grundstücks voraus, das zu nutzende Grundstück muss nicht gleichzeitig Gegenstand der Belastung sein. Dem ist zu folgen: der Untererbbauberechtigte erhält nämlich seine Befugnisse – Bebauungsbefugnis (bei schon erfolgter Bebauung das Bauwerkseigentum) und Nutzungsbefugnis – in gleicher Weise vom Obererbbauberechtigten, so dass das Untererbbaurecht seinen Rechtsinhalt vom Obererbbaurecht ableiten kann. **3.20**

cc) Vereinbarkeit mit § 5 ErbbauRG (Zustimmungspflicht). Auch § 5 ErbbauRG steht nicht entgegen. Durch § 5 Abs. 1 ErbbauRG (Zustimmung zur Veräußerung) soll eine Kontrolle darüber ermöglicht werden, wer Inhaber des Erbbaurechts ist, und soll der Verkauf zu Spekulationszwecken ausgeschlossen werden, nicht dagegen andere Nutzungsformen. Beim Untererbbaurecht bleibt der ursprüngliche Vertragspartner des Grundstückseigentümers der gleiche; ein Verkauf liegt rechtlich nicht vor, allerdings ist bei einem Untererbbaurecht an einem schon vorhandenen Bauwerk dieses wirtschaftlich veräußert. Der Grundstückseigentümer hat ferner eine Kontrollmöglichkeit über den wegen § 10 Abs. 1 ErbbauRG erforderlichen Rangrücktritt mit seinen Rechten. Auch aus § 5 Abs. 2 ErbbauRG (Zustimmung zur Belastung) ergibt sich nichts anderes. Ziel ist es, den Grundstückseigentümer beim Heimfall vor unerwünschten bestehen bleibenden Belastungen zu schützen; das Untererbbaurecht erlischt jedoch mit seinen Belastungen beim Heimfall des Obererbbaurechts (vgl. RdNr. 3.32). **3.21**

dd) § 10 Abs. 1 ErbbauRG (Rang). Wegen § 10 Abs. 1 ErbbauRG muss der Grundstückseigentümer mit seinen Rechten am Erbbaurecht (idR Erbbauzins, Vormerkung zur Sicherung des Anspruchs auf Erhöhung des Erbbauzinses, Vorkaufsrecht) im Rang hinter das Untererbbaurecht zurücktreten. Dies steht mit BGH[16] der Zulässigkeit des Untererbbaurechts nicht entgegen, weil auch sonst eine Erbbaurechtsbestellung nur möglich ist, wenn die am Grundstück eingetragenen Gläubiger im Range ausweichen. Außerdem ermöglicht die für den Rangrücktritt notwendige Mitwirkung des Grundstückseigentümers, dass dieser unerwünschte Untererbbaurechte verhindern kann, gibt diesem also eine Möglichkeit zum Schutz seiner Interessen. **3.22**

ee) § 33 Abs. 1 ErbbauRG (Erlöschen bei Heimfall). Gemäß § 33 Abs. 1 ErbbauRG erlöschen beim Heimfall des Obererbbaurechts alle Rechte an diesem, mit Ausnahme von Grundpfandrechten und Reallasten; somit erlischt auch das Untererbbaurecht. Hier ist jedoch dem BGH[17] dahin zu folgen, dass das Erlöschen des Untererbbaurechts bei Heimfall des Obererbbaurechts keine auflösende Bedingung iSv. § 1 Abs. 4 ErbbauRG darstellt. Es handelt sich hier um keine in der Untererbbaurechtsbestellung vereinbarte auflösende Bedingung oder um eine Befris- **3.23**

---

[17] BGH BGHZ 62, 179 = NJW 1974, 1137.

tung mit ungewissem Endtermin. Der **Erlöschensgrund** liegt hier **außerhalb der Untererbbaurechtsbestellung,** er ist in der Obererbbaurechtsbestellung enthalten. Darin zeigt sich also nur die begriffsnotwendige Abhängigkeit des Untererbbaurechts vom Obererbbaurecht.[17] Erlischt danach das Untererbbaurecht, besteht somit auch kein Vergütungsanspruch des Untererbbauberechtigten gemäß § 32 ErbbauRG und erlöschen die Grundpfandrechte daran. Dies schließt gleichfalls die Anwendbarkeit des Untererbbaurechts nicht aus, da der Entschädigungsanspruch vertraglich ausgeschlossen werden kann, § 32 Abs. 1 S. 2 ErbbauRG.[17] Dadurch wird zwar die Beleihbarkeit faktisch erschwert, das Untererbbaurecht aber nicht rechtlich ausgeschlossen. Zudem kann sich der Untererbbauberechtigte und seine Gläubiger hiervor anderweitig schützen, vgl. unten RdNr. 3.33.

3.24 **ff) Unübersichtlichkeit des Grundbuches.** Letztlich stehen auch die zweifellos bestehenden Erschwerungen des grundbuchamtlichen Vollzugs, die Unübersichtlichkeit des Grundbuches sowie Probleme bei der Zwangsversteigerung nicht entgegen. Derartige, zwar vorliegende Schwierigkeiten können aber die Unzulässigkeit des Rechtsinstituts nicht begründen.[17] Ferner sind sie überwindbar, vgl. unten RdNr. 3.29.

3.25 **gg) Bestehen bleiben des Obererbbaurechts.** BGH[17] und OLG Celle[18] haben sonach aus den vorgenannten Gründen das Untererbbaurecht grundsätzlich für zulässig gehalten. Sie haben sich jedoch immer nur mit der Aktivberechtigung, also dem Untererbbaurecht beschäftigt, nicht dagegen mit der Passivseite, also dem Obererbbaurecht. Das Untererbbaurecht ist aber nur zulässig, wenn gleichzeitig das Obererbbaurecht wirksam weiter besteht. Hier ist *Schneider*[19] zu folgen: Aufgrund der Begriffsbestimmung setzt der Charakter des Erbbaurechts als grundstücksgleiches Recht zwingend voraus, dass das Eigentum am Bauwerk als wesentlicher Bestandteil des Erbbaurechts bestehen kann; das Recht zum **Haben eines Bauwerks** ist **begriffsnotwendig** und zwingender gesetzlicher Inhalt gemäß § 1 Abs. 1, § 12 ErbbauRG.[20] Dieses Recht muss wirtschaftlich gemäß § 1 Abs. 2 ErbbauRG auch die Hauptsache gegenüber anderen Nutzungsbefugnissen bleiben. Das Bauwerk muss bei der Begründung des Erbbaurechts noch nicht vorhanden sein, es muss aber der in § 12 ErbbauRG vorgesehene Endzustand erreicht werden können. Würde ein Obererbbaurecht entstehen, zu dem das Recht zum Haben eines Bauwerks nicht mehr gehört, wäre dieses gesetzwidrig und damit nichtig, vgl. oben RdNr. 2.6. Entgegen *Schneider* folgt aber nach hier vertretener Ansicht daraus nicht die grundsätzliche Unzulässigkeit des Untererbbaurechts, sondern die im folgenden Absatz dargelegte Einschränkung.

4. Einschränkungen der Zulässigkeit

3.26 **a) Recht zum Haben eines Bauwerks im Obererbbaurecht.** Nach der vorstehend dargelegten, hier vertretenen Ansicht[21] kann ein Untererbbaurecht nur bestellt werden, wenn dem Obererbbauberechtigten das Recht zum Haben eines Bauwerks verbleibt. Das gleiche Bauwerk kann zwar nicht gleichzeitig Bestandteil des Unter- und des Obererbbaurechts sein. Die Bestellung eines Untererbbaurechts ist aber danach jedenfalls zulässig, wenn sowohl zum Ober-, als auch zum Untererbbaurecht die Befugnis zum Haben je eines **verschiedenen Bauwerks** gehört.

---

[18] OLG Celle DNotZ 1972, 588.
[19] *Schneider* DNotZ 1976, 411; ähnlich *Hieber* DNotZ 1955, 324, 328.
[20] *Lutter* DNotZ 1960, 80, 86; *Hauschild* Rpfleger 1954, 602, 603.
[21] Ebenso *Habel* MittBayNot 1998, 315 (m. Vorschlägen z. Gestaltung nach Zeitablauf UntererbbR); MünchKomm § 1 RdNr. 34; RGRK/*Räfle* § 1 RdNr. 21; nach *Bauer/v. Oefele/Maaß* AT RdNr. VI 242 anscheinend schon die Heimfallmöglichkeit u. ä. ausreichend.

III. Untererbbaurecht

Beide Bauwerke müssen selbständig iSv § 1 Abs. 3 ErbbauRG sein, weshalb ein einzelnes Stockwerk nicht Gegenstand eines Untererbbaurechts sein kann. Ferner ist ein Untererbbaurecht dann zulässig, wenn das gleiche Bauwerk zeitlich zuerst zum Untererbbaurecht und danach wieder zum Obererbbaurecht gehört, also die Befugnis **zeitlich gestaffelt ist.** Die bloße Möglichkeit des Heimfalls des Untererbbaurechts an den Obererbbauberechtigten erscheint als Ausnahmesituation bei Vertragsverletzung durch den Untererbbauberechtigten nicht ausreichend. Gehört zu einem beider Rechte nicht mehr die begriffsnotwendige Befugnis, jedenfalls irgendwann ein eigenes Bauwerk zu haben, so scheidet nach hier vertretener Auffassung die entsprechende Anwendung des § 1 im Rahmen des § 11 ErbbauRG aus.

b) Schranken des Rechtsinhalts. Weiter darf nach insoweit einhelliger Meinung[22] der **Rechtsinhalt des Untererbbaurechts nicht über den Rechtsinhalt des Obererbbaurechts** hinausgehen. Denn der Obererbbauberechtigte kann nicht mehr an Rechten einräumen, als er selbst hat. Dies gilt sowohl für die Bebauungsbefugnis, die Nutzungsbefugnis an den Nebenflächen, als auch für die zeitliche Dauer. Soweit ferner als dinglicher Inhalt des Erbbaurechts gemäß § 2 ErbbauRG die Baubefugnis und die Verwendungsbefugnis eingeschränkt oder präzisiert ist, insbesondere gemäß § 2 Nr. 1 ErbbauRG müssen aus den gleichen Gründen diese Beschränkungen an den Untererbbauberechtigten weitergegeben werden. Überhaupt erscheint es zweckmäßig, die dinglichen Inhaltsvereinbarungen gemäß §§ 2 ff. ErbbauRG des Untererbbaurechts auf diejenigen des Obererbbaurechts abzustimmen.

3.27

5. Entstehung und Rechtswirkungen

a) Bestellung. Der **Belastungsgegenstand** (Obererbbaurecht) kann auch ein Eigentümererbbaurecht oder ein Gesamterbbaurecht sein; die Ausübungsbefugnis des Untererbbaurechts kann sich – wie sonst auch – nur auf einen Teil des Obererbbaurechts und nur einen Teil der Gebäude beziehen.[23] Für den **Inhalt** des Untererbbaurechts sind die Einschränkungen gemäß RdNr. 3.26, 27 zu beachten, insbesondere sind auch dingliche Inhaltsvereinbarungen gemäß §§ 2 ff. ErbbauRG genau mit dem Rechtsinhalt des Obererbbaurechts abzustimmen und dürfen nicht über diesen hinausgehen. Allerdings kann der Inhalt dahinter zurückbleiben: So muss ein Zustimmungsvorbehalt nach § 5 im Obererbbauvertrag nicht auch im Untererbbauvertrag enthalten sein. Soweit (und solange) das gleiche Bauwerk Inhalt des Ober- und Untererbbaurechts ist, wird der Obererbbauberechtigte das Interesse haben, dingliche Verpflichtungen zur Unterhaltung und Versicherung usw. dieses Bauwerkes möglichst inhaltsgleich an den Untererbbauberechtigten weiterzugeben, damit für ihn keine „Deckungslücke" verbleibt. *Habel*[24] will schuldrechtlich den Obererbbauberechtigten von diesen Pflichten freistellen, solange das Untererbbaurecht besteht. Dies entspricht nicht der Struktur des doppelten gesetzlichen Schuldverhältnisses: Es gibt nur dingliche Rechtsbeziehungen Grundstückseigentümer – Obererbbauberechtigter und Ober-/Untererbbauberechtigter aber keine unmittelbaren Grundstückseigentümer – Untererbbauberechtigter. Da das Stammrecht auch nicht übertragbar ist,[25] kommt nur die schuldrechtliche Vorausabtretung des

3.28

---

[22] BGH BGHZ 62, 179 = NJW 1974, 1137; OLG Celle DNotZ 1972, 538; *Ingenstau/Hustedt* § 11 RdNr. 18; *Staudinger/Rapp* § 11 RdNr. 12; *Schöner/Stöber* RdNr. 1702; *Haegele* Rpfleger 1967, 279, 281; vgl. BayObLG DNotZ 1958, 542 (danach Dienstbarkeit am Erbbaurecht nur im Rahmen von dessen Befugnissen).
[23] DNotI-Report 1998, 237.
[24] *Habel* MittBayNot 1998, 315, 317.
[25] MünchKomm/*v. Oefele* § 2 RdNr. 6 m. weit. Nachw.

aus einer Pflichtverletzung herrührenden Einzelanspruchs in Frage, wobei der Sanktionsmechanismus (Vertragsstrafe, Heimfall) aber nicht mit übergeht. Der Grundstückseigentümer kann aber schuldrechtlich den Obererbbauberechtigten solange von seinen Leistungspflichten befreien, als diese vom Untererbbauberechtigten übernommenen Pflichten auch tatsächlich erfüllt werden. Ferner kann der Heimfall des Obererbbaurechts dinglich auf die Dauer des Untererbbaurechts dahingehend eingeschränkt werden, dass der Heimfall des Obererbbaurechts nur verlangt werden kann, wenn der Obererbbauberechtigte seine einschlägigen Heimfallrechte gegen den Untererbbauberechtigten nicht ausübt und danach den Verstoß nicht beseitigt. Weitere Schutzmöglichkeiten für den Heimfall vgl. RdNr. 3.33. Im Übrigen gilt hinsichtlich der dinglichen Erbbaurechtsbestellung und des Grundgeschäfts das Gleiche, wie bei einer normalen Erbbaurechtsbestellung (vgl. RdNr. 5.4 ff.).

Der Grundstückseigentümer ist nicht Vertragsteil. Die **Mitwirkung des Grundstückseigentümers** beschränkt sich auf den Rangrücktritt mit seinen Rechten am Obererbbaurecht (idR Erbbauzins, Vormerkung zur Anpassung des Erbbauzinses, Vorkaufsrecht) hinter das Untererbbaurecht. Eine weitere Mitwirkung ist nicht erforderlich, insbesondere auch nicht, wenn eine Zustimmungspflicht gemäß § 5 Abs. 1 ErbbauRG zur Veräußerung vereinbart ist, da eine solche nicht vorliegt, oder zur Belastung gemäß § 5 Abs. 2 ErbbauRG, da das Untererbbaurecht nicht unter den zustimmungspflichtigen Rechten genannt ist (vgl. RdNr. 3.21). Da er zu diesem Rangrücktritt nicht verpflichtet ist (§ 7 ErbbauRG gilt hier nicht), kann der Grundstückseigentümer ggf. seinen Rangrücktritt von Gegenleistungen abhängig machen. Ferner kann der Obererbbauberechtigte eine Mitwirkung des Grundstückseigentümers dann benötigen, wenn das Untererbbaurecht über den Rechtsinhalt des Obererbbaurechts hinausgehen soll, da dann vorher dessen Rechtsinhalt im Wege der Inhaltsänderung (vgl. RdNr. 5.150 ff.) entsprechend geändert werden muss. Auch wenn sich der Untererbbauberechtigte gegen die Folgen des Heimfalls des Obererbbaurechts schützen will (vgl. RdNr. 3.33), benötigt er uU die Mitwirkung des Grundstückseigentümers. In der Bestellung des Obererbbaurechts kann bereits schuldrechtlich eine Verpflichtung zum Rangrücktritt des Grundstückseigentümers oder zu einer sonstigen Mitwirkung vereinbart werden, die aber dann erst durch die entsprechenden dinglichen Erklärungen vollzogen werden muss;[26] stattdessen kann auch ein Rangvorbehalt für das Untererbbaurecht vereinbart werden. Ebenso sind **Rangrücktritte** etwaiger **Rechte Dritter** am Obererbbaurecht, zB von Grundpfandrechten hinter das Untererbbaurecht nötig; vor allem Grundpfandrechte müssen sich hierbei gegen die Beschränkung oder erhebliche Aushöhlung ihre Beleihungsgrundlage sichern.

3.29 **b) Eintragung, Folgen.** Wird sonach eine wirksame Untererbbaurechtsbestellung mit den nötigen Rangrücktrittserklärungen sowie sonstigen Vollzugsvoraussetzungen (vgl. RdNr. 5.46 ff.) dem Grundbuchamt vorgelegt, so wird dieses einerseits im Obererbbaurechtsgrundbuch an erster Rangstelle eingetragen und andererseits ein eigenes Untererbbaurechtsgrundbuch angelegt, § 14 ErbbauRG (vgl. RdNr. 5.55). Im Untererbbaugrundbuch ist auch der Obererbbaurechtsberechtigte sowie dessen Rechtsnachfolger zu vermerken. Im Grundstücksgrundbuch erfolgt *keine* Eintragung. Grundstückseigentümer und Grundstück iSv. § 14 ErbbauRG ist hier jeweils der Obererbbauberechtigte, bzw. das Obererbbaurecht. Ferner können sonstige Rechte des Obererbbauberechtigten am Untererbbaurecht eingetragen werden, idR Erbbauzins, Vormerkung zur Erbbauzinsanpassung, Vorkaufsrecht. Durch die Eintragung des Untererbbaurechts wird ein von dessen Rechtsinhalt betroffenes Bauwerk Bestandteil und Eigentum des Untererbbaurechts, während es

---

[26] *Haegele* Rpfleger 1967, 279, 281; *Ingenstau/Hustedt* § 11 RdNr. 18; *Staudinger/Rapp* § 11 RdNr. 12.

III. Untererbbaurecht

umgekehrt als Bestandteil des Obererbbaurechts ausscheidet und die Haftung für Belastungen des Obererbbaurechts erlischt, § 12 ErbbauRG, vgl. RdNr. 2.51 ff.

c) Übertragung, Belastung, sonstige Befugnisse. Für die **Veräußerung** des Untererbbaurechts sowie dessen **Belastung** sind keine Besonderheiten ersichtlich, hier hat jeweils der Obererbbauberechtigte die Stellung als Grundstückseigentümer, so zB wenn in der Untererbbaurechtsbestellung Vereinbarungen gemäß § 5 ErbbauRG (Zustimmung zur Veräußerung und Belastung) enthalten sind; eine Mitwirkung des Grundstückseigentümers ist dagegen nicht erforderlich. Allerdings besteht für den Gläubiger die Gefahr des Ausfalls beim Heimfall des Obererbbaurechts (vgl. RdNr. 3.33). Die Belastung eines Untererbbaurechts mit einem Erbbaurecht (Unter-Untererbbaurecht) kommt praktisch kaum in Betracht, ist aber rechtlich nicht ausgeschlossen. Der Untererbbauberechtigte kann die aus seinem Recht sich ergebenden **Befugnisse** ausüben; wenn er jedoch diese überschreitet, zB bei Errichtung eines nicht in der Obererbbaurechtsbestellung vorgesehenen Bauwerks, hat der Grundstückseigentümer die gleichen Abwehrrechte, wie bei einem normalen Erbbaurecht. Ist diese Baubefugnis dagegen im Obererbbaurecht vorgesehen, aber nicht an den Untererbbauberechtigten weitergegeben, hat der Obererbbauberechtigte diese Abwehrrechte.

3.30

d) Inhaltsänderung, Untererbbauzins. Für eine Inhaltsänderung des Untererbbaurechts ist bei einer Verschlechterung die Zustimmung der hieran und am Obererbbaurecht dinglich Berechtigten nötig (§§ 877, 876 S. 1, 2, vgl. RdNr. 5.157, 8). Der **Grundstückseigentümer** ist durch den Ober-Erbbauzins dinglich Berechtigter am Obererbbaurecht, sodass seine Zustimmung bei einer Verschlechterung seiner Lage nötig ist. Da der Untererbbauzins ein subj. dingliches Recht des jeweiligen Obererbbauberechtigten ist, so ist über § 876 S. 2 zu seiner Aufhebung (oder Herabsetzung, § 877) die Zustimmung des Grundstückseigentümers nötig, da der Grundstückseigentümer als Berechtigter des Obererbbauzinses Berechtigter am Obererbbaurecht ist.[27] Vorsorglich können im Obererbbaurechtsvertrag Heimfallrechte vereinbart werden für den Fall, dass der Obererbbauberechtigte die Mitwirkung des Grundstückseigentümers hier nicht einholt oder bei sonstigen Zustimmungen, zB zur Veräußerung, Belastung oder baulichen Änderungen am Untererbbaurecht. Für die Sicherheit des Obererbbauzinses ist nämlich nicht nur der Untererbbauzins von Bedeutung, sondern auch die sonstigen Grundlagen des Untererbbaurechts.

3.31

e) Heimfall des Obererbbaurechts. Wie oben (RdNr. 3.23) dargelegt, erlischt beim Heimfall des Obererbbaurechts gemäß § 33 Abs. 1 ErbbauRG das Untererbbaurecht kraft Gesetzes. Die Rechte am Untererbbaurecht erlöschen gleichfalls kraft Gesetzes gemäß § 33 Abs. 1 ErbbauRG. Da der Heimfall nicht vom Obererbbauberechtigten geltend gemacht wurde, hat der Untererbbauberechtigte auch keinen Anspruch auf Vergütung für das Untererbbaurecht gemäß § 32 ErbbauRG. Das Untererbbaurecht **erlischt also ersatzlos.**

3.32

Ein **Schutz des Untererbbauberechtigten** wäre die **dingliche Einschränkung des Heimfalls des Obererbbaurechts** auf den Fall, dass der Obererbbauberechtigte seine einschlägigen (inhaltsgleichen) Heimfallrechte nicht gegenüber dem Untererbbauberechtigten ausübt und danach den Verstoß nicht beseitigt. Der Heimfall des Untererbbaurechts stört die Grundpfandgläubiger hieran nicht. Diese Sanktion greift aber nur bei Verstößen des Untererbbauberechtigten, nicht dagegen bei Verstößen des Obererbbauberechtigten selbst, zB Nichtzahlung des Obererbbauzinses; hier sind aber andere Lösungsmöglichkeiten, wie zB Pfändung des Untererbbauzinses usw. vorstellbar. Weiter schlägt das OLG Celle eine Vereinbarung

3.33

---

[27] Ebenso *Habel* MittBayNot 1998, 315, 319.

zwischen Untererbbauberechtigtem und Grundstückseigentümer vor, wonach sich dieser zur Wiederbestellung des Erbbaurechts nach Heimfall verpflichtet und Sicherung dazu durch Vormerkung. Ein Untererbbaurecht kann jedoch nur am Obererbbaurecht wieder bestellt werden, hier ist der Anspruch gegenüber dem Grundstückseigentümer aber nicht vormerkbar. Der Grundstückseigentümer könnte sich lediglich **zur unmittelbaren Erbbaurechtsbestellung am Grundstück** für den Untererbbauberechtigten **verpflichten** und dies durch Vormerkung sichern. Kann eine derartige Mitwirkung vom Grundstückseigentümer nicht bewirkt werden, bliebe nur eine Sicherung am Obererbbaurecht. Schuldrechtlich könnte in der Untererbbaurechtsbestellung ein § 32 Abs. 1 ErbbauRG entsprechender Vergütungsanspruch für das Untererbbaurecht gegen den Obererbbauberechtigten festgelegt werden für den Heimfall des Obererbbaurechts; dieser Anspruch könnte dann durch ein **Grundpfandrecht am Obererbbaurecht** gesichert werden.[28] Dieses Grundpfandrecht bliebe dann gemäß § 33 Abs. 1 ErbbauRG bei Heimfall des Obererbbaurechts an diesem bestehen und wäre vom Grundstückseigentümer gemäß § 33 Abs. 2 ErbbauRG zu übernehmen. Problematisch ist hier allerdings, dass der Wert des Untererbbaurechts im Vorhinein schwer bestimmt werden kann und Wert- und Währungsänderungen unterliegt. Der **Schutz der Gläubiger** am Untererbbaurecht könnte dann im ersten Fall durch Verpfändung der Wiedereinräumungsverpflichtung des Grundstückseigentümers und entsprechenden Vermerk bei der Vormerkung oder im zweiten Fall durch (teilweise) Abtretung des Grundpfandrechts am Obererbbaurecht erfolgen. *Habel*[28] schlägt die Abtretung des bei Ausübung des Heimfalls des Obererbbaurechts entstehenden Anspruchs auf Vergütung gemäß § 32 Abs. 1 ErbbauRG vor. Nach BGH[29] ist zwar diese Vorwegabtretung zulässig, allerdings bleiben Rechte nach § 33 ErbbauRG daran bestehen und sind vorrangig zu befriedigen.

3.34   **f) Heimfall des Untererbbaurechts.** Hier gibt es keine Besonderheiten; es gelten § 32 und § 33 ErbbauRG zugunsten des Untererbbauberechtigten und zugunsten der Belastungen hieran.

3.35   **g) Erlöschen des Ober- und Untererbbaurechts.** Das Erlöschen kann durch **Aufhebung** dieser Rechte gemäß § 26 ErbbauRG erfolgen. Für die Aufhebung des Untererbbaurechts gelten die normalen Vorschriften, vgl. RdNr. 5.196 ff. Die Aufhebung des Obererbbaurechts andererseits ist nur mit Zustimmung der am Obererbbaurecht dinglich Berechtigten gemäß § 11 Abs. 1 ErbbauRG, § 876 BGB zulässig; es ist also die Zustimmung des Untererbbauberechtigten nötig. Diese Zustimmung des Untererbbauberechtigten enthält materiellrechtlich dessen Aufgabeerklärung bezüglich des Untererbbaurechts (§ 11 Abs. 1 ErbbauRG, § 875 BGB), wozu wiederum nach den gleichen Vorschriften die Zustimmung der am Untererbbaurecht dinglich Berechtigten nötig ist; ferner ist hierzu die des Obererbbauberechtigten gemäß § 26 ErbbauRG erforderlich.

3.36   Ein Erlöschen des Untererbbaurechts durch **Zeitablauf** ist aus den unter RdNr. 3.27 genannten Gründen **nicht nach dem des Obererbbaurechts** zulässig. Erlischt das Untererbbaurecht **vor dem Obererbbaurecht,** so hat der Untererbbauberechtigte den Entschädigungsanspruch gemäß § 27 ErbbauRG gegen den Obererbbauberechtigten und gelten die weiteren Folgerungen nach §§ 27 mit 29 ErbbauRG hierfür. Erlöschen beide Rechte **genau gleichzeitig,** so haftet zwar die Entschädigungsforderung des Obererbbauberechtigten gemäß § 28 ErbbauRG am Grundstück. Gleichzeitig muss auch eine Entschädigungsforderung gemäß § 28 ErbbauRG für das Untererbbaurecht am Obererbbaurecht entstehen; es kann dann

---

[28] *Habel* MittBayNot 1998, 315, 321.
[29] BGH NJW 1976, 895.

diese reallastähnliche Entschädigungsforderung des Untererbbauberechtigten im Wege der Surrogation gemäß § 29 ErbbauRG am Entschädigungsanspruch des Obererbbauberechtigten lasten. Für Rechte am Untererbbaurecht iS § 29 ErbbauRG haftet wieder dessen Entschädigungsforderung. Diese Konstruktion der **doppelten Surrogation** der Entschädigung vom Untererbbaurecht auf das Obererbbaurecht und von diesem auf das Grundstück ist – soweit ersichtlich – noch nirgends entschieden oder behandelt worden. Sie ist jedoch gesetzlich möglich, da die Entschädigung des Untererbbauberechtigten reallastähnlich ist (vgl. RdNr. 5.241) und für Rückstände aus Reallasten gemäß § 29 ErbbauRG die Entschädigung des Obererbbauberechtigten haftet. Sie entspricht auch dem Sinn der §§ 27 ff. ErbbauRG und den wirtschaftlichen Gegebenheiten. Um ein Untererbbaurecht überhaupt klar rechtlich zu ermöglichen, sollte aus den unter RdNr. 3.25 angegebenen Gründen ohnehin das Untererbbaurecht vor dem Obererbbaurecht erlöschen; damit würde gleichzeitig diese nun wirklich äußerst komplizierte Konstruktion der Entschädigungsforderung unnötig.

IV. Gesamterbbaurecht

1. Begriff

Ein Gesamterbbaurecht ist ein einheitliches Erbbaurecht, welches als Gesamtrecht an mehreren rechtlich selbständigen Grundstücken lastet. Die belasteten Grundstücke können im Eigentum eines oder mehrerer Eigentümer stehen, es kann auch ein Grundstück dem Erbbauberechtigten gehören (insoweit Eigentümererbbaurecht, vgl. RdNr. 3.8 ff.). Entscheidend ist, dass es sich hier um einen **einheitlichen Rechtsinhalt** handelt (eine bloße „buchungstechnische Zusammenfassung" einzelner, selbständiger Erbbaurechte genügt entgegen *Riedel*[30] nicht), während **Belastungsgegenstand mehrere Grundstücke** sind. Die Abweichung vom Normalfall der Identität Grundstück/Erbbaurecht/Bauwerk beruht also darin, dass sich der Rechtsinhalt auf mehrere Grundstücke bezieht, während die Identität Bauwerk/Erbbaurecht gewahrt ist.

3.37

2. Anwendungsbereich

Wenn ein großes einheitliches Gebäude (Kaufhaus, Fabrik, Wohnanlage) über mehreren Grundstücken errichtet werden soll und der Bauwillige diese nicht oder nur einzelne zu Eigentum erwerben kann, kann er diese Bebauung auf Grund eines Gesamterbbaurechts durchführen, falls dies mit dem oder den Grundstückseigentümern vereinbart werden kann. Wenn ein im Erbbaurecht errichtetes Gebäude auf Nachbargrundstücke erweitert werden soll, kann dies durch Ausdehnung des Rechts unter Bildung eines Gesamterbbaurechts erfolgen. Das gleiche gilt, wenn die Nutzungsbefugnis auf Nachbargrundstücke ausgedehnt werden soll, zB weil dort Parkplätze, Lagerplätze etc. entstehen sollen. Wird dagegen auf dem Nachbargrundstück ein selbständiges Bauwerk errichtet, kann genauso ein weiteres selbständiges Erbbaurecht bestellt werden.

3.38

3. Zulässigkeit, Entstehungsmöglichkeiten

a) Gesetzliche Bestätigung. Die Zulässigkeit des Gesamterbbaurechts war früher umstritten. Dieses Institut wurde in der Rechtsprechung einhellig[31] und in der

3.39

---

[30] DNotZ 1960, 375.
[31] BGHZ 65, 347 = NJW 1976, 519; KG KGJ 51, 228; BayObLG MittBayNot 1982, 129 und 1984, 132 = DNotZ 1985, 375; OLG Hamm NJW 1959, 2169 und 1963, 1112; OLG Köln

Literatur weit überwiegend[32] für zulässig gehalten. Der Gesetzgeber hat in zwei neuen Vorschriften die Zulässigkeit bestätigt: § 6a GBO (BGBl. 1993 I, S. 2184) bestimmt, dass ein Gesamterbbaurecht nur an aneinandergrenzenden oder funktionell zusammenhängenden Grundstücken möglich ist. In § 39 Abs. 2 Sachenrechtsbereinigungsgesetz werden Gesamterbbaurechte zugelassen, wobei es sich ausweislich der Motive um keine Ausnahmeregelung für die neuen Länder handelt.[33] Damit kann diese Streitfrage als endgültig geklärt gelten. Zur Begründung der Zulässigkeit nach früherem Recht vgl. RdNr. 3.40ff. der 2. Auflage.

3.40 **b) Entstehungsmöglichkeiten.** Ein Gesamterbbaurecht entsteht, durch
- **Teilung des Erbbaugrundstücks** kraft Gesetzes;
- **anfängliche Bestellung** auf mehreren Grundstücken, auch verschiedener Eigentümer, vgl. RdNr. 3.42ff.;
- **nachträgliche Erstreckung** eines Erbbaurechts auf andere Grundstücke, vgl. RdNr. 3.57ff.;
- **Vereinigung** mehrerer **selbständiger Erbbaurechte,** vgl. RdNr. 5.182.

Kein Gesamterbbaurecht entsteht dagegen, wenn ein Erbbaurecht auf einen zusätzlichen, bisher vom Rechtsinhalt nicht betroffenen Grundstücksteil erstreckt wird (§ 1 Abs. 2 ErbbauRG, nur Inhaltsänderung) oder ein unbelastetes Grundstück mit dem Erbbaugrundstück nach § 890 BGB vereinigt bzw. zugeschrieben wird, gleichgültig ob der Inhalt des Erbbaurechts darauf ausgedehnt wird oder nicht; Belastungsgegenstand ist hier jeweils nur ein einziges Grundstück.

4. Grenzen der Zulässigkeit aus § 1 ErbbauRG und § 6a GBO

3.41 **a) § 1 ErbbauRG.** Wird ein Gesamterbbaurecht vertraglich bestellt, also entweder durch Bestellung dieses Rechts von Anfang an oder durch Erstreckung eines Erbbaurechts auf ein weiteres selbständiges Grundstück, so müssen die gesetzlichen Anforderungen für das Gesamterbbaurecht gemäß § 1 ErbbauRG genauso beachtet werden, wie für jedes andere Erbbaurecht. Eine Grenze für die Zulässigkeit bildet daher insbesondere § 1 Abs. 1 und 2 ErbbauRG;[34] ein Gesamterbbaurecht kann daher in beiden Fällen vertraglich nur dann gebildet werden, wenn sämtliche betroffenen Grundstücke auch vom **Rechtsinhalt** (Bebauungsbefugnis oder Erstreckung) **betroffen sind.** Wie bei jedem anderen Erbbaurecht auch, ist es auch hier nicht nötig, dass sich der Rechtsinhalt, insbesondere die Nutzungsbefugnis gemäß § 1 Abs. 2 ErbbauRG auf die gesamte Fläche aller Grundstücke bezieht, es können auch reale Teilflächen und ein Teil der Bauwerke vom Rechtsinhalt nicht betroffen sein.[35] Bei einer nachträglichen Erstreckung eines Erbbaurechts auf ein weiteres Erbbaugrundstück muss aber dieses vom Rechtsinhalt (Bebauungsbefugnis oder Nutzungsfläche) wenigstens teilweise betroffen sein und muss das Bauwerk wirtschaftlich die Hauptsache bleiben.

Rpfleger 1961, 18; LG Düsseldorf Rpfleger 1971, 356; LG Münster MDR 1956, 678; LG Siegen Rpfleger 1961, 402.

[32] *Böttcher* MittBayNot 1993, 129, 132; *Demharter* DNotZ 1986, 457; *Hampel* Rpfleger 1962, 126; *Huber* NJW 1952, 687; *Kehrer* BWNotZ 1956, 33; *Lutter* DNotZ 1960, 80; *Muttray* Rpfleger 1955, 216; *Riedel* DNotZ 1960, 375; *Stahl/Sura* DNotZ 1981, 604, 605; *Weber* MittRhNotK 1965, 548, 565; *Ingenstau/Hustedt* § 1 RdNr. 42; *Palandt/Bassenge* § 1 RdNr. 10; *Erman/Grziwotz* § 1 RdNr. 10; *Schöner/Stöber* RdNr. 1695; MünchKomm § 1 RdNr. 40; RGRK/*Räfle* § 1 RdNr. 13; jetzt auch *Staudinger/Rapp* § 1 RdNr. 22 und *Demharter* § 48 Anm. 3a); aA: *Rothoeft* NJW 1974, 665.

[33] BT-Drucks. 12/5992 S. 137; vgl. *Bauer/v. Oefele/Krauß* 1. Aufl. E RdNr. II 71, Fn. 21.

[34] BayObLG DNotZ 1985, 375; OLG Hamm NJW 1963, 1112; LG Düsseldorf Rpfleger 1971, 356; LG Siegen Rpfleger 1961, 402; *Böttcher* MittBayNot 1993, 129, 133.

[35] OLG Zweibrücken FGPrax 1996, 131.

IV. Gesamterbbaurecht

b) § 6 a GBO. Die Bestimmung lässt verfahrensrechtlich Gesamterbbaurechte an entweder unmittelbar aneinandergrenzenden oder „nahe beieinanderliegenden Grundstücken" zu; im letzteren Fall ist aber kumulativ nötig:

- **Nahe beieinanderliegende Grundstücke:** Nach der Rechtsprechung des BayObLG[36] ist hier neben der tatsächlichen Entfernung auch der Zweck maßgebend, dem Bauwerk/Nebenanlage dient. Die Trennung nur durch eine Erschließungsstraße wird nicht verlangt. Da nach dem Normzweck und den Motiven[37] wirtschaftlich sinnvolle Gestaltungen ermöglicht werden sollen, muss dies nach den konkreten Umständen des Einzelfalls, insbesondere hinsichtlich eines funktionellen Zusammenhangs geprüft werden. Der Nachweis ist durch eine von einer öffentlichen Behörde beglaubigte Karte (§ 29 GBO) zu führen.[36]
- Begründung von Wohnungs-/Teilerbbaurecht oder ein einheitliches Bauwerk (zB Fabrikgebäude auf mehreren Grundstücken) oder ein Bauwerk mit Nebengebäuden (zB Mehrfamilienhaus auf einem, Garagen auf getrenntem Grundstück). Nach BayObLG[36] ist auch hier die wirtschaftliche Betrachtung maßgebend. Dies erfordert, dass die tatsächlichen Gegebenheiten (formlos) dargelegt und glaubhaft gemacht werden.

Falls ein Golfplatz auf Grund Gesamtbetrachtung ein einheitliches Bauwerk bildet (vgl. RdNr. 2.16) kann es nach § 6 a Abs. 1 S. 2 iVm. § 5 Abs. 1 S. 2 GBO auch an Grundstücken verschiedener Grundbuchämter eingetragen werden. Bei einem Gesamterbbaurecht an einer kommunalen Abwasseranlage, die sich über mehrere Stadtteile bzw. Gemeinden erstreckt, ist dagegen § 6 a GBO sehr fraglich. § 6 a GBO gilt auch für ein Untererbbaurecht an mehreren Erbbaurechten. Entsteht ein Gesamterbbaurecht kraft Gesetzes durch die Grundstücksteilung, so ändert sich am Rechtsinhalt nichts. Ist daher aus den Urkunden eindeutig feststellbar, dass ein gebildetes Teilgrundstück vom Rechtsinhalt überhaupt nicht betroffen ist, kann es ohne Zustimmung des Erbbauberechtigten und der Gläubiger daran entsprechend §§ 1026, 1090 Abs. 2 BGB lastenfrei abgeschrieben werden, so dass das Erbbaurecht an diesem Grundstück erlischt (vgl. RdNr. 5.174).

5. Anfängliche Bestellung eines Gesamterbbaurechts

Wird vertraglich von Anfang an ein Gesamterbbaurecht auf mehreren Grundstücken bestellt, ergibt sich Folgendes: 3.42

a) Bestellungsvorgang

aa) Das **schuldrechtliche Grundgeschäft** kann zwischen dem Erbbauberechtigten und den Eigentümern aller beteiligten Grundstücke einheitlich abgeschlossen werden; ebenso kann der Erbbauberechtigte das schuldrechtliche Grundgeschäft mit allen Eigentümern auch getrennt abschließen (vgl. hier iE RdNr. 5.5 ff.).

bb) Die **dingliche Bestellung** des Gesamterbbaurechts muss jedoch **einheitlich** mit allen Grundstückseigentümern abgeschlossen werden, da sich die Einigung nach § 873 Abs. 1 BGB auf die Entstehung nur eines einheitlichen Erbbaurechts bezieht (zur Einigung vgl. RdNr. 5.42 ff.). Kann nicht von Anfang an ein einheitliches schuldrechtliches und dingliches Rechtsgeschäft mit allen beteiligten Eigentümern abgeschlossen werden, kann der Erbbauberechtigte **zunächst einzelne schuldrechtliche Verträge** mit allen betroffenen Grundstückseigentümern abschließen, auch mit verschiedenen Gegenleistungen. Er kann hier gleich den vorgesehenen gesetzlichen und vertraglichen Inhalt des Gesamterbbaurechts mitaufnehmen, ebenso den Inhalt der sonstigen Rechte (Erbbauzins, Anpassungsverpflichtung, Vorkaufsrecht) und sich eine **Vollmacht zur Einigung** gemäß § 873   3.43

---

[36] BayObLG Rpfleger 2004, 157 = MittBayNot 2004, 260.
[37] BT-Drucks. 12/5553 S. 59.

Abs. 1 BGB über alle diese Rechte und zum dinglichen Vollzug einräumen lassen. Hat er alle nötigen Einzelverträge abgeschlossen, kann er dann auf Grund der Vollmachten die vorgenannte Einigung und die vorgenannten Vollzugserklärungen abgeben. Der Erbbauberechtigte kann auch den Weg gehen, zunächst ein Einzelerbbaurecht zu bestellen und dieses dann auf die weiteren Grundstücke auszudehnen (vgl. RdNr. 3.57 ff.); dieser Weg ist aber nach hier vertretener Ansicht (vgl. RdNr. 3.44) nur dann zulässig, wenn der Rechtsinhalt zunächst auf das erste Erbbaurecht beschränkt werden kann, aber nicht wenn der Rechtsinhalt sich von Anfang an auf ein einheitliches Gebäude über alle Grundstücke bezieht. Das Erbbaurecht kann aber hier für jede zulässige Bebauung eingeräumt werden bei gleichzeitiger Vollmacht für den Erbbauberechtigten zur nachträglichen Bildung eines Gesamterbbaurechts.

b) Inhalt des Gesamterbbaurechts

3.44 **aa) Gesetzlicher, vertraglicher Inhalt.** Beim gesetzlichen Inhalt sind zunächst die oben unter RdNr. 3.41 genannten Einschränkungen im Hinblick auf § 1 ErbbauRG zu beachten. Der gesetzliche und vertragliche Inhalt gemäß §§ 2 ff. ErbbauRG **muss einheitlich geregelt sein,** nicht nur wegen der Gefahr rechtlicher Verwicklungen, sondern da das Gesamterbbaurecht begrifflich nur ein einziges einheitliches Recht ist und nicht nur die Summe von Teilerbbaurechten. So kann zB die Dauer nicht hinsichtlich einzelner Grundstücke verschieden sein oder ein Heimfall nur für den Erbbaurechtsteil an einem einzelnen Grundstück zugelassen werden.[38] Insoweit verlangt RGRK-*Räfle* (§ 1 RdNr. 13) irreführend nur „im Wesentlichen gleichartige Inhaltsvereinbarungen".

3.45 **bb) Berechtigungsverhältnis der Grundstückseigentümer.** Vom Gesamterbbaurecht können mehrere Grundstücke belastet sein, die verschiedenen Eigentümern gehören. Die Rechte des Grundstückseigentümers gemäß der Erbbaurechtsbestellung stehen daher allen Grundstückseigentümern grundsätzlich gemeinschaftlich zu; wie diese Rechte aber im Einzelfall auszuüben sind, ist in Rechtsprechung und Literatur noch kaum behandelt.

Es ist dabei jeweils auf die **Rechtsnatur des einzelnen Rechts** der Grundstückseigentümer abzustellen: Soweit die Rechte der Grundstückseigentümer auf *getrennte Leistungen* des Erbbauberechtigten zielen, zB Tragung der öffentlichen Lasten eines einzelnen Erbbaugrundstücks (§ 2 Nr. 3 ErbbauRG), so kann der betreffende Grundstückseigentümer dieses Recht auch getrennt geltend machen. Soweit sich die Rechte auf *teilbare Leistungen* beziehen, zB Zahlung einer Vertragsstrafe, so wird im Zweifel jeder Grundstückseigentümer die Leistungen des auf ihn entfallenden Teils nur an sich getrennt verlangen können (aus § 432 BGB). Soweit sich die Rechte dagegen auf eine *unteilbare Leistung* beziehen, wird im Zweifel nach den Grundsätzen von § 432 BGB jeder Grundstückseigentümer nur die Leistung an alle Grundstückseigentümer gemeinschaftlich verlangen können.

3.46 Für den **Heimfall** verlangt *Schöner/Stöber*[39] eine vertragliche Vereinbarung, dass dieses Recht den Grundstückseigentümern zu gleichen Anteilen in Bruchteilseigentum zustehen soll, bei Verzicht des einen Eigentümers den anderen Grundstückseigentümern. Da das Gesamterbbaurecht jedoch kraft Gesetzes bei Grundstücksteilung entstehen kann, muss mit LG Siegen[40] das Berechtigungsverhältnis sich aus dem Gesetz ergeben, wobei über § 11 Abs. 1 ErbbauRG wegen der Rechtsähnlichkeit des Vorkaufsrechts zum Heimfall die Bestimmungen von **§§ 472**

---

[38] Ebenso *Böttcher* MittBayNot 1993, 129, 133.
[39] RdNr. 1696.
[40] Rpfleger 1961, 402 m. zust. Anm. *Tröster;* ebenso *Böttcher* MittBayNot 1993, 129, 133; *Bauer/v. Oefele/Maaß* AT RdNr. VI 257.

IV. Gesamterbbaurecht

(bisher 513), **1098 BGB** entsprechend anzuwenden sind. Danach kann der Heimfall nur im Ganzen ausgeübt werden, wenn einer das Heimfallrecht nicht ausübt, so sind die Übrigen berechtigt, es im Ganzen auszuüben.

Wird der Heimfall von allen Grundstückseigentümern gemeinschaftlich ausgeübt, so ist die nächste Frage, in welchem Mitberechtigungsverhältnis die Grundstückseigentümer das Erbbaurecht erwerben. Mangels einer vertraglichen Regelung werden die Grundstückseigentümer nach dem Rechtsgedanken von § 430 im Zweifel (falls die Auslegung kein Berechtigungsverhältnis nach RdNr. 3.52 ergibt) Mitberechtigte zu gleichen Anteilen an dem einheitlichen Gesamterbbaurecht. Der gleiche Grundsatz gilt im Zweifel auch für andere gemeinschaftliche Rechte, wie zB die Vertragsstrafe.

Da diese Rechtsfolgen aber wirtschaftlich ungerecht sein können, zB weil die belasteten Grundstücke verschieden groß sind oder die bauliche Nutzungsbefugnis an diesen verschieden groß ist, so sollte unbedingt angeraten werden, nicht nur das Ausübungsrecht, sondern auch das Berechtigungsverhältnis der Grundstückseigentümer **vertraglich zu regeln.** So ist es zB möglich (bei einheitlicher Wertigkeit der gesamten Grundstücksfläche), die Flächen aller Grundstücke zusammenzuzählen und das Berechtigungsverhältnis anteilig aufzuteilen: Also zB bei einem Gesamterbbaurecht an drei Grundstücken mit 500 qm, 1000 qm und 2500 qm, also zusammen 4000 qm ein Berechtigungsverhältnis von 500/4000 bzw. 1000/4000 und 2500/4000. Wird dann das Heimfallrecht zB von dem Miteigentümer zu $1/4$ nicht ausgeübt, so wächst dessen Anteil gemäß § 472 BGB den übrigen ausübenden Grundstückseigentümern zu und müssen diese allerdings auch die Vergütung gemäß § 32 ErbbauRG an den Erbbauberechtigten allein tragen. Bei unterschiedlicher Wertigkeit der Baubefugnis kann das Berechtigungsverhältnis auch danach bemessen werden.

3.47

cc) Regelung für Beendigung. *Schöner/Stöber*[41] regt an, Vereinbarungen für die Beendigung des Gesamterbbaurechts durch Aufhebung oder Zeitablauf zu treffen, also in welchem Verhältnis das jetzt wesentlicher Bestandteil der Grundstücke werdende bisherige Erbbaurechts-Gebäude oder sonstige Bauwerk den einzelnen Grundstückseigentümern zustehen soll. Eine Regelung hierzu kann aber vom Grundbuchamt nicht durch Zwischenverfügung verlangt werden, da sie mit BayObLG[42] zwar zweckmäßig ist, aber kein Wirksamkeitserfordernis. Ob eine derartige Regelung von den Vertragsteilen für zweckmäßig gehalten wird oder nicht, ergibt sich aus dem Vergleich der Rechtsfolge bei Erlöschen unter RdNr. 3.65 ff. mit dem Willen der Vertragsteile.

3.48

c) Erbbauzins, Vorkaufsrechte. Während das Gesamterbbaurecht zwingend ein einheitliches Recht darstellt, gilt dies nicht für den vom Gesamterbbaurecht rechtlich selbständigen Erbbauzins: Es können daher entweder für jeden Grundstückseigentümer **getrennte Erbbauzinsen** vereinbart werden, die dann zweckmäßigerweise am Gesamterbbaurecht Gleichrang erhalten sollen, **oder** es kann für alle Eigentümer ein **einheitlicher Erbbauzins** bestellt werden. Dieser steht dann im Zweifel den Grundstückseigentümern als Gesamtberechtigten gemäß § 428 BGB oder § 432 BGB zu;[43] hier sollte wieder zweckmäßigerweise das Mitberechtigungsverhältnis der Grundstückseigentümer untereinander geregelt werden, wenn die Grundstückseigentümer im Innenverhältnis nicht Berechtigte zu gleichen Teilen sein sollen (§ 430 BGB), ebenso sollte das Forderungsrecht jedes Eigentümers auf seinen Anteil beschränkt werden und umgekehrt die Leistungsmöglichkeit des

3.49

---

[41] *Schöner/Stöber* RdNr. 1696.
[42] MittBayNot 1982, 129.
[43] *Schöner/Stöber* RdNr. 1696; vgl. MünchKomm/*Joost* § 1105 BGB RdNr. 53 u. dort angegeb. Rspr.

Schuldners. Für die schuldrechtliche **Anpassungsverpflichtung** zum Erbbauzins mit Sicherung durch Vormerkung gelten die gleichen Grundsätze.

3.50 Für das **Vorkaufsrecht** des Gesamterbbauberechtigten wird nach hM ein „Gesamtvorkaufsrecht" an allen Grundstücken abgelehnt;[44] es können jedoch an allen Grundstücken einzelne getrennte Vorkaufsrechte für den Gesamterbbauberechtigten bestellt werden.[46] Den Grundstückseigentümern kann andererseits ein einheitliches Vorkaufsrecht am Gesamterbbaurecht eingeräumt werden, wobei das Mitberechtigungsverhältnis sich dann grundsätzlich nach §§ 1098, 472 (bisher 513) BGB bestimmt, wenn nicht abweichende Vereinbarungen wie beim Heimfall (vgl. RdNr. 3.52) getroffen werden. Mit *Tröster*[45] können aber auch für jeden Grundstückseigentümer getrennte Vorkaufsrechte am Gesamterbbaurecht je nach Vereinbarung im Gleichrang oder im Nachrang untereinander bestellt werden.

3.51 **d) Eintragung.** Für das einheitliche Gesamterbbaurecht ist **nur ein Erbbaugrundbuch** zu führen. § 14 ErbbauRG bestimmt, dass für „das" Erbbaurecht von Amts wegen ein besonderes Erbbaugrundbuch anzulegen ist, also auch für das einheitliche Gesamterbbaurecht.[46] Zuständig ist das Amtsgericht, in dessen Bezirk die Erbbaugrundstücke liegen; sind verschiedene Grundbuchämter zuständig, ist das zuständige Grundbuchamt entsprechend § 1 Abs. 2 GBO nach § 5 FGG zu bestimmen.[48] Für die Eintragung im Grundstücksgrundbuch gibt es keine Besonderheiten.

3.52–3.56 *nicht belegt*

6. Entstehung des Gesamterbbaurechts durch nachträgliche Erstreckung

3.57 **a) Inhaltsänderung, Eintragung.** Ein Gesamterbbaurecht kann auch dadurch entstehen, dass ein bereits bestehendes Erbbaurecht nachträglich auf ein oder mehrere weitere Grundstücke erstreckt wird. Zur Zulässigkeit vgl. oben RdNr. 3.43, zu den Grenzen der Zulässigkeit aus § 1 Abs. 1 und 2 ErbbauRG vgl. RdNr. 3.44. Eine derartige Bildung eines Gesamterbbaurechts bedeutet die Änderung des Inhalts des bestehenden Erbbaurechts (§ 11 Abs. 1 S. 1 ErbbauRG, §§ 877, 873, 874, 876 BGB).[47] Diese Inhaltsänderung bedarf daher der Einigung der Grundstückseigentümer und des Erbbauberechtigten, die dem Grundbuchamt wegen § 20 GBO in der Form des § 29 Abs. 1 GBO nachzuweisen ist. Das schuldrechtliche Grundgeschäft ist hier gemäß § 11 Abs. 2 ErbbauRG, § 311b (bisher 313) BGB formbedürftig, da die Erstreckung auf das weitere Grundstück einer Erbbaurechtsbestellung gleichkommt.[48] Am weiteren Grundstück muss das Erbbaurecht den nach § 10 ErbbauRG vorgeschriebenen Rang erhalten.[49] Im Übrigen sind bei der dinglichen Inhaltsänderung sowohl die inhaltlichen Anforderungen für das Recht selbst (vgl. RdNr. 3.44, 48 ff.), wie auch für die sonst entstehenden Rechte – Erbbauzins, Anpassungsklausel, Vorkaufsrecht (vgl. RdNr. 3.54, 55) zu beachten, wie bei der anfänglichen Bestellung. Das Gleiche gilt für die Eintragung. Zur Inhaltsänderung vgl. im Übrigen unten RdNr. 5.150 ff.

---

[44] Vgl. *Tröster* Rpfleger 1961, 403, 404; MünchKomm/*Westermann* § 1094 BGB RdNr. 8.

[45] Vgl. *Tröster* Rpfleger 1961, 403, 404; MünchKomm/*Westermann* § 1094 BGB RdNr. 8 m. weiter. Nachw.

[46] OLG Köln Rpfleger 1961, 18; *Haegele* RdNr. 1699.

[47] BayObLG DNotZ 1985, 375; LG Siegen Rpfleger 1961, 402; MünchKomm § 1 RdNr. 41; *Schöner/Stöber* RdNr. 1697 u. *Haegele* Rpfleger 1967, 279, 280 Fn. 13.

[48] MünchKomm § 11 RdNr. 28; *Schöner/Stöber* RdNr. 1697.

[49] OLG Hamm NJW 1963, 1112.

IV. Gesamterbbaurecht

b) Rechtswirkungen für dinglich Berechtigte

aa) An den Grundstücken. Die Rechte der am ursprünglichen Erbbaugrundstück dinglich Berechtigten werden grundsätzlich nicht verschlechtert, so dass deren Zustimmung gemäß §§ 877, 876 S. 1 BGB nicht erforderlich ist. Etwas anderes würde nur dann gelten, wenn dadurch der Inhalt des Erbbaurechts am ursprünglichen Grundstück gleichzeitig erweitert würde, vgl. RdNr. 5.158. Eine Zustimmung der am weiteren neuen Erbbaugrundstück dinglich Berechtigten ist nicht erforderlich, wohl aber deren Rangrücktritt wegen § 10 ErbbauRG.[50]

3.58

bb) Am Erbbaurecht dinglich Berechtigte. Da das entstehende Gesamterbbaurecht ein einheitliches Recht ist, das auch nur einheitlich veräußert und belastet werden darf, muss dies nach OLG Hamm und hM[51] auch für die ursprünglichen Belastungen des Erbbaurechts vor Bildung des Gesamterbbaurechts gelten. Da kein realer Teil des einheitlichen Gesamterbbaurechts belastungsfähig ist, erstrecken sich alle vorhandenen Rechte des Alterbbaurechts automatisch kraft Gesetzes auf das neue Gesamterbbaurecht.[52] Es bedarf daher weder einer Rechtsausdehnung dieser Altrechte, noch der Eintragung eines Mithaftvermerks, auch nicht bezüglich der dinglichen Unterwerfungsklausel, noch der Zustimmung dieser Berechtigten.

3.59

7. Das weitere Schicksal des Gesamterbbaurechts

Während der Dauer des Gesamterbbaurechts ist zu beachten, dass es ein einheitliches Recht ist, das nicht teilbar ist, so dass alle Verfügungen über das Gesamterbbaurecht immer nur einheitlich erfolgen können. Im Einzelnen ergibt sich hieraus:

3.60

a) Veräußerung des Grundstücks und des Gesamterbbaurechts. Jedes einzelne Erbbaugrundstück ist während der Dauer des Gesamterbbaurechts frei veräußerlich, da das Verfügungsrecht des Grundstückseigentümers durch das Erbbaurecht nicht eingeschränkt wird.[52] Für einen neuen Grundstückseigentümer bleibt die Rechtslage die gleiche, ebenso für den Gesamterbbauberechtigten; für schuldrechtliche Vereinbarungen gilt der gleiche, wie bei einer anderen Veräußerung (vgl. RdNr. 5.104). Das Gesamterbbaurecht ist ebenso, wie jedes andere Erbbaurecht veräußerlich (vgl. iE RdNr. 5.85 ff.). Ist eine Zustimmungspflicht gemäß § 5 Abs. 1 ErbbauRG vereinbart, so ist die Zustimmung aller Grundstückseigentümer erforderlich. Es handelt sich hierbei um einen untrennbaren Teil des dinglichen Inhalts des Erbbaurechts bzw. des Grundstückseigentums, der nicht abtretbar ist (vgl. RdNr. 4.180), so dass hier keine mehrheitliche Entscheidung der Grundstückseigentümer oder dergleichen möglich ist. Andererseits besteht aber der Zustimmungsanspruch und das Ersetzungsrecht gemäß § 7 ErbbauRG des Gesamterbbauberechtigten gegen jeden einzelnen Grundstückseigentümer. Aus dem Wesen des Gesamterbbaurechts ergibt sich wiederum, dass eine teilweise Veräußerung, zB an einzelnen Grundstücken nicht zulässig ist. Diese wäre erst nach einer Teilung des Gesamterbbaurechts möglich, sofern dieses Recht überhaupt nach seinem Inhalt teilbar ist, vgl. RdNr. 5.163 ff.

3.61

b) Belastung. Das Gesamterbbaurecht kann als einziges, einheitliches an mehreren Grundstücken bestehendes Recht auch nur einheitlich belastet werden[53] (vgl. iE RdNr. 5.105 ff.). Das Gesamterbbaurecht kann daher nicht nur hinsichtlich eines auf ein einzelnes Erbbaugrundstück bezogenen Teils belastet werden (RdNr. 3.59).

3.62

---

[50] *Böttcher* MittBayNot 1993, 129, 133; *Bauer/v. Oefele/Maaß* AT RdNr. VI 250.
[51] OLG Hamm NJW 1963, 1112 und 1974, 280; LG Düsseldorf Rpfleger 1971, 356; *Balser* NJW 1960, 487; *Böttcher* MittBayNot 1993, 129, 133; *Tröster* Rpfleger 1961, 403; MünchKomm § 1 RdNr. 41; *Schöner/Stöber* RdNr. 1698; aA LG Dortmund NJW 1960, 487.
[52] OLG Hamm NJW 1959, 2169.
[53] OLG Hamm NJW 1963, 1112; LG Düsseldorf Rpfleger 1971, 356; *Tröster* Rpfleger 1961, 403, 404.

3.63 **c) Heimfall.** Nach dem Heimfall des Gesamterbbaurechts bleibt dieses weiterhin als einheitliches Gesamterbbaurecht bestehen. Zur Ausübung des Heimfallrechts und zum Berechtigungsverhältnis mehrerer Grundstückseigentümer am Gesamterbbaurecht vgl. RdNr. 3.51. Nach Heimfall können die mehreren Grundstückseigentümer und nun gleichzeitig Miterbbauberechtigten dieses Recht weiter bestehen lassen oder es neu an einen Dritten veräußern oder es gemeinschaftlich aufheben (vgl. RdNr. 3.65 ff.).

3.64 Sind sich die mehreren Grundstückseigentümer über die künftige Verwendung ihres gemeinschaftlichen Eigentümer-Gesamterbbaurechts nicht einig, so können sie die **Teilung in Natur** entsprechend ihren Grundstücken gemäß § 752 BGB verlangen, wenn das Gesamterbbaurecht seinen Inhalt nach teilbar ist, also zB wenn auf jedem Grundstück sich ein selbständiges Gebäude befindet. Befindet sich dagegen ein einheitliches (faktisch unteilbares) Gebäude auf den Grundstücken, so kann gemäß § 753 BGB die Aufhebung der Gemeinschaft durch **Teilungsversteigerung** des Gesamterbbaurechts erfolgen. *Rothoeft*[54] will auch hier die Realteilung zulassen; dies ist nach hier vertretener Ansicht abzulehnen, da ein Gesamterbbaurecht seinem Rechtsinhalt nach nichts anderes ist, als ein anderes Erbbaurecht und deswegen für die Teilung die gleichen Grundsätze gelten müssen, vgl. RdNr. 5.163 ff. *Rothoeft*[54] will aus der angeblichen Abwicklungsproblematik beim Heimfall des Gesamterbbaurechts die Notwendigkeit des Nachbarerbbaurechts folgern. Diese Heimfallproblematik ist jedoch genauso lösbar, wie bei einem normalen Erbbaurecht an einem einzigen Grundstück, das mehreren Miteigentümern gehört. Andererseits ist diese Problematik den Grundstückseigentümern von Anfang an bekannt, so dass sie schon bei der Bestellung die Problemlösung vertraglich regeln können.

d) Beendigung

3.65 **aa) Gesetzliche Rechtsfolge für das Gebäude.** Bei einer Beendigung des Gesamterbbaurechts durch Aufhebung (§ 26 ErbbauRG) oder Zeitablauf (§§ 27 ff. ErbbauRG) erlischt das Gesamterbbaurecht, wie jedes andere Erbbaurecht und werden gemäß § 12 Abs. 3 ErbbauRG die vorhandenen Bauwerke Bestandteile der betreffenden Grundstücke. Gehört jedoch zum Gesamterbbaurecht ein einheitliches (faktisch unteilbares) Gebäude auf mehreren Grundstücken verschiedener Eigentümer, so ist die Rechtsfolge für das Gebäudeeigentum strittig, sofern hierzu vertragliche Vereinbarungen fehlen: Einerseits wird die Meinung vertreten, dass jetzt das Gebäude entlang der Grundstücksgrenze geteilt ist,[55] während andererseits das OLG Hamm (allerdings ohne nähere Begründung) mit einem Teil der Literatur[56] davon ausgeht, dass das einheitliche Gebäude den mehreren Grundstückseigentümern gemeinschaftlich gemäß §§ 741 ff. BGB zusteht.

3.66 Da das Erbbaurecht erloschen ist, scheidet es selbst als Eigentumsgrundlage aus; da jedoch die Bebauung auf Grund des Gesamterbbaurechts erfolgt ist, bildet es nach wie vor die Rechtsgrundlage für einen rechtmäßigen Überbau über die betroffenen Grundstücke. Es kann daher hier nichts anderes gelten, **wie bei einem berechtigten Überbau.** Hier kollidieren die **Grundsätze der Bodenakzession** gemäß §§ 946, 93, 94 BGB einerseits und der Grundsatz der **Rechtseinheit am Gebäude,** der gleichfalls in §§ 93, 94 BGB zum Ausdruck kommt. Während die hM[57] dem Prinzip der Bodenakzession, also der Zuordnung zum Grundstück grundsätzlich den Vorrang gibt, rückt der BGH[58] das Bestreben nach einer „eigen-

---

[54] *Rothoeft* NJW 1974, 665, 668.
[55] *Krämer* DNotZ 1974, 647, 662; *Rothoeft* NJW 1974, 665, 668.
[56] OLG Hamm NJW 1959, 2169; *Schraepler* NJW 1973, 738, 740; MünchKomm § 1 RdNr. 42.
[57] Vgl. Nachweise bei MünchKomm/*Säcker* § 912 BGB Fn. 97.
[58] Zum Überbau MünchKomm/*Säcker* § 912 BGB Fn. 101.

tumsmäßigen Zusammenfassung wirtschaftlicher Einheiten" und den Grundsatz der Gebäudeeinheit in den Vordergrund.

Mit *Säcker*[59] sollte daher die Lösung in folgender Weise gesucht werden: Soweit **3.67** eine **Aufgliederung des Gebäudes in wirtschaftlich sinnvolle Einheiten** möglich ist, also selbständige Raumeinheiten, sollte die Zuordnung zum Grundstück den Vorrang haben; jedem Grundstückseigentümer gehören daher zunächst diejenigen Einheiten, die sich ganz auf seinem Boden befinden. Bei solchen **Raumeinheiten, die von der Grundstücksgrenze durchschnitten werden,** sollte das Gebäudeeigentum hingegen entsprechend dem Verteilungsmodus des § 947 BGB (also entsprechend dem Wertanteil der einzelnen Grundstücke) zugeordnet werden; die Rechtsbeziehungen der Grundstückseigentümer bestimmen sich dann insoweit nach den Vorschriften über die Bruchteilsgemeinschaft, §§ 741 ff. BGB.

bb) Vertragliche Vereinbarungen. Sind die Grundstückseigentümer mit der **3.68** vorgenannten Rechtsfolge nicht einverstanden, so haben sie die Möglichkeit, abweichende Vereinbarungen zu treffen, und zwar entweder schon bei der Bestellung des Gesamterbbaurechts oder bei der Vereinbarung zur Aufhebung des Gesamterbbaurechts oder bei Erlöschen durch Zeitablauf im Wege der gütlichen Einigung. Werden derartige Vereinbarungen anfänglich, also bei der Gesamterbbaurechtsbestellung getroffen, können sie nicht Teil des gesetzlichen Inhalts des Erbbaurechts sein, da die Rechtsfolge des § 12 Abs. 3 ErbbauRG nicht abdingbar ist. Sie können auch nicht vertraglicher Inhalt des Erbbaurechts sein, da einerseits Vereinbarungen gem. § 2 Nr. 1 ErbbauRG über die Errichtung des Bauwerks nur zwischen den Eigentümern und dem Erbbauberechtigten gelten und andererseits § 27 Abs. 1 Satz 2 ErbbauRG nur Vereinbarungen über die Höhe der Entschädigung für das Bauwerk zulässt. Da die dinglichen Inhaltsvereinbarungen abschließend geregelt sind, sind sie auch nicht erweiterungsfähig.

Es können jedoch **schuldrechtliche Vereinbarungen** der Grundstückseigen- **3.69** tümer untereinander getroffen werden, die durch **Vormerkung** an den einzelnen Grundstücken gesichert werden können, soweit sie sich auf einen vormerkbaren Anspruch richten. Dies wäre zum Beispiel der Fall, wenn für einen Grundstückseigentümer ein Ankaufsrecht an den übrigen Erbbaugrundstücken bestellt wird, das erst nach Erlöschen des Gesamterbbaurechts ausgeübt werden kann. Möglich ist auch eine Verpflichtung zur rechtlichen Vereinigung aller bebauten Grundstücke unter Bildung von Miteigentum sowie Aufteilung in **Wohnungs-/Teileigentum** daran und Zuweisung bestimmter Einheiten an die Miteigentümer. Denkbar wäre auch eine Verpflichtung zum **Umbau** in entsprechend den Grenzen selbständige Gebäude. Es kann auch eine **Grunddienstbarkeit** für das eine Grundstück an den übrigen Grundstücken bestellt werden, wonach nach Beendigung des Gesamterbbaurechts der Überbau von den anderen Grundstückseigentümern geduldet werden muss. Besteht nur eine schuldrechtliche Vereinbarung, so sind Sonderrechtsnachfolger grundsätzlich nicht daran gebunden. Sie können allerdings verpflichtet sein, den Überbau nach Maßgabe der subsidiär anwendbaren gesetzlichen Überbauvorschriften zu dulden.[60] Eine nachträgliche Vereinbarung ist entsprechend den vorgenannten Lösungen möglich.

---

[59] MünchKomm/*Säcker* § 912 BGB RdNr. 42, 43.
[60] MünchKomm/*Säcker* § 912 BGB RdNr. 42, 43 mit weiteren Nachw.

V. Nachbarerbbaurecht

1. Begriff, Anwendungsbereich

3.70   Ein einheitliches (faktisch unteilbares) Gebäude soll auf mehreren Grundstücken errichtet werden. Es werden an jedem betroffenen Grundstück **jeweils selbständige Einzelerbbaurechte** bestellt. Inhalt eines jeden einzelnen Erbbaurechts ist dann das Recht, auf dem betreffenden Einzelgrundstück den darauf befindlichen unselbständigen Teil des gesamten Gebäudes zu haben. Im Rahmen dieser Rechtsform wird es auch für möglich gehalten, dass einzelne betroffene Grundstücke auch im Eigentum des Bauwilligen stehen, während auf anderen Grundstücken die vorgenannten Einzelerbbaurechte bestellt werden.

Während also beim Gesamterbbaurecht dem einheitlichen Bauwerk ein einheitliches Erbbaurecht (Gesamterbbaurecht) entspricht, besteht beim Nachbarerbbaurecht kein einheitliches Erbbaurecht, sondern entsteht das **einheitliche Bauwerkseigentum** erst **durch einzelne, rechtlich voneinander unabhängige Erbbaurechte.** Diese Konstruktion wurde erst in jüngerer Zeit eingeführt, und zwar weil sie angeblich leichter wirtschaftlich möglich ist, als das Gesamterbbaurecht (vgl. unten RdNr. 3.80ff.). Sein **Anwendungsbereich** deckt sich deswegen auch mit dem des Gesamterbbaurechts, vgl. RdNr. 3.38.

2. Zulässigkeit

3.71   a) **Meinungsstand.** Ob das Rechtsinstitut des Nachbarerbbaurechts zulässig ist, ist ausschließlich eine **Frage der Auslegung von § 1 Abs. 3 ErbbauRG.** Das Nachbarerbbaurecht wird teils wegen Verstoß gegen diese Vorschrift abgelehnt,[61] teils für zulässig erachtet.[62] In § 39 Abs. 3 SachenRBerG wurde es für die genannten Bereinigungsfälle zugelassen, aber nur als – sonst unzulässiges (RdNr. 2.121) – subjektiv-dingliches Recht für das herrschende Grundstück sowie mit weiteren Abweichungen von dem ErbbauRG (damals ErbbVO). Ausweislich der Motive[63] handelt sich um einen Ausnahmetatbestand; der Gesetzgeber geht also offensichtlich davon aus, dass das Nachbarerbbaurecht sonst unzulässig ist. Der BGH hat sich in zwei Entscheidungen mit dieser Frage befaßt, allerdings eher am Rande. In der ersten Entscheidung[64] hat er entschieden: „Ein Erbbaurechtsbestellungsvertrag wird nicht unwirksam, wenn der Erbbauberechtigte ein Gebäude nur zum Teil auf dem Erbbaugrundstück und zum Teil auf anderem Gelände errichtet, sondern ist nur dann nichtig, wenn dies schon zurzeit des Vertragsschlusses von den Vertragsparteien vereinbart wurde". In diesem Falle war die Erbbaurechtsbestellung deswegen wirksam, weil sich nach ihrem Inhalt das Gebäude auf dem Erbbaugrundstück befinden sollte, während es dann bestimmungswidrig über die Grenze gebaut wurde. Dass damit aber die Unzulässigkeit eines Erbbaurechts gemeint war, bei dem das

---

[61] BGH NJW 1973, 1656 = Rpfleger 1973, 356 = DNotZ 1973, 609; BGH NJW 1985, 789; KG KGJ 25 A 139, 141 und KGJ 51, 228, 231; BayObLG DNotZ 1958, 409; *Räfle* WPM 1982, 1038; *Bauer/v. Oefele/Maaß* AT RdNr. VI 263; RGRK/*Räfle* § 1 RdNr. 52; MünchKomm § 1 RdNr. 52; *Palandt/Bassenge* § 1 RdNr. 11.
[62] OLG Düsseldorf DNotZ 1974, 698; OLG Stuttgart NJW 1975, 786; *Esser* NJW 1974, 921; *Krämer* DNotZ 1974, 647; *Rothoeft* NJW 1974, 665; *Schraepler* NJW 1972, 1981 und 1973, 738 und 1974, 2076; *Stahl/Sura* DNotZ 1981, 604; *Weitnauer* DNotZ 1958, 414; *Soergel/Stürner* § 1 RdNr. 16; *Schöner/Stöber* RdNr. 1694; KEHE Einl. RdNr. F 21; *Knothe* S. 173 ff.; *Linde/Richter* RdNr. 69; jetzt auch *Ingenstau/Hustedt* § 1 RdNr. 79; *Staudinger/Rapp* § 1 RdNr. 34 und *Erman/Grziwotz* § 1 RdNr. 19.
[63] BTDrucks. 12/5992 S. 137.
[64] LM § 1 Nr. 7/8 = NJW 1973, 1656 = Rpfleger 1973, 356 = DNotZ 1973, 609.

Gebäude von Anfang an zum Teil auch auf dem Nachbargrundstück errichtet werden sollte, und dass er damit das Nachbarerbbaurecht abgelehnt hat, hat der BGH in seiner zweiten, jüngeren Entscheidung[65] bestätigt. Da es aber in letzterer Entscheidung um kein eigentliches Nachbarerbbaurecht gegangen war (das Gebäude wurde zum Teil auf eigenen Grundstücken, zum kleinsten Teil auf Grund Erbbaurechts und zu einem maßgeblichen Teil auf Grund von schuldrechtlichen Benutzungsverträgen errichtet), hat er sich hier mit der Überbauproblematik und der Eigentumslage am Gebäude befasst, dagegen die hier nicht gegenständliche Frage des Nachbarerbbaurechts ausdrücklich offen gelassen. Sonach bleibt die Zulässigkeit dieses Rechtsinstituts nach wie vor ungeklärt. Die von den Befürwortern des Nachbarerbbaurechts im Einzelnen vorgetragenen Begründungen vermögen jedoch nach hier vertretener Ansicht nicht zu überzeugen:

b) Entstehungsgeschichte. Im Entwurf zum BGB[66] lautete der spätere § 1014 BGB als § 961 Abs. 2, wie folgt: *"Auf einen Bruchteil des Grundstücks oder auf eine Abteilung eines Gebäudes, insbesondere auf ein Stockwerk oder ein einzelnes Gelaß, kann das Erbbaurecht nicht beschränkt werden."* In den Motiven[67] zu § 1 Abs. 3 ErbbVO (jetzt ErbbauRG) heißt es, man müsse die Begründung des Erbbaurechts „an einem Gebäudeteile" ablehnen, „weil ein solches Recht, zB an einem einzelnen Gelasse oder Stockwerke, zu schlecht abgegrenzten und leicht zu Streitigkeiten Anlass gebenden Rechtsverhältnissen führen würde." **3.72**

Rothoeft[68] folgert daraus und aus der Wortwahl des Gesetzgebers „Teil eines Gebäudes" statt „Teil eines Bauwerks", dass dieser nur die auf Gebäude beschränkte horizontale Gebäudeteilung ausschließen wollte; er hält daher jede vertikale Gebäudeteilung für zulässig, gleichgültig, ob innerhalb des Grundstücks oder an der Grundstücksgrenze, soweit sie hinreichend bestimmt ist. Jede Teilung an der Grundstücksgrenze ist aber hinreichend bestimmt. Aus den vorstehenden Zitaten ergibt sich aber in gleicher Weise, wie aus der nunmehrigen Gesetzesformulierung „insbesondere ein Stockwerk", dass zwar die horizontale Teilung als besonders wichtiger Fall hervorgehoben wird, diese aber nicht die Einzige unzulässige Teilung darstellt. Dass der Gesetzgeber nur die Teilung von Gebäuden und nicht die von Bauwerken ausschloss, kann ebenso wenig herangezogen werden. Ein Bauwerk ist von wenigen Ausnahmefällen abgesehen, praktisch immer teilbar, während ein einheitliches Gebäude faktisch unteilbar ist, so dass der Gesetzgeber nur hier vor Wertverlust und vor Rechtsstreitigkeiten schützen musste.[69]

c) Systematische Interpretation. *Schraepler* und *Krämer*[70] folgern ferner aus den genannten Motiven und aus einer systematischen Interpretation, dass die §§ 1 bis 10 ErbbauRG nur die Rechtsbeziehungen zwischen dem Erbbauberechtigten einerseits und dem Grundstückseigentümer andererseits regeln sollen, nicht aber die Rechtsbeziehungen zum Nachbarn, so dass sich § 1 Abs. 3 ErbbauRG nur auf die auf dem Erbbaugrundstück befindlichen Gebäudeteile bezieht. Hier wird aber verkannt, dass in § 1 ErbbauRG der zwingende gesetzliche Inhalt bestimmt wird und damit die Mindestanforderungen für ein absolutes dingliches Recht festgelegt werden, das seiner Rechtsnatur nach gegenüber jedem Dritten gilt. „Teil eines Gebäudes" muss aber dann genauso gegenüber Dritten, insbesondere gegenüber Nachbarn gelten. Ferner ist § 1 ErbbauRG die Rechtsgrundlage für den Eigen- **3.73**

---

[65] NJW 1985, 789.
[66] Entwurf eines Bürgerlichen Gesetzbuches für das Deutsche Reich, 1888.
[67] Motive III, 470.
[68] NJW 1974, 665; ebenso *Weitnauer* DNotZ 1958, 414; *Staudinger/Rapp* § 1 RdNr. 34.
[69] Ebenso RGRK/*Räfle* § 1 RdNr. 52; MünchKomm § 1 RdNr. 54.
[70] *Krämer* DNotZ 1974, 647; *Rothoeft* NJW 1974, 665; *Schraepler* NJW 1972, 1981 u. 1973, 738 u. 1974, 2076.

tumserwerb am Bauwerk gemäß § 12 ErbbauRG. Das Bauwerkseigentum gilt begrifflich und auf Grund der Verweisung auf die Grundstücksvorschriften gemäß § 11 Abs. 1 ErbbauRG gegenüber jedem Dritten.

3.74 **d) Zulassung der Überbausituation.** *Krämer, Rothoeft* und *Schraepler*[70] folgern ferner aus der Zulassung der Überbausituation durch den Gesetzgeber, dass es keinen Unterschied macht, ob eine grenzüberschreitende Bebauung kraft Eigentums oder in Ausübung eines Erbbaurechts geschieht. Zwar ist vom BGH[71] anerkannt, dass auch ein Überbau durch den Erbbauberechtigten möglich ist; der Eigentumserwerb wird aber hier auf den gegen die Bestimmung des Bauwerks in § 1 ErbbauRG verstoßenden (bestimmungswidrigen) Überbau beschränkt. Die Analogie auf dem Eigengrenzüberbau greift hier aber nicht durch, da § 11 Abs. 1 ErbbauRG diese nur zulässt, soweit sich aus der Verordnung nichts anderes ergibt. Nach § 1 Abs. 3 ErbbauRG ist aber die Beschränkung auf Gebäudeteile unzulässig und der Eigentumserwerb des Erbbauberechtigten nach § 12 Abs. 1 ErbbauRG findet nur statt, soweit das Bauwerk entsprechend seiner gemäß § 1 ErbbauRG erfolgten Bestimmung errichtet wird (vgl. RdNr. 2.42 ff.). Der Gesetzgeber hat den Grundstückseigentümer, wie bei der Teilung, auch beim Eigengrenzüberbau nicht eingeengt, dem Erbbauberechtigten dagegen für seinen Eigentumserwerb am Bauwerk in § 1 ErbbauRG klare Grenzen gezogen.

e) Normzweck

3.75 **aa) Einheitliches Bauwerkseigentum.** *Krämer*[72] sieht den Normzweck von § 1 Abs. 3 ErbbauRG (früher ErbbVO) in der Schaffung klarer Eigentumsverhältnisse am Gebäude, insbesondere in der Vermeidung von Sonderrechten daran. Nach seiner Meinung wird dieser Grundsatz beim Nachbarerbbaurecht aber nicht durchbrochen, da das Gebäude auf Grund sämtlicher Nachbarerbbaurechte errichtet wird, so dass ein einheitliches Eigentum des jeweils gleichen Erbbauberechtigten daran entsteht. Dies ist richtig, wenn man die Zulässigkeit des Nachbarerbbaurechts voraussetzt, also dass § 1 Abs. 3 ErbbauRG hier nicht gilt.

3.76 **bb) Auflösung des einheitlichen Bauwerkseigentums.** Dieses Ergebnis kann aber schon während der Dauer der einzelnen Erbbaurechte durchbrochen werden. Da die Einzelerbbaurechte rechtlich selbständig sind, können sie **einzeln an verschiedene Erwerber veräußert,** verschieden belastet und dann getrennt versteigert werden oder kann nur bezüglich einzelner Rechte der **Heimfall** ausgeübt werden. In allen diesen Fällen steht nun während der Dauer der Nachbarerbbaurechte das Bauwerk im Eigentum verschiedener Erbbauberechtigter; da von den Verfechtern dieses Instituts § 1 Abs. 3 ErbbauRG hier nicht angewandt wird, steht nämlich dann jeder Gebäudeteil im Eigentum des betreffenden Erbbauberechtigten. Dadurch würde jede beliebige Gebäudeteilung zugelassen und würden dann unselbständige Gebäudeteile im Eigentum verschiedener Erbbauberechtigter stehen.

3.77 Noch komplizierter wäre die Sachlage bei der **einvernehmlichen Aufhebung** eines einzelnen Nachbarerbbaurechts, jedoch bei Bestehen bleiben der übrigen Nachbarerbbaurechte oder **bei Zeitablauf eines Einzelerbbaurechts** vor den übrigen. Nach § 12 Abs. 3 ErbbauRG würde hier der auf dem entsprechenden Grundstück sich befindende Bauwerksteil Bestandteil des entsprechenden Grundstücks. Nach den Grundsätzen des BGH[73] müsste jedoch zuerst überprüft werden, ob hier ein Überbau von den anderen Erbbaurechten her vorliegt oder, soweit dies nicht der Fall ist, wie die Kollision zwischen der Rechtseinheit zwischen Grund-

---

[71] NJW 1973, 1656 und NJW 1985, 789.
[72] DNotZ 1974, 647.
[73] NJW 1985, 789.

stück und den darüber befindlichen Bauteilen (§ 94 Abs. 1 S. 1, 93 BGB, sogenanntes Akzessionsprinzip) und der Rechtseinheit zwischen den einzelnen Teilen des Gebäudes andererseits (§ 94 Abs. 2 BGB) gelöst würde (vgl. RdNr. 3.65 ff., 89). Der BGH räumt hier dem Gebot der Rechtseinheit am Gebäude grundsätzlich den Vorrang ein, will jedoch bei jeder Fallgestaltung gesondert prüfen, wie die Kollision am besten gelöst wird. Dieses Ergebnis steht aber dem vorgenannten Normzweck entgegen, der Schaffung klarer Eigentumsverhältnisse am Gebäude, insbesondere der Vermeidung von Sonderrechten daran.

cc) Grundsatz der Rechtseinheit am Gebäude. Man muss sich nur die praktischen Konsequenzen am Beispiel des vom BGH[74] entschiedenen Falls vorstellen: Bei einem Kaufhaus (oder einer Industriehalle oder dergleichen) auf einer Mehrzahl von Grundstücken ist es möglich, dass sich auf einem innen gelegenen Grundstück überhaupt keine aufstehende Mauer befindet; dennoch bestünde Eigentum an den darüber befindlichen Gebäudeteilen (Geschossdecken, Dach), so dass der Abbruch dieses Teils durch den Eigentümer zum Einsturz des gesamten Gebäudes führen würde; auch Versorgungsleitungen und Zugang könnten hier fehlen. Daraus ergibt sich: ein einheitliches (nicht aus selbständigen Teilen bestehendes) Gebäude ist faktisch unteilbar. Dieser **faktischen Unteilbarkeit** eines derartigen Gebäudes entspricht der **Grundsatz der Rechtseinheit am Gebäude.**[74] Dieser Grundsatz kommt auch in §§ 93, 94 BGB zum Ausdruck, ebenso in den Überbauvorschriften; dort wird er nur beim vorsätzlichen oder grob fahrlässigen und daher nicht zu schützenden Überbau durchbrochen. Das viel jüngere WEG geht ebenfalls von der Rechtseinheit am Gebäude aus und lässt gemäß § 5 Abs. 2 WEG Sondereigentum an Gebäudeteilen nur insoweit zu, als der Bestand oder die Sicherheit des Gebäudes dadurch nicht beeinträchtigt werden;[75] schon wegen des Wohnungs-/Teilerbbaurechts sind diese Grundsätze auch beim Erbbaurecht zu beachten. Wenn schon der BGH in einem Fall ohne unmittelbare gesetzliche Regelung die **Kollision** zwischen Rechtseinheit an Grundstück und darüber befindlichen Bauteilen einerseits (§§ 94 Abs. 1 S. 1, 93 BGB, sogen. **Akzessionsprinzip**) und dem **Grundsatz der Rechtseinheit am Gebäude** andererseits nicht generell durch den Vorgang eines der beiden lösen will, sondern je nach Fallgestaltung eine angemessene Lösung sucht, aber klar dem Gebot der Rechtseinheit am Gebäude grundsätzlich den Vorzug gibt, so müssen diese Grundsätze erst recht bei der klaren gesetzlichen Regelung des § 1 Abs. 3 ErbbauRG gelten.

f) Ergebnis. Sowohl Entstehungsgeschichte, als auch Normzweck beweisen somit, dass durch § 1 Abs. 3 ErbbauRG der Grundsatz der Rechtseinheit am Gebäude gesichert werden soll und damit wegen der möglichen verschiedenen rechtlichen Schicksale der Einzelerbbaurechte das Nachbarerbbaurecht ausgeschlossen wird. Zudem wäre dann auch kein Grund mehr ersichtlich, warum ein Erbbaurecht an unselbständigen Gebäudeteilen auf dem gleichen Grundstück unzulässig sein sollte, was zur völligen Auflösung dieses Grundsatzes führen würde. Außerdem sind an die Abgrenzung keine zu hohen Anforderungen zu stellen, vgl. RdNr. 2.33.

3. Praktische Notwendigkeit des Nachbarerbbaurechts

Statt eines Nachbarerbbaurechts kann immer auch ein praktisch unstreitig zulässiges Gesamterbbaurecht bestellt werden. Die praktische Notwendigkeit des Nachbarerbbaurechts wird durch **angebliche Schwierigkeiten beim Gesamterbbau-**

---

[74] BGH NJW 1985, 789; *Kehrer* BWNotZ 1956, 33, 37; MünchKomm, § 1 RdNr. 57.
[75] Vgl. zur ähnlichen Problematik des Grenzüberbaus beim Wohnungseigentum: OLG Stuttgart DNotZ 1983, 444; *Ludwig* DNotZ 1983, 411; *Röll* MittBayNot 1982, 172 und 1983, 5.

recht begründet; diese sind überhaupt der Grund, warum dieses Rechtsinstitut entwickelt wurde.

3.81 **a) Bestellung.** So ist zwar *Schraepler* und *Krämer*[76] darin zu folgen, dass der Abschluss von Einzelverträgen im Wege des Nachbarerbbaurechts zu gesondert vereinbarten Konditionen für den Bauwilligen einfacher ist, als ein einheitlicher Vertrag über das Gesamterbbaurecht mit allen beteiligten Eigentümern. Wie oben unter RdNr. 3.47 dargestellt, können aber beim Gesamterbbaurecht zuerst einzelne schuldrechtliche Verträge mit allen betroffenen Grundstückseigentümern abgeschlossen werden, je mit Vollmacht zur Einigung, auch mit verschiedenen Gegenleistungen; danach kann das Gesamterbbaurecht einheitlich dinglich bestellt werden. Nach *Schraepler* nötigt das Gesamterbbaurecht die Nachbarn zu unfreiwilliger Gemeinschaft in der Rechtsausübung oder zu sonstigen lästigen Bindungen, zB bei der Ausübung des Heimfalls oder Vorkaufsrechts, was eine unerwünschte Abhängigkeit von Nachbarn untereinander bewirkt. Beim Nachbarerbbaurecht tritt diese Folge zwar nicht ein, jedoch entsteht ein viel größeres Problem, nämlich eine Änderung der Eigentumsverhältnisse am Bauwerk durch das getrennte Schicksal der Einzelrechte. Einem erleichterten Anfang entspricht daher die spätere Rechtsunsicherheit.

3.82 **b) Heimfall, Erlöschen.** Beim Nachbarerbbaurecht kann der **Heimfall** hinsichtlich jedes einzelnen Erbbaurechts getrennt erfolgen, wonach der Grundstückseigentümer sein Einzelerbbaurecht und damit Gebäudeeigentum an dem betreffenden Gebäudeteil erhält. *Rothoeft*[77] meint, dass er diesen besser verwerten könnte, zB durch Abbruch und Neubebauung. Genau dies kann aber zu den oben (RdNr. 3.76–78) bezeichneten Folgen führen, nämlich dem totalen Zerfall des gesamten Gebäudes oder zumindest der Unverwertbarkeit der restlichen Gebäudeteile. *Krämer*[78] sieht zwar dieses Problem, will aber hier durch Vereinbarung der Grundstückseigentümer untereinander eine Lösung schaffen. Dadurch entsteht aber gerade wiederum die von den Anhängern des Nachbarerbbaurechts beim Gesamterbbaurecht abgelehnte unerwünschte Gemeinschaft der Grundstückseigentümer untereinander. Bei der **Aufhebung** eines Teilerbbaurechts entsteht wiederum die oben (RdNr. 3.77) dargestellte, völlig unübersichtliche Eigentumslage am Bauwerk. Beim Nachbarerbbaurecht könnte ferner die **Dauer** der Einzelerbbaurechte unterschiedlich bemessen sein, was *Schraepler*[79] als Vorteil darstellt. Nach einem zeitlich unterschiedlichen Erlöschen des Erbbaurechts entstünde aber wieder die Problematik der verschiedenen Eigentümer am Bauwerk mit allen unerwünschten Folgen. Beim Gesamterbbaurecht würden dagegen die Grundstückseigentümer nach gemeinschaftlich ausgeübtem Heimfall gemeinsame Erbbauberechtigte, so dass die Rechtseinheit weiter bestünde. Ebenso kann es nur einheitlich mit allen Eigentümern aufgehoben werden und erlischt es einheitlich.

3.83 **c) Beleihung.** Nach *Rothoeft* besteht der weitere Vorteil des Nachbarerbbaurechts darin, dass jedes Einzelerbbaurecht gesondert beleihbar ist und die für mehrere Grundstückseigentümer unerfreuliche Folge einer Gesamtbelastung vermieden würde. Aber auf Grund des möglichen verschiedenen rechtlichen Schicksals eines jeden Einzelerbbaurechts einerseits und der faktischen Unteilbarkeit des Gebäudes andererseits muss der Belastungsgläubiger damit rechnen, dass er einen unselbständigen Gebäudeteil wirtschaftlich kaum verwerten kann, so dass für ihn der Beleihungswert erheblich reduziert wird. Beim Gesamterbbaurecht entspricht dagegen

---

[76] *Schraepler* NJW 1972, 1981, 1983; *Krämer* DNotZ 1974, 647, 649.
[77] *Rothoeft* NJW 1974, 665, 667; aA. *Schraepler* NJW 1973, 738, der bei Heimfall Miteigentum annimmt.
[78] DNotZ 1974, 647, 667.
[79] NJW 1972, 1981, 1983.

der Beleihungswert dem vollen Gebäudewert. Beim Heimfall des Gesamterbbaurechts entsteht auch keine Gesamtbelastung, sondern verbleibt es bei der einheitlichen Belastung des Gesamterbbaurechts. Beim Erlöschen des Gesamterbbaurechts haftet der den Grundstückseigentümern gemeinschaftlich zustehende Entschädigungsanspruch gemäß § 29 ErbbauRG für die Grundpfandrechtsgläubiger.

d) Ergebnis. Das von allen Befürwortern herangezogene unabweisbare Bedürfnis für das Nachbarerbbaurecht kann nicht nur keine Auslegungskorrektur des § 1 Abs. 3 ErbbauRG durch Schaffung eines neuen Rechtsinstituts rechtfertigen, zudem werden durch das Nachbarerbbaurecht auch nur scheinbare Lösungen erzielt. Nur das Gesamterbbaurecht schafft für die angesprochenen Fälle rechtlich zulässige und auch praktisch anwendbare Regeln: Dem einheitlichen Rechtsinhalt des Gesamterbbaurechts entspricht die Rechtseinheit am Gebäude und dessen einheitliches rechtliches Schicksal bis zum Erlöschen. 3.84

4. Rechtsfolgen

Werden Nachbarerbbaurechte bestellt, nach deren Inhalt ein einheitliches (nicht aus selbständigen Teilen bestehendes) Gebäude über die Grenzen der Erbbaugrundstücke errichtet werden soll, so ist nach hier vertretener Meinung jedes Einzelerbbaurecht wegen Verstoß gegen § 1 Abs. 3 ErbbauRG inhaltlich unzulässig und daher nichtig; ein gutgläubiger Erwerb kann sich hieran nicht anschließen. Da ein Gesamterbbaurecht eine für den Erbbauberechtigten wirtschaftlich weitgehend gleiche Stellung begründet, ist jedoch zu überprüfen, ob die schuldrechtlichen Einzelerbbaurechtsverträge nicht in schuldrechtliche Verträge auf Einräumung eines einheitlichen Gesamterbbaurechts umgedeutet werden können.[80] Zu unterscheiden ist jedoch ein Erbbaurecht, nach dessen Inhalt das gesamte Gebäude auf dem Erbbaugrundstück errichtet werden soll und bei dem ein bestimmungswidriger Grenzüberbau erfolgt, vgl. RdNr. 3.88. Zum Überbau im Erbbaurecht vgl. RdNr. 3.86 ff. Nimmt man entgegen hier vertretener Ansicht die Zulässigkeit eines Nachbarerbbaurechts an, so ergeben sich die wesentlichen Rechtsfolgen aus den Ausführungen unter RdNr. 3.81 ff. 3.85

VI. Überbau

1. Anwendbarkeit der Überbauvorschriften, Abgrenzung

Neben dem vorstehend dargestellten Gesamterbbaurecht und Nachbarerbbaurecht ist der Überbau der dritte Fall der grenzüberschreitenden Bebauung im Erbbaurecht. Nach hM im Schrifttum[81] gelten gemäß § 11 ErbbauRG für das vom Erbbauberechtigten über die Grenze des Nachbargrundstücks gebaute Gebäude die Überbauvorschriften der §§ 912 ff. BGB entsprechend. Davon ist auch der BGH[82] ausgegangen, jedoch ohne es ausdrücklich zu entscheiden. Die analoge Anwendung über § 11 ErbbauRG ist zulässig, soweit sich aus dem Erbbaurechtsgesetz nichts anderes ergibt; dies wäre bei einem **Verstoß gegen § 1 Abs. 3 ErbbauRG** (Ausschluss des Erbbaurechts an unselbständigen Gebäudeteilen) der Fall. § 1 Abs. 3 ErbbauRG bezieht sich jedoch nur auf die Bestimmung des Bauwerks in der 3.86

---

[80] Ebenso RGRK/*Räfle* § 1 RdNr. 52; vgl. RdNr. 5.76.
[81] So MünchKomm § 1 RdNr. 58.
[82] RGRK/*Räfle* § 12 RdNr. 6 ff.; *Staudinger/Beutler* § 912 RdNr. 11; MünchKomm/*Säcker* § 912 BGB RdNr. 55; MünchKomm § 1 RdNr. 59; *Palandt/Bassenge* § 912 RdNr. 3; *Dehner* Nachbarrecht 6. Aufl., § 24 I 3.

Erbbaurechtsbestellung, hiervon ist eine nachher erfolgte bestimmungswidrige Bebauung zu unterscheiden (vgl. RdNr. 2.43 ff.).

3.87 Bei einer **Überbauung der Ausübungsgrenze** (also der nach der Erbbaurechtsbestellung vorgesehenen Baufläche) liegt eine bestimmungswidrige Bebauung vor, für die jedoch die Überbauvorschriften analog anzuwenden sind (vgl. RdNr. 2.48). Bei einer **Teilung des Erbbaurechts** darf nach hier vertretener Ansicht dagegen kein Überbau entstehen, da eine derartige Teilung durch § 1 Abs. 3 ErbbauRG ausgeschlossen ist, str., vgl. RdNr. 5.164.

2. Rechtmäßiger Überbau iSv §§ 912 ff. BGB

3.88 **a) Bestimmungswidrige Bebauung.** Bezieht sich der Inhalt des Erbbaurechts nur auf eine Bebauung des Erbbaugrundstücks, ohne dass darin bereits der Überbau auf das Nachbargrundstück vorgesehen ist, und erfolgt dann ein bestimmungswidriger Überbau iS § 912 BGB, so verstößt nach BGH[83] die Erbbaurechtsbestellung selbst nicht gegen § 1 Abs. 3 ErbbauRG und bleibt deswegen wirksam. Für den Eigentumserwerb des Bauwerks auf dem Erbbaugrundstück gelten dann die Grundsätze für die bestimmungswidrige Bebauung, vgl. RdNr. 2.47–49 (str.). Für den übergebauten Teil gelten die allgemeinen Grundsätze des Überbaurechts, die unter RdNr. 3.66, 67 dargestellt sind. Befindet sich daher auf dem Erbbaugrundstück der Hauptteil des Gebäudes, so zB weil beim Bau versehentlich (ohne Vorsatz und grobe Fahrlässigkeit) ein halber Meter über die Grenze gebaut wurde, so ist das gesamte Gebäude dem Bauwerkseigentum des Erbbaurechts zuzuordnen.

3.89 Lässt sich aber eine solche **Hauptteilsbestimmung nicht mehr durchführen,** so ist nach BGH[84] im Einzelfall zu überprüfen, ob der Grundsatz der Bodenakzession oder der Gebäudeeinheit den Vorzug erhält, während nach *Säcker*[85] die unter RdNr. 3.67 bezeichnete Aufgliederung des Gebäudes vorzunehmen wäre. Wenn aber eine derartig massive Grenzüberbauung erfolgt, zB wenn also das Gebäude sich zur Hälfte auf dem Erbbaugrundstück und zur anderen Hälfte oder zu noch größeren Teilen auf dem oder den Nachbargrundstücken befindet, so ist die bestimmungswidrige Bebauung derartig wesentlich, dass auch am Erbbaugrundstück nach hier vertretener Ansicht kein Bauwerkseigentum mehr erworben wird; etwas anderes ergibt sich hier nur, wenn man das Institut des Nachbarerbbaurechts für zulässig hält.

3.90 **b) In der Erbbaurechtsbestellung vorgesehener Überbau.** Ist dagegen ein Überbau iS § 912 BGB schon in der Erbbaurechtsbestellung vorgesehen, so ist damit nach BGH[86] und hier vertretener Ansicht (vgl. RdNr. 2.33 und 3.71 ff) die Erbbaurechtsbestellung wegen Verstoß gegen § 1 Abs. 3 ErbbauRG nichtig; für die Anhänger des Nachbarerbbaurechts muss dagegen auch hier die Erbbaurechtsbestellung wirksam sein. Etwas anderes kann nur gelten, wenn der Überbau auf das Nachbargrundstück von Anfang an aufgrund einer **Grunddienstbarkeit** an diesem zugunsten des Erbbaurechts erfolgen soll und diese gleichzeitig mit dem Erbbaurecht eingetragen wird. Hierfür sind die gleichen Grundsätze maßgebend, wie beim Überbau auf Grund einer Grunddienstbarkeit nach WEG.[87] Bei einem Überbau iS § 912 BGB auf Grund eines schuldrechtlichen Benutzungsvertrages oder einer sonstigen Gestattung bleibt dagegen der Verstoß gegen § 1 Abs. 3 ErbbauRG bestehen.

---

[83] NJW 1973, 1656 = Rpfleger 1973, 356.
[84] BGH 1973, 356.
[85] Vgl. MünchKomm/*Säcker* § 912 BGB RdNr. 43.
[86] NJW 1985, 789.
[87] Vgl. OLG Stuttgart DNotZ 1983, 444; OLG Hamm Rpfleger 1984, 266; OLG Karlsruhe DNotZ 1986, 753; *Ludwig* DNotZ 1983, 411; *Röll* MittBayNot 1982, 172 und 1983, 5.

3. Unentschuldigter Überbau

Liegt ein unentschuldigter Überbau vor, wenn also die Tatbestandsvoraussetzungen von § 912 BGB nicht gegeben sind (insbesondere vorsätzlicher oder grob fahrlässiger Überbau ohne Einverständnis des Nachbarn), so ist nach hM hier das Eigentum am Gebäude vertikal, entsprechend der Grundstücksgrenze geteilt (vertikale Teilung),[88] während nach aA[89] Miteigentum der Beteiligten am Gebäude entsteht. Für den Eigentumserwerb am Gebäudeteil auf dem Erbbaugrundstück gelten hier die gleichen Grundsätze, wie beim rechtmäßigen Überbau.[90] Wegen § 12 Abs. 1 S. 2 ErbbauRG kann jedoch der zum Eigentum am Nachbargrundstück gehörige Bauwerksteil durch Bildung eines Gesamterbbaurechts „zurückgeholt" werden; eine Umwandlung in einen Scheinbestandteil iS § 95 Abs. 1 S. 2 BGB durch nachträgliche Dienstbarkeitsbestellung genügt dagegen nach hM[91] nicht.

3.91

4. Weitere Fälle

a) Eigengrenzüberbau. Ein Eigengrenzüberbau ist auch im Erbbaurecht denkbar: Wenn zB ein Bauwerk auf mehreren Erbbaugrundstücken desselben Erbbauberechtigten errichtet wird oder vom Erbbaugrundstück auf ein dem Erbbauberechtigten gehöriges Nachbargrundstück übergebaut wird. Ein nachträglicher Eigengrenzüberbau kann durch Grundstücksteilung entstehen.[92] Für den Eigengrenzüberbau gelten nach allgM die Vorschriften über den rechtmäßigen Überbau iS §§ 912 ff. BGB entsprechend. Nach BGH[93] kann hier bei einem mehrgeschossigen Gebäude auch nur in einem Geschoss ein Überbau erfolgen. Beim Erbbaurecht besteht für die entsprechende Anwendung die Schranke des § 1 Abs. 3 ErbbauRG, so dass hier die gleichen Einschränkungen gelten, wie beim oben dargestellten rechtmäßigen Überbau.[94] Insbesondere würde es sich beim Eigengrenzüberbau im Erbbaurecht im Regelfall um das hier abgelehnte **Nachbarerbbaurecht** handeln.

3.92

b) Kommunmauer, Grenzmauer. Wird ein Gebäude auf dem Erbbaugrundstück so errichtet, dass sich die Grenzmauer teilweise auf dem Erbbaugrundstück und teilweise auf dem Nachbargrundstück befindet, so ist die Mauer im Umfang der Grenzüberschreitung ein Überbau. Liegt ein berechtigter Überbau iS § 912 BGB vor, wird die Wand wesentlicher Bestandteil des Bauwerks des Erbbauberechtigten, mit der Folge der Überbaurente. Der Nachbar darf dann nur mit Zustimmung des Erbbauberechtigten anbauen.[95] Bei unentschuldigtem Überbau wird die Mauer real über der Grenzlinie geteilt und darf der Nachbar ohne Gestattung anbauen.[96] Mit dem Anbau des Nachbarn, soweit er nach den vorstehenden Bestimmungen zulässig ist, oder bei beiderseitigem gleichzeitigem Anbau wird die (halbscheidige) Giebelmauer (auch „Nachbarwand" oder „Kommunmauer" genannt) wesentlicher Bestandteil beider Gebäude und Miteigentum der Nachbarn je zur Hälfte.[97]

3.93

---

[88] BGHZ 27, 204 = NJW 1958, 1182 und NJW 1985, 789; vgl. *Rothoeft* NJW 1974, 665; *Krämer* DNotZ 1974, 647, 656.
[89] Vgl. *Schraepler* NJW 1974, 2076, 2078; *Soergel/Baur* § 912 RdNr. 22, 23.
[90] Vgl. RdNr. 3.88–90.
[91] Vgl. insb. Ganter WM 2002, 105, 106; Peters WM 2002, 113.
[92] Vgl. BGH Rpfleger 2004, 155.
[93] BGH DNotZ 2002, 290.
[94] Zum teilweisen Überbau (nur einzelne Räume in einem Geschoss), vgl. BGH NJW 2002, 54.
[95] RGZ 160, 166, 169; BGH DB 1961, 838 = MDr 1961, 670; vgl. a. BGH WPM 1966, 1303; RGRK/*Räfle* § 12 RdNr. 10.
[96] *Staudinger/Beutler* § 912 RdNr. 27; RGRK/*Räfle* § 12 RdNr. 16.
[97] BGHZ 43, 127, 129 = NJW 1965, 811.

3.94 Die **Grenzmauer** des Erbbauberechtigten steht dagegen nur auf dem Erbbaugrundstück und ist nur an die Grenze, aber nicht auf diese gebaut. Sie bleibt Alleineigentum des Erbbauberechtigten, auch wenn vom Nachbargrundstück angebaut wird.[98] Auch nach einem Anbau des Nachbarn ist der Erbbauberechtigte zum Abbruch seiner Grenzwand berechtigt, wenn nicht § 242 BGB entgegensteht. Neigt sich die Grenzmauer des Erbbauberechtigten erst nach Errichtung über die Grenze, so gelten §§ 912 ff. BGB entsprechend;[99] auch wenn die auf dem Erbbaugrundstück errichtete Grenzwand ohne die auf dem Nachbargrundstück errichtete Grenzwand nicht standfest ist, führt dies nicht zum Miteigentum an beiden Wänden.

3.95 **c) Überbau durch Nutzungsberechtigte.** Beim Überbau durch einen Mieter oder Pächter des Erbbaugrundstücks oder durch sonstige schuldrechtlich Nutzungsberechtigte besteht die tatsächliche Vermutung, dass der Bau lediglich für die Dauer des Nutzungsrechts mit dem Grundstück verbunden wird und somit gemäß § 95 Abs. 1 S. 1 BGB nicht wesentlicher Bestandteil des Erbbaurechts ist, sondern eine bewegliche Sache im Eigentum des Nutzungsberechtigten;[100] nach BGH[101] gilt dies auch bei langer Vertragsdauer oder massiver Bauweise. Wird diese Vermutung widerlegt, zB bei Bau in der Erwartung des späteren Erbbaurechtserwerbs oder bei Zusage der späteren Bauwerksübernahme gelten wieder die Überbaugrundsätze.[102]

VII. Wohnungs-/Teilerbbaurecht

1. Begriff, Normzweck

3.96 **a) Begriff.** Nach der gesetzlichen Begriffsbestimmung gemäß § 1 Abs. 2 WEG ist das Wohnungseigentum die untrennbare Verbindung von Sondereigentum an einer Wohnung mit einem Miteigentumsanteil am gemeinschaftlichen Eigentum. Dieses Teilungsprinzip wird nun gemäß § 30 WEG auf das Erbbaurecht übertragen: Hier handelt es sich um eine Bruchteilsberechtigung am Erbbaurecht, verbunden mit dem Sondereigentum an einer abgeschlossenen Wohnung (Wohnungserbbaurecht) oder an nicht zu Wohnzwecken dienenden bestimmten Räumen (Teilerbbaurecht), somit um eine Verbindung von ideeller und teilweiser realer Teilung (Sondereigentum). Zum Erbbaurecht gehört nach § 1 ErbbauRG das Recht zum Haben eines Bauwerks; bezieht es sich auf ein Gebäude, so kann Wohnung-/Teilerbbaurecht begründet werden. Da der Erbbauberechtigte mit Bauwerkserrichtung Eigentum am Gebäude erwirbt (§ 12 Abs. 1 ErbbauRG), besteht **hinsichtlich des Gebäudes,** insbesondere hinsichtlich des Sondereigentums grundsätzlich **kein Unterschied zu Wohnungs-/Teileigentum.**

3.97 Der wesentliche Unterschied liegt jedoch darin, dass zum Erbbaurecht nicht das Grundstückseigentum gehört. An die Stelle des Miteigentumsanteils am Grundstück tritt daher hier der **Mitberechtigungsanteil am Erbbaurecht.** Dieser bezieht sich auf den gesamten dinglichen Inhalt des Erbbaurechts, also sowohl auf das gemeinschaftliche Eigentum an nicht aufgeteilten Gebäudeteilen, als auch auf das gemeinschaftliche Eigentum an sonstigen zum Erbbaurecht gehörigen Bauwerken (zB massive Einfriedungen, massive Außenanlagen, Garagengebäude, soweit diese

---

[98] BGHZ 27, 197; 57, 245; 78, 397, 398 = NJW 1981, 866.
[99] BGH NJW 1964, 1221; 1977, 1447, 1448; BGH DNotI-Report 2001, 165 u. OLG Köln NJW-RR 1987, 529; RGRK/*Räfle* § 12 RdNr. 17.
[100] BGH DNotZ 1986, 749.
[101] BGHZ 10, 171, 175 f; BGH NJW 1985, 789.
[102] Zum Überbau a. Grund Nutzungsvereinbarung mit d. Nachbarn u. abweichender Regelung z. Eigentum OLG Düsseldorf DNotI-Report 2002, 21.

VII. Wohnungs-/Teilerbbaurecht

nicht ebenfalls aufgeteilt werden, Erschließungsanlagen, vgl. RdNr. 2.13–15), sowie auf die dem Erbbauberechtigten eingeräumte Nutzungsbefugnis an Nebenflächen (vgl. RdNr. 2.67 ff).

Das Wohnungs-/Teilerbbaurecht bedeutet auch **keine Ausnahme von § 1 Abs. 3 ErbbauRG,** da sich das Erbbaurecht selbst nicht auf einen unselbständigen Gebäudeteil bezieht, sondern auf ein ganzes, einheitliches Gebäude. Dieses sich auf ein Gesamtgebäude beziehende Erbbaurecht wird vielmehr dann anschließend in einzelne Raumeinheiten zerlegt. Der Grundsatz der Rechtseinheit am Gebäude[103] wird dadurch nicht durchbrochen, weil gemäß § 5 Abs. 2 WEG Sondereigentum nur insoweit zulässig ist, als der Bestand oder die Sicherheit des Gebäudes dadurch nicht beeinträchtigt werden; dadurch werden die für den Bestand des Gesamtgebäudes notwendigen Teile als gemeinschaftliches Eigentum erhalten und damit der Bestand des Bauwerks gesichert. **3.98**

b) Normzweck. Ziel und Wesen des Wohnungseigentums ist das **Alleinherrschaftsrecht über dem Raum.**[104] Der Erwerber von Wohnungs-/Teileigentum will wirtschaftlich Eigentum an seinen Räumen erwerben, der Miteigentumsanteil an den übrigen Gebäudeteilen bzw. dem Grundstück ist im Regelfall von untergeordneter Bedeutung. Dieses Alleinherrschaftsrecht über den Raum kann er jedoch genauso im Wege des Wohnungs-/Teilerbbaurechts erwerben, da hinsichtlich des Sondereigentums an den jeweiligen Räumen kein Unterschied besteht. Damit kann wirtschaftlich der Anwendungsbereich des WEG auch auf Gebäude von Erbbauberechtigten erweitert werden, wodurch wiederum der Zugang weiterer Bevölkerungskreise zu Raumeigentum ermöglicht wird. **3.99**

c) Anwendbare Vorschriften (§ 30 Abs. 3 S. 2 WEG). Gemäß § 30 Abs. 3 S. 2 WEG gelten „im Übrigen" für das Wohnungs-/Teilerbbaurecht die Vorschriften über das Wohnungs-/Teileigentum entsprechend. Es handelt sich um **zwei sich überlagernde Rechtsverhältnisse** mit jeweils verschiedenen Regelungskomplexen: Die vorrangige Beziehung Grundstückseigentümer–Erbbauberechtigte = Erbbaurecht und die nachrangige interne Unterteilung = Bildung von Wohnungserbbaurechten.[105] Die Bildung von Wohnungs-/Teilerbbaurecht baut auf einem schon vorhandenen Erbbaurecht auf. Der Inhalt dieses Erbbaurechts wird gegenüber dem Grundstückseigentümer nicht verändert, sondern nur intern unterteilt. Es darf daher die Rechtsbefugnis des Erbbaurechts nicht erweitert bzw. es dürfen nicht die Rechte des Grundstückseigentümers eingeschränkt werden. Weiter ist zu beachten, dass auch das Wohnungs-/Teilerbbaurecht begrifflich ein Erbbaurecht bleibt (zum Begriff vgl. RdNr. 1. 25 ff), woran auch § 30 WEG nichts ändert. Das Gesetz ist bei dieser Rechtsfolgeverweisung offensichtlich von diesen Einschränkungen bzw. Grundlagen ausgegangen, ohne dies ausdrücklich zu benennen. Eine entsprechende Anwendung der Vorschriften des WEG ist daher **nur insoweit zulässig,** als sie sich mit den zwingenden **gesetzlichen Anforderungen an ein Erbbaurecht vereinbaren** lassen und die **Rechte des Grundstückseigentümers nicht einengen.**[106] Es müssen daher die Vorschriften des Erbbaurechtsgesetzes und des Wohnungseigentumsgesetzes insoweit aufeinander abgestimmt werden. **Im Übrigen** gelten **alle Vorschriften über das Wohnungs-/Teileigentum** entsprechend, nicht nur einzelne.[107] Das Wohnungserbbaurecht ist ferner vom **Teilerbbaurecht** genauso abzugrenzen, wie das Wohnungseigentum **3.100**

---

[103] Vgl. BGH NJW 1985, 789 und RdNr. 3.78.
[104] MünchKomm/*Commichau* Vor § 1 WEG RdNr. 22.
[105] Vgl. *Rethmeier* MittRhNotK 1993, 146.
[106] Vgl. *Rethmeier* MittRhNotK 1993, 145, 146; *Ingenstau/Hustedt* § 1 RdNr. 87.
[107] MünchKomm/*Engelhardt* § 30 WEG RdNr. 1; *Bärmann/Pick* § 30 WEG RdNr. 8.

vom Teileigentum.¹⁰⁸ Die **WEG-Reform** (BGBl. 2007 I S. 370) einschließlich der Anerkennung der Teilrechtsfähigkeit der Wohnungseigentümergemeinschaft bringt für das Wohnungserbbaurecht keine Besonderheiten, außer bei der Zwangsversteigerung aus rückständigen Wohngeldern iS § 10 Abs. 1 Nr. 2 ZVG (neu), vgl. RdNr. 3.124.

3.101   **d) Anwendungsbereich.** Das Wohnungs- und Teilerbbaurecht kann neben den sonst für das WEG typischen Fällen auch angewandt werden, wenn das Erbbaurecht tatsächlich oder rechtlich nicht geteilt werden darf (zB weil der Grundstückseigentümer nicht mitwirkt oder keine selbständigen Gebäude entstünden) oder wenn der Grundstückseigentümer das Grundstück und einen unselbständigen Gebäudeteil behalten will. Wenn der Grundstückseigentümer einer Mehrzahl von Miterbbauberechtigten nicht gegenüberstehen will und seinen Erbbauzins nicht aufteilt, kann Wohnungs-/Teilerbbaurecht auch an einem zwischengeschalteten Untererbbaurecht bestellt werden. Schließlich kann es unter den Voraussetzungen des § 40 SachenRBerG entstehen.

2. Gegenstand des Wohnungs-/Teilerbbaurechts

3.102   **a) „Ein" Erbbaurecht.** § 30 Abs. 1 WEG setzt das Bestehen „eines Erbbaurechts" voraus. Das Erbbaurecht muss also entweder bereits wirksam entstanden sein oder bereits bestellt sein und vor der grundbuchmäßigen Bildung von Wohnungs-/Teilerbbaurechts wirksam entstehen. Dagegen spielt die **Art des Erbbaurechts keine Rolle:** Wohnungs-/Teilerbbaurecht kann daher grundsätzlich an alten Erbbaurechten (§§ 1012 ff. BGB) ebenso gebildet werden, wie an neuen nach dem Erbbaurechtsgesetz (früher Erbbaurechtsverordnung). Voraussetzung ist jedoch, dass das aufzuteilende Gebäude im Eigentum des Erbbauberechtigten steht bzw. nach Errichtung desselben in dessen Eigentum steht. Wenn zum Rechtsinhalt des Erbbaurechts nur ein vorhandenes Gebäude gehört, zum Grundstückseigentum aber ein anderes Gebäude, so kann das erstere in Wohnungs-/Teilerbbaurecht und das letztere in Wohnungseigentum aufgeteilt werden; wegen § 10 darf aber an der Fläche, auf die sich der Rechtsinhalt des Erbbaurechts bezieht, kein Sondereigentum oder Sondernutzungsrecht bestehen.¹⁰⁹ Bei alten Erbbaurechten nach §§ 1012 ff. BGB verbleibt nach hM (vgl. RdNr. 7.3) das bei der Begründung des Erbbaurechts vorhandene Bauwerk dem bisherigen Eigentümer, so dass hier kein Wohnungs-/Teilerbbaurecht bestellt werden kann,¹¹⁰ da das Sondereigentum an der betreffenden Raumeinheit wesensnotwendig ist. Es kann auch an einem **Eigentümererbbaurecht** (vgl. RdNr. 3.8 ff) gebildet werden, ebenso an einem **Untererbbaurecht,** soweit dieses in zulässiger Weise gebildet wurde (vgl. RdNr. 3.14 ff.).¹¹¹ Zur Unzulässigkeit der Belastung eines Wohnungseigentums mit einem Erbbaurecht (Wohnungserbbaurecht) vgl. RdNr. 2.90.

3.103   Strittig dagegen ist, ob an einem **Gesamterbbaurecht** (vgl. RdNr. 3.37 ff.) Wohnungs-/Teilerbbaurecht gebildet werden kann. Nach § 1 Abs. 4 WEG kann Wohnungseigentum nicht in der Weise begründet werden, dass das Sondereigentum mit dem Miteigentum an mehreren Grundstücken verbunden wird. Deswegen bezweifelt *Weitnauer,*¹¹² ob ein Gesamterbbaurecht in dieser Weise geteilt werden darf. Dies ist jedoch zulässig.¹¹³ Ein Gesamterbbaurecht ist ein einheitliches Erb-

---

¹⁰⁸ *Weitnauer/Mansel* § 30 WEG RdNr. 15.
¹⁰⁹ OLG Hamm NZM 1999, 179 = MittBayNot 1998, 347.
¹¹⁰ *Ingenstau/Hustedt* § 1 RdNr. 86; *Soergel/Baur* § 30 WEG RdNr. 1.
¹¹¹ *Weitnauer/Mansel* § 30 WEG RdNr. 20.
¹¹² *Weitnauer/Mansel* § 30 WEG RdNr. 21.
¹¹³ Ebenso BayObLG Rpfleger 1989, 503; LG Wiesbaden MittBayNot 1986, 28; *Demharter* DNotZ 1986, 457; *Rethmeier* MittRhNotk 1993, 145, 147; MünchKomm/*Engelhardt* § 30

VII. Wohnungs-/Teilerbbaurecht

baurecht, das seinerseits auf mehreren Grundstücken lastet. Für § 30 WEG kommt es lediglich darauf an, dass ein einheitliches Erbbaurecht in Wohnungs-/Teilerbbaurecht aufgeteilt wird, was auch hier der Fall ist. Der neue § 6a Abs. 1 S. 2 GBO bestätigt einerseits die Zulässigkeit von Wohnungserbbaurecht an Gesamterbbaurecht und verlangt andererseits, dass die Erbbaugrundstücke unmittelbar aneinandergrenzen oder nahe beieinander liegen (zB Mehrfamilienhaus- und Garagengrundstück sind durch Straße getrennt).

Dagegen kann an einem (hier abgelehnten, vgl. RdNr. 3.70ff) **Nachbarerbbaurecht** kein Wohnungs-/Teilerbbaurecht gebildet werden. Bei dieser Konstruktion wird das einheitliche Gebäude auf Grund mehrerer verschiedener, rechtlich völlig voneinander unabhängiger Einzelerbbaurechte errichtet. § 30 Abs. 1 WEG setzt jedoch „ein Erbbaurecht" und nicht mehrere voraus, ebenso gilt hier § 1 Abs. 4 WEG über § 30 Abs. 3 S. 2 WEG entsprechend, so dass aus beiden Gründen an mehreren Einzelerbbaurechten kein Wohnungs-/Teilerbbaurecht begründet werden darf.[114] In Frage käme hier allenfalls die Aufteilung eines Einzelerbbaurechts; hier müsste aber einerseits der zum Einzelerbbaurecht gehörige Gebäudeteil nach hier vertretener Ansicht ein selbständiges Gebäude darstellen (vgl. RdNr. 2.27ff) und andererseits müsste der Gebäudeteil in sich aufteilungsfähig sein.

3.104

b) Gebäude

aa) Bestimmungsgemäße Bebauung. § 30 Abs. 1 WEG verlangt die Einräumung von Sondereigentum „in einem auf Grund des Erbbaurechts errichteten oder zu errichtenden Gebäude". Diese Formulierung entspricht der in § 12 Abs. 1 ErbbauRG „das auf Grund des Erbbaurechts errichtete Bauwerk". In § 12 ErbbauRG bedeutet diese Formulierung nach hier vertretener Ansicht (str., vgl. RdNr. 2.42ff.), dass der Eigentumserwerb am Bauwerk nur stattfindet, wenn dieses innerhalb der durch die Erbbaurechtsbestellung gewährten Baubefugnis errichtet wird. Die gleiche Formulierung in § 30 Abs. 1 WEG bedeutet dann dementsprechend, dass Wohnungs-/Teilerbbaurecht nur gebildet werden kann, wenn das Bauwerk (hier nur Gebäude) bestimmungsgemäß errichtet wurde bzw. errichtet wird, so dass hieran Eigentum des Erbbauberechtigten entstanden ist bzw. entsteht (vgl. RdNr. 2.41ff.). Dies ist auch konsequent, da eine Aufteilung in Sondereigentum an Raumeinheiten nur möglich ist, wenn an dem Gebäude selbst überhaupt Eigentum besteht. Soweit die Bebauungsbefugnis in der Erbbaurechtsbestellung präzisiert ist (zB gem. § 2 Nr. 1 ErbbauRG), muss deswegen der Aufteilungsplan damit übereinstimmen. Soll das Gebäude erst nachträglich (bestimmungsgemäß) errichtet werden, so entspricht bis dahin die Rechtslage der bei der Bildung von Wohnungs-/Teileigentum vor Bauwerkserrichtung.

3.105

bb) Art des Gebäudes. Die Art des Gebäudes ist gleichgültig, es gelten hier die gleichen Voraussetzungen und Anforderungen, wie beim Wohnungs-/Teileigentum. Wenn sich daher das Erbbaurecht auf mehrere selbständige Gebäude auf dem Erbbaugrundstück bezieht, kann daher die Teilung auch in der Weise erfolgen, dass Sondereigentum an den jeweiligen ganzen Gebäuden (ohne konstruktive Teile) bestellt wird.[115] Bezieht sich ein Erbbaurecht in zulässiger Weise nur auf eines von mehreren Gebäuden auf dem Erbbaugrundstück (vgl. RdNr. 2.31), so kann auch für dieses eine Aufteilung erfolgen. Eine Aufteilung ist nach der Formulie-

3.106

RdNr. 3; *Ingenstau/Hustedt* § 1 RdNr. 86; wohl auch *Bärmann/Pick* § 30 WEG RdNr. 13; *Bauer/v. Oefele/Maaß* AT RdNr. VI 266.
[114] *Rethmeier* MittRhNotk 1993, 145, 147.
[115] Vgl. BGH BGHZ 50, 56 = NJW 1968, 1230 zur Unzulässigkeit von Sondereigentum an den konstruktiven Teilen der Einzelgebäude; aA insoweit OLG Frankfurt NJW 1963, 814.

rung von § 30 Abs. 1 WEG dagegen nicht zulässig, wenn sich das Erbbaurecht nicht auf ein Gebäude bezieht, sondern auf ein sonstiges Bauwerk.

3. Begründung von Wohnungs-/Teilerbbaurecht

3.107   **a) Vertrag (§ 30 Abs. 1, § 3 WEG).** Steht ein Erbbaurecht mehreren gemeinschaftlich nach Bruchteilen zu, so können diese durch Vertrag Wohnungs-/Teilerbbaurecht gemäß § 30 Abs. 1, § 3 WEG bilden. Falls die Mitberechtigungsanteile am Erbbaurecht nicht genau denen nach Bildung von Wohnungserbbaurecht entsprechen, müssen vorher die entsprechenden Anteile übertragen und vereinigt, bzw. geteilt werden, wie bei Begründung von Wohnungseigentum nach § 3 WEG.[116]

3.108   Strittig ist, ob die nach § 4 Abs. 2 WEG erforderliche Einigung über die Einräumung von Sondereigentum **in der Form der Auflassung** erfolgen muss, weil § 11 Abs. 1 ErbbauRG für die Begründung von Erbbaurechten ausdrücklich die Auflassung (§ 925 BGB) ausnimmt, so dass insoweit die formlose Einigung und die Eintragung im Grundbuch (§ 873 Abs. 1 BGB) genügt. Ein Teil der Meinung[117] folgert aus § 11 Abs. 1 ErbbauRG, dass für die Einräumung von Wohnungserbbaurechten keine strengeren Vorschriften gelten, als für die Begründung des Erbbaurechts selbst. Dem ist jedoch nicht zu folgen.[118] Das Erbbaurecht wird lediglich hinsichtlich seines unmittelbar eigenen Schicksals (Entstehung, Veränderung und Aufhebung) als Recht behandelt, während es im Übrigen wie ein Grundstück behandelt wird (vgl. RdNr. 1.30). Von der Begründung des Erbbaurechts ist jedoch wirtschaftlich und rechtlich klar dessen Aufteilung nach § 30 WEG zu unterscheiden; diese beinhaltet keinen Fall der Entstehung, Veränderung oder Aufhebung des Erbbaurechts als solches, da das Rechtsverhältnis zum Grundstückseigentümer rechtlich nicht geändert wird, es handelt sich lediglich um eine interne Änderung der Zuordnung von Sondereigentum an Raumeinheiten unter den Erbbauberechtigten, dh. es erfolgt der Eigentumsübergang an Sondereigentum, genau wie bei Wohnungseigentum. Gemäß § 30 Abs. 3 WEG ist daher § 4 Abs. 2 WEG anzuwenden, da hier kein Widerspruch zu den zwingenden gesetzlichen Anforderungen an ein Erbbaurecht ersichtlich ist; *Maaß*[119] schließt aus der entsprechenden Anwendung von § 4 Abs. 2 S. 1 WEG, dass für die Begründung von Sondereigentum die für die Übertragung des Erbbaurechts maßgebenden Vorschriften, also § 11 Abs. 1 ErbbauRG gelten. Der zugrundeliegende **schuldrechtliche Vertrag** bedarf gemäß § 30 Abs. 3 S. 2, § 4 Abs. 3 WEG der **Form des § 311b BGB**.

3.109   **b) Vorratsteilung (§ 30 Abs. 2, § 8 WEG).** Ein Erbbauberechtigter kann ferner gemäß § 30 Abs. 2, § 8 WEG sein Erbbaurecht in Wohnungs-/Teilerbbaurecht aufteilen. Diese Teilungserklärung ist materiell-rechtlich nach § 8 WEG eine **einseitige Willenserklärung** gegenüber dem Grundbuchamt, die verfahrensrechtlich gemäß § 29 GBO der öffentlichen Beglaubigung bedarf. Die notarielle Beurkundung kann aber wegen späterer Bezugnahmen in Kaufverträgen zweckmäßig sein. Bis zur Anlegung der Wohnungserbbaugrundbücher ist die Erklärung nach § 8 WEG widerruflich. Diese Vorratsteilung ist auch bei einem **Eigentümererbbaurecht** zulässig und häufig auch zweckmäßig: Wenn der Grundstückseigentümer nicht das gesamte Erbbaurecht vergeben will, sondern die einzelnen Wohnungs-/Teilerbbaurechte veräußern will, kann er zunächst für sich ein Eigen-

---

[116] Zur Durchführung *Bauer/v. Oefele* AT RdNr. V 20 ff.
[117] *Rethmeier* MittRhNotK 1993, 145, 149; *Weitnauer/Mansel* § 30 WEG RdNr. 14; MünchKomm/*Engelhardt* § 30 WEG RdNr. 3; *Staudinger/Mansel* § 30 WEG RdNr. 9.
[118] *Schöner/Stöber* RdNr. 2998; *Bärmann/Pick* § 30 WEG RdNr. 34; *Palandt/Bassenge* § 30 WEG RdNr. 1.
[119] *Bauer/v. Oefele/Maaß* AT RdNr. VI 269.

VII. Wohnungs-/Teilerbbaurecht

tümererbbaurecht bestellen, dieses in Wohnungs-/Teilerbbaurecht in der vorgenannten Weise teilen und dann die einzelnen Wohnungs-/Teilerbbaurechte veräußern; es ist jedoch die (zumindest vorläufige) Unwirksamkeit schuldrechtlicher Klauseln zu beachten, vgl. RdNr. 3.11.

c) Zustimmung des Grundstückseigentümers, sonstiger Berechtigter

aa) Zustimmung des Grundstückseigentümers zur Veräußerung (§ 5 Abs. 1 ErbbauRG). Wenn nach § 5 Abs. 1 ErbbauRG als vertraglicher Inhalt des Erbbaurechts bestimmt wurde, dass zur Veräußerung des Erbbaurechts die Zustimmung des Grundstückseigentümers erforderlich ist, so ist dennoch zur Begründung von Wohnung-/Teileigentum keine Zustimmung des Grundstückseigentümers nötig, und zwar aus folgenden Gründen: 3.110

– **Zur vertraglichen Begründung.** Wird Wohnungs-/Teilerbbaurecht durch Vertrag (§ 30 Abs. 1, § 3 WEG) begründet, so liegen darin zwar Elemente einer Veräußerung insofern, als das Sondereigentum an Gebäudeteilen übergeht. Auch wirtschaftlich ist es für den Grundstückseigentümer ein Unterschied, ob es ein einheitliches Erbbaurecht bleibt, das zwar mehreren Erbbauberechtigten zusteht, oder ob rechtlich selbständige Wohnungs-/Teilerbbaurechte begründet werden. Dennoch bleibt die Rechtszuständigkeit unverändert, da darunter die Übertragung des Erbbaurechts oder der Mitberechtigung daran von einem Berechtigten auf einen anderen zu verstehen wäre, auch die Rechte des Grundstückseigentümers gegenüber den Mitberechtigten bleibt unverändert. § 5 Abs. 1 ErbbauRG will nur verhindern, dass nicht auf Grund der Persönlichkeit des Erwerbers seine Interessen beeinträchtigt werden oder der im Erbbaurechtsvertrag festgelegte Zweck beeinträchtigt wird. Beides ist jedoch bei der Begründung von Wohnungs-/Teilerbbaurecht nicht der Fall, da die Personen gleich bleiben und auch der Nutzungs- oder Vergabezweck nicht geändert wird. Deswegen ist nach insoweit einheitlicher Meinung[120] hier keine Zustimmung des Grundstückseigentümers nötig. *Ingenstau/Hustedt*[121] will jedoch hier eine entsprechende Anwendung des § 5 Abs. 1 ErbbauRG zulassen. Dies ist aus den vorgenannten Gründen abzulehnen und ferner deswegen, weil die Bestimmungen von §§ 5ff. ErbbauRG eine nicht erweiterungsfähige Ausnahmevorschrift vom Grundsatz des § 137 BGB darstellen.[122] Deswegen kann auch nicht eine Vereinbarung nach § 5 Abs. 1 ErbbauRG getroffen werden, dass die Aufteilung in Wohnungs-/Teilerbbaurecht von der Zustimmung des Grundstückseigentümers abhängt.[123]   3.111

– **Zur Vorratsteilung gemäß § 8 WEG.** Hier liegt nun keinerlei Rechtsübergang, keinerlei Änderung der Rechtszuständigkeit vor, so dass hier nach einhelliger Meinung und auch *Ingenstau/Hustedt*[124] keine Zustimmung durch den Grundstückseigentümer nötig ist.   3.112

bb) Zustimmungspflicht nach § 5 Abs. 2 ErbbauRG. Die Begründung von Wohnungs-/Teileigentum als solche stellt keine Belastung des Erbbaurechts dar. Sollten dagegen gleichzeitig an den begründeten Wohnungs-/Teilerbbaurechten zustimmungspflichtige Rechte iS von § 5 Abs. 2 ErbbauRG eingetragen werden,   3.113

---

[120] LG Augsburg MittBayNot 1979, 68; *Rethmeier* MittRhNotk 1993, 145, 150; MünchKomm/*Engelhardt* § 30 WEG RdNr. 3; *Schöner/Stöber* RdNr. 2998; *Bauer/v. Oefele/Maaß* AT RdNr. VI 271; *Bärmann/Pick* § 30 WEG RdNr. 31.
[121] § 1 RdNr. 93.
[122] Vgl. MünchKomm § 5 RdNr. 1, § 7 RdNr. 2; *Rethmeier* MittRhNotk 1993, 145, 150.
[123] OLG Celle Rpfleger 1981, 22 für die Vorratsteilung n. § 8 WEG; MünchKomm/*Engelhardt* § 30 WEG RdNr. 3.
[124] BayObLG Rpfleger 1978, 375; *Ingenstau/Hustedt* § 1 RdNr. 94 sowie die in Fn. 13 wiedergeg. Lit.

insbesondere Grundpfandrechte, so ist die Zustimmung des Grundstückseigentümers nur hierzu nötig.

3.114 **cc) Zustimmung wegen §§ 877, 873, 876 BGB.** Wenn die Bildung von Wohnungs-/Teilerbbaurecht eine **Inhaltsänderung** des Erbbaurechts wäre, so wäre gemäß §§ 877, 873 BGB die Zustimmung des **Grundstückseigentümers** zur Inhaltsänderung und uU auch seine Zustimmung als Erbbauzinsberechtigter gemäß § 876 S. 1 BGB erforderlich. Die Begründung von Wohnungs-/Teilerbbaurecht ist aber einerseits kein Fall der Inhaltsänderung des Erbbaurechts, da sich das Rechtsverhältnis gegenüber dem Grundstückseigentümer nicht ändert, sondern eine Folge des Gebäudeeigentums des Erbbauberechtigten. § 30 WEG stellt den Erbbauberechtigten wegen seines Gebäudeeigentums jedem Grundstückseigentümer gleich. Wie sich aus der Ausgestaltung, zumindest schon aus der Vorratsteilung durch einseitige Erklärung des § 30 Abs. 2 WEG ergibt, handelt es sich hier um ein **auf dem Gebäudeeigentum beruhendes freies Teilungsrecht des bzw. der Erbbauberechtigten.**[125]

3.115 Für die **Zustimmung dinglich Berechtigter am Erbbaurecht** gilt hier das Gleiche, wie bei der Begründung von Wohnungs-/Teileigentum: Bei Belastungen des gesamten Erbbaurechts ist keine Zustimmung zur Aufteilung nötig, da sich der Haftungsgegenstand bzw. Haftungsumfang nicht ändert; dies wäre nur denkbar bei Vereinbarungen nach § 10 Abs. 1, 2 WEG. Bei Einzelbelastungen eines Mitberechtigungsanteils am Erbbaurecht wird in entsprechender Anwendung von §§ 877, 876 BGB eine Zustimmung der Gläubiger nötig sein, wenn eine Wertänderung eintritt.[126]

3.116 **dd) Aufteilung der Belastung.** Sollen dagegen bei der Aufteilung die Belastungen des Erbbaurechts zugunsten des Grundstückseigentümers, insbesondere der Erbbauzins auf die einzelnen Wohnungs-/Teilerbbaurechte aufgeteilt werden, so ist schon **deswegen die Mitwirkung des Grundstückseigentümers nötig,** vgl. hierzu RdNr. 3.120 ff.

3.117 **d) Bildung von Wohnungs-/Teilerbbaugrundbüchern (§ 30 Abs. 3 WEG).** Für jedes Wohnungs-/Teilerbbaurecht wird ein eigenes Wohnungs- bzw. Teilerbbaugrundbuch von Amts wegen angelegt, gemäß § 30 Abs. 3 S. 1 WEG. Eintragungsbeispiel: Anlage 3 zur WEG-GBVfg v. 1. 8. 1951, die gemäß § 8 auch für Wohnungs- und Teilerbbaugrundbücher gilt. Gemäß § 30 Abs. 3 S. 2 iVm § 7 Abs. 1 S. 3 WEG wird das ursprüngliche Erbbaugrundbuch (§ 14 ErbbauRG) geschlossen. Da die §§ 7 mit 9 WEG entsprechend gelten, kann nach § 7 Abs. 2 WEG auch das Erbbaugrundbuch als gemeinschaftliches Wohnungs-/Teilerbbaugrundbuch geführt werden. Die Bestimmungen von § 14 ErbbauRG sind im Übrigen zu beachten (Vermerk des Grundstückseigentümers und des späteren Erwerbers im Wohnungserbbaugrundbuch, Bezugnahme auf die Eintragungsbewilligung des Erbbaurechts und Bezugnahme im Grundstücksgrundbuch auf das Wohnungserbbaugrundbuch, vgl RdNr. 5.52 ff.). Mit Grundbuchvollzug ist das Wohnungserbbaurecht entstanden; ist das Gebäude dann noch nicht errichtet, liegt ein Mitberechtigungsanteil am Erbbaurecht und ein dingliches Anwartschaftsrecht hinsichtlich des Sondereigentums vor; zur Veräußerung und Vormerkung vor Anlage der Grundbücher gilt die gleiche Rechtslage wie bei Wohnungseigentum.[127]

Wird die im Erbbaugrundbuch enthaltene Bezugnahme auf die Erbbaurechtsbestellung bei der Anlegung der Wohnungserbbaugrundbücher versehentlich nicht mitübertragen, so bleibt zwar das Erbbaurecht bestehen, da für seinen (Weiter-)Be-

---

[125] Vgl. *Bärmann/Pick* § 30 WEG RdNr. 31; LG Augsburg Fn. 13.
[126] Vgl. *MünchKomm/Commichau* § 3 WEG RdNr. 9 u. dort angeg. Lit.
[127] *Rethmeier* MittRhNotK 1993, 145, 149.

stand nur die Eintragung im Grundstücksgrundbuch maßgebend ist, und ist die Aufteilung mit Anlage der Wohnungserbbaugrundbücher wirksam. Es könnte aber bei analoger Anwendung von § 46 Abs. 2 GBO[128] der gesetzliche und vertragliche Inhalt erloschen sein; diese Folge scheidet für die Festlegung der Dauer aus, weil hier ohnehin nur das Grundstücksgrundbuch maßgebend ist, für das errichtete Bauwerk, da es gemäß § 12 Abs. 1 ErbbauRG wesentlicher Bestandteil des Erbbaurechts ist, und schließlich auch für die Baubefugnis, da der Verlust der Baubefugnis zu einem inhaltlich unzulässigen Erbbaurecht führen würde, dessen Weiterbestand sich aber aus dem Grundstücksgrundbuch ergibt. Also kann es sich allenfalls um eine komplette Aufhebung des vertraglichen Inhalts und damit eine Inhaltsänderung des Erbbaurechts handeln:[129] Diese ist mangels Einigung nicht wirksam geworden; ein gutgläubiger Erwerb scheidet bei Bezugnahme auf den Erbbauvertrag in der Erwerbsurkunde immer aus, aber auch, wenn diese im Grundstücksgrundbuch enthalten ist. Dann ist aber auch die Nachholung der Eintragung ohne Bewilligung möglich.[130]

4. Inhalt des Wohnungs-/Teilerbbaurechts

Der gesamte dingliche Inhalt des Erbbaurechts, also sowohl der gesetzliche Inhalt, als auch der vertragliche Inhalt gemäß § 2ff. ErbbauRG wird nach Entstehung des Wohnungs-/Teilerbbaurechts zugleich dinglicher Inhalt des Wohnungs-/Teilerbbaurechts. Jede Änderung dieses dinglichen Inhalts ist nur wie jede andere Inhaltsänderung des Erbbaurechts möglich, also nur durch Einigung mit dem Grundstückseigentümer, gegebenenfalls unter Zustimmung dinglich Berechtigter, vgl. RdNr. 5.155ff. Es kann daher also weder die Teilungserklärung als solche den Inhalt ändern, noch kann er später durch Mehrheitsbeschluss oder einstimmigen Beschluss der Wohnungs-/Teilerbbauberechtigten geändert werden. Grundsätzlich steht der **dingliche Inhalt des Erbbaurechts über** den (abdingbaren) **Rechten und Pflichten aus WEG** oder Vereinbarungen nach § 10 WEG, Mehrheitsbeschluss oder richterlichem Beschluss.[131] Eine **Gebrauchsabrede** nach § 15 Abs. 2, § 10 Abs. 2 WEG (zB **Sondernutzungsrechte** an Pkw-Stellplätzen etc.) kann auf die gemäß § 1 Abs. 2 ErbbauRG zum Inhalt des Erbbaurechts gehörige Nutzungsbefugnis am Erbbaugrundstück erstreckt werden,[132] nicht dagegen auf Grundstücksteile, auf die sich die Nutzungsbefugnis nicht erstreckt (vgl. oben RdNr. 2.67ff). Ebenso können Vereinbarungen über die Verwendung des Bauwerks, seine Instandhaltung (§ 2 Nr. 1 ErbbauRG), die Versicherung des Bauwerks, seinen Wiederaufbau im Falle der Zerstörung (§ 2 Nr. 2 ErbbauRG) oder die Tragung der öffentlichen und privatrechtlichen Lasten (§ 2 Nr. 3 ErbbauRG) nicht mit Außenwirkung gegenüber dem Grundstückseigentümer geändert werden. Geregelt werden kann in der Teilungserklärung nur die interne Verteilung der Lasten und Abgaben. Soweit also keine Änderung des Erbbaurechts selbst unter Mitwirkung des Grundstückseigentümers erfolgt, ist bei der Abfassung der Teilungserklärung zu beachten, dass der Inhalt des Erbbaurechts Vorrang hat, so dass also von diesem auszugehen ist. Zu Veräußerungsbeschränkungen nach § 12 WEG vgl. RdNr. 3.124.

3.118

---

[128] *Jansen* DNotZ 1954, 209, 210; *Staudinger/Gursky* 13. Aufl. § 892 BGB RdNr. 181.
[129] *Demharter* 21. Aufl. § 46 RdNr. 5.
[130] *Demharter* 21. Aufl. § 46 RdNr. 20, § 53 RdNr. 12, 13.
[131] *Bärmann/Pick* § 30 WEG RdNr. 39, 40.
[132] *Rethmeier* MittRhNotK 1993, 145, 148; *Bärmann/Pick* § 30 WEG RdNr. 49; *Bauer/v. Oefele/Maaß* AT RdNr. VI 279.

5. Auswirkungen auf den Erbbauzins, sonstige Rechte am Erbbaurecht

3.119 **a) Auswirkungen auf den Erbbauzins.** Mit der Entstehung des Wohnungs-/Teilerbbaurechts wird aus dem zuerst einheitlichen Erbbauzins gemäß § 9 Abs. 1 Satz 1, § 11 ErbbauRG, § 1108 Abs. 2 BGB ein **Gesamterbbauzins**. Gemäß § 11 Abs. 1 ErbbauRG ist die Teilung des belasteten Erbbaurechts wie die Teilung eines mit einer Reallast belasteten Grundstücks zu behandeln. Gemäß § 1108 Abs. 2 BGB haften die Wohnungs-/Teilerbbauberechtigten im Außenverhältnis zum Grundstückseigentümer als **Gesamtschuldner**. Der Grundstückseigentümer kann also jeden Wohnungs-/Teilerbbauberechtigten auf die volle Leistung in Anspruch nehmen (§ 421 BGB), die Leistung aber insgesamt nur einmal verlangen; *Rethmeier*[133] will gegen die hM hier die Verteilungsbefugnis des Grundstückseigentümers nach §§ 1107, 1132 Abs. 2 anwenden und schließt eine dingliche Gesamthaft aus. Für den **Ausgleich im Innenverhältnis** der Wohnungs-/Teilerbbauberechtigten gelten die zwischen diesen getroffenen Vereinbarungen. Fehlen solche, so bestimmt § 426 Abs. 1 BGB die Verteilung nach Köpfen. Da dies bei unterschiedlichen Mitberechtigungsanteilen am Erbbaurecht zu unangemessenen Ergebnissen führt, ist mit der hM zur Gesamtreallast[134] analog § 1109 Abs. 1 BGB die Verteilung nach der Höhe der Mitberechtigungsanteile vorzunehmen, soweit hierfür ein sachgerechter Maßstab besteht.[135]

3.120 **b) Abweichende Vereinbarungen, Aufteilung des Erbbauzinses.** Diesen Gesamterbbauzins mit der daraus folgenden gesamtschuldnerischen Haftung wird jedoch kaum ein Wohnungs-/Teilerbbauberechtigter akzeptieren wollen. Die persönliche gesamtschuldnerische Haftung gem. § 1108 BGB kann ausgeschlossen werden;[136] allerdings besteht dann die volle dingliche Haftung weiter.[137] Bei der Teilung des Erbbaurechts gemäß §§ 30, 8 WEG kann mit OLG Düsseldorf[138] der Inhaber dieses Erbbaurechts bei der Veräußerung der Wohnungs-/Teilerbbaurechte nicht den dinglichen Erbbauzins nach seinem Belieben aufteilen, insbesondere nicht zu Lasten der veräußerten Anteile und nicht zugunsten des jeweiligen Inhabers der in seiner Hand verbleibenden Anteile. Eine **Aufteilung** ist **nur unter Mitwirkung des Grundstückseigentümers** möglich, und zwar als Inhaltsänderung des Erbbauzinses. Diese Inhaltsänderung unterliegt den allgemeinen Vorschriften von §§ 877, 876 BGB.

3.121 Die Aufteilung beinhaltet zwar weder eine Erhöhung, noch eine Herabsetzung des gesamten Erbbauzinses. Sie ist jedoch eine Herabsetzung des entstehenden Gesamtzinses an jeder einzelnen Einheit, so dass die **Zustimmung** der am **Grundstück Realberechtigten** gemäß § 876 S. 2 BGB nötig ist. Eine Benachteiligung iS § 876 S. 2 BGB liegt bei Grundpfandrechten und Reallasten idR wie bei der Teilung des Erbbaurechts vor, str. (vgl. RdNr. 5.171), da die Einzelhaftung der Einheiten idR ungünstiger ist, als die Gesamthaftung, nicht dagegen bei Dienstbarkeiten. Eine Zustimmung der **am Erbbaurecht** gleich- oder nachrangigen dinglich Berechtigten ist dagegen gemäß § 876 S. 1 BGB nur nötig, wenn an einer Einheit eine Erhöhung eintritt, zB wenn die Einheit höher belastet wird, als dem Mitberechtigungsanteil am Erbbaurecht bzw. dem anteiligen wirtschaftli-

---

[133] MittRhNotk 1993, 145, 151.
[134] MünchKomm/*Joost* § 1108 BGB RdNr. 10 mit weit. Nachw.
[135] OLG Stuttgart NZM 2004, 264 zB Verhältnis d. Werte statt d. Flächen.
[136] Vgl. hierzu iE MünchKomm/*Joost* § 1108 BGB RdNr. 7.
[137] AA *Rethmeier* MittRhNotk 1993, 145, 152.
[138] OLG Düsseldorf DNotZ 1977, 305; vgl. *Bauer/v. Oefele/Maaß* AT RdNr. VI 274; MünchKomm/*Wacke* § 876 BGB RdNr. 5; *Soergel/Baur* § 1108 BGB RdNr. 2; *Staudinger/Amann* § 1108 BGB RdNr. 8; aA *Planck/Strecker* § 1108 BGB Anm. 5 b.

chen Wert entspricht.[139] Die Inhaltsänderung muss auch als solche eingetragen werden.

Gleichzeitig mit der Aufteilung des Erbbauzinses ist dann auch eine durch Vormerkung gesicherte **schuldrechtliche Anpassungsklausel** auf Erhöhung des Erbbauzinses dahingehend zu ändern, dass sie sich nunmehr auf den neuen Einzelerbbauzins bezieht und sind entsprechende Änderungsvermerke bei der Vormerkung einzutragen (RdNr. 6.198). Auch das Vorkaufsrecht für den Grundstückseigentümer sollte entsprechend aufgeteilt werden, bzw eine entsprechende Klarstellung erfolgen. Ferner wären Regelungen zum Heimfall (RdNr. 3.126 ff) zweckmäßig, zu weiteren Vereinbarungen mit dem Grundstückseigentümer vgl. *Rethmeier*.[140] Zur Verteilung des Erbbauzinses auf der Gläubigerseite unter Grundstücksmiteigentümern vgl. RdNr. 3.130.

3.122

c) Auswirkungen auf sonstige Rechte. Durch die Aufteilung des Erbbaurechts wird der Umfang der Hypothekenhaftung nicht berührt, es entsteht gemäß § 11 Abs. 1 ErbbauRG, § 1132 BGB eine Gesamthypothek bzw. gemäß § 1192 Abs. 1 BGB bei einer Grundschuld eine Gesamtgrundschuld. Beim **Vorkaufsrecht** am Erbbaugrundstück wird das subj. dingl. berechtigte Erbbaurecht geteilt; das (einheitliche) Vorkaufsrecht steht allen Wohnungserbbauberechtigten entsprechend ihrem Mitberechtigungsanteil zu, kann aber nur gemeinschaftlich iS § 472 (bisher 513) BGB ausgeübt werden.[141] Da es kein Gesamtvorkaufsrecht gibt, bestehen an jedem Wohnungserbbaurecht getrennte Vorkaufsrechte für das Erbbaugrundstück fort.[142] Für sonstige Rechte gelten die jeweiligen Vorschriften, die sich auf eine Teilung des belasteten Grundstücks beziehen. Auch hier wird es im Regelfall das Interesse der einzelnen Wohnungs-/Teilerbbauberechtigten sein, eine Aufteilung der Belastung durchzuführen.

3.123

6. Das weitere Schicksal des Wohnungs-/Teilerbbaurechts

a) Veräußerung, Belastung, Inhaltsänderung. Ein Wohnungs-/Teilerbbaurecht ist grundsätzlich wie jedes andere Erbbaurecht veräußerlich. Neben einer **Veräußerungsbeschränkung nach §§ 5 ff. ErbbauRG** kann auch eine nach § 12 WEG vereinbart werden.[143] Dies ist vom Gesetz nicht ausgeschlossen, auch die durch die Zustimmungspflicht geschützten Interessen sind unterschiedlich; der Grundstückseigentümer kann gemäß § 7 Abs. 1 ErbbauRG einerseits den mit dem Erbbaurecht verfolgten Zweck schützen, andererseits vorsorgen, dass die Persönlichkeit des Erwerbers Gewähr für die Erfüllung der Verpflichtungen aus dem Erbbaurechtsinhalt bietet. Demgegenüber werden nach § 12 Abs. 2 S. 1 WEG die Interessen der anderen Wohnungs-/Teilerbbauberechtigten geschützt. Sind beide Zustimmungspflichten nebeneinander vereinbart, so wird die Veräußerung erst mit Vorliegen beider Zustimmungen wirksam. Wird eine Zustimmung ohne ausreichenden Grund verweigert, so kann die Zustimmung des Grundstückseigentümers nach § 7 Abs. 3 ErbbauRG ersetzt und die nach § 12 WEG erforderliche nach § 43 Abs. 1 Nr. 1 WEG erwirkt werden. Die Zustimmung des Grundstückseigentümers muss gemäß § 15 ErbbauRG nachgewiesen werden. Eine entsprechende

3.124

---

[139] Vgl. MünchKomm/*Wacke* § 877 BGB RdNr. 5.
[140] MittRhNotK 1993, 145, 152.
[141] *Schöner/Stöber* RdNr. 1431; MünchKomm/*Westermann* § 1094 BGB RdNr. 8; vgl. BayObLG DNotZ 1973, 415 = Rpfleger 1973, 133.
[142] *Schöner/Stöber* RdNr. 1400 u. MünchKomm/*Westermann* § 1094 BGB RdNr. 8; je mit weit. Nachw.
[143] *Bärmann/Pick* § 30 WEG RdNr. 36 ff.; für die Heilung einer fehlenden Zustimmung z. Erstveräußerung gilt § 61 S. 3 WEG.

Vorschrift für die Zustimmung nach § 12 WEG fehlt.[144] Ein Eintritt in das Erbbaurecht ergänzende schuldrechtliche Vereinbarungen kann mit der Zustimmung erzwungen werden, ein entsprechender Eintritt in die Gemeinschaftsordnung ist zu empfehlen. Bei der WEG-Reform (BGBl. 2007 I S. 370) hat der Gesetzgeber nach *Schneider*[145] das Wohnungserbbaurecht vernachlässigt: Eine **Zwangsversteigerung** aus rückständigen Wohngeldern iS § 10 Abs. 1 Nr. 2 ZVG (neu) führt zum Erlöschen des (sonst) versteigerungsfesten Erbbauzinses iS § 9 Abs. 3 ErbbauRG. Als Schutz davor kommt ein Gesamtheimfallrecht aller Einheiten in Betracht, falls die teilrechtsfähige Wohnungseigentümergemeinschaft Versteigerungsantrag stellt, ohne das Bestehenbleiben des Erbbauzinses zu sichern.

3.125   Das Wohnungs-/Teilerbbaurecht kann wie jedes andere Erbbaurecht **belastet** werden, eine gemäß § 5 Abs. 2 ErbbauRG vereinbarte Zustimmungspflicht ist zu beachten. Eine **Inhaltsänderung** des Erbbaurechts ist weder durch Beschluss aller Wohnungserbbauberechtigten ohne Zustimmung des Grundstückseigentümers, noch durch Vereinbarung des Grundstückseigentümers mit nur einem Wohnungserbbauberechtigten möglich; nach BGH[146] ist die Änderung des Umfangs des Erbbaurechts eine den gemeinschaftlichen Gegenstand und nicht bloß den Bruchteilsanteil betreffende unmittelbare Einwirkung. Das BayObLG[147] lässt hier die Aufhebung der Zustimmungspflicht nach § 5 ErbbauRG nur für einzelne Wohnungserbbaurechte durch Vereinbarung (nur) mit diesen zu; es wendet hier § 747 S. 1 an und übersieht, dass das Erbbaurecht auch nach der WEG-Teilung ein einheitliches Recht bleibt, zu dessen unteilbarem dinglichen Inhalt die Zustimmungspflicht gehört (RdNr. 4.175), also § 747 S. 2 gilt. Die Lösung hätte über eine generelle Zustimmung für diese Einheiten gesucht werden müssen. Zu einer Änderung der Gemeinschaftsordnung in den unter RdNr. 3.118 dargestellten Grenzen ist keine Zustimmung des Grundstückseigentümers nötig. Ein aufgeteilter (alter) **Erbbauzins** kann auch für einzelne Einheiten allein geändert werden, zB durch Vereinbarung nach § 9 Abs. 3 ErbbauRG. Eine **Vereinigung** von zwei Wohnungserbbaurechten ist zulässig, auch wenn sie mit verschiedenen Einzelerbbauzinsreallasten und Anpassungsvermerkungen belastet sind; eine Verwirrung iS §§ 5, 6 GBO ist nicht zu besorgen, da nach § 7 Abs. 2 S. 1 GBO die Reallast auch an einem realen Grundstücksteil eingetragen sein kann.[148]

b) Heimfall

3.126   **aa) Getrennter Heimfall.** Bei wirksamer Ausübung des Heimfallrechts und dessen Vollzug (vgl. Rdnr. 4.90 ff., 101 ff.) bleibt das Wohnungs-/Teilerbbaurecht bestehen und steht dem Grundstückseigentümer zu. Infolge der rechtlichen Verselbständigung von jedem einzelnen Wohnungs-/Teilerbbaurecht führt der Heimfall eines Wohnungserbbaurechts nicht auch zum Heimfall der übrigen Wohnungs-/Teilerbbaurechte am gleichen Gebäude. Die Heimfallvoraussetzungen müssen daher für das jeweils betroffene Wohnungs-/Teilerbbaurecht allein vorliegen und der Heimfall für dieses allein entsprechend den gesetzlichen Vorschriften ausgeübt und vollzogen werden. Der Heimfall ist auf der Gläubigerseite (unter Miteigentümern) dagegen unteilbar (vgl. RdNr. 4.95).

3.127   **bb) Gesamtheimfall.** Infolge der rechtlichen Verselbständigung der einzelnen Wohnungs-/Teilerbbaurechte ist es auch unzulässig, bei Verfehlung eines einzelnen Wohnungserbbauberechtigten, also bei Vorliegen von einem Heimfallgrund in des-

---

[144] Ist aber die Veräußerungsbeschränkung n. § 12 WEG als Vereinbarung iSv. § 10 Abs. 2 WEG eingetragen, wirkt sie wie ein Veräußerungsverbot, vgl. *Bärmann/Pick* § 30 WEG RdNr. 38.
[145] *Schneider* ZMR 2006, 660.
[146] BGH NJW-RR 1998, 1387 z. Änder. d. Baubefugnis.
[147] Rpfleger 1989, 503; ebenso *Rethmeier* MittRhNotK 1993, 145, 156.
[148] OLG Hamm FG Prax 2007, 62 = DNotZ 2007, 225.

sen Person, einen Gesamtheimfall auszuüben oder diesen als Inhalt des Erbbaurechts zu vereinbaren.[149] Anders ist es jedoch, wenn ein Gesamtheimfall vereinbart ist für den Fall, dass die Verwaltung nicht ordnungsgemäß durchgeführt wird, insbesondere, wenn Mehrheitsbeschlüsse gegen eine solche gefaßt werden und die einzelnen Wohnungs-/Teilerbbauberechtigten nicht die ihnen zustehenden Maßnahmen dagegen mit Erfolg ergreifen (auch nach § 21 Abs. 3 WEG); in diesem Falle handelt es sich genau nicht um einen Gesamtheimfall, sondern liegt der Heimfallgrund bei jedem einzelnen Wohnungs-/Teilerbbaurecht vor und muss dann auch gegen jeden Wohnungs-/Teilerbbauberechtigten gesondert erklärt werden. Für die **Rechtsfolgen** des Heimfalls gelten §§ 32 ff. ErbbauRG.

c) Erlöschen, Vorrecht

aa) Zeitablauf. Bei dem als Inhalt des Erbbaurechts vereinbarten Erlöschen durch Zeitablauf erlöschen alle Wohnungs-/Teilerbbaurechte in gleicher Weise, wie wenn noch das ursprüngliche einheitliche Erbbaurecht bestanden hätte. Da das Erlöschen bei einem Erbbaurecht durch Zeitablauf von selbst erfolgt, ohne dass es irgendeiner Erklärung bedarf, wird das Grundbuch unrichtig, wie bei jedem anderen Erbbaurecht und ist keine Vereinbarung nach § 4 WEG nötig. Für das Erlöschen des Erbbaurechts gelten nämlich die erbbaurechtlichen Vorschriften, da es sich hier um eine ausschließlich auf dem Erbbaurecht beruhende Rechtsfolge handelt, str.[150] Auch wegen § 1 Abs. 3 ErbbauRG ist eine Verlängerung iS § 27 ErbbauRG nicht nur für einzelne Einheiten zulässig, sondern nur für alle. Für die Entschädigung gelten §§ 27 ff. ErbbauRG. Für den Untergang des Bauwerks gilt § 13 ErbbauRG. 3.128

bb) Aufhebung. Ein Erlöschen **des Erbbaurechts** durch rechtsgeschäftliche Beendigung, die Aufhebung (§ 26 ErbbauRG), kann nur für sämtliche Wohnungs-/Teilerbbaurechte **gemeinschaftlich** erfolgen. Dies ergibt sich einerseits daraus, dass unbeschadet der Aufteilung und der rechtlichen Verselbständigung das einheitliche Erbbaurecht die Grundlage bleibt. Andererseits entstünde durch die Aufhebung nur eines einzigen Wohnungs-/Teilerbbaurechts und dessen Wegfall ein Miteigentum des Grundstückseigentümers an dem Gebäude. Dies ist aber durch § 1 Abs. 3 ErbbauRG ausgeschlossen; die restlichen Wohnungs-/Teilerbbaurechte würden sich dann nur noch auf unselbständige Gebäudeteile beziehen. § 1 Abs. 3 ErbbauRG ist wesensnotwendig und kann daher auch nicht durch nachträgliche Änderungen umgangen werden. Zur Aufhebung ist die Aufgabeerklärung aller Wohnungserbbauberechtigten und die Zustimmung des Grundstückseigentümers nötig (vgl. RdNr. 5.198 ff), eine besondere Aufhebung des Sondereigentums ist nicht nötig. Eine Aufhebung **der Teilung in Wohnungs-/Teilerbbaurechte** ist durch Vereinbarung nach § 4 WEG oder gem. § 9 Abs. 1 Nr. 3 WEG zulässig, wodurch wieder ein einheitliches Erbbaurecht entsteht.[151] 3.129

cc) Eine **Umwandlung aller Wohnungs-/Teilerbbaurechte in Wohnungs-/ Teileigentum** bei Hinzuerwerb des Grundstücks zu gleichen Miteigentumsanteilen ist nur in der Weise möglich, dass das Erbbaurecht aufgehoben und gemäß § 3 WEG neues Sondereigentum begründet wird. Nach BayObLG[152] führt eine Zuschreibung des Grundstücks zum Erbbaurecht (deren Zulässigkeit offen gelassen wird) mit anschließender Aufhebung des Erbbaurechts nicht zu einem Übergang des Sondereigentums auf den Miteigentumsanteil, da das Sondereigentum nicht ohne den Mitberechtigungsanteil existieren kann (aus § 6 Abs. 1 WEG), also mit 3.130

---

[149] *Bärmann/Pick* § 30 WEG RdNr. 76 ff.; *Bauer/v. Oefele/Maaß* AT RdNr. VI 277.
[150] Ebenso *Bauer/v. Oefele/Maaß* AT RdNr. VI 279; aA *Bärmann/Pick* § 30 WEG RdNr. 51, der § 9 WEG anwenden will.
[151] *Bauer/v. Oefele/Maaß* AT RdNr. VI 278.
[152] BayObLG NZM 1999, 570 = MittBayNot 1999, 375 mit zust. Anm. *Rapp*.

dem Erbbaurecht erlischt; mit *Rapp*[152] ergibt sich dies unmittelbar aus § 12 Abs. 3 ErbbauRG, da das gesamte Gebäudeeigentum (ungeteilt) Bestandteil des Grundstückseigentums wird.

3.131   **dd)** Die **Umwandlung einzelner Wohnungs-/Teilerbbaurechte in** entsprechendes **Wohnungs-/Teileigentum** ist nicht möglich.[153] Zwar könnte ein inhaltsgleiches Sondereigentum an der Raumeinheit und Gemeinschaftseigentum am Gebäude entstehen, jedoch verlangen beide Institute eine verschiedene Grundlage, nämlich das Wohnungseigentum nach § 1 Abs. 4 WEG Miteigentum an einem Grundstück und das Wohnungs-/Teilerbbaurecht ein einheitliches Erbbaurecht als Grundlage. Für eine Kombination beider Institute am gleichen Gebäude fehlt daher die Rechtsgrundlage.[154] Anstelle der rechtsgeschäftlichen Aufhebung eines einzelnen Wohnungs-/Teilerbbaurechts kann jedoch dessen Übertragung auf den Grundstückseigentümer vereinbart werden. Die Umwandlung kann daher nur insgesamt durch Aufhebung aller Wohnungs-/Teilerbbaurechte, also des gesamten Erbbaurechts, Erwerb entsprechender Miteigentumsanteile am Grundstück und Teilung nach § 3 WEG erfolgen. Schwierig ist es, wenn im Vorfeld (nur) einzelne Wohnungserbbauberechtigte einen entsprechenden Miteigentumsanteil erwerben; nach BayObLGZ[155] kann hier nicht die Berechtigung am Erbbauzins geteilt werden, und der entsprechende Erbbauzins diesen Miteigentümer allein zugeordnet werden. Jede Erbbauzinsreallast kann als subjektiv-dingliches Recht nicht vom Grundstückseigentum als ganzes getrennt werden, dessen wesentlicher Bestandteil sie nach § 96 BGB ist. Möglich wäre aber eine Verwaltungs-/Benutzungsregelung nach § 1010 BGB am Grundstück, wonach jeder Miteigentümer nur zur Einziehung „seines" Erbbauzinses berechtigt ist und auch sonst absonderbare Eigentümerrechte allein gegenüber seinem Wohnungserbbaurecht ausüben kann; so würde eine Sonderbeziehung bis zur Umwandlung entstehen.

3.132   **ee) Vorrecht.** Ist als Inhalt des Erbbaurechts ein Vorrecht auf Erneuerung des Erbbaurechts eingeräumt (§ 2 Nr. 6 ErbbauRG), so gilt dies grundsätzlich auch für Wohnungs-/Teilerbbaurechte. Bei einem derartigen Erneuerungsvorrecht ist jedoch das ursprüngliche Erbbaurecht bereits erloschen und wird der Abschluss eines neuen Erbbaurechtsvertrages mit einem Dritten vorausgesetzt (vgl. RdNr. 4.142ff.). Wenn ein neuer Erbbaurechtsvertrag abgeschlossen wurde, kann jedoch das Vorrecht nicht durch einen einzelnen Wohnungs-/Teilerbbauberechtigten auf Wiedereinräumung seines ursprünglichen Wohnungs-/Teilerbbaurechts ausgeübt werden. Dies würde als rechtlichen und wirtschaftlichen Zwischenschritt die Aufteilung in Wohnungs-/Teilerbbaurechte voraussetzen, was aber nicht Inhalt des Vorrechts ist. Gemäß § 31 Abs. 3 ErbbauRG, § 472 BGB steht das Vorrecht vielmehr allen bisherigen Wohnungs-/Teilerbbauberechtigten gemeinschaftlich zu und kann nur im ganzen ausgeübt werden. Wird es von einzelnen nicht ausgeübt, so können die übrigen das Vorrecht im ganzen ausüben (§ 472 S. 2 BGB).[156] Bei der Ausübung des Vorrechts werden dann die ausübenden alten Erbbauberechtigten wiederum entsprechend ihrem bisherigen Anteil oder mit nach § 472 S. 2 BGB geänderten Anteilen neue Erbbauberechtigte. Aus dem Sinn des Vorrechts ist dann aber zu folgern, dass die neuen Miterbbauberechtigten wieder untereinander zur Aufteilung in Wohnungs-/Teilerbbaurecht und gleicher Zuordnung des Sondereigentums gemäß § 30 Abs. 1 WEG verpflichtet sind.

---

[153] BayObLG Rpfleger 1990, 507; *Rethmeier* MittRhNotK 1993, 145, 157; *Bauer/v. Oefele/Maaß* AT RdNr. VI 280.
[154] *Rethmeier* MittRhNotK 1993, 145, 156; *Bärmann/Pick* § 30 WEG RdNr. 56.
[155] Rpfleger 1990, 507.
[156] *Bärmann/Pick* § 30 WEG RdNr. 57, 58.

4. Kapitel. Vertraglicher Inhalt des Erbbaurechts

Übersicht

	RdNr.
I. Allgemeines	1
1. Gesetzliche und vertragliche Bestimmungen	5
a) Die gesetzlichen Bestimmungen	5
b) Schuldrechtliche Vereinbarungen	6
c) Vertragliche Bestimmungen	13
d) Bestimmtheitsprinzip	18
e) Rechtsnachfolger	20
f) Allgemeine Geschäftsbedingungen	21
2. Wirkungen des vertraglichen Inhalts	23
a) Schuldrechtliche Natur	24
b) Wirkungen gegenüber Dritten	26
c) Keine „dingliche" Wirkung	29
3. Inhaltsänderungen des Erbbaurechts	33
a) Begriff	33
b) Form des schuldrechtlichen Grundgeschäfts	34
c) Dingliche Inhaltsänderung	35
d) Zustimmung dinglicher Berechtigter	36
e) Kein gutgläubiger Erwerb	37
II. Errichtung, Instandhaltung, Verwendung des Bauwerks (§ 2 Nr. 1)	38
1. Allgemeines	38
2. Errichtung des Bauwerks	39
a) Pflicht zur Errichtung	39
b) Einzelheiten der Bebauung	40
c) Erschließungsmaßnahmen	46
3. Bauliche Veränderungen	47
4. Instandhaltung des Bauwerks	48
a) Allgemeine Regel	48
b) Umfang	51
c) Besichtigungsrecht	52
d) Haftung bei Verstoß	53
5. Verwendung des Bauwerks	54
a) Gesetzliche Regel	54
b) Begriff	55
6. Beseitigung des Bauwerks	60
7. Verstöße	
a) Erfüllungsanspruch	61
b) Unterlassungs- und Beseitigungsanspruch	62
c) Sanktionen	63
d) Rechtsmissbrauch	64
III. Versicherungen, Wiederaufbau (§ 2 Nr. 2)	65
1. Versicherung des Bauwerks	65
a) Pflicht zur Versicherung	65
b) Einzelheiten der Versicherung	66
c) Haftpflichtversicherung	67
d) Verstöße	68
2. Wiederaufbau im Fall der Zerstörung	69
IV. Tragung der öffentlichen und privatrechtlichen Lasten und Abgaben (§ 2 Nr. 3)	71
1. Öffentliche Lasten und Abgaben	
a) Der Begriff	71
b) Erschließungskosten	73

4. Kapitel. Vertraglicher Inhalt des Erbbaurechts

	RdNr.
2. Privatrechtliche Lasten	75
3. Wirkungen	76

V. Heimfall (§ 2 Nr. 4)

1. Begriff und Zweck	77
2. Heimfall-Gründe	78
a) Verstöße gegen § 2 Nr. 1–3	80
b) Sonstige Gründe	81
c) Zusammenhang zwischen Heimfallgrund und Erbbaurecht	83
d) Verstoß gegen Gesetze oder die guten Sitten	84
e) Einschränkungen durch die InsO	87 a
f) Einschränkungen durch das ErbbauRG	88
3. Ausübung des Heimfallrechts	90
a) Voraussetzungen	90
b) Anspruchsgegner	92
c) Rechtsnatur des Heimfallanspruchs	94
d) Rechtsmissbrauch	98
4. Übertragung des Erbbaurechts	101
5. Rechtsfolgen der Übertragung	107
a) Erwerb durch den Eigentümer	107
b) Erwerb durch Dritte	109
c) Besonderheiten bei Gesamterbbaurecht	111
d) Untererbbaurecht, Nachbarerbbaurecht	112
6. Vergütung	113
a) Der gesetzliche Vergütungsanspruch	113 a
b) Inhalt des Erbbaurechts	114
c) Höhe der Vergütung	115
d) Ausschluss der Vergütung	116
7. Belastungen des Erbbaurechts	117
a) Bestehen bleibende Rechte	118
b) Erlöschende Rechte	119
c) Schuldübernahme	121
8. Wegnahme des Bauwerks (§ 34)	123
9. Miet- und Pachtverhältnisse	124
10. Verjährung, Verwirkung des Heimfallanspruchs	125

VI. Vertragsstrafe (§ 2 Nr. 5)   128

1. Vertragsfreiheit	129
2. Verhältnis der Vertragsstrafe zum Heimfall	134
3. Fälligkeit, Verjährung, Verwirkung	137
4. Haftung für die Vertragsstrafe	139

VII. Vorrecht auf Erneuerung (§ 2 Nr. 6, § 31)   142

1. Begriff	142
2. Ausübung des Vorrechts	145
a) Abschluss des neuen Erbbaurechtsvertrages	145
b) Ausschluss des Vorrechts	147
3. Wirkungen des Vorrechts gegenüber Dritten	148
a) Wirkung einer Vormerkung	148
b) Wirkungen auf Grundpfandrechte und die Entschädigungsforderung	150
c) Entschädigungsforderung	152
4. Abgrenzung zum Verlängerungsrecht gemäß § 27 Abs. 3	153

VIII. Verkaufsverpflichtung des Grundstückseigentümers   155

1. Vereinbarung	156
2. Rechtswirkungen	160
3. Ankaufsverpflichtung des Erbbauberechtigten (Kaufzwangsklausel)	164

Übersicht

	RdNr.
IX. Zustimmung zu Verfügungen über das Erbbaurecht (§§ 5–8, 15)	172
1. Allgemeines	172
2. Vereinbarung der Zustimmungspflicht	175
a) Dinglicher Inhalt	175
b) Schuldrechtliche Vereinbarung	178
c) Zustimmungsberechtigung	179
d) Zustimmungserklärung	182
3. Veräußerung (§ 5 Abs. 1)	184
a) Begriff der Veräußerung	185
b) Einschränkung des Zustimmungserfordernisses	188
c) Anspruch des Erbbauberechtigten auf Zustimmung	190
aa) Zwingendes Recht	193
bb) Abtretung des Anspruchs	196
cc) Beeinträchtigung oder Gefährdung des Zwecks	197
(1) Erbbaurechtsinhalt	198
(2) Schuldrechtliche Verpflichtungen	201
(3) Spekulative Ausnutzung	208
(4) Missbrauch	210
(5) Wesentlichkeit der Beeinträchtigung	211
dd) Persönlichkeit des Erwerbers	212
ee) Erweiterung des Zustimmungsanspruchs (§ 7 Abs. 1 S. 2)	218
4. Belastungen des Erbbaurechts (§ 5 Abs. 2)	220
a) Gegenstand der Zustimmung	220
aa) Hypothek, Grund-, Rentenschuld, Reallast	220
bb) Andere Rechte	224
cc) Zustimmung zur Zwangsversteigerung	228
dd) Inhaltsänderung	229
b) Einschränkung des Zustimmungserfordernisses	231
c) Zustimmungsanspruch zur Belastung (§ 7 Abs. 2)	223
aa) Zwingendes Recht	233
bb) Vereinbarkeit mit den Regeln einer ordnungsmäßigen Wirtschaft	234
cc) Wirtschaftlicher Gegenwert	235
dd) Belastungsgrenze	236
ee) Beeinträchtigung oder Gefährdung des Zwecks des Erbbaurechts	237
5. Ersetzung der Zustimmung durch das Gericht	238
a) Voraussetzungen	238
b) Antragsrecht, Antragsgegner	245
c) Zuständigkeit, Verfahren	248
d) Wirksamkeit der Entscheidung	251
6. Zustimmung zu Verfügungen im Weg der Zwangsvollstreckung	255
a) Voraussetzungen	256
b) Verfügungen im Weg der Zwangsvollstreckung	258
aa) Eintragung einer Sicherungshypothek (§ 867 ZPO)	270
bb) Zwangsversteigerung	274
(1) Gleichstellung mit rechtsgeschäftlicher Veräußerung	275
(2) Versteigerungsgrund	278
(3) Zustimmung des Eigentümers	279
(4) Maßgeblicher Zeitpunkt der Zustimmung	283
cc) Zwangsverwaltung	289
c) Verfügungen im Weg der Arrestvollziehung	290
d) Verfügungen durch den Insolvenzverwalter	291
e) Umfang der Unwirksamkeit	292
f) Ersetzung nach § 7 Abs. 3	293
7. Fehlen der Zustimmung des Grundstückseigentümers	296
a) Dingliches Rechtsgeschäft	298
b) Schuldrechtliches Kausalgeschäft	300
c) Sicherung durch Vormerkung	302
d) Unzulässigkeit des Heimfallanspruchs	304

I. Allgemeines

4.1 Der Inhalt des Erbbaurechtsvertrages kann verschiedenartiger Natur sein. Die Beteiligten, die einen Erbbaurechtsvertrag schließen, können den einzelnen Vertragsbestimmungen verschiedene Wirkungen geben. Zu unterscheiden ist zwischen folgenden Stufen:

4.2 a) Zunächst muss das Erbbaurecht die gesetzlichen Inhaltserfordernisse nach § 1 ErbbauRG haben.[1]

4.3 b) Darüber hinaus können die Beteiligten alles mit schuldrechtlicher Wirkung vereinbaren, was nicht gegen die guten Sitten oder das Gesetz verstößt.[2] Diese schuldrechtlichen Abreden können nach allgemeinen sachenrechtlichen Grundsätzen dinglich abgesichert werden, etwa durch eine Vormerkung oder Hypothek,[3] wie dies zB früher regelmäßig der Fall war bei der Absicherung der schuldrechtlichen Anpassungsklausel auf Erhöhung des Erbbauzinses mittels einer Vormerkung.

4.4 c) Bestimmte schuldrechtliche Rechtsbeziehungen zwischen Grundstückseigentümer und Erbbauberechtigtem schließlich können im Rahmen der §§ 2–8, 27, 32 ErbbauRG zum vertragsmäßigen Inhalt des Erbbaurechts gemacht werden, der über die schuldrechtliche Wirkung hinaus durch Eintragung im Grundbuch auch gegenüber Sonderrechtsnachfolgern wirkt.

1. Gesetzliche und vertragliche Bestimmungen

4.5 **a) Mindesterfordernisse.** Die vom ErbbauRG gesetzlich vorgeschriebenen Mindesterfordernisse für die Ausgestaltung des Erbbaurechtsvertrags sind minimal. Das Erbbaurechtsgesetz überlässt die Ausgestaltung des Vertrags im Wesentlichen den Beteiligten beim Abschluss des Erbbaurechtsvertrags. Weil das Erbbaurechtsgesetz im Gegensatz zu vielen anderen Rechtsinstituten (vgl. zB schuldrechtliche Verträge, wie Kaufvertrag, Mietvertrag, Gesellschaftsvertrag) keine Regelvorschriften enthält, die nur bei Bedarf abzuändern sind, müssen umfangreiche Vereinbarungen getroffen werden.

Angesichts der Tatsache, dass in der Praxis von den dinglichen Regelungsmöglichkeiten des § 2 ErbbauRG[4] fast immer vollständig Gebrauch gemacht wird, wäre gesetzgebungstechnisch die Übernahme dieser Bestimmungen als unabdingbarer gesetzlicher dinglicher Inhalt des Erbbaurechts vorzuziehen. Erbbaurechtsverträge würden dadurch kürzer, da sie sich hinsichtlich des dinglichen Gehalts auf etwaige Abweichungen vom „gesetzlichen Regelungsvorschlag" beschränken könnten.

4.6 **b) Schuldrechtliche Vereinbarungen.** Grundstückseigentümer und Erbbauberechtigter können im Erbbaurechtsvertrag nach dem Grundsatz der Vertragsfreiheit alle schuldrechtlichen Vereinbarungen treffen, die nicht gegen die guten Sitten oder das Gesetz verstoßen. Gerade im Hinblick auf die lange Dauer des Erbbaurechts, das sich nicht in einer einmaligen Beziehung, wie etwa ein Kaufvertrag, erschöpft, besteht ein dringendes Bedürfnis, dass eventuell im Lauf der Jahrzehnte auftretende Fragen vertraglich geregelt sind; dies umso mehr, als ein dauernder Interessengegensatz zwischen Grundstückseigentümer und Erbbauberechtigtem besteht, der noch von den Gläubigern des Erbbauberechtigten überlagert wird.

4.7 Neben den gesetzlichen Inhaltserfordernissen gemäß § 1 ErbbauRG[5] und dem vertragsmäßigen auch gegenüber Sonderrechtsnachfolgern wirkenden Inhalt gem.

---

[1] Vgl. RdNr. 4.5.
[2] Vgl. RdNr. 4.6.
[3] Vgl. RdNr. 4.8.
[4] Vgl. RdNr. 4.13 ff.
[5] Vgl. RdNr. 2.1 ff.

I. Allgemeines

§§ 2–8 ErbbauRG[6] können die Beteiligten nach dem Grundsatz der Vertragsfreiheit Rechte und Pflichten untereinander vertraglich festlegen. Diese können zum Gegenstand haben etwa gegenseitige Kontroll- und Einsichtsrechte, nachbarliche Duldungsverpflichtungen, die Gegenleistung für die Einräumung des Erbbaurechtes, Erweiterungen des gesetzlichen Zustimmungsvorbehaltes, Pflicht zur Abgabe von „Stillhalteerklärungen", die Regelung des Verhältnisses zwischen mehreren Erbbauberechtigten etc. Beabsichtigen die Vertragsschließenden eine Wirkung gegenüber Dritten nicht, so können sie auch Vereinbarungen der in §§ 2–8 ErbbauRG genannten Art mit rein schuldrechtlicher Wirkung abschließen.[7]

Solche nur schuldrechtlich zwischen den Vertragsschließenden wirkenden Vereinbarungen können aber nach allgemeinen Grundsätzen durch Eintragung einer Vormerkung, Hypothek oder Reallast „verdinglicht" werden, wenn die dafür nach dem BGB erforderlichen Voraussetzungen gegeben sind. Dies war etwa regelmäßig der Fall, wenn der Anpassungsanspruch des Grundstückseigentümers auf Erhöhung des Erbbauzinses durch eine Vormerkung im Grundbuch gesichert wurde. In beschränktem Umfang können sich die Vertragsteile gegen Zuwiderhandlungen gegen solche nur schuldrechtlich wirkende Vereinbarungen dadurch schützen, dass sie solche schuldrechtlichen Verpflichtungen „verdinglichen", indem sie für den Fall der Zuwiderhandlung eine Vertragsstrafe oder – bei erheblichen Verstößen – den Heimfall vereinbaren, was nach § 2 Nr. 4 und 5 ErbbauRG mit Wirkung gegenüber Dritten möglich ist.[8] **4.8**

Geschieht dies nicht, so entstehen nur Verpflichtungen zwischen den Vertragsschließenden, die also nur für und gegen den Erbbauberechtigten sowie für und gegen den Grundstückseigentümer wirken, die selbst den Erbbaurechtsvertrag unterzeichnet haben. Gebunden sind ferner deren Gesamtrechtsnachfolger, wie zB Erben, nicht aber einzelne Sonderrechtsnachfolger, insbesondere auch nicht etwaige Ersteher im Zwangsversteigerungsverfahren.[9] Diese werden nur gebunden, wenn die betreffenden Verpflichtungen ausdrücklich auf sie übertragen werden. Vielfach sind Vereinbarungen, die mangels der gesetzlichen Voraussetzungen, zB der Grundbucheintragung, keine Wirkung gegenüber Sonderrechtsnachfolgern haben, in rein schuldrechtliche Verpflichtungen umzudeuten.[10] Denn was nicht eingetragen ist, gehört nicht zum Inhalt des Erbbaurechts. War die Eintragung allerdings gewollt, so stellt sich die Frage, ob § 139 BGB eingreift. **4.9**

Sollen schuldrechtlich wirkende Vereinbarungen auch Sonderrechtsnachfolgern gegenüber wirksam sein, sind die Beteiligten vertraglich zu verpflichten, eventuellen Sonderrechtsnachfolgern alle schuldrechtlichen Verpflichtungen mit der Weiterübertragungspflicht aufzuerlegen. **4.10**

Dies könnte etwa lauten: „Soweit die Verpflichtungen dieses Vertrages nicht kraft Gesetzes auf die Rechtsnachfolger übergehen, ist jeder Vertragsteil verpflichtet, seine sämtlichen Verpflichtungen aus diesem Vertrag seinen sämtlichen Sonderrechtsnachfolgern mit der Weiterübertragungspflicht aufzuerlegen".[11] **4.11**

Versäumt ein Vertragspartner dies bei einer späteren Weiterveräußerung, so ist er dem anderen gegenüber schadensersatzpflichtig. Der Eigentümer kann sich aber zusätzlich wirksam dadurch schützen, dass er sich im Erbbaurechtsvertrag die Zustimmung zur Veräußerung gem. § 5 Abs. 1 ErbbauRG vorbehält. Ist im Veräußerungsvertrag dann kein Eintritt erfolgt, so muss der Grundstückseigentümer die **4.12**

---

[6] Vgl. RdNr. 4.13–4.16.
[7] RGRK/*Räfle* § 2 RdNr. 6.
[8] Vgl. BayObLG NJW 1959, 2165; *Furtner* NJW 1966, 182/187; vgl. RdNr. 4.77, 4.128.
[9] Vgl. *Winkler* DNotZ 1970, 390.
[10] *Ingenstau/Hustedt* § 5 RdNr. 3.
[11] Vgl. RdNr. 4.9, 4.25.

Zustimmung nicht erteilen, und kann diese auch nicht nach § 7 Abs. 3 ErbbauRG ersetzt werden, da sonst die schuldrechtlichen Verpflichtungen nicht gegen den Erwerber gelten würden.[12] Der BGH hat allerdings in seinem Beschluss vom 26. 2. 1987 entschieden, dass der Grundstückseigentümer seine Zustimmung nicht mit dieser Begründung verweigern darf, wenn aus einem Grundpfandrecht die Zwangsversteigerung betrieben wird, das den Vorrang vor der Erbbauzinsreallast hat.[13]

4.13   **c) Vertragliche Bestimmungen.** Wie o. RdNr. 4.6 ausgeführt, sind die Vereinbarungen der Beteiligten über ihre einzelnen Rechte und Pflichten nur schuldrechtlicher Natur, wirken also nur für und gegen die Vertragsschließenden, nicht aber gegenüber den einzelnen Sonderrechtsnachfolgern, insbesondere auch nicht gegenüber einem etwaigen Ersteher im Zwangsversteigerungsverfahren. Im Hinblick auf die lange Dauer des Erbbaurechts ist es aber für alle Beteiligten besonders wichtig und erstrebenswert, dass die aufgestellten Vertragsbestimmungen auch fortgesetzt von dem jeweiligen Erbbauberechtigten und dem jeweiligen Grundstückseigentümer eingehalten werden; insbesondere ist dies auch, gerade unter dem Gesichtspunkt der Beleihbarkeit des Erbbaurechts, wichtig gegenüber einem Ersteher in der Zwangsversteigerung. Dies erreicht das Erbbaurechtsgesetz dadurch, dass sie es den Beteiligten ermöglicht, bestimmte zuvor nur schuldrechtliche Rechtsbeziehungen zwischen Grundstückseigentümer und Erbbauberechtigtem im Rahmen der §§ 2–8, 27 Abs. 1 und § 32 Abs. 1 ErbbauRG zum dinglichen Inhalt des Erbbaurechts zu machen.[14]

4.14   Während im Schuldrecht der Grundsatz der Vertragsfreiheit gilt, unterliegen dingliche Rechte einem strengen gesetzlichen **Typenzwang.** § 2 ErbbauRG stellt einen solchen – gegenüber der sonstigen gesetzlichen Regelung dinglicher Rechte erstaunlich elastischen – Katalog von Vereinbarungen auf, die zum „Inhalt des Erbbaurechts" erklärt werden können. Diese Vorschriften bestimmen zwar erschöpfend, was ausschließlich zum Inhalt eines Erbbaurechts gemacht werden kann, lassen aber der freien Vereinbarung durch die Vertragsschließenden einen gewissen Spielraum, insbesondere durch die weitgehende Ausgestaltungsmöglichkeit des Heimfallrechts.[15] Angesichts des im Sachenrecht geltenden strengen Typenzwangs ist diese Möglichkeit jedoch **eng auszulegen;** dies auch deshalb, weil das Erbbaurecht als grundstücksgleiches Recht ausgestaltet ist (§ 11 ErbbauRG) und es daher nötig ist, seine Form genau abzugrenzen und festzulegen, was zu seinem Inhalt gemacht und damit dinglich ausgestaltet werden kann.[16]

4.15   Voraussetzung ist, dass das Erbbaurecht durch Eintragung im Grundbuch entstanden ist.[17] Nach Eintragung im Grundbuch können Änderungen des vereinbarten dinglichen Inhalts nur als Inhaltsänderung des Erbbaurechts vorgenommen werden (§ 877 BGB). Vereinbarungen, die mangels der gesetzlichen Voraussetzungen, zB der Grundbucheintragung, keine solche Wirkung haben können, sind in rein schuldrechtliche Verpflichtungen umzudeuten.[18] Denn was nicht eingetragen ist, gehört nicht zum Inhalt des Erbbaurechts. War die Eintragung allerdings gewollt, so stellt sich die Frage, ob § 139 BGB eingreift.

---

[12] OLG Hamm DNotz 1976, 534 = Rpfleger 1976, 131; OLG Oldenburg Rpfleger 1985, 203 mit ablehnender Anm. Hagemann; *Ingenstau/Hustedt* § 7 RdNr. 17; MünchKomm § 7 RdNr. 10; *Staudinger/Rapp* § 5 RdNr. 32; ausführlich dazu RdNr. 4.201–4.207, 4.241.
[13] BGH NJW 1987, 1942 = Rpfleger 1987, 257 mit Anm. Drischler 321; dazu ausführlich RdNr. 4.277, 6.266–6.269.
[14] Vgl. *Ranft* Die „Verdinglichung" des Erbbaurechtsinhalts, 1993.
[15] *Schulte* BWNotz 1961, 315.
[16] BayObLG Rpfleger 1991, 303 = NJW-RR 1991, 718; *Schulte* BWNotZ 1961, 315.
[17] KG JFG 13, 366 zur Ersetzung der Zustimmung nach § 7 ErbbVO; vgl. RdNr. 4.175.
[18] *Ingenstau/Hustedt* § 5 RdNr. 3.

I. Allgemeines

Gemäß § 2 ErbbauRG, also mit Wirkung für und gegen Rechtsnachfolger, können Vereinbarungen getroffen werden über die Errichtung,[19] Instandhaltung,[20] Verwendung,[21] Versicherung,[22] den Wiederaufbau des Bauwerks,[23] die Tragung der Lasten,[24] die Verpflichtung des Erbbauberechtigten, das Recht unter bestimmten Voraussetzungen dem Grundstückseigentümer zu übertragen (Heimfall),[25] die Verpflichtung zur Zahlung von Vertragsstrafen,[26] ein Vorrecht auf Erneuerung des Erbbaurechts nach Ablauf[27] und die Verpflichtung des Grundstückseigentümers, das Grundstück an den jeweiligen Erbbauberechtigten zu verkaufen.[28] Erbbaurechtsverträge sind daher regelmäßig sehr umfangreich. Die Vereinbarung des Erbbauzinses fällt nicht hierunter.   **4.16**

Die Zugehörigkeit zum Inhalt des Erbbaurechts hat die Rechtsfolge, dass die **Änderung** der Vereinbarungen nur gemäß § 877 BGB erfolgen kann, also außer der Einigung zwischen dem derzeitigen Eigentümer und dem Erbbauberechtigten und der Eintragung die Zustimmung der an dem Erbbaurecht berechtigten Dritten, insbesondere also der Hypotheken- und Grundschuldgläubiger erfordert.[29]   **4.17**

d) Bestimmtheitsprinzip. Im Sachenrecht und im Grundbuchverkehr gilt das Bestimmtheitsprinzip, d.h. die Vertragsteile müssen eindeutig bestimmen, was sie als dinglichen Inhalt des Erbbaurechts vereinbaren. Es muss unzweideutig sein, auf welche vertraglichen Vereinbarungen sich gem. § 873 BGB die Einigung und Eintragung im Grundbuch beziehen. Daher genügt zB nicht die Einigung mit der Bewilligung, „die Bestimmungen des Erbbaurechtsvertrags als Inhalt des Erbbaurechts, soweit gesetzlich zulässig" in das Grundbuch einzutragen.[30] Es ist nicht Sache des Grundbuchamts, die entsprechende Aufteilung in dinglichen und schuldrechtlichen Inhalt vorzunehmen. Wegen der großen Bedeutung der Eintragung für die Rechtsverhältnisse des Grundstücks, insbesondere angesichts des öffentlichen Glaubens des Grundbuchs, erfordert der Grundbuchverkehr klare und ausdrückliche Erklärungen, um so auf sicherer Grundlage klare Rechtsverhältnisse für unbewegliche Sachen zu schaffen und zu erhalten.   **4.18**

Klarheit und Bestimmtheit sind daher wesentliche Voraussetzungen wirksamer Eintragungsbewilligungen und Eintragungsanträge. Bei Abfassung des Erbbaurechtsvertrags ist hierauf besonders zu achten. Dabei ist allerdings zwischen den Grundbucherklärungen und Grundbucheintragungen einerseits und dem Inhalt des dinglichen Rechts andererseits zu unterscheiden, für das nicht auf den grundbuchrechtlichen Bestimmtheitsbegriff abzustellen ist. Unbestimmte Rechtsbegriffe, wie zB der Begriff „unbillige Härte" als Voraussetzung des Heimfallanspruchs, genügen dem Bestimmtheitserfordernis.[31]   **4.19**

e) Rechtsnachfolger. Als vertraglicher Inhalt des dinglichen Rechts wirken die im Gesetz enumerativ aufgezählten Regelungsmöglichkeiten „dinglich" für und gegen den jeweiligen Grundstückseigentümer und den jeweiligen Erbbauberechtigten, allerdings nur bezüglich der während seiner Inhaberschaft fällig werdenden   **4.20**

---

[19] Vgl. RdNr. 4.39 ff.
[20] Vgl. RdNr. 4.48 ff.
[21] Vgl. RdNr. 4.54 ff.
[22] Vgl. RdNr. 4.65 ff.
[23] Vgl. RdNr. 4.69 ff.
[24] Vgl. RdNr. 4.71 ff.
[25] Vgl. RdNr. 4.77 ff.
[26] Vgl. RdNr. 4.128 ff.
[27] Vgl. RdNr. 4.142 ff.
[28] Vgl. RdNr. 4.155 ff.
[29] *Lux* JW 1919, 361; *Strecker* Das Recht 1920, 229/232.
[30] BayObLG NJW 1969, 1674 = Rpfleger 1969, 241 = DNotZ 1969, 492.
[31] LG Oldenburg Rpfleger 1979, 384.

Leistungen. Hieraus folgt, dass der Rechtsnachfolger für die während der Inhaberschaft seines Vorgängers fällig gewordenen Leistungen nicht aufzukommen braucht und auch das Erbbaurecht bzw. Grundstück selbst nicht „haftet" im Sinn einer dinglich wirkenden Last. Die einzelnen entstandenen Ansprüche (zB auf Zahlung einer Vertragsstrafe) bleiben vielmehr ihrer Natur nach schuldrechtliche Ansprüche – lediglich das Erfordernis einer ausdrücklichen Vertragsübernahme bzw. eines Schuldbeitritts mit Gläubigergenehmigung entfällt. Um eine Haftung des Erbbaurechts zu erreichen, müssen die entsprechenden Sicherheiten am Erbbaurecht (zB in Form eines Grundpfandrechts) bestellt werden; die Übernahme von Rückständen bedarf weiterhin der ausdrücklichen rechtsgeschäftlichen Verpflichtungserklärung hierzu.

4.21   **f) Allgemeine Geschäftsbedingungen.** Dingliche wie schuldrechtliche Vereinbarungen können den Charakter von allgemeinen Geschäftsbedingungen haben (§ 305 BGB). Allgemeine Geschäftsbedingungen liegen jedoch gem. § 305 Abs. 1 Satz 3, § 305b BGB nicht vor, soweit die Vertragsbedingungen zwischen den Vertragsparteien im Einzelnen ausgehandelt sind, was bei Erbbaurechtsverträgen regelmäßig der Fall sein wird. Aber selbst wenn dies ausnahmsweise nicht so ist, sind die Klauselverbote des AGB-Gesetzes auf Erbbaurechtsverträge grundsätzlich nicht anwendbar, wenn die Bestimmungen des Erbbaurechtsvertrags nicht von den Rechtsvorschriften der §§ 2ff. ErbbauRG abweichen oder diese ergänzen (§ 307 Abs. 3 BGB). Regelmäßig handelt es sich bei den erbbaurechtsvertraglichen Bestimmungen um die Ausprägung eines gesetzlich ausgestalteten Rechtsinstituts. Dadurch soll erreicht werden, dass andere Gesetze durch die Vorschriften über die Allgemeinen Geschäftsbedingungen nicht modifiziert werden.[32] Allerdings sind zB beim Heimfall oder bei der Vertragsstrafe über den gesetzlichen Schutzzweck hinausgehende Gestaltungen denkbar.[33] Die Rechtsprechung hat auch Vereinbarungen zum Vor- bzw. Ankaufsrecht hinsichtlich des Grundstücks zugunsten des Eigentümers bei Vertragsverletzungen einer Inhaltskontrolle unterworfen.[34] Etwaigen missbräuchlichen Verwendungen von gesetzlich ausgestalteten Rechtsinstituten durch die Verwender von allgemeinen Geschäftsbedingungen, zB durch unangemessene oder unübliche rechtliche Konstruktionen, kann außer durch die Generalklausel des § 307 BGB durch das Umgehungsverbot des § 306a BGB begegnet werden.

In einem Ausnahmefall hat der BGH in einer formularmäßigen Kaufzwangklausel eine nach dem früher geltenden § 3 AGB-Gesetz (nunmehr § 305c BGB) unwirksame Überraschungsklausel gesehen – in 42 Erbbaurechtsverträgen war global auf ein ganzes Vertragswerk mit zahlreichen umfangreichen und inhaltlich unterschiedlichen Bestimmungen einschließlich der Kaufzwangklausel verwiesen worden.[35]

4.22   Dem Grundbuchamt ist es grundsätzlich verwehrt, im Rahmen des § 19 GBO Vereinbarungen, denen allgemeine Geschäftsbedingungen zugrunde liegen, auf ihre Übereinstimmung mit §§ 305ff. BGB zu überprüfen.[36] Dies ist allein Sache des Prozessgerichts. Wenn dem gegenüber die Auffassung vertreten wird, dass das Grundbuchamt zu einer inhaltlichen Kontrolle ihm vorgelegter Urkunden auf ihre Vereinbarkeit mit den Bestimmungen über die Allgemeinen Geschäftsbedingungen befugt sei und eine Eintragung dann ablehnen dürfe, wenn der Verstoß gegen die Bestimmungen offensichtlich sei,[37] wird übersehen, dass im Grundbuchverfahren

---

[32] LG Stuttgart MittBayNot 1977, 236; vgl. *Freckmann/Frings/Grziwotz* RdNr. 96.
[33] MünchKomm § 2 RdNr. 5; vgl. *Freckmann/Frings/Grziwotz* RdNr. 96.
[34] BGHZ 114, 338 = NJW 1991, 2141; vgl. auch *Freckmann/Frings/Grziwotz* RdNr. 96; *Mayer/Maly* NJW 1983, 1636.
[35] BGHZ 75, 15 = NJW 1979, 2387; *Ingenstau/Hustedt* § 2 RdNr. 81; vgl. RdNr. 4.171.
[36] LG Aschaffenburg MittBayNot 1979, 9; *Schmidt* MittBayNot 1978, 89.
[37] LG Nürnberg-Fürth MittBayNot 1979, 10; AG Bayreuth MittBayNot 1979, 12.

das formelle Konsensprinzip gilt, das allein eine rasche und unkomplizierte Eintragung gewährleisten kann.[38]

2. Wirkungen des vertraglichen Inhalts

Der Inhalt des **Erbbaurechtsvertrages** darf nicht mit dem „Inhalt des **Erbbaurechts**" verwechselt werden: für den Erbbaurechtsvertrag gelten die allgemeinen Bestimmungen des Schuldrechts, während der Inhalt des Erbbaurechts auch gegenüber Dritten wirkt. 4.23

a) Schuldrechtliche Natur. Die Vereinbarungen zwischen Grundstückseigentümer und Erbbauberechtigtem über ihre Rechte und Pflichten sind grundsätzlich schuldrechtlicher Natur, wirken also zunächst nur für und gegen den Erbbaurechtsinhaber und für und gegen den Grundstückseigentümer, die den Vertrag abgeschlossen haben, nicht aber gegenüber einzelnen Sonderrechtsnachfolgern; auf diese können die Rechte nur durch Abtretung und die Pflichten nur durch Schuldübernahme übergehen.[39] Gesamtrechtsnachfolger, etwa auf Grund Erbfolge (§§ 1922 ff. BGB) oder Vereinbarung von Gütergemeinschaft (§ 1416 BGB), treten dagegen uneingeschränkt in die Rechtsposition des Grundstückseigentümers bzw. des Erbbauberechtigten ein. Gerade im Hinblick auf die lange Dauer des Erbbaurechts besteht jedoch ein dringendes Bedürfnis, dass die aufgestellten Vertragsbestimmungen nicht nur von den Vertragsbeteiligten selbst oder deren Gesamtrechtsnachfolgern, sondern auch von dem jeweiligen Erbbauberechtigten und Grundstückseigentümer fortgesetzt eingehalten werden. 4.24

Es empfiehlt sich daher die Aufnahme einer Rechtsnachfolgeklausel in den Vertrag, die etwa lauten könnte: 4.25
„Soweit die Verpflichtungen dieses Vertrags nicht kraft Gesetzes auf die Rechtsnachfolger übergehen, ist jeder Vertragsteil verpflichtet, seine sämtlichen Verpflichtungen aus diesem Vertrag seinen sämtlichen Sonderrechtsnachfolgern mit der Weiterübertragungsverpflichtung aufzuerlegen."[40]

b) Wirkungen gegenüber Dritten. Die Wirkung gegenüber Dritten unabhängig von einer ausdrücklichen Übernahme erreicht das ErbbauRG dadurch, dass sie einen Katalog von Vereinbarungen aufstellt, die zum „Inhalt des Erbbaurechts" erklärt werden können. Der Erbbaurechtsinhalt betrifft aber nur einen bestimmten abgeschlossenen Kreis von Gegenständen des Rechtsverkehrs; dieser kann auf Grund des im BGB hinsichtlich der dinglichen oder absolut wirkenden Rechte bestehenden Typenzwangs vertraglich nicht erweitert werden. Nur die im ErbbauRG aufgeführten Bereiche können Inhalt des Erbbaurechts sein und mit dieser Wirkung vereinbart werden. Der Erbbaurechtsinhalt ist teils gesetzlicher Natur, also unabdingbar (§§ 1, 27 Abs. 2, 32 Abs. 2 ErbbauRG), teils vertraglicher, also abänderbarer (§ 2 ErbbauRG), teils zulässiger Natur (§ 5 ErbbauRG).[41] 4.26

Der Erbbaurechtsinhalt schafft ein Schuldverhältnis zwischen den **jeweiligen** Sachenrechtsinhabern und wirkt auch gegenüber Sonderrechtsnachfolgern, wenn er eingetragen ist, also **dinglich.** Dies bedeutet jedoch nicht, dass das Erbbaurecht selbst davon erfasst wird und eine dingliche Haftung des Erbbaurechts bestünde, 4.27

---

[38] *Schmidt* MittBayNot 1978, 89; 1979, 13.
[39] *Strecker* Das Recht 1922, 229/230.
[40] Vgl. dazu auch *Hartmann* DB 1970 Beil. Nr. 14 S. 8: „Die Vertragsteile haben ihre Verpflichtungen aus diesem Vertrag ihren etwaigen Sonderrechtsnachfolgern gleichermaßen aufzuerlegen und diese zu verpflichten, das Gleiche hinsichtlich ihrer etwaigen Sonderrechtsnachfolger zu tun". Siehe Muster 1 Ziffer IX, Muster 2 Ziffer IX, Muster 6 Ziffer XIII.
[41] *Hartmann* DB Beilage Nr. 14/1970, 1/6; ausführlich *Ranft* Die „Verdinglichung" des Erbbaurechtsinhalts, 1991.

sondern nur, dass der jeweilige Rechtsträger in das Schuldverhältnis mit einbezogen wird.[42] Die als vertraglicher Inhalt des Erbbaurechts gestaltete Regelung besteht zwischen dem Grundstückseigentümer und dem Erbbauberechtigten hinsichtlich der während der Zeit ihrer Inhaberschaft fällig werdenden Rechte und Pflichten; als rein schuldrechtliche Ansprüche des jeweiligen Grundstückseigentümers gegen den jeweiligen Erbbauberechtigten und des jeweiligen Erbbauberechtigten gegen den jeweiligen Grundstückseigentümer bleiben sie auch nach Ende der für sie bestehenden Erbbaurechtszeit bestehen.[43] Da der vertraglich vereinbarte Inhalt des Erbbaurechts dinglich wirkt, also auch gegenüber Sonderrechtsnachfolgern, geht er auch bei der Zwangsversteigerung auf den Ersteher über, ohne dass es einer besonderen Übertragung oder Übernahme bedürfte.

Schon aus Gründen der Rechtssicherheit ist daher eine klare Trennung zwischen dinglichem und schuldrechtlichem Inhalt unabdingbar. Sind in einem Erbbaurechtsvertrag die nur schuldrechtlich wirksamen Vereinbarungen von den dinglich wirksamen nicht getrennt, ist es nicht Aufgabe des Grundbuchamts, diese Trennung im Weg der Auslegung vorzunehmen; vielmehr müssen die Eintragungsanträge und -bewilligungen eindeutig sein.[44]

4.28 Der **Erbbauzins,** der dem Erbbaurecht nicht einmal wesentlich ist, da das Erbbaurecht auch unentgeltlich ausgegeben werden kann, wird zwar Bestandteil des Erbbaurechtsvertrages; er gehört dann zu dessen Inhalt, aber auch nur zu ihm. Dagegen kann er nicht „Inhalt des Erbbaurechts" sein, da ihn das ErbbauRG als Belastung und nicht als Inhalt des Erbbaurechts regelt.[45] Bestimmungen, die wie der Erbbauzins nicht als Inhalt des Erbbaurechts vereinbart werden können, gelten nur zwischen den Vertragsschließenden unmittelbar und wirken nach allgemeinen Grundsätzen für und gegen Sonderrechtsnachfolger nur, wenn sie in der Übertragungsurkunde ausdrücklich vom Erwerber übernommen sind.[46]

4.28a Das **Sachenrechtsänderungsgesetz** vom 21. 9. 1994 (BGBl. I S. 2457/2489) hat die geltende Rechtslage mit Wirkung zum 1. Oktober 1994 dadurch verändert, dass gemäß dem damals neu eingefügten § 9 Abs. 3 Nr. 1 ErbbVO[47] **vereinbart werden kann,** dass die Reallast abweichend vom § 52 Abs. 1 ZVG mit ihrem Hauptanspruch bestehen bleibt, wenn der Grundstückseigentümer aus der Reallast oder der Inhaber eines vorrangigen oder gleichstehenden Rechts die Zwangsversteigerung des Erbbaurechts betreibt. Der Regierungsentwurf sah zunächst vor, dass die Abrede über die Verpflichtung zur Zahlung der künftig fällig werdenden Erbbauzinsen in einer bestimmten Höhe zum vertragsmäßigen, auch den Rechtsnachfolger verpflichtenden Inhalt des Erbbaurechts vereinbart werden sollte; insoweit wäre der Erbauzins in der Zwangsversteigerung bestehen geblieben, auch wenn die Erbbauzinsreallast nicht ins geringste Gebot gefallen wäre. Die vom Rechtsausschuss vorgeschlagene und nunmehr geltende Neuregelung sieht demgegenüber vor, dass eine Wertsicherung der Reallast und ihr Bestehenbleiben im Fall der Zwangsversteigerung des Erbbaurechts als **Inhalt des Erbbauzinses** vereinbart werden kann. Entscheidend ist, dass im Ergebnis die Begründung einer zwangsversteigerungsfesten Erbbauzinsreallast möglich ist. Damit wurde einer vom Verfasser bereits 1970 erhobenen Forderung nach einer Änderung der Rechtslage entsprochen.[48]

---

[42] RGRK/*Räfle* § 2 RdNr. 2; *Staudinger/Rapp* § 2 RdNr. 2; *Wufka* DNotZ 1985, 651 f.
[43] *Hartmann* aaO S. 6.
[44] OLG Hamm DNotZ 1967, 635.
[45] Vgl. RdNr. 6.26.
[46] Vgl. RdNr. 4.9, 4.11, 4.25 mit Rechtsnachfolgeklausel.
[47] Zu dessen weiterer Änderung durch das Gesetz zur Änderung des WEG v. 26. 3. 2007 unten RdNr. 6.283 ff.
[48] Vgl. *Winkler* DNotZ 1970, 390; NJW 1985, 940.

I. Allgemeines

c) Keine „dingliche" Wirkung. Dadurch darf jedoch nicht der Eindruck entstehen, dass die zum Erbbaurechtsinhalt gemachten Vereinbarungen mit dinglicher Wirkung im Sinn einer **Haftung** des Erbbaurechts ausgestaltet sind. Dem Erbbaurechtsinhalt kommt, wenn er im Grundbuch eingetragen ist, zwar dingliche und absolute Wirkung zu, d. h. er wirkt gegen den jeweiligen Grundstückseigentümer bzw. Erbbauberechtigten. Dagegen besteht trotz der Eintragung im Grundbuch keine dingliche Haftung des Erbbaurechts für die als Erbbaurechtsinhalt vereinbarten Pflichten. Es haften weder das Grundstück noch das Erbbaurecht für die Erfüllung der Rechte mit Erbbaurechtsinhaltscharakter.[49]

4.29

Dingliche Wirkung bedeutet nämlich etwas anderes: Sie hat zur Folge, dass ein Recht als solches von einer Rechtswirkung erfaßt wird und als solches haftet. Dies wird etwa am Beispiel des § 2 Nr. 5 ErbbauRG deutlich. Eine gem. § 2 Nr. 5 getroffene Vereinbarung einer **Vertragsstrafenklausel** verpflichtet zur Zahlung der Vertragsstrafe jeden Erbbauberechtigten, der die unter Strafe gestellte Verbindlichkeit nicht oder nicht in gehöriger Weise erfüllt und deshalb die Strafe verwirkt hat;[50] es ist also auch der Erwerber oder Ersteher des Erbbaurechts an diese Vertragsstrafenklausel gebunden,[51] er haftet aber nicht für die von seinem Vorgänger etwa verwirkte Vertragsstrafe; nur letzteres wäre als dingliche Wirkung zu bezeichnen. Der aus den Vereinbarungen entstandene und damit losgelöste einzelne Anspruch, zB auf Zahlung der Vertragsstrafe (Nr. 5) oder Erstattung bezahlter Lasten (Nr. 3), wirkt nur persönlich zwischen den Beteiligten zurzeit der Entstehung des Anspruchs. Das Erbbaurecht haftet für diese losgelösten Ansprüche nicht dinglich, wie etwa ein Grundstück für eine Grundschuld, und damit auch nicht der Rechtsnachfolger.[52]

4.30

Sind aus dem Erbbaurecht Ansprüche entstanden, so haftet nicht etwa das Erbbaurecht als solches, sondern nur der Erbbauberechtigte persönlich, in dessen Person der Anspruch durch seine Handlung verwirklicht ist, und zwar auch noch nach dem Ende seiner Erbbaurechtszeit, nicht jedoch sein Rechtsnachfolger. Es ist daher für den Grundstückseigentümer ratsam, sich nach § 5 Abs. 1 ErbbauRG die Zustimmung zur Veräußerung des Erbbaurechts vorzubehalten, um sich gegen eine Veräußerung des Erbbaurechts zur Durchsetzung eventueller Ansprüche zu schützen.[53] Eine Ausnahme besteht beim Heimfallanspruch, der nicht nur gegen den besteht, dem das Erbbaurecht zurzeit des Eintritts der Heimfallvoraussetzungen zusteht, sondern auch gegen einen späteren Erwerber, falls der Heimfallanspruch nicht inzwischen erloschen ist, etwa gem. § 4 ErbbauRG oder § 892 BGB.[54]

4.31

Unbenommen bleibt es den Beteiligten, diese wie auch die rein schuldrechtlichen Bestimmungen[55] durch die Vereinbarung dinglicher Rechte abzusichern, wie sie das Sachenrecht anbietet; so können diese Vereinbarungen auch im Rahmen eines Erbbaurechtsvertrags durch die üblichen dinglichen Sicherungsmöglichkeiten, zB durch Hypothek, Grundschuld, Vormerkung, Reallast etc. abgesichert werden, soweit die dafür jeweils erforderlichen Voraussetzungen gegeben sind.[56] Soweit jedoch der Inhalt einer Grunddienstbarkeit auch als vertraglicher Inhalt des

4.32

---

[49] *Hartmann* aaO S. 6; RGRK/*Räfle* § 2 RdNr. 2.
[50] *Strecker* Das Recht 1920, 229, 230.
[51] Vgl. RdNr. 4.13, 4.139 ff.
[52] MünchKomm § 2 RdNr. 7; *Staudinger/Rapp* § 2 RdNr. 5; *Strecker* Das Recht 1920, 229, 232; vgl. RdNr. 4.20 und 4.140.
[53] *Staudinger/Rapp* § 2 RdNr. 5; ausführlich dazu RdNr. 4.172 ff., 4.184 ff.
[54] *Rahn* BWNotZ 1961, 53/55; *Staudinger/Rapp* § 2 RdNr. 20; *Strecker* Das Recht 1920, 229, 233; ausführlich dazu RdNr. 4.92.
[55] Vgl. RdNr. 4.6.
[56] MünchKomm § 2 RdNr. 2; *Staudinger/Rapp* § 2 RdNr. 5; *Strecker* Das Recht 1920, 229, 231; vgl. RdNr. 4.8.

Erbbaurechts gemäß §§ 2ff. ErbbauRG geregelt werden kann, geht diese Bestimmung als lex specialis vor.[57]

3. Inhaltsänderungen des Erbbaurechts

4.33 **a) Begriff.** Unter Inhaltsänderung ist jede Änderung der Bestimmungen des Erbbaurechts zu verstehen, gleich ob es sich um eine Erweiterung, Beschränkung oder sonstige Veränderung handelt.[58] Es ist gleichgültig, ob es sich um Änderungen des gesetzlichen oder vertraglichen Inhalts handelt: Etwa Änderung der Bebauungsbefugnis, zB bei Teilung des Erbbaurechts, Verlängerung der Erbbaurechtszeit,[59] Änderungen in der Versicherungspflicht, Ausdehnung des Erbbaurechts durch Bestandteilszuschreibung oder Grundstücksvereinigung. Davon zu trennen ist die Änderung von Rechten, die nicht zum Inhalt des Erbbaurechts gehören, wie etwa des Erbbauzinses.[60]

4.34 **b) Form des schuldrechtlichen Grundgeschäftes.** Bis zur Eintragung des Erbbaurechts im Grundbuch ist jede Änderung des schuldrechtlichen Vertrags über das Erbbaurecht gemäß § 311b Abs. 1 BGB, § 11 Abs. 2 ErbbauRG formbedürftig.[61] Ob die nachträgliche Inhaltsänderung der Form des § 311b Abs. 1 BGB bedarf, ist streitig. Nach der einen Meinung ist die Änderung dann grundsätzlich formfrei, außer wenn die Inhaltsänderung einer Erbbaurechtsbestellung gleichkommt, so zB bei nachträglicher Bildung eines Gesamterbbaurechts.[62] Nach einer Zwischenmeinung fällt die Verpflichtung zu einer Inhaltsänderung dann unter § 311b Abs. 1 BGB, wenn die Inhaltsänderung für einen der beiden Vertragsteile eine Verschlechterung seiner Rechtslage herbeiführt, da Zweck des § 311b Abs. 1 BGB der Schutz der Vertragsteile vor unüberlegten Handlungen ist, der ebenso bei einer nachträglichen Änderung der Rechtsbeziehungen erforderlich sei.[63] Zuzustimmen ist wohl der in Rechtsprechung und Schrifttum zu § 311b Abs. 1 BGB überwiegenden Meinung, die einen noch weitergehenden Formzwang annimmt und grundsätzlich alle Änderungen für formbedürftig erachtet, soweit sie einen Bestandteil des ursprünglichen Vertrages betreffen.[64] Insbesondere nach der Erweiterung, die sowohl der frühere § 313 BGB wie auch § 11 Abs. 1 ErbbauRG erfahren haben, geht die Tendenz auf die Ausdehnung des Formzwanges hin. Es ist daher regelmäßig ratsam, auch Änderungsverträge notariell beurkunden zu lassen.[65]

4.35 **c) Dingliche Inhaltsänderung.** Die Inhaltsänderung richtet sich nach § 877 BGB, da das Erbbaurecht ein Recht an einem Grundstück ist, so dass die Vorschriften der §§ 873, 874, 876 BGB Anwendung finden (§ 11 Abs. 1 S. 1 ErbbauRG). Erforderlich ist daher gemäß § 873 BGB die dingliche Einigung des Grundstückseigentümers und des Erbbauberechtigten, die Zustimmung der am Erbbaurecht dinglich Berechtigten, insbesondere also der Hypotheken- und Grundschuldgläubiger, und die Eintragung im Grundbuch. Zwar ist die Einigung an sich formfrei, sie muss aber gemäß § 20 GBO dem Grundbuchamt mit den Erklärungen nach §§ 19, 13 GBO in der Form des § 29 GBO nachgewiesen werden, und bedarf daher der notariellen Beglaubigung.

---

[57] Unten RdNr. 5.108; *Erman/Ronke* § 2 RdNr. 12; *Planck* § 2 RdNr. 1; *Stahlhacke* S. 20; a.A. *Ingenstau/Hustedt* § 2 RdNr. 3.
[58] BayObLG NJW 1960, 1155.
[59] BayObLG NJW 1960, 1155.
[60] Vgl. dazu RdNr. 6.60.
[61] BGH DNotZ 1967, 495.
[62] MünchKomm § 11 RdNr. 28; *Palandt/Bassenge* § 11 RdNr. 11.
[63] *Staudinger/Rapp* § 11 RdNr. 23.
[64] *Ingenstau/Hustedt* § 11 RdNr. 50; *Palandt/Grüneberg* § 311b BGB RdNr. 41; vgl. auch BGHZ 66, 270, 271; NJW 1974, 271.
[65] *Ingenstau/Hustedt* § 11 RdNr. 50.

d) Zustimmung dinglich Berechtigter. Gemäß §§ 876, 877 BGB ist die Zustimmung dinglich Berechtigter an dem Erbbaurecht (zB Hypotheken- und Grundschuldgläubiger) zur Änderung erforderlich, wenn durch die Änderung eine Wertminderung des Erbbaurechts eintreten würde. Wird dagegen die Befugnis des Erbbauberechtigten erweitert, oder nur in Nebenpunkten ausgestaltet, wie zB bei einer Verlängerung des Erbbaurechts,[66] so ist eine solche Zustimmung nicht erforderlich.[67] Ist das Grundstück im Rang nach dem Erbbaurecht dinglich belastet, so ist gemäß § 876 S. 2 BGB die Zustimmung dieser dinglich Berechtigten erforderlich, wenn der Inhalt des Erbbaurechts erweitert und dadurch die nachrangigen Rechte beeinträchtigt werden.[68] 4.36

e) Kein gutgläubiger Erwerb. Da die Vereinbarungen nach § 2 ErbbauRG kein dingliches Recht im eigentlichen Sinn begründen, ist § 892 BGB nicht anwendbar. Es ist nicht möglich, gutgläubig einen nicht vorhandenen Anspruch zu **erwerben,** da es sich um schuldrechtliche Ansprüche handelt, deren „Verdinglichung" nur darin besteht, dass sie auf die jeweiligen Sonderrechtsnachfolger übergehen.[69] 4.37

II. Errichtung, Instandhaltung, Verwendung des Bauwerks (§ 2 Nr. 1)

1. Allgemeines

§ 2 Nr. 1 und 2 ErbbauRG macht die Errichtung, die Instandhaltung und die Verwendung des Bauwerks sowie die Versicherung und seinen Wiederaufbau im Fall der Zerstörung zum Inhalt des Erbbaurechts. Darin kommt das überragende Interesse des Grundstückseigentümers an der Errichtung und Erhaltung des Bauwerks zum Ausdruck, in dem die wirtschaftliche Sicherheit des Erbbauzinses liegt. Die Bestimmungen sind aber auch von entscheidender Bedeutung, weil nach Erlöschen oder Heimfall das Erbbaurecht auf den Eigentümer übergeht, ferner für den Erbbauberechtigten im Hinblick auf die Beleihbarkeit des Erbbaurechts. 4.38

2. Errichtung des Bauwerks

a) Pflicht zur Errichtung. Nach § 1 Abs. 1 ErbbauRG bedeutet das Erbbaurecht das veräußerliche und vererbliche **Recht,** auf oder unter der Oberfläche des Grundstücks ein Bauwerk zu haben; eine Pflicht zur Errichtung des Bauwerks besteht hiernach nicht. Eine solche Pflicht kann jedoch gemäß § 2 Nr. 1 bestimmt werden, was den oben RdNr. 4.38 aufgeführten Interessen des Eigentümers entspricht und daher auch regelmäßig vereinbart wird. Ist die Errichtung eines Bauwerks bei Bestellung des Erbbaurechts aus Rechtsgründen dauernd ausgeschlossen, zB auf Grund eines Bebauungsplans, so kann das Erbbaurecht nicht wirksam entstehen, weil es inhaltlich unzulässig und objektiv unmöglich ist.[70] Im Rahmen der Pflicht zur Errichtung des Bauwerks kann auch eine Frist für die Errichtung vereinbart werden, gegebenenfalls auch eine Sanktion bei Nichterfüllung dieser Pflicht, wie etwa Heimfall oder Vertragsstrafe.[71] 4.39

b) Einzelheiten der Bebauung. Es ist streitig, wie weit die zu errichtenden Bauwerke bestimmt sein müssen, damit ein Erbbaurecht rechtswirksam entsteht. Die 4.40

---

[66] BayObLG NJW 1960, 1155.
[67] MünchKomm § 11 RdNr. 30.
[68] BayObLG NJW 1960, 1155; MünchKomm § 11 RdNr. 30.
[69] *Staudinger/Rapp* § 2 RdNr. 6.
[70] BGH NJW 1986, 1605 = DNotZ 1986, 286; eine Veränderungssperre, die die Bebauung des Grundstücks im Zeitpunkt der Erbbaurechtsbestellung verbietet, ist im Fall des Verkaufs ein Rechtsmangel iS des § 435 BGB.
[71] MünchKomm § 2 RdNr. 9. Zur Fristbestimmung siehe Muster 1 und 2, je Ziffer II § 2.

Meinungen im Schrifttum sind geteilt. *Lutter*[72] verneint die Wirksamkeit nur bei „völliger Unbestimmtheit", wofür er als Beispiel die Bezeichnung „ein Bauwerk" anführt. Umgekehrt verlangt *Ripfel*[73] genaue Vereinbarungen über die Einzelheiten der geplanten Grundstücksbebauung; fest liegen müssten insbesondere die Anzahl der Bauwerke, ihr Art, ihre Größe und Lage, die Geschosszahl sowie der Höchstumfang der zu bebauenden Grundflächen. Durch solch strenge Anforderungen würde aber die Möglichkeit, ein Erbbaurecht zu bestellen, in sachlich nicht zu rechtfertigender Weise eingeschränkt, weil erfahrungsgemäß die Einzelheiten der Bauausführung im Zeitpunkt des Vertragsabschlusses häufig noch nicht bekannt sind. Außerdem wäre dann § 2 Nr. 1 ErbbauRG insoweit überflüssig, als dort – über die Mindesterfordernisse des § 1 ErbbauRG hinaus – noch zusätzliche Vereinbarungen über „die Errichtung des Bauwerks" mit dinglicher Wirkung zugelassen werden, etwa darüber, dass es eine bestimmte Größe haben, ein Einfamilienhaus sein oder aus einer bestimmten Anzahl von Stockwerken bestehen müsse;[74] zu derartigen Sonderabmachungen bestünde kein Anlass, wenn ihr Inhalt schon ohnehin zwingend und bei Gefahr der Unwirksamkeit des Erbbaurechts vorgeschrieben wäre.

4.41 Für die richtige Grenzziehung zwischen Wirksamkeit und Unwirksamkeit kommt daher nur ein vermittelnder Standpunkt in Betracht, wie er überwiegend vertreten wird. Es genügt zwar nicht die einfache Erklärung, dass ein Erbbaurecht bestellt werde, vielmehr ist das Bauwerk bestimmt, wenigstens der Art nach, zu bezeichnen. Der Bestimmtheitsgrundsatz darf aber nicht zu engherzig ausgelegt werden, weil sich der spätere Bauwerksumfang oftmals nicht vorhersehen lässt.[75] Auch Erbbaurechte, bei deren Bestellung nicht alles im Voraus geregelt wurde, entbehren nicht der Rechtswirksamkeit, sofern nur deutlich ist, wie die Grundstücksbebauung ungefähr beschaffen sein muss, sowie ob es sich um ein einziges Bauwerk oder um mehrere handeln soll. Wie der BGH[76] ausführt, wäre das etwa der Fall bei Bezeichnungen wie „ein Wohnhaus", „mehrere Wohnhäuser", „mehrere Wohn- und Wirtschaftsgebäude", „mehrere Gebäude im Rahmen einer Wohnsiedlung".

4.42 Die Beteiligten können aber auch die Einzelheiten und Modalitäten über die Art des Bauwerks und der Bauausführung in Einzelheiten regeln. Damit hat das ErbbauRG die Möglichkeit geschaffen, dem Grundstückseigentümer einen gewissen Einfluss darauf zu gewähren, dass sein Grundstück nicht über den Vertrag hinaus verändert und genutzt wird. Die Vereinbarungen können daher in Einzelbestimmungen die Art des Bauwerks und seine äußere Ausgestaltung festlegen, zB Kleinbauten, Einfamilienhäuser, Höhe des Bauwerks, Zahl und Art der Geschosse, Flächen, Abmessungen, Größe der zu überbauenden Fläche, Benützung der für die Bauwerke nicht erforderlichen Teile des Grundstücks nur als Hofraum oder Garten,[77] etc. Dies kann im Vertrag konkret in Worten ausgedrückt oder aber durch Beifügung einer Baubeschreibung und eines Bauplans fixiert werden.[78]

4.43 Ihre allgemeine Begrenzung finden solche Baubeschränkungen aber darin, dass dem Erbbauberechtigten das Recht zum Bauen sowie zum Wiederaufbau nicht genommen werden kann; deshalb kann auch die Befugnis zum Bauen nicht allgemein an die Zustimmung des Grundstückseigentümers geknüpft werden,[79] wohl

---

[72] DNotZ 1960, 80, 88.
[73] NJW 1957, 1826.
[74] *Ingenstau/Hustedt* § 2 RdNr. 9.
[75] BayObLG MDR 1958, 691; *Erman/Ronke* § 1 RdNr. 1; MünchKomm § 2 RdNr. 10; *Riedel* DNotZ 1960, 375, 376; *Staudinger/Rapp* § 2 RdNr. 12; vgl. RdNr. 4.40 und Muster 1 und 2, je Ziffer II § 1.
[76] BGHZ 47, 190, 193; vgl. dazu auch OLG Hamm Rpfleger 1983, 349.
[77] LG Lüneburg MDR 1955, 35.
[78] MünchKomm § 2 RdNr. 10; *Staudinger/Rapp* § 2 RdNr. 12.
[79] *Staudinger/Rapp* § 2 RdNr. 12.

II. Errichtung, Instandhaltung, Verwendung des Bauwerks (§ 2 Nr. 1)

aber kann die zusätzliche Errichtung von Anlagen an die vorherige Zustimmung des Grundstückseigentümers gebunden werden.[80]

Aus dem überragenden Interesse des Grundstückseigentümers an der Errichtung des Bauwerks und seiner Erhaltung, wie es sich im § 2 Nr. 1 und 2 ErbbauRG niederschlägt,[81] ergibt sich auch, dass Bauwerke und Anlagen den öffentlich-rechtlichen Bauordnungsvorschriften und den Auflagen und Anordnungen der Baubehörden entsprechen müssen und nach den allgemein anerkannten Regeln der Technik errichtet werden müssen. Wird ein Erbbaurecht mit der Zweckbestimmung bestellt, ein Wohnhaus nach Maßgabe des im Zeitpunkt der Bestellung gültigen Bebauungsplanes zu errichten, so ist bei einer späteren Aufstellung eines neuen Bebauungsplans dieser Plan für die Errichtungspflicht maßgebend, wenn er keine wesentlich andere Art der Bebauung vorschreibt.[82]   **4.44**

Errichtet der Erbbauberechtigte ein Gebäude nur zum Teil auf dem Erbbaugrundstück und zum Teil auf einem anderen Gelände, so wird der Erbbaurechtsbestellungsvertrag dadurch nicht unwirksam; dies ist nur dann der Fall, wenn dies schon zurzeit des Vertragsabschlusses von den Vertragsparteien vereinbart wurde.[83]   **4.45**

c) Erschließungsmaßnahmen. Gemäß § 2 Nr. 1 ErbbauRG kann zum Inhalt des Erbbaurechts bestimmt werden, dass der Erbbauberechtigte verpflichtet ist, das Erbbaugrundstück zu erschließen. Die Erschließung des Erbbaugrundstücks ist Teil und Voraussetzung einer Bebauung. Kann diese zur Pflicht für den Erbbauberechtigten gemacht werden, so steht es auch im Einklang mit § 2 Nr. 1 ErbbauRG, wenn der Erbbauberechtigte vertraglich verpflichtet wird, das Erbbaugrundstück zu erschließen.[84] Alle Vereinbarungen über die Vornahme der Erschließungsmaßnahmen und deren Unterhaltung fallen unter § 2 Nr. 1 ErbbauRG, da es sich hierbei um die zwingende Voraussetzung zur Errichtung des Erbbaugebäudes handelt, ferner die Erschließungsanlagen selbst einen Teil der Baumaßnahmen darstellen.[85] Dazu gehören u. a. private Zufahrt, Straßen, Kanalisation, Wasser-, Lichtanschluss, Kläranlagen sowie sonstige Außenanlagen.   **4.46**

3. Bauliche Veränderungen

Aus der Pflicht des Erbbauberechtigten, das Erbbaugebäude in einer bestimmten Art und Weise zu errichten, ergibt sich das Interesse des Eigentümers am Ausschluss unerwünschter Änderungen. Es ist daher zulässig, auch Abmachungen der Vertragsschließenden zum dinglichen Inhalt des Erbbaurechts zu machen, die eine Veränderung des einmal errichteten Bauwerks an die Zustimmung des Grundstückseigentümers knüpfen.[86] Dabei kann sich bei Fehlen einer vertraglichen Regelung unter Umständen eine Zustimmungsverpflichtung des Grundstückseigentümers aus dem Gebot von Treu und Glauben ergeben, wenn und soweit die Gebäudeveränderungen für den Grundstückseigentümer zumutbar sind, insbesondere wenn sie sich unter Berücksichtigung der Zweckbestimmung des Gebäudes im Rahmen des – bei einer Nutzung über mehrere Jahrzehnte – Üblichen und   **4.47**

---

[80] LG Lüneburg MDR 1955, 35.
[81] Vgl. RdNr. 4.38.
[82] BGH NJW 1985, 1464 = MDR 1985, 305.
[83] BGH DNotZ 1973, 609; vgl. dazu auch *Demharter* Rpfleger 1983, 133.
[84] *Schulte* BWNotZ 1961, 315, 322; vgl. Muster 1 Ziffer II § 5 Abs. 3, Muster 2 Ziffer II § 6 Abs. 3. Zu den daraus sich ergebenden steuerlichen Folgen s. RdNr. 9.76.
[85] *Ingenstau/Hustedt* § 2 RdNr. 13; MünchKomm § 2 RdNr. 12; RGRK/*Räfle* § 2 RdNr. 8; *Staudinger/Rapp* § 2 RdNr. 12.
[86] BGH NJW 1967, 2351; BayObLGZ 1986, 501/504; *Ingenstau/Hustedt* § 2 RdNr. 12; MünchKomm § 2 RdNr. 11; RGRK/*Räfle* § 2 RdNr. 8; *Staudinger/Rapp* § 2 RdNr. 12. Vgl. Muster 1 und 2, je § 2 Abs. 4.

Normalen halten und berücksichtigenswerte Interessen des Grundstückseigentümers nicht entgegenstehen.[87]

Aber auch dann ist es nicht ausgeschlossen, wie der BGH[88] betont, dass die Gebäudeveränderung den Interessen des Grundstückseigentümers zuwiderläuft. Eine Zustimmungspflicht kann deshalb auch bei Gebäudeveränderungen der genannten Art nicht allgemein bejaht werden, sondern nur nach den Umständen des einzelnen Falles, insbesondere nur dann, wenn der Grundstückseigentümer keine **berücksichtigenswerten Ablehnungsgründe** hat. Solche sieht der BGH vor allem in Umständen, durch die eine Werterhöhung des Gebäudes eintritt und die damit zur Erhöhung der vom Grundstückseigentümer nach dem Gesetz oder dem Erbbaurechtsvertrag uU zu erbringenden Zahlungen führen können. Hier ist vor allem zu denken an:

(1) *Vorkaufsrecht*. Ist im Erbbaurechtsvertrag, wie regelmäßig, ein gegenseitiges Vorkaufsrecht vereinbart, bedeutet dies, dass beim Verkauf des Erbbaurechts durch den Erbbauberechtigten der Grundstückseigentümer in den vom Erbbauberechtigten mit dem Dritten geschlossenen Vertrag eintreten kann. Je mehr der Erbbauberechtigte in das Gebäude investiert, umso höher ist der Kaufpreis, den der Vorkaufsberechtigte zahlen muss.

(2) *Heimfall*. Als besonders zu berücksichtigenden Umstand hebt der BGH hervor, dass durch die Veränderung eine Werterhöhung des Gebäudes und dadurch eine Erhöhung der vom Grundstückseigentümer bei einem Heimfall zu zahlenden Entschädigung eintreten kann. Könnte der Erbbauberechtigte also unbegrenzt Veränderungen am Gebäude durchführen, würde sich auch die Entschädigung danach richten und so uU die Ausübung des Heimfalls durch den Grundstückseigentümer erschweren oder praktisch unmöglich machen.

(3) Entschädigung bei *Zeitablauf*. Erlischt das Erbbaurecht durch Zeitablauf, so hat der Grundstückseigentümer dem Erbbauberechtigten eine Entschädigung für das Bauwerk zu leisten (§ 27 ErbbauRG). Auch diese Entschädigung ist abhängig vom gemeinen Wert des Bauwerks und kann daher durch Veränderungen des Gebäudes erheblich beeinflusst werden.

(4) Eine Analogie zu § 7 *ErbbauRG* lehnt der BGH zu Recht ab, da es dort um die wirtschaftliche Verwertung des Erbbaurechts im Weg rechtsgeschäftlicher Verfügung geht, hier aber um die Veränderung des tatsächlichen Zustandes. Bei der wirtschaftlichen Verwertung soll verhindert werden, dass der Erbbauberechtigte der Willkür des Grundstückseigentümers ausgeliefert und in der Freizügigkeit und Kreditaufnahme unerträglich eingeengt wird; dort kann dem Grundstückseigentümer die Zustimmung immer dann zugemutet werden, wenn der Zweck des Erbbaurechts nicht gefährdet wird. Eine Veränderung des tatsächlichen Zustands dagegen ist von ganz anderer Art; ihr kann auch dann ein schutzwürdiges Interesse des Grundstückseigentümers entgegenstehen, wenn der Zweck des Erbbaurechts nicht gefährdet wird, indem etwa das Aussehen oder der Wert des Gebäudes in einer ihm nicht zusagenden Art verändert wird.

(5) Die Schutzwürdigkeit des Grundstückseigentümers steht nicht nur der Bejahrung einer unmittelbaren vertraglichen Zustimmungspflicht entgegen, sondern auch ihrer Einführung auf dem Umweg, dass die Nichtzustimmung eine *unzulässige Rechtsausübung* (§ 242 BGB) oder gar Schikane (§ 226 BGB) darstellen würde.

Daher kann der Grundstückseigentümer seine Zustimmung zu baulichen Veränderungen grundsätzlich verweigern und sie auch davon anhängig machen, dass aktuelle Erbbauzinsen vereinbart werden. Sie kann auch von anderen Voraussetzungen abhängig gemacht werden. So ist es zB einem Siedlungsträger grundsätzlich

---

[87] BGHZ 48, 296, 299 = NJW 1967, 2351; NJW 1984, 2213, 2214; NJW-RR 1986, 1269, 1270.
[88] BGH a. a. O.

nicht verwehrt, seine Zustimmung zu baulichen Veränderungen von der Abgabe von Gelände für den Wohnungsbau abhängig zu machen.[89]

4. Instandhaltung des Bauwerks

a) Allgemeine Regel. Ist über die Instandhaltung des Bauwerks nichts vereinbart, so besteht grundsätzlich keine Verpflichtung des Erbbauberechtigten oder des Grundstückseigentümers, das Gebäude zu erhalten oder zu unterhalten. Hat der Erbbauberechtigte das Gebäude selbst errichtet, so kann er als Eigentümer während der Dauer des Erbbaurechts mit dem Gebäude wie ein Eigentümer gemäß § 903 BGB verfahren. Der Erbbauberechtigte kann die Bauwerke sogar verfallen lassen, soweit nicht öffentlich-rechtliche Vorschriften entgegenstehen. Lediglich etwaige Entschädigungsansprüche bei Beendigung des Erbbaurechts oder beim Heimfall, ferner ein etwaiges Vorrecht auf Erneuerung sowie die Beleihbarkeit fördern das Erhaltungsinteresse des Erbbauberechtigten.[90] Instandhaltungsvereinbarungen liegen daher im Interesse des Grundstückseigentümers. Hat der Erbbauberechtigte vertraglich die Pflicht übernommen, von ihm errichtete Bauwerke in gutem Zustand zu erhalten, so haftet er dem Eigentümer für Schäden infolge unterlassener Instandsetzungsmaßnahmen an diesen Gebäuden bei Ablauf des Erbbauvertrags.[91] Wird durch den Einsturz des Gebäudes oder durch die Ablösung von Teilen des Gebäudes ein Schaden verursacht, so ist gemäß §§ 836, 837 BGB im Außenverhältnis der Erbbauberechtigte haftpflichtig; im Innenverhältnis kann eine davon abweichende Regelung getroffen und zum Inhalt des Erbbaurechts gemacht werden. 4.48

§ 2 Nr. 1 ErbbauRG erlaubt nur, Abreden zum Inhalt des Erbbaurechts zu machen, die sich auf die Instandhaltung des erstellten **Bauwerks** beziehen. Eine Ausdehnung auf die Instandhaltung des **Erbbaugrundstücks** ist nach dem Wortlaut des Gesetzes nicht möglich. Verpflichtungen des Erbbauberechtigten bezüglich des Erbbaugrundstücks selbst können nach dem Willen des Gesetzgebers nicht zum Inhalt des Erbbaurechts gemacht werden, da vermieden werden soll, dass dem Erbbauberechtigten zu weitgehende und einseitige Verpflichtungen zugunsten des Grundstückseigentümers auferlegt werden. Eine solche wäre etwa die Übernahme der Pflege des Erbbaugrundstücks. Eine solche Abrede kann demnach nur mit schuldrechtlicher Wirkung getroffen werden, soweit nicht schon die Instandhaltung des Bauwerks seine Wirkung auch auf das Erbbaugrundstück erstreckt.[92] 4.49

Anders ist wohl bei den **Anlagen** des Erbbaugrundstücks zu entscheiden. Die „Anlagen" des Erbbaugrundstücks werden zwar auch nicht vom Wortlaut des § 2 Nr. 1 ErbbauRG erfasst, sind jedoch anders als das Erbbaugrundstück allein zu betrachten. Anlagen des Erbbaugrundstücks dienen häufig dem auf dem Grundstück erstellten Gebäude zumindest in gleicher Weise wie dem Erbbaugrundstück, wenn nicht gar ausschließlich. Es erscheint daher billig und durchaus im Sinn des Gesetzgebers, wenn nicht nur Verpflichtungen zur Unterhaltung des errichteten Bauwerks, sondern auch Verpflichtungen zur Unterhaltung der Anlagen des Erbbaugrundstücks, die dem errichteten Bauwerk dienen, zum Inhalt des Erbbaurechts gemacht werden.[93] 4.50

b) Umfang. Zur Instandhaltung gehören nicht nur die laufenden, sondern auch die außergewöhnlichen Unterhaltungs- bzw. Erhaltungskosten, insbesondere für substanzerhaltende Reparaturen und Erneuerungen. Die Beteiligten können beliebige Regelungen treffen, auch darüber, wer die Maßnahmen durchzuführen hat 4.51

---

[89] BGH a. a. O.
[90] MünchKomm § 2 RdNr. 13; *Staudinger/Rapp* § 1 RdNr. 40, § 2 RdNr. 13.
[91] LG Dortmund NZM 2000, 1192.
[92] *Schulte* BWNotZ 1961, 315, 321.
[93] *Schulte* a. a. O. Muster 1 und 2, je § 2.

4. Kapitel. Vertraglicher Inhalt des Erbbaurechts

und wer dann die Kosten trägt. Die Instandhaltungspflicht kann auch aufgeteilt werden.[94]

4.52 **c) Besichtigungsrecht.** Da der Eigentümer an der guten Erhaltung des Bauwerks interessiert ist, muss er sich über dessen jeweiligen Zustand unterrichten können. Es ist streitig, ob ein Besichtigungsrecht als Ausfluss der Instandhaltungsvereinbarung anzusehen ist[95] oder vertraglich als Durchführungsbestimmung zu § 2 Nr. 1 ErbbauRG festgelegt werden sollte;[96] letzteres geschieht in der Praxis regelmäßig und ist aus Sicherheitsgründen zu empfehlen.[97] Vertreten wird auch die Meinung, dass ein Besichtigungsrecht nicht zum Inhalt des Erbbaurechts gehört, sondern lediglich schuldrechtlich vereinbart werden kann und dieses Recht mit einer entsprechenden Grunddienstbarkeit auf dem Erbbaurecht abgesichert werden kann.[98]

4.53 **d) Haftung bei Verstoß.** Schadensersatzpflichten infolge Einsturzes des Gebäudes oder durch die Ablösung von Teilen des Gebäudes treffen gem. §§ 836, 837 BGB den Erbbauberechtigten. Nach außen haftet allein der Erbbauberechtigte als Eigentümer des Gebäudes, auch wenn im Erbbaurechtsvertrag der Grundstückseigentümer gem. § 2 Nr. 1 ErbbauRG die Instandhaltung des Gebäudes übernommen hat. Geschädigte Dritte können sich nicht an den Grundstückseigentümer halten.[99] Es kann aber für das Innenverhältnis eine abweichende Abrede nach § 2 Nr. 1 ErbbauRG getroffen werden.[100]

5. Verwendung des Bauwerks

4.54 **a) Gesetzliche Regel.** Die Verwendung des Bauwerks im Sinn des § 2 Nr. 1 ErbbauRG ist von seiner nach § 1 Abs. 1 ErbbauRG erforderlichen Bestimmung zu unterscheiden; ist zB bestimmt, dass auf dem Grundstück nur ganz bestimmte Gebäude errichtet werden dürfen, so ist darin nur eine Bestimmung des zulässigen Gebäudes, nicht aber über dessen Verwendung zu sehen.[101] Wenn Vereinbarungen nach § 2 Nr. 1 ErbbauRG zur Verwendung des Bauwerks nicht getroffen sind, so kann der Erbbauberechtigte das Bauwerk nach seinem Belieben verwenden.

Soweit eine solche Regelung auch Inhalt einer **Grunddienstbarkeit** sein kann, geht § 2 ErbbauRG als lex specialis vor. Die Nutzungsbefugnis kann nicht selbständig als Inhalt einer Dienstbarkeit, die im Verhältnis zwischen Grundstückseigentümer und Erbbauberechtigtem bestellt wird, geregelt werden. Das ErbbauRG wollte eine stabile Rechtslage und einheitlich gültige Rechtsbeziehungen zwischen dem Grundstückseigentümer und dem Erbbauberechtigten erreichen. Wegen dieses Normzwecks kann die als Inhalt des Erbbaurechts regelbare Nutzungsbefugnis nun nicht mehr Gegenstand gesonderter Dienstbarkeiten für den Erbbauberechtigten sein. Es sollen nicht zwei Rechtsverhältnisse mit unterschiedlichem rechtlichem Schicksal entstehen.[102]

4.55 **b) Begriff.** Der Begriff „Verwendung des Bauwerks" ist weit auszulegen und deckt Vereinbarungen, die die tatsächliche Nutzungsart des Bauwerks betreffen. Insbesondere sind zulässig allgemeine Vereinbarungen über die Verwendungsart des Bauwerks in wirtschaftlicher Hinsicht (zB zu Wohn- oder Gewerbezwecken) oder

---

[94] MünchKomm § 2 RdNr. 14; RGRK/*Räfle* § 2 RdNr. 9.
[95] So LG Lüneburg MDR 1955, 36; LG Regensburg Rpfleger 1991, 363; *Haegele* BWNotZ 1972, 45/47; *Palandt/Bassenge* § 2 RdNr. 2.
[96] *Soergel/Baur* § 2 RdNr. 3; *Erman/Hagen* § 2 RdNr. 3; MünchKomm § 2 RdNr. 18.
[97] S. u. Muster 1 und 2, je § 3.
[98] *Ingenstau/Hustedt* § 2 RdNr. 17; RGRK/*Räfle* § 2 RdNr. 11.
[99] *Ingenstau/Hustedt* § 2 RdNr. 16; RGRK/*Räfle* § 2 RdNr. 10; *Staudinger/Rapp* § 2 RdNr. 13 d.
[100] MünchKomm § 2 RdNr. 14; RGRK/*Räfle* § 2 RdNr. 10; vgl. auch *Ingenstau/Hustedt* § 2 RdNr. 16.
[101] BGH NJW 1972, 1464.
[102] Vgl. auch oben RdNr. 2.68.

II. Errichtung, Instandhaltung, Verwendung des Bauwerks (§ 2 Nr. 1)

allgemeine Vereinbarungen mit sozialen Zielvorstellungen (zB Verwendung für sozial minder bemittelte Personen, kinderreiche Familien, Flüchtlinge, Einheimischenmodell).[103] Dies ergibt sich aus dem Normzweck, der auf die Förderung des sozialen Wohnungsbaus gerichtet ist.[104] Es können demnach nicht nur Abmachungen darunter fallen, die allein den Gebrauch des Bauwerks im engeren Sinn erfassen, vielmehr können auch Bestimmungen weitergehender Art auf diese Weise zum „Inhalt des Erbbaurechts" gemacht werden. Zu denken ist etwa an Abmachungen mit sozialer, wirtschaftlicher oder ideeller Zielsetzung.

Beispiele:[105]

(1) **Soziale** Seite: Vermietung nur zum festgesetzten Mietpreis (zB Kostenmiete), nur an kinderreiche Familien, Flüchtlinge; **4.56**

(2) **Wirtschaftliche** Seite: Verbot jeder gewerblichen Nutzung oder einzelner Nutzungsarten, wie zB Untersagung von Bierausschank, Nutzung nur als Fabrik, Gastwirtschaft etc.; gewerbliche Nutzung nur mit vorheriger Genehmigung.[106] Darf auf dem Grundstück nur ein Wohngebäude errichtet werden, so ist die Bestellung einer Tankstellendienstbarkeit ausgeschlossen.[107] Ist als Zweck des Erbbaurechts die Errichtung einer „Restauration mit Discothek" festgelegt, ist der Betrieb einer Lokals mit Sexfilmen, Striptease etc. unzulässig.[108] **4.57**

Unter den Begriff Verwendung des Bauwerks im § 2 Nr. 1 ErbbauRG fällt nicht die Vereinbarung, dass der Berechtigte zur Vermietung und Verpachtung des Bauwerks die Zustimmung des Grundstückseigentümers benötigt; dieses Zustimmungserfordernis kann nicht zum Inhalt des Erbbaurechts gemacht werden. Ein generelles Mitspracherecht im Einzelfall bei Abschluss von Mietverträgen kann nicht zum Inhalt des Erbbaurechts gemacht werden; dies ist nur möglich als flankierende schuldrechtliche Vereinbarung.[109] Unbenommen bleibt es jedoch dem Eigentümer, das Zustimmungserfordernis zur Vermietung gegebenenfalls über ein Heimfallrecht bei einem Verstoß gegen das Zustimmungserfordernis zu „verdinglichen." Wollte man anders entscheiden, käme man zu folgendem misslichen Ergebnis: Der ohne Zustimmung des Eigentümers abgeschlossene Mietvertrag ist als obligatorisches Rechtsgeschäft zwar wirksam, der Mieter muss aber mit der Aufhebung des Mietvertrags und der Räumung des Mietobjekts rechnen; der Erbbauberechtigte müsste daher bei einem langfristigen Mietvertrag in der Regel den Mieter – schon um sich nicht schadensersatzpflichtig zu machen – auf dieses Risiko hinweisen und davon unterrichten, dass er nur Erbbauberechtigter ist und zur Vermietung die Zustimmung des Eigentümers benötige.[110] **4.58**

(3) **Ideelle** Seite: Nutzung nur durch bestimmte Vereinigungen, wie zB Sportvereine, oder nur zu karitativen Zwecken, Ausschluss des Betriebs etwa von unsittlichen oder lärmenden Geschäften. Zulässig ist es wohl auch, dass ein kirchlicher Grundstückseigentümer bei Bestellung des Erbbaurechts ausschließt, dass das **4.59**

---

[103] BayObLGZ 2001, 301, 304 = Rpfleger 2002, 140; s. unten 11.3.
[104] BayObLGZ 2001, 301, 304 = DNotZ 2002, 294 = Rpfleger 2002, 140.
[105] *Ingenstau/Hustedt* § 2 RdNr. 19; MünchKomm § 2 RdNr. 16; *Staudinger/Rapp* § 2 RdNr. 14.
[106] LG Lüneburg MDR 1955, 35.
[107] BayObLG DNotZ 1958, 542 = MDR 1958, 691.
[108] BGH NJW 1984, 2213 = DNotZ 1985, 370.
[109] BayObLG DNotZ 2002, 294 = Rpfleger 2002, 140; *Ingenstau/Hustedt* § 2 RdNr. 19; MünchKomm § 2 RdNr. 16; *Staudinger/Rapp* § 2 RdNr. 14; *Wufka* MittBayNot 1989, 13f.; offengelassen BGH DNotZ 1968, 302; aA *Böttcher* Rpfleger 2004, 21; *Linde/Richter* RdNr. 98; *Palandt/Bassenge* § 2 RdNr. 2; RGRK/*Räfle* § 2 RdNr. 12; *Weitnauer* DNotZ 1968, 303/304, der sich zu Unrecht auf BGH DNotZ 1968, 302, 303 beruft, da der BGH in dieser Entscheidung gerade betont, dass es „in diesem Zusammenhang" unerheblich sei, ob eine solche Vereinbarung zum Inhalt des Erbbaurechts gehöre oder nicht.
[110] Vgl. *Weitnauer* DNotZ 1968, 303/305.

Grundstück zu Zwecken verwendet wird, die mit seinen weltanschaulichen Grundsätzen in Widerspruch stehen.[111]

§ 2 Nr. 1 ErbbauRG erlaubt es nur, Abreden zum Inhalt des Erbbaurechts zu machen, die die Verwendung des erstellten *Bauwerks* betreffen. Eine Ausdehnung auf die Verwendung des Erbbaugrundstücks ist nach dem Wortlaut des Gesetzes nicht möglich. Eine solche Abrede kann demnach nur mit schuldrechtlicher Wirkung getroffen werden,[112] soweit nicht schon die Verwendung des Bauwerks seine Wirkung auch auf das Erbbaugrundstück erstreckt.[113]

6. Beseitigung des Bauwerks

4.60 Gemäß § 2 Nr. 1 ErbbauRG kann zum Inhalt des Erbbaurechts eine Vereinbarung über die Errichtung, die Instandhaltung und die Verwendung des Bauwerks gemacht werden. Nach dem Wortlaut ist damit die Pflicht zur Beseitigung des Bauwerks nicht gedeckt. Man könnte jedoch den Begriff der Errichtung, der auch die Abänderung von bereits bestehenden Gebäuden umfasst, weit verstehen und die Verpflichtung der Änderung der bestehenden Gebäude im Zeitpunkt der Beendigung des Erbbaurechts auch auf die Beseitigung erstrecken. Dem dürfte jedoch der sachenrechtliche Bestimmtheitsgrundsatz entgegenstehen. § 2 ErbbauRG zählt abschließend diejenigen Vereinbarungen auf, die durch Eintragung im Grundbuch zum dinglich wirkenden Inhalt des Erbbaurechts gemacht werden können. Diese im Katalog enthaltenen Vereinbarungen sind auf Grund des sachenrechtlichen Typenzwanges eng auszulegen.[114] Die beiden bekannten gerichtlichen Entscheidungen[115] haben eine Beseitigungsverpflichtung auch im Hinblick auf § 34 ErbbauRG abgelehnt. Durch § 34 ErbbauRG wird dem Erbbauberechtigten ein Wegnahmerecht bezüglich des Gebäudes versagt; im Gegenschluss daraus folgert *Ingenstau/Hustedt,* dass es nach dem Wesen des Erbbaurechts auch keine Pflicht zur Wegnahme geben kann.[116] Auch aus § 27 ErbbauRG kann eine Abrisspflicht mit dinglicher Wirkung nicht hergeleitet werden; § 27 ErbbauRG bezieht sich auf die Entschädigungspflicht des Eigentümers gegenüber dem Erbbauberechtigten, nicht auf Pflichten, die dem Erbbauberechtigten dem Eigentümer gegenüber obliegen und begründen lediglich eine Zahlungspflicht, keine Pflicht zur Vornahme sonstiger Handlungen. Die Pflicht zur Beseitigung des Bauwerks im Fall des Erlöschens des Erbbaurechts kann daher zwischen Grundstückseigentümer und Erbbauberechtigtem nur mit schuldrechtlicher Wirkung vereinbart werden, mit der Folge, dass die Verpflichtung nicht automatisch bei der Übertragung des Erbbaurechts auf einen Sonderrechtsnachfolger übergeht und jeweils im Weg der Sonderrechtsnachfolge auf eventuelle Erwerber übertragen werden muss.[117] Im Erbbaurechtsbestellungsvertrag kann jedoch die Übertragung des Erbbaurechts an die Zustimmung des Grundstückseigentümers geknüpft werden (§ 5 Abs. 1 ErbbauRG).[118] Bestehen bleibt das Problem, dass diese Verpflichtung uU nicht übernommen wird, wenn der Erwerb im Weg der Zwangsversteigerung aus einem mit Zustimmung des Grundstückseigentümers bestellten Grundpfandrecht erfolgt.[119]

---

[111] OLG Braunschweig Rpfleger 1975, 399; *Ingenstau/Hustedt* § 2 RdNr. 20; MünchKomm § 2 RdNr. 16. Dazu auch unten RdNr. 4.84 (Heimfall) und 4.200 (Zustimung zur Veräußerung).
[112] Vgl. RdNr. 4.6, 4.24.
[113] *Schulte* BWNotZ 1961, 315/321.
[114] MünchKomm § 2 RdNr. 2, 11.
[115] LG Düsseldorf, MittRhNotK 1987, 129; LG Wuppertal Rpfleger 2006, 540; ebenso *Schöner/Stöber* RdNr. 1750 m. w. N.; *Böttcher* Rpfleger 2007, 526.
[116] *Ingenstau/Hustedt* § 34 RdNr. 2.
[117] S. o. RdNr. 4.6.
[118] S. u. RdNr. 4.184 ff.
[119] S. u. RdNr. 6.252 ff.

II. Errichtung, Instandhaltung, Verwendung des Bauwerks (§ 2 Nr. 1)

7. Verstöße

a) Erfüllungsanspruch. Wird gegen eine Vereinbarung nach § 2 Nr. 1 Erb- 4.61
bauRG verstoßen, so hat der Grundstückseigentümer einen Anspruch auf **Vertragserfüllung**. Er kann also den Erbbauberechtigten auf Unterlassung in Anspruch nehmen, Schadensersatzansprüche aus Vertrag geltend machen und grundsätzlich auch die Beseitigung des vertragswidrig vorgenommenen Zustands (zB baulicher Veränderungen) verlangen.[120] Daneben können ihm auch Herausgabe- und Schadensersatzansprüche gemäß §§ 985 ff. BGB zustehen, und zwar sowohl gegenüber dem Erbbauberechtigten als auch gegenüber Dritten, falls die sonstigen Voraussetzungen vorliegen.

Dagegen hat der Eigentümer gegen den Erbbauberechtigten keinen Anspruch aus § 823 Abs. 1 BGB, da die Vereinbarungen nach § 2 ErbbauRG keine sonstigen Rechte im dinglichen Sinn[121] der Vorschrift des § 823 Abs. 1 BGB darstellen.[122]

b) Unterlassungs- und Beseitigungsanspruch. Der Eigentümer hat ferner 4.62
einen Unterlassungs- und Beseitigungsanspruch gemäß § 1004 BGB. Der Abwehranspruch des § 1004 BGB ist auf die Beseitigung der widerrechtlichen Einwirkung gerichtet. Ein Anspruch, der auf die Beseitigung des errichteten Bauwerks und die Wiederherstellung des unbebauten Grundstücks gerichtet ist, ist demnach nur begründet, wenn dieses Bauwerk nicht den Bestimmungen über den Inhalt oder den Umfang des Erbbaurechts gemäß dem Erbbaurechtsvertrag entspricht, auf den im Grundbuch zulässigerweise Bezug genommen ist. Entspricht das errichtete Bauwerk nur in einzelnen Teilen, etwa nach Art und Größe oder hinsichtlich seiner Ausgestaltung, nicht der vertraglichen Bestimmung des Bauwerks, so kann der Abwehranspruch nicht auf den völligen Abbruch und die Entfernung des Bauwerks, sondern nur auf die Entfernung der Teile oder auf die Anpassung der Ausgestaltung gerichtet werden, die der gebotenen Bauweise und Baubegrenzung nicht entsprechen.[123]

Ist das Bauwerk dagegen zulässigerweise errichtet, wird es aber entgegen den vereinbarten Bestimmungen über seine Verwendung benützt, so kann diese Verwendung untersagt, nicht aber die Entfernung des Bauwerks verlangt werden.[124] Der Anspruch besteht auch gegenüber dem Dritten, der das Gebäude vertragswidrig nutzt.[125] Gegenüber Dritten besteht auch ein Anspruch auf Schadensersatz nach § 823 Abs. 1 BGB (Eigentumsverletzung) und § 823 Abs. 2 BGB (Schutzgesetzverletzung).

c) Sanktionen. Die Beteiligten können im Erbbaurechtsvertrag für den Fall ei- 4.63
ner Verletzung der Verpflichtungen den Eintritt bestimmter Rechtsfolgen,[126] wie zB den Heimfallanspruch des Grundstückseigentümers nach § 2 Nr. 4 ErbbauRG[127] oder die Auslösung einer Vertragsstrafe nach § 2 Nr. 5 ErbbauRG[128] festlegen. Die Voraussetzungen hierfür müssen jedoch bestimmt und unzweideutig sein; so erfasst zB die Vereinbarung eines Heimfallrechts unter der Voraussetzung, dass der Erbbauberechtigte die Pflicht zur Errichtung eines dem Bebauungsplan

---

[120] BayObLGZ 1972, 260, 264; 1986, 501, 505; *Ingenstau/Hustedt* § 2 RdNr. 24; RGRK/*Räfle* § 2 RdNr. 15. Siehe Muster 2 § 5.
[121] Vgl. RdNr. 4.29.
[122] RGRK/*Räfle* § 2 RdNr. 14; *Staudinger/Rapp* § 2 RdNr. 15; a. A. *Ingenstau/Hustedt* § 2 RdNr. 23; MünchKomm § 2 RdNr. 17.
[123] BGH NJW 1972, 1464 = DNotZ 1973, 20.
[124] BGH NJW 1972, 1464; DNotZ 1973, 20; *Staudinger/Rapp* § 2 RdNr. 15.
[125] *Strecker* Das Recht 1920, 229, 231.
[126] Einzelheiten zu den Ansprüchen siehe *Ingenstau/Hustedt* § 2 RdNr. 22 ff.; MünchKomm § 2 RdNr. 17; *Staudinger/Rapp* § 2 RdNr. 15.
[127] Dazu ausführlich RdNr. 4.77 ff. Vgl. Muster 1 Ziffer II § 7, Muster 2 Ziffer II § 8.
[128] Dazu ausführlich RdNr. 4.128 ff.

entsprechenden Wohnhauses verletzt, nicht eine baurechtlich unzulässige Nutzungsänderung des Hauses.[129]

4.64 **d) Rechtsmissbrauch.** Es ist anerkannt, dass sich eine Verpflichtung des Grundstückseigentümers ergeben kann, baulichen Veränderungen zuzustimmen, wenn und soweit Gebäudeveränderungen für ihn **zumutbar** sind, insbesondere wenn sie sich unter Berücksichtigung der Zweckbestimmung des Gebäudes im Rahmen des – bei einer Nutzung über mehrere Jahrzehnte – Üblichen und Normalen halten und berücksichtigungswerte Interessen des Grundstückseigentümers nicht entgegenstehen.[130] Ein Beseitigungsanspruch des Grundstückseigentümers besteht in solchen Fällen dann nicht, wenn er gegen das Übermaßverbot verstieße. Hiernach treten in Auswirkung des Grundsatzes von Treu und Glauben bestimmte schwerwiegende Rechtsfolgen in Fällen nur geringfügiger Vertragsverletzungen nicht ein.[131] Aber auch wenn das Fehlverhalten nicht geringfügig ist, muss der Grundsatz der **Verhältnismäßigkeit** beachtet werden.[132] In seinem Beschluss vom 11. 12. 1986 hat das BayObLG die Modernisierung und Vergrößerung eines im Rahmen einer Kleinsiedlung errichteten Objekts von 70 qm auf 140 qm mit einem Kostenaufwand von DM 272 000,– (jetzt ca. 139 000 Euro) für zulässig erachtet, da es sogar leichter sei, einen Vertragspartner für das vergrößerte und modernisierte Objekt zu finden, und ausgeführt: „Unter diesen Umständen steht die Beeinträchtigung, die der Grundstückseigentümer durch die mögliche Verpflichtung zu höherer Entschädigungsleistung allenfalls erleidet, in keinem Verhältnis zu dem Nachteil, der dem Erbbauberechtigten durch einen Beseitigungsanspruch erwachsen würde".[133] Wenn der Erbbauberechtigte unter diesen Voraussetzungen einen Anspruch auf die Erteilung der Zustimmung des Eigentümers hat, kann dieser nicht nur nicht die Beseitigung von Veränderungen verlangen, sondern er hat von vornherein keine Möglichkeit, die Veränderung zu verhindern oder Schadensersatzansprüche geltend zu machen.

III. Versicherungen, Wiederaufbau (§ 2 Nr. 2)

1. Versicherung des Bauwerks

4.65 **a) Pflicht zur Versicherung.** Die Versicherungspflicht gehört zu den grundlegenden Interessen des Grundstückseigentümers, da sie die wirtschaftliche Absicherung des Erbbaurechts im Schadensfall und damit auch des Erbbauzinses bedeutet. Hierunter fallen alle Versicherungen gegen Sachschäden am Bauwerk, nicht dagegen Personen- und Haftpflichtversicherungen, vor allen Dingen also die Versicherung des Bauwerks gegen Feuer, aber auch gegen andere Gefahren, zB Sturm, Leitungswasser, Heizöl, Glasbruch etc. Grundsätzlich hat der Erbbauberechtigte die Versicherung im eigenen Namen abzuschließen; das ErbbauRG geht von diesem Regelfall aus, wie sich aus der Pflicht des Versicherers gemäß § 23 ErbbauRG ergibt, den Grundstückseigentümer unverzüglich zu benachrichtigen, wenn der Eintritt des Versicherungsfalls angezeigt wird. Es ist aber auch möglich, dass Versicherungen vom Grundstückseigentümer abgeschlossen oder aufrechterhalten werden müssen, wie zB wenn an einem bereits errichteten Bauwerk, über das ein langfristiger Versicherungsvertrag läuft, ein Erbbaurecht bestellt werden soll.[134]

---

[129] BGH NJW 1985, 1464 = MDR 1985, 308.
[130] BGHZ 48, 296, 299; BGH WPM 1986, 1093, 1094.
[131] BGHZ 88, 91, 95.
[132] *Staudinger/Schmidt* § 242 BGB RdNr. 683, 685, 688.
[133] BayObLGZ 1986, 501, 507.
[134] *Ingenstau/Hustedt* § 2 RdNr. 27.

III. Versicherungen, Wiederaufbau (§ 2 Nr. 2)

b) Einzelheiten der Versicherung. Nach § 2 Nr. 2 ErbbauRG kann nicht **4.66**
nur die Pflicht zur Versicherung, sondern auch der nähere Inhalt vereinbart werden, wie die Art der Versicherung, zB Neuwert oder Zeitwert, wer die Prämien zu zahlen hat, die Pflicht zur Vorlage von Nachweisen über die Prämienzahlung etc.[135] Möglich ist es auch, dass der Erbbauberechtigte zwar den Versicherungsvertrag im eigenen Namen und für eigene Rechnung abschließen muss, der Entschädigungsanspruch gegen den Versicherer aber nur dem Grundstückseigentümer zustehen soll.[136]

c) Haftpflichtversicherung. Die Übernahme der Verkehrssicherungspflicht **4.67**
und der sich daraus ergebenden Haftung durch den Erbbauberechtigten kann nicht zum dinglichen Inhalt eines Erbbaurechts gemacht werden;[137] daher gehört eine Haftpflichtversicherung, etwa zur Abdeckung des Risikos der Verletzung der Verkehrssicherungspflicht, nicht zu den in § 2 Nr. 2 ErbbauRG genannten Versicherungen des Bauwerks;[138] sie sollte aber gleichwohl abgeschlossen werden, um evtl. Haftungsrisiken abzudecken; falls sie der Erbbauberechtigte tragen soll, ist es zweckmäßig, die Abschlusspflicht in diesem Zusammenhang zu vereinbaren.

d) Verstöße. Kommt der Erbbauberechtigte seinen diesbezüglichen Verpflich- **4.68**
tungen nicht nach, so besteht kein Rücktrittsgrund, sondern müssen gesonderte Sanktionen festgelegt sein. Am sichersten für den Grundstückseigentümer ist es, wenn er auf Kosten des Erbbauberechtigten für die Versicherungen selbst sorgen kann bzw. wenn die Nichterfüllung den Heimfallanspruch auslöst.

2. Wiederaufbau im Fall der Zerstörung

Eine Pflicht zum Wiederaufbau im Fall der Zerstörung des Bauwerks betrifft ne- **4.69**
ben den sich im Anschluss an einen Versicherungsfall (zB nach Zerstörung durch Feuer) ergebenden Fällen des Wiederaufbaus grundsätzlich jede mögliche Zerstörung, gleich aus welchem Grund. Die Bestimmung hat erhebliche Bedeutung, da es ohne entsprechende Vereinbarung dem Erbbauberechtigten freisteht, ob er das zerstörte Gebäude wieder errichten will. Auch hier können beliebige Abmachungen getroffen werden, zB nur für bestimmte Zerstörungsarten.

Ist die Pflicht zur Wiedererrichtung des Gebäudes nach Zerstörung schlechthin **4.70**
vereinbart worden, so trifft den Erbbauberechtigten die Pflicht ohne Rücksicht darauf, ob ein Verschulden seinerseits vorliegt oder ob ihm die Mittel für den Wiederaufbau zur Verfügung stehen; denn die wirtschaftlichen Verhältnisse des Erbbauberechtigten spielen für seine Verpflichtungen aus dem Erbbaurechtsvertrag grundsätzlich keine Rolle. Finanzielle Einbußen oder sonstige Nachteile gehen also grundsätzlich zu Lasten des Erbbauberechtigten. In Fällen besonderer Härte könnte ein Wiederaufbau jedoch nach § 242 BGB unzumutbar sein;[139] eine unzumutbare Härte dürfte nicht vorliegen, wenn die Schadensfolge durch Versicherungsschutz vermeidbar gewesen wäre.[140]

---

[135] MünchKomm § 2 RdNr. 19. Muster 1 und 2, je Ziffer II § 4.
[136] RGRK/*Räfle* § 2 RdNr. 17.
[137] BayObLG Rpfleger 2000, 61 = FGPrax 1999, 211; *Böttcher* Rpfleger 2004, 21, 22.
[138] LG Mannheim BWNotZ 1983, 146; MünchKomm § 2 RdNr. 20. Vgl. Muster 1 Ziffer VI und Muster 2 Ziffer VII.
[139] *Ingenstau/Hustedt* § 2 RdNr. 29; MünchKomm § 2 RdNr. 20; *Staudinger/Rapp* § 2 RdNr. 16.
[140] RGRK/*Räfle* § 2 RdNr. 18. Vgl. die Formulierung in Muster 2 Ziffer II § 4 Abs. 3.

IV. Tragung der öffentlichen und privatrechtlichen Lasten und Abgaben (§ 2 Nr. 3)

1. Öffentliche Lasten und Abgaben

4.71   a) **Begriff.** Der Begriff „öffentliche Lasten und Abgaben" bestimmt sich nach dem öffentlichen Recht.[141] Dazu gehören insbesondere die an die öffentliche Hand, wie Staat, Kommunen und andere öffentlichrechtliche Verbände zu entrichtenden Abgaben, insbesondere Grund- und Gebäudesteuer, Gewerbesteuer, Gemeindegebühren, Erschließungskosten und Anschlussgebühren, nicht dagegen Zahlungspflichten, die an die Person des Abgabepflichtigen anknüpfen (Personensteuern, zB Einkommensteuer).

4.72   Fehlen Vereinbarungen über die Tragung dieser Lasten, so verbleibt es bei den gesetzlichen Regelungen; danach hat der Grundstückseigentümer die auf das Grundstück entfallenden Lasten (zB Grundsteuer für Boden) und der Erbbauberechtigte die auf das Gebäude entfallenden Lasten (Grundsteuer für Gebäude) zu tragen. Hat der Erbbauberechtigte im Erbbaurechtsvertrag die aus dem Vertrag entstehenden Kosten und Steuern übernommen, so ergibt eine verständige Auslegung, dass darunter insbesondere nicht die Umsatz- und Vermögensteuer fällt, die der Eigentümer nicht als solcher, sondern wegen Bezuges des Erbbauzinses zu entrichten hat.[142]

4.73   b) **Erschließungskosten.** Zu den öffentlichen Lasten und Abgaben gehören auch die Erschließungs- und sonstigen Anliegerbeiträge. Der Erschließungsbeitrag ruht als öffentliche Last auf dem Erbbaurecht (§ 134 Abs. 2 BauGB). Hierzu empfiehlt sich eine gesonderte Regelung, da die Erschließungskosten wirtschaftlich von großer Bedeutung sind und erfahrungsgemäß häufig zu Streitigkeiten Anlass geben. Ist keine Vereinbarung getroffen, so hat der Grundstückseigentümer die auf das Grundstück entfallenden Erschließungskosten (ohne Anschlussgebühren) und der Erbbauberechtigte die auf das Gebäude entfallenden Erschließungskosten, wie Anschlussgebühren für Kanal und Wasserleitung etc. zu tragen. In der Regel wird vereinbart, dass auch erstere der Erbbauberechtigte zu zahlen hat, da auch sie im Zusammenhang mit der Errichtung des Gebäudes stehen. Zu beachten ist, dass durch die Überbürdung auf den Erbbauberechtigten dieser den Gläubigern nicht unmittelbar haftet; lediglich der Grundstückseigentümer kann aus der Übernahmeverpflichtung vollstrecken.

4.74   Streitigkeiten ergeben sich häufig aus der Frage, *wann* Erschließungskosten angefallen sind. Oft sind Erschließungsanlagen längst in der Natur errichtet, die Gemeinde hat aber noch nicht abgerechnet und erlässt erst Jahre später den Erschließungskostenbescheid, zu einem Zeitpunkt also, in dem der Erbbauberechtigte Besitzer des Grundstücks ist. Nach § 134 Abs. 1 S. 1 BauGB ist derjenige beitragspflichtig, der im Zeitpunkt der Zustellung des Beitragsbescheids Grundstückseigentümer ist.[143] Ist das Grundstück mit einem Erbbaurecht belastet, was erst vom Zeitpunkt der Eintragung des Erbbaurechts im Grundbuch an der Fall ist, so ist gemäß § 134 Abs. 1 S. 2 BauGB anstelle des Eigentümers der Erbbauberechtigte beitragspflichtig. Es empfiehlt sich daher klarzustellen, ob es auf die Zustellung der Erschließungskostenbescheide ankommen soll, wie vom BauGB vorgesehen oder ob es auf die Fertigstellung der Erschließungsanlagen in der Natur ankommt, gleichgültig wann die Erschließungskostenbescheide zugestellt werden, was sachgerechter

---

[141] Vgl. BGH NJW 1981, 2127. Dazu Muster 1 Ziffer II § 5 Abs. 2, Muster 2 Ziffer II § 6 Abs. 1.
[142] OLG Hamm RdL 1961, 79.
[143] Vgl. VG Frankfurt NJW 1973, 387.

ist.¹⁴⁴ Bei einem Widerspruch zwischen Grundstücks-Grundbuch und Erbbau-Grundbuch über die Person des Erbbauberechtigten ist für die Heranziehung zu Erschließungsbeiträgen die Eintragung im Erbbau-Grundbuch maßgeblich.¹⁴⁵

Die im Kaufrecht in § 436 Abs. 1 BGB geregelte Beginnlösung für die Tragung der Erschließungs- und sonstigen Anliegerbeiträge kann zu Überraschungen führen, da sie eine vollständige Kostentragungspflicht für den Eigentümer begründet, wenn auch nur ein Spatenstich für die Gesamterschließungsmaßnahme gesetzt wurde, die auch das Vertragsgrundstück erfasst. Diese Regelung befriedigt für die Vertragspraxis jedoch nicht. Die gesetzliche Regelung sollte daher regelmäßig abbedungen werden.¹⁴⁶

2. Privatrechtliche Lasten

Der Begriff „privatrechtliche Lasten" entspricht dem des § 1047 BGB. Dazu gehören insbesondere Reallasten oder Lasten mit reallastartigem Charakter, Zinsen aus Hypotheken oder Grundschulden, nicht dagegen Tilgungsleistungen. Da Zinsen von Grundschulden oder Hypotheken des Grundstückseigentümers, soweit Grundpfandrechte im Rang nach dem Erbbaurecht überhaupt in Frage kommen, von diesem zu tragen sind, empfiehlt sich eine entsprechende Erwähnung. Sind keine Vereinbarungen getroffen, so verbleibt es bei der jeweiligen vertraglichen Haftung.¹⁴⁷ Vereinbarungen über die Verkehrssicherungspflicht fallen nicht unter Nr. 3.¹⁴⁸

4.75

3. Wirkungen

Vereinbarungen nach § 2 Nr. 3 ErbbauRG gelten nur im Innenverhältnis zwischen Erbbauberechtigtem und Grundstückseigentümer. Aus der Übernahme der Lasten im Erbbaurechtsvertrag entsteht keine unmittelbare Haftung dem Gläubiger gegenüber; dritte Berechtigte, wie Steuerbehörden oder Grundpfandrechtsgläubiger, können aus dem Erbbaurechtsvertrag keine unmittelbaren Rechtsansprüche herleiten;¹⁴⁹ lediglich der Grundstückseigentümer kann aus der Übernahmeverpflichtung vollstrecken. Die Vereinbarung wirkt nicht nur zwischen dem Eigentümer und dem Erbbauberechtigten, die den Erbbaurechtsvertrag abgeschlossen haben, sondern zwischen dem jeweiligen Eigentümer und dem jeweiligen Erbbauberechtigten, also für die gesamte Dauer des Erbbaurechtsvertrags, wenn sie gemäß § 2 Nr. 3 zum Inhalt des Erbbaurechts gemacht ist. Sonderrechtsnachfolger haften aber nicht für Zahlungsrückstände ihres Rechtsvorgängers, sondern nur für die Dauer ihres Rechts und in Höhe der in dieser Zeit fällig gewordenen Beträge.¹⁵⁰

4.76

V. Heimfall (§ 2 Nr. 4)

1. Begriff und Zweck

Nummer 4 definiert den Heimfall als die Verpflichtung des Erbbauberechtigten, das Erbbaurecht beim Eintreten bestimmter Voraussetzungen auf den Grundstücks-

4.77

---

¹⁴⁴ Vgl. die Formulierung in Muster 1 Ziffer II § 5 Abs. 3 und Muster 2 Ziffer II § 6 Abs. 3.
¹⁴⁵ OVG Münster NWVBl. 1997, 311.
¹⁴⁶ *Brambring* DNotZ 2001, 590, 593; *Tiedtke/Wälzholz* NotBZ Sonderheft Schuldrechtsmodernisierung 2001, 13, 23; *Wälzholz/Bülow* MittBayNot 2001, 509, 519.
¹⁴⁷ MünchKomm § 2 RdNr. 23.
¹⁴⁸ BayObLG Rpfleger 2000, 61; LG Mannheim BWNotZ 1983, 146; MünchKomm § 2 RdNr. 19. Muster 1 Ziffer II § 5 Abs. 2, Muster 2 Ziffer II § 6 Abs. 2.
¹⁴⁹ *Ingenstau/Hustedt* § 2 RdNr. 31; *Palandt/Bassenge* § 2 RdNr. 3; RGRK/*Räfle* § 2 RdNr. 20.
¹⁵⁰ Oben RdNr. 4.20, 4.30.

eigentümer zu übertragen. Das Heimfallrecht ist also ein Übertragungsanspruch[151] des Grundstückseigentümers gegenüber dem Erbbauberechtigten und jedem seiner Rechtsnachfolger, dass beim Eintritt bestimmter Voraussetzungen, deren Ausgestaltung den Beteiligten überlassen ist, dem Grundstückseigentümer das Erbbaurecht zu übertragen ist.[152] Der Heimfallanspruch hat vor allem den Zweck, das durch § 1 Abs. 4 ErbbauRG ausgeschlossene Rücktrittsrecht sowie das außerordentliche Kündigungsrecht bei Dauerschuldverhältnissen zu ersetzen. Daher ist das Erbbaurecht in der Insolvenz des Erbbauberechtigten nicht kündbar; § 109 InsO ist auch nicht entsprechend anwendbar.[153] Bei den früheren Erbbaurechten bestand durch nach § 1 Abs. 4 ErbbauRG ausgeschlossene Vereinbarungen das Risiko, dass das Erbbaurecht auch bei kleineren Verstößen unwirksam würde. Durch das Bestehenbleiben des Erbbaurechts und der Belastungen daran (vgl. § 33 ErbbauRG) beim Heimfall wird dessen Kreditfähigkeit verbessert. Anders als bei der Bedingung tritt die Rechtswirkung nicht von selbst ein, vielmehr hat der Grundstückseigentümer die Möglichkeit, den Heimfall erst als letztes und schärfstes Mittel einzusetzen;[154] der Heimfall ist aber nicht etwa nur bei schwerwiegenden Gründen und im Verschuldensfall zulässig.[155] Zulässig ist es auch, dass sich der Grundstückseigentümer verpflichtet, den Heimfall des Erbbaurechts vom Erbbauberechtigten zu verlangen; eine solche Bestimmung hat aber nur schuldrechtliche Wirkung.[156]

2. Heimfallgründe

4.78   Wegen der eben dargestellten Funktionen ist die vertragliche Ausgestaltung des Heimfalls besonders wichtig. Die Heimfallgründe sind im Gesetz nicht geregelt, so dass der Grundsatz der Vertragsfreiheit gilt. Damit kann grundsätzlich **jedes** Ereignis als den Heimfallanspruch auslösend vereinbart werden.[157] Gemäß § 2 Nr. 4 ErbbauRG kann jede Abrede dadurch „gesichert" werden, dass man an ihre Nichtbefolgung den Heimfall knüpft, soweit dies technisch möglich ist. Dadurch erreicht man auf einem Umweg eine Art „Verdinglichung" derartiger Vereinbarungen, die sonst nicht zum Inhalt des Erbbaurechts gemacht werden können.[158] Es muß aber ein Zusammenhang bestehen zwischen Heimfallgrund und Erbbaurecht.[159]

Der Grundsatz der Vertragsfreiheit ist in dem ErbbauRG nur zweifach eingeschränkt. Gemäß § 9 Abs. 4 ErbbauRG kann der Heimfall bei Rückstand des Erbbauzinses nur vereinbart werden, wenn dieser mindestens zwei Jahresbeträge erreicht hat. Gemäß § 6 Abs. 2 ErbbauRG kann er nicht für eine Zuwiderhandlung gegen § 5 ErbbauRG vereinbart werden. Im Übrigen gilt aber die Vertragsfreiheit; es besteht grundsätzlich kein richterliches Prüfungs- oder Milderungsrecht.[160] Nach dem Grundsatz der Vertragsfreiheit können also mit Ausnahme der beiden genannten Einschränkungen die Beteiligten innerhalb der allgemeinen gesetzlichen Schranken (§§ 134, 138, 242 BGB) die Heimfallvoraussetzungen beliebig festlegen. Der Heimfallanspruch ist dabei kein enteignungsgleicher Eingriff, also nicht etwa

---

[151] Zur Rechtsnatur vgl. RdNr. 4.94.
[152] *Freckmann/Frings/Grziwotz* RdNr. 350; *Ingenstau/Hustedt* § 2 RdNr. 35; *Staudinger/Rapp* § 2 RdNr. 20.
[153] OLG Jena OLG-NL 2006, 60.
[154] MünchKomm § 2 RdNr. 24.
[155] BGH WPM 1978, 1075/1076; NJW 1984, 2213, 2214; vgl. RdNr. 4.82.
[156] Vgl. BGH NJW 1985, 1462; MünchKomm § 2 RdNr. 25; RGRK/*Räfle* § 2 RdNr. 31, der hier von Wiederverkaufsabrede spricht.
[157] *Ingenstau/Hustedt* § 2 RdNr. 44; *Staudinger/Rapp* § 2 RdNr. 21.
[158] Vgl. RdNr. 4.26, 4.92.
[159] Vgl. unten RdNr. 4.83.
[160] Vgl. MünchKomm § 2 RdNr. 26; *Ingenstau/Hustedt* § 2 RdNr. 44; RGRK/*Räfle* § 2 RdNr. 23.

V. Heimfall (§ 2 Nr. 4)

nur bei schwerwiegenden Gründen und im Verschuldensfalle zulässig, jedoch besteht auch für die Ausübung des Anspruchs das Gebot von Treu und Glauben.[161] Angesichts der Vertragsfreiheit und der Gestaltung des Heimfalls durch die Vertragsparteien ist der Schutzbereich von Art. 14 GG hinsichtlich des Erbbaurechtes von vornherein nicht durch das Gesetz (ErbbauRG) tangiert.

Mit dem Begriff **„bestimmte Voraussetzungen"** im Sinn vom § 2 Nr. 4 ErbbauRG kann jede denkbare Abrede zum Heimfallgrund ausgestaltet werden.[162] Der Heimfallanspruch kann so von jeder Voraussetzung abhängig gemacht werden[163] und ist nicht nur bei schwerwiegenden Gründen und bei Verschulden zulässig.[164] Zulässig ist zB die pauschale Vereinbarung des Heimfalls für den Fall jeder Verletzung der erbbauvertraglichen Verpflichtungen.[165] Es genügt dabei, dass die den Heimfallanspruch begründenden „bestimmten Voraussetzungen" mit einem **unbestimmten Rechtsbegriff** umschrieben[166] und hinreichend konkretisiert sind, zB dem Begriff „wichtiger Grund",[167] „unbillige Härte",[167] „günstigere Nutzung des Grundstücks",[168] Nutzung des Grundstücks in „aus gesundheitlichen oder sittlichen Gründen zu beanstandender Weise",[169] oder „dringende städtebauliche Gründe". Im Streitfall kann das Vorliegen der „bestimmten Voraussetzungen" für den Heimfallanspruch genauso festgestellt werden wie etwa der Wegfall der Geschäftsgrundlage oder die Unzumutbarkeit als Kündigungsgrund bei Dauerschuldverhältnissen. Der Bestimmtheitsgrundsatz des Grundbuchrechts, nach welchem das Grundstück, der Berechtigte und der Inhalt des an einem Grundstück eingetragenen Rechts feststehen müssen, steht der Verwendung eines unbestimmten Rechtsbegriffs zur Umschreibung der Voraussetzungen des Heimfalls nicht entgegen. Andernfalls würde das Rechtsinstitut des Heimfalls entwertet. Es ist daher nicht noch zusätzlich auf das grundbuchrechtliche Bestimmtheitsprinzip abzustellen, vielmehr muss zwischen den Grundbucherklärungen und Grundbucheintragungen einerseits und dem Inhalt eines Rechts andererseits unterschieden werden.[170] Entscheidend ist, dass die Voraussetzungen des Heimfalls unzweideutig festgestellt werden können und keinen Anlass zu Zweifeln und Auslegungsschwierigkeiten geben.[171] So erfasst zB die Vereinbarung eines Heimfallrechts unter der Voraussetzung, dass der Erbbauberechtigte die Pflicht zur Errichtung eines dem Bebauungsplan entsprechenden Wohnhauses verletzt, nicht eine baurechtlich unzulässige Nutzungsänderung des Hauses.[172]

4.79

a) Verstöße gegen § 2 Nr. 1–3. Üblich als Heimfallgründe sind Verstöße gegen die im Rahmen des § 2 Nr. 1–3 ErbbauRG getroffenen Vereinbarungen. Die Heimfallvereinbarung braucht dabei nicht diejenigen Vertragspflichten einzeln zu bezeichnen, deren Nichterfüllung den Anspruch auslöst. Es genügt, dass der Heim-

4.80

---

[161] Vgl. MünchKomm § 2 RdNr. 27; RGRK/*Räfle* a. a. O..
[162] *Schulte* BWNotZ 1961, 315. Vgl. die Muster 1 Ziffer II § 7 und Muster 2 Ziffer II § 8.
[163] *Nibbe* NJW 1961, 1658, 1659.
[164] BGH MDR 1978, 1010; NJW 1984, 2213, 2214.
[165] BGH NJW 1984, 2213, 2214 = WPM 1984, 668, 669.
[166] BGH DNotZ 2004, 143 mit Anm. *v. Oefele* MittBayNot 2004, 186.
[167] LG Oldenburg Rpfleger 1979, 383; LG Düsseldorf RhNotK 1989, 218.
[168] BGH NJW-RR 2003, 1524 = Rpfleger 2003, 569 = DNotZ 2004, 143 mit Anm. *v. Oefele* MittBayNot 2004, 186 = ZNotP 2003, 390; dazu *Böttcher* Rpfleger 2005, 648: Eine wirtschaftlich günstigere Nutzung des Grundstücks liegt für den Grundstückseigentümer dann vor, wenn er bei einer Übertragung des Erbbaurechts auf ihn eine höhere Rendite erwarten kann, als er sie aufgrund des Erbbaurechts erzielt.
[169] BGH WPM 1984, 1514, 1516; allgemein dazu *v. Oefele* MittBayNot 2004, 186; *Böttcher* Rpfleger 2005, 648.
[170] LG Oldenburg Rpfleger 1979, 383.
[171] Vgl. zB BGH NJW 1984, 2213 = DNotZ 1985, 370; NJW 1985, 1464.
[172] BGH NJW 1985, 1464 = MDR 1985, 308.

fall für den Fall der Nichterfüllung der „Verpflichtungen aus dem Erbbaurechtsvertrag" vereinbart worden ist. Dies besagt eindeutig, dass *alle* in dem Erbbaurechtsvertrag festgelegten Verpflichtungen erfasst sind und die Verletzung jeder einzelnen dieser Verpflichtungen den Heimfall rechtfertigt.[173] Es kommen in Frage etwa Verletzungen der Vertragspflichten über die Errichtung der Gebäude, Unvermögen des Erbbauberechtigten zur fristgemäßen Bebauung des Erbbaugrundstücks,[174] Verletzung der Instandhaltungspflichten, vertragswidrige Verwendung der Bauwerke, zB dem Erbbaurechtsvertrag nicht entsprechende Mietpreise, Betrieb eines Lokals mit Sex-Filmen und Striptease etc. statt einer „Restauration mit Diskothek",[175] Verstoß gegen ein Verbot der wesentlichen Veränderung der Gebäude,[176] Verletzung der Verpflichtungen zur Versicherung des Bauwerks und seinen Wiederaufbau im Fall der Zerstörung, Nichteinhaltung der Verpflichtungen über die Tragung von Lasten und Abgaben etc. Stets sind dabei die Verpflichtungen, die den Heimfall auslösen, genau zu trennen. So erfasst zB die Vereinbarung eines Heimfallrechts unter der Voraussetzung, dass der Erbbauberechtigte die Pflicht zur Errichtung eines dem Bebauungsplan entsprechenden Wohnhauses verletzt, nicht eine baurechtlich unzulässige Nutzungsänderung des Hauses.[177]

4.81 **b) Sonstige Gründe.** Darüber hinaus können Grundstückseigentümer und Erbbauberechtigter gemäß dem Grundsatz der Vertragsfreiheit beliebige Vereinbarungen treffen, die den Heimfall auslösen,[178] soweit sie nicht gegen das Gesetz oder die guten Sitten verstoßen.[179] So kann der Heimfall vorgesehen werden zB bei Insolvenz,[180] Zahlungsunfähigkeit oder Überschuldung des Erbbauberechtigten,[181] bei Zwangsverwaltung oder Zwangsversteigerung des Erbbaurechts, bei Nichtzahlung von Erbbauzinsen nach Maßgabe von § 9 Abs. 4 ErbbauRG, bei dringendem Eigenbedarf des Grundstückseigentümers,[182] beim Tod des Erbbauberechtigten.[183] Bestimmt der Erbbaurechtsvertrag den Heimfall des Erbaurechts, wenn der Erbbauberechtigte zahlungsunfähig geworden ist, ist der Grundstückseigentümer im Insolvenzverfahren des Erbbauberechtigten nicht Insolvenzgläubiger, sondern kann das Erbbaurecht aussondern (§ 47 InsO).[184] Es ist möglich, einen Heimfallanspruch für den Fall zu vereinbaren, dass „die Fortsetzung des Erbbaurechtsverhältnisses aus einem in der Person des Erbbauberechtigten liegenden Grund eine unbillige Härte bedeuten würde" (zB kirchenfeindliches Verhalten des Erbbauberechtigten bei einem kirchlichen Grundstückseigentümer).[185] Ist das Erbbaurecht im Rahmen eines Siedlungsverhältnisses vergeben, so kann der Heimfallanspruch für den Fall vereinbart werden, dass sich ein Siedler der wesentlichen und andauernden Verlet-

---

[173] BGH NJW 1984, 2213, 2214 = DNotZ 1985, 370, 371.
[174] BGH WM 1973, 1074. Dabei erfasst die Vereinbarung eines Heimfallrechts unter der Voraussetzung, dass der Erbbauberechtigte die Pflicht zur Errichtung eines dem Bebauungsplan entsprechenden Wohnhauses verletzt, nicht eine baurechtlich unzulässige Nutzungsänderung des Hauses (BGH WPM 1984, 1514).
[175] BGH NJW 1984, 2213 = DNotZ 1985, 370.
[176] Vgl. RdNr. 4.47.
[177] BGH NJW 1985, 1464 = MDR 1985, 308.
[178] Vgl. RdNr. 4.78, 4.92.
[179] Vgl. RdNr. 4.84.
[180] Ein Heimfallanspruch aus Treu und Glauben kommt dann nicht in Betracht, wenn die Parteien den Insolvenzfall im Rahmen der Vertragsgestaltung bereits bedacht haben (OLG Jena OLG-NL 2006, 60).
[181] OLG Karlsruhe NZM 2001, 1053.
[182] RGRK/*Räfle* § 2 RdNr. 25; *Staudinger/Rapp* § 2 RdNr. 21.
[183] OLG Hamm NJW 1965, 1488 = DNotZ 1966, 41; OLG Karlsruhe NZM 2001, 1053; vgl. RdNr. 4.85.
[184] OLG Karlsruhe NZM 2001, 1053; LG Freiburg, *Mohrbutter* DZWir 1999, 167.
[185] LG Oldenburg Rpfleger 1979, 383; zur Frage der Bestimmtheit vgl. RdNr. 4.79.

zung der Vereinbarungen oder intensiver sonstiger Störungen der Gemeinschaft schuldig macht.[186] Außerhalb der Rechtswirkungen des § 6 Abs. 2 ErbbauRG kann in einem Erbbaurechtsvertrag vereinbart werden, dass eine Zuwiderhandlung des Erbbauberechtigten gegen die übernommene Verpflichtung, das Erbbaurecht nicht ohne Zustimmung des Eigentümers mit anderen dinglichen Rechten als den im § 5 Abs. 2 ErbbauRG genannten zu belasten, also zB mit Nießbrauch oder Dienstbarkeiten, einen Heimfallanspruch begründet.[187] Zulässig ist es auch, den Heimfall vorzusehen bei Nichterfüllung der erbbaurechtsvertraglichen Verpflichtung des Erbbauberechtigten, Hypotheken, Grund- und Rentenschulden löschen zu lassen, wenn und soweit sie sich mit dem Erbbaurecht in einer Person vereinigen, bei Hypotheken auch für den Fall des § 1163 Abs. 1 S. 1 BGB, und diesen Anspruch durch eine Löschungsvormerkung nach § 1179 BGB zugunsten des Grundstückseigentümers zu sichern, obwohl die Verpflichtung als solche nach dem ErbbauRG nicht als Inhalt des Erbbaurechts, sondern nur schuldrechtlich vereinbart werden kann.[188]

Das Heimfallrecht kann zwar nicht an die bloße Tatsache der Veräußerung des **4.81a** Erbbaurechts geknüpft werden, da die Veräußerlichkeit nach § 1 Abs. 1 ErbbauRG gesetzliches Wesensmerkmal ist;[189] es kann jedoch für den Fall vorbehalten werden, dass ein Erwerber eines Erbbaurechts nicht in alle schuldrechtlichen Bedingungen des Bestellungsvertrags eintritt.[190] Das ist vor allem bei Erbbaurechten, bei denen § 9 Abs. 3 Satz 1 Nr. 1 ErbbauRG nicht vereinbart ist,[191] von entscheidender Bedeutung für das Bestehen bleiben der schuldrechtlichen Verpflichtung des Erbbauberechtigten zur Zahlung des Erbbauzinses in der Zwangsversteigerung des Erbbaurechts, in der der Ersteher nicht in die schuldrechtlichen Bestimmungen des Erbbaurechtsvertrages eintritt. Die Kautelarjurisprudenz hat hierzu Vertragsklauseln entwickelt, die auch die Rechte des Eigentümers aus der Erbbauzinsreallast und der Erhöhungsvormerkung als Belastung des Erbbaurechts umfasst. In dem vom OLG Oldenburg mit Beschluss vom 18. 12. 1987[192] entschiedenen Fall lautete diese Klausel wie folgt:

„Der jeweilige Grundstückseigentümer ist berechtigt, von dem Erbbauberechtigten im Weg des Heimfallrechts die Übertragung des Erbbaurechts an sich zu verlangen, wenn ein Erwerber (zB in der Zwangsversteigerung) nicht in die schuldrechtlichen Bedingungen des Erbbaurechtsvertrags vollinhaltlich eintritt."

Linde/Richter[193] und Mohrbutter[194] schlagen folgende Klausel vor:

„Der Grundstückseigentümer kann die Übertragung des Erbbaurechts auf sich oder einen von ihm zu benennenden Dritten auf Kosten des Erbbauberechtigten verlangen (Heimfall), wenn

a) ...

b) der Erwerber des Erbbaurechts oder sein Ersteher in der Zwangsversteigerung nicht innerhalb von 3 Monaten ab Eigentumsumschreibung oder Zuschlag die Rechte des Grundstückseigentümers in Abt. II des Erbbaugrundbuchs (Erbbauzins, Erhöhungsvormerkung und Vorkaufsrecht) gegebenenfalls durch Neueintragung im Erbbaugrundbuch und alle

---

[186] *Nibbe* NJW 1961, 1658.
[187] OLG Hamm NJW-RR 1986, 693 = Rpfleger 1986, 51.
[188] *Schulte* BWNotZ 1961, 315/322.
[189] Vgl. BGH DNotZ 1985, 370, 371; RGRK/*Räfle* § 2 RdNr. 25.
[190] OLG Oldenburg DNotZ 1988, 591; zu den Einschränkungen des BGH im Fall der Versteigerung aus einem Grundpfandrecht, das dem Erbbauzins vorgeht, vgl. u. RdNr. 4.274, 4.277.
[191] Vgl. unten RdNr. 6.252 ff., 6.270 ff.
[192] DNotZ 1988, 591; vgl. auch die weiteren oben RdNr. 4.202 ff. zitierten Entscheidungen.
[193] S. 255 § 9.
[194] S. 177.

Verpflichtungen aus dem Erbbaurechtsvertrag, auch solche schuldrechtlicher Art, insbesondere die Verpflichtung zur Zahlung des Erbbauzinses und seiner Wertsicherung mit Wirkung ab Eigentumsumschreibung oder ab Zuschlag übernimmt."

Eine solche Heimfallklausel, die an den fehlenden Eintritt des Erwerbers bzw. Erstehers in die Erbbauzinszahlungspflicht anknüpft, ist sowohl aus erbbaurechtlichen als auch aus zwangsversteigerungsrechtlichen Gründen zulässig. Insbesondere kann auch nicht ein unzulässige Umgehung der gesetzlich gewollten Folgen in der Zwangsversteigerung gesehen werden; selbst wenn der Eigentümer mit seiner Erbbauzinsreallast hinter Grundpfandrechte kreditgebender Gläubiger zurücktritt, schränkt er hiermit keineswegs die Zweckverfolgung iSv. § 7 Abs. 1 S. 1 HS. 1 ErbbauRG ein, nämlich laufende Einkünfte aus dem Grundstück in Form von Erbbauzinsen zu erzielen.[195] Auch im Erbbaurecht gilt der Grundsatz der Vertragsfreiheit. Mit den damit zusammenhängenden Problemen hat sich eingehend *Mohrbutter*[196] befasst. Er kommt zutreffend zum Ergebnis, dass einer solchen Klausel mit den §§ 6 Abs. 2, 9 Abs. 3 ErbbauRG, §§ 134, 138 Abs. 1 BGB und dem Bestimmtheitserfordernis weder allgemeine oder erbbaurechtliche Verbote noch vollstreckungsrechtliche Schranken (§ 56 S. 2 ZVG, geringstes Gebot) entgegenstehen. Nur für den Fall, dass die Eigentümerrechte nicht im geringsten Gebot stehen und erlöschen und auf die erlöschende Erbbauzinsreallast ein Barerlösbetrag entfällt, der Ersteher aber gleichzeitig mittelbar durch den Heimfall gezwungen wird, den Erbbauzins ab Zuschlag neu zu begründen, ergebe sich ein Problem in der Befriedigung (Doppelbefriedigung) oder ungerechtfertigten Bereicherung; hierdurch erhält der Grundstückseigentümer eine doppelte Zahlung, die ihm nicht gebührt. Als Korrektiv schlägt er eine analoge Anwendung des § 91 Abs. 3 S. 1 ZVG iVm. § 812 Abs. 1 S. 1 Alt. 1 BGB vor, wodurch der Ersteher vom Eigentümer den Betrag zurückverlangen kann, der nach § 92 Abs. 1 ZVG als Wertersatz auf die Erbbauzinsreallast (nur künftige, nicht rückständige Erbbauzinsen) zugeteilt wurde.[197] Der Ersteher des Erbbaurechts kann in einem solchen Fall zwar sein Meistgebot nicht mit der Begründung anfechten, die Heimfallklausel nicht gekannt zu haben, doch muss der Rechtspfleger nach § 66 Abs. 1 ZVG auf sie als eine das Erbbaurecht betreffende Nachweisung hinweisen;[198] bei unterlassener Aufklärung steht dem Ersteher nach *Mohrbutter* ein Schadensersatzanspruch aus § 839 Abs. 1 BGB, Art. 34 GG zu.[199]

4.82 Die Möglichkeit, den Heimfallanspruch fast von jeder Voraussetzung abhängig zu machen[200] und damit das Heimfallrecht weit auszudehnen, bildet eine nicht geringe Belastung für den Erbbauberechtigten und verhindert in manchen Fällen den Abschluss des Vertrags. Übertriebene Gestaltungen, bei denen auch geringfügige Vertragsverletzungen zum Heimfall führen, sind daher rechtspolitisch bedenklich[201] und können zu Rechtsmissbrauch führen.[202] So ist es als unzulässig anzusehen, einen Heimfallanspruch dahingehend zu vereinbaren, dass der Grundstückseigentümer *jederzeit* den Heimfall verlangen kann, oder seine Geltendmachung weitgehend in das Belieben des Erbbaurechtsausgebers zu stellen.[203]

---

[195] So aber zu Unrecht BGH NJW 1987, 1942 = Rpfleger 1987, 257; ausführlich dazu unten RdNr. 4.277.
[196] AaO S. 177.
[197] *Mohrbutter* aaO, S. 187.
[198] Vgl. dazu auch *Stöber* Rpfleger 1996, 136, 139.
[199] *Mohrbutter* aaO, S. 200, 203.
[200] *Nibbe* NJW 1961, 1658.
[201] MünchKomm § 2 RdNr. 24; *Schulte* BWNotZ 1961, 315, 316.
[202] Vgl. RdNr. 4.98.
[203] LG Oldenburg Rpfleger 1979, 383; *Böttcher* RdNr. 138; *Linde/Richter* RdNr. 110; *Palandt/Bassenge* § 2 RdNr. 5.

c) Zusammenhang zwischen Heimfallgrund und Erbbaurecht. Es muss 4.83
ein Zusammenhang bestehen zwischen dem Heimfallgrund und dem Erbbaurecht
als solchem. Eine Heimfallvereinbarung zB für den Fall, dass ein zwischen dem
Grundstückseigentümer und dem Erbbauberechtigten über ein anderes Grundstück
abgeschlossener Pachtvertrag beendet wird, dürfte unzulässig sein; darin liegt in
Wirklichkeit eine nicht zulässige Bedingung.[204] Auch *Rapp* hält einen solchen
Heimfallgrund für unzulässig, weil seine Geltendmachung gegen die Grundsätze
von Treu und Glauben verstoße, obgleich er im Übrigen die Auffassung vertritt, es
sei nicht erforderlich, dass ein rechtlicher oder wirtschaftlicher Zusammenhang
zwischen dem Erbbaurecht und dem Heimfallgrund besteht.[205]

d) Verstoß gegen Gesetze oder die guten Sitten. Die Vertragsfreiheit findet 4.84
ihre Grenze im Verbot gesetz- oder sittenwidriger Vereinbarungen (§§ 134, 138
BGB).[206] So soll nach *Räfle* die Vereinbarung eines Heimfallanspruchs auch eines
kirchlichen Grundstückseigentümers für den Fall, dass der Erbbauberechtigte nicht
mehr einer bestimmten Religionsgemeinschaft angehöre, wegen Verstoßes gegen
die guten Sitten nichtig sein, da damit das Grundrecht der Religionsfreiheit durch
wirtschaftliche Nachteile in sittenwidriger Weise eingeschränkt würde.[207] Mit dem
LG München[208] ist dem entgegenzuhalten, dass es den Kirchen, welche in aller
Regel kein Baulandmonopol besitzen, frei steht, mit wem sie einen Erbbaurechtsvertrag schließen wollen. Übernimmt darin ihr Vertragspartner aus freien Stücken
die Verpflichtung, solange er kircheneigenes Gelände bewohnt und nutzt, seiner
Kirche treu zu bleiben, so dürfte daraus wohl kaum ein Verstoß gegen die in Art. 4
GG garantierte Religionsfreiheit hergeleitet werden können. Tritt er nach Erreichung seines Zieles, günstig zu einem Bauplatz zu kommen, aus der Kirche aus, zB,
um der Kirchensteuer zu entgehen, kann es nicht sittenwidrig sein, wenn nun die
Eigentümerin ihr Heimfallrecht ausübt. Wirksamer Heimfallgrund ist aber in jedem Fall ein offenes und aktives kirchenfeindliches Verhalten.[209]

Die Heimfallvereinbarung kann auch für den Fall des Todes des Grundstücks- 4.85
eigentümers[210] und auch für den Fall des Todes des Erbbauberechtigten[211] getroffen
werden; letztere Regelung verstößt nicht gegen den Grundsatz der Vererblichkeit
des Erbbaurechts, da das Erbbaurecht nicht mit dem Tod des Erbbauberechtigten
erlischt, sondern vielmehr, belastet mit dem Heimfallanspruch des Eigentümers,
vererbt wird; dieser braucht seinen Anspruch gegenüber den Erben nicht auszuüben; tut er es, so bedarf es der Übertragung des Erbbaurechts durch Einigung und
Eintragung.[212] Dagegen darf der Heimfallanspruch nicht an die bloße Tatsache der
Veräußerung des Erbbaurechts geknüpft werden, da die Veräußerlichkeit Wesensmerkmal des Erbbaurechts nach § 1 Abs. 1 ErbbauRG ist.[213] Die Vereinbarung

---

[204] *Ingenstau/Hustedt* § 2 RdNr. 46; *Linde/Richter* RdNr. 110; MünchKomm § 2 RdNr. 27; RGRK/*Räfle* § 2 RdNr. 28; *v. Oefele* MittBayNot 2004, 186.
[205] *Staudinger/Rapp* § 2 RdNr. 21.
[206] Vgl. OLG Braunschweig DNotZ 1976, 603 = Rpfleger 1975, 399; mit zust. Anm. *Helgele*; *v. Oefele* MittBayNot 2004, 186.
[207] RGRK/*Räfle* § 2 RdNr. 28; OLG Braunschweig a. a. O.; LG Oldenburg Rpfleger 1979, 383; *Ingenstau/Hustedt* § 2 Rdnr. 47; aA *Soergel/Stürner* § 2 RdNr. 6: „Ist ein kirchlicher Rechtsträ-ger Grundstückseigentümer und soll mit der Klausel eine Verwendung des Grundstücks im Sinne der kirchlichen Zielsetzung gesichert werden, wird man hieran nichts sittlich Anstößiges sehen können." Zum Problem allgemein DNotI-Rep. 2004, 133 m. w. N.
[208] LG München Rpfleger 1983, 268 mit Anm. *Sperling*.
[209] MünchKomm § 2 RdNr. 27.
[210] MünchKomm § 2 RdNr. 27; RGRK/*Räfle* § 2 RdNr. 26.
[211] OLG Karlsruhe NJW-RR 2002, 413.
[212] OLG Hamm NJW 1965, 1488 = Rpfleger 1966, 47; MünchKomm § 2 RdNr. 27; RGRK/*Räfle* § 2 RdNr. 26; *Weichhaus* Rpfleger 1979, 329.
[213] RGRK/*Räfle* § 2 RdNr. 25.

eines Heimfallrechts kann im Einzelfall auch unwirksam sein wegen Verstoßes gegen die Bestimmungen zur Gestaltung rechtsgeschäftlicher Schuldverhältnisse durch Allgemeine Geschäftsbedingungen (§§ 305 ff. BGB).[214]

4.86 Die Bestimmung des Heimfalls bei „Vorliegen eines wichtigen Grundes in der Person des Erbbauberechtigten, der die Fortsetzung des Erbbaurechts für den Grundstückeigentümer unzumutbar macht", also die Definition des wichtigen Grundes, ist ausreichend als „bestimmte Voraussetzung" im Sinn von § 2 Nr. 4 ErbbauRG.[215] Wie etwa beim Begriff der „unbilligen Härte"[216] handelt es sich auch hier um einen unbestimmten Rechtsbegriff, der noch dadurch eingeschränkt wird, dass der Grund in der Person des Erbbauberechtigten liegen muss. Hinzu kommt, dass nicht auf das grundbuchrechtliche Bestimmtheitsprinzip abzustellen ist, da der Heimfallanspruch als solcher die dingliche Rechtslage noch nicht verändert. Die Vertragsklausel aber gibt keinen Anlass zu Zweifeln und Auslegungsschwierigkeiten.[217]

4.87 Der Heimfallanspruch kann aber nicht in der Weise als Inhalt des Erbbaurechts, d.h. mit dinglicher Wirkung vereinbart werden, dass der Eigentümer beim Heimfall das Erbbaurecht nur an eine bestimmte Person übertragen lassen darf, etwa einen Grundpfandrechtsgläubiger. Wie bereits ausgeführt, ist in § 2 ErbbauRG in Abweichung von dem sonst auf dem Gebiet des Sachenrechts geltenden Grundsatz des Typenzwangs vorgesehen, dass bestimmte vertragliche Vereinbarungen mit dinglicher Wirkung zum Inhalt des Erbbaurechts gemacht werden können;[218] im Hinblick auf den Grundsatz der Ausschließlichkeit der Sachenrechte und den Ausnahmecharakter der Vorschrift des § 2 ErbbauRG kann sich die vertragliche Inhaltsregelung des Erbbaurechts nur auf die im Katalog des § 2 ErbbauRG aufgeführten Fälle beziehen. Die Rechte des Eigentümers können nicht zugunsten eines Dritten beschränkt werden; dadurch würde auch gegen den Grundsatz des § 3 ErbbauRG verstoßen, wonach der Heimfallanspruch in seinem vollen Umfang mit dem Eigentum am Grundstück verbunden bleiben muss.[219] Dagegen ist eine entsprechende schuldrechtliche Vereinbarung möglich, dass der Eigentümer beim Heimfall das Erbbaurecht nur an einen bestimmten Dritten oder nur mit Zustimmung eines Dritten übertragen lassen darf. Dieser Anspruch kann jedoch nicht durch eine Vormerkung abgesichert werden, da gemäß § 33 Abs. 1 S. 3 ErbbauRG eine derartige Vormerkung mit dem Heimfall erlöschen würde.[220]

4.87a **e) Einschränkungen durch die InsO.** Der Heimfall kann auch vorgesehen werden bei Eröffnung des Insolvenzverfahrens,[221] Zahlungsunfähigkeit oder Überschuldung des Erbbauberechtigten, oder bei Ablehnung der Eröffnung des Verfahrens mangels Masse.[222] Bestimmt der Erbbaurechtsvertrag den Heimfall des Erbbaurechts, wenn der Erbbauberechtigte zahlungsunfähig geworden ist, ist der Grundstückseigentümer im Insolvenzverfahren des Erbbauberechtigten nicht Insolvenzgläubiger, sondern berechtigt der Heimfallanspruch den Eigentümer zur **Aussonderung.**[223] Hierzu hat der BGH mit Urteil v. 19. 4. 2007[224] entschieden, dass

---

[214] Vgl. RdNr. 4.20.
[215] Zweifelnd MünchKomm § 2 RdNR. 27.
[216] Vgl. RdNr. 4.79.
[217] Ausführlich LG Oldenburg Rpfleger 1979, 383.
[218] Vgl. RdNr. 4.13, 4.18.
[219] LG Münster NJW 1954, 1246; *Alberty* NJW 1953, 691; vgl. zu diesen Rechtsfragen auch BGH NJW 1984, 64; vgl. RdNr. 4.91, 4.95.
[220] LG Münster NJW 1954, 1246; *Alberty* NJW 1953, 691; vgl. RdNr. 4.103, 4.119.
[221] Unten RdNr. 4.94.
[222] OLG Karlsruhe NZM 2001, 1053.
[223] OLG Karlsruhe NZM 2001, 1053; NJW-RR 2002, 413, 414; LG Freiburg, *Mohrbutter* DZWir 1999, 167; MünchKomm-InsO/*Ganter* § 47 InsO RdNr. 331; MünchKomm § 2 ErbbVO RdNr. 27; unten RdNr. 4.94.
[224] BGH NJW 2007, 2325 = DNotZ 2007, 682 = ZIP 2007, 1120.

V. Heimfall (§ 2 Nr. 4)

der Insolvenzverwalter bei Vereinbarung eines Heimfalls, der nicht gegen eine angemessene Vergütung erfolgt, verlangen kann, dass die Masse so gestellt wird, wie wenn der Erbbaurechtsvertrag ohne diese Vereinbarung abgeschlossen worden wäre, weil die Vereinbarung eines solchen Heimfalles gläubigerbenachteiligend und daher anfechtbar ist. Der BGH stellt zunächst fest, dass eine Regelung, die bei Insolvenzeröffnung über das Vermögen des Erbbauberechtigten den Heimfall auslöst, wirksam vereinbart werden kann und weder gegen § 119 InsO noch gegen § 138 BGB verstößt. § 119 InsO ist nicht einschlägig, da die Bestellung eines Erbbaurechts kein Dauerschuldverhältnis begründet, sondern ein Rechtskauf ist, der mit Eintragung des Erbbaurechts vollständig erfüllt ist. § 138 BGB kann zwar eingreifen, wenn Dritte geschädigt werden sollen; im Verhältnis zu den Insolvenzgläubigern ist aber die Insolvenzanfechtung gegenüber § 138 Abs. 1 BGB vorrangig.[225] Der BGH betrachten die Regelung über den Heimfall aber als im Verhältnis zu den Insolvenzgläubigern unbeachtlich. Die Ausübung des Heimfallrechts als solche ist zwar nicht anfechtbar.[226] Der Heimfall ist ein dinglicher Anspruch, der den Grundstückseigentümer zur Aussonderung berechtigt und die übrigen Gläubiger nicht benachteiligt.[227] Etwas anderes gilt aber für die Vereinbarung des Heimfalls: Sie benachteiligt die Insolvenzgläubiger, weil der Eigentümer bereits aufgrund der Eröffnung des Insolvenzverfahrens den Heimfall verlangen darf. Dadurch verliert die Masse das Nutzungsrecht, um dessen Wert die Insolvenzgläubiger gebracht werden; darin liegt ihre Beachteiligung. Durch die Vereinbarung akzeptiert der Erbbauberechtigte einen Nachteil, der nicht ihn, sondern seine Gläubiger betrifft; der Heimfall belastet wirtschaftlich betrachtet nicht den Erbbauberechtigten, sondern seine Gläubiger, deren Befriedigung das Insolvenzverfahren dient (§ 1 InsO). Aufgrund der Anfechtung der Heimfallklausel kann der Insolvenzverwalter verlangen, dass die Heimfallklausel im Erbbaurechtsvertrag entfällt; diesen Anspruch kann der Insolvenzverwalter dem Heimfallanspruch des Grundstückseigentümers entgegenhalten (§ 143 Abs. 1, § 146 Abs. 2 InsO). Nach § 143 Abs. 1 InsO ist dasjenige, was durch die anfechtbare Handlung aus dem Vermögen des Schuldners weggegeben wurde, zur Insolvenzmasse zurückzugewähren; diese ist in die Lage zu versetzen, in der sie sich befände, wenn das anfechtbare Verhalten unterblieben wäre.[228] Dabei lässt die Anfechtung den Heimfallanspruch und nicht nur die Vereinbarung seiner Unentgeltlichkeit entfallen. Nur so wird eine Schmälerung der Masse vermieden, die ansonsten ihr Nutzungsrecht verlieren würde. Wie der BGH betont, liegt der Schwerpunkt der Benachteiligung im Verlust des Erbbaurechts und nicht in dessen fehlender Kompensation. Wenn auch im konkreten Fall keine angemessene Vergütung vereinbart war, ist aufgrund dieser Bemerkung des BGH nicht ganz auszuschließen, dass er ähnlich entscheiden würde, wenn der Heimfall gegen eine Vergütung erfolgt.

f) Einschränkungen durch das ErbbauRG. Der Grundsatz der Vertragsfreiheit ist durch das ErbbauRG selbst zweifach eingeschränkt: 4.88

Gem. § 9 Abs. 4 ErbbauRG kann der Heimfall bei Rückständen mit dem Erbbauzins nur vereinbart werden, wenn dieser mindestens 2 Jahresbeträge erreicht hat; es ist also nicht notwendig, dass zwei aufeinander folgende Erbbauzinsraten rückständig sind; maßgebend ist nur ein Rückstand von **insgesamt** zwei Jahresraten, gleich wann er entstanden ist.

Ferner kann der Heimfall gem. § 6 Abs. 2 ErbbauRG nicht wegen eines Verstoßes gegen das nach § 5 ErbbauRG vereinbarte Zustimmungserfordernis des Eigen- 4.89

---
[225] BGH NJW 1994, 449 = WPM 1994, 171, 174.
[226] OLG Karlsruhe ZInsO 2001, 714, 716; NJW-RR 2002, 413, 414.
[227] OLG Karlsruhe ZInsO 2001, 714, 716; NJW-RR 2002, 413, 414.
[228] BGH a. a. O.

tümers vereinbart werden.²²⁹ Es ist streitig, ob § 6 Abs. 2 ErbbauRG zur Nichtigkeit einer entgegenstehenden Vereinbarung führt oder lediglich zur Unerzwingbarkeit des Heimfallanspruchs, also zur Entstehung einer Naturalobligation. Zwar spricht der das Sachenrecht beherrschende Grundsatz der Rechtsklarheit für ersteres,²³⁰ angesichts des eindeutigen Wortlauts von § 6 Abs. 2 ErbbauRG ist aber der Meinung der Vorzug zu geben, dass einer entgegenstehenden Vereinbarung nicht die Wirksamkeit, sondern nur die Durchsetzbarkeit fehlt.²³¹

Eine Verpflichtung des Erbbauberechtigten, das Bauwerk – sei es auf Verlangen des Eigentümers – *abzureißen,* kann weder nach § 2 Abs. 1 Nr. 1 ErbbauRG noch nach §§ 27, 32 ErbbauRG als dinglicher Inhalt vereinbart werden, und zwar auch nicht als Regelung zum Ausschluss einer Vergütung nach § 32 Abs. 1 S. 2 ErbbauRG.²³²

3. Ausübung des Heimfallrechts

4.90 **a) Voraussetzungen.** Das Heimfallrecht wird durch formlose einseitige empfangsbedürftige Willenserklärung des Eigentümers gegenüber dem Erbbauberechtigten ausgeübt. Der Eigentümer ist nicht verpflichtet, einen ihm zustehenden Heimfallanspruch auszuüben oder den schon geltend gemachten Anspruch durchzusetzen.²³³ Der Anspruch setzt weder Verzug noch Verschulden voraus, falls im Erbbaurechtsvertrag nichts anderes vereinbart ist. Es reicht aus, dass die den Heimfall begründenden Tatsachen vorliegen. Liegen sie vor, so ist eine spätere Nachholung der verletzten Pflicht grundsätzlich unbeachtlich; jedoch gelten auch hier die Grundsätze von Treu und Glauben.²³⁴ Wird etwa der Heimfallanspruch damit begründet, der Erbbauberechtigte habe mit dem Bau nicht fristgerecht begonnen, so besteht ein Heimfallrecht nicht, wenn der Baubeginn nur durch eine unverschuldete Verzögerung der Baugenehmigung verursacht wurde.²³⁵ Der Grundstückseigentümer darf keine Gründe nachschieben, auf die er den Heimfall nicht gestützt hat,²³⁶ kann aus diesen Gründen jedoch den Heimfall erneut geltend machen, wenn sie fortbestehen.

4.91 Nach § 3 Halbsatz 2 kann der Eigentümer auch verlangen, dass das Erbbaurecht, ohne dass es auf ihn selbst übergeht, auf einen von ihm zu bezeichnenden Dritten übertragen wird. Der Heimfallanspruch des Grundstückseigentümers ist Bestandteil des Grundstücks (§ 96 BGB) und kann nicht von dem Eigentum an dem Grundstück getrennt werden; er kann nicht abgetreten, verpfändet oder gepfändet werden und teilt das rechtliche Schicksal des Grundstücks und haftet dessen Belastungen.²³⁷

4.92 **b) Anspruchsgegner.** Die Ausübung des Heimfalls ist nach Eintritt der im Erbbaurechtsvertrag bestimmten Voraussetzungen gegen jeden Erbbauberechtigten zulässig, nicht nur gegen denjenigen, dem das Erbbaurecht zurzeit des Eintritts der Voraussetzungen zusteht, sondern auch gegen einen späteren Erwerber des Erbbaurechts, vorausgesetzt, dass der Heimfallanspruch nicht inzwischen erloschen ist,

---

²²⁹ BayObLG Rpfleger 1991, 303 = NJW-RR 1991, 718; Rpfleger 1992, 189 (LS).
²³⁰ BayObLG Rpfleger 1991, 303 = NJW-RR 1991, 718; *Ingenstau/Hustedt* § 6 RdNr. 17; RGRK/*Räfle* § 6 RdNr. 5; *Staudinger/Rapp* § 1 RdNr. 39.
²³¹ LG München MittBayNot 1972, 20; *Erman/Hagen* § 6 RdNr. 5; MünchKomm § 6 RdNr. 8; *Palandt/Bassenge* § 6 RdNr. 2; *Soergel/Stürner* § 6 RdNr. 3.
²³² LG Wuppertal Rpfleger 2006, 540; LG Düsseldorf MittRhNotK 1987, 129; *Böttcher* Rpfleger 2007, 526; *Schöner/Stöber* RdNr. 1750 m. w. N.; oben RdNr. 4.60.
²³³ BGH NJW 1990, 2068, 2069 = Rpfleger 1990, 350; *Weichhaus* Rpfleger 1979, 329.
²³⁴ BGH NJW 1985, 1464, 1465 aE = MDR 1985, 308; NJW-RR 1988, 715; RGRK/*Räfle* § 2 RdNr. 29; vgl. RdNr. 4.98.
²³⁵ *Ingenstau/Hustedt* § 2 RdNr. 50; MünchKomm § 2 RdNr. 28.
²³⁶ Vgl. BGH NJW 1960, 194.
²³⁷ OLG Düsseldorf DNotZ 1974, 177/178; *Staudinger/Rapp* § 3; vgl. RdNr. 4.87, 4.95.

etwa gemäß § 4 ErbbauRG. Auch ein späterer Erbbauberechtigter muss das Recht des Grundstückseigentümers auf Übertragung des Erbbaurechts gegen sich gelten lassen, selbst wenn eine Pflichtverletzung des früheren Erbbauberechtigten die Voraussetzung bildet; sonst würde das Heimfallrecht durch eine Übertragung des Erbbaurechts leicht vereitelt werden können. Der Erwerber kann sich auch, sofern nur das Heimfallrecht selbst eingetragen ist (vgl. § 14 Abs. 1 S. 3 iVm § 2 Nr. 4 ErbbauRG).[238] nicht darauf berufen, dass ihm zurzeit seines Erwerbs der Eintritt der Voraussetzung unbekannt war; denn dieser ist nicht eintragungsfähig. Auch im Insolvenzverfahren des Erbbauberechtigten ist das Heimfallrecht kraft seiner dinglichen Natur voll wirksam.[239]

Es ist gleichgültig, ob das Erbbaurecht rechtsgeschäftlich erworben wurde, durch Zuschlag in der Zwangsversteigerung, vom Insolvenzverwalter oder auf sonstige Weise. Heimfallschuldner sind auch alle späteren Erwerber des Erbbaurechts.[240]   4.93

c) Rechtsnatur des Heimfallanspruchs. Ob in Anbetracht dieser auf der Passivseite eintretenden Wirkung der Heimfallanspruch als **dinglicher** Anspruch verstanden werden kann[241] oder ob es sich mangels grundpfandrechtsartiger Belastung des Erbbaurechts um einen **schuldrechtlichen** Anspruch handelt,[242] ist wohl ein Streit um Worte; entscheidend ist, dass das Erbbaurecht bei Eintritt der Voraussetzungen für den Heimfall oder mit Verlangen des Grundstückseigentümers nicht ohne weiteres auf den Eigentümer übergeht, sondern erst auf den Eigentümer oder den von ihm gem. § 3 ErbbauRG benannten Dritten übertragen werden muss, was nach § 873 BGB durch dingliche Einigung und Eintragung im Grundbuch erfolgt.[243] Da der Heimfallanspruch nicht auf Zahlung gerichtet ist, kann er nicht Gegenstand eines Grundurteils sein.[244]   4.94

Die Eröffnung des Insolvenzverfahrens über das Vermögen des Erbbauberechtigten steht der Geltendmachung des Heimfallanspruchs nicht entgegen. Der Grundstückseigentümer ist hinsichtlich seines Heimfallrechts nicht Insolvenzgläubiger, sondern hat vielmehr einen **Aussonderungsanspruch** nach § 47 InsO. Zwar ist der Heimfall in § 2 Nr. 4 ErbbauRG nur als schuldrechtlicher Anspruch des Grundstückseigentümers gestaltet, was bedeutet, dass das Erbbaurecht nicht von selbst an den Grundstückseigentümer zurückfällt, von diesem vielmehr bei Vorliegen der vereinbarten Heimfallvoraussetzungen die Übertragung des Erbbaurechts verlangt werden muss. Jedoch ist anerkannt, dass durch die Eintragung des Erbbaurechts in das Erbbaugrundbuch (§ 11 ErbbauRG, § 873 BGB) und durch die nach § 14 Abs. 1 S. 3 ErbbauRG zulässige Bezugnahme auf die Eintragungsbewilligung wegen des Inhalts des Erbbaurechts die von der Eintragungsbewilligung umfasste Heimfallregelung dingliche Wirkung gegenüber dem jeweiligen Erbbauberechtigten erlangt.[245]

---

[238] Unten RdNr. 5.272.
[239] *Freckmann/Frings/Grziwotz* RdNr. 134, *Rahn* BWNotZ 1961, 53/55; *Strecker* Das Recht 1920, 229/233; *Staudinger/Rapp* § 2 RdNr. 20; vgl. RdNr. 4.31.
[240] *Palandt/Bassenge* § 2 RdNr. 1; RGRK/*Räfle* § 2 RdNr. 32; *Weichhaus* Rpfleger 1979, 329; etwas enger *Staudinger/Rapp* § 2 RdNr. 20, wonach Zahlungsverzug des Erbbauberechtigten nur insoweit gegen den Rechtsnachfolger wirken soll, als es sich um dinglich gesicherte Rückstände handelt; unrichtig *Scharen* Rpfleger 1983, 342, der den „Rang" des Heimfallanspruchs vom Zeitpunkt seiner Fälligkeit abhängig machen will; dagegen zu Recht *Dehmer* Rpfleger 1983, 477.
[241] So *Erman/Hagen* § 2 RdNr. 6; *Ingenstau/Hustedt* § 2 RdNr. 35; MünchKomm § 2 RdNr. 25; *Weichhaus* Rpfleger 1979, 329; vgl. auch BGH NJW 1985, 1464.
[242] So BGH NJW 1966, 730; 1990, 1095, 1096; OLG Düsseldorf DNotZ 1974, 177; *Palandt/Bassenge* § 2 RdNr. 1; RGRK/*Räfle* § 2 RdNr. 32.
[243] Vgl. RdNr. 4.101.
[244] BGH NJW 1984, 2213.
[245] BGH NJW 1985, 1464; OLG Karlsruhe NJW-RR 2002, 413, 414.

4.95 Der Heimfallanspruch des Grundstückseigentümers kann nicht von dem Eigentum am Grundstück getrennt werden (§ 3 Halbsatz 1 ErbbauRG); dies entspricht der gesetzlichen Regelung bei anderen subjektiv-dinglichen Rechten, wie zB dem Vorkaufsrecht (§ 1103 Abs. 1 BGB) und der Reallast (§ 1110 BGB). Die Untrennbarkeit hat zur Folge, dass der Anspruch als wesentlicher Bestandteil des Grundstücks gilt und dessen rechtliches Schicksal teilt (§§ 93, 96 BGB). Demgemäß kann der Anspruch für sich allein nicht übertragen,[246] verpfändet (§ 1274 Abs. 2 BGB) oder gepfändet (§ 851 Abs. 1 ZPO) werden. Als Grundstücksbestandteil wird er von der Zwangsvollstreckung in das Grundstück miterfasst und haftet für dessen Belastungen (§§ 1120 ff. BGB).[247] Eine Ausübungsermächtigung ist nicht schlechthin möglich,[248] wohl aber zugunsten des nach § 3 Halbsatz 2 ErbbauRG bezeichneten Dritten.[249]

4.96 Diese Untrennbarkeit des Heimfallrechts besteht für die ganze Dauer des Erbbaurechtsverhältnisses.

4.97 Auf dem Grundbuchblatt des Grundstücks wird der Heimfallanspruch nicht vermerkt: zwar lägen die Voraussetzungen des § 9 GBO durchaus vor, aber der Anspruch ergibt sich aus der Eintragung des Erbbaurechts und aus der Bezugnahme auf die Eintragungsbewilligung, so dass ein Rechtsschutzbedürfnis für die Eintragung des Anspruchs fehlt.[250]

4.98 **d) Rechtsmissbrauch.** In Ausnahmefällen kann die Ausübung des Heimfallrechts nach den Grundsätzen von Treu und Glauben unzulässig und missbräuchlich sein. Obwohl der Gesetzgeber bewusst davon abgesehen hat, den Heimfallanspruch nur aus besonders gewichtigen Gründen zuzulassen,[251] ist die Ausübung des Heimfallanspruchs dann rechtsmissbräuchlich, wenn nur ein verhältnismäßig geringfügiger Pflichtverstoß vorliegt; denn auch im Rahmen des Erbbaurechts gilt das sogenannte Übermaßverbot, wonach – als eine Auswirkung des Grundsatzes von Treu und Glauben – bestimmte schwerwiegende Rechtsfolgen in Fällen nur geringfügiger Vertragsverletzung nicht eintreten sollen.[252] So ist insbesondere bei Vereinbarungen über den Verwendungszweck des Bauwerks (§ 2 Nr. 1 ErbbauRG) der Tatsache Rechnung zu tragen, dass bei den regelmäßig langfristigen Erbbaurechtsverträgen eine Änderung des gewerblichen Zwecks den schutzwürdigen Belangen des Erbbauberechtigten entsprechen kann;[253] maßgeblich ist dann, ob dem Grundstückseigentümer die Änderung zumutbar ist, was auch bei erheblicher Abweichung von dem vertraglichen Zweck der Fall sein kann;[254] der Grundstückseigentümer kann die Zustimmung zu einer zumutbaren Nutzungsänderung nicht von einer Erhöhung des Erbbauzinses abhängig machen, sondern nur einen Ausgleich für eine durch die Änderung bedingte zusätzliche Beeinträchtigung verlangen.[255]

4.99 Ist im Erbbaurechtsvertrag die Verpflichtung des Erbbauberechtigten niedergelegt, das auf dem Erbbaugrundstück errichtete Gebäude ohne Genehmigung des Grundstückseigentümers nicht wesentlich zu verändern, und bei einer Verletzung ein Heimfallanspruch gegeben, so kann die Ausübung des Heimfallanspruchs nach

---

[246] BGH ZIP 1980, 652.
[247] *Ingenstau/Hustedt* § 3 RdNr. 4; MünchKomm § 3 RdNr. 3; RGRK/*Räfle* § 3 RdNr. 2.
[248] Vgl. BGHZ 4, 153, 165.
[249] RGRK/*Räfle* § 3 RdNr. 2.
[250] *Erman/Hagen* § 3 RdNr. 3; *Ingenstau/Hustedt* § 3 RdNr. 5; RGRK/*Räfle* § 3 RdNr. 4; Staudinger/*Rapp* § 2 RdNr. 20 c.
[251] Vgl. RdNr. 4.78, 4.82.
[252] BGHZ 88, 91, 95 = NJW 1984, 2437.
[253] BGH NJW 1984, 2213, 2214.
[254] RGRK/*Räfle* § 2 RdNr. 30; nicht zB bei Umwandlung einer Diskothekengaststätte in ein Sexlokal: BGH NJW 1984, 2213 = Rpfleger 1984, 352; vgl. RdNr. 4.57.
[255] RGRK/*Räfle* § 2 RdNr. 30.

dem Grundsatz von Treu und Glauben missbräuchlich sein, wenn der Eigentümer verpflichtet wäre, den vom Erbbauberechtigten vorgenommenen baulichen Veränderungen zuzustimmen; bei Fehlen entsprechender vertraglicher Regelungen kann sich nämlich eine Zustimmungsverpflichtung des Grundstückseigentümers wiederum aus dem Gebot von Treu und Glauben ergeben, wenn und soweit die Gebäudeveränderungen für den Grundstückseigentümer zumutbar sind. Dies gilt insbesondere dann, wenn die Veränderungen bei Berücksichtigung der Zweckbestimmung des Gebäudes und seiner vertraglich vorgesehenen Nutzung sich über Jahrzehnte im Rahmen des Üblichen und Normalen halten und berücksichtigenswerte Interessen des Eigentümers nicht entgegenstehen.[256] Entsprechendes gilt, wenn der Eigentümer eine nach dem Erbbaurechtsvertrag erforderliche Zustimmung grundlos verweigert und dadurch ein Zustand entsteht, der einen Heimfallgrund darstellt: Hat etwa der Eigentümer die Zustimmung zu der für die Aufnahme eines Baukredits nötigen Belastung des Erbbaurechts grundlos verweigert, kann die Ausübung des wegen nicht fristgerechter Bebauung entstandenen Heimfallanspruchs gegen Treu und Glauben verstoßen. Der Eigentümer kann den Erbbauberechtigten auch nicht darauf verweisen, dass er im Weg des § 7 Abs. 3 ErbbauRG Ersetzung der Zustimmung hätte erreichen können; denn zu einem solchen Vorgehen ist der Erbbauberechtigte dem Eigentümer nicht verpflichtet, weil diese Vorschrift nur den Belangen des Erbbauberechtigten dient.[257]

Ist ein Heimfallrecht für den Fall einer gewerblichen Nutzung des Erbbaurechts- **4.100** gebäudes vereinbart worden, und hat der Erbbauberechtigte das Bauwerk gewerblich genutzt, der neue Erbbauberechtigte die gewerbliche Nutzung jedoch sofort mit dem Erwerb unterlassen, so würde eine Ausübung des Heimfallrechts durch den Eigentümer gegen Treu und Glauben verstoßen. Dies gilt auch dann, wenn in der Zeit vor einer Veräußerung des Erbbaurechts der den Heimfall auslösende Tatbestand dem Eigentümer bekannt war und er trotzdem ohne Einschränkungen seine Zustimmung zur Veräußerung des Erbbaurechts nach § 5 ErbbauRG erteilt und dabei auch nicht auf die Möglichkeit der Geltendmachung des Heimfallrechts hingewiesen hat; durch eine solche Zustimmung zur Veräußerung ist in der Regel das Heimfallrecht, das auf Rechtsverletzung des Veräußerers beruht, verwirkt.[258] Dagegen verstößt die Geltendmachung des Heimfallrechts nicht deswegen gegen Treu und Glauben, weil der Erbbauberechtigte die verletzte Pflicht nachgeholt hat.[259]

4. Übertragung des Erbbaurechts

Wenn die Voraussetzungen für den Heimfall vorliegen, geht das Erbbaurecht **4.101** nicht ohne weiteres auf den Eigentümer über. Das Wort „Heimfall" ist insoweit irreführend. Bei wirksamer Ausübung des Heimfallrechts, die durch formlose einseitige empfangsbedürftige Willenserklärung des Eigentümers gegenüber dem Erbbauberechtigten erfolgt,[260] entsteht vielmehr ein Anspruch[261] des Grundstückseigentümers auf Übertragung des Erbbaurechts an ihn oder einen von ihm bezeichneten Dritten. Die Übertragung erfordert nach § 873 BGB die dingliche Einigung des Erbbauberechtigten und des Grundstückseigentümers sowie die Eintragung im Grundbuch. Bis zum dinglichen Vollzug des Anspruchs steht dem Eigentümer daher der Erbbauzins zu.[262]

---

[256] BGHZ 48, 296/299 = NJW 1967, 2351; NJW 1984, 2213, 2214; NJW-RR 1986, 1269. Vgl. ähnliche Erwägungen zum Beseitigungsanspruch BayObLGZ 1986, 501, 506 und RdNr. 4.64.
[257] BGH DNotZ 1993, 593 = NJW-RR 1993, 465.
[258] *Staudinger/Rapp* § 2 RdNr. 20.
[259] NJW-RR 1988, 715.
[260] Vgl. RdNr. 4.90.
[261] Vgl. RdNr. 4.94.
[262] BGH DNotZ 1991, 395 = NJW-RR 1990, 1095.

4.102 Verlangt der Grundstückseigentümer von vorneherein gemäß § 3 Halbsatz 2 ErbbauRG die Übertragung des Erbbaurechts auf einen von ihm bezeichneten Dritten, so ist die Bezeichnung des Dritten eine einseitige empfangsbedürftige Willenserklärung des Grundstückseigentümers gegenüber dem Erbbauberechtigten, die nicht der Form des § 311b Abs. 1 BGB bedarf. Sie wird regelmäßig mit der Ausübung des Heimfalls verbunden, kann aber auch getrennt abgegeben werden. Der Ausschluss dieses Rechts nach § 3 Halbsatz 2 ist auf Grund des Typenzwangs nicht vertraglich mit dinglicher Wirkung abdingbar;[263] wenn dem gegenüber argumentiert wird, dass die Vertragspartner nicht gehindert werden könnten, dem Grundstückseigentümer das Recht nur mit einer gewissen Einschränkung der Befugnisse einzuräumen, wenn ihnen die Entscheidung frei stünde, ob der Eigentümer überhaupt ein Heimfallrecht haben soll,[264] so wird der Typenzwang des Sachenrechts übersehen, der eben keine beliebige Vereinbarung zulässt. Es steht aber nichts entgegen, einen Ausschluss des Rechts nach Halbsatz 2 **schuldrechtlich** zu vereinbaren.[265]

4.103 Unzulässig ist es auch, die Ausübung des Heimfallanspruchs einem Dritten zu übertragen, da der Heimfallanspruch mit dem Eigentum untrennbar verbunden ist. Als Inhalt des Erbbaurechts kann daher nicht vereinbart werden, dass ein Dritter, etwa ein Grundpfandrechtsgläubiger, die Person bestimmen darf, an die das Erbbaurecht beim Heimfall übertragen werden soll;[266] eine schuldrechtliche Vereinbarung zwischen den Beteiligten des Erbbaurechtsvertrags ist dagegen gültig, kann aber nicht durch eine Vormerkung gesichert werden.[267]

4.104 Die Übertragung auf einen Dritten ist unter den Voraussetzungen des Anfechtungsgesetzes wegen Gläubigerbenachteiligung anfechtbar, und zwar auch dann, wenn nach dem Erbbaurechtsvertrag das Erbbaurecht nur mit Zustimmung des Grundstückseigentümers übertragen werden darf.[268]

4.105 Weigert sich der Erbbauberechtigte, bei der Übertragung mitzuwirken, so muss der Grundstückseigentümer die Einwilligung des Erbbauberechtigten im Prozessweg durch Klage auf Abgabe einer Willenserklärung herbeiführen (§§ 894, 895 ZPO). Erst dann kann die Eintragung im Grundbuch erfolgen. Da der Heimfallanspruch nicht auf Zahlung gerichtet ist, kann er nicht Gegenstand eines Grundurteils sein.[269] Auch bei Nachweis des Heimfallanspruchs in der Form des § 29 GBO ist eine Grundbuchberichtigung nicht möglich.

4.106 Erklärt der Grundstückseigentümer, dass er ein ihm angeblich zustehendes Heimfallrecht ausübe, und verkauft er dann das Grundstück, so braucht er dem Käufer nicht für die Durchsetzbarkeit des geltend gemachten Heimfallanspruchs einzustehen, falls im Kaufvertrag keine besondere Vereinbarung getroffen wird.[270]

5. Rechtsfolgen der Übertragung

4.107 **a) Erwerb durch den Eigentümer.** Wird das Erbbaurecht auf den Eigentümer übertragen, so besteht es als selbständiges Recht des Eigentümers fort. Der Eigentümer erwirbt ein Recht an eigener Sache, er hat am gleichen Grundstück Eigentum und Erbbaurecht. Erst mit dem dinglichen Vollzug erlischt sein An-

---

[263] Erman/Hagen § 3 RdNr. 1; Ingenstau/Hustedt § 3 RdNr. 6.
[264] So Palandt/Bassenge § 3 RdNr. 1; RGRK/Räfle § 3 RdNr. 8; Staudinger/Rapp § 2 RdNr. 25.
[265] MünchKomm § 3 RdNr. 4.
[266] LG Münster NJW 1954, 1246; Alberty NJW 1953, 691; Ingenstau/Hustedt § 2 RdNr. 41; vgl. RdNr. 4.77, 4.87.
[267] LG Münster NJW 1954, 1246; Alberty NJW 1953, 691; vgl. RdNr. 4.87.
[268] BGH NJW 1966, 730 = DB 1966, 1564 zur Anfechtung nach § 3 Nr. 2 AnfG.
[269] BGH NJW 1984, 2213.
[270] BGH WPM 1980, 938, 939 = ZIP 1980, 652.

V. Heimfall (§ 2 Nr. 4)

spruch auf Zahlung des Erbbauzinses.[271] Die dingliche Belastung seines Grundstücks verwandelt sich in ein **Eigentümererbbaurecht**.[272] Seine doppelte Rechtsstellung tritt auch grundbuchmäßig zu Tage, indem nämlich einerseits das Erbbaugrundbuch und andererseits das Grundbuchblatt seines belasteten Grundstücks getrennt voneinander weitergeführt werden. Im Erbbaugrundbuch wird der Wechsel in der Person des Erbbauberechtigten eingetragen; gem. § 14 Abs. 3 S. 2 ErbbauRG ist die Eintragung des Eigentümers als neuer Erbbauberechtigter unverzüglich auf dem Blatt des Grundstücks zu vermerken. Beide Grundbücher, für Grundstück und Erbbaurecht, bleiben bestehen, ebenso alle dinglichen Rechte am Grundstück, dingliche Rechte am Erbbaurecht nach Maßgabe des § 33 ErbbauRG.

Hat der Eigentümer das Erbbaurecht selbst erworben und will er es nicht als selbständiges Recht behalten, so hat er folgende Möglichkeiten: Er kann das Eigentümererbbaurecht nach dem Erwerb durch sich an einen Dritten weiter übertragen, wodurch das Eigentümererbbaurecht wieder zum Fremdrecht wird. Er kann aber auch das Eigentümererbbaurecht aufheben und im Grundbuch löschen lassen (§§ 875, 876 BGB, vgl. § 26 ErbbauRG), so dass Grundstück und Bauwerk wieder zu einer einheitlichen Sache werden. **4.108**

Ist das Erbbaurecht **belastet**, so kann die Aufhebung nur mit Zustimmung der Berechtigten geschehen (§ 876 BGB).[273] Dies ist vom BayObLG ausdrücklich für die Vormerkung zur Sicherung des Anspruchs auf Übertragung des Erbbaurechts entschieden worden, und zwar auch für den Fall, dass der Erbbauberechtigte das Grundstück bei gleichzeitiger Aufhebung des Erbbaurechts erwirbt und für den Berechtigten der Vormerkung am Grundstück eine Vormerkung an gleicher Rangstelle eingetragen werden soll.[274] Das Gericht hat es offen gelassen, ob für Nutzungs- und Verwertungsrechte etwas anderes gilt, da sie, wenn sie am Grundstück bestehen, dieselben Nutzungs- und Verwertungsmöglichkeiten wie hinsichtlich des Erbbaurechts gewähren: Sie gelten gemäß § 12 Abs. 1 ErbbauRG als wesentlicher Bestandteil des Erbbaurechts und werden mit dessen Erlöschen gemäß § 12 Abs. 3 ErbbauRG, §§ 93, 94 BGB wesentlicher Bestandteil des Grundstücks. Das BayObLG hat es offen gelassen, ob daraus abzuleiten ist, dass der Gegenstand von Nutzungs- oder Verwertungsrechten derselbe bleibt, wenn diese Rechte zunächst am Erbbaurecht und ab Wegfall des Erbbaurechts mit nicht schlechterem Rang am Grundstück bestehen. Hieraus haben das LG Bayreuth[275] und das LG Krefeld[276] den Schluss gezogen, dass die Aufhebung eines Erbbaurechts dann nicht der Zustimmung der am Erbbaurecht dinglich Berechtigten bedürfe, wenn deren Rechte nach Wegfall des Erbbaurechts mit gleicher Rangstelle am Grundstück weiter bestehen, und die Zustimmung als bloße Förmlichkeit bezeichnet, die einen unnötigen Aufwand verursache. Mit einer solchen Zweckmäßigkeitserwägung können jedoch die formellen Grundsätze des Sachen- und Grundbuchrechts, insbesondere des § 876 BGB, nicht außer acht gelassen werden. Für eine rein wirtschaftliche Betrachtungsweise ist im formellen Sachen- und Grundbuchrecht kein Raum.

b) Erwerb durch Dritte. Der Grundstückseigentümer kann nach § 3 Halbsatz 2 ErbbauRG von vornherein die Übertragung des Erbbaurechts unmittelbar an einen von ihm zu bezeichnenden Dritten verlangen. Verlangt der Grundstückseigentümer, dass das Erbbaurecht auf einen von ihm bezeichneten Dritten übertragen **4.109**

---

[271] BGH DNotZ 1991, 395.
[272] Vgl. RdNr. 3.8.
[273] Ingenstau/Hustedt RdNr. 39; MünchKomm RdNr. 30; Staudinger/Rapp RdNr. 24, je zu § 2.
[274] BayObLG Rpfleger 1987, 156.
[275] LG Bayreuth MittBayNot 1997, 39; zustimmend Palandt/Bassenge § 876 BGB RdNr. 3.
[276] LG Krefeld Rpfleger 1998, 284.

wird, dann wird nur dieser Dritte, nicht zuvor auch er selbst als neuer Berechtigter in das Erbbaugrundbuch eingetragen.[277]

4.110 Der Dritte wird nicht Rechtsnachfolger des Eigentümers, sondern unmittelbarer Rechtsnachfolger des bisherigen Erbbauberechtigten, so dass der Eigentümer im Erbbaugrundbuch nicht eingetragen wird. Er kann aber Klage auf Auflassung an den Dritten erheben (§ 894 ZPO).[278] Solange die Auflassung an den Dritten noch nicht erklärt ist, kann der Eigentümer die Bezeichnung des Dritten ändern und einen anderen Dritten benennen, da die Bezeichnung kein eigenes Recht auf Übertragung gewährt.[279] Der Dritte erlangt in diesem Fall keinen unmittelbaren Anspruch gegen den Erbbauberechtigten, da eine Abtretung des Heimfallanspruchs nicht zulässig ist (§ 3 ErbbauRG). Der Eigentümer kann jedoch den Dritten im Rahmen der sogenannten gewillkürten Prozessstandschaft ermächtigen, das für ihn fremde Recht im eigenen Namen gerichtlich geltend zu machen.[280] Aus den gleichen Gründen kann der Grundstückseigentümer vom Erbbauberechtigten nur die Übertragung des dinglichen Rechts an den Dritten verlangen, nicht aber auch den Abschluss eines schuldrechtlichen kaufähnlichen Geschäfts mit dem Dritten.[281]

4.111 **c) Besonderheiten beim Gesamterbbaurecht.** Stehen die einzelnen Grundstücke im Eigentum verschiedener Personen, so sollte im Erbbaurechtsvertrag auch geregelt sein, in welchem Verhältnis die Eigentümer beim Heimfall das Erbbaurecht erwerben („Gesamteigentümererbbaurecht")[282] und von wem welche Entschädigung an den Erbbauberechtigten zu zahlen ist. Nach wohl richtiger, aber streitiger Ansicht[283] sind bei Fehlen einer vertraglichen Regelung wegen der Ähnlichkeit zum Vorkaufsrecht die Bestimmungen der §§ 472, 1098 BGB entsprechend anzuwenden. Danach kann das Heimfall nur im ganzen ausgeübt werden; übt ein Eigentümer sein Recht nicht aus, sind die übrigen berechtigt, es im ganzen auszuüben. Es erwirbt nicht jeder Eigentümer unter vertikaler Aufteilung gemäß den Grundstücksgrenzen die auf sein Grundstück entfallenden unselbständigen Gebäudeteile, vielmehr bestimmen sich bei faktischer Unteilbarkeit des Gebäudes, auch wenn es auf mehreren Grundstücken verschiedener Eigentümer steht, die Rechte im Zweifel nach § 430 BGB.[284]

4.112 **d)** Besteht ein **Untererbbaurecht,** so geht dieses beim Heimfall des Obererbbaurechts unter, da es in § 33 ErbbauRG nicht genannt ist.[285] Nach allgemeinen gesetzlichen Vorschriften ist der Untererbbauberechtigte allenfalls durch einen Schadensersatzanspruch gemäß § 325 BGB geschützt, wenn der Obererbbauberechtigte den Heimfall zu vertreten hat (Unmöglichkeit der Erfüllung des Untererbbaurechtsvertrags). Beim **Nachbarerbbaurecht** kann der Heimfall hinsichtlich jedes einzelnen Erbbaurechts getrennt erfolgen, wonach der Grundstückseigentümer sein Einzelerbbaurecht und damit Gebäudeeigentum an dem betroffenen Gebäudeteil erhält.[286]

6. Vergütung

4.113 Macht der Eigentümer von seinem Heimfallrecht Gebrauch, so hat er dem Erbbauberechtigten eine angemessene Vergütung für das Erbbaurecht zu gewähren

---

[277] RGRK/*Räfle* § 2 RdNr. 35; vgl. RdNr. 4.110.
[278] Vgl. RdNr. 4.95.
[279] MünchKomm § 3 RdNr. 4; RGRK/*Räfle* § 3 RdNr. 7.
[280] *Ingenstau/Hustedt* § 3 RdNr. 10; *Staudinger/Rapp* § 2 RdNr. 25.
[281] OLG Düsseldorf DNotZ 1974, 177.
[282] RGRK/*Räfle* § 2 RdNr. 34.
[283] MünchKomm § 1 RdNr. 42.
[284] Vgl. ausführlich RdNr. 3.51 ff., 3.63 ff.
[285] Oben RdNr. 3.22 ff., unten RdNr. 4.119.
[286] Oben RdNr. 3.82.

V. Heimfall (§ 2 Nr. 4)

(§ 32 ErbbauRG). So wie die Heimfallgründe (oben RdNr. 4.78) kann auch die Vergütung nach § 32 ErbbauRG grundsätzlich im Rahmen der **Vertragsfreiheit** bestimmt werden. Die vertragliche Vereinbarung bzw. der vertragliche Ausschluss der Vergütungsansprüche unterliegen also auch hier nur den genannten allgemeinen Grenzen. Die Parteien sind grundsätzlich frei in der Gestaltung von Vergütungsvereinbarungen. Hinsichtlich der Grenzen und auch der Frage der Unangemessenheit bei Anwendung der Vorschriften über die allgemeinen Geschäftsbedingungen lassen sich keine allgemeinen Regeln aufstellen. Es kommt jeweils auf den Einzelfall an. Im Rahmen der Überprüfung des Einzelfalles können z.B. Vereinbarungen über die Höhe des Vergütungsanspruches von voller Höhe bis zum völligen Verzicht davon beeinflusst werden,

– ob das Bauwerk vom Grundstückseigentümer oder vom Erbbauberechtigten errichtet wurde,
– ob das bei Beendigung des Erbbaurechts bestehende Bauwerk den im Vertrag getroffenen Vereinbarungen hierüber entspricht oder nicht,
– ob es sich um Wohngebäude handelt oder um gewerblich genutzte, oder um solche, die nur für einen ganz begrenzten Kreis von Benutzern von Interesse sind,
– von der Höhe des vereinbarten Erbbauzinsens; so könnte es z.B. gerechtfertigt sein, bei einem nieder bemessenen Erbbauzins auch die Vergütung niedrig zu halten und umgekehrt,
– von der Zahlungsweise der Vergütung; bei sofortiger Zahlung in voller Höhe könnte sich eine ermäßigte Vergütung empfehlen, bei ratenweiser Abzahlung über Jahre hinaus eine höhere.

Wie diese Beispiele zeigen, kann durch solche Verbarungen jeder Erbbaurechtsvertrag den ganz speziellen Interessen beider Parteien angepasst werden.[287]

a) Der gesetzliche Vergütungsanspruch (§ 32 Abs. 1 S. 1). Mit der Ausübung des Heimfallrechts[288] wird der gesetzliche Vergütungsanspruch fällig. Die Vergütung ist Entschädigung für den Rechtsverlust, den der Erbbauberechtigte durch die Übertragung des Erbbaurechts erleidet; sie soll den durch Erfüllung des Heimfallanspruchs eintretenden Vermögensnachteil ausgleichen. Daraus folgt, dass dem Erbbauberechtigten der Vergütungsanspruch erst in dem Augenblick erwächst, in dem er das Erbbaurecht an den Eigentümer oder einen von diesem gem. § 3 ErbbauRG bezeichneten Dritten verliert, also mit dem dinglichen Vollzug des Heimfallanspruchs durch Einigung und Grundbucheintragung.[289] Anders als im Fall des § 27 ErbbauRG (Erlöschen des Erbbaurechts) genügt es nicht, dass die Grundlagen für den Anspruch an sich gegeben sind. Vor der Ausübung des Heimfalls ist der Vergütungsanspruch nur eine gesetzliche Ausgestaltung des Heimfallrechts und damit Bestandteil des dinglichen Inhalts des Erbbaurechts bzw. des Grundstückseigentums gemäß § 96 BGB und daher nicht sonderrechtsfähig (vgl. § 399 BGB).[290] Der BGH, der aus dem Fehlen einer dem § 27 Abs. 4 ErbbauRG entsprechenden Bestimmung früher folgerte, dass der Anspruch schon vor Fälligkeit abtretbar ist,[291] hat daher diese Meinung zurecht in seinem Urteil v. 20. 4. 1990 geändert und entschieden, dass abzustellen ist auf den dinglichen Vollzug des Heimfallanspruchs.[292] § 27 Abs. 4 ErbbauRG hat nur klarstellenden Charakter;[293]

4.113a

---

[287] *Linde/Richter* RdNr. 248.
[288] Vgl. RdNr. 4.90.
[289] BGH NJW 1990, 2067, 2068 = Rpfleger 1990, 350; Rpfleger 1990, 412.
[290] MünchKomm § 32 RdNr. 2.
[291] NJW 1976, 895 = DNotZ 1976, 537; ebenso *Ingenstau/Hustedt* § 32 RdNr. 11; RGRK/*Räfle* § 2 RdNr. 2; Staudinger/Rapp § 32 RdNr. 10.
[292] BGH NJW 1990, 2067, 2068 = DNotZ 1991, 393 = Rpfleger 1990, 350; Rpfleger 1990, 412.

ein Grund für eine verschiedene Behandlung ist nicht ersichtlich. Der Anspruch unterliegt der 3jährigen Verjährung (§ 195 BGB).[294]

4.114 **b) Inhalt des Erbbaurechts.** Es steht den Beteiligten frei, Vereinbarungen über die Höhe der Vergütung und die Art ihrer Zahlung als Inhalt des Erbbaurechts zu vereinbaren. Auch der Ausschluss einer Vergütung ist möglich (§ 32 Abs. 1 S. 2 ErbbauRG). Der Regelungsspielraum ist hinsichtlich der Höhe der Entschädigung jedoch in Abs. 2 eingeschränkt. Eine Verpflichtung zum Abriss des Gebäudes durch den Erbbauberechtigten auf Verlangen des Eigentümers kann nicht als Inhalt des Erbbaurechts vereinbart werden, auch nicht als Regelung zum Ausschluss einer Vergütung nach § 32 Abs. 1 S. 2 ErbbauRG.[295] Besonders beim Gesamterbbaurecht sollte vertraglich bestimmt werden, welche Entschädigung jedem Grundstückseigentümer zusteht. Für den Fall, dass nichts geregelt ist, vgl. RdNr. 4.111.

4.115 **c) Höhe der Vergütung.** Über die Höhe der Vergütung können beliebige Vereinbarungen getroffen werden. Auch der Ausschluss der Vergütung kann vereinbart werden. Ist nichts vereinbart, so besteht ein Anspruch auf eine „angemessene Vergütung für das Erbbaurecht", also auf dessen objektiven Verkehrswert. Dieser Wert ist aus dem realen Wert des Bauwerks, dem Ertragswert des Erbbaurechts und dem Wert für den Rückerhalt der Bodennutzung zu berechnen,[296] wobei die Grundsätze des § 19 ErbbauRG heranzuziehen sind; davon sind die gemäß § 33 Abs. 3 ErbbauRG zu übernehmenden Belastungen abzuziehen.[297] Ist nichts anderes vereinbart, so ist der für die Höhe der Heimfallvergütung maßgebende Wert des Erbbaurechts nicht nur im Rahmen des § 32 Abs. 2 S. 2 ErbbauRG, sondern generell nach den Verhältnissen im **Zeitpunkt** der Erfüllung des Heimfallanspruchs zu ermitteln.[298]

Ausgenommen ist lediglich der Fall, dass das Erbbaurecht zur Befriedigung des Wohnbedürfnisses **minderbemittelter Bevölkerungskreise**[299] bestellt wird; in diesem Fall darf die Zahlung einer angemessenen Vergütung für das Erbbaurecht, die mindestens 2/3 des gemeinen Werts des Erbbaurechts zurzeit der Übertragung beträgt, nicht ausgeschlossen werden (§ 32 Abs. 2 ErbbauRG). Ein nachträglicher Verzicht (Erlass) ist aber möglich.[300] Diese Einschränkung greift nicht nur ein, wenn der Erbbauberechtigte selbst den minderbemittelten Bevölkerungskreisen angehört, vielmehr genügt es, wenn Wohnungen zur Vermietung an solche Personen erstellt werden.[301] Unerheblich ist also, ob der Erbbauberechtigte selbst in den begünstigen Personenkreisen fällt oder ob die Wohnung an Minderbemittelte vermietet wird, da nur der Nutzungszweck entscheidend ist. Ausschlaggebend ist dabei die Lage bei Bestellung des Erbbaurechts, nicht bei Ablauf der Zeitdauer.[302] Bei

---

[293] MünchKomm § 32 RdNr. 2.
[294] Anders vor Inkrafttreten des SchRModG bis 31. 12. 2001 § 195 BGB a. F.: 30 Jahre; *Staudinger/Rapp* § 32 RdNr. 10.
[295] LG Wuppertal Rpfleger 2006, 540; LG Düsseldorf MittRhNotK 1987, 129; *Böttcher* Rpfleger 2007, 526; *Schöner/Stöber* RdNr. 1750; oben RdNr. 4.60.
[296] BGH DB 1975, 685; NJW 1976, 895; MünchKomm § 32 RdNr. 3; *Palandt/Bassenge* § 32 RdNr. 2; RGRK/*Räfle* § 32 RdNr. 3.
[297] MünchKomm § 32 RdNr. 3. Vgl. Muster 1 Ziffer II § 8 und Muster 2 Ziffer II § 8 Abs. 2, § 9.
[298] BGH NJW 1992, 1454 = DNotZ 1992, 361.
[299] Welche Personen unter diese Definition fallen, ist ungeklärt (vgl. dazu KG OLGZ 1981, 265; LG Frankfurt DNotZ 1969, 299; *Ingenstau/Hustedt* § 27 RdNr. 10; *Soergel/Stürmer* § 27 RdNr. 2). Nach *Staudinger/Rapp* § 27 RdNr. 12 kann als minderbemittelt wohl nur jemand gelten, dessen Einkommen unter dem Durchschnittseinkommen der Angestellten in Industrie und Handel liegt.
[300] *Ingenstau/Hustedt* § 32 RdNr. 7; RGRK/*Räfle* § 32 RdNr. 6.
[301] Vgl. *Ingenstau/Hustedt* § 27 RdNr. 10; MünchKomm § 27 RdNr. 8; RGRK/*Räfle* § 27 RdNr. 9; *Limmer* Erbbaurecht RdNr. 216.
[302] Vgl. KG Rpfleger 1981, 108; RGRK/*Räfle* a. a. O.

gemischten Bauwerken, die sowohl gewerblichen oder anderen Zwecken als auch zur Befriedigung der Wohnbedürfnisse minderbemittelter Bevölkerungskreise dienen, wird eine verhältnismäßige Betrachtung und Bewertung zu erfolgen haben, da der Wortlaut des § 32 Abs. 2 ErbbauRG weder für die eine noch für die andere Sicht herangezogen werden kann, wenn einer der Zwecke überwiegt. Angesichts der Vertragsfreiheit einerseits und dem Sinn und Zweck der Vorschrift andererseits dürfte weder ein Totalausschluss der Vorschrift noch eine generelle Anwendung bei Bestellung eines Erbbaurechts für eine gemischte Nutzung die richtige Lösung sein, sondern kommt man der Vertragsfreiheit und dem Gesetzeszweck mit dem Mittelweg am nächsten. Dieser Mittelweg bedeutet, dass man die Zwecke in ein Verhältnis setzt, den Anteil des Zwecks „Befriedigung des Wohnbedürfnisses minderbemittelter Bevölkerungskreise" ermittelt und dementsprechend vereinbart, dass ausgehend von diesem Anteil mindestens 2/3 des gemeinen Wertes dieses Anteils des Erbbaurechts zur Zeit der Übertragung als Vergütung zu zahlen ist und insoweit ein eventueller Ausschluss nicht greift.

d) Ausschluss der Vergütung. Auch der Ausschluss der Vergütung kann vereinbart werden. Es ist anerkannt, dass die Vertragsbeteiligten bei der Bestellung des Erbbaurechts oder auch später die Entschädigungspflicht nach § 27 Abs. 2 ErbbauRG (Zeitablauf) und nach § 32 Abs. 2 ErbbauRG (Heimfall) ausschließen können.[303] Nur wenn das Wohnbedürfnis minderbemittelter Bevölkerungskreise befriedigt werden soll, darf, wie soeben ausgeführt, ein Ausschluss der Vergütung bzw. des Entschädigungsanspruchs nicht erfolgen.

4.116

Ist das Erbbaurechts als Verbrauchervertrag zu qualifizieren, ist fraglich, ob ein *Verstoß gegen verbraucherrechtliche Schutzvorschriften* vorliegt, wenn der Erbbaurechtsvertrag einen derartigen Ausschluss enthält. Insofern könnte man erwägen, ob ein Verstoß gegen § 309 Nr. 6 BGB vorliegt, so dass die Regelung ohne Wertungsmöglichkeit unwirksam wäre. Nach § 309 Nr. 6 BGB sind in Allgemeinen Geschäftsbedingungen Bestimmungen unwirksam, durch die dem Verwender für den Fall der Nichtabnahme oder verspäteten Abnahme der Leistung, des Zahlungsverzugs oder für den Fall, dass der andere Teil sich vom Vertrag löst, Zahlung einer Vertragsstrafe versprochen wird. Ein regelmäßiger Heimfallgrund ist auch der Fall des Zahlungsverzugs mit mehr als zwei Raten. Dann liegt einer der in § 309 Nr. 6 BGB genannten Fälle vor. § 309 Nr. 6 BGB erfasst auch sog. Verfallklauseln, bei denen die Vertragspartei durch die Verletzung vertraglicher Pflichten ihre an sich bestehenden Rechte verlieren soll.[304] Verliert der Erbbauberechtigte aufgrund Vorliegens eines Heimfallgrunds einen ansonsten gegebenen Entschädigungsanspruch, so dürfte eine unzulässige Vertragsstrafenklausel iSv. § 309 Nr. 6 BGB vorliegen, die unwirksam ist. Dies gilt freilich nur, wenn der Heimfall auch tatsächlich zu einem Anspruchsverlust führt. Ist eine Entschädigung dagegen für jeden Fall (also insbesondere auch für den Fall des Zeitablaufs – § 27 ErbbauRG) ausgeschlossen, so verliert der Erbbauberechtigte durch den Heimfall keine Rechtsposition. Insofern läge dann keine Vertragsstrafe vor und ein Verstoß gegen § 309 Nr. 6 BGB dürfte ausscheiden. Ein Verstoß gegen andere Verbraucherschutzvorschriften ist beim Ausschluss der Entschädigung nicht ersichtlich und wird auch nicht in Rechtsprechung und Literatur diskutiert. Insbesondere dürfte kein Verstoß gegen die allgemeine Norm des § 307 BGB vorliegen, wonach eine Bestimmung unwirksam ist, wenn sie eine unbillige Benachteiligung enthält. Der Ausschluss einer Entschädigung für den Heimfall, die sich nicht als Vertragsstrafe iSv. § 309 Nr. 6 BGB darstellt, stellt aber grundsätzlich keine unbillige Benachteiligung dar, da dies im allgemeinen im Übrigen bei der Vertragsgestaltung berücksichtigt ist.

---

[303] Vgl. statt aller *Staudinger/Rapp* § 27 RdNr. 8, § 32 ErbbVO RdNr. 3.
[304] *Bamberger/Roth/J. Becker* § 309 Nr. 6 BGB RdNr. 5.

7. Belastungen des Erbbaurechts (§ 33)

4.117 Die Rechtswirkungen des Heimfalls auf die Belastungen des Erbbaurechts sind in § 33 ErbbauRG geregelt. Die Bestimmung sichert die Beleihbarkeit des Erbbaurechts durch Bestehen bleiben der dinglichen Verwertungsrechte, schützt andererseits den Grundstückseigentümer durch Erlöschen sonstiger für ihn unter Umständen unangenehmer Rechte.[305]

4.118 **a) Bestehen bleibende Rechte (§ 33 Abs. 1 S. 1, 2).** Hypotheken, Grund- und Rentenschulden und Reallasten bleiben bestehen, soweit sie nicht dem Erbbauberechtigten selbst zustehen. Unter Reallasten sind auch der Erbbauzins, Überbau- und Notwegrenten (§§ 914 Abs. 3, 917 Abs. 2 BGB) zu verstehen. Dasselbe gilt für die Vormerkung eines gesetzlichen Anspruchs auf Eintragung einer Sicherungshypothek, zB einer Bauwerksicherungshypothek nach § 648 BGB, nicht dagegen für Vormerkungen, die einen rechtsgeschäftlichen Anspruch sichern. Gemäß § 42 Abs. 2, § 31 WEG bleiben auch Dauerwohn- und Dauernutzungsrecht beim Heimfall bestehen; aus diesem Grund kann für die Belastung des Erbbaurechts mit diesen Rechten gemäß § 5 ErbbauRG das Erfordernis der Zustimmung durch den Eigentümer vereinbart werden.[306] Die Bestehen bleibenden Belastungen betreffen nur das Erbbaurecht, nicht aber das Grundstück.[307] Zu den Folgen auf die durch die Hypothek oder Grundschuld gesicherten persönlichen Forderungen vgl. RdNr. 4.121.

4.119 **b) Erlöschende Rechte (Abs. 1 S. 1, 3).** Die eben genannten Rechte, nämlich Hypotheken, Grund- und Rentenschulden und Reallasten erlöschen, soweit sie dem Erbbauberechtigten selbst zustehen. Es erlischt also zB eine Eigentümergrundschuld, da sie sich sonst in eine Fremdgrundschuld verwandeln würde.[308] Nicht hierher gehören subjektiv-dingliche Rechte zugunsten des Erbbaurechts, die Bestandteil des Erbbaurechts sind und nicht auf dem Erbbaurecht als Belastungsgegenstand ruhen, zB Wegerechte und sonstige Dienstbarkeiten für den jeweiligen Erbbauberechtigten (§§ 96, 889 BGB).[309] Alle anderen auf dem Erbbaurecht lastenden Rechte erlöschen (§ 33 Abs. 1 S. 3 ErbbauRG), also insbesondere Vorkaufsrechte, Nießbrauch, Dienstbarkeiten, Untererbbaurecht,[310] Vormerkungen, die einen rechtsgeschäftlichen Anspruch sichern. Diese Rechte erlöschen kraft Gesetzes mit Ausübung des Heimfalls und setzen sich nicht an dem Vergütungsanspruch fort. Ein Geh- und Fahrtrecht sollte daher als Grunddienstbarkeit sowohl am Erbbaurecht als auch am Erbbaugrundstück eingetragen werden, wobei es dort durch das Erlöschen des Erbbaurechts aufschiebend bedingt ist.[311]

4.120 Die Löschung erfolgt im Weg der Grundbuchberichtigung nach § 22 GBO bzw. § 894 BGB. Dazu ist allerdings die Bewilligung des Berechtigten regelmäßig erforderlich, da die Rechtsfolge des Erlöschens von der Ausübung des Heimfallrechts abhängt und diese Ausübung schwer in der Form des § 29 GBO nachgewiesen werden kann. Verweigern die Berechtigten der erloschenen Rechte die Abgabe der Bewilligung auf Berechtigung, so kann sie im Klageweg erzwungen und durch Urteil ersetzt werden (§ 894 ZPO).[312]

4.121 **c) Schuldübernahme (Abs. 2, 3).** Während Abs. 1 die Rechtsfolgen des Heimfalls auf die dinglichen Rechte behandelt, regelt Abs. 2 das Schicksal der per-

---

[305] Zu Belastungen bei Erwerb des Erbbaurechts durch den Eigentümer s. o. RdNr. 4.108.
[306] Vgl. RdNr. 4.172, 4.220.
[307] OLG Hamm NJW 1969, 2052.
[308] Vgl. BayObLG NJW 1959, 2165 = Rpfleger 1960, 254 = DNotZ 1960, 104.
[309] MünchKomm § 33 RdNr. 3.
[310] Vgl. BGH NJW 1974, 1137 und oben RdNr. 3.32, 4.112.
[311] Ausführlich unten RdNr. 5.110.
[312] *Staudinger/Rapp* § 33 RdNr. 14.

sönlichen Forderung, die der Hypothek, Grundschuld oder, im Fall der persönlichen Haftung des Erbbauberechtigten, der Reallast zugrundeliegt. Haftet bei einer Hypothek oder Grundschuld, die bestehen bleibt, der Erbbauberechtigte zugleich persönlich, so tritt mit Ausübung des Heimfalls eine befreiende Schuldübernahme kraft Gesetzes durch den Grundstückseigentümer ein. Maßgeblicher Zeitpunkt ist nicht schon die Geltendmachung des Heimfallanspruchs, sondern die Übertragung des Erbbaurechts durch Einigung und Grundbucheintragung; vorher gibt es keinen Grund, die Haftung für die gesicherte Forderung dem Eigentümer aufzuerlegen; er muss den Erbbauberechtigten von dessen persönlicher Schuld nur zum Ausgleich dafür freistellen, dass dieser durch den Heimfall das Erbbaurecht verliert.[313] Für die Schuldübernahme ist die Genehmigung des Gläubigers gemäß § 415 BGB erforderlich, die gemäß § 416 BGB erfolgen kann (§ 33 Abs. 2 S. 2 ErbbauRG). Vor Erteilung der Genehmigung oder bei ihrer Versagung liegt eine Erfüllungsübernahme nach § 415 Abs. 3 BGB vor.[314]

Nach § 33 Abs. 3 ErbbauRG werden die Forderungen, die der Grundstückseigentümer nach Abs. 2 übernimmt, auf die Vergütung angerechnet, und zwar in Höhe der zZ der Schuldübernahme geschuldeten Verbindlichkeiten, ohne Rücksicht auf deren Fälligkeit. Für den Fall, dass die übernommenen Schulden höher sind als die Entschädigung nach § 32 ErbbauRG oder wenn eine solche vertraglich ausgeschlossen ist, enthält das Gesetz keine Regelung. Da die unabdingbare gesetzliche Schuldübernahme gemäß § 33 ErbbauRG auch hier nicht entfällt, hat der Grundstückseigentümer nur einen Ausgleichsanspruch aus ungerechtfertigter Bereicherung (§ 812 Abs. 1 S. 1 BGB). Befriedigt dagegen der bisherige Erbbauberechtigte die Gläubiger, so steht ihm kein bereicherungsrechtlicher Rückgriffsanspruch gegen den Grundstückseigentümer zu. Er behält in diesem Fall aber den Vergütungsanspruch nach § 32 ErbbauRG gegen den Grundstückseigentümer, wenn und soweit dieser noch nicht erfüllt ist.[315]   4.122

8. Wegnahme des Bauwerks (§ 34)

§ 34 ErbbauRG verbietet dem Erbbauberechtigten, das Bauwerk wegzunehmen oder sich Bestandteile desselben anzueignen. Die Wegnahme darf auch nicht vor dem Heimfall im Hinblick darauf erfolgen. Als „Bauwerk" kommt nur in Betracht, was als wesentlicher Bestandteil des Erbbaurechts nach § 12 Abs. 1 ErbbauRG gilt; auch unwesentliche Bestandteile fallen unter das Verbot. Zeitbauten nach § 95 BGB und Zubehör gemäß §§ 97, 98 BGB[316] gehören nicht hierher. Entfernt der Erbbauberechtigte Bestandteile entgegen § 34 ErbbauRG, so ist er schadensersatzpflichtig nach § 823 Abs. 2 BGB, da § 34 ErbbauRG ein Schutzgesetz im Sinn dieser Vorschrift ist. Ein Vergütungsanspruch gemäß § 951 BGB ist ausgeschlossen, da § 34 ErbbauRG eine Sonderregelung dieses Tatbestands darstellt (lex specialis).[317]   4.123

9. Miet- und Pachtverhältnisse

Die Rechtslage der beim Heimfall noch bestehenden Miet- und Pachtverträge ist im ErbbauRG nicht geregelt. Da das Erbbaurecht nicht untergeht, gilt entsprechend §§ 566, 578 Abs. 1, 581 Abs. 2 BGB der Grundsatz „Veräußerung bricht nicht Miete" (vgl. § 11 Abs. 1 S. 1 ErbbauRG). An die Stelle des Erbbauberechtigten tritt der Eigentümer bzw. Dritte in die sich während der Dauer seines Rechts   4.124

---

[313] BGH NJW 1990, 2067/2068 = Rpfleger 1990, 350 = DNotZ 1991, 393.
[314] *Freckmann/Frings/Grziwotz* RdNr. 352; *Ingenstau/Hustedt* § 33 RdNr. 10; MünchKomm § 33 RdNr. 4; RGRK/*Räfle* § 33 RdNr. 6.
[315] *Ingenstau/Hustedt* § 33 RdNr. 13; MünchKomm § 33 RdNr. 5; RGRK/*Räfle* § 33 RdNr. 7.
[316] BGH WPM 1962, 767.
[317] MünchKomm § 34 RdNr. 1; *Staudinger/Rapp* § 34 RdNr. 5.

4. Kapitel. Vertraglicher Inhalt des Erbbaurechts

aus dem Mietverhältnis ergebenden Rechte und Verpflichtungen ein. Die Verträge bestehen fort. Ein Recht zur vorzeitigen Kündigung besteht nicht.[318]

10. Verjährung, Verwirkung des Heimfallanspruchs

4.125   Der Heimfallanspruch verjährt in sechs Monaten von dem Zeitpunkt an, in dem der Grundstückseigentümer vom Vorhandensein der Voraussetzungen Kenntnis erlangt, ohne Rücksicht auf diese Kenntnis in zwei Jahren vom Eintreten der Voraussetzungen an (§ 4 ErbbauRG). Es wird hier nur auf die Voraussetzungen, nicht dagegen auf die Ausübung des Rechts abgestellt. Ein bloßes „kennen müssen" oder Vermutungen genügen nicht, maßgebend ist die positive Kenntnis von Umständen, die einer etwaigen Klage „einigermaßen sichere Aussicht auf Erfolg" geben würde.[319]

4.126   Der Heimfallanspruch ist „Inhalt des Erbbaurechts" iS des § 2 ErbbauRG und daher als Anspruch aus einem eingetragenen Recht iS des § 902 BGB anzusehen. § 4 ErbbauRG, der diesen Anspruch der Verjährung unterwirft, ist also eine Ausnahmevorschrift von § 902 Abs. 1 Satz 1 BGB, wonach Ansprüche aus im Grundbuch eingetragenen Rechten keiner Verjährung unterliegen.[320] § 4 ErbbauRG regelt Beginn und Dauer der Verjährungsfrist abweichend von §§ 196, 200 BGB. Im Übrigen gelten die allgemeinen Bestimmungen der §§ 194 ff. BGB.[321] Damit findet auch § 202 BGB Anwendung, der grundsätzlich Vereinbarungen über die Verjährung zulässt und für alle der Verjährung unterliegenden Ansprüche gilt. Sein Geltungsbereich ist deckungsgleich mit § 194 BGB und erfasst somit auch dingliche Ansprüche.[322] Der grundsätzlich für solche Rechte geltende strenge gesetzliche Typenzwang[323] wird dadurch nicht beeinträchtigt.

An Schranken der Dispositionsfreiheit ist insbesondere § 202 BGB zu erwähnen, wonach durch Rechtsgeschäft die Verjährung bei Haftung wegen Vorsatzes nicht im voraus erleichtert und nicht über eine Frist von 30 Jahren ausgedehnt werden kann. Weitere Schranken können sich für Regelungen in AGB (§ 305 Abs. 1 BGB) und in Verbraucherverträgen (§ 310 Abs. 3 BGB) ergeben, die den Anforderungen des § 307 BGB entsprechen müssen.[324]

4.127   Gegenüber der Verjährungseinrede kann der Eigentümer den **Einwand der Arglist** erheben, wenn ihm der Erbbauberechtigte triftigen Anlass gegeben hat, von der rechtzeitigen Klage abzusehen.[325] Schon vor Eintritt der Verjährung kann **Verwirkung** gegeben sein, etwa wenn der Eigentümer längere Zeit untätig bleibt und sein Verhalten nach Treu und Glauben nur so aufgefasst werden kann, dass er von seinen Rechten keinen Gebrauch machen wolle, sondern darauf verzichte, und wenn der Erbbauberechtigte sich hierauf einstellt.[326]

VI. Vertragsstrafen (§ 2 Nr. 5)

4.128   Zum Inhalt des Erbbaurechts können nach § 2 Nr. 5 ErbbauRG auch Vereinbarungen des Grundstückseigentümers und des Erbbauberechtigten über eine Verpflichtung des Erbbauberechtigten zur Zahlung von Vertragsstrafen gehören.

---

[318] *Staudinger/Rapp* § 33 RdNr. 15.
[319] *MünchKomm* § 4 RdNr. 2.
[320] *Erman/Hagen* § 4 RdNr. 1; *Ingenstau/Hustedt* § 4 RdNr. 2.
[321] *Palandt/Bassenge* § 4 ErbbVO RdNr. 1.
[322] *Palandt/Heinrichs* § 202 BGB RdNr. 1 a.
[323] Siehe oben, RdNr. 4.14.
[324] *Palandt/Heinrichs* § 202 BGB RdNr. 7 ff.
[325] Vgl. BGH NJW 1978, 1377, 1379; 1986, 1162, 1164.
[326] *RGRK/Räfle* § 4 RdNr. 5; *Staudinger/Rapp* § 4 RdNr. 5.

VI. Vertragsstrafen (§ 2 Nr. 5)

1. Vertragsfreiheit

Sowohl bezüglich der Voraussetzungen als auch der Höhe der Vertragsstrafe besteht Vertragsfreiheit, wobei allerdings die allgemeinen Einschränkungen zu beachten sind; die Vereinbarung darf nicht gesetz- oder sittenwidrig sein (§§ 134, 138 BGB). Vertragsstrafen können auch für die Nichterfüllung solcher Verbindlichkeiten vereinbart werden, die nicht zum Inhalt des Erbbaurechts gehören, oder auch für eine Überschreitung der Rechte des Erbbauberechtigten.[327] Kann die strafbewehrte Hauptverpflichtung ihrem Inhalt nach nicht Inhalt des Erbbaurechts sein, so hat die gemäß § 2 Nr. 5 ErbbauRG als Erbbaurechtsinhalt getroffene Vereinbarung nicht zur Folge, dass damit automatisch zugleich die Hauptverpflichtung auf einen Erwerber des Erbbaurechts übergeht; denn dadurch würde der in § 2 ErbbauRG – sowie in den §§ 5, 27 Abs. 1 S. 2, § 32 Abs. 1 S. 2 ErbbauRG – abschließend geregelte Kreis möglicher Inhaltsvereinbarungen unzulässig erweitert. Fällt die strafbewehrte Hauptverpflichtung nicht unter § 2 ErbbauRG, muss sie somit nach allgemeinen Regeln[328] mitübertragen werden, damit auch die Strafbewehrung gegenüber dem Rechtsnachfolger wirkt. Gegen den Ersteher des Erbbaurechts wirkt eine Vertragsstrafe daher nur, wenn auch die strafbewehrte Hauptverpflichtung zulässiger Erbbaurechtsinhalt gemäß § 2 ErbbauRG ist.[329]

4.129

Als Vertragsstrafe ist auch ein sogenannter Strafzins möglich, der in einer Erhöhung des Erbbauzinses besteht. Dieser Strafzins kann auch für die verspätete Erbbauzinszahlung vereinbart werden. Hierin liegt kein Verstoß gegen den Bestimmtheitsgrundsatz; denn die nach § 2 Nr. 5 ErbbauRG vereinbarte Erbbauzinserhöhung wirkt nur schuldrechtlich im Verhältnis zwischen dem jeweiligen Erbbauberechtigten und dem jeweiligen Grundstückseigentümer und erweitert die dingliche Belastung des Erbbaurechts nicht.[330] Der Strafzins widerspricht auch nicht dem Verbot von Zinseszinsen, das gem. § 9 Abs. 1 S. 1 ErbbauRG, §§ 1107, 248 Abs. 1, 289 Abs. 1 BGB gilt;[331] eine bloße Erhöhung des Zinssatzes ist keine Zinseszinsgewährung, weil diese voraussetzt, dass der rückständig gebliebene Zinsbetrag seinerseits als neues, nunmehr zu verzinsendes Kapital behandelt wird, also von der fälligen Zinsrate wiederum Zinsen verlangt werden.[332]

4.130

Eine nicht in Geld bestehende Strafe kann nicht vereinbart werden, da § 2 Nr. 5 ErbbauRG nur von „Zahlung" spricht;[333] im Gegensatz hierzu sieht *Räfle*[334] in der Gesetzesformulierung lediglich eine sprachliche Ungenauigkeit und nicht eine sachlich gewollte Einschränkung, für die es keinen einleuchtenden Grund gebe, so dass er auch die Art der Strafe der freien Vereinbarung der Beteiligten überlässt.

4.131

Für die Vertragsstrafe gelten die allgemeinen Regeln der §§ 339 ff. BGB, somit auch § 343 BGB, wonach eine unverhältnismäßig hohe Strafe auf Antrag durch Urteil auf den angemessenen Betrag herabgesetzt werden kann. Nach § 2 Nr. 5 ErbbauRG kann nur die Verpflichtung des Erbbauberechtigten zur Zahlung der Vertragsstrafe zum Inhalt des Erbbaurechts gemacht werden, nicht aber eine Verpflichtung des Grundstückseigentümers zugunsten des Erbbauberechtigten; solche Vertragsstrafen sind nur im Rahmen allgemeiner schuldrechtlicher Vereinbarungen möglich.

4.132

Eine solche Vertragsstrafenklausel könnte etwa lauten:[335]

4.133

---

[327] Vgl. BGH Rpfleger 1990, 110.
[328] Oben RdNr. 2.26 ff.
[329] BGH NJW 1990, 832 = DNotZ 1991, 391.
[330] OLG Stuttgart NJW 1958, 2019, 2020 mit zust. Anm. *Raiser*.
[331] Vgl. RdNr. 6.16.
[332] LG Arnsberg NJW 1955, 425; RGRK/*Räfle* § 2 RdNr. 41.
[333] *Ingenstau/Hustedt* § 2 RdNr. 57; MünchKomm § 2 RdNr. 32; *Staudinger/Rapp* § 2 RdNr. 29.
[334] § 2 RdNr. 40.
[335] Vgl. *Hartmann* DB 1970 Beil 14, S. 8.

(1) Für den Fall, dass der Erbbauberechtigte einen Kaufvertrag über sein Erbbaurecht hat beurkunden lassen, ohne dass er
a) nachweist, die fälligen Erbbauzinsen gezahlt zu haben und zwar spätestens einen Monat nach Abgang einer eingeschriebenen Mahnung,
b) die vorstehend vereinbarte Rechtsnachfolgeklausel erfüllt,
c) nachweist, die vorstehend vereinbarte schriftliche Zustimmung des Grundstückseigentümers zum Verkauf eingeholt zu haben,
ist für jeden Fall der Zuwiderhandlung eine Vertragsstrafe von ... Euro verwirkt. Eine weitergehende Schadensersatzforderung wird dadurch nicht berührt.

(2) Die vorstehend vereinbarte Geldstrafe ist auch verwirkt, wenn das Erbbaurecht beschlagnahmt oder über das Vermögen des Erbbauberechtigten das Insolvenzverfahren eröffnet oder mangels Masse abgelehnt wird.

(3) Für die vorstehend vereinbarte Vertragsstrafe wird in gleicher Höhe und im gleichen Rang mit dem Erbbauzins eine Hypothek bestellt und die Eintragung in Abt. III des Erbbaugrundbuches bewilligt und beantragt.

4.133 a   Etwas anderes gilt jedoch dann, wenn der Erbbaurechtsvertrag unter die Klauselvorschriften für Allgemeine Geschäftsbedingungen nach §§ 305 ff. BGB fällt. Die §§ 305 ff. BGB enthalten keinerlei Ausnahmebestimmungen. Die Regelung des § 309 Nr. 6 BGB erfasst daher auch Erbbaurechtsverträge. Eine Vertragsstrafenvereinbarung in einem Erbbaurechtsvertrag nach § 2 Nr. 5 ErbbauRG ist daher angesichts des eindeutigen Wortlauts des § 309 Nr. 6 BGB unzulässig. § 309 Nr. 6 BGB gestattet anders als § 309 Nr. 5 BGB keine „geltungserhaltende Reduktion." Vielmehr sind nach dieser Vorschrift Vertragsstrafenvereinbarungen in Allgemeinen Geschäftsbedingungen stets und ausnahmslos unzulässig. In der Literatur wird lediglich diskutiert, in welchen Fällen von einem Vertragsstrafeversprechen iS des § 309 Nr. 6 BGB ausgegangen werden kann und wann dagegen lediglich eine Klausel auf Schadenspauschalierung nach § 309 Nr. 5 BGB vorliegt.[336]

2. Verhältnis der Vertragsstrafe zum Heimfall

4.134   Die Vereinbarung von Vertragsstrafen empfiehlt sich regelmäßig für geringere Vertragsverletzungen, bei denen die Vereinbarung eines Heimfalls eine zu schwere Folge sein würde, ohne dass dies jedoch Voraussetzung ist.[337] Heimfall und Vertragsstrafe können auch nebeneinander für die gleichen Voraussetzungen vereinbart werden. *Ingenstau/Hustedt*[338] und *Räfle*[339] folgern aus dem Grundgedanken des § 340 BGB, dass der Eigentümer den Anspruch auf Vertragsstrafe und Heimfall nicht nebeneinander, sondern nur nach seiner Wahl den einen oder den anderen Anspruch geltend machen kann; nach *von Oefele*[340] hat der Grundstückseigentümer bei einer Vertragsstrafe wegen Nichterfüllung nur das Wahlrecht zwischen Heimfall und Vertragsstrafe, bei nicht gehöriger Erfüllung kann er beides nebeneinander fordern.

4.135   Diese Meinungen übersehen, dass der Heimfallanspruch nicht der Erfüllungsanspruch ist und auch nicht mit ihm gleichgesetzt werden kann. Beide Ansprüche haben nichts miteinander zu tun. §§ 340, 341 BGB regeln die Frage, ob der Grundstückseigentümer die Vertragsstrafe neben der Erfüllung oder statt der Erfül-

---

[336] Nach Ansicht von *Basedow* in MünchKomm § 309 Nr. 6 BGB RdNr. 4 soll entscheidend sein, ob eine Vertragsstrafe im Rechtssinn nach § 339 BGB vorliegt, ob also der Schuldner eine Leistung für den Fall „als Strafe" verspricht, dass er seine Verbindlichkeit, mag sie auf Vertrag oder auf einem anderen Rechtsgrund beruhen, nicht oder nicht gehörig erfüllt oder dass er eine bestimmte ihm rechtlich nicht verbotene oder gebotene Handlung vornimmt oder unterlässt.
[337] *Staudinger/Rapp* § 2 RdNr. 29.
[338] § 2 RdNr. 55.
[339] RGRK § 2 RdNr. 39.
[340] MünchKomm § 2 RdNr. 31.

VI. Vertragsstrafen (§ 2 Nr. 5)

lung verlangen kann. Richtig erscheint die Frage aus folgender Überlegung zu lösen: nicht der Heimfallanspruch ist mit dem Erfüllungsanspruch zu vergleichen, sondern die Vertragsstrafe mit einem Schadensersatzanspruch; dies zeigt sich auch in §§ 340 Abs. 2 und 341 Abs. 2 BGB, wonach der Gläubiger die verwirkte Strafe als Mindestbetrag des Schadens verlangen kann, wobei die Geltendmachung eines weiteren Schadens nicht ausgeschlossen ist. Die Vertragsstrafe setzt wie der Schadensersatzanspruch Verschulden voraus (vgl. § 339 BGB).[341] Die Vertragsstrafe steht also insoweit auf einer Ebene mit dem Schadensersatzanspruch. Schadensersatzansprüche des Grundstückseigentümers gegenüber dem Erbbauberechtigten werden durch den Heimfallanspruch jedoch in keiner Weise berührt. Es steht nichts entgegen, dass der Grundstückseigentümer gemäß dem Erbbaurechtsvertrag den Anspruch auf den Heimfall geltend macht und gleichzeitig gegen den Erbbauberechtigten Schadensersatzansprüche erhebt.

Dies zeigt sich auch bei der praktischen Durchführung: es ist nicht einzusehen, warum es nicht zulässig sein soll, dass im Fall entsprechender Vereinbarungen gem. § 2 Nr. 4 und 5 ErbbauRG bei Zahlungsverzug des Erbbauberechtigten mit dem Erbbauzins der Grundstückseigentümer zunächst einen Strafzins und bei Rückstand mit mindestens 2 Jahresbeträgen den Heimfall kumulativ geltend machen kann. Ist im Erbbaurechtsvertrag für den Fall der nicht rechtzeitigen Errichtung des Bauwerks eine Vertragsstrafe und der Heimfall vereinbart, so muss sich der Eigentümer nicht mit der Übertragung des Erbbaurechts begnügen, sondern kann auch Schadensersatz und damit eine Vertragsstrafe geltend machen, weil er das Grundstück unbebaut oder nur mit einer Ruine zurückerhält.

4.136

3. Fälligkeit, Verjährung, Verwirkung

Die Vertragsstrafe ist fällig, sobald die vereinbarten Voraussetzungen eingetreten sind. Die Verjährungsfrist beträgt sechs Monate von dem Zeitpunkt an gerechnet, in dem der Grundstückseigentümer von dem Vorhandensein der Voraussetzungen Kenntnis erlangt, ohne Rücksicht auf diese Kenntnis zwei Jahre vom Eintreten der Voraussetzungen an (§ 4 ErbbauRG). Die Frist läuft also bereits ab Entstehen der Voraussetzungen, nicht erst ab Geltendmachung der Vertragsstrafe. Ist Anspruchsvoraussetzung eine vertragswidrige Handlung, so setzt jede neue Handlung eine neue Verjährungsfrist in Lauf, bei Unterlassungsverpflichtungen jeder neue Verstoß.[342] Bloßes „kennen müssen" oder Vermutungen genügen nicht, entscheidend ist die Kenntnis von Umständen, die einer etwaigen Klage „einigermaßen sichere Aussicht auf Erfolg" geben würden.[343]

4.137

Gegenüber der Verjährungseinrede kann der Eigentümer den Einwand der Arglist erheben, wenn ihm der Erbbauberechtigte triftigen Anlass gegeben hat, von der rechtzeitigen Klage abzusehen.[344]

Schon vor Eintritt der Verjährung kann Verwirkung gegeben sein, etwa wenn der Eigentümer längere Zeit untätig bleibt und sein Verhalten nach Treu und Glauben nur so aufgefasst werden kann, dass er von seinen Rechten keinen Gebrauch machen wolle, sondern darauf verzichte, und wenn der Erbbauberechtigte sich hierauf einstellt.[345]

4.138

---

[341] *Palandt/Heinrichs* § 339 BGB RdNr. 2.
[342] RGZ 106, 283.
[343] *Ingenstau/Hustedt* § 4 RdNr. 2; MünchKomm § 4 RdNr. 2.
[344] Vgl. BGHZ 71, 86, 96; NJW 1986, 1162, 1164.
[345] RGRK/*Räfle* § 4 RdNr. 5; *Staudinger/Rapp* § 4 RdNr. 5.

4. Haftung für die Vertragsstrafe

4.139 Die Vereinbarung einer Verpflichtung des Erbbauberechtigten zur Zahlung von Vertragsstrafen als Inhalt des Erbbaurechts führt zu einer „dinglichen" Geltung nur in dem Sinn, dass sie stets zwischen dem jeweiligen Eigentümer und dem jeweiligen Erbbauberechtigten, also auch gegenüber Sonderrechtsnachfolgern wirkt.[346] Für den Anspruch auf Zahlung einer verwirkten Vertragsstrafe haftet aber nicht etwa das Erbbaurecht als solches mit dinglicher Wirkung, sondern nur der Erbbauberechtigte persönlich, der die Vertragsstrafe durch seine Handlung verwirkt hat; nur er ist Strafschuldner.[347] Der Eigentümer als Inhaber des Strafanspruchs hat kein dingliches Befriedigungsrecht am Erbbaurecht selbst. Will der Eigentümer einen solchen dinglichen Anspruch in das Erbbaurecht erhalten, so muss er, solange sein Strafschuldner Erbbauberechtigter ist, gegen diesen einen Schuldtitel für die Strafforderung erwirken und dann in das Erbbaurecht vollstrecken, etwa eine Zwangshypothek auf dem Erbbaurecht eintragen lassen.

4.140 Der Normzweck des § 2 ErbbauRG besteht, wie ausgeführt,[348] darin, etwaige Rechtsnachfolger des Grundstückseigentümers oder des Erbbaurechtsnehmers an die vertraglichen Vereinbarungen zu binden; eine weitergehende dingliche Wirkung wird dadurch nicht begründet. Für den Erwerber des Erbbaurechts wird daher keine andere als die vertraglich vereinbarte Pflicht herbeigeführt. Ihn trifft deshalb grundsätzlich keine dingliche oder persönliche Haftung für Pflichtverletzungen des früheren Erbbauberechtigten.[349] Ein späterer Erbbauberechtigter als Rechtsnachfolger des Strafschuldners kann dem Eigentümer nur für eigene, während seiner Berechtigungszeit verübte Verstöße strafpflichtig werden. Die Rechtsnachfolge in das Erbbaurecht lässt zwar die Strafvereinbarung gemäß § 2 Nr. 5 ErbbauRG, nicht aber die Strafschuld des Veräußerers auf den Erbbaurechtserwerber übergehen. Der bereits ausgelöste Strafanspruch ist ein rein persönlicher Anspruch dessen, der im Zeitpunkt des Verstoßes Eigentümer war, gegen den, der als Erbbauberechtigter den Verstoß verübt hat.[350] Insofern besteht ein wesentlicher Unterschied zwischen Vertragsstrafen- und Heimfallanspruch.[351] Entsprechend ist die Rechtslage im Insolvenzverfahren des Erbbauberechtigten. Der Eigentümer ist als Gläubiger der Vertragsstrafe trotz der zum Inhalt des Erbbaurechts gemachten Strafvereinbarung nur Insolvenzgläubiger (§§ 174 ff. InsO); am Erbbaurecht selbst hat er kein Absonderungsrecht (§§ 49 ff. InsO) für seine Vertragsstrafenforderung.[352]

4.141 Will der Eigentümer verhindern, dass der Erbbauberechtigte nach Verwirkung einer Vertragsstrafe sich durch Veräußerung des Erbbaurechts unter Umständen vermögenslos stellt, so muss er die Veräußerung im Erbbaurechtsvertrag gemäß § 5 Abs. 1 ErbbauRG an seine Zustimmung knüpfen.[353] Will er einen dinglichen Anspruch in das Erbbaurecht erhalten, so muss er die vereinbarte Vertragsstrafe bereits vorher am Erbbaurecht durch eine Hypothek oder Grundschuld sichern.[354]

---

[346] Vgl. RdNr. 4.13, 4.27, 4.30.
[347] BGH DNotZ 1991, 391.
[348] Vgl. RdNr. 4.26 ff.
[349] BGH NJW 1990, 832; *Ingenstau/Hustedt* § 2 RdNr. 5; *Staudinger/Rapp* § 2 RdNr. 5; oben RdNr. 3.32, 4.112.
[350] BGH Rpfleger 1990, 110; OLG Stuttgart NJW 1958, 2019 mit Anm. *Raiser*; *Ingenstau/Hustedt* § 2 RdNr. 65; MünchKomm § 2 RdNr. 33; RGRK/*Räfle* § 2 RdNr. 39; *Staudinger/Rapp* § 2 RdNr. 5, 29.
[351] Vgl. RdNr. 4.92.
[352] *Rahn* BWNotZ 1961, 53.
[353] Vgl. RdNr. 4.172 ff., 4.184 ff.
[354] *Ingenstau/Hustedt* § 2 RdNr. 65; *Staudinger/Rapp* § 2 RdNr. 29.

VII. Vorrecht auf Erneuerung (§ 2 Nr. 6, § 31)

1. Begriff

Das Vorrecht auf Erneuerung des Erbaurechts eröffnet dem bisherigen Erbbauberechtigten die Möglichkeit, ohne weiteres in den Bestellungsvertrag einzutreten, mit dem der Grundstückseigentümer einem Dritten ein Erbbaurecht hinsichtlich des gleichen Grundstücks eingeräumt hat. Praktisch ist das Vorrecht jedoch ziemlich wertlos, weil es der Eigentümer dadurch umgehen kann, dass er die Dreijahres-Frist des § 31 Abs. 2 ErbbauRG abwartet oder das Erbbaurecht zu einem anderen wirtschaftlichen Zweck vergibt (§ 31 Abs. 1 S. 2 ErbbauRG).

4.142

Das Vorrecht auf Erneuerung des Erbbaurechts ist vergleichbar mit dem Vorkaufsrecht bei Abschluss eines Kaufvertrages. Es hat demgemäß ähnliche Voraussetzungen (Vertragsschluss und Ausübungserklärung) wie das Vorkaufsrecht und eine ähnliche Rangwirkung und Ausgestaltung (§ 31 Abs. 2–4 ErbbauRG). Das erloschene Erbbaurecht lebt nicht wieder auf, sondern es kommt ein neuer Erbbaurechtsvertrag zu den mit dem Dritten vereinbarten Bedingungen zustande (§ 31 Abs. 3 ErbbauRG, § 464 Abs. 2 BGB). Vom Vorrecht zu unterscheiden ist die Vereinbarung eines echten Verlängerungsrechts, das nur schuldrechtlich, nicht als vertraglicher Inhalt nach § 2 Nr. 6 ErbbauRG möglich ist[355] und das Verlängerungsrecht, das dem Grundstückseigentümer gemäß § 27 Abs. 3 ErbbauRG zur Abwendung der Entschädigungszahlung zusteht.[356] Hier entsteht kein neues Erbbaurecht wie beim Vorrecht.

4.143

Das Vorrecht kann nicht gesondert auf einen anderen übertragen werden (§ 514 BGB), dagegen ist der durch die Ausübung des Vorrechts entstandene Anspruch übertragbar. Das Vorrecht ist vererblich, da die Vererblichkeit des Erbbaurechts als zwingendes gesetzliches Erfordernis gemäß § 1 Abs. 1 ErbbauRG auch für das daraus resultierende Vorrecht die entsprechende Anwendung von § 473 BGB ausschließt.[357]

4.144

2. Ausübung des Vorrechts

a) Abschluss des neuen Erbbaurechtsvertrags. Wie beim Vorkaufsrecht setzt die Ausübung des Vorrechts den Abschluss eines Erbbaurechtsvertrags mit einem Dritten und die Erklärung der Ausübung voraus. Der Erbbaurechtsvertrag muss rechtswirksam sein, es müssen insbesondere die zu seiner Wirksamkeit erforderlichen behördlichen Genehmigungen vorliegen.[358] Stimmt der Gegenstand des neuen Erbbaurechtsvertrags mit dem bisherigen nicht überein, so gilt folgendes: Wenn das neue Erbbaurecht an einem Teil des bisherigen Erbbaugrundstücks bestellt wird, so kann das Vorrecht nur hierfür ausgeübt werden; bei mehreren neuen Erbbaurechten an Teilen des bisherigen Erbbaugrundstücks kann das Vorrecht für jedes einzelne gesondert ausgeübt werden; ist das neue Erbbaurecht auf ein weiteres bisher nicht vom Erbbaurecht erfasstes Grundstück ausgedehnt, so gilt § 467 BGB entsprechend.

4.145

Der Grundstückseigentümer muss dem Erbbauberechtigten den Inhalt des mit dem Dritten geschlossenen Erbbaurechtsvertrags unverzüglich mitteilen; die Mitteilung kann auch vom Dritten ausgehen (§ 469 Abs. 1 BGB). Der Erbbauberechtigte

4.146

---

[355] *Schulte* BWNotZ 1961, 315, 322.
[356] Vgl. RdNr. 4.153.
[357] *Ingenstau/Hustedt* § 31 RdNr. 5,13; *MünchKomm* § 31 RdNr. 3; *Staudinger/Rapp* § 31 RdNr. 8. Muster 1 Ziffer II § 9 und Muster 2 Ziffer II § 10.
[358] Vgl. BGH NJW 1954, 1442 = DB 1954, 820; NJW 1957, 830 = DB 1957, 717 und RdNr. 5.49.

hat sich dann innerhalb einer Frist von 2 Monaten von dem Empfang der Mitteilung an darüber zu entscheiden, ob er das Vorrecht ausüben will (§ 469 Abs. 2 S. 1 BGB). Das Vorrecht wird durch eine formlose Erklärung des bisherigen Erbauberechtigten gegenüber dem Grundstückseigentümer ausgeübt. Dadurch kommt zwischen den beiden ein neuer Erbbaurechtsvertrag zustande, und zwar gemäß § 464 Abs. 2 BGB mit dem Inhalt, wie ihn der Grundstückseigentümer mit dem Dritten vereinbart hatte. Eine Vereinbarung des Grundstückseigentümers mit dem Dritten, durch die die Rechtsgültigkeit des neuen Erbbaurechtsvertrags von der Nichtausübung des Vorrechts abhängig gemacht oder dem Dritten für den Fall der Ausübung des Vorrechts der Rücktritt vorbehalten wird, ist dem Erbbauberechtigten gegenüber unwirksam (§ 465 BGB).[359]

Ist ein Vorrecht auf Erneuerung Bestandteil von **Wohnungserbbauverträgen,** kann es gemäß § 31 Abs. 3 ErbbauRG, § 472 BGB nur durch alle Wohnungserbbauberechtigten und bezogen auf das gesamte Erbbaurecht ausgeübt werden. Sie können dann die Einräumung von Mitberechtigungsanteilen am neuen, ungeteilten Erbbaurecht verlangen und sind untereinander dann schuldrechtlich verpflichtet, wieder Wohnungserbbaurechte zu begründen. Wird es von Einzelnen nicht ausgeübt, so können die Übrigen das Vorrecht aber im Ganzen ausüben (§ 472 S. 2 BGB).[360]

4.147 **b) Ausschluss des Vorrechts.** Das Vorrecht ist ausgeschlossen, wenn das für den Dritten neu bestellte Erbbaurecht einem anderen wirtschaftlichen Zweck zu dienen bestimmt ist, als er dem bisherigen Erbbaurecht zugrunde lag (§ 31 Abs. 1 S. 2 ErbbauRG). Der wirtschaftliche Unterschied muss sich objektiv aus dem Inhalt des neuen Erbbaurechts ergeben, wenn also zB das bisherige Wohngebäude in eine gewerbliche Anlage umgewandelt werden soll. Das Vorrecht erlischt, wenn der Grundstückseigentümer den neuen Erbbaurechtsvertrag später als drei Jahre nach Ablauf der Zeit abschließt, für die das Erbbaurecht bestellt war (§ 31 Abs. 2 ErbbauRG). Es handelt sich um eine Ausschlussfrist, keine Verjährungsfrist. Durch Abwarten dieser Frist kann der Grundstückseigentümer das Vorrecht nach seinem Belieben umgehen.

3. Wirkungen des Vorrechts gegenüber Dritten

4.148 **a) Wirkung einer Vormerkung.** § 31 Abs. 4 ErbbauRG erklärt die §§ 1099–1102 BGB über das dingliche Vorkaufsrecht für entsprechend anwendbar. Nach § 31 Abs. 4 S. 1 ErbbauRG hat das Vorrecht die Wirkung einer Vormerkung zur Sicherung eines Anspruchs auf Einräumung des Erbbaurechts, und zwar im Hinblick auf die Sicherungswirkung (§ 883 Abs. 2 BGB) und die Rangwirkung (§ 883 Abs. 3 BGB). Dritter im Sinn der Vorschrift sind der neue Erbbauberechtigte sowie dinglich Berechtigte am neuen Erbbaurecht, ferner auch am Grundstück, weil durch neue Rechte am Grundstück die Eintragung des Erbbaurechts an erster Rangstelle (§ 10 ErbbauRG) vereitelt würde (§ 883 Abs. 2 BGB). Jede Verfügung ist also insoweit unwirksam, als sie das Vorrecht vereiteln oder beeinträchtigen würde. Dies gilt auch, wenn die Verfügung im Weg der Zwangsvollstreckung, der Arrestvollziehung oder durch den Insolvenzverwalter erfolgt.

4.149 Bei Bestehen des Erbbaurechts gehört das Vorrecht zu dessen dinglichem Inhalt und ergibt sich die Vormerkungswirkung aus § 31 Abs. 4 S. 1 ErbbauRG, so dass die Eintragung einer Vormerkung unzulässig ist. Wird dagegen das Erbbaurecht gelöscht, bevor das Vorrecht durch Fristablauf nach § 31 Abs. 2 erloschen ist, so ist zur Erhaltung des Vorrechts gemäß § 31 Abs. 4 S. 3 ErbbauRG von Amts wegen

---

[359] NJW 1985, 789.
[360] Einzelheiten oben RdNr. 3.129 ff., 3.132; *Rethmeier* MittRhNotK 1993, 145, 156.

VII. Vorrecht auf Erneuerung (§ 2 Nr. 6, § 31)

eine Vormerkung mit dem bisherigen Rang des Erbbaurechts im Grundbuch einzutragen. Bei Löschung des Erbbaurechts hat daher das Grundbuchamt von Amts wegen zu überprüfen, ob ein Vorrecht vereinbart ist.

b) Wirkungen auf Grundpfandrechte. § 31 Abs. 5 ErbbauRG regelt die Rechtsstellung der Hypotheken-, Grundschuld-, Rentenschuld- oder Reallast-Gläubiger (§ 29 ErbbauRG) des bisherigen Erbbauberechtigten für den Fall der Erneuerung des Erbbaurechts. Nach § 29 ErbbauRG haben die genannten Realgläubiger nach Ablauf des Erbbaurechts durch Zeitablauf (§ 27 ErbbauRG) an der Entschädigungsforderung des Erbbauberechtigten für das Bauwerk dieselben Rechte wie im Fall einer Zwangsversteigerung eines Grundstücks an dem Erlös aus der Versteigerung; die Rechte setzen sich also am Erlös als Surrogat fort. 4.150

Es kann aber nun der Fall eintreten, dass das Erbbaurecht erneuert wird, bevor diese Gläubiger befriedigt sind. Für diesen Fall bestimmt § 31 Abs. 5 S. 1 ErbbauRG, dass das neue Erbbaurecht an die Stelle der Entschädigungsforderung des Erbbauberechtigten nach §§ 27 ff. ErbbauRG tritt. Den Gläubigern, soweit sie noch nicht befriedigt sind, stehen dieselben Rechte an dem neu bestellten Erbbaurecht zu wie im Zeitpunkt der Beendigung an dem früheren Erbbaurecht. Diese Rechtsänderungen erfolgen kraft Gesetzes, so dass die Gläubiger die Eintragung im neuen Erbbaugrundbuch im Weg der Grundbuchberichtigung verlangen können (§ 894 BGB). Über das Rangverhältnis zwischen den Gläubigern des alten Erbbaurechts und dem etwa auf dem neuen Recht lastenden Erbbauzins enthält das Gesetz nichts. Den bisherigen Gläubigern muss aber nach dem Sinn und Zweck des § 31 Abs. 5 ErbbauRG der Vorrang vor dem Erbbauzins des neuen Erbbaurechts zustehen, da ihre Rechte an der Entschädigungsforderung erlöschen (Abs. 5 S. 2) und sie keine Einbuße erleiden sollen, sondern eine ihrer früheren gleichwertige Rechtsstellung erhalten sollen. Dies ergibt sich auch aus der Wirkung des Vorrechts wie einer Vormerkung (§ 31 Abs. 4 S. 1 ErbbauRG).[361] 4.151

c) Wirkungen auf die Entschädigungsforderung. Das Gesetz sagt nichts darüber, ob auch die Entschädigungsforderung des Erbbauberechtigten selbst und die damit verbundene Sicherungshypothek bei der Erneuerung erlischt. Da das neue Erbbaurecht zwingend die erste Rangstelle erfordert, muss die dingliche Sicherung für die Entschädigungsforderung beseitigt werden. Für den Fall, dass die Erneuerung lediglich die Fortsetzung des alten Erbbaurechts darstellt, wird die Freigabe der ersten Rangstelle durch Verzicht auf die Entschädigungsforderung regelmäßig keine Schwierigkeiten bereiten. Will aber der Grundstückseigentümer für das neue Erbbaurecht höhere Gegenleistungen, so ist es Sache der Beteiligten, die Zustimmung des Erbbauberechtigten zur Löschung oder zu einem Rangrücktritt hinsichtlich seiner Hypothek für die Entschädigungsforderung im Weg der Vereinbarung beizuführen.[362] 4.152

5. Abgrenzung zum echten Verlängerungsrecht

Vom Vorrecht zu unterscheiden ist das echte Verlängerungsrecht, das dem Grundstückseigentümer gemäß § 27 Abs. 3 ErbbauRG zur Abwendung der Entschädigungszahlung zusteht. Hier entsteht kein neues Erbbaurecht wie beim Vorrecht. 4.153

Hiervon zu unterscheiden ist auch die Vereinbarung eines Verlängerungsrechts des Erbbauberechtigten, die nicht als vertraglicher Inhalt nach § 2 Nr. 6 ErbbauRG, sondern nur schuldrechtlich getroffen werden kann, und damit nicht automatisch gegenüber Sonderrechtsnachfolgern wirkt; der dadurch entstehende An- 4.154

---

[361] MünchKomm § 31 RdNr. 6; *Staudinger/Rapp* § 31 RdNr. 18.
[362] MünchKomm § 31 RdNr. 7; *Staudinger/Rapp* § 31 RdNr. 20.

spruch auf Inhaltsänderung des bestehenden Erbbaurechts kann aber durch eine Vormerkung gemäß § 883 BGB gesichert werden.[363]

VIII. Verkaufsverpflichtung des Grundstückseigentümers (§ 2 Nr. 7)

4.155 Gemäß § 2 Nr. 7 ErbbauRG kann zum vertragsmäßigen Inhalt des Erbbaurechts auch eine Verpflichtung des Grundstückseigentümers gemacht werden, das Grundstück an den jeweiligen Erbbauberechtigten zu verkaufen.

1. Vereinbarung

4.156 Der Erbbauberechtigte hat durch eine solche Vereinbarung während der gesamten Dauer des Erbbaurechts das Recht, das mit dem Erbbaurecht belastete Grundstück zu erwerben. Ist das Erbbaurecht abgelaufen, so kann eine solche Verpflichtung nur nach allgemeinen schuldrechtlichen Grundsätzen vereinbart werden, nicht aber im Rahmen des § 2 ErbbauRG, also mit Wirkung gegenüber Sonderrechtsnachfolgern. Im Rahmen des § 2 Nr. 7 ErbbauRG kann daher auch keine Verpflichtung des Grundstückseigentümers vereinbart werden, das Erbbaurecht an den Erbbauberechtigten zu verkaufen, falls er nach Beendigung des Erbbaurechts die Entschädigung nicht zahlen kann oder will.[364]

4.157 Der Verpflichtung des Grundstückseigentümers, das Grundstück an den jeweiligen Erbbauberechtigten zu verkaufen, entspricht ein einseitiges dingliches Gestaltungsrecht des Erbbauberechtigten, der das Ankaufsrecht durch einseitige formlose, empfangsbedürftige Willenserklärung gegenüber dem Grundstückseigentümer ausübt. Der nähere Inhalt des Kaufrechts, vor allem die Voraussetzungen, unter denen es ausgeübt werden kann, ist der freien Vereinbarung der Vertragsteile überlassen, etwa Bedingungen, Befristungen, auch zB für den Fall des Verkaufs an Dritte,[365] Kaufkonditionen, zB Kaufpreis, Kosten-, Steuerntragung etc. Der Kaufpreis kann von vornherein festgelegt werden, aber auch einer späteren Vereinbarung vorbehalten sein. In letzterem Fall muss er aber wenigstens nach objektiven Maßstäben bestimmbar, etwa der Bestimmung eines Vertragspartners oder eines Dritten gemäß §§ 315 ff. BGB vorbehalten sein.[366] Der Kaufpreis kann auch von der Entwicklung der Lebenshaltungskosten abhängig gemacht werden.[367]

4.158 Fehlen solche Einzelheiten, so wird man in der Regel im Weg der Auslegung nach §§ 133, 157 BGB dazu kommen, dass es sich um ein unbedingtes Kaufrecht handelt, dessen Ausübung nur vom Willen des Erbbauberechtigten abhängt, und zwar zu einem angemessenen Preis, der nach §§ 315 ff. BGB zu bestimmen ist.[368] Ist nicht geregelt, ob die Belastung des Grundstücks durch das Erbbaurecht zu berücksichtigen ist, entspricht es nach der Rechtsprechung des BGH mangels konkreter anderer Anhaltspunkte einer auch für den Erbbaurechtsnehmer „offenkundigen, vertragstypischen Interessenlage", bei der Ermittlung des Verkehrswerts die Belastung des Grundstücks durch das Erbbaurecht unberücksichtigt zu lassen.[369] Eine

---

[363] *Schulte* BWNotZ 1961, 315, 322.
[364] OLG Hamm NJW 1974, 863 = Rpfleger 1974, 68 = DNotZ 1974, 179.
[365] BGH NJW 1954, 1444.
[366] BGH NJW 1975, 536 = DB 1975, 442; NJW 1978, 1371 = DB 1978, 1272.
[367] Vgl. BGH DB 1973, 1594; BGH NJW 1978, 1371.
[368] Vgl. RGZ 57, 49; 60, 177; *Ingenstau/Hustedt* § 2 RdNr. 68; *MünchKomm* § 2 RdNr. 38; *Staudinger/Rapp* § 2 RdNr. 31; aA *Palandt/Bassenge* § 2 RdNr. 5; *Erman/Hagen* § 2 RdNr. 10, die entgegen dem Gesetzeswortlaut bestimmte oder bestimmbare Konditionen verlangen.
[369] NJW 1989, 2129; DNotZ 1990, 93.

VIII. Verkaufsverpflichtung des Grundstückseigentümers (§ 2 Nr. 7)

Vereinbarung über die Höhe des Kaufpreises, „wie dieser zurzeit der Ausübung des Ankaufsrechts für das mit dem Erbbaurecht belastete Grundstück bezahlt wird", ist nach Ansicht des BGH so auszulegen, dass das Erbbaurecht bei der Grundstücksbewertung nicht zu berücksichtigen ist:[370] Bei einem Verkauf an den Erbbauberechtigten kann ein anderer Preis erzielt werden als bei einem Verkauf an Dritte, weil nach Entstehen eines Eigentümererbbaurechts dieses Recht wirtschaftlich keine wertmindernde Belastung mehr darstellt und der Käufer nicht gehindert ist, den vollen Grundstückswert zu realisieren;[371] durch die Vereinbarung einer Ankaufsverpflichtung soll gerade für den Grundstückseigentümer ein Erlös gesichert werden, den er auf dem allgemeinen Grundstücksmarkt nicht erzielen kann, den andererseits der Erbbaurechtsnehmer bei freiwilligem Ankauf üblicherweise zu entrichten hätte.

4.159 Das Ankaufsrecht ist untrennbar mit dem Erbbaurecht verbunden, also nicht für sich allein übertragbar. Es ist aber möglich, dass der Eigentümer und der Erbbauberechtigte vor Ausübung des Ankaufsrechts die Erbbaurechtsbestellung aufheben und nur das Ankaufsrecht bestehen lassen. Hierbei handelt es sich inhaltlich um ein von der Erbbaurechtsbestellung losgelöstes eigenständiges Ankaufsrecht, für das nunmehr nicht mehr die Bestimmungen und die rechtlichen Auswirkungen des Erbbaurechts, sondern die gesetzlichen Bestimmungen des Schuldrechts des BGB gelten. Es handelt sich dann um eine Umgestaltung der ursprünglichen Ankaufsvereinbarung, nunmehr losgelöst von der Erbbaurechtsbestellung, die nun nicht mehr über die Verweisung des § 11 Abs. 2 ErbbauRG, sondern unmittelbar gemäß § 311b Abs. 1 BGB beurkundungspflichtig ist.[372]

2. Rechtswirkungen

4.160 Die Ausübung des Ankaufrechts erfolgt durch formlose empfangsbedürftige Erklärung des Erbbauberechtigten gegenüber dem Grundstückseigentümer. Mit der Ausübung des Ankaufsrechts kommt ein Kaufvertrag zu den im Erbbaurechtsvertrag niedergelegten Bedingungen zustande, aus dem sich ein Anspruch auf Übereignung ergibt.[373] Die Übereignung geschieht durch Einigung (Auflassung § 925 BGB) und Eintragung im Grundbuch. Das Erbbaurecht erlischt damit nicht, sondern wird zum Eigentümer-Erbbaurecht (§ 889 BGB).

4.161 So lange der Erbbauberechtigte das Kaufrecht noch nicht ausgeübt hat, ist das Rechtsverhältnis nur schuldrechtlicher Natur und hat eine darüber hinausgehende Wirkung nur insofern, als sich die bindende Wirkung des Angebots – weil Erbbaurechtsinhalt – auch auf die Rechtsnachfolger des Grundstückseigentümers erstreckt. Das Ankaufsrecht gilt daher gegenüber jedem Rechtsnachfolger des Erbbauberechtigten und des Grundstückseigentümers; ein gutgläubig lastenfreier Erwerb scheidet aus. Auch die Insolvenz des Grundstückseigentümers schadet daher nicht, obwohl § 106 InsO nicht anwendbar ist.[374] Belastungen, die vor Ausübung des Ankaufsrechts am Grundstück eingetragen sind, bleiben bestehen, da § 883 Abs. 2 bzw. § 1098 Abs. 2 BGB nicht anwendbar sind;[375] dagegen würde nur die rechtzeitige Erwirkung einer Auflassungsvormerkung helfen.

4.162 Es ist streitig, ab wann die Rechtsstellung des Erbbauberechtigten durch eine Auflassungsvormerkung im Grundbuch abgesichert werden kann. Unzweifelhaft

---

[370] BGH DNotZ 1990, 93 = NJW-RR 1989, 1037.
[371] Vgl. BGH DNotZ 1981, 261 = WPM 1980, 878.
[372] *Wufka* MittBayNot 1989, 13, 15; a. A. RGRK/*Räfle* § 2 RdNr. 47.
[373] BGH DB 1973, 1594; MünchKomm § 2 RdNr. 37.
[374] Vgl. BGH NJW 1954, 1444; RGRK/*Räfle* § 2 RdNr. 46.
[375] *Ingenstau/Hustedt* § 2 RdNr. 71; MünchKomm § 2 RdNr. 39; *Palandt/Bassenge* § 2 RdNr. 5; *Staudinger/Rapp* § 2 RdNr. 32.

ist, dass durch die Ausübung des Ankaufsrechts der Kaufvertrag zustande kommt und der Erbbauberechtigte einen Anspruch auf Auflassung hat, der durch eine Vormerkung gesichert werden kann.[376] Vor Ausübung des Ankaufsrechts kann nach der Meinung von *von Oefele*[377] und *Ring*[378] die Rechtsstellung des Erbbauberechtigten aus der Vereinbarung gem. § 2 Nr. 7 ErbbauRG nicht durch eine Vormerkung nach § 883 BGB gesichert werden, da diese einen Anspruch auf dingliche Rechtsänderung voraussetzt. Der Anspruch auf Auflassung entsteht jedoch bereits mit der Eintragung des Erbbaurechts, wenn auch erst aufschiebend bedingt durch die Ausübung des Ankaufsrechts;[379] es ist aber unstreitig, dass auch ein aufschiebend bedingter Auflassungsanspruch vormerkungsfähig ist.[380]

4.163 Mit dem Eigentumserwerb erlischt das Erbbaurecht nicht (§ 889 BGB), sondern wird zum Eigentümererbbaurecht; die Lage ist daher ähnlich wie nach dem Heimfall.[381]

3. Ankaufsverpflichtung des Erbbauberechtigten (Kaufzwangklausel)

4.164 Vom Ankaufsrecht des Erbbauberechtigten gemäß § 2 Nr. 7 ErbbauRG sind andere nur schuldrechtlich mögliche Vereinbarungen der Beteiligten zu unterscheiden, etwa eine Ankaufsverpflichtung des Erbbauberechtigten, dass dieser das Grundstück nach Aufforderung durch den Grundstückseigentümer während der Laufzeit des Erbbaurechts zu einem bestimmten oder zu bestimmenden Kaufpreis kaufen muss. Nach ständiger Rechtsprechung und herrschender Lehre ist die Vereinbarung einer mit dem Erbbaurechtsvertrag verbundenen schuldrechtlichen Ankaufspflicht zulässig, soweit die Abrede nicht im Einzelfall sittenwidrig ist (§§ 134, 138 BGB).[382]

4.165 *Kollhosser*[383] hält solche Klauseln wegen Verstoßes gegen ordnungspolitische Vorstellungen des ErbbauRG, nämlich deren sozialpolitischen Zweck der Baulandbeschaffung ohne hohe Aufwendungen, für sittenwidrig. Der soziale Charakter des Erbbaurechts verbiete es, dem Grundstückseigentümer die Möglichkeit einzuräumen, zu dem ihm günstigsten Zeitpunkt den Abschluss eines Kaufvertrags zu verlangen, bis dahin aber den Erbbauzins zu erhalten. Die wirtschaftliche und persönliche Bewegungsfreiheit des Erbbauberechtigten werde über das vertretbare Maß hinaus eingeengt, wenn es für einen Zeitraum von bis zu 90 Jahren ständig darauf eingerichtet sein müsse, einen erheblichen Geldbetrag als Kaufpreis bereitzuhalten; es handele sich also um einen sogenannten Knebelungsvertrag.

4.166 Daran ist richtig, dass im Einzelfall die Ankaufsverpflichtung den guten Sitten widersprechen kann. Der BGH betont in ständiger Rechtsprechung, dass die Sittenwidrigkeit einer Verknüpfung von Erbbaurecht und Ankaufsverpflichtung von

---

[376] *Ingenstau/Hustedt* § 2 RdNr. 70; *Palandt/Bassenge* § 2 RdNr. 5; *Staudinger/Rapp* § 2 RdNr. 32.
[377] § 2 RdNr. 39.
[378] *Staudinger/Rapp* § 2 RdNr. 32.
[379] *Ingenstau/Hustedt* § 2 RdNr. 71; *RGRK/Räfle* § 2 RdNr. 46; offen gelassen von *Palandt/Bassenge* § 2 RdNr. 5, der vom Kaufvertrag spricht, der „vormerkbaren Auflassungsanspruch gibt".
[380] Vgl. BGH DNotZ 1963, 230/232; WPM 1973, 208; BayObLG NJW 1968, 553.
[381] Vgl. RdNr. 4.107.
[382] Vgl. BGH NJW 1977, 761 = DNotZ 1977, 629; NJW 1979, 2387 = Rpfleger 1979, 410 = DNotZ 1979, 733; DNotZ 1981, 261 = Rpfleger 1980, 269; OLG Hamm NJW 1977, 203; *Hönn* NJW 1977, 2073; *Ingenstau/Hustedt* § 2 RdNr. 74; *Macke* NJW 1977, 2233; *Nordalm* NJW 1974, 1936; MünchKomm § 2 RdNr. 40; *RGRK/Räfle* § 1 RdNr. 81; *Richter* BWNotZ 1978, 61; *Staudinger/Rapp* § 2 RdNr. 36; *Uibel* NJW 1979, 24; vgl. dazu ausführlich Gutachten DNotI-Rep. 1997, 121. Zum Verkehrswert erbbaubelasteter Grundstücke mit Ankaufsverpflichtung ausführlich *Buchner* Festschrift für Schippel, 1996, S. 111. Zur „umgekehrten Kaufzwangklausel" s. *v. Oefele* MittBayNot 2004, 187.
[383] NJW 1974, 1302.

VIII. Verkaufsverpflichtung des Grundstückseigentümers (§ 2 Nr. 7)

der vertraglichen Ausgestaltung im Einzelnen und den sonstigen Umständen des Einzelfalles abhängt. Der BGH sieht jedoch die Verknüpfung des Erbbaurechts mit einer schuldrechtlichen Ankaufspflicht mindestens dann als unbedenklich an, wenn ein finanzstarker Vertragspartner als Erbbauberechtigter diese Verpflichtung eingeht, der sich weder in einer wirtschaftlich noch intellektuell unterlegenen Verhandlungsposition befindet.[384] Ein Vorwurf der Sittenwidrigkeit ist auch nicht daraus herzuleiten, dass sich der Eigentümer bei einem späteren Verkauf möglicherweise einen höheren Preis erhofft, als im Fall der sofortigen Veräußerung.[385] Soweit *Macke*[386] eine Ankaufspflicht des Erbbauberechtigten nur zu einem Kaufpreis gelten lassen will, der entsprechend § 9a ErbbauRG lediglich eine im Rahmen der allgemeinen wirtschaftlichen Verhältnisse liegende Wertsteigerung und nicht den tatsächlichen Verkehrswert abdeckt, ist dies abzulehnen; durch den Ankauf fällt dem Erbbauberechtigten das Grundstück mit dessen vollem Bodenwert zu. Es lässt sich nicht rechtfertigen, dass ihm die bis zum Ankauf eingetretene Werterhöhung ohne entsprechende Gegenleistung zugute käme.[387]

4.167 Anstößig ist jedoch eine übermäßig lange Bindungsdauer des Kaufszwanges, So ist vor allem eine an die **volle Laufzeit** des Erbbaurechtsvertrags (in der Regel 99 Jahre) gekoppelte Bindungsdauer der Ankaufspflicht mit Treu und Glauben nicht zu vereinbaren. Ein wegen Sittenwidrigkeit unwirksamer Vertrag kann zwar grundsätzlich nicht in ein gültiges Rechtsgeschäft umgedeutet werden.[388] Der BGH betont jedoch, dass die Ankaufsvereinbarung nicht insgesamt unwirksam, sondern nur im Hinblick auf ihre übermäßig lange Bindungsdauer anstößig ist, während sie bei kürzerer Dauer nicht zu beanstanden wäre. Eine solche Vereinbarung ist dann analog § 139 BGB auf einen nach Treu und Glauben angemessenen Zeitraum zu beschränken und mit einer angemessenen kürzeren Frist aufrechtzuerhalten.[389] Dies gilt jedoch nur für Individualvereinbarungen, nicht hingegen für Allgemeine Geschäftsbedingungen und ihnen gleichstehende Formularklauseln (vgl. §§ 305ff. BGB).[390]

4.168 Die Ankaufsvereinbarung kann sich auch dann sittenwidrig auswirken, wenn der Ankauf **zur Unzeit** verlangt wird. So hat der BGH ausgesprochen, daß es dem Erbbauberechtigten gerade in den ersten – etwa 10 – Jahren nach dem Erwerb des Erbbaurechts oft besonders schwer fallen wird, außer dem (regelmäßig inzwischen errichteten) Gebäude auch noch den Kaufpreis für das Eigentum am Grundstück zu finanzieren. Jedenfalls für diesen Zeitraum kann das Ankaufverlangen des Eigentümers dann als rechtsmissbräuchlich anzusehen sein.[391] Ähnliches kann für die Ausübung des Rechts kurz vor Ablauf einer sehr langen Bindung gelten, nachdem der Erbbauberechtigte für die Nutzung des Grundstücks bereits Erbbauzinsen in mehrfacher Höhe des Grundstückswertes geleistet hat.[392]

4.169 Darüber hinaus gebieten Treu und Glauben, dass der Eigentümer bei der Ausübung seiner Rechte auf die Interessen des Erbbauberechtigten Rücksicht nimmt; das könnte der Fall sein, wenn etwa das Ankaufverlangen erst zu einer Zeit gestellt würde, zu der ein Kauf dem Erbbauberechtigten beispielsweise deshalb nicht mehr zumutbar ist, weil er inzwischen ein Alter erreicht hat, in dem er aus dem Berufs-

---

[384] WPM 1964, 182; BGHZ 68, 1, 6 = NJW 1977, 761; BGHZ 75, 15 = NJW 1979, 2387.
[385] BGHZ 75, 15, 18 = NJW 1979, 2387; Rpfleger 1980, 269.
[386] NJW 1977, 2233; vgl. auch *Demmer* NJW 1983, 1636.
[387] BGHZ 75, 15, 18 = NJW 1979, 2387; RGRK/*Räfle* § 1 RdNr. 81; *Uibel* NJW 1979, 24; zum Verkehrswert erbbaubelasteter Grundstücke bei bestehender Ankaufsverpflichtung ausführlich *Buchner* Festschrift für Schippel, 1996, S. 111.
[388] BGH NJW 1977, 1233.
[389] BGH NJW 1977, 761; Rpfleger 1980, 269; BGH NJW 1991, 2141 = DNotZ 1992, 106.
[390] BGH NJW 1991, 2141 = DNotZ 1992, 106; s.u. RdNr. 4.169, 4.171.
[391] BGH NJW 1977, 761; Rpfleger 1980/269.
[392] BGH NJW 1977, 761.

leben ausgeschieden ist, oder alsbald ausscheiden wird und aus diesem Grund den Kaufpreis nur unter außergewöhnlichen Opfern aufbringen kann. Es bedarf daher von Fall zu Fall der Prüfung, für welchen Zeitraum sich der Kaufvertrag mit den Belangen des Erbbauberechtigten redlicherweise noch vereinbaren lässt und ab wann das Ankaufsverlangen sittenwidrig erscheint. Bei einem nach Ablauf von 10 Jahren seit Vertragsabschluss verlangten Verkauf zB ist diese zeitliche Grenze nicht überschritten.[393] Etwas anderes gilt nach BGH dann, wenn die Kaufzwangklausel eine Formularklausel iS der §§ 305 ff. BGB ist: da eine Ankaufspflicht des Erbbauberechtigten dem gesetzlichen Leitbild des Erbbaurechts widerspricht, darf sie auch nicht an die restliche volle Dauer eines langfristigen Erbbaurechts gebunden werden.[394]

4.170 Entsprechendes gilt für die Bemessung der Frist zur Kaufpreiszahlung. Dem Erbbauberechtigten muss eine angemessene, seine wirtschaftlichen Verhältnisse und die Höhe des Kaufpreises berücksichtigende Zeitspanne zur Beschaffung der erforderlichen Geldmittel zugestanden werden. Dies kann dadurch geschehen, dass die Fälligkeit der Kaufpreiszahlung hinausgeschoben oder das Ankaufsverlangen rechtzeitig vorher angekündigt wird. Der BGH hat eine Ankündigungsfrist von sechs Monaten für ausreichend gehalten,[395] nicht dagegen einen Fälligkeitszeitraum von nur 3 Monaten ohne vorherige Ankündigung.[396]

4.171 Besonderheiten gelten nach der Rechtsprechung, wenn die Vereinbarung formularmäßigen Charakter hat, also für **AGB** und ihnen gleichstehende Klauseln. Um eine solche Klausel handelt es sich dann, wenn sie mit einem im Wesentlichen gleichen Inhalt in einer Vielzahl von Fällen Verwendung finden soll, und eine Vertragspartei diese von ihr aufgestellten Bedingungen der Gegenseite abverlangt; dies wird bei einem Erbbaurechtsvertrag nur selten der Fall sein. Solche Klauseln unterliegen der Inhaltskontrolle nach den für AGB geltenden Grundsätzen. Dies gilt nach der Rechtsprechung des BGH auch für Verträge, die vor Einführung des inzwischen durch das SchRModG aufgehobenen AGB-Gesetzes vom 9. 12. 1976 (seit 1. 1. 2002: §§ 305 ff. BGB) geschlossen wurden (§ 28 AGBG a. F.); auch früher schon bestand nach dieser Rechtsprechung – in einer jetzt den Maßstäben der §§ 305e, 307 Abs. 1 und 2 BGB vergleichbaren Weise – gemäß § 242 BGB das Erfordernis einer Inhaltskontrolle von AGB.[397] In einer Entscheidung vom 8. 6. 1979 hat der BGB im Ausnahmefall – in 42 Erbbaurechtsverträgen wurde global auf ein ganzes Vertragswerk mit zahlreichen umfänglichen und inhaltlich unterschiedlichen Bestimmungen einschließlich der Kaufzwangklausel verwiesen – in einer formularmäßigen Kaufzwangklausel eine nach § 305e BGB (bis 31. 12. 2001: § 3 AGBG) unwirksame Überraschungsklausel gesehen.[398] Im Urteil vom 17. 5. 1991 hat er eine Ankaufspflicht des Erbbauberechtigten als dem gesetzlichen Leitbild des Erbbaurechts widersprechend bezeichnet (§ 307 BGB [bis 31. 12. 2001: § 9 AGBG]), denn § 2 Nr. 7 ErbbauRG sieht als Teil des vertragsmäßigen Inhalts nur ein Ankaufsrecht vor;[399] es sei ein Verstoß gegen Treu und Glauben, wenn die Klausel den Erbbauberechtigten für die ganze Dauer des Erbbaurechts von 99 Jah-

---

[393] BGH Rpfleger 1980, 269.
[394] BGH NJW 1991, 2141 = DNotZ 1992, 106, 108.
[395] BGHZ 75, 15/19 = NJW 1979, 2387.
[396] Rpfleger 1980, 269. Zur Höhe des Kaufpreises vgl. RdNr. 4.157, 4.158.
[397] Vgl. zB BGHZ 17, 1, 3 = NJW 1955, 1145; BGHZ 22, 90, 94 ff. = NJW 1957, 17; BGHZ 62, 251 = NJW 1974, 1135; BGHZ 75, 15, 20 = NJW 1979, 2387; BGHZ 114, 338 = NJW 1991, 2141; dazu auch *v. Oefele* MittBayNot 2004, 187.
[398] BGHZ 75, 15 = NJW 1979, 2387; ebenso BGH DB 1989, 1281; *Ingenstau/Hustedt* § 2 RdNr. 81.
[399] BGH NJW 1991, 2141 = DNotZ 1992, 106; ebenso auch BGHZ 75, 15, 22 = NJW 1979, 2387; dazu ausführlich Gutachten DNotI-Rep. 1997, 121.

ren dem Zwang aussetzt, auf Verlangen des Eigentümers jederzeit (abgesehen von den ersten 10 Jahren) das Erbbaugrundstück kaufen zu müssen. Bei der Ausgabe eines Wohnzwecken dienenden Erbbaurechts müsste eine Kaufzwangklausel so ausgestaltet sein, dass sie „für einen in durchschnittlichen wirtschaftlichen Verhältnissen lebenden Erbbaurechtserwerber erträglich ist." Für einen solchen Erwerber sei es unbillig, wenn ihm keine angemessene Frist zur Beschaffung des Kaufpreises zugestanden werde. Die Ankaufspflicht benachteilige den Erbbauberechtigten auch insbesondere deshalb, weil er mit fortschreitendem Zeitablauf in ein Alter kommen könne, in welchem er aus dem Berufsleben ausgeschieden ist und daher uU den Grundstückskaufpreis nur noch unter erheblichen Opfern aufbringen kann.[400]

IX. Zustimmung zu Verfügungen über das Erbbaurecht (§§ 5–8, 15)

1. Allgemeines

Für den Grundstückseigentümer ist es sehr wichtig, wer Inhaber des Erbbaurechtes ist, da die Erfüllung der Vertragspflichten während der Dauerrechtsbeziehung des Erbbaurechts wesentlich von der Person des Erbbauberechtigten abhängt. Auch soll die Spekulation mit dem Erbbaurecht verhindert werden. Dem Grundstückseigentümer ist ferner daran gelegen, eine überhöhte Belastung des Erbbaurechts zu verhindern, da er diese beim Heimfall zu übernehmen hat (§ 33 ErbbauRG) und schon vorher sonst die Gefahr von Zwangsvollstreckungsmaßnahmen besteht. § 8 ErbbauRG erweitert diesen Schutz des Grundstückseigentümers auf Verfügungen im Weg der Zwangsvollstreckung, Arrestvollziehung oder durch den Insolvenzverwalter. Dadurch soll die Möglichkeit einer Umgehung der Verpflichtungen nach § 5 ErbbauRG ausgeschaltet werden. Zum Ausgleich hierfür besteht gemäß § 7 ErbbauRG ein Anspruch des Erbbauberechtigten auf Zustimmung, wenn Interessen des Grundstückseigentümers nicht wesentlich beeinträchtigt werden. Mit Recht hat der BGH mit Urteil vom 2. 6. 2005 darauf hingewiesen, dass der Grundstückseigentümer seine Zustimmung zur Veräußerung des Erbbaurechts erteilen, jedoch zur Belastung verweigern kann, da die Voraussetzungen hierfür in § 7 Abs. 1 und 2 ErbbauRG verschieden geregelt sind;[401] auf diese Möglichkeit einer solchen **„gespaltenen" Eigentümerzustimmung** muss der Notar hinweisen.[402]

4.172

Mit §§ 5–8 durchbricht das ErbbauRG den Grundsatz des § 137 BGB, wonach die Befugnis zur Verfügung über ein veräußerliches Recht nicht durch Rechtsgeschäft ausgeschlossen oder beschränkt werden kann.[403] § 5 ErbbauRG regelt die Zustimmungspflicht bei rechtsgeschäftlichen, § 8 ErbbauRG bei nichtrechtsgeschäftlichen Verfügungen, § 7 ErbbauRG bestimmt die Grenzen der Zustimmungspflicht, §§ 6 und 15 ErbbauRG die Rechtsfolgen. Das Grundbuchamt darf eine Verfügung erst eintragen, wenn ihm die erforderliche Zustimmung des Grundstückseigentümers in der Form des § 29 Grundbuchordnung nachgewiesen ist oder ein rechtskräftiger Ersetzungsbeschluss gemäß § 7 Abs. 3 ErbbauRG vorgelegt wird.[404]

4.173

War ein Erbbaurecht zugleich **Heimstätte,** so galten die §§ 5–8 ErbbVO nach § 26 Abs. 2 RHeimstG nicht.[405] Ist das Erbbaurecht mit einem Untererbbaurecht

4.174

---

[400] BGH NJW 1991, 2141 = DNotZ 1992, 106.
[401] BGH NJW 2005, 3495 = DNotZ 2005, 847 = BGH-Rep. 2005, 1182; ausführlich dazu Winkler BGH-Rep. 2005, 1185.
[402] Winkler § 17 BeurkG RdNr. 247a.
[403] Vgl. allgemein zu Beeinträchtigungen der Verfügungsbefugnis Böttcher Rpfleger 1983, 49. Muster 1 Ziffer II § 6, XI, Muster 2 Ziffer II § 7, XI.
[404] MünchKomm § 5 RdNr. 1; § 15 RdNr. 1.
[405] RHeimstG wurde aufgehoben durch Aufhebungsgesetz v. 17. 6. 1993 (BGBl. I S. 912).

belastet,[406] so kann entsprechend § 5 ErbbauRG als Inhalt des Untererbbaurechts vereinbart werden, dass dessen Veräußerung oder Belastung der Zustimmung des Erbbauberechtigten bedarf, nicht aber des Grundstückseigentümers; letzteres ist nur mit schuldrechtlicher Wirkung möglich.[407]

2. Vereinbarung der Zustimmungspflicht

4.175   **a) Dinglicher Inhalt.** Nach § 5 ErbbauRG kann der Inhalt des Erbbaurechts erweitert werden durch die Vereinbarung, dass der Erbbauberechtigte der Zustimmung des Grundstückseigentümers zur Veräußerung und Belastung des Erbbaurechts mit einer Hypothek, Grund- oder Rentenschuld oder einer Reallast bedarf. Eine solche nach § 5 getroffene Vereinbarung hat nicht nur die Wirkungen des § 2, wonach auch Sonderrechtsnachfolger gebunden sind, sondern echte dingliche Wirkung. Mit der Eintragung einer solchen Vereinbarung im Grundbuch des Erbbaurechts, sei es unmittelbar oder durch Bezugnahme auf die Eintragungsbewilligung (§ 14 Abs. 1 S. 3 ErbbauRG), tritt unmittelbar ihre dingliche Wirkung ein. Zur Eintragung genügt materiellrechtlich die Bezugnahme auf die Eintragungsbewilligung;[408] wegen des besonderen Interesses des Rechtsverkehrs an der Publizität des Zustimmungserfordernisses soll dieses gemäß § 56 Abs. 2 Grundbuch-Verfügung jedoch unmittelbar im Grundbuch eingetragen werden; ist jedoch entgegen § 56 Abs. 2 GBV auf die Eintragungsbewilligung Bezug genommen, so sind die Verfügungsbeschränkungen trotzdem materiell wirksam entstanden, die Nichtbeachtung dieser formalrechtlichen Sollvorschrift ist auf die Wirksamkeit ohne Einfluss.[409]

4.176   Die Wirkung besteht darin, dass solche Vereinbarungen auch dritten Personen gegenüber unmittelbar wirksam sind, ohne dass es der besonderen Sicherung durch eine Vormerkung (§§ 883 ff. BGB) bedarf. Die absolute Wirkung – auch gegenüber Dritten – ergibt sich aus § 6 Abs. 1 ErbbauRG, wonach eine entgegen § 5 ErbbauRG getroffene Verfügung des Erbbauberechtigten über das Erbbaurecht unwirksam ist, solange nicht der Grundstückseigentümer die nach § 5 ErbbauRG erforderliche Zustimmung erteilt hat.[410] Die Zustimmungspflicht als dinglicher Inhalt des Erbbaurechts entsteht erst mit Eintragung im Grundbuch, vorher sind §§ 5 ff. ErbbauRG nicht anwendbar.[411] Solange die Vereinbarung im Grundbuch nicht eingetragen ist, ist die Zuwiderhandlung nach § 137 BGB zu beurteilen.[412] Eine nach Eintragung des Erbbaurechts vereinbarte Zustimmungspflicht ist eine Inhaltsänderung des Erbbaurechts, ebenso eine nachträgliche Änderung der Zustimmungspflicht.[413]

4.177   Die Vereinbarung nach § 5 ErbbauRG darf aber nicht im Sinn eines grundsätzlichen mit dinglicher Wirkung ausgestatteten Verbots der Verfügung über das Erbbaurecht verstanden werden und kann auch in der Praxis nicht dadurch zu einem generellen Verfügungsverbot führen, dass der Grundstückseigentümer rein willkürlich in jedem Fall seine Zustimmung versagt; eine solche Willkür ist durch das in

---

[406] Vgl. RdNr. 3.14 ff.
[407] RGRK/*Räfle* § 5 RdNr. 11.
[408] BayObLG Rpfleger 1979, 384 = DNotZ 1980, 50; OLG Celle Rpfleger 1985, 22; LG Itzehoe Rpfleger 2000, 495 = NZM 2001, 256.
[409] BayObLG Rpfleger 2002, 140; OLG Schleswig, LG Itzehoe Rpfleger 2000, 495; LG Marbach Rpfleger 1968, 26 mit zust. Anm. *Haegele*; MünchKomm § 5 RdNr. 2; *Böttcher* Rpfleger 2004, 21, 22; *Schmidt* BWNotZ 1961, 299: vgl. RdNr. 4.15.
[410] *Staudinger/Rapp* § 5 RdNr. 12.
[411] KG JFG 13, 366 zur Ersetzung einer verweigerten Zustimmung des Eigentümers nach § 7 ErbbVO; vgl. RdNr. 4.15.
[412] *Furtner* NJW 1966, 182/187.
[413] MünchKomm § 5 RdNr. 2; RGRK/*Räfle* § 5 RdNr. 5; vgl. *Lutter* DNotZ 1960, 235, 237.

IX. Zustimmung zu Verfügungen über das Erbbaurecht (§§ 5–8, 15)

§ 7 Abs. 3 ErbbauRG vorgesehene richterliche Nachprüfungs- und Ersetzungsrecht ausgeschlossen.[414] Die Vereinbarung nach § 5 ErbbauRG hat nach § 6 ErbbauRG die Wirkung, dass die Verfügung des Erbbauberechtigten über das Erbbaurecht und ein Vertrag, durch den sich der Erbbauberechtigte zu einer solchen Verfügung verpflichtet,[415] unwirksam sind, solange nicht der Grundstückseigentümer die erforderliche Zustimmung erteilt hat, und dass nach § 15 ErbbauRG der Rechtsübergang und die Belastung im Grundbuch erst eingetragen werden darf, wenn dem Grundbuchamt die Zustimmung des Grundstückseigentümers nachgewiesen ist. Es handelt sich um eine absolute, also gegenüber jedermann bestehende schwebende Unwirksamkeit des Rechtsgeschäfts.[416]

b) Schuldrechtliche Vereinbarung. Die Beteiligten können sich im Einzelfall auch auf eine bloß schuldrechtliche Abrede des gleichen Inhalts beschränken. Neben den gesetzlichen Inhaltserfordernissen gemäß § 1 ErbbauRG und dem vertragsmäßigen, auch gegenüber Sonderrechtsnachfolgen geltenden Inhalt der §§ 2–8 ErbbauRG können die Beteiligten weitere Rechte und Pflichten des Grundstückseigentümers und Erbbauberechtigten vertraglich festlegen.[417] Die Wirkung solcher Abreden reicht dann aber über die Beziehungen der beiden Vertragsteile und deren Erben nicht hinaus. Solche nur schuldrechtlich wirkenden Vereinbarungen können durch Eintragung einer Vormerkung, Reallast oder Hypothek mit Wirkung gegenüber Dritten ausgestattet werden, wenn die dafür nach den Vorschriften des BGB geltenden materiellen Voraussetzungen gegeben sind. Vereinbarungen nach § 5 ErbbauRG, zu deren dinglicher Wirkung die gesetzlichen Voraussetzungen fehlen, zB mangels notarieller Form oder Eintragung im Grundbuch, können in schuldrechtliche Verpflichtungen umgedeutet werden.[418] 4.178

Eine solche Veräußerungsbeschränkung, die lediglich schuldrechtlich vereinbart ist, kann keine „durchgreifende Wirkung" bei der Veräußerung des Erbbaurechtes haben, da einer derartigen schuldrechtlichen Vereinbarung der Schutz durch die Rechtsfolgen des § 6 ErbbauRG (Unwirksamkeit von Veräußerung und Verpflichtung) fehlt. Die Vorschrift des § 7 ErbbauRG ist aber entsprechend auf Veräußerungsbeschränkungen anzuwenden, die allein aufgrund schuldrechtlicher Abrede bestehen. Hier muss ebenso die Möglichkeit bestehen, eine unzulässige Verweigerung der Zustimmung, die weder den mit dem Erbbaurecht verfolgten Zweck beeinträchtigt noch in der Person des Erwerbers Gefahr für eine ordnungsmäßige Erfüllung der sich aus dem Erbbaurechtsinhalt ergebenden Verpflichtungen bietet, ersetzen zu lassen, obwohl die Veräußerungsbeschränkung nicht als dinglicher Inhalt des Erbbaurechtes, sondern (nur) als schuldrechtliche Vereinbarung festgelegt wurde.[419]

c) Zustimmungsberechtigung. Zustimmungsberechtigt ist gem. § 5 ErbbauRG der Grundstückseigentümer. Ist dieser minderjährig oder steht er unter Vormundschaft, Betreuung bzw. Pflegschaft, handelt für ihn sein gesetzlicher Vertreter (§§ 1643, 1795, 1908i BGB). Eine Zustimmung des Vormundschaftsgerichts ist nicht erforderlich, da die Zustimmung des Eigentümers keine Verfügung über ein Grundstück oder über ein Recht an einem Grundstück im Sinn des § 1821 Abs. 1 Nr. 1 BGB ist; genehmigt wird vielmehr eine Verfügung des Erbbauberech- 4.179

---

[414] BayObLG DNotZ 1961, 266, 268 zur Zustimmungspflicht zur Veräußerung nach § 5 Abs. 1 ErbbVO.
[415] Vgl. RdNr. 4.299.
[416] BGH NJW 1960, 2093, 2095 = Rpfleger 1961, 192; BayObLG DNotZ 1961, 266, 268; OLG Hamm Rpfleger 1985, 233; *Furtner* NJW 1966, 182/187.
[417] Vgl. zB LG München MittBayNot 1977, 68.
[418] *Ingenstau/Hustedt* § 5 RdNr. 3.
[419] *Ingenstau/Hustedt* § 7 RdNr. 25 ff.; RGRK/*Räfle* § 7 RdNr. 3.

tigten.⁴²⁰ Ist eine Erbengemeinschaft Grundstückseigentümer, so ist die Zustimmung aller Miterben erforderlich.⁴²¹

4.180 Die Zustimmungserklärung muss durch den Eigentümer des mit dem Erbbaurecht belasteten Grundstücks erklärt werden. Die Zustimmungsbefugnis steht dem jeweiligen Grundstückseigentümer zu: Bei einem Eigentumswechsel vor Eingang des Antrags hinsichtlich des Erbbaurechts beim Grundbuchamt wird die vom Rechtsvorgänger erteilte Zustimmung wirkungslos.⁴²² Einem Dritten kann die Ausübungsbefugnis nicht überlassen werden;⁴²³ dagegen ist eine Ermächtigung eines Dritten zur Ausübung zulässig, da sie die Bindung an das Eigentum nicht auflöst.⁴²⁴ Im Insolvenzverfahren des Grundstückseigentümers entscheidet der Insolvenzverwalter über die Zustimmung.

4.181 Ist das Erbbaurecht mit einem **Untererbbaurecht** belastet,⁴²⁵ so kann entsprechend § 5 ErbbauRG als Inhalt eines solchen Untererbbaurechts vereinbart werden, dass dessen Veräußerung oder Belastung der Zustimmung des Erbbauberechtigten bedarf; dagegen lässt sich die Veräußerung oder Belastung des Untererbbaurechts nicht an eine Zustimmung des Grundstückseigentümers binden, da diese Vorschriften einschränkend auszulegen sind; jedoch ist ein schuldrechtlicher Zustimmungsvorbehalt möglich.⁴²⁶

4.182 **d) Zustimmungserklärung.** Die Zustimmungserklärung des Grundstückseigentümers ist eine einseitige empfangsbedürftige Willenserklärung, für die die allgemeinen Vorschriften der §§ 182 ff. BGB gelten; sie ist daher entweder gegenüber dem Erbbauberechtigten oder dem gegenüber abzugeben, an den das Erbbaurecht veräußert oder zu dessen Gunsten es belastet wird. Die Zustimmung ist formlos wirksam, muss dem Grundbuchamt aber gem. § 15 ErbbauRG in der Form des § 29 GBO nachgewiesen werden. Ist der Grundstückseigentümer eine Gemeinde, so kann – je nach deren Größe bzw. dem Wert des Erbbaurechts – die Zustimmung ein Geschäft der laufenden Verwaltung und durch den Bürgermeister zu erteilen sein oder ein Beschluss des Gemeinderats erforderlich sein.⁴²⁷ Soll das Erbbaurecht mit einem Grundpfandrecht belastet werden, so enthält eine Rangrücktrittserklärung des Grundstückseigentümers zugleich die Zustimmungserklärung nach § 5 Abs. 2 Satz 1 ErbbauRG.⁴²⁸

4.183 Die Zustimmung kann **im Voraus** generell erteilt werden, etwa zur Zwangsversteigerung aus einem mit Zustimmung des Eigentümers eingetragenen Grundpfandrecht.⁴²⁹ Wird sie **nachträglich** erteilt, so wirkt sie gem. § 184 BGB auf den Zeitpunkt der Vornahme des Rechtsgeschäfts zurück.⁴³⁰ Die Zustimmungserklärung ist bis zur Vornahme der Eintragung im Grundbuch nach § 183 BGB frei **widerruflich.** Ein Widerruf hat jedoch gemäß § 878 BGB keine rechtliche Wir-

---

⁴²⁰ LG München FamRZ 2001, 372 L; LG Frankfurt Rpfleger 1974, 109; *Ingenstau/Hustedt* § 5 RdNr. 15; RGRK/*Räfle* § 5 RdNr. 10; *Staudinger/Rapp* § 5 RdNr. 14; aA OLG Hamm Rpfleger 1967, 415; MünchKomm § 5 RdNr. 4; vgl. RdNr. 4.182.
⁴²¹ OLG Hamm Rpfleger 1967, 415 mit Anm. *Haegele* = DNotZ 1967, 499; zweifelnd *Staudinger/Rapp* § 5 RdNr. 14.
⁴²² OLG Düsseldorf FGPrax 1996, 125 = DNotI-Rep. 1996, 101.
⁴²³ *Ingenstau/Hustedt* § 5 RdNr. 15; *Staudinger/Rapp* § 5 RdNr. 2.
⁴²⁴ MünchKomm § 5 RdNr. 9; RGRK/*Räfle* § 5 RdNr. 9.
⁴²⁵ Vgl. RdNr. 3.14 ff.
⁴²⁶ RGRK/*Räfle* § 5 RdNr. 11.
⁴²⁷ Vgl. BayObLGZ 1997, 37 = NJW-RR 1998, 161; dazu *Grziwotz* MittBayNot 1997, 120.
⁴²⁸ LG Osnabrück NdsRpfl 1979, 24.
⁴²⁹ OLG Braunschweig MDR 1972, 420; *Ingenstau/Hustedt* § 8 RdNr. 17; *Kappelhoff* Rpfleger 1985, 281; MünchKomm § 8 RdNr. 11; aA *Staudinger/Rapp* § 8 RdNr. 10; vgl. RdNr. 4.288. Beispiele in Muster 1 Ziffer II § 6 Abs. 1a und Ziffer XI und Muster 2 Ziffer II § 7 Abs. 1a und Ziffer XI.
⁴³⁰ *Furtner* NJW 1966, 182/187.

IX. Zustimmung zu Verfügungen über das Erbbaurecht (§§ 5–8, 15)

kung mehr, wenn die dingliche Einigung zwischen dem Erbbauberechtigten und dem Erwerber bzw. dem Gläubiger des zu bestellenden Rechts mit Zustimmung des Grundstückseigentümers gem. § 873 Abs. 2 BGB bindend geworden und der Antrag auf Eintragung beim Grundbuchamt gestellt worden ist.[431] Vormundschaftsgerichtliche Genehmigung bei Beteiligung eines minderjährigen, betreuten oder in der Geschäftsfähigkeit beschränkten Eigentümers ist nicht notwendig, da die Zustimmung keine Verfügung iSv. § 1821 Abs. 1 Nr. 1 BGB ist.[432]

3. Veräußerung

Die grundsätzliche Veräußerlichkeit eines jeden Erbbaurechts (§ 1 Abs. 1 Erb- **4.184** bauRG) ist unabdingbarer Inhalt des Rechts (vgl. § 137 BGB).[433] Das Gesetz erlaubt daher im § 5 Abs. 1, § 7 ErbbauRG nur eine sachlich begründete Modifizierung der Veräußerungsbefugnis. Dementsprechend dürfen die Voraussetzung einer zulässigen Veräußerung keinesfalls so weit gespannt werden, dass wegen der Unerfüllbarkeit eine Veräußerung faktisch ausgeschlossen wird. Die vom Gesetzgeber grundsätzlich beabsichtigte Freizügigkeit und wirtschaftliche Freiheit des Erbbauberechtigten darf daher nicht an überspitzten Anforderungen des Grundstückseigentümers scheitern.[434] Insbesondere kann keine Vereinbarung zum Inhalt des Erbbaurechtes gemacht werden, die die Veräußerlichkeit des Erbbaurechtes im Wesentlichen einschränkt, da nach **§ 1 Abs. 1 ErbbauRG** das Erbbaurecht als das „**veräußerliche und vererbliche Recht**" definiert wird, „auf oder unter der Oberfläche des Grundstücks ein Bauwerk zu haben". Daher ist es auch als unzulässig anzusehen, wenn die Beteiligten als Inhalt des Erbbaurechtes eine Vereinbarung schließen, wonach Fälle, die objektiv keine Veräußerung des Erbbaurechtes darstellen, dennoch als Veräußerung des Erbbaurechtes „fingiert" werden.

a) Begriff der Veräußerung. Veräußerung im Sinn des § 5 Abs. 1 ErbbauRG **4.185** ist die Übertragung des Erbbaurechts durch Rechtsgeschäft unter Lebenden. Auch die Auseinandersetzung im Rahmen einer Erbengemeinschaft, Gesellschaft oder Bruchteilsgemeinschaft, die Erfüllung eines Vermächtnisses oder einer Teilungsanordnung,[435] die Übertragung im Weg der vorweggenommenen Erbfolge[436] ist eine Veräußerung. Das gleiche gilt bei Übertragung im Weg der *Einzel*rechtsnachfolge im Bereich verbundener Gesellschaften, etwa von einer Konzernobergesellschaft auf eine konzernzugehörige Objektgesellschaft.[437]

Keine Veräußerung ist die reale Teilung[438] oder die Aufteilung des Erbbaurechts **4.186** in Wohnungseigentum, sei es gem. § 3 WEG[439] oder die Vorratsteilung nach § 8 WEG,[440] die Bestellung eines Untererbbaurechts;[441] auch die Bestellung eines Vorkaufsrechts bedarf nicht der Zustimmung des Grundstückseigentümers.[442] Die

---

[431] BGH NJW 1963, 36 = DNotZ 1963, 433 = Rpfleger 1963, 378 mit Anm. *Haegele; Erman/Ronke* § 5 RdNr. 4; *Ingenstau/Hustedt* § 5 RdNr. 14; MünchKomm § 5 RdNr. 4.
[432] LG München FamRZ 2001, 372 L; LG Frankfurt Rpfleger 1974, 109; *Ingenstau/Hustedt* § 5 RdNr. 15; RGRK/*Räfle* § 5 RdNr. 10; *Staudinger/Rapp* § 5 RdNr. 14; aA OLG Hamm DNotZ 1967, 499; MünchKomm § 5 RdNr. 4; vgl. RdNr. 4.179.
[433] Vgl. RdNr. 4.173.
[434] BayObLG DNotZ 1973, 237; OLG Zweibrücken Rpfleger 2004, 620 = DNotZ 2004, 934.
[435] BayObLG MDR 1982, 496 zu § 12 WEG.
[436] LG Münster MDR 1968, 585 = RheinNotK, 1969, 19.
[437] OLG Hamm NJW-RR 2006, 656 = NZM 2006, 278.
[438] LG Bochum NJW 1969, 1673.
[439] LG Augsburg MittBayNot 1979, 68.
[440] OLG Celle, Rpfleger 1981, 22; LG München MittBayNot 1977, 68.
[441] Vgl. RdNr. 3.14 ff.
[442] OLG Braunschweig OLGZ 1992, 263 = Rpfleger 1992, 193; MünchKomm § 5 RdNr. 6; *Palandt/Bassenge* § 5 Anm. 2; *Staudinger/Rapp* § 5 RdNr. 2.

Übertragung eines Erbanteils ist auch dann keine Verfügung über das Erbbaurecht, wenn der Nachlass ausschließlich aus einem Erbbaurecht besteht; denn es handelt sich nicht um die Übertragung des Erbbaurechts, sondern um die Verfügung über eine Mitberechtigung der übertragenden Miterben an dem weiter zum erbengemeinschaftlichen Gesamthandsvermögen gehörenden Vermögensgegenstand; eine bei Veräußerung des Erbbaurechts vereinbarungsgemäß erforderliche Zustimmung des Grundstückseigentümers ist in einem solchen Fall daher nicht notwendig.[443] Das gleiche gilt für die Übertragung eines Anteils an sonstigen Gesamthandsvermögen, etwa einer BGB-Gesellschaft, wenn ein Erbbaurecht (auch als einziger Gegenstand) zum Vermögen gehört.[444] Ebenso kann der Wechsel im Gesellschafterbestand einer juristischen Person (die die juristische Person als Erbbaurechtsinhaber ja unangetastet lässt), aber auch die Umwandlung einer juristischen Person nach dem UmwG (die auch eine Gesamtrechtsnachfolge darstellt) nicht als Veräußerung iS des § 5 Abs. 1 ErbbauRG angesehen werden. Auch sonstige *Gesamt*rechtsnachfolgen, etwa gesellschaftsrechtliche Abspaltungen, Ausgliederungen etc. fallen nicht unter das Zustimmungserfordernis.

4.187 Während § 5 Abs. 1 ErbbauRG dem Schutz des Grundstückseigentümers bei rechtsgeschäftlicher Veräußerung dient, erweitert § 8 ErbbauRG diesen Schutz des Grundstückseigentümers auch auf Verfügungen im Weg der Zwangsvollstreckung, Arrestvollziehung oder durch den Insolvenzverwalter, wodurch die Möglichkeit einer Umgehung der Verpflichtung aus § 5 ErbbauRG ausgeschaltet wird; es bedürfen also insbesondere auch die Zwangsversteigerung und die Veräußerung durch den Insolvenzverwalter der Zustimmung des Grundstückseigentümers;[445] die Zustimmung zur Zwangsversteigerung muss erst vorliegen, wenn über die Erteilung des Zuschlags zu entscheiden ist.[446]

4.188 **b) Einschränkung des Zustimmungserfordernisses.** Die Beschränkung der Veräußerung nach § 5 Abs. 1 ErbbauRG bedeutet kein Veräußerungsverbot[447] und kann sowohl für jeden Veräußerungsfall, also pauschal vorgesehen werden, als auch nur für bestimmte Veräußerungsfälle. Wenn schon von einer Zustimmungspflicht ganz abgesehen werden kann, muss sie auch auf bestimmte Fälle begrenzt werden können. So kann die Veräußerung nur für bestimmte Fälle an die Zustimmung des Eigentümers geknüpft werden, etwa bei Veräußerung innerhalb einer bestimmten Frist oder bei Veräußerung an einen bestimmten Personenkreis. Die Zustimmungspflicht kann auch für bestimmte Fälle ausgeschlossen werden, etwa bei Veräußerung an Ehegatten, Abkömmlinge oder bei Zwangsversteigerung aus einem mit Zustimmung des Grundstückseigentümers eingetragenen Grundpfandrecht.[448]

4.189 Im Fall eines generell vereinbarten Zustimmungserfordernisses durch den Grundstückseigentümer kann auch bereits im Erbbaurechtsvertrag für bestimmte Veräußerungen, zB an bestimmte Personenkreise, die Einwilligung des Grundstückseigentümers im Voraus erklärt werden.[449] Sie ist grundsätzlich unwiderruflich.[450] Es ist auch möglich, die Fälle, in denen die Veräußerung des Erbbaurechts von der Zustimmung des Grundstückseigentümers abhängig sein soll, im Erbbaurechtsvertrag kasuistisch zu regeln und festzulegen. Die Beteiligten sind also in der Vereinbarung des Zustimmungserfordernisses grundsätzlich frei.

---

[443] BayObLG Rpfleger 1968, 188 mit Anm. *Haegele* = MDR 1968, 326.
[444] *Palandt/Bassenge* § 5 RdNr. 2.
[445] Vgl. RdNr. 4.290.
[446] Vgl. RdNr. 4.282 ff.
[447] BayObLG DNotZ 1961, 266; *Kehrer* BWNotZ 1957, 52/58.
[448] *Ingenstau/Hustedt* § 8 RdNr. 17; MünchKomm § 8 RdNr. 11; vgl. RdNr. 4.228, 4.281.
[449] LG Aurich NJW 1958, 794; *Ingenstau/Hustedt* § 5 RdNr. 7; *Kappelhoff* Rpfleger 1985, 281.
[450] RGRK/*Räfle* § 5 RdNr. 5.

IX. Zustimmung zu Verfügungen über das Erbbaurecht (§§ 5–8, 15)

c) Anspruch des Erbbauberechtigten auf Zustimmung. Die Vereinbarung 4.190 nach § 5 Abs. 1 ErbbauRG darf nicht im Sinn eines grundsätzlichen, mit dinglicher Wirkung ausgestatteten Verbots der Veräußerung des Erbbaurechts verstanden werden und kann auch in der Praxis nicht dadurch zu einem generellen Veräußerungsverbot führen, dass der Grundstückseigentümer rein willkürlich in jedem Einzelfall seine Zustimmung versagt; eine solche Willkür ist durch das im § 7 Abs. 3 ErbbauRG vorgesehene richterliche Nachprüfungs- und Ersetzungsrecht ausgeschlossen.[451] Die Veräußerungsbefugnis als solche darf durch eine Vereinbarung nach § 5 Abs. 1 ErbbauRG nicht in ihrer Substanz angetastet, sondern nur aus sachlichen Gründen begrenzt werden; anderenfalls würde der Grundsatz der Veräußerlichkeit eingeschränkt, der gemäß § 1 ErbbauRG unabdingbare gesetzliche Voraussetzung jedes Erbbaurechts ist.[452]

Nach § 7 Abs. 1 ErbbauRG besteht ein gesetzlicher Anspruch auf Zustimmung 4.191 zur Veräußerung, wenn anzunehmen ist, dass der mit der Bestellung des Erbbaurechts verfolgte Zweck durch die Veräußerung nicht wesentlich beeinträchtigt oder gefährdet wird und die Persönlichkeit des Erwerbers Gewähr für eine ordnungsgemäße Erfüllung der sich aus dem Erbbaurechtsinhalt ergebenden Verpflichtungen bietet. Dadurch soll verhindert werden, dass ein unbeschränktes Ermessen des Grundstückseigentümers bei der Zustimmung die Veräußerlichkeit des Erbbaurechts faktisch vereitelt. Die vom Gesetzgeber grundsätzlich beabsichtigte Freizügigkeit und wirtschaftliche Freiheit des Erbbauberechtigten darf dabei nicht an „überspitzten Anforderungen des Grundstückseigentümers" scheitern.[453] Die Verpflichtung des Grundstückseigentümers, seine Zustimmung zur Veräußerung zu erteilen, bedeutet nicht automatisch, dass er auch einer Belastung zustimmen muss, da hierfür verschiedene Voraussetzungen gelten.[454]

Voraussetzung ist jedoch in jedem Fall, dass dem um die Zustimmung gebetenen 4.192 Grundstückseigentümer die Möglichkeit gegeben wird, sich ein zutreffendes Bild über die persönlichen und wirtschaftlichen Verhältnisse des Erwerbers zu verschaffen und sich zu vergewissern, dass seine Rechte auch im Verhältnis zum neuen Erbbauberechtigten sichergestellt bleiben.[455] Dazu ist es erforderlich, dass dem Eigentümer der notarielle Veräußerungsvertrag übersandt wird und ihm die persönlichen und wirtschaftlichen Verhältnisse des Erwerbers auseinandergesetzt werden.[456] Zu dieser Prüfung ist dem Grundstückseigentümer eine angemessene Frist einzuräumen, die nach einer Entscheidung des AG München mindestens 10 Tage ab Zugang der schriftlichen Bitte um Genehmigung betragen muss.[457]

aa) Zwingendes Recht. Der Zustimmungsanspruch (§ 7 Abs. 1 ErbbauRG) 4.193 und das Recht auf gerichtliche Ersetzung (§ 7 Abs. 3 ErbbauRG) sind zwingendes Recht und können daher nicht ausgeschlossen oder beschränkt werden.[458] Daher dürfen auch keine zusätzlichen Voraussetzungen für den Zustimmungsanspruch festgelegt werden, die den Anspruch einschränken, zB dass eine Veräußerung nur

---

[451] BayObLG DNotZ 1961, 266/268; 1973, 237.
[452] *Ingenstau/Hustedt* § 5 RdNr. 6; MünchKomm § 5 RdNr. 8.
[453] BayObLG DNotZ 1973, 237/239; OLG Hamm MittBayNot 1996, 37 = NJWE-MietR 1996, 58; DNotZ 2006, 206 = Rpfleger 2006, 259; OLG Zweibrücken Rpfleger 2004, 620 = DNotZ 2004, 934.
[454] OLG Hamm NJW-RR 2006, 656 = NZM 2006, 278.
[455] Vgl. RdNr. 4.201 ff.
[456] OLG Karlsruhe NJW-RR 2002, 413, 414.
[457] AG München v. 6. 10. 1986, 10 UR II 674/85, nicht veröffentlicht.
[458] OLG Hamm RPfleger 1953, 520; DNotZ 2006, 206 = Rpfleger 2006, 259; OLG Zweibrücken Rpfleger 2004, 620 = DNotZ 2004, 934; LG München DNotZ 1973, 554; MünchKomm § 7 RdNr. 2.

an bestimmte Personen zulässig ist.⁴⁵⁹ Davon zu unterscheiden ist die nach § 2 Nr. 1 ErbbauRG zulässige Bestimmung des Verwendungszwecks des Bauwerks.⁴⁶⁰

4.194 Liegen die Anspruchsvoraussetzungen auf Erteilung der Zustimmung vor, so besteht kein Ermessen des Grundstückseigentümers; die Zustimmung kann nicht unter Bedingungen oder Auflagen erteilt werden,⁴⁶¹ auch nicht unter der Auflage, dass von ihr nur Gebrauch gemacht werden darf, falls der Erbbauberechtigte die Kosten der Zustimmungsurkunde ersetzt.⁴⁶² Der Eigentümer kann seine Zustimmung daher auch nicht von der Vereinbarung zusätzlicher Verpflichtungen des Erwerbers gegenüber dem bisherigen Erbbaurechtsinhalt abhängig machen, etwa der Vereinbarung eines höheren Erbbauzinses oder einer neuen Wertsicherungsklausel oder einer Klarstellung des dinglichen und schuldrechtlichen Rechtsverhältnisses.⁴⁶³ Auch das Vorliegen der Voraussetzungen für den Heimfall in der Person des Erbbauberechtigten ist als Grund für die Verweigerung der Verkaufszustimmung im ErbbauRG nicht genannt.⁴⁶⁴ Ebenso sieht die Eröffnung des Insolenzverfahrens über das Vermögen des Erbbauberechtigten für sich allein genommen der Verpflichtung des Eigentümers zur Erteilung der Zustimmung zur Veräußerung des Erbbaurechts nicht entgegen.⁴⁶⁵ Der Grundstückseigentümer hat auch dann seine Zustimmung zur Veräußerung des Erbbaurechts uneingeschränkt zu erteilen, wenn der bei der Bestellung festgesetzte Erbbauzins wegen zwischenzeitlich erfolgter Wertsteigerung des Grundstücks oder wegen eingetretenen Kaufkraftschwundes nicht mehr als ausreichende Gegenleistung für die Nutzung des Grundstücks angesehen werden kann. Eine einseitige Zinserhöhung und damit die Vorwegnahme einer eventuell erforderlich werdenden richterlichen Vertragsgestaltung aus dem Gesichtspunkt des Wegfalls der Geschäftsgrundlage ist ihm verwehrt.⁴⁶⁶ Schieflagen zwischen dem Grundstückswert und dem Erbbauzins sind daher „veräußerungsfest".⁴⁶⁷

Der Eigentümer kann die Zustimmung zur Veräußerung auch nicht deshalb verweigern, weil gegen den Veräußerer ein Heimfallanspruch entstanden ist.⁴⁶⁸ Geht man mit der h.M. davon aus, dass der gegenüber dem Veräußerer entstandene Heimfallanspruch des Grundstückseigentümers auch gegen den Erwerber des Erbbaurechts durchgesetzt werden kann, so würde die Veräußerung den Heimfallanspruch überhaupt nicht beeinträchtigen. Da der entstandene Heimfallanspruch nicht zur Verweigerung der Veräußerungszustimmung berechtigt, wird durch die Erteilung der Zustimmung, insbesondere durch ihre gerichtliche Ersetzung, der Heimfallanspruch nicht verwirkt.⁴⁶⁹ Aber auch wenn man mit der Mindermei-

---

⁴⁵⁹ Vgl. BayObLG DNotZ 1961, 266; 1973, 237.
⁴⁶⁰ Vgl. RdNr. 4.54.
⁴⁶¹ *Keller* BWNotZ 1966, 98/100; MünchKomm § 7 RdNr. 9.
⁴⁶² LG Münster Rpfleger 1991, 304, bestätigt durch OLG Hamm Rpfleger 1992, 58 = DNotZ 1992, 368; *Freckmann/Frings/Grziwotz* RdNr. 605.
⁴⁶³ OLG Hamm OLGZ 1976, 260 = DNotZ 1976, 534 = Rpfleger 1976, 131 = RdL 1976, 124; MittBayNot 1996, 37, 39 = NJWE-MietR 1996, 58; DNotZ 2006, 206 = Rpfleger 2006, 259 = NotBZ 2006, 101; OLG Frankfurt Rpfleger 1979, 24; *Freckmann/Frings/Grziwotz* RdNr. 328, 605; *Keller* BWNotZ 1966, 98/100; dies hat das OLG Zweibrücken (MittBayNot 2001, 77 mit Anm. *v. Oefele*) übersehen. Zum Anspruch des Berechtigten eines Wohnungserbbaurechts auf Erteilung der Zustimmung des Grundstückseigentümers zur Veräußerung s. OLG Frankfurt Rpfleger 1979, 24.
⁴⁶⁴ OLG Karlsruhe NDW-RR 2002, 413, 414.
⁴⁶⁵ OLG Karlsruhe NDW-RR 2002, 413, 414.
⁴⁶⁶ *Keller* BWNotZ 1966, 98/102; vgl. RdNr. 6.200.
⁴⁶⁷ OLG Hamm DNotZ 2006, 206 = Rpfleger 2006, 259; dies gilt auch dann, wenn es sich um einen „Altvertrag" aus der Zeit vor Inkrafttreten des § 9a ErbbVO handelt.
⁴⁶⁸ LG Lübeck Rpfleger 1994, 21.
⁴⁶⁹ A.A. RGRK/*Räfle* § 2 RdNr. 33 für Erteilung.

IX. Zustimmung zu Verfügungen über das Erbbaurecht (§§ 5–8, 15)

nung[470] die Durchsetzbarkeit gegenüber dem Erwerber verneint, wofür auch das Fehlen einer § 14 RHeimstG a. F.[471] entsprechenden Regelung sprechen könnte, berechtigt dies nicht zur Verweigerung der Zustimmung. Die Veräußerung beeinträchtigt oder gefährdet nicht den mit der Bestellung des Erbbaurechts verfolgten Zweck. Die Sicherung eines entstandenen Heimfallanspruches wird von § 7 Abs. 1 Satz 1 ErbbauRG nicht erfasst. Sollte der Heimfallanspruch – wie es die Mindermeinung annimmt – nicht gegen den Erwerber wirken, so ist der Grundstückseigentümer dadurch ausreichend geschützt, dass er erforderlichenfalls im Wege der einstweiligen Verfügung nach § 885 BGB die Eintragung einer Vormerkung zur Sicherung des Anspruchs auf Übertragung des Erbbaurechts an ihn erwirkt;[472] wenn die h. M. eine Vormerkung für unzulässig hält, so ist das von ihrem Standpunkt aus konsequent, da sie den entstandenen Heimfallanspruch kraft Gesetzes „vormerkungsähnlich" gegen den Erwerber wirken lässt. Das schutzwürdige Interesse an der Ersetzung der Zustimmung zur Veräußerung entfällt auch nicht allein dadurch, dass der Erbbauberechtigte rechtskräftig verurteilt ist, das Erbbaurecht Zug um Zug gegen Kaufpreiszahlung an die Vorkaufsberechtigten zu übertragen.[473]

Der Eigentümer ist aber dann berechtigt, die Zustimmung zu verweigern, wenn **4.195** im Erbbaurechtsvertrag dem Erbbauberechtigtem vertraglich auferlegt ist, dem Erwerber des Erbbaurechts alle schuldrechtlichen Verpflichtungen weiter zu geben, und im Veräußerungsvertrag kein solcher Eintritt erfolgt; dadurch soll verhindert werden, dass ein Erwerber des Erbbaurechts die schuldrechtlichen Verpflichtungen aus dem ursprünglichen Erbbaurechtsvertrag nicht gegen sich gelten lassen muss. Ist im Veräußerungsvertrag kein Eintritt erfolgt, so ist der Grundstückseigentümer berechtigt, die Zustimmung zu verweigern und kann diese auch nicht nach § 7 Abs. 3 ErbbauRG ersetzt werden.[474] Ist aber der Erbbauzins durch Zuschlag in der Zwangsversteigerung erloschen, so kann daher der Ersteher vom Eigentümer die Zustimmung zur lastenfreien Weiterveräußerung verlangen und diese ersetzt werden.[475]

bb) Abtretung des Anspruchs. Der Anspruch auf Erteilung der Zustimmung **4.196** und die Ersetzung der Zustimmung ist ein unveräußerliches Vermögensrecht und untrennbar mit dem Erbbaurecht verbunden; er kann daher nicht für sich allein abgetreten[476] und gepfändet werden. Wie beim Berichtigungsanspruch gemäß § 894 BGB ist aber auch im Fall des § 7 ErbbauRG eine Ermächtigung zur Ausübung im Rahmen einer gewillkürten Prozessstandschaft sowie eine Pfändung und Überweisung zur Ausübung des Zustimmungsanspruchs, den der Erbbauberechtigte gegebenenfalls gegen den Grundstückseigentümer hat, zulässig.[477]

cc) Beeinträchtigung oder Gefährdung des Zwecks. Sinn der Vorschrift **4.197** ist, dass der Grundstückseigentümer nicht verpflichtet sein kann, einer Veräußerung des Erbbaurechts zuzustimmen, wenn damit eine Verschlechterung gegenüber seiner bisherigen Rechtsposition verbunden ist. Der mit der Bestellung des Erbbaurechts verfolgte Zweck darf nicht wesentlich beeinträchtigt oder gefährdet werden.

---

[470] *Glas/Scheidt* ErbbVO, 2. Aufl., S. 35; *Knothe* Das Erbbaurecht, 1987, S. 271 ff.; *Ranft* Die „Verdinglichung" des Erbbaurechtsinhalts, 1993, S. 60 ff.; ebenso für § 36 WEG: *Soergel/Stürner* BGB, § 36 RdNr. 2.
[471] RHeimstG aufgehoben durch AufhebungsG v. 17. 6. 1993 (BGBl. I, S. 912).
[472] *Glas/Scheidt* aaO; *Ranft* aaO, S. 64.
[473] BayObLG Rpfleger 1999, 325 = FGPrax 1999, 89.
[474] OLG Hamm DNotZ 1976, 534 = Rpfleger 1976, 131; OLG Celle, DNotZ 1984, 387 = Rpfleger 1983, 270; OLG Oldenburg Rpfleger 1985, 203 mit abl. Anm. *Hagemann*; *Freckmann/Frings/Grziwotz* RdNr. 329; *Staudinger/Rapp* § 5 RdNr. 26; s. ausführlich RdNr. 4.201 ff.
[475] AG Gütersloh Rpfleger 1990, 506; *Freckmann/Frings/Grziwotz* RdNr. 610.
[476] BGH NJW 1960, 2093 = Rpfleger 1961, 192.
[477] BGH a. a. O.; OLG Hamm Rpfleger 1953, 521; *Ingenstau/Hustedt* § 7 RdNr. 3; MünchKomm § 7 RdNr. 3; *Palandt/Bassenge* § 7 RdNr. 1; *Staudinger/Rapp* § 5 RdNr. 23, 24.

Eine **Beeinträchtigung** ist gegeben, wenn dieser Zweck nicht mehr voll erreicht werden kann, eine **Gefährdung**, wenn eine Beeinträchtigung künftig zu besorgen ist. Setzt der Eigentümer einem dementsprechenden Vortrag des Erbbauberechtigten nur allgemeine Erwägungen zu einer Beeinträchtigung entgegen, reicht dies nicht aus.[478] Der Schutz des Eigentümers endet dort, wo er seine Zustimmung als Hebel zur Erreichung **zusätzlicher** Verpflichtungen des neuen Erbbauberechtigten einsetzen will.[479]

4.198 (1) *Erbbaurechtsinhalt.* Der mit der Bestellung des Erbbaurechts verfolgte Zweck bestimmt sich vornehmlich nach dem Erbbaurechtsvertrag, insbesondere aus der Bestimmung des Bauwerks nach § 1 Abs. 1 ErbbauRG oder den Vereinbarungen über die Verwendung des Bauwerks, und den diesbezüglich vereinbarten Heimfall- oder Vertragsstrafenbestimmungen gem. § 2 Nr. 1, 4, 5 ErbbauRG. Ist der Zweck nicht ausdrücklich vertraglich geregelt, so sind die gesamten Umstände beim Vertragsschluss heranzuziehen, die Anhaltspunkte, die ihn für beide Vertragsteile erkennbar werden lassen, die Interessen der Beteiligten und die bisherige Handhabung des Vertrags durch die Beteiligten.[480]

4.199 Als Zweckbestimmung kommen vor allem in Betracht: soziale Fürsorge für bestimmte minderbemittelte Kreise, Errichtung und Betrieb eines Altersheimes, Krankenhauses oder einer Anstalt, Wohnungsbau, Förderung von Kleinsiedlern und kinderreichen Familien, Nutzung eines Bauwerks nicht oder nur in bestimmten Grenzen zu gewerblichen Zwecken. Eine Zweckentfremdung liegt etwa vor, wenn ein als Wohnheim für alleinstehende Frauen errichtetes Gebäude in ein Appartementhaus aufgeteilt und verkauft wird,[481] beim Verkauf des Bauwerks als Geschäftshaus anstelle der bisherigen Verwendung als Wohngebäude.[482] Der Zweck ist dann gefährdet, wenn im Fall der Versteigerung eines Hälfteanteils hinsichtlich des anderen Hälfteanteils die Teilungsversteigerung zu befürchten ist.[483]

4.200 Es wäre aber unrichtig, lediglich auf die Zweckbestimmung des vorgesehenen Bauwerks abzustellen,[484] wenn noch andere mit dem Erbbaurecht verfolgte Zwecke durch die Veräußerung vereitelt oder beeinträchtigt werden. Eine solche Betrachtungsweise wäre zu einseitig und unvereinbar mit dem Wortlaut und Sinn der Vorschrift des § 7 Abs. 1 ErbbauRG, zumal Abreden über die **Zwecke des Bauwerks** (seine „Verwendung") gem. § 2 Nr. 1 ErbbauRG bereits zum **Inhalt** des Erbbaurechts im strengen Sinn gehören und einen weit gesteckten Rahmen erfassen.[485]

Während die Vereinbarungen über Inhalt des Erbbaurechts und Heimfallgründe und damit auch die Frage eines Verstoßes gegen Gesetz und gute Sitten das Rechtsverhältnis zwischen Grundstückseigentümer und Erbbauberechtigten betreffen, geht es im Rahmen der Veräußerungszustimmung gemäß §§ 5 Abs. 1, 7 ErbbauRG um die Person eines Dritten, nämlich des möglichen Erbbaurechtserwerbers. Dessen Rechte, etwa bei von Kirchen ausgegebenen Erbbaurechten das Grundrecht auf Religionsfreiheit, sind aber mangels Vertragsbeteiligung oder Einbeziehung in den Vertrag weder berührt noch geschützt.[486] bei der Frage, ob die

---

[478] OLG Frankfurt a. M. NJW-RR 2006, 387 = NZM 2005, 919.
[479] OLG Hamm DNotZ 1976, 534 = Rpfleger 1976, 131; *Ingenstau/Hustedt* § 7 RdNr. 13; MünchKomm § 7 RdNr. 9, 10; *Staudinger/Rapp* § 5 RdNr. 26.
[480] BayObLG DNotZ 1973, 237; LG München DNotZ 1975, 554; *Ingenstau/Hustedt* § 7 RdNr. 7; *Keller* BWNotZ 1966, 98, 101; MünchKomm § 7 RdNr. 5.
[481] BayObLGZ 1972, 260 = DNotZ 1973, 237, 239.
[482] *Keller* BWNotZ 1966, 98/101.
[483] Vgl. *Ingenstau/Hustedt* § 7 RdNr. 11; MünchKomm § 7 RdNr. 6.
[484] So aber KG OLGZ 1984, 171 = Rpfleger 1984, 282.
[485] OLG Hamm WPM 1986, 1290 = DNotZ 1987, 40; *Ingenstau/Hustedt* § 2 ErbbVO RdNr. 19; vgl. auch BGH NJW 1987, 1942 = Rpfleger 1987, 257, 258.
[486] Dazu DNotI-Rep. 2004, 133, 135.

IX. Zustimmung zu Verfügungen über das Erbbaurecht (§§ 5–8, 15)

Zweckbestimmung etwa entsprechend der Diskussion bei den zulässigen Heimfallgründen[487] sittenwidrig ist oder nicht, ist mithin allein auf die Parteien des Erbbaurechtsvertrages abzustellen. Etwaige Rechte und Grundrechte Dritter, die das Erbbaurecht erwerben möchten, sind mangels Vertragsbeteiligung oder Einbeziehung in den Vertrag nicht berührt und damit nicht zu berücksichtigen. Die Verpflichtung, über das Erbbaurecht nicht gänzlich frei zu verfügen, sondern es hinsichtlich der Person des Erwerbers nur nach der inhaltlichen Zweckbestimmung eingeschränkt zu veräußern, hat der Erbbauberechtigte bei der Eingehung des Erbbaurechts freiwillig übernommen. Damit kann z. B. eine Kirchengemeinde als Grundstückseigentümerin unter Berufung auf eine entsprechende Zweckbestimmungsvereinbarung im Erbbaurechtsvertrag die Zustimmung zur Veräußerung etwa an einen Nicht-Christen als neuen Erbbauberechtigten verweigern.

(2) *Schuldrechtliche Verpflichtungen.* Der Zweck des Erbbaurechts besteht, wenn die Bestellung des Erbbaurechts entgeltlich erfolgt, auch darin, dem Grundstückseigentümer laufende Einkünfte und eine angemessene **Rendite** des Grundstücks zu verschaffen; auch dies stellt einen Zweck iS des § 7 Abs. 1 S. 1 ErbbauRG dar.[488] Dies wird besonders deutlich, wenn der Vertrag im Bezug auf den Erbbauzins eine Wertsicherungsklausel enthält. Aus diesem Grund wird im Erbbaurechtsvertrag dem Erbbauberechtigten häufig vertraglich auferlegt, einem Erwerber des Erbbaurechts alle schuldrechtlichen Verpflichtungen, insbesondere auch hinsichtlich des Erbbauzinses, im Veräußerungsvertrag weiterzugeben. Enthält der Veräußerungsvertrag einen solchen Eintritt in die schuldrechtlichen Verpflichtungen des Rechtsvorgängers nicht, so kann der Grundstückseigentümer eine erforderliche Veräußerungszustimmung wegen wesentlicher Beeinträchtigung des mit der Erbbaurechtsbestellung verfolgten Zwecks verweigern.[489] 4.201

Das OLG Celle[490] hat in seiner Entscheidung v. 15. 10. 1982 ausgesprochen, der Grundstückseigentümer könne eine nach dem Inhalt des Erbbaurechts erforderliche Veräußerungszustimmung wegen wesentlicher Beeinträchtigung des mit der Erbbaurechtsbestellung verfolgten Zwecks verweigern, „solange nicht sichergestellt ist, dass der Erwerber alle Verpflichtungen des bisherigen Erbbauberechtigten in Bezug auf den Erbbauzins – auch soweit sie nur schuldrechtlicher Art sind – übernimmt". Es handelte sich im dort entschiedenen Fall darum, dass der Erwerber eines Erbbaurechts lediglich den im Jahr 1962 im Grundbuch eingetragenen Erbbauzins übernehmen wollte, nicht jedoch eine früher vereinbarte Anpassungsklausel und den unter Bezugnahme darauf mehrfach angehobenen Erbbauzins, der allerdings im Grundbuch nicht zusätzlich abgesichert war. 4.202

Zur Begründung hat das Gericht ausgeführt: die Vereinbarungen des bisherigen Erbbauberechtigten mit dem Grundstückseigentümer über die Zahlung eines erhöhten Erbbauzinses bzw. einer zukünftigen Anpassung würden den Rechtsnachfolgern des Erbbauberechtigten gegenüber nur wirksam, wenn diese sie übernäh- 4.203

---

[487] Siehe oben RdNr. 4.84.
[488] BGH NJW 1987, 1942 = Rpfleger 1987, 257, 258; *Weber* Rpfleger 1998, 5; aA KG OLGZ 1984, 171 = Rpfleger 1984, 282; *Freckmann/Frings/Grziwotz* RdNr. 609.
[489] OLG Celle Rpfleger 1983, 270 = DNotZ 1984, 387; OLG Hamm DNotZ 1976, 534 = Rpfleger 1976, 131; OLGZ 1986, 385 = DNotZ 1987, 40; OLG Oldenburg Rpfleger 1985, 203 mit abl. Anm. *Hagemann*; *Freckmann/Frings/Grziwotz* RdNr. 329, 614, 621; *Ingenstau/Hustedt* § 7 RdNr. 8; *Mohrbutter* Eigentümerrechte, S. 171; *Pöschl* BWNotZ 1956, 41, 43; *Staudinger/Rapp* § 5 RdNr. 26; a. A. RGRK/*Räfle* § 7 RdNr. 5, der die Sicherstellung des Erbbauzinses nicht hierher rechnet und BGH NJW 1987, 1942 = Rpfleger 1987, 257/258 für den Zuschlag bei der Zwangsversteigerung des Erbbaurechts durch einen vorrangigen Grundpfandrechtsgläubiger.
[490] Rpfleger 1983, 270 = DNotZ 1984, 387. Vgl. OLG Oldenburg DNotZ 1988, 591, das hierin einen Heimfallgrund sieht.

men. Würde man also den Eigentümer zwingen, einer Veräußerung zuzustimmen, ohne dass ein Eintritt des Käufers in diese Verpflichtungen des bisherigen Erbbauberechtigten sichergestellt wäre, so nehme man ihn praktisch für die weitere Dauer des Erbbaurechts den Anspruch auf eine angemessene Gegenleistung; er müsste sich dann im Ergebnis – anders als bisher – wieder mit der 1962 eingetragenen Reallast zufrieden geben, die den heutigen Preisverhältnissen ersichtlich nicht mehr entspreche. Ein solches Ergebnis sei mit der **Schutzfunktion,** die § 7 Abs. 1 S. 1 ErbbauRG zu Gunsten des Eigentümers habe, nicht zu vereinbaren. Der Erbbauzins gehöre zwar nicht zum (gesetzlichen oder vertragsmäßigen) Inhalt des Erbbaurechts. Es werde aber überwiegend mit Recht davon ausgegangen, dass nach dem Normzweck der Erwerber insbesondere in der Lage sein müsse, den Erbbauzins zu zahlen, weil dies wirtschaftlich die Hauptverpflichtung des Erbbauberechtigten sei. Die Veräußerung des Erbbaurechts unter den bisher vorgesehenen Bedingungen beeinträchtige den mit der Bestellung des Erbbaurechts verfolgten Zweck im Sinn des § 7 Abs. 1 S. 1 ErbbauRG wesentlich. Dieser Zweck ergebe sich in erster Linie aus dem Inhalt des Erbbaurechtsvertrags; er bestehe, wenn die Bestellung des Erbbaurechts entgeltlich erfolgt sei, insbesondere auch darin, dem Grundstückseigentümer laufende Einkünfte, eine angemessene „Rendite" des Grundstücks zu verschaffen. Dies werde im Hinblick auf die vereinbarte Wertsicherungsklausel noch besonders deutlich. Demnach brauche der Eigentümer eine mit einer Veräußerung des Erbbaurechts verbundene Verschlechterung im Bezug auf den Erbbauzins, verglichen mit seiner jetzigen Rechtsposition im Verhältnis zum bisherigen Erbbauberechtigten, nicht hinzunehmen. Das OLG Hamm hat sich mit seinem Vorlagebeschluss vom 13. 3. 1986[491] dem voll angeschlossen.

4.204   Ein vom OLG Oldenburg[492] entschiedener Fall war dadurch gekennzeichnet, dass bei der Zwangsversteigerung eines Erbbaurechts der Erbbauzins in das geringste Gebot fiel und deshalb bestehen blieb, der Ersteher sich aber weigerte, auch in die dinglich nicht gesicherte schuldrechtliche Anpassungsklausel einzutreten. Das OLG Oldenburg hat dazu ausgeführt: Eine gerichtliche Ersetzung der Zustimmung komme nicht in Betracht, denn dem Eigentümer stehe ein ausreichender Grund zur Verweigerung im Sinn des § 7 Abs. 1 S. 1 ErbbauRG zur Seite. Ein Meistbietender, der sich entgegen der zwischen dem Eigentümer und dem Erbbauberechtigten getroffenen Vereinbarung weigere, bestimmte Verpflichtungen aus dem Erbbaurechtsvertrag zu übernehmen, habe keinen Anspruch gegenüber dem Eigentümer, anders behandelt zu werden als ein rechtsgeschäftlicher Erwerber. Hier brauche der Eigentümer nach übereinstimmender Auffassung nicht die Zustimmung zur Veräußerung zu erteilen, wenn der Veräußerungsvertrag nicht den Eintritt des Erwerbers in die schuldrechtlichen Verpflichtungen des Rechtsvorgängers enthalte, falls diesem die Weitergabe aller schuldrechtlichen Verpflichtungen vertraglich auferlegt worden sei.

4.205   Alle zitierten Entscheidungen beruhen übereinstimmend auf der Grundüberzeugung, dass der Grundstückseigentümer nicht verpflichtet sein kann, einer Veräußerung des Erbbaurechts zuzustimmen, wenn damit eine Verschlechterung gegenüber seiner bisherigen Rechtsposition, insbesondere im Hinblick auf den Erbbauzins, verbunden ist.[493] Daher liegt zB kein hinreichender Grund zur Verweigerung der Zustimmung zur Veräußerung des Erbbaurechts darin, dass der Kaufvertrag eine Übernahme und das Weiterbestehen eingetragener Grundpfandrechte vorsieht, wenn der Grundstückseigentümer gegenüber dem bisherigen Erbbauberechtigten einer Belastung des Erbbaurechts mit diesen Grundpfandrechten zugestimmt hat; in

---

[491] OLGZ 1986, 385 = DNotZ 1987, 40; aufgehoben vom BGH NJW 1987, 1942 = Rpfleger 1987, 257.
[492] RPfleger 1985, 203.
[493] OLG Hamm DNotZ 1987, 40.

IX. Zustimmung zu Verfügungen über das Erbbaurecht (§§ 5–8, 15)

einem solchen Fall hat der Grundstückseigentümer ein berechtigtes Interesse lediglich daran, dass seine Rechtsposition nicht durch die Art der Neuvalutierung oder durch eine fehlende wirtschaftliche Leistungsfähigkeit des neuen Erbbauberechtigten gefährdet wird.[494]

Das OLG Celle und das OLG Hamm halten es für gerechtfertigt wie auch geboten, den Gesichtspunkt der **Zweckbeeinträchtigung** in § 7 Abs. 1 S. 1 erste Alt. heranzuziehen, wenn man die zweite Alt. deswegen nicht für anwendbar hält, weil sie streng nur auf die sich aus dem Erbbaurechts**inhalt** ergebenden Verpflichtungen – zu denen der Erbbauzins nicht gehört – abstellt. Diese Auffassung wird sowohl dem oben dargelegten Sinn als auch dem Wortlaut der erstgenannten Gesetzesvorschrift gerecht. Mit den Worten „... der mit der Bestellung des Erbbaurechts verfolgte Zweck ..." ist nämlich keine eingrenzende Bezugnahme auf den Erbbaurechtsinhalt, sondern im Gegenteil eine uneingeschränkte Verweisung auf den schuldrechtlichen Vertrag, der die Bestellung des Erbbaurechts zum Gegenstand hat und auch weitere Abreden enthalten kann, bestimmt. **4.206**

Soweit lediglich auf die Zweckbestimmung des vorgesehenen **Bauwerks** abgestellt wird,[495] ist diese Betrachtungsweise zu einseitig und unvereinbar mit dem Wortlaut und Sinn der Vorschrift, zumal Abreden über die **Zwecke des Bauwerks** (seine „Verwendung") gem. § 2 Nr. 1 ErbbauRG bereits zum **Inhalt** des Erbbaurechts im strengen Sinn gehören und einen weit gesteckten Rahmen erfassen.[496] **4.207**

(3) *Spekulative Ausnutzung.* Die Beeinträchtigung oder Gefährdung des mit der Erbbaurechtsbestellung verfolgten Zwecks hat nicht nur die Zweckentfremdung im engeren Sinn zum Gegenstand, sondern umfasst auch die spekulative Ausnutzung des Erbbaurechts.[497] Darunter ist eine Veräußerung zu verstehen, die im objektiven Sinn gewinnsüchtig ist.[498] Das OLG Stuttgart[499] hat dies in einem Fall bejaht, in dem der verlangte Kaufpreis mit Rücksicht auf den Käufer, der dem Zweck des Erbbaurechtsvertrags entsprechend unter die Bestimmungen des sozialen Wohnungsbau fiel, unangemessen hoch war; hier missbraucht der Erbbauberechtigte die ihm eingeräumte Stellung eines am Grundstück unbeschränkt Nutzungsberechtigten, indem er sich auf Kosten des Grundstückseigentümers Vorteile zu verschaffen sucht, die ihm nach dem Zweck des Erbbaurechtsvertrags nicht zustehen. Auch der BGH hat mit Urteil v. 15. 5. 1998 entschieden, dass bei der Beurteilung der Frage, zu welchen Konditionen die Zustimmung zu erteilen ist, insbesondere zu berücksichtigen ist, dass der Kaufpreis nicht unangemessen hoch ist, denn das Zustimmungserfordernis soll den Eigentümer auch vor spekulativen Ausnutzungen des Erbbaurechts schützen.[500] **4.208**

Eine spekulative Verwertung des Erbbaurechts ist dann nicht anzunehmen, wenn sich der Erbbauberechtigte das Bestehen einer niedrigen Erbbauzinsverpflichtung in der Weise zunutze macht, daß er einen aus diesem Grund erhöhten Kaufpreis verlangt; denn in der gleichen Weise, in der er bei einer zu hohen Erbbauzinsverpflichtung nur einen niedrigen Kaufpreis erlösen kann, muss es ihm bei Bestehen einer niedrigen Zinsverpflichtung erlaubt sein, diesen Umstand preiserhöhend zu berücksichtigen. Dies gilt auch dann, wenn der Erbbauzins ursprünglich zwecks Amortisationserleichterung oder aus anderen Gründen für den Erbbauberechtigten besonders günstig gestaltet war. Denn gewinnsüchtiges Handeln in Form eines un- **4.209**

---

[494] OLG Hamm MittBayNot 1996, 37.
[495] So KG RPfleger 1984, 282 = DNotZ 1984, 384.
[496] OLG Hamm DNotZ 1987, 40; *Ingenstau/Hustedt* § 2 ErbbVO RdNr. 19.
[497] OLG Hamm DNotZ 2006, 206 = Rpfleger 2006, 259; *Keller* BWNotZ 1966, 98, 101; MünchKomm § 7 RdNr. 6.
[498] OLG Stuttgart NJW 1958, 1098.
[499] NJW 1958, 1098.
[500] BGH NJW-RR 1998, 1387 = NZM 1998, 637.

anständigen Gewinnstrebens ist nicht schon dann gegeben, wenn der Erbbauberechtigte nach kürzerer oder längerer Nutzung seines Rechts dieses veräußert und dadurch zwangsläufig die Voraussetzungen für die seinerzeit günstige Erbbauzinsbemessung zum Erlöschen bringt.[501]

4.210 (4) *Missbrauch.* Auf den ursprünglich vereinbarten Zweck kann sich der Grundstückseigentümer dann nicht berufen, wenn sein Verhalten gegenüber früheren Zweckbeeinträchtigungen dazu im Widerspruch steht: nimmt der Grundstückseigentümer die Entstehung eines dem ursprünglichen Erbbaurechtszweck zuwiderlaufenden Zustandes unbeanstandet hin, um sich dann mit dem Ziel der faktischen Unveräußerlichkeit des Erbbaurechts auf den ursprünglich vereinbarten Zweck zu berufen, so ist ein solches Verhalten mit Treu und Glauben nicht zu vereinbaren („venire contra factum proprium").[502]

4.211 (5) *Wesentlichkeit der Beeinträchtigung.* Zur Anwendung des § 7 ErbbauRG reicht nicht jede Beeinträchtigung aus, vielmehr muss diese wesentlich sein. Was im Sinn von § 7 Abs. 1 S. 1 ErbbauRG wesentlich ist, hängt von den Umständen ab; dabei ist ein objektiver Maßstab anzulegen. Ziele und Interessen des Erbbauberechtigten und des Grundstückseigentümers sind umfassend abzuwägen. So hat das OLG Hamm entschieden, dass eine wesentliche Gefährdung des mit dem Erbbaurecht verbundenen Zwecks nicht vorliegt, wenn als dinglicher Inhalt des Erbbaurechts eine Wohnnutzung des zu errichtenden Gebäudes vereinbart ist, und der künftige Erbbaurechtsinhaber auf einer Teilfläche von 31 qm der Gesamtnutzfläche des Gebäudes von ca. 200 qm ein Büro einrichtet, von dem aus er eine Versicherungsagentur mit lediglich gelegentlichem Publikumsverkehr betreibt.[503] Hat der Eigentümer bisher eine Zweckentfremdung geduldet, so kann darin ein Indiz dafür zu sehen sein, dass ihm gleichartige auch nach der Veräußerung erfolgende Zweckentfremdungen unwesentlich sind.[504] Im Streitfall hat der Erbbauberechtigte das Fehlen oder die Unwesentlichkeit der Beeinträchtigung oder Gefährdung zu beweisen.

4.212 **dd) Persönlichkeit des Erwerbers.** Gleichzeitig mit der Übersendung des notariellen Vertrags sind dem Grundstückseigentümer die persönlichen und wirtschaftlichen Verhältnisse des vorgesehenen Erwerbers auseinanderzusetzen. Es ist für den Grundstückseigentümer unzureichend, wenn ihm nur die Person, nicht die „Persönlichkeit" des Erwerbers bekannt gegeben wird.[505] Er ist dann berechtigt, weitere Auskünfte zu verlangen, bevor er seine Zustimmung erteilt.

4.213 Die Persönlichkeit des neuen Erbbauberechtigten muss Gewähr bieten für eine ordnungsmäßige Erfüllung der sich aus dem gesamten Inhalt des Erbbaurechts ergebenden Verpflichtungen; für die sich aus dem Erbbaurechtsinhalt ergebenden Verpflichtungen ist der Inhalt des Erbbaurechtsvertrags maßgebend. Die Persönlichkeit des Erwerbers ist in „sittlicher, geistiger und vermögensrechtlicher Hinsicht"[506] zu prüfen, soweit diese Eigenschaften für den Erbbaurechtsinhalt von Bedeutung sind. Es ist ein objektiver Maßstab anzulegen und nicht von subjektiven – unter Umständen überspitzten – Werturteilen des Grundstückseigentümers auszugehen; Vorurteile des Grundstückseigentümers sind ohne konkrete Darlegungen in Bezug auf den Erwerber bedeutungslos.[507] Allein die Tatsache, dass Erwerber eine GmbH

---

[501] OLG Hamm DNotZ 2006, 206 = Rpfleger 2006, 259; *Keller* BWNotZ 1966, 98/102.
[502] BayObLGZ 1972, 260 = DNotZ 1973, 237/239: Appartementhaus statt Wohnheim; *Freckmann/Frings/Grziwotz* RdNr. 610.
[503] OLG Hamm MittBayNot 1996, 37; *Freckmann/Frings/Grziwotz* RdNr. 607.
[504] BayObLG DNotZ 1973, 237; RGRK/*Räfle* § 7 RdNr. 6.
[505] OLG Karlsruhe NJW-RR 2002, 413, 414; AG München v. 6. 10. 1986, AZ 10 UR II 674/85 unveröffentlicht.
[506] *Ingenstau/Hustedt* § 7 RdN. 11; MünchKomm § 7 RdNr. 7.
[507] MünchKomm § 7 RdNr. 7.

IX. Zustimmung zu Verfügungen über das Erbbaurecht (§§ 5–8, 15)

& Co KG ist, reicht zur Ablehnung nicht aus: Die Gefahr der Nichterfüllung bestehender Pflichten muss sich *konkret* darstellen, subjektive Vorurteile des Grundstückseigentümers sind bedeutungslos.[508] Maßgeblich ist der Zeitpunkt der Veräußerung und Übertragung des Erbbaurechts. Lässt etwa das bisherige Verhalten des Erwerbers die Verwahrlosung des Erbbaurechtsgegenstandes oder sonstiges vertragswidriges Verhalten befürchten, so kann die Zustimmung versagt werden.

Will also zB der Erbbauberechtigte eines Arbeiterwohnhauses sein Recht einem anderen Arbeiter in geordneten Verhältnissen verkaufen, so wird der Grundstückseigentümer seine Zustimmung erteilen müssen.[509] Zweifel an der Vermögenslage des Erwerbers können durch Stellung einer ausreichenden Sicherheit ausgeräumt werden;[510] etwa durch Stellen einer Bürgschaft, zB des Veräußerers, da dann der bisherige Erbbauberechtigte als Haftender erhalten bleibt.[511] 4.214

Die Vermögenslage des Erwerbers muss so gefestigt sein, dass er seinen Verpflichtungen aus dem Erbbaurechtsvertrag nachkommen kann. Die wirtschaftliche Leistungsfähigkeit des Erwerbers muss die Übernahme aller Verpflichtungen in gleicher Weise wie bisher sicherstellen.[512] Dies muss auch für die Zahlung des Erbbauzinses gelten.[513] Zwar gehört der Erbbauzins nicht zum Erbbaurechtsinhalt, dem Normzweck des § 7 ErbbauRG entspricht es aber insbesondere, dass der Erwerber des Erbbaurechts nach seinen persönlichen und wirtschaftlichen Verhältnissen in der Lage sein muss, den Erbbauzins zu zahlen.[514] Es wäre nicht vertretbar, wenn der Grundstückseigentümer seine Zustimmung zur Veräußerung an einen Erwerber geben müsste, der den Erbbauzins nicht entrichten könnte. Denn die Verpflichtung zur Zahlung nach § 9 ErbbauRG hat nur dann einen Sinn, wenn der Erbbauberechtigte auch zahlungsfähig ist.[515] 4.215

Wer die Zahlung des vereinbarten Erbbauzinses nicht zu den Verpflichtungen rechnet, deren Erfüllung in der Person des Erwerbers gewährleistet sein muss,[516] verkennt den wirtschaftlichen Zweck des Erbbaurechts. Dies wird besonders deutlich, wenn das wirtschaftliche Unvermögen des vertraglichen Erwerbers zur Übernahme der vom Veräußerer geschuldeten Erbbauzinszahlung im gleichen Atemzug als ein Indiz für die Annahme gewertet wird, dass er auch die nach dem Erbbaurechtsinhalt geschuldeten Leistungen, wie die Pflege und Erhaltung des Bauwerks, nicht erfüllen kann.[517] Macht dagegen der Grundstückseigentümer die Zustimmung davon abhängig, dass ihm gegenüber der Erwerber zusätzliche Pflichten übernimmt, und lehnt der Erwerber dieses Ansinnen ab, so ist die Ablehnung kein Zeichen für eine persönliche Unzuverlässigkeit.[518] 4.216

Diese Überlegungen gelten auch für den **Ersteher** in der **Zwangsversteigerung** des Erbbaurechts.[519] Auch in seiner Entscheidung vom 26. 2. 1987 betont 4.217

---

[508] OLG Frankfurt a. M. NJW-RR 2006, 387 = NZM 2005, 919.
[509] *Staudinger/Rapp* § 5 RdNr. 26.
[510] *Ingenstau/Hustedt* § 7 RdNr. 12; MünchKomm § 7 RdNr. 7; RGRK/*Räfle* § 7 RdNr. 7; *Staudinger/Rapp* § 5 RdNr. 26.
[511] OLG Hamm NJW-RR 2006, 656 = NZM 2006, 278.
[512] OLG Oldenburg NJW-RR 1991, 23.
[513] OLG Celle RPfleger 1983, 270 = DNotZ 1984, 387; *Ingenstau/Hustedt* § 7 RdNr. 12; MünchKomm § 7 RdNr. 7; *Palandt/Bassenge* § 7 RdNr. 1.
[514] Vgl. insbesondere MünchKomm § 7 RdNr. 7; vgl. RdNr. 4.201 ff.
[515] *Ingenstau/Hustedt* § 7 RdNr. 12; *Mohrbutter* Eigentümerrechte, S. 171.
[516] *Muth* Jur. Büro 1985, 802/812; RGRK/*Räfle* § 7 RdNr. 7.
[517] So aber RGRK/*Räfle* § 7 RdNr. 7.
[518] OLG Hamm DNotZ 1976, 534 = Rpfleger 1976, 534; OLG Frankfurt Rpfleger 1979, 24; OLG Oldenburg Rpfleger 1985, 203; *Freckmann/Frings/Grziwotz* RdNr. 615; RGRK/*Räfle* § 7 RdNr. 7; vgl. RdNr. 4.194.
[519] Dazu unten RdNr. 4.274.

4.218   ee) **Erweiterung des Zustimmungsanspruchs (§ 7 Abs. 1 S. 2).** § 7 Abs. 1 S. 2 ErbbauRG bestimmt, dass dem Erbbauberechtigtem für weitere Fälle als die im § 7 Abs. 1 S. 1 ErbbauRG genannten ein Anspruch auf Erteilung der Zustimmung zur Veräußerung eingeräumt werden kann. Diese Vorschrift gilt nur für die Veräußerung, nicht auch für die Belastung. Während § 7 Abs. 1 S. 1 ErbbauRG einen gesetzlichen Anspruch begründet, wenn keine der normierten negativen Voraussetzungen vorliegt, können hier durch **Vertrag** positive Voraussetzungen festgelegt werden, aus denen sich ein Zustimmungsanspruch des Erbbauberechtigten ergibt, gleichgültig ob Satz 1 vorliegt oder nicht. Dadurch wird der Anspruch des Erbbauberechtigten **erweitert**.[520] Das bedeutet, dass der Grundstückseigentümer und der Erbbauberechtigte im Erbbaurechtsvertrag vereinbaren können, dass der Erbbauberechtigte bei einer Veräußerung des Erbbaurechts auch in anderen als den in § 7 Abs. 1 S. 1 ErbbauRG normierten Fällen und bei Vorliegen anderer Voraussetzungen einen Anspruch auf Zustimmung durch den Grundstückseigentümer hat, und der Grundstückseigentümer in diesen Fällen der Veräußerung zustimmen muss. Die Vereinbarung der Verpflichtung des Eigentümers zur Zustimmung ist dann vertragsmäßiger Inhalt des Erbbaurechts, so dass sie für jeden Erbbauberechtigten gegen jeden Grundstückseigentümer wirkt.

4.219   Darüber hinaus können die Beteiligten den dinglichen Inhalt ergänzen durch schuldrechtliche Vereinbarungen über ihre Rechte und Pflichten, die jedoch lediglich zwischen den Vertragsschließenden gelten; sollen sie auch Sonderrechtsnachfolgern gegenüber wirken, so ist den Parteien vertraglich aufzuerlegen, etwaigen Sonderrechtsnachfolgern alle schuldrechtlichen Verpflichtungen weiterzugeben.[521]

4. Belastungen des Erbbaurechts (§ 5 Abs. 2)

a) Gegenstand der Zustimmung

4.220   **aa) Hypothek, Grund-, Rentenschuld,**[522] **Reallast.** Schutzzweck des § 5 Abs. 2 ErbbauRG ist es, den Grundstückseigentümer gegen unerwünschte und übermäßige nach § 33 ErbbauRG beim Heimfall bestehen bleibende Belastungen zu schützen. Nach dem Wortlaut von § 5 Abs. 2 S. 1 ErbbauRG kann eine Zustimmungspflicht nur für eine Belastung des Erbbaurechts mit einer Hypothek, Grund-, Rentenschuld oder Reallast vereinbart werden, wobei auch eine Beschränkung auf einzelne dieser Rechte möglich ist.[523] § 5 Abs. 2 ErbbauRG lässt als Inhalt eines Erbbaurechts eine Belastungsbeschränkung nur insoweit zu, als die Belastung überhaupt an die Zustimmung des Eigentümers gebunden sein soll.

Die Belastung des Erbbaurechts mit einer weiteren **Erbbauzinsreallast** bedarf keiner ausdrücklichen Genehmigung des Grundstückeigentümers. Entweder entnimmt man mit dem LG Bochum[524] dem Erbbaurechtsvertrag, der die Erhöhung des Erbbauzinses und die Eintragung einer weiteren Erbbauzinsreallast vorsieht, dass darin bereits die erforderliche Zustimmung des Grundstückseigentümers enthalten

---

[520] *Ingenstau/Hustedt* § 7 RdNr. 16; MünchKomm § 7 RdNr. 8; *Staudinger/Rapp* § 7 RdNr. 32.
[521] Vgl. RdNr. 4.25.
[522] Eingehend dazu *Freckmann/Frings/Grziwotz*.
[523] Vgl. BayObLG DNotZ 1980, 50; BayObLG DNotZ 1997, 142 = FGPrax 1996, 128.
[524] LG Bochum Rpfleger 1990, 453.

IX. Zustimmung zu Verfügungen über das Erbbaurecht (§§ 5–8, 15)

ist, oder man folgt der vom LG Münster[525] und von *v. Oefele*[526] vertretenen Auffassung, dass § 5 Abs. 2 ErbbauRG für diese Fälle teleologisch zu reduzieren ist, weil es Sinn und Zweck der Vereinbarung der Zustimmungsbedürftigkeit zur Belastung des Erbbaurechts ist, den Grundstückseigentümer vor einer übermäßigen Belastung des Erbbaurechts und damit vor Nachteilen im Falle des Heimfalls des Erbbaurechts zu schützen.

Vereinbarungen, die die grundsätzlich notwendige Zustimmung des Grundstückseigentümers an einen **Vorbehalt** knüpfen, etwa dahingehend, daß Grundpfandrechte nur mit einem bestimmten Inhalt, zu einem bestimmten Zweck, bis zu einer bestimmten Beleihungsgrenze, unter bestimmten Voraussetzungen, bei bestimmten Gläubigern, nur in der Form von Tilgungsschulden oder nur zu Gunsten des Erbbaurechts aufgenommen werden dürfen, können daher nur mit schuldrechtlicher Wirkung getroffen und auch nicht im Grundbuch eingetragen werden.[527] Hinsichtlich Zuwiderhandlungen gegen solche nur schuldrechtlich wirkende Vereinbarungen kann sich der Grundstückseigentümer dadurch schützen, dass er die Zustimmung zu der Belastung überhaupt verweigert, wenn eine Belastungsbeschränkung allgemein vereinbart ist, oder dass er für den Fall der Zuwiderhandlung eine Vertragsstrafe vereinbart, was nach § 2 Nr. 5 ErbbauRG mit dinglicher Wirkung möglich ist.[528] 4.221

Anders ist es dagegen, wenn vereinbart wird, dass zur Eintragung bestimmter Grundpfandrechte, etwa zur Sicherung von Tilgungsbaudarlehen öffentlicher Körperschaften **keine** Zustimmung des Eigentümers erforderlich ist; denn damit wird nur der Kreis der an sich zustimmungsbedürftigen Belastungen auf bestimmte Fälle beschränkt; solche Ausnahmen können als Inhalt des Erbbaurechts vereinbart werden.[529] 4.222

Ob eine **Sicherungshypothek** unter § 5 Abs. 2 ErbbauRG fällt, richtet sich nach ihrer Entstehung. Soweit eine Sicherungshypothek im Weg der Zwangsvollstreckung nach § 848 ZPO eingetragen wird, gilt § 8 ErbbauRG. Bei der Bauhandwerkerhypothek gemäß § 648 BGB entsteht zwar der Anspruch auf Eintragung kraft Gesetzes, nicht dagegen die Hypothek selbst, die rechtsgeschäftlich zu bestellen ist; ihre Eintragung ist daher zustimmungspflichtig.[530] Im Fall des § 1287 S. 2 BGB entsteht die Sicherungshypothek zwar kraft Gesetzes, so dass die Grundbucheintragung nur eine Berichtigung ist, aber im Weg der dinglichen Surrogation als Ersatz für ein rechtsgeschäftliches Pfandrecht, so dass auch hier der Schutzzweck des § 5 ErbbauRG, den Grundstückseigentümer gegen unerwünschte nach § 33 ErbbauRG beim Heimfall bestehen bleibende Belastungen zu schützen, gegeben ist.[531] 4.223

Bei der **Verpfändung** des Anspruchs auf Einräumung eines Erbbaurechts ist strittig, ob hierfür eine Zustimmung des Grundstückseigentümers erforderlich ist, wenn eine Vereinbarung nach § 5 Abs. 2 ErbbauRG getroffen ist. Da nach §§ 1273 4.223 a

---

[525] Rpfleger 1994, 207; ähnlich *Böttcher* RdNr. 248; *Ingenstau/Hustedt* § 5 RdNr. 12; *Schöner/Stöber* RdNr. 1780.

[526] MünchKomm § 5 RdNr. 10.

[527] OLG München JFG 16, 208; KG JFG 20, 14; BayObLG NJW 1959, 2165 = Rpfleger 1960, 254; BayObLG NJW 1959, 2165; Rpfleger 1975, 116 mit Anm. *Haegele*; BayObLG NJW-RR 2000, 162 = Rpfleger 2000, 61; OLG Hamm NJW 1968, 554; *Freckmann/Frings/Grziwotz* RdNr. 263; *Furtner* NJW 1966, 182/187; MünchKomm § 5 RdNr. 9; *Staudinger/Rapp* § 5 RdNr. 5; vgl. RdNr. 4. 231 ff., 4. 249.

[528] Vgl. BayObLG NJW 1959, 2165; *Furtner* NJW 1966, 182/187.

[529] BayObLG Rpfleger 1979, 384 = DNotZ 1980, 50; RGRK/*Räfle* § 5 RdNr. 7; vgl. RdNr. 4. 231 ff.

[530] OLG Köln NJW 1968, 505; OLG Nürnberg DNotZ 1967, 684; BayObLG DNotZ 1997, 142 = FGPrax 1996, 128; BayObLG NJW-RR 1997, 591 = FGPrax 1997, 51; *Furtner* NJW 1966, 182/187; *Ingenstau/Hustedt* § 5 RdNr. 20; *Mezger* NJW 1953, 1009; MünchKomm § 5 RdNr. 12; RGRK/*Räfle* § 5 RdNr. 6.

[531] *Ingenstau/Hustedt* § 5 RdNr. 20; MünchKomm § 5 RdNr. 12; RGRK/*Räfle* § 5 RdNr. 6.

Abs. 1, 1279 BGB grundsätzlich jede Forderung verpfändet werden kann, kann auch der Anspruch auf Bestellung eines Erbbaurechts verpfändet werden. Erörtert wird aber die Frage, ob es für die Entstehung der Sicherungshypothek am Erbbaurecht, die sich nach § 1287 S. 2 BGB iVm § 11 Abs. 1 S. 1 ErbbauRG mit der Entstehung des Erbbaurechtes ergibt, einer Zustimmung des Grundstückseigentümers nach § 5 Abs. 2 ErbbauRG bedarf. Zweck der Regelung des § 5 Abs. 2 ErbbauRG ist es zu verhindern, dass beim Heimfall des Erbbaurechtes nach § 33 Abs. 1 ErbbauRG Belastungen auf dem Erbbaurecht bestehen bleiben, denen der Grundstückseigentümer nicht zugestimmt hat. Von daher wendet die Literatur das Zustimmungserfordernis des § 5 Abs. 2 ErbbauRG einhellig auch auf das Entstehen einer Sicherungshypothek nach § 1287 S. 2 BGB an.[532] Während die genannten Autoren lediglich feststellen, dass § 5 Abs. 2 ErbbauRG auch auf eine Sicherungshypothek nach § 1287 S. 2 BGB anwendbar sei, präzisieren andere Autoren dies dahingehend, dass zwar die Verpfändung auch ohne Eigentümerzustimmung möglich sei, dann jedoch keine Sicherungshypothek entstehe[533] bzw. diese jedenfalls nicht eingetragen werden könne.[534] Ist daher als Inhalt des Erbbaurechtes ein Zustimmungserfordernis des Grundstückseigentümers zu Belastungen nach § 5 Abs. 2 ErbbauRG vereinbart, so wird der Schutzzweck der Verpfändung über eine Sicherungshypothek nach §1287 S. 2 BGB lediglich dann erreicht, wenn die Zustimmung des Grundstückseigentümers zur Verpfändung vorliegt. Die Eintragung der Verpfändung eines durch Vormerkung gesicherten Anspruches kann im Wege einer Grundbuchberichtigung erfolgen. Voraussetzung ist entweder Nachweis der Verpfändung in der Form des § 29 GBO (§ 22 Abs. 1 GBO) oder statt dessen eine Berichtigungsbewilligung des eingetragenen Vormerkungsberechtigten.[535] Das Grundbuchamt wird darüber hinaus wohl den Nachweis der Zustimmung des Grundstückseigentümers nach § 5 Abs. 2 ErbbauRG verlangen müssen, da dieser auch bei bereits erfolgter Eintragung des Erbbaurechtes zur Bestellung eines Grundpfandrechtes erforderlich wäre und man im Hinblick auf § 1287 S. 2 BGB insoweit auch ihn und nicht lediglich den Erbbauberechtigten als Betroffenen ansehen kann.

4.224 **bb) Andere Rechte.** Entgegen dem Wortlaut des § 5 Abs. 2 S. 1 kann auch mit dinglicher Wirkung eine Vereinbarung dahin getroffen werden, dass die Belastung des Erbbaurechts mit einem Dauerwohnrecht von der Zustimmung des Grundstückseigentümers abhängig gemacht werden kann. Normzweck des § 5 Abs. 2 ErbbauRG ist die Verhinderung unerwünschter bestehen bleibender Belastungen beim Heimfall; da § 42 Abs. 2 WEG in Ergänzung von § 33 Abs. 1 S. 3 ErbbauRG bestimmt, dass das Dauerwohnrecht beim Heimfall des Erbbaurechts bestehen bleibt, ist nach hM die Gesetzeslücke durch Analogie von Abs. 2 auf das Dauerwohnrecht zu schließen.[536]

4.225 Auf Belastungen anderer Art, wie Nießbrauch, Vormerkung,[537] persönliche Dienstbarkeit, Untererbbaurecht findet § 5 ErbbauRG keine Anwendung, da § 5

---

[532] *Furtner* NJW 1966, 182, 187 Anm. 65; MünchKomm § 5 RdNr. 12; *Palandt/Bassenge* § 5 RdNr. 3; RGRK/*Räfle* § 5 RdNr. 6; *Soergel/Stürner* § 5 RdNr. 3; s. oben RdNr. 4.223.
[533] *Schöner/Stöber* RdNr. 1777.
[534] *Ingenstau/Hustedt* § 5 RdNr. 20; *Staudinger/Rapp* § 5 RdNr. 9, § 8 RdNr. 5.
[535] Vgl. *Schöner/Stöber* RdNr. 1572.
[536] OLG Stuttgart NJW 1952, 979; LG Osnabrück JurBüro 1971, 455 mit Anm. *Schalhorn*; Diester Rpfleger 1965, 193/217; *Furtner* NJW 1965, 182/187; *Ingenstau/Hustedt* § 5 RdNr. 17; *Mohrbutter* Eigentümerrechte, S. 48; MünchKomm § 5 RdNr. 11; *Palandt/Bassenge* § 42 WEG RdNr. 1; *Staudinger/Rapp* § 5 RdNr. 4; a. A. *Weitnauer* DNotZ 1953, 119.
[537] Zur Eintragung von Vormerkungen zur Sicherung von Übertragungsansprüchen oder eines Anspruchs auf Belastung vgl. RdNr. 4. 301 ff.

als Ausnahmevorschrift zu § 137 BGB restriktiv auszulegen ist.[538] Der Erbbauberechtigte kann das Erbbaurecht mit solchen Rechten ohne Zustimmung des Grundstückseigentümers belasten.[539] Dies gilt für die Bestellung eines Vorkaufsrechts auch dann, wenn sich der Grundstückseigentümer bei Bestellung des Erbbaurechts die Zustimmung zur Veräußerung vorbehalten hat, weil in der Vorkaufsbestellung keine Veräußerung liegt.[540] Es bleibt für solche Fälle bei der allgemeinen Regel des § 137 BGB, d.h. der Erbbauberechtigte kann sich lediglich schuldrechtlich verpflichten, die Zustimmung des Grundstückseigentümers einzuholen; eine gegenteilige Verfügung ist trotz der entgegenstehenden rechtsgeschäftlichen Bindung nach außen hin wirksam, der Verfügende kann nur persönlich von dem in Anspruch genommen werden, dem gegenüber er sich verpflichtet hat.[541] Im Erbbaurechtsvertrag ist klarzustellen, dass die Vereinbarungen für Belastungen, die nicht unter § 5 Abs. 2 ErbbauRG fallen, nur schuldrechtlich wirken soll.[542] Es kann aber im Erbbaurechtsvertrag vereinbart werden, dass eine Zuwiderhandlung des Erbbauberechtigten gegen eine Verpflichtung, das Erbbaurecht nicht ohne Zustimmung des Eigentümers mit anderen dinglichen Rechten als den in § 5 Abs. 2 ErbbauRG genannten zu belasten, einen Heimfallanspruch begründet; damit erreicht man auf dem Umweg über den Heimfall eine gewisse „Verdinglichung" auch dieses Zustimmungserfordernisses.[543]

Belastungen, die **kraft Gesetzes** eintreten, zB Überbau- und Notwegrenten (§§ 912, 914, 917 BGB), bedürfen nicht der Zustimmung des Grundstückseigentümers.[544] 4.226

Auf **obligatorische** Verträge, wie Vermietung des Bauwerks durch den Erbbauberechtigten findet § 5 ErbbauRG keine Anwendung. Die Vereinbarung, dass der Erbbauberechtigte zur Vermietung und Verpachtung des Bauwerks die Zustimmung des Eigentümers benötigt, fällt auch nicht unter den Begriff „Verwendung" des Bauwerks in § 2 Nr. 1 ErbbauRG und kann nicht zum Inhalt des Erbbaurechts gemacht werden, wohl aber durch ein Heimfallrecht abgesichert werden.[545] 4.227

cc) **Zustimmung zur Zwangsversteigerung.** Sind Vereinbarungen nach § 5 ErbbauRG getroffen und hat der Grundstückseigentümer die Zustimmung zur Belastung nach § 5 Abs. 2 ErbbauRG ohne Einschränkung erteilt, so war nach früher hM in dieser Zustimmung stillschweigend auch die Zustimmung zur Zwangsversteigerung nach § 5 Abs. 1, § 8 ErbbauRG enthalten. Seit der Entscheidung des BGH v. 8. 7. 1960[546] ist jetzt hM, dass eine weitere Zustimmung zur Zwangsversteigerung erforderlich ist.[547] Dies schließt nicht aus, dass sich der Gläubiger bereits bei der Belastung die Zustimmung des Eigentümers zur evtl. Zwangsversteigerung geben lässt. Eine solche Einschränkung des Zustimmungserfordernisses nach § 5 ErbbauRG des Inhalts, dass auf Grund eines mit Zustimmung eingetragenen Grundpfandrechts keine gesonderte Zustimmung zur Zwangsversteigerung erforderlich ist, kann im Rahmen des § 5 ErbbauRG im Grundbuch eingetragen werden.[548] 4.228

---

[538] *Mohrbutter* S. 48; MünchKomm § 5 RdNr. 13; RGRK/*Räfle* § 7 RdNr. 10.
[539] RGRK/*Räfle* § 5 RdNr. 7.
[540] OLG Braunschweig Rpfleger 1992, 193.
[541] *Ingenstau/Hustedt* § 5 RdNr. 19; *Staudinger/Rapp* § 5 RdNr. 8.
[542] BayObGZ 1991, 97, 101; Rpfleger 1992, 189 (LS); OLG Hamm Rpfleger 1986, 51, 52.
[543] OLG Hamm Rpfleger 1986, 51 = NJW-RR 1986, 693; vgl. RdNr. 4. 81.
[544] *Furtner* NJW 1965, 182/187.
[545] Vgl. RdNr. 4.58; *Mohrbutter* S. 48.
[546] BGHZ 33, 76 = NJW 1960, 2039.
[547] *Ingenstau/Hustedt* § 8 RdNr. 7; MünchKomm § 8 RdNr. 10; *Mohrbutter* S. 50; *Staudinger/Rapp* § 8 RdNr. 10. Vgl. aber BGH NJW 1987, 1942 = Rpfleger 1987, 257 und dazu RdNr. 4.277 und 6.259.
[548] *Lutter* DNotZ 1960, 235; MünchKomm § 8 RdNr. 11; vgl. RdNr. 4. 281.

4.229 **dd) Inhaltsänderung.** Im Fall einer Vereinbarung nach § 5 Abs. 2 ErbbauRG kann auch eine Änderung des Inhalts der Hypothek, Grund-, Rentenschuld oder Reallast nicht ohne Zustimmung des Grundstückseigentümers erfolgen, wenn sie eine weitere Belastung des Erbbaurechts enthält; diese Rechtsfolge bedarf keiner besonderen Abmachung und Eintragung. Es scheiden daher alle Fälle aus, in denen diese Rechte aufgehoben, verringert werden oder Erleichterungen, zB Senkung der Zinsen, vereinbart werden. Die Teilung eines Grundpfandrechts, die Abtretung des dinglichen Rechts[549] und die Auswechselung der Hypothekenforderung fallen nicht hierher, da das dingliche Recht unverändert bleibt. Auch die Umwandlung der verschiedenen Hypothekenformen unter sich ändert am dinglichen Recht nichts.[550] Wird dagegen die Hypothek in eine Grundschuld oder umgekehrt umgewandelt, so ist zu unterscheiden: Da eine andere Rechtsform entsteht, wird ein wesentlicher Teil des dinglichen Inhalts abgeändert. Eine weitere Belastung des Erbbaurechts entsteht durch die Umwandlung der Grundschuld in eine Hypothek dagegen wohl nicht, während die Umwandlung einer Hypothek in eine Grundschuld die Verwertbarkeit erweitert.[551]

4.230 Die nachträgliche Unterwerfung unter die sofortige Zwangsvollstreckung (§ 800 ZPO) ist ebenfalls Inhaltsänderung und zusätzliche Belastung; die Vollstreckbarkeit des Grundpfandrechts ist notwendige Voraussetzung der Verwertung (§ 1147 BGB), so dass die zulässige freiwillige Vereinbarung der Vollstreckbarkeit eine Inhaltserweiterung bedeutet.[552] Inhaltsänderungen, durch die das Erbbaurecht stärker belastet wird, sind zB Erhöhung des Hypothekenkapitals selbst oder des Zinsfußes, Änderung der Fälligkeits- und Kündigungsbestimmungen zum Nachteil des Erbbauberechtigten, Erhöhung der Zinszuschläge zur Kapitaltilgung (Amortisationsquoten).

4.231 **b) Einschränkung des Zustimmungserfordernisses.** Die Beschränkung der Belastung nach § 5 Abs. 2 ErbbauRG bedeutet kein Belastungsverbot und kann sowohl für jeden Belastungsfall, also pauschal vorgesehen werden, als auch nur für bestimmte Belastungsfälle. Wenn schon der Eigentümer und der Berechtigte von einer Zustimmungsbedürftigkeit überhaupt absehen können, so müssen sie von einem generell statuierten Erfordernis dieser Art auch allgemeine Ausnahmen zulassen können.[553] Es ist also zulässig, im Erbbaurechtsvertrag zusammen mit dem Zustimmungserfordernis zugleich zu vereinbaren, dass die Zustimmung des Eigentümers zur Eintragung bestimmter Grundpfandrechte nicht erforderlich ist, etwa von Tilgungsbaudarlehen öffentlicher Körperschaften und Banken. Dadurch sind derartige Belastungen von der Beschränkung der Verfügungsbefugnis des Erbbauberechtigten ausgenommen.[554] Das ist in dinglicher Weise zulässig. Denn hier handelt es sich nicht um die Frage, ob die grundsätzlich notwendige Zustimmung des Grundstückseigentümers an einen Vorbehalt geknüpft werden kann, etwa dass nur tilgungsfähige Belastungen eingetragen werden dürfen;[555] eine solche Vereinbarung könnte nur mit schuldrechtlicher Wirkung getroffen werden.[556] Im Gegensatz dazu

---

[549] OLG München JFG 16, 208.
[550] *Staudinger/Rapp* § 5 RdNr. 6.
[551] *Mohrbutter* S. 49; MünchKomm § 5 RdNr. 10; aA – keine weitere Belastung – OLG München JFG 16, 208; *Ingenstau/Hustedt* § 5 RdNr. 12; RGRK/*Räfle* § 5 RdNr. 6; *Staudinger/Ring* § 5 RdNr. 6.
[552] *Erman/Hagen* § 5 RdNr. 3; MünchKomm § 5 RdNr. 10; RGRK/*Räfle* § 5 RdNr. 8; aA *Ingenstau/Hustedt* § 5 RdNr. 12; *Staudinger/Rapp* § 5 RdNr. 6.
[553] BayObLG DNotZ 1980, 50 = Rpfleger 1979, 384; *Lutter* DNotZ 1960, 235, 237.
[554] BayObLG a. a. O.; *Freckmann/Frings/Grziwotz* RdNr. 262; vgl. auch OLG Celle Rpfleger 1985, 22.
[555] Vgl. BayObLGZ 1959, 319, 327.
[556] HM; vgl. RdNr. 4.221, 4.249.

ist hier nur der Kreis der grundsätzlich zustimmungsbedürftigen Belastungen auf bestimmte Fälle beschränkt.

Als eine dinglich wirkende Vereinbarung bedarf die Verfügungsbeschränkung der Eintragung (§ 873 BGB). Es schadet nicht, wenn im Bestandsverzeichnis des Erbbaugrundbuchs nur die grundsätzliche Beschränkung der Verfügungsbefugnis, nicht jedoch die zugleich vereinbarte Ausnahme für bestimmte Arten von Belastungen ausdrücklich eingetragen ist; die Einzelheiten – insbesondere die Ausnahmen – ergeben sich aus der Eintragungsbewilligung, auf die in der Eintragung Bezug genommen ist; zur näheren Bezeichnung des Inhalts des Erbbaurechts kann gemäß § 14 Abs. 1 S. 3 ErbbauRG auf die Eintragungsbewilligung Bezug genommen werden.[557]

4.232

c) Zustimmungsanspruch zur Belastung (§ 7 Abs. 2)

4.233

aa) Zwingendes Recht. Wie bei der Veräußerung des Erbbaurechts in § 7 Abs. 1 ErbbauRG begründet § 7 Abs. 2 ErbbauRG für die Belastung einen gesetzlichen Anspruch auf Zustimmung, der zwingendes Recht enthält. Dabei bedeutet die Verpflichtung des Grundstückseigentümers, seine Zustimmung zur Veräußerung des Erbbaurechts zu erteilen, nicht automatisch die Verpflichtung zur Belastungszustimmung, da beide an verschiedene Voraussetzungen geknüpft sind.[558] Auch hier darf die Zustimmung nicht von einer Änderung des Vertrags abhängig gemacht werden, auch nicht davon, dass die Zahlungsgarantie eines liquiden Kreditinstituts vorzulegen ist.[559] Liegen die Anspruchsvoraussetzungen vor, kann die Zustimmung nicht unter Auflagen oder Bedingungen erteilt werden, auch nicht unter der Auflage, dass von ihr nur Gebrauch gemacht werden darf, wenn der Erbbauberechtigte die Kosten der Zustimmungsurkunde ersetzt.[560] Der Grundstückseigentümer kann, wenn nichts anderes vereinbart ist, vom Erbbauberechtigten nicht Erstattung der Kosten des notariellen Entwurfs der Zustimmung zur Belastung des Erbbaurechts mit einer Grundschuld verlangen.[561] Der Zustimmungsanspruch und das Ersetzungsrecht gehören zum dinglichen Inhalt des Erbbaurechts, so dass sie nicht für sich allein abgetreten oder als solche gepfändet werden können. Jedoch ist eine Ermächtigung zur Ausübung im Rahmen einer gewillkürten Prozessstandschaft sowie eine Pfändung und Überweisung zur Ausübung auch hier zulässig. Es kann auf die Ausführungen oben[562] verwiesen werden.

bb) Vereinbarkeit mit den Regeln einer ordnungsmäßigen Wirtschaft. Die Belastung muss mit den Regeln einer ordnungsmäßigen Wirtschaft vereinbar sein. Das ist in der Regel der Fall, wenn sie sich „im Rahmen der wirtschaftlichen Verhältnisse des Erbbaurechts hält"[563] und „im Rahmen vernünftigen wirtschaftlichen Verhaltens liegt".[564] Ordnungsgemäßes Wirtschaften erfordert, dass dem Erbbauberechtigten ein wirtschaftlicher Gegenwert für die Belastung zufließt, der sich zu seinem Nutzen in Ansehung des Bauwerks oder der wirtschaftlichen Lage des Erbbauberechtigten auswirkt,[565] und dass keine Überbelastung vorgenommen

4.234

---

[557] Vgl. RdNr. 4. 175 zu § 56 Abs. 2 Grundbuchverfügung; BayObLGZ 1979, 227 = RPfleger 1979, 384 = DNotZ 1980, 50; LG Marburg Rpfleger 1968, 26 mit Anm. *Haegele;* vgl. ferner *Weitnauer* Rpfleger 1968, 205/206 und *Diester* Rpfleger 1968, 207 jeweils zu der gleichgelagerten Frage der Eintragung von Veräußerungsbeschränkungen nach § 12 WEG.
[558] BGH DNotZ 2005, 847 = BGH-Rep 2005, 1182 mit Anm. *Winkler,* oben RdNr. 4.172.
[559] BayObLG Rpfleger 1974, 357; MünchKomm § 7 RdNr. 11.
[560] Vgl. für Zustimmung zur Veräußerung OLG Hamm Rpfleger 1992, 58 = DNotZ 1992, 368.
[561] BGH NJW 1994, 1159 = DNotZ 1994, 883.
[562] Vgl. RdNr. 4.196.
[563] LG München DNotZ 1975, 554; *Staudinger/Rapp* § 5 RdNr. 27.
[564] OLG Hamm NJW 1968, 554; MünchKomm § 7 RdNr. 12; *Ingenstau/Hustedt* § 7 RdNr. 21.
[565] OLG Hamm OLGZ 1985, 269; MünchKomm § 7 Rdnr. 12; *Palandt/Bassenge* § 7 RdNr. 5.

wird.⁵⁶⁶ Soweit die Belastung zur Beschaffung von Geldmitteln zum Zweck der Errichtung oder Instandhaltung des Bauwerks notwendig, andererseits auch mit dem Wert des Erbbaurechts vereinbar ist, wird sie im Normalfall den Regeln einer ordnungsgemäßen Wirtschaft entsprechen.⁵⁶⁷ Auch Umschuldungen, die der Bewirtschaftung des Erbbaurechts zugutekommen, entsprechen den Regeln einer ordnungsgemäßen Wirtschaft.⁵⁶⁸ Der Erbbauberechtigte ist berechtigt, das Erbbaurecht wirtschaftlich zu nutzen.⁵⁶⁹

Eine Belastung bis zu ca. 60% wird idR für zulässig angesehen.⁵⁷⁰ Die Belastungsgrenze ist dabei nicht nach §§ 18 ErbbauRG, insbesondere § 19 ErbbauRG zu bestimmen, da dadurch nur bestimmte Geldgeber (Anleger von Mündelgeld) geschützt werden sollen, ebenso nicht nach Beleihungsgrundsätzen und -grenzen von Kreditinstituten, da diese idR nur dem Schutz des Kreditgebers dienen. Daher ist der Hinweis von *Freckmann*,⁵⁷¹ daß zB Bausparkassen Beleihungen bis 80% des Beleihungswerts hernehmen dürfen, nicht zielführend. Hier ist vielmehr eine andere Interessenabwägung geboten: Da die Grundpfandrechte und Reallasten beim Heimfall bestehen bleiben und der Grundstückseigentümer sogar aufgrund gesetzlicher Schuldübernahme persönlicher Schuldner der gesicherten Schulden wird (§ 33 ErbbauRG), besteht ein Interesse des Eigentümers daran, dass die Belastungen nur dann und nur so vorgenommen werden, dass angenommen werden kann, beim Heimfall werden die zu übernehmenden Schulden die Heimfallentschädigung nicht übersteigen (vgl. auch § 27 Abs. 3 ErbbauRG).⁵⁷² Unter Berücksichtigung der besonderen Umstände des Einzelfalls kann auch eine Belastung mit Grundpfandrechten in Höhe von über 60% des Erbbaurechtswerts zuzüglich Zinsen bis 15% vertretbar sein⁵⁷³ und auch über banküblichen Belastungsgrenzen hinaus.⁵⁷⁴

Daraus lässt sich aber nicht schließen, dass aus einem etwaigen Zustimmungsanspruch des Erbbauberechtigten zu Baumaßnahmen auch ein Zustimmungsanspruch zur Bestellung entsprechender Grundpfandrechte folgt. In einem Beschluss vom 11. 12. 1986 hat das BayObLG zwar ausgeführt: „Sollte die Grundstückseigentümerin verpflichtet gewesen sein, die Zustimmung zu den Baumaßnahmen zu erteilen, hätte sie diese zwar nicht verhindern können; sie hätte dann aber ohnehin auch die Zustimmung zu der Grundschuldbestellung erteilen müssen".⁵⁷⁵ Damit verkennt das Gericht, dass beide Ansprüche verschieden ausgestaltet werden können und mit der Zulassung eines Ausbaus noch nichts über dessen Finanzierung gesagt ist.

4.235   **cc) Wirtschaftlicher Gegenwert.** Dass die Belastung im Rahmen des vernünftigen wirtschaftlichen Verhaltens zu bleiben hat, erfordert zudem, dass dem Erbbauberechtigten ein wirtschaftlicher Gegenwert für die Belastung zufließt, der sich zum Nutzen des Bauwerks oder zugunsten der wirtschaftlichen Lage des Erbbauberechtigten auswirkt.⁵⁷⁶ Rechtsprechung und Literatur sind insoweit einhellig

---

⁵⁶⁶ MünchKomm § 7 RdNr. 12; *Palandt/Bassenge* § 7 Anm. 2.
⁵⁶⁷ OLG Hamm OLGZ 1985, 269, 281; LG München DNotZ 1973, 554, 555; *Freckmann/Frings/Grziwotz* RdNr. 281.
⁵⁶⁸ OLG Hamm NJW-RR 1991, 20, 22.
⁵⁶⁹ *Ingenstau/Hustedt* § 7 RdNr. 22; RGRK/*Räfle* § 7 RdNr. 10.
⁵⁷⁰ BayObLG Rpfleger 1989, 97; LG München I Rpfleger 2003, 242; LG Köln Rpfleger 2000, 11; *Böttcher* Rpfleger 2004, 21, 22; MünchKomm § 7 RdNr. 12.
⁵⁷¹ *Freckmann/Frings/Grziwotz* RdNr. 288.
⁵⁷² *Böttcher* Rpfleger 2004, 21, 22.
⁵⁷³ LG München I DNotZ 1973, 554; MünchKomm § 7 RdNr. 12.
⁵⁷⁴ BayObLGZ 1986, 501, 508; MünchKomm § 7 RdNr. 12.
⁵⁷⁵ BayObLGZ 1986, 501, 509.
⁵⁷⁶ OLG Hamm OLGZ 1985, 269; MünchKomm § 7 Rdnr. 12.

der Auffassung, dass nicht zwingend erforderlich ist, dass die auf Grund des bestellten Grundpfandrechts ausgezahlten Geldmittel für die Errichtung und Instandhaltung des Erbbauwerks verwendet werden. Es genügt, dass die ausgezahlten Mittel sich im praktischen Ergebnis zum Nutzen des Erbbauberechtigten auswirken. So können auch Belastungen, die der Erbbauberechtigte zum Aufbau oder zur Erhaltung seiner Existenz,[577] zur Finanzierung eines Gewerbebetriebes,[578] für einen Bau auf einem anderen Grundstück[579] oder für sonstige private Schulden[580] eingeht, mit den Regeln einer ordnungsmäßigen Wirtschaft vereinbar sein; dies gilt auch dann, wenn sie mit dem Erbbaurechtsbauwerk in keinem unmittelbaren Zusammenhang stehen, wenn nur das Erbbaurecht dadurch nicht spekulativ ausgenutzt wird. Erforderlich ist aber, dass dem Erbbauberechtigten jedenfalls ein der Belastung entsprechender Gegenwert zufließt.[581] Die Grenze liegt dort, wo durch derartige Belastungen das Erbbaurecht notleidend würde oder wo der Erbbauberechtigte das Erbbaurecht unter Entfremdung seines ursprünglichen Zwecks spekulativ ausnutzen will.[582] Die Rechte des Eigentümers bleiben dadurch gesichert, dass sein Erbbauzins Rang vor diesen Belastungen hat und ein Rangrücktritt von ihm nicht verlangt werden kann.[583]

dd) Belastungsgrenze. Die Belastungsgrenze ist nicht nach §§ 18 ff. ErbbauRG zu bestimmen, die nur bestimmte Geldgeber (Anleger von Mündelgeld) schützen sollen,[584] auch nicht nach den Beleihungsgrundsätzen der Kreditinstitute, da diese den Schutz des Kreditgebers bezwecken.[585] Die hier gebotene Interessenabwägung muss unter Abwägung der Sachlage des Einzelfalls, insbesondere des Wertes des Erbbaurechts (nicht des Grundstücks) im Verhältnis zur Belastung sowie den allgemeinen wirtschaftlichen Verhältnissen des Erbbauberechtigten getroffen werden. So kann im Einzelfall die Belastung eines Erbbaurechts mit einem Grundpfandrecht in Höhe von mehr als 60% seines Verkehrswerts zuzüglich Zinsen bis ca. 18% mit den Grundsätzen einer ordnungsmäßigen Wirtschaft vereinbar sein.[586] Zur Ermittlung des Verkehrswerts des Erbbaurechts kann dabei mangels anderer Anhaltspunkte der frühere Erwerbspreis unter Zugrundelegung des Lebenshaltungskostenindexes im Weg der Schätzung hochgerechnet werden.[587] In Ausnahmefällen können selbst Belastungen über die für nachrangige Hypotheken oder Grundschulden banküblichen Belastungsgrenzen hinaus als ordnungsmäßig zugelassen werden.[588] Bei der Prüfung ist auch auf die sonstige Ausgestaltung des Darle-

4.236

---

[577] BayObLG Rpfleger 1974, 357; DNotZ 1989, 368 = Rpfleger 1989, 97; OLG Hamm OLGZ 1985, 269; NJW-RR 1995, 399; OLG Frankfurt Rpfleger 1977, 308 = DNotZ 1978, 105; *Böttcher,* RdNr. 249; *Ingenstau/Hustedt* § 7 RdNr. 22.
[578] OLG Frankfurt Rpfleger 1977, 308 = DNotZ 1978, 105; BayObLG Rpfleger 1989, 97 = DNotZ 1989, 368; *Freckmann/Frings/Grziwotz* RdNr. 287.
[579] OLG Hamm NJW 1968, 554 = DNotZ 1968, 426; *Freckmann/Frings/Grziwotz* RdNr. 287.
[580] LG Köln NJW-RR 2000, 682 = Rpfleger 2000, 11 für Tierarztkosten einschließlich Vollstreckungskosten; *Freckmann/Frings/Grziwotz* RdNr. 287.
[581] OLG Hamm Rpfleger 1985, 291.
[582] Vgl. BayObLG Rpfleger 1974, 357; OLG Hamm NJW 1968, 544 = DNotZ 1968, 426; OLG Frankfurt RPfleger 1977, 308 = DNotZ 1978, 105; *Freckmann/Frings/Grziwotz* RdNr. 318.
[583] *Staudinger/Rapp* § 5 RdNr. 27.
[584] BayObLG Rpfleger 1974, 357; 1989, 97; LG München DNotZ 1973, 554; AG München DNotZ 1969, 166.
[585] OLG Stuttgart NJW 1958, 1099; LG München DNotZ 1973, 554; LG Köln NJW-RR 2000, 682 = Rpfleger 2000, 11: Die Belastungsgrenze im Zustimmungsersetzungsverfahren ist bei 60% des Verkehrswerts des Erbbaurechts noch nicht erreicht; dazu *Sichtermann/Hennings* S. 34 ff.
[586] BayObLG Rpfleger 1974, 357; LG München DNotZ 1973, 554 *Ingenstau/Hustedt* § 7 RdNr. 21; MünchKomm § 7 RdNr. 12; RGRK/*Räfle* § 7 RdNr. 10.
[587] LG Köln NJW-RR 2000, 682 = Rpfleger 2000, 11.
[588] BayObLGZ 1986, 501, 508; RGRK/*Räfle* § 7 RdNr. 10.

hens zu achten. Ist zB keine laufende Tilgung vorgesehen, so ist eine solche Vertragsgestaltung mit den Regeln einer ordnungsgemäßen Wirtschaft insgesamt nicht zu vereinbaren und gefährdet die berechtigten Belange des Grundstückseigentümers in einer Weise, die durch den Zweck des Erbbaurechts nicht gedeckt ist. Dies gilt vor allem für den Ausschluss einer angemessenen laufenden Tilgung des Darlehens. Einer ordnungsgemäßen Wirtschaftsführung entspricht es, dass mit der laufenden Wertminderung der Gebäude eine Tilgung der Darlehensforderung einhergeht und das Darlehen in einem auf die Restlebensdauer des Gebäudes bezogenen angemessenen Zeitraum zurückgeführt wird.[589] Dabei ist für den Umfang der Belastung nicht nur der Nennwert des Grundpfandrechts, sondern auch das Zinsrisiko mit einem Rückstand von zwei Jahren angemessen zu berücksichtigen; der Wert des Erbbaurechts ist nach den Vorschriften für die Anlage von Mündelgeld gem. § 19 Abs. 1 Satz 2 und 3 ErbbauRG zu ermitteln, wobei die Belastungsgrenze des § 19 Abs. 1 Satz 1 ErbbauRG keine Anwendung findet.[590]

4.237 **ee) Beeinträchtigung oder Gefährdung des Zwecks des Erbbaurechts.** Durch die Belastung darf der mit der Bestellung des Erbbaurechts verfolgte Zweck nicht wesentlich beeinträchtigt oder gefährdet werden. Hierbei bestimmt sich der mit dem Erbbaurecht verfolgte Zweck nach dem jeweiligen Inhalt des Erbbaurechtsvertrages, der sich nach den Umständen seines Zustandekommens und seiner Handhabung durch die Beteiligten ergibt.[591] Maßgeblich ist insoweit auch, in welcher Weise der Inhalt des Erbbaurechts bzgl. der Errichtung, Instandhaltung und Verwendung des Bauwerks gem. § 2 Nr. 1 ErbbauRG festgelegt wurde.[592] Als verfolgter Zweck in diesem Sinne kann auch die Erzielung des Erbbauzinses zugrundegelegt werden.[593] Im Übrigen wird auf die Ausführungen zur Veräußerung[594] verwiesen. Dabei überschneiden sich die beiden Voraussetzungen in der Praxis, weil häufig eine Zweckbeeinträchtigung ist, was den Regeln einer ordnungsgemäßen Wirtschaft widerspricht.

5. Ersetzung der Zustimmung durch das Gericht (§ 7 Abs. 3)

4.238 **a) Voraussetzungen.** Nach § 7 Abs. 3 ErbbauRG hängt die Ersetzung der Zustimmung des Eigentümers davon ab, ob er sie „ohne ausreichenden Grund" verweigert; das ist etwa der Fall, wenn der Eigentümer dem Vertrag des Erbbauberechtigten zur Einhaltung der Zweckbestimmung des Erbbaurechts nur allgemeine Erwägungen zu einer Beeinträchtigung entgegensetzt.[595] An einem ausreichenden Grund fehlt es nach allgemeiner Auffassung dann, wenn dem Erbbauberechtigten ein Rechtsanspruch gegen den Eigentümer auf Erteilung der Zustimmung zusteht. Voraussetzung für den Antrag auf Ersetzung der Zustimmung ist also die Verweigerung der Zustimmung trotz Vorliegens eines gesetzlichen Anspruchs auf die Zustimmung nach § 7 Abs. 1, 2 ErbbauRG. Soll die Zustimmung des Grundstückseigentümers zu einer Veräußerung des Erbbaurechts nach § 7 Abs. 3 ErbbauRG ersetzt werden und enthält der Kaufvertrag auch Regelungen, die sich mit Belastungen iS des § 5 Abs. 2 ErbbauRG befassen, so kann die Zustimmung des Grundstückseigentümers nur ersetzt werden, wenn hinsichtlich der Belastungen die Vorausset-

---

[589] Einzelheiten dazu in OLG Hamm NJW-RR 1991, 20, das auch die Besonderheiten bei Eigentümergrundpfandrechten behandelt.
[590] OLG Celle NJW-RR 2006, 1076 = FG Prax 2006, 198.
[591] OLG Hamm MittBayNot 1996, 37; LG München DNotZ 1973, 554; *Freckmann/Frings/Grziwotz* RdNr. 318; *Ingenstau/Hustedt* § 7 RdNr. 8.
[592] MünchKomm § 7 RdNr. 2.
[593] BGH NJW 1987, 1942; OLG Oldenburg NJW-RR 1991, 23; *Ingenstau/Hustedt* § 7 RdNr. 8.
[594] Vgl. RdNr. 4.197 ff.
[595] OLG Frankfurt a. M. NJW-RR 2006, 387 = NZM 2006, 919.

IX. Zustimmung zu Verfügungen über das Erbbaurecht (§§ 5–8, 15)

zungen des § 7 Abs. 2 ErbbauRG erfüllt sind.[596] Auch wenn eine erforderliche (zB kirchen-) aufsichtliche Genehmigung nicht erteilt wird, ist das Verfahren nach § 7 Abs. 3 ErbbauRG zulässig; die ergehende gerichtliche Entscheidung ersetzt die Eigentümerzustimmung (zB Kirchengemeinde) abschließend.[597]

§ 7 ErbbauRG nennt ausdrücklich nur die Veräußerung (Abs. 1) oder Belastung (Abs. 2) des Erbbaurechts. Mit Rücksicht auf die Regelung in § 6 Abs. 1 ErbbauRG[598] ist es aber geboten, die Zustimmungspflicht auch auf den jeweils zugrundliegenden schuldrechtlichen Vertrag zu erstrecken und § 7 ErbbauRG mindestens entsprechend anzuwenden. Andernfalls wäre der Erwerber des Erbbaurechts oder der Belastungsgläubiger trotz Wirksamkeit des dinglichen Verfügungsgeschäfts der Gefahr ausgesetzt, seine dingliche Rechtsposition aus ungerechtfertigter Bereicherung wieder herausgeben zu müssen (§§ 812 ff. BGB); dies wäre mit Sinn und Zweck des § 7 ErbbauRG unvereinbar.[599] **4.239**

Aufgrund anderer Vorschriften erforderliche Zustimmungen des Grundstückseigentümers gehören nicht hierher, zB. nicht die Zustimmung des Grundstückseigentümers zur Teilung des Erbbaurechts, die als teilweise Aufhebung des Erbbaurechts nach § 26 ErbbauRG und Inhaltsänderung nach § 11 ErbbauRG, §§ 873, 877 BGB stets von der Zustimmung des Grundstückseigentümers abhängig ist;[600] diese Zustimmung kann nicht nach § 7 ErbbauRG durch das Gericht der freiwilligen Gerichtsbarkeit, sondern nur durch das Prozessgericht ersetzt werden.[601] **4.240**

Der Anspruch der Erbbauberechtigten nach § 7 ErbbauRG kann nicht vertraglich abbedungen oder eingeschränkt werden.[602] Der nach § 7 zur Zustimmung verpflichtete Eigentümer kann die Zustimmung nicht von Auflagen oder Bedingungen abhängig machen, etwa der Vereinbarung eines höheren Erbbauzinses oder einer neuen Wertsicherungsklausel.[603] Macht der Eigentümer seine Zustimmung zur Veräußerung des Erbbaurechts zB von der Eintragung einer Vormerkung zur Sicherung des Zinsanpassungsanspruchs abhängig und verweigert das Grundbuchamt die Eintragung wegen mangelnder Bestimmtheit des Anpassungsmaßstabs, so kann der Käufer dem Verkäufer eine Frist zur Einleitung des Ersetzungsverfahrens nach § 7 Abs. 3 ErbbauRG setzen mit der Folge, dass der Vertrag nach fruchtlosem Fristablauf unwirksam wird.[604] Die Vorschrift des § 7 Abs. 3 ErbbauRG dient nur den Belangen des Erbbauberechtigten; macht der Erbbauberechtigte keinen Gebrauch hiervon, kann der Eigentümer daraus keine Rechte herleiten.[605] Die Zustimmung des Eigentümers zur Veräußerung des Erbbaurechts kann nicht gerichtlich ersetzt werden, wenn dem Erbbauberechtigten vertraglich auferlegt ist, einem Erwerber des Erbbaurechts alle schuldrechtlichen Verpflichtungen durch Vertrag weiterzugeben, und der Veräußerungsvertrag einen solchen Eintritt in die schuldrechtlichen Verpflichtungen des Rechtsvorgängers nicht enthält.[606] **4.241**

---

[596] OLG Düsseldorf ZMR 1995, 327.
[597] OLG Hamm NJW-RR 1993, 1106 = MittRhNotK 1993, 162; *Freckmann/Frings/Grziwotz* RdNr. 320.
[598] Vgl. RdNr. 4.177, 4.300.
[599] *Ingenstau/Hustedt* § 7 RdNr. 25; RGRK/*Räfle* § 7 RdNr. 3; vgl. RdNr. 4.300.
[600] BGH NJW 1974, 498.
[601] LG Bochum NJW 1969, 1673; MünchKomm § 7 RdNr. 10.
[602] BGH NJW 1969, 2241.
[603] OLG Hamm DNotZ 1976, 534 = Rpfleger 1976, 131; *Freckmann/Frings/Grziwotz* RdNr. 328, 605; einschränkend *Pöschl* BWNotZ 1956, 41, 43; vgl. RdNr. 4.194.
[604] BGH NJW 2000, 3645 L = WPM 2001, 210.
[605] BGH DNotZ 1993, 593; s. o. RdNr. 4.99.
[606] OLG Hamm a. a. O.; OLG Celle Rpfleger 1983, 270 = DNotZ 1984, 387 zur Übernahme des – schuldrechtlichen – Erbbauzinses; *Freckmann/Frings/Grziwotz* RdNr. 328, 605; Staudinger/*Rapp* § 5 RdNr. 26; *Pöschl* BWNotZ 1956, 41, 43; OLG Oldenburg Rpfleger 1985, 203 mit abl. Anm. *Hagemann*; vgl. RdNr. 4.195, 4.201.

4.242 Es ist gleichgültig, ob die Verweigerung ausdrücklich oder stillschweigend, ganz oder teilweise, unter Hinzufügung von Bedingungen oder Auflagen erfolgt. Auch wenn die Zustimmungserklärung nicht in der nach § 15 ErbbauRG, § 29 GBO erforderlichen Form der öffentlichen Beglaubigung, sondern zB nur privatschriftlich abgegeben wird, ist die Zustimmung nach Abs. 3 zu ersetzen.[607]

4.243 Streiten die Beteiligten darüber, ob der Grundstückseigentümer die begehrte Zustimmung schon wirksam erteilt hat, so ist hierüber nicht im Ersetzungsverfahren nach § 7 Abs. 3 ErbbauRG, sondern im ordentlichen Prozessweg zu entscheiden.[608]

4.244 Der Anspruch auf Ersetzung setzt keine vorherige Eintragung der zustimmungsbedürftigen Rechtsänderung (Veräußerung oder Belastung) voraus. Es muss auch noch kein formgültiger Veräußerungs- oder Belastungsvertrag abgeschlossen sein, wenn nur die Beteiligten ernstlich einen solchen Vertrag beabsichtigen. Ist die Zustimmung des Grundstückseigentümers nicht erforderlich, so besteht an einer dahingehenden gerichtlichen Feststellung (Negativattest) ein berechtigtes Interesse, wenn das Grundbuchamt die Eintragung der Belastung vom Nachweis der Zustimmung abhängig macht.[609] Umgekehrt ist aber die Ersetzung auch noch nachträglich möglich, wenn das Grundbuchamt die Eintragung entgegen § 15 ErbbauRG ohne vorherigen Nachweis der erforderlichen Zustimmung vorgenommen hat.[610]

4.245 **b) Antragsrecht, Antragsgegner.** Das Verfahren wird eingeleitet durch einen schriftlichen oder zu Protokoll der Geschäftsstelle des Amtsgerichts zu erklärenden Antrag des Erbbauberechtigten. Antragsberechtigt ist nur der Erbbauberechtigte, nicht etwa der durch das zustimmungsbedürftige Rechtsgeschäft Begünstigte,[611] eine Abtretung des Antragsrechts ist unzulässig, da der Anspruch untrennbar mit dem Erbbaurecht verbunden ist.[612]

4.246 Zulässig ist es aber, einen Dritten zur Ausübung, also zur Geltendmachung des fremden Rechts im eigenen Namen zu ermächtigen. Diese Ermächtigung kann ersetzt werden durch Pfändung und Überweisung zur Einziehung; denn nach § 857 Abs. 3 ZPO ist ein unveräußerliches Recht insoweit der Pfändung unterworfen, als die Ausübung einem anderen überlassen werden kann.[613] Antragsberechtigt ist daher bei Ausübungsermächtigung oder Pfändung und Überweisung zur Ausübung der Dritte.[614] Bei Zwangsversteigerung in das Erbbaurecht hat der betreibende Gläubiger ein selbständiges Antragsrecht nach § 7 Abs. 3 ErbbauRG,[615] allerdings in der Regel erst nach Versteigerungsschluss und vor Entscheidung über den Zuschlag (§§ 74, 79 ff. ZVG), nur ausnahmsweise vor Abgabe des Meistgebots,[616] nicht aber der Meistbietende, im Insolvenzverfahren des Erbbauberechtigten der Insolvenzverwalter.[617] Wird die Teilungsversteigerung gemäß § 180 ZVG betrieben, ist jeder einzelne Gemeinschafter antragsbefugt.[618]

---

[607] MünchKomm § 7 RdNr. 14; RGRK/*Räfle* § 7 RdNr. 12.
[608] KG JW 1938, 1039.
[609] BayObLG DNotZ 1980, 50 = Rpfleger 1979, 384; *Keidel/Kuntze/Engelhardt* § 53 FGG RdNr. 11.
[610] KG JW 1938, 1039; *Ingenstau/Hustedt* § 7 RdNr. 29; RGRK/*Räfle* § 7 RdNr. 13.
[611] BGH NJW 1960, 2039.
[612] KG JW 1938, 1039.
[613] BGHZ 33, 76, 83 = NJW 1960, 2093; *Ingenstau/Hustedt* § 7 RdNr. 3; RGRK/*Räfle* § 7 RdNr. 2; *Staudinger/Rapp* § 5 RdNr. 23.
[614] Vgl. RdNr. 4.196, 4.233.
[615] BGH NJW 1987, 1942 = Rpfleger 1987, 257 mit Anm. *Drischler*; Rpfleger 1987, 321; KG Rpfleger 1984, 282; OLG Köln OLGZ 1969, 228/230 = Rpfleger 1969, 300; OLG Hamm Rpfleger 1967, 415 = DNotZ 1967, 499; *Kehrer* BWNotZ 1957, 52/59; MünchKomm § 7 RdNr. 15.
[616] BGHZ 33, 76, 90 = NJW 1960, 2093; RGRK/*Räfle* § 7 RdNr. 15.
[617] OLG Hamm OLGZ 1966, 574 = Rpfleger 1967, 415 = DNotZ 1967, 499.
[618] RGRK/*Räfle* § 7 RdNr. 15.

IX. Zustimmung zu Verfügungen über das Erbbaurecht (§§ 5–8, 15)

Der Antrag nach § 7 Abs. 3 ErbbauRG ist **gegen** den Grundstückseigentümer zu richten. Ist Grundstückseigentümer eine ungeteilte Erbengemeinschaft, genügt der Antrag gegen die verweigernden Miterben; es ist anerkannt, dass eine Klage auf Vornahme einer Verfügung ausnahmsweise gegen einen oder einzelne Miterben gerichtet werden kann, wenn die übrigen Miterben eine rechtsbeständige und unumstößliche Verfügung bereits getroffen haben oder zur Vornahme einer solchen verurteilt sind oder ihre Bereitwilligkeit dazu unstreitig ist.[619]

4.247

c) Zuständigkeit, Verfahren. Das Amtsgericht, in dessen Bezirk das Grundstück belegen ist (§ 7 Abs. 3 S. 1 ErbbauRG), ist ausschließlich zuständig, und zwar als Gericht der freiwilligen Gerichtsbarkeit.[620] Für Zustimmungen des Grundstückseigentümers, die nicht nach § 7 ErbbauRG, sondern nach anderen Vorschriften erforderlich sind, ist das Prozessgericht zuständig.[621] Das Verfahren wird durch einen Antrag in Gang gesetzt, der schriftlich eingereicht oder zu Protokoll der Geschäftsstelle des zuständigen oder eines anderen Amtsgerichts erklärt werden muss (§ 11 FGG). Das Verfahren richtet sich ausschließlich nach den Vorschriften des FGG.[622] Gemäß § 12 FGG gilt der Untersuchungsgrundsatz.[623] Wird eine erforderliche kirchenaufsichtliche Genehmigung nicht erteilt, so ist die Kirchenaufsichtsbehörde als Verfahrensbeteiligte hinzuzuziehen.[624]

4.248

Dagegen ist der Prozessweg gegeben bei einer zulässigen schuldrechtlichen Erweiterung des Zustimmungsanspruchs bei Belastung.[625] Auch wenn die Beteiligten besondere schuldrechtliche Abreden getroffen haben, zB den Rangrücktritt der Erbbauzinsreallast hinter Grundpfandrechte in bestimmter Höhe,[626] ist das Prozessgericht zuständig. Streiten die Beteiligten darüber, ob der Grundstückseigentümer die begehrte Zustimmung schon wirksam erteilt hat, so ist hierüber nicht im Ersetzungsverfahren nach § 7 Abs. 3 ErbbauRG, sondern im ordentlichen Prozessweg zu entscheiden.[627] Macht der Erbbauberechtigte in einem solchen Fall hilfsweise den gesetzlichen Zustimmungsanspruch aus § 7 ErbbauRG geltend, so kann dies zu einer Rechtswegspaltung führen.[628]

4.249

Im Ersetzungsverfahren gilt der **Untersuchungsgrundsatz** des § 12 FGG,[629] d.h. das Amtsgericht hat von Amts wegen die zur Feststellung der Tatsachen erforderlichen Ermittlungen durchzuführen und die geeignet erscheinenden Beweise zu erheben. Soweit das Gericht nicht selbst die Beweise herbeischaffen muss, trägt der Antragsteller die **Beweislast** für das Vorliegen der Anspruchsvoraussetzungen, also etwa dafür, dass im Fall eines Inhaberwechsels der Erbbaurechtszweck nicht angetastet wird und sich aus der Person des Erwerbers keine wesentlichen Bedenken ergeben.[630] Unaufklärbarkeit der Anspruchsvoraussetzungen geht zu Lasten des Erbbauberechtigten.

4.250

---

[619] OLG Hamm Rpfleger 1967, 415 mit Anm. *Haegele* = DNotZ 1967, 499.
[620] *Keidel/Engelhardt* § 53 FGG RdNr. 11.
[621] LG Bochum NJW 1969, 1673; vgl. RdNr. 4.240.
[622] OLG Hamm OLGZ 1990, 385 = NJW-RR 1991, 20 zu § 265 ZPO; *Keidel/Schmidt* § 1 FGG RdNr. 91.
[623] Vgl. RdNr. 4.250.
[624] OLG Hamm NJW-RR 1993, 1106 = MittRhNotK 1993, 162.
[625] BGH NJW 1987, 442 = JR 1987, 194 mit Anm. *Rimmelspacher*; BayObLG DNotZ 1961, 266; MünchKomm § 7 RdNr. 15; vgl. RdNr. 4.221, 4.231.
[626] OLG Stuttgart BWNotZ 1963, 303.
[627] KG JW 1938, 1039.
[628] Vgl. BGHZ 87, 9, 19 = NJW 1983, 2311; NJW 1983, 1798; RGRK/*Räfle* § 7 RdNr. 14; *Stein/Jonas/Leipold* § 281 ZPO RdNr. 13.
[629] BayObLGZ 1960, 467, 472.
[630] Vgl. BayObLG DNotZ 1961, 266/269.

4.251 **d) Wirksamkeit der Entscheidung.** Die Ersetzung der Zustimmung des Grundstückseigentümers wird erst mit **Rechtskraft** wirksam (§ 53 Abs. 1 S. 1 FGG), d.h. nicht schon mit der Bekanntgabe an den Antragsteller, wie nach § 16 Abs. 1 FGG. Dies ist der Fall, wenn die Verfügung dem Eigentümer zugestellt (§ 16 Abs. 2, 3 FGG) und entweder innerhalb der Frist von zwei Wochen keine Beschwerde erhoben oder bei erhobener Beschwerde die weitere Beschwerde nicht erhoben ist oder die letzte Instanz entschieden hat.[631]

4.252 Das Amtsgericht hat jedoch die Möglichkeit, bei **Gefahr in Verzug,** d.h. wenn von dem Aufschub der Wirksamkeit bis zur Rechtskraft eine Gefährdung der Interessen des Erbbauberechtigten zu befürchten ist, die **sofortige Wirksamkeit** seiner Verfügung anzuordnen (§ 53 Abs. 2 FGG); die Wirksamkeit tritt in diesem Fall bereits ein, wenn sie dem Antragsteller bekannt gemacht ist. Das Gericht hat aber auch in diesem Fall die Verfügung dem Grundstückseigentümer zuzustellen, damit dieser nach § 24 Abs. 2 oder 3 FGG die Aussetzung der Wirksamkeit entweder beim Amtsgericht oder beim Beschwerdegericht beantragen kann.

4.253 Gegen die Verfügung, durch die die Zustimmung **ersetzt** wird, ist die **sofortige Beschwerde** gegeben (§ 60 Abs. 1 Nr. 6 FGG). Sie ist binnen einer Frist von zwei Wochen einzulegen. Die Frist beginnt mit dem Zeitpunkt, in dem die Verfügung dem Beschwerdeführer bekanntgemacht worden ist (§ 22 FGG); das Amtsgericht ist daher nicht mehr befugt, die von ihm getroffene Entscheidung aufzuheben (§ 18 Abs. 2 FGG; ausgenommen hiervon ist der Fall des § 24 Abs. 2 FGG). Gegen die Entscheidung des Amtsgerichts, die den Antrag **zurückweist,** ist eine **einfache Beschwerde** nach § 19 FGG statthaft. Beschwerdegericht ist das Landgericht. Die Beschwerde kann auf neue Tatsachen und Beweise gestützt werden (§ 23 FGG).

4.254 Eine **weitere Beschwerde** gegen die Entscheidung des Landgerichts ist nach § 27 FGG nur zulässig mit der Begründung, dass die Entscheidung des Beschwerdegerichts auf einer Verletzung des Gesetzes beruht (§ 27 FGG). Gericht der weiteren Beschwerde ist das Oberlandesgericht, in Rheinland-Pfalz das OLG Zweibrücken; in Bayern war früher das Bayerische Oberste Landesgericht,[632] seit 1.1.2005 ist für neu anhängige weitere Beschwerden das OLG München zuständig – und zwar bayernweit, auch für die Bezirke der OLG Nürnberg und Bamberg (§§ 27, 28 GVG i.V.m. Art. 11a BayAG GVG).[632a]

6. Zustimmung zu Verfügungen im Weg der Zwangsvollstreckung

4.255 Das Zustimmungserfordernis erfasst gemäß § 8 ErbbauRG auch das Zwangsvollstreckungs-, Arrest- und Insolvenzverfahren. So soll verhindert werden, dass der Erbbauberechtigte die Vereinbarung gemäß § 5 ErbbauRG dadurch umgeht, dass er Vollstreckungsmaßnahmen Dritter gegen sich ergehen lässt.

4.256 **a) Voraussetzungen.** § 8 ErbbauRG setzt daher voraus, dass ein Fall des § 5 ErbbauRG vorliegt, mit dem Unterschied, dass es sich nicht um eine rechtsge-

---

[631] *Staudinger/Rapp* § 5 RdNr. 29.
[632] *Keidel/Kuntze/Winkler* § 199 FGG RdNr. 1 ff.
[632a] Aufgrund eines sinnlosen rigiden Sparaktionismus und mit einer beispiellosen Missachtung der Dritten Gewalt, wie sie der Bay. Ministerpräsident keinem Landratsamt gegenüber gewagt haben würde (Hirsch NJW 2006, 3255, 3257), wurde das fast 400 Jahre alte – bezeichnenderweise nur in der Zeit des Nationalsozialismus 1935 im Zuge der Gleichschaltungsbestrebungen aufgehobene – Gericht durch das „Gesetz zur Auflösung des BayObLG und der Staatsanwaltschaft bei diesem Gericht" (BayObLGAuflG, BayGV Bl 2004, 400) mit der Wirkung zum 1.7.2006 aufgelöst (dazu Hirsch NJW 2006, 3255). Bereits ab 1.1.2005 wurde für neu abhängige Beschwerden das OLG München für zuständig erklärt (Bumiller/Winkler, 8. Aufl. 2006, § 199 FGG Rn. 1).

IX. Zustimmung zu Verfügungen über das Erbbaurecht (§§ 5–8, 15)

schäftliche Verfügung handelt. Ist lediglich die Veräußerung für zustimmungspflichtig erklärt worden, nicht aber die Belastung (§ 5 Abs. 2 ErbbauRG), dann kann der Gläubiger eine Zwangshypothek ohne Zustimmung des Grundstückseigentümers in das Erbbaugrundbuch eintragen lassen.[633] Alle Verfügungen, die – wenn rechtsgeschäftlich vorgenommen – unter § 5 ErbbauRG fielen, werden von § 8 ErbbauRG aufgefangen. § 8 ErbbauRG setzt daher voraus, dass eine Vereinbarung nach § 5 ErbbauRG wirksam getroffen, also im Grundbuch eingetragen ist, ferner muss eine der in § 8 ErbbauRG genannten Verfügungen vorliegen, die entweder eine Veräußerung oder eine Belastung des Erbbaurechts mit Grundpfandrechten oder Reallasten bewirkt. Schließlich ist erforderlich, dass durch diese Verfügung die Rechte des Grundstückseigentümers nach § 5 ErbbauRG vereitelt oder beeinträchtigt werden. Dem Grundstückseigentümer obliegen in den Fällen des § 8 ErbbauRG keine weitergehenden Zustimmungspflichten als in den Fällen des § 7 Abs. 1 ErbbauRG.[634] Diese Voraussetzungen sind bei jeder einzelnen Zwangsvollstreckungsmaßnahme zu prüfen.[635]

Nicht von § 8 ErbbauRG werden daher die auch nicht von § 5 ErbbauRG betroffenen Verfügungen über unwesentliche Bestandteile oder Zubehörteile des Erbbaurechts erfaßt. Es scheiden ferner aus Verfügungen mit Zustimmung und Vollstreckungshandlungen des Grundstückseigentümers, da ein eigenes Handeln nicht seine Rechte beeinträchtigen kann.[636] Dagegen kann der die Zwangsversteigerung betreibende Eigentümer seine Zustimmung zur Erteilung des Zuschlags unter den gleichen Voraussetzungen verweigern, unter denen er dies bei Vollstreckungsmaßnahmen durch Dritte tun kann.[637]   4.257

b) Verfügungen im Weg der Zwangsvollstreckung. Zu den Verfügungen im Weg der Zwangsvollstreckung zählen nur Vollstreckungsakte, die zur Beitreibung von Geldforderungen (§§ 803 ff. ZPO) erfolgen, wobei es gleichgültig ist, ob die Vollstreckung aus einem dinglichen oder persönlichen Titel erfolgt. Beim Erbbaurecht als grundstücksgleichem Recht (§ 11 Abs. 1 ErbbauRG) richtet sich die Vollstreckung nach den für Immobilien geltenden Vorschriften der §§ 864 ff. ZPO. Es kommen also drei Arten der Vollstreckung in Frage: Zwangshypothek, Zwangsversteigerung, Zwangsverwaltung; hiervon scheidet letzte aus, weil sie weder zur Übertragung noch zur Belastung des Erbbaurechts führt.   4.258

Keine Verfügung im Weg der Zwangsvollstreckung im Sinn des § 8 ErbbauRG stellt es dar, wenn der Erbbauberechtigte rechtskräftig zur Veräußerung oder Belastung verurteilt wird mit der Folge, dass nach § 894 ZPO seine Willenserklärung als abgegeben gilt; dieses Urteil ist wie die rechtsgeschäftliche Verfügung zu behandeln, die es fingiert.[638]   4.259

Nicht hierher gehören kraft Gesetzes eintretende Belastungen, wie zB Überbau- und Notwegrenten.[639]   4.260

(in dieser Auflage nicht besetzt)   4.261–4.269

aa) Eintragung einer Sicherungshypothek (§ 867 ZPO). Dem Grundstückseigentümer obliegen auch bei Belastungen des Erbbaurechts durch Verfügungen im Weg der Zwangsvollstreckung nach § 8 ErbbauRG keine weitergehenden   4.270

---

[633] Vgl. RdNr. 4. 270; *Freckmann/Frings/Grziwotz* RdNr. 596.
[634] OLG Hamm DNotZ, 1987, 40.
[635] BGHZ 33, 76 = NJW 1960, 2093/2095; *Freckmann/Frings/Grziwotz* RdNr. 590; MünchKomm § 8 RdNr. 3).
[636] MünchKomm § 8 RdNr. 4.
[637] Vgl. RdNr. 4. 274 ff.
[638] *Ingenstau/Hustedt* § 8 RdNr. 6; MünchKomm § 8 RdNr. 5; RGRK/*Räfle* § 8 RdNr. 3; Staudinger/*Rapp* § 5 RdNr. 4.
[639] Vgl. RdNr. 4. 226.

Zustimmungspflichten als bei rechtsgeschäftlichen Verfügungen.[640] Ob die Eintragung einer Sicherungshypothek[641] möglich ist, hängt also davon ab, ob als Inhalt des Erbbaurechts vereinbart ist, dass die Belastung des Erbbaurechts der Zustimmung des Grundstückseigentümers bedarf (§ 5 Abs. 2 ErbbauRG). Zu prüfen ist, ob der Grundstückseigentümer bei einer rechtsgeschäftlichen Grundpfandrechtsbestellung für den gleichen Zweck seine Zustimmung (unter dem Gesichtspunkt einer ordnungsmäßigen Wirtschaft) erteilen müsste oder nicht.[642] Ist lediglich die Veräußerung für zustimmungsbedürftig erklärt worden, nicht aber die Belastung, dann kann der Gläubiger eine Zwangshypothek ohne Zustimmung des Grundstückseigentümers in das Erbbaugrundbuch eintragen lassen.

4.271   Haben die Beteiligten eine Vereinbarung nach § 5 Abs. 2 ErbbauRG getroffen, so bedarf die Eintragung einer Sicherungshypothek der Zustimmung des Eigentümers, da sie die Vereinbarung gem. § 5 Abs. 2 ErbbauRG vereitelt. Daher hat das Grundbuchamt auch bei Vollstreckung wegen einer Forderung in ein Eigentümererbbaurecht durch Eintragung einer Sicherungshypothek bei Bestehen einer Vereinbarung nach § 5 Abs. 2 ErbbauRG den Nachweis zu verlangen, dass der Eigentümer zugestimmt hat oder seine Zustimmung gem. § 7 Abs. 3 ErbbauRG gerichtlich ersetzt ist.[643] Auch die Sicherungshypothek nach § 848 Abs. 2 S. 2 ZPO zugunsten des Gläubigers, der den Anspruch auf Erbbaurechtsübertragung gepfändet hat, vereitelt die Rechte des Grundstückseigentümers aus einer Vereinbarung gem. § 5 Abs. 2 ErbbauRG und bedarf daher der Zustimmung des Eigentümers; sie entsteht zwar kraft Gesetzes, beruht aber auf der Zwangsvollstreckung in einen Anspruch des Schuldners auf Übertragung des Erbbaurechts.[644]

4.272   Nicht unter § 8 ErbbauRG fallen die Bauhandwerkerhypothek nach § 648 BGB, die rechtsgeschäftlich zu bestellen ist, und die Sicherungshypothek nach § 1287 BGB, die kraft Gesetzes entsteht und auf rechtsgeschäftlicher Grundlage beruht;[645] das Erfordernis der Zustimmung des Grundstückseigentums für diese rechtsgeschäftlich begründeten Belastungen ergibt sich unmittelbar aus § 5 Abs. 2 und § 6 ErbbauRG.[646] Eine Sicherungshypothek nach § 128 ZVG kann ohne weitere Zustimmung eingetragen werden, wenn bereits eine Zustimmung des Grundstückseigentümers nach § 5 Abs. 1 ErbbauRG zur Zwangsversteigerung vorliegt, da sie lediglich gesetzliche Folge der zulässigen Zwangsversteigerung ist.[647]

4.273   Das Grundbuchamt hat bei Vorliegen eines Antrags auf Eintragung einer Sicherungshypothek von Amts wegen zu prüfen, ob die Zustimmung des Grundstückseigentümers erforderlich ist (§ 15 ErbbauRG); ist die Zustimmung erforderlich, so muss sie in öffentlich beglaubigter Form gleichzeitig mit dem Antrag auf Eintragung der Sicherungshypothek vorgelegt werden.[648] Die Zustimmung des Grundstückseigentümers kann nach den allgemeinen Regeln ersetzt werden.[649] Lag die erforderli-

---

[640] OLG Hamm OLGZ 1985, 269; OLGZ 1986, 385 = DNotZ 1987, 40 = WPM 1986, 1290; *Freckmann/Frings/Grziwotz* RdNr. 586.
[641] Eine Sicherungshypothek ist nur für Beträge von mehr als Euro 750 zulässig (§ 866 Abs. 3 ZPO).
[642] OLG Hamm OLGZ 1985, 269; *Freckmann/Frings/Grziwotz* RdNr. 596.
[643] OLG Hamm OLGZ 1985, 159 = Rpfleger 1985, 233; Rpfleger 2004, 21, 22; *Freckmann/Frings/Grziwotz* RdNr. 594.
[644] *Freckmann/Frings/Grziwotz* RdNr. 595; *Ingenstau/Hustedt* § 8 RdNr. 5; MünchKomm § 8 RdNr. 6; RGRK/*Räfle* § 8 RdNr. 4; *Staudinger/Rapp* § 8 RdNr. 2.
[645] Vgl. RdNr. 4.223.
[646] Vgl. RdNr. 4.223.
[647] *Freckmann/Frings/Grziwotz* RdNr. 597; *Ingenstau/Hustedt* § 8 RdNr. 21; *Mohrbutter* Eigentümerrechte, S. 55; MünchKomm § 8 RdNr. 7; RGRK/*Räfle* § 8 RdNr. 5; *Staudinger/Rapp* § 8 RdNr. 11.
[648] BayObLG DNotZ 1997, 142 = FGPrax 1996, 128; BayObLG NJW-RR 1997, 591 = FGPrax 1997, 51; *Freckmann/Frings/Grziwotz* RdNr. 591, 599.
[649] Vgl. RdNr. 4.238 ff.; zu einem Sonderfall vgl. LG München Rpfleger 2003, 242.

IX. Zustimmung zu Verfügungen über das Erbbaurecht (§§ 5–8, 15)

che Zustimmung des Grundstückseigentümers nicht vor und wurde die Sicherungshypothek trotzdem eingetragen, so ist das Grundbuch unrichtig und muss gemäß § 53 Abs. 1 S. 1 GBO von Amts wegen ein Widerspruch eingetragen werden.[650]

bb) Zwangsversteigerung. Zu den Verfügungen gem. § 8 ErbbauRG gehört 4.274 auch die Zwangsversteigerung, sofern die Beteiligten eine Vereinbarung nach § 5 Abs. 1 ErbbauRG getroffen, also die Veräußerung des Erbbaurechts an die Zustimmung des Grundstückseigentümers geknüpft haben.[651] In Rechtsprechung und Schrifttum besteht weitestgehend Einigkeit darüber, dass durch § 8 ErbbauRG ein gem. § 5 Abs. 1 ErbbauRG vereinbartes Mitspracherecht des Eigentümers bei rechtsgeschäftlichen Veräußerungen seinem vollem Umfang nach auf Verfügungen im Weg der Zwangsvollstreckung ausgedehnt werden sollte.[652]

(1) *Gleichstellung mit rechtsgeschäftlicher Veräußerung.* Diese Gleichstellung der Zu- 4.275 stimmungsvoraussetzungen beruht darauf, dass der Grundstückseigentümer „ein vitales Interesse daran hat, wer der Erbbauberechtigte ist, da unbeschadet der rechtlichen Ausgestaltung die faktische Erfüllung der Vertragspflichten während der Dauerrechtsbeziehung wesentlich von dessen Person abhängt".[653] Aus der Sicht des Eigentümers ist es, wie das OLG Oldenburg mit Recht ausführt,[654] unerheblich, ob er einen neuen Erbbauberechtigten auf Grund eines Rechtsgeschäfts mit dem früheren Berechtigten erhält oder durch die Zwangsversteigerung.

Der Hinweis auf die schutzwürdige Rechtsstellung des Meistbietenden, mit 4.276 dem *Hagemann*[655] Bedenken gegen diese Gleichstellung äußert und den Erwägungen des OLG Oldenburg über eine unzulässige Aushöhlung des § 8 ErbbauRG als Schutznorm für den Eigentümer entgegentritt, überzeugt nicht. Denn bei der Zwangsversteigerung eines mit einem Erbbauzins verbundenen Erbbaurechts kann kein Bieter redlicherweise erwarten, das Erbbaurecht ohne die zumindest schuldrechtliche Verpflichtung zur (Fort-)Zahlung des Erbbauzinses erlangen zu können, selbst wenn er nach der dinglichen Rechtslage und den Bestimmungen des ZVG mit dem Erlöschen der Erbbauzinsreallast rechnen darf. Ein Erbbaurecht ohne Erbbauzins, bei dem der Ersteher das Grundstück – entgegen dem schuldrechtlichen Inhalt des Bestellungsvertrags – durchweg auf Jahrzehnte hinaus ohne jegliche Zahlung an den Eigentümer benutzen kann, wird nicht nur als unbefriedigend, sondern als eine unerträgliche und geradezu absurde rechtliche Situation angesehen.[656]

Daher geht auch der Beschluss des BGH vom 26. 2. 1987[657] fehl, der den Eigen- 4.277 tümer nicht zur Verweigerung der Zustimmung berechtigt hält, wenn der Meistbietende es ablehnt, in die schuldrechtlichen Verpflichtungen des Erbbauberechtigten hinsichtlich des Erbbauzinses einzutreten. Der BGH hat dies für die Fallgestaltung entschieden, dass der Grundstückseigentümer der Belastung des Erbbaurechts mit einem gegenüber der Erbbauzinsreallast vorrangigen Grundpfandrecht zuge-

---

[650] OLG Hamm Rpfleger 1953, 520; *Erman/Ronke* § 8 RdNr. 2; *Ingenstau/Hustedt* § 8 RdNr. 9; MünchKomm § 8 RdNr. 14; *Staudinger/Rapp* § 8 RdNr. 7.
[651] Einzelheiten *Reinke* Rpfleger 1990, 498.
[652] BGHZ 33, 76, 86/87; OLG Köln RPfleger 1969, 300; OLG Oldenburg Rpfleger 1985, 203; OLG Hamm DNotZ 1987, 40; *Freckmann/Frings/Grziwotz* RdNr. 591, 599; *Ingenstau/Hustedt* § 8 RdNr. 1; MünchKomm. § 8 RdNr. 1; *Soergel/Baur* § 8 RdNr. 1; *Staudinger/Rapp* § 8 RdNr. 8; *Reinke* Rpfleger 1991, 498; a. A. *Muth* Rpfleger 1991, 441.
[653] So MünchKomm § 5 RdNr. 1; dazu ausführlich RdNr. 6.237.
[654] Rpfleger 1985, 203; zustimmend auch *Freckmann/Frings/Grziwotz* RdNr. 599; *Mohrbutter* Eigentümerrechte, S. 173, 174.
[655] In Anmerkung zu OLG Oldenburg Rpfleger 1985, 203, 204.
[656] Vgl. zB OLG Hamm DNotZ 1987, 40; *Bertolini* MittBayNot 1983, 112; *Groth* DNotZ 1983, 652, 653; *Ruland* NJW 1983, 96, 97; *Steiner/Eickmann* § 52 ZVG RdNr. 33; *Winkler* DNotZ 1970, 390, 430; NJW 1985, 940, 942.
[657] BGH NJW 1987, 1942 = Rpfleger 1987, 257 mit Anm. *Drischler* 321.

stimmt hat und aus der Persönlichkeit des Erwerbers Einwendungen iS des § 7 Abs. 1 S. 1 Hs. 1 ErbbauRG nicht ersichtlich sind. Der BGH begründet seine Entscheidung damit, dass der Eigentümer die Verfolgung des Zwecks, sich laufende Einkünfte aus dem Grundstück in Form des Erbbauzinses zu verschaffen, selbst einschränkt, wenn er einer Belastung des Erbbaurechts mit einem Grundpfandrecht zustimmt, das den Vorrang gegenüber der Erbbauzinsreallast hat.[658] Damit verkennt der BGH die Rechtslage in mehrfacher Hinsicht: Entgegen dieser Meinung schränkt der Eigentümer keineswegs die Zweckverfolgung iSv. § 7 Abs. 1 S. 1 Hs. 1 ErbbauRG, nämlich laufende Einkünfte aus dem Grundstück in Form von Erbbauzinsen zu erzielen, selbst ein, wenn er mit der Erbbauzinsreallast hinter Grundpfandrechten kreditgebender Gläubiger zurücktritt; der Eigentümer kann lediglich nicht wegen der vorrangigen Befriedigungsrechte die Aufnahme seiner Eigentümerrechte in Abt. II des Erbbaugrundbuches in das geringste Gebot und die Übernahme dieser Rechte vom Ersteher verlangen, doch verweigert er die für den Zuschlag erforderliche Zustimmung iSd. § 7 Abs. 1 S. 1 Hs. 1 ErbbauRG zu Recht, wenn der Ersteher nicht die schuldrechtlichen Verpflichtungen aus dem Erbbaurechtsvertrag übernimmt.[659] Zum anderen gilt auch im Erbbaurecht grundsätzlich Vertragsfreiheit; eine Vereinbarung des Inhalts ist zulässig, dass ein Erwerber des Erbbaurechts in alle schuldrechtlichen Verpflichtungen des Erbbaurechtsvertrags, insbesondere auch hinsichtlich des Erbbauzinses, einzutreten hat; erfolgt bei der Veräußerung ein solcher Eintritt in die schuldrechtlichen Verpflichtungen des Rechtsvorgängers nicht, so kann der Grundstückseigentümer seine Zustimmung wegen wesentlicher Beeinträchtigung des mit der Erbbaurechtsbestellung verfolgten Zwecks verweigern;[660] dies gilt auch bei der Versteigerung. Schließlich führt der BGH gleichsam über die Hintertür die im Einklang mit der h. L. zunächst[661] abgelehnte Folge wieder ein, dass in der Zustimmung des Grundstückseigentümers zur Belastung des Erbbaurechts mit einem Grundpfandrecht gleichzeitig auch die Zustimmung zu einer Veräußerung des Erbbaurechts durch Zuschlag in der Zwangsversteigerung zu erblicken ist, die aus dem Grundpfandrecht betrieben wird. Es ändert in der Sache wenig, dass der BGH dies einschränkt auf vorrangige Grundschulden, weil der Eigentümer die Verfolgung des Zwecks der Erzielung laufender Einkünfte selbst einschränke, wenn er der Belastung des Erbbaurechts mit einem Grundpfandrecht zustimme, das den Vorrang gegenüber der Erbbauzinsreallast hat. Diese den Eigentümer einseitig benachteiligende Rechtsprechung des BGH, die sich über den Wortlaut des § 7 ErbbauRG hinwegsetzt, wird noch mehr dazu führen müssen, dem Grundstückseigentümer von einem Rücktritt mit seiner Erbbauzinsreallast abzuraten. Die Gläubiger können sich dadurch absichern, dass sie die vorherige Zustimmung des Eigentümers einholen.[662]

4.278 (2) *Versteigerungsgrund.* Es ist gleichgültig, ob die Zwangsversteigerung aus einem dinglichen Recht oder aus einem persönlichen Anspruch betrieben wird. Denkbar sind etwa folgende Fälle der Zwangsversteigerung: sie kann betrieben werden auf Grund einer Belastung des Erbbaurechts (Hypothek, Grundschuld, Reallast), auf

---

[658] Ähnlich *Meyer/Stolte* Rpfleger 1991, 330 (Anm. zu LG Münster), nach dem sich der Grundstückseigentümer die Folgen selbst zuschreiben müsse, wenn er einem Grundpfandrechtsgläubiger den Vor- oder Gleichrang einräumt ohne eine Sicherung für den Fall der Zwangsversteigerung.

[659] *Mohrbutter* Eigentümerrechte, S. 171, der an den Umstand, dass der Erwerber nicht in die schuldrechtlichen Bestimmungen des Erbbaurechts vollinhaltlich eintritt, eine Heimfallklausel knüpft (S. 177 ff.); vgl. hierzu auch *Freckmann/Frings/Grziwotz* RdNr. 620, 621; *Linde/Richter* RdNr. 133; s. o. RdNr. 4.81 a.

[660] S. oben RdNr. 4.201.

[661] Vgl. RdNr. 4.228.

[662] RdNr. 4.282, 4.288.

IX. Zustimmung zu Verfügungen über das Erbbaurecht (§§ 5–8, 15)

Grund eines persönlichen Anspruchs eines Gläubigers, durch den Insolvenzverwalter nach § 165 InsO, §§ 172–174 ZVG, durch den Erben nach § 175 ZVG oder durch einen Miterben zum Zweck der Aufhebung der Gemeinschaft (§ 180 ZVG). § 8 ErbbauRG findet auch Anwendung auf die Zwangsversteigerung auf Antrag des Insolvenzverwalters nach §§ 172 ff. ZVG oder durch den Erben oder Miterben nach § 175 ZVG,[663] obwohl hier eine Zwangsvollstreckung im eigentlichen Sinn nicht vorliegt; der Zuschlag in Zwangsversteigerungsverfahren dieser Art enthält jedoch praktisch eine Veräußerung des Erbbaurechts, zu der aber die Zustimmung des Grundstückseigentümers erforderlich ist.[664] Wird die Zustimmung des Grundstückseigentümers zu Recht verweigert, so ist das Verfahren aufzuheben.

(3) *Zustimmung des Eigentümers.* Auch der die Zwangsversteigerung betreibende Eigentümer kann seine Zustimmung zur Erteilung des Zuschlags unter Berufung auf § 7 Abs. 1 ErbbauRG verweigern; der Zuschlag darf erst dann erteilt werden, wenn die Zustimmung nach § 7 Abs. 3 rechtskräftig ersetzt ist.[665]   4.279

Ist eine Vorauszustimmung des Grundstückseigentümers nur für den ersten Fall einer Veräußerung des Erbbaurechts – etwa nach Errichtung des vorgesehenen Hauses – erteilt, so gilt dies im Zweifel nur für die erste *rechtsgeschäftliche* Veräußerung des Erbbaurechts, nicht aber für den Fall einer Zwangsversteigerung.[666]   4.280

Sind Vereinbarungen nach § 5 Abs. 1 und 2 ErbbauRG getroffen und hat der Grundstückseigentümer die Zustimmung zur Belastung nach § 5 Abs. 2 ErbbauRG ohne Einschränkung erteilt, so war nach früher hM in dieser Zustimmung stillschweigend auch die Zustimmung zur Zwangsversteigerung nach § 5 Abs. 1, § 8 ErbbauRG enthalten. Seit der Entscheidung des BGH v. 8. 7. 1960[667] ist jetzt hM, dass eine weitere Zustimmung zur Zwangsversteigerung erforderlich ist, da für den Grundstückseigentümer die Person des Grundpfandrechtsgläubigers am Erbbaurecht weitaus unwichtiger als die des Ersteigerers ist.[668] Dadurch wird die Beleihbarkeit des Erbbaurechts de facto erschwert.   4.281

Der Grundpfandgläubiger kann sich aber dadurch sichern, dass er sich bereits bei der Belastung die vorherige Zustimmung des Grundstückseigentümers nach § 183 BGB zu einer evtl. Zwangsversteigerung geben lässt; eine solche generelle Zustimmung des Grundstückseigentümers zur Zwangsversteigerung des Erbbaurechts ist wirksam.[669] Bei der generell vorher erteilten Zustimmung zur Zwangsversteigerung läuft der Gläubiger Gefahr, dass der Eigentümer sie widerruft. Sie wirkt ferner nicht gegen Sonderrechtsnachfolger und ist nicht im Grundbuch eintragungsfähig.[670] Möglich ist aber eine Einschränkung des Zustimmungserfordernisses nach § 5 ErbbauRG als dingliche Inhaltsvereinbarung bzw. Inhaltsänderung dahingehend, dass zur Zwangsversteigerung auf Grund eines mit Zustimmung eingetragenen Grundpfandrechts keine gesonderte Zustimmung mehr erforderlich ist;[671] eine solche Vereinbarung kann im Rahmen des § 5 ErbbauRG im Grundbuch eingetra-   4.282

---

[663] *Pöschl* BWNotZ 1956, 41/44.
[664] *Ingenstau/Hustedt* § 8 RdNr. 13; *Pöschl* BB 1951, 977; 1961, 582.
[665] BayObLG DNotZ 1961, 266, 272; *Freckmann/Frings/Grziwotz* RdNr. 600; RGRK/*Räfle* § 8 RdNr. 7; *Staudinger/Rapp* § 8 RdNr. 3.
[666] OLG Hamm Rpfleger 1986, 1290 = DNotZ 1987, 40.
[667] BGHZ 33, 76 = NJW 1960, 2093.
[668] *Ingenstau/Hustedt* § 8 RdNr. 15; MünchKomm § 8 RdNr. 10; RGRK/*Räfle* § 8 RdNr. 6; *Staudinger/Rapp* § 8 RdNr. 10.
[669] *Freckmann/Frings/Grziwotz* RdNr. 621; *Ingenstau/Hustedt* § 8 RdNr. 18; *Kappelhoff* Rpfleger 1985, 281; *Mohrbutter* Eigentümerrechte, S. 52; RGRK/*Räfle* § 8 RdNr. 7; Formulierung s. Muster 1 § 6 Abs. 1 b, Muster 2 § 8 Abs. 1 b. AA *Staudinger/Rapp* § 8 RdNr. 10, der die Zustimmung nur für den Einzelfall für möglich hält.
[670] *Lutter* DNotZ 1960, 235/237; MünchKomm § 8 RdNr. 11; *Staudinger/Rapp* § 8 RdNr. 10 aE; aA, für Eintragungsfähigkeit: *Ingenstau/Hustedt* § 8 RdNr. 17.
[671] *Freckmann/Frings/Grziwotz* RdNr. 621; vgl. RdNr. 4.188, 4.228.

gen werden.⁶⁷² Eine nur schuldrechtliche Verpflichtung des Grundstückseigentümers zur Zustimmung wirkt nur zwischen den Parteien.

4.283   (4) *Maßgeblicher Zeitpunkt der Zustimmung.* Die Zwangsversteigerung vereitelt oder beeinträchtigt eine Vereinbarung gem. § 5 Abs. 1 ErbbauRG. Streitig ist, in welchem Verfahrensstadium der Zwangsversteigerung die Zustimmung des Eigentümers vorliegen muss. Nach der früher überwiegenden Meinung muss die Zustimmung nicht erst bei der unmittelbaren Rechtsänderung, also beim Zuschlag vorliegen, sondern auch bereits bei den einleitenden Maßnahmen, die zur Rechtsänderung führen können; bereits die Anordnung der Zwangsversteigerung ohne die Zustimmung des Eigentümers sei daher unzulässig.⁶⁷³ Dies liege auch im Interesse des Erbbauberechtigten. Es kann nämlich durchaus vorkommen, dass der Zuschlag endgültig versagt werden muss, weil dem Grundstückseigentümer keiner der Meistbietenden entspricht, und deshalb das Verfahren mit der Versagung des Zuschlags endet; noch krasser ist der Fall, wenn der Grundstückseigentümer von vornherein entschlossen ist, die Zustimmung zum Zuschlag nie zu erteilen, gleichgültig wer als Meistbietender in Betracht kommt.⁶⁷⁴ In solchen Fällen sind, abgesehen vom langwierigen Verfahren, unter Umständen erhebliche Kosten verursacht, die letzen Endes gem. § 788 ZPO der Erbbauberechtigte tragen muss.

4.284   Diese Kosten lassen sich vermeiden, wenn man davon ausgeht, dass die Zustimmung bereits bei Anordnung der Zwangsversteigerung vorliegen oder ersetzt sein muss.⁶⁷⁵ Schließlich wird argumentiert, dass jede Zwangsvollstreckungshandlung, die ohne Zustimmung des Eigentümers erfolge, unwirksam ist; sie könne nicht im ersten Zeitabschnitt des Zwangsversteigerungsverfahrens wirksam, gegen Schluss des Verfahrens aber unwirksam sein, da das Zwangsversteigerungsverfahren ein einheitliches Ganzes sei. Die Wirkungen der Vollstreckung treten bereits mit der Anordnung der Zwangsversteigerung oder mit der Zulassung des Beitritts insofern ein, als der betreffende Beschluss des Amtsgerichts zugunsten des betreibenden Gläubigers als Beschlagnahme gilt.⁶⁷⁶

4.285   Demgegenüber hat der BGH⁶⁷⁷ zu Recht ausgeführt, dass im Versteigerungsverfahren, im Arrest- und Insolvenzverfahren nicht alle Handlungen schlechthin unwirksam sind, die ohne die nach dem Erbbaurechtsvertrag erforderliche Zustimmung des Eigentümers erfolgen, sondern dass jede einzelne bei ihrer Vornahme daraufhin geprüft werden muss, ob durch sie das Zustimmungsrecht des Grundstückseigentümers vereitelt oder beeinträchtigt werde. Diese Rechtsauffassung steht mit § 8 ErbbauRG im Einklang, nach dem Verfügungen im Sinn dieser Vorschrift nur „insoweit" unwirksam sind, als sie die Rechte des Grundstückseigentümers aus einer Vereinbarung nach § 5 ErbbauRG vereiteln oder beeinträchtigen. Die Anordnung der Zwangsversteigerung des Erbbaurechts wird daher zugelassen, auch wenn die Zustimmung des Grundstückseigentümers noch nicht feststeht, zumal der Anordnungsbeschluss nur eine Verfügungsbeschränkung des Erbbauberechtigten bedeute und das Zustimmungserfordernis in keiner Weise berühre. Bedenken bestehen auch nicht gegen die Eintragung des Zwangsversteigerungsvermerks im Grundbuch: denn nach § 15 ErbbauRG ist nur erforderlich, dass die Zustimmung des Grundstückseigentümers bei der Eintragung des Rechtsübergangs und der Belastung vorliegt,

---

⁶⁷² *Lutter* DNotZ 1960, 235; MünchKomm § 8 RdNr. 11; ähnlich LG Frankfurt NJW 1959, 772; LG Bremen MDR 1957, 99; OLG Braunschweig MDR 1972, 420.
⁶⁷³ *Pöschl* BWNotZ 1956, 41/42.
⁶⁷⁴ Selbstverständlich darf kein Missbrauch vorliegen. Zum Sonderfall, dass der Eigentümer der Belastung des Erbbaurechts mit einem vorrangigen Grundpfandrecht zugestimmt hat, vgl. BGH NJW 1987, 1942 = Rpfleger 1987, 257; oben RdNr. 4.277.
⁶⁷⁵ *Furtner* NJW 1966, 182/188.
⁶⁷⁶ LG Lübeck SchlHA 1962, 248.
⁶⁷⁷ BGH NJW 1960, 2093 = Rpfleger 1961, 192 = DNotZ 1961, 31.

IX. Zustimmung zu Verfügungen über das Erbbaurecht (§§ 5–8, 15)

während die auf Ersuchen des Vollstreckungsgerichts vorzunehmende Eintragung des Versteigerungsvermerks lediglich ein Veräußerungsverbot offenkundig macht.

Die Rechte des Grundstückseigentümers haben im Verlauf des Verfahrens zunächst keine weitere Bedeutung als die, dass sie für die Bemessung des Meistgebots maßgebend sein können. Der Grundstückseigentümer ist im Zwangsversteigerungsverfahren ausreichend gesichert: er gilt nach § 24 ErbbauRG im Zwangsversteigerungsverfahren als Beteiligter, ihm ist infolgedessen der Termin der Versteigerung durch Zustellung bekannt zu machen, ferner ist er gem. § 74 ZVG nach der Versteigerung über den Zuschlag zu hören. Er hat daher Gelegenheit, sich zu der Person des Meistbietenden zu erklären, bevor das Gericht über den Zuschlag beschließt. Erst zu diesem Zeitpunkt ist der Grundstückseigentümer in der Regel in der Lage, sich über die Erteilung der Zustimmung oder ihre Versagung schlüssig zu werden. Denn es ist nicht angängig, „an die Stelle der Prüfung der Persönlichkeit eines bestimmten Erwerbers die Vorausschau auf die Zuverlässigkeit eines möglichen Bewerbers zu setzen".[678] Der BGH hat damit eindeutig klar gestellt, dass ein Eigentümer, der die Zwangsversteigerung des auf seinem Grundstück ruhenden Erbbaurechts herannahen sieht, nicht gezwungen werden kann und soll, sich über die Erteilung der Zustimmung schlüssig zu werden, solange die Person des Erstehers nicht feststeht.[679]

4.286

Das bedeutet, dass die Zwangsversteigerung des Erbbaurechts zunächst auch ohne Zustimmung des Grundstückseigentümers eingeleitet und durchgeführt werden kann und dass nur die Erteilung des Zuschlags von dem Vorliegen dieser Zustimmung abhängt. Wird sie verweigert, so ist eine Frist zur Beibringung der gerichtlichen Entscheidung über die Ersetzung dieser Zustimmung (§ 7 ErbbauRG) zu setzen und der Termin über die Verkündung des Zuschlags entsprechend hinauszuschieben.[680] Aus diesem Grund ist auch zum Beitritt eines weiteren Gläubigers zur angeordneten Zwangsversteigerung keine Zustimmung erforderlich.[681]

4.287

Unabhängig hiervon ist es zulässig, dass der Eigentümer bereits im Voraus bei Bestellung einer bestimmten Belastung der späteren Zwangsversteigerung des Erbbaurechts hieraus generell zustimmt und dadurch eine erneute Zustimmung vor dem Zuschlag entbehrlich macht.[682] Dies wird häufig von Grundpfandrechtsgläubigern verlangt.[683]

4.288

cc) Zwangsverwaltung. Die Zwangsverwaltung ist weder Veräußerung noch Belastung und fällt daher nicht unter § 8. Sie ist stets zulässig, falls ihre Voraussetzungen nach §§ 146 ff. ZVG vorliegen.[684]

4.289

c) Verfügungen im Weg der Arrestvollziehung. Im Betracht kommen Verfügungen gemäß §§ 928 ff., 936 ff. ZPO, insbesondere die Arresthypothek nach § 932 ZPO.[685] Solche Verfügungen sind unter den gleichen Voraussetzungen unwirksam wie die Verfügungen im Weg der Zwangsvollstreckung, so dass auf

4.290

---

[678] BGH NJW 1960, 2093 = Rpfleger 1961, 192.
[679] BGH aaO; BayObLG DNotZ 1961, 266, 270; *Erman/Ronke* § 8 RdNr. 1; *Freckmann/Frings/Grziwotz* RdNr. 622; *Ingenstau/Hustedt* § 8 RdNr. 19; MünchKomm § 8 RdNr. 8; *Pöschl* BB 1961, 581; RGRK/*Räfle* § 8 RdNr. 7; *Staudinger/Rapp* § 8 RdNr. 11.
[680] *Freckmann/Frings/Grziwotz* RdNr. 603; *Pöschl* BB 1961, 581.
[681] LG Verden Rpfleger 1952, 495; MünchKomm § 8 RdNr. 8; aA Bruhn Rpfleger 1952, 497; *Ingenstau/Hustedt* § 8 RdNr. 30.
[682] *Ingenstau/Hustedt* § 8 RdNr. 18; *Kappelhoff* Rpfleger 1985, 281; *Palandt/Bassenge* § 8 RdNr. 2; RGRK/*Räfle* § 8 RdNr. 7; aA *Staudinger/Rapp* § 8 RdNr. 10, der die Zustimmung nur für den Einzelfall für möglich ansieht; vgl. RdNr. 4.281.
[683] Wegen Einzelheiten hierzu RdNr. 4.220 ff., 4.282.
[684] *Freckmann/Frings/Grziwotz* RdNr. 629; *Furtner* NJW 1966, 182, 187; MünchKomm § 8 RdNr. 7.
[685] *Böttcher* Rpfleger 2004, 21, 22.

RdNr. 4.258 ff. verwiesen werden kann. Die Anordnung des Arrests als solche (§ 919 ZPO) fällt nicht unter § 8 ErbbauRG, da das Gesetz nur die „Arrestvollziehung" nennt. Soll eine Arresthypothek eingetragen werden und verweigert der Eigentümer die Zustimmung, so kann dem Gläubiger durch Zwischenverfügung eine angemessene Frist eingeräumt werden, um das gerichtliche Verfahren zur Ersetzung der Zustimmung des Eigentümers durchzuführen.[686]

4.291 **d) Verfügungen durch den Insolvenzverwalter.** Veräußerungen oder Belastungen des Erbbaurechts, die die Rechte des Grundstückseigentümers aus einer Vereinbarung nach § 5 ErbbauRG vereiteln oder beeinträchtigen, kann der Insolvenzverwalter nur mit Zustimmung des Grundstückseigentümers vornehmen. Gleichgültig ist, ob es sich um Verfügungen des Insolvenzverwalters im Weg der Zwangsvollstreckung (§ 165 InsO, §§ 172 ff. ZVG) oder um rechtsgeschäftliche Veräußerungen und Belastungen handelt. Die Befugnisse des Insolvenzverwalters nach § 80 InsO (vgl. §§ 135, 136 BGB, relative Unwirksamkeit) kommen hier nicht zur Anwendung, da §§ 5 und 8 ErbbauRG mit der Rechtsfolge der absoluten Unwirksamkeit lex specialis ist. Rein schuldrechtliche Verpflichtungsgeschäfte des Insolvenzverwalters zu einer Veräußerung oder Belastung werden durch § 8 ErbbauRG, dessen Wortlaut insoweit von § 6 Abs. 1 ErbbauRG abweicht, nicht erfasst und sind rechtsgültig.[687]

4.292 **e) Umfang der Unwirksamkeit.** Die zunächst schwebende[688] Unwirksamkeit der ohne Zustimmung des Eigentümers vorgenommenen Verfügungen wirkt für und gegen jedermann, also absolut.[689] Dies ist für die gegen § 6 ErbbauRG verstoßenden Verfügungen und Verträge anerkannt, muss aber wegen des engen Zusammenhangs und des gleichen Grundgedankens auch für § 8 ErbbauRG gelten.[690] Vor der Entscheidung über die Zustimmung ist die Verfügung schwebend unwirksam. Die Eintragung einer Sicherungshypothek ohne die erforderliche Zustimmung macht das Grundbuch unrichtig, so dass gem. § 53 GBO ein Amtswiderspruch einzutragen ist.[691]

4.293 **f) Ersetzung nach § 7 Abs. 3.** Der Anspruch auf Zustimmung gem. § 7 Abs. 1, 2 ErbbauRG besteht auch hier, so dass bei einer Verweigerung ohne ausreichenden Grund die Zustimmung gem. § 7 Abs. 3 ErbbauRG ersetzt werden kann. Obwohl auf § 7 Abs. 3 in § 8 ErbbauRG nicht ausdrücklich verwiesen ist, muss nach dem Normzweck auch hier eine richterliche Ersetzung zulässig sein und gilt § 7 Abs. 3 ErbbauRG im Zwangsvollstreckungsverfahren entsprechend.[692] Dem Grundstückseigentümer obliegen daher in den Fällen des § 8 ErbbauRG die gleichen, also keine weitergehenden Zustimmungspflichten als in den Fällen des § 7 Abs. 1 und 2 ErbbauRG.[693]

4.294 Der Gläubiger, der die Zwangsvollstreckung in das Erbbaurecht durch Eintragung einer Zwangshypothek betreibt, kann die gerichtliche Ersetzung der Zustimmung des Eigentümers zur Belastung des Grundstücks aus eigenem Recht nicht

---

[686] OLG Celle MDR 1985, 331.
[687] *Ingenstau/Hustedt* § 8 RdNr. 24; RGRK/*Räfle* § 8 RdNr. 10; *Staudinger/Rapp* § 8 RdNr. 12; aA MünchKomm § 8 RdNr. 13.
[688] Vgl. BGH NJW 1960, 2093, 2095 = DNotZ 1961, 31 = Rpfleger 1961, 192; BayObLG DNotZ 1961, 266, 268.
[689] BGH NJW 1960, 2093, 2095 = DNotZ 1961, 31 = Rpfleger 1961, 192; OLG Hamm Rpfleger 1985, 233; *Furtner* NJW 1966, 182, 187.
[690] BGH NJW 1960, 2093 = DNotZ 1961, 31 = Rpfleger 1961, 192; *Ingenstau/Hustedt* § 8 RdNr. 25; MünchKomm § 8 RdNr 14; *Staudinger/Rapp* § 8 RdNr. 7.
[691] Vgl. RdNr. 4.273.
[692] Vgl. BGH NJW 1960, 2093 = DNotZ 1961, 31 = Rpfleger 1961, 192; Rpfleger 1987, 257; OLG Köln Rpfleger 1969, 300; *Ingenstau/Hustedt* § 8 RdNr. 27; MünchKomm § 9 RdNr. 15.
[693] OLG Hamm DNotZ 1987, 40.

IX. Zustimmung zu Verfügungen über das Erbbaurecht (§§ 5–8, 15)

beantragen; er kann nur den Zustimmungsanspruch des Erbbauberechtigten gegen den Eigentümer pfänden und sich zur Ausübung überweisen lassen.[694] Der die Zwangsversteigerung des Erbbaurechts betreibende Gläubiger hat auch ein selbständiges Antragsrecht nach § 7 Abs. 3 ErbbauRG.[695] Ist über das Vermögen des Erbbauberechtigten das Insolvenzverfahren eröffnet, so ist der Insolvenzverwalter befugt, den Antrag auf Ersetzung der Zustimmung des Grundstückseigentümers durch das Amtsgericht zu stellen.[696]

Für die Ersetzung gelten die allgemeinen Regeln.[697] So kann zB die Zustimmung des Grundstückseigentümers zur Veräußerung im Weg der Zwangsversteigerung nicht ersetzt werden, wenn die Zustimmung verweigert wird, weil der Meistbietende es ablehnt, schuldrechtlich alle bisherigen Verpflichtungen, insbesondere den Erbbauzins, aus dem Erbbaurechtsvertrag zu übernehmen.[698] Dies gilt nach dem Beschluss des BGH vom 26. 2. 1987 nicht, wenn die Zwangsversteigerung aus einem der Erbbauzinsrealllast vorgehenden Grundpfandrecht betrieben wird, dem der Grundstückseigentümer zugestimmt hat, da dieser damit den mit der Erbbaurechtsbestellung verfolgten Zweck, sich laufende Einkünfte in Form des Erbbauzinses zu verschaffen, selbst einschränke.[699] Die Belastung des Erbbaurechts mit einer Sicherungshypothek im Weg der Zwangsvollstreckung entspricht einer „ordnungsmäßigen" Wirtschaft im Sinn des § 7 Abs. 2 ErbbauRG[700] nicht schon dann, wenn sie keine Überbelastung herbeiführt; vielmehr muss ihr auch ein dem Erbbauberechtigten zufließender Gegenwert entsprechen.[701] In Ausnahme zu diesen Grundsätzen hat das *LG München I* entschieden, dass die Zustimmung des Grundstückseigentümers zur Eintragung einer Zwangshypothek ohne einen die Belastung kompensierenden Zufluss beim Erbbauberechtigten ersetzt werden kann, wenn von der Erfüllung der aus dem Erbbaurechtsvertrag resultierenden Ansprüche gegen den Erbbauberechtigten ohnehin nicht mehr ausgegangen werden kann (zB weil sich letzterer in seine Heimat nach Nigeria abgesetzt hat, er seitdem weder den Erbbauzins bezahlt, noch von ihm Instandhaltungsmaßnahmen am Gebäude finanziert werden, noch er die auf dem Erbbaurecht lastenden Grundpfandrechte tilgt) und eine Überbelastung des Erbbaurechts ausgeschlossen ist.[702]

4.295

7. Fehlen der Zustimmung des Grundstückseigentümers

Ist der Erbbauberechtigte in der Verfügung durch eine Vereinbarung nach § 5 ErbbauRG beschränkt, so ist eine Veräußerung oder Belastung des Erbbaurechts unwirksam, solange nicht der Grundstückseigentümer die erforderliche Zustim-

4.296

---

[694] OLG Hamm Rpfleger 1993, 334; OLG Köln Rpfleger 2000, 11; *Demharter* Anh. zu § 8 GBO RdNr. 11; *Freckmann/Frings/Grziwotz* RdNr. 626; *Palandt/Bassenge* § 8 ErbbVO RdNr. 4; aA OLG Köln OLGZ 1969, 228; *Böttcher* Rpfleger 2004, 21, 23; *Streuer* Rpfleger 1994, 59; offen gelassen von BayObLG FGPrax 1996, 128.
[695] BGH NJW 1987, 1942 = Rpfleger 1987, 257; OLG Köln Rpfleger 1969, 300; OLG Hamm Rpfleger 1967, 415 = DNotZ 1967, 499; *Kehrer* BWNotZ 1957, 52/59; MünchKomm § 7 RdNr. 15.
[696] OLG Hamm Rpfleger 1967, 415 mit Anm. *Haegele* = DNotZ 1967, 499.
[697] Vgl. RdNr. 4.238 ff.
[698] OLG Hamm DNotZ 1987, 40; OLG Oldenburg Rpfleger 1985, 203 bei Erhöhung des – bestehen bleibenden – Erbbauzinses mit ablehnender Anm. *Hagemann; Pöschl* BWNotZ 1956, 41/43; ausführlich dazu RdNr. 4.204, 4.276 ff.
[699] BGH NJW 1987, 1942 = Rpfleger 1987, 257 mit Anm. *Drischler* 321 (vgl. RdNr. 4.277); ähnlich KG DNotZ 1984, 384 = Rpfleger 1984, 282, das die Verweigerung der Zustimmung des Grundstückseigentümers allein mit der Begründung, dass die Erbbauzinsrealllast durch den Zuschlag erlischt, nicht anerkennt.
[700] Vgl. RdNr. 4.234 ff.
[701] OLG Hamm OLGZ 1985, 269 = Rpfleger 1985, 291.
[702] Rpfleger 2003, 242; *Böttcher* Rpfleger 2004, 21, 22.

mung erteilt hat (§ 6 Abs. 1 ErbbauRG). Dies gilt nur, wenn und soweit das Zustimmungserfordernis vereinbart ist. Haben die Beteiligten bestimmte Veräußerungs- oder Belastungstatbestände ausgenommen, so besteht an einer dahingehenden gerichtlichen Feststellung (Negativattest) ein berechtigtes Interesse, wenn das Grundbuchamt die Eintragung der Verfügung vom Nachweis der Zustimmung abhängig macht.[703] § 6 Abs. 1 ErbbauRG ist nur auf die übrigbleibenden Fälle oder Fallgruppen anwendbar.

4.297 Es macht keinen Unterschied, ob die Verfügung ein Rechtsgeschäft ist oder ob sie im Weg der Zwangsvollstreckung, der Arrestvollziehung oder durch den Insolvenzverwalter erfolgt. § 8 ErbbauRG dehnt die Regelung des § 6 Abs. 1 ErbbauRG auf Verfügungen aus, die im Weg der Zwangsvollstreckung, der Arrestvollziehung oder durch den Insolvenzverwalter erfolgen. Hat der Grundstückseigentümer in einem Zwangsversteigerungsverfahren seine Zustimmung zu Recht verweigert, so ist das Verfahren aufzuheben.[704]

4.298 **a) Dingliches Rechtsgeschäft.** Das dingliche Rechtsgeschäft, also die Einigung über den Übergang des Erbbaurechts bzw. die Belastung, ist gem. § 6 Abs. 1 ErbbauRG unwirksam, solange nicht der Grundstückseigentümer die Zustimmung erteilt hat. Wird die Zustimmung nachträglich erteilt, so wirkt sie auf den Zeitpunkt der Vornahme des Rechtsgeschäfts zurück (§ 184 Abs. 1 BGB). Bis dahin ist es schwebend unwirksam, und zwar nicht etwa nur zugunsten des durch die Verfügung benachteiligten Grundstückseigentümers (relative Wirkung), sondern mit absoluter Wirkung gegenüber jedermann.[705] An eine Frist ist der Grundstückseigentümer nicht gebunden; doch kann eine solche schuldrechtlich vereinbart werden.[706] Die Vertragsteile sind an das Rechtsgeschäft solange gebunden, bis die Zustimmung eingeholt sein kann.[707]

4.299 Ohne Nachweis der Zustimmung gemäß § 15 ErbbauRG darf das Rechtsgeschäft nicht im Grundbuch eingetragen werden; fehlt die Zustimmung und wird sie nicht ersetzt, so ist die Verfügung gemäß § 6 unwirksam und das Grundbuch unrichtig. Das Grundbuchamt hat dabei auch Genehmigungserfordernisse zu beachten, denen der Eigentümer unterliegt, zB durch die Kirchenaufsicht.[708] Liegt die Zustimmung dagegen vor, ist sie aber dem Grundbuchamt nicht nachgewiesen, so ist die Eintragung ohne den vorgeschriebenen Nachweis wirksam, weil § 15 ErbbauRG eine Ordnungsvorschrift ist.[709] Ist die Zustimmung des Grundstückseigentümers nicht erforderlich, so besteht an einer entsprechenden gerichtlicher Feststellung (Negativattest) ein rechtliches Interesse, wenn das Grundbuchamt die Eintragung vom Nachweis der Zustimmung abhängig macht.[710]

4.300 **b) Schuldrechtliches Kausalgeschäft.** § 6 Abs. 1 ErbbauRG enthält noch eine besondere Einschränkung der Vertragsfreiheit: Auch der schuldrechtliche Vertrag, durch den sich der Erbbauberechtigte dem Dritten gegenüber ohne Zustimmung des Grundstückseigentümers zu einer Veräußerung oder Belastung verpflich-

---

[703] BayObLG DNotZ 1980, 50 = Rpfleger 1979, 384; *Keidel/Engelhardt* § 53 FGG RdNr. 11.
[704] *Freckmann/Frings/Grziwotz* RdNr. 275.
[705] BGH NJW 1960, 2093, 2095 = Rpfleger 1961, 192; BayObLG DNotZ 1961, 266, 268; OLG Hamm Rpfleger 1985, 233; *Freckmann/Frings/Grziwotz* RdNr. 272; *Furtner* NJW 1966, 182, 187; *Ingenstau/Hustedt* § 6 RdNr. 6, 18; MünchKomm § 6 RdNr. 2; RGRK/*Räfle* § 6 RdNr. 2; s. o. RdNr. 4.177.
[706] *Ingenstau/Hustedt* § 6 RdNr. 16; RGRK/*Räfle* § 6 RdNr. 2.
[707] RGZ 64, 149/154.
[708] OLG Braunschweig Rpfleger 1991, 452.
[709] MünchKomm § 15 RdNr. 2.
[710] BayObLGZ 1979, 227 = Rpfleger 1979, 384 = DNotZ 1980, 50; *Keidel/Engelhardt* § 53 FGG RdNr. 11.

IX. Zustimmung zu Verfügungen über das Erbbaurecht (§§ 5–8, 15)

tet, ist solange unwirksam, als nicht der Grundstückseigentümer die Zustimmung erteilt hat.[711] Das Verpflichtungsgeschäft ist ebenso wie die Verfügung selbst[712] **absolut,** wenn auch zunächst nur schwebend **unwirksam.**[713] Dadurch soll der Erbbauberechtigte davor geschützt werden, dass er ein schuldrechtliches Geschäft erfüllen müsste, obwohl er vor der Zustimmung noch nicht oder nach ihrer Versagung nicht erfüllen kann. Beide Vertragsteile sind zwar an den Vertrag gebunden, dieser ist aber während des Schwebezustandes noch wirkungslos, sodass kein Erfüllungsanspruch oder Schadensersatzanspruch besteht.[714] Mit der Zustimmung wird auch der obligatorische Vertrag ex tunc voll wirksam. Zur Besonderheit schuldrechtlicher Verpflichtungsgeschäfte des Insolvenzverwalters vgl. RdNr. 4.291.

Es bleibt den Beteiligten unbenommen, im Vertrag Vereinbarungen zu treffen, die gerade den Schwebezustand oder den Fall der endgültigen Unwirksamkeit regeln. Dies kann etwa durch die Vereinbarung eines Rücktrittrechts oder einer Abrede über die Rücktrittsfolgen für den Fall, dass die Zustimmung nicht in einer bestimmten Frist vorliegt, geschehen oder einer Kostenregelung für den Fall eines endgültigen Scheiterns des Vertrags.[715] 4.301

c) **Sicherung durch Vormerkung.** Die Frage, ob zur Sicherung des aus dem schwebend unwirksamen Vertrag Berechtigten während des Schwebezustandes eine Vormerkung eingetragen werden kann, ist streitig, wird aber von der herrschenden Meinung bejaht.[716] 4.302

Bei einem schwebend unwirksamen Vertrag ist ein künftiger Anspruch, der durch Vormerkung gesichert werden kann, dann gegeben, wenn der derzeit Berechtigte auf Grund der vertraglichen Bindungen nicht mehr einseitig die Position des anderen Vertragsteils beseitigen kann,[717] wie dies hier der Fall ist; solange die Zustimmung des Eigentümers nach § 5 ErbbauRG nicht erteilt ist, kann der Erbbauberechtigte nicht einseitig die Rechtsstellung seines Vertragspartners beseitigen, sodass die Eintragung einer Vormerkung möglich ist. Es ist hier nicht anders, als wenn zu einem Grundstückskaufvertrag noch eine behördliche Genehmigung fehlt, wo allgemein die Eintragung einer Vormerkung für zulässig gehalten wird.[718] Dagegen wird vorgebracht, dass die Vormerkung selbst zustimmungspflichtig sei, weil ihre dingliche Sicherung bereits die dingliche Wirkung des Anspruchs selbst vorwegnimmt.[719] Die Vormerkung ist aber nicht als Belastung im Sinn des § 5 Abs. 2 ErbbauRG aufgeführt; hierunter fallen nur solche Rechte, die beim Heimfall bestehen bleiben würden, so dass der Erbbauberechtigte zur Eintragung der Vormerkung keine Zustimmung des Eigentümers benötigt. Durch die Eintragung einer Vormerkung wird der Eigentümer in seinen Rechten noch nicht beeinträch-

---

[711] Vgl. RdNr. 4.239.
[712] Vgl. RdNr. 4.177, 4.298.
[713] Vgl. RdNr. 4.177, 4.298.
[714] MünchKomm § 6 RdNr. 3.
[715] BGH ZIP 1986, 36; RGRK/*Räfle* § 6 RdNr. 3.
[716] Für Zulässigkeit: OLG Hamm Rpfleger 1953, 520; OLG Nürnberg DNotZ 1967, 684 = MDR 1967, 213; OLG Köln OLGZ 1967, 193 = NJW 1968, 505; *Erman/Hagen* § 6 RdNr. 2; *Furtner* NJW 1966, 182/188; *Ingenstau/Hustedt* § 6 RdNr. 9; *Lademann* SchlHA 1960, 309; MünchKomm § 6 RdNr. 4; RGRK/*Räfle* § 6 RdNr. 4; *Staudinger/Rapp* § 5 RdNr. 16; – gegen Zulässigkeit: OLG Karlsruhe Rpfleger 1958, 221; LG Tübingen NJW 1956, 874; *Mezger* NJW 1953, 1010.
[717] *Ertl* MittBayNot 1977, 114.
[718] Palandt/*Bassenge* § 883 BGB RdNr. 15, 18; dass beim Fehlen einer vormundschaftsgerichtlichen Genehmigung zu einer Verfügung über ein Grundstück eine Vormerkung noch nicht eingetragen werden kann (so OLG Oldenburg DNotZ 1971, 484) liegt nicht am Fehlen eines Anspruchs, sondern daran, dass die Bewilligung einer Vormerkung als eine unter § 1821 BGB fallende Verfügung anzusehen ist.
[719] OLG Karlsruhe Rpfleger 1958, 221.

tigt, vielmehr erst durch die Entstehung des Vollrechts, das allein beim Heimfall bestehen bleiben würde (§ 33 ErbbauRG) und zu dessen Eintragung seine Zustimmung eingeholt werden muss.[720]

4.303 Nichts anderes gilt für die ebenfalls umstrittene Frage, ob eine Vormerkung auf Grund einstweiliger Verfügung ohne Zustimmung des Grundstückseigentümers eingetragen werden kann.[721] Der Erwerber kann die Sicherung seiner Rechte aus den in der vorigen Randnummer ausgeführten Gründen im Weg eines Verfügungsverbots gem. § 941 ZPO erreichen, auch wenn die Erhebung der Hauptklage noch nicht möglich ist. Diese ersetzt die Bewilligung des Erbbauberechtigten.[722]

4.304 **d) Unzulässigkeit des Heimfallanspruchs.** Der Grundstückseigentümer kann sich nach § 6 Abs. 2 ErbbauRG nicht auf eine Vereinbarung berufen, dass ein Zuwiderhandeln des Erbbauberechtigten gegen eine nach § 5 ErbbauRG übernommene Beschränkung einen Heimfallanspruch begründen soll. Es ist streitig, was mit dieser Formulierung gemeint ist, die sich auch in anderen Bestimmungen des ErbbauRG findet, wie zB in § 1 Abs. 4 S. 2, § 27 Abs. 2 S. 2, § 32 Abs. 2 S. 2. Nach einer Meinung ist eine § 6 Abs. 2 ErbbauRG widersprechende Heimfallvereinbarung mit Wirkung gegen jedermann nichtig.[723] Richtig dürfte wohl die andere Auffassung sein, die sich auf den Wortlaut des Gesetzes „nicht berufen" stützen kann; danach ist eine entgegenstehende Vereinbarung nicht nichtig, sondern hindert nur den Eigentümer, den Heimfallanspruch durchzusetzen. Da die Vereinbarung rechtsgültig ist, kann sie freiwillig erfüllt werden.[724] § 6 Abs. 2 ErbbauRG setzt voraus, dass die Beteiligten eine Vereinbarung gem. § 5 ErbbauRG getroffen und mittels Grundbucheintragung zum Inhalt des Erbbaurechts (§ 2 ErbbauRG) gemacht haben.

4.305 Besteht nur ein schuldrechtliches, also nicht als Inhalt des Erbbaurechts vereinbartes Veräußerungs- oder Belastungsverbot, so ist es streitig, ob an seine Verletzung ein Heimfallanspruch geknüpft werden kann. Geht man vom Wortlaut der Vorschrift des § 6 Abs. 2 ErbbauRG aus, so bleibt es den Vertragsteilen unbenommen, für bestimmte Fälle rechtsverbindlich einen Heimfallanspruch zu vereinbaren, wenn auch nicht generell für jeden Veräußerungsfall, weil das dem Wesen des Erbbaurechts als eines grundsätzlich veräußerlichen Rechts entgegenstünde.[725] Diese Meinung erscheint aber zu weitgehend, da bei Fehlen einer Zustimmungspflicht nach § 5 ErbbauRG schuldrechtliche Vereinbarungen mit dem gleichen Inhalt getroffen werden können und dadurch die zwingenden Bestimmungen von § 6 Abs. 2 und § 7 ErbbauRG umgangen würden.[726]

---

[720] Vgl. RdNr. 4.184 ff.
[721] Für Zulässigkeit: OLG Nürnberg DNotZ 1967, 685; OLG Köln NJW 1968, 505; *Erman/Ronke* § 6 RdNr. 1; *Furtner* NJW 1964, 745; 1966, 182/188; *Ingenstau/Hustedt* § 6 RdNr. 12; *Lademann* SchlHA 1960, 309; MünchKomm § 6 RdNr. 5; RGRK/*Räfle* § 6 RdNr. 4; *Staudinger/Rapp* § 5 RdNr. 17; – gegen Zulässigkeit: LG Tübingen NJW 1956, 874; *Mezger* NJW 1953, 1010.
[722] Zu Einschränkungen des Rechtsschutzbedürfnisses in zwei Spezialfällen s. *Staudinger/Rapp* § 5 RdNr. 17.
[723] *Ingenstau/Hustedt* § 6 RdNr. 17; RGRK/*Räfle* § 6 RdNr. 5; *Staudinger/Rapp* § 5 RdNr. 11.
[724] LG München MittBayNot 1972, 20; *Erman/Hagen* § 6 RdNr. 5; MünchKomm § 6 RdNr. 8; *Palandt/Bassenge* § 6 RdNr. 2; *Soergel/Baur* § 6 RdNr. 3.
[725] *Ingenstau/Hustedt* § 6 RdNr. 17; RGRK/*Räfle* § 6 RdNr. 5; *Staudinger/Rapp* § 5 RdNr. 11.
[726] MünchKomm § 6 RdNr. 8; *Soergel/Baur* § 6 RdNr. 3.

5. Kapitel. Das rechtliche Schicksal des Erbbaurechts

Übersicht

RdNr.

I. Vorbemerkungen
1. Systematik 1
2. Normzweck 2

II. Begründung des Erbbaurechts
1. Elemente des Erbbaurechtsvertrages 4
2. Schuldrechtliches Grundgeschäft
   a) Rechtsnatur
      aa) Ausgestaltung 5
      bb) Normalfall 6
      cc) Andere Gestaltungen 7
   b) Anwendbare Vorschriften 8
      aa) Gefahrenübergang 9
      bb) Unmöglichkeit 10
      cc) Rechtsmängel 11
      dd) Sachmängel 12
      ee) Rücktrittsrechte 13
      ff) Sonstiges 14
   c) Form (§ 11 Abs. 2 ErbbauRG, § 311 b BGB)
      aa) Umfang 15
      bb) Nebenabreden 17
      cc) Geschäftseinheit mit weiteren Vereinbarungen 18
      dd) Auslegung 19
   d) Geltung des Formzwangs für die spätere Einigung
      aa) Abtrennung der Einigung 20
      bb) Geltung des Abstraktionsprinzips 22
      cc) Inhalt des schuldrechtlichen Vertrages 23
      dd) Inhalt der dinglichen Einigung 25
      ee) Unterschied zur Auflassung 26
      ff) Verklammerung mit weiteren dinglichen Rechten 29
      gg) Ergebnis 30
   e) Geltung des Formzwangs für Änderungen, Aufhebung
      aa) Änderung zwischen Einigung und Eintragung 31
      bb) Vor Eintritt der Bindungswirkung 32
      cc) Aufhebung 33
   f) Folgen des Formmangels
      aa) Nichtigkeitsfolgen 34
      bb) Auswirkungen auf die spätere Einigung 35
      cc) Weitere Folgen 36
   g) Heilung (§ 11 Abs. 2 ErbbauRG, § 311 b S. 2 BGB)
      aa) Voraussetzungen 38
      bb) Wirkung 39
      cc) Keine Rückwirkung 40
3. Dingliche Bestellung
   a) Rechtsgrundlage (§ 873 Abs. 1 BGB) 41
   b) Einigung
      aa) Form 42
      bb) Inhalt 43
   c) Weitere Vollzugsvoraussetzungen
      aa) Bewilligung, Antrag 46
      bb) Vorlage des Erbbaurechtsvertrages 47
      cc) Privatrechtliche Genehmigungen 48
      dd) Behördliche Genehmigungen 49

5. Kapitel. Das rechtliche Schicksal des Erbbaurechts

	RdNr.
ee) Unbedenklichkeitsbescheinigung des Finanzamtes	50
ff) Rangbeschaffung	51
d) Eintragung	
aa) Prüfungspflicht des Grundbuchamtes	52
bb) Grundstücks-Grundbuch	53
cc) Erbbau-Grundbuch	55
dd) Wirkungen, Widersprüche beider Grundbücher	59
e) Zeitpunkt	60
4. Nichtigkeitsgründe	61
a) Unwirksamkeit der Einigung	62
b) Inhaltlich unzulässige Eintragung	64
c) Teilnichtigkeit (§ 139 BGB)	66
aa) Teilnichtigkeit beim vertraglichen Inhalt	67
bb) Nichtigkeit anderer Elemente des Erbbaurechtsvertrages	68
5. Nichtigkeitsfolgen	72
a) Unwirksamkeit der dinglichen Erbbaurechtsbestellung	
aa) Berichtigung des Grundbuches	73
bb) Gutgläubiger Erwerb	75
b) Inhaltlich unzulässige Eintragung	76
c) Sonstige Folgen	78
6. Weitere Entstehungsgründe	
a) Buchersitzung	79
b) Enteignung	
aa) Frühere Rechtsgründe	80
bb) Baugesetzbuch	82
cc) Bundesbaugesetz	83
dd) Städtebauförderungsgesetz	84

III. Übertragung

1. Schuldrechtliches Grundgeschäft	
a) Form (§ 11 ErbbauRG, § 311 b BGB)	85
b) Anwendbare Vorschriften, Rechtsfolgen	87
2. Dingliche Übertragung	89
a) Einigung	90
b) Bedingungsfeindlichkeit der Einigung (§ 11 Abs. 1 S. 2 ErbbauRG)	91
c) Sonstige Vollzugsvoraussetzungen	
aa) Bewilligung, Antrag	93
bb) Vorlage des schuldrechtlichen Veräußerungsvertrages	94
cc) Zustimmung des Grundstückseigentümers (§ 5 Abs. 1, § 15 ErbbauRG)	95
dd) Privatrechtliche und behördliche Genehmigungen	97
ee) Gesetzliche Vorkaufsrechte	98
ff) Unbedenklichkeitsbescheinigung des Finanzamtes	99
d) Eintragung	100
3. Sonstige Rechtswirkungen der Übertragung	101
4. Übergang kraft Gesetzes, Enteignung	103
5. Übertragung des Erbbaugrundstücks	104

IV. Belastung

1. Arten der Belastung	105
a) Rechte in Abteilung II	
aa) Untererbbaurecht	106
bb) Grunddienstbarkeiten (§§ 1018 ff. BGB)	107
cc) Beschränkte persönliche Dienstbarkeit	112
dd) Sonstige Rechte	113
ee) Dauerwohnrecht	114
ff) Reallasten	115
b) Rechte in Abteilung III	116
2. Sondervorschriften für Mündelhypotheken (§§ 18–20, 22 ErbbauRG)	
a) Geltungsbereich	
aa) Normzweck, Gesetzessystematik	117
bb) Mündelhypothek (§ 18 ErbbauRG)	118

Übersicht

	RdNr.
b) Tilgungshypothek (§ 18 ErbbauRG)	119
c) Beleihungsgrenze (§ 19 Abs. 1 S. 1, Abs. 2 ErbbauRG)	120
d) Beleihungswert	
aa) Formel	122
bb) Bauwerk	123
cc) Mietreinertrag	124
e) Berechnungsbeispiel	127
f) Inhaltlich Anforderungen (§ 20)	
aa) Normzweck	128
bb) § 20 Abs. 1 ErbbauRG	129
cc) § 20 Abs. 2 ErbbauRG	133
g) Landesrechtlicher Vorbehalt (§ 22)	134
3. Vorschriften für Versicherungsunternehmen (§ 21)	135
a) Gesetzliche Änderungen, Geltungsbereich	136
b) Tilgungsplan (§ 21 Abs. 1)	137
c) Beleihungsgrenze, Beleihungswert	138
d) Vorrangiger Erbbauzins (§ 21 Abs. 2)	139
e) Deckung für Hypothekenpfandbriefe	140
4. Sonstige Beleihungen	141
a) Mittelbare Anwendung von §§ 18 ff.	142
b) Wertermittlung, Beleihungswert in den übrigen Fällen	143
5. Durchführung der Belastung	
a) Schuldrechtliches Grundgeschäft	144
b) Dingliche Bestellung (§ 873 BGB)	145
6. Haftungsgegenstand (§ 12)	147
7. Auswirkungen von Zwangsversteigerung, Beendigung, Heimfall	149
8. Sicherungsmöglichkeiten des Grundstückseigentümers bei überhöhten Belastungen	
a) Problemstellung	149 a
b) Löschungs- und Abtretungsvormerkung	149 b
c) Weitere Sicherungsmöglichkeiten	149 c
9. Erleichterungsmöglichkeiten zur Beleihung	149 d

V. Inhaltsänderung, Teilung, Vereinigung

1. Begriff der Inhaltsänderung	150
2. Schuldrechtliches Grundgeschäft	
a) Rechtsnatur	152
b) Anwendbarkeit von § 311 b BGB	153
c) Abgrenzung	154
3. Dinglicher Vollzug	
a) Rechtsgrundlage, Einigung	155
b) Zustimmung dinglich Berechtigter	157
c) Eintragung	159
4. Teilung des Grundrechts ohne Teilung des Erbbaurechts	160
5. Teilung des Erbbaurechts	
a) Voraussetzungen, Begriff	
aa) Teilung des Erbbaugrundstücks	161
bb) Abgrenzung	162
cc) Teilbarkeit des Rechtsinhalts	163
b) Bestimmter Rechtsinhalt	
aa) Zulässigkeit	164
bb) Durchführung	165
c) Bei noch zu konkretisierendem Rechtsinhalt	
aa) Zulässigkeit	169
bb) Durchführung	170
d) Zustimmung von Belastungsgläubigern	171
e) Teilung in Wohnungs-/Teilerbbaurecht	173
6. Abschreibung unselbständiger Teilflächen des Erbbaugrundstücks	174
7. Vereinigung, Bestandteilszuschreibung	
a) Am Erbbaugrundstück	
aa) Voraussetzungen	175

5. Kapitel. Das rechtliche Schicksal des Erbbaurechts

	RdNr.
bb) Durchführung der Ausdehnung des Erbbaurechts	176
cc) Wirkung auf Rechte am Erbbaurecht	177
b) Vereinigung von Grundstücken und Erbbaurechten	
aa) Zulässigkeit nach hM	178
bb) Ausschluss wegen verschiedenen Charakters	179
cc) Ausschluss wegen Anwendbarkeit der Rechtsvorschriften	180
c) Vereinigung von Erbbaurechten untereinander	
aa) Zulässigkeit	181
bb) Durchführung	182
cc) Bestandteilszu- und -abschreibung	183

VI. Zwangsvollstreckung in das Erbbaurecht und in Grundstück (§§ 24, 25, 8)

1. Zwangsvollstreckung in das Erbbaurecht	
a) Voraussetzungen, Art der Zwangsvollstreckung	184
b) Zwangshypothek, Zwangsverwaltung	185
c) Zwangsversteigerungsverfahren	186
d) Rechtswirkungen des Zuschlags	188
2. Zwangsversteigerung des Erbbaugrundstücks (§ 25)	191
3. Arrest, Insolvenz	193

VII. Beendigung (§§ 26 ff. ErbbauRG)

1. Erlöschensgründe	194
2. Rechtsgeschäftliche Aufhebung (§ 26)	
a) Begriff, Normzweck	196
b) Durchführung	
aa) Grundgeschäft	197
bb) Aufgabeerklärung des Erbbauberechtigten (§ 875 BGB)	198
cc) Zustimmung des Grundstückseigentümers (§ 26)	199
dd) Zustimmung der am Erbbaurecht dinglich Berechtigten (§ 876 BGB)	200
ee) Eintragung (§ 875 BGB, § 16 ErbbauRG)	202
c) Rechtswirkungen	203
3. Erlöschen durch Zeitablauf (§§ 27, 28)	
a) Voraussetzungen des Erlöschens, Vollzug im Grundbuch	
aa) Materielle Rechtsfolgen	204
bb) Löschungsvoraussetzung zum Erbbaurecht	205
cc) Berücksichtigung der doppelten Surrogation	206
b) Der gesetzliche Entschädigungsanspruch (§ 27 Abs. 1 S. 1)	
aa) Normzweck	207
bb) Bei Bestehen des Erbbaurechts	208
cc) Wesen nach Erlöschen des Erbbaurechts	209
dd) Berechtigter, Verpflichteter	210
ee) Höhe	212
c) Der dinglich vereinbarte Entschädigungsanspruch (§ 27 Abs. 1 S. 2 Abs. 2)	
aa) Rechtsnatur	213
bb) Regelungsspielraum	214
cc) Gesetzliche Schranke (§ 27 Abs. 2)	215
dd) Abweichende schuldrechtliche Vereinbarungen	218
d) Anwendung der Entschädigung durch Verlängerung (§ 27 Abs. 3)	
aa) Normzweck	220
bb) Rechtsnatur	221
cc) Verlängerungsangebot	224
dd) Annahme, Durchführung der Verlängerung	228
ee) Ablehnung der Verlängerung (§ 27 Abs. 3 S. 2)	229
ff) Scheitern der Einigung, Verspäteter Vollzug	231
gg) Vertragliche Inhaltsänderungen	234
hh) Wiederholte Verlängerung (§ 27 Abs. 3 S. 2)	235
e) Haftung der Entschädigungsforderung (§ 28), Verfügungen darüber	
aa) Rechtsnatur	236

I. Vorbemerkungen

	RdNr.
bb) Eintragung	238
cc) Rechtswirkungen	241
4. Sicherung von Verwertungsrechten bei Zeitablauf (§ 29)	
a) Normzweck	242
b) Berechtigte Gläubiger	243
c) Rechtsinhalt	244
d) Eintragung der Rechte gemäß § 29, Löschung des Erbbaurechts	
aa) Eintragung	246
bb) Zustimmung zur Löschung des Erbbaurechts	247
cc) Gleichzeitige Berichtigung	248
c) Rechtswirkungen	
aa) Zustimmung der Realgläubiger zu Verfügungen	249
bb) Befriedigung	250
cc) Erneuerung (§ 31 Abs. 5)	252
5. Rechtswirkungen auf Bestandteile (§ 12 Abs. 3, § 34)	
a) Anwendungsbereich	253
b) Eigentumserwerb am Bauwerk, Enthaftung (§ 12 Abs. 3)	
aa) Bauwerk, wesentliche Bestandteile	254
bb) Nicht wesentliche Bestandteile, Zubehör	255
cc) Grunddienstbarkeiten	256
dd) Gesamt-, Nachbar-, Unter- und Wohnungs-Erbbaurecht	257
c) Ausschluss des Wegnahmerechts (§ 34)	258
6. Rechtswirkungen auf Miete, Pacht (§ 30)	
a) Anwendungsbereich	
aa) Allgemeine Anwendbarkeit von §§ 571 ff.	259
bb) Anwendungsbereich bei Erlöschen	260
b) Vertragseintritt (§ 30 Abs. 1)	261
c) Ausnahmekündigungsrecht (§ 30 Abs. 2)	
aa) Erlöschen durch Zeitablauf	262
bb) Vorzeitiges Erlöschen des Erbbaurechts (§ 30 Abs. 2 S. 3)	263
cc) Schadensersatzansprüche des Mieters	264
d) Erklärungsfrist (§ 30 Abs. 3)	265
7. Erneuerungsvorrecht (§ 2 Nr. 6, § 31)	266

VIII. Die Grundbücher (§§ 14–17)

1. Normzweck	267
2. Das Grundstücks-Grundbuch (§ 14 Abs. 2, 3 S. 2, 3)	
a) Ersteintragung	268
b) Spätere Eintragungen	269
3. Das Erbbaugrundbuch (§ 14 Abs. 1, Abs. 3 S. 1)	
a) Geltungsbereich	271
b) Ersteintragung	272
c) Spätere Eintragungen	273
4. Wirkungen beider Grundbücher	274
5. Nachweis von Zustimmungen des Grundstückseigentümers (§ 15)	275
6. Eintragungsbekanntmachungen (§ 17)	276

I. Vorbemerkungen

1. Systematik

Während im 2. Kapitel der gesetzliche Inhalt des Erbbaurechts, also die gesetz- **5.1**
lichen Anforderungen für die Entstehung eines Erbbaurechts und dessen gesetzliche
Rechtswirkungen, zusammengefasst wurde, und im 4. Kapitel der vertragliche Inhalt desselben sowie dessen Rechtswirkungen, so wird im Folgenden das rechtliche
Schicksal des Erbbaurechts von der Entstehung bis zu seiner Beendigung zusammenfassend dargestellt. Bei den besonderen Gestaltungsformen des Erbbaurechts
im 3. Kapitel sind die Besonderheiten im rechtlichen Schicksal der einzelnen
Konstruktionsformen dargestellt, so dass auf sie im Folgenden nicht mehr einge-

gangen wird. Gesetzliche Grundlage für die folgenden Darlegungen ist im Wesentlichen § 11 ErbbauRG, aber auch alle weiteren Vorschriften von §§ 14 mit 22, §§ 24 bis 30, 34 ErbbauRG sind hier dargestellt.

2. Normzweck

5.2   Der sich aus dem Begriff und Wesen ergebenden **komplexen Doppelnatur des Erbbaurechts** – Recht am Grundstück verbunden mit Eigentum am Bauwerk, bei der begrifflich das Bauwerkseigentum dem Recht untergeordnet ist, obwohl es faktisch im Vordergrund steht (vgl. RdNr. 1.29) – entspricht die Regelung von § 11 ErbbauRG mit den weiteren Bestimmungen für das rechtliche Schicksal des Erbbaurechts. Einerseits wird es **wie ein Grundstück behandelt;** es finden für das Erbbaurecht die sich auf Grundstücke beziehenden Vorschriften sowie diejenigen über die Ansprüche aus dem Eigentum entsprechende Anwendung (§ 11 Abs. 1 S. 1 ErbbauRG), ist seine Übertragung genauso wie die Auflassung nach § 925 Abs. 2 BGB bedingungsfeindlich (§ 11 Abs. 1 S. 2 ErbbauRG) und gilt für die Verpflichtung zur Bestellung oder zu seinem Erwerb § 311b BGB aus den gleichen Schutzgründen, wie beim Grundstück (§ 11 Abs. 2 ErbbauRG). Es ist grundsätzlich wie ein Grundstück veräußerlich und belastbar.

5.3   Andererseits wird es in seiner Entstehung, Veränderung und Aufhebung, also bezüglich seines unmittelbar eigenen Schicksals lediglich **als Recht behandelt.**[1] Gemäß § 11 Abs. 1 ErbbauRG gelten hier die Rechtsvorschriften der §§ 873, 875, 877 BGB und nicht die ausdrücklich ausgeschlossenen Grundstücksvorschriften der §§ 925, 927, 928 BGB. Auch bei seiner Aufhebung (§ 26, § 11 Abs. 1 ErbbauRG, § 875 BGB) zeigt sich die Rechtsnatur, ebenso wie beim Erlöschen durch Zeitablauf, § 27 ErbbauRG. Seiner Doppelnatur entsprechend ist das Erbbaurecht gemäß § 14 ErbbauRG immer doppelt einzutragen. Als Recht am Grundstück ist es im Grundstücks-Grundbuch einzutragen, während sein Charakter als grundstücksgleiches Recht im Erbbau-Grundbuch zum Ausdruck kommt. Zu den weiter gemäß § 11 ErbbauRG anwendbaren Grundstücksvorschriften sowie den Ansprüchen aus Eigentum vgl. RdNr. 2.160 ff.

II. Begründung des Erbbaurechts

1. Elemente des Erbbaurechtsvertrages

5.4   Ein Erbbaurechtsvertrag enthält idR höchst verschiedene Elemente, nämlich das schuldrechtliche Kausalgeschäft, die dingliche Erbbaurechtsbestellung mit Regelungen zum gesetzlichen (§ 1 ErbbauRG) und vertraglichen Inhalt (§§ 2 bis 8, § 27 Abs. 1, § 32 Abs. 1 ErbbauRG) sowie die Einigung hierzu, den dinglichen Erbbauzins (§ 9 ErbbauRG), weitere dingliche Rechte, zB gegenseitige Vorkaufsrechte und ergänzende schuldrechtliche Vereinbarungen zum Erbbaurecht selbst (vgl. RdNr. 4.6 ff.) bzw. zum dinglichen Erbbauzins (Anpassungsverpflichtung, vgl. RdNr. 6.65 ff.) beim alten Erbbauzins mit Sicherung durch Vormerkung (vgl. RdNr. 6.179 ff.). Im Hinblick auf den sachenrechtlichen Bestimmtheitsgrundsatz ist hier bei der Vertragsgestaltung auf eine möglichst **klare Abgrenzung** dieser Elemente zu achten. Zur besseren Übersicht und zum besseren Verständnis dieses **komplexen Vertragsbündels** folgende **schematische Übersicht** über einen typischen Inhalt eines derartigen Rechtsgeschäfts (dingliche Elemente sind rechteckig, schuldrechtliche Elemente rund eingerahmt):

---

[1] Vgl. *Lutter* DNotZ 1960, 80, 89; MünchKomm § 11 RdNr. 2.

II. Begründung des Erbbaurechts

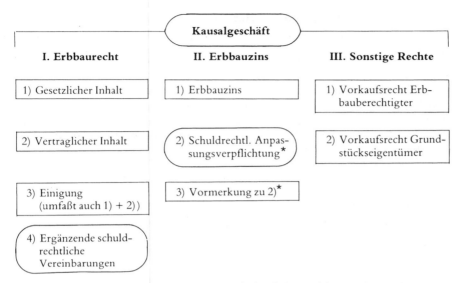

* Nur soweit kein wertgesicherter (neuer) dinglicher Erbbauzins!

2. Schuldrechtliches Grundgeschäft

a) Rechtsnatur

aa) Ausgestaltung. Die Rechtsnatur des schuldrechtlichen Grundgeschäfts bestimmt sich nach dessen konkreter Ausgestaltung: Es kann entgeltlich oder unentgeltlich sein, das Entgelt kann im Erbbauzins oder in anderen Gegenleistungen bestehen.

5.5

bb) Normalfall. Bei dem faktischen Normalfall, von dem auch der Gesetzgeber ausgeht, besteht das Entgelt im Erbbauzins. Leistung ist hier Einräumung eines Rechts (Erbbaurecht), Gegenleistung wirtschaftlich die Zahlung von Zinsen (Erbbauzins), rechtlich dagegen die Einräumungen eines anderen dinglichen Rechts, nämlich der Erbbauzinsreallast. Für die **bisherigem Schuldrecht** unterliegenden Fälle gilt: Zwar kann auch bei einem Kauf iS § 433 BGB der vereinbarte Preis ratenweise bezahlt werden, ohne dass sich damit die Rechtsnatur des Vertrages ändert; wegen der rechtlichen und wirtschaftlichen Andersartigkeit des Entgelts liegt jedoch nach BGH und OLG Düsseldorf[2] ein **kaufähnlicher Vertrag** iS der §§ 445, 493 aF BGB vor; er ist einem **Rechtskauf ähnlich,** und zwar gemäß § 433 Abs. 1 S. 2 aF BGB dem Kauf eines Rechts, das zum Besitz einer Sache (des Erbbaugrundstücks bzw. der Nutzungsfläche) berechtigt.[3] Auch wenn die Erbbaurechtsbestellung sich auf ein schon vorhandenes Bauwerk bezieht, handelt es sich um einen rechtskaufähnlichen Vertrag; zwar steht hier wirtschaftlich das Bauwerkseigentum im Vordergrund, aber hinsichtlich seiner Entstehung wird das Erbbaurecht wie ein Recht und nicht wie eine Sache behandelt (vgl. RdNr. 5.3). Nach der **Schuldrechtsreform** fehlt eine §§ 445, 493 aF BGB entsprechende Regel, weil die Anwendbarkeit des Kaufrechts auf kaufähnliche Verträge dem Gesetzgeber

5.6

---

[2] BGH NJW 1965, 532 und BGHZ 96, 385 = NJW 1986, 1605; OLG Düsseldorf NJW 1971, 436.
[3] BGH NJW 1986, 1605 = BGHZ 96, 385.

selbstverständlich und damit überflüssig erschien;[4] damit gelten für die Erbbaurechtsbestellung die **Rechtskaufvorschriften, § 453 BGB**.[4]

5.7 cc) **Andere Gestaltungen.** Das Entgelt kann jedoch statt eines Erbbauzinses auch in ganz anderen Gegenleistungen bestehen, zB in der Zahlung eines Kaufpreises, einer einmaligen Abfindung etc., dann liegt ein Rechtskauf gemäß § 453 (bisher: §§ 433 Abs. 1 S. 2, 451) BGB vor,[3] das Erbbaurecht kann auch im Tauschwege bestellt werden. Bei Unentgeltlichkeit liegt eine Schenkung, §§ 516 ff. BGB vor.

5.8 b) **Anwendbare Vorschriften.** Je nach Rechtsnatur des Grundgeschäfts finden die Vorschriften der jeweiligen Vertragsart Anwendung, und zwar gelten gemäß **§ 11 Abs. 1 S. 1 ErbbauRG** die sich **auf Grundstücke beziehenden Vorschriften** entsprechend. An die Bestimmung des Bauwerks sind hier nicht die gleichen Anforderungen zu stellen, wie an die dingliche Rechtseinräumung.[5] Die nachstehende Abgrenzung zwischen Unmöglichkeit, Rechts- und Sachmängeln hat sich durch die Schuldrechtsreform nicht geändert.[6] Im Einzelnen gilt für den Normalfall (Gegenleistung Erbbauzins, also rechtskaufähnlicher Vertrag) folgendes:

5.9 aa) **Gefahrenübergang.** Der Gefahrenübergang erfolgte nach bisherigem Recht bei Eintragung des Erbbaurechts im Grundbuch gemäß § 11 Abs. 1 ErbbauRG, § 446 Abs. 2 BGB aF, sofern nichts anderes vereinbart war; nun ist die Übergabe maßgebend (§§ 453 Abs. 3, 446 BGB).

5.10 bb) **Unmöglichkeit.** Soweit **bisheriges Schuldrecht** anwendbar ist, gilt: Ist das Erbbaugrundstück mit einem Recht belastet und kann die gemäß § 10 ErbbauRG vorgeschriebene ausschließlich erste Rangstelle endgültig nicht beschafft werden, führt dies zur Unmöglichkeit der Rechtsverschaffung und liegt nicht nur ein bloßer Rechtsmangel vor, da dadurch das Erbbaurecht nicht zur Entstehung kommen kann.[7] Führt ein **vor Eintragung** ergehender bestandskräftiger Bebauungsplan zur **endgültigen Unbebaubarkeit** des Erbbaugrundstücks so wird die Verschaffung des Erbbaurechts gemäß §§ 440 Abs. 1, 323 ff. aF BGB objektiv unmöglich.[8] Im Unterschied zum Sachkauf, bei dem dies nur Sachmängel begründen würde, ist nämlich hier nach BGH[8] die Bebaubarkeit ein unabdingbares gesetzliches Inhaltserfordernis, so dass bei deren dauerndem Ausschluss das Erbbaurecht nicht wirksam entstehen kann. Nach *Kohler*[9] ist jedoch eine Eintragung des Erbbaurechts deswegen nicht inhaltlich unzulässig. Dem ist zu folgen: Einerseits sind auch sonst öffentlich-rechtliche Baubeschränkungen und privatrechtliche Befugnisse getrennt, andererseits wäre die sonst nötige Prüfung der Bebaubarkeit durch das Grundbuchamt systemfremd und undurchführbar. Wird in der Flurbereinigung ein Erbbaurecht an einem Einlagegrundstück bestellt, das nicht bebaubar ist und nie bebaut werden soll, das aber durch ein Ersatzgrundstück ersetzt werden soll, das bebaubar ist, ist dieser Surrogationscharakter des § 68 FlurBG dem Erbbaurecht zumindest fremd. Wird dagegen ein Erbbaurecht an Bauerwartungsland bestellt, was – wie beim Grundstückskauf – zulässig ist, und wird das Grundstück **nach Eintragung** endgültig unbebaubar, so bleibt es nach BGH[10] wegen seiner Eigentumsähnlichkeit und wegen § 1 Abs. 4 ErbbauRG wirksam. Eine Rückübertragung analog § 2 Nr. 4 ErbbauRG scheidet aus, weil der Erbbauberechtigte wie der Grundstücks-

---

[4] BT-Drucks. 14/6040, S. 203; *Amann/Brambing/Hertel* S. 147; *Wälzholz/Bülow* MittBayNot 2001, 509, 520; *Dauner/Lieb/Heidel* § 453 BGB RdNr. 3.
[5] BGH NJW 1993, 1682.
[6] *Amann/Brambring/Hertel* S. 147.
[7] RGRK/*Räfle* § 11 RdNr. 48 nimmt anscheinend Rechtsmängel an; die Konsequenz ist aber die gleiche wie bei BGH NJW 1986, 1605.
[8] BGH NJW 1986, 1605 = BGHZ 96, 385.
[9] *Kohler* JR 1989, 317.
[10] BGH DNotZ 1988, 161, 164; ebenso OLG Düsseldorf DNotZ 2001, 705.

II. Begründung des Erbbaurechts

käufer das Baurisiko trägt;[10] dies sollte bei der Vertragsgestaltung berücksichtigt werden. Bei einer Erbbaurechtsbestellung an Bauerwartungsland kann die Gewährleistung nach § 437 aF nicht dazu führen, dass der Grundstückseigentümer für die Bebaubarkeit haftet; in derartigen Fällen sollte die Gewährleistung vielmehr vertraglich geregelt werden; vgl. hierzu *Kohler*.[9] Nach OLG Düsseldorf[10] gilt das Gleiche, wenn die anfangs bestehende Bebaubarkeit nach Eintragung des Erbbaurechts wegfällt; Wegfall der Geschäftsgrundlage ist in besonders gelagerten Fällen möglich.[11]

Nach der **Schuldrechtsreform** ist zwar die Abgrenzung zu Rechts- und Sachmängeln – und damit der Tatbestand der Unmöglichkeit – unverändert geblieben (vgl. RdNr. 5.8). Allerdings besteht jetzt keine verschuldensunabhängige Garantiehaftung mehr, § 311a Abs. 1, § 275 Abs. 1–3 BGB. Wenn der Grundstückseigentümer das Leistungshindernis bei anfänglicher Unmöglichkeit kannte oder kennen musste, haftet er nach § 311a Abs. 2 BGB, bei nachträglicher Unmöglichkeit gemäß §§ 280, 283 BGB, wenn er das Hindernis zu vertreten hat, ferner wenn er das Beschaffungsrisiko gemäß § 276 Abs. 1 S. 1 BGB übernommen hat.[12] Deswegen sollten weiterhin die Rechtsfolgen bei einem **Scheitern der Rangbeschaffung** oder der **Unbebaubarkeit vertraglich geregelt** werden.

cc) Rechtsmängel. Soweit **bisheriges Schuldrecht** anwendbar ist, gilt: Für Rechtsmängel gelten gemäß § 11 Abs. 1 ErbbauRG die §§ 445, 434 ff. aF BGB. Ein solcher Mangel liegt insbesondere vor, wenn am Erbbaurecht Rechte bestehen (§ 434 aF BGB), soweit diese nicht bereits die Entstehung des Erbbaurechts wegen § 10 ErbbauRG unmöglich machen oder der Besitz Dritter. Für öffentliche Lasten gilt § 436 BGB. Auch öffentlich-rechtliche Bindungen oder Beschränkungen des Grundstücks können einen Rechtsmangel darstellen, insbesondere eine Nutzungsbeschränkung nach § 6 des Wohnungsbindungsgesetzes vom 28. 1. 1972[13] oder ein auf Grund befristeter Veränderungssperre gemäß § 14 BauGB beruhendes Bebauungsverbot; nach BGH ist nämlich hier die Baubefugnis zeitweilig überhaupt nicht ausübbar, so dass dem Erbbauberechtigten im Unterschied zum Grundstückseigentümer während der Veränderungssperre praktisch keine Nutzungsmöglichkeit verbleibt. Eine öffentlich-rechtliche Baubeschränkung, die die Bebauung nicht als solche ausschließt, sondern nur die vom Erbbauberechtigten beabsichtigte, ihm aber andere zulässige Baumöglichkeiten belässt, führt dagegen wie beim Verkauf eines Grundstücks zur Sachmängelhaftung;[14] das Gleiche gilt für sonstige tatsächlich die Bebauung einschränkende Umstände. Nach der **Schuldrechtsreform** haftet der Grundstückseigentümer gemäß § 453 Abs. 3 BGB für die Rechtsmängelfreiheit der Sache (= das Grundstück und eines etwa übergehenden vorhandenen Gebäudes); es gilt also insoweit das Gleiche, wie beim Grundstückskaufvertrag,[15] mit den neuen Rechtsfolgen. Zum Tatbestand dürfte die bisherige Rechtsprechung weiter gelten.

5.11

dd) Sachmängel. Soweit **bisheriges Schuldrecht** anwendbar ist, gilt: Die Sachmängelhaftung kann sich neben der vorgenannten Einschränkung der Bebaubarkeit auch auf die Beschaffenheit des Erbbaugrundstücks, zB schlechter Baugrund[16] oder auf Mängel an einem bereits vorhandenen Bauwerk beziehen. Eine bestimmte Bebaubarkeit kann ferner eine zugesicherte Eigenschaft im Sinne von § 463 aF BGB sein.[17] Eine dauernde oder zeitweilige Unbebaubarkeit führt dage-

5.12

---

[11] Brandenb. OLG OLG-NL 2005, 78.
[12] Vgl. *Wälzholz/Bülow* MittBayNot 2001, 509, 520; *Amann/Brambring/Hertel* S. 321, 349.
[13] BGHZ 67, 134 = NJW 1976, 1888; BGH WPM 1984, 214.
[14] OLG Düsseldorf NJW 1971, 436.
[15] *Wälzholz/Bülow* MittBayNot 2001, 509, 521; *Dauner/Lieb/Heidel* § 453 BGB RdNr. 9.
[16] BGH NJW 1965, 532.
[17] OLG Hamm MDR 1983, 1022.

gen zur Unmöglichkeit bzw. zu Rechtsmängeln, vgl. RdNr. 5.10, 11. Sind bei der Erbbaurechtsbestellung Kontaminationen im Grundstück vorhanden, kann es sich um Sachmängel handeln; diese betreffen jedoch nur das schuldrechtliche Grundgeschäft, nicht dagegen den dinglichen Inhalt des Erbbaurechts. Ein Erbbaurechtserwerber kann sich daher nicht hierauf gegen den Grundstückseigentümer berufen. Nach der **Schuldrechtsreform** gilt hier gemäß § 453 Abs. 3 BGB für Sachmängel – ebenso wie Rechtsmängel – das Gleiche wie beim Grundstückskaufvertrag. Er sollte daher die „vereinbarte Beschaffenheit" iS § 434 beachtet werden.

5.13   **ee) Rücktrittsrechte.** Vertragliche Rücktrittsrechte können nicht als dinglicher Inhalt des Erbbaurechts vereinbart werden, jedoch schuldrechtliche, wenn die Ausübung auf die Zeit vor der Eintragung des Rechts beschränkt ist; vgl. hierzu und zum Ausschluss gesetzlicher Rücktrittsrechte nach Eintragung des Erbbaurechts sowie zur Unanwendbarkeit der für die Kündigung von Dauerschuldverhältnissen entwickelten Grundsätze RdNr. 2.156 ff. Möglicherweise kann bei Vorliegen eines gesetzlichen Rücktrittsgrundes über § 242 BGB unter analoger Anwendung von § 2 Nr. 4 ErbbauRG ein Heimfallanspruch bestehen, vgl. RdNr. 2.159.

5.14   **ff) Sonstiges.** Zur Erbbaurechtsbestellung am Grundstück eines Minderjährigen ist die vormundschaftsgerichtliche Genehmigung gemäß §§ 1643, 1821 Abs. 1 Ziff. 1, 4 BGB nötig. Durch die Schuldrechtsreform wurde die **Kostentragungsregel** in § 453 Abs. 2 BGB neu geregelt; allerdings entspricht es nicht dem faktischen Normalfall, dass der Verkäufer (= Grundstückseigentümer) die Kosten trägt. Für die **Verjährung** von Mängeln gilt das Gleiche wie beim Grundstückskauf (§ 453 Abs. 1, § 438 BGB), sie beginnt mit der Übergabe des Grundstücks (§ 438 Abs. 2 BGB).[18]

c) Form (§ 11 Abs. 2 ErbbauRG, § 311b BGB)

5.15   **aa) Umfang.** Gemäß § 11 Abs. 2 ErbbauRG unterliegt das schuldrechtliche Grundgeschäft zur Erbbaurechtsbestellung dem Formzwang des § 311b BGB. Nach § 311b Abs. 1 S. 1 BGB ist daher die notarielle Beurkundung erforderlich. Dieser Formzwang besteht auch für eine nur einseitige **Bestellungsverpflichtung**,[19] zB wenn in einem Pachtvertrag sich der Verpächter zu Einräumung eines Erbbaurechts verpflichtet, nicht dagegen, wenn die Verpflichtung zur Bestellung des Erbbaurechts kraft Gesetzes entsteht, wie bei einem Siedler-Pachtvertrag.[20] § 311b BGB gilt nicht für einen genossenschaftlichen Anspruch auf Erbbaurechtsbestellung bei einer satzungsmäßigen Zuteilung des Erbbaurechts durch eine Baugenossenschaft an einen Genossen.[21]

5.16   Mit der am 1. 7. 1973 in Kraft getretenen Neufassung des § 11 Abs. 2 ErbbauRG wurde der Formzwang entsprechend der gleichzeitigen Änderung des § 311b BGB auf die einseitige **Erwerbsverpflichtung** ausgedehnt, da heute der Erwerber ebenso schutzwürdig ist, wie der Besteller.[22] Aus der inhaltlich parallelen Änderung von § 311b BGB und § 11 Abs. 2 ErbbauRG (ebenso § 4 Abs. 3 WEG) und aus der Übereinstimmung der beiden Normen ergibt sich, dass hier der Formzwang im gleichen Ausmaß gelten soll, wie bei Grundstücksgeschäften. Daher sind auch bedingte schuldrechtliche Vereinbarungen beurkundungspflichtig,[23] ebenso **Verpflichtungen, die einen Zwang zum Vertragsabschluss** auslösen, wie dies unmittelbar beim Vorvertrag und mittelbar bei einer unwiderruflichen Vollmacht

---

[18] Vgl. *Eidenmüller* NJW 2002, 1625.
[19] BGH RdL 1958, 150 = DNotZ 1958, 593.
[20] OLG Düsseldorf NJW 1950, 913.
[21] BGH NJW 1955, 178; BGH NJW 1978, 2505; OLG Karlsruhe OLGZ 1980, 446; aA *Staudinger/Wufka* § 313 RdNr. 57.
[22] Vgl. BT-Drucks. 7/63; vgl. *Kanzleiter* DNotZ 1973, 519.
[23] BGH NJW 1981, 1267, 1268; 1982, 434, 435.

hierzu oder beim Versprechen einer Vertragsstrafe für den Fall des Nichtabschlusses[24] gegeben ist.

bb) Nebenabreden. Der Formzwang erstreckt sich auf das gesamte schuldrechtliche Geschäft, somit auf alle Vereinbarungen, aus denen sich nach dem Willen der Beteiligten das schuldrechtliche Grundgeschäft zusammensetzt und die nach ihrem Willen rechtlich eine Einheit bilden[25] (Geschäftseinheitswille). Dabei ist es gleichgültig, ob diese Bestimmungen wesentlich oder unwesentlich sind, da nicht willkürlich gewisse Abreden von der Beurkundung auszuschließen sind;[26] dies ist zB der Fall, wenn der Erbbauberechtigte einen Zuschuss zur Bebauung vom Grundstückseigentümer (Stadt) erhält und ein derartiger Zusammenhang besteht oder bei einer Vereinbarung, dass der Erbbauzins gegen eine einmalige Zahlung abgelöst werden kann.[27] Nicht formbedürftig sind dagegen solche Nebenbestimmungen, auf die die Vertragsteile keinen Wert legen und von deren Wirksamkeit sie den Bestand des Veräußerungsvertrages nicht abhängig machen. Beurkundungsbedürftig sind aber auch Vereinbarungen, die zwar für sich allein formlos möglich wären, die aber nach dem Willen der Parteien ein rechtlich zugehöriger Teil des erbbaurechtlichen Verpflichtungsgeschäfts iS § 139 BGB sein sollen;[28] es genügt der entsprechende Wille nur einer Partei, wenn dieser für die andere Partei erkennbar war und von ihr hingenommen wurde.[29] Dies gilt auch, wenn an den betreffenden Vereinbarungen nicht durchweg dieselben Parteien beteiligt sind,[30] der Wille eines konkret nicht beteiligten Dritten ist dagegen nicht maßgebend.[31]

5.17

cc) Geschäftseinheit mit weiteren Vereinbarungen. Werden weitere Vereinbarungen gleichzeitig getrennt beurkundet und besteht ein Verknüpfungs- bzw. Geschäftseinheitswille, so ist auch dieser zu beurkunden.[32] Der Wille zur Geschäftseinheit kann sich auch auf **künftig erst noch abzuschließende,** aber bereits in Aussicht genommene **Vereinbarungen** beziehen, so dass auch diese dann der Beurkundung bedürfen.[33] Wird jedoch erst bei einer späteren (formgültigen) Vereinbarung in dieser der gewollte rechtliche Zusammenhang mit dem früheren formgültigen Erbbaurechtsvertrag hergestellt, wird dieser dadurch nicht rückwirkend nichtig. Die erforderliche gegenseitige innere Abhängigkeit des Erbbaurechtsvertrags mit der weiteren Vereinbarung in der Weise, dass sie miteinander stehen und fallen sollen,[34] ist aber schon gegeben, wenn nur der Bestand des Erbbaurechts von der anderen Vereinbarung abhängig sein soll oder umgekehrt.[35] Auf diesen Willen kann aus einem engen wirtschaftlichen Zusammenhang zu schließen sein;[36] dies genügt aber für sich allein noch nicht,[37] selbst wenn die Vereinbarungen gleichzeitig getroffen werden.[38] Zusammenfassung in einer Urkunde ist ein Indiz für Einheitswillen,[39] Abschluss in getrennten Urkunden dagegen für nicht gewollte

5.18

---

[24] BGH NJW 1979, 307; DNotZ 1986, 742.
[25] MünchKomm/*Kanzleiter* § 311b BGB RdNr. 49 ff.
[26] BayObLG DNotZ 1979, 180.
[27] BGH DNotZ 1967, 495.
[28] BGH NJW 1984, 612, 613.
[29] BGHZ 76, 43, 49 = NJW 1980, 809; BGHZ 78, 346, 349 = NJW 1981, 274.
[30] BGH a.a.O. sowie NJW 1976, 1931, 1932.
[31] MünchKomm/*Kanzleiter* § 311b BGB RdNr. 55.
[32] Vgl. BGHZ 104, 18 = MittBayNot 1988, 120.
[33] BGH NJW 1981, 274; 1984, 612, 613.
[34] BGHZ 50, 8, 13; BGH NJW 1984, 869, 870.
[35] Vgl. RGZ 97, 219, 222; MünchKomm/*Kanzleiter* § 311b BGB RdNr. 50; *Palandt/Heinrichs* § 311b BGB RdNr. 32.
[36] MünchKomm/*Kanzleiter* § 311b BGB RdNr. 50.
[37] BGH MDR 1966, 749; 1968, 1087, 1090; RGZ 145, 246, 248.
[38] BGH WPM 1967, 1131 = BB 1967, 1356.
[39] BGHZ 89, 41, 43 = NJW 1984, 973.

Geschäftseinheit.[40] Der Verkauf eines Unternehmens und die Bestellung eines Erbbaurechts am Betriebsgrundstück für den Käufer lässt auch bei Vereinbarung in getrennten Urkunden auf Geschäftseinheit schließen.[41]

5.19 **dd) Auslegung.** Ein Formmangel liegt aber nur dann vor, wenn sich der Vertragsinhalt nicht durch Auslegung nach §§ 133, 157 BGB ermitteln lässt, wobei auch alle Nebenumstände einschließlich der Vorbesprechungen zu berücksichtigen sind.[42] Ein Formmangel läge danach aber vor, wenn der mit dem Erbbaurecht zu belastende Teil des Grundstücks nicht hinreichend bestimmt ist oder wenn die zwingende Mindestbestimmtheit für das Bauwerk (vgl. RdNr. 2.26) nicht gegeben wäre. Eine bloße unrichtige Bezeichnung des von den Beteiligten übereinstimmend Gewollten (falsa demonstratio) schadet nicht; es gilt hier das wirklich Gewollte, wobei beide Teile verpflichtet sind, die für den Grundbuchvollzug noch erforderlichen Erklärungen neu abzugeben.[43]

d) Geltung des Formzwangs für die spätere Einigung

5.20 **aa) Abtrennung der Einigung.** Im Regelfalle wird das gesamte Vertragsbündel des Erbbaurechtsvertrages, wie es oben unter RdNr. 5.4 schematisch für den Normaltyp eines derartigen Vertrages dargestellt ist, in einer einheitlichen Urkunde vereinbart. In diesem Falle erstreckt sich dann auch der Formzwang auch auf die darin enthaltenen dinglichen Elemente. Falls die Einigung über die Erbbaurechtsbestellung gesondert erfolgt, ist sie dagegen **materiellrechtlich formlos** wirksam, gemäß §§ 20, 29 GBO dagegen **formell-rechtlich formbedürftig** (vgl. unten RdNr. 5.42); für die Form von §§ 20, 29 GBO genügt jedoch die Beglaubigung der Unterschriften des Grundstückseigentümers und der Erbbauberechtigten unter der Einigung. Die Form der §§ 19, 29 GBO genügt auch für den dinglichen Erbbauzins, die Vormerkung zur Anpassungsklausel und die Vorkaufsrechte.

5.21 Da § 925a BGB nicht gilt (vgl. unten) hat das OLG Oldenburg[44] unter Aufhebung einer gegenteiligen Entscheidung des LG Osnabrück[45] entschieden, dass eine der Form von §§ 20, 29 GBO entsprechende Einigung zu einem formunwirksamen (nicht beurkundeten) Grundgeschäft vom Grundbuchamt in das Grundbuch einzutragen ist. Es ist dabei davon ausgegangen, dass die Formnichtigkeit des Grundgeschäfts die Rechtswirksamkeit des dinglichen Geschäfts grundsätzlich nicht berührt und auch § 139 BGB nicht anwendbar ist. Das LG Osnabrück[44] hat aus Art. 20 Abs. 3 GG gefolgert, dass die vom Gesetz in § 11 Abs. 2 ErbbauRG, § 311b Abs. 1 S. 1 BGB gewollte Form nicht dadurch umgangen werden darf, dass die Heilung durch den grundbuchamtlichen Vollzug gemäß § 311b Abs. 1 S. 2 BGB erfolgt. Dies hat das OLG Oldenburg[45] mit Recht abgelehnt, da das Grundbuchamt nicht überprüfen kann, ob sich die Vertragsparteien über § 311b Abs. 1 Satz 1 BGB bewusst hinweggesetzt haben, und da der Gesetzgeber selbst die Befugnis zur Heilung geschaffen hat. Ob der Formzwang für das Grundgeschäft auch für die nachträgliche gesonderte Einigung gilt, bestimmt sich daher ausschließlich danach, ob das Abstraktionsprinzip hierfür gilt oder ob man über § 139 BGB zu einer Rechtseinheit zwischen Kausalgeschäft und Einigung kommt.

5.22 **bb) Geltung des Abstraktionsprinzips.** Ein Teil der Rechtsprechung und Literatur[46] lehnt eine Geschäftseinheit iS § 139 BGB zwischen Kausalgeschäft und

---

[40] BGHZ 76, 43, 49 = NJW 1980, 829.
[41] Vgl. BGH DB 1979, 741 = MDR 1979, 469.
[42] BGH Rpfleger 1968, 218 für einen nicht beigefügten Lageplan.
[43] BGH MittBayNot 1973, 277.
[44] DNotZ 1985, 712.
[45] LG Osnabrück DNotZ 1985, 710.
[46] OLG Oldenburg DNotZ 1985, 712; generell: *Flume* AT, 2. Bd., § 12 III 4; *Staudinger/Dilcher* § 139 BGB RdNr. 20; *Bauer/v. Oefele/Maaß* AT RdNr. VI 144.

II. Begründung des Erbbaurechts

Erfüllungsgeschäft generell ab. Danach ist das Abstraktionsprinzip der privatautonomen Gestaltung vorgegeben und können Verfügungsgeschäfte generell nicht zum Teil des Kausalgeschäfts gemacht werden. Demgegenüber lässt die Gegenmeinung[47] zu, dass durch den **Parteiwillen** obligatorische und dingliche Rechtsgeschäfte als Teil eines zusammengesetzten Rechtsgeschäfts iS § 139 BGB zusammengefasst werden können, so dass in einem solchen Fall eine Einheit zwischen Kausalgeschäft und Verfügungsgeschäft trotz des Abstraktionsprinzips möglich ist. *Wufka*[48] ist darin zu folgen, dass das Abstraktionsprinzip nur dann eine Einheit iS § 139 BGB zwischen Kausalgeschäft und Erfüllungsgeschäft verbietet, wenn das **Erfüllungsgeschäft** tatsächlich (im absoluten Sinn) unabhängig vom schuldrechtlichen Kausalbereich ist, nicht selbst wieder „**schuldrechtliche Elemente**" enthält und damit tatsächlich der Parteidisposition entzogen ist. Für eine Geschäftseinheit sprechen hier folgende Argumente:

cc) Inhalt des schuldrechtlichen Vertrages. Wird das oben unter RdNr. 5.4 schematisch dargestellte „Vertragsbündel" in einem einzigen Erbbaurechtsvertrag zusammengefasst, so **beschränkt sich** das eigentliche **Kausalgeschäft ausschließlich** auf die **synallagmatische Verknüpfung** zwischen allem, was zur Erbbaurechtsbestellung selbst gehört (gesetzlicher, vertraglicher Inhalt, Einigung und ergänzende schuldrechtliche Vereinbarungen) einerseits, und allen zum Erbbauzins gehörigen Vereinbarungen (Erbbauzinsreallast, schuldrechtliche Anpassungsverpflichtung, Sicherung durch Vormerkung) andererseits, sowie den gegenseitigen Vorkaufsrechten, sowie einigen **wenigen Durchführungsbestimmungen** (Nutzungsübergang, Gewährleistung, Rangbeschaffung, Kostenregelung, Vollzugsbestimmungen). Der gesetzliche und vertragliche Inhalt des Erbbaurechts ist nicht Teil des Kausalgeschäfts, sondern zwingender bzw. freiwilliger Teil des dinglichen Inhalts des Erbbaurechts; auch die den Erbbaurechtsinhalt ergänzenden schuldrechtlichen Vereinbarungen sind nicht Teil der Kausa, sondern eine Ergänzung des Erfüllungsgeschäfts. Ebenso ist die schuldrechtliche Anpassungsverpflichtung zum Erbbauzins mit Sicherung durch Vormerkung kein Teil der Kausa, sondern eine Ergänzung des Erbbauzinses. 5.23

Wird dagegen die **Einigung** über die Erbbaurechtsbestellung **nicht mit beurkundet, so muss dennoch** der vereinbarte **gesetzliche und vertragliche Inhalt** des durch die künftige Einigung und Eintragung entstehenden Erbbaurechts **bestimmt sein,** ebenso wie der in gleicher Weise entstehende Erbbauzins sowie die Vorkaufsrechte. Fehlt es an der Bestimmtheit des Erbbaugrundstücks oder an der Mindestbestimmung des Erbbaurechtsgebäudes, so ist das schuldrechtliche Geschäft als inhaltlich unbestimmt unwirksam[49] und damit formungültig. Ebenso müssen aus den unter RdNr. 5.17, 18 dargelegten Gründen auch alle sonstigen Vereinbarungen zum künftigen vertraglichen oder gesetzlichen Inhalt des Erbbaurechts, samt den schuldrechtlichen Ergänzungen, sowie alle Bestimmungen zum Erbbauzins samt Anpassungsklausel und Vormerkung und über die Vorkaufsrechte in schuldrechtlicher Weise bestimmt werden. 5.24

dd) Inhalt der dinglichen Einigung. Erfolgt die dingliche Einigung getrennt vom schuldrechtlichen Rechtsgeschäft, so muss sie sich auf die Entstehung des Erbbaurechts selbst beziehen und gleichzeitig alle dinglichen Vereinbarungen zum **gesetzlichen Inhalt und vertraglichen Inhalt umfassen** (vgl. RdNr. 5.43). Wird gleichzeitig mit der Einigung das schuldrechtliche Rechtsgeschäft, das den gesetz- 5.25

---

[47] BGH NJW 1952, 60; BGH DNotZ 1969, 350; *Wufka* DNotZ 1985, 651, 658; *Enneccerus/Nipperdey* AT, § 202, IV 1 m. weit. Nachw.
[48] DNotZ 1985, 651, 659.
[49] Vgl. BGH DNotZ 1969, 487, 489 und NJW 1973, 1656 z. Bestimmtheit bez. des Erbbaugrundstücks; hierzu bei Bildung von Wohnungseigentum vgl. KG DNotZ 1987, 103.

lichen und vertraglichen Inhalt enthält, vorgelegt und auf dessen Inhalt in der Einigung Bezug genommen, so genügt dies. Die Bezugnahme auf ein formungültiges Rechtsgeschäft genügt dagegen auch für die Form nach §§ 20, 29 GBO nicht. In diesem Falle müsste also der gesamte vertragliche und gesetzliche Inhalt in der vorgelegten Einigung mitenthalten sein. Würden diese Vereinbarungen nun mit dem Grundgeschäft nicht übereinstimmen, läge darin eine der Form des § 311b Abs. 1 S. 1 BGB bedürftigen Änderung des Grundgeschäfts (vgl. RdNr. 5.31).

5.26 **ee) Unterschied zur Auflassung.** *Wufka*[50] ist daher darin zu folgen, dass zwischen der Einigung über die Erbbaurechtsbestellung und der Auflassung gravierende Unterschiede bestehen: Die Auflassung bezieht sich auf ein nicht durch Parteidisposition abänderbares absolutes Recht, das Eigentum. Die **Auflassung** bezieht sich nicht auf den Inhalt des Rechts „Eigentum", sie **ändert nur die Rechtsinhaberschaft.** Die **Einigung** über die Erbbaurechtsbestellung bezieht sich dagegen nicht nur auf die Rechtszuständigkeit, sondern **auch auf den Inhalt des zu bestellenden Rechts.** Der gesetzliche Inhalt muss zum Teil begriffsnotwendig bestimmt sein (vgl. Mindestbestimmtheitserfordernis über das Bauwerk), zum Teil enthält er Regelungsspielräume (Nutzung der Nebenflächen, Dauer); der vertragliche Inhalt enthält ebenfalls einen äußerst breiten Regelungsspielraum (vgl. RdNr. 4.14). Der dingliche Inhalt des Erbbaurechts ist also einerseits teils zwingend zu regeln, da ohne die Mindestbestimmtheit des gesetzlichen Inhalts kein Erbbaurecht entsteht, andererseits ist er rechtlich und wirtschaftlich der zentrale Punkt des gesamten Vertragsbündels.

5.27 Es ist also im Unterschied zur Auflassung zwischen schuldrechtlicher Ebene und Einigung eine weitere **dritte Ebene zwischengeschaltet,**[51] nämlich die Vereinbarungen über den gesetzlichen und vertraglichen Inhalt, durch die erst der Inhalt des entstehenden Rechts mit dinglicher Wirkung festgelegt wird. *Wufka*[52] folgert daraus, dass es vom Parteiwillen abhängt, ob Einigung und schuldrechtliches Geschäft eine Rechtseinheit im Sinne des § 139 BGB bilden, der jedoch vom Grundbuchamt nicht zu prüfen ist. Nach hier vertretener Ansicht bezieht sich jedoch von möglicherweise denkbaren absoluten Ausnahmefällen abgesehen, der **Einheitlichkeitswille** des Grundgeschäfts in jedem Falle darauf, dass ein Erbbaurecht nur mit dem darin festgelegten gesetzlichen und vertraglichen Inhalt geschaffen wird, also **auf die dritte Ebene, den Rechtsinhalt.** Dies ist überhaupt der entschiedenste Punkt des gesamten Grundgeschäfts, so dass die Vielzahl von Entscheidungen bezüglich andersartigen schuldrechtlichen Nebenabreden hierfür erst recht gelten müssen (vgl. RdNr. 5.17). Jede Veränderung hieran ist gleichfalls formbedürftig.

5.28 Ein weiterer Unterschied zur Auflassung ergibt sich daraus, dass zwar die Übertragung des bestehenden Erbbaurechts absolut bedingungsfeindlich ist (§ 11 Abs. 1 S. 2 ErbbauRG, die Bestellung dagegen **nur** unter **auflösenden Bedingungen unzulässig ist,** nicht dagegen unter aufschiebenden (§ 1 Abs. 4 ErbbauRG). Die Parallelität mit der Auflassung ist daher auch insoweit nur bei der Übertragung des Erbbaurechts, nicht dagegen bei der Bestellung gegeben.[52] Die Geschäftseinheit würde in der Wirkung nur einer zulässigen aufschiebenden Bedingung entsprechen.

5.29 **ff) Verklammerung mit weiteren dinglichen Rechten.** Ein weiterer wesentlicher Unterschied zur Auflassung ist der, dass im Normfall der Erbbaurechtsbestellung, von der der Gesetzgeber ausgeht, die Gegenleistung in der Einräumung eines weiteren dinglichen Rechts, des Erbbauzinses, besteht und meist auch gegenseitige Vorkaufsrechte bestellt werden (vgl. Schema RdNr. 5.4). Da der Erbbauzins

---

[50] DNotZ 1985, 651, 659, 660.
[51] Vgl. OLG Düsseldorf NJW 1971, 436.
[52] *Wufka* DNotZ 1985, 651, 659.

II. Begründung des Erbbaurechts

aber nicht wesensnotwendig ist, unterliegt die Verklammerung mit diesen Rechtsgeschäften, also der Einheitlichkeitswille, hier tatsächlich dem **Parteiwillen;** das Gleiche gilt für die schuldrechtlichen Ergänzungen zum Erbbaurecht und zum Erbbauzins. Wegen der starken wirtschaftlichen Verklammerung wird idR auch hier ein Geschäftseinheitswille bestehen.

gg) Ergebnis. Ob der Formzwang des § 311b BGB auch für die spätere Einigung gilt, ist strittig. Nach hier vertretener Ansicht[53] bezieht sich der **Geschäftseinheitswille grundsätzlich** (von absoluten Ausnahmen abgesehen) auf die zwischengeschaltete **Dritte Ebene,** den gesetzlichen und vertraglichen Inhalt des Erbbaurechts, idR auch auf die Verklammerung mit den sonstigen Rechten. Der Inhalt des Erbbaurechts muss sowohl im schuldrechtlichen Grundgeschäft bestimmt sein, als auch die Einigung muss sich hierauf beziehen; er ist von zentraler rechtlicher und wirtschaftlicher Bedeutung für beide Vertragsteile. Das Abstraktionsprinzip gilt daher nur eingeschränkt: Für die Einigung genügt die Form der §§ 20, 29 GBO nur, wenn sie sich auf die reine Rechtszuständigkeit bezieht, wegen des dinglichen Inhalts aber auf ein beurkundetes Grundgeschäft Bezug genommen wird, das mit vorgelegt wird. Der **dingliche Inhalt** bedarf dagegen wegen der Geschäftseinheit hierzu **grundsätzlich der Form des § 311b BGB.** Auch wenn man dieser Meinung nicht folgt, sollte aus Gründen der Rechtssicherheit diese Form gewählt werden.

5.30

e) Geltung des Formzwangs für Änderungen, Aufhebung

aa) Änderung zwischen Einigung und Eintragung. Änderungen sind nach herrschender Auffassung bei Grundstücksverträgen auch schon im Zeitraum zwischen Auflassung und Eintragung formfrei, weil mit Auflassung die Übereignungs- und die Erwerbspflicht erloschen ist.[54] Da der Auflassung bei der Erbbaurechtsbestellung die dingliche Einigung entspricht, sind die Inhaltsänderungen formlos möglich zwischen einer nach § 873 Abs. 2 BGB bindend gewordenen dinglichen Einigung und der Eintragung. Zu Inhaltsänderungen nach Eintragung vgl. RdNr. 5.150ff. Die **Verpflichtung zur Abtretung** des schuldrechtlichen Anspruchs auf die Bestellung des Erbbaurechts ist formfrei, auch wenn der Anspruch bereits durch Vormerkung gesichert ist; dies gilt nicht für eine Erwerbspflicht des Zessionars.[55]

5.31

bb) Vor Eintritt der Bindungswirkung der Einigung nach § 873 Abs. 2 BGB sind dagegen alle Änderungen des Verpflichtungsgeschäfts, welche die Vertragspflichten **erweitern** oder irgendwie zum Nachteil einer Partei verändern, beurkundungsbedürftig;[56] dies gilt insbesondere für Änderungen am dinglichen Inhalt des Erbbaurechts. Die formungültige Änderungsabrede ist gemäß § 125 S. 1 BGB nichtig, nicht dagegen der davon betroffene formgültige Vertrag.[57] **Formfrei** sind dagegen solche Änderungen und Ergänzungen, die lediglich dazu dienen, unvorhergesehen **auftretende Schwierigkeiten** der Vertragsabwicklung zu **beheben,** sofern dadurch die beiderseitigen Vertragspflichten nicht wesentlich verändert werden.[58] Dieser Grundsatz ergibt sich aus § 242 BGB und entspricht in den meisten Fällen einer Art ergänzender Vertragsauslegung. Hierunter können fallen: Stundungsabreden zum schuldrechtlich vereinbarten Erbbauzins, aber nicht ein Teiler-

5.32

---

[53] Ebenso *Staudinger/Ring* § 11 RdNr. 22; *Schöner/Stöber* RdNr. 1715.
[54] BGH NJW 1985, 266; RGRK/*Räfle* § 11 RdNr. 35; aA *Staudinger/Wufka* § 311b BGB RdNr. 157 u. MünchKomm/*Kanzleiter* § 311b BGB RdNr. 59 wegen bestehen bleibendem Schutzzweck.
[55] BGHZ 89, 41, 44 = NJW 1981, 2241; NJW 1984, 973.
[56] BGHZ 59, 269, 270; BGHZ 81, 135, 143; BGH NJW 1984, 612.
[57] RGZ 65, 392; *Staudinger/Wufka* § 311b BGB RdNr. 155.
[58] BGH NJW 1973, 37 und NJW 1984, 612, 613.

lass,⁵⁹ oder die Verlängerung einer bis zur Entstehung des Erbbaurechts bestehenden Rücktrittsfrist,⁶⁰ nicht jedoch über den Zeitpunkt der Eintragung hinaus (vgl. RdNr. 2.156); schließlich sind Vereinbarungen zu aufgetretenen Sach- und Rechtsmängeln formlos möglich.⁶¹

5.33 **cc) Aufhebung.** Auch die Aufhebung des schuldrechtlichen Vertrages über die Bestellung eines Erbbaurechts ist ebenfalls bis zu einer nach § 873 Abs. 2 BGB bindenden dinglichen Einigung formfrei,⁶² ebenso eine Teilaufhebung. Beurkundungsbedürftig ist dagegen die Aufhebungsvereinbarung, wenn der Erbbauberechtigte den Antrag auf Eintragung des für ihn bestellten Erbbaurechts beim Grundbuch eingereicht hat oder wenn für ihn eine entsprechende Vormerkung eingetragen wird⁶³ oder wenn der Antrag auf Vormerkungseintragung gestellt ist, immer jedoch nur, wenn zur Vormerkung die bindende Einigung gem. § 873 Abs. 2 BGB hinzukommt, da erst dann das Anwartschaftsrecht auf Erwerb des Erbbaurechts besteht.⁶⁴ Das gleiche gilt, wenn die Rückübertragungspflicht sich aus § 812 BGB ergibt, weil der Rechtsgrund weggefallen ist. Zu den gesetzlichen Erfordernissen der Erbbaurechtsaufhebung vgl. RdNr. 5.197 ff.

f) Folgen des Formmangels

5.34 **aa) Nichtigkeitsfolgen.** Ist nach den vorstehenden Ausführungen die Form des § 311 b Abs. 1 S. 1 BGB nicht gewahrt, so führt dies zur Nichtigkeit **des gesamten Vertrages** mit allen Nebenabreden gemäß § 125 S. 1 BGB. Dieses Formerfordernis ist unabdingbar und von Amts wegen zu beachten. Es kann daher weder auf den Einwand der Formnichtigkeit verzichtet werden,⁶⁵ noch der Vertrag von den Parteien als gültig behandelt werden.⁶⁶ Er kann jedoch in formgültiger Weise bestätigt werden, § 140 BGB. Eine auf einem formungültigen Vertrag beruhende Vormerkung ist wirkungslos.⁶⁷ Bei gewollter Geschäftseinheit mit einem anderen, für sich allein formfreien Vertrag (vgl. RdNr. 5.18) ist nach § 139 BGB zu beurteilen, ob die Gesamtnichtigkeit oder nur die Nichtigkeit der beurkundungsbedürftigen Vereinbarung anzunehmen ist.

5.35 **bb) Auswirkungen auf die spätere Einigung.** Ob die Formnichtigkeit des Grundgeschäfts auch die dingliche Einigung erfasst, ist str.; dies hängt von der strittigen Frage der **Geschäftseinheit** hierzu ab, vgl. RdNr. 5.20–30. Nach der unter RdNr. 5.30 dargestellten hier vertretenen Ansicht besteht eine Geschäftseinheit zumindest hinsichtlich des gesamten (gesetzlichen und vertraglichen) dinglichen Inhalts, nicht dagegen eine Geschäftseinheit zwischen Kausalgeschäft und Einigung im engeren Sinn (ohne dingliche Inhaltsregelung). Nach hier vertretener Ansicht ergibt sich daraus: Ist der dingliche Inhalt in einem formungültigen Rechtsgeschäft geregelt und wird auf dieses in der Einigung nur Bezug genommen, so ist auch die Einigung unwirksam. Ist dagegen die Einigung beurkundet (§ 311b Abs. 1 S. 1 BGB) und ist darin der gesamte dingliche Inhalt des Erbbaurechts enthalten, so ist der Geschäftseinheitswille zwischen Grundgeschäft und dinglichem Inhalt des Erbbaurechts formgültig gewahrt. Ferner kann nach dem jeweiligen Parteiwillen auch ein Geschäftseinheitswille zu den weiteren Vereinbarungen, wie Vereinbarung zum Erbbauzins, Vorkaufsrechten etc. gegeben sein, vgl. RdNr. 5.29.

---

⁵⁹ RG Warn. 27 Nr. 89; BGH NJW 1982, 434.
⁶⁰ BGH NJW 1976, 1842.
⁶¹ BGH WPM 1972, 557 = MittBayNot 1972, 113.
⁶² BGH WPM 1973, 15, 17 = MDR 1972, 854; BGHZ 83, 395, 398.
⁶³ BGHZ 83, 395, 399 = DNotZ 1982, 619 m. Anm. *Ludwig*.
⁶⁴ BGHZ 89, 41, 44 = NJW 1984, 973.
⁶⁵ BGH NJW 1969, 1167.
⁶⁶ BGH MDR 1969, 468.
⁶⁷ BGHZ 54, 56, 63 = NJW 1970, 1541.

II. Begründung des Erbbaurechts

cc) Weitere Folgen. Eine im nichtigen Verpflichtungsvertrag enthaltene **Zwangsvollstreckungsunterwerfung** nach § 794 Abs. 1 Nr. 5 ZPO bleibt wirksam, da ihr Bestand sich nur nach prozessrechtlichen Grundsätzen richtet und für sie die §§ 311b, 125, 139 BGB nicht gelten.[68] Der Schuldner kann dann durch Vollstreckungsgegenklage geltend machen, dass der vollstreckbare Anspruch nicht besteht; dieser besteht aber rückwirkend, wenn die Nichtigkeit nach § 311b Abs. 1 S. 2 BGB geheilt ist.[68] Bei einer **Änderungsvereinbarung** führt der Formmangel nur zu deren Nichtigkeit (vgl. RdNr. 5.32). 5.36

Der Berufung auf die Formnichtigkeit kann der **Einwand der unzulässigen Rechtsausübung** gemäß § 242 BGB entgegenstehen. Dies ist zB der Fall, wenn die Vertragspartei, der die Nichtigkeit zugute käme, die andere bei Vertragsschluss schuldhaft in den Glauben versetzt hat, der Vertrag sei nicht formbedürftig, und die andere Vertragspartei in der Erwartung der Durchführung des Vertrages erhebliche Aufwendungen auf sich genommen hat.[69] Es muss sich dabei für den anderen Vertragsteil um eine nicht zu vertretende Härte handeln, die nicht gegeben ist, wenn sich der andere Vertragsteil seinerseits nicht vertragsgemäß verhält.[70] Schadensersatz aus **culpa in contrahendo** setzt voraus, dass die vom Formmangel benachteiligte Partei auf die Gültigkeit des Vertrages vertraut hat und die Gegenseite dieses Vertrauen in schuldhafter Weise herbeigeführt oder aufrechterhalten hat.[71] 5.37

g) Heilung (§ 11 Abs. 2 ErbbauRG, § 311b Abs. 1 S. 2 BGB)

aa) Voraussetzungen. Gemäß § 11 Abs. 2 ErbbauRG gelten auch die Vorschriften des § 311b Abs. 1 S. 2 BGB über die Heilung des formnichtigen Vertrages entsprechend. Hierfür ist statt Auflassung die Einigung erforderlich und die Eintragung im Grundbuch. Beide Voraussetzungen sind zusammen nötig, so dass eine Eintragung ohne Einigung nicht genügt, auch nicht wenn die Eintragung selbst inhaltlich unzulässig und damit unwirksam ist.[72] **Die Einigung muss** aber **rechtswirksam sein.**[73] Dies ist nicht der Fall, wenn die Einigung selbst formungültig ist (vgl. RdNr. 5.30, 35). Ist die Einigung schwebend unwirksam, weil ein vollmachtloser Vertreter gehandelt hat, wirkt die Heilung erst mit der Genehmigung. Die vertragliche Willensübereinstimmung muss noch im Zeitpunkt der dinglichen Einigung, nicht auch noch bei der späteren Eintragung bestehen.[74] Die Einigung muss gerade in Erfüllung des formnichtigen Kausalvertrages vorgenommen werden.[75] 5.38

bb) Wirkung. Die Heilungswirkung ergreift den gesamten Vertrag mit allen ihm rechtlich zugehörigen Vereinbarungen,[76] insbesondere den darin enthaltenen Vereinbarungen zum dinglichen Inhalt des Erbbaurechts, zB Heimfall.[77] Dies gilt nach BGH[78] nicht für eine formlose Abänderung des Erbbaurechtsvertrages, wonach der Grundstückseigentümer nach Beendigung des Erbbaurechts das Grundstück an diesen zu übereignen hat. Hier erfolgt keine Heilung mangels Identität des Verpflichtungsgeschäftes (bezüglich Grundstück) mit dem Vollzugsgeschäft (bezüglich Erbbaurecht). Unter analoger Anwendung von § 311b Abs. 1 S. 2 BGB wird ein formnichtiger **Vorvertrag** durch den formgerechten Abschluss des Hauptver- 5.39

---

[68] BGH NJW 1985, 2423.
[69] BGH NJW 1970, 2210; vgl. iÜ MünchKomm/*Kanzleiter* § 311b BGB RdNr. 72.
[70] OLG Dresden NJW 1950, 604.
[71] BGH NJW 1975, 43; DNotZ 1983, 621.
[72] *Staudinger/Wufka* § 313 BGB RdNr. 240.
[73] BGHZ 29, 6, 9; allg. M. vgl. MünchKomm/*Kanzleiter* § 311b BGB RdNr. 76.
[74] BGH NJW 1978, 1577; NJW 1981, 2293; RGZ 109, 354; st. Rspr.
[75] BGH NJW 1983, 1543, 1545.
[76] BGHZ 59, 269, 272; BGH NJW 1978, 1577; BGH NJW 1985, 2423.
[77] BGH DB 1958, 250; NJW 1975, 205, 206.
[78] BGHZ 59, 269 = NJW 1972, 2265.

trages geheilt.[79] Der Formmangel eines Auftrags zur Ersteigerung eines Erbbaurechts wird durch Zuschlag und Eintragung geheilt.[80]

5.40   cc) **Keine Rückwirkung.** Die Heilung hat keine Rückwirkung. Eine schon vorher eingetragene Vormerkung auf Bestellung des Erbbaurechts wird erst mit dem Zeitpunkt der Heilung wirksam, so dass sie nicht gegen vorher eingetragene Rechte wirkt.[81] Aus dem Rechtsgedanken des § 141 Abs. 2 BGB ergibt sich die tatsächliche Vermutung, dass die Parteien den geheilten Vertrag in gleicher Weise abwickeln wollten, wie sie es bei Vertragsschluss geregelt und beabsichtigt hatten.[82] Daher sind im Zweifel frühere Fälligkeitszinsen zu leisten, ein Wille zum Ersatz eines Verzugsschadens kann dagegen idR nicht vermutet werden.[83] Bis zur Heilung kann der Grundstückseigentümer auch die nach § 873 Abs. 2 BGB bindend erklärte dingliche Einigung und die Eintragungsbewilligung gemäß § 812 Abs. 1 S. 1 BGB mangels Rechtsgrundes **kondizieren,** außer wenn er in Kenntnis des Formmangels erfüllt hat (§ 814 BGB).

h) **Vormerkung.** Der Anspruch auf Bestellung eines Erbbaurechts kann durch Vormerkung gesichert werden (§ 11 ErbbauRG, § 883 BGB). Wird in einem Erbbauvertrag die Bestellung von 35 Erbbaurechten an zu vermessenden Teilflächen eines Grundstücks vereinbart, so kann dieser (einheitliche) Anspruch durch eine einzige Vormerkung gesichert werden.[84]

3. Dingliche Bestellung

5.41   a) **Rechtsgrundlage (§ 873 Abs. 1 BGB).** Die Erbbaurechtsbestellung ist die Belastung eines Grundstücks mit einem dinglichen Recht. Entsprechend der vorgenannten Doppelnatur wird das Erbbaurecht hinsichtlich seiner Entstehung wie jedes andere dingliche Recht behandelt. Da § 11 Abs. 1 S. 1 ErbbauRG die entsprechende Grundstücksvorschrift des § 925 BGB ausdrücklich ausschließt,[85] erfolgt die Bestellung nach § 873 Abs. 1 BGB durch **Einigung und Eintragung.** Bei der Bestellung eines Eigentümererbbaurechts erfolgt sie dagegen durch einseitige Erklärung des Eigentümers und Eintragung (vgl. RdNr. 3.10).

b) **Einigung**

5.42   aa) **Form.** Die Einigung ist als solche gemäß § 873 BGB materiellrechtlich formlos wirksam, aber gemäß §§ 20, 29 GBO formell-rechtlich formbedürftig,[86] so dass auch eine öffentlich beglaubigte Urkunde ausreicht. Ist die Einigung im (schuldrechtlichen) Erbbaurechtsvertrag mitenthalten, so erstreckt sich deren Formzwang gemäß § 11 Abs. 2 ErbbauRG, § 311b Abs. 1 S. 1 BGB auf sie. Wird die Einigung **nachträglich gesondert** erklärt, genügt wegen des Abstraktionsprinzips nach einer Ansicht immer die Form des §§ 20, 29 GBO, während sich nach *Wufka*[87] je nach Parteiwillen die Geschäftseinheit darauf erstrecken kann (vgl. RdNr. 5.22). Nach hier vertretener Ansicht erstreckt sich **der Geschäftseinheitswille** auf den dinglichen Inhalt des Erbbaurechts (gesetzlicher Inhalt gemäß § 1 und vertraglicher Inhalt gemäß §§ 2ff. ErbbauRG), vgl. RdNr. 5.30. Ist der dingliche Inhalt des Erbbaurechts daher in einem formgültigen Erbbaurechtsvertrag

---

[79] RGZ 169, 185, 190.
[80] BGHZ 85, 245, 246 = NJW 1983, 566.
[81] BGHZ 54, 56, 63ff. = NJW 1970, 1541; BGH NJW 1983, 1543, 1545.
[82] BGHZ 32, 11, 13; BGHZ 54, 56, 63.
[83] BGH DNotZ 1979, 413.
[84] BayObLG DNotI-Report 2002, 14 = Rpfleger 2002, 135.
[85] Früher war nach § 1015 die Einigung in der Form Auflassung nötig, vgl. RdNr. 7.2.
[86] BGH DNotZ 1969, 487; KG Rpfleger 1979, 208, 209; OLG Oldenburg DNotZ 1985, 712; LG Osnabrück DNotZ 1985, 710.
[87] *Wufka* DNotZ 1985, 651, 658.

enthalten und wird auf diesen in der Einigung Bezug genommen, so genügt nach hier vertretener Auffassung die Form nach §§ 20, 29 GBO. Ist der dingliche Inhalt dagegen in der Einigung mitenthalten, so erstreckt sich der Formzwang des § 11 Abs. 2 ErbbauRG, § 311b Abs. 1 S. 1 BGB auch auf die Einigung. Daneben kann sich der Geschäftseinheitswillen entsprechend der von *Wufka* vertretenen Ansicht auch auf Grund des übrigen Inhalts des Erbbaurechtsvertrages (Erbbauzins, ergänzende schuldrechtliche Vereinbarungen etc. vgl. RdNr. 5.29) auch auf die Einigung beziehen. Im Hinblick auf die strittige Rechtslage sollte daher die Einigung in jedem Falle vorsorglich in Beurkundungsform erklärt werden.

bb) Inhalt. Die Einigung ist als sachenrechtlicher Begründungsakt zu unterscheiden von dem zugrundeliegenden Verpflichtungsgeschäft. Die Einigung muss sich nicht nur auf die **Entstehung** des Erbbaurechts als solches beziehen, sondern es muss auch Art, Inhalt und Umfang des dinglichen Rechts eindeutig festgelegt werden, so dass dies für Dritte, insbesondere Rechtsnachfolger zweifelsfrei feststeht;[88] sie muss daher gleichzeitig **alle dinglichen Vereinbarungen zum gesetzlichen Inhalt (§ 1 ErbbauRG) und zum vertraglichen Inhalt (§§ 2 bis 8, § 27 Abs. 1, § 32 Abs. 1 ErbbauRG) umfassen.**[88] Dies ergibt sich daraus, dass die Einigung sich nicht nur auf die künftige Rechtszuständigkeit, sondern auch auf den gesamten Rechtsinhalt des entstehenden Erbbaurechts bezieht. 5.43

Hierbei ist der grundbuchrechtliche **Bestimmtheitsgrundsatz** zu beachten.[89] Die zwingenden gesetzlichen Erfordernisse des § 1 – Erbbaugrundstück, Bebauungsbefugnis, Dauer – müssen festgelegt und im Übrigen Art, Inhalt und Umfang des dinglichen Rechts eindeutig festgelegt werden, insbesondere im Hinblick auf künftige Rechtsnachfolger oder Gläubiger. Zwar bleibt es den Parteien dabei überlassen, inwieweit sie den vertraglichen Inhalt mit schuldrechtlicher oder dinglicher Wirkung ausstatten wollen. Der Bestimmtheitsgrundsatz erfordert aber, dass klar abgegrenzt wird, was dinglicher Inhalt des Erbbaurechts ist;[90] dies kann summarisch geschehen („mit folgendem dinglichen Inhalt: ...") und muss nicht bei jeder einzelnen Bestimmung angegeben werden. Wird beantragt, den Erbbaurechtsvertrag in das Grundbuch einzutragen „soweit gesetzlich zulässig", genügt dies dem Bestimmtheitsgrundsatz nicht.[91] Es ist nicht Sache des Grundbuchamtes, die entsprechende Aufteilung vorzunehmen. 5.44

Die Einigung muss aber **nicht** ausdrücklich **als solche bezeichnet sein.** Erforderlich ist nur die eindeutige übereinstimmende Erklärung der Beteiligten, ein entsprechendes dingliches Recht zu begründen, so dass eine Formulierung, die Vertragsteile „bestellen hiermit ... ein (im Einzelnen näher bezeichnetes) Erbbaurecht", mit anschließender Bewilligung und Antrag genügen kann.[92] Eine Einigung kann sich auch nicht darauf beziehen, dass eine dem Erbbaugrundstück zustehende **Grunddienstbarkeit** unter analoger Anwendung von § 1026 BGB auf das neubestellte Erbbaurecht **übertragen** wird, da die Teilung in mehrere selbstständige Grundstücke mit der Bestellung eines dinglichen Rechts hieran rechtlich nicht vergleichbar ist.[93] Auch wenn das neubestellte Erbbaurecht sich auf ein schon vorhandenes Gebäude bezieht, dessen Eigentum übergeht, bleibt rechtlich die Erbbaurechtsbestellung nach der gesetzlichen Formulierung nur die Begründung eines Rechts, wie dies seiner Doppelnatur entspricht, vgl. RdNr. 1.30. 5.45

---

[88] BGH DNotZ 1969, 487; BayObLG DNotZ 1969, 492; KG Rpfleger 1979, 208; *Ingenstau/Hustedt* § 11 RdNr. 40; RGRK/*Räfle* § 11 RdNr. 5; *Schöner/Stöber* RdNr. 1716.
[89] BGH DNotZ 1969, 487; BayObLG DNotZ 1969, 492.
[90] BayObLG DNotZ 1969, 492.
[91] BayObLG DNotZ 1969, 492; OLG Hamm DNotZ 1967, 635; *Schöner/Stöber* RdNr. 1716.
[92] BayObLG Rpfleger 1984, 266.
[93] OLG Hamm DNotZ 1981, 264.

c) Weitere Vollzugsvoraussetzungen

5.46 **aa) Bewilligung, Antrag.** Neben der Einigung ist die Bewilligung (§ 19 GBO) in der Form des § 29 GBO erforderlich, str.; diese ist aber, wie bei der Auflassung, in der Einigung mitenthalten, wenn sie nicht ausdrücklich vorbehalten bleibt.[94] Daneben ist der (formlose) Eintragungsantrag gemäß § 13 GBO erforderlich.

5.47 **bb) Vorlage des Erbbaurechtsvertrages.** Nach einhelliger Meinung[95] gilt § 925a BGB, der über § 20 GBO nachzuweisen ist, hier nicht, da er nur eine Voraussetzung für die Beurkundung der Auflassung bildet; mit dem ausdrücklichen Ausschluss der Auflassung in § 11 Abs. 1 S. 1 ErbbauRG ist daher auch die Folgebestimmung von § 925a BGB ausgeschlossen. Nach der hier vertretenen Auffassung kann aber wegen des Geschäftseinheitswillens hinsichtlich des gesetzlichen und vertraglichen Inhalts zwischen schuldrechtlichem Grundgeschäft und Einigung das Grundbuchamt die Vorlage eines formgültigen schuldrechtlichen Erbbaurechtsvertrags verlangen, str. (vgl. RdNr. 5.30), soweit der Inhalt nicht in einer beurkundeten Einigung vollständig enthalten ist (RdNr. 5.42).

5.48 **cc) Privatrechtliche Genehmigungen.** Zur Einigung müssen die nötigen privatrechtlichen Genehmigungen vorliegen, zB wenn vorbehaltlich nachträglicher Genehmigung gehandelt wurde oder bei gesetzlicher Vertretung eines Minderjährigen (§§ 1643, 1821 Abs. 1 Nr. 1 BGB). Der Erwerb eines Erbbaurechts gegen Übernahme des Erbbauzinses erfolgt (teil-)entgeltlich und bedarf der Genehmigung des **Vormundschaftsgerichts** (§ 1821 Abs. 1 Nr. 5 BGB). Das OLG Brandenburg[95a] hat einen Sonderfall entschieden: Die Umwandlung eines Gebäudeeigentums in ein Erbaurecht nach §§ 32 ff SachRBerG. Hier war der Minderjährige bereits Gebäudemiteigentümer ohne Nutzungsentgelt; durch die Erbbaurechtsbestellung hat sich seine wirtschaftliche Situation durch den Erbbauzins verschlechtert. Bei der normalen Erbbaurechtsbestellung/-übertragung ist mit OLG München[95b] zu prüfen, ob nach einer Gesamtbetrachtung die Interessen des Kindes überwiegen. Das ErbbauRG selbst geht in § 19 von zwei getrennten Wertbeziehungen aus: Wert des Bauwerks (für Beleihung verwendbar) und Grundstücksnutzung gegen Erbbauzins, vgl. RdNr. 5.125. Die Schenkung eines werthaltigen (unbeliehenen) Bauwerks überwiegt daher im Zweifel immer die Erbbauzinsübernahme. Zur Erbbaurechtsbestellung kann die Zustimmung des **Ehegatten gemäß § 1365 BGB** nötig sein, wenn es in seiner konkreten Ausgestaltung das Grundstückseigentum praktisch aushöhlt und das belastete Grundstück das (nahezu) gesamte Vermögen des Grundstückseigentümers darstellt und der Vertragsgegner hiervon positiv Kenntnis hat.[96]

5.49 **dd) Behördliche Genehmigungen.** Nach **§ 19 BauGB** ist seit der Gesetzesänderung von 2004 weder zur Bestellung des Erbbaurechts als solcher, noch zur Grundstücksteilung, um ein Erbbaurecht an einer Teilfläche zu begründen, eine Genehmigung nötig. Durch die Teilung dürfen jedoch keinen baurechtswidrigen Verhältnisse entstehen (§ 19 Abs. 2 BauGB). Eine Genehmigung ist aber erforderlich innerhalb eines **Umlegungsgebietes** (§§ 51 Abs. 1 Nr. 1, 200 Abs. 2 BauGB). Die Bestellung eines Erbbaurechts in einem förmlich festgelegten **Sanierungsgebiet** bedarf der Genehmigung nach § 144 Abs. 2 Nr. 1 BauGB, ebenso der schuldrechtliche Vertrag hierzu gemäß § 144 Abs. 2 Nr. 3 BauGB, die dann gleichzeitig

---

[94] *Schöner/Stöber* RdNr. 1715, 97.
[95] BGH DNotZ 1969, 487; OLG Oldenburg DNotZ 1985, 712; LG Osnabrück DNotZ 1985, 710; *Ingenstau/Hustedt* § 11 RdNr. 41; *Schöner/Stöber* RdNr. 1715; RGRK/*Räfle* § 11 RdNr. 4.
[95a] OLG Brandenburg FamRZ 2004, 1049.
[95b] OLG München NZM 2007, 853.
[96] *Schöner/Stöber* RdNr. 1719 m. weit. Nachw.; *Staudinger/Thiele* § 1365 BGB RdNr. 52.

II. Begründung des Erbbaurechts

die Genehmigung für das dingliche Rechtsgeschäft enthält.[97] Ob die Erbbaurechtsbestellung der Genehmigung nach § 2 Abs. 1 **Grundstücksverkehrsgesetz** unterliegt, ist strittig; mit hM[98] ist dies abzulehnen, da § 2 Grundstücksverkehrsgesetz eine abschließende Aufzählung enthält und eine staatliche Eingriffsnorm auf im Gesetz nicht genannte Fälle grundsätzlich nicht ausgedehnt werden darf. § 2 Abs. 3 S. 1 Grundstücksverkehrsgesetz hat es ferner den Ländern überlassen, die Genehmigungspflicht auch für grundstücksgleiche Rechte für anwendbar zu erklären.[99] In den neuen Bundesländern ist eine Genehmigung nach § 2 Abs. 1 S. 1 Nr. 2 **Grundstücksverkehrsordnung** erforderlich, falls nicht eine Ausnahme nach S. 2 vorliegt. Zum **Preisklauselgesetz** wurde die Genehmigungspflicht zwar aufgehoben, die materielle Rechtslage gilt aber unverändert, vgl. RdNr. 6.139 ff. Zu beachten sind auch **landesrechtliche Vorschriften**, zB Genehmigungspflichten bei Bestellung durch Gemeinden[100] oder Kirchenstiftungen.[101]

ee) Unbedenklichkeitsbescheinigung des Finanzamtes. Zur Grunderwerbssteuer bei der Erbbaurechtsbestellung vgl. RdNr. 9.37 ff. Nach der neuen Rechtsprechung des BFH[102] ist zur Eintragung des Erbbaurechts in das Grundbuch die Unbedenklichkeitsbescheinigung des Finanzamtes hinsichtlich der Grunderwerbssteuer erforderlich. Es gelten die gleichen Ausnahmen, wie beim Eigentumserwerb.[103]   5.50

ff) Rangbeschaffung. Schließlich müssen die zur Beschaffung der nach § 10 ErbbauRG vorgeschriebenen Rangstelle nötigen Rangrücktrittserklärungen vorliegen; vgl. hierzu RdNr. 2.93 ff., zum nötigen Zeitpunkt dafür vgl. RdNr. 2.96.   5.51

d) Eintragung

aa) Prüfungspflicht des Grundbuchamtes. Das Grundbuchamt hat zu prüfen, ob die Einigung über die Bestellung des Erbbaurechts mit dem gesetzlich vorgeschriebenen und zulässigen Inhalt desselben in der erforderlichen Form vorliegt (vgl. RdNr. 5.42–45), sowie alle sonst nötigen Vollzugsvoraussetzungen (vgl. RdNr. 5.46–51).   5.52

Nachgeprüft werden muss insbesondere, ob die gesetzlichen Voraussetzungen des § 1 ErbbauRG vorliegen, also ob das Erbbaugrundstück bestimmt ist, ob die Mindestbestimmtheit für das Bauwerk gegeben ist und ob bei der Erstreckung des Erbbaurechts auf Nebenflächen das Bauwerk wirtschaftlich die Hauptsache bleibt, ferner ob die unabdingbar erste Rangstelle gemäß § 10 ErbbauRG für das Erbbaurecht gewahrt ist. Bei **dinglichen Inhaltsvereinbarungen** (§§ 2 bis 8, § 27 Abs. 1, § 32 Abs. 1 ErbbauRG) wird teilweise die Ansicht vertreten, dass ein Prüfungsrecht des Grundbuchamtes nicht besteht;[104] dies ist jedoch abzulehnen, da diese Vereinbarungen keinen schuldrechtlichen Charakter haben, sondern gleichfalls zum dinglichen Inhalt des einzutragenden Rechts gehören.[105] Das Prüfungsrecht bezieht sich jedoch nicht auf rein schuldrechtliche Vereinbarungen. Soweit für das Grundbuchamt überhaupt eine AGB-Kontrolle in Frage kommt,[106] kann

---

[97] Vgl. OVG Lüneburg NJW 1979, 1316; zur Wertsteigerung BVerwG NJW 1982, 398.
[98] BGH NJW 1976, 519; OLG Hamm NJW 1966, 1416 u. dort angeg. Lit.; ebenso *Ingenstau/Hustedt* RdNr. 81; *Schöner/Stöber* RdNr. 1720; aA LG Aurich NJW 1965, 543 m. abl. Anm. *Uibel* NJW 1965, 1183; *Lange* Kommentar zum Grundstücksverkehrsgesetz, § 1 Anm. 3g.
[99] Nach *Lange* (Fn. 98) § 2 Anm. 27a fällt darunter das Erbbaurecht.
[100] Zu Art. 75 BayGO vgl. BayObLG BayJMBl. 1978, S. 79.
[101] LG Memmingen MittBayNot 1981, 251 f. Zustimmung zur Veräußerung.
[102] BFH NJW 1968, 1543 vgl. BFH NJW 1979, 392 u. DNotZ 1979, 295; *Haegele* BWNotZ 1970, 17; aA früher OLG Celle Rpfleger 1952, 596; vgl. RdNr. 9.44.
[103] Vgl. BayJMBl. 1984, 204, 205.
[104] *Wufka* DNotZ 1985, 651, 663; *Staudinger/Rapp* § 14 RdNr. 12.
[105] Ebenso *Schöner/Stöber* RdNr. 1723.
[106] Vgl. *Schöner/Stöber* RdNr. 211, 1723.

sich diese nur auf den dinglichen Inhalt des Erbbaurechts beziehen, nicht dagegen auf die schuldrechtlichen Teile.

5.53 **bb) Grundstücks-Grundbuch (§ 14 Abs. 2, Abs. 3 S. 2, 3 ErbbauRG).** Entsprechend seinem Charakter als Recht am Grundstück hat die Eintragung im Grundstücks-Grundbuch gemäß § 873 BGB **konstitutive Wirkung** für die **Entstehung** und den **rechtlichen Weiterbestand** des Erbbaurechts,[107] nicht dagegen die im Erbbau-Grundbuch. Die Eintragung erfolgt in der Lastenabteilung (Abt. II) des Grundstücks-Grundbuchs (vgl. § 10 GBVfg.); erforderlichenfalls (vgl. § 3 Abs. 2, 3 GBO) ist ein solches erst anzulegen.[108] Das Grundstücks-Grundbuch ist maßgebend für **Dauer und Rang** des Erbbaurechts. Neben dem Erbbaurecht, das auch als „Erbbaurecht" zu bezeichnen ist,[109] ist der Erbbauberechtigte, bei einer Mehrheit von Berechtigten auch das Gemeinschaftsverhältnis, ferner die Dauer, sowie etwaige aufschiebende Bedingungen oder Zeitbestimmungen wie der Anfangs- und Endtermin einzutragen.[110]

5.54 Im Übrigen ist wegen des **Inhalts** gemäß § 14 Abs. 2 ErbbauRG auf das Erbbau-Grundbuch Bezug zu nehmen. Zulässig ist wohl auch die vollständige Wiedergabe des Inhalts des Erbbaurechts. Dagegen darf auf die Eintragungsbewilligung nicht Bezug genommen werden.[111] § 14 Abs. 2 ErbbauRG ist aber eine Ordnungsvorschrift, so dass ihre Nichtbeachtung auf Bestand und Inhalt des Erbbaurechts keinen Einfluss hat.[112] Unklare Eintragungen sind zwar wirksam, aber nach § 22 GBO klarzustellen, falls dies anhand der Eintragungsbewilligung möglich ist. Zu den Wirkungen des Grundstücks-Grundbuches vgl. RdNr. 5.268, 274.

5.55 **cc) Erbbau-Grundbuch (§ 14 Abs. 1, Abs. 3 S. 1 ErbbauRG).** Bei der Eintragung des Erbbaurechts in der Grundstücks-Grundbuch ist gemäß § 14 Abs. 1 S. 1 ErbbauRG gleichzeitig das Erbbaugrundbuch **von Amts wegen anzulegen.** Die konstitutive Wirkung schließt sich jedoch gemäß § 873 BGB nur an die Eintragung in das Grundstücks-Grundbuch an, so dass das Erbbaurecht auch entsteht, wenn entgegen § 14 Abs. 1 S. 1 ErbbauRG kein Erbbaugrundbuch angelegt ist; dagegen entstehen die Vereinbarungen über den **dinglichen Inhalt** des Erbbaurechts gemäß §§ 2 bis 8, 27 Abs. 1, 32 Abs. 1 ErbbauRG erst mit der Eintragung in das dafür maßgebliche Erbbau-Grundbuch.[113] Die Verletzung der zwingenden Vorschrift des § 14 Abs. 1 S. 1 ErbbauRG muss aber unverzüglich durch Anlegung des Erbbau-Grundbuches bereinigt werden.

5.56 Die **Anlage des Erbbaugrundbuches** und die Eintragung darin bestimmen sich neben § 14 ErbbauRG nach **§§ 54ff. GBVfg.,** vgl. insbesondere das Muster in Anlage 9 hierzu.

5.57 Im **Bestandsverzeichnis** ist hier einzutragen: Die Bezeichnung „Erbbaurecht" und der **Beschrieb** des belasteten Grundstücks (§ 56 Abs. 1a GBVfg.); der **dingliche Inhalt** des Erbbaurechts (§§ 2 bis 8, 27 Abs. 1, 32 Abs. 1 ErbbauRG, auch Vereinbarungen nach § 2 Nr. 6, 7 ErbbauRG),[114] und zwar mit konstitutiver Wirkung, wie sich aus der Gegenüberstellung von § 14 Abs. 1 S. 3 und Abs. 2 ErbbauRG ergibt; gemäß § 14 Abs. 1 S. 3 ErbbauRG ist statt der vollen Wiedergabe des Inhalts die **Bezugnahme auf die Eintragungsbewilligung** nach den Grundsätzen des § 874 BGB zulässig; die Verfügungsbeschränkungen gemäß

---

[107] MünchKomm § 14 RdNr. 2; *Staudinger/Rapp* § 14 RdNr. 3.
[108] MünchKomm § 14 RdNr. 2; KG KGJ 26 A 115.
[109] BGH NJW 1979, 421; 1981, 176.
[110] BayObLGZ 1959, 520, 528; *Ingenstau/Hustedt* § 14 RdNr. 4; *Staudinger/Rapp* § 14 RdNr. 3.
[111] OLG Dresden JFG 2, 304.
[112] *Ingenstau/Hustedt* § 14 RdNr. 3; RGRK/*Räfle* § 14 RdNr. 3.
[113] *Ingenstau/Hustedt* § 14 RdNr. 7, 11; MünchKomm § 14 RdNr. 6.
[114] Rechte n. § 2 Nrn. 6 u. 7 gehören z. Inhalt d. Erbbaurechts und können keine selbstständigen Belastungen d. Grundstücks sein; *Ingenstau/Hustedt* § 14 RdNr. 11.

II. Begründung des Erbbaurechts

§§ 5 ff. ErbbauRG sind jedoch gemäß § 56 Abs. 2 GBVfg. formell-rechtlich in das Grundbuch ausdrücklich einzutragen,[115] ebenso Ausnahmen von der Zustimmungspflicht, die allerdings auch durch Bezugnahme auf die Bewilligung wirksam sind;[116] der jeweilige **Grundstückseigentümer** und jeder spätere Erwerber des Grundstücks nach der Ordnungsvorschrift des § 14 Abs. 1 S. 2 ErbbauRG.[117] Eine Mischform – teils positive Eintragung, teils Bezugnahme – führt nicht zur inhaltlichen Unzulässigkeit.[118]

In **Abteilung I mit III** sind nach Maßgabe der allgemeinen Grundstücksvorschriften (vgl. § 57 GBVfg.) der Erbbauberechtigte und alle Belastungen des Erbbaurechts einzutragen, insbesondere der Erbbauzins, die Vormerkung auf Erbbauzinsanpassung, sowie ein etwaiges Vorkaufsrecht für den Grundstückseigentümer. Für Grundpfandrechte am Grundstück, die hinter das Erbbaurecht zurücktreten, erlischt die Haftung des Bauwerks gemäß § 12 Abs. 1 S. 3 ErbbauRG, sodass eine automatische Mitübertragung auf das Erbbaurecht ausscheidet.   5.58

dd) Wirkungen, Widersprüche beider Grundbücher. Zu den Wirkungen der Grundbücher und zu den **Bekanntmachungen** vgl. RdNr. 5.274 ff. Ist die Grundbucheintragung nicht mit der weitergehenden Einigung identisch, so ist nur das Recht mit seinem eingetragenen Inhalt und Umfang entstanden.[119] Da für § 873 Abs. 1 BGB anerkannt ist, dass das zeitliche Verhältnis zwischen Einigung und Eintragung beliebig ist, kann bei einer wirksamen Eintragung auf Grund einer unwirksamen Einigung letztere durch eine wirksame spätere Einigung ersetzt werden; dies gilt nicht wenn auch die Eintragung selbst mangels Bestimmtheit des Bauwerks unwirksam war.   5.59

Zu Widersprüchen zwischen Grundstücks-Grundbuch und Erbbau-Grundbuch vgl. RdNr. 5.274.

e) Zeitpunkt. Dinglich entsteht das Erbbaurecht frühestens mit seiner Eintragung, genau mit der Eintragung im Grundstücks-Grundbuch. Ein Zeitpunkt vor Eintragung kann daher nicht als Anfangszeitpunkt des dinglichen Rechts, aber als Ausgangspunkt für die Berechnung von dessen Dauer oder für die schuldrechtlichen Wirkungen festgelegt werden.[120]   5.60

4. Nichtigkeitsgründe

Die Nichtigkeit eines eingetragenen Erbbaurechts ergibt sich gemäß § 873 Abs. 1 BGB daraus, dass entweder die Einigung unwirksam ist oder die Eintragung selbst inhaltlich unzulässig ist.   5.61

a) Unwirksamkeit der Einigung. Die Unwirksamkeit der Einigung kann sich aus den verschiedensten Gründen ergeben. Dies ist der Fall, wenn gegen **zwingende gesetzliche Bestimmungen** verstoßen wird, so zB wenn die Mindestbestimmtheit des Bauwerks fehlt (vgl. RdNr. 2.26),[121] wenn das Erbbaurecht sich überhaupt nicht auf ein Bauwerk bezieht (§ 1 Abs. 1 ErbbauRG, vgl. RdNr. 2.6) oder wenn es sich nur auf den Teil eines Gebäudes bezieht (§ 1 Abs. 3 ErbbauRG, vgl. RdNr. 2.35, was insbesondere nach hier vertretener Ansicht beim Nachbarerbbaurecht der Fall ist, vgl. RdNr. 3.79), wenn das Bauwerk entgegen § 1 Abs. 2 ErbbauRG nicht wirtschaftlich die Hauptsache ist (vgl. RdNr. 2.70) oder wenn es unter Verstoß gegen § 1 Abs. 4 ErbbauRG mit einer auflösenden Bedingung be-   5.62

---

[115] LG Marburg Rpfleger 1968, 26; *Riggers* JurBüro 1970, 731; *Schöner/Stöber* RdNr. 1781.
[116] BayObLG DNotZ 1980, 50.
[117] *Ingenstau/Hustedt* § 14 RdNr. 9; *Staudinger/Rapp* § 14 RdNr. 7.
[118] BayObLG DNotI-Report 2002, 45.
[119] BGH DNotZ 1976, 16.
[120] BGH Rpfleger 1973, 355; *Promberger* Rpfleger 1975, 233.
[121] BGH DNotZ 1969, 487; OLG Frankfurt Rpfleger 1975, 305 und OLGZ 1983, 165.

stellt wird (vgl. RdNr. 2.148), schließlich auch, wenn es seinem Inhalt nach entgegen § 1 Abs. 1 ErbbauRG als unveräußerliches und unvererbliches Recht bestellt wird (vgl. RdNr. 2.131–134). In diesen Fällen kann es sich gleichzeitig um eine inhaltlich unzulässige Eintragung handeln, zur Abgrenzung vgl. RdNr. 5.65.

5.63 Die Einigung kann auch unwirksam sein, wenn nach ihrem Inhalt das Erbbaurecht nicht im erforderlichen ersten Rang nach § 10 ErbbauRG eingetragen werden soll; hiervon ist allerdings zu unterscheiden der Fall, dass das Erbbaurecht zwar im Erstrang eingetragen werden soll, dieser aber erst bis zur Eintragung beschafft werden muss (vgl. RdNr. 2.96). Ferner kann die Unwirksamkeit dann eintreten, wenn die erforderliche Bestimmtheit fehlt, z. B. wenn das Erbbaugrundstück nicht hinreichend bestimmt ist,[122] wenn die für die Einigung nötige Form fehlt (vgl. RdNr. 5.42), wobei die Heilung gemäß § 11 Abs. 2 ErbbauRG, § 311b Abs. 1 S. 2 BGB aber eine wirksame und damit formgültige Einigung voraussetzt. Die Unwirksamkeit kann sich auch aus dem Fehlen einer nötigen Genehmigung von Beteiligten oder einer zur Wirksamkeit erforderlichen behördlichen Genehmigung ergeben (vgl. RdNr. 5.48, 49). Schließlich kann auch die Unwirksamkeit einer Bestimmung zum vertraglichen Inhalt oder eines anderen Teils des Erbbaurechtsvertrages die Unwirksamkeit der Einigung gemäß § 139 BGB herbeiführen (vgl. RdNr. 5.66 ff.).

5.64 **b) Inhaltlich unzulässige Eintragung.** Die Nichtigkeit des Erbbaurechts kann sich ferner aus einer unzulässigen Eintragung ergeben, also entweder, dass die **Grundbucheintragung selbst** oder dass die dabei zulässiger Weise in **Bezug genommene Eintragungsbewilligung** inhaltlich unzulässig ist. Inhaltlich unzulässig ist aber die Eintragung nicht nur dann, wenn ein überhaupt **nicht eintragungsfähiges Recht** eingetragen wurde, sondern auch wenn ein an sich eintragungsfähiges Recht einen wesentlichen, **gesetzlich gebotenen Bestandteil nicht enthält**; ein nicht mit dem gesetzlich vorgeschriebenen Inhalt begründetes Recht kann nämlich nicht anderes behandelt werden, als ein dingliches Recht, das überhaupt nicht begründet werden kann.[123] Nach BayObLG[124] ist eine (generelle) Zustimmungspflicht des Grundstückseigentümers zur Vermietung und Verpachtung, die ausdrücklich eingetragen wurde, als inhaltlich unzulässig zu löschen.

5.65 Die Eintragung selbst wäre sonach inhaltlich unzulässig, wenn sie nicht in dem nach § 10 ErbbauRG vorgeschriebenen Rang erfolgt ist. Inhaltliche Unzulässigkeit der Eintragung wäre danach aber auch gegeben, wenn sich aus der bezuggenommenen Bewilligung ein **Verstoß gegen § 1** ErbbauRG ergibt, wie vorstehend (RdNr. 5.62) dargelegt. Die inhaltliche Unzulässigkeit muss sich aber mit voller Sicherheit daraus ergeben, also ohne langwierige prozessuale Verhandlungen oder ohne Auslegung.[125] Die **Abgrenzung** zwischen **inhaltlich unzulässiger Eintragung** einerseits und (nur) **unwirksamer Einigung** andrerseits wird deswegen oft schwierig sein: Bezieht sich ein Erbbaurecht zB nur auf ein Stockwerk eines mehrstöckigen Gebäudes, so liegt inhaltliche Unzulässigkeit wegen Verstoß gegen § 1 Abs. 3 ErbbauRG vor; bezieht es sich dagegen auf einen vertikal abgegrenzten Gebäudeteil, so wird wohl in der Regel aus der Bewilligung selbst nicht ergeben, ob dieser auch baulich selbständig ist (vgl. RdNr. 2.33), so dass, wenn sich dann außerhalb des Grundbuches die Unselbständigkeit ergibt, eben nur die Einigung unwirksam ist oder ggf. nur eine bestimmungswidrige Bebauung (RdNr. 2.43 ff.) vorliegt.

5.66 **c) Teilnichtigkeit (§ 139 BGB).** Gemäß § 139 BGB besteht zwar bei Teilnichtigkeit die Vermutung der Gesamtnichtigkeit. Sie setzt voraus, dass der nichtige

---

[122] BGH DNotZ 1969, 487.
[123] OLG Frankfurt Rpfleger 1975, 305; *Busse* Rpfleger 1957, 106, 107.
[124] BayObLG DNotI-Report 2002, 45.
[125] *Haegele* Rpfleger 1957, 106, 108.

Teil mit dem übrigen Teil eine rechtliche Einheit bildet und wird widerlegt, wenn die Parteien einen Erbbaurechtsvertrag auch ohne den nichtigen Teil abgeschlossen hätten.

aa) Teilnichtigkeit beim vertraglichen Inhalt. Während ein Verstoß gegen die zwingenden gesetzlichen Bestimmungen die Einigung immer unwirksam macht, ist bei der Unwirksamkeit einer einzelnen dinglichen Inhaltsvereinbarung gemäß §§ 2 ff., § 27 Abs. 1 S. 2, § 32 Abs. 1 S. 2 ErbbauRG immer zu prüfen, ob das Erbbaurecht nicht auch ohne die unwirksame Einzelbestimmung bestellt worden wäre. Die vertraglichen Einzelbestimmungen haben an sich schon **höchst unterschiedliche wirtschaftliche Bedeutung** und können dies im Einzelfall noch mehr haben: Eine gegen § 5 Abs. 2 ErbbauRG verstoßende Zustimmungspflicht zur Belastung zB mit Dienstbarkeiten hat im Regelfall nur untergeordnete wirtschaftliche Bedeutung und kann auch in eine schuldrechtliche Vereinbarung umgedeutet werden, ebenso kann eine unwirksame Kündigungsklausel unter Umständen in eine Heimfallvereinbarung umgedeutet werden,[126] andererseits kann zB eine Vereinbarung über die Entschädigung bei Zeitablauf oder bei Heimfall (§ 27 Abs. 1 S. 2, § 32 Abs. 1 S. 2 ErbbauRG) äußerst wesentlich sein, zB wenn der Grundstückseigentümer gar keine Abfindung zahlen muss. Ebenso kann eine Verpflichtung des Erbbauberechtigten zur Errichtung eines bestimmten Bauwerks gemäß § 2 Nr. 1 ErbbauRG im Zusammenhang mit einer derartigen Abfindungsregelung äußerst wesentlich sein, so dass sich bei deren Unwirksamkeit eine Nichtigkeit der Einigung ergeben kann. 5.67

bb) Nichtigkeit anderer Elemente des Erbbaurechtsvertrages. Der Erbbaurechtsvertrag ist, wie oben unter RdNr. 5.4 dargestellt, ein Vertragsbündel, das im Regelfall neben dem schuldrechtlichen Kausalgeschäft eine Vielzahl von dinglichen und schuldrechtlichen Elementen enthält. Ein rechtlicher Zusammenhang iS § 139 BGB wurde von der Rechtsprechung bejaht, wenn die Verträge zusammen stehen und fallen,[127] oder nur gemeinsam gelten[128] oder in gegenseitiger Abhängigkeit stehen.[129] Ein „Leistungsbündel" im Sinne eines einheitlichen Gesamtgeschäfts iS § 139 BGB liegt jedenfalls dann vor, wenn der Parteiwille dahin geht, an sich **selbständige Schuldverhältnisse zu einem Schuldverhältnis synallagmatisch zu verschmelzen** und *ein* Schuldverhältnis zu begründen.[130] 5.68

Wie unter RdNr. 5.30 dargestellt, besteht im Regelfall ein Einheitlichkeitswille zwischen dem Grundgeschäft einerseits und der Einigung andererseits hinsichtlich des Rechtsinhalts des Erbbaurechts (gesetzlicher und vertraglicher Inhalt). Der BGH[131] hat dargestellt, dass bei **Fehlen der Einigung** oder bei ihrer Unwirksamkeit möglicherweise auch der ganze **übrige Erbbaurechtsvertrag nichtig** ist, da ohne sie kein Erbbaurecht entstehen kann. Er stellt dar, dass bei einer derartigen Nichtigkeit auch der Grundsatz, wonach die Partner alles in den Kräften stehende tun müssen, um einen wirksamen Vertragsabschluss zustandezubringen nicht gilt, da dieser nur bei schwebender Unwirksamkeit anwendbar ist. Dem ist zu folgen. Ist daher die Einigung nach Ausschöpfung der Auslegungsmöglichkeiten nichtig, so ergibt sich im Regelfall auch die Nichtigkeit des ganzen übrigen Vertragsbündels: Die Gegenleistung, nämlich der Erbbauzins mit seinen begleitenden Vereinbarungen steht in einem klaren synallagmatischen Zusammenhang zur Erbbaurechtsbe- 5.69

---

[126] Vgl. *Hönn* NJW 1969, 1669 und RdNr. 2.159; BGH NJW 1969, 1112 geht von Wirksamkeit der Erbbaurechtsbestellung aus.
[127] BGH DNotZ 1971, 410; BGH DNotZ 1975, 87 u. 1976, 685.
[128] So schon RGZ 97, 220 u. 103, 298.
[129] Vgl. BGH DNotZ 1971, 411.
[130] *Staudinger/Wufka* § 311 b BGB RdNr. 148; vgl. iE *Korte* DNotZ 1984, 3 ff., 15 ff.
[131] DNotZ 1969, 487, 488.

stellung, ferner ist bei Nichtigkeit des Erbbaurechts auch die Eintragung des Erbbauzinses samt begleitender Vereinbarungen objektiv unmöglich. Auch etwaige gegenseitige Vorkaufsrechte für den Erbbauberechtigten und den Grundstückseigentümer sind wegen Unwirksamkeit des Erbbaurechts nicht eintragungsfähig.

5.70 Umgekehrt wird bei **Nichtigkeit** des Erbbauzinses ebenfalls idR das übrige Vertragsbündel unwirksam sein (vgl. RdNr. 5.29); der BGH hat dies für eine Vereinbarung, wonach der vereinbarte Erbbauzins gegen eine einmalige Zahlung abgelöst werden kann, bejaht.[132]

5.71 Es ist das Abstraktionsprinzip zu beachten. Der Einheitlichkeitswille der Beteiligten kann also nur dahin gehen, dass alle dinglichen Rechte wirksam eingetragen werden. Das **spätere rechtliche Schicksal** dieser Rechte ist davon jedoch **unabhängig**, so dass also zB beim Erlöschen des Erbbauzinses in der Zwangsversteigerung nun nicht mehr auf eine Nichtigkeit des Gesamtgeschäfts geschlossen werden darf.

5. Nichtigkeitsfolgen

5.72 Ist ein nichtiges Erbbaurecht im Grundbuch eingetragen, so ist dieses unrichtig. Bei den Nichtigkeitsfolgen ist jedoch zu unterscheiden:

a) Unwirksamkeit der dinglichen Erbbaurechtsbestellung

5.73 **aa) Berichtigung des Grundbuchs.** Ist die dingliche Erbbaurechtsbestellung unwirksam, die **Grundbucheintragung aber ihrem Inhalt nach zulässig**, so kann das Grundbuch **nach § 894 BGB, § 22 GBO berichtigt** werden. Der Grundstückseigentümer kann daher die Zustimmung zur Berichtigung vom Erbbauberechtigten und bei Belastung des Erbbaurechts von allen Berechtigten am Erbbaurecht verlangen.[133] Die Berichtigung darf nur erfolgen, wenn die vorgenannten Betroffenen ihre Zustimmung geben, also die Berichtigung bewilligt haben. Daneben kann hier auch die Berichtigung erfolgen, wenn die Unrichtigkeit des Grundbuches gemäß § 22 GBO vom Antragsteller nachgewiesen wird in der Form des § 29 GBO, zB durch ein rechtskräftiges Urteil.

5.74 Ein **Amtswiderspruch** gemäß § 53 Abs. 1 S. 1 GBO kann hier nur eingetragen werden, wenn die Unrichtigkeit des Grundbuches auf einer Gesetzesverletzung des Grundbuchamtes beruht, also das Grundbuchamt nach den vorgelegten Unterlagen die Unwirksamkeit des Erbbaurechts hätte erkennen können, so zB wenn die Einigung vorbehaltlich nachträglicher Genehmigung des Grundstückseigentümers erklärt wurde und diese nicht vorgelegt wurde oder wenn ein Pfleger seine Wirkungsmacht überschritten hat.[134] Ein Widerspruch gemäß § 899 BGB ist hier in jedem Fall zulässig. Der Widerspruch ist in das für das Bestehen des Erbbaurechts maßgebende Grundstücks-Grundbuch einzutragen.

5.75 **bb) Gutgläubiger Erwerb.** Bei dieser Fallgruppe sind die Gutglaubensvorschriften der §§ 892, 893 BGB anwendbar, so dass ein späterer Erwerber des Erbbaurechts oder ein Grundpfandrechtsgläubiger wirksam erwirbt, außer wenn ein Widerspruch gegen die Richtigkeit des Grundbuches eingetragen war oder die Unrichtigkeit dem Erwerber bekannt war.[135] Es können daher Grundpfandrechte wirksam entstehen, obwohl das Erbbaurecht selbst unwirksam ist.[136] Für den

---

[132] DNotZ 1967, 495, 497.
[133] *Busse* Rpfleger 1957, 106, 108.
[134] BayObLGZ 1986, 294, 298.
[135] BGH WPM 1963, 533; BayObLG BayObLGZ 1986, 294; *Busse* Rpfleger 1957, 106, 108; *Haegele* Rpfleger 1967, 279, 287; *Mohrbutter/Riedel* NJW 1957, 1500; *Ingenstau/Hustedt* § 11 RdNr. 44; *Staudinger/Rapp* § 11 RdNr. 21.
[136] BayObLG a. a. O.; *Busse* Rpfleger 1957, 106, 108; *Ingenstau/Hustedt* § 11 RdNr. 44; *Palandt/Bassenge* § 11 RdNr. 7; *Erman/Hagen* § 11 RdNr. 1; *Schöner/Stöber* RdNr. 1742.

II. Begründung des Erbbaurechts

Grundpfandrechtsgläubiger gilt dann nach hM das Erbbaurecht insoweit als bestehend, so dass die Grundpfandrechtsgläubiger ihre Rechte im Wege der Zwangsversteigerung geltend machen können und das Erbbaurecht für den Ersteher entsteht. Nach BayObLG gilt diese Wirkung nur gegenüber dem gutgläubigen Erwerber, nicht für den ursprünglichen Erbbauberechtigten. Der gegenteiligen Ansicht,[137] wonach die Belastungen auf das Grundstück „durchfallen", kann dagegen nicht gefolgt werden; einerseits bezieht sich für den Grundpfandrechtsgläubiger der öffentliche Glaube des Grundbuches auf das Bestehen des Erbbaurechts. Andererseits kann dem Grundstückseigentümer eine Verschlechterung seines Eigentums, nämlich eine Vollstreckungsmöglichkeit in sein Eigentum nicht zugemutet werden. Nach einem gutgläubigen Erwerb von Grundpfandrechten kann die Berichtigung jetzt nur noch erfolgen, wenn diese Rechte gleichzeitig gelöscht werden, also eine Löschungsbewilligung gemäß § 876 BGB vorgelegt wird.

b) Inhaltlich unzulässige Eintragung. Ist die Grundbucheintragung inhaltlich unzulässig (zu den Voraussetzungen und Einzelfällen vgl. RdNr. 5.64, 65), so ist jetzt das Erbbaurecht gemäß § 53 Abs. 1 S. 2 GBO von Amts wegen zu löschen und das Erbbaugrundbuch zu schließen.[138] Da sich an inhaltlich unzulässige Eintragungen kein gutgläubiger Erwerb nach § 892, 893 BGB anschließen kann, ist hier **kein gutgläubiger Erwerb** des Erbbaurechts oder von Rechten daran möglich.[139]

5.76

Strittig ist hier, welche Rechtsfolgen die Löschung des inhaltlich unzulässigen Erbbaurechts für daran bereits eingetragene **Grundpfandrechte** hat. Die Meinung[140] ist abzulehnen, dass die Grundpfandrechte nun am Grundstück selbst im Rang vor den übrigen Grundstücksbelastungen bestehen, weil das Gebäude nun Grundstücksbestandteil wird bzw. geblieben ist. Dafür gibt es keine rechtliche Grundlage,[141] da der Grundstückseigentümer hier keine rechtsgeschäftliche Erklärung abgegeben hat, auch eine etwaige Zustimmung nach § 5 ErbbauRG hat sich nicht auf die Haftung seines Grundstücks bezogen. Er müsste damit eine Zwangsversteigerung in sein Grundstückseigentum befürchten, was bei einer Belastung des Erbbaurechts niemals möglich wäre. Der Rechtsgedanke der §§ 27 bis 29 ErbbauRG kann hier nicht herangezogen werden, da nur ein Bereicherungsanspruch des Erbbauberechtigten bestehen kann, dem aber jeder Surrogationscharakter fehlt. Ein unmittelbarer Bereicherungsanspruch des Grundpfandrechtsgläubigers gegen den Grundstückseigentümer kommt gleichfalls nicht in Betracht, weil dieser das Bauwerk nicht auf Kosten des Gläubigers, sondern des (vermeintlich) Erbbauberechtigten erlangt hat. Nach *Schöner/Stöber*[142] steht dem Grundpfandrechtsgläubiger in entsprechender Anwendung des Rechtsgedankens von § 28 ErbbauRG ein **Pfandrecht an dem Bereicherungsanspruch** des Erbbauberechtigten zu. Zwar bezieht sich § 28 ErbbauRG auf das Erlöschen eines vorher wirksamen Erbbaurechts. Der Wille des (vermeintlich) Erbbauberechtigten bei der Grundpfandrechtsbestellung dürfte aber im Regelfall eine Verpfändung seines Bereicherungsanspruchs bei Nichtentstehen des Erbbaurechts mitumfassen, so dass der Ansicht von *Schöner/Stöber* zu folgen ist.

5.77

c) Sonstige Folgen. Für das nichtige **schuldrechtliche Grundgeschäft** gelten die allgemeinen Vorschriften, vgl. RdNr. 5.34 ff. Bei einem formungültigen

5.78

---

[137] KEHE Einl. RdNr. F 41.
[138] OLG Frankfurt Rpfleger 1975, 305; OLG Hamm NJW 1976, 2023.
[139] OLG Frankfurt Rpfleger 1975, 305; *Busse* Rpfleger 1957, 106; *Mohrbutter/Riedel* NJW 1957, 1500; RGRK/*Räfle* § 11 RdNr. 14.
[140] *Haegele* Rpfleger 1967, 279, 287.
[141] Ebenso *Schöner/Stöber* RdNr. 1744; MünchKomm § 11 RdNr. 16; RGRK/*Räfle* § 11 RdNr. 14.
[142] RdNr. 1744; aA RGRK/*Räfle* § 11 RdNr. 14.

Vertrag kann eine Haftung aus culpa in contrahendo gegeben sein, wenn der eine Teil dem anderen den bevorstehenden Vertragsschluss als gesichert hingestellt hat.[143] Die Berufung auf die Nichtigkeit kann eine gegen § 242 BGB verstoßende unzulässige Rechtsausübung sein.[144] Nach § 140 BGB kann uU eine Umdeutung des unwirksamen Erbbaurechtsvertrages in einen schuldrechtlichen Nutzungsvertrag erfolgen.[145] Zur Rechtsfolge eines zu Unrecht gelöschten Erbbaurechts vgl. RdNr. 2.110.

6. Weitere Entstehungsgründe

5.79   a) **Buchersitzung.** Da das Erbbaurecht hinsichtlich seines unmittelbar eigenen Schicksals, wie der Entstehung, nur als Recht behandelt wird, ist zwar gemäß § 11 Abs. 1 ErbbauRG nicht § 900 Abs. 1 BGB anwendbar. Das Erbbaurecht gehört jedoch zu den zum Besitz berechtigenden Rechten im Sinne von § 900 Abs. 2 BGB, für die eine Buchersitzung möglich ist. Voraussetzung für den Erwerb des Erbbaurechts durch Buchersitzung ist daher gemäß § 900 Abs. 2, Abs. 1 BGB, dass das Erbbaurecht (fälschlich) 30 Jahre lang für einen bestimmten Erbbauberechtigten eingetragen ist und dieser während dieser Zeit das zum Erbbaurecht gehörige Bauwerk bzw. die hierzu gehörige Nutzungsfläche im Eigenbesitz gehabt hat. Der Eigenbesitz ergibt sich aus § 872 BGB, mittelbarer Eigenbesitz (§ 868 BGB) genügt.[146] Redlich braucht der Eigenbesitzer zu keinem Zeitpunkt zu sein, auch der Rechtsgrund seines Besitzes ist gleichgültig.[146] Für die Fristberechnung gelten gemäß § 900 Abs. 1 S. 2 BGB die §§ 939 bis 944 BGB entsprechend.

   b) **Enteignung**

5.80   aa) **Frühere Rechtsgründe.** Früher gültige Rechtsvorschriften kannten bereits die Begründung eines Erbbaurechts durch Enteignung. So war eine Enteignung nach § 5 der „Verordnung zur Behebung der dringendsten Wohnungsnot" vom 9. 12. 1919 (RGBl. 1919 S. 1968) möglich, ebenso durch das bayerische Gesetz vom 9. 5. 1918 zur Erschließung von Baugelände für den Kleinwohnungsbau.

5.81   Diese Rechtsgrundlagen sind seit dem Inkrafttreten des **Baulandbeschaffungsgesetzes** vom 3. August 1953 (BGBl. I 720) weggefallen.[147] Gemäß §§ 186, 189 BBauG sind seit Inkrafttreten des Bundesbaugesetzes (hierfür maßgebend 29. 10. 1960) die Enteignungen nur noch im Rahmen des Bundesbaugesetzes zulässig, bzw. seit dem 1. 7. 1987 nach dem Baugesetzbuch.

5.82   bb) **Bundesbaugesetz.** Die Auswirkungen dieses Gesetzes, das bis zum 1. 7. 1987 anwendbar war, sind in RdNr. 5.82 der 2. Auflage dargestellt.

5.83   Zur Genehmigungspflicht nach dem **Städtebauförderungsgesetz** und zum Vorkaufsrecht sowie den sonstigen Wirkungen dieses Gesetzes, das bis zum 1. 7. 1987 anwendbar war, vgl. RdNr. 5.83 der 2. Auflage.

5.84   cc) **Baugesetzbuch.** Dieses Gesetz vom 8. 12. 1986 (BGBl. I S. 2253) ersetzt das Bundesbaugesetz und das Städtebauförderungsgesetz und ist auf Vorgänge ab 1. 7. 1987 anwendbar (vgl. §§ 233 ff. BauGB). Zur Genehmigung nach § 144 Abs. 1 Nr. 2 und Abs. 2 Nr. 2, 3 BauGB (Bestellung und Veräußerung eines Erbbaurechts in einem Sanierungsgebiet) vgl. RdNr. 5.49, zur Unwendbarkeit der gesetzlichen Vorkaufsrechte nach §§ 24 ff. BauGB vgl. RdNr. 5.98.

---

[143] BGH WPM 1967, 798.
[144] Vgl. RdNr. 5.37 und BGH NJW 1965, 812, 1014; BB 1966, 139.
[145] Vgl. *Ingenstau/Hustedt* 6. Aufl. § 11 RdNr. 51.
[146] MünchKomm/*Wacke* § 900 BGB RdNr. 4.
[147] Vgl. zu Einzelheiten die Vorauflage und BVerwG NJW 1964, 2440 zum Erbbaurecht als geringstmöglichem Eingriff.

III. Übertragung

1. Schuldrechtliches Grundgeschäft

a) Form (§ 11 ErbbauRG, § 311 b BGB). Nach § 11 Abs. 2 ErbbauRG unterliegt eine vertragliche Verpflichtung zum Erwerb eines Erbbaurechts der Form des § 311 b BGB. Die Bestimmung kann sowohl dahingehend auszulegen sein, dass sie sich nur auf den Erwerb im Zuge einer Erbbaurechtsbestellung bezieht, was auf Grund des Zusammenhangs mit der Erbbaurechtsbestellung in der Formulierung anzunehmen ist, oder dass sie sich auf jeden Erwerb eines Erbbaurechts, also auch eines schon bestehenden Erbbaurechts bezieht. In jedem Falle bedarf das schuldrechtliche Grundgeschäft zu einer Übertragung eines Erbbaurechts gemäß § 11 Abs. 1 S. 1 ErbbauRG der Form des § 311 b BGB.

5.85

Formbedürftig ist daher neben dem vollen Vertrag auch die **einseitige Übertragungs-** und **Erwerbsverpflichtung,** ebenso bedingte schuldrechtliche Vereinbarungen und solche, die indirekt einen Zwang zum Vertragsschluss auslösen, wie bei der Erbbaurechtsbestellung selbst (vgl. RdNr. 5.16) sowie die Bestellung dinglicher oder schuldrechtlicher Vorkaufsrechte und die Verpflichtung dazu.[148] Die Formpflicht besteht auch dann, wenn der Übertragende auf Grund eines Träger-Siedler-Vertrages zur Übertragung verpflichtet ist, da letzterer Vertrag die Beurkundung des daraus folgenden Übertragungsvertrages nicht entbehrlich macht und für einen Darlehensvertrag, der wirtschaftlich zu einem Erbbaukaufangebot gehört.[149] Im übrigen gilt zu dem Umfang des Formzwangs, zur Heilung, sowie zum Einwand der unzulässigen Rechtsausübung das Gleiche, wie bei der Erbbaurechtsbestellung, vgl. RdNr. 5.15 ff., 37, 38. Eine unechte Verweisung liegt bei einer Bezugnahme auf eine bereits vollzogene Bestellungsurkunde vor; § 13 a Beurkundungsgesetz muss daher nicht beachtet werden.[150] Nach BGH[151] wird der Formmangel auch durch die Eintragung des Erbbaurechtserwerbers als Grundstückseigentümer geheilt, wenn der Veräußerer mit Rücksicht auf diese Eintragung die Löschung des Erbbaurechts bewilligt hat. Ein Geschäftseinheitswille zur Einigung ist hier dagegen idR nicht gegeben, da sich nun nur noch die Rechtszuständigkeit ändert.

5.86

b) Anwendbare Vorschriften, Rechtsfolgen. Soweit das **bisherige Schuldrecht** anwendbar ist, gilt: Erfolgt die Übertragung des bestehenden Erbbaurechts gegen einen Kaufpreis, so liegt ein Rechtskauf iS §§ 433 Abs. 1 S. 2, 451 aF BGB vor, für den gemäß § 11 Abs. 1 S. 1 ErbbauRG die sich auf Grundstücke beziehenden Vorschriften entsprechend gelten, also insbesondere für Sachmängel (vgl. RdNr. 5.12). Bei einer dauernden Unbebaubarkeit muss das Gleiche gelten, wie bei der Erbbaurechtsbestellung, vgl. RdNr. 5.10. Wird das bestehende Erbbaurecht an einen Minderjährigen geschenkt unter Übernahme des Erbbauzinses, so ist dies nicht lediglich ein rechtlicher Vorteil iS § 107 BGB,[152] da der Erwerber gemäß § 9 Abs. 1 S. 1 ErbbauRG iV mit § 1108 Abs. 1 BGB für den während der Dauer seiner Berechtigung fälligen Erbbauzins auch persönlich haftet. Wenn die Veräußerung eines Erbbaurechts eine Vermögensübernahme iS § 419 BGB (inzwischen aufgehoben) darstellt, so scheidet eine Irrtumsanfechtung nach § 119 Abs. 2 BGB aus, ebenso auch Gewährleistungsansprüche wegen Sach- oder Rechtsmängel. Es kann jedoch ein Fall des Fehlens oder des Wegfalls der Geschäftsgrundlage vorlie-

5.87

---

[148] BGH NJW-RR 1991, 205.
[149] BGH NJW 1994, 720 zur Heilung; OLG Oldenburg Rpfleger 1961, 240.
[150] *Keidel/Winkler* § 13 a BeurkG RdNr. 24; vgl. BGH DNotZ, 1979, 733.
[151] BGH NJW 1960, 525; *Kanzleiter* DNotZ 1973, 519, 524; RGRK/*Räfle* § 11 RdNr. 30; MünchKomm § 11 RdNr. 19.
[152] BGH NJW 1979, 102, 103; *Klüsener* Rpfleger 1981, 258, 262; aA *Jauernig* § 107 Anm. 2 c.

gen.¹⁵³ Durch die **Schuldrechtsreform** ist die Garantiehaftung des § 437 BGB aF weggefallen; gemäß § 453 Abs. 3 BGB gilt nun für Sach- und Rechtsmängel das Gleiche, wie beim Grundstückskauf. Wenn eine verschuldensunabhängige Haftung für den Bestand des Erbbaurechts gewünscht wird, sollte dies vereinbart werden.¹⁵⁴ Wenn nach § 5 ErbbauRG sowohl die Veräußerung, als auch die Belastung zustimmungspflichtig ist, hat nach BGH¹⁵⁵ der Notar den Erwerber auf die Gefahren einer „gespaltenen" Eigentümerzustimmung hinzuweisen. Zur Kostentragung und Verjährung vgl. RdNr. 5.14.

5.88   Eine schuldrechtliche Anpassungsklausel hinsichtlich des Erbbauzinses geht bei Übertragung des Erbbaurechts nicht gemäß § 11 Abs. 1 S. 1 ErbbauRG analog § 566 BGB auf den Erwerber über, vgl. RdNr. 6.67. Alle **schuldrechtlichen Rechte und Pflichten gehen** nur auf den Erwerber über, wenn sie von diesem **übernommen werden;**¹⁵⁶ daran ändert auch eine Vormerkung nichts, da sie nur auf Erhöhung des dinglichen Erbbauzinses gerichtet ist und erst danach der Erwerber für den erhöhten dinglichen Erbbauzins auch persönlich haftet.¹⁵⁶ Der Grundstückseigentümer kann ggf. seine Zustimmung gemäß § 5 Abs. 1 ErbbauRG von dem Eintritt in diese Verpflichtungen abhängig machen, vgl. RdNr. 4.201. Der Eintritt „in alle nach dem Erbbauvertrag bestehenden Verpflichtungen" kann sich zwar auch auf eine schuldrechtliche Ankaufsverpflichtung beziehen; dies kann nach BGH¹⁵⁷ aber eine unwirksame Überraschungsklausel sein. Wenn die Erbbaurechtsbestellung noch nicht im Grundbuch eingetragen ist, muss eine (echte) Bezugnahme gemäß § 13a BeurkG hierauf erfolgen.

2. Dingliche Übertragung

5.89   Da § 925 BGB in § 11 Abs. 1 ErbbauRG ausgeschlossen wird, erfolgt die dingliche Übertragung gemäß **§ 873 BGB durch Einigung und Eintragung.**

5.90   a) **Einigung.** Die Einigung zwischen dem Erbbauberechtigten und dem Erwerber bezieht sich **nur noch auf** den Übergang des Erbbaurechts, also die **Rechtszuständigkeit.** Im Unterschied zur Erbbaurechtsbestellung bezieht sie sich dagegen nicht mehr auf den (gesetzlichen und vertraglichen) Rechtsinhalt, da dieser nun unverändert bleibt. Wie bei der Erbbaurechtsbestellung ist die Einigung materiell-rechtlich nicht an eine **Form** gebunden; ist sie jedoch im schuldrechtlichen Grundgeschäft mitenthalten, so erstreckt sich dessen Formzwang nach § 311b BGB auch hierauf, sonst nicht, da idR kein Geschäftseinheitswille besteht.

Grundbuchrechtlich muss die Einigung nach § 20 GBO in der Form des § 29 GBO nachgewiesen werden. Die Einigung kann sich auch auf die Übertragung an den **Grundstückseigentümer** beziehen, wonach ein Eigentümererbbaurecht entsteht, vgl. RdNr. 3.8 ff.

5.91   b) **Bedingungsfeindlichkeit der Einigung (§ 11 Abs. 1 S. 2 ErbbauRG).** Während die Erbbaurechtsbestellung gemäß § 1 Abs. 4 ErbbauRG aufschiebend bedingt oder befristet werden kann, ist gemäß § 11 Abs. 1 S. 2 ErbbauRG die dingliche Übertragung unter einer **Bedingung einer Zeitbestimmung** unzulässig. Während bei alten Erbbaurechten nach hM Bedingungen zulässig waren (vgl. RdNr. 7.5), hat die Erbbaurechtsverordnung (jetzt ErbbauRG) insoweit die Einigung der Auflassung gleichgestellt, obwohl § 11 Abs. 1 ErbbauRG den § 925 BGB aus begrifflichen Gründen ausdrücklich ausschließt, da das Erbbaurecht hinsichtlich seines unmittelbar eigenen Schicksals nur als Recht behandelt wird (vgl.

---

¹⁵³ BGH DNotZ 1978, 233.
¹⁵⁴ *Wälzholz/Bülow* MittBayNot 2001, 509, 521; *Amann/Brambring/Hertel* S. 321.
¹⁵⁵ BGH NZM 2005, 877 = RNotZ 2005, 493 = DNotI-Report 2005, 142.
¹⁵⁶ BGH WPM 1986, 909 = NJW-RR 1987, 74.
¹⁵⁷ NJW 1989, 2129, 2131.

III. Übertragung

RdNr. 1.30). Das Verbot bezieht auf aufschiebende und auflösende Bedingungen. Es darf daher auch keine Sukzessivberechtigung (mehrere Berechtigte nacheinander) vereinbart werden.[158] Wird die Einigung unter einer Bedingung oder Zeitbestimmung erklärt, so ist sie nach dem Wortlaut von § 11 Abs. 1 S. 2 ErbbauRG unwirksam. Eine trotzdem vorgenommene Eintragung macht das Erbbaugrundbuch unrichtig, der ursprüngliche Erbbauberechtigte kann die Berichtigung nach § 894 BGB, § 22 GBO verlangen.

Das Bedingungsverbot bezieht sich jedoch nur auf die Einigung, **nicht** dagegen **auf das schuldrechtliche Grundgeschäft,** was sowohl aus der Gesetzesformulierung, als auch aus der Parallelität zur Auflassung zu schließen ist.[159] Es sind daher die gleichen Sicherungsmöglichkeiten zulässig, wie beim Grundstückskaufvertrag. So kann ein schuldrechtlicher Rückübertragungsanspruch für den Fall der Nichtzahlung vereinbart und durch Vormerkung gesichert werden. Es kann der Notar angewiesen werden, die (bedingungslose) Einigung erst nach Vorlage eines Zahlungsnachweises dem Grundbuchamt vorzulegen; als Sicherungsmittel ist dies aber nur tauglich, wenn vor diesem Zahlungsnachweis Ausfertigungen und beglaubigte Abschriften der Urkunde nur ohne die Einigung erteilt werden. Ebenso kann die Einigung bis zur Kaufpreiszahlung zurückgestellt werden. 5.92

c) Sonstige Vollzugsvoraussetzungen

aa) Bewilligung, Antrag. Neben der Einigung ist die Bewilligung gemäß § 19 GBO in der Form des § 29 GBO erforderlich, str.; diese ist aber, wie bei der Auflassung in der Einigung mitenthalten, wenn sie nicht ausdrücklich vorbehalten bleibt.[160] Daneben ist der (formlose) Eintragungsantrag gemäß § 13 GBO erforderlich. 5.93

bb) Vorlage des schuldrechtlichen Veräußerungsvertrages. Nach einhelliger Meinung[161] **gilt § 925 a BGB nicht,** da er als Folgebestimmung der Auflassung mit dieser in § 11 Abs. 1 S. 1 ErbbauRG ausgeschlossen ist. 5.94

cc) Zustimmung des Grundstückseigentümer (§ 5 Abs. 1, § 15 ErbbauRG). Ist nach § 5 Abs. 1 ErbbauRG als dinglicher Inhalt des Erbbaurechts vereinbart, dass zur Veräußerung des Erbbaurechts die Zustimmung des Grundstückseigentümers nötig ist, so ist diese eine Voraussetzung für die Wirksamkeit der Einigung (§ 6 Abs. 1 ErbbauRG). Nach § 15 ErbbauRG darf die Einigung hier erst eingetragen werden, wenn die **Zustimmung** des Grundstückseigentümers **dem Grundbuchamt nachgewiesen** ist. Aus § 15 ErbbauRG ergibt sich, dass das Grundbuchamt **von Amts wegen** nicht nur den Nachweis der Zustimmung überprüfen muss, sondern auch, ob überhaupt eine Vereinbarung gemäß § 5 ErbbauRG getroffen ist.[162] Die Zustimmungserklärung ist wegen § 15 ErbbauRG in der **Form** des § 29 GBO nachzuweisen. Der Zugang der Zustimmungserklärung muss dagegen nicht nachgewiesen werden.[163] Statt der Zustimmungserklärung kann auch der rechtskräftige Ersetzungsbeschluss nach § 7 Abs. 3 ErbbauRG vorgelegt werden.[164] Die von einem Betreuer abgegebene Zustimmungserklärung bedarf keiner vormundschaftsgerichtlichen Genehmigung.[165] 5.95

---

[158] *Tröster* Rpfleger 1967, 313, 315.
[159] RGRK/*Räfle* § 11 RdNr. 25.
[160] *Schöner/Stöber* RdNr. 1.715, 97.
[161] *Ingenstau/Hustedt* § 11 RdNr. 41; vgl. *Schöner/Stöber* RdNr. 1715.
[162] Vgl. *Ingenstau/Hustedt* § 15 RdNr. 1; MünchKomm § 15 RdNr. 1.
[163] LG München II MittBayNot 1984, 32.
[164] Nach OLG Zweibrücken DNotZ 2004, 934 auch wenn vorher keine Zustimmung beantragt war.
[165] LG München I FamRZ 2001, 372.

5.96 § 15 ErbbauRG ist jedoch eine reine **Ordnungsvorschrift.** Liegt die Zustimmung materiell-rechtlich wirksam vor, so ist die Eintragung auch ohne den vorgeschriebenen Nachweis wirksam. Fehlt sie jedoch und wird sie auch nicht ersetzt, so ist die Verfügung gemäß § 6 ErbbauRG unwirksam. Erfolgt dennoch eine Eintragung, so wird das Grundbuch gegen jedermann unrichtig und der Begünstigte kann sich nicht auf den öffentlichen Glauben berufen. Zu dem **Begriff der Zustimmungspflicht,** deren **Voraussetzungen und Wirkungen** vgl. RdNr. 4.172 ff., 184 ff.

5.97 dd) **Privatrechtliche und behördliche Genehmigungen.** Zur Einigung über den Übergang des Erbbaurechts gilt für die notwendigen privatrechtlichen und behördlichen Genehmigungen, insbesondere des Vormundschaftsgerichts das Gleiche, wie bei der Erbbaurechtsbestellung, vgl. RdNr. 5.48, 49.

5.98 ee) **Gesetzliche Vorkaufsrechte.** Nach dem **Baugesetzbuch** besteht beim Verkauf eines Erbbaurechts kein Vorkaufsrecht, was für das allgemeine Vorkaufsrecht in § 24 Abs. 2 BauGB und für das besondere (satzungsmäßige) in § 25 Abs. 2 S. 1 BauGB ausdrücklich bestimmt ist. Ob der Verkauf eines Erbbaurechts früher dem Vorkaufsrecht der **§§ 24 ff. BBauG** unterlag, war strittig: Nach LG Nürnberg-Fürth[166] kam ein derartiges Vorkaufsrecht hier nicht in Betracht. § 145 Abs. 2 BBauG bestimmte jedoch, dass die für das Eigentum an Grundstücken bestehenden Vorschriften auch für grundstücksgleiche Rechte gelten. Da beim Verkauf eines Erbbaurechts das Eigentum am schon vorhandenen Bauwerk übergeht, bezog sich also das Vorkaufsrecht hier auch auf einen Eigentumserwerb. Das Vorkaufsrecht konnte hier auch durchaus von praktischer Bedeutung sein, so zB wenn ein Nachbargebäude eines öffentlichen Gebäudes zwingend für dessen Nutzung benötigt wurde. Entsprechendes galt für das Vorkaufsrecht nach §§ 17, 86 Abs. 1 **Städtebauförderungsgesetz,** § 145 Abs. 2 BBauG.

5.99 ff) **Unbedenklichkeitsbescheinigung des Finanzamtes.** Nach § 22 Abs. 1, § 2 Abs. 2 Nr. 1 GrEStG ist zur Eintragung eines Erbbaurechtserwerbers die Unbedenklichkeitsbescheinigung des Finanzamtes erforderlich, auch wenn die Übertragung in Vollzug des Heimfalls erfolgt oder durch Grundbuchberichtigung nach Anwachsung.[167] Es gelten die gleichen Ausnahmen, wie beim Eigentumserwerb.[168] Zur Grunderwerbssteuer vgl. im einzelnen RdNr. 9, 45 ff.

5.100 d) **Eintragung.** Die Eintragung des Erbbaurechtserwerbers erfolgt in das **Erbbau-Grundbuch,** § 14 Abs. 3 S. 1 ErbbauRG. Dieses ist für den Erwerb des Erbbaurechts durch den neuen Erbbauberechtigten **konstitutiv.** Nach der Ordnungsvorschrift von § 14 Abs. 3 S. 2 ErbbauRG ist jeweils die Eintragung des neuen Erbbauberechtigten auch im Grundstücks-Grundbuch zu vermerken, hier allerdings nur mit deklaratorischer Wirkung; zur Arbeitserleichterung und zur besseren Übersichtlichkeit des Grundbuches wurde § 14 Abs. 3 S. 3 ErbbauRG eingefügt, wonach statt dessen (also der jeweiligen Eintragung des neuen Erbbauberechtigten) die Bezugnahme auf das Erbbaugrundbuch genügt.

3. Sonstige Rechtswirkungen der Übertragung

5.101 Mit Vollzug der Einigung im Grundbuch geht das Erbbaurecht in seinem Bestand und seinem bisherigen dinglichen (gesetzlichen und vertraglichen Inhalt) auf den Erwerber über. Seine bisherige Befristung sowie etwaige aufschiebende Bedingungen der Erbbaurechtsbestellung gelten unverändert und sind vom Bedingungsverbot der Einigung nicht betroffen. Ein zum Erbbaurecht gehörendes Bauwerksei-

---

[166] MittBayNot 1981, 77.
[167] OLG Oldenburg NJW-RR 1998, 1632.
[168] Vgl. BayJMbl. 1984, 205.

gentum geht über, ebenso subjektiv-dingliche Rechte, zB ein Vorkaufsrecht für den Erbbauberechtigten. **Ergänzende schuldrechtliche Vereinbarungen** zum Inhalt des Erbbaurechts und zur Anpassung des Erbbauzinses gehen dagegen nur auf den Erbbauberechtigten über, wenn er in diese Vereinbarungen im schuldrechtlichen Grundgeschäft eintritt, vgl. hierzu RdNr. 5.88.

Für den **Erwerb des Zubehörs** gilt schuldrechtlich § 311c BGB und dinglich § 926 BGB, da diese Vorschrift in § 11 Abs. 1 ErbbauRG nicht ausgeschlossen ist. Der Eigentumsübergang am Zubehör erfolgt daher gleichzeitig mit dem Rechtsübergang des Erbbaurechts, wenn sich die Veräußerung nach dem Willen der Vertragsteile auch darauf erstrecken soll (§ 926 Abs. 1 S. 1 BGB); dies ist im Zweifel anzunehmen (§ 926 Abs. 1 S. 2 BGB). Für den gutgläubigen Erwerb von Zubehör gilt § 926 Abs. 2 BGB. Der **Streitwert** der Klage auf Übertragung eines Erbbaurechts bestimmt sich nach den gleichen Grundsätzen, wie der Wert der Klage auf Grundstücksübereignung. Zum kostenrechtlichen Geschäftswert des Kaufvertrages (vgl. RdNr. 8.21 ff.); zur steuerlichen Ermittlung des Einheitswertes bestehender Erbbaurechte vgl. RdNr. 9.2 ff.

5.102

4. Übergang kraft Gesetzes, Enteignung

Ein Übergang kraft Gesetzes ist wie bei einem Grundstück möglich, zB durch Erbfolge oder durch Zwangsversteigerung (vgl. hierzu RdNr. 5.184 ff.). Gemäß § 11 Abs. 1 S. 1 ErbbauRG ist aber ausdrücklich ausgeschlossen der Erwerb gemäß § 927 BGB (Aufgebotsverfahren und Ausschlussurteil) und § 928 BGB (Aufgabe des Eigentums und Aneignungsrecht des Fiskus). Zur Enteignung eines bestehenden Erbbaurechts vgl. RdNr. 5.82 ff.

5.103

5. Übertragung des Erbbaugrundstücks

Das freie Verfügungsrecht des Eigentümers über das Grundstück ist durch das Erbbaurecht selbst in keiner Weise eingeschränkt, allenfalls durch ein vereinbartes Vorkaufsrecht des Erbbauberechtigten. Der Rechtsnachfolger tritt in den gesamten dinglichen (vertraglichen und gesetzlichen) Rechtsinhalt kraft Gesetzes ein, auch subjektiv-dingliche Rechte für das Erbbaugrundstück (Erbbauzins, ggf. Vorkaufsrecht am Erbbaurecht) gehen auf ihn über. Für **ergänzende schuldrechtliche Vereinbarungen** (zum Inhalt des Erbbaurechts, Erbbauzinsanpassungsklausel) gilt das Gleiche, wie beim Übergang des Erbbaurechts, vgl. RdNr. 5.88; auch hier ist ein Eintritt bzw. eine Übertragung auf den Erwerber nötig, sonst bleiben sie beim früheren Eigentümer, insbesondere geht der schuldrechtliche Erbbauzins nicht analog § 566 BGB auf den Grundstückserwerber über.[169] Soweit der Erbbauberechtigte daher seinerseits schuldrechtliche Rechte hat, zB ein schuldrechtliches Verlängerungsrecht, muss er auf dingliche Sicherung achten.

5.104

IV. Belastung

1. Arten der Belastung

Gemäß § 11 Abs. 1 S. 1 ErbbauRG kann ein Erbbaurecht grundsätzlich mit jedem Recht belastet werden, das an einem Grundstück bestellt werden kann. Belastungsgegenstand ist aber immer nur das Erbbaurecht, nicht dagegen das Grundstück.

5.105

---

[169] Vgl. BGH NJW 1986, 1333; BGH DNotZ 1987, 360; BGH NJW-RR 1992, 591.

a) Rechte in Abteilung II:

5.106 **aa) Untererbbaurecht.** Das Erbbaurecht kann mit einem Unter-Erbbaurecht belastet werden, str.; vgl. zur Zulässigkeit, zur Bestellung und zu den Rechtswirkungen im einzelnen RdNr. 3.14 ff.

5.107 **bb) Grunddienstbarkeit (§§ 1018 ff. BGB). Belastungsgegenstand** ist hier das Erbbaurecht, das insoweit dem „dienenden Grundstück" iS §§ 1018 ff. BGB gleichzustellen ist.[170] Gemäß § 7 Abs. 2 GBO, der über § 11 Abs. 1 S. 1 ErbbauRG anwendbar ist, ist auch die Belastung eines Teils eines Erbbaurechts zulässig.[171] Derartige Fälle sind allerdings nur selten denkbar. Bei einem Gesamterbbaurecht wäre dies zB möglich als Belastung eines Teils des Erbbaurechts, der sich auf ein einzelnes Erbbaugrundstück bezieht, wenn nur dieses vom Rechtsinhalt der Grunddienstbarkeit betroffen ist. Bezieht sich ein Erbbaurecht auf mehrere Gebäude, so kann die Dienstbarkeit an dem nur auf ein Gebäude bezogenen Teil eingetragen werden, wenn eine von der zuständigen Behörde beglaubigte Karte hierzu vorgelegt wird. Davon ist aber der immer zulässige Fall zu unterscheiden, dass sich der Rechtsinhalt der Dienstbarkeit nur auf einen Teil des Erbbaurechts bezieht.

5.108 **Berechtigter** der Grunddienstbarkeit kann der jeweilige Eigentümer des Erbbaugrundstücks oder eines beliebigen anderen Grundstücks sein oder auch der jeweilige Inhaber eines anderen Erbbaurechts sein, aber nur wenn es zumindest gleichzeitig eingetragen wird. Soweit der Inhalt der Grunddienstbarkeit auch als vertraglicher Inhalt des Erbbaurechts gemäß **§§ 2 ff.** ErbbauRG geregelt werden kann, geht diese Bestimmung als **lex specialis** vor.[172] Dies ergibt sich aus dem Normzweck dieser Vorschriften, die das Rechtsverhältnis zwischen Grundstückseigentümer und Erbbauberechtigtem abschließend dinglich regeln und eine Unübersichtlichkeit des Grundbuches durch Eintragung weiterer Rechte vermeiden wollen (vgl. RdNr. 1.9). Davon unberührt bleiben jedoch spätere Grunddienstbarkeiten am Erbbaurecht für den Grundstückseigentümer.

5.109 Der **Rechtsinhalt** der Dienstbarkeit muss aber im Rahmen des dinglichen Rechtsinhalts des Erbbaurechts verbleiben, da keiner Rechte einräumen kann, die er selbst nicht hat.[173] Nach BayObLG ist daher die Bestellung einer Tankstellendienstbarkeit unzulässig, wenn der Erbbauberechtigte selbst nur zum Haben eines Wohngebäudes berechtigt ist.

5.110 Bezieht sich die **Dienstbarkeit auf den für das Bauwerk nicht erforderlichen Grundstücksteil** gemäß § 1 Abs. 2 ErbbauRG, so gilt folgendes: Wird die Dienstbarkeit nur am Erbbaugrundstück im Range nach dem Erbbaurecht eingetragen, so ist sie dem Erbbauberechtigten gegenüber während der Dauer des Erbbaurechts unwirksam.[174] Wird sie dagegen nur am Erbbaurecht eingetragen, so erlischt sie mit dem Erbbaurecht. Ein Geh- und Fahrtrecht sollte daher als Grunddienstbarkeit sowohl am Erbbaurecht, als auch am Erbbaugrundstück eingetragen werden, wobei es dort durch das Erlöschen des Erbbaurechts aufschiebend bedingt ist. Nach *Rutenfranz*[175] soll dies auch bei beschränkten persönlichen Dienstbarkeiten zur Sicherung von **Versorgungsleitungen** (Strom, Wasser etc.) gelten. Dies ist jedoch irreführend. Zum Inhalt des Erbbaurechts wird kaum jemals das Recht zum Haben einer (öffentlichen, überörtlichen) Versorgungsleitung gehören, es sei denn, es wäre nur hierfür bestellt; Inhalt der Dienstbarkeit am Erbbaurecht ist dann nur

---

[170] BayObLG DNotZ 1960, 105.
[171] *Ingenstau/Hustedt* § 11 RdNr. 8.
[172] *Stahlhacke* S. 20; *Planck* § 2 RdNr. 1; als „Soll" *Ingenstau/Hustedt* § 2 RdNr. 3.
[173] BayObLG Rpfleger 1959, 17; vgl. bei Grunddienstbarkeit an Wohnungseigentum BayObLG MittBayNot 1981, 189.
[174] BayObLG DNotZ 1960, 105.
[175] DNotZ 1965, 464; KG DNotZ 1992, 312, 316.

IV. Belastung

die Einschränkung des Baurechts oder der Nutzungsbefugnis gemäß § 1 Abs. 1, 2 ErbbauRG. Das Recht zur Errichtung der Versorgungsleitung folgt dagegen nur aus der Dienstbarkeit am Grundstück, so dass es sich hier um inhaltlich verschiedene Dienstbarkeiten handelt. Dient die öffentliche Versorgungsleitung dagegen der Erschließung des Erbbaugrundstücks, kann sich nach KG[175] die Nutzungsbefugnis hierauf beziehen.

Bezieht sich dagegen der Rechtsinhalt der Dienstbarkeit nur auf einen **Grundstücksteil**, der **vom Rechtsinhalt** des Erbbaurechts **nicht betroffen** ist, weder von der Baubefugnis, noch von der Erstreckung (§ 1 Abs. 1, 2 ErbbauRG), so kann die Dienstbarkeit nur am Erbbaugrundstück eingetragen werden. 5.111

cc) Beschränkte persönliche Dienstbarkeit (§§ 1090 ff.). Für diese gilt das Gleiche, wie bei Grunddienstbarkeiten. 5.112

dd) Sonstige Rechte. Für den **Nießbrauch** gelten gemäß § 11 Abs. 1 S. 1 ErbbauRG die Vorschriften über den Nießbrauch an Sachen (Grundstücken) der §§ 1030 ff. BGB, nicht die für den Rechtsnießbrauch. Dingliche **Vorkaufsrechte** sind zulässig, zur Formbedürftigkeit vgl. RdNr. 5.86. Praktisch häufig und auch zu empfehlen sind gegenseitige subjektiv-dingliche Vorkaufsrechte am Erbbaurecht für den jeweiligen Grundstückseigentümer und am Erbbaugrundstück für den jeweiligen Erbbauberechtigten. Auch **Vormerkungen, Widersprüche** und **Verfügungsbeschränkungen** am Erbbaurecht sind zulässig, wenn sie sich auf das Erbbaurecht bzw. dessen Rechtsinhalt beziehen. Für die Übernahme einer **Baulast** wird sowohl die Erklärung des Grundstückseigentümers, als auch des Erbbauberechtigten verlangt.[176] 5.113

ee) Dauerwohnrecht. Ein Dauerwohnrecht kann nach § 42 Abs. 1 WEG an einem Erbbaurecht bestellt werden.[177] Ein Dauerwohnrecht kann auch als Gesamtbelastung an mehreren Erbbaurechten bzw. an einem Erbbaurecht und an einem Grundstück bestellt werden, wenn die betroffenen und eine Einheit bildenden Räume zu mehreren Grundstücken bzw. Erbbaurechten gehören.[178] Ist gemäß § 5 Abs. 2 ErbbauRG eine Zustimmungspflicht zur Belastung vereinbart, so ist nach hM auch die Bestellung eines Dauerwohnrechts zustimmungspflichtig, vgl. RdNr. 4.224. Gemäß § 42 Abs. 2 WEG bleibt beim **Heimfall** des Erbbaurechts das Dauerwohnrecht bestehen, ist aber wie eine Belastung nach § 33 Abs. 1 ErbbauRG auf die Entschädigung des Erbbauberechtigten anzurechnen. Es kann zur Sicherung dagegen der Heimfall des Dauerwohnrechts gemäß § 36 WEG für den Heimfall des Erbbaurechts vereinbart werden oder das Erlöschen des Dauerwohnrechts entgegen § 42 Abs. 2 WEG, da diese Bestimmung dispositiv ist.[179] Bei **Erlöschen** des Erbbaurechts durch Zeitablauf erlischt das Dauerwohnrecht entschädigungslos gemäß § 27 ErbbauRG; § 29 ErbbauRG ist nicht entsprechend anwendbar, da der Dauerwohnungsberechtigte den Zeitablauf aus dem Grundbuch ersehen kann.[180] § 30 ErbbauRG, § 566 BGB sind wegen des dinglichen Charakters nicht anwendbar.[180] 5.114

ff) Reallasten. Reallasten sind zulässig, jedoch nur für andersartige Leistungen, als für den Erbbauzins, da für diesen § 9 ErbbauRG als lex specialis gilt, vgl. RdNr. 6.18. 5.115

---

[176] *Masloh* NJW 1995, 1993, 4; OVG Lüneburg NJW 1990, 1499; VGH Mannheim NJW 1993, 678. Nur d. d. Erbbauberechtigten: *Kern* BauR 1978, 113 u. *Schwarz* Baulasten im Öffentl. und Privatrecht, 1995, S. 257 ff.; die vor Erbbaurechtsbestellung eingetragene Baulast erstreckt sich auch auf das Erbbaurecht, *Schwarz* a. a. O. RdNr. 263.
[177] Vgl. hierzu *Weitnauer* DNotZ 1953, 119.
[178] LG Hildesheim NJW 1960, 49.
[179] *Bärmann/Pick* § 42 WEG RdNr. 5.
[180] *Bärmann/Pick* § 42 WEG RdNr. 11, 12.

5.116 **b) Rechte in Abteilung III:** Zulässig sind Grundpfandrechte aller Art. Für Mündelhypotheken sind jedoch die inhaltlichen Anforderungen gemäß §§ 18ff. ErbbauRG und für Beleihungen durch private Versicherungsunternehmen die nach § 21 ErbbauRG zu beachten, die nachfolgend dargestellt sind. Für andere Grundpfandrechte gibt es keine Besonderheiten; wirtschaftlich sind allerdings die Auswirkungen eines vorrangigen Erbbauzinses in der Zwangsversteigerung zu beachten, vgl. RdNr. 6.223 ff.

Wegen § 11 Abs. 1 S. 1 ErbbauRG gelten für das Erbbaurecht die Grundstücksvorschriften, so dass Pfandrechte nach §§ 1273 ff. BGB unzulässig sind.[181] Eine Löschungsvormerkung (§ 1179 BGB) kann an Grundpfandrechten für den nachrangigen Erbbauzins eingetragen werden.[182]

2. Sondervorschriften für Mündelhypotheken (§§ 18–20, 22 ErbbauRG)

a) Geltungsbereich

5.117 **aa) Normzweck, Gesetzessystematik.** Das Erbbaurecht ist grundsätzlich wie ein Grundstück mit Grundpfandrechten belastbar. §§ 18 bis 22 ErbbauRG bringen zu den Vorschriften über Grundpfandrechte nun **ergänzende Sondervorschriften** für Mündelhypotheken (§§ 18 bis 20 ErbbauRG), für Hypotheken der privaten Versicherungsgesellschaften (§ 21 ErbbauRG, seit 2005 nicht mehr für Hypothekenbanken anwendbar) und in § 22 ErbbauRG einen landesrechtlichen Vorbehalt. Für alle anderen Belastungen verbleibt es somit bei den allgemeinen Beleihungsvorschriften.[183] Der Gesetzgeber will mit §§ 18 ff. ErbbauRG **besonders schutzbedürftigen Geldgebern** eine **weitere Sicherheit** verschaffen,[184] die allerdings starr gegenüber den Entwicklungen am Kapitalmarkt ist. Fraglich ist auch, ob sich für den Vormund eine Tilgungshypothek zur Anlegung von Mündelvermögen empfiehlt, weil er darauf bedacht sein muss, dass sein Mündel möglichst bald nach Ende der Vormundschaft über das Kapital verfügen kann.[184]

5.118 **bb) Mündelhypothek (§ 18 ErbbauRG).** § 18 ErbbauRG gilt für Mündelhypotheken an inländischen Erbbaurechten, also sowohl für den Fall, dass aus dem Vermögen eines Mündels Gelder in Hypotheken angelegt werden (**Mündelhypotheken im engeren Sinn,** §§ 1806, 1807 Abs. 1 Nr. 1 BGB), als auch für alle anderen Fälle, in denen die Mündelsicherheit der Hypothek bei einer Vermögensanlage gesetzlich erforderlich ist (**Mündelhypothek im weiteren Sinn**), so insbesondere nach § 238 BGB (Sicherheitsleistung), §§ 1079, 1083 BGB (Nießbrauch), § 1288 (Pfandrecht an Forderungen), § 2119 BGB (Nacherbschaft). Zur Anwendbarkeit für **Sparkassen** vgl. RdNr. 5.142. §§ 18 ff. ErbbauRG gelten nach dem klaren Gesetzeswortlaut **nicht für Grund- oder Rentenschulden,** str.;[185] das ErbbauRG erwähnt nämlich sonst Grund- und Rentenschulden besonders. Rentenschulden scheiden schon wegen der damit unvereinbaren Regelung nach §§ 19, 20 ErbbauRG aus.

5.119 **b) Tilgungshypothek (§ 18 ErbbauRG).** Die Mündelsicherheit setzt nach § 18 ErbbauRG eine Tilgungshypothek (auch Amortisationshypothek) voraus. Bei

---

[181] Vgl. RdNr. 2.59.
[182] BayObLG Rpfleger 1980, 341.
[183] Vgl. BayObLG Rpfleger 1989, 97 zu § 19 Abs. 1 S. 1. Zu Bewertungsfragen bei sonstigen Grundpfandrechten vgl. *Freckmann/Frings/Grziwotz* S. 170 ff.
[184] Amtl. Begründung zu § 18.
[185] Ebenso *Ingenstau/Hustedt* § 18 RdNr. 8; MünchKomm § 18 RdNr. 2; RGRK/*Räfle* § 18 RdNr. 4; aA bezüglich Grundschuld *Planck* § 18 Anm. 3; *Michaelis* Sparkasse 1951, 36; Soergel/*Stürner* § 18 RdNr. 1.

IV. Belastung

der Tilgungshypothek hat der Schuldner gleich bleibende Jahresleistungen („Annuitäten") zu erbringen, die in einem bestimmten Hundertsatz des ursprünglichen Kapitals bestehen und sich aus Zins und Kapitaltilgung zusammensetzen. Da bei fortschreitender Rückzahlung des Kapitals der Zinsanteil ständig abnimmt, nimmt – bei gleich bleibender Annuitätenrate – der Tilgungsbetrag ständig zu. Die Tilgungshypothek ist in § 18 ErbbauRG zwingend vorgeschrieben, weil der Hypothekengläubiger von vornherein auf die rechtzeitige Rückzahlung des gesicherten Darlehens bedacht sein muss, da das Erbbaurecht idR zeitlich begrenzt ist und sein Wert durch die Abnutzung des Bauwerks abnimmt (amtl. Begründung zu § 18). Eine grundbuchmäßige Kennzeichnung als „Tilgungshypothek" ist nicht notwendig,[186] aber zweckmäßig und üblich. Zu den Tilgungshypotheken vgl. Münch-Komm/*Eickmann* § 1113 RdNr. 88 ff. Gemäß § 18 ErbbauRG muss also eine Tilgungshypothek vorliegen, diese muss dann auch die Voraussetzungen der §§ 19, 20 ErbbauRG erfüllen, soweit nicht der Landesgesetzgeber gemäß § 22 ErbbauRG etwas anderes bestimmt hat. Diese Vorschriften sind zwingend. Wird gegen sie **verstoßen,** ist keine Mündelsicherheit gegeben, die Hypothek selbst bleibt dagegen wirksam.

c) Beleihungsgrenze (§ 19 Abs. 1 S. 1, Abs. 2 ErbbauRG). Die Beleihungsgrenze für die Mündelhypothek ist gemäß § 19 Abs. 1 S. 1 ErbbauRG die **Hälfte** des Wertes des Erbbaurechts, also **des Beleihungswertes** (vgl. RdNr. 5.122); diese Beleihungsgrenze darf nicht überstiegen werden. 5.120

Gemäß § 19 Abs. 2 S. 1 ErbbauRG ist ein im **Rang vorgehender** (nicht versteigerungsfester) **Erbbauzins** zu kapitalisieren und vollständig **abzuziehen.** Es muss also der Gesamtbetrag beider Belastungen innerhalb der Beleihungsgrenze liegen.[187] Die Kapitalisierung des Erbbauzinses erfolgt nach den allgemein üblichen Grundsätzen der Kapitalisierung einer Reallast, da der Erbbauzins gemäß § 9 Abs. 1 ErbbauRG ein reallastartiges Recht ist. Es wird auf die Kapitalisierungstabelle bei *Günther*, auszugsweise abgedruckt in der Sammlung *Gleue* „Das Sparkassenrecht" Band I a, S. 13 ff. verwiesen. Nach dem Normzweck muss das Gleiche gelten, wenn der Erbbauzins Gleichrang hat[188] oder wenn **andere dingliche Rechte Vor- oder Gleichrang** haben,[189] also zB die Vormerkung auf Erhöhung des Erbbauzinses. Öffentliche Lasten, auch eine Hypothekengewinnabgabe, bleiben dagegen außer Ansatz.[190] Wirtschaftlich ist § 19 Abs. 2 ErbbauRG eine große Behinderung für die Beleihung des Erbbaurechts, da der kapitalisierte Erbbauzins idR eine erhebliche Höhe erreicht. Durch den Rangrücktritt des Erbbauzinses hinter die Hypothek wird zwar § 19 Abs. 2 ErbbauRG umgangen, jedoch wird dies im Hinblick auf die Problematik des Ausfalls des Erbbauzinses in der Zwangsversteigerung (vgl. RdNr. 6.223 ff.) häufig nicht durchsetzbar sein. Ist dagegen gemäß dem durch das Sachenrechtsbereinigungsgesetz neu eingefügten **§ 9 Abs. 3** ErbbauRG ein **versteigerungsfester Erbbauzins** vereinbart, so ist dieser nach § 19 Abs. 2 S. 2 (neu) ErbbauRG nicht zu kapitalisieren und **nicht abzuziehen.** In diesen Fällen ist der Erbbauzins in der Versteigerung kein variabler Posten mehr, sondern ein Teil der Dauerbeziehung. Er schmälert für andere dinglich Berechtigte den Erlös nicht mehr, sodass eine wirtschaftliche Situation ähnlich wie beim Verkauf eintritt. 5.121

---

[186] BGH NJW 1967, 925.
[187] *Ingenstau/Hustedt* § 19 RdNr. 9; *Staudinger/Rapp* § 19 RdNr. 8; MünchKomm § 19 RdNr. 1; RGRK/*Räfle* § 19 RdNr. 5.
[188] MünchKomm § 19 RdNr. 1; RGRK/*Räfle* § 19 RdNr. 5.
[189] *Michaelis* Sparkasse 1951, 36; *Ingenstau/Hustedt* § 19 RdNr. 1.
[190] BayObLG NJW 1954, 1040.

d) Beleihungswert (§ 19 Abs. 1 S. 2, 3 ErbbauRG)

5.122 **aa) Formel.** Gemäß § 19 Abs. 1 S. 2 ErbbauRG ist der Wert des Erbbaurechts, also der Beleihungswert, nach folgender Formel zu ermitteln:

$$\text{Wert des Erbbaurechts} = \frac{\text{Bauwert}}{2} + \frac{\text{kapitalisierter Mietreinertrag}}{2}$$

Der so gefundene Beleihungswert darf gemäß § 19 Abs. 1 S. 3 ErbbauRG den **kapitalisierten Mietreinertrag nicht übersteigen.** Die Beleihungsgrenze wird dann nach den vorstehenden Bestimmungen errechnet:

$$\text{Beleihungsgrenze} = \frac{\text{Beleihungswert}}{2} - \text{Wert vor- oder gleichrangiger dinglicher Rechte.}$$

5.123 **bb) Bauwert.** Der Bauwert bestimmt sich nach dem Wert der zum Erbbaurecht gehörigen Bauwerke nebst den Bestandteilen und den hypothekarisch mithaftenden Sachen (Zubehör). Es gelten die allgemeinen Regeln für die Wertberechnung von Gebäuden, also die angemessenen Herstellungskosten nach dem örtlichen Baukostenindex (Sachwertermittlung nach WertermittlungsVO). Dabei darf der Grundstückswert nicht herangezogen, auch nicht indirekt (sogenannter „Erbbau-Bodenwert"),[191] auch nicht der Wert der Nutzungsbefugnis an Nebenflächen (§ 1 Abs. 2 ErbbauRG).

5.124 **cc) Mietreinertrag.** Für die Berechnung maßgebend ist nicht der tatsächliche Mietreinertrag, der im Einzelfall besonders hoch oder niedrig sein kann. Zu ermitteln ist vielmehr die **objektive Nettomiete,** welche die Bauwerke des Erbbaurechts nebst deren Bestandteilen und Zubehör einschließlich der Flächen, auf die sich das Erbbaurecht erstreckt (§ 1 Abs. 2 ErbbauRG) bei ordnungsgemäßer Wirtschaft dem jeweiligen Besitzer nachhaltig gewähren können. Somit ist vom objektiven Bruttomietertrag auszugehen, für den es gleichgültig ist, ob das Bauwerk überhaupt vermietet ist oder vom Erbbauberechtigten selbst bewohnt wird.

5.125 Davon sind die **Beträge** abzuziehen, die üblicherweise **im Rahmen der ordnungsgemäßen Wirtschaft abzuziehen** sind, wie öffentliche Abgaben, Verwaltungs-, Instandsetzungskosten, Abschreibung und Rücklagen des Vermieters. Nach der amtlichen Begründung hat der Gesetzgeber in Anbetracht der unterschiedlichen örtlichen Verhältnisse von einer Festlegung der abzugsfähigen Aufwendungen abgesehen. Der **Erbbauzins ist nicht abzuziehen.**[192] Es bestehen zwei getrennte Wertbeziehungen, nämlich einerseits Wert des Erbbaurechts (aus Bauwert und Mietreinertrag)/Beleihung und andererseits Wert der Grundstücksnutzung durch den Erbbauberechtigten/Erbbauzins. Der Erbbauzins berührt also den Mietreinertrag nicht, sondern bezieht sich auf die beim Beleihungswert nicht berücksichtigte Grundstücksnutzung. Dem trägt auch die Gesetzessystematik dadurch Rechnung, dass der Erbbauzins in § 19 Abs. 2 S. 1 ErbbauRG von der Beleihungsgrenze und nicht vom Beleihungswert abgezogen wird. Es wäre also systemwidrig und wirtschaftlich inkonsequent, den Erbbauzins gleich zweimal abzuziehen.

5.126 Für die **Kapitalisierung** des Mietreinertrages hat das Gesetz wie beim Erbbauzins bewusst keinen festen Maßstab gesetzt; im Entwurf war der zwanzigfache Betrag als Norm aufgestellt, dies wurde jedoch fallen gelassen, um eine Anpassung an den wechselnden allgemeinen Zinsfuß zu ermöglichen (amtliche Begründung). Kapitalisierungsfaktoren sind abgedruckt bei *Günther,* auszugsweise abgedruckt in der Sammlung *Gleue* „Das Sparkassenrecht" Band I. a, S. 13 ff.

---

[191] *Ingenstau/Hustedt* § 19 RdNr. 3; *Staudinger/Rapp* § 19 RdNr. 2; MünchKomm § 19 RdNr. 3.
[192] *Michaelis* Sparkasse 1951, 38; *Ingenstau/Hustedt* § 19 RdNr. 7; MünchKomm § 19 RdNr. 3; RGRK/*Räfle* § 19 RdNr. 5; *Staudinger/Rapp* § 19 RdNr. 4.

IV. Belastung

e) Berechnungsbeispiel (kein versteigerungsfester Erbbauzins)

5.127

I. **Beleihungswert** (Wert des Erbbaurechts)		
1) Bauwert = 250 000,— € × ½ =		125 000,— €
2) Kapitalisierter Mietreinertrag =		
objektive Bruttomiete, jährl.	12 000,— €	
./. Aufwendungen, jährl.	4 000,— €;	
objektive Nettomiete, jährlich	8 000,— €	
× Kapitalisierungsfaktor (bei 60 Jahren Restlaufzeit Erbbaurecht, angenommener Zins 5% lt. obiger Tabelle) 18,929		151 432,— €
× ½ =		75 716,— €
Beleihungswert n. § 19 Abs. 1 S. 2 ErbbauRG =		200 716,— €
Dieser Beleihungswert darf aber gemäß § 19 Abs. 1 S. 3 den **kapitalisierten Mietreinertrag nicht übersteigen,** so dass er nur beträgt		151 432,— €
II. **Beleihungsgrenze**		
½ Beleihungswert nach I = 151 432,— € =		75 716,— €
./. Wert vor- und gleichrangiger dinglicher Rechte, hier nur = Erbbauzins (nicht versteigerungsfest) jährlich 2800,— € × Kapitalisierungsfaktor (wie bei I) 18,929		53 000,12 €
Beleihungsgrenze (= zulässige Beleihungsmöglichkeit für Mündelhypothek iS § 18 ErbbauRG)		22 715,88 €

Ergebnis: Die Beleihungsmöglichkeit wird also hier durch den Mietreinertrag als Höchstgrenze und den Erbbauzins erheblich reduziert. Bei einem **versteigerungsfesten Erbbauzins** stünde dagegen gem. § 19 Abs. 2 S. 2 ErbbauRG der volle Betrag von 75 716,– DM zur Verfügung.

f) Inhaltliche Anforderungen (§ 20 ErbbauRG)

aa) Normzweck, sonst anwendbare Vorschriften. Während § 19 ErbbauRG die Höhe der Mündelhypothek, also die Beleihungsgrenze regelt, werden in § 20 ErbbauRG **Art und Dauer** der **planmäßigen Tilgung** der Mündelhypothek festgelegt, also inhaltliche Anforderungen an diese gestellt. Dabei soll Abs. 1 den Gläubiger dadurch sichern, dass seine Forderung rechtzeitig vor Erlöschen des Erbbaurechts getilgt ist, so dass er nicht mehr auf die Haftung der Entschädigungsforderung gemäß § 29 ErbbauRG angewiesen ist. Ferner soll die Tilgungsfrist nur solange laufen, als das Bauwerk auch die wirtschaftliche Sicherung gewähren kann. Andererseits wird in Abs. 2 der Erbbauberechtigte dadurch geschützt, dass die Tilgung aus den vorhersehbaren Erträgen seines Erbbaurechts möglich sein muss, so dass die Substanz des Erbbaurechts oder sein übriges Vermögen nicht angegriffen werden muss. **Im Übrigen gelten** für die Voraussetzungen und Rechtsfolgen der Tilgungshypothek die **allgemeinen Vorschriften.**

5.128

bb) § 20 Abs. 1 ErbbauRG. Nr. 1: verlangt, dass die Tilgung „unter Zuwachs der ersparten Zinsen" erfolgt. Das bedeutet, dass die Jahresleistungen (**„Annuitäten"**), die sich aus Zins und Tilgung zusammensetzen, für die **gesamte Laufzeit gleich** hoch sein müssen, so dass bei fortschreitender Rückzahlung des Kapitals der Zinsanteil ständig abnimmt, während der Tilgungsbetrag ständig zunimmt. Es wird damit die Abzahlungshypothek als Sonderform der Tilgungshypothek ausgeschlossen, bei der sich der Zinsanteil durch fortschreitende Tilgung verringert.

5.129

Nr. 2: Die Tilgung muss spätestens mit dem Anfang des vierten, auf die Gewährung des Hypothekenkapitals folgenden Kalenderjahres beginnen. Unter Gewäh-

5.130

rung des Hypothekenkapitals ist die Auszahlung und nicht nur das Versprechen zu verstehen. Die Möglichkeit einer **Tilgungsstreckung** in diesem Rahmen dient dem Interesse des Erbbauberechtigten, der regelmäßig in der Anfangsphase noch höhere Kosten trägt, zB restliche Baukosten, Kosten für die Beschaffung des Erbbaurechts und der Finanzierung etc.

5.131 **Nr. 3: Tilgungsende** muss spätestens **zehn Jahre vor Ablauf des Erbbaurechts** sein. Dadurch soll erreicht werden, dass das Erbbaurecht bei seinem Erlöschen vor Zeitablauf lastenfrei ist und der Gläubiger nicht auf sein Pfandrecht an der Entschädigungsforderung gemäß § 29 ErbbauRG angewiesen ist. Die Frist gibt gleichzeitig einen Spielraum, damit der Gläubiger nicht schon bei einem vorübergehenden Zahlungsrückstand die Zwangsversteigerung betreiben muss (amtl. Begründung). Für das Tilgungsende ist ferner Nr. 4 von Abs. 1 zu beachten.

5.132 **Nr. 4:** Das **Tilgungsende** darf nicht später erfolgen, als die (vollständige) **buchmäßige Abschreibung** des Bauwerks. Die buchmäßige Abschreibung ist nach wirtschaftlichen Grundsätzen, also nicht nach steuerlichen Grundsätzen zu ermitteln. Dabei ist vom Wert (= Bauwert vgl. RdNr. 5.123) zurzeit der Hypothekenbestellung auszugehen und eine bestimmte Abnutzungsquote für den konkreten Fall zu ermitteln; diese ist je nach Nutzungsart des Bauwerks unterschiedlich. Normzweck ist nach der amtlichen Begründung, dass die Höhe bzw. Dauer der Tilgung dem Bauzustand entspricht und verhindert wird, dass ein die Hypothek gefährdender Verfall des Bauwerks eintritt.

5.133 cc) **§ 20 Abs. 2 ErbbauRG.** Die Vorschriften von § 20 Abs. 1 Nr. 3 und 4 ErbbauRG regeln das **Tilgungsende** im Interesse der Gläubiger, Abs. 2 dagegen im Interesse des jeweiligen Erbbauberechtigten. Alle drei Voraussetzungen müssen vorliegen, so dass das kürzeste Tilgungsende maßgeblich ist. Nach Abs. 2 muss die Tilgung noch während der Dauer des Erbbaurechts aus dessen Erträgen möglich sein. Maßgebend sind die vorhersehbaren (objektiven) Erträge, wobei für die Berechnung die gleichen Grundsätze gelten müssen, wie für die Berechnung des Mietreinertrages iS § 19 ErbbauRG, vgl. RdNr. 5.124, 5.

5.134 **g) Landesrechtlicher Vorbehalt (§ 22 ErbbauRG).** § 22 ErbbauRG enthält einen landesrechtlichen Vorbehalt. Dieser ist aus § 1807 Abs. 2 BGB abgeleitet und ermöglicht es dem Landesgesetzgeber, anderweitige Bestimmungen zur Regelung der Mündelsicherheit zu treffen, sowie das Verfahren zur Feststellung der Mündelsicherheit von Erbbaurechtshypotheken zu regeln (amtl. Begründung). Der Landesgesetzgeber hat also freien Spielraum, die Mündelsicherheit abweichend von §§ 18 bis 20 ErbbauRG zu regeln, sowie das Verfahren zur Feststellung von deren Voraussetzungen.

5.135 Da § 21 ErbbauRG in § 22 ErbbauRG nicht aufgeführt ist, gilt der landesrechtliche Vorbehalt dagegen nicht unmittelbar für Hypothekenbanken und private Versicherungsunternehmungen.[193] Hierzu wird die Meinung vertreten,[193] dass durch die Verweisung in § 21 auf §§ 19, 20 ErbbauRG insoweit auch mittelbar der landesrechtliche Vorbehalt für die Feststellung der Sicherheitsvoraussetzungen gemäß § 22 Nr. 2 ErbbauRG gilt, der ebenfalls auf §§ 19, 20 ErbbauRG verweist.

3. Vorschriften für Versicherungsunternehmen (§ 21 ErbbauRG)

5.136 **a) Gesetzliche Änderungen, Geltungsbereich.** § 21 Abs. 1 ErbbauRG, geändert durch Gesetz vom 8. 1. 1974 (BGBl. I S. 41) und vom 29. 3. 1983 (BGBl. I S. 377), wurde durch Gesetz vom 8. 6. 1988 (BGBl. I S. 711, in Kraft seit 1. 7. 1988) vollständig neu gefasst; durch Gesetz vom 22. 5. 2005 (BGBl. I S. 1373) wurde die Anwendbarkeit der Vorschrift **für Hypothekenbanken aufgehoben**

---

[193] *Ingenstau/Hustedt* § 22 RdNr. 4; *Staudinger/Rapp* § 22 RdNr. 3.

IV. Belastung

(zur früheren Rechtslage vgl. Vorauflage). Für Versicherungsunternehmer wurde durch die Streichung des größten Teils des früheren Inhalts eine Vielzahl von Problemen beseitigt[194] und die Beleihung nun fast vollständig dem Versicherungsaufsichtsgesetz überlassen. Dadurch wurde die Wertermittlung flexibler und die Beleihbarkeit des Erbbaurechts gefördert. Die Bestimmung enthält nun als einzige erbbaurechtstypische Zulässigkeitsvoraussetzung Vorschriften über den Tilgungsplan (Abs. 1) und wegen der Kapitalisierung des Erbbauzinses die Bezugnahme auf § 19 Abs. 2 ErbbauRG. Sie gilt aber entgegen der irreführenden Überschrift **nicht für sonstige Beleihungen und sonstige Gläubiger,** insbesondere nicht für öffentlich-rechtliche Versicherungsträger, auch nicht für Bausparkassen und nicht mehr für Hypothekenbanken, vgl. hierzu RdNr. 5.142, 3.

b) Tilgungsplan (§ 21 Abs. 1 ErbbauRG). Für den Tilgungsplan gilt § 20 ErbbauRG (vgl. RdNr. 5.128 ff.), jedoch mit Ausnahme von Abs. 1 Nr. 2, so dass für eine Tilgungsstreckung keine erbbaurechtlichen Besonderheiten gelten. 5.137

c) Beleihungswert, Beleihungsgrenze. Der Beleihungswert ist nun nur noch nach § 54a Abs. 2 VAG zu ermitteln, wonach der Verkaufswert des Erbbaurechts nicht überschritten werden darf. Die Beleihungsgrenze bestimmt sich nur nach § 54a Abs. 2 Nr. 1a) VAG mit **drei Fünftel** des Beleihungswertes. Vor- und gleichrangige dingliche Rechte sind hiervon abzuziehen, vgl. RdNr. 5.121. § 11 Abs. 1 HypBG, wonach idR eine Belastung nur erstrangig erfolgen soll, wurde durch Art. 1 Nr. 5 des Gesetzes zur Änderung des HypBG v. 11. 3. 1974 (BGBl. I S. 671) ersatzlos aufgehoben. 5.138

d) Vorrangiger Erbbauzins (§ 21 Abs. 2 ErbbauRG). Nach § 21 Abs. 2 gilt für den vorrangigen Erbbauzins § 19 Abs. 2 ErbbauRG. Dort wurde jedoch durch das Sachenrechtsbereinigungsgesetz der S. 2 eingefügt, wonach der **Kapitalisierungszwang für den versteigerungsfesten Erbbauzins iS § 9 Abs. 3 ErbbauRG entfällt;** da davon auszugehen ist, dass künftig (fast) nur noch derartiger Erbbauzins vereinbart wird, wird insoweit die von der Kreditwirtschaft gewünschte flexible Berücksichtigung des Erbbauzinses erreicht.[195] Für **bisherigen** (nicht versteigerungsfesten) **Erbbauzins** ist nach § 19 Abs. 2 S. 1 ErbbauRG die Kapitalisierung und der Abzug von der Beleihungsgrenze durchzuführen. 5.139

e) Deckung für Hypothekenpfandbriefe. Erbbaurechtshypotheken der Hypothekenbanken dürfen auch als Deckung für Hypothekenpfandbriefe benutzt werden.[196] 5.140

4. Sonstige Beleihungen

Die Bestimmungen von §§ 18 mit 22 ErbbauRG gelten nur für Mündelhypotheken, sowie Hypotheken von privaten Versicherungsunternehmen, *nicht* dagegen für sonstige Beleihungen auch nicht mehr für Hypothekenbanken. 5.141

a) Mittelbare Anwendung von §§ 18 ff. ErbbauRG. Sie gelten jedoch auch für alle Kreditinstitute, deren Ausleihungen den Erfordernissen der Mündelsicherheit entsprechen müssen. **Öffentlich-rechtliche Versicherungsträger** nach der Reichsversicherungsordnung (RVO) haben gemäß §§ 26–27 ff. RVO ihr Vermögen allgemein mündelsicher iS §§ 1807 BGB anzulegen (vgl. auch § 205 des Angestelltenversicherungsgesetzes idF vom 7. 8. 1953, BGBl. I 857); anwendbar sind deswegen die §§ 19, 20 ErbbauRG, nicht dagegen § 21 ErbbauRG. **Sparkassen** sind mündelsicher, wenn der zuständige Regierungspräsident dies festgestellt hat (vgl. 5.142

---

[194] Zur Bedeutung des damals ebenfalls anwendbaren Werts nach § 19 Abs. 1 ErbbVO vgl. *Praxl* S. 592.
[195] Vgl. *Werth* Der langfristige Kredit 1988, 562 u. 1989, 68.
[196] Vgl. *Staudinger/Rapp* § 21 RdNr. 6.

Art. 99 EGBGB, § 1807 Nr. 5 BGB). Beleihungen der Sparkassen richten sich daher nach dem Sparkassenrecht der Länder sowie den Satzungen und Beleihungsgrundsätzen (BelG).[197] §§ 18 ff. ErbbauRG gelten daher nur, soweit dies im Sparkassenrecht ausdrücklich bestimmt ist; gemäß § 12 S. 1 BelG ist nur § 20 Abs. 1 und 2 ErbbauRG anwendbar.[198] Nach § 8 BelG wird der Beleihungswert grundsätzlich wie bei einem Grundstück ermittelt (§§ 2–7 BelG). Der Bodenwert bleibt außer Ansatz, allerdings ist nach sich durchsetzender Ansicht[199] das Besitzrecht am Erbbaugrundstück (Bau- und Nutzungsfläche nach § 1 Abs. 2 ErbbauRG) zu berücksichtigen. Die Beleihungsgrenze beträgt gem. § 5 Abs. 1 BelG 3/5; ein vorrangiger Erbbauzins ist zu kapitalisieren und abzuziehen.[200] Berechnungsbeispiele vgl. *Stannigel/Kremer/Weyers* (Fn. 2) S. 361 ff.

5.143 **b) Wertermittlung, Beleihungswert in den übrigen Fällen.** Unter § 21 ErbbauRG fallen nicht **Bausparkassen,** da es sich bei ihnen nicht um Versicherungsunternehmen handelt und sie seit dem Erlass des Bausparkassengesetzes vom 16. 11. 1972 – BGBl. I 2097 – auch nicht mehr teilweise der Versicherungsaufsicht unterliegen.[201] Hier sind Beleihungen bis zu 80% möglich (§ 7 Abs. 1 BSpKG). **Im übrigen** geht die **Kreditpraxis** bei Beleihung von Erbbaurechten von einer an § 19 ErbbauRG angelehnten (flexiblen) Wertermittlung aus, bemisst jedoch im Allgemeinen die Beleihungsgrenze entsprechend § 11 HypBG mit 60% des Erbbaurechtswertes. Zur Wertermittlung und zum Beleihungswert für sonstige Grundpfandgläubiger vgl. *Freckmann/Frings/Grziwotz* S. 170 ff. mit Berechnungsbeispielen und die Beispiele bei *Muth* JurBüro 1985, 801, 803 f. Geht ein Erbbauzins voraus, ergibt sich für den Beleihungsgläubiger wegen der erforderlichen Kapitalisierung ein verhältnismäßig niedriger Beleihungsrahmen (vgl. *Muth* aaO); tritt der Grundstückseigentümer dagegen mit seinem Erbbauzins zurück, so entsteht für ihn die Problematik des Ausfalls bei der Zwangsversteigerung des Erbbaurechts, zu den Lösungsmöglichkeiten für diese **Rangkonkurrenz** vgl. RdNr. 6.223 ff. Für die **öffentliche Förderung** ist nach § 99 II WoBauG das Erbbaurecht gleichgestellt; § 23 I WoBauG setzte dagegen eine bestimmte Mindestdauer voraus.

5. Durchführung der Belastung

5.144 **a) Schuldrechtliches Grundgeschäft.** Das schuldrechtliche Grundgeschäft zur Belastung eines Erbbaurechts ist grundsätzlich formfrei, außer bei der Bestellung eines Untererbbaurechts, für die die Form von § 11 Abs. 2 ErbbauRG, § 311 b Abs. 1 BGB gilt. Im übrigen gelten hier die allgemeinen Vorschriften. Die schuldrechtlichen Ansprüche auf Begründung oder Löschung einer Belastung des Erbbaurechts verjähren nun gem. § 196 BGB in 10 Jahren.

5.145 **b) Dingliche Bestellung (§ 873 BGB).** Die Belastung erfolgt nach § 873 BGB durch Einigung und Eintragung. Die **Einigung** ist materiell-rechtlich formlos, jedoch ist die Bewilligung gemäß § 19 GBO in der Form des § 29 GBO erforderlich und der (formlose) Antrag nach § 13 GBO. Ist in einer Grundpfandrechtsbestellung eine Zwangsvollstreckungsunterwerfung des Erbbauberechtigten enthalten, so ist hierfür die Urkundsform gemäß § 794 Abs. 1 Nr. 5 ZPO erforderlich. Gemäß **§ 5 Abs. 2 ErbbauRG** kann als dinglicher Inhalt des Erbbaurechts eine

---

[197] Musterfassung, verbindlich n. Arbeitskreis d. Länder f. Sparkassenfragen v. 5. 2. 1970; abgedruckt in *Stannigel/Kremer/Weyers* Beleihungsgrds. f. Sparkassen, 1984, S. 1080 ff. od. Sparkassenfachbuch 1971, 118 ff.; landesrechtl. Besonderheiten sind zu beachten.
[198] *Stannigel/Kremer/Weyers* S. 282.
[199] *Stannigel/Kremer/Weyers* S. 356 ff.; Sparkassenfachmitt. 1985, 49, 55.
[200] *Stannigel/Kremer/Weyers* S. 353; *Sichtermann* S. 55; gem. § 5 Abs. 2 BelG ist die Rücktrittsverpflichtung staatl. bzw. öff.rechtl. Stellen gem. § 89 Abs. 5 2. WohnBauG zu berücksichtigen.
[201] Vgl. *Sichtermann* S. 54.

IV. Belastung

Zustimmungspflicht zur Belastung mit den dort genannten Rechten (Grundpfandrechte, Reallasten, nach hM auch Dauerwohnrecht, vgl. RdNr. 4.220 ff.) vereinbart werden. Die Zustimmung des Grundstückseigentümers ist dann Wirksamkeitserfordernis für die Belastung. Die Belastung darf gemäß § 15 ErbbauRG erst nach Vorlage der Zustimmungserklärung des Grundstückseigentümers im Grundbuch eingetragen werden (vgl. hierzu RdNr. 5.95, 96).

Die **Eintragung** erfolgt dann in das Erbbaugrundbuch, § 14 Abs. 3 S. 1 ErbbauRG, § 8 GBO. Zum **gutgläubigen Erwerb** einer Belastung bei einem unwirksamen Erbbaurecht vgl. RdNr. 5.75, bzw. zur Rechtslage bei einem inhaltlich unzulässigen Erbbaurecht vgl. RdNr. 5.77, zu einer gefälschten Eigentümerzustimmung gemäß § 5 Abs. 2 ErbbauRG zu einer Eigentümergrundschuld vgl. BGH NJW 1986, 1687.

5.146

6. Haftungsgegenstand (§ 12 ErbbauRG)

Belastungsgegenstand ist nur das Erbbaurecht, nicht auch das Erbbaugrundstück. Gemäß § 12 Abs. 1, 2 ErbbauRG haften die Bestandteile des Erbbaurechts für die Belastungen am Erbbaurecht. Diese Haftung gilt kraft Gesetzes ab Eintragung des Erbbaurechts, und zwar gleichgültig, ob das Bauwerk vor oder nach der Belastung entstanden ist; gemäß § 12 Abs. 1 S. 3 ErbbauRG erlischt damit gleichzeitig der Haftung des Bauwerks für Belastungen des Grundstücks. Das Bauwerk wird gemäß § 12 ErbbauRG also eigentumsmäßig und haftungsmäßig gleichzeitig vom Grundstück getrennt und dem Erbbaurecht zugeordnet.

5.147

Die Haftung gilt für das eigentliche **Bauwerk** des Erbbauberechtigten, ebenso aber auch für die im Außenbereich vom Erbbauberechtigten errichteten Anlagen, soweit es sich um in der Erbbaurechtsbestellung vorgesehen Bauwerke handelt (Nebengebäude, feste Straßen, Mauern) oder soweit sie **wesentlicher Bestandteil** des Erbbaurechts gemäß § 12 Abs. 2 ErbbauRG, § 94 BGB werden, vgl. RdNr. 2.76 ff. Das gleiche gilt für wesentliche Bestandteile des Gebäudes des Erbbauberechtigten (§ 12 Abs. 2 ErbbauRG, § 94 Abs. 2 BGB), auch die Nutzungsbefugnis an der Nebenfläche (§ 1 Abs. 2 ErbbauRG) haftet als Teil des Erbbaurechts mit, vgl. RdNr. 2.83. Für **nicht wesentliche Bestandteile und Zubehör** gilt § 12 ErbbauRG nicht. Über § 11 Abs. 1 ErbbauRG gelten jedoch hierzu die Grundstücksvorschriften (vgl. RdNr. 2.56) und damit auch die Haftungsbestimmungen für Grundpfandrechte nach §§ 1120, 1121 BGB.

5.148

7. Auswirkungen von Zwangsversteigerung, Beendigung, Heimfall

Zu den Auswirkungen der Zwangsversteigerung des Grundstücks und des Erbbaurechts auf Belastungen des Erbbaurechts, vgl. unten RdNr. 5.184 ff. Bei Erlöschen des Erbbaurechts erlischt die Haftung des Bauwerks sowie der sonstigen wesentlichen Bestandteile des Erbbaurechts gemäß § 12 Abs. 3 ErbbauRG (vgl. RdNr. 5.254) und entsteht für Gläubiger von Grundpfandrechten und Reallasten im Wege der dinglichen Surrogation ein Pfandrecht an der Entschädigungsforderung gemäß § 29 ErbbauRG, vgl. RdNr. 5.242 ff. Beim Heimfall bleiben Grundpfandrechte und Reallasten gemäß § 33 ErbbauRG bestehen, hierzu und zur persönlichen Haftung des Grundstückseigentümers vgl. RdNr. 4.117 ff.

5.149

8. Sicherungsmöglichkeiten des Grundstückseigentümers bei überhöhten Belastungen

a) **Problemstellung.** Wenn beim Heimfall eine Entschädigung von z. B. 60% des Bauwerkswerts vereinbart ist, jedoch dann das Erbbaurecht mit 80% dieses Werts beliehen ist, so tritt unter den Voraussetzungen des § 33 Abs. 2 ErbbauRG

5.149a

die gesetzliche Schuldübernahme ein (vgl. RdNr. 4.121); d.h. der Grundstückseigentümer bleibt nach Verrechnung mit der Entschädigungsforderung (§ 33 Abs. 3 ErbbauRG) auf den restlichen 20% der übernommenen Schulden sitzen, wenn der Erbbauberechtigte diese nicht erstatten kann. Vor diesem Risiko kann sich der Erbbauberechtigte zwar i.R. durch Verweigerung der Zustimmung nach § 7 Abs. 2 ErbbauRG schützen, vgl. RdNr. 4.233ff. Es gibt jedoch oft Konstellationen, bei denen der Grundstückseigentümer einer höheren Belastung zustimmen will, z.B. bei einem Erbbauberechtigten mit besonders guter Bonität, bei einem Bauvorhaben mit besonders wirtschaftlich interessanter Prognose usw. Dann sucht er nach weiteren Sicherungsmöglichkeiten.

5.149b **b) Löschungs- und Abtretungsvormerkungen (Muster 13 Abschn. VIII).**
In derartigen Fällen wird der Grundstückseigentümer einmal das Risiko der überhöhten Belastung übernehmen, jedoch möglichst vermeiden, dass die Grundschuld mehrfach in dieser Höhe beliehen wird und so für ihn das Risiko auf die gesamte Laufzeit des Erbbaurechts immer wieder neu entstehen kann. Zum Schutz dagegen kann eine Zustimmungspflicht zur Neuvalutierung mit Heimfall bei Verstoß dinglich vereinbart werden. Dies allein reicht jedoch nicht, da sich der Gläubiger auf die gesetzliche Schuldübernahme nach § 33 Abs. 2 ErbbauRG berufen kann, falls er damit nicht gegen eine Vereinbarung verstößt, die auch gegenüber dem Gläubiger wirkt.

Zu diesem Zweck kann der Grundstückseigentümer seine Zustimmung zur Belastung davon abhängig machen, dass bei der überhöhten Grundschuld eine Löschungsvormerkung gemäß § 1179 Abs. 2, § 1163 BGB sowie eine weitere Vormerkung zugunsten des Grundstückseigentümers eingetragen wird, wobei letztere den vom Erbbauberechtigten an den Grundstückseigentümer abgetretenen Anspruch auf Rückgewähr durch Abtretung oder Löschung der Grundschuld sichert. Sowohl die Zustimmung zur Neuvalutierung, als auch die vorgenannten Ansprüche können (aber müssen nicht) darauf begrenzt werden, dass sie nur insoweit greifen, als eine Neuvalutierung über das nach § 7 Abs. 2 ErbbauRG zulässige Maß hinaus erfolgt. Dadurch kann die Parallelität zur Neubeleihung hergestellt werden.

Rechtsgrundlage für die Rückgewähransprüche bzgl. der Grundschuld ist der Sicherungsvertrag.[202] Die vorgenannte Abtretung der Rückgewähransprüche und die Eintragung der beiden Vormerkungen allein würde wohl einer weiten Sicherungsabrede nicht entgegenstehen und damit den Gläubiger nicht binden.[203] Entscheidend ist vielmehr, dass eine dreiseitige Vereinbarung zwischen Grundstückseigentümer, Erbbauberechtigtem und Bank dahingehend entsteht, dass Neubeleihungen nur zulässig sind, soweit der Grundstückseigentümer ausdrücklich schriftlich zustimmt.[204] Eine derartige dreiseitige Vereinbarung entsteht im Zweifel unter folgenden Voraussetzungen: Dem Gläubiger ist sowohl der Erbbauvertrag mit der Einschränkung des Beleihungs- und Neuvalutierungsrechts, als auch die Grundschuld mit den beiden ihm gegenüber wirkenden Vormerkungen und den daraus folgenden Einschränkungen des Neuvalutierungsrechts bekannt. Der Grundstückseigentümer erteilt die Zustimmung gemäß § 7 Abs. 2 ErbbauRG zur Belastung (bzw. Neuvalutierung), wobei diese Erklärung zwingend auch gegenüber dem Gläubiger abzugeben ist; diese Zustimmungserklärung wird im Austausch gegen die Zusatzsicherung durch die vorgenannte Einschränkung der Neubeleihungsmöglichkeit abgegeben, was wiederum dem Gläubiger bekannt ist. Wenn der Gläubiger dann die Beleihung durchführt, hat er diese Einschränkungen auch angenommen; abweichende Vereinbarungen nur mit dem Erbbauberechtigten sind dann ohne Zustimmung des Grundstückseigentümers nicht mehr zulässig.

---

[202] BGHZ 137, 212 = NJW 1998, 671.
[203] *Gaberdiel* RdNr. 884.
[204] Zum Parallelproblem bei der Grundstücksübergabe: *Mayer* RdNr. 337.

c) Weitere Sicherungsmöglichkeiten.
Der Grundstückseigentümer kann weiter schuldrechtliche Vereinbarungen treffen, wonach ein bestimmter Finanzierungs- und Tilgungsplan vereinbart wird sowie, dass das Darlehen nur objektbezogen verwendet werden darf, jeweils mit Kontrollmöglichkeiten. Schließlich ist auch denkbar, dass die Zustimmung nur dann erteilt wird, wenn sich der Gläubiger vorher unwiderruflich verpflichtet, beim Heimfall Zug um Zug gegen Bezahlung der Heimfallentschädigung die Grundschuld löschen zu lassen und auf alle über die Heimfallentschädigung hinausgehenden Beträge aus der gesetzlichen Schuldübernahme gem. § 33 Abs. 2 ErbbauRG gegenüber dem Grundstückseigentümer zu verzichten. Eine derartige Vereinbarung wirkt nur schuldrechtlich. Deswegen kann die Abtretbarkeit der Grundschuld dahingehend eingeschränkt werden, dass sie nur nach der Abgabe der gleichen Erklärungen durch den neuen Gläubiger erfolgen darf. Weiter sollte die Verjährungsfrist auf 30 Jahre verlängert werden und die Grundschuld auflösend bedingt werden dahingehend, dass sie z.B. 29 Jahre nach Abschluss der vorgenannten schuldrechtlichen Vereinbarung erlischt, wenn letztere nicht vorher vom Gläubiger neu abgegeben wird, so dass die Verjährungsfrist dann neu entsteht.

5.149 c

9. Erleichterungsmöglichkeiten für die Beleihung

Wenn eine große Anlage in viele Wohnungs-/Teilerbbaurechtseinheiten aufgeteilt und durch Bauträgerverträge verkauft werden soll, hat oft sowohl der Grundstückseigentümer, als auch der Bauträger (= Erbbauberechtigter) das Interesse daran, die Beleihung durch die einzelnen Käufer (= Wohnungserbbauberechtigte) zu erleichtern. Hierzu ist es einerseits möglich, den Erstverkauf von der Zustimmungspflicht nach § 7 Abs. 1 ErbbauRG und vom Vorkaufsrecht auszunehmen und den Heimfall dahingehend zu modifizieren, dass er während der Bauphase nicht ausgeübt werden kann, so dass keine MABV-widrige Unwirksamkeit des Kaufs eintritt. Andererseits kann die Vorwegzustimmung zur Erstbeleihung nach § 7 Abs. 2 ErbbauRG erteilt werden, entweder generell oder bis zu einer festzulegenden Höhe (z.B. 80% des Kaufpreises), ggf. mit den Sicherungen nach RdNr. 149b. Zusätzlich kann sich der Grundstückseigentümer gegenüber dem jeweiligen Gläubiger schuldrechtlich verpflichten

5.149 d

– nicht ohne Zustimmung des Gläubigers anderen Grundpfandgläubigern den Vorrang oder Gleichrang gegenüber dem Erbbauzins einzuräumen;
– bei einer Versteigerung des Erbbaurechts das Vorkaufsrecht stehen zu lassen und keinen Wertersatz zu verlangen;
– bei einem versteigerungsfesten Erbbauzins eine Stillhalteerklärung abzugeben für den Fall der Versteigerung aus der Rangklasse von § 10 Nr. 1 bis 3 ZVG.

Damit werden die auch bei einem versteigerungsfesten Erbbauzins von den Banken immer noch häufig gewünschten „Stillhalte-" oder „Eigentümererklärungen" entbehrlich. Eine generelle Verpflichtung des Grundstückseigentümers hierzu besteht ohnehin nicht.[205]

V. Inhaltsänderung, Teilung, Vereinigung

1. Begriff der Inhaltsänderung

Die Inhaltsänderung umfasst jede Änderung der Befugnisse im Rahmen des *bestehenden Erbbaurechts*, gleichgültig, ob sie eine Erweiterung, Beschränkung oder sonstige Ausgestaltung enthält;[206] bei einem bereits erloschenen Erbbaurecht ist sie

5.150

---
[205] *Dedekind* RNotZ 1993, 109, 113.
[206] BayObLG NJW 1960, 1155; vgl. RdNr. 5.220 ff.

begrifflich nicht mehr möglich. Darunter fallen alle Änderungen am **gesetzlichen Inhalt,** also vor allem an der Bebauungsbefugnis (§ 1 Abs. 1 ErbbauRG), an der Erstreckung auf Nebenflächen (§ 1 Abs. 2 ErbbauRG) sowie die **Verlängerung** der Erbbauzeit. Darunter fällt auch die zulässige Umwandlung eines „alten Erbbaurechts" nach §§ 1012 ff. BGB in ein „neues Erbbaurecht" nach der ErbbVO bzw. ErbbauRG,[207] ferner fallen hierunter nachträgliche Erweiterungen des Belastungsgegenstandes mit oder ohne gleichzeitige Ausdehnung des Rechtsinhalts, so zB die nachträgliche Bildung eines Gesamterbbaurechts durch Erstreckung eines Erbbaurechts auf ein weiteres Grundstück (vgl. RdNr. 3.57 ff.) oder die Ausdehnung bei Grundstücksvereinigung oder Bestandteilszuschreibung zum Erbbaugrundstück, sowie schließlich die Teilung des Erbbaurechts, wenn dadurch die Bebauungsbefugnis geändert wird, vgl. RdNr. 5.169 ff. Ferner fällt darunter jede Änderung am (dinglichen) **vertraglichen Inhalt** gem. §§ 2 bis 8, § 27 Abs. 1 S. 2 und § 32 Abs. 1 S. 2 ErbbauRG, auch eine vollständige Neufassung des gesetzlichen und vertraglichen Inhalts.

5.151 Im Erbbaurecht wird der **Begriff** der Inhaltsänderung sehr **weit angewandt,** und zwar nicht nur auf die Inhaltsänderung im eigentlichen Sinn gemäß § 877 BGB, bei der die Rechtsidentität gewahrt bleibt, sondern **auch auf** Fälle der **teilweisen Rechtsaufhebung** (§ 875 BGB) und der **teilweisen Neubestellung** (§ 873 BGB). Wegen der hier besonders schwierigen Abgrenzung und des Sachzusammenhangs wird der weite Begriff auch hier verwendet, jedoch bei den Rechtsfolgen unterschieden.
Zu unterscheiden ist davon die **Inhaltsänderung sonstiger Rechte,** wie des Erbbauzinses (vgl. RdNr. 6.47 ff.), sowie die Inhaltsänderung sonstiger begleitender schuldrechtlicher Vereinbarungen, gleichgültig, ob sie sich auf den Inhalt des Erbbaurechts oder auf den Erbbauzins beziehen, zB die Änderung des Wertmaßstabes oder des Anpassungszeitpunktes bei einer schuldrechtlichen Anpassungsklausel zum Erbbauzins.

2. Schuldrechtliches Grundgeschäft

5.152 **a) Rechtsnatur.** Bis zur Eintragung des Erbbaurechts im Grundbuch bzw. bis zur Bindungswirkung nach § 873 Abs. 2 BGB ist das Grundgeschäft formbedürftig (§ 11 Abs. 2 ErbbauRG, § 311b BGB) und stellt eine Änderung des ursprünglichen Verpflichtungsvertrages dar, vgl. RdNr. 5.32. Das schuldrechtliche Grundgeschäft für eine spätere Änderung des Erbbaurechts stellt dagegen keine Änderung des ursprünglichen Verpflichtungsvertrags mehr dar, sondern ist eine **selbständige Kausa,** die sich nur auf die geplante Rechtsänderung bezieht und einen selbständigen wirtschaftlichen Charakter hat. Meist dient sie der Anpassung an neue faktische Verhältnisse und hat ihre eigenen wirtschaftlichen Gegenleistungen. Aus einer Zustimmung zu einer zusätzlichen Bebauung kann sich nach Treu und Glauben ein **Anspruch auf Inhaltsänderung ergeben.**[208] Ein schuldrechtlicher Anspruch auf Verlängerung kann sich auf eine Inhaltsänderung des Erbbaurechts vor Erlöschen oder auf Neubestellung danach beziehen; da ersterer nur bis zum Zeitablauf dinglich vollziehbar ist (vgl. RdNr. 5.231), sollte sich der Anspruch vorsorglich bei Fristverletzung auch auf die Neubestellung beziehen. Beide Ansprüche können im Grundstücksgrundbuch durch **Vormerkung** gesichert werden (§ 12 Abs. 1c bzw. § 12 Abs. 1b GBV, je iVm § 10 Abs. 1a, Abs. 4 GBV). Auch bei sonstigen Inhaltsänderungen sind Vormerkungen in dem nach § 14 ErbbauRG maßgebenden Grundbuch einzutragen (vgl. RdNr. 5.270).

---

[207] LG Frankfurt DNotZ 1956, 488.
[208] BGH NJW-RR 1998, 1387.

b) Anwendbarkeit von § 311 b Abs. 1 BGB. Strittig ist, ob das schuldrechtliche Grundgeschäft gemäß § 11 Abs. 2 ErbbauRG, § 311 b BGB formbedürftig ist oder nicht. Nach MünchKomm[209] ist die Inhaltsänderung nur dann formbedürftig, wenn sie einer Erbbaurechtsbestellung gleichkommt. Der BGH[210] hat nur entschieden, dass eine nachträgliche (nach Eintragung des Erbbaurechts) Vereinbarung über Änderungen des Erbbauzinses nicht formbedürftig ist, hat aber die hier gegenständliche Frage offen gelassen. *Wufka*[211] geht mit der heute hM[212] zu Recht davon aus, dass es sich in § 11 Abs. 2 ErbbauRG um eine Normzweckverweisung auf § 311 b BGB handelt. Er schließt aus der in der Literatur (vgl. RdNr. 5.197) einheitlich geforderten Beurkundungspflicht für die Aufhebung eines Erbbaurechts und der Beurkundungspflicht für die Neubestellung gemäß § 11 Abs. 2 ErbbauRG, dass die Inhaltsänderung dann **beurkundungspflichtig** ist, wenn es sich wirtschaftlich um eine **Teil-Aufhebung** und/oder **Teil-Neubestellung** handelt. Diese Abgrenzung ist sachgerecht, da nach der oben (RdNr. 5.151) dargelegten Begriffsbestimmung diese Fälle keine Inhaltsänderung iS § 877 BGB sind.

5.153

c) Abgrenzung. Allerdings kann *Wufka*[211] nicht in allen Konsequenzen gefolgt werden. Er geht davon aus, dass bei jeder Änderung zum **gesetzlichen Inhalt** (§ 1 ErbbauRG) Beurkundungspflicht besteht. Um eine Teilaufhebung und/oder Teil-Neubestellung handelt es sich hier in den Fällen, in denen ein zusätzliches Baurecht für ein eigenes Gebäude geschaffen wird oder ein derartiges Baurecht aufgehoben wird oder erst recht, wenn ein vorhandenes Bauwerk in das Erbbaurecht einbezogen oder davon ausgenommen wird oder wenn ein Gesamterbbaurecht nachträglich durch Einbeziehung eines weiteren Grundstücks gebildet wird oder wenn die Dauer des Erbbaurechts verkürzt oder verlängert wird. Die Rechtsidentität ist nach hier vertretener Ansicht dagegen gewahrt, wenn die Bebauungsbefugnis bloß konkretisiert oder nur unwesentlich geändert wird, zB bei einer unwesentlichen Änderung von Größe und/oder Art des Bauwerks. Auch bei einer bloßen Änderung der Nutzungsfläche iS § 1 Abs. 2 ErbbauRG ist die Rechtsidentität gewahrt, da diese nach der gesetzlichen Formulierung „kann erstreckt werden" nur ein Annex, nicht aber ein identitätsbestimmender Inhalt des Erbbaurechts ist. Bei Vereinbarungen zum **vertraglichen Inhalt** (§§ 2 ff. ErbbauRG) wird die Rechtsidentität grundsätzlich gewahrt. Nur wenn ein möglicher Anspruch auf Übertragung des Erbbaurechts begründet wird bzw. wegfällt, so zB ein Heimfallanspruch nach § 2 Nr. 4 ErbbauRG, oder wenn eine Verkaufsverpflichtung des Grundstückseigentümers nach § 2 Nr. 7 ErbbauRG vereinbart wird, ergibt sich die Formpflicht im ersteren Fall aus § 11 Abs. 2 ErbbauRG, im letzteren unmittelbar aus § 311 b BGB. Im Hinblick auf die unsichere Rechtslage wird der Notar vorsorglich in jedem Fall zur Beurkundung raten.

5.154

3. Dinglicher Vollzug

a) Rechtsgrundlage, Einigung. Wie oben (RdNr. 1.30) dargestellt, wird das Erbbaurecht entsprechend seiner Doppelnatur hinsichtlich seines unmittelbar eigenen Schicksals, also Entstehung, Änderung und Erlöschen, als Recht behandelt und nur im Übrigen als Grundstück. Gemäß § 11 Abs. 1 S. 1 ErbbauRG sind daher für die dingliche **Inhaltsänderung** (im engeren Sinn) §§ 877, 873, 874, 876 BGB maßgebend. Erforderlich ist daher gemäß § 873 BGB die grundsätzlich sachen-

5.155

---

[209] MünchKomm § 11 RdNr. 28; ähnlich RGRK/*Räfle* § 11 RdNr. 35; zum WEG vgl. DNotZ 1987, 208.
[210] BGH DNotZ 1986, 472 = NJW 1986, 932.
[211] DNotZ 1986, 473: jetzt auch *Palandt/Bassenge* § 11 RdNr. 11.
[212] *Ingenstau/Hustedt* § 11 RdNr. 50; *Staudinger/Rapp* § 11 RdNr. 23; *Bauer/v. Oefele/Maaß* AT RdNr. VI 170; *Schöner/Stöber* RdNr. 1857.

rechtlich formlose, aber gemäß §§ 20, 29 GBO formbedürftige Einigung mit der Eintragungsbewilligung nach § 19 GBO (Form § 29 GBO) und dem formlosen Antrag nach § 13 GBO sowie die Eintragung im Grundbuch. Die Inhaltsänderung darf sich nach der zwingenden Bestimmung von § 10 Abs. 1 S. 1 ErbbauRG nicht auf eine nachträgliche Rangänderung des Erbbaurechts beziehen, auch sonst dürfen zwingende Bestimmungen über den gesetzlichen und vertraglichen Inhalt nicht verletzt werden.

5.156 Wie oben dargelegt, kann das Grundgeschäft der Beurkundungsform des § 311b BGB bedürfen, wenn es sich wirtschaftlich um eine **Teil-Aufhebung** und/oder **Teil-Neubestellung** oder um eine Verpflichtung zur Übertragung des Erbbaurechts bzw. des Grundstücks handelt. In diesen Fällen kann sich der Geschäftseinheitswille wie bei der Erbbaurechtsbestellung, auch hier auf die Einigung erstrecken, vgl. RdNr. 5.42;[213] hier sind auch die weiteren Voraussetzungen der Neubestellung (RdNr. 5.47 ff.) bzw. der Aufhebung (RdNr. 5.196 ff.) zu beachten.

5.157 **b) Zustimmung dinglich Berechtigter.** Gemäß §§ 877, 876 S. 1 BGB ist die Zustimmung durch die **am Erbbaurecht dinglich Berechtigten** erforderlich. Nach Sinn und Zweck des § 876 BGB ist die Zustimmung aber nur dann erforderlich, wenn sich deren Rechtsstellung materiellrechtlich verschlechtert, das Recht also iS des formellen Rechts betroffen wird. Dies ist nicht der Fall, wenn die Befugnis des Erbbauberechtigten erweitert wird, zB bei Verlängerung des Erbbaurechts[214] oder bei Ausdehnung des Erbbaurechts auf unbelastete Grundstücke bzw. unbelastete Grundstücksteile (vgl. RdNr. 5.177). Zur Teilung vgl. RdNr. 5.171. Eine Zustimmung zu wirtschaftlich nicht beeinträchtigenden Änderungen von Vereinbarungen nach §§ 2 ff. ErbbauRG ist daher ebenfalls nicht nötig, str.[215]

5.158 Die Zustimmung der im Rang nach dem Erbbaurecht **am Grundstück dinglich Berechtigten** ist gemäß § 876 S. 2 BGB erforderlich, wenn der Inhalt des Erbbaurechts erweitert und dadurch die nachrangigen Rechte beeinträchtigt werden.[214] Die **Zustimmungserklärung** ist materiellrechtlich formfrei, bedarf aber der Form des § 29 GBO; Zustimmung und Einigung sind voneinander unabhängig und bilden zusammen keinen Vertrag.[216]

5.159 **c) Eintragung.** Die Eintragung erfolgt jeweils in das für die Inhaltsänderung maßgebliche Grundbuch mit konstitutiver Wirkung. Danach ist für Änderungen der Dauer des Erbbaurechts die Eintragung in das Grundstücks-Grundbuch konstitutiv,[217] ebenso für Ausdehnungen auf weitere Grundstücke, sowohl bei Vereinigungen der Grundstücke, als auch bei nachträglicher Bildung eines Gesamterbbaurechts. Da im Übrigen für die Inhaltsänderung des Erbbaurechts das Erbbaugrundbuch konstitutiv ist, sind alle übrigen Inhaltsänderungen im Erbbaugrundbuch zu vollziehen, im Grundstücksgrundbuch ist wegen § 14 Abs. 2 ErbbauRG bezüglich der Änderungen auf das Erbbaugrundbuch Bezug zu nehmen. Die Eintragung, zB der Verlängerung, ist nach Erlöschen durch Zeitablauf unmöglich, da kraft Gesetzes durch Surrogation nun nur noch der Entschädigungsanspruch besteht und dieser nicht wieder in ein Erbbaurecht umgewandelt werden kann.

---

[213] Ebenso *Wufka* DNotZ 1986, 473.
[214] BayObLG NJW 1960, 1155; aA bei Vereinbarungen n. § 2 *Ingenstau/Hustedt* § 11 RdNr. 55; *Erman/Grziwotz* vor § 1012 BGB RdNr. 20.
[215] *Bauer/v. Oefele/Maaß* AT RdNr. VI 172; *Schöner/Stöber* RdNr. 1858; aA *Ingenstau/Hustedt* § 11 RdNr. 79.
[216] Vgl. MünchKomm/*Wacke* § 876 BGB RdNr. 7.
[217] *Ingenstau/Hustedt* § 14 RdNr. 4; RGRK/*Räfle* § 14 RdNr. 3.

V. Inhaltsänderung, Teilung, Vereinigung

4. Teilung des Grundstücks ohne Teilung des Erbbaurechts

Wird das Erbbaugrundstück geteilt, ohne dass das darauf ruhende Erbbaurecht entsprechend geteilt wird, entsteht mit Vollzug der Teilung im Grundbuch kraft Gesetzes nach heute hM ein **Gesamterbbaurecht**. Zur Begründung und zu den Rechtsfolgen vgl. RdNr. 3.37 ff. Davon ist die Frage zu unterscheiden, ob ein Grundstücksteil bei der Erbbaurechtsbestellung mit einem Erbbaurecht belastbar ist, vgl. RdNr. 2.91, zur Abschreibung nicht betroffener Flächen vgl. RdNr. 5.174.

5.160

5. Teilung des Erbbaurechts

a) Voraussetzungen, Begriff

aa) Teilung des Erbbaugrundstücks. Voraussetzung jeder Erbbaurechtsteilung ist nach hM, dass vorher eine **Teilung des Erbbaugrundstücks** in mehrere Grundstücke im Rechtssinn (§ 7 Abs. 1 GBO) erfolgt und das Erbbaurecht dementsprechend geteilt wird, so dass Belastungsgegenstand nach Teilung für jedes neue einzelne Erbbaurecht (folgend „Teilerbbaurecht" genannt) das neue einzelne Grundstück ist.[218] Die Grundstücksteilung kann durch Neuvermessung mit nachfolgender Eintragung der Teilgrundstücke unter eigenen Buchungsnummern (vgl. § 7 Abs. 1 GBO) erfolgen oder durch Aufhebung einer bisherigen Grundstücksvereinigung iS § 890 BGB, so dass also die bisher unter einer Buchungsnummer vorgetragenen Flurstücke nunmehr unter eigenen Buchungsnummern vorgetragen werden. Durch eine Teilung des Erbbaurechts ohne rechtliche Teilung des Erbbaugrundstücks würden mehrere Erbbaurechte am gleichen Grundstück entstehen, was wegen der nach § 10 ErbbauRG vorgeschriebenen ersten Rangstelle unzulässig wäre, vgl. RdNr. 2.104.

5.161

bb) Abgrenzung. Unter Teilung des Erbbaurechts ist nicht zu verstehen, wenn eine Teilfläche von einem Grundstück weggemessen wird und das Erbbaurecht an diesem Teil aufgehoben wird (vgl. RdNr. 5.174), oder wenn das bisherige Erbbaurecht an einem **Teilgrundstück aufgehoben** und an diesem dann ein neues Erbbaurecht bestellt wird (Teilaufhebung und Neubestellung). Unter Teilung des Erbbaurechts wird im Folgenden nur die Teilung des Rechtsinhalts des Erbbaurechts verstanden. Für diese Teilung besteht auch infolge der Vielzahl der möglichen Interessenänderungen während der Laufzeit des Erbbaurechts ein praktisches Bedürfnis.

5.162

cc) Teilbarkeit des Rechtsinhalts. Das Erbbaurecht ist nicht generell teilbar oder unteilbar. Die **Zulässigkeit** der Teilung hängt nach insoweit einhelliger Meinung[219] vielmehr davon ab, **ob der Rechtsinhalt** des Erbbaurechts in der vorgesehenen Weise **teilbar** ist. Bezieht sich daher das Erbbaurecht nur auf das Haben eines einzigen Bauwerks, ist es immer unteilbar, da sonst ein Erbbaurecht ohne Befugnis zum Haben eines Bauwerks entstünde, was für ein Erbbaurecht begriffsnotwendig ist.[220] Die Teilbarkeit hängt auch nicht davon ab, ob dies zwischen Grundstückseigentümer und Erbbauberechtigten vereinbart war; eine derartige Abrede hätte nur schuldrechtliche Wirkung und könnte nicht gemäß § 2 ErbbauRG zum Inhalt des Erbbaurechts gemacht werden.[221] Im Einzelnen ist die Teilbarkeit und ihre Durchführung weitgehend strittig:

5.163

---

[218] Wie hier: KG KGJ 51, 228; OLG Hamm Rpfleger 1955, 232; *Lutter* DNotZ 1960, 80, 81; *Muttray* Rpfleger 1955, 216; *Rohloff* Rpfleger 1954, 84; aA *Hauschild* Rpfleger 1954, 602, 604; *Kehrer* BWNotZ 1955, 194, 199.

[219] OLG Hamm JMBlNRW 1960, 270 und MDR 1984, 402; OLG Neustadt NJW 1960, 1157; *Lutter* DNotZ 1960, 80, 87; *Ingenstau/Hustedt* § 11 RdNr. 90; RGRK/*Räfle* § 1 RdNr. 15; MünchKomm § 1 RdNr. 43.

[220] OLG Hamm JMBlNRW 1960, 270 und MDR 1984, 402; OLG Neustadt NJW 1960, 1157; *Lutter* DNotZ 1960, 80, 87; *Ingenstau/Hustedt* § 11 RdNr. 90.

[221] *Lutter* DNotZ 1960, 80, 89; jetzt auch RGRK/*Räfle* § 1 RdNr. 16.

b) Bestimmter Rechtsinhalt

5.164   **aa) Zulässigkeit.** Bei bestimmtem Rechtsinhalt sind die **Gebäude** des Erbbauberechtigten **bereits errichtet**. Dann darf die Teilung nicht so erfolgen, dass die neue Grenze durch ein Gebäude verläuft und dadurch sich auf den Teilgrundstücken unselbständige Gebäudeteile befinden würden, da damit gegen § 1 Abs. 3 ErbbauRG verstoßen würde.[222] Die Anhänger des (hier abgelehnten) Nachbarerbbaurechts müssten jedoch jede Teilung zulassen, da damit nachträglich ein Nachbarerbbaurecht entstünde; dies widerspricht jedoch insoweit einhelliger Meinung.[222] Sie ist ferner unzulässig, wenn sich nicht auf jedem neuen Teilgrundstück ein Bauwerk befindet oder die Befugnis zu dessen Bebauung besteht, da das Haben eines Bauwerks gemäß § 1 Abs. 1 ErbbauRG zwingend begriffsnotwendig ist.[223] Soweit die **Erbbaurechtsgebäude noch nicht errichtet** sind, deren Zahl und Lage aber nach der Erbbaurechtsbestellung bindend und zweifelsfrei bestimmt ist, zB durch Lageplan, gilt das Gleiche. Somit ist die Teilung hier nur zulässig, wenn nach dem bindenden Erbbaurechtsinhalt sich zweifelsfrei auf jedem Teilgrundstück ein (selbständiges) Erbbaurechtsgebäude befindet bzw. das Recht zur Bauwerkserrichtung hierauf.

5.165   **bb) Durchführung.** Da in diesen Fällen der Rechtsinhalt vollständig bestimmt ist und dessen Zuordnung durch die Erbbaurechtsteilung nicht geändert wird, liegt keine Inhaltsänderung vor.[224] Die Beschränkung der entstehenden Teilerbbaurechte auf die entstehenden Teilgrundstücke und umgekehrt die Beschränkungen der Rechte des Grundstückseigentümers auf die entstehenden Teilerbbaurechte bedeuten aber nach BGH und hM[225] **Teilaufhebungen** des bisherigen Erbbaurechts (§§ 875, 876 BGB). Den gegenteiligen Ansichten, die das Erbbaurecht teilweise wie ein Grundstück teilen wollen[226] oder die in der Grundstücksteilung bereits die Teilaufhebung sehen,[227] ist nicht zu folgen, da sie mit dem Wesen des Erbbaurechts nicht vereinbar sind.

5.166   Daher ist für **die Teilung erforderlich:** Grundstücksteilung, Teilungserklärung des Erbbauberechtigten (§ 11 Abs. 1 ErbbauRG, § 875 BGB), die materiellrechtlich formlos gilt, verfahrensrechtlich aber der Form des § 29 GBO bedarf, mit den Erklärungen nach §§ 19, 13 GBO, Zustimmung des Grundstückseigentümers gemäß § 26 ErbbauRG, uU Zustimmung von Belastungsgläubigern (vgl. RdNr. 5.171, 2), Eintragung im Grundbuch, und zwar Grundstücksteilung und Vollzug der Teilung des Erbbaurechts im Grundstücksgrundbuch, sowie entsprechende Eintragungsvermerke im bestehenden Erbbaugrundbuch und Neuanlegung des bzw. der weiteren Erbbaugrundbücher. Da die Teilungserklärung bereits die Teilaufhebung iS § 875 BGB mitbeinhaltet,[228] ist keine gesonderte Enthaftungserklärung des Erbbauberechtigten nötig, die auch nichts anderes wäre, als die Aufgabeerklärung iS § 875 BGB.

---

[222] OLG Hamm und *Lutter* (Fn. 221); *Hampel* Rpfleger 1962, 126, 129; *Hauschild* Rpfleger 1954, 602, 603; *Kehrer* BWNotZ 1955, 194, 197.

[223] *Hauschild* (Fn. 222) S. 602; nach OLG Hamm MDR 1984, 402 Teilung eines Doppelhauses bei Recht zur Bebauung mit einem Wohngebäude unzulässig.

[224] *Riedel* DNotZ 1960, 375, 380; *Lutter* (Fn. 221) S. 89.

[225] BGH NJW 1974, 498; OLG Neustadt NJW 1960, 1157; LG Kassel Rpfleger 1955, 230; *Muttray* Rpfleger 1955, 216; *Rohloff* Rpfleger 1954, 84; *Staudinger/Rapp* § 11 RdNr. 16; aA *Hauschild* RPfleger 1954, 602, der es wie ein juristisches Grundstück teilen will; *Riedel* DNotZ 1960, 375, der keine Teilaufhebung; *Lutter* DNotZ 1960, 80, 91, der in der Teilung bereits die Teilaufhebung sieht.

[226] *Hauschild* Rpfleger 1954, 602, 604.

[227] *Lutter* DNotZ 1960, 80, 91.

[228] OLG Neustadt NJW 1960, 1157; *Lutter* DNotZ 1960, 80, 91; wohl auch BGH NJW 1974, 498; aA anscheinend RGRK/*Räfle* § 1 RdNr. 16.

V. Inhaltsänderung, Teilung, Vereinigung

Ob der **Grundstückseigentümer zur Zustimmung** gemäß § 26 ErbbauRG **verpflichtet** ist, ist **strittig:** Nach *Soergel/Stürner*[229] besteht eine generelle Zustimmungspflicht. Dem ist nicht zu folgen, da mit BGH[225] und jetzt hM[230] die Rechtsstellung des Grundstückseigentümers wesentlich beeinflusst wird, weil er es künftig mit einer Mehrzahl von Erbbauberechtigten zu tun haben kann, was sich auf die Sicherheit seines Erbbauzinses, auf die Verwaltung und den Heimfall entscheidend auswirkt. Auch § 7 Abs. 3 ErbbauRG ist nicht anwendbar, da kein Fall von Veräußerung oder Belastung vorliegt (vgl. RdNr. 4.240). In der Praxis wird der Erbbauberechtigte idR die Aufteilung des Erbbauzinses auf die Teilerbbaurechte wünschen, was wieder nur mit Zustimmung des Grundstückseigentümers möglich ist und wozu dieser eindeutig nicht verpflichtet ist.

5.167

Das **schuldrechtliche Grundgeschäft** ist **formbedürftig**. Da § 11 Abs. 2 ErbbauRG eine Normzweckverweisung auf § 311b BGB enthält und die (vertragliche) Erbbaurechtsaufhebung vom Normzweck der Bestellung gleichwertig ist, gilt dies auch bei der Teilaufhebung. Wegen der möglichen Geschäftseinheit mit den übrigen Erklärungen **empfiehlt sich** daher in der Praxis eine **Teilungsvereinbarung** zwischen Grundstückseigentümer und Erbbauberechtigtem zu beurkunden, die alle vorgenannten Erklärungen des Erbbauberechtigten und des Grundstückseigentümers enthält und (soweit gewünscht) gleichzeitig eine Aufteilung des Erbbauzinses samt Anpassungsklausel und eine entsprechende Anpassung der Vorkaufsrechte. Formulierungsbeispiel: *Grauel* ZNotP 1997, 21.

5.168

c) Bei noch zu konkretisierendem Rechtsinhalt

aa) Zulässigkeit. Ist die Lage und Anzahl der Gebäude noch nicht genau bestimmt, zB bei Befugnis zur künftigen Bebauung mit „mehreren Wohnhäusern" bzw. so vielen Wohnhäusern, als baurechtlich zulässig (zur nötigen Mindestbestimmtheit vgl. RdNr. 2.20 ff.), so hat der Erbbauberechtigte noch das Konkretisierungsrecht bezüglich der Lage und der genauen Anzahl der Gebäude. Nach dem ursprünglichen Rechtsinhalt könnte er somit die neue Teilungsgrenze beliebig überbauen, einzelne entstehende Teilgrundstücke nicht oder mehrfach bebauen. Hier darf eine Erbbaurechtsteilung aus den oben dargelegten Gründen nur erfolgen, wenn gewährleistet ist, dass künftig kein Grenzüberbau erfolgt und zu jedem Teilerbbaurecht eine bestimmte Bebauungsbefugnis gehört.

5.169

bb) Durchführung. Die Abgrenzung zwischen den Rechtsinstituten der Inhaltsänderungen (§ 877 BGB) und der teilweisen Aufhebung (§ 875 BGB) ist in der Praxis schwierig (vgl. RdNr. 5.154), maßgebend ist mit *Wufka*[231] für die bloße Inhaltsänderung, dass die Rechtsidentität gewahrt bleibt. Wird daher hier die Summe der **Bebauungsbefugnis** nicht geändert, sondern **nur lokalisiert,** handelt es sich um eine **Inhaltsänderung** des Erbbaurechts.[232] Wie beim bestimmten Rechtsinhalt liegt aber auch hier eine **Teilaufhebung** vor. Wird die Bebauungsbefugnis erweitert, so handelt es sich mehr um eine Teil-Aufhebung und Teil-Neubestellung. Je nach Sachlage muss daher die Rechtsnatur und damit die Art der Durchführung bestimmt werden. Für die Formpflicht des Grundgeschäfts und die Durchführung gilt das Gleiche, wie beim bestimmten Rechtsinhalt (RdNr. 5.166 ff.).

5.170

d) Zustimmung von Belastungsgläubigern. Ob die Zustimmung von Belastungsgläubigern **am Erbbaurecht** gemäß § 876 BGB erforderlich ist, ist strittig.

5.171

---

[229] § 11 RdNr. 4.
[230] *Ingenstau/Hustedt* § 11 RdNr. 95 u. *Staudinger/Rapp* § 11 RdNr. 16.
[231] Vgl. *Wufka* DNotZ 1986, 473, 475 und MünchKomm/*Wacke* § 877 BGB RdNr. 1.
[232] Vgl. *Riedel* DNotZ 1960, 375, 380; MünchKomm § 1 RdNr. 46; aA *Lutter* DNotZ 1960, 80, 88.

Nach der Teilung setzen sich die Grundpfandrechte und Reallasten als Gesamtrechte an den entstandenen einzelnen Erbbaurechten fort, andere Rechte, wie Nießbrauch, Dienstbarkeit, Vorkaufsrecht dagegen als selbstständige Teilrechte an den einzelnen Erbbaurechten. *Lutter*[233] hält eine Zustimmung für nicht erforderlich, da ein Rechtsnachteil für den Berechtigten nicht entstehen kann. Der Wert der Summe der einzelnen Erbbaurechte kann aber sehr wohl anders sein, als der eines einzigen Erbbaurechts, insbesondere auch der Erlös im Falle der Zwangsversteigerung. Daher ist die Zustimmung vom Grundpfandrechts- und Reallastgläubigern erforderlich.[234]

5.172 Eine Zustimmung von dinglich Berechtigten **am Grundstück** ist nach BGH[235] nicht nötig. Dies erscheint jedoch fraglich; wie oben (RdNr. 5.167) dargestellt und vom BGH anerkannt,[236] können durch die Teilung sehr wohl die wirtschaftlichen Interessen des Grundstückseigentümers berührt werden, so dass auch eine Benachteiligung der Gläubiger daran möglich ist. Für Grunddienstbarkeiten **zugunsten des Erbbaurechts** gilt § 1025 BGB gemäß § 11 Abs. 1 ErbbauRG.

5.173 **e) Teilung in Wohnungs- und Teilerbbaurecht.** Ein Erbbaurecht kann nach § 30 WEG in Wohnungs-/Teilerbbaurecht aufgeteilt werden. Vergleiche hierzu die Erläuterungen unter RdNr. 3.96 ff.

6. Abschreibung unselbständiger Teilflächen des Erbbaugrundstücks

5.174 Für die Abschreibung einer unselbständigen Teilfläche des Erbbaugrundstücks und Zuschreibung zu einem anderen Grundstück (§ 890 Abs. 2 BGB, § 6 GBO) gilt: Ist die Teilfläche **nicht vom Rechtsinhalt** des Erbbaurechts **betroffen,** soweit also hier keine Bebauungsbefugnis besteht und keine Erstreckung auf diese gemäß § 1 Abs. 2 ErbbauRG erfolgt ist, so kann sie ohne Zustimmung des Erbbauberechtigten entsprechend § 1026, § 1090 Abs. 2 BGB lastenfrei abgeschrieben werden,[237] freilich nur, wenn dies feststeht bzw. nachgewiesen wird. Ist die Teilfläche dagegen **vom Rechtsinhalt betroffen,** muss an ihr das Erbbaurecht aufgehoben werden, da sonst am Grundstück, zu dem die Zuschreibung erfolgt, Verwirrung zu besorgen wäre und Verwicklungen, insbesondere im Falle der Zwangsversteigerung, entstünden.[238] Die Teilaufhebung erfolgt dann nach Maßgabe von §§ 875, 876 BGB, § 26 ErbbauRG, vgl. RdNr. 5.196 ff.

7. Vereinigung, Bestandteilszuschreibung

a) Am Erbbaugrundstück

5.175 **aa) Voraussetzungen.** Bei einer Vereinigung mit einem nicht vom Erbbaurecht belasteten Grundstück (§ 890 Abs. 1 BGB, § 5 GBO) oder Zuschreibung einer bisher nicht betroffenen Fläche zum Erbbaugrundstück (§ 890 Abs. 2 BGB, § 6 GBO) würde nur das ursprüngliche Grundstück mit dem Erbbaurecht belastet bleiben. Dann wäre aber einerseits Verwirrung zu besorgen, andererseits darf Belastungsgegenstand (nicht Rechtsinhalt) gemäß § 1 Abs. 1 ErbbauRG immer nur ein ganzes Grundstück und nicht nur ein Grundstücksteil sein (vgl. RdNr. 2.91). Es

---

[233] DNotZ 1960, 80, 93.
[234] OLG Neustadt NJW 1960, 1157; LG Kassel Rpfleger 1955, 230; *Muttray* Rpfleger 1955, 216; *Rohloff* Rpfleger 1954, 84; *Staudinger/Rapp* § 11 RdNr. 16; RGRK/*Räfle* § 1 RdNr. 17; MünchKomm § 1 RdNr. 47; aA: *Lutter* DNotZ 1960, 80, 91; *Schöner/Stöber* RdNr. 1851.
[235] Unveröffentlichtes Urteil v. 3. 11. 1978, V ZR 25/75 mitgeteilt in WPM 1982, 1038, 1047; ebenso RGRK/*Räfle* § 1 RdNr. 17.
[236] BGH NJW 1974, 498.
[237] BayObLG DNotZ 1958, 409 m. zust. Anm. *Weitnauer*; *Schöner/Stöber* RdNr. 1843.
[238] Vgl. *Demharter* § 5 RdNr. 13; *Kehrer* BWNotZ 1959, 86.

muss daher eine **Ausdehnung des Erbbaurechts** auf das bisher unbelastete Grundstück (§ 5 GBO) oder die unbelastete Teilfläche (§ 6 GBO) erfolgen. Nach den neuen § 5 Abs. 2, § 6 Abs. 2 GBO ist Vereinigung und Zuschreibung von Grundstücken nur noch zulässig bei unmittelbar aneinandergrenzenden Grundstücken oder bei Zusammengehörigkeit wegen baulicher Anlagen.

bb) Durchführung der Ausdehnung des Erbbaurechts. Die Ausdehnung kann sich nur auf den Belastungsgegenstand beziehen oder gleichzeitig auf den Rechtsinhalt. Es handelt sich dabei im Regelfall um eine **Inhaltsänderung** des Erbbaurechts.[239] Wird der Rechtsinhalt aber in der Weise ausgedehnt, dass die Rechtsidentität nicht gewahrt bleibt, so handelt es sich um eine **teilweise Neubestellung** des Erbbaurechts.[240] Dies wäre zB der Fall, wenn sich die Baubefugnis auch auf das weitere Grundstück erstrecken würde, nicht dagegen wenn auf die weitere Teilfläche nur die Nutzung erstreckt wird (§ 1 Abs. 2 ErbbauRG), da dann die Rechtsidentität gewahrt bleibt. Die **Durchführung** sowie der Formzwang richtet sich daher danach, ob es sich im Einzelfall um eine teilweise Neubestellung oder um eine Inhaltsänderung handelt. Nach BayObLG muss die hier nötige Einigung (§§ 873, 877, § 20 GBO) nicht ausdrücklich so genannt werden, sondern liegt schon in der Erklärung, dass das bestehende Erbbaurecht auf die zugeschriebene Teilfläche erstreckt wird. In jedem Fall ist die Ausdehnung gemäß § 10 ErbbauRG nur dann zulässig, wenn das Erbbaurecht am neuen Grundstück bzw. der neuen Teilfläche den ersten Rang erhält. Zustimmung der am Erbbaurecht dinglich Berechtigten gemäß § 876 BGB ist aus den vorgenannten Grundsätzen nicht nötig, da ihre Beeinträchtigung bei einer reinen Ausdehnung nicht möglich ist.[241]

5.176

cc) Wirkung auf Rechte am Erbbaurecht. Die in Abteilung III am Erbbaurecht eingetragene Rechte **erstrecken sich kraft Gesetzes** auf den ausgedehnten Teil des Erbbaurechts.[242] Dies gilt auch für die in Abteilung II am Erbbaurecht eingetragenen Rechte, wie bei der nachträglichen Bildung eines Gesamterbbaurechts, str.[243] Die gegenteilige Ansicht ist abzulehnen, da ein einheitliches Recht nur einheitlich belastbar ist. Eine entsprechende Anwendung von § 1131 BGB erfolgt nicht, da eine Zuschreibung nach § 890 Abs. 2 BGB aus den unten unter RdNr. 5.179 genannten Gründen nicht mit einer Rechtsausdehnung gleichgestellt werden kann.

5.177

b) Vereinigung von Grundstücken und Erbbaurechten

aa) Zulässigkeit nach hM. Nach heute überwiegender Meinung[244] wird die Vereinigung von Grundstücken und Erbbaurechten unter entsprechender Anwendung von § 890 Abs. 1 BGB über § 11 Abs. 1 S. 1 ErbbauRG unter Berufung auf den Charakter des Erbbaurechts als grundstücksgleiches Recht für zulässig erachtet, zT sogar die Bestandteilszuschreibung (§ 890 Abs. 2 BGB) eines Erbbaurechts zu

5.178

---

[239] BayObLG MittBayNot 1991, 172; OLG Hamm NJW 1974, 280; OLG Neustadt DNotZ 1964, 344.
[240] Vgl. *Wufka* DNotZ 1986, 473, 475.
[241] OLG Neustadt DNotZ 1964, 344.
[242] OLG Neustadt DNotZ 1964, 344; OLG Hamm NJW 1974, 280 und NJW 1963, 1112 (beim Gesamterbbaurecht); *Ingenstau/Hustedt* § 11 RdNr. 30; *Schöner/Stöber* RdNr. 1844; aA LG Dortmund NJW 1960, 487 m. abl. Anm. *Balser*.
[243] OLG Neustadt DNotZ 1964, 344; OLG Hamm NJW 1974, 280; *Balser* NJW 1960, 487; *Schöner/Stöber* RdNr. 1844; aA *Haegele* Rpfleger 1967, 279, 284; nach *Ingenstau/Hustedt* § 11 RdNr. 30 ist Rechtsausdehnung erforderlich, ähnlich: *Kehrer* BWNotZ 1957, 60 und 1959, 87, 95; vgl. auch entsprechende Problematik zum Gesamterbbaurecht RdNr. 3.59.
[244] *Schöner/Stöber* RdNr. 1845 ff.; *Schulte* BWNotZ 1960, 137; *Ingenstau/Hustedt* § 11 RdNr. 27; *RGRK/Räfle* § 11 RdNr. 21; *Staudinger/Rapp* § 11 RdNr. 14; *Palandt/Bassenge* § 11 RdNr. 5, § 890 BGB RdNr. 2; KEHE § 5 RdNr. 7; *Demharter* § 5 RdNr. 6; aA *Güthe/Triebel* GBO §§ 5, 6 Anm. 5; *Kehrer/Bühler/Tröster* § 6 I dort Fn. 26.

einem Grundstück[245] bzw. zum Erbbaugrundstück[246] oder des Erbbaugrundstücks zum Erbbaurecht.[247]

5.179 **bb) Ausschluss wegen verschiedenen Charakters.** Die analoge Anwendung von § 890 Abs. 1 BGB über § 11 Abs. 1 ErbbauRG setzt aber voraus, dass das verschiedene Wesen von Grundstückseigentum und Erbbaurecht und der verschiedene Zweck der entsprechenden Anwendung nicht entgegenstehen (vgl. RdNr. 2.160); dies ist aber hier der Fall. Die Vereinigung ist nicht nur ein grundbuchtechnischer Vorgang, sondern verlangt eine auf Dauer ausgerichtete Schaffung einer Rechtseinheit.[248] Diese ist aber hier nicht möglich, da für die Übertragung des die Einheit bildenden Grundstücks und des Erbbaurechts verschiedene Vorschriften gelten (§ 925 BGB, § 11 Abs. 1 ErbbauRG, § 873 BGB), zumal da zur Veräußerung des Erbbaurechts die Zustimmung des Grundstückseigentümers gemäß § 5 Abs. 1 ErbbauRG (falls dies ein Dritter ist) erforderlich sein kann, zur Grundstücksübertragung dagegen nicht. Würde also zB zur Übertragung des Erbbaurechts die Zustimmung verweigert, würde damit entweder mittelbar auch die Auflassung unwirksam (bei Anwendung von § 139 BGB) oder würde die Vereinigung unwirksam, obwohl diese nur durch eine besondere Teilung aufgehoben werden kann. Bei einer Vereinigung nach § 890 Abs. 1 BGB kann nur die Vereinigung von Grundstück und Erbbaurecht einheitlich belastet werden, eine Einzelbelastung ist grundsätzlich nicht mehr möglich. Bei der Belastung des Erbbaurechts kann wieder eine Zustimmungspflicht nach § 5 Abs. 2 ErbbauRG vereinbart sein, so dass bei deren Versagung eine Belastung von vereinigtem Grundstück und Erbbaurecht nicht mehr möglich wäre. Schon hieraus ergibt sich, dass eben **nicht gleichartige Elemente vereinigt werden,** sondern verschiedenartige. Andernfalls würde ein neuer Rechtstyp entstehen, was durch den numerus clausus der Sachenrechte ausgeschlossen ist; dies wird durch die Ausnahmevorschrift des § 35 Abs. 2 SachenRBerG bestätigt.

5.180 **cc) Ausschluss wegen Anwendbarkeit der Rechtsvorschriften.** Wie unter RdNr. 1.30 festgestellt, gelten aber für das Erbbaurecht in den sein unmittelbares rechtliches Schicksal betreffenden Fragen der Entstehung, Übertragung, Änderung und des Erlöschens die **Rechtsvorschriften** und nicht die Grundstücksvorschriften; das Gleiche gilt für die Teilung. Die Vereinigung ist aber ihrem Wesen nach diesen Vorgängen, insbesondere der Teilung ähnlich, so dass deswegen hier die Rechtsvorschriften anwendbar sind und nicht die Grundstücksvorschriften, somit auch nicht § 890 BGB. Ferner würde durch derartige Vereinigungen die unzulässige **subjektiv-dingliche** Bestellung des Erbbaurechts umgangen (vgl. RdNr. 2.121).[249] Dies gilt jedoch nicht für die bloße **Zubuchung eines Miteigentumsanteils an einem dienenden Grundstück** (zB gemeinsame Zufahrt, Garagenhof für die Reihenhäuser im Erbbaurecht) im Erbbau-Grundbuch gemäß § 3 Abs. 4, 5 GBO; eine Vereinigung entsteht dadurch nicht.

c) Vereinigung von Erbbaurechten untereinander

5.181 **aa) Zulässigkeit.** Da nach hier vertretener Ansicht (RdNr. 5.180) gegen hM § 890 BGB über § 11 ErbbauRG nicht analog anwendbar ist, ist eine Vereinigung

---

[245] *Schulte* BWNotZ 1960, 137; *Palandt/Bassenge* § 11 RdNr. 5, § 890 RdNr. 2; RGRK/*Räfle* § 11 RdNr. 21; *Staudinger/Rapp* § 11 RdNr. 14.
[246] Hier ablehnend: *Meikel/Böttcher* § 6 GBO RdNr. 8; *Bauer/v. Oefele/Maaß* AT RdNr. VI 180; *Schöner/Stöber* RdNr. 1846; *Demharter* § 6 GBO RdNr. 6; DNotI-Report 2006, 112.
[247] *Kehrer* BWNotZ 1954, 86; RGRK/*Räfle* § 11 RdNr. 21; *Staudinger/Rapp* § 11 RdNr. 14; offen gelassen: BayObLG Rpfleger 1999, 327 = MittBayNot 1999, 375; *Schöner/Stöber* RdNr. 1845 u. *Bauer/v. Oefele/Maaß* AT RdNr. VI 180.
[248] Vgl. MünchKomm/*Wacke* § 890 BGB RdNr. 3; *Rapp* MittBayNot 1999, 376.
[249] Wie hier *Staudinger/Gursky* § 890 RdNr. 15; MünchKomm § 11 RdNr. 33.

von Erbbaurechten untereinander nur im Wege der **Inhaltsänderung** der bisherigen Erbbaurechte möglich. Diese ist nur insoweit begrifflich möglich und zulässig, als sich aus dem Rechtscharakter nichts anderes ergibt. Zulässig ist daher eine Vereinigung von Erbbaurechten nur, wenn auch ein **einheitlicher Rechtsinhalt** entsteht.[250] Ein einheitlicher Rechtsinhalt setzt vor allem eine einheitliche Dauer des Rechts, sowie einheitliche dingliche Inhaltsvereinbarungen gemäß §§ 2ff. ErbbauRG voraus. Die Baubefugnis und die Nutzungsbefugnis (§ 1 Abs. 2 ErbbauRG) müssen sich dagegen zwangsläufig auf verschiedene reale Flächen beziehen. Ferner ist § 6a GBO zu beachten, vgl. RdNr. 3.41.

bb) Durchführung. Erfolgt eine Vereinigung von Erbbaurechten ohne entsprechende Vereinigung der Grundstücke, so handelt es sich um die nachträgliche Bildung eines **Gesamterbbaurechts** (vgl. hierzu im einzelnen RdNr. 3.37 ff.). Soll dagegen ein (normales) einheitliches Erbbaurecht aus der Vereinigung entstehen, so müssen gleichzeitig die Erbbaugrundstücke vereinigt werden, so dass dann ein einheitliches Erbbaurecht am vereinigten Grundstück gebildet wird. In gleicher Weise muss bei Entstehung eines einheitlichen Rechtsinhalts auch eine Vereinigung von Erbbaurechten und (sich auf andere Flächen beziehenden) Untererbbaurechten zu einem Gesamterbbaurecht zulässig sein. Für die Durchführung gelten im Übrigen die Ausführungen zur Inhaltsänderung. Falls die bisherigen Rechtsinhalte aber so geändert werden, dass die Rechtsidentität nicht gewahrt bleibt (zB zusätzliche Baubefugnis, Verkürzung der Dauer eines Rechts), liegt dagegen Teil-Neubestellung bzw. Teil-Aufhebung vor. Der Vereinigung steht eine unterschiedliche Belastung der bisherigen Erbbaurechte mit verschiedenen Erbbauzinsreallasten wegen § 7 Abs. 2 S. 1 GBO nicht entgegen.[251] 5.182

cc) Bestandteilszu- und -abschreibung. Dementsprechend ist auch die Bestandteilszu- und -abschreibung nur durch Erbbaurechtsteilung bei Teilbarkeit (vgl. RdNr. 5.163 ff.) und nachfolgender Zuschreibung zulässig, für die dann das Gleiche gilt, wie bei der Vereinigung.[252] Andernfalls bleibt nur Teilaufhebung und Rechtsausdehnung. Eine Zustimmung dinglich Berechtigter ist hier nicht nötig.[253] 5.183

VI. Zwangsvollstreckung in das Erbbaurecht und in das Grundstück (§§ 24, 25, 8 ErbbauRG)

1. Zwangsvollstreckung in das Erbbaurecht

a) Voraussetzungen, Art der Zwangsvollstreckung. Für die Voraussetzungen der Zwangsvollstreckung gelten die allgemeinen Vorschriften. Die Vollstreckung kann aus einem dinglichen oder persönlichen Titel erfolgen. Da gemäß § 11 Abs. 1 ErbbauRG für das Erbbaurecht die Grundstücksvorschriften gelten, kommen für Vollstreckungen aus **Geldforderungen** in das Erbbaurecht gemäß § 864 Abs. 1, §§ 866, 870 ZPO drei Arten in Frage: Zwangshypothek, Zwangsversteigerung und Zwangsverwaltung;[254] diese Maßnahmen können gemäß § 866 Abs. 2 ZPO auch nebeneinander ausgeführt werden. 5.184

b) Zwangshypothek, Zwangsverwaltung. Für die Eintragung einer Zwangshypothek (Sicherungshypothek nach § 867 ZPO) gelten die allgemeinen Vorschriften. Ist eine **Zustimmungspflicht zur Belastung** mit Grundpfandrechten ge- 5.185

---

[250] Zu den Problemen bei verschiedenem Inhalt der bisherigen Erbbaurechte vgl. *Kehrer/Bühler/Tröster* § 6 Abs. 1; zu den Grundbuchfragen vgl. *Cammerer* BayNotZ 1922, 173.
[251] OLG Hamm FG Prax 2007, 62 = DNotZ 2007, 225 z. Wohn. ErbbR.
[252] Vgl. OLG Hamm NJW 1974, 280, 281.
[253] KG NJW 1969, 470; DNotI-Report 2006, 112.
[254] Vgl. OLG Hamm OLGZ 1985, 159, 160.

mäß § 5 Abs. 2 ErbbauRG vereinbart, so ist nach hM gemäß § 8 ErbbauRG zu ihrer Eintragung die Zustimmung des Grundstückseigentümers erforderlich, weil dadurch seine Rechte aus § 5 Abs. 2 ErbbauRG vereitelt werden können, vgl. RdNr. 4.270. Für die Zwangsverwaltung nach § 866 Abs. 1 ZPO gelten nur die allgemeinen Vorschriften nach §§ 146 ff. ZVG. Da sie weder Veräußerung, noch Belastung ist, kann sie nicht unter die Zustimmungspflicht gemäß § 8 ErbbauRG fallen.[255] Jedoch gilt hier gemäß **§ 24 ErbbauRG** der Grundstückseigentümer als **Beteiligter** iS § 9 ZVG. Zum Haftungsumfang vgl. RdNr. 5.147, 8.

5.186   c) **Zwangsversteigerungsverfahren.** Gemäß § 11 Abs. 1 S. 1 ErbbauRG gelten für die Zwangsversteigerung des Erbbaurechts die Bestimmungen des ZVG. Gegenstand des Zwangsversteigerungsverfahrens ist das Erbbaurecht mit seinem gesetzlichen und seinem vertraglichen Inhalt (§§ 2 ff. ErbbauRG) einschließlich seiner wesentlichen Bestandteile (§ 12 ErbbauRG); für nicht wesentliche Bestandteile oder Zubehör gilt das Gleiche wie bei einer Grundstücksversteigerung. Vereinbarungen gemäß §§ 2 ff. ErbbauRG bilden den dinglichen Inhalt des Erbbaurechts und sind keine Belastungen desselben, so dass sie nicht in das geringste Gebot fallen und für den Erwerber in gleicher Weise gelten. Zur Zwangsversteigerung aus dem Erbbauzins in das Erbbaurecht vgl. die Ausführungen RdNr. 6.213 ff. Der **Grundstückseigentümer** ist gemäß § 24 ErbbauRG **Beteiligter** im Sinne von § 9 ZVG. Dadurch wird der Schutz des Eigentümers insofern erweitert, als er **kraft Gesetzes,** also ohne besondere Anmeldungen an allen wichtigen Vorgängen des Zwangsversteigerungsverfahrens zu beteiligen ist, vgl. § 41 Abs. 1, § 105 Abs. 2, § 59 Abs. 1 und § 67 Abs. 1 ZVG. Er ist auch gemäß § 97 Abs. 1 ZVG beschwerdeberechtigt. Dies gilt auch für die **Teilungsversteigerung** gemäß § 180 Abs. 1 ZVG; diese ist auch zulässig, wenn einem Erbbauberechtigten ein ideeller Hälfteanteil frei und der andere als nicht befreitem Vorerben zusteht.[256]

5.187   Ist gemäß **§ 5 Abs. 1 ErbbauRG** eine **Zustimmungspflicht zur Veräußerung** vereinbart, so ist auch die Zustimmung zum Zuschlag erforderlich, die spätestens bei der Entscheidung über den Zuschlag vorliegen oder ersetzt werden muss (vgl. RdNr. 4.274 ff.). Das Gleiche gilt nach BGH und heute hM, wenn die Versteigerung auf Grund eines Rechts erfolgt, dem der Grundstückseigentümer gemäß § 5 Abs. 2 ErbbauRG bereits zugestimmt hatte, vgl. RdNr. 4.280. Etwas anderes gilt, wenn für diesen Fall das Zustimmungserfordernis nach § 5 Abs. 1 ErbbauRG ausgeschlossen wurde (vgl. RdNr. 4.281). Die Anordnung des Zwangsversteigerungsverfahrens bedarf dagegen noch keiner Zustimmung.[257]

5.188   d) **Rechtswirkungen des Zuschlags.** Mit Wirksamkeit des Zuschlags erwirbt der Ersteher gemäß § 11 Abs. 1 S. 1 ErbbauRG, § 90 ZVG das Erbbaurecht. Er wird mit dem Zuschlag Erbbauberechtigter und erwirbt dieses Recht mit seinem gesamten gesetzlichen und vertraglichen dinglichen Inhalt, einschließlich aller seiner wesentlichen Bestandteile, er wird also nun Bauwerkseigentümer.[258] Er erwirbt gleichzeitig Zubehör des Erbbaurechts gemäß § 55 Abs. 2, § 90 Abs. 2 ZVG, es sei denn, dieses würde einem Dritten gehören und dieser hätte seine Rechte nach § 37 Nr. 5 ZVG geltend gemacht; das Gleiche gilt für sonstige Bestandteile, Erzeugnisse und Versicherungsforderungen. War die Erbbaurechtsbestellung unwirksam, so erwirbt der Ersteher gutgläubig;[259] dies gilt nur dann nicht, wenn die Eintragung des

---

[255] Vgl. *Furtner* NJW 1966, 182, 187.
[256] BGH MittBayNot 2005, 157 mit Anm. *Wicke* = Rpfleger 2004, 721.
[257] *Muth* Rpfleger 1991, 441; aA soweit ein persönlicher Gläubiger das Verfahren betreibt wegen § 5 Abs. 2 *Reinke* Rpfleger 1990, 498.
[258] *Ruhl/Drischler/Mohrbutter* Zwangsversteigerungspraxis, Muster 50, Anhang I D; *Zeller* § 90 RdNr. 3.1.
[259] *Ruhl/Drischler/Mohrbutter* aaO Muster 50 Anm. 8; *Mohrbutter/Riedel* NJW 1957, 1500; *Stöber* § 15 RdNr. 13.14 b; vgl. RdNr. 5.75 ff.

VI. Zwangsvollstreckung in das Erbbaurecht und in das Grundstück (§§ 24, 25, 8 ErbbauRG)

Erbbaurechts im Grundbuch inhaltlich unzulässig ist, da sich daran kein gutgläubiger Erwerb anschließen kann.

Durch den Zuschlag **erlöschen** gemäß § 91 Abs. 1 ZVG die dem betreibenden Gläubiger am Erbbaurecht **nachrangigen Rechte,** außer wenn das Bestehenbleiben gemäß § 59 oder § 91 Abs. 2 ZVG vereinbart ist. Zur Möglichkeit des **Ausfalls des Erbbauzinses** in der Zwangsversteigerung des Erbbaurechts deswegen und zu Sicherungsmöglichkeiten hiergegen vgl. RdNr. 6.257ff. Der bisherige Erbbauberechtigte haftet grundsätzlich auch nicht gemäß § 326 BGB für den erloschenen Erbbauzins, insbesondere wenn der Eigentümer der Beleihung zugestimmt hatte.[260]

5.189

Schuldrechtliche Vereinbarungen gehen dagegen nicht auf den Ersteher über, gleichgültig, ob es sich um den Erbbaurechtsinhalt begleitende Vereinbarungen handelt oder um eine schuldrechtliche Anpassungsklausel zum Erbbauzins, da sie weder dinglicher Inhalt des Erbbaurechts, noch dessen Bestandteil sind. Der Grundstückseigentümer kann seine Zustimmung gemäß § 5 Abs. 1, § 8 ErbbauRG zum Zuschlag jedoch vom Eintritt in diese Bestimmungen abhängig machen, vgl. RdNr. 6.238ff.

e) **Versteigerungsfester Erbbauzins (§ 9 Abs. 3 ErbbauRG).** Der durch das **Sachenrechtsbereinigungsgesetz** neu eingefügte § 9 Abs. 3 ErbbauRG ermöglicht eine (dingliche) Inhaltsvereinbarung zum Erbbauzins, dass dieser in der Versteigerung auch auf Grund vor- oder gleichrangiger Rechte bestehen bleibt, was dann nach § 52 Abs. 2 S. 2 ZVG (neu) im Versteigerungsverfahren gilt; vgl. hierzu RdNr. 6.270ff. Da es sich um eine Gestaltungsmöglichkeit handelt, kann auch künftig ein Erbbauzins nach bisherigem Recht bestellt werden, wovon jedoch iR abzuraten ist. Für bereits eingetragenen Erbbauzins verbleibt es bei der bestehenden Rechtslage, jedoch kann der dingliche Inhalt nach § 9 Abs. 3 ErbbauRG geändert werden.

5.190

2. Zwangsversteigerung des Erbbaugrundstücks (§ 25 ErbbauRG)

Bei der Zwangsversteigerung des Erbbaugrundstücks wird wegen des gemäß § 10 Abs. 1 S. 1 ErbbauRG vorgeschriebenen ersten Ranges das Erbbaurecht idR gemäß § 44 ZVG in das geringste Gebot fallen. Aber auch wenn § 44 ZVG nicht anwendbar ist, insbesondere wegen vorgehender Belastungen gemäß § 10 Abs. 1 S. 2 ErbbauRG, zB Versteigerung auf Grund öffentlicher Lasten oder gemäß § 10 Abs. 2 ErbbauRG, bleibt das Erbbaurecht gemäß **§ 25** ErbbauRG bestehen, ebenso alle Belastungen am Erbbaurecht. Die Vorschrift ist eine Ausnahme von § 52 Abs. 1 S. 2, § 91 Abs. 1, § 92 ZVG. Somit ist das **Bestehenbleiben des Erbbaurechts** in der Zwangsversteigerung **in jedem Falle gesichert.** Durch § 10 ErbbauRG und durch § 25 ErbbauRG soll nicht nur der Erbbauberechtigte selbst geschützt werden, sondern soll die Beleihbarkeit des Erbbaurechts gefördert werden, da sich die Realberechtigten auf den Bestand des Erbbaurechts während seiner vertraglichen Dauer verlassen können. Nur gemäß § 59 Abs. 1 ZVG könnte auf Antrag eines Beteiligten das Erlöschen des Erbbaurechts beantragt werden, allerdings nur mit Zustimmung des Erbbauberechtigten selbst und aller Realberechtigten daran, so dass deren Interessen nicht beeinträchtigt werden können. Zur Anwendbarkeit von § 57 ZVG, § 566 Abs. 1 BGB vgl. OLG München WPM 1966, 639, zu einem etwaigen Zuzahlungsbetrag gemäß § 51 Abs. 2 ZVG vgl. *Helwich* Rpfleger 1989, 389, 391.

5.191

Der **dingliche Inhalt** des Erbbaurechts gilt gegenüber dem Ersteher **unverändert.** Subjektiv-dingliche Rechte, wie der Erbbauzins gehen auf ihn über. Auch hier gehen aber **schuldrechtliche Vereinbarungen,** sowohl soweit sie den dingli-

5.192

---

[260] OLG Hamburg NJW-RR 1991, 658.

chen Inhalt des Erbbaurechts ergänzen, als auch eine Anpassungsklausel zum Erbbauzins, nicht auf den Ersteher des Grundstücks kraft Gesetzes über, es sei denn, es würde hierzu eine gesonderte Vereinbarung getroffen werden.[261] Soweit derartige Vereinbarungen wirtschaftlich den Interessen des Erbbauberechtigten dienen, was bei der Anpassungsklausel idR nicht der Fall ist, zB aber bei einem schuldrechtlichen Verlängerungsrecht zum Erbbaurecht möglich wäre, muss der Erbbauberechtigte deswegen auf dingliche Sicherungen achten.

3. Arrest, Insolvenz

5.193 Zur Anwendbarkeit von § 8 ErbbauRG auf Verfügungen innerhalb der Arrestvollziehung und des Insolvenzverwalters vgl. RdNr. 4.289 ff. Nach BGH[262] ist bei einem eingetragenen Erbbaurecht der Erbbauvertrag kein Austauschvertrag, der bei Insolvenzeröffnung beiderseits noch nicht vollständig erfüllt war (§§ 55 Abs. 1 Nr. 2 Alt. 1, 103 InsO); Ansprüche auf Erbbauzinsen begründen für die Zeit nach Eröffnung des Insolvenzverfahrens keine Masseverbindlichkeiten; § 108 InsO ist auch nicht analog anwendbar. Nach BGH[263] ist ein unentgeltlicher Heimfall in der Insolvenz des Erbbauberechtigten wirksam aber anfechtbar; ein unentgeltlicher Heimfall war hier gerade für den Fall der Insolvenz vereinbart. Dies kann nicht verallgemeinert werden, insbesondere bei einem üblichen Katalog von Heimfallgründen, mit einheitlicher Rechtsfolge und/oder beim (teil-)entgeltlichen Heimfall; in derartigen Fällen besteht ein klarer wirtschaftlicher Schutzbedarf des Grundstückseigentümers.

VII. Beendigung (§§ 26 ff. ErbbauRG)

1. Erlöschensgründe

5.194 Im Normalfall wird das Erbbaurecht durch Zeitablauf beendet (§§ 27 ff. ErbbauRG, vgl. RdNr. 5.204 ff.). Es kann ferner vorher durch **rechtsgeschäftliche Aufhebung** erlöschen (§ 26 ErbbauRG, vgl. RdNr. 5.196 ff.). Ferner erlischt das Erbbaurecht durch **Verjährung** gemäß § 901 BGB, wenn es zu Unrecht gelöscht ist, oder durch **Nichteintritt** der bei Bestellung vereinbarten **aufschiebenden Bedingung** (vgl. RdNr. 2.147). Schließlich erlischt es auch durch **Enteignung,** diese kann nach §§ 86 Abs. 1 Nr. 2, 61 Abs. 1, 169 Abs. 3 Baugesetzbuch erfolgen, vgl. RdNr. 5.82 ff.; zur enteignungsrechtlichen Bewertung vgl. *Müller* NJW 1967, 1350.

5.195 Das Erbbaurecht wird dagegen **nicht beendet** durch Heimfall (§ 2 Nr. 4, §§ 32, 33 ErbbauRG), ebenso nicht durch Untergang des Bauwerks (§ 13 ErbbauRG, vgl. RdNr. 2.64), Zwangsversteigerung des Grundstücks (§ 25 ErbbauRG, vgl. RdNr. 5.191), Vereinigung von Grundstückseigentum und Erbbaurecht in einer Person, also Eigentümererbbaurecht (§ 889 BGB vgl. RdNr. 3.8 ff.).

2. Rechtsgeschäftliche Aufhebung (§ 26 ErbbauRG)

5.196 **a) Begriff, Normzweck.** Die Aufhebung des Erbbaurechts ist die rechtsgeschäftliche Beendigung des Erbbaurechts vor seinem regelmäßigen Erlöschen durch Zeitablauf. Die Aufhebung kann auch teilweise erfolgen, so zB bei Teilung des Erbbaurechts (vgl. RdNr. 5.161 ff.) oder bei Abschreibung einer vom Rechtsinhalt betroffenen Teilfläche (RdNr. 5.174) oder bei Aufhebung des Erbbaurechts hinsichtlich eines von mehreren Gebäuden oder Aufhebung der Baubefugnis bezüglich eines von

---

[261] Vgl. BGH DNotZ 1987, 360.
[262] BGH NZM 2006, 116 = Rpfleger 2006, 94.
[263] BGH DNotI-Report 2007, 111.

mehreren Gebäuden. Die **Teilaufhebung** ist aber im Übrigen von der Inhaltsänderung abzugrenzen, was im Einzelfall oft schwierig ist (vgl. RdNr. 5.154). Die maßgebliche Bestimmung gemäß § 11 Abs. 1 ErbbauRG, § 875 BGB wird durch § 26 ErbbauRG zum Schutz des Grundstückseigentümers ergänzt. Die vorzeitige Aufhebung des Erbbaurechts und damit das Erlöschen des Erbbauzinses kann seinen wirtschaftlichen Interessen widersprechen. Da für diesen Fall **Bestimmungen über die Entschädigung** des Bauwerks **fehlen**, ebenso der am Erbbaurecht dinglich Berechtigten, **müssen alle Beteiligte hier ihre Interessen vertraglich aushandeln.**

b) Durchführung

aa) **Grundgeschäft.** Das schuldrechtliche Grundgeschäft ist nach insoweit einhelliger Meinung in der Literatur[264] (Entscheidungen hierzu fehlen) wegen der Normzweckverweisung in § 11 Abs. 2 ErbbauRG auf § 311b Abs. 1 BGB **beurkundungspflichtig.** Dem ist auch zu folgen, da Warn- und Schutzfunktion, Beweis- und Gewährsfunktion hier in gleicher Weise zutreffen, wie bei der Bestellung oder Übertragung des Erbbaurechts. Die Aufhebung des Erbbaurechts ist für Grundstückseigentümer und Erbbauberechtigten wirtschaftlich gleich wichtig, wie die Bestellung bzw. Übertragung, insbesondere weil hier auch die Entschädigung für das Bauwerk ausgehandelt und festgelegt werden muss. Das gleiche gilt für eine teilweise Aufhebung. Im Regelfall werden dann in die beurkundete schuldrechtliche Aufhebungsvereinbarung auch die dinglichen Erklärungen des Erbbauberechtigten und des Grundstückseigentümers aufgenommen. Das Kausalgeschäft zur (konkreten) Aufhebung ist zu unterscheiden von der nach § 1 Abs. 4 S. 2 ErbbauRG unzulässigen Verpflichtung, das Erbbaurecht „beim Eintritt bestimmter Voraussetzungen" aufzugeben: Ersteres ist die notwendige bedingungslose Grundlage zur Durchführung eines gesetzlichen Rechtsinstituts, die das umgehende Erlöschen des Erbbaurechts bewirkt, letzteres eine Schutzvorschrift gegen ein unkalkulierbares bzw. unvorhersehbares Erlöschen während der Laufzeit. Die Abgrenzung liegt also in der (Un-)Bedingtheit; in der Absicherung dafür, dass die Löschung erst nach Zahlung erfolgt, liegt keine derartige Bedingung. Daß der Anspruch auf Aufhebung durch **Vormerkung** gesichert werden kann ist unstrittig, offen ist aber wo diese einzutragen ist: Da für den rechtlichen (Weiter-)Bestand und die Dauer des Erbbaurechts das Grundstücksgrundbuch maßgebend ist (vgl. RdNr. 5.269), sollte hier die Vormerkung eingetragen werden. Da die Aufhebung gleichzeitig eine Übertragung der Rechtsinhaberschaft sowie aller Eigentums- und sonstigen Befugnisse des Erbbaurechts bewirkt, sollte sie auch im Erbbaugrundbuch eingetragen werden. Dadurch erfolgt eine Sicherung des Grundstückseigentümers gegen vom Erbbauberechtigten vorgenommene Eintragungen nach Zahlung der Entschädigung.

5.197

bb) **Aufgabeerklärung des Erbbauberechtigten (§ 875 BGB).** Die Aufhebung des Erbbaurechts erfolgt nach § 11 Abs. 1 ErbbauRG, § 875 BGB.[265] Es ist daher die Aufgabeerklärung des Erbbauberechtigten erforderlich, die materiellrechtlich nicht formbedürftig,[266] aber idR im beurkundungsbedürftigen Grundgeschäft mitenthalten ist. Für die Aufgabeerklärung ist kein bestimmter Wortlaut vorgeschrieben, es genügt, dass der Wille zur Löschung zwecks Rechtsverzichts erkennbar ist. Sie ist eine einseitige empfangsbedürftige Willenserklärung, für die grundsätzlich die allgemeinen Vorschriften gelten; sie ist wegen Willensmängeln anfechtbar und kann auch bedingt sein,[267] wobei dann aber der Bedingungseintritt

5.198

---

[264] *Wufka* DNotZ 1986, 473, 475; *Staudinger/Rapp* § 11 RdNr. 23; *Staudinger/Wufka* § 313 BGB RdNr. 10; MünchKomm § 11 RdNr. 35.
[265] Vgl. BGH NJW 1974, 498; BayObLG DNotZ 1985, 372 u. MittBayNot 1987, 88.
[266] Vgl. MünchKomm/*Wacke* § 875 BGB RdNr. 6 u. BGH WPM 1963, 217, 218 (nicht auf das Erbbaurecht bezogen).
[267] MünchKomm/*Wacke* § 875 BGB RdNr. 8.

gemäß § 29 GBO nachzuweisen ist. Ferner ist die grundbuchrechtlich in beglaubigter Form vorzulegende **Löschungsbewilligung** (§§ 19, 29 GBO) erforderlich und der (formlose) Antrag nach § 13 GBO.

5.199   cc) **Zustimmung des Grundstückseigentümers (§ 26 ErbbauRG).** Die Zustimmung des Grundstückseigentümers gemäß § 26 ErbbauRG ist eine einseitige, abstrakte, empfangsbedürftige Willenserklärung gegenüber dem Grundbuchamt oder dem Erbbauberechtigten; sie ist mit Zugang unwiderruflich (§ 26 S. 2 ErbbauRG, § 130 Abs. 1, 3 BGB). Sie ist materiellrechtlich formlos (soweit sie nicht im formbedürftigen Grundgeschäft mitenthalten ist), jedoch gemäß § 29 GBO formbedürftig. Sie kann durch Urteil nach § 894 ZPO ersetzt werden, aber nicht nach § 7 Abs. 3 ErbbauRG;[268] diese Bestimmung ist weder dem Wortlaut nach anwendbar, da es sich um keine Veräußerung und um keine Belastung handelt, noch ihrem Sinn nach, weil § 7 Abs. 3 ErbbauRG das freie Veräußerungs- und Belastungsrecht schützen soll, während § 26 ErbbauRG gerade den Grundstückseigentümer vor einer Aufhebung gegen seinen Willen sichert.

5.200   dd) **Zustimmung der am Erbbaurecht dinglich Berechtigten (§ 876 BGB).** Gemäß § 11 Abs. 1 ErbbauRG, § 876 BGB ist die Zustimmung der am Erbbaurecht dinglich Berechtigten erforderlich. Diese ist gleichfalls materiellrechtlich formlos, aber nach § 29 GBO formbedürftig und unwiderruflich gegenüber dem Grundbuchamt oder dem Begünstigten abzugeben. Sie ist auch erforderlich bei einer (schon bestehenden) Gesamtgrundschuld am Erbbaurecht und am Erbbaugrundstück oder bei einer Vormerkung, selbst wenn gleichzeitig eine entsprechende Vormerkung am Grundstück eingetragen werden soll;[269] im ersteren Fall entfällt nämlich die Möglichkeit der alternativen Verwertung, im zweiten Fall beziehen sich die Vormerkungen auf verschiedene Gegenstände. Keine Zustimmung ist dagegen nötig, wenn gleichzeitig mit der Aufhebung eine Grundschuld oder ein Nutzungsrecht mit genau dem gleichen Rang und Inhalt am Erbbaugrundstück eingetragen werden; dann liegt keine Rechtsbeeinträchtigung vor.[270] Liegt die Zustimmung der Berechtigten vor, ist **keine besondere Löschungsbewilligung** dieser Rechte mehr erforderlich; die Löschung erfolgt von Amts wegen mit der Löschung des Erbbaurechts.[271] Erfolgt eine Löschung trotz Fehlens einer Zustimmung des dinglich Berechtigten, so ist die Erbbaurechtsaufhebung bis zur eventuellen Genehmigung schwebend unwirksam; wird dann die Nachgenehmigung verweigert, wird die Aufhebung nichtig und das Grundbuch unrichtig.[272]

5.201   Mit wirksamer Löschung erlischt das Recht und wird nicht auf das Grundstück übertragen. Das Bauwerk haftet gemäß § 12 Abs. 3 ErbbauRG nicht mehr, ebenso nicht mehr eine etwa vereinbarte Entschädigung für das Bauwerk, da §§ 27 ff. ErbbauRG hier nicht gelten und § 29 ErbbauRG ausdrücklich das Erlöschen durch Zeitablauf voraussetzt. Deswegen wird der Gläubiger idR eine **Abfindung** für sein Recht **Zug um Zug gegen Zustimmung** verlangen. Eine „Übertragung" der Belastungen des Erbbaurechts auf das Grundstück ist nur bei dessen Pfandunterstellung vor Aufhebung des Erbbaurechts oder durch Neubestellung danach möglich.[273]

5.202   ee) **Eintragung (§ 875 BGB, § 16 ErbbauRG).** Gemäß § 11 Abs. 1 ErbbauRG, § 875 BGB ist ferner die Eintragung der Löschung im Grundbuch er-

---

[268] LG Bochum NJW 1969, 1673.
[269] OLG München HRR 1942, Nr. 538; BayObLG MittBayNot 1987, 88.
[270] LG Bayreuth MittBayNot 1997, 39; LG Krefeld Rpfleger 1998, 284; aus BayObLG Rpfleger 1987, 156 (obiter dictum); *Bauer/v. Oefele/Kössinger* § 19 RdNr. 260.
[271] BayObLG DNotZ 1985, 372; DNotI-Report 2000, 157.
[272] Vgl. MünchKomm/*Wacke* § 876 BGB RdNr. 13a.
[273] BayObLG DNotZ 1985, 372.

forderlich, wofür die Löschung im Grundstücks-Grundbuch maßgebend ist, da dieses für den rechtlichen Weiterbestand des Erbbaurechts konstitutiv ist (vgl. RdNr. 5.268). Gemäß **§ 16 ErbbauRG** wird dann das Erbbau-Grundbuch von Amts wegen geschlossen. § 16 ErbbauRG ist jedoch eine reine **Ordnungsvorschrift**. Wird gegen § 16 ErbbauRG versehentlich verstoßen, hat dies keine materiellrechtlichen Wirkungen, da für das Bestehen des Erbbaurechts nur das Grundstücks-Grundbuch maßgebend ist. Zur Durchführung der Löschung vgl. §§ 34 ff., § 54, § 56 Abs. 6 GBVfg.

c) Rechtswirkungen. Zu den Rechtswirkungen auf das Bauwerk des Erbbauberechtigten sowie sonstige Bestandteile (§ 12 Abs. 3 ErbbauRG) und zum Ausschluss des Wegnahmerechts gemäß § 34 ErbbauRG vgl. RdNr. 5.254 ff. Zu den Auswirkungen auf Miet- oder Pachtverträge (§ 30 ErbbauRG, vgl. RdNr. 5.259 ff.). Die Auswirkungen auf die dinglichen Rechte am Erbbaurecht sind schon unter RdNr. 5.200, 201 behandelt. Gesetzliche Regelungen über eine **Entschädigung für das Bauwerk** fehlen hier, da §§ 27 bis 29 ErbbauRG nach deren ausdrücklichem Wortlaut nicht anwendbar sind. Den Beteiligten verbleibt hierzu also nur eine vertragliche Vereinbarung im Grundgeschäft. Der Grundstückseigentümer kann sich hier gegen eine überhöhte Forderung des Erbbauberechtigten durch Verweigerung der Zustimmung schützen, der Erbbauberechtigte im Gegenzug dadurch, dass er bei unangemessenem Angebot die Aufgabeerklärung nicht abgibt.

5.203

3. Erlöschen durch Zeitablauf (§§ 27, 28 ErbbauRG)

a) Voraussetzungen des Erlöschens, Vollzug im Grundbuch

aa) Materielle Rechtsfolgen. Das Erbbaurecht erlischt mit dem vereinbarten Zeitablauf (vgl. hierzu RdNr. 2.141 ff.) von selbst. Diese Rechtsfolge tritt materiellrechtlich unabhängig von irgendwelchen Erklärungen der Beteiligten ein. Das Grundbuch wird dadurch unrichtig. Gleichzeitig tritt jedoch materiellrechtlich eine **doppelte dingliche Surrogation** kraft Gesetzes ein: An die Stelle des Bauwerkseigentums tritt die Entschädigung gemäß §§ 27, 28 ErbbauRG, die wiederum den Realberechtigten iS § 29 ErbbauRG statt des erloschenen Erbbaurechts haftet; da dies gleichfalls dingliche Rechte sind, wird auch insoweit das Grundbuch unrichtig.

5.204

bb) Löschungsvoraussetzung zum Erbbaurecht. Was das Erbbaurecht ohne die vorgenannte doppelte Surrogation anbelangt, könnte dessen Löschung nach §§ 24, 22 Abs. 1 GBO erfolgen, soweit die Zeitdauer eindeutig bestimmt ist. Liegt der Zeitablauf aber nicht eindeutig datumsmäßig fest, so kann die Berichtigung nach § 894 BGB erfolgen.

5.205

cc) Berücksichtigung der doppelten Surrogation. Wie hier jedoch die doppelte dingliche Surrogation sich auswirkt, ist weitgehend strittig, vgl. zur Berücksichtigung des Entschädigungsanspruchs RdNr. 5.239 und zur Berücksichtigung der Rechte der Realberechtigten iS § 29 ErbbauRG RdNr. 5.248. Nach der dort begründeten hier vertretenen Ansicht ist die Unrichtigkeit des Grundbuches für das Erlöschen des Erbbaurechts und die Eintragung der Rechte kraft Surrogation eine einheitliche, so dass die Grundbuchberichtigung nur in einer einheitlichen Löschung des Erbbaurechts und gleichzeitiger Eintragung der Entschädigungsforderung sowie der Rechte der Realberechtigten iS § 29 ErbbauRG gleichzeitig erfolgen kann. Für die **Entschädigungsforderung** ergibt sich daher: Die Berichtigung iS § 22 Abs. 1 GBO ist nur zulässig, wenn entweder der Entschädigungsanspruch vollständig ausgeschlossen oder in der Erbbaurechtsbestellung der Höhe nach genau (ziffernmäßig) festgelegt ist;[274] ist dies nicht der Fall, muss die

5.206

---

[274] *Ingenstau/Hustedt* § 27 RdNr. 1; RGRK/*Räfle* § 27 RdNr. 1.

Berichtigung nach § 894 BGB erfolgen, so dass eine Berichtigungsbewilligung des Erbbauberechtigten und des Grundstückseigentümers nach §§ 19, 29 GBO erforderlich ist, in der die Höhe der Entschädigungsforderung beiderseits festgelegt wird. Für die **Realberechtigten iS § 29 ErbbauRG** an der Entschädigungsforderung kann die Berichtigung nach § 22 GBO erfolgen bei nachweislicher Höhe der Rechte iS § 29 GBO, sonst nur mit Zustimmung (§ 894 BGB, §§ 19, 29 GBO). Eine weitere Zustimmung der Realberechtigten ist nach hier vertretener Ansicht dann nicht mehr nötig, str. Der Meinungsstand, die Begründung dieser Ansicht sowie die Auswirkungen sind jeweils unten dargelegt. Zur Schließung des Erbbaugrundbuchs gemäß § 16 ErbbauRG und zur Durchführung der Löschung im **Grundbuch** vgl. RdNr. 5.202. Ist ein Recht auf Erneuerung gemäß § 2 Nr. 6 ErbbauRG vereinbart, so ist nun gemäß § 31 Abs. 4 ErbbauRG von Amts wegen eine Vormerkung einzutragen.

b) Der gesetzliche Entschädigungsanspruch (§ 27 Abs. 1 S. 1 ErbbauRG)

5.207   aa) **Normzweck.** Da anders als bei rechtsgeschäftlichen Aufhebungen beim Erlöschen durch Zeitablauf der Verlust des Bauwerkseigentums kraft Gesetzes eintritt (§ 12 Abs. 3 ErbbauRG), schafft das Gesetz im Wege der **Surrogation einen wirtschaftlichen Ausgleich** durch den gesetzlichen Entschädigungsanspruch gemäß §§ 27, 28 ErbbauRG. Dadurch soll der Erbbauberechtigte zur ordnungsgemäßen Instandhaltung des Bauwerks auch gegen Ende seines Rechts angehalten werden, so dass der Grundstückseigentümer nach Erlöschen ein verwertbares Bauwerk erhält. Anders als bei der Konstruktion des § 2 ErbbauRG wird hier ein gesetzlicher Entschädigungsanspruch festgelegt und dessen Abdingbarkeit durch dingliche Inhaltsvereinbarung (§ 27 Abs. 1 S. 2 ErbbauRG) zugelassen, allerdings mit der Schranke von § 27 Abs. 2 ErbbauRG.

5.208   bb) **Bei Bestehen des Erbbaurechts.** Solange das Erbbaurecht besteht, gehört der Entschädigungsanspruch zu dessen dinglichem Inhalt und ist durch das Erlöschen aufschiebend bedingt.[275] Nach *Ingenstau/Hustedt*[276] entsteht er dagegen erst mit Erlöschen des Erbbaurechts; dies ist jedoch abzulehnen, da schon während der Laufzeit des Erbbaurechts der durch das Erlöschen bedingte Entschädigungsanspruch zum dinglichen Inhalt gehört und dessen Ausgestaltung und Wert beeinflusst. Als wesentlicher Teil des Erbbaurechtsinhalts ist der Anspruch jedoch **noch nicht sonderrechtsfähig** und kann noch nicht abgetreten werden, was **§ 27 Abs. 4 ErbbauRG** auch klarstellt; er ist folglich auch nicht pfändbar (§ 851 Abs. 1 ZPO) und nicht verpfändbar (§ 1274 Abs. 2 BGB). Ein **Verzicht** des Erbbauberechtigten auf diesen Anspruch oder dessen Einengung oder Erweiterung ist hier nur möglich als Inhaltsänderung des Erbbaurechts (zu den Voraussetzungen und zur Durchführung vgl. RdNr. 5.150 ff.). Gemäß §§ 877, 876 BGB ist die Zustimmung der Gläubiger hierzu erforderlich, und zwar bei einem Ausschluss oder bei einer Einschränkung des Entschädigungsanspruchs, die der am Erbbaurecht dinglich Berechtigten und bei einer Erweiterung die der am Grundstück dinglich Berechtigten.

5.209   cc) **Wesen nach Erlöschen des Erbbaurechts.** Mit dem Erlöschen des Erbbaurechts durch Zeitablauf ist der gesetzliche Entschädigungsanspruch **fällig** und tritt gleichzeitig im Wege der **Surrogation** an die Stelle des Erbbaurechts, wirtschaftlich an die Stelle des nun verlorenen Bauwerkseigentums (§ 12 Abs. 3 ErbbauRG). Für die Fälligkeit ist maßgebend das materiellrechtliche Erlöschen des Erbbaurechts, nicht dagegen die Löschung im Grundbuch. Der Entschädigungsanspruch ist nun ein selbständiges, abtretbares, verpfändbares und pfändbares Recht; vgl. hierzu, zur Rechtsnatur und zur Eintragung RdNr. 5.236 ff.

---

[275] MünchKomm § 27 RdNr. 3; RGRK/*Räfle* § 27 RdNr. 3.
[276] § 27 RdNr. 11.

VII. Beendigung (§§ 26 ff. ErbbauRG)

dd) Berechtigter, Verpflichteter. Entschädigungsberechtigt ist der Erbbauberechtigte zurzeit des Erlöschens, gleichgültig ob er das Bauwerk selbst errichtet hat oder nicht, da er in jedem Falle dessen Eigentümer geworden ist (vgl. RdNr. 2.38 ff.); maßgebend ist aber, dass der Erbbauberechtigte **Bauwerkseigentum erhalten hatte,** was nach hier vertretener Ansicht nur der Fall ist, wenn das Bauwerk bestimmungsgemäß (also entsprechend der Erbbaurechtsbestellung) errichtet wurde (vgl. RdNr. 2.42).

5.210

Entschädigungsverpflichtet ist der Grundstückseigentümer zum Zeitpunkt des Erlöschens. Gemäß § 27 Abs. 1 ErbbauRG haftet er persönlich, gemäß § 28 ErbbauRG haftet auch das Erbbaugrundstück. Zur Sicherung des Erbbauberechtigten durch gleichzeitige Eintragung der Entschädigungsforderung bei der Löschung des Erbbaurechts vgl. RdNr. 5.239 ff. Nach RGRK/*Räfle*[277] hat er ein Zurückbehaltungsrecht am Bauwerk. Dies erscheint zu weitgehend, da es gemäß § 273 Abs. 2 BGB nur bei einem fälligen Anspruch wegen Verwendungen des Erbbauberechtigten oder einem vom Grundstückseigentümer verursachten Schaden bestehen würde. Darunter kann aber kaum der durch Surrogation entstehende gesetzliche Entschädigungsanspruch verstanden werden, der eine Sonderregelung beinhaltet.

5.211

ee) Höhe. Zur Höhe ist nur in § 27 Abs. 2 ErbbauRG als Schranke für den dinglich vereinbarten Entschädigungsanspruch bestimmt, dass vom „gemeinen Wert" des Bauwerks auszugehen ist. Dies gilt nach einhelliger Meinung auch für den gesetzlichen Entschädigungsanspruch.[278] Unter „gemeiner Wert" ist nach BGH[279, 280] der reale Wert des Bauwerks, also dessen **Verkehrswert** zu verstehen. Hierfür gelten die allgemeinen Grundsätze, insbesondere kann die Wertermittlungsverordnung (Fassung vom 15. 8. 1972 BGBl. I 1417) angewandt werden;[280] es liegt danach im tatrichterlichen Ermessen, ob das Vergleichswert-, Ertragswert- oder Sachwertverfahren angewandt wird. So kann bei einem Geschäftshaus der Ertragswert[281] und beim Einfamilienhaus der Sachwert vorwiegend verwendet werden. Wenn der Grundstückseigentümer das Bauwerk wegen dessen Eigenart erst nach Um- oder Ausbauarbeiten nutzen kann, so kann vom Sachwert (Herstellungswert unter Abzug lediglich der abnutzungsbedingten Wertminderung, § 17 WertermittlungsVO) dann noch einen weiteren Abschlag wegen der Um- und Ausbauarbeiten geboten sein (vgl. § 18 Nr. 4, § 19 WertermittlungsVO).[280] Nach dem Gesetzeswortlaut bezieht sich die Entschädigung nur auf das bzw. die Bauwerke mit deren Bestandteilen, nicht dagegen auf sonstige Bestandteile, wie Pflanzen.

5.212

c) Der dinglich vereinbarte Entschädigungsanspruch (§ 27 Abs. 1 S. 2, Abs. 2 ErbbauRG)

aa) Rechtsnatur. Gemäß § 27 Abs. 1 S. 2 ErbbauRG können Vereinbarungen über die Entschädigung getroffen werden. Diese sind Teil des **vertraglichen dinglichen Inhalts des Erbbaurechts,** zusätzlich zu Vereinbarungen gemäß §§ 2 ff. ErbbauRG. Diese Vereinbarungen haben also die gleiche Rechtsnatur, die gleichen Voraussetzungen und Wirkungen, wie andere Vereinbarungen gemäß §§ 2 ff., vgl. RdNr. 4.13 ff. Derartige Vereinbarungen können daher von Anfang an als dinglicher Inhalt des Erbbaurechts vereinbart werden oder später im Wege der dinglichen Inhaltsänderung eingeführt, abgeändert oder aufgehoben werden, vgl. hierzu und zur

5.213

---

[277] § 27 RdNr. 5.
[278] BGH NJW 1981, 1045; *Ingenstau/Hustedt* § 27 RdNr. 8; MünchKomm § 27 RdNr. 6; RGRK/*Räfle* § 27 RdNr. 6.
[279] DB 1975, 685 = WPM 1975, 256.
[280] BGH NJW 1981, 1045.
[281] Vgl. BGH NJW 1970, 2018.

Zustimmung von Realgläubigern RdNr. 5.150 ff. Im Übrigen gilt für die Fälligkeit sowie die Verfügung hierüber das Gleiche wie beim gesetzlichen Entschädigungsanspruch.

5.214 **bb) Regelungsspielraum.** Nach dem Gesetzeswortlaut können sich die Vereinbarungen auf die Höhe der Entschädigung, die Art ihrer Zahlung sowie ihre Ausschließung beziehen. Es kann also die **Höhe** des Anspruchs mit dinglicher Wirkung festgelegt werden, so zB ein fester Betrag (ev. mit Wertsicherung durch Leistungsvorbehalt) oder die Art der Wertermittlung (zB nur Sachwert- oder nur Ertragswertverfahren, Schätzung durch Sachverständige) und/oder der zu entschädigende Wertanteil (zB zwei Drittel des Wertes). Ebenso kann der Entschädigungsanspruch **vollständig ausgeschlossen** werden, wobei die Auswirkungen auf die Interessen des Erbbauberechtigten, aber auch des Grundstückseigentümers (kein Interesse des Erbbauberechtigten an der Bauwerkserhaltung) berücksichtigt werden sollten. Als Vereinbarung über die **Zahlungsart** können zB Ratenzahlungen oder eine hinausgeschobene Fälligkeit festgelegt werden. Soweit der Anspruch aber danach noch nicht fällig ist, kann er gemäß § 27 Abs. 4 ErbbauRG auch nicht abgetreten werden. Im übrigen gilt für den dinglich vereinbarten Entschädigungsanspruch das Gleiche wie beim gesetzlichen.

5.215 **cc) Gesetzliche Schranke (§ 27 Abs. 2 ErbbauRG).** § 27 Abs. 2 ErbbauRG schränkt den dinglichen Regelungsspielraum ein: Bei Erbbaurechten, die „zur Befriedigung des Wohnbedürfnisses **minderbemittelter Bevölkerungskreise** bestellt" sind, muss die Entschädigung mindestens zwei Drittel des gemeinen Wertes betragen. Aus dem Gesetzeswortlaut ergibt sich, dass maßgebend die **Zielsetzung bei der Erbbaurechtsbestellung** ist, nicht wie die Nutzung dann während der Erbbaurechtsdauer tatsächlich erfolgt ist. Wird das Erbbaurecht zum Bau eines Geschäftshauses bestellt, aber dann tatsächlich zu Wohnzwecken Minderbemittelter verwendet, ist § 27 Abs. 2 ErbbauRG nicht anwendbar; aus der Zustimmung des Grundstückseigentümers zu einer solchen Nutzungsänderung kann nicht auf einen Verzicht auf die dingliche Entschädigungsvereinbarung geschlossen werden, da dieser nur durch Inhaltsänderung möglich wäre.

5.216 Der **Anwendungsbereich** kann also neben dem Vertragswortlaut nur aus den tatsächlichen Umständen bei der Erbbaurechtsbestellung, insbesondere aus den jeweiligen Einkommensschichtungen ermittelt werden, was aber vom Grundbuchamt nicht überprüft werden kann.[282] Unerheblich ist, ob der Erbbauberechtigte selbst unter den begünstigten Personenkreis fällt, oder die vorgesehenen Mieter,[282] da nur der Nutzungszweck entscheidet. Sind die Wohnungen gemäß § 7 WoBauG steuerbegünstigt[283] oder werden die Einkommensgrenzen des 2. WoBauG nicht überschritten,[282] so sind derartige Festlegungen für die Annahme „minderbemittelter Bevölkerungskreise" nicht bindend, können aber als Bewertungshilfe dafür zu verstehen sein. Für die Ermittlung des **„gemeinen Wertes"** gilt das Gleiche, wie beim gesetzlichen Entschädigungsanspruch, vgl. RdNr. 5.212.

5.217 Gemäß **§ 27 Abs. 2 S. 2 ErbbauRG** kann sich der Grundstückseigentümer auf eine **abweichende** (dingliche oder nur schuldrechtliche) **Vereinbarung nicht berufen.** Aus der Formulierung (wie in § 1 Abs. 4 S. 2, § 32 Abs. 2 S. 2 ErbbauRG) ist zu schließen, dass nur die entgegenstehende Vereinbarung unwirksam ist, nicht dagegen die übrige Erbbaurechtsbestellung, also § 139 BGB insoweit ausgeschlossen ist. Ob die entgegenstehende Vereinbarung absolut unwirksam ist[284] oder nur im Verhältnis zum Erbbauberechtigten und zu den Realgläubigern gemäß

---

[282] KG OLGZ 1981, 265 = Rpfleger 1981, 108.
[283] LG Frankfurt DNotZ 1969, 299.
[284] KG OLGZ 1981, 265 = Rpfleger 1981, 108; *Ingenstau/Hustedt* § 27 RdNr. 10; RGRK/*Räfle* § 27 RdNr. 11.

§ 29 ErbbauRG,[285] ist praktisch nicht sehr bedeutsam, dürfte aber wegen der gleichen Gesetzessprache, wie bei den anderen vorgenannten Fällen im Sinne einer absoluten Unwirksamkeit zu entscheiden sein. Strittig ist auch der Fall, dass der Entschädigungsanspruch des Erbbauberechtigten ausgeschlossen wird, weil das **Bauwerk vom Grundstückseigentümer selbst errichtet** wurde und der Erbbauberechtigte hierfür keine Entschädigung, auch nicht in der Form eines auf das Bauwerk bezogenen Erbbauzinses erhalten hat; obwohl der Fall dem Wortlaut nach auch von § 27 Abs. 2 ErbbauRG ausgeschlossen ist, kann dies nach dem Normzweck nicht gelten, da der Grundstückseigentümer bei einer Erbbaurechtsbestellung mit sozialer Zielsetzung geschützt werden soll, der Schutz hier aber gegenstandslos wäre.[286]

dd) Abweichende schuldrechtliche Vereinbarungen. Gemäß § 27 Abs. 2 ErbbauRG sind auch schuldrechtliche Vereinbarungen unter der Zwei-Drittel-Wertgrenze bei Erbbaurechten zugunsten minderbemittelter Bevölkerungskreise ausgeschlossen. Nach OLG Hamm[287] können die Parteien im Erbbaurechtsvertrag nicht mit dinglicher Wirkung vereinbaren, dass der Grundstückseigentümer das **Grundstück an den Erbbauberechtigten verkaufen muss,** falls er mit Ablauf des Erbbaurechts die ihm obliegende Entschädigung nicht zahlen kann oder will. § 27 Abs. 1 S. 2 ErbbauRG sieht eine derartige Vereinbarung nicht vor, sondern gibt hierfür nur die Möglichkeit der Verlängerung des Erbbaurechts. Aber auch ein Ankaufsrecht nach § 2 Nr. 7 ErbbauRG ist nicht möglich, da Vereinbarungen nach § 2 ErbbauRG ihrem Wesen nach nur während der Dauer des Erbbaurechts gelten (außer §§ 27, 31 ErbbauRG) während hier das Ankaufsrecht erst nach Ablauf des Erbbaurechts entstehen würde. Es kann jedoch hierzu ein schuldrechtliches Ankaufsrecht vereinbart und durch Vormerkung gesichert werden.

5.218

RGRK/*Räfle*[288] will darüber hinaus schuldrechtliche Vereinbarungen über die **Höhe der Entschädigung** (soweit sie nicht gegen § 27 Abs. 2 ErbbauRG verstoßen) zulassen und bei Bestimmbarkeit durch Vormerkung sichern; dem sollte nicht gefolgt werden, da ein dingliches Recht nur durch die dafür maßgeblichen Bestimmungen nach § 27 Abs. 1 S. 2 ErbbauRG abgeändert oder aufgehoben werden kann und da der Anspruch nicht vormerkbar ist, solange er sich nicht auf eine dingliche Inhaltsänderung bezieht.

5.219

d) Abwendung der Entschädigung durch Verlängerung (§ 27 Abs. 3 ErbbauRG)

aa) Normzweck. § 27 Abs. 3 ErbbauRG enthält ein **Schutzrecht für den Grundstückseigentümer.** Nach der amtlichen Begründung soll er sich dadurch vor wirtschaftlichen Schwierigkeiten bewahren können, die sich aus der Entschädigungspflicht ergeben, namentlich bei gleichzeitigem Ablauf mehrerer vergebener Erbbaurechte. Umgekehrt hat der **Erbbauberechtigte kein Recht auf Verlängerung,** dies kann auch nicht als dinglicher Inhalt vereinbart werden. Das Vorrecht gemäß § 2 Nr. 6 ErbbauRG hat einen völlig anderen Rechtsinhalt (vgl. RdNr. 4.142 ff.) und kann leicht umgangen werden. Rechtspolitisch wäre es daher wünschenswert, wenn ein Verlängerungsrecht des Erbbauberechtigten durch dingliche Inhaltsvereinbarung begründet werden könnte.[289] Für den Erbbauberechtigten kann daher derzeit nur ein schuldrechtliches Verlängerungsrecht eingeräumt und durch Vormerkung gesichert werden. Dinglich möglich ist aber eine auto-matische

5.220

---

[285] MünchKomm § 27 RdNr. 8; *Erman/Grziwotz* § 27 RdNr. 4.
[286] Ebenso MünchKomm § 27 RdNr. 8; *Palandt/Bassenge* § 27 RdNr. 2; aA *Ingenstau/Hustedt* § 27 RdNr. 10; RGRK/*Räfle* § 27 RdNr. 11.
[287] NJW 1974, 863.
[288] § 27 RdNr. 8.
[289] Vgl. *Stahlhacke* S. 40.

Verlängerung, wenn kein Vertragsteil vor Ablauf der normalen Laufzeit widerspricht, vgl. RdNr. 2.143.

5.221 **bb) Rechtsnatur. Während der Dauer** des Erbbaurechts ist das Verlängerungsrecht des Grundstückseigentümers nach § 27 Abs. 3 ErbbauRG Teil des **gesetzlichen Inhalts** des Erbbaurechts. Es fällt daher nicht unter den vereinbarten dinglichen Inhalt iS §§ 2ff. ErbbauRG. Wird es dennoch als Teil des vertraglichen Inhalts des Erbbaurechts bestellt, handelt es sich nur um eine zulässige Wiederholung des gesetzlichen Inhalts, die aber nicht eintragungsfähig ist.

5.222 Nach allgemeiner Meinung[290] kann das Verlängerungsrecht aber entsprechend § 27 Abs. 1 S. 2 ErbbauRG **durch dingliche Inhaltsvereinbarung ausgeschlossen werden.** Dem ist zu folgen; einerseits ist das Verlängerungsrecht ein Schutzrecht des Grundstückseigentümers gegen die Entschädigungsforderung, so dass sich die dingliche Regelungsmöglichkeit hierzu nach dem Normzweck auch auf das Schutzrecht dagegen erstrecken muss. Andererseits führt die Nichtannahme des Verlängerungsangebotes zum Erlöschen der Entschädigungsforderung, so dass deren Ausschluss eine Vereinbarung hierzu beinhaltet.

5.223 Die auf Grund des Verlängerungsrechts **durchzuführende Verlängerung** des Erbbaurechts bedeutet eine **dingliche Inhaltsänderung** des (noch) bestehenden Erbbaurechts nach § 11 Abs. 1 ErbbauRG, §§ 877, 873 BGB.[291] Dem ist auch zu folgen, da das verlängerte Erbbaurecht seinem gesamten gesetzlichen und vertraglichen Inhalt nach unverändert bleibt,[292] also die gesamte Rechtsidentität mit Ausnahme der Dauer gewahrt bleibt; allerdings ist *Wufka*[293] insoweit zu folgen, als diese Inhaltsänderung wirtschaftlich einer Teil-Neubestellung nahe kommt. Die Verlängerung ist aber begrifflich nur möglich vor (materiellrechtlichem) Erlöschen des Erbbaurechts. Danach kann sie wirtschaftlich nur noch durch eine Neubestellung herbeigeführt werden.

5.224 **cc) Verlängerungsangebot.** Das Verlängerungsangebot muss sich auf die „**voraussichtliche Standdauer des Bauwerks**" beziehen. Unter diesem unbestimmten Rechtsbegriff ist nicht nur die Erhaltung der reinen Statik des Bauwerks, sondern nach der Zielsetzung dessen Nutzungsfähigkeit nach dem vereinbarten Erbbaurechtszweck zu verstehen. Maßgebend ist die entsprechende Dauer ohne über den normalen Erhaltungsaufwand hinausgehende, besonders eingreifende Reparaturen; es können daher dem Erbbauberechtigten zB nicht kostspielige Maßnahmen zur statischen Sicherung oder die vollständige Erneuerung von Bauwerksteilen, zB des kompletten Dachstuhls zugemutet werden. Im übrigen gelten hierfür Durchschnittswerte, die jedoch vom konkreten Bauzustand ausgehen müssen.

5.225 Das Verlängerungsangebot beinhaltet dann einerseits die **Ausübung** eines gesetzlichen **Gestaltungsrechts** und andererseits das **Angebot auf die Einigung** iS § 877, 873 BGB für die Inhaltsänderung. Während es für das Gestaltungsrecht ausreichen müsste, die Verlängerung für die „voraussichtliche Standdauer" anzubieten, muss die Einigung sich aber auf die konkrete Inhaltsänderung, also auf die Festlegung einer **bestimmten Zeitgrenze,** wie bei der Erbbaurechtsbestellung (vgl. RdNr. 2.141), beziehen. Da beide Erklärungen materiellrechtlich nur einheitlich angenommen werden können, muss die voraussichtliche Standdauer im Angebot

---

[290] *Ingenstau/Hustedt* § 27 RdNr. 21; *Planck/Strecker* § 27 Anm. 6c; MünchKomm § 27 RdNr. 9; RGRK/*Räfle* § 27 RdNr. 12.
[291] BGH NJW 1981, 1045; OLG Hamm Rpfleger 1966, 380; BayObLG NJW 1960, 1155; *Ingenstau/Hustedt* § 27 RdNr. 19; *Staudinger/Rapp* § 27 RdNr. 15, 17, 19; MünchKomm § 27 RdNr. 10; RGRK/*Räfle* § 27 RdNr. 15.
[292] Vgl. MünchKomm/*Wacke* § 877 RdNr. 4 m. weiter. Nachw. zu § 877.
[293] DNotZ 1986, 472, 474.

VII. Beendigung (§§ 26 ff. ErbbauRG)

in einer bestimmten Zeitgrenze dargestellt sein.[294] Nach übereinstimmender Meinung ist das Angebot (materiellrechtlich) **formfrei**.[294] Dem ist zu folgen, da weder für die Ausübung des gesetzlichen Gestaltungsrechts, noch für das Einigungsangebot materiellrechtlich eine Form vorgeschrieben ist; werden gleichzeitig sonstige Änderungen angeboten, kann sich daraus Formzwang ergeben (vgl. RdNr. 5.153).

Das Gesetz enthält keine **Frist,** bis zu dem der Grundstückseigentümer die Verlängerung spätestens angeboten haben muss; nach BGH und einheiliger Meinung[295] muss das Angebot aber jedenfalls so **zeitig erfolgen,** dass entsprechend dem Gesetzeswortlaut die Durchführung der **Verlängerung** des Erbbaurechts noch vor seinem Ablauf **möglich** ist. Es muss also nicht nur die Annahme durch den Erbbauberechtigten und die Abgabe der beiderseitigen nötigen grundbuchmäßigen Erklärungen, die etwa nötige Zustimmung dinglich Berechtigter, sondern auch der oft langwierige Grundbuchvollzug vor dem (materiellrechtlichen) Erlöschen des Erbbaurechts durchführbar sein soll. Vor allem muss dem Erbbauberechtigten eine angemessene Zeit bleiben, die Angebotsbedingungen zu prüfen. Es ist dabei Sache tatrichterlicher Beurteilung, welche Frist im Einzelfall angemessen ist; nach BGH[295] hängt es auch davon ab, ob der Erbbauberechtigte schon vorher weiß, dass ihm die Verlängerung angeboten werden wird. Da bei der Vielzahl der nötigen Elemente erhebliche Verzögerungen entstehen können, sollte die Frist eher großzügig dimensioniert sein, so dass mindestens ½–1 Jahr empfehlenswert ist. Bleibt für die Annahme des Erbbauberechtigten nur eine unangemessen kurze Frist, so gilt dafür eine angemessene. Zum Scheitern der Einigung und zum verspäteten Vollzug vgl. RdNr. 5.231 ff. 5.226

Nach Auffassung des BGH[295] kann ein Verlängerungsangebot eine gemäß § 242 BGB **unzulässige Rechtsausübung** sein, zB wenn vorher langwierige Verhandlungen über eine Verlängerung durchgeführt und letztlich gescheitert waren, Abwicklungsvereinbarungen bereits getroffen wurden und der Erbbauberechtigte bereits ein Ersatzgebäude erworben hat. 5.227

dd) Annahme, Durchführung der Verlängerung. Die Annahme ist (materiellrechtlich) formlos gültig aus den gleichen Gründen, wie beim Angebot. Mit Wirksamkeit der Annahme ist (materiellrechtlich) die Einigung über die Inhaltsänderung (§ 11 Abs. 1 ErbbauRG, §§ 877, 873 BGB) zustandegekommen; grundbuchrechtlich bedarf die Einigung gemäß § 20 GBO und die Eintragungsbewilligung gemäß § 19 GBO dann der Form des § 29 GBO. Für die Durchführung der Inhaltsänderung und die Vollzugsvoraussetzungen, insbesondere die möglicherweise nötige Zustimmung dinglich Berechtigter gilt das Gleiche, wie bei anderen Inhaltsänderungen, vgl. RdNr. 5.155 ff., allerdings ist der Vollzug nur vor dem Erlöschen möglich (vgl. RdNr. 5.231). Eine Zustimmung von dinglich Berechtigten am Erbbaurecht ist hier nicht erforderlich, da sie nicht benachteiligt werden (§§ 877, 876 BGB). 5.228

ee) Ablehnung der Verlängerung (§ 27 Abs. 3 S. 2 ErbbauRG). Lehnt der Erbbauberechtigte die angebotene Verlängerung ab, so erlischt damit gemäß § 27 Abs. 3 S. 2 ErbbauRG sein Anspruch auf Entschädigung. Die (formlose) Ablehnung kann ausdrücklich oder wie jede andere Willenserklärung konkludent erfolgen. Die Ablehnung kann auch dadurch erfolgen, dass der Erbbauberechtigte die ihm gesetzte angemessene (vgl. RdNr. 5.226) Frist zur Annahme verstreichen lässt. Das Erbbaurecht erlischt dann mit dessen Zeitablauf. 5.229

---

[294] *Ingenstau/Hustedt* § 27 RdNr. 18; *Staudinger/Rapp* § 27 RdNr. 17, 19; RGRK/*Räfle* § 27 RdNr. 14; MünchKomm § 27 RdNr. 10.
[295] BGH NJW 1981, 1045; *Ingenstau/Hustedt* § 27 RdNr. 17; *Staudinger/Rapp* u. MünchKomm, RGRK/*Räfle* je Fn. 294.

5.230　Mit dem Erlöschen der Entschädigungsforderung des Erbbauberechtigten erlischt auch das Recht der Realgläubiger auf Befriedigung daran gemäß § 29 ErbbauRG. Trotzdem ist nach hM[296] keine **Zustimmung der Realberechtigten** zur Ablehnung der Verlängerung erforderlich, da das ErbbauRG eine solche Zustimmung nicht vorsieht und sich aus dem Sinne des § 27 Abs. 3 ErbbauRG ergibt, dass die Entscheidung allein beim Erbbauberechtigten liegen soll. Dies erscheint jedoch fraglich. Das Erbbaurecht haftet mit seinem gesamten Inhalt und seinen Bestandteilen den Realgläubigern. Der Anspruch auf Entschädigung ist bis zum Erlöschen des Erbbaurechts Teil des gesetzlichen Inhalts bzw. des dinglich vereinbarten Inhalts (§ 27 Abs. 1 S. 2 ErbbauRG) und ist noch nicht sonderrechtsfähig (§ 27 Abs. 4 ErbbauRG). Die Ablehnung ist zwar keine dingliche Inhaltsänderung, **bewirkt aber kraft Gesetzes eine Änderung des Inhalts des Erbbaurechts,** so dass der Rechtsgedanke von § 11 Abs. 1 ErbbauRG, §§ 877, 876 BGB herangezogen werden kann, ebenso kann der Rechtsgedanke von § 1128 BGB herangezogen werden, da beim Brand die Versicherungsforderung der wirtschaftliche Ersatz für das Bauwerk ist, während hier der Entschädigungsanspruch das Surrogat für das Grundpfandrecht bzw. die Reallast gemäß § 29 ErbbauRG darstellt. Da dem Realgläubiger nicht ohne seine Zustimmung seine Haftungsgrundlage entzogen werden sollte, sollten §§ 877, 876 BGB hier analog angewandt werden.

5.231　**ff) Scheitern der Einigung, Verspäteter Vollzug.** Scheitert die Einigung oder wird sie vor Eintritt der Bindungswirkung nach § 873 Abs. 2 BGB widerrufen oder erfolgt der Vollzug nicht vor (materiellrechtlichem) Erlöschen, so kommt die Verlängerung nicht wirksam zustande (§ 11 Abs. 1 ErbbauRG, §§ 877, 873 BGB). Dies gilt auch, wenn eine wirksame Einigung über die Verlängerung vor Fristablauf dem Grundbuchamt vorgelegt, aber nicht mehr vollzogen wird. Die Bindungswirkung nach § 878 BGB gilt nur für die Verfügungsbefugnis über das Erbbaurecht, nicht für dessen Bestehen; die elementare Bedeutung des Erlöschens und des Eigentumsübergangs am Bauwerk sprechen gegen eine Analogie. Nach Erlöschen ist kraft Gesetzes der Entschädigungsanspruch entstanden, der nicht mehr durch Inhaltsänderung in ein Erbbaurecht zurückverwandelt werden kann. Problematisch sind nun die **Folgen für Entschädigungsanspruch:** Bei Ablehnung oder fruchtlosem Fristablauf der vom Grundstückseigentümer für die Annahme gesetzten angemessenen (vgl. RdNr. 5.226) Frist, tritt das Erlöschen gemäß § 27 Abs. 3 S. 2 ErbbauRG ein. Hat der Grundstückseigentümer für die Annahme durch den Erbbauberechtigten eine unangemessen kurze Frist gesetzt, so kann der Erbbauberechtigte noch bis zum Ablauf einer angemessenen Frist annehmen, erst danach erlischt sein Anspruch. Hat der Grundstückseigentümer die Verlängerung selbst zu spät angeboten, der Erbbauberechtigte angenommen und war dann eine Eintragung vor (materiellrechtlichem) Erlöschen des Erbbaurechts nicht möglich, so gilt der ursprüngliche Entschädigungsanspruch weiter.

5.232　Sind sich die Vertragsteile über die Zeitdauer der Verlängerung nicht einig geworden, was bei dem unbestimmten Rechtsbegriff „voraussichtliche Standdauer" leicht möglich ist, so ist maßgebend, wer von der gesetzlichen Frist abgewichen ist. Dem Grundstückseigentümer ist zwar bei der Auslegung der voraussichtlichen Standdauer ein gewisser Spielraum zu belassen, weicht er jedoch davon ab, so fehlt es an der Tatbestandsvoraussetzung für das Erlöschen. Verlangt der Erbbauberechtigte seinerseits eine Abweichung, die nur als normale dingliche Inhaltsvereinbarung zulässig wäre, so liegt darin eine Ablehnung des gesetzlichen Verlängerungsrechts. Wird vor Eintritt der Bindungswirkung nach § 873 Abs. 2 BGB die Einigung widerrufen, so liegt bei Widerruf durch den Erbbauberechtigten darin

---

[296] *Ingenstau/Hustedt* § 27 RdNr. 20; *RGRK/Räfle* § 27 RdNr. 17; *Bauer/v. Oefele/Maaß* AT RdNr. VI 195.

VII. Beendigung (§§ 26 ff. ErbbauRG)

eine Ablehnung der Verlängerung und bei Widerruf durch den Grundstückseigentümer eine Rücknahme des Verlängerungsangebotes.

Eine Schadensersatzpflicht aus **culpa in contrahendo,** kommt für den Grundstückseigentümer nur in Betracht, wenn er schuldhaft das Vertrauen auf das Zustandekommen in einer wirksamen Verlängerung erweckt oder aufrechterhalten hat und den Erbbauberechtigten dadurch zu Aufwendungen veranlasst hat.[297] Allerdings bezieht sich dieser Anspruch nur auf das negative Interesse, eine Neubestellung des Erbbaurechts kann nicht nach § 325 BGB verlangt werden, da hier nur gesetzliche Gestaltungsrechte ausgeübt wurden und keine eigene schuldrechtliche Kausa besteht.[298] Wenn beide Vertragsteile diese Rechtsfolge vermeiden wollen, so können sie entweder eine schuldrechtliche Vereinbarung beifügen, dass in diesem Falle eine **Verpflichtung zur Neubestellung** des Erbbaurechts mit dem gleichen Inhalt und der neuen Dauer besteht oder für den Fall der nicht rechtzeitigen Eintragung der Verlängerung vorsorglich das **Erbbaurecht mit der neuen Dauer bestätigen.** In beiden Fällen wäre jedoch eine derartige Vereinbarung formbedürftig (vgl. RdNr. 5.16). Zur Herstellung des 1. Rangs wäre eine Löschungsbewilligung des Entschädigungsanspruchs und der dinglich Berechtigten nach § 29 ErbbauRG erforderlich, ggf. gegen eine Neubestellung (Pfanderstreckung ist nicht mehr möglich) dieser Rechte. Falls die Bindungswirkung nach § 878 BGB vor Fristablauf entstanden war, kommt eine Umdeutung der Einigung über die Verlängerung in eine über die Neubestellung in Betracht.

5.233

gg) Vertragliche Inhaltsänderungen. Daneben bleibt es den Vertragsteilen unbenommen, die Verlängerungsdauer abweichend von § 27 ErbbauRG zu regeln und gleichzeitig sonstige dingliche Inhaltsänderungen festzulegen. In diesem Falle handelt es sich um eine normale dingliche Inhaltsänderung, für die die allgemeinen Vorschriften gelten (RdNr. 5.152 ff.) und deren Grundgeschäft idR beurkundungsbedürftig ist (vgl. RdNr. 5.153).

5.234

hh) Wiederholte Verlängerung (§ 27 Abs. 3 S. 2 ErbbauRG). Nach § 27 Abs. 3 S. 2 ErbbauRG kann das Erbbaurecht wiederholt verlängert werden, also nicht nur einmal. Für die weitere Verlängerung gilt dann das Gleiche wie für die Erste. Auch diese gilt jedoch nur für die dann vorhersebare Standdauer des Bauwerks.

5.235

e) Haftung der Entschädigungsforderung (§ 28 ErbbauRG), Verfügungen

aa) Rechtsnatur. Mit dem Erlöschen des Erbbaurechts haftet gemäß § 28 ErbbauRG die Entschädigungsforderung gemäß § 27 ErbbauRG – gleichgültig ob es sich um den gesetzlichen Entschädigungsanspruch nach § 27 Abs. 1 S. 1 ErbbauRG oder den dinglich vereinbarten Entschädigungsanspruch gemäß § 27 Abs. 1 S. 2 ErbbauRG handelt – auf dem Grundstück anstelle des Erbbaurechts und mit dessen Rang. Es tritt also kraft Gesetzes eine **dingliche Surrogation** ein.

5.236

Strittig ist, ob und wie die Entschädigungsforderung eintragungsfähig ist. Nach älterer Ansicht[299] ist sie nicht eintragungsfähig und -bedürftig. Nach heute übereinstimmender Ansicht[300] ist es jedoch abzulehnen, dass ein dinglich ausgestaltetes Recht, wie es der BGH[301] bezeichnet, nach dem Gesetzeswortlaut am Grundstück lastet und einen Rang im Grundbuch hat, aber trotzdem nicht eintragungsfähig wäre. Nicht eintragungsfähige dingliche Rechte sind dem Privatrecht unbekannt,

5.237

---

[297] Vgl. BGH NJW 1975, 43 und DNotZ 1983, 621.
[298] Wie hier RGRK/*Räfle* § 27 RdNr. 15; aA *Staudinger/Rapp* § 27 RdNr. 18, für Anwendung v. § 325.
[299] *Planck* § 28 Anm. 2; *Günther* § 28 Anm. 2; *Samoje* § 28 Anm. 1.
[300] *Ingenstau/Hustedt* § 28 RdNr. 2, 4; *Staudinger/Rapp* § 28 RdNr. 1; MünchKomm § 28 RdNr. 1; RGRK/*Räfle* § 28 RdNr. 1.
[301] NJW 1976, 895.

würden dem Publizitätserfordernis und insbesondere dem öffentlichen Glauben des Grundbuches widersprechen. Zur Art des Rechts befürwortet eine Mindermeinung[302] die Eintragung als Sicherungshypothek (§§ 1184 ff. BGB) in Abteilung III des Grundbuches. Dies wird mit einer Rechtsähnlichkeit begründet, weil die Merkmale gemäß § 28 ErbbauRG der Legaldefinition der Hypothek in § 1113 BGB entsprechen. Dies ist jedoch mit hM[303] abzulehnen, weil der Charakter des Rechts völlig anders ist, so zB weil es keine Trennung von Forderung und Hypothek gibt („die Entschädigungsforderung haftet"), weil ein Großteil der Hypothekenvorschriften nicht anwendbar ist, so zB die Eigentümerhypothek, und weil der Wechsel von Abteilung II nach III nicht dem Surrogationsgedanken entspricht. Mit hM[303] handelt es sich vielmehr um ein **eintragungsfähiges dingliches Recht eigener Art** (reallastähnlich vgl. RdNr. 5.241). Dies entspricht dem Gesetzeswortlaut und dem Surrogationscharakter.

5.238   **bb) Eintragung.** Die Entschädigungsforderung als eintragungsfähiges dingliches Recht eigener Art **entsteht kraft Gesetzes** gleichzeitig mit dem (materiellrechtlichen) Erlöschen des Erbbaurechts durch Zeitablauf. Sie ist im Wege der Grundbuchberichtigung als „Entschädigungsforderung" in Abteilung II des Grundstücks-Grundbuches im Range des Erbbaurechts einzutragen.

5.239   Nach RGRK/*Räfle*[304] handelt es sich bei der Löschung des Erbbaurechts durch Zeitablauf und der Eintragung der Entschädigungsforderung um zwei getrennte Grundbuchberichtigungen, bei der jedoch der Erbbauberechtigte gegenüber der vom Grundstückseigentümer gewollten Bewilligung ein Zurückbehaltungsrecht gemäß § 273 BGB zur Durchsetzung seiner Berichtigung bezüglich der Entschädigungsforderung hat. Dem ist zwar von der Zielsetzung her zuzustimmen. Von der Konstruktion her widerspricht dies dem Surrogationscharakter. Die Entschädigungsforderung ist ein umgewandelter Rest des Erbbaurechts. Als Berichtigung darf daher nur die außerhalb des Grundbuches entstandene neue Rechtslage **gleichzeitig** eingetragen werden, nämlich **Erlöschen des Erbbaurechts und die Entschädigungsforderung.**[306] Soweit die Entschädigungsforderung nach dem Inhalt des Erbbaurechts ziffernmäßig feststeht, kann daher die Berichtigung gemäß §§ 22, 24 GBO erfolgen. Sollte dies nicht der Fall sein, kann die vorgenannte gleichzeitige Eintragung von Erlöschen und Entschädigungsforderung nur über § 894 BGB erfolgen.

5.240   Trotz des reallastähnlichen Charakters dieses Rechts geht es zu weit, die Entschädigungsforderung ohne ihre **festgelegte Höhe** einzutragen. Nicht einmal, ob sie bestimmbar ist, ist bei Vereinbarungen gemäß § 27 Abs. 1 S. 2 ErbbauRG im Hinblick auf die Einschränkung gemäß § 27 Abs. 2 ErbbauRG immer sicher; zu dem hat es beim Publizitätsprinzip des Grundbuches wenig Sinn, eine noch unbestimmte Geldforderung in das Grundbuch einzutragen, str.;[305] die Gegenansicht beruft sich darauf, dass bei einer Reallast nur Bestimmbarkeit, aber kein bestimmter Geldbetrag nötig ist. Zur gleichzeitigen Eintragung der Rechte von Realberechtigten und deren Zustimmung vgl. RdNr. 5.246 ff.

5.241   **cc) Rechtswirkungen.** Die dingliche Entschädigungsforderung erhält den Rang des ursprünglichen Erbbaurechts und ist in Abt. II in der Veränderungsspalte hierzu einzutragen.[306] Dadurch wird die Gefahr des Ausfalls bei der Zwangsverstei-

---

[302] *Staudinger/Rapp* § 28 RdNr. 1; *Soergel/Stürner* § 28 RdNr. 1; *Hönn* NJW 1970, 138.

[303] OLG Hamm NotBZ 2007, 218 L = Rpfleger 2007, 541; *Ingenstau/Hustedt* § 28 RdNr. 4; MünchKomm und RGRK/*Räfle* § 28 RdNr. 1; *Erman/Grziwotz* § 28 RdNr. 1; *Schöner/Stöber* RdNr. 1874; *Limmer* RdNr. 219.

[304] § 28 RdNr. 1, § 27 RdNr. 1.

[305] Im Ergebnis ebenso RGRK/*Räfle* § 28 RdNr. 1; für unbezifferte Eintragung: OLG Hamm NotBZ 2007, 218 L = Rpfleger 2007, 541; *Bauer/v. Oefele/Maaß* AT RdNr. VI 185; *Maaß* NotBZ 2002, 389, 393; *Linde/Richter* RdNr. 249 Fn. 621.

[306] OLG Hamm NotBZ 2007, 218 L = Rpfleger 2007, 541.

gerung aus der Entschädigungsforderung für die Rechte begründet, die dem Erbbaurecht wegen § 10 ErbbauRG den Vorrang eingeräumt haben.[307] Für die **Übertragung und Pfändung** gelten die **Reallastvorschriften,** da sie von allen Rechten in Abteilung II der dinglichen Entschädigungsforderung inhaltlich am nächsten kommen.[308] Für die Übertragung gilt demnach § 873 BGB (Einigung und Eintragung), die Pfändung der Gläubiger des Erbbauberechtigten ist entsprechend § 857 Abs. 6 ZPO in Verbindung mit §§ 829, 830 Abs. 1 S. 1, 3 ZPO durch Zustellung des Pfändungsbeschlusses und Eintragung der Pfändung in das Grundbuch zu bewirken. Wegen § 29 ErbbauRG ist jedoch jede Verfügung über den Anspruch, insbesondere ein Verzicht nur mit Zustimmung der Realberechtigten zulässig, vgl. RdNr. 5.249. Die gesetzlichen Pfandrechte nach § 29 ErbbauRG haben Vorrang vor dem Pfändungsgläubiger.[309] Die Zwangsvollstreckung kann aus der gesamten Entschädigungsforderung erfolgen und nicht wie bei der Reallast nur wegen einzelner Leistungen (§ 1107 BGB), da gerade insoweit keine Rechtsähnlichkeit besteht. Bei der Restitution eines Entschädigungsanspruchs (§ 7 Abs. 7 S. 2 VermG, § 27 ErbbauRG) bezieht sich dieser auch auf gezogene Nutzungen.[310]

4. Sicherung von Verwertungsrechten bei Zeitablauf (§ 29 ErbbauRG)

a) Normzweck. Alle bei Zeitablauf des Erbbaurechts an diesem im Erbbaugrundbuch eingetragenen Rechte **erlöschen kraft Gesetzes mit dem Erbbaurecht selbst** (vgl. § 27 Abs. 1 S. 1 ErbbauRG). Bei Grundpfandrechten erlischt die dingliche Sicherung (nicht die gesicherte schuldrechtliche Forderung) und das Bauwerk scheidet aus der Haftung gemäß § 12 Abs. 3 ErbbauRG aus. Zwar werden sich Gläubiger dinglicher Verwertungsrechte idR vorsehen, dass ihre Forderungen vor Zeitablauf des Erbbaurechts getilgt sind; bei Mündelhypotheken soll dies durch § 20 Abs. 1 Nr. 3 ErbbauRG und bei Hypotheken von Hypothekenbanken oder privaten Versicherungsgesellschaften soll dies durch § 21 Abs. 1 Nr. 2, § 20 Abs. 1 Nr. 3 ErbbauRG gesichert werden. Bestehen aber dennoch beim Erlöschen noch dingliche Verwertungsrechte, so entstehen als Ersatz für das Erlöschen der dinglichen Sicherung und das Ausscheiden des Bauwerks aus der Haftung im Wege der dinglichen Surrogation kraft Gesetzes die Rechte gemäß § 29 ErbbauRG am Entschädigungsanspruch des § 27 ErbbauRG, und zwar gleichzeitig mit diesem. Die Konstruktion entspricht der des Art. 52 EGBGB. Es tritt also hier gleichzeitig eine **doppelte Surrogation** ein, und zwar Entschädigungsanspruch gemäß §§ 27, 28 ErbbauRG für das Erlöschen des Bauwerkseigentums und die Rechte an diesem Entschädigungsanspruch gemäß § 29 ErbbauRG für die dort genannten Realberechtigten. Damit soll die Verwertung dieser Rechte gesichert werden.

5.242

b) Berechtigte Gläubiger. Nur Gläubiger der in § 29 ErbbauRG ausdrücklich genannten Rechte (folgend „Realberechtigte" genannt) sind berechtigt. Zu den Realberechtigten gehören daher Hypotheken und Grundschulden sowie Rückstände aus Rentenschulden oder Reallasten; zu letzteren gehören auch der rückständige Erbbauzins des Grundstückseigentümers sowie rückständige Überbau- und Notwegrenten (§§ 914 Abs. 3, § 917 Abs. 2 S. 2 BGB). Vorgemerkte Ansprüche sind allenfalls dann nach § 29 ErbbauRG berechtigt, wenn sie sich auf Eintragung

5.243

---

[307] BGH WPM 1974, 429, 430.
[308] *Ingenstau/Hustedt* § 28 RdNr. 6; MünchKomm § 28 RdNr. 1; RGRK/*Räfle* § 28 RdNr. 2; *Palandt/Bassenge* § 28 RdNr. 1; aA folgerichtig wegen Annahme einer Sicherungshypothek *Staudinger/Rapp* § 28 RdNr. 1 u. *Soergel/Stürner* § 28 RdNr. 1.
[309] Zur Unanwendbarkeit von § 1290 BGB vgl. MünchKomm/*Damrau* § 1290 BGB RdNr. 5.
[310] BGH Rpfleger 2007, 386.

einer Grundschuld oder Hypothek beziehen,[311] da bei der Versteigerung auch eine Löschungsvormerkung nach § 1179 BGB oder eine Rückübertragungsvormerkung zu einer Grundschuld zu einem Anspruch auf einen Erlösanteil führen können.[312]

5.244 **c) Rechtsinhalt.** Der Inhalt der Rechte gemäß § 29 ErbbauRG ist der Gleiche wie bei Erlöschen der entsprechenden Rechte durch Zwangsversteigerung. Entsprechend §§ 91 Abs. 1, 92 ZVG[313] erhalten die gemäß § 29 ErbbauRG berechtigten Gläubiger mit dem Erlöschen ihrer Rechte am Erbbaurecht im Wege der dinglichen Surrogation **Rechte auf Befriedigung aus der Entschädigungsforderung** gemäß § 27 ErbbauRG. Die Rechtsposition des Realgläubigers ist daher so, wie wenn das Erbbaurecht zwangsversteigert, die Rechte des Gläubigers durch Zuschlag erloschen, der Grundstückseigentümer den Zuschlag erhalten und ein Versteigerungserlös bar zu bezahlen wäre. Der Grundstückseigentümer entspricht hier dem Ersteher, der Erbbauberechtigte dem Vollstreckungsschuldner und die Entschädigungsforderung nach § 27 ErbbauRG dem Erlös.

5.245 Die Gläubiger erhalten daher kein unmittelbares Forderungsrecht gegen den Grundstückseigentümer,[314] sondern der Erbbauberechtigte bleibt Gläubiger des Entschädigungsanspruchs. Das Befriedigungsrecht der Realgläubiger ist nach hM[315] einem **Pfandrecht an der Entschädigungsforderung** gleichzustellen, da auch hier eine Befriedigung aus einer Forderung erfolgen soll. Für den materiellrechtlichen Inhalt dieser Rechte (zB Hypothekenforderungen) bleiben dennoch die vor dem Erlöschen der Sicherung am Erbbaurecht gültigen Vorschriften anwendbar, nur an die Stelle der erloschenen Haftung des Erbbaurechts tritt durch Surrogation der Entschädigungsanspruch, so dass nur insoweit die Pfandrechtsvorschriften anwendbar sein können.[316] Der **Rang** der Befriedigungsrechte bestimmt sich nach §§ 10 ff. ZVG, so dass das bisherige Rangverhältnis maßgebend ist. Für Rückstände gelten § 10 Abs. 1 Nr. 4, 8 ZVG.

d) Eintragung der Rechte gemäß § 29 ErbbauRG, Löschung des Erbbaurechts

5.246 **aa) Eintragung.** Ist die Entschädigungsforderung gemäß § 28 ErbbauRG im Grundbuch eintragungsfähig (so heute allgM vgl. RdNr. 5.237), so können auch die Rechte gemäß § 29 ErbbauRG eingetragen werden (vgl. § 1274 BGB), und zwar als Vermerk bei der Entschädigungsforderung in Abteilung II des Grundstücks-Grundbuches.[317] Die Eintragung ist hier ebenso wie bei § 28 ErbbauRG nicht konstitutiv, da die Befriedigungsrechte kraft Gesetzes entstehen. Die Eintragung erfolgt im Wege der Berichtigung gemäß § 22 GBO, soweit die Höhe feststeht, bei Rückständen aus Rentenschulden oder Reallasten dagegen nach § 894 BGB, da ihre Höhe aus dem Grundbuch selbst nicht ersichtlich ist. Bei der Berichtigung nach § 894 BGB ist die Zustimmung des Grundstückseigentümers und des Erbbauberechtigten (also Bewilligung nach §§ 19, 29 GBO) erforderlich.

5.247 **bb) Zustimmung zur Löschung des Erbbaurechts.** Strittig ist, ob eine Zustimmung der Realberechtigten gemäß § 29 ErbbauRG zur Löschung des Erbbau-

---

[311] MünchKomm § 29 RdNr. 2; *Palandt/Bassenge* § 29 RdNr. 1.
[312] *Stöber* § 114 RdNr. 9.16, 9.18.
[313] Vgl. *Stöber* § 92 RdNr. 2.4.
[314] So aber *Ingenstau/Hustedt* § 29 RdNr. 4.
[315] OLG Hamm NotBZ 2007, 218 L = Rpfleger 2007, 541; *Ingenstau/Hustedt* § 29 RdNr. 6; *Staudinger/Rapp* § 29 RdNr. 5; MünchKomm § 29 RdNr. 2; RGRK/*Räfle* § 29 RdNr. 3.
[316] Vgl. *Stöber* § 92 RdNr. 3.
[317] OLG Hamm NotBZ 2007, 218 L = Rpfleger 2007, 541; *Ingenstau/Hustedt* § 29 RdNr. 8; RGRK/*Räfle* § 29 RdNr. 4; *Erman/Grziwotz* § 29 RdNr. 2.

VII. Beendigung (§§ 26 ff. ErbbauRG)

rechts erforderlich ist. OLG Hamm, *Staudinger/Rapp* und *Schöner/Stöber*[318] verlangen eine Zustimmung bis zur Erledigung des Entschädigungsanspruchs oder zu seiner Eintragung aus den Rechtsgedanken des § 130 ZVG und den Pfandrechtsvorschriften der § 1287 S. 2 BGB, § 848 Abs. 2 ZPO. § 130 ZVG ist aber hier nicht anwendbar, da unstrittig die Vorschriften des Verteilungsverfahrens für § 29 ErbbauRG nicht anwendbar sind (vgl. RdNr. 5.250). Nach anderer Ansicht[319] ist die Zustimmung entsprechend §§ 24, 23 GBO bei Löschung vor Ablauf des Sperrjahres erforderlich und nach anderer Auffassung[320] ist überhaupt keine Zustimmung nötig.

cc) Gleichzeitige Berichtigung. Nach hier vertretener Auffassung[321] muss für die Berichtigung das Gleiche gelten, wie bei der Eintragung der Entschädigungsforderung (vgl. RdNr. 5.239). Kraft Gesetzes entsteht als doppelte Surrogation mit dem Erlöschen des Erbbaurechts die dingliche Entschädigungsforderung und die gleichfalls dinglichen Rechte gemäß § 29 ErbbauRG. Da die Entschädigungsforderung somit ein Restrecht des Erbbaurechts darstellt, kann eine Berichtigung nicht nur hinsichtlich eines Teils, also des Erlöschens des Erbbaurechts erfolgen, sondern nur durch **gleichzeitige Eintragung aller Surrogationsrechte.**[322] Wenn man dieser Ansicht folgt, ist keine Zustimmung der Realberechtigten nötig, wenn deren Rechte an der Entschädigungsforderung gleichzeitig mit dieser nach § 24 GBO eingetragen werden, was nachweisliche Unrichtigkeit (feststehende Höhe) voraussetzt. Dagegen ist die Zustimmung nötig (§ 894 BGB, §§ 19, 29 GBO), soweit die Höhe der Rechte aus § 29 ErbbauRG nicht feststeht, wie zB bei Rückständen aus Rentenschulden oder Reallasten. Die hier vertretene Ansicht der einheitlichen Berichtigung durch Löschung des Erbbaurechts, Eintragung der Entschädigungsforderung und der Rechte nach § 29 ErbbauRG entspricht daher sowohl der gesetzlichen Konstruktion, als auch den wirtschaftlichen Interessen aller Beteiligten.

c) Rechtswirkungen

aa) Zustimmung der Realgläubiger zu Verfügungen. Bis zur Befriedigung der Realberechtigten nach § 29 ErbbauRG sind wegen des Pfandrechtscharakters Verfügungen des Erbbauberechtigten über den Entschädigungsanspruch, insbesondere ein Verzicht, nur mit deren Zustimmung zulässig;[323] liegt keine Zustimmung, zB bei einer Veräußerung oder Verpfändung des Entschädigungsanspruchs vor, gelten die Rechte gemäß § 29 ErbbauRG auch gegenüber dem Erwerber bzw. dem Pfandgläubiger.[323] Bei Erlöschen des Erbbaurechts haben die Realberechtigten ein klagbares Recht auf Festsetzung der Entschädigungsforderung (bei erst zu bestimmender Höhe), wenn der Erbbauberechtigte zu wenig verlangt oder dies verzögert.[324] Zum Schutz der Realgläubiger bei einer Ablehnung des Verlängerungsangebotes des Grundstückseigentümers durch den Erbbauberechtigten vgl. RdNr. 5.230.

bb) Befriedigung, Löschung. Die Befriedigung der Realberechtigten gemäß § 29 ErbbauRG erfolgt nach insoweit einhelliger Meinung[325] nicht durch ein Ver-

5.248

5.249

5.250

---

[318] OLG Hamm NotBZ 2007, 218 L = Rpfleger 2007, 541; *Staudinger/Rapp* § 29 RdNr. 10; *Schöner/Stöber* RdNr. 1882; ebenso RGRK/*Räfle* § 29 RdNr. 5; als obiter dictum OLG Celle NJW-RR 1995, 1420, 1421.
[319] *Günther* § 29 Anm. 5; KEHE/*Ertl* § 24 RdNr. 17.
[320] *Ingenstau/Hustedt* § 29 RdNr. 9; MünchKomm § 29 RdNr. 3; *Erman/Grziwotz* § 29 RdNr. 4.
[321] Ebenso *Bauer/v. Oefele/Maaß* AT RdNr. VI 188.
[322] Ebenso (mit Ausnahme der Höhe der Entschädigung) OLG Hamm NotBZ 2007, 218 L = Rpfleger 2007, 541.
[323] *Ingenstau/Hustedt* § 27 RdNr. 15; *Staudinger/Rapp* § 27 RdNr. 13; *Erman/Grziwotz* § 27 RdNr. 2.
[324] *Ingenstau/Hustedt* § 27 RdNr. 14; MünchKomm § 27 RdNr. 4.
[325] *Ingenstau/Hustedt* § 29 RdNr. 6; *Staudinger/Rapp* § 29 RdNr. 5; MünchKomm § 29 RdNr. 2; RGRK/*Räfle* § 29 RdNr. 3; *Soergel/Stürner* § 29 RdNr. 1; *Palandt/Bassenge* § 29 RdNr. 1; *Erman/Grziwotz* § 29 RdNr. 3; aA *Planck* § 29 Anm. 4.

teilungsverfahren nach §§ 105 ff. ZVG, sondern nach Maßgabe der **Pfandrechtsvorschriften** von §§ 1277, 1282 ff. BGB. Es ist daher ein Titel gegen den Erbbauberechtigten als Inhaber der Entschädigungsforderung auf Duldung der Zwangsvollstreckung in diese Forderung nötig (§§ 1277, 1282 Abs. 2 BGB); sodann muss der Realgläubiger die Entschädigungsforderung pfänden und sich an Zahlungs Statt oder zur Einziehung überweisen lassen (§§ 829, 835 ZPO); mit der Überweisung zur Einziehung darf der Realgläubiger im eigenen Namen auf Leistung an sich klagen,[326] sobald die Entschädigungsforderung fällig ist (§§ 1282, 1228 Abs. 2 BGB).

5.251   Sind **mehrere Berechtigte** gemäß § 29 ErbbauRG vorhanden, so gilt für die Einziehung § 1290 BGB, erfolgt also die Befriedigung nach Maßgabe des Rangverhältnisses nach §§ 10 ff. ZVG und verbleibt dem Erbbauberechtigten nur der Restbetrag der Entschädigungsforderung, vgl. § 1282 Abs. 1 S. 2 BGB. Der **Grundstückseigentümer** kann sich von seiner Schuld gemäß § 1281 BGB durch gemeinschaftliche Leistung oder durch Hinterlegung für alle befreien. Da mit der Zahlung die Entschädigungsforderung erlischt, kann er auch Zahlung Zug um Zug gegen **Löschungsbewilligung** zu den Rechten aus §§ 28, 29 ErbbauRG verlangen. Soweit sich die Löschungsbewilligung noch auf das ursprüngliche im Erbbaugrundbuch eingetragene Recht bezieht, so genügt sie auch für die Löschung des Surrogats nach § 29 ErbbauRG.

5.252   **cc) Erneuerung (§ 31 Abs. 5 ErbbauRG).** Soweit das Erbbaurecht nach seinem Erlöschen erneuert wird (vgl. § 2 Nr. 6 ErbbauRG), leben gemäß § 31 Abs. 5 ErbbauRG im Wege der dinglichen Surrogation noch nicht getilgte Rechte nach § 29 ErbbauRG in ihrem früheren Rang und Inhalt nach Vollzug der Erneuerung wieder auf (vgl. RdNr. 4.151).

5. Rechtswirkungen auf Bestandteile (§ 12 Abs. 3, § 34 ErbbauRG)

5.253   a) **Anwendungsbereich.** Die Rechtswirkungen gemäß § 12 Abs. 3, § 34 ErbbauRG auf das Bauwerk des Erbbauberechtigten sowie dessen sonstige Bestandteile gelten für **alle Fälle des Erlöschens** des Erbbaurechts,[327] also nicht nur für die Beendigung durch Zeitablauf, sondern auch für die Aufhebung und die sonstigen Erlöschensgründe (vgl. RdNr. 5.194). Für den Heimfall gilt § 34 ErbbauRG ebenfalls, nicht dagegen § 12 Abs. 3 ErbbauRG.

b) **Eigentumserwerb am Bauwerk, Enthaftung (§ 12 Abs. 3 ErbbauRG)**

5.254   **aa) Bauwerk, wesentliche Bestandteile.** Gemäß § 12 Abs. 3 ErbbauRG werden beim Erlöschen des Erbbaurechts (und zwar bei jedem Erlöschensgrund) die Bestandteile des Erbbaurechts Bestandteile des Grundstücks. Die Durchbrechung der Grundsätze der §§ 93, 946 BGB durch Loslösung des Eigentums am Bauwerk und dessen Zuordnung zum Erbbaurecht gemäß § 12 Abs. 1 ErbbauRG erlischt gleichzeitig mit diesem. Mit Erlöschen des Erbbaurechts erwirbt der Grundstückseigentümer demgemäß **kraft Gesetzes** (§ 12 Abs. 3 ErbbauRG) das **Eigentum am Bauwerk;** es kommt daher nicht auf den Vollzug im Grundbuch an. Das gilt für alle Bauwerke, die zum Inhalt des Erbbaurechts gehört hatten, einschließlich von Nebenbauwerken (Nebengebäude, Erschließungsanlagen als Bauwerk, vgl. RdNr. 2.76, 79), ebenso wie für Bestandteile des Bauwerks § 12 Abs. 2 ErbbauRG, § 94 Abs. 2 BGB, vom Erbbauberechtigten gepflanzte Bäume und sonstige Pflanzen (§ 12 Abs. 2 ErbbauRG, § 94 Abs. 1 S. 2 BGB, vgl. RdNr. 2.80). Bei

---

[326] Vgl. BGHZ 82, 28, 31 = NJW 1982, 173.
[327] Zu § 12 Abs. 3 vgl. hM *Ingenstau/Hustedt* § 12 RdNr. 24; *Staudinger/Rapp* § 12 RdNr. 22; *RGRK/Räfle* § 12 RdNr. 21; *Palandt/Bassenge* § 12 RdNr. 5; zu § 34 vgl. *Ingenstau/Hustedt* § 34 RdNr. 1; *Erman/Grziwotz* § 34 RdNr. 1; aA *Günther* § 34 Anm. 4, nicht für Aufhebung.

VII. Beendigung (§§ 26 ff. ErbbauRG)

Zeitablauf besteht die Entschädigungspflicht des Grundstückseigentümers gemäß §§ 27, 28 ErbbauRG (vgl. RdNr. 5.207 ff.), nicht dagegen bei Aufhebung (vgl. RdNr. 5.196). Gleichzeitig scheidet das Bauwerk sowie die sonstigen (wesentlichen) Bestandteile des Erbbaurechts wieder aus der **Haftung** für die Belastungen des Erbbaurechts aus und haftet wieder für Belastungen des Grundstücks kraft Gesetzes. Bei Zeitablauf werden die Realgläubiger am Erbbaurecht durch § 29 ErbbauRG geschützt (vgl. RdNr. 5.242), nicht dagegen bei Aufhebung (vgl. RdNr. 5.201).

bb) Nicht wesentliche Bestandteile, Zubehör. § 12 Abs. 2 ErbbauRG stellt klar, dass für das Erbbaurecht auch § 95 BGB entsprechend gilt. Scheinbestandteile iS § 95 BGB sind jedoch Ausnahmetatbestände gegenüber §§ 93, 94 BGB und begründen somit wie beim Grundstück auch hier gegenüber dem Erbbaurecht die Bestandteilseigenschaft nicht.[328] Das Gleiche gilt für sonstige nicht wesentliche Bestandteile, die gleichfalls sonderrechtsfähig sind.[329] § 12 Abs. 2 S. 2 ErbbauRG setzt dagegen die Bestandteilszuordnung zum Erbbaurecht und damit die Sonderrechtsunfähigkeit voraus. Das gleiche muss daher auch bei Erlöschen des Erbbaurechts gelten.[330] Der gegenteiligen Ansicht[331] ist nicht zu folgen, da § 12 Abs. 3 ErbbauRG nur die Bestandteilszuordnung zum Erbbaurecht bei seinem Erlöschen aufhebt und die Zuordnung zum Grundstück wieder begründet. Der Umfang kann daher hier nicht weiter sein, als die ursprüngliche Bestandteilszuordnung zum Erbbaurecht. Unstrittig bezieht sich § 12 Abs. 3 ErbbauRG nicht auf Zubehör.

5.255

cc) Grunddienstbarkeiten. Strittig ist, ob § 12 Abs. 3 ErbbauRG auch für subjektiv-dingliche Rechte zugunsten des Erbbaurechts an dritten Grundstücken gilt, insbesondere für ein Geh- und Fahrtrecht an einem Nachbargrundstück. Zwar bezieht sich § 12 Abs. 2 S. 1 ErbbauRG nicht auf § 96 BGB. Im Unterschied zu unwesentlichen Bestandteilen oder Zubehör handelt es sich jedoch bei § 96 BGB um echte wesentliche Bestandteile des Erbbaurechts, so dass nach dem Gesetzeswortlaut § 12 Abs. 3 ErbbauRG anwendbar ist. Dies entspricht auch dem Normzweck, dass der Grundstückseigentümer ein funktionsfähiges Bauwerk erhält, was bei einem Erlöschen des Zufahrtsrechts oder von sonstigen Versorgungsdienstbarkeiten am Nachbargrundstück nicht mehr der Fall wäre.[332]

5.256

dd) Gesamt-, Nachbar-, Unter- und Wohnungserbbaurecht. Zu den Folgen des Erlöschens eines Gesamterbbaurechts vgl. RdNr. 3.65, des (hier abgelehnten) Nachbarerbbaurechts vgl. RdNr. 3.82, des Untererbbaurechts vgl. RdNr. 3.35 und des Wohnungs-/Teilerbbaurechts vgl. RdNr. 3.128.

5.257

c) Ausschluss des Wegnahmerechts (§ 34 ErbbauRG). Gemäß § 34 ErbbauRG darf der Erbbauberechtigte beim Erlöschen seines Erbbaurechts das Bauwerk nicht wegnehmen oder sich Bestandteile des Bauwerks aneignen. Nach der amtlichen Begründung hierzu soll das Verbot eine zwecklose Vernichtung wirtschaftlicher Werte verhindern. Gleichzeitig soll hierdurch der Eigentumserwerb des Grundstückseigentümers gemäß § 12 Abs. 3 ErbbauRG geschützt werden. Die Wegnahme darf nach dem Normzweck auch nicht vor dem Erlöschen im Hinblick darauf erfolgen. § 34 ErbbauRG gilt aber nur für wesentliche Bestandteile des Erb-

5.258

---

[328] Vgl. MünchKomm/*Holch* § 95 BGB RdNr. 1.
[329] Vgl. MünchKomm/*Holch* § 93 BGB RdNr. 28 ff.
[330] So *Ingenstau/Hustedt* § 12 RdNr. 30; *Staudinger/Rapp* § 12 RdNr. 24, 26; *Günther* § 12 Anm. 11; MünchKomm § 12 RdNr. 10.
[331] RGRK/*Räfle* § 12 RdNr. 22.
[332] Wie hier MünchKomm § 12 RdNr. 10; *Bauer/v. Oefele/Maaß* AT RdNr. VI, 200; *Maaß* NotBZ 2002, 389; *Böttcher* Rpfleger 2004, 21, 23; wohl auch DNotI-Report 2000, 157 m. schuldrechtlichen Ersatzansprüchen; aA LG Verden NdsRpfleger 1964, 249, 250; RGRK/*Räfle* § 12 RdNr. 23; *Palandt/Bassenge* § 12 RdNr. 5 für schuldrechtl. Neubestellungsanspruch.

baurechts, nicht dagegen für sonstige Bestandteile bzw. Scheinbestandteile iS § 95 BGB und für Zubehör gemäß §§ 97, 98 BGB.[333] Der Grundstückseigentümer kann für nicht wesentliche Bestandteile und Zubehör die Wegnahme vom Grundstück verlangen. § 34 ErbbauRG ist Schutzgesetz iSv. § 823 Abs. 2 BGB. Das Wegnahmeverbot ist dinglich nicht abdingbar, nach allgemeiner Auffassung[334] jedoch mit schuldrechtlicher Wirkung. § 951 BGB ist nicht anwendbar, da §§ 27, 32 ErbbauRG lex specialis sind.[335] Der wirtschaftliche Ausgleich für das Wegnahmeverbot ist die Entschädigungsforderung des Erbbauberechtigten gemäß §§ 27 ff. ErbbauRG. Die Bestimmung gilt auch beim Heimfall.

6. Rechtswirkungen auf Miete, Pacht (§ 30 ErbbauRG)

a) Anwendungsbereich

5.259   **aa) Allgemeine Anwendbarkeit von §§ 566 ff. BGB.** Nach § 11 Abs. 1 S. 1 ErbbauRG sind auf das Erbbaurecht die Grundstücke betreffenden miet- und pachtrechtlichen Vorschriften entsprechend anwendbar (vgl. RdNr. 2.162). So gelten die §§ 566 ff., § 581 Abs. 2 BGB schon bei **Veräußerung** des Erbbaurechts und beim **Heimfall.** Bei einer Belastung des Erbbaurechts gilt § 567 BGB. Bei einer **Zwangsversteigerung** des Erbbaurechts gelten über § 11 Abs. 1 S. 1 ErbbauRG die §§ 57, 57a mit d ZVG, §§ 566 ff. BGB. Demgemäß setzt sich das Vertragsverhältnis nach § 566 Abs. 1 BGB mit dem Ersteher fort;[336] für die Kündigung gilt § 30 Abs. 2 ErbbauRG nicht. Bei einer Zwangsversteigerung des Erbbaurechts zur Aufhebung einer Gemeinschaft (§ 180 ZVG) muss der Ersteher ebenfalls in die Miet- und Pachtverträge eintreten (§ 11 Abs. 1 S. 1 ErbbauRG, §§ 183, 57 ff. ZVG), wobei das Kündigungsrecht nach § 57a ZVG gemäß § 183 ZVG nicht gilt. Im **Insolvenzverfahren** des Erbbauberechtigten hat eine freihändige Veräußerung des Erbbaurechts auf Miet- und Pachtverträge grundsätzlich die gleiche Wirkung, wie eine gewöhnliche Zwangsversteigerung (vgl. bisher § 21 Abs. 4 KO).

5.260   **bb) Anwendungsbereich bei Erlöschen.** § 30 Abs. 1 ErbbauRG **erweitert den Schutz des Mieters** bzw. Pächters durch Anwendung dieser Bestimmungen beim Erlöschen des Erbbaurechts. Wie sich aus Abs. 2 ergibt, gilt die Bestimmung für alle Fälle des Erlöschens des Erbbaurechts. Im Erbbaurechtsvertrag kann die Rechtsfolge nach § 30 ErbbauRG, §§ 566 ff. BGB **nicht abbedungen werden,** weil diese Vorschriften dem Mieter- und Pächterschutz dienen; der Ausschluss im Mietvertrag ist dagegen zulässig, außer wenn §§ 305c, 307 Abs. 2 Nr. 1 BGB entgegenstehen. Die Bestimmung gilt für alle Miet- und Pachtverträge, gleichgültig, ob sie sich auf das ganze Bauwerk, einzelne Raumeinheiten darin oder nur auf Bauwerksteile (zB Reklameflächen) oder nur auf die Nutzungsflächen gemäß § 1 Abs. 2 ErbbauRG beziehen. Über § 578 BGB gilt die Bestimmung aber für die Vermietung von Grundstücken und Räumen, die keine Wohnräume sind. Für gemischte Verträge gilt § 30 ErbbauRG nur, wenn die Vermietung bzw. Verpachtung des Erbbaurechts den Schwerpunkt bildet.[337]

5.261   **b) Vertragseintritt (§ 30 Abs. 1 ErbbauRG).** Ist sonach der vorgenannte Anwendungsbereich gegeben und liegen die übrigen Voraussetzungen von § 566 BGB vor (Gebrauchsüberlassung an den Mieter), so gehen alle Rechte aus dem Miet- bzw. Pachtvertrag kraft Gesetzes auf den Grundstückseigentümer über. Der

---

[333] Vgl. BGH NJW 1962, 1498.
[334] *Ingenstau/Hustedt* § 34 RdNr. 5; *Staudinger/Rapp* § 34 RdNr. 6; MünchKomm § 34 RdNr. 1; RGRK/*Räfle* § 34 RdNr. 3.
[335] *Staudinger/Rapp* § 34 RdNr. 5.
[336] Vgl. BGH WPM 1960, 1125.
[337] Vgl. BGH NJW 1982, 221, 222.

VII. Beendigung (§§ 26 ff. ErbbauRG)

Grundstückseigentümer übernimmt dagegen nicht Verwendungsersatzansprüche des Mieters (§§ 536a bzw. 539 BGB) aus der Zeit vor Beendigung des Erbbaurechts.[338] Für den Erbbauberechtigten gilt auch § 567 BGB; hat er das Erbbaurecht nach Gebrauchsüberlassung an einen Mieter mit einem gebrauchsentziehenden Drittrecht belastet, zB Nießbrauch, Wohnungsrecht, Untererbbaurecht, so tritt gemäß § 11 Abs. 1 S. 1 ErbbauRG, § 567 BGB der Drittberechtigte in den Mietvertrag ein und bei Erlöschung des Drittrechts, also gleichzeitig mit Erlöschen des Erbbaurechts wieder der Grundstückseigentümer. Hat daher der Grundstückseigentümer selbst vor Erbbaurechtsbestellung einen Miet- oder Pachtvertrag geschlossen, so tritt gleichfalls gemäß § 567 BGB mit Erbbaurechtsbestellung der Erbbauberechtigte in den Mietvertrag ein und bei Erlöschen seines Rechts wieder der Grundstückseigentümer; da hier der Eintritt nur nach § 11 Abs. 1 ErbbauRG, §§ 567, 566 BGB erfolgt, ist in diesem Fall § 30, insbesondere das Ausnahmekündigungsrecht nach § 30 Abs. 2 ErbbauRG nicht anwendbar.[339]

c) Ausnahmekündigungsrecht (§ 30 Abs. 2 ErbbauRG)

aa) Erlöschen durch Zeitablauf. Für das Erlöschen durch Zeitablauf enthält § 30 Abs. 2 S. 1 ErbbauRG eine dem (nicht anwendbaren) § 57a ZVG entsprechende Bestimmung. Durch dieses Ausnahmekündigungsrecht kann der Grundstückseigentümer den Mietvertrag mit der **gesetzlichen Frist** gemäß § 573c BGB und den Pachtvertrag mit der gesetzlichen Frist des § 584 BGB kündigen. Als **Kündigungstermin** ist nach § 30 Abs. 2 S. 2 ErbbauRG nur einer der beiden ersten Termine vorgeschrieben, für den die Kündigung zulässig ist. Bei einem noch weniger als fünf Jahre bestehenden Mietvertrag über Wohnraum kann daher gemäß § 573c BGB bei einem Erlöschen des Erbbaurechts zum 1. 1. die Kündigung frühestens zum 31. 3. und spätestens zum 30. 6. ausgesprochen werden; sonst bleibt es bei der vertraglichen Regelung. Wie bei § 57a ZVG sollte aber nicht nur die rechnerische Zulässigkeit, sondern auch die tatsächliche Möglichkeit der Kündigung berücksichtigt werden; es muss daher dem Grundstückseigentümer eine gewisse Zeit für die Prüfung der Sach- und Rechts-lage zugestanden werden, also dass er überhaupt die Möglichkeit hatte, den Mietvertrag zu prüfen.[340] War dies innerhalb der ersten beiden Kündigungstermine ohne Verschulden des Grundstückseigentümers nicht möglich, wofür er beweispflichtig ist, gilt der nächste zulässige Termin. Von dem Ausnahmekündigungsrecht bleibt allerdings das mietrechtliche Kündigungsschutzrecht (§§ 573 ff. BGB) unberührt,[341] ebenso die sonstigen Wirksamkeitserfordernisse der Kündigung, zB die nötige Schriftform nach § 568 BGB bei Wohnraumkündigung.

5.262

bb) Vorzeitiges Erlöschen des Erbbaurechts (§ 30 Abs. 2 S. 3 ErbbauRG). Bei vorzeitigem Erlöschen des Erbbaurechts, so zB im Falle der Aufhebung (§ 26 ErbbauRG), der Enteignung sowie in den sonstigen Fällen (vgl. RdNr. 5.194), gilt das Ausnahmekündigungsrecht gemäß § 30 Abs. 2 S. 3 ErbbauRG erst in dem Zeitpunkt, zu dem das Erbbaurecht nach seiner vertraglich festgelegten Zeitdauer erlöschen würde, da der Mieter bzw. Pächter auf diese Dauer vertrauen durfte. Die Kündigung kann aber für den danach zulässigen Zeitpunkt schon durch Erklärung vor Zeitablauf ausgesprochen werden,[342] da dadurch der Mieterschutz nicht verschlechtert wird, sondern sich dieser im Gegenteil auf den Endtermin einrichten kann.

5.263

---

[338] HM so BGH NJW 1965, 1225.
[339] RGRK/*Räfle* § 30 RdNr. 4; ähnlich *Ingenstau/Hustedt* § 30 RdNr. 10.
[340] Vgl. *Stöber* § 57a RdNr. 5.2.
[341] RGRK/*Räfle* § 30 RdNr. 5; zu § 57a ZVG: *Stöber* § 57a RdNr. 6.1.
[342] *Ingenstau/Hustedt* § 30 RdNr. 7; *Staudinger/Rapp* § 30 RdNr. 6.

5.264 **cc) Schadensersatzansprüche des Mieters.** Etwaige Schadensersatzansprüche des Mieters, weil durch das Ausnahmekündigungsrecht die vereinbarte Vertragsdauer verkürzt wird, können sich nur gegen den Erbbauberechtigten als Vermieter richten; Anspruchsgrundlage kann § 536 Abs. 3 BGB sein. Der Erbbauberechtigte sollte daher in seinen Mietvertrag eine Klausel aufnehmen, dass er für Verkürzungen der Vertragsdauer durch das Erlöschen des Erbbaurechts nicht haftet.

5.265 **d) Erklärungsfrist (§ 30 Abs. 3 ErbbauRG).** Nach § 30 Abs. 3 ErbbauRG kann der Mieter bzw. Pächter den Grundstückseigentümer zur Erklärung darüber auffordern, ob er von dem Kündigungsrecht gemäß § 30 Abs. 2 ErbbauRG Gebrauch macht und dadurch den Schwebezustand beenden. Diese Aufforderung ist eine formlose, einseitige empfangsbedürftige Willenserklärung (§§ 130 ff. BGB). Darin muss dem Grundstückseigentümer eine bestimmte und angemessene Erklärungsfrist gesetzt werden. Angemessen ist die Frist nur, wenn sie dem Grundstückseigentümer genügend Zeit einräumt, um sich über sein Kündigungsrecht zu entscheiden, wozu er sich auch erst über den Mietvertrag informieren muss, und die Kündigung zu erklären. Durch die Bestimmung einer zu kurzen Frist wird zugleich die angemessene in Lauf gesetzt.[343] Die Kündigung muss dann bis zum Ablauf der Frist dem Mieter zugehen (§ 30 Abs. 3 S. 2 ErbbauRG), danach wird sie unzulässig. Diese Bestimmung gilt jedoch nur für die Kündigungserklärung, für die Kündigungsfrist bleibt § 30 Abs. 2 ErbbauRG maßgebend.

7. Erneuerungsvorrecht (§ 2 Nr. 6, § 31 ErbbauRG)

5.266 Gemäß § 2 Nr. 6 ErbbauRG kann als Teil des vertraglichen dinglichen Inhalts des Erbbaurechts ein Vorrecht auf Erneuerung des Erbbaurechts eingeräumt werden. Zum Begriff und zur Unterscheidung vom Verlängerungsrecht des Grundstückseigentümers gemäß § 27 Abs. 3 ErbbauRG vgl. RdNr. 4.142, 153. In § 31 ErbbauRG werden dann die Voraussetzungen der Ausübung des Vorrechts und seine vorkaufsrechtsähnliche Ausgestaltung und Rechtswirkung geregelt, vgl. RdNr. 4.145 ff. Beim Erlöschen des Erbbaurechts ist zu beachten, dass gemäß § 31 Abs. 4 S. 3 ErbbauRG **von Amts wegen** eine **Vormerkung** zu seiner Sicherung im Range des bisherigen Erbbaurechts **einzutragen ist.** Das Grundbuchamt hat daher bei Löschung von Amts wegen zu überprüfen, ob ein Vorrecht vereinbart ist; vgl. hierzu RdNr. 4.149.

VIII. Die Grundbücher (§§ 14–17 ErbbauRG)

1. Normzweck

5.267 Vor Inkrafttreten der ErbbVO (jetzt ErbbauRG) war nach § 8 GBO (früher: § 7 GBO) bei der Bestellung des Erbbaurechts nur auf Antrag ein besonderes Grundbuchblatt anzulegen, von Amts wegen lediglich im Falle der Veräußerung oder Belastung des Rechts. Die Vorschrift ist durch § 35 ErbbauRG aufgehoben worden, gilt aber noch für altrechtliche Erbbaurechte gemäß § 38 ErbbauRG. Dadurch entstand eine Reihe von Zweifeln, insbesondere an welches Grundbuch sich die Rechtswirkungen der §§ 891, 892 BGB anschließen.[344] Diese Fragen sollen durch § 14 ErbbauRG geklärt werden. Daneben enthalten die §§ 14 bis 17 ErbbauRG eine Reihe von ergänzenden Grundbuchvorschriften. § 14 Abs. 1 S. 3 ErbbauRG wurde eingefügt durch Grundbuchbereinigungsgesetz vom 18. 7. 1930 (RGBl. I S. 305), § 14 Abs. 3 S. 3 ErbbauRG durch Gesetz zur Änderung des WEG und

---

[343] Allg. Auff., vgl. *Staudinger/Rapp* § 30 RdNr. 5.
[344] Vgl. *Staudinger/Ring* 11. Aufl. § 14 RdNr. 1; für alte Erbbaurechte gilt § 8 (früher: § 7) GBO weiter, vgl. *Demharter* Anh. zu § 8 RdNr. 17.

dem ErbbauRG vom 30. 7. 1973 (BGBl. I S. 910). § 6a GBO (eingefügt durch Gesetz v. 20. 12. 1993, BGBl. I S. 2182) enthält nur Vorschriften über Gesamt- und Untererbbaurechte. Das nach Inkrafttreten der ErbbVO bestellte Erbbaurecht ist seiner **Doppelnatur** (Recht am Grundstück verbunden mit Bauwerkseigentum vgl. RdNr. 1.29) **entsprechend** immer **doppelt einzutragen.** Deswegen ist es als Recht am Grundstück im Grundstücks-Grundbuch einzutragen, während sein Charakter als grundstücksgleiches Recht im Erbbaugrundbuch zum Ausdruck kommt. Bei den vorstehenden Ausführungen über das rechtliche Schicksal des Erbbaurechts wurde jeweils auch die Eintragung in beiden Grundbüchern mitbehandelt, sie soll im Folgenden nur kurz zusammengefasst und ihre Auswirkungen dargestellt werden.

2. Das Grundstücks-Grundbuch (§ 14 Abs. 2, 3 S. 2, 3 ErbbauRG)

a) **Ersteintragung.** Entsprechend seinem Charakter als Recht am Grundstück hat die Eintragung im Grundstücks-Grundbuch gemäß § 873 BGB **konstitutive Wirkung** für die **Entstehung** und den **rechtlichen Weiterbestand** des Erbbaurechts,[345] nicht dagegen die im Erbbaugrundbuch. Die Eintragung erfolgt in der Lastenabteilung (Abteilung II) des Grundstücks-Grundbuches (vgl. § 10 GBVfg.); erforderlichenfalls (vgl. § 3 Abs. 2, 3 GBO) ist ein solches zuerst anzulegen.[346] Zum Belastungsgegenstand vgl. RdNr. 2.90 ff.; zu den Vollzugsvoraussetzungen vgl. RdNr. 5.41 ff. Das Grundstücks-Grundbuch ist ferner konstitutiv für die **Dauer und für den Rang** des Erbbaurechts. Neben dem Erbbauberechtigten, bei einer Mehrheit von Berechtigten unter Angabe des Gemeinschaftsverhältnisses,[347] sind daher hier die Dauer, sowie etwaige aufschiebende Bedingungen oder Zeitbestimmungen, sowie der Anfangs- oder Endtermin einzutragen.[348] Auch eine Verlängerungsoption (vgl. 2.143) ist einzutragen, für deren Wirksamkeit genügt allenfalls noch eine Bezugnahme auf die Eintragungsbewilligung im Grundstücksgrundbuch,[349] wohl aber nicht eine mittelbare Bezugnahme auf das Erbbaugrundbuch. Im Übrigen ist wegen des **Inhalts** gemäß § 14 Abs. 2 ErbbauRG auf das Erbbaugrundbuch Bezug zu nehmen. Zulässig ist wohl auch die vollständige Wiedergabe des Inhalts des Erbbaurechts, dagegen darf auf die Eintragungsbewilligung nicht Bezug genommen werden.[350] Da es sich bei § 14 Abs. 2 ErbbauRG aber nur um eine Ordnungsvorschrift handelt, hat ihre Nichtbeachtung auf den Bestand und den Inhalt des Erbbaurechts keinen Einfluss.[351]

5.268

b) **Spätere Eintragungen.** Nach der Ordnungsvorschrift des § 14 Abs. 3 S. 2 ErbbauRG ist jeweils die Eintragung des **neuen Erbbauberechtigten** auch im Grundstücks-Grundbuch zu vermerken, allerdings nur mit deklaratorischer Wirkung. Zur Arbeitserleichterung und besseren Übersichtlichkeit des Grundbuches wurde § 14 Abs. 3 S. 3 ErbbauRG eingefügt, wonach statt dessen die Bezugnahme auf das Erbbaugrundbuch genügt. Für **Änderungen in der Dauer** des Erbbaurechts (Verlängerungen oder Verkürzungen) ist die Eintragung im Grundstücks-Grundbuch konstitutiv.[351] Sonstige Inhaltsänderungen sind dagegen im Erbbaugrundbuch zu vollziehen, im Grundstücks-Grundbuch ist wegen § 14 Abs. 2 ErbbauRG bezüglich der Änderungen auf das Erbbaugrundbuch Bezug zu nehmen; zur Durchführung von Inhaltsänderungen vgl. RdNr. 5.155 ff.

5.269

---

[345] *Staudinger/Rapp* § 14 RdNr. 2; *MünchKomm* § 14 RdNr. 2.
[346] KG KGJ 26 A 115.
[347] Vgl. BGH NJW 1979, 421; 1981, 176.
[348] BayObLGZ 1959, 520, 528; *Ingenstau/Hustedt* § 14 RdNr. 4; *Staudinger/Rapp* § 14 RdNr. 3.
[349] Vgl. OLG Frankfurt MittBayNot 1975, 390.
[350] OLG Dresden JFG 2, 304.
[351] *Ingenstau/Hustedt* § 14 RdNr. 3; *RGRK/Räfle* § 14 RdNr. 3.

5.270   Für das **Erlöschen** (zu den Einzelfällen, Voraussetzungen und Durchführung vgl. RdNr. 5.194 ff., zur gleichzeitigen Eintragung der durch Surrogation entstehenden Entschädigungsforderungen sowie der Rechte daran gemäß § 29 ErbbauRG vgl. RdNr. 5.206) ist das Grundstücks-Grundbuch konstitutiv. Nach der Ordnungsvorschrift des **§ 16 ErbbauRG** wird gleichzeitig das Erbbaugrundbuch von Amts wegen geschlossen. Zur grundbuchmäßigen Durchführung vgl. §§ 34 ff., 54, 56 Abs. 6 GBVfg. und die Erläuterungen unter RdNr. 5.202. Wird gegen § 16 ErbbauRG versehentlich verstoßen, hat dies keine materiellrechtlichen Wirkungen, da für das Bestehen des Erbbaurechts nur das Grundstücks-Grundbuch maßgebend ist. Bei einem Recht auf Erneuerung gemäß § 2 Nr. 6 ErbbauRG ist gemäß § 31 Abs. 4 ErbbauRG gleichzeitig von Amts wegen eine Vormerkung einzutragen. Ferner sind im Grundstücks-Grundbuch **Vormerkungen,** Widersprüche und Verfügungsbeschränkungen einzutragen, soweit sie sich auf Gegenstände beziehen, für die das Grundstücks-Grundbuch konstitutiv ist.

Alle übrigen Eintragungen gehören gemäß § 14 Abs. 3 S. 1 ErbbauRG in das **Erbbaugrundbuch.**

3. Das Erbbaugrundbuch (§ 14 Abs. 1, Abs. 3 S. 1 ErbbauRG)

5.271   a) **Geltungsbereich.** Gemäß **§ 14 Abs. 3 S. 1 ErbbauRG** ist das Erbbaugrundbuch **Grundbuch iS des Gesetzes.** Dieser Grundsatz ist nur durch die wegen der Natur als Recht am Grundstück anwendbaren Vorschriften der §§ 873, 875, 877 BGB eingeschränkt, weswegen für die Entstehung, den rechtlichen Weiterbestand, Dauer und Rang, sowie das Erlöschen das Grundstücks-Grundbuch maßgebend ist, wie vorstehend dargestellt.

5.272   b) **Ersteintragung.** Bei der Eintragung des Erbbaurechts in das Grundstücks-Grundbuch ist gemäß **§ 14 Abs. 1 S. 1 ErbbauRG** gleichzeitig das Erbbaugrundbuch **von Amts wegen anzulegen.** Die konstitutive Wirkung schließt sich jedoch gemäß § 873 BGB nur an die Eintragung des Grundstücks-Grundbuchs an, so dass das Erbbaurecht auch entsteht, wenn entgegen § 14 Abs. 1 S. 1 ErbbauRG kein Erbbaugrundbuch angelegt ist; dagegen entstehen alle **Vereinbarungen über den dinglichen Inhalt** des Erbbaurechts gemäß §§ 2 bis 8, § 27 Abs. 1, § 32 Abs. 1 ErbbauRG erst mit der Eintragung in das dafür maßgebliche Erbbaugrundbuch.[352] Die Verletzung der zwingenden Vorschrift des § 14 Abs. 1 S. 1 ErbbauRG muss aber unverzüglich durch Anlegung des Erbbaugrundbuches bereinigt werden. Die Anlage des Erbbaugrundbuches und die Eintragungen darin bestimmen sich neben § 14 ErbbauRG nach §§ 54 ff. GBVfg., vgl. insbesondere das Muster in Anlage 9, sie ist ferner im Einzelnen unter RdNr. 5.57 ff. dargestellt.

5.273   c) **Spätere Eintragungen.** In Abteilung I mit III des Erbbaugrundbuches sind nach Maßgabe der allgemeinen Grundbuchvorschriften (vgl. § 57 GBVfg.) alle **Übertragungen** (vgl. hierzu und zu den Vollzugsvoraussetzungen dazu RdNr. 5.89 ff.) und alle **Belastungen** (vgl. hierzu und zu den Voraussetzungen dafür RdNr. 5.105 ff.) des Erbbaurechts einzutragen, auch alle darauf bezogenen Vormerkungen und Widersprüche, sowie Verfügungsbeschränkungen. Ferner sind alle **Inhaltsänderungen** des Erbbaurechts (vgl. hierzu iE RdNr. 5.150 ff.), außer bezüglich der Dauer, mit konstitutiver Wirkung hier einzutragen. Bei Erlöschen ist das Erbbaugrundbuch nach der Ordnungsvorschrift gemäß § 16 ErbbauRG von Amts wegen zu schließen, während sich die konstitutive Wirkung an das Grundstücks-Grundbuch anschließt. Ferner ist nach der deklaratorisch wirkenden Ordnungsvorschrift von § 14 Abs. 1 S. 2 ErbbauRG[353] jeder spätere Erwerber des Erbbaugrundstücks hier einzutragen.

---

[352] *Ingenstau/Hustedt* § 14 RdNr. 7, 11 m. weit. Nachw.
[353] *Ingenstau/Hustedt* § 14 RdNr. 9; *Staudinger/Rapp* § 14 RdNr. 7.

4. Wirkungen beider Grundbücher

Beide Grundbücher sind klar getrennt, jedes ist für die Eintragungen maßgebend 5.274 (konstitutiv), für die es Grundbuch iS des Gesetzes ist. Daran schließt sich die Rechtsvermutung des § 891 BGB und der gute Glaube des § 892 BGB an. Für Entstehen, Fortbestand, Dauer und Rang ist daher das Grundstücks-Grundbuch maßgebend, sonst das Erbbaugrundbuch. Die gleiche Aufteilung zwischen beiden Grundbüchern gilt auch für **Widersprüche** zwischen ihnen:[354] Fehlt eine Eintragung im maßgebenden Grundbuch, so wird dies nicht durch die versehentliche Eintragung im anderen Grundbuch geheilt. An die Ordnungsvorschriften des § 14 Abs. 1 S. 2, Abs. 3 S. 2 und 3, sowie § 16 ErbbauRG, die jeweils nur der besseren Übersicht dienen, schließen sich dagegen die vorgenannten Grundbuchwirkungen nicht an. Zur versehentlichen Nichtmitübertragung der Bezugnahme bei Bildung von Wohnungserbbaurecht vgl. RdNr. 3.117. Zur Unwirksamkeit der dinglichen Erbbaurechtsbestellung und zur inhaltlich unzulässigen Eintragung vgl. RdNr. 5.72 ff. Zum gutgläubigen Erwerb von Rechten an einem eingetragenen, aber rechtlich unwirksamen Erbbaurecht (nicht bei inhaltlich unzulässiger Eintragung) vgl. RdNr. 5.75. Zur Rechtsfolge bei einem zu Unrecht gelöschten Erbbaurecht vgl. RdNr. 2.110. Zur **Prüfungspflicht des Grundbuchamts** vgl. RdNr. 5.52.

5. Nachweis von Zustimmungen des Grundstückseigentümers (§ 15 ErbbauRG)

Ist eine Zustimmungspflicht gemäß § 5 Abs. 1, 2 ErbbauRG zu Veräußerungen 5.275 und Belastungen des Erbbaurechts vereinbart, so darf das Grundbuchamt gemäß § 15 ErbbauRG den Übergang des Erbbaurechts und die betreffende Belastung erst eintragen, wenn die Zustimmung des Grundstückseigentümers nachgewiesen ist. Die Bestimmungen gelten auch bei Verfügungen gemäß § 8 ErbbauRG (durch Zwangsvollstreckung, Arrestvollziehung und durch den Insolvenzverwalter). Die Bestimmung dient dem Schutz der Rechte des Grundstückseigentümers aus §§ 5 ff., 8 ErbbauRG.[355] Zu den Anforderungen an den Nachweis, dessen Form und zur Bedeutung der Vorschrift vgl. für die Veräußerung RdNr. 5.95, für die Belastung RdNr. 5.145. Wegen des Widerspruchs von §§ 932, 929 ZPO und § 15 ErbbauRG kann bei Verweigerung der Zustimmung zu einer Arresthypothek vom Grundbuchamt eine angemessene Frist zu deren Ersetzung gesetzt werden.[356]

6. Eintragungsbekanntmachungen (§ 17 ErbbauRG)

Die Vorschrift von § 55 GBO über Eintragungsbekanntmachungen, die daneben 5.276 weiter gilt,[357] wird durch die Ordnungsvorschrift von § 17 ErbbauRG ergänzt. Danach sollen die in § 17 ErbbauRG jeweils einzeln aufgeführten Eintragungen im Erbbaugrundbuch auch dem Grundstückseigentümer bzw. den im Erbbaugrundbuch dinglich Berechtigten und die dort genannten Eintragungen im Grundstücks-Grundbuch dem Erbbauberechtigten bekannt gemacht werden. Die Bekanntmachung ist an keine Form gebunden, maßgebend ist § 16 Abs. 2 S. 2 und Abs. 3 FGG. Ein Verzicht auf die Vollzugsmitteilung ist gemäß § 17 Abs. 3 ErbbauRG möglich, aber widerruflich. Unter den in § 17 ErbbauRG genannten Verfügungs-

---

[354] *Haegele* Rpfleger 1957, 109; OVG Nordrh.-Westf. NWVBl 1997, 311 für die Person des Erbbauberechtigten bei der Heranziehung z. Erschließungsbeitrag.
[355] KG JW 1933, 704; BayObLGZ 1960, 467, 472; OLG Hamm Rpfleger 1985, 233; *Ingenstau/ Hustedt* § 15 RdNr. 1.
[356] OLG Celle MDR 1985, 331.
[357] *Zeitler* MittBayNot (= BayNotZ) 1956, 130.

beschränkungen ist jede Art derselben zu verstehen. Ein Verstoß gegen § 17 ErbbauRG ist (objektiv) wie bei jeder grundbuchrechtlichen Ordnungsvorschrift eine Amtspflichtverletzung iS § 839 BGB. Ist die Unrichtigkeit oder Verzögerung der Benachrichtigung für den Empfänger erkennbar, muss er nach § 839 Abs. 3 BGB Erinnerung oder Dienstaufsichtsbeschwerde einlegen.

6. Kapitel. Gegenleistungen für das Erbbaurecht (Vorkaufsrechte, Erbbauzins, Anpassungsklausel)

Schrifttum: *Alberty*, Der Anspruch auf Neufestsetzung des Erbbauzinses und seine Sicherung, Rpfleger 1956, 330; *Backhaus*, Gleitender Erbbauzins, Gemeinnütziges Wohnungswesen 1963, 365; *Barnikel*, Fehlende Anpassungsklausel, BlGBW 1981, 110; *Bilda*, Zur Wirkung vertraglicher Anpassungsklauseln, MDR 1973, 537; *Böttcher*, Entwicklungen beim Erbbaurecht und Wohnungseigentum seit 2000, Rpfleger 2004, 21; 2005, 648; 2007, 526; *Bräuer*, Die zwangsversteigerungsfeste Erbbauzins-Reallast, Rpfleger 2004, 401; *Czerlinsky*, Anpassung von Erbbauzinsen an die „wirtschaftlichen Verhältnisse", NJW 1977, 1228; *ders.*, Anpassung der Erbbauzinsen an die veränderten „allgemeinen wirtschaftlichen Verhältnisse", BlGBW 1982, 188; *Dedekind*, Konflikt zwischen Erbbauzinsreallast und Finanzierungsgrundpfandrecht, MittRhNotK 1993, 109; *Dürkes/Feller*, Wertsicherungsklauseln 10. Aufl. 1992; *ders.*, Wertsicherung von Erbbauzinsen, BB 1980, 1609; *Eichel*, Neuregelung des Erbbauzinses nach dem Sachenrechts-Änderungsgesetz, MittRhNotK 1995, 193; *Eickmann*, Die Auswirkungen von Grundbucheintragungen in Abt. II auf die Kreditsicherungspraxis, RWS-Skript 160, 2. Aufl. 1989; *Fischer*, Die Sicherung des Erbbauzinses bei Zwangsversteigerung des Erbbaurechts, 2002; *Frielingsdorf*, Zur Problematik der Wertsicherungsklauseln, DB 1982, 789; *Geißel*, Der Erbbauzins in der Zwangsversteigerung, 1992; *Gerardy*, Anpassung des Erbbauzinses an den veränderten Grundstückswert, Gemeinnütziges Wohnungswesen 1966, 35; *Giese*, Begrenzung der auf Grund von Anpassungsklauseln geforderten Erbbauzinserhöhungen, BB 1974, 583; *Götz*, Die Beleihbarkeit von Erbbaurechten, DNotZ 1980, 3; *Groth*, Erbbaurecht ohne Erbbauzins?, DNotZ 1983, 652 und 1984, 372; *Haegele*, Zur Änderung von Erbbauzinsen, BlGBW 1961, 342; *ders.*, Der Anspruch auf Neufestsetzung des Erbbauzinses und seine Sicherung, Rpfleger 1957, 6; *Handschumacher*, Zinssicherung in der Zwangsversteigerung des Erbbaurechts, 1993; *Hartmann*, Wertsicherungsmöglichkeiten des Erbbau-, Miet- und Pachtzinses, Deutsches Stiftungswesen 1967, 377; *ders.*, Die Sicherung des Erbbauzinses, Deutsches Stiftungswesen 1977, 221; *ders.*, Wertsicherung von Erbbauzins, NJW 1976, 403; *ders.*, Der Untergang des Erbbauzinses während der Erbbauzeit und seine Verhütungsmöglichkeiten nebst Vertragsmustern, DB 1970, Beil. 14, 1; *v. Heynitz*, Ein neues deutsches Sonderrecht für Wertsicherungsvereinbarungen, MittBayNot 1998, 398; *Hönn*, Zum variablen Erbbauzins, NJW 1968, 827; *Kehrer*, Die Höhe des Erbbauzinses, BWNotZ 1955, 249; *Kirchhoff*, Wertsicherungsklauseln für Euro-Verbindlichkeiten, 2006; *ders.*, Der Umfang des Verbots von Wertsicherungsklauseln, DNotZ 2007, 11; *Klawikowski*, Neue Erbbauzinsreallast, Rpfleger 1995, 145; *Kümpel*, Zum Sicherungskonflikt zwischen Kreditgeber und Grundstückseigentümer bei der Beleihung von Erbbaurechten, WPM 1998, 1057; *Marquardt*, Zur Erhöhung des Erbbauzinses, AgrarR 1975, 197; *Meyer*, Grundsätze für eine Anpassung des Erbbauzinses an die wirtschaftliche Entwicklung, Jur-Büro 1984, 842; *Mohrbutter*, Die Eigentümerrechte und der Inhalt des Erbbaurechts bei dessen Zwangsversteigerung, 1995; *ders.*, Die Neuregelung des Erbbauzinses, ZIP 1995, 806; *Mohrbutter-Riedel*, Zweifelsfragen zum Erbbaurecht, NJW 1957, 1500; *Müller-Frank*, Die dingliche und vollstreckungsfähige Sicherung von Wertsicherungsklauseln, MittRhNotK 1975, 355; *Mümmler*, Wertsicherungsklausel bei der Beurkundung des Erbbaurechtsvertrags, JurBüro 1978, 1119; *ders.*, Währungsumstellung, JurBüro 1983, 338; *Muth* „Stillhalteerklärung" und Zwangsversteigerung des Erbbaurechts, JurBüro 1985, 801 u. 969; *ders.*, Der Rang des Erbbauzinses als Streitpunkt zwischen Darlehensgeber und Grundstückseigentümer, WPM 1985, 1281; *Nonnenmühlen*, Anpassung des Erbbauzinses an veränderte Verhältnisse und grundbuchmäßige Sicherung MittRhNotK 1958, 499; *Odenbreit*, Die Billigkeitsregelung des § 9 a ErbbauRVO, NJW 1974, 2273; *v. Oefele*, Änderung der ErbbauRVO durch das Sachenrechtsänderungsgesetz, DNotZ 1995, 643; *Ostermeier*, Die Wertsicherung des Erbbauzinses, 1965; *Rasch*, Verbraucherpreisindex 2000 – Umbasierungsfaktoren, DNotZ 2003, 730; *Richter*, Der Erbbauzins im Erbbaurecht, BWNotZ 1978, 7; 1979, 162; *Ripfel*, Vereinbarungen zur Werterhaltung des Erbbauzinses und ihre Sicherung, BWNotZ 1971, 55; *ders.*, Variabler Erbbauzins?, DNotZ 1958, 455; *ders.*, Wertsicherungsklausel oder Spannungsklausel bei der

6. Kapitel. Gegenleistungen für das Erbbaurecht

Vereinbarung der Verpflichtung zu Neufestsetzung und Neubestellung des Erbbauzinses?, BWNotZ 1963, 134; *Röll,* Zur Sicherung des Anspruchs auf Neufestsetzung des Erbbauzinses durch Eintragung einer Vormerkung, DNotZ 1962, 243; *Rothoeft,* Gegenwortkontrolle bei langfristigen Verträgen über Liegenschaften, NJW 1986, 2211; *Sager/Peters,* Zur Novellierung der VO über das Erbbaurecht, NJW 1976, 409; *Schalhorn,* Zur Frage der Zulässigkeit von Wertsicherungsklauseln in Verträgen, insbesondere in Erbbaurechts-Verträgen, JurBüro 1976, 281; *Schöpe,* Das Erbbaurecht, insbesondere der Erbbauzins, BB 1967, 1108; *Schulte,* Der gleitende Erbbauzins, BWNotZ 1961, 204; *Sperling,* Maßstäbe für Erbbauzinserhöhungen, NJW 1979, 1433; *Spruth,* Wohnungsbaufinanzierung und Erbbauzins, BlGBW 1968, 85; *Stöber,* Die nach Inhaltsvereinbarung bestehenbleibende Erbbauzins-Reallast, Rpfleger 1996, 13; *ders.,* Erlöschen der Auflassungsvormerkung und Erbbauzins-Reallast bei der Insolvenzverwalterversteigerung, NJW 2000, 3600; *Uibel,* Grundstückswertminderung und Erbbauzins, NJW 1983, 211; *Wangemann,* Die Sicherung des steigenden Erbbauzinses, DNotZ 1959, 174; *Weitnauer,* Wertsicherungsklauseln beim Erbbauzins, DNotZ 1957, 295; *Winkler,* Der Erbbauzins in der Zwangsversteigerung des Erbbaurechts, DNotZ 1970, 390 und NJW 1985, 940; *ders.,* Umstellung des Preisindex für die Lebenshaltung ab 2003, NWB 2002, 4051.

Übersicht

	RdNr.
I. Vereinbarung einer Gegenleistung	2
II. Vorkaufsrechte	4
III. Vereinbarung eines Erbbauzinses	9
1. Begriff des Erbbauzinses	14
a) Reallastartiges Recht	14
b) Subjektiv-dingliches Recht (§ 9 Abs. 2 Satz 2)	19
c) Erbbauzins als Bestandteil des Grundstücks	24
d) Erbbauzins nicht Inhalt des Erbbaurechts	26
2. Entstehung des Erbbauzinses	29
3. Nutzungsentgelt vor Eintragung des Erbbaurechts	30
4. Rang des Erbbauzinses	34
a) Frühere Rechtslage	39
aa) Erste Rangstelle des Erbbauzinses	39
bb) Erhöhung des Erbbauzinses	40
cc) Rangrücktritt	41
dd) Rangvorbehalt, Rangänderung	52
b) Neue Rechtslage	53
aa) Bestehenbleiben der Erbbauzinsreallast	53
bb) Rangvorbehalt	57
5. Nachträgliche Änderung des Erbbauzinses	60
6. Aufhebung der Erbbauzinsreallast	63
IV. Höhe des Erbbauzinses	65
V. Bestimmtheit des dinglichen Erbbauzinses	68
1. Nach früherem Recht begründete Erbbaurechte	70
a) Fälligkeit und Höhe des Erbbauzinses	70
b) Unzulässige Bestimmungen	73
c) Verstöße	77
2. Nach dem 30. 9. 1994 begründete Erbbaurechte	78
VI. Vereinbarungen zur Anpassung des Erbbauzinses	86
1. Zulässigkeit	90
2. Trennung der Anpassungsverpflichtung vom Erbbauzins	93
a) altes Recht	93
b) neues Recht	95
3. Ausgestaltungsmöglichkeiten	96
a) Anpassungsvoraussetzungen	99
aa) abstrakte Anpassungsklausel	100
bb) konkrete Anpassungsklausel	104

Übersicht

	RdNr.
b) Bewertungsmaßstab	105
aa) Fehlen eines Bewertungsmaßstabs	106
bb) abstrakter Bewertungsmaßstab	108
cc) konkreter Bewertungsmaßstab	110
c) Anpassungszeitpunkt	115
d) Neufestsetzungsbefugnis	122
e) Auslegungsfragen	126
f) Abweichung von der Anpassungsvereinbarung	132
4. Indexierung	132 a
5. Wertsicherungsklauseln	133
a) Gleitklausel	135
aa) Voraussetzungen	135
bb) Frühere Regelung: Genehmigungsvorbehalt	139
cc) Neue Regelung	151 a
dd) Sachleistungsklauseln	152
b) Spannungsklausel	153
c) Leistungsvorbehalt	158
d) Klage auf künftige Erbbauzins-Zahlungen	164 a

VII. Beschränkung des Anpassungsanspruchs nach § 9 a ... 165
1. Normzweck ... 165
2. Zeitliche Geltung, Übergangsregelung ... 166
3. Wirksame Anpassungsverpflichtung ... 169
  a) Anpassungsanspruch ... 169
  b) Anwendungsbereich ... 171
  c) Rechtswirksamkeit der Klausel ... 175
  d) Verstoß gegen § 9 a ... 176
4. Gebäude zu Wohnzwecken ... 178
  a) Wohnzwecke ... 178
  b) Gewerbliche Zwecke ... 179
  c) Gemischte Verwendung ... 180
  d) Abweichende Verwendung ... 181
5. Billigkeit der Erhöhung ... 182
  a) Anpassungsvereinbarung als Ausgangspunkt der Prüfung ... 183
  b) Entwicklung der allgemeinen wirtschaftlichen Verhältnisse ... 187
  c) Wertverhältnisse des Erbbaugrundstücks ... 194
  d) Sonstige Umstände ... 199
6. Beweislast ... 201
7. Änderungszeitraum ... 202

VIII. Sicherung der Anpassungsverpflichtung durch Vormerkung bei alten Verträgen ... 205
1. Zulässigkeit der Vormerkung ... 208
  a) Vormerkbarer Anspruch ... 209
  b) Künftiger Anspruch ... 210
  c) Bestimmbarkeit ... 211
2. Einzelfälle ... 215
  a) Lebenshaltungskostenindex ... 216
  b) Gehälter ... 217
  c) Miet- und Pachtzins ... 218
  d) Grundstückswert ... 219
  e) Umsatzentwicklung ... 220
  f) Veränderung der allgemeinen wirtschaftlichen Verhältnisse ... 220
3. Wirkungen der Vormerkung ... 221
  a) Sicherungswirkung ... 222
  b) Rangwirkung ... 223
  c) Eintragung ... 224
  d) Vormerkung für alle zukünftigen Anpassungen ... 226

IX. Fehlen einer Anpassungsklausel ... 228
1. Grundsätze des BGH ... 229
2. Zeitraum ... 234

6. Kapitel. Gegenleistungen für das Erbbaurecht

	RdNr.
3. Wohn-, gewerbliche Zwecke	236
4. Eintragung im Grundbuch	237
5. Veräußerung des Grundstücks oder Erbbaurechts	238
X. Zwangsvollstreckung und Erbbaurecht	242
1. Zwangsvollstreckung aus dem Erbbauzins in das Erbbaurecht	242
2. Zwangsvollstreckungsunterwerfung	243
a) Dingliche Zwangsvollstreckungsunterwerfung	244
b) Persönliche Zwangsvollstreckungsunterwerfung	245
aa) Allgemeines	245
bb) Bestimmtheit	246
cc) Bauverpflichtung	250
dd) Klausel	251
3. Zwangsversteigerung des Erbbaurechts	252
a) Erbbaurecht nach früherem Recht	252
aa) Rechtslage	252
bb) Sicherungsmöglichkeit des Eigentümers	257
(1) abweichende Feststellung des geringsten Gebots (Stillhalteerklärung)	258
(2) Vereinbarung des Bestehen bleibens gemäß § 91 Abs. 2 ZVG	264
(3) Zustimmung des Grundstückseigentümers zur Veräußerung nach § 5 Abs. 1	265
b) Sachenrechtsbereinigungsgesetz	270
aa) Allgemeines	270
bb) Rangverhältnis	273
(1) Eigentümer	274
(2) dingliches Recht	275
(3) nachrangiges Recht	277
(4) öffentliche Last	280
(5) Insolvenzverwalterversteigerung	281
(6) § 9 Abs. 3 Satz 1 Nr. 1	282
c) Nachträgliche Änderung	283
aa) Zustimmung vor- oder gleichrangiger Rechte	284
bb) Wirksamkeit trotz fehlender Zustimmung	285
cc) Ersetzung der Zustimmung	286
dd) Zustimmung nachrangiger Rechte	287
d) Besonderheiten bei Wohnungserbbaurechten	288
4. Zwangsversteigerung des Grundstücks	291

6.1 Der Bestellung des Erbbaurechts liegt ein Kausalgeschäft[1] der Vertragsparteien zugrunde. Im Rahmen dieser Abrede werden die Regelungen über die Gegenleistung getroffen. Die Vereinbarung einer Gegenleistung ist kein wesentliches Merkmal eines Erbbaurechtsvertrags.[2] Das ErbbauRG überlässt es den Beteiligten, ob sie das Erbbaurecht entgeltlich oder unentgeltlich bestellen wollen. Die ganz überwiegende Regel ist zwar die Vereinbarung eines Entgelts, und zwar meist in wiederkehrenden Leistungen. Aber auch die Bestellung ohne jegliche Gegenleistung des Erbbauberechtigten, zB schenkweise, ist zulässig, etwa bei besonderen öffentlichen Aufgaben, zB zur Errichtung eines Museums, einer Kapelle, eines Sportplatzes. Ob die Bestellung im Einzelfall von einer Gegenleistung abhängen soll oder nicht, ist Sache der freien Parteivereinbarung.[3]

---

[1] *Ingenstau/Hustedt* § 9 RdNr. 2; *Palandt/Bassenge* RdNr. 4 vor § 1012 BGB.
[2] BGH RdL 1958, 7/9; BayObLGZ 1959, 520/525 = NJW 1960, 1155; *Hartmann* DB 1974 Beil. Nr. 22 RdNr. 7; MünchKomm § 9 RdNr. 1; RGRK/*Räfle* § 9 RdNr. 1.
[3] BGH NJW 1970, 944 = Rpfleger 1970, 163 = DNotZ 1970, 352; *Ingenstau/Hustedt* § 9 RdNr. 1; MünchKomm § 9 RdNr. 1.

I. Vereinbarung einer Gegenleistung

Wird für die Bestellung des Erbbaurechts eine Gegenleistung vereinbart, so kann diese einmalig sein, sie kann aber auch in wiederkehrenden Leistungen für die ganze Dauer des Erbbaurechts bestehen; in diesem Fall spricht das ErbbauRG von Erbbauzins. Die Vereinbarung eines solchen Erbbauzinses ist aber nicht wesentlich für den Begriff des Erbbaurechts.[4] Es ist auch möglich, an Stelle von wiederkehrenden Leistungen eine einmalige Abfindung, eine Ablösungssumme[5] oder die Zahlung von mehreren Einzelbeträgen im Lauf der Vertragszeit zu vereinbaren, die aber keine wiederkehrenden Leistungen im üblichen Sinn darstellen. Zulässig ist es auch, neben den wiederkehrenden Leistungen, dem Erbbauzins, weitere einmalige oder wiederkehrende Leistungen zu vereinbaren, etwa eine nur für die Vertragsparteien bindende obligatorische Verpflichtung zur Anpassung der Erbbauzinsreallast an die jeweiligen Zeitverhältnisse, wie dies regelmäßig durch die Anpassungsklausel geschieht[6] oder eine schuldrechtliche Umsatzbeteiligung an dem auf dem Erbbaugrundstück betriebenen Gewerbe.[7]

6.2

Es ist zulässig und üblich, auch solche schuldrechtlichen Vereinbarungen sonstiger Gegenleistungen des Erbbauberechtigten durch besondere Abmachungen dinglich zu sichern; dies kann etwa durch Bestellung einer Hypothek oder Grundschuld oder Vormerkung am Erbbaurecht geschehen. Auch Vereinbarungen im Sinn des § 2 ErbbauRG, nämlich ein Heimfallrecht (§ 2 Nr. 4 ErbbauRG)[8] oder eine Vertragsstrafe (§ 2 Nr. 5 ErbbauRG)[9] für den Fall der Nichtleistung des Erbbauberechtigten können zur Sicherung des Anspruchs auf das Entgelt vereinbart werden.[10]

6.3

II. Vorkaufsrechte

Als weitere Gegenleistung räumen sich die Beteiligten regelmäßig ein Vorkaufsrecht ein. Das ErbbauRG hat davon abgesehen, dem Erbbauberechtigten ein gesetzliches Vorkaufsrecht einzuräumen. Es steht den Beteiligten jedoch frei, ein solches Vorkaufsrecht zu begründen. In der Praxis werden häufig gegenseitige Vorkaufsrechte eingeräumt, also durch den Eigentümer zu Gunsten des Erbbauberechtigten und durch den Erbbauberechtigten zugunsten des Eigentümers.[11] Ein dingliches Vorkaufsrecht am Grundstück für den jeweiligen Erbbauberechtigten ist sogar die Regel und wird kostenrechtlich nicht gesondert bewertet.[12]

6.4

Die Einräumung kann gem. den Vorschriften der §§ 463 ff. und 1094 ff. BGB geschehen. Die Vorkaufsrechte können als subjektiv-dingliche, also für den jeweiligen Eigentümer bzw. Erbbauberechtigten oder als subjektiv-persönliche Rechte bestellt werden, also für eine bestimmte Person; letzteres ist jedoch die Ausnahme. Ein solches Vorkaufsrecht muss nach normalen schuld- und sachenrechtlichen Gesichtspunkten begründet und verdinglicht werden.

6.5

Erlangt der Erbbauberechtigte auf Grund des Vorkaufsrechts das Grundstück bzw. der Grundstückseigentümer auf Grund des Vorkaufsrechts das Erbbaurecht, so

6.6

---

[4] BGH NJW 1970, 944; vgl. RdNr. 6.1.
[5] Vgl. RGZ 85, 244.
[6] LG *Aurich* NJW 1953, 1027; vgl. RdNr. 6.86 ff.
[7] BGH NJW 1970, 944.
[8] Vgl. RdNr. 4.77.
[9] Vgl. RdNr. 4.128.
[10] *Ingenstau/Hustedt* § 9 RdNr. 1.
[11] Muster 1 Ziffer VIII, Muster 2 Ziffer VIII.
[12] Vgl. RdNr. 8.2.

entsteht gem. § 889 BGB ein Eigentümer-Erbbaurecht; die Rechtssituation ist hier ähnlich wie beim Heimfall nach Ausübung.[13] Wie oben RdNr. 3.8 ff. ausgeführt, kann auch ein Eigentümererbbaurecht bestehen; dieses kann vom Grundstückseigentümer mit einem Vorkaufsrecht zu Gunsten des jeweiligen Grundstückseigentümers belastet werden, ebenso wie die Belastung des Grundstücks mit einem Vorkaufsrecht zu Gunsten des jeweiligen Erbbauberechtigten möglich ist.[14] Zur Vorkaufsrechtsbestellung beim Gesamterbbaurecht vgl. RdNr. 3.50, beim Wohnungs-/Teilerbbaurecht vgl. RdNr. 3.123.

6.7 Das Vorkaufsrecht ist vom Heimfall (§ 2 Nr. 4 ErbbauRG)[15] zu unterscheiden, da es den Abschluss eines Kaufvertrags voraussetzt. Die Verpflichtung des Grundstückseigentümers gem. § 2 Nr. 7 ErbbauRG, das Grundstück an den jeweiligen Erbbauberechtigten zu verkaufen,[16] kann einem Vorkaufsrecht angenähert werden: im Erbbaurechtsvertrag muss dann das Kaufrecht des Erbbauberechtigten dahin beschränkt werden, dass es erst dann ausgeübt werden kann, wenn der Grundstückseigentümer einen Kaufvertrag über das Grundstück mit einem Dritten abschließt.[17] Ist dem Erbbauberechtigten gem. § 2 Nr. 6 ErbbauRG ein Vorrecht auf Erneuerung des Erbbaurechts eingeräumt, so finden gem. § 31 Abs. 3 ErbbauRG die Vorschriften über das Vorkaufsrecht weitgehend Anwendung; insoweit besteht also eine gewisse Parallelität zwischen beiden Rechtsinstituten. Auf RdNr. 4.142 ff. wird verwiesen.

6.8 Für die **Rangstelle** des Vorkaufsrechts, das dem jeweiligen Erbbauberechtigten am Grundstückseigentum eingeräumt wird, gilt folgendes: durch ein subjektiv-dingliches Vorkaufsrecht, das dem jeweiligen Erbbauberechtigten für die Dauer des Erbbaurechts zusteht und mit dem Erbbaurecht am belasteten Grundstück im Gleichrang eingetragen wird, wird die gesetzlich für das Erbbaurecht vorgeschriebene erste Rangstelle nicht in Frage gestellt.[18] Das Gleiche gilt auch für ein subjektiv-persönliches Vorkaufsrecht, wenn es nach seiner rechtlichen Ausgestaltung im konkreten Fall dem subjektiv-dinglichen Vorkaufsrecht in seiner Bedeutung für das Erbbaurecht gleichkommt.[19] Dagegen stört ein zugunsten eines Dritten eingetragenes Vorkaufsrecht die erste Rangstelle.[20]

III. Vereinbarung eines Erbbauzinses

6.9 Wenn die Bestellung des Erbbaurechts entgeltlich geschieht, ist die Vereinbarung eines Erbbauzinses die Regel. Er besteht regelmäßig in Geld; das früher geltende Fremdwährungsverbot ist mit Aufhebung von § 3 Währungsgesetz durch Art. 9 § 1 EuroG ersatzlos entfallen.[21] Es kann sich aber auch um wiederkehrende Leistungen jeder Art handeln. Leistung „aus dem Grundstück im Sinn vom § 1105 Abs. 1 BGB bedeutet nicht, dass die Leistung in der Natur aus dem Grundstück zu entnehmen ist, sondern ist nur ein Hinweis auf die dingliche Haftung des Grundstücks

---

[13] Vgl. RdNr. 4.107.
[14] *Haegele* BWNotZ 1972, 21/27; *Ingenstau/Hustedt* § 11 RdNr. 12.
[15] Vgl. RdNr. 4.77 ff.
[16] Vgl. RdNr. 4.155 ff.
[17] Vgl. *Ingenstau/Hustedt* § 2 RdNr. 71, 74; *Staudinger/Rapp* § 2 RdNr. 34.
[18] BGH NJW 1954, 1443 = DNotZ 1954, 469 = Rpfleger 1954, 514; Rpfleger 1973, 555; *Erman/Hagen* § 10 RdNr. 1; *Ingenstau/Hustedt* § 10 RdNr. 19; *Palandt/Bassenge* § 10 RdNr. 1.
[19] OLG Düsseldorf NJW 1956, 875; *Ingenstau/Hustedt* § 10 RdNr. 17; *Palandt/Bassenge* § 10 RdNr. 1.
[20] BGH NJW 1954, 1443 = DNotZ 1954, 469 = Rpfleger 1954, 514; *Ingenstau/Hustedt* § 10 RdNr. 17.
[21] *Ingenstau/Hustedt* § 9 RdNr. 90.

III. Vereinbarung eines Erbbauzinses

im Weg der Zwangsvollstreckung und bedeutet so viel wie „sich im Weg der Zwangsvollstreckung in das Grundstück befriedigen".[22]

In § 9 Abs. 1 S. 1 ErbbauRG und § 1105 Abs. 1 BGB ist von „wiederkehrenden Leistungen" die Rede. Dies bedeutet, dass sich die Einzelleistungen von Zeit zu Zeit wiederholen müssen. Eine regelmäßige Wiederkehr ist jedoch nicht vorgeschrieben, so dass sie nicht in gleich bleibenden Zeitabständen aufeinander folgen müssen. Es ist auch nicht erforderlich, dass die einzelnen Erbbauzinsraten gleich hoch oder auch nur gleichartig sind. **6.10**

Zulässig sind wiederkehrende **Sachleistungen,** etwa Feingoldmark,[23] Roggen-, Weizenlieferungen, auch wenn das Getreide auf dem Grundstück selbst nicht angebaut wird,[24] Leistungen bestimmter wiederkehrender Mengen von Nutzholz oder Stahl,[25] Gebrauchsüberlassung einer Wohnung mit Strom- und Wasserbezug und Recht auf Beheizung,[26] Einräumung eines Dauernutzungsrechts.[27] Wichtig ist, dass die zu erbringenden Leistungen in einem positiven Geben oder Tun bestehen und in eine Geldforderung unwandelbar sind; unzulässig ist daher ein reiner Verzicht auf möglichen Schadensersatz.[28] Zulässig ist auch die Vereinbarung eines Wahlschuldverhältnisses, etwa des Inhalts: „Der Erbbauzins beträgt jährlich 600 Euro. Der Eigentümer ist berechtigt, an Stelle dieses Betrags die Lieferung von 30 Zentner Roggen zu verlangen".[29] **6.11**

Die Vereinbarung von Sachleistungen war weder nach dem durch das PrKG v. 14. 9. 2007 aufgehobenen[30] § 2 Preisangaben- und Preisklauselgesetz genehmigungspflichtig noch etwa wegen Umgehung dieser Bestimmung nichtig (§ 134 BGB). § 2 Preisangaben- und Preisklauselgesetz verbot nicht, an Stelle von Geldverpflichtungen Sachleistungsverpflichtungen zu begründen, sondern machte nur die Begründung einer Geldschuld, deren Betrag in Euro geschuldet wird, deren Höhe aber durch den Preis von Gütern oder Leistungen bestimmt werden soll, von einer Genehmigung abhängig.[31] **6.12**

Es besteht jedoch für die Beteiligten kein Zwang, einen dinglichen Erbbauzins zu vereinbaren; sie können sich auch auf eine rein schuldrechtliche Regelung beschränken. Ein nur schuldrechtlich vereinbarter Erbbauzins unterlag nicht den vor Inkrafttreten des Sachenrechtsänderungsgesetzes v. 21. 9. 1994[32] bis 30. 9. 1994 geltenden Beschränkungen des dinglichen Erbbauzinses, konnte also insbesondere an eine Gleitklausel geknüpft werden.[33] Nur auf den durch Grundbucheintragung dinglich gesicherten Erbbauzins bezieht sich die Regelung in § 9 ErbbauRG, dass die BGB-Vorschriften über die Reallasten entsprechend anzuwenden sind, also zB keine Verzugszinsen verlangt werden dürfen,[34] ebenso wie das Erfordernis der Bestimmbarkeit nach Art und Umfang und das Verbot, Erbbauzinsanspruch und Grundstückseigentum voneinander zu trennen (§ 9 Abs. 2 ErbbauRG). Wird nur ein obligatorischer Erbbauzins vereinbart, so ist diese Vereinbarung die alleinige **6.13**

---

[22] Vgl. OLG Celle DNotZ 1955, 315, 316.
[23] OLG Celle DNotZ 1955, 315, 317.
[24] OLG Celle DNotZ 1955, 315, 317; *Kehrer* BWNotZ 1955, 249.
[25] LG München DNotZ 1952, 220.
[26] OLG Hamm Rpfleger 1975, 357; LG München MittBayNot 1968, 317.
[27] BFH BStBl. 1974 II 549, wonach bei Verzicht auf die Eigennutzung der Räume zwecks Vermietung zur Erzielung von Einkünften Werbungskosten vorliegen.
[28] BayObLG Rpfleger 1960, 402; MünchKomm § 9 RdNr. 23.
[29] OLG Celle DNotZ 1955, 315; vgl. auch DNotZ 1952, 126.
[30] Unten RdNr. 6.133.
[31] LG München DNotZ 1952, 220/222 mit Anm. *Reinicke* zum früheren § 3 Währungsgesetz; vgl. RdNr. 6.120.
[32] BGBl. I S. 2457/2489, s. unten RdNr. 6.78.
[33] Vgl. RdNr. 6.94, 6.95.
[34] Vgl. RdNr. 6.15.

Grundlage für die fortlaufende Entrichtung der Erbbauzinsen. Es ist auch möglich und war vor Inkrafttreten des Sachenrechtsänderungsgesetzes v. 21. 9. 1994 in der Praxis üblich, neben dem dinglichen zusätzlich einen obligatorischen Erbbauzins zu vereinbaren.[35]

1. Begriff des Erbbauzinses

6.14   Wenn auch im Regelfall die Errichtung des Bauwerks durch den Erbbauberechtigten erfolgt, macht es für den Erbbauzins doch keinen Unterschied, wenn das Grundstück bereits bebaut ist oder der Grundstückseigentümer das Bauwerk auf seine Kosten errichtet, insbesondere ist es nicht angezeigt, eine Differenzierung zwischen einem Erbbauzins iS eines Teilbetrags für die Nutzung des Grundstücks und einen verrenteten Kaufpreis für das Eigentum am Gebäude vorzunehmen. Nach § 12 Abs. 1 S. 1 ErbbauRG gilt das aufgrund des Erbbaurechts errichtete Bauwerk als wesentlicher Bestandteil des Erbbaurechts. Damit steht nach Maßgabe der §§ 93, 95 Abs. 1 S. 2, 946 BGB das vom Grundstück getrennte Bauwerkseigentum dem Erbbauberechtigten zu. Auch das bei wirksamer Entstehung des Erbbaurechts bereits vorhandene Bauwerk ist gem. § 12 Abs. 2 S. 2 ErbbauRG nicht mehr Grundstücksbestandteil, sondern wesentlicher Bestandteil des Erbbaurechts gem. § 12 Abs. 1 S. 2 ErbbauRG. Nach h.M. geht kraft Gesetzes das Bauwerk in das Eigentum des Erbbauberechtigten rechtsgeschäftlich mit der Entstehung des Erbbaurechts und mit den anderen sich daraus ergebenden Befugnissen über.[36] Sowohl das Gebäude, als auch die Nutzungsflächen des Grundstücks sind dinglicher Rechtsinhalt des Erbbaurechts, so dass sich die Vereinbarung eines Erbbauzinses für die Bestellung des Erbbaurechts sowohl auf die Nutzungsbefugnis, als auch auf das Gebäude erstreckt; demgemäß ist bzgl. des gesamten Betrags auch eine Vereinbarung nach § 9 Abs. 3 S. 1 Nr. 1 ErbbauRG möglich und nicht nur für den Teilbetrag für die Nutzung des Grundstücks.

6.15   **a) Reallastartiges Recht.** Der dingliche Erbbauzins ist ein reallastartiges Recht, wie sich aus § 9 Abs. 1 ErbbauRG ergibt. Soweit § 9 keine Spezialregelung enthält, sind die Bestimmungen über die Reallast (§§ 1105 ff. BGB) entsprechend anzuwenden; nach § 1107 BGB finden für die einzelnen Leistungen aus einer Reallast die für die Zinsen einer Hypothekenforderung geltenden Vorschriften entsprechende Anwendung.

Demgemäß **verjähren** rückständige Erbbauzinsen in 3 Jahren (§§ 194, 195, 902 Abs. 1 S. 2 BGB).[37] Nach h.L. sind gem. §§ 1107, 289 S. 1 BGB aus Erbbauzinsen keine **Verzugszinsen**[38] oder Prozesszinsen[39] zu zahlen. Wenn demgegenüber darauf hingewiesen wird, dass der Erbbauzins das Entgelt für die Überlassung des Grundstücks ist und keine von der Hauptschuld abhängige Nebenleistung, wie es für alle Zinsen charakteristisch ist,[40] wird übersehen, dass auch die Einzelleistungen aus einer Reallast ihrem Charakter nach vielfach nicht wirklichen Zinsen entsprechen und trotzdem auf sie § 289 BGB anzuwenden ist. Dies kann auch nicht durch einen Verzugszuschlag umgangen werden, d.h. einen Zuschlag zum Erbbauzins für den Fall des Verzuges; dieser verstößt gegen § 9 ErbbauRG, da unbestimmt ist, ob

---

[35] RGRK/*Räfle* § 9 RdNr. 4; vgl. RdNr. 6.93 ff.
[36] Vgl. oben RdNr. 2.51; 2.67; MünchKomm § 12 RdNr. 6; *Staudinger/Rapp* § 12 RdNr. 11, 18.
[37] Ausführlich dazu unten RdNr. 6.120.
[38] BGH NJW 1978, 1261 = MDR 1978, 565; DB 1978, 926 = MDR 1978, 652; NJW 1979, 1545 = DB 1979, 1790; NJW 1980, 2519/2520; OLG Düsseldorf DB 1978, 2166; DNotZ 2001, 705; LG Arnsberg NJW 1955, 425 mit Anm. *Merkel;* OLG Stuttgart NJW 1958, 2019, das auf den Bestimmtheitsgrundsatz des § 9 ErbbauRG abstellt, mit Anm. *Raiser;* MünchKomm § 9 RdNr. 60.
[39] BGH NJW 1980, 2519, 2520; WPM 1982, 765/767; OLG Düsseldorf DNotZ 2001, 705.
[40] *Merkel* NJW 1955, 1114; *Bringe* NJW 1971, 1168.

III. Vereinbarung eines Erbbauzinses

und wann ein Verzug eintritt.[41] Dagegen unterliegt ein nur mit schuldrechtlicher Wirkung vereinbarter Erbbauzins nicht dem Zinseszinsverbot aus § 289 Satz 1 BGB, da auf den schuldrechtlichen Erbbauzins § 9 Abs. 1 ErbbauRG nicht anwendbar ist, so dass auch § 1107 BGB und das in dessen Rahmen geltende Zinseszinsverbot aus § 289 BGB, nicht eingreifen.[42]

Unabhängig hiervon sind zulässig **Strafzinsen,** die im Weg der Vertragsstrafe gem. § 2 Nr. 5 ErbbauRG für den Fall des Verzuges im Erbbaurechtsvertrag vereinbart werden können und daher auch in 6 Monaten verjähren (§ 4 ErbbauRG). Dagegen kann nach den allgemeinen Vorschriften ein Verzugsschaden gem. §§ 289 S. 2, 288 Abs. 4, 287 BGB verlangt werden;[43] dies etwa dann, wenn der Erbbauberechtigte seinen vertraglichen Verpflichtungen zur Mitwirkung an einer Erhöhungsvereinbarung oder der Beauftragung des Schiedsgutachters nicht rechtzeitig nachkommt.[44] 6.16

Im Fall drohender Verschlechterung des Erbbaurechts einschließlich Bauwerk und Zubehör hat der Grundstückseigentümer gem. § 1107 iVm. §§ 1134, 1135 BGB Unterlassungsansprüche, bei schuldhaftem Handeln oder Unterlassen des Erbbauberechtigten oder eines Dritten auch Schadensersatzansprüche gem. § 823 Abs. 1 (sonstiges Recht) und Abs. 2 BGB (§ 1134 BGB als Schutzgesetz).[45] 6.17

§ 9 enthält zwingendes Recht; der dingliche Erbbauzins kann daher nicht in einer anderen Form bestellt werden, zB als normale Reallast. 6.18

b) Erbbauzins als subjektiv-dingliches Recht (§ 9 Abs. 2). Nach § 9 Abs. 2 ErbbauRG kann der Anspruch auf den Erbbauzins in Ansehung der noch nicht fälligen Leistungen nicht von dem Eigentum am Grundstück getrennt werden. Die Erbbauzinsreallast ist daher notwendig ein subjektiv-dingliches Recht, das nur zu Gunsten des jeweiligen Grundstückseigentümers bestellt und im Grundbuch eingetragen werden kann (§ 1105 Abs. 2 BGB);[46] die Erbbauzins-Reallast ist untrennbar mit dem Eigentum an dem mit dem Erbbaurecht belasteten (herrschenden) Grundstück verbunden und kann davon auch nicht in der Weise getrennt werden, dass sie nur noch dem jeweiligen Inhaber eines bestimmten Miteigentumsanteils am herrschenden Grundstück zusteht. Dies gilt auch für die Erbbauzins-Reallast an einem einzelnen Wohnungs- oder Teilerbbaurecht.[47] Die Reallast als solche kann je nach der Person des Berechtigten entweder ein subjektiv-persönliches Recht sein, wenn sie zugunsten einer bestimmten Person bestellt wird (§ 1105 Abs. 1 BGB) oder ein subjektiv-dingliches Recht, wenn sie zu Gunsten des jeweiligen Eigentümers eines anderen Grundstücks bestellt wird (§ 1105 Abs. 2 BGB). Nach der Sondervorschrift des § 9 Abs. 2 ErbbauRG ist die Bestellung einer subjektiv-persönlichen Reallast im Sinn des § 1111 BGB ausgeschlossen.[48] 6.19

Die Erbbauzinsverpflichtung in ihrer Gesamtheit stellt das **Reallaststammrecht** dar, aus dem die einzelnen wiederkehrenden Erbbauzinsraten während der Dauer des Erbbaurechts fließen.[49] Für die Eintragung im Grundbuch hat die subjektiv-dingliche Natur der Erbbauzinsreallast zur Folge, dass der Erbbauzins im Erbbaugrundbuch zu Gunsten des jeweiligen Grundstückseigentümers einzutragen ist. 6.20

---

[41] OLG Stuttgart 1958, 2019 mit zust. Anm. *Raiser;* aA *Merkel* NJW 1955, 1114.
[42] BGH NJW-RR 1992, 591 = DNotZ 1992, 364; RGRK/*Räfle* § 9 RdNr. 23, 24 aE; *Erman/Hagen* § 9 Vorb.; RdNr. 2 aE; *Palandt/Bassenge* § 9 RdNr. 9.
[43] MünchKomm § 9 RdNr. 60.
[44] BGH DB 1978, 926 = MDR 1978, 652; 1979, 163, 165; vgl. RdNr. 6.95.
[45] RGRK/*Räfle* § 9 RdNr. 8; *Ingenstau/Hustedt* § 9 RdNr. 6, 29.
[46] BayObLGZ 1961, 23 = NJW 1961, 1263.
[47] BayObLG Rpfleger 1990, 507 = DNotZ 1991, 398.
[48] BayObLGZ 1961, 23 = NJW 1961, 1263; *Ingenstau/Hustedt* § 9 RdNr. 6; RGRK/*Räfle* § 9 RdNr. 3; *Staudinger/Rapp* § 9 RdNr. 5.
[49] BayObLGZ 1959, 84 = NJW 1959, 1876; NJW 1961, 1263.

6.21 Dass der Erbbauzins zu Gunsten des jeweiligen Eigentümers des Erbbaugrundstücks vereinbart wird, entspricht so sehr der Natur der Sache, dass auch dann, wenn der Erbbauzins nicht verdinglicht ist, der schuldrechtliche Anspruch hierauf im Zweifel dem jeweiligen Grundstückseigentümer zusteht.[50] Eine Eintragung zugunsten einer bestimmten Person kann daher nach der ihr zu Grunde liegenden Eintragungsbewilligung im Sinn einer subjektiv-dinglichen Berechtigung zu verstehen sein und kann durch einen einfachen Klarstellungsvermerk dahin richtig gestellt werden; eine solche Eintragung ist ihrem Inhalt nach weder unzulässig im Sinn des § 53 Abs. 1 S. 2 GBO noch inhaltlich unrichtig im Sinn des § 894 BGB und der §§ 22, 53 Abs. 1. S. 1 GBO, sondern lediglich undeutlich gefasst, so dass sie durch einen einfachen Klarstellungsvermerk den Wortlaut erhalten kann, mit dem der Erbbauzins von Anfang an hätte eingetragen werden sollen. Die bisherige Eintragung ist nicht vom Amts wegen als inhaltlich unzulässig zu löschen, wenn lediglich ihre Fassung unklar ist. Auch unklar gefasste Eintragungen im Grundbuch sind, ebenso wie die ihnen zu Grunde liegenden Eintragungsbewilligungen,[51] der Auslegung zugänglich, soweit sich ihr Sinn zweifelsfrei ermitteln lässt.[52] Der zu Unrecht gelöschte Erbbauzins ist mit dem bisherigen Rang und in der richtig gestellten Fassung von neuem einzutragen. Gegen die Löschung seiner bisherigen Eintragung ist ein Amtswiderspruch zugunsten des Eigentümers einzutragen.[53]

6.22 Dagegen bezog sich § 9 Abs. 2 S. 2 ErbbVO a. F. nicht auf Rechte aus der schuldrechtlichen Anpassungsklausel[54] und stand insbesondere der Wirksamkeit schuldrechtlicher Vereinbarungen über eine Anpassung des Erbbauzinses an geänderte Verhältnisse nicht entgegen.[55]

6.23 Handelt es sich um ein **Gesamterbbaurecht**,[56] so kann entweder für jeden Grundstückseigentümer ein getrennter Erbbauzins vereinbart werden, wobei alle Rechte zweckmäßigerweise am Gesamterbbaurecht Gleichrang erhalten sollten, oder es kann für alle Eigentümer ein einheitlicher Erbbauzins bestellt werden. Dieser steht dann im Zweifel den Grundstückseigentümern als Gesamtberechtigten gemäß §§ 428 ff. BGB zu.[57]

6.24 **c) Der Erbbauzins als Bestandteil des Grundstücks.** Die Erbbauzinsverpflichtung in ihrer Gesamtheit stellt das **Reallaststammrecht** dar, aus dem die einzelnen wiederkehrenden Erbbauzinsraten während der Dauer des Erbbaurechts fließen;[58] es ist mit dem Eigentum an dem Erbbaugrundstück verbunden und gilt deshalb gem. § 96 BGB als Bestandteil dieses Grundstücks, und zwar nach § 93 BGB als wesentlicher Bestandteil, da es von dem Eigentum am Grundstück nicht getrennt werden, also nicht Gegenstand besonderer Rechte sein kann.[59] Es kann für sich allein, ohne das Erbbaugrundstück, nicht auf ein anderes Rechtssubjekt übertragen und daher auch nicht abgetreten oder gepfändet werden (§ 851 Abs. 1 ZPO).[60] Umgekehrt geht es mit der Veräußerung des Erbbaugrundstücks auf den

---

[50] *Wolff/Raiser* (Sachenrecht, 10. Aufl. § 104 V 1 Fußn. 31) erklären den § 9 Abs. 2 S. 2 a. F. ErbbVO auch in diesem Fall für anwendbar und wollen eine gegenteilige Vereinbarung überhaupt ausschließen.
[51] BayObLGZ 1952, 54; 1957, 358.
[52] RGZ 139, 130; BayObLGZ 53, 83.
[53] BayObLG NJW 1961, 1263.
[54] BGH Rpfleger 1972, 49; OLG Hamm MittBayNot 1975, 24.
[55] BGH WPM 1969, 64.
[56] Vgl. RdNr. 3.37 ff.; dazu unten Muster 5.
[57] *Ingenstau/Hustedt* § 9 RdNr. 6; *Staudinger/Rapp* § 9 RdNr. 5; vgl. RdNr. 3.54.
[58] BayObLGZ 59, 84 = NJW 1959, 1876.
[59] RGZ 93, 73; BayObLG NJW 1961, 1263.
[60] RGZ 12, 202; BayObLG DNotZ 1991, 398 = Rpfleger 1990, 507.

III. Vereinbarung eines Erbbauzinses

Erwerber über. Das gilt auch für eine Veräußerung im Weg der Zwangsversteigerung (§ 865 Abs. 1 ZPO, § 20 Abs. 2, § 90 Abs. 2 ZVG); hier geht der Anspruch auf die noch nicht fälligen Erbbauzinsleistungen gemäß § 9 Abs. 2 ErbbauRG auf den Ersteher über.[61] Grundpfandrechte am Erbbaugrundstück erstrecken sich auf den Erbbauzins gem. § 1126 BGB, wobei die Haftung über den Rahmen des § 1126 BGB hinaus durch die Unzulässigkeit von Vorausverfügungen über die noch nicht fälligen Zinsleistungen erweitert wird.[62]

Die Untrennbarkeit ist ausdrücklich beschränkt auf die noch nicht fälligen Leistungen. Sobald die Erbbauzinsen **fällig** sind, können sie gesondert durch formlosen Vertrag abgetreten (§§ 398, 1107, 1159 BGB), verpfändet (§§ 1274, 1280 BGB) und gepfändet (§§ 829, 835 ZPO) werden. Die noch nicht fälligen Leistungen unterliegen dagegen nicht der Zwangsvollstreckung und der Pfändung.   6.25

d) Erbbauzins nicht Inhalt des Erbbaurechts. Der Erbbauzins ist nicht Inhalt des Erbbaurechts, sondern eine dingliche Belastung des Erbbaurechts.[63] Dies ergibt sich aus der Fassung von § 9 und aus § 2 ErbbauRG, in dem die Vereinbarung des Erbbauzinses nicht erwähnt ist. Der Erbbauzins kann daher auch nicht gemäß § 2 ErbbauRG zum vertragsmäßigen Inhalt des Erbbaurechts gemacht werden. Er wirkt daher gegenüber Sonderrechtsnachfolgern nur, wenn ihn diese ausdrücklich vertraglich übernommen haben. Der Erbbauzins wird auch nicht durch seine Eintragung im Grundbuch zum Inhalt des Erbbaurechts.[64] Der Erbbauzins kann eine dingliche Wirkung daher nur bekommen, wenn er durch die Eintragung als Reallast im Grundbuch abgesichert wird. Gegenüber Sonderrechtsnachfolgern, insbesondere dem Ersteher in der Zwangsversteigerung, kommt es daher allein auf die Rangstelle der den Erbbauzins sichernden Reallast an, was im Verhältnis zu vorrangigen, aber auch nachrangigen Gläubigern zu Problemen führt (s. aber unten RdNr. 6.28).[65] Betreibt ein vorrangiger Grundpfandrechtsgläubiger die Zwangsversteigerung des Erbbaurechts, so erlischt die Erbbauzinsreallast mit dem Zuschlag, so dass der Ersteher lastenfrei erwirbt und der Grundstückseigentümer für die restliche Laufzeit des Erbbaurechts keinen Erbbauzins mehr erhält.[66] Aber auch wenn sich der Eigentümer gemäß §§ 5, 8 ErbbauRG die Zustimmung zur Zwangsvollstreckung in das Erbbaurecht vorbehalten hat, ist nach dem Beschluss des BGH vom 26. 2. 1987 seine Zustimmung zu ersetzen, wenn er die Verweigerung darauf stützt, dass der Meistbietende nicht bereit ist, in die schuldrechtlichen Verpflichtungen hinsichtlich des Erbbauzinses einzutreten.[67]   6.26

Da der Erbbauzins nicht Inhalt des Erbbaurechts, sondern Belastung des Erbbaurechts ist, gilt für den Erbbauzins § 1 Abs. 4 ErbbauRG nicht, so dass er auch unter einer auflösenden Bedingung vereinbart werden kann.[68] Aus dem gleichen Grund müssen nachträgliche Vereinbarungen über eine Änderung des Erbbauzinses nicht nach § 11 Abs. 2 ErbbauRG iVm. § 311b Abs. 1 BGB notariell beurkundet werden.[69]   6.27

Das Sachenrechtsänderungsgesetz vom 21. 9. 1994 (BGBl. I S. 2457/2489) hat die geltende Rechtslage mit Wirkung zum 1. Oktober 1994 dadurch verändert,   6.28

---

[61] MünchKomm § 9 RdNr. 19; vgl. im Übrigen RdNr. 6.269.
[62] BayObLG NJW 1961, 1263, 1264; *Staudinger/Rapp* § 1 RdNr. 41.
[63] BGHZ 81, 358 = NJW 1982, 234; NJW 1986, 932, 933; *Winkler* DNotZ 1970, 391; NJW 1985, 940.
[64] *Ingenstau/Hustedt* § 9 RdNr. 8; MünchKomm § 9 RdNr. 5.
[65] Ausführlich *Winkler* DNotZ 1970, 390; NJW 1985, 940; vgl. RdNr. 6.252 ff.
[66] BGHZ 81, 358 = NJW 1982, 234; unten RdNr. 6.252 ff.
[67] BGH NJW 1987, 1942 = Rpfleger 1987, 257; ausführlich RdNr. 4.277.
[68] *Ingenstau/Hustedt* § 9 RdNr. 9; MünchKomm § 9 RdNr. 5; aA LG Bochum NJW 1960, 153.
[69] BGH NJW 1986, 932 = DNotZ 1986, 472.

dass gemäß dem neu eingefügten § 9 Abs. 3 Nr. 1 ErbbVO[70] **vereinbart werden kann,** dass die Reallast abweichend von § 52 Abs. 1 ZVG mit ihrem Hauptanspruch bestehen bleibt, wenn der Grundstückseigentümer aus der Reallast oder der Inhaber eines vorrangigen oder gleichstehenden Rechts die Zwangsversteigerung des Erbbaurechts betreibt. Der Regierungsentwurf sah zunächst vor, dass die Abrede über die Verpflichtung zur Zahlung der künftig fällig werdenden Erbbauzinsen in einer bestimmten Höhe zum vertragsmäßigen, auch den Rechtsnachfolger verpflichtenden Inhalt des Erbbaurechts vereinbart werden sollte; dieser Lösungsansatz wurde zum einen wegen grundsätzlicher dogmatischer Einwände, zum anderen wegen der Nichtberücksichtigung von Erhöhungsansprüchen und wegen hierdurch aufgeworfener vollstreckungsrechtlicher Zweifelsfragen überwiegend abgelehnt. Die nunmehr geltende Regelung geht im Wesentlichen auf einen Gegenvorschlag des Bundesrats zurück, dem die Bundesregierung zugestimmt und den der Rechtsausschuss geringfügig geändert und ergänzt hat. Sie sieht vor, dass eine Wertsicherung der Reallast und ihr Bestehenbleiben im Fall der Zwangsversteigerung des Erbbaurechts als **Inhalt des Erbbauzinses** vereinbart werden kann. Die Begründung einer zwangsversteigerungsfesten und wertgesicherten Erbbauzinsreallast ist also seitdem möglich. Damit wurde einer vom Verfasser seit langem erhobenen Forderung nach einer Änderung der Rechtslage entsprochen.[71]

2. Entstehung des Erbbauzinses

6.29   Als Belastung des Erbbaurechts entsteht der Erbbauzins gem. §§ 873, 874 BGB mit der dinglichen **Einigung** und der **Eintragung** im Erbbaugrundbuch. Zwar ist die Einigung als solche materiellrechtlich formlos wirksam, sie bedarf aber gem. §§ 19, 29 GBO der öffentlich beglaubigten Form. Ist sie im Erbbaurechtsvertrag selbst enthalten, also mit dem schuldrechtlichen Kausalvertrag verbunden, so muss sie gem. § 11 Abs. 2 ErbbauRG, § 311b Abs. 1 BGB notariell beurkundet werden.[72] Soll die Erbbauzinslast wertgesichert im Grundbuch eingetragen werden, müssen die objektiven Umstände für die Wertanpassung aus der Eintragungsbewilligung eindeutig hervorgehen.[73] Der Eintragungsantrag ist formfrei und kann vom Eigentümer wie auch vom Erbbauberechtigten gestellt werden (§ 13 GBO).[74] Eingetragen im Grundbuch muss nur das Recht als solches werden; wegen der näheren Einzelheiten, insbesondere hinsichtlich des Betrags und der Fälligkeit sowie wegen einer etwa festgesetzten Ablösesumme kann auf die Eintragungsbewilligung Bezug genommen werden (§ 874 BGB).[75] Der Erbbauzins wird in Abteilung II des Erbbaugrundbuchs eingetragen.

Aus der dinglichen Natur des Erbbauzinses ergibt sich, dass die Verpflichtung zur Zahlung des dinglichen Erbbauzinses grundsätzlich nicht davon berührt wird, wenn der Inhaber des Erbbaurechts, dem das Recht zusteht, das Erbbaugrundstück mit einem Gebäude zu bebauen, diese Befugnis nicht ausübt oder aus Gründen des öffentlichen Rechts diese Befugnis später nicht ausüben kann. Denn wenn das Erbbaurecht wirksam entstanden ist, ist sein Fortbestand grundsätzlich unabhängig da-

---

[70] Zur Erweiterung des § 9 Abs. 3 Nr. 1 durch das Gesetz zur Änderung des WEG v. 26. 3. 2007 bei Versteigerung eines Wohnungserbbaurechts wegen Hausgeldforderungen der Wohnungseigentümergemeinschaft unten RdNr. 6.283.
[71] Vgl. *Winkler* DNotZ 1970, 390; NJW 1985, 940.
[72] *Ingenstau/Hustedt* § 9 RdNr. 5; MünchKomm § 9 RdNr. 8.
[73] LG Saarbrücken Rpfleger 2000, 109.
[74] *Staudinger/Rapp* § 9 RdNr. 4.
[75] *Ingenstau/Hustedt* § 9 RdNr. 5; *Staudinger/Rapp* § 9 RdNr. 4; aA *Schalhorn* Jur. Büro 1971, 120, nach dem gem. §§ 1107, 1115 BGB auch der Erbbauzins nach seinem Betrag im Grundbuch einzutragen ist.

III. Vereinbarung eines Erbbauzinses

von, ob das Erbbaurecht tatsächlich ausgeübt werden kann.[76] Aus dem Charakter des Erbbaurechts als dinglichem Recht und aus § 1 Abs. 4 ErbbauRG, wonach das Erbbaurecht nicht durch auflösende Bedingungen beschränkt werden kann, folgt, dass anders als bei Dauerschuldverhältnissen weder eine Kündigung des Erbbaurechts[77] noch ein gesetzlicher Rücktritt vom eingetragenen Erbbaurecht in Betracht kommen.[78] Auch die schuldrechtlichen Vorschriften der §§ 275, 323 BGB sind auf das sachenrechtliche Erbbaurechtverhältnis nicht anwendbar.[79]

3. Nutzungsentgelt vor Eintragung des Erbbaurechts

Der Anfangszeitpunkt des Erbbaurechts und damit des Erbbauzinses kann nicht vor Eintragung des Erbbaurechts im Grundbuch liegen, da § 873 BGB Einigung und Eintragung verlangt.[80] Schuldrechtlich können die Wirkungen der Bestellung aber schon vorher vereinbart werden. Es empfiehlt sich daher, falls der Erbbauberechtigte das Grundstück schon vorher nutzen darf, vor Eintragung des Erbbaurechts im Grundbuch die Zahlung eines Nutzungsentgelts zu vereinbaren, das die Höhe des Erbbauzinses, aber auch jede andere beliebige Höhe haben kann.[81]   **6.30**

Möglich ist es auch, dass diejenigen Leistungen, die als Entgelt für einen vor der Grundbucheintragung liegenden Zeitraum bestimmt sind, zu einer einzigen Leistung zusammengefasst werden und der Anspruch darauf im Eintragungszeitpunkt zugleich entsteht und (frühestens) fällig wird; auch dieser Anspruch kann als eine Erbbauzins-Reallast bestellt werden. Die Leistung ist dann entsprechend größer als die später fällig werdenden Leistungen.[82]   **6.31**

Eine solche Klausel könnte etwa lauten: **6.32**

(.) Vom Besitzübergang bis zur Eintragung des Erbbaurechts im Grundbuch hat der Erbbauberechtigte an den jeweiligen Grundstückseigentümer ein jährliches Nutzungsentgelt in Höhe des vorvereinbarten Erbbauzinses zu leisten. Dieses Nutzungsentgelt ist in 12 gleichen Teilbeträgen jeweils im Voraus bis spätestens zum Ersten eines jeden Monats zu entrichten.

oder   **6.33**

(.) Schuldrechtlich vereinbaren die Vertragsteile folgendes: Für die Zeit vom Besitzübergang bis zur Fertigstellung der neu zu errichtenden Erbbaurechtsgebäude, längstens jedoch auf die Dauer von zwei Jahren, von heute an gerechnet, beträgt der Erbbauzins bzw. das Nutzungsentgelt jährlich 60 000 Euro – i. W. sechzigtausend Euro –, zahlbar am …

4. Rang des Erbbauzinses

Das Erbbaurechtsgesetz enthält keine Vorschrift darüber, welchen Rang der Erbbauzins haben muss. Dies ist daher der **freien Vereinbarung** der Beteiligten überlassen. Im Interesse der besseren Beleihbarkeit des Erbbaurechts wurde davon abgesehen, eine bestimmte Rangstelle vorzuschreiben. Der Erbbauzins kann daher auch hinter die übrigen Belastungen, zB Hypotheken oder Grundschulden, zurücktreten.   **6.34**

Die Frage des Rangs ist wegen der Folgen in der Zwangsversteigerung des Erbbaurechts und damit für die Beleihung von zentraler Bedeutung.[83] Ein Rücktritt des Eigentümers mit seiner Reallast hinter ein Grundpfandrecht kann im Fall der   **6.35**

---

[76] BGH NJW 1987, 2674, 2675; OLG Düsseldorf NJW-RR 2001, 1310 = DNotZ 2001, 706.
[77] BGH WPM 1961, 1148.
[78] BGH NJW 1969, 1112, 1113 = DNotZ 1969, 490; OLG Düsseldorf NJW-RR 2001, 1310 = DNotZ 2001, 707; vgl. RdNr. 2.157 ff.
[79] OLG Düsseldorf NJW-RR 2001, 1310 = DNotZ 2001, 707.
[80] Vgl. BGH Rpfleger 1973, 355; *Promberger* Rpfleger 1975, 233.
[81] *Winkler* Münchner Vertragshandbuch Form. VI. 87, 88, 89, je Ziffer III. Siehe Muster 1 Ziffer III Abs. 5 und Muster 2 Ziffer III Abs. 7.
[82] BGH DB 1975, 251 = DNotZ 1975, 154; MünchKomm § 9 RdNr. 25.
[83] Ausführlich dazu *Muth* WPM 1985, 1281.

Versteigerung durch den Grundpfandrechtsgläubiger dazu führen, wie vom BGH entschieden wurde,[84] dass das auf 99 Jahre bestellte Erbbaurecht bereits nach vier (!) Jahren erlischt, so dass der Eigentümer die restlichen 95 (!) Jahre keinen Erbbauzins mehr erhält.

6.36 Wegen dieser Misslichkeiten, insbesondere auch im Hinblick auf die Beleihbarkeit, hat das Sachenrechtsänderungsgesetz vom 21. 9. 1994 (BGBl. I S. 2457/2489) die geltende Rechtslage mit Wirkung zum 1. Oktober 1994 dadurch verändert, dass gemäß dem neu eingefügten § 9 Abs. 3 Nr. 1 ErbbVO[85] **vereinbart werden kann,** dass die Erbbauzins-Reallast abweichend von § 52 Abs. 1 ZVG mit ihrem Hauptanspruch bestehen bleibt, wenn der Grundstückseigentümer aus der Reallast oder der Inhaber eines vorrangigen oder gleichstehenden Rechts die Zwangsversteigerung des Erbbaurechts betreibt. Der Regierungsentwurf sah zunächst vor, dass die Abrede über die Verpflichtung zur Zahlung der künftig fällig werdenden Erbbauzinsen in einer bestimmten Höhe zum vertragsmäßigen, auch den Rechtsnachfolger verpflichtenden Inhalt des Erbbaurechts selbst vereinbart werden sollte; dieser Lösungsansatz wurde zum einen wegen grundsätzlicher dogmatischer Einwände, zum anderen wegen der Nichtberücksichtigung von Erhöhungsansprüchen und wegen hierdurch aufgeworfener vollstreckungsrechtlicher Zweifelsfragen überwiegend abgelehnt. Der Bundesrat griff daher auf Antrag des Freistaats Bayern in seiner Sitzung am 24. 9. 1993 auf die ursprünglich vom Verfasser[86] bereits im Jahr 1970 entwickelte Lösung einer Gleichstellung von Erbbauzins und Überbaurente analog § 52 Abs. 2 ZVG zurück.[87]

6.37 Die seitdem geltende Regelung sieht vor, dass eine Wertsicherung der Reallast und ihr Bestehenbleiben im Fall der Zwangsversteigerung des Erbbaurechts als **Inhalt des Erbbauzinses** vereinbart werden kann. Seit 1. Oktober 1994 ist also die Begründung einer zwangsversteigerungsfesten und wertgesicherten Erbbauzinsreallast möglich. Ist eine solche Vereinbarung getroffen, findet keine Kapitalisierung des Erbbauzinses mehr statt (§ 19 Abs. 2 Satz 2 ErbbauRG). In der Zwangsversteigerung bleibt der Erbbauzins gemäß § 52 Abs. 2 Satz 2 ZVG und abweichend von § 52 Abs. 1 Satz 1 ZVG auch dann bestehen, wenn er zwar bei der Feststellung des geringsten Gebots nicht berücksichtigt ist, aber nach § 9 Abs. 3 Satz 1 Nr. 1 ErbbauRG das Bestehen bleiben des Erbbauzinses als Inhalt der Reallast vereinbart worden ist. Die neue Regelung kann auch für einen nach altem Recht abgeschlossenen Erbbaurechtsvertrag nachträglich vereinbart werden.[88]

6.38 Da die frühere Regelung für vor dem 1. 10. 1994 vereinbarte Erbbaurechte unverändert gilt und auch weiterhin vereinbart werden kann, wird im Folgenden die alte und die neue Rechtslage dargestellt.

a) Frühere Rechtslage

6.39 **aa)** Hat der Eigentümer mit seiner Erbbauzins-Reallast die **erste Rangstelle,** so bietet dies die größte Sicherheit, weil im Fall einer Versteigerung durch nachrangige Gläubiger sein Recht bestehen bleibt (§ 52 Abs. 1 Satz 1 ZVG); dies ist allerdings dann nicht der Fall, wenn die Zwangsversteigerung aus den Rangklassen des § 10 Abs. 1 Nr. 1, 2 oder 3 ZVG (zB Erschließungskosten) betrieben wird. Betreibt der Eigentümer selbst die Zwangsversteigerung, so wird er aus dem Erlös befriedigt.

---

[84] BGHZ 81, 358 = NJW 1982, 234; dazu unten RdNr. 6.252 ff.
[85] Zur Erweiterung des § 9 Abs. 3 Nr. 1 durch das Gesetz zur Änderung des WEG v. 26. 3. 2007 bei Versteigerung eines Wohnungserbbaurechts wegen Hausgeldforderungen der Wohnungseigentümergemeinschaft unten RdNr. 6.283.
[86] *Winkler* DNotZ 1970, 390.
[87] *Vossius* § 52 SachRÄndG RdNr. 17.
[88] Unten RdNr. 6.283.

III. Vereinbarung eines Erbbauzinses

bb) Vereinbaren Grundstückseigentümer und Erbbauberechtigter die **Erhöhung** 6.40 eines im Erbbaugrundbuch gesicherten Erbbauzinses, so kann diese Erhöhung, wenn dafür keine wirksame Vormerkung besteht,[89] nur an nächstoffener Rangstelle als neues zusätzliches Recht im Grundbuch eingetragen werden. Anders ist es nur, wenn alle gleich- und nachstehend am Grundstück gesicherten Rechte der Erhöhung des bisherigen Erbbauzinses an der alten Rangstelle zustimmen (§§ 873, 877, 880 BGB).[90] Eine rückwirkende Erhöhung des Erbbauzinses kann nicht in das Grundbuch eingetragen werden; sie kann mit dinglicher Wirkung erst für die Zeit nach der Eintragung im Grundbuch wirksam vereinbart werden.[91] Die Zustimmung des Inhabers eines der Erbbauzinsreallast im Rang nachgehenden Rechts ist aber dann nicht erforderlich, wenn die Erhöhung des Erbbauzinses erst für einen Zeitpunkt vereinbart wird, zu dem das nachstehende Recht bereits erloschen ist; in diesem Fall beeinträchtigt die Inhaltsänderung das Recht des Dritten überhaupt nicht, so dass § 876 BGB nach seinen Sinn und Zweck keine Anwendung findet.[92]

cc) Rangrücktritt. Der Rücktritt des Grundstückseigentümers mit seinem 6.41 Recht hinter ein Grundpfandrecht geschieht gem. § 880 BGB, also durch Einigung und Eintragung im Grundbuch. Ist der Eigentümer geschäftsunfähig oder in der Geschäftsfähigkeit beschränkt, so bedürfen Eltern, Betreuer, Vormund, Pfleger gem. §§ 1643 Abs. 1, 1795, 1908i, 1915 Abs. 1, 1821 Abs. 1 Nr. 1 BGB der Genehmigung durch das Familien/Vormundschaftsgericht. Diese Genehmigung ist zu versagen, weil der Rangrücktritt des Erbbauzinses hinter ein Grundpfandrecht nicht der Wahrung der Interessen des Eigentümers dient; bei einer Rangänderung ist mit der Möglichkeit des Ausfalls des Erbbauzinses in der Zwangsversteigerung zu rechnen.[93] Dies gilt nach der Rechtsprechung des BGH[94] selbst dann, wenn sich der Grundstückseigentümer gemäß §§ 5, 8 ErbbauRG die Zustimmung zur Veräußerung bzw. zum Zuschlag in der Versteigerung vorbehält; da er die Verfolgung des Zwecks des Erbbaurechts, Erbbauzinsen zu erzielen, selbst einschränke, wenn er einer vorrangigen Belastung zustimme, ist nach dem BGH die Zustimmung zu ersetzen, wenn sie deshalb verweigert wird, weil der Ersteher nicht in die schuldrechtlichen Verpflichtungen hinsichtlich des Erbbauzinses eintritt.[95]

Im Fall des Rücktritts mit seinen Rechten hinter das Grundpfandrecht muss dem 6.42 Grundstückseigentümer daran gelegen sein, **Sicherungen** für den Fall der Zwangsversteigerung zu erhalten bzw. wieder die erste Rangstelle zu bekommen, wenn das Grundpfandrecht nicht mehr valutiert ist.[96]

Solche Sicherungen für den Grundstückseigentümer können nicht als Inhalt des 6.43 Erbbaurechts, sondern nur schuldrechtlich vereinbart werden, wirken daher nicht gegenüber Sonderrechtsnachfolgern. Ihre Nichteinhaltung oder Verletzung kann aber als Grund für den Heimfall (§ 2 Nr. 4 ErbbauRG)[97] oder eine Vertragsstrafe (§ 2 Nr. 5 ErbbauRG) ausgestaltet werden.

Hierbei ist zwischen Grundschuld und Hypothek zu unterscheiden, da erstere 6.44 von der zugrundeliegenden Forderung unabhängig ist, also weiter besteht, auch

---

[89] Vgl. RdNr. 6.205.
[90] LG Hamburg Rpfleger 1960, 170.
[91] BGH NJW 2002, 1421, 1423; OLG Frankfurt Rpfleger 1973, 136; MünchKomm § 9 RdNr. 10.
[92] BayObLG NJW 1960, 1155 = DNotZ 1960, 540 mit Anm. *Weitnauer* zu einem vorrangigen Dauernutzungsrecht.
[93] LG Braunschweig Rpfleger 1975, 310; vgl. RdNr. 6.242, 6.257 ff.
[94] BGH NJW 1987, 1942 = Rpfleger 1987, 257.
[95] Dazu RdNr. 4.277 und 6.266–6.269.
[96] Wegen des nur sehr bedingten Werts dieser Sicherung vgl. *Groth* DNotZ 1983, 652; *Ruland* NJW 1983, 97; *Winkler* NJW 1985, 940).
[97] *Schulte* BWNotZ 1961, 315/322; vgl. RdNr. 4.81.

wenn die Grundschuld nicht mehr valutiert ist, letztere sich aber gemäß §§ 1163, 1177 BGB in eine Eigentümergrundschuld umwandelt.

6.45 (1) *Rücktritt hinter Grundschuld.* Der Erbbauberechtigte kann vom Gläubiger nach Rückzahlung des Kredits Löschung, Verzicht oder Abtretung der Grundschuld verlangen.[98] Anspruchsgrundlage ist die Sicherungsabrede gemäß §§ 241, 311 BGB oder ungerechtfertigte Bereicherung gemäß § 812 BGB.[99] Klauseln, die in Grundschuldformularen enthalten sind und diese Rechte einschränken, dürften mit den Regeln zur Gestaltung rechtsgeschäftlicher Schuldverhältnisse durch allgemeine Geschäftsbedingungen (§§ 305 ff. BGB) nicht in Einklang stehen; es dürfte unzulässig sein, dass nicht dem Erbbauberechtigten, sondern dem Gläubiger das Wahlrecht zusteht und der Erbbauberechtigte lediglich einen Anspruch auf die Löschungsbewilligung erhält (vgl. § 307 Abs. 2 Nr. 1 BGB). Nach Beendigung des Kreditverhältnisses kann der Bank keine Befugnis zuerkannt werden, zu bestimmen, was mit der Grundschuld geschehen muss. Der Eigentümer kann zB ein wichtiges Interesse haben, den Rang zu wahren und deswegen Abtretung an sich oder einen Dritten zu verlangen. Wird die Rückgewähr davon abhängig gemacht, dass keinerlei Verbindlichkeiten gegenüber der Bank mehr bestehen und hat die Bank hierbei eine Übersicherung, so ist eine solche Klausel unwirksam und nicht anwendbar; die Bank ist zur Teillöschung bzw. teilweisen Rückgewähr verpflichtet.[100]

6.46 Die Abtretung der Rückgewähransprüche des Erbbauberechtigten gegenüber Gläubigern vor- und gleichrangiger Grundschulden an den erbbauzinsberechtigten Eigentümer ist ein notwendiges Sicherungsmittel, um im Fall einer Zwangsversteigerung dem Erbbauberechtigten nicht zu Lasten des Eigentümers Vorteile zu verschaffen. Die Abtretung der künftigen Rückgewähransprüche ist bei vor- und gleichrangigen Grundschulden umso wichtiger, als Eigentümergrundschulden im Gegensatz zur Hypothek (§ 1163 BGB) bei Grundschulden in der Regel nicht entstehen und damit der gesetzliche Löschungsanspruch des § 1179 BGB nicht zum Zug kommt.[101]

6.47 Der Rückgewähranspruch entsteht mit Abschluss des Sicherungsvertrags als durch die Tilgung der gesicherten Forderung aufschiebend bedingter Anspruch.[102] Er steht dem Erbbauberechtigten zu und kann nach § 398 BGB formlos abgetreten werden. Der Erbbauberechtigte kann den Rückgewähranspruch jedoch nur einmal abtreten. Sind mehrere Abtretungen erfolgt, so kommt es auf die zeitliche Reihenfolge an. Hat bei mehreren vorrangigen Grundschulden der Erbbauberechtigte den Anspruch schon an einen anderen abgetreten, so ist die Abtretung die Verfügung eines Nichtberechtigten (§ 185 BGB) und wird wirksam, wenn der Berechtigte (der erste Zessionar) zustimmt oder die vorhergehende Abtretung rückgängig macht (§ 185 Abs. 2 BGB).[103]

6.48 Der Rückgewähranspruch wird erfüllt
– durch Abtretung der Grundschuld an den Anspruchsberechtigten (§ 1154 BGB); dabei ist es möglich, dass der Anspruch auf Abtretung ausgeschlossen ist;
– durch Aufhebung und Löschung der Grundschuld (§§ 875, 1183, 1192 BGB);
– durch Verzicht auf die Grundschuld (§§ 1168, 1192 BGB), wobei die Grundschuld gemäß § 1168 BGB auf den Erbbauberechtigten übergeht.

6.49 (2) *Rücktritt hinter Hypothek.* Anders ist es bei der Hypothek wegen deren Forderungsabhängigkeit. Wenn die zugrunde liegende Forderung nicht entstanden ist oder

---

[98] *Reithmann* DNotZ 1982, 79.
[99] Dazu vgl. BGH MittBayNot 1987, 128.
[100] BGH NJW 1981, 571.
[101] Vgl. dazu *Palandt/Bassenge* § 1179 BGB RdNr. 9; *Reithmann* DNotZ 1982, 82 sowie WPM 1985, 441; vgl. Muster 2 Ziffer XII.
[102] BGH NJW 1977, 247; 1982, 928.
[103] *Reithmann* DNotZ 1982, 80 sowie WPM 1985, 441.

III. Vereinbarung eines Erbbauzinses

nicht mehr besteht, wird die Hypothek gemäß §§ 1163, 1177 BGB zur Eigentümergrundschuld und steht dem Erbbauberechtigten zu. Es handelt sich hier also nicht um einen Anspruch, der dem Erbbauberechtigten gegenüber dem Grundschuldgläubiger zusteht und der an den erbbauzinsberechtigten Eigentümer abzutreten ist, sondern um eine dem Erbbauberechtigten selbst zustehende Eigentümergrundschuld. Der Erbbauberechtigte kann sich dem Eigentümer gegenüber verpflichten, die Hypothek löschen zu lassen, so dass der nachrangige erbbauzinsberechtigte Eigentümer einen Löschungsanspruch für die Eigentümergrundschuld hat.[104]

(3) *Löschungsvormerkung.* Beim Rangrücktritt mit dem Erbbauzins kann eine Löschungsvormerkung gem. § 1179 Nr. 1 BGB für den jeweiligen Grundstückseigentümer bestellt werden.[105] Der Anspruch auf Abtretung der künftigen Rückgewähransprüche hinsichtlich Grundschulden durch den Erbbauberechtigten kann durch eine Vormerkung nach § 883 BGB gesichert werden, die vom Grundschuldgläubiger zu bewilligen ist.[106] **6.50**

Eine derartige Verpflichtung des Erbbauberechtigten auf eine Eintragung einer Löschungsvormerkung bzw. Abtretung der Rückgewähransprüche kann nicht als Inhalt des Erbbaurechts, sondern nur schuldrechtlich vereinbart werden. Ihre Nichteinhaltung oder Verletzung kann aber als Grund für den Heimfall ausgestaltet werden (§ 2 Nr. 4 ErbbauRG).[107] **6.51**

dd) Rangvorbehalt, Rangänderung. Zulässig ist auch die Eintragung eines Rangvorbehalts bei der Erbbauzinsreallast, der sich nach § 881 BGB richtet, oder die nachträgliche Rangänderung der Erbbauzinsreallast, die sich nach § 880 BGB bestimmt. Ein Rangrücktritt der Erbbauzinsreallast[108] fördert die Beleihbarkeit des Erbbaurechts, kann sich aber in der Zwangsversteigerung nachteilig für den Grundstückseigentümer auswirken.[109] **6.52**

b) Neue Rechtslage

aa) Bestehenbleiben der Erbbauzinslast. Nach § 9 Abs. 3 Satz 1 Nr. 1 ErbbauRG[110] kann als Inhalt der zur Sicherung des Erbbauzinsanspruchs bestellten Reallast vereinbart werden, dass die Reallast abweichend von § 52 Abs. 1 ZVG mit ihrem Hauptanspruch bestehen bleibt, wenn der Grundstückseigentümer aus der Reallast oder der Inhaber eines vorgehenden oder gleichstehenden dinglichen Rechts die Zwangsversteigerung des Erbbaurechts betreibt. **6.53**

Eine solche Regelung könnte etwa lauten:
„Als Inhalt des Erbbauzinses wird weiter vereinbart, dass die Erbbauzinsreallast abweichend von § 52 Abs. 1 ZVG mit ihrem Hauptanspruch bestehen bleibt, wenn aus ihr oder aus einem ihr vor- oder gleichrangigen dinglichen Recht die Zwangsversteigerung des Erbbaurechts betrieben wird."

Im Fall einer Erbbauzinsreallast mit diesem Inhalt bedarf es bei der Belastung des Erbbaurechts mit Grundpfandrechten weder eines Rangrücktritts des Reallastberechtigten noch der Abgabe sog. Stillhalteerklärungen.[111] Zu den Folgen bei der Zwangsversteigerung des Erbbaurechts im Einzelnen s. unten RdNr. 6.252 ff. **6.54**

---

[104] Siehe Muster 2 Ziffer XII.
[105] BayObLGZ 1980, 128 = NJW 1981, 2582 = DNotZ 1980, 483; RGRK/*Räfle* § 9 RdNr. 14.
[106] KG OLGZ 1976, 44; *Palandt/Bassenge* § 1179 BGB RdNr. 9. Muster 2 Ziffer XII.
[107] *Schulte* BWNotZ 1961, 315/322; vgl. RdNr. 4.81.
[108] Vgl. RdNr. 6.41 ff.
[109] Vgl. BGH NJW 1987, 1942 = Rpfleger 1987, 257 und RdNr. 4.277 sowie RdNr. 6.252 ff.
[110] Zur Erweiterung des § 9 Abs. 3 Nr. 1 durch das Gesetz zur Änderung des WEG v. 26. 3. 2007 bei Versteigerung eines Wohnungserbbaurechts wegen Hausgeldforderungen der Wohnungseigentümergemeinschaft unten RdNr. 6.283.
[111] S. unter RdNr. 6.260 ff.

Eine Kapitalisierung des künftigen Erbbauzinses entfällt mit der Folge einer erheblichen Erhöhung des Finanzierungsrahmens auch bei nachrangiger Beleihung. Ausgenommen ist der Fall, dass die Zwangsversteigerung betrieben wird aus den Rangklassen des § 10 Abs. 1 Nr. 1, 2[110] oder 3 ZVG (zB Erschließungskosten).

6.55 Eine Vereinbarung nach § 9 Abs. 3 ErbbauRG ist im Interesse der dinglich Berechtigten im Erbbaugrundbuch bei der Erbbauzinsreallast zu *vermerken*; die Bezugnahme auf die Eintragungsbewilligung genügt hier nicht. Ausreichend erscheint folgender Hinweis: „Der Erbbauzins unterliegt § 9 Abs. 3 ErbbauRG."[112]

Bei der Bestellung neuer Erbbaurechte steht den Beteiligten die **Wahl** zwischen einer Erbbauzinsreallast alten Rechts und einer Reallast mit dem Inhalt des § 9 Abs. 3 ErbbauRG offen.

6.56 Die Neuregelung lässt bestehende Erbbauzinsreallasten unberührt. Eine solche Regelung kann aber nicht nur bei der Begründung von Erbbaurechten nach dem 1. Oktober 1994 getroffen werden, vielmehr können auch die Vertragspartner nach altem Recht begründeter Erbbaurechte nachträglich eine entsprechende Änderung vereinbaren. Für die Wirksamkeit einer solchen Vereinbarung ist jedoch die Zustimmung der Inhaber der der Erbbauzinsreallast im Rang vorgehenden oder gleichstehenden dinglichen Rechte erforderlich (§ 9 Abs. 3 Satz 2 ErbbauRG). Der Zustimmung der Inhaber nachrangiger dinglicher Rechte bedarf es nicht, weil diesen die Erbbauzinsreallast ohnehin vorgeht.[113]

6.57 **bb) Rangvorbehalt.** Die Erbbauzinsreallast bleibt mit ihrem Hauptanspruch in einer Zwangsversteigerung des Erbbaurechts bestehen, auch wenn die Versteigerung aus einem vorrangigen oder gleichrangigen Recht betreiben wird und die Reallast nicht in das geringste Gebot aufzunehmen ist. Dies hätte zur Folge, dass das vorrangige Grundpfandrecht mit dem Zuschlag erlöschen und die Reallast im Rang aufrücken würde. Hierdurch würde dem Ersteher der Raum für eine erstrangige Finanzierung verloren gehen, was die Beleihbarkeit des Erbbaurechts einschränken kann. Der Grundstückseigentümer würde eine bessere Rechtsposition erhalten, als er sie vor dem Versteigerungsverfahren hatte. Einer solchen erstrangigen Absicherung des Erbbauzinses bedarf der Grundstückseigentümer aber nicht mehr, da die Reallast auch in einer erneuten Zwangsversteigerung des Erbbaurechts bestehen bleibt. Um diese geschilderten nachteiligen Wirkungen zu verhindern, kann gemäß § 9 Abs. 3 Satz 1 Nr. 2 ErbbauRG ein Rangvorbehalt zugunsten des jeweiligen Erbbauberechtigten begründet werden, wonach der jeweilige Erbbauberechtigte dem Inhaber der Reallast gegenüber berechtigt ist, das Erbbaurecht in einem bestimmten Umfang mit einer der Reallast im Rang vorgehenden Grundschuld, Hypothek oder Rentenschuld im Erbbaugrundbuch zu belasten. Dadurch wird erreicht, dass dem Ersteher des Erbbaurechts die Möglichkeit zu einer erstrangigen Beleihung des Erbbaurechts erhalten bleibt.

6.58 Der Rangvorbehalt muss den allgemeinen Bestimmungen des § 881 BGB entsprechen,[114] insbesondere muss er dem Umfang nach (Kapital, Zinsen und Nebenleistungen), nicht aber auch hinsichtlich des Berechtigten bestimmt sein (§ 881 Abs. 1 BGB); daher braucht der Berechtigte des vorbehaltenen Rechts nicht angegeben zu werden. Beschränkung des Rangvorbehalts auf eine bestimmte Person (zB bestimmte Bank) ist aber zulässig und führt dazu, dass dann die Ausübung des Vorbehalts nur zugunsten dieser Person möglich ist. Der Rangvorbehalt kann wiederholt ausgeübt werden.[115]

---

[112] *Vossius* § 52 ZVG RdNr. 31; *Freckmann/Frings/Grziwotz* RdNr. 194 a. E.
[113] Unten RdNr. 6.283 ff.
[114] S. Muster 1 und 2, je Ziffer III.
[115] Einzelheiten *Freckmann/Frings/Grziwotz* RdNr. 238 ff.; *Schöner/Stöber* RdNr. 2134; *Weber* Rpfleger 1998, 5.

III. Vereinbarung eines Erbbauzinses

Die dingliche Vereinbarung solcher Rangvorbehalte nach § 9 Abs. 3 Satz 1 Nr. 2 **6.59**
ErbbauRG ist allerdings nicht uneingeschränkt ratsam: Es ist denkbar, dass der hierdurch konkludent ausgesprochene Rangrücktritt gemäß der Rechtsprechung des BGH[116] dem Eigentümer die Möglichkeit abschneidet, in der Versteigerung des Erbbaurechtes die Zustimmung zu einem Zuschlag nach § 5 Abs. 1 ErbbauRG zu verweigern mit dem Argument, der Ersteigerer sei nicht in die weiteren schuldrechtlichen Bestimmungen des Vertrages eingetreten, die neben der Verpflichtung zur Zahlung des Erbbauzinses, die durch § 9 Abs. 3 Nr. 1 ErbbauRG gleichsam „verdinglicht" werden kann, vereinbart sind.

Ob ein Zustimmungsvorbehalt nach § 5 Abs. 2 ErbbauRG hinsichtlich solcher Grundpfandrechte ausgeübt werden kann, die in Ausnutzung des Rangvorbehalts bestellt werden, ist zwar noch nicht entschieden, aber wohl zu bejahen. Zweck des Rangvorbehalts ist nach dem eingangs Gesagten, dem Ersteher des Erbbaurechts den Raum für eine erstrangige Finanzierung zu erhalten, wodurch die Beleihbarkeit des Erbbaurechts verbessert wird; der Grundstückseigentümer soll nicht eine bessere Rechtsposition erhalten, als er vor dem Versteigerungsverfahren hatte, die er im Übrigen gar nicht braucht, da die Reallast auch in einer erneuten Zwangsversteigerung bestehen bleibt. Schutzzweck des § 5 Abs. 2 ErbbauRG ist, wie ausgeführt,[117] den Grundstückseigentümer gegen unerwünschte nach § 33 ErbbauRG beim Heimfall bestehen bleibende sowie mit den Regeln einer ordnungsmäßigen Wirtschaft nicht vereinbaren (§ 7 Abs. 2 ErbbauRG) Belastungen zu schützen. Da beide Regelungen also verschiedene Zwecke verfolgen, liegt in der Vereinbarung des Rangvorbehalts nicht automatisch auch eine Zustimmung zur Belastung des Erbbaurechts in dem nach dem Rangvorbehalt zulässigen Umfang.[118] Da dies nicht unstreitig ist, sollte die betreffende Regelung mit einer Klarstellung versehen werden, dass im Rangvorbehalt gegebenenfalls gerade keine konkludent erteilte Zustimmung zur künftigen Einzel-Belastung liegt.[119]

Zu bedenken ist auch, dass vor allem mit zunehmender Laufzeit des Erbbaurechts Risiken für den Grundstückseigentümer entstehen können. Ein zunächst angemessener Rangvorbehalt kann sich bei fortschreitendem Wertverlust im Hinblick auf das Übernahmerisiko des § 33 ErbbauRG beim Heimfall im Verhältnis zum Wert des Erbbaurechts als überhöht herauszustellen. Der Umfang des Rangvorbehalts wird aber grundsätzlich für die gesamte (Rest-)Laufzeit des Erbbaurechts festgelegt, so dass der Grundstückseigentümer, wollte man im Rangvorhalt eine konkludente Zustimmung zur Belastung gemäß § 5 Abs. 2 ErbbauRG sehen, keine Möglichkeit mehr hätte, die Zustimmung zur Belastung des Erbbaurechts zu verweigern.[120]

5. Nachträgliche Änderung des Erbbauzinses

Bei der nachträglichen Änderung des Erbbauzinses ist zu unterscheiden: **6.60**
Geschieht sie **nach** Eintragung des Erbbaurechts, so ist sie formlos wirksam und bedarf nicht gem. § 11 Abs. 2 ErbbauRG iVm. § 311b Abs. 1 BGB der notariellen Beurkundung. Der Erbbauzins ist, wie ausgeführt, nicht Inhalt des Erbbaurechts, sondern Belastung des Erbbaurechts. Er unterliegt daher nicht den Vorschriften des § 11 ErbbauRG.[121] Es genügt gem. §§ 877, 873 BGB die dingliche Einigung und Eintragung im Grundbuch. Wegen § 29 GBO ist jedoch öffentliche Beglaubigung

---

[116] Ausführlich RdNr. 4.277 ff.
[117] RdNr. 4.220.
[118] *Eichel* DNotZ 2004, 77, 78; a.A. *Weber* Rpfleger 1998, 5, 7.
[119] *Eichel* DNotZ 2004, 77, 78.
[120] Eingehend *Weber* Rpfleger 1998, 5 ff.
[121] BGH NJW 1986, 932 = DNotZ 1986, 472.

nötig. Wird der Erbbauzins erhöht, so müssen nachrangige Gläubiger zustimmen, wenn auch der erhöhte Erbbauzins den bisherigen Rang behalten soll (§ 880 BGB).

6.61 Wird der Erbbauzins **vor** Eintragung des Erbbaurechts geändert, so ist davon auszugehen, dass die Vereinbarungen über den Erbbauzins Bestandteil des der Erbbaurechtsbestellung zugrundeliegenden schuldrechtlichen Kausalgeschäfts sind und mit ihm im rechtlichen Zusammenhang stehen im Sinn eines einheitlichen Gesamtgeschäfts iS des § 139 BGB.[122] Besteht eine solche Rechtseinheit zwischen dem schuldrechtlichen Bestellungsvertrag und den Vereinbarungen über den Erbbauzins, so sind auch Änderungen des Erbbauzinses beurkundungspflichtig; wenn man der Ansicht des BGH folgt, dass Änderungen von Grundstückskaufverträgen **nach** Auflassung nicht beurkundungspflichtig sind,[123] ist dies jedenfalls der Fall bis zur **Einigung** über die Bestellung des Erbbaurechts. Der vorsichtige Notar wird zur Beurkundung bis zur Eintragung raten, solange die Frage nicht höchstrichterlich entschieden ist.[124]

6.62 Ob und inwieweit der Grundstückseigentümer bei Aufteilung des Erbbauzinses bei der Schaffung von Wohnungs- und Teilerbbaurechten mitwirken muss, ist gesetzlich nicht ausdrücklich geregelt. Grundsätzlich bedarf es der Zustimmung des Grundstückseigentümers nicht. Er braucht weder als Eigentümer noch als Reallastgläubiger, d.h. als Erbbauzinsberechtigter zuzustimmen (§§ 876, 877 BGB).[125] Praktisch wird jedoch die Mitwirkung des Grundstückseigentümers nicht zu umgehen sein, da eine später geplante Veräußerung der Wohnungs- oder Teilerbbaurechte und deren Belastung durch den Erwerber regelmäßig von der Zustimmung des Grundstückseigentümers abhängig gemacht wird.[126] Wird das Erbbaugrundstück real geteilt, so besteht die Erbbauzinsreallast gem. § 1109 BGB für die einzelnen Teile fort.[127] Die Anteile bestimmen sich nach dem Verhältnis der Größe der Grundstücksteile.

6. Aufhebung der Erbbauzinsreallast

6.63 Die Aufhebung der Erbbauzinsreallast im ganzen (Stammrecht) und der Ansprüche auf noch nicht fällige Leistungen richtet sich nach §§ 875, 876, 878 BGB. Sie erfolgt durch einseitige Erklärung des Grundstückseigentümers gegenüber dem Erbbauberechtigten, dessen Mitwirkung nicht erforderlich ist. Drittberechtigte müssen zustimmen (§ 876 BGB). Beim Grundbuchamt ist die Erklärung in öffentlich beglaubigter Form (§ 29 GBO) einzureichen. Erst mit der Löschung im Erbbaugrundbuch ist die Erbbauzinsreallast aufgehoben. Wurde der Erbbauzins zu Unrecht vom Grundbuchamt gelöscht, so ist er im bisherigen Rang neu einzutragen.[128]

6.64 Für einen Verzicht auf fällige (rückständige) Erbbauzinsleistungen genügt die einseitige formlose Erklärung des Grundstückseigentümers gegenüber dem Erbbauberechtigten nach §§ 1107, 1178 Abs. 2 BGB.

IV. Höhe des Erbbauzinses

6.65 Die Bestimmung über die Höhe des Erbbauzinses unterliegt grundsätzlich der freien Vereinbarung der Vertragsteile. Das ErbbauRG enthält keine Vorschriften

---

[122] *Wufka* DNotZ 1985, 651; 1986, 473.
[123] BGH DNotZ 1985, 284 mit Anm. *Kanzleiter.*
[124] *Wufka* DNotZ 1986, 473.
[125] *Ingenstau/Hustedt* § 1 RdNr. 91; *Winkler* Münchner Vertragshandbuch Bd. 6 Form. VIII. 15 Anm. 3; aA MünchKomm § 9 RdNr. 9.
[126] Vgl. RdNr. 4.172 ff.
[127] *Ingenstau/Hustedt* § 9 RdNr. 12; MünchKomm § 9 RdNr. 9.
[128] BayObLG NJW 1961, 1263; MünchKomm § 9 RdNr. 11.

über die Angemessenheit des Erbbauzinses. Es schreibt auch nicht vor, dass der Erbbauzins angemessen sein muss. Auch § 9a ErbbauRG setzt der anfänglichen Höhe des Erbbauzinses bei Abschluss des Erbbaurechtsvertrags keine Grenze, da er nur für Erhöhungsverlangen gilt.[129] Lediglich im ersten Wohnungsbaugesetz vom 24. 4. 1950 (BGBl. 83) wird den Gemeinden zur Pflicht gemacht, Erbbaurechte nur zu bestellen, wenn angemessene Gegenleistungen gemacht werden. Die Höhe des Erbbauzinses wird im Allgemeinen nach einem Prozentsatz (zB 4%) des Verkehrswertes des belasteten Grundstücks bestimmt. Entsprechend dem Zweck des Erbbaurechts sollte sich aber der Erbbauzins nicht pauschal nach einem Prozentsatz des Verkehrswerts des Grundstücks richten, sondern nach dem Grad der jeweils gewährten Nutzungsmöglichkeit.[130]

Entscheidend ist, unter welchen Umständen das Erbbaurecht ausgegeben wird. **6.66** Stehen soziale Zwecke des Erbbaurechts im Vordergrund, zB die Errichtung von Wohnungen für kinderreiche Familien oder Flüchtlinge oder der Bau eines Krankenhauses oder Altersheims, so muss das Bestreben der Grundstückseigentümer, meist des Staates oder der Gemeinde, sein, einen im Verhältnis geringen Erbbauzins zu verlangen, jedenfalls einen geringeren als die Verzinsung des etwaigen Grundstückskaufpreises ausmachen würde; dafür können aber dem Erbbauberechtigten zum Ausgleich entsprechende Auflagen gemacht werden.

Wenn private Grundstückseigentümer das Erbbaurecht zugunsten industrieller **6.67** Unternehmen, etwa zur Errichtung einer Fabrik oder sonstiger gewerblicher Unternehmen, zB zur Errichtung eines Hotels, bestellen, so ist das wirtschaftliche Moment vorherrschend und wird der Erbbauzins entsprechend höher liegen. Allgemein lässt sich sagen, dass ein angemessener Erbbauzins normalerweise unter dem Zinsfuß für langfristige Kapitalanlagen liegt; durch die Bebauung auf Kosten des Erbbauberechtigten wird der Boden wertvoller; der Grundstückseigentümer erhält sein Grundstück mit dieser nicht unerheblichen Wertsteigerung zurück.[131]

V. Bestimmtheit des dinglichen Erbbauzinses

Nach der bis 30. 9. 1994 geltenden Regelung musste der Erbbauzins nach Zeit **6.68** und Höhe für die ganze Erbbauzeit im Voraus bestimmt sein (§ 9 Abs. 2 S. 1 ErbbVO a. F.). Dieser Grundsatz galt nur für den dinglichen Erbbauzins, nicht dagegen für zusätzliche Vereinbarungen, wie etwa eine schuldrechtliche Anpassungsklausel.[132] Bestimmbarkeit, wie bei der Reallast, genügte nicht.[133] Sinn der Vorschrift war, dass von Anfang an jeder spätere Kreditgeber in der Lage war, den Beleihungswert des Erbbaurechts nach Abzug der Erbbauzins-Reallast in wirtschaftlich eindeutiger Weise zu ermitteln.[134] Ob dieser Zweck angesichts der vielfältigen (schuldrechtlichen) Wertsicherungsklauseln noch erfüllt war, wurde bereits in den Vorauflagen bezweifelt. Das Sachenrechtsbereinigungsgesetz v. 21. 9. 1994 hat die geltende Rechtslage mit Wirkung zum 1. 10. 1994 dadurch geändert, dass gemäß dem geänderten Abs. 2 Satz 1 der Erbbauzins nach Zeit und Höhe für die gesamte Erbbauzeit im Voraus bestimmt werden **kann** und gemäß dem neu eingefügten Satz 2 auch eine Anpassungsklausel Inhalt des Erbbauzinses sein kann. Die seit 1. 10. 1994 geltende Rechtslage für den Erbbauzins stimmt also nunmehr mit dem allgemeinen Recht der Reallast überein, wonach der Erbbauzins hinreichend be-

---

[129] *Hartmann* DB 1974 Beil. Nr. 22 RdNr. 18.
[130] *Albertz* Rpfleger 1956, 330.
[131] *Ingenstau/Hustedt* § 9 RdNr. 15; *Staudinger/Rapp* § 9 RdNr. 18.
[132] *Dürkes* BB 1980, 1609/1610; vgl. RdNr. 6.65 ff.
[133] BGHZ 22, 220 = NJW 1957, 98; OLG Hamm Rpfleger 1955, 232; NJW 1967, 2362; OLG Stuttgart NJW 1968, 2019.
[134] BGH DNotZ 1975, 154 = Rpfleger 1975, 56.

stimmbar sein muss.¹³⁵ Wegen Unsicherheiten in der Praxis wurde § 9 mit Wirkung ab 16. 6. 1998 erneut geändert und in § 1105 BGB eine ausdrückliche Regelung über die Zulässigkeit von Anpassungsklauseln bei Reallasten angefügt.¹³⁶ Im Folgenden wird daher die alte und die neue Rechtslage getrennt dargestellt.

6.69 Die Erbbauzinsreallast kann wie jede normale Reallast unter Fristbestimmungen und unter Bedingungen begründet werden. Auch eine auflösende Bedingung, die für das Erbbaurecht selbst nach § 1 Abs. 4 S. 1 ErbbauRG unzulässig ist, kann vereinbart werden. Auch die Beleihbarkeit des Erbbaurechts, deren Zweck diese Vorschrift vor allem dient, wird durch nachträglichen Wegfall oder durch Verminderung des Erbbauzinses nicht beeinträchtigt.¹³⁷ Tritt die auflösende Bedingung ein, so endet die Erbbauzinsreallast von selbst (§ 158 Abs. 2 BGB), ohne dass es noch einer Löschung bedarf; diese hat hier lediglich die Bedeutung einer Grundbuchberichtigung (§ 894 BGB, § 22 GBO).

1. Nach früherem Recht begründete Erbbaurechte

6.70 **a) Fälligkeit und Höhe des Erbbauzinses.** Der Erbbauzins muss nach § 9 Abs. 2 S. 1 ErbbVO a. F. nach Zeit und Höhe für die ganze Erbbaurechtszeit im Voraus bestimmt sein. Die Fälligkeit aller Leistungen muss datumsmäßig feststehen, was aber nicht bedeutet, dass die Fälligkeitsdaten gleichmäßig, zum Beispiel jeweils an einem bestimmten Tag des Jahres sein müssen. Es ist zulässig, die Zeitabschnitte unregelmäßig festzusetzen.¹³⁸

6.71 Das Gleiche gilt für die Höhe des Erbbauzinses.¹³⁹ Auch er kann für verschiedene Zeitabschnitte in verschiedener Höhe geregelt sein. Es ist also möglich, eine Staffelung nach Zeitabschnitten vorzusehen, zB den Erbbauzins von jährlich 2000,– Euro nach zehn Jahren auf 3000,– Euro und nach zwanzig Jahren auf 4000,– Euro zu erhöhen. Zahlen und Daten müssen aber im Vertrag ziffernmäßig genau festgelegt sein.¹⁴⁰ § 9a ErbbauRG steht hierbei nicht entgegen, da er nur für nachträgliche Erhöhungsverlangen gilt, nicht aber, wenn der Erbbauzins von vorneherein fest bestimmt ist.¹⁴¹

6.72 Zulässig ist auch ein Wahlschuldverhältnis oder eine Ersetzungsbefugnis für den einen der Vertragsteile, jedoch nur in der Weise, dass von Anfang an genau feststeht, welche Warenmenge anstelle der vereinbarten Geldleistungen gefordert werden kann, zB 30 Zentner Getreide statt 600 Euro.¹⁴² Die Leistung ist hier im Voraus bestimmt und der Erbbauberechtigte sowie seine Grundpfandgläubiger können die Höhe der Belastung übersehen. Unzulässig wäre aber das Wahlrecht, statt einer bestimmten Sachmenge den Geldbetrag zu verlangen, der dem Marktpreis der betreffenden Ware zum Zahlungstag entspricht, da hier der Geldbetrag nicht bestimmt, sondern nur bestimmbar ist.¹⁴³

6.73 **b) Unzulässige Bestimmungen.** Unzulässig sind dagegen alle Bestimmungen, die lediglich eine **Bestimmbarkeit** der einzelnen Leistungen oder der Fälligkeit

---

¹³⁵ Vgl. *Ingenstau/Hustedt* § 9 RdNr. 24 ff.; *Schöner/Stöber* RdNr. 1305, 3245; *Staudinger/Amann* § 1105 BGB RdNr. 14.
¹³⁶ Unten RdNr. 6.78.
¹³⁷ *Ingenstau/Hustedt* § 9 RdNr. 9; *Palandt/Bassenge* § 9 RdNr. 2, 3; RGRK/*Räfle* § 9 RdNr. 11; aA LG Bochum NJW 1960, 153 mit Anm. *Wangemann*.
¹³⁸ Zur Frage der Verzugszinsen und Verjährung vgl. RdNr. 6.15.
¹³⁹ Allgemein zur Bemessung und Kalkulation der Höhe der Erbbauzinsen vgl. RdNr. 6.65.
¹⁴⁰ BGH DNotZ 1975, 154; OLG Stuttgart NJW 1958, 2019; *Kehrer* BWNotZ 1955, 249; *Wangemann* NJW 1957, 978.
¹⁴¹ *Hartmann* DB 1974 Beil. Nr. 22 RdNr. 16.
¹⁴² OLG Celle DNotZ 1955, 315; *Huber* NJW 1952, 687; *Kehrer* BWNotZ 1955, 249/254.
¹⁴³ LG München DNotZ 1952, 220; OLG Celle DNotZ 1952, 126; MünchKomm § 9 RdNr. 23.

vorsehen. Unvereinbar mit dem Bestimmtheitsgrundsatz ist zB die dingliche Abrede, dass der Erbbauzins „zurzeit" eine bestimmte Geldsumme betrage, dass die Höhe des Erbbauzinses für einzelne Zeitabschnitte der späteren Vereinbarung der Beteiligten oder der Festsetzung durch einen Dritten vorbehalten bleibe,[144] dass der Erbbauzins nach bestimmten Zeitabständen neu festgesetzt werden soll.

Unzulässig sind dingliche Vereinbarungen, die die Bemessungsgrundlage nach dem jeweiligen Basiszinssatz der Deutschen Bundesbank oder nach dem jeweiligen Bodenwert festlegen. Jede Gleitklausel, sei es nach einem Index,[145] nach bestimmten Beamtengehältern[146] oder sei es eine bestimmte Prozentzahl über oder unter dem jeweiligen Basiszinssatz, ist unzulässig. Streitig ist, ob eine auflösende Bedingung[147] des Erbbauzinses gegen § 9 Abs. 2 S. 1 ErbVO a. F. verstößt, bei der der Erbbauzins insoweit erlischt, als auf Grund einer schuldrechtlichen Wertsicherungsklausel der Erbbauzins unter den eingetragenen Betrag herabsinkt.[148] Solche für den dinglichen Erbbauzins unzulässige Vereinbarungen können nur schuldrechtlich getroffen werden. 6.74

Die Festsetzung der Höhe des Erbbauzinses darf auch nicht einer späteren Vereinbarung durch die Beteiligten oder der Ermittlung durch dritte Personen vorbehalten werden, auch wenn eine Höchst- oder Mindestgrenze vereinbart ist.[149] Unzulässig ist es auch, für den Fall des Verzugs einen Zuschlag zum Erbbauzins zu vereinbaren; dies ist aber möglich durch die Vereinbarung einer Vertragsstrafe für den Verzugsfall im Sinn von § 2 Nr. 5 ErbbauR.G.[150] 6.75

Unzulässig ist auch das Wahlrecht, statt einer bestimmten Sachmenge den Geldbetrag zu verlangen, der dem Marktpreis der betreffenden Ware am Zahlungstag entspricht, da hier der Geldbetrag nicht bestimmt, sondern nur bestimmbar ist.[151] 6.76

c) Verstöße. Verstöße gegen das Bestimmtheitserfordernis führen zur Nichtigkeit der Erbbauzinsvereinbarung.[152] Da der Erbbauzins in der Regel die wesentliche Gegenleistung ausmacht, ist im Zweifel nach § 139 BGB der ganze Erbbaurechtsvertrag nichtig.[153] Die Erbbauzinsreallast ist dann von Amts wegen zu löschen (§ 53 Abs. 1 S. 2 GBO), während am Erbbaurecht selbst ein Widerspruch einzutragen ist (§ 53 Abs. 1 S. 1 GBO).[154] Haben die Beteiligten dagegen im Erbbaurechtsvertrag, wie häufig, eine Heilungsklausel aufgenommen und § 139 BGB ausgeschlossen, so hat der Grundstückseigentümer einen Anspruch auf Festsetzung eines neuen angemessenen Erbbauzinses, da im Zweifel eine unentgeltliche Einräumung des Erbbaurechts nicht gewollt war.[155] 6.77

2. Nach dem 30. 9. 1994 begründete Erbbaurechte

Das Sachenrechtsbereinigungsgesetz vom 21. 9. 1994 (BGBl. I S. 2457/2489) hat aus der Muss-Vorschrift des § 9 Abs. 2 Satz 1 ErbbVO eine Kann-Vorschrift gemacht und damit viele Streitfragen und Komplikationen beseitigt. Nach der neuen Rege- 6.78

---

[144] OLG Hamm Rpfleger 1955, 232.
[145] OLG Hamm JMBlNRW 1960, 134.
[146] Vgl. BGHZ 14, 306 = NJW 1954, 1684.
[147] Vgl. dazu RdNr. 6.69.
[148] So LG Bochum NJW 1960, 153 mit ablehnender Anm. *Wangemann;* aA *Ripfel* BWNotZ 1971, 55/59; *Schulte* BWNotZ 1961, 204/211.
[149] OLG Dresden JFG 3, 325; MünchKomm § 9 RdNr. 26; *Staudinger/Rapp* § 9 RdNr. 17; vgl. BGHZ 22, 220/222.
[150] OLG Stuttgart NJW 1958, 2019; MünchKomm § 9 RdNr. 26; vgl. RdNr. 4.130, 6.16.
[151] OLG Celle DNotZ 1952, 126; LG München DNotZ 1952, 220.
[152] MünchKomm § 9 RdNr. 27.
[153] BGH NJW 1957, 98; *Ingenstau/Hustedt* § 9 RdNr. 77; MünchKomm § 9 RdNr. 27.
[154] MünchKomm § 9 RdNr. 27; aA *Staudinger/Rapp* § 9 RdNr. 19: Löschung auch des Erbbaurechts nach § 53 Abs. 1 S. 2 GBO.
[155] MünchKomm § 9 RdNr. 27.

lung muss der Erbbauzins nicht mehr nach Zeit und Höhe für die gesamte Erbbauzeit im Voraus bestimmt werden, vielmehr kann auch eine Wertsicherung der Reallast als Inhalt des dinglichen Rechts vereinbart werden. Hierdurch ist das zwingende Erfordernis der Festlegung für die gesamte Laufzeit des Erbbaurechts entfallen;[156] sie ist aber nach wie vor zulässig.[157]

Die neue Regelung war jedoch missglückt und hatte Auslegungsstreit hervorgerufen.[158] Wegen dieser Unsicherheiten in der Praxis wurde § 9 ErbbVO mit Wirkung ab 16. 6. 1998 durch Art. 11a EuroEG v. 9. 6. 1998[159] erneut geändert und in § 1105 BGB eine ausdrückliche Regelung über die Zulässigkeit von Anpassungsklauseln bei Reallasten angefügt. Nach § 9 Abs. 1 ErbbVO gelten die Vorschriften über die Reallast auch für den Inhalt der Erbbauzinsreallast uneingeschränkt, so dass Bestimmbarkeit genügt.

6.79 Die Beteiligten können daher seitdem auch eine Wertsicherung der Reallast als Inhalt des dinglichen Rechts vereinbaren. Danach kann als Inhalt des Erbbauzinses eine Verpflichtung zu seiner Anpassung an veränderte Verhältnisse vereinbart werden, wenn die Anpassung nach Zeit und Wertmaßstab bestimmbar ist. Damit stimmt die seit 1. 10. 1994 für den Erbbauzins geltende und seit 16. 6. 1998 klargestellte Rechtslage mit dem allgemeinen Recht der Reallast nach §§ 1105 ff. BGB überein, wonach die Reallast hinreichend bestimmbar sein muss.[160] Die Bestimmbarkeit musste bisher im Rahmen der schuldrechtlichen Anpassungsklausel geprüft werden. Die Prüfung von Bewertungsmaßstab,[161] Zeitpunkt[162] und Bestimmbarkeit[163] wurde durch die Neuregelung von der schuldrechtlichen Anpassungsklausel in den dinglichen Erbbauzins selbst verlagert. Dies galt auch für die bis 13. 9. 2007 u. U. erforderliche währungsrechtliche Genehmigung, die nicht für die schuldrechtliche Vereinbarung, sondern für das dingliche Recht und damit auch gegenüber dem Grundbuchamt erforderlich war.

Ist die Anpassung nicht reallastfähig, etwa weil eine Klausel mit Ermessensspielraum (sog. Leistungsvorbehalt) vereinbart ist[164] oder weil die auslösenden Faktoren (zB Nutzungsänderung) unbestimmt bleiben, kommt allenfalls eine Absicherung der dann nur schuldrechtlich möglichen Änderungsabrede über eine Vormerkung in Betracht. Zwar setzt auch § 883 BGB hinsichtlich des gesicherten Anspruchs dessen Bestimmbarkeit voraus,[165] die Anforderungen sind insoweit jedoch geringer als hinsichtlich der sachenrechtlichen Bestimmbarkeit des Reallastrechts.[166]

6.80 Die übliche Gleitklausel[167] bei der Reallast führt zu einer automatischen Anpassung bzw. Änderung der Reallast, wobei es nicht schadet, wenn die Erhöhung nur auf Verlangen eines Beteiligten, etwa des Gläubigers eintritt.[168] Da die Reallast somit automatisch durch den Wertmesser bestimmt wird, bedarf es keiner zukünftigen Eintragung einer Reallast mit geändertem Inhalt, die etwa durch Vormerkung zu sichern wäre. Anders als bei Klauseln, die erst noch eine Anpassungsvereinbarung nötig machen, ist der Ersteher des Grundstücks aus der nach § 52 Abs. 1

---

[156] So richtig *Klawikowski* Rpfleger 1995, 145; *Maaß* NotBZ 1997, 44.
[157] BT-Drucks. 12/5992 S. 194; *Eickmann* § 9 ErbbVO RdNr. 6.
[158] Ausführlich hierzu Vorauflage RdNr. 6.78 ff.; *Ingenstau/Hustedt* § 9 RdNr. 24.
[159] BGBl. I S. 1242; vgl. auch *Ingenstau/Hustedt* § 9 RdNr. 25.
[160] LG Saarbrücken Rpfleger 2000, 109; *Schöner/Stöber* RdNr. 1305, 3245; *Staudinger/Amann* § 1105 BGB RdNr. 14.
[161] Unten RdNr. 6.105 ff.
[162] Unten RdNr. 6.115 ff.
[163] Unten RdNr. 6.211 ff.
[164] Unten RdNr. 6.158 ff.
[165] Vgl. OLG Hamm MittBayNot 1995, 464 und unten RdNr. 6.205 ff.
[166] Vgl. *Schöner/Stöber* RdNr. 1811 c.
[167] Dazu unten RdNr. 6.135 ff. und *Mayer/Maly* NJW 1996, 2015.
[168] BGHZ 111, 324, 327 = NJW 1990, 2380; unten RdNr. 6.136.

V. Bestimmtheit des dinglichen Erbbauzinses

ZVG bestehen gebliebenen Reallast gemäß § 1108 Abs. 1 BGB verpflichtet, den sich aus der Wertsicherung und dem gestellten Erhöhungsverlangen ergebenden höheren Reallast-Betrag zu zahlen. Die Neufassung des § 9 ErbbVO und § 1105 BGB sollte ermöglichen, zum Inhalt der Erbbauzinsreallast eine Anpassungsklausel zu machen, die bei Veränderung des Maßstabs den Erbbauzins unmittelbar – automatisch – anpasst. Der Gesetzgeber wollte die „heute übliche Wertsicherung durch eine schuldrechtliche Vereinbarung auf Anpassung des Erbbauzinses und die Sicherung dieses Anspruchs durch eine Vormerkung entbehrlich" machen.[169]

Ob er dieses Ziel erreicht hatte, war umstritten, weil es nach den Sachenrechtsbereinigungsgesetz v. 21. 9. 1994 in § 9 Abs. 2 Satz 2 ErbbVO a. F. hieß, dass „auch eine Verpflichtung zu seiner Anpassung an veränderte Verhältnisse" Inhalt des Erbbauzinses sein könne. Es war streitig, ob das Wort „Verpflichtung" sich auf die Anpassungsvereinbarung als Stammrecht bezieht oder auf den aus dem Stammrecht fließenden Anspruch auf Erbbauzinserhöhung bei Erfüllung der in der Anpassungsvereinbarung genannten Voraussetzungen. Das BayObLG[170] und die hL[171] hielten aber auch eine echte Gleitklausel für zulässig, wonach die Gleitklausel dinglicher Inhalt der Reallast sein kann und sich die Erbbauzinsreallast automatisch anpasst – ohne Veränderung im Grundbuch; auf die Vereinbarung einer schuldrechtlichen Wertsicherungsklausel, die durch Vormerkung gesichert wird, kann daher verzichtet werden. Dies wurde durch die erneute Gesetzesänderung mit Wirkung ab 16. 6. 1996 auch vom Gesetzgeber bestätigt.

6.81

Nach der Begründung zum Referentenentwurf eines Gesetzes zur Bereinigung immobilienrechtlicher und anderer Vorschriften vom 30. 12. 1997 sollte hierdurch die Rechtsprechung des BayObLG im Beschluß vom 18. 7. 1996[172] bestätigt werden, der eine automatisch wirkende dingliche Gleitklausel (im Unterschied zur bloßen Verabredung einer dinglichen Anpassungsverpflichtung) bereits nach dem Sachenrechtsbereinigungsgesetz zuließ, gestützt auf die in § 9 Abs. 1 ErbbVO enthaltene allgemeine Verweisung auf die reallastrechtlichen Bestimmungen des BGB. Da nicht absehbar sei, ob diese (aus Sicht des Gesetzgebers zutreffende) Rechtsprechung sich durchsetze, sollte das Gesetz im ursprünglich beabsichtigten Sinn klargestellt werden, indem die Sätze 1 bis 3 des bisherigen § 9 Abs. 2 ErbbVO gestrichen werden. Gemäß § 9 Abs. 1 ErbbVO gelten damit auch hinsichtlich der Erbbauzinsreallast uneingeschränkt die allgemeinen bürgerlich-rechtlichen Grundsätze des Reallastrechts, die nach der ständigen Rechtsprechung des BGH im Rahmen des § 1105 BGB die Vereinbarung dinglich wirkender „automatischer" Anpassungsklauseln zulassen.[173] Voraussetzung ist lediglich, dass die Leistungen anhand der Angaben in der Bestellungsvereinbarung bestimmbar sind. Unter unveränderter Übernahme dieser Rechtsprechungsgrundsätze sah der Referentenentwurf in Art. 8 Ziff. 2 daher vor, § 1105 Abs. 1 BGB um folgenden Satz zu ergänzen:

„*Als Inhalt der Reallast kann auch vereinbart werden, dass die nach der Reallast zu erbringenden Leistungen sich ohne weitere Vereinbarung an veränderte Verhältnisse anpassen, wenn anhand der in der Vergangenheit festgelegten Voraussetzungen Art, Gegenstand um Umfang der Belastung des Grundstücks bestimmt werden können.*"

---

[169] Bundestags-Drucksache 12/5992 S. 193, 194.
[170] BayObLG NJW 1997, 468 = DNotZ 1997, 147 mit Anm. *v. Oefele* = MittBayNot 1996, 372 mit Anm. *Ring*; zweifelnd noch BayObLG FGPrax 1996, 130.
[171] *Eickmann* Sachenrechtsbereinigung § 9 ErbbVO RdNr. 6a; *Eichel* MittRhNotK 1995, 193, 194; *Maaß* NotBZ 1997, 44; *v. Oefele* DNotZ 1995, 643; *Palandt/Bassenge* § 9 RdNr. 4; *Wilke* DNotz 1995, 654, 659.
[172] BayObLG BayObLG NJW 1997, 468 = DNotZ 1997, 147 mit Anm. *v. Oefele* = MittBayNot 1996, 372 mit Anm. *Ring*.
[173] Vgl. etwa BGH NJW 1995, 2780 f.

Beide Gesetzesänderungen wurden an unerwarteter Stelle, nämlich als Art. 11a des Euro-Einführungsgesetzes, verabschiedet und in BGBl. 1998 I, S. 1254 verkündet. Damit steht fest, dass auch eine dingliche wirkende Gleitklausel in Erbbaurechtsverträgen vereinbart werden kann.

6.82 Ebenfalls unklar in der Auslegung war die Regelung des § 9 Abs. 2 S. 3 ErbbVO a.F. durch das Sachenrechtsbereinigungsgesetz, wonach für die Vereinbarung über die Anpassung der Erbbauzinsreallast, die Zustimmung der Inhaber dinglicher Rechte des Erbbaurechts erforderlich war. Hier wurde zunächst teilweise die Auffassung vertreten, dass dinglich Berechtigte jeder Anpassung zustimmen müssen, weil die Anpassung am Rang der Erbbauzinsreallast teilnehme. Bei Fehlen der notwendigen Zustimmung richte sich der Anspruch auf Bestellung einer zusätzlichen Reallast an nächstoffener Rangstelle. Richtigerweise war mit Vereinbarung über die Anpassung des Erbbauzinses in Satz 3 vielmehr eine *nachträgliche* Veränderung oder Einführung einer Wertsicherungsklausel gemeint, insbesondere deren vom Gesetzgeber nunmehr ermöglichte Verdinglichung;[174] nur sie bedarf der Zustimmung der dinglich Berechtigten. Die darauf beruhenden Anpassungen des Erbbauzinses bedürfen dann keiner Zustimmung der dinglich Berechtigten mehr.[175] Dies wurde durch die ersatzlose Streichung der missverständlichen Sätze in § 9 Abs. 2 ErbbVO durch die Neuregelung ab 16. 6. 1998 klargestellt. Damit steht fest, dass sich die Zustimmungserfordernisse, die in § 9 Abs. 2 der seit 1. 10. 1994 geltenden Fassung enthalten waren, lediglich auf die erstmalige Umstellung des dinglichen Inhaltes einer bestehenden Reallast bezogen, also nicht über § 877 BGB hinausgehen.

6.83 Bei der Bestellung neuer Erbbaurechte steht den Beteiligten die **Wahl** zwischen altem und neuem Recht offen. Die Neuregelung lässt bestehende Erbbauzinsreallasten unberührt.

6.84 Selbstverständlich kann diese Regelung nicht nur bei der Neubestellung eines Erbbaurechts getroffen, sondern auch nachträglich von den Beteiligten bei einem nach alten Recht begründeten Erbbaurecht vereinbart werden. In diesem Fall ist die Zustimmung der Inhaber dinglicher Rechte am Erbbaurecht, die hierdurch in ihren Rechten beeinträchtigt sein können, notwendig, also gleichrangiger oder nachrangiger Grundpfandrechtsgläubiger. Erforderlich ist nur die Zustimmung der Betroffenen, d.h. der gleich- und nachrangigen Berechtigten. Vereinbarung über die Änderung ist die Vereinbarung über die Verdinglichung der Wertsicherungsklausel, also dass diese Inhalt des Erbbauzinses wird; nicht erforderlich ist die Zustimmung der dinglich Berechtigten zur Ausübung des Rechts aus der Anpassungsvereinbarung.[176] Die Zustimmung ist in der Form des § 29 GBO dem Grundbuchamt oder einem der Beteiligten gegenüber zu erklären; sie ist unwiderruflich (§ 880 Abs. 2 Satz 3 BGB).

6.85 Ist die Anpassung des Erbbauzinses an veränderte Verhältnisse dinglicher Inhalt des Erbbauzinses, so erübrigt sich die bisher notwendige Absicherung der Anpassungsverpflichtung durch Eintragung einer **Vormerkung** auf Erhöhung des Erbbauzinses bzw. Neubestellung einer Reallast für den Differenzbetrag des erhöhten Erbbauzinses; dies bedeutet für das Erbbaurecht eine erhebliche Vereinfachung und Kostenersparnis im Grundbuchverfahren. Die Ausführungen zur Vormerkung[177] haben daher Bedeutung nur für vor dem 1. Oktober 1994 begründete Erbbaurechte und solche, die danach, aber nach der alten Regelung begründet wurden.[178]

---

[174] Unten RdNr. 6.84.
[175] BayObLG NJW 1997, 468 = DNotZ 1997, 147 mit Anm. *v. Oefele* = MittBayNot 1996, 372 mit Anm. *Ring*; *Palandt/Bassenge* § 9 RdNr. 11; ausführlich 2. Auflage RdNr. 6.81 ff.
[176] Siehe oben RdNr. 6.81; vgl. dazu auch *Freckmann/Frings/Grziwotz* RdNr. 182.
[177] Unten RdNr. 6.205 ff.
[178] Vgl. *Maaß* NotBZ 1997, 44, 46; *Schmidt/Räntsch* VIZ 1997, 172.

VI. Vereinbarungen zur Anpassung des Erbbauzinses

Der Bestimmtheitsgrundsatz des § 9 Abs. 2 S. 1 ErbbVO a. F. galt nur für den **dinglichen** Erbbauzins und hatte den Zweck, die Beleihbarkeit des Erbbaurechts zu gewährleisten: die dem Erbbauberechtigten obliegenden Verpflichtungen, soweit sie dinglicher Natur und daher jedem Dritten gegenüber wirksam sind, mussten der Höhe und Zeitdauer nach eindeutig feststehen und aus der Eintragung im Grundbuch ersichtlich sein; damit sollte eine sichere Grundlage für die Belastung des Erbbaurechts zu Gunsten anderer, im Rang gleich stehender oder nachfolgender Gläubiger geschaffen werden, ohne deren Einverständnis spätere Änderungen der Erbbauzinsverpflichtung nicht möglich waren. 6.86

Diese gesetzliche Regelung schloss indessen zusätzliche Vereinbarungen **schuldrechtlicher** Natur zwischen Grundstückseigentümer und Erbbauberechtigtem keineswegs aus; sie wirken aber nur im Verhältnis dieser beiden Personen zueinander und berühren die Rechtsstellung sonstiger Erbbaurechts- oder Grundstücksgläubiger nicht.[179] Der Hauptfall ist die neben dem dinglichen Erbbauzins vereinbarte schuldrechtliche Verpflichtung, den Erbbauzins veränderten wirtschaftlichen Verhältnissen anzupassen und eine weitere Erbbauzinsreallast für den Unterschiedsbetrag des jeweils entsprechend geänderten Erbbauzinses zum bisherigen Erbbauzins einzutragen bzw. die Erbbauzinsreallast entsprechend zu ändern. Die Parteien eines Erbbaurechtsvertrags können bereits in diesem Vertrag die Verpflichtung eingehen, den schuldrechtlich erhöhten Erbbauzins als dingliche Belastung des Erbbaurechts im Grundbuch einzutragen.[180] 6.87

Die Anpassungsklausel[181] ist zwar mit dem Erbbaurechtsvertrag eng verzahnt, jedoch nach dem alten Recht nur schuldrechtlicher Natur; sie ist nicht im Sinn des § 11 Abs. 1 ErbbauRG als dem Erbbaurecht zugehörig anzusehen. Auf sie sind die Reallastvorschriften, wie etwa das Verbot von Verzugszinsen, nicht anwendbar, ebenso wenig wie § 9 Abs. 2 ErbbVO a. F. und damit das Erfordernis der Bestimmtheit nach Zeit und Höhe und das Verbot, Erbbauzinsanspruch und Grundstückseigentum voneinander zu trennen.[182] Die aus der Anpassungsklausel erwachsenden Rechte gehen daher bei der Veräußerung des Grundstücks nicht in entsprechender Anwendung des § 566 BGB iVm. § 11 Abs. 1 ErbbauRG auf den Erwerber über,[183] sondern nur wenn der Erwerber in alle Rechte und Pflichten eintritt.[184] Es muss deshalb neben der eigentlichen Übertragung des Grundstücks jeweils noch zusätzlich die Abtretung aller dem Veräußerer aus der (nur schuldrechtlich vereinbarten) Anpassungsklausel zustehenden Rechte an den Erwerber erfolgen, um den Übergang auch der Rechte aus der Anpassungsklausel sicherzustellen. 6.88

Es ist eine Frage der Vertragsauslegung, ob eine stillschweigende Abtretung angenommen werden kann, wenn das Grundstück ohne eine solche Abtretung verkauft wird.[185] Ebenso wirkt eine schuldrechtliche Anpassungsklausel gegen einen Rechtsnachfolger des ursprünglichen Erbbauberechtigten nur, wenn er die Pflichten aus der Klausel übernommen hat; die Pflichten aus der Erbbauzinsanpassungsklausel gehen nicht kraft Gesetzes auf einen Einzelrechtsnachfolger über.[186] Dies 6.89

---

[179] BGH NJW 1970, 944 = DNotZ 1970, 352 = Rpfleger 1970, 163; WPM 1976, 1250.
[180] OLG Hamburg NJW-RR 1991, 717.
[181] Dazu allgemein *Rothoeft* NJW 1986, 2211, 2217. Muster 1 und 2, je Ziffer IV in der 1. Aufl.
[182] Vgl. RdNr. 6.79 f.
[183] BGH NJW 1972, 198.
[184] BGH NJW 1983, 986, 987; *Dürkes* BB 1980, 1609, 1610.
[185] RGRK/*Räfle* § 9 RdNr. 26.
[186] BGH NJW 1986, 932/933 = WPM 1986, 25; NJW-RR 1987, 74 = DNotZ 1987, 360 mit Anm. *Wufka;* oben RdNr. 5, 88; unten RdNr. 6.221.

gilt auch dann, wenn zur Sicherung des Anspruchs auf Inhaltsänderung der den Erbbauzins betreffenden Reallast durch Erhöhung des Erbbauzinses eine Vormerkung im Grundbuch eingetragen ist.[187]

1. Zulässigkeit

6.90 Die Möglichkeit einer schuldrechtlichen Anpassungsklausel wäre nicht gegeben, wenn § 9 Abs. 2 S. 1 ErbbVO a. F. nicht nur die Bestimmtheit des Erbbauzinses selbst, sondern darüber hinaus auch noch jeder zusätzlich getroffenen schuldrechtlichen Vereinbarung, wonach der Grundstückseigentümer unter bestimmten Voraussetzungen zur Erhöhung des Erbbauzinses berechtigt ist, vorschreiben würde. Dies war lange Zeit streitig, wurde aber vom BGH[188] in dem Sinn entschieden, dass neben einem für die ganze Dauer des Erbbaurechts fest bestimmten Erbbauzins eine schuldrechtliche Verpflichtung vereinbart werden kann, dass zu bestimmten Zeitpunkten die Höhe des Erbbauzinses veränderten Umständen angepasst werden kann. Dieser Entscheidung des BGH sind Rechtsprechung und Schrifttum einheitlich gefolgt. Sie wurde vom Gesetzgeber durch die Einführung von § 9a ErbbVO bestätigt und eindeutig klargestellt.[189]

6.91 Eine Anpassungsklausel ist unzulässig bei Bestellung eines **Eigentümererbbaurechts.**[190] Da niemand sein eigener Schuldner ist, kann ein Eigentümererbbaurecht nicht mit einer Anpassungsklausel verbunden werden, die der Eigentümer mit sich selbst vereinbart.[191] Entsteht das Eigentümererbbaurecht erst nachträglich, zB durch Heimfall, so erlischt die Anpassungsvereinbarung; sie bleibt aber Grundlage für ein bereits fällig gewordenes Erhöhungsverlangen gegen den bisherigen Erbbauberechtigten. Die Frage, ob eine solche gegenstandslose Anpassungsklausel bei einer späteren Veräußerung des Erbbaurechts an einen Dritten wieder auflebt, ist zwar wohl zu verneinen, das schuldrechtliche Veräußerungsgeschäft kann aber die Auslegung rechtfertigen, dass nunmehr die Klausel in Kraft treten soll; insoweit kann es genügen, dass beide Vertragspartner von der Geltung für ihr Vertragsverhältnis ausgehen.[192] Das Schicksal der Erbbauzinsreallast ist davon nicht betroffen. Sie kann als Eigentümerreallast bestellt werden und bleibt auch bei nachträglicher Vereinigung von Erbbaurecht und Grundstückseigentum bestehen (§ 889 BGB).[193] Alternativ ist bei Neubestellung eines Eigentümererbbaurechts zu erwägen, den Eigentümer zugleich vorbehaltlich der Genehmigung des künftigen Erbbaurechtsinhabers handeln zu lassen (§§ 177 Abs. 1, 181, 184 BGB);[194] hier liegt möglicherweise ein bereits vormerkbarer Anspruch vor.[195]

Anders ist die Rechtslage bei nach dem seit 1. 10. 1994 geltenden Recht bestellten Erbbaurechten: Ist die Wertsicherung als dinglicher Inhalt des Erbbauzinses vereinbart, gilt dies auch bei einem Eigentümererbbaurecht.

6.92 Ist die Anpassungsklausel in einem Formularvertrag enthalten, so kommt der Inhaltskontrolle und dem Verbot überraschender Klauseln (§§ 305e, 307 BGB) und

---

[187] BGHZ 81, 135, 144; NJW-RR 1987, 74 = DNotZ 1987, 360 mit Anm. *Wufka*.
[188] BGH NJW 1957, 98 = DNotZ 1957, 300; NJW 1970, 944 = DNotZ 1970, 352 = Rpfleger 1970, 163; vgl. auch LG Aurich NJW 1953, 1027; LG Bonn NJW 1956, 1566; HansOLG MDR 1970, 49; *Holtzmann* NJW 1967, 915, 1646; 1968, 827; 1969, 407; *Münzberg* NJW 1969, 408; *Hönn* NJW 1968, 827; ausführliche Darstellung bei *Dürkes* BB 1980, 1609.
[189] Vgl. OLG Düsseldorf DNotZ 1976, 593, 540.
[190] Vgl. RdNr. 3.11.
[191] BGH NJW 1982, 2381 = WPM 1982, 236; kritisch *Kohler* JZ 1983, 13.
[192] BGH NJW 1982, 2381 = WPM 1982, 236; RGRK/*Räfle* § 9 RdNr. 27.
[193] *Ingenstau/Hustedt* § 9 RdNr. 31; RGRK/*Räfle* § 9 RdNr. 29.
[194] Zur Möglichkeit der nachträglichen Bestimmung des Vertretenen durch den vollmachtlosen Vertreter vgl. BGH MittBayNot 1988, 229. S. auch Muster 11.4.
[195] MünchKomm/*Wacke* § 883 BGB RdNr. 25.

VI. Vereinbarungen zur Anpassung des Erbbauzinses

der Unklarheitenregel des § 305 c Abs. 2 BGB besondere Bedeutung zu. Für den Rechtszustand vor Einführung des AGB-Gesetzes am 1. April 1977, das vor Inkrafttreten der §§ 305 ff. BGB am 1.1. 2002 gegolten hat, war die Rechtslage kaum anders, da das AGB-Gesetz im Wesentlichen nur die damalige Rechtsprechung des BGH festgeschrieben hatte.[196]

2. Trennung der Anpassungsverpflichtung vom Erbbauzins

a) altes Recht. Die Anpassungsverpflichtung ist nach dem alten Recht vom dinglichen Erbbauzins bei der Vertragsgestaltung rechtlich klar zu trennen. Es handelt sich um zwei selbstständige Ansprüche, nämlich um

(1) den fest bestimmten dinglich wirkenden Erbbauzinsanspruch und

(2) die obligatorische Verpflichtung zur Anpassung des Erbbauzinses an die wirtschaftlichen Verhältnisse.

6.93

Während die Vereinbarungen über den dinglichen Erbbauzins gegenüber jedermann gelten, wirkt die schuldrechtliche Anpassungsverpflichtung nur zwischen Grundstückseigentümer und Erbbauberechtigtem und berührt die Rechtsstellung sonstiger Erbbaurechts- oder Grundstücksgläubiger nicht. Die Trennung ist besonders bei den automatisch wirkenden Gleitklauseln[197] zu beachten: für den dinglichen Erbbauzins sind sie wegen § 9 Abs. 2 S. 1 ErbbVO a. F. unzulässig; da eine schuldrechtliche Vereinbarung, wonach sich der Erbbauzins „automatisch" ändern soll, nicht möglich ist, weil die Änderung unmittelbar das dingliche Recht erfassen und somit gegen § 9 Abs. 2 ErbbVO a. F. verstoßen würde, besteht lediglich ein schuldrechtlicher Anspruch auf Änderung des dinglichen Rechts.[198]

Parallel neben dem festen dinglichen Erbbauzins kann daher eine obligatorische Verpflichtung zur Anpassung des Erbbauzinses vereinbart werden, die jeweils automatisch mit der Änderung des Bewertungsmaßstabes (Bedingungseintritt) einen schuldrechtlichen Anspruch auf Änderung des dinglichen Erbbauzinses begründet. Mit Bedingungseintritt entsteht ein durch besondere Rechtshandlung zu vollziehender schuldrechtlicher Anspruch auf Erhöhung der bisherigen oder Bestellung einer neuen Erbbauzins-Reallast. Bei einem unzulässigerweise mit einer Gleitklausel gekoppelten Erbbauzins kann sich nach der Rechtsprechung des BGH aus der Urkunde im Weg der Auslegung ergeben, dass die Gleitklausel nur schuldrechtlich gelten soll.[199]

6.94

b) neues Recht. Seit Inkrafttreten des Sachenrechtsbereinigungsgesetzes am 1. 10. 1994[200] kann neben der zu a) geschilderten Möglichkeit die Anpassungsklausel auch als Inhalt des Erbbauzinses vereinbart werden. Dies hatte das Sachenrechtsbereinigungsgesetz in § 9 Abs. 2 Satz 2 ErbbVO wie folgt formuliert:

6.95

„Inhalt des Erbbauzinses kann auch eine Verpflichtung zu seiner Anpassung an veränderte Verhältnisse sein, wenn die Anpassung nach Zeit und Wertmaßstab bestimmbar ist".

Wegen der damit in der Praxis verbundenen Unklarheiten wurde § 9 ErbbVO mit Wirkung ab 16. 6. 1998 erneut geändert und in § 1105 Abs. 1 Satz 2 BGB eine ausdrückliche Regelung über die Zulässigkeit von Anpassungsklauseln bei Reallasten angefügt:

---

[196] Vgl. *Staudinger/Rapp* § 9 RdNr. 20.
[197] Vgl. RdNr. 6.128 ff.
[198] *Staudinger/Rapp* § 9 RdNr. 20.
[199] DNotZ 1971, 42 = DB 1970, 1732.
[200] Oben RdNr. 6.78.

„Als Inhalt der Reallast kann auch vereinbart werden, daß die zu entrichtenden Leistungen sich ohne weiteres an veränderte Verhältnisse anpassen, wenn anhand der in der Vereinbarung festgelegten Voraussetzungen Art und Umfang der Belastung des Grundstücks bestimmt werden können."

Nach § 9 Abs. 1 ErbbVO bzw. jetzt ErbbauRG gelten die Vorschriften über die Reallast auch für den Inhalt der Erbbauzinsreallast, so dass Bestimmbarkeit genügt.[201]

3. Ausgestaltungsmöglichkeiten

6.96 Bei der Formulierung der Anpassungsverpflichtung ist einerseits die Voraussetzung zu bestimmen, die den Anspruch auf Anpassung auslöst,[202] und zum andern der Bewertungsmaßstab zu regeln, dh die Vergleichs- oder Bezugsgröße für die Änderung,[203] und schließlich der Anpassungszeitpunkt festzusetzen, dh der Zeitpunkt, zu dem der Erhöhungsanspruch fällig wird.[204] Die Voraussetzungen und der Bewertungsmaßstab können allgemein gehalten oder genau konkret definiert sein. Was Anspruchsvoraussetzung und was Maßstab der Erhöhung sein soll, unterliegt grundsätzlich der freien Parteivereinbarung. Hat ein Schiedsgutachter über die Höhe der Anpassung des Erbbauzinses zu entscheiden, so kann ihm ein Kriterium vorgegeben werden, das er bei Ausübung seines Ermessens zu berücksichtigen hat.[205] Allein der Vertrag und bei Unklarheit der durch Auslegung zu ermittelnde Sinn und Zweck der Anpassungsklausel sind maßgeblich.

6.97 Eine **Beschränkung** der freien Parteivereinbarung ergibt sich nur aus § 9a ErbbauRG. Für die Anpassungsvoraussetzungen sagt § 9a Abs. 1 S. 5 ErbbauRG, dass bei Wohnungserbbaurechten eine Erhöhung des Erbbauzinses frühestens nach Ablauf von **3 Jahren** seit Vertragsabschluss bzw. seit der jeweils letzten Erhöhung verlangt werden kann.[206] Für den Anpassungsumfang setzt der Vertrag die oberste Anspruchsgrenze, auch wenn § 9a ErbbauRG einen höheren Anspruch zuließe.[207] Wird allerdings die durch diese Vorschrift für Wohnungserbbaurechte gezogene Billigkeitsgrenze überschritten, so ist der vertraglich vorgesehene Umfang der Erhöhung auf das nach § 9a ErbbauRG zulässige Maß zurückzuschrauben.

6.98 Im Rahmen der Billigkeitsprüfung verbietet § 9a Abs. 1 S. 3 ErbbauRG eine Berücksichtigung der **Grundstückswertverhältnisse;** diese Vorschrift betrifft jedoch nur das Ausmaß der Erhöhung, nicht aber deren Voraussetzungen.[208] Die Beteiligten können daher den Anpassungsanspruch allein oder zusammen mit anderen Bedingungen von einer Veränderung des Grundstückswerts oder von der allgemeinen Entwicklung der Bodenpreise abhängig machen.[209] Eine Vereinbarung, dass der Erbbauzins nicht unter 3% des jeweiligen Grundstückswerts absinken darf, ist zulässig und begründete keine Genehmigungspflicht nach dem zum 13. 9. 2007 aufgehobenen § 2 Preisangaben- und PreisklauselG.[210]

Dagegen können Änderungen der Grundstückswertverhältnisse bei nicht Wohnzwecken dienenden Erbbaurechten berücksichtigt werden, da hier § 9a Abs. 1 S. 3 ErbbauRG nicht gilt. Ist in einem solchen Fall eine Anpassung des Erbbauzinses für

---

[201] Oben RdNr. 6.78.
[202] Vgl. RdNr. 6.99 ff.
[203] Vgl. RdNr. 6.105 ff.
[204] Vgl. RdNr. 6.115 ff.
[205] BGH DNotZ 1996, 434; die eingeschränkte Prüfbarkeit von Schiedsgutachten beschränkt dies auf Kriterien, von denen feststeht, dass jede Entscheidung grob unbillig ist, die das vorgegebene Kriterium außer Betracht lässt.
[206] Unten RdNr. 6.165 ff., 6.202 ff.
[207] BGHZ 75, 279, 283 = NJW 1980, 181; BGH WPM 1982, 767.
[208] BGH NJW 1980, 183 = WPM 1979, 1332.
[209] RGRK/*Räfle* § 9 RdNr. 40.
[210] BGH WPM 1976, 1250 zu § 3 Währungsgesetz.

den Fall vereinbart, dass sich der Verkehrswert für Grundstücke gleicher Lage und Bebaubarkeit gegenüber dem zuletzt für die Berechnung des Erbbauzinses maßgebenden Verkehrswert ändert, so ist die Klausel nach ihrem Sinn und Zweck dahin auszulegen, dass Ausgangswert nicht der wahre Verkehrswert im Anknüpfungszeitpunkt sein soll, sondern der, der der letzten Anpassung zugrundegelegt worden ist, also der zuletzt vereinbarte oder gerichtlich festgestellte Verkehrswert.[211]

a) Anpassungsvoraussetzungen. Es ist grundsätzlich Sache der Beteiligten zu bestimmen, welche Voraussetzungen eine Erhöhung des Erbbauzinses auslösen oder zu einer Neufestsetzung berechtigen. Eine Beschränkung ergibt sich nur aus § 9a Abs. 1 S. 5 ErbbauRG, der bei Wohnungserbbaurechten eine Erhöhung frühestens nach Ablauf von 3 Jahren seit Vertragsabschluss bzw. seit der jeweils letzten Erhöhung erlaubt. Soweit § 9a Abs. 1 S. 3 ErbbauRG eine Berücksichtigung der Grundstückswertverhältnisse verbietet, betrifft dies nur das Ausmaß der Erhöhung, nicht deren Voraussetzungen.[212]

aa) Abstrakte Anpassungsklausel. Zu denken ist hier an allgemeine Umschreibungen, etwa dass die Anpassung des Erbbauzinses erfolgen soll, wenn „nach allgemeinen wirtschaftlichen Gesichtspunkten der vereinbarte Erbbauzins nicht mehr als angemessenes Entgelt ... angesehen werden kann",[213] wenn sich „die Verhältnisse grundlegend geändert haben",[214] bei „wesentlichen" oder „grundlegenden" Änderungen im Wirtschafts- und Währungsbereich,[215] wenn ein „außergewöhnlicher Anlass" eingetreten ist, der auch bei langfristiger Bindung, nämlich 10-Jahresintervallen, zu einer erheblichen Störung des Gleichgewichts der gegenseitigen Leistungen führt[216] oder dazu, dass der Erbbauzins nicht mehr den wirtschaftlichen Verhältnissen entspricht.[217]

Mit solchen Klauseln soll vorrangig der Erhalt der Kaufkraft des ursprünglich vereinbarten Erbbauzinses gewährleistet werden. Es ist daher auf den Lebenshaltungskostenindex abzustellen[218] oder auch auf den umfassenderen Begriff der allgemeinen Einkommensentwicklung.[219] Bei der Anpassung des Erbbauzinses an die „allgemeine wirtschaftliche Lage" kommt, wie der BGH klarstellt, bei einem gewerblichen Zwecken dienenden Erbbaurecht der allgemeinen wirtschaftlichen Lage des Durchschnitts der Bevölkerung[220] kein Vorzug vor anderen Kriterien zu; dem allgemeinen Interesse an der Erhaltung des Realwertes des Erbbauzinses kann das Interesse an einer aktuellen Verzinsung des Bodenwertes entgegenlaufen.[221] Wie bereits RdNr. 6.98 ausgeführt, kann im Einzelfall auch die Entwicklung der Grundstückspreise berücksichtigt werden.[222]

Sollen nur „wesentliche", „grundlegende" oder „erhebliche" Veränderungen der wirtschaftlichen Verhältnisse eine Erhöhung des Erbbauzinses auslösen, so werden von der h.L. mindestens 10% Anstieg verlangt;[223] der Bundesgerichtshof forderte

---

[211] BGH DNotZ 1999, 731 = DB 1999, 1449.
[212] BGH NJW 1980, 183 = WPM 1979, 1332.
[213] BGH NJW 1973, 142 = DNotZ 1973, 476; WPM 1986, 1476.
[214] BGH NJW 1975, 211; DNotZ 1968, 425; OLG Schleswig WPM 1969, 1429; vgl. OLG Hamm DNotZ 1999, 823 = Rpfleger 1999, 325.
[215] BGH BB 1967, 1396 = MDR 1968, 138; *Ingenstau/Hustedt* § 9 RdNr. 34.
[216] OLG München WPM 1970, 1175: Erhöhung des zugrundegelegten Bodenpreises von 6 DM auf 70 DM.
[217] BGH DNotZ 1957, 300.
[218] Vgl. BGHZ 81, 135, 141 = NJW 1981, 2241; BGH NJW 1973, 142.
[219] BGH NJW 1982, 2382 = WPM 1982, 765.
[220] BGHZ 75, 279, 285 = NJW 1980, 181.
[221] BGH NJW 2001, 1928 = DB 2001, 756.
[222] BGH NJW 1979, 1543 = WPM 1979, 837 bei gewerblicher Nutzung; BGH NJW 1980, 183 = WPM 1979, 1332 bei Wohnungserbbaurecht.
[223] *Bilda* NJW 1971, 372; *RGRK/Räfle* § 9 RdNr. 42; *Ingenstau/Hustedt* § 9 RdNr. 32.

lange einen Anstieg von 14% bis 20%.[224] Er hat sich aber nunmehr in seiner Entscheidung vom 3. 2. 1995 der h.L. angeschlossen und lässt eine Änderung um mehr als 10% ausreichen;[225] dies gilt auch dann, wenn die Anpassung davon abhängt, dass der bisherige Erbbauzins nicht mehr eine angemessene Vergütung für die Nutzung des Erbbaugrundstücks darstellt und sich dies nach Treu und Glauben beurteilen soll.[226]

6.103 Dabei muss die Erhöhung stets für einen bestimmten Zeitpunkt, nicht für einzelne Zeiträume festgestellt werden,[227] und zwar für den Zeitpunkt, zu dem die Erhöhung verlangt wird oder verlangt werden kann.[228] Es ist auch die Entwicklung in dem zum Zeitpunkt der Erhöhung schon abgelaufenen Teil eines Kalenderjahres einzubeziehen.[229] Bei einem nicht Wohnzwecken dienenden Erbbaurecht darf an die Prüfung, ob seit der letzten Erhöhung des Erbbauzinses die vereinbarte Anpassungsvoraussetzung einer Änderung der allgemeinen wirtschaftlichen Verhältnisse erneut eingetreten ist, nicht ein Maßstab angelegt werden, der überhöhte frühere Anpassungen ausgleicht.[230]

6.104 **bb) Konkrete Anpassungsklausel.** Regelmäßig enthält der Erbbaurechtsvertrag konkrete Angaben darüber, wann der Erbbauzins erhöht werden kann. Dies ist meist der Fall, wenn ein Index eine bestimmte Höhe erreicht hat. In diesen Fällen ist es einmal wichtig, genau anzugeben, welcher Index gelten soll und welches Basisjahr maßgeblich ist; meist ist dies der auch als Bewertungsmaßstab bestimmte Index. Zum anderen darf der Ausgangspunkt nicht vergessen werden, gegenüber dem eine Indexerhöhung um eine bestimmte Punkt- oder Prozentzahl eintritt. Dies kann etwa der zum Zeitpunkt des Vertragsschlusses geltende Index sein oder ein konkret genannter Index, etwa der im Monat Juli 2007 geltende.[231]

6.105 **b) Bewertungsmaßstab.** Auch der Maßstab des Anpassungsumfangs obliegt der freien Parteivereinbarung. Diese setzt die oberste Anspruchsgrenze, auch wenn § 9a ErbbauRG einen höheren Anspruch zuließe.[232] Übersteigt dagegen bei Wohnungserbrechten die vertragliche Klausel die durch § 9a ErbbauRG gezogene Billigkeitsgrenze, so ist der vertraglich zulässige Umfang auf diese Billigkeitsgrenze zurückzuschrauben. Es ist den Beteiligten nicht verwehrt, den Grundstückswert oder die allgemeine Entwicklung der Grundstückspreise als Wertmesser zu vereinbaren;[233] erst im Rahmen der Billigkeitsprüfung des § 9a Abs. 1 S. 3 ist eine Berücksichtigung der Grundstückswertverhältnisse ausgeschlossen.

6.106 **aa) Fehlen eines Bewertungsmaßstabes.** Haben die Vertragsschließenden bei der Vereinbarung der Anpassungsklausel keinen Bewertungsmaßstab vereinbart,[234] so gibt es keinen ein für alle Mal verbindlichen Wertungsmaßstab für die Neufestsetzung des Erbbauzinses. Vielmehr ist – mangels eines im Vertrag bestimmten Maßstabes – die Neufestsetzung nach billigem Ermessen vorzunehmen (§ 317 Abs. 1 BGB), d.h. die Bestimmung hat die Interessen beider Parteien zu berücksichtigen, sich im Rahmen des in vergleichbaren Fällen Üblichen zu halten und

---

[224] BGH WPM 1964, 491; 1967, 1248; NJW 1971, 1838.
[225] BGH NJW 1995, 1360.
[226] BGH NJW 1995, 1360; anders noch BGH NJW 1992, 2088 = Rpfleger 1992, 476: es genügte jedenfalls eine Änderung um mehr als 20%.
[227] BGH NJW 1975, 211 = WPM 1975, 17.
[228] BGH WPM 1984, 36, 37; RGRK/*Räfle* § 9 RdNr. 42.
[229] BGH NJW 1992, 2088 = Rpfleger 1992, 476.
[230] BGH a.a.O.; s. dazu auch unten RdNr. 132.
[231] LG Saarbrücken Rpfleger 2000, 109. Zur Umbasierung *Rasch* DNotZ 2003, 730; *Winkler* NWB 2002, 4051.
[232] BGHZ 75, 279, 283 = NJW 1980, 181; BGH WPM 1982, 767.
[233] Vgl. RdNr. 6.98.
[234] Vgl. zB den von BGH WPM 1964, 561 entschiedenen Fall, in dem eine Neufestsetzung vereinbart war, „wenn es die gesetzlichen Verhältnisse zulassen".

muss nach Lage der besonderen Umstände des Falles als angemessen, sachlich begründet und persönlich zumutbar erscheinen.[235] Demgemäß kann für die Frage einer angemessenen Anpassung des Erbbauzinses je nach Lage des Einzelfalls der eine oder andere Index oder mehrere von ihnen vorwiegend heranzuziehen sein. Deshalb wird einmal der eine, einmal der andere Maßstab als im Rahmen billigen Ermessens liegend anerkannt.

Bei Erbbaurechten, die zur Erlangung eines selbst zu bewohnenden Eigenheims ausgegeben werden, ist der neu festzusetzende Erbbauzins regelmäßig in erster Linie an der Entwicklung der allgemeinen Lebenshaltungskosten auszurichten und nicht an der Steigerung der Bodenpreise. Denn an der Entwicklung der allgemeinen Lebenshaltungskosten nehmen typischerweise alle Bevölkerungskreise und damit beide Beteiligten des Erbbaurechtsvertrags teil, während die Steigerung der Bodenpreise einseitig den Grundstückseigentümer begünstigt. Infolgedessen steht bei solchen Erbbaurechten – von Ausnahmefällen abgesehen – im Sinn der Billigkeit nicht die Erwägung im Vordergrund, dass der Grundstückseigentümer ohne die Erbbaurechtsausgabe sein Grundstück um ein Vielfaches des früheren Preises verkaufen könnte. Maßgeblich ist vielmehr in erster Linie, dass der Erbbaurechtsnehmer durch den neu festzusetzenden Erbbauzins unter Berücksichtigung der gestiegenen Lebenshaltungskosten nicht stärker belastet wird, als es unter den seinerzeitigen wirtschaftlichen Verhältnissen beim ursprünglichen Erbbauzins der Fall war.[236]

bb) Abstrakter Bewertungsmaßstab. Auch in solchen Fällen ist der Wertmaßstab nach billigem Ermessen zu bestimmen. Wie bereits oben RdNr. 6.84 ausgeführt, hat die Neubestimmung des Erbbauzinses nach billigem Ermessen sich im Rahmen des in vergleichbaren Fällen Üblichen zu halten und nach Lage der besonderen Umstände des Falles angemessen, sachlich begründet und für den betroffenen Erbbauberechtigten persönlich zumutbar zu sein.[237]

Zu beachten ist, dass es keinen allgemein verbindlichen Wertmaßstab gibt. Es wird insoweit auf RdNr. 6.96, 6.99 verwiesen. Die Entwicklung der allgemeinen Lebenshaltungskosten wirkt sich regelmäßig auf beide Parteien gleichmäßig aus, sodass von ihr in erster Linie auszugehen ist.[238] In Betracht kommt auch die Steigerung der allgemeinen Einkommensverhältnisse.[239] Bei Wohnhäusern ist von den gleichen Grundsätzen wie bei § 9a ErbbauRG auszugehen,[240] weshalb die Grundstückswertverhältnisse hier nicht herangezogen werden können,[241] wohl aber bei gewerblichen Bauwerken. Unter einer „wesentlichen Veränderung der wirtschaftlichen Verhältnisse" ist sowohl die Veränderung der allgemeinen wirtschaftlichen Lage als auch die für den Vertragsgegenstand und für die Bemessung des dinglichen Erbbauzinses maßgeblich gewesenen Umstände zu verstehen,[242] wobei eine Veränderung ab 10 Prozent bereits als wesentlich anzusehen ist.[243]

cc) Konkreter Bewertungsmaßstab. Enthält der Erbbaurechtsvertrag – was die Regel ist – einen konkreten **Bewertungsmaßstab,** der die Neufestsetzung des Erbbauzinses von genau definierten und objektiv feststellbaren **Voraussetzungen**

6.107

6.108

6.109

6.110

---

[235] BGH WPM 1964, 561; BB 1969, 977; DNotZ 1973, 478.
[236] BGH DNotZ 1973, 478; BGH NJW 1973, 142 = DNotZ 1973, 476; OLG Schleswig WPM 1969, 1429.
[237] BGH NJW 1973, 142 = DNotZ 1973, 476; DNotZ 1973, 478.
[238] BGH DNotZ 1973, 478; NJW 1973, 142.
[239] Vgl. BGH DNotZ 1968, 425; NJW 1979, 1543; OLG Schleswig WPM 1969, 1429.
[240] Vgl. BGHZ 68, 152 = NJW 1977, 433.
[241] Vgl. früher BGH NJW 1973, 142 = DNotZ 1973, 476; DNotZ 73, 478; OLG Schleswig WPM 1969, 1429.
[242] BGH NJW 1975, 211 = DNotZ 1975, 156; vgl. OLG Hamm DNotZ 1999, 823 = Rpfleger 1999, 325.
[243] BGH NJW 1995, 1360; *Ingenstau/Hustedt* § 9 RdNr. 46; vgl. RdNr. 6.102.

abhängig macht, so kann die entsprechende schuldrechtliche Vereinbarung den Charakter einer Spannungsklausel, eines Leistungsvorbehalts oder einer echten Gleitklausel haben, wobei die Terminologie schwankend ist.[244] Zu beachten ist, dass bei der Abfassung der Klausel sehr präzise formuliert wird, da eine ungenaue Abfassung häufig zu Auslegungsschwierigkeiten führt. So war früher, als noch verschiedene Indices galten,[245] bei Zugrundelegung eines Lebenshaltungskostenindex genau anzugeben, welcher der verschiedenen veröffentlichten Indices gelten soll und welches Basisjahr maßgeblich ist. Wichtig ist auch, den Ausgangspunkt nicht zu vergessen, gegenüber dem eine Indexerhöhung um eine bestimmte Punkt- oder Prozentzahl eintritt; dies kann etwa der zum Zeitpunkt des Vertragsabschlusses geltende Index sein oder ein konkret bestimmter Index, etwa der im Monat Juli 2007 geltende.[246]

6.111   Knüpft die Wertsicherungsklausel an die **Bezüge eines Beamten** an, so ist zu klären, ob auch jährliche Sonderzuwendungen, Weihnachtsgratifikationen, Sockelbeträge, Ortszuschläge etc., zu berücksichtigen sind: stellen die Parteien zB ausdrücklich nur auf das Grundgehalt im technischen Sinn des Besoldungsrechts ab, so sind damit alle anderen wie auch immer gearteten Entwicklungen ausgeschlossen, die die Beamtenbezüge außerhalb der Entwicklung des Grundgehalts nehmen, und müssen alle Sonderleistungen, Ortszuschlag etc. außer Ansatz bleiben.[247]

6.112   Im Übrigen sind grundsätzlich auch die jährlichen Sonderzuwendungen und Weihnachtsgratifikationen zu beachten.[248] So ist zB die jährliche Sonderzuwendung an Beamte („Weihnachtszuwendung") bei der Berechnung eines Erbbauzinses zu berücksichtigen, für dessen Höhe die Entwicklung der „Dienstbezüge" eines Beamten einer bestimmten Besoldungsgruppe maßgebend sein soll,[249] nicht aber, wenn auf das jeweilige „Grundgehalt" eines Beamten abgestellt ist.[250]

6.113   Außerdem kann zB auch die Anknüpfung an Bodenwertsteigerungen,[251] an Erhöhung von Mietzinsen[252] oder die Beteiligung des Grundstückseigentümers am Umsatz eines auf dem Erbbaugrundstück betriebenen Gewerbes vereinbart werden.[253]

6.114   Diese Fragen sind auch bei der Zulässigkeit der Vollstreckungsklausel von Bedeutung.[254]

6.115   **c) Anpassungszeitpunkt.** Auch der Anpassungszeitpunkt, d.h. der Zeitpunkt oder die Voraussetzungen, zu denen die Anpassung verlangt werden kann, sollte im Erbbaurechtsvertrag präzise bezeichnet sein. Eine solche Bestimmung kann dergestalt lauten, dass der Erbbauzins etwa alle 5 Jahre oder jeweils bei Änderung des Wertmaßstabs um 5 Punkte oder um 5% sich automatisch ändert oder neu bestimmt wird. Im einen Fall ist der erhöhte Erbbauzins fällig, sobald der maßgebliche Umstand eingetreten ist, im anderen Fall mit Zugang der Bestimmungserklä-

---

[244] Einzelheiten vgl. RdNr. 6.133 ff.
[245] S. unten RdNr. 6.132 a.
[246] Vgl. RdNr. 6.104; LG Saarbrücken Rpfleger 2000, 109. Zur Umbasierung *Rasch* DNotZ 2003, 730; *Winkler* NWB 2002, 4051.
[247] BGH DB 1976, 2394 = DNotZ 1977, 411.
[248] BGH DB 1976, 2394 = DNotZ 1977, 411.
[249] BGH BB 1979, 1631 = DB 1979, 933; ebenso BGH DB 1968, 1453 = BB 1968, 853; NJW 1971, 835 = WPM 1971, 507 für Rentenvereinbarung; aA BGH WPM 1974, 1221, wo die Weihnachtszuwendung außer Betracht bleibt.
[250] OLG Bremen MittBayNot 1973, 11.
[251] BGHZ 22, 220 = NJW 1957, 98; WPM 1970, 353; 1971, 747; DNotZ 1970, 351; OLG Düsseldorf DNotZ 1976, 539; *Hönn* NJW 1968, 827.
[252] BGH WPM 1969, 769.
[253] BGH NJW 1970, 944 = DNotZ 1970, 352 = Rpfleger 1970, 163.
[254] Vgl. RdNr. 6.246 ff.

VI. Vereinbarungen zur Anpassung des Erbbauzinses

rung durch den dazu Berechtigten (§ 315 Abs. 2, § 130 BGB).[255] Wichtig ist dabei, den Ausgangspunkt nicht zu vergessen, gegenüber dem eine Indexerhöhung eintritt[256] sowie gegebenenfalls, wer berechtigt ist, den neuen Erbbauzins festzulegen. Gem. § 9a Abs. 1 S. 5 ErbbauRG kann eine Erhöhung des Erbbauzinses frühestens nach Ablauf von drei Jahren seit Vertragsabschluss bzw. seit der jeweils letzten Erhöhung des Erbbauzinses erfolgen.[257]

Treffen die Vertragsparteien in der Anpassungsklausel keine genaue Regelung über das Inkrafttreten der jeweiligen Anpassung, so ist bei „automatischer" Vertragsanpassung eine **Nach-** oder **Rückforderung** im Rahmen der Verjährungsfristen möglich, und zwar bei rückwirkenden Zahlungen auf den Zeitpunkt der Vertragsänderung sowie bei vertraglich vereinbarten Vorauszahlungen auf den Zeitpunkt, zu dem die Geldleistung nach der Anpassung erstmals zu erbringen war. Ist für die Vertragsanpassung eine **Erklärung des Gläubigers** erforderlich,[258] so darf die neu festgesetzte Leistung vom Zugang der Anpassungserklärung beim Schuldner an verlangt werden. Wird der Vertrag erst durch eine **Vereinbarung** der Parteien angepasst, so ist ebenfalls der Zugang des Anpassungsbegehrens maßgebend (§§ 315 Abs. 2, 130 BGB).[259]

6.116

Hat die in einer Anpassungsklausel vorbehaltene Neufestsetzung der Erbbauzinses durch ein **Schiedsgutachten** und schließlich durch Urteil zu erfolgen, so beantwortet sich nach dem Inhalt der Änderungsklausel und deren Auslegung auch die Frage, von welchem Zeitpunkt ab (möglicherweise auch rückwirkend: „vom ersten des auf den Tag der Antragstellung folgenden Monats an") der höhere Erbbauzins zu zahlen ist.[260] Ist eine solche Auslegung nicht möglich und die in der Anpassungsklausel vorbehaltene Neufestsetzung des Erbbauzinses einem **Schiedsrichter** nach billigem Ermessen übertragen, dessen Bestimmung aber wegen offenbarer Unbilligkeit nicht verbindlich, und muss deshalb die Neufestsetzung durch **Urteil** erfolgen, so ist der Erbbauzins erst in dem Zeitpunkt erhöht, in dem das entsprechende Urteil ergeht.[261] Dies gilt auch dann, wenn die Parteien des Erbbaurechtsvertrags für den Fall des Nichtzustandekommens einer Vereinbarung über die Neufestsetzung des Erbbauzinses die Neufestsetzung durch **zwei Schiedsgutachter** vereinbarten; in diesem Fall ist der Erbbauzins erst in dem Zeitpunkt erhöht, in dem beide Schiedsgutachter ihr Votum abgegeben haben. Lehnt eine Partei die ihr obliegende Ernennung eines Schiedsgutachters trotz Vorliegens der Voraussetzungen ab, so kann die andere auf die Neufestsetzung durch Urteil klagen; der Erbbauzins ist erst in dem Zeitpunkt erhöht, in dem das entsprechende Urteil ergeht.[262]

6.117

Ebenso ist es, wenn die in einer Anpassungsklausel vorbehaltene Neufestsetzung des Erbbauzinses durch vertraglich vorgesehene **Einigung** erfolgen soll und diese Einigung scheitert; auch hier ist der Erbbauzins erst mit dem darauf ergehenden Urteil erhöht.[263] Dem Grundstückseigentümer kann aber unter dem Gesichtspunkt des Verzugsschadens ein Schadensersatzanspruch zustehen, wenn der Erbbauberechtigte die vertraglich geschuldete Mitwirkung bei der Anpassung des Erbbauzin-

6.118

---

[255] *Bilda* MDR 1973, 537; NJW 1974, 1947.
[256] Vgl. RdNr. 6.104.
[257] Vgl. RdNr. 6.202.
[258] Zulässiger Inhalt einer Rentenreallast kann eine Wertsicherungsklausel auch dann sein, wenn eine Erhöhung der Rente in dem sich aus der Klausel ergebenden Umfang nur auf Verlangen des Gläubigers eintritt (BGH DNotZ 1991, 803).
[259] *Bilda* MDR 1973, 537; NJW 1974, 1947; vgl. KG GE 1998, 679.
[260] BGH NJW 1979, 1543 = DB 1979, 887; NJW 1996, 1748.
[261] BGH NJW 1979, 811 = Rpfleger 1979, 56.
[262] Vgl. BGH NJW 1979, 1543 = DB 1979, 887; vgl. auch OLG München WPM 1970, 1152/1155.
[263] BGH BB 1978, 580 = DB 1978, 927.

ses schuldhaft verzögert und dem Grundstückseigentümer dadurch ein **Schaden** entsteht.[264]

6.119 Haben die Vertragsparteien in einer Wertsicherungsklausel festgelegt, dass der Erbbauzins jeweils zu einem bestimmten Zeitpunkt des Kalenderjahrs (zB zum 1. 1. und 1. 7.) durch einseitige Bestimmung des Berechtigten der Entwicklung des Lebenshaltungskostenindex angepasst werden kann, wenn dieser nach Maßgabe der veröffentlichten Zahlen des Statistischen Bundesamts sich um einen bestimmten Prozentsatz ändert, so ist eine hiernach getroffene Bestimmung nur wirksam, wenn sie vor dem maßgebenden Stichtag abgegeben wird und sich auf veröffentlichte Indexzahlen stützt; denn nur dann ist der Verpflichtete in der Lage, den neuen Betrag selbst zu errechnen.[265]

6.120 Rückständige Erbbauzinsen **verjähren** in 3 Jahren (§ 195 BGB). Die Frist beginnt mit dem Schluss des Jahres, in dem der Anspruch entstanden ist und der Gläubiger von den den Anspruch begründenden Umständen und der Person des Schuldners Kenntnis erlangt oder ohne grobe Fahrlässigkeit erlangen müsste (§§ 199 Abs. 1, 902 Abs. 1 S. 2 BGB). Die Verjährung eines etwa am 26. 7. 2001 fällig gewordenen Erbbauzinses beginnt also am 31. 12. 2001 und endet am 31. 12. 2004 (24.00 Uhr). Sind Strafzinsen vereinbart, erhöht sich also der Erbbauzins bei Vorliegen bestimmter Voraussetzungen gem. § 2 Nr. 5 ErbbauRG, so gilt die sechsmonatige Verjährungsfrist des § 4 ErbbauRG, da es sich beim Strafzins um eine Vertragsstrafe handelt.[266]

6.121 Wenn der Gläubiger es trotz Kenntnis des Eintritts der vereinbarten Anpassungsvoraussetzungen jahrelang unterlässt, einen schon möglichen Erhöhungsanspruch geltend zu machen, so kann für den Zeitraum bis zur Geltendmachung des Anspruchs **Verwirkung** in Betracht kommen.[267]

6.122 **d) Neufestsetzungsbefugnis.** Bei einer Wertsicherungsklausel, die vorsieht, dass bei Vorliegen bestimmter Voraussetzungen die zu zahlende Reallast „den im Zeitpunkt der Erfüllung herrschenden wirtschaftlichen Verhältnissen angepasst werden soll", tritt keine automatische Erhöhung ein; vielmehr ist durch Auslegung zu ermitteln, ob insoweit zwischen den Vertragspartnern eine Erhöhungsvereinbarung getroffen werden muss oder ob der Berechtigte ein einseitiges Bestimmungsrecht hat.[268] Eine Erhöhung kann erst ab Zugang des Änderungsverlangens geltend gemacht werden, wenn nicht zweifelsfrei eine Rückwirkung vereinbart wurde.[269]

6.123 Die Neufestsetzung des erhöhten Erbbauzinses nach billigem Ermessen geschieht je nach Formulierung im Erbbaurechtsvertrag durch den Grundstückseigentümer als Gläubiger (§§ 316, 315 Abs. 1 BGB) oder einen benannten Dritten (§ 317 Abs. 1 BGB), etwa einen Schiedsrichter, im Übrigen, zB in den Fällen des § 319 Abs. 1 BGB oder, wenn eine vorgeschriebene Einigung nicht erreicht wird, durch Urteil.[270] Vertragsinhalt gewordene Vorstellungen der Parteien von den für die „allgemeine wirtschaftliche Lage" maßgeblichen Kriterien binden das billige Ermessen des Dritten, dem die Anpassung des Erbbauzinses überlassen ist.[271]

6.124 Besagt die von den Beteiligten getroffene schuldrechtliche Vereinbarung nichts, so liegt die Neubestimmung des Erbbauzinses gem. § 316 BGB in Zweifel beim Grundstückseigentümer als Gläubiger. Er hat die Bestimmung nach billigem Ermessen zu treffen (§ 315 Abs. 1) und zu beziffern. Billiges Ermessen bedeutet, dass

---

[264] BGH BB 1978, 581 = DB 1978, 926; *Sperling* NJW 1979, 1433, 1434, vgl. RdNr. 6.16.
[265] BGH NJW 1974, 1464.
[266] RGRK/*Räfle* § 9 RdNr. 56; *Staudinger/Rapp* § 9 RdNr. 23; vgl. RdNr. 4.130, 6.16.
[267] Vgl. BGH WPM 1978, 1133; 1986, 580 = ZIP 1986, 698; RGRK/*Räfle* § 9 RdNr. 55.
[268] BGH DNotZ 1979, 19.
[269] KG GE 1998, 679.
[270] BGH DB 1978, 927; NJW 1979, 1543; *Ingenstau/Hustedt* § 9 RdNr. 43.
[271] BGHZ 146, 280 = NJW 2001, 1928.

VI. Vereinbarungen zur Anpassung des Erbbauzinses

die Bestimmung die Interessen beider Beteiligter berücksichtigt, den Rahmen des in vergleichbaren Fällen Üblichen einhält und nach Lage der besonderen Umstände des Falles als angemessen, sachlich begründet und persönlich zumutbar erscheint.[272] Im Streitfall hat der Gläubiger die tatsächlichen Voraussetzungen und die Billigkeit der getroffenen Bestimmung zu beweisen.[273] Die vom Schiedsgutachter auf Grund vertraglicher Anpassungsklausel festgesetzte Erbbauzinserhöhung ist nicht offenbar unbillig, wenn diese Leistungsbestimmung nur um 16,79% über dem vom Gericht für angemessen gehaltenen Ergebnis liegt.[274]

Gehört es nach dem Erbbaurechtsvertrag zu den Befugnissen beider Vertragspartner, den Erbbauzins in gewissen Zeitabständen entsprechend dem jeweiligen Wert des Grund und Bodens „neu festsetzen zu lassen", so setzt dies die Mitwirkung eines Dritten voraus. Bei einer solchen Vereinbarung handelt es sich, auch wenn die Worte „unter Ausschluss des Rechtswegs" gebraucht sind, um keinen Schiedsvertrag im Sinn von §§ 1025 ff. ZPO, sondern um eine Schiedsgutachtenabrede (§§ 317 ff. BGB);[275] denn nach dem ersichtlichen Willen der Vertragsschließenden soll der zu bestellende Gutachter nicht, wie ein Schiedsrichter, urteilsmäßig über die vom Erbbauberechtigten geschuldete Leistung entscheiden, sondern vielmehr ein „Tatbestandselement", nämlich den derzeitigen Grundstückswert, ermitteln und verbindlich für die Parteien feststellen – mit der Möglichkeit richterlicher Nachprüfung gem. § 319 BGB.[276] Fällt der ursprünglich vereinbarte Schiedsgutachter weg und können sich die Beteiligten über die Person eines Ersatzmannes nicht einigen, so wird die geschuldete Leistung in entsprechender Anwendung des § 319 Abs. 1 S. 2 Halbs. 2 BGB durch Urteil bestimmt.[277] Jede Partei kann auf die Neufestsetzung durch Urteil klagen, wenn die andere die ihr obliegende Ernennung eines Schiedsgutachters trotz Vorliegens der Voraussetzungen ablehnt.[278]

6.125

e) **Auslegungsfragen.** Für die Auslegung der Anpassungsklausel gelten die allgemeinen Grundsätze der ergänzenden Vertragsauslegung. Hat sich nachträglich, jedenfalls für die Parteien bei Vertragsabschluss unerkannt, der Wertmesser als ungeeignet erwiesen, so ist bei der nach § 157 BGB vorzunehmenden ergänzenden Auslegung zu ermitteln, was die Parteien erklärt hätten, wenn ihnen die Ungeeignetheit des vereinbarten Wertmessers bewusst gewesen wäre und wenn sie hierbei die Gebote von Treu und Glauben beachtet hätten.

6.126

Der BGH hat in Fällen, in denen die Parteien den **Roggenpreis** als Wertmesser vereinbarten, dieser aber nicht mehr als Wertmesser von Kaufkraftschwankungen geeignet war, weil er durch staatliche Maßnahmen künstlich stabil gehalten wurde, entschieden, dass der Roggenpreis durch einen anderen geeigneten Wertmesser ersetzt wird.[279] Voraussetzung sei dabei allerdings, dass die Parteien nicht durch die Vereinbarung der Roggenklausel den Preis stabil halten wollten, sondern entsprechend dem typischen Zweck jeder Wertsicherungsklausel Kaufkraftschwankungen auffangen wollten.[280] Ob und inwieweit die Anknüpfung an eine bestimmte Menge Getreide bzw. an deren Wert in Geld bereits im Zeitpunkt des Vertragsab-

6.127

---

[272] BGH DB 1964, 878 = WPM 1964, 561; WPM 1967, 1220 = BB 1967, 1396; NJW 1973, 142; WPM 1979, 163.
[273] BGHZ 41, 271, 279; NJW 1969, 1809; 1981, 571, 572; 1982, 31, 32.
[274] BGH NJW 1991, 2761 = MDR 1991, 1169.
[275] Vgl. BGH DB 1977, 92.
[276] BGHZ 6, 335; 9, 138, 143 ff.; 48, 25, 29, 31 = MDR 1967, 834 Nr. 43; MDR 1971, 381 = MittBayNot 1971, 13, 14; RGRK/*Räfle* § 9 RdNr. 50.
[277] BGHZ 57, 47 = NJW 1971, 1838.
[278] BGH NJW 1979, 1543.
[279] BGH WPM 1972, 1442 = MittBayNot 1973, 10; BGH NJW 1981, 2241 = Rpfleger 1981, 391; BB 1984, 694 = WPM 1984, 406; WPM 1985, 417.
[280] BGH WPM 1972, 1442 = MittBayNot 1973, 10.

schlusses wegen staatlicher Einflussnahmen auf den Preis in Wirklichkeit kein geeignetes Mittel war, den Grundstückseigentümer vor Kaufkraftverlusten des Geldes zu schützen, ist unerheblich, wenn die Beteiligten dies nicht erkannt hatten.[281] Es verbleibt dann eine **Vertragslücke,** dass die Beteiligten – unbewusst – eine zur Erreichung des vereinbarten Zwecks geeignete Regelung unterlassen haben, und ist eine ergänzende Vertragsauslegung vorzunehmen.

6.128 Der BGH ist in einem Fall, in dem eine Weizenklausel im Jahr 1962 vereinbart war, zu dem Ergebnis gelangt, dass die vom Eigentümer begehrte Neufestsetzung bei einer Veränderung der Lebenshaltungskosten, die ein Spiegel der Preisentwicklung sind,[282] dem entspreche, was die Beteiligten vereinbart hätten, wenn ihnen die Ungeeignetheit einer Anbindung des Erbbauzinses an den Weizenpreis bewusst gewesen wäre und wenn sie dabei die Gebote von Treu und Glauben beachtet hätten.[283] Der Anstieg der **Löhne und Gehälter** ist dagegen in diesem Zusammenhang nicht zu berücksichtigen; diese sind im Rahmen der „Änderung der allgemeinen wirtschaftlichen Verhältnisse" bei der Billigkeitsprüfung gem. § 9a Abs. 1 S. 2 ErbbauRG miteinzubeziehen, um die allgemeine obere Grenze dessen zu ermitteln, was – in der Regel – als nicht unbillig angesehen werden kann.[284]

6.129 Ist in einer Anpassungsklausel Grundlage für eine Änderung, „dass die jetzt vereinbarte Rente der Höhe nach in einem groben Missverhältnis zur späteren Kaufkraft des Geldes steht", so ist damit nicht nur der Fall erfasst, dass die Preise „völlig aus dem Gefüge" geraten, sondern auch Entwicklungen, die sich als sog. „**schleichende Inflation**" über einen längeren Zeitraum erstrecken, wenn sie nur letzten Endes zu einem groben Missverhältnis zwischen Rentenhöhe und heutiger Kaufkraft führen".[285]

6.130 Haben die Parteien eines Erbbaurechtsvertrags über gewerbliche Räume das Gehalt eines Beamten als Bezugsgröße für die automatische Anpassung des Erbbauzinses gewählt, so entfällt die Geschäftsgrundlage dieser Regelung nicht schon deshalb, weil zwar dieses Gehalt laufend gestiegen ist, nicht aber die Erbbauzinsen für vergleichbare Geschäftsräume an dem Ort, in dem das Grundstück liegt.[286] Bei der Anpassung des Erbbauzinses an die „allgemeine wirtschaftliche Lage" kommt bei einem gewerblichen Zwecken dienenden Erbbaurecht der allgemeinen wirtschaftlichen Lage des Durchschnitts der Bevölkerung[287] kein Vorzug vor anderen Kriterien zu; dem allgemeinen Interesse an der Erhaltung des Realwertes des Erbbauzinses kann das Interesse an einer aktuellen Verzinsung des Bodenwertes entgegenlaufen.[288]

6.131 **Irren** sich die Beteiligten in der **Bezeichnung** der Bemessungsgrundlage einer Wertsicherungsklausel, wollen sie aber letztlich beide den bei Abschluss des Vertrags gültigen Ecktariflohn, so liegt kein Irrtum über die Geschäftsgrundlage vor, sondern nur eine falsche Bezeichnung, die nicht schadet; eine neue notarielle Beurkundung der richtigen Bemessungsgrundlage ist nicht erforderlich, weil keine materiellrechtliche Veränderung erfolgt, sondern nur eine Berichtigung.[289]

Wird der amtliche Preisindex durch Neubestimmung des **Basisjahres** umgestaltet, so ändert sich damit nicht automatisch eine vertraglich vereinbarte Wertsicherungsklausel. Haben die Parteien für den Fall der Basisneugestaltung (zB 1995 =

---

[281] BGH BB 1984, 694 = WPM 1984, 406, 407; 1985, 417, 418.
[282] BGHZ 75, 279, 286 = WPM 1979, 1283.
[283] BGH WPM 1984, 406, 407; 1985, 417, 418.
[284] BGH BB 1984, 694 = WPM 1984, 406, 408.
[285] BGH NJW 1970, 2103 = BB 1970, 1332 = DB 1970, 2069.
[286] BGH DB 1973, 613 = MittBayNot 1973, 151 für einen Geschäftsraummietvertrag.
[287] BGHZ 75, 279, 285 = WPM 1979, 1283.
[288] BGH NJW 2001, 1928 = WPM 2001, 631.
[289] OLG Hamm BB 1971, 1124 = MittBayNot 1971, 355.

f) Abweichung von der Anpassungsvereinbarung. Weichen die Beteiligten 6.132
bei der Anpassung bewusst von der vereinbarten Anpassungsklausel ab, so sollten sie
ausdrücklich regeln, wie bei der nächsten Anpassung zu verfahren ist. Während der
BGH mit Urteil vom 24. 4. 1992 entschied, dass im Fall einer überhöhten früheren
Anpassung bei der nächsten Anpassung nicht ein Maßstab angelegt werden darf, der
die überhöhte frühere Anpassung ausgleicht,[291] hat er mit Urteil vom 20. 12. 2001
bei einer niedrigeren Anpassung das Entgegenkommen des Eigentümers als bei der
nächsten Änderung ausgleichspflichtig angesehen.[292] Es ist grundsätzlich eine Frage
der Auslegung der Erhöhungsvereinbarung, ob bei der nächsten Anpassung das
Entgegenkommen des einen Vertragspartners ausgeglichen werden soll oder nicht.
Lässt sich dies nicht feststellen, ist davon auszugehen, dass die nächste Erhöhung
wieder vertragsgemäß stattfinden soll – also ohne Ausgleich der vorhergegangenen
nicht vertragsgemäßen Anpassung, da sonst auch diese neue Anpassung nicht dem
Erbbaurechtsvertrag entsprechen würde.

4. Indexierung[293]

Veränderungen des Erbbauzinses werden sehr häufig an den Lebenshaltungskos- 6.132a
tenindex geknüpft. Bis zum Ende des Jahres 2002 hat das Statistische Bundesamt
neben dem Verbraucherpreisindex für alle Haushalte in Deutschland insgesamt den
Preisindex für verschiedene Haushaltstypen, und zwar getrennt für das frühere
Bundesgebiet sowie für die neuen Länder und Berlin-Ost auf der Grundlage eines
bestimmten Basisjahres (zB 1995 = 100), ermittelt und monatlich veröffentlicht.
Seit dem 1. 1. 2003 wird nur noch der Preisindex für die Lebenshaltung aller privaten Haushalte in Deutschland festgestellt. Dieser allgemeine Index heißt seit Januar
2003 *„Verbraucherpreisindex für Deutschland"*. Das Statistische Bundesamt hat diesen
Index am 26. 2. 2003 auf das neue Basisjahr 2000 umgestellt und die rückwirkend
ab dem Jahr 2000 berechneten Indexreihen veröffentlicht.[294] Damit wurde die
Berechnung und Veröffentlichung folgender Verbraucherpreisindizes eingestellt,
und zwar sowohl für das frühere Bundesgebiet als auch für die neuen Länder und
Berlin-Ost:
– Preisindex für die Lebenshaltung aller privaten Haushalte für das frühere Bundes-
  gebiet bzw. die neuen Länder und Berlin-Ost,
– Preisindex für die Lebenshaltung von 4-Personen-Haushalten von Beamten und
  Angestellten mit höherem Einkommen,
– Preisindex für die Lebenshaltung von 4-Personen-Haushalten von Arbeitern und
  Angestellten mit mittlerem Einkommen und
– Preisindex für die Lebenshaltung von 2-Personen-Rentner-Haushalten mit ge-
  ringem Einkommen.

Bei neu zu vereinbarenden Wertsicherungsklauseln ist seit 1. 1. 2003 nur noch
eine Bezugnahme auf den Verbraucherpreisindex für Deutschland möglich.[295]

---

[290] LG Mannheim BB 1971, 1259 = MittBayNot 1971, 354.
[291] BGH NJW 1992, 2088, 2089 = Rpfleger 1992, 476.
[292] BGH NJW 2002, 1424 = Rpfleger 2002, 303 = BGH-Report 2002, 358 mit Anm. *Winkler*.
[293] Die Ausführungen der RdNr. 6.132a, 6.132b zitieren weitgehend wörtlich einen Auschnitt aus dem Beitrag von *Böttcher* Rpfleger 2004, 21, 24 f. – mit freundlicher Genehmigung des Autors.
[294] Vgl. DNotZ 2003, 163.
[295] *Reul* DNotZ 2003, 92; DNotI-Rep. 2003, 9; seit 1997 wird auch ein Harmonisierter Verbraucherpreisindex (HVPI) für die EU-Mitgliedstaaten herausgegeben, der sich jedoch als Wert-

6.132b Die Einführung des neuen Verbraucherpreisindex in bereits bestehende Wertsicherungsklauseln erfolgt als automatisch wirkende Vertragsanpassung im Wege der ergänzenden Vertragsauslegung; nicht erforderlich sind dafür eine neuerliche – bis 13. 9. 2007 evtl. erforderliche – Genehmigung durch das Bundesamt für Wirtschaft nach § 2 PreisG, eine Zustimmung nachrangiger Gläubiger gem. §§ 877, 876 BGB oder eine Grundbucheintragung.[296] Falls zur Klarstellung bei einem Erbbauzins mit dinglicher Änderungsklausel doch eine Grundbucheintragung erfolgen soll, genügt hierzu ein schriftlicher Antrag des Erbbauberechtigten oder Grundstückseigentümers (§§ 13, 30 GBO), da die Grundbuchunrichtigkeit offenkundig ist (§ 22 GBO).[297]

Es ist auch möglich, wenn auch nicht nötig, dass der Erbbauberechtigte und der Grundstückseigentümer ihre Wertsicherungsklausel einvernehmlich im Wege einer Vertragsänderung auf den neuen Verbraucherindex umstellen. Zu dieser Inhaltsänderung bedarf es materiell der formfreien Einigung nach §§ 877, 873 BGB, der Zustimmung der nachrangigen Gläubiger gem. §§ 877, 876 BGB und der Eintragung im Grundbuch.[298] Formelle Eintragungsvoraussetzungen für diese Inhaltsänderung sind ein schriftlicher Antrag des Erbbauberechtigten oder Grundstückseigentümers (§§ 13, 30 GBO), die Eintragungsbewilligungen in notariell beglaubigter Form des Erbbauberechtigten und des Grundstückseigentümers (§§ 19, 29 GBO) und die Zustimmungen der nachrangigen Gläubiger in notariell beglaubigter Form (§§ 19, 29 GBO, §§ 877, 876 BGB).[299]

5. Wertsicherungsklauseln

6.133 Die höchstrichterliche Rechtsprechung unterscheidet drei Arten von Wertsicherungsklauseln: die Gleitklausel, die Spannungsklausel, die Leistungsvorbehaltsklausel. Verwirrend ist, dass immer wieder der Begriff „Gleitklausel" auch als Oberbegriff der Wertsicherungsklausel verwendet wird, vermutlich weil nur die Gleitklausel nach der bis 13. 9. 2007 geltenden Rechtslage genehmigungsbedürftig war und deshalb im Vordergrund der Erörterungen stand.[300] Aber auch sie war in Erbbaurechtsverträgen nur dann genehmigungspflichtig, wenn die Laufzeit weniger als 30 Jahre betrug,[301] was in der Praxis die Ausnahme ist. Nach dem neuen **Preisklauselgesetz,** das am 14. 9. 2007 in Kraft getreten ist (BGBl. I S. 2246),[302] ist das bisherige Genehmigungsverfahren weggefallen. Grundsätzlich besteht aber ein Indexierungsverbot und darf der Betrag von Geldschulden nicht unmittelbar und selbsttätig durch den Preis oder Wert von anderen Gütern oder Leistungen bestimmt werden, die mit den vereinbarten Gütern oder Leistungen nicht vergleichbar sind (§ 1 Abs. 1). Dieses Verbot ist jedoch mit einem System von Legalausnahmen kombiniert und gilt nach § 1 Abs. 2 nicht für Klauseln,

1. die hinsichtlich des Ausmaßes der Änderung des geschuldeten Betrages einen Ermessensspielraum lassen, der es ermöglicht, die neue Höhe der Geldschuld nach Billigkeitsgrundsätzen zu bestimmen (Leistungsvorbehaltsklauseln),[303]

---

messer in Wertsicherungsklauseln derzeit noch nicht eignet (*Reul* DNotZ 2003, 92, 95; *Hertel* DNotI-Rep. 1998, 211; *Kluge* MittRhNotK 2000, 409, 416; *Rasch* DNotZ 1999, 467, 473).

[296] *Reul* DNotZ 2003, 92; *Hertel* DNotI-Rep. 1998, 211; *Kluge* MittRhNotK 2000, 409, 416; *Rasch* DNotZ 1999, 467, 473 f.; *Staudinger/Amann* § 1105 BGB RdNr. 14.
[297] DNotI-Rep. 2003, 9, 11.
[298] Eine neuerliche Genehmigung des Bundesamtes für Wirtschaft nach § 2 PreisG a. F. war nicht nötig (*Reul* DNotZ 2003, 92, 98 f.).
[299] Ausführlich *Böttcher* Rpfleger 2004, 21, 24, 25.
[300] *Hartmann* NJW 1976, 403; *ders.* DB 1967, Beilage Nr. 2 S. 1 ff.; *Hönn* NJW 1968, 827; *Reithmann* DNotZ 1960, 172; *Rosenau* DB 1969 Beilage Nr. 18.
[301] Unten RdNr. 6.142.
[302] Dazu ausführlich *Reul* MittBayNot 2007, 445.
[303] Unten RdNr. 6.158 ff.

VI. Vereinbarungen zur Anpassung des Erbbauzinses

2. bei denen die in ein Verhältnis zueinander gesetzten Güter oder Leistungen im Wesentlichen gleichartig oder zumindest vergleichbar sind (Spannungsklauseln).[303]

Nach § 4 zulässig sind Preisklauseln in Erbbaurechtsbestellungsverträgen und Erbbauzinsreallasten mit einer Laufzeit von mindestens 30 Jahren. § 9a ErbbauRG bleibt unberührt.

6.134 Nach der für Erbbaurechte ab 1. 10. 1994 geltenden Bestimmung des § 9 ErbbVO in der Fassung des Sachenrechtsbereinigungsgesetzes reicht für die Erbbauzinsreallast in Übereinstimmung mit dem allgemeinen Recht der Reallast aus, dass der Erbbauzins nach Art und Umfang hinreichend bestimmbar ist.[304] Demgemäß können Gleitklauseln[305] oder Spannungsklauseln[306] als Inhalt der Erbbauzinsreallast vereinbart werden. Anderes gilt jedoch in aller Regel für Leistungsvorbehalte[307] oder im Fall des nur schuldrechtlich vereinbarten Erbbauzinses mit Sicherungsreallast. Hier bleibt Raum für die Erbbauzinserhöhungsvormerkung.[308]

a) Gleitklausel

6.135 **aa) Voraussetzungen.** Eine Gleitklausel liegt vor, wenn die Anpassungsklausel bei der Neufestsetzung des Erbbauzinses keinen – auch noch so geringfügigen – Ermessens- oder Verhandlungsspielraum lässt, innerhalb dessen es jeweils erst durch Vereinbarung zu einer Konkretisierung der geschuldeten Leistung kommen müsste; vielmehr lässt sich nach Feststellung der vereinbarten Vergleichsgröße der Erbbauzins eindeutig errechnen.[309] Die Änderung der vereinbarten Vergleichsgröße, zB des Beamtengehalts[310] oder des Lebenshaltungskostenindex, löst unmittelbar und zwangsläufig, also automatisch die Änderung des Erbbauzinses aus.[311]

6.136 Dies gilt auch dann, wenn sie nicht in dem Sinn „automatisch" erfolgt, dass dazu kein weiteres Tätigwerden der Vertragsparteien erforderlich ist, sondern ein weiterer Rechtsakt, nämlich die Geltendmachung des Erhöhungsanspruchs.[312] Dies ist auch dann der Fall, wenn die Erhöhung nur auf Verlangen einer der Vertragsparteien erfolgt oder wenn es erst einer Einigung der Vertragsparteien über die vereinbarte Vergleichsgröße (zB den Grundstückswert) oder deren Feststellung durch Schiedsgutachten bedarf. Auch der Umstand, dass die Neufestsetzung nur in einem zeitlichen Abstand möglich ist und es daher für bestimmte Zeitspannen an der Entsprechung zwischen Erbbauzins und Vergleichsgröße fehlen kann, rechtfertigt keine andere Beurteilung.[313]

6.137 Eine solche Gleitklausel könnte etwa lauten:

(1) Die Vertragsteile vereinbaren folgendes: Der Erbbauzins ist auf der Grundlage der Lebenshaltungskosten vereinbart und soll wertgesichert sein.

(2) Ändert sich künftig der vom Statistischen Bundesamt in Wiesbaden ermittelte Verbraucherpreisindex auf der Basis von 2000 = 100 gegenüber dem für den Monat . . . . geltenden Index, so erhöht oder vermindert sich im gleichen Verhältnis die Höhe des zu zahlenden Erbbauzinses.

---

[304] *Schöner/Stöber* RdNr. 1305, 3245; *Staudinger/Amann* § 1105 RdNr. 14.
[305] S. unten RdNr. 6.135 ff.
[306] S. unten RdNr. 6.153 ff.
[307] S. unten RdNr. 6.158 ff.
[308] Unten RdNr. 6.205 ff.
[309] BGH DNotZ 1969, 96; NJW 1979, 1545 = BB 1979, 1260.
[310] BGH DNotZ 1954, 661 mit Anm. *Eppig*.
[311] BGH BB 1963, 793; WPM 1968, 470; 1970, 1048; BayObLGZ 1969, 97, 102 = DNotZ 1970, 492, 494; *Fögen* BB 1964, 1015; *Freckmann/Frings/Grziwotz* RdNr. 200; *Hartmann* NJW 1976, 403. Siehe die Muster 1 und 2, je Ziffer IV.
[312] *Dürkes/Feller* Wertsicherungsklauseln, B 18b, D 162g; *Maaß* NotBZ 1997, 44.
[313] BGH BB 1963, 793; WPM 1968, 470 = NJW 1969, 91; 1970, 1048.

(3) Eine Angleichung des Erbbauzinses erfolgt jeweils nur, wenn sich der Index seit der letzten Feststellung des Erbbauzinsbetrages um mindestens fünf volle Punkte ändert. Der neu ermittelte Erbbauzins gilt von dem Monat an, in dem die entscheidende Veränderung des Index stattgefunden hat.

(4) Eine Änderung kann frühestens nach Ablauf von 3 Jahren ab heute und darauf frühestens wieder jeweils nach Ablauf von 3 Jahren nach der jeweils letzten Änderung verlangt werden.[314]

6.138 Da es nach der Neufassung des § 9 Abs. 2 ErbbVO für die Erbbauzinsreallast in Übereinstimmung mit dem allgemeinen Recht der Reallast (§ 1105 Abs. 1 Satz 2 BGB)[315] ausreicht, dass der Erbbauzins hinreichend bestimmbar ist, können solche Gleitklauseln unmittelbar als Inhalt der Erbbauzinsreallast vereinbart werden.[316]

6.139 **bb) Frühere Regelung: Genehmigungsvorbehalt.**

(1) Gleitklauseln waren bis zum 13. 9. 2007 genehmigungspflichtig. Die einschlägigen Vorschriften des bis 31. 12. 1998 geltenden Währungsgesetzes lautete:[317]

§ 3 Geldschulden dürfen nur mit Genehmigung der für die Erteilung von Devisengenehmigungen zuständigen Stelle in einer anderen Währung als in Deutscher Mark eingegangen werden. Das gleiche gilt für Geldschulden, deren Betrag in Deutscher Mark durch den Kurs einer solchen anderen Währung oder durch den Preis oder eine Menge von Feingold oder von anderen Gütern oder Leistungen bestimmt werden soll.

6.140 Durch Art. 9 § 1 des Euro-Einführungsgesetzes vom 9. 6. 1998[318] wurde § 3 Satz 2 WährG mit Wirkung zum 1. 1. 1999 aufgehoben. Inhaltlich war die Genehmigungspflicht für Indexklauseln damit jedoch nicht vollständig entfallen, sondern durch den neu gefassten § 2 des Preisangaben- und Preisklauselgesetzes (PreisG) ersetzt worden. Gemäß § 2 Abs. 1 Satz 1 PreisG a. F. darf der Betrag von Geldschulden nicht unmittelbar und selbstständig durch den Preis oder Wert von anderen Gütern oder Leistungen bestimmt werden, die mit den vereinbarten Gütern oder Leistungen nicht vergleichbar sind. Der Anwendungsbereich dieser Bestimmung wurde ausweislich der Begründung des Rechtsausschusses (BT-Drucks. 13/10334, S. 41) bewusst in Fortführung des bisherigen § 3 Satz 2 WährG, jedoch unter Anpassung an den Stand der Rechtsprechung, formuliert.

6.141 Gemäß § 2 Abs. 1 Satz 2 PreisG a. F. konnte das Bundesministerium für Wirtschaft auf Antrag bei an sich genehmigungspflichtigen Klauseln Ausnahmen vom gesetzlichen Verbot genehmigen, wenn Zahlungen langfristig zu erbringen waren oder besondere Gründe des Wettbewerbs eine Wertsicherung rechtfertigten und durch die Preisklausel keine Vertragspartei unangemessen benachteiligt wurde. Zur näheren Ausführung dieses Genehmigungsvorbehalts als Ausnahme vom grundsätzlichen Verbot der Wertsicherungsklausel wurde die Preisklauselverordnung (PrKV) vom 23. 9. 1998[319] erlassen. § 7 PrKV bestimmt anstelle des Bundesministeriums für Wirtschaft das Bundesamt für Wirtschaft und Ausfuhrkontrolle als zuständige Genehmigungsbehörde.

6.142 § 1 PrKV lautete:

§ 1 Genehmigungsfreie Klauseln

Das Verbot von Preisklauseln nach § 2 Abs. 1 Satz 1 des Preisangaben- und Preisklauselgesetzes – nachfolgend Gesetz genannt – gilt nicht für

---

[314] Bei Erbbaurecht zu Wohnzwecken vgl. RdNr. 6.178 und Muster 2 Ziffer III.
[315] Schöner/Stöber RdNr. 1305, 3245; Staudinger/Amann § 1105 RdNr. 14.
[316] Siehe aber oben RdNr. 6.80 ff.
[317] Dazu eingehend 2. Auflage RdNr. 6.139 ff.
[318] BGBl. I S. 1242.
[319] BGBl. I S. 3043.

VI. Vereinbarungen zur Anpassung des Erbbauzinses

1. Klauseln, die hinsichtlich des Ausmaßes der Änderung des geschuldeten Betrages einen Ermessensspielraum lassen, der es ermöglicht, die neue Höhe der Geldschuld nach Billigkeitsgrundsätzen zu bestimmen (Leistungsvorbehaltsklauseln),
2. Klauseln, bei denen die in ein Verhältnis zueinander gesetzten Güter oder Leistungen im wesentlichen gleichartig oder zumindest vergleichbar sind (Spannungsklauseln),
3. Klauseln, nach denen der geschuldete Betrag insoweit von der Entwicklung der Preise oder Werte für Güter oder Leistungen abhängig gemacht wird, als diese die Selbstkosten des Gläubigers bei der Erbringung der Gegenleistung unmittelbar beeinflussen (Kostenelementeklauseln),
4. Klauseln in Erbbaurechtsbestellungsverträgen und Erbbauzinsreallasten mit einer Laufzeit von mindestens 30 Jahren, wobei § 9a der Verordnung über das Erbbaurecht, § 46 des Sachenrechtsbereinigungsgesetzes vom 21. September 1994 (BGBl. I S. 2457), zuletzt geändert durch Artikel 11 des Gesetzes vom 9. Juni 1998 (BGBl. I S. 1242), und § 4 des Erholungsnutzungsrechtsgesetzes vom 21. September 1994 (BGBl. I S. 2538, 2548) unberührt bleiben.

Auch die Parallelnorm zu § 3 Satz 2 WährG in den neuen Bundesländern, nämlich Art. 3 der Anlage I des Staatsvertrags vom 18. 5. 1990, wurde gemäß Art. 9 § 3 des Euro-Einführungsgesetzes mit Wirkung ab 1. 1. 1999 in identischer Weise durch das PreisG und die PrKV ersetzt.

Nach der ständigen Rechtsprechung des BGH war § 3 S. 2 WährG als Einschränkung der Vertragsfreiheit eng auszulegen.[320] Nicht jede Vereinbarung einer Wertsicherungsklausel war genehmigungsbedürftig. Das Verbot von Wertsicherungsklauseln erfasste insbesondere nicht Spannungsklauseln[321] und Leistungsvorbehalte.[322] Dies galt auch für die neue Regelung, die in Anpassung an die Rechtsprechung formuliert wurde. Erfasst sind lediglich automatisch wirkende Indexierungen, nicht also Anpassungsverpflichtungen oder einseitige Anpassungsvorbehalte gemäß § 315 BGB; ebenso sind nicht erfasst die sogenannten Spannungsklauseln (§ 1 Nr. 2 PrKV), wonach der Erbbauzins ständig in einem festen Verhältnis zu bestimmten gleichartigen Leistungen (zB der vom Erbbauberechtigten aus der Vermietung des Gebäudes erzielten Bruttomiete) stehen soll.[323] Genehmigungsfrei sind ferner – wie bisher – sog. Leistungsvorbehalte (§ 1 Nr. 1 PrKV), durch die den Vertragspartnern hinsichtlich der Anpassung der Leistung Verhandlungsspielraum eingeräumt ist, innerhalb dessen durch Vereinbarung eine Konkretisierung der geschuldeten Leistung erfolgen muss.

6.143

Von besonderer Bedeutung in Erbbaurechtsverträgen war die Genehmigungsfreiheit von „Erbbauzinsvereinbarungen" mit einer Laufzeit von mindestens 30 Jahren (§ 1 Nr. 4 PrKV). Angesichts der weiten Fassung des Wortlauts („Preisklauseln in Erbbaurechtsbestellungsverträgen und in Erbbauzinsreallasten") kam es hierbei nicht darauf an, ob eine Gleitklausel bereits bei Bestellung des Erbbaurechts oder aber im Rahmen einer späteren Vereinbarung als selbstständige Reallastabrede oder Reallaständerung getroffen wurde. Entscheidend war vielmehr, dass die getroffene Preisklauselvereinbarung nach der ordentlichen Gesamtdauer des Erbbaurechts noch eine Laufzeit von mindestens 30 Jahren hatte. Nach *Kirchhoff* bestehen erhebliche Zweifel an der Rechtmäßigkeit dieser Regelung, da sich § 1 Nr. 4 PrKV nicht durchweg auf eine der in § 2 Abs. 2 Preisangaben- und Preisklauselgesetz genannten Verordnungsermächtigung stützen lasse;[324] die Vertragsparteien sollten

6.144

---

[320] Vgl. BGHZ 14, 306, 308 = NJW 1954, 1684; NJW 1969, 91; 1970, 2103; *Frielingsdorf* DB 1982, 789.
[321] Vgl. RdNr. 6.153 ff.
[322] Vgl. RdNr. 6.158 ff.
[323] Davon zu unterscheiden ist die Anknüpfung an den allgemeinen Anstieg der Mietzinsen: genehmigungsbedürftige Gleitklausel.
[324] *Kirchhoff* Wertsicherungsklauseln für Euro-Verbindlichkeiten, S. 237 ff.

sich daher in jedem Fall von der zuständigen Behörde ein Negativattest ausstellen lassen.[325]

6.145 Die Vertragsparteien eines genehmigungsbedürftigen Vertrages waren einander verpflichtet, an der Einholung einer erforderlichen Genehmigung nach Treu und Glauben mitzuwirken. Stand etwa der Genehmigungserteilung eine Mindestklausel entgegen, so konnte der durch sie begünstigte Vertragsteil einseitig auf diese Klausel verzichten; der andere Teil konnte sich nicht darauf berufen, er habe den Verzicht nicht angenommen (§ 397 BGB), weil seine Weigerung, den für ihn nur günstigen Verzicht auf die Mindestklausel anzunehmen, treuwidrig wäre (§§ 242, 826 BGB).[326]

6.146 Bis zur Erteilung der etwa erforderlichen Genehmigung[327] war die Gleitklausel schwebend unwirksam.[328] Die nachträgliche Genehmigung hatte rückwirkende Kraft.[329] Wurde eine an sich erforderliche Genehmigung abgelehnt, so war die Klausel gem. § 134 BGB von Anfang an nichtig.[330] Zu den Folgen eines Verstoßes gegen die Genehmigungspflicht siehe im Übrigen RdNr. 6.147 ff.

6.147 **(2) Fehlen der Genehmigung.** Wurde eine an sich erforderliche Genehmigung **versagt**, so ist die Klausel nach § 134 BGB von Anfang an nichtig.[331] Waren die Beteiligten unsicher darüber, ob eine Genehmigung erforderlich ist, so konnten sie ein Negativzeugnis des Bundesamts für Wirtschaft und Ausfuhrkontrolle einholen, das nach der Rechtsprechung des BGH die Gerichte bindet.[332] Dagegen hatte die Mitteilung, dass die Klausel nicht genehmigungsfähig sei, keine bindende Wirkung.[333] Die Genehmigung konnte für die bis zu einer Versagung schwebend unwirksame Klausel auch während der Laufzeit des Erbbaurechts, selbst noch nach Vertragsende für die zurückliegende Zeit erteilt werden.[334] Gegen die Versagung der Genehmigung war die Anfechtungsklage zum Verwaltungsgericht gegeben.[335]

Fehlte die währungsrechtliche Genehmigung, so kam es auf die Laufzeit des Erbbaurechts an. Denn die Vorschrift des § 3 WährG wurde, wie oben RdNr. 6.140 ausgeführt, durch Art. 9 § 1 des Euro-Einführungsgesetzes vom 9. 6. 1998 aufgehoben; seit dem 1. 1. 1999 galten für die Genehmigung von Preisklauseln die Vorschriften in § 2 des Preisangaben- und Preisklauselgesetzes. Zudem waren seit dem 1. 1. 1999 Erhöhungsklauseln jeder Art in Erbbaurechtsbestellungsverträgen mit einer Laufzeit von mindestens 30 Jahren nach § 1 Nr. 4 der Preisklauselverordnung vom 23. 9. 1998[336] genehmigungsfrei; dies galt auch dann, wenn die Klausel in einem früher geschlossenen Vertrag vereinbart wurde.[337] War bis zum Inkrafttreten der Preisklauselverordnung am 1. 1. 1999 eine bis dahin erforderliche Genehmigung nach § 3 WährG nicht versagt worden, wurde eine bis dahin schwebend unwirksame Klausel ab diesem Zeitpunkt endgültig wirksam. Somit war eine Erhöhungsklausel in vielen Fällen wirksam, ohne dass geklärt werden musste, ob die Klausel überhaupt genehmigungsbedürftig war.[338]

---

[325] *Kirchhoff* DNotZ 2007, 11, 20.
[326] LG Wuppertal DNotZ 1959, 237.
[327] Zum Genehmigungsverfahren s. *Kirchhoff* DNotZ 2007, 11, 21.
[328] BGHZ 53, 315, 318 = NJW 1970, 1046.
[329] BGH DNotZ 1959, 581; WPM 1979, 784/786; LG Wuppertal DNotZ 1959, 237.
[330] Vgl. BGHZ 63, 132, 135.
[331] *Bamberger/Roth/Grothe* § 244 BGB RdNr. 20; *Kirchhoff* DNotZ 2007, 11, 21.
[332] BGHZ 1, 294 = NJW 1951, 645; NJW 1962, 1393; MünchKomm § 9 RdNr. 42.
[333] BGH NJW 1962, 1393.
[334] BGH DB 1979, 1502 = WPM 1979, 784.
[335] RGRK/*Räfle* § 9 RdNr. 37.
[336] Oben RdNr. 6.141 ff.
[337] *Schmidt/Räntsch* NJW 1998, 3166, 3169.
[338] BGH NJW 2007, 509 = Rpfleger 2007, 68.

VI. Vereinbarungen zur Anpassung des Erbbauzinses

Konnte eine erforderliche Genehmigung nicht mehr nachgeholt werden, so beurteilte sich die Frage, ob die Nichtigkeit der Klausel den gesamten Erbbaurechtsvertrag ergreift, nach **§ 139 BGB**. Die Wirksamkeit des Erbbaurechtsvertrags wurde dadurch zwar nicht automatisch in Frage gestellt,[339] aber bei den üblicherweise langfristigen Erbbaurechtsverträgen dürfte dies im Allgemeinen anzunehmen sein, weil hier die Wertsicherung ganz wesentliche Bedeutung für die Erbbaurechtsbestellung hat.[340]   6.148

In der Regel besteht jedoch in solchen Fällen die Möglichkeit einer **ergänzenden Vertragsauslegung**. Fehlt nämlich die währungsrechtliche Genehmigung und kann sie auch nicht mehr nachgeholt werden, so folgt daraus nicht ohne weiteres, dass es auch an einer wirksamen Wertsicherungsklausel fehlt und eine Erbbauzinserhöhung daher allenfalls dann in Betracht kommen könnte, wenn dies nach den auf § 242 BGB beruhenden Grundsätzen gerechtfertigt wäre, die insoweit für Verträge ohne Anpassungsklausel gelten.[341]   6.149

Unter solchen Umständen sind die Vertragsparteien einander verpflichtet, „einer Änderung der vereinbarten Klausel in eine solche mit genehmigungsfähigem oder nicht genehmigungsbedürftigem Inhalt zuzustimmen, sofern nach den Grundsätzen der ergänzenden Vertragsauslegung eine geeignete Ersatzklausel bestimmen lässt."[342] Kann unter Berücksichtigung des objektiven Vertragszwecks angenommen werden, dass die Beteiligten eine andere Wertsicherungsklausel gewählt hätten, die einerseits die beiderseitigen Belange wahrte und andererseits wirksam war, so gilt diese Klausel als von Anfang an vereinbart.[343] Vornehmlich kann dabei ein genehmigungsfreier Leistungsvorbehalt in Betracht kommen, wenn dadurch berechtigte Belange der einen oder anderen Partei nicht verletzt werden.[344]   6.150

Eine solche ergänzende Vertragsauslegung kommt auch dann in Betracht, wenn die Beteiligten zwar schon bei Vertragsabschluss von der Unwirksamkeit der Klausel ausgingen, aber trotzdem die Vereinbarung einhalten wollten.[345] Ist die Genehmigung einer lediglich zu Gunsten des Gläubigers vereinbarten Wertsicherungsklausel nur für den Fall erteilt worden, dass sie auch zu Gunsten des Schuldners vereinbart wird, so muss der Schuldner sich auf eine solche Ergänzungsvereinbarung nach Treu und Glauben einlassen, anderenfalls ist er so zu behandeln als sei sie zustandegekommen.[346]   6.151

cc) Neue Regelung. Am 13. 6. 2007 hat der Bundestag im Rahmen des Zweiten Gesetzes zum Abbau bürokratischer Hemmnisse, insbesondere in der mittelständischen Wirtschaft das Gesetz über das Verbot der Verwendung von Preisklauseln bei der Bestimmung von Geldschulden (**Preisklauselgesetz**) beschlossen. Der Wortlaut des bisherigen Preisangaben- und Preisklauselgesetzes wird durch dieses Gesetz vollständig neu gefasst, die Preisklauselverordnung wurde aufgehoben. Das Gesetz trat am Tag nach seiner Verkündung am 14. 9. 2007 in Kraft.[347]   6.151a

(1) Durch das neue Preisklauselgesetz wird das behördliche **Genehmigungssystem für Wertsicherungsklauseln abgeschafft,** wobei die bis zur Aufhebung

---

[339] Vgl. *Mees* NJW 1957, 1261.
[340] RGRK/*Räfle* § 9 RdNr. 38.
[341] Vgl. RdNr. 6.228 ff.
[342] BGH NJW 1979, 1545, 1546 = BB 1979, 1260; BGHZ 63, 132, 135; 81, 135, 141; NJW 1983, 1909; 1986, 932, 933 = DNotZ 1986, 472; OLG Köln ZMR 1999, 633; *Kirchhoff* DNotZ 2007, 11, 21; vgl. *Mees* NJW 1957, 1261.
[343] BGH NJW 1960, 523/525; 1976, 892; 1979, 1545; 1986, 932 = DNotZ 1986, 472.
[344] BGH NJW 1967, 830 = BB 1967, 228; WPM 1978, 578; NJW 1979, 1545; 1986, 932, 933 = DNotZ 1986, 472.
[345] BGH NJW 1979, 2250.
[346] RGRK/*Räfle* § 9 RdNr. 38.
[347] Oben RdNr. 6.133.

des Gesetzes erteilten Genehmigungen fortgelten. Das Bundesamt für Wirtschaft und Ausfuhrkontrolle bearbeitete nur noch Genehmigungsanträge, die bis zum 13. 9. 2007 dort eingingen (§ 9 PrKG). Wurde für eine Preisklausel bis zu diesem Zeitpunkt kein entsprechender Genehmigungsantrag gestellt, gilt das neue Recht. Damit entfällt eine Genehmigungspflicht auch dann, wenn die Wertsicherungsklausel während der Geltung des bisherigen Rechts vereinbart worden war.

(2) Materiellrechtlich sind mit dem neuen Preisklauselgesetz keine Änderungen verbunden. Das Indexierungsverbot bleibt grundsätzlich bestehen, die bisherigen Ausnahmeregelungen der PrKV werden mit Ausnahme von § 3 Abs. 5 und § 5 PrKV beibehalten. Vom Indexierungsverbot ausgenommen sind Spannungsklauseln (§ 1 Abs. 2 Nr. 2), Leistungsvorbehaltsklauseln (§ 1 Abs. 2 Nr. 1) und Preisklauseln in Erbbaurechtsbestellungsverträgen und Erbbauzinsreallasten mit einer Laufzeit von mindestens 30 Jahren (§ 4).[348] War bisher eine Wertsicherungsklausel nach den in der PrKV enthaltenen Ausnahmeregelungen genehmigungsfähig, ist nach der neuen Rechtslage eine solche Wertsicherungsklausel unter den dort genannten Voraussetzungen per se wirksam. Es fällt lediglich die Genehmigung durch das Bundesamt für Wirtschaft weg.[349]

(3) Erbbaurechtsverträge mit einer Laufzeit von **mindestens dreißig Jahren** sind nach neuem Recht – ebenso wie bisher nach § 1 Nr. 4 PrKV – unabhängig vom konkreten Inhalt der Wertsicherungsklausel preisrechtlich zulässig und wirksam (aber unbeschadet der Vorgaben anderer Gesetze wie insbes. von § 9a ErbbauRG bei zu Wohnzwecken ausgegebenen Erbbaurechten). Die besonderen Vorgaben der §§ 2 und 3 PrKG müssen dabei nicht beachtet werden.[349a]

(4) Für Erbbauzinsklauseln mit **weniger als 30-jähriger Laufzeit** gelten die allgemeinen Zulässigkeitsvoraussetzungen (§ 3 PrKG). In den Fällen, in denen die spezielle Norm über langjährige Erbbauverträge nicht eingreift (§ 4 PrKG), kann – wie nach früherem Recht auch – auf die allgemeinen Regeln zurückgegriffen werden (§§ 2, 3 PrKG). Die automatisch wirkende Wertsicherungsklausel ist nur wirksam, wenn sie den allgemeinen Voraussetzungen für automatisch wirkende Wertsicherungsklauseln genügt, also insbes. den §§ 2, 3 PrKG. Ebenso wie nach alter Rechtslage ist erforderlich, dass der Erbbaurechtsvertrag mindestens für die Dauer von zehn Jahren, gerechnet vom Vertragsabschluss bis zur Fälligkeit der letzten Zahlung, läuft (§ 3 Abs. 1 Nr. 1b PrKG). Weitere Voraussetzung ist, dass Maßstab für die automatisch wirkende Wertsicherungsklausel ein vom Statistischen Bundesamt bzw. vom Statistischen Amt der Europäischen Gemeinschaft ermittelter Verbraucherpreisindex ist (§ 3 Abs. 1 PrKG).

(5) Künftig haben die Betroffenen jedoch **selbst zu prüfen,** ob die vereinbarte Wertsicherungsklausel zulässig ist. Die Unwirksamkeit einer Klausel tritt nach § 8 PrKG zum Zeitpunkt des rechtskräftig festgestellten Verstoßes ein, wenn für diesen Fall nicht eine frühere Unwirksamkeit vereinbart ist. Die angebliche Vereinfachung kommt unter dem Deckmantel des Abbaus bürokratischer Hemmnisse also letztlich nur der Behörde zugute und geht zu Lasten des Bürgers, dem die Möglichkeit genommen wird, Rechtssicherheit zu erlangen und sich auf die Gültigkeit einer für lange Dauer vereinbarten Gleitklausel verlassen zu können. In jedem Fall muss die Wertsicherungsklausel hinreichend bestimmt sein (§ 2 Abs. 2 PrKG); ebenso darf sie keine unangemessene Benachteiligung enthalten (§ 2 Abs. 3 PrKG). Insbesondere darf nicht einseitig nur ein Preis- oder Wertanstieg eine Erhöhung, nicht aber umgekehrt ein Preis- oder Wertrückgang eine entspre-

---

[348] Oben RdNr. 6.133. § 9a ErbbauRG bleibt davon unberührt *Reul* MittBayNot 2007, 445, 449.
[349] Gesetzesbegründung BR-Drucks. 88/07, S. 67 ff.
[349a] Dazu *Kirchhoff* DNotZ 2007, 913, 921.

chende Ermäßigung des Zahlungsanspruchs bewirken und darf der geschuldete Betrag sich gegenüber der Entwicklung der Bezugsgröße nicht unverhältnismäßig ändern.[350]

dd) Sachleistungsklauseln. Keine Gleitklausel liegt vor bei Vereinbarung von Sachleistungen[351] oder eines Wahlschuldverhältnisses, nach dem von vorneherein verschiedene Leistungen geschuldet werden, nämlich zB Naturalien oder Geld, von denen nur die eine oder die andere zu bewirken ist.[352] § 1 PrKV verbietet nicht, an Stelle von Geldverpflichtungen Sachleistungsverpflichtungen zu begründen, sondern macht nur die Begründung einer Geldschuld, deren Betrag in Euro geschuldet wird, deren Höhe aber durch den Preis von Gütern oder Leistungen bestimmt werden soll, von einer Genehmigung abhängig.[353] Er greift daher auch beim Wahlschuldverhältnis nicht ein, wenn die Menge der Naturalien und die Summe der Geldschuld nicht in Beziehung zueinander gesetzt, sondern unabhängig voneinander festgelegt sind, und die Höhe des Geldbetrags nicht von den Preisen der Naturalien bestimmt wird. Ist der Gläubiger aber befugt, statt dessen einen dem jeweiligen Marktpreis der Sachleistungen entsprechenden Geldbetrag zu verlangen,[354] wird eine durch § 1 PrKV verbotene Beziehung geschaffen.[355] 6.152

b) Spannungsklauseln. Wertsicherungsklauseln, deren gewählte Bezugsgröße mit der Gegenleistung, für die die Geldschuld zu entrichten ist, nach der Verkehrsanschauung gleichartig, zumindest aber vergleichbar ist, waren früher gemäß dem aufgehobenen § 1 Nr. 2 PrKV genehmigungsfrei und unterliegen gemäß § 1 Abs. 2 Nr. 2 PrKG nicht dem Indexierungsverbot. Der BGH versteht unter einer Spannungsklausel eine Klausel, nach deren Inhalt die zu sichernde Geldschuld zwangsläufig ständig in einem bestimmten Verhältnis zu einer Leistung (des Geldgläubigers) stehen soll; der jeweilige Abstand zwischen den beiden – miteinander zu vergleichenden – Größen, also die „Spannung", soll stets gleich bleiben. Die Relation zwischen Geldschuld und Bezugsgröße muss „nach der Verkehrsanschauung" gleichartig sein; die Bezugsgröße muss dem zu sichernden Schuldverhältnis eigentümlich und wesensgemäß sein.[356] 6.153

Dies ist etwa der Fall, wenn als Wertmesser für die jeweilige Höhe des Erbbauzinses bei Bestellung eines Untererbbaurechts der erzielte Untererbbauzins oder bei Vermietung oder Verpachtung der Erbbaurechtsgebäude und -wohnungen die vom Erbbauberechtigten jeweils erzielten Mieten und Pachtzinsen vereinbart sind.[357] Bei einem Erbbaurecht für gewerbliche Zwecke kann Maßstab auch der Mietzins bestimmter gewerblich genutzter Gebäude gleicher Art und Lage sein.[358] 6.154

Keine Spannungsklausel, sondern eine Gleitklausel liegt vor bei Anknüpfung an das allgemeine Steigen der Mietzinsen.[359] Bei Grundstückswertklauseln ist dies streitig, aber wohl ähnlich zu unterscheiden: wird an den Wert des betroffenen Erbbau- 6.155

---

[350] Vgl. DNotI-Rep. 2007, 177; Kirchhoff DNotZ 2007, 913, 922.
[351] OLG Schleswig DNotZ 1975, 720; LG München DNotZ 1952, 220, 222.
[352] BGH WPM 1985, 417; OLG Celle DNotZ 1952, 126; 1955, 315; OLG Frankfurt DNotZ 1969, 98.
[353] LG München DNotZ 1952, 220, 222; Palandt/Heinrichs § 245 BGB RdNr. 36; Münch-Komm/Grundmann §§ 244, 245 BGB RdNr. 73; v. Heynitz MittBayNot 1998, 398, 401; Kirchhoff DNotZ 2007, 11, 14.
[354] LG München DNotZ 1952, 220.
[355] OLG Celle DNotZ 1955, 315.
[356] BGHZ 14, 306/310 = NJW 1954, 1684; DNotZ 1970, 536; NJW 1976, 422; DNotZ 1976, 596 = Rpfleger 1976, 54; NJW 1979, 1545 = BB 1979, 1260; DNotZ 1980, 85; Dürkes D 33; Fögen BB 1964, 1015; Frielingsdorf DB 1982, 789/790; Hartmann NJW 1976, 403; Ingenstau/Hustedt § 9 RdNr. 52; Kirchhoff DNotZ 2007, 11, 16.
[357] BGH NJW 1976, 422 = Rpfleger 1976, 54.
[358] BGH NJW 1983, 1909/1910; Ingenstau/Hustedt § 9 RdNr. 53.
[359] BGHZ 14, 306; Rpfleger 1961, 117.

grundstücks angeknüpft, so ist eine Spannungsklausel wohl zu bejahen, da Nutzungsgewährung des Grundstücks an den Erbbauberechtigten und der Erbbauzins als wirtschaftliche Gegenleistung dafür im Wesentlichen gleichartig sind;[360] bei Anknüpfen an die allgemeinen Grundstücksverhältnisse ist es zu verneinen. Für Wohnungserbbaurechte ist die Frage seit 15. 1. 1974 nicht mehr aktuell, da § 9a ErbbauRG einen Anspruch auf Erhöhung des Erbbauzinses unbegründet sein lässt, soweit Änderungen von „Grundstückswertverhältnissen" zu berücksichtigen sind.[361]

6.156 Spannungsklauseln können nach dem seit 1. 10. 1994 geltenden Recht als Inhalt der Erbbauzinsreallast vereinbart werden, da es nach § 9 ErbbVO (nunmehr ErbbauRG) in der Fassung des Sachenrechtsänderungsgesetzes v. 21. 9. 1994 für die Erbbauzinsreallast in Übereinstimmung mit dem allgemeinen Recht der Reallast[362] ausreicht, dass der Maßstab der Reallast hinreichend bestimmbar ist.[363]

6.157 *Hartmann* empfiehlt folgenden Vertragstext für die optimale Wertsicherung eines schuldrechtlichen Erbbauzinses bei gewerblich[364] genutztem Erbbaurecht mit der Relation des Erbbauzinses zur Wertentwicklung des Erbbaugrundstücks:[365]

„(1) Die Vertragspartner können die Höhe des (schuldrechtlichen)[366] Erbbauzinses zum Ersten eines Kalenderjahres jeweils nach Ablauf von fünf Jahren oder später seit Abschluss dieser Anpassungsvereinbarung oder jeder Neufestsetzung, erstmalig zum 1. Januar ... (Stichtag) neu festsetzen, sofern oder sobald sich der Verkehrswert des Erbbaugrundstücks (und zwar des reinen Bodenwertes und ohne jegliche Belastungen), der gemäß § 194 BauGB durch den örtlich zuständigen Gutachterausschuss nach dem Vergleichswertverfahren zu ermitteln ist, gegenüber dem Bodenwert, der der Errechnung des anfänglichen und jeweils letzten Erbbauzinses als Verzinsung gedient hat, um mehr als ...% verändert hat. Sollte sich der Bodenwert schon vor Ablauf von fünf Jahren oder erst danach um mehr als ...% geändert haben, entsteht der Anspruch auf Neufestsetzung des Erbbauzinses zum darauf folgenden Halbjahresbeginn; Absatz 3 gilt in diesem Falle entsprechend. Der Neufestsetzungsanspruch bleibt nach der Entstehung bestehen, so lange nicht ausdrücklich schriftlich auf ihn verzichtet worden ist.

(2) Im Falle von Absatz 1 setzt der Änderungsberechtigte den schuldrechtlichen Erbbauzins zum ersten Januar des Jahres (Änderungszeitpunkt), der auf den Stichtag folgt, entsprechend der Bodenwertänderung neu fest. Als Bodenwert, der der Errechnung des Erbbauzinses – unter Verwendung des vertragsanfänglichen Zinssatzes – dient, ist der nach Absatz 1 zu ermittelnde Bodenwert zu verwenden; bei der Wertermittlung sind die diese betreffenden Richtlinien des Bundesministeriums für Raumordnung, Bauwesen und Städtebau zu verwenden. Maßgeblich ist der Verkehrswert, der für das Kalendervierteljahrsende ermittelt worden ist, das der Geltendmachung des Neufestsetzungsanspruchs vorausgeht.

(3) Der Neufestsetzungsanspruch muss durch eingeschriebenen Brief unter Mitteilung der neu festgesetzten schuldrechtlichen[367] Erbbauzinshöhe geltend gemacht werden, der ausweislich des Poststempels spätestens am ersten Werktag (außer Samstag) des letzten Vierteljahres zur Post gegeben sein muss, wenn die Änderung

---

[360] MünchKomm § 9 RdNr. 39; *Hartmann* NJW 1976, 403; aA BGH NJW 1979, 1545 = BB 1979, 1260; RGRK/*Räfle* § 9 RdNr. 31.
[361] *Hartmann* DB 1974 Beil. 22; *ders.* NJW 1976, 403.
[362] *Schöner/Stöber* RdNr. 1305, 3245; *Staudinger/Amann* § 1105 RdNr. 14.
[363] Siehe aber oben RdNr. 6.80 ff.
[364] § 9a gilt hier also nicht!
[365] *Hartmann* DB 1974 Beil. 22, S. 1/10; NJW 1976, 403/405; zustimmend *Ingenstau/Hustedt* RdNr. 54.
[366] Nach dem neuen Recht gilt dies entsprechend auch für die dingliche Erbbauzinsreallast gemäß § 9 Abs. 2 ErbbauRG n. F.
[367] Dies gilt entsprechend auch für die dingliche Erbbauzinsreallast gemäß § 9 Abs. 2 ErbbauRG n. F.

VI. Vereinbarungen zur Anpassung des Erbbauzinses

des Erbbauzinses mit dem ersten Januar des nächsten Jahres wirksam werden soll. Im Falle der Form- und Fristwahrung wird der Neufestsetzungsanspruch zu diesem Zeitpunkt wirksam und fällig, anderenfalls wird die Änderung erst zu dem darauf folgenden Halbjahresersten wirksam und fällig. Wirksamkeit und Fälligkeit treten im Änderungszeitpunkt ein, auch wenn eine etwaige Einigung oder Festsetzung – gleich durch wen und gleich in welcher Höhe – erst nach dem Änderungszeitpunkt erfolgen sollte.

(4) Die Änderungsfestsetzung ist im Rechtsweg nur wegen offenbarer Unrichtigkeit anfechtbar."[368]

c) Leistungsvorbehalt. Die Annahme eines nicht dem Indexierungsverbot des § 1 Abs. 1 PrKG unterliegenden Leistungsvorbehalts setzt voraus, dass den Vertragspartnern hinsichtlich der Anpassung der Leistung ein wenn auch beschränkter **Ermessens-** und Verhandlungs**spielraum** eingeräumt ist, innerhalb dessen es jeweils erst durch **Vereinbarung** zu einer Konkretisierung der geschuldeten Leistung kommen muss.[369] Es genügt, dass sich dieser Ermessensspielraum nur auf das Ausmaß der Änderung oder nur auf deren Voraussetzungen bezieht.[370] Bei ihm fehlt es daher an der für eine Reallast erforderlichen Bestimmbarkeit.[371] Ein solcher Leistungsvorbehalt ist (§ 1 Abs. 2 Nr. 1 PrKG) und war auch früher (gemäß dem aufgehobenen § 1 Nr. 1 PrKV) genehmigungsfrei und liegt etwa vor, wenn nach einer bestimmten Zeit eine Neufestsetzung des Erbbauzinses[372] oder bei einer bestimmten Indexänderung eine „angemessene Änderung des Erbbauzinses"[373] oder eine „Anpassung an die wirtschaftlichen Verhältnisse"[374] oder eine Neufestsetzung „nach billigem Ermessen"[375] verlangt werden kann. Dies ist auch dann der Fall, wenn der Erbbauzins unter „Garantie billiger und angemessener Verzinsung des Grundstückswerts vereinbart ist".[376]

6.158

Diesen Fällen ist gemeinsam, dass nicht vorgeschrieben ist, bei der Erbbauzinsneufestsetzung in einem genauen bestimmten Verhältnis zur Bezugsgröße vorzugehen; vielmehr ist ein freier Spielraum gegeben. Diese Entscheidung braucht nicht völlig frei zu sein, es kann durchaus eine Verpflichtung zur Neufestsetzung oder ein sog. gebundenes Ermessen bestehen, wenn nur die Beteiligten zu verhandeln haben.[377] Der BGH hat wiederholt entschieden, dass eine „bestimmten Verhältnissen entsprechende" Neufestsetzung des Erbbauzinses nicht als automatische Erhöhung und damit von § 3 Währungsgesetz a. F. betroffene Regelung anzusehen ist.[378] Es schadet auch nicht, wenn zugleich vereinbart ist, dass der Erbbauzins nicht unter einen bestimmten Prozentsatz einer bestimmten Größe absinken darf; denn bei einer solchen Regelung ist diese Größe nur ein Berechnungsfaktor und insoweit nur die unterste Grenze für den einigungs- oder bestimmungsbedürftigen Umfang der Erhöhung.[379]

6.159

---

[368] Zulässig, da §§ 315, 319 BGB nachgiebiges Recht sind; vgl. *Palandt/Heinrichs* § 315 BGB RdNr. 3 und § 319 BGB RdNr. 10; RGZ 99, 106, 107.
[369] BGH DNotZ 1969, 96; NJW 1979, 1545 = BB 1979, 1260; *Fögen* BB 1964, 1015; 1067, 738; *Frielingsdorf* DB 1982, 789; *Kirchhoff* DNotZ 2007, 11, 15. Zur Verletzung anwaltlicher Pflichten bei der Erbbauzinsanpassung auf Grund eines Leistungsvorbehalts s. BGH NJW 2002, 1421.
[370] *Dürkes* B 18 b, D 162 g.
[371] *Schöner/Stöber* RdNr. 3245.
[372] BGH BB 1969, 977 = WPM 1969, 62.
[373] BGH DNotZ 1969, 96 = BB 1968, 930; OLG Düsseldorf DNotZ 1976, 539; vgl. BGH DNotZ 1970, 744; *Dürkes* D 148.
[374] Vgl. BGH DNotZ 1979, 19.
[375] BGH DNotZ 1965, 555.
[376] Vgl. BGHZ 57, 47 = NJW 1971, 1838.
[377] Vgl. *Frielingsdorf* DB 1982, 789; zustimmend *Ingenstau/Hustedt* § 9 RdNr. 55.
[378] Vgl. BGH Rpfleger 1961, 117 = DNotZ 1960, 380.
[379] BGH NJW 1978, 1261.

6.160 Anders als bei der Gleitklausel oder Spannungsklausel muss bei einem Leistungsvorbehalt neu verhandelt werden, so dass es bei ihm an der Bestimmbarkeit iS des § 1105 Abs. 1 Satz 2 BGB iVm. § 9 Abs. 1 ErbbauRG fehlt; er kann daher auch nach dem seit 1. 9. 1994 geltenden Recht nicht als Inhalt einer Erbbauzinsreallast iS des § 9 ErbbVO (nunmehr ErbbauRG) in der Fassung des Sachenrechtsbereinigungsgesetzes vereinbart werden; hier bleibt Raum für die Erbbauzinserhöhungsvormerkung.[380]

6.161 Ein solcher genehmigungsfreier Leistungsvorbehalt könnte etwa lauten:
„Hat sich am Jahresende der Verbraucherpreisindex für Deutschland ... gegenüber dem Zeitpunkt dieser Vereinbarung geändert, so verpflichten sich die Parteien, die Höhe der monatlichen Erbbauzinsraten mit Wirkung vom ... neu zu vereinbaren. Die Neufestsetzung soll dem Änderungsverhalten der Bezugsgröße entsprechen".[381]

6.162 Ohne Bedeutung ist, ob bei Eintritt der Voraussetzung der Gläubiger die Neufestsetzung selbst vornehmen darf, oder ob sie durch Dritte, etwa einen Schiedsrichter oder Schiedsgutachter zu erfolgen hat.[382] Ein Leistungsvorbehalt liegt auch dann vor, wenn die Neufestsetzung durch eine vereinbarte Stelle erfolgt, der ein Ermessensspielraum zusteht. Dies ist besonders deutlich, wenn die Erhöhung durch die benannte Stelle nach „billigem Ermessen" festgesetzt werden soll.[383]

6.163 Eine solche Klausel könnte etwa lauten:
„Ändern sich die wirtschaftlichen Verhältnisse ..., so soll der Erbbauzins neu festgesetzt werden und zwar mangels Einigung unter den Beteiligten durch einen von der Industrie- und Handelskammer ... zu benennenden Sachverständigen, der nach billigem Ermessen im Sinn von §§ 315, 316 BGB zu entscheiden hat."[384]

6.164 Kein Leistungsvorbehalt liegt dagegen vor, wenn die Klausel keinerlei Beurteilungsspielraum lässt und die Neufestsetzung nach einer Bezugsgröße bindend vorgeschrieben ist, wenn also automatisch die Entwicklung der Bezugsgröße auf die neu zu bestimmende Leistung zu übertragen ist.[385] In diesem Fall liegt auch dann kein Leistungsvorbehalt vor, wenn ein weiteres Tätigwerden der Vertragsparteien erforderlich ist, etwa ein Erhöhungsverlangen einer der Parteien, oder wenn es erst einer Einigung der Vertragsparteien über die Bezugsgröße oder deren Feststellung durch Schiedsgutachten bedarf; in solchen Fällen handelt es sich um eine genehmigungspflichtige Gleitklausel.[386]

6.164a **d) Klage auf künftige Erbbauzins-Zahlungen.** Die Vereinbarung einer Wertsicherungsklausel steht der Verurteilung zur Zahlung von künftigem Erbbauzins nicht entgegen. Wie der BGH[387] entschieden hat, ist Voraussetzung der Titulierung nach § 258 ZPO ein Anspruch auf eine „wiederkehrende Leistung". Wiederkehrend im Sinne der Vorschrift sind Ansprüche, die sich als einheitliche Folgen aus einem Rechtsverhältnis ergeben, so dass die einzelne Leistung in ihrer Entstehung nur noch vom Zeitablauf abhängig ist.[388] So verhält es sich auch mit dem Anspruch auf den Erbbauzins gem. § 9 ErbbauRG.[389] Die Bindung der Leistungspflicht an einen solchen Index führt nicht dazu, dass die Höhe der Leistungsverpflichtung einem ständigen Wechsel unterworfen wäre. Tatsächlich hat sie das Gegenteil zum Ziel, nämlich das wirtschaftliche Äquivalent der Zahlungsverpflichtung

---

[380] S. unten RdNr. 6.205 ff.
[381] So *Frielingsdorf* DB 1982, 789.
[382] BGH Rpfleger 1961, 117 = DNotZ 1960, 380; *Frielingsdorf* DB 1982, 789.
[383] BGH WPM 1969, 62; 1978, 578.
[384] So *Frielingsdorf* DB 1982, 789/790.
[385] BGH Rpfleger 1961, 117 = DNotZ 1960, 380; WPM 1968, 470.
[386] Vgl. RdNr. 6.136; BGH NJW 1979, 1545 = BB 1979, 1260.
[387] NJW 2007, 294.
[388] BGH WPM 1986, 1397, 1399.
[389] *Musielak/Foerste* § 258 ZPO RdNr. 2.

konstant zu halten. Der Lebenshaltungskosten- und der Verbraucherpreisindex ändern sich nicht abrupt oder unabsehbar, sondern stetig, und zwar nach aller Erfahrung nach oben. Dass der Index auf einen Betrag sinken könnte, der eine Angleichung des Erbbauzinses nach unten rechtfertigt, ist unwahrscheinlich. Seit der Feststellung des jeweiligen Index durch das Statistische Bundesamt ist kein Index jemals nennenswert gesunken. Es besteht daher kein Anlass, den Schuldner einer hiernach zu bestimmenden Leistungspflicht vor der Titulierung einer aus diesem Grunde überhöhten Leistungsverpflichtung zu schützen.[390]

VII. Beschränkung des Anpassungsanspruchs nach § 9a

1. Normzweck

§ 9a ErbbVO wurde durch Gesetz vom 8. 1. 1974 (BGBl. I 41) in die Erbbaurechtsverordnung eingefügt und ist seit 23. 1. 1974 in Kraft. Entsprechend den hohen Inflationsraten der Nachkriegszeit kam es zu hohen Steigerungen bei Erbbauzinsen, die an den Lebenshaltungskostenindex anknüpfen. Namentlich auch bei Grundstückswertklauseln wurde durch das ungesunde Ansteigen dieser Werte der soziale Charakter des Erbbaurechts gefährdet. Umgekehrt profitierte der Grundstückseigentümer durch die Erhöhung des Erbbauzinses und des Substanzwerts davon zweifach. Den eigentlich sachlich am nächsten liegenden Bezugsmaßstab der Entwicklung des Bodenwerts – nach dessen Höhe sich die Bemessung des Erbbauzinses üblicherweise richtet – hat der Gesetzgeber in § 9a ErbbauRG für Wohnzwecken dienende Erbbaurechte ausgeschlossen, um eine übermäßige, dem steilen Anstieg der Grundstückspreise folgende Anhebung von Erbbauzinsen zu verhindern.[391] § 9a ErbbauRG soll den sozialen Charakter des Erbbaurechts wieder herstellen und bildet eine Billigkeitsschranke; er soll untragbare Erbbauzinserhöhungen namentlich durch das ungesunde und unvorhersehbare Ansteigen der Grundstückspreise vermeiden.[392] § 9a ErbbauRG ist auf Wohngebäude beschränkt, da bei anderen Bauwerken davon ausgegangen werden kann, dass die Beteiligten die Risiken eher übersehen können.[393] Als die Vertragsfreiheit einschränkende Norm ist § 9a ErbbauRG eng auszulegen.[394]

6.165

Der Schutzzweck des § 9a Abs. 1 ErbbauRG ist nicht auf die Dauer der Rechtsstellung des jeweiligen Erbbauberechtigten beschränkt. Dem Grundstückseigentümer steht im Falle der Vereinbarung einer grundstückswertbezogenen Erbbauzinsanpassung aus Anlass der Veräußerung des Erbbaurechts keine über § 9a Abs. 1 ErbbauRG hinausgehende Erhöhung des Erbbauzinses zu.[395]

§ 9a ErbbauRG gilt unabhängig von der Laufzeit des Erbbaurechts. Zwar sind Preisklauseln in Erbbaurechtsverträgen und Erbbauzinsreallasten mit einer Laufzeit von mindestens 30 Jahren vom Indexierungsverbot des § 1 Abs. 1 PrKG ausgenommen; § 9a ErbbauRG bleibt davon nach § 4 PrKG ausdrücklich unberührt.

2. Zeitliche Geltung, Übergangsregelung

Nach Art 2 Abs. 1 ErbbauRG-ÄndG ist § 9a ErbbVO (nunmehr ErbbauRG) nur anzuwenden für Erbbauzinsen, die **nach** dem Inkrafttreten dieses Gesetzes am

6.166

---

[390] BGH NJW 2007, 294.
[391] BT-Drucks. 7/118, S. 5; BGH NJW 1993, 52 = DNotZ 1993, 509.
[392] Vgl. BGH NJW 1977, 433 = DNotZ 1977, 632.
[393] MünchKomm § 91 RdNr. 2.
[394] BGHZ 87, 198/202 = NJW 1983, 2252.
[395] OLG Frankfurt a.M. Rpfleger 1979, 24; OLG Hamm DNotZ 2006, 206 = Rpfleger 2006, 259 = NotBZ 2006, 101; *Böttcher* Rpfleger 2007, 526; s. auch oben RdNr. 4.194.

23. 1. 1974 fällig geworden sind;³⁹⁶ dies gilt auch dann, wenn die Erhöhungsvereinbarung bereits vor dem 23. 1. 1974 getroffen worden ist. Erhöhungsansprüche, die vor Inkrafttreten des § 9a ErbbVO fällig wurden, sind daher noch nach der alten Rechtslage zu beurteilen; insbesondere ist eine Berücksichtigung auch der Entwicklung des Grundstücksmarktes nicht von vorneherein ausgeschlossen.³⁹⁷

6.167 Eine vor dem 23. 1. 1974 erfolgte Erhöhung des Erbbauzinses bleibt in Kraft;³⁹⁸ der Erbbauberechtigte kann jedoch (allerdings nur für die Zukunft) eine Herabsetzung dann verlangen, wenn die unveränderte Weitergeltung der Erhöhung für ihn „angesichts der Umstände des Einzelfalles eine besondere Härte" bilden würde.

6.168 Die Dreijahresfrist des § 9a Abs. 1 S. 5 ErbbauRG beginnt (erstmals) schon mit der zuletzt erfolgten Neufestsetzung des Erbbauzinses zu laufen, nicht erst vom 23. 1. 1974 an.³⁹⁹

3. Wirksame Anpassungsverpflichtung

6.169 **a) Anpassungsanspruch.** § 9a ErbbauRG setzt eine schuldrechtliche Anpassungsklausel oder einen gemäß § 9 ErbbauRG wertgesichert gestalteten dinglichen Erbbauzins voraus, gilt daher nicht, wenn ein Erbbauzins gemäß § 9 ErbbVO a. F. oder n. F. für die gesamte Erbbauzeit in verschiedener Höhe von vornherein fest bestimmt ist.⁴⁰⁰ Der Erbbauzins ist in diesen Fällen für die ganze Erbbauzeit von vornherein fest bestimmt, wie es bis 30. 9. 1994 für Erbbaurechtsverträge vorgeschrieben war und seit 1. 10. 1994 weiterhin vereinbart werden kann; Erbbauberechtigter und Grundpfandgläubiger kennen das festbegrenzte Ausmaß des variablen Erbbauzinses im Voraus.⁴⁰¹

6.170 § 9a ErbbauRG begrenzt nur **Ansprüche** auf Erhöhung von Erbbauzinsen.⁴⁰² Erhöhungen, die nicht auf Grund eines schuldrechtlichen oder auf Grund eines gemäß § 9 ErbbauRG als Inhalt des Erbbauzinses vereinbarten Anpassungsanspruchs, sondern für den Einzelfall frei **vereinbart** werden, werden von § 9a ErbbauRG nicht erfasst; so zB wenn sie der Grundstückseigentümer gelegentlich einer von ihm gewünschten Mitwirkung durchsetzt. § 9a ErbbauRG setzt auch der Vereinbarung der Höhe des Erbbauzinses im Rahmen des Neuabschlusses des Erbbaurechtsvertrages keine Grenze.⁴⁰³

6.171 **b) Anwendungsbereich.** § 9a ErbbauRG regelt **nicht die Voraussetzungen** und Wirksamkeitserfordernisse der Anpassungsklausel, sondern enthält eine gesetzliche **Beschränkung ihres Umfangs** und des aus ihr folgenden Erhöhungsanspruchs.⁴⁰⁴ Die Anwendung des § 9a ErbbauRG setzt somit voraus, dass im Erbbaurechtsvertrag eine wirksame Vereinbarung getroffen wurde, wonach eine Änderung des Erbbauzinses verlangt werden kann. Welcher Art die vereinbarte Anpassungsklausel ist, ist unerheblich, da § 9a ErbbauRG auf jede mögliche Art von Anpassungsklauseln anzuwenden ist. Es kann sich dabei um eine Gleit- oder Spannungsklausel handeln oder um einen Leistungsvorbehalt, bei dem der genaue

---

[396] BGH WPM 1976, 1250.
[397] BGH NJW 1980, 183 = BB 1980, 340; vgl. dazu ausführlich OLG Karlsruhe NJW-RR 1991, 787 = BB 1992, 735.
[398] BGH WPM 1982, 767.
[399] *Dürkes* BB 1980, 1609, 1612.
[400] Vgl. RdNr. 6.86 ff.
[401] *Hartmann* DB 1974 Beil. Nr. 22 RdNr. 16.
[402] *Hartmann* DB 1974 Beil. Nr. 22 RdNr. 17, 22; MünchKomm § 9a RdNr. 5; *Palandt/Bassenge* § 9a RdNr. 2.
[403] *Hartmann* DB 1974 Beil. Nr. 22 RdNr. 18.
[404] BGH NJW 1980, 183 = DB 1980, 86; MünchKomm § 9a RdNr. 4; *Palandt/Bassenge* § 9a RdNr. 3.

VII. Beschränkung des Anpassungsanspruchs nach § 9a

Umfang der Erhöhung erst noch durch Vereinbarung festgelegt werden muss. Eine auf Grund eines Leistungsvorbehalts[405] getroffene Bestimmung ist bei Verletzung des § 9a ErbbauRG unverbindlich (§§ 315 ff. BGB); ein Schiedsgutachten, dessen Ergebnis gegen § 9a ErbbauRG verstößt, ist im Sinn des § 319 Abs. 1 S. 1 BGB „offenbar unbillig".[406]

Gleichgültig ist auch, ob die Klausel an die Entwicklung der Grundstückswerte, der Mieten oder Pachtzinsen, der Einkommen, an die allgemeine Wirtschaftslage, einen Lebenshaltungskostenindex oder andere Bezugsgrößen anknüpft.[407] Es ist nicht erforderlich, die in § 9a ErbbauRG normierten Rechtsbegriffe als Anpassungsmaßstäbe zu verwenden: auch wenn die Entwicklung des vereinbarten Maßstabs über das nach § 9a ErbbauRG zulässige Maß hinausgehen sollte, bleibt die Wertsicherungsklausel rechtsbeständig; der Erhöhungsanspruch ist dann eben nur in begrenztem Umfang begründet.[408] 6.172

Für die Anwendung des § 9a ErbbauRG ist es auch nicht erforderlich, dass eine bestimmte Bemessungsgrundlage von den Vertragsteilen vereinbart wurde: auch wenn eine **Bemessungsgrundlage fehlt**[409] oder nur eine allgemeine Verpflichtung zur Anpassung des Erbbauzinses bei Änderung der allgemeinen Wirtschaftslage besteht,[410] ist § 9a ErbbauRG anwendbar. 6.173

§ 9a ErbbauRG erfasst auch Klauseln, die auf Erhöhung der als Erbbauzins vereinbarten (wiederkehrenden) Leistung eines **Sachguts** gerichtet sind,[411] ebenso Klauseln, die dem Gläubiger die Befugnis zur Ersetzung der ihm primär zustehenden Leistung durch ein bestimmtes anderes Sachgut oder die ihm ein Wahlrecht geben. Voraussetzung ist stets, dass die Vereinbarung einen wertsichernden Anpassungszweck hat, denn sonst handelt es sich nicht um eine die Änderung des Erbbauzinses – also seine Erhöhung – rechtfertigende Vereinbarung im Sinn von § 9a Abs. 1 S. 1 ErbbauRG.[412] Erfüllt die Ersetzungsbefugnis oder das Wahlrecht den beabsichtigten Zweck der Wertsicherungsfunktion nicht mehr, weil sich für das betreffende Sachgut durch hoheitliche Eingriffe in das Preisgefüge kein marktorientierter Preis mehr bilden kann, wie zB bei Roggen- oder Weizenklauseln durch von der EG festgesetzte Preise, so ist durch ergänzende Vertragsauslegung eine geeignete Ersatzklausel festzulegen, die dann Grundlage des Erhöhungsanspruchs ist.[413] 6.174

c) Rechtswirksamkeit der Klausel. Die vereinbarte Erbbauzins-Anpassungsklausel muss rechtswirksam sein; insbesondere muss die etwa notwendige Genehmigung der bis 31. 12. 1998 zuständigen Landeszentralbank bzw. vom 1. 1. 1999 bis 13. 9. 2007 des Bundesamts für Wirtschaft und Ausfuhrkontrolle[414] erteilt worden sein.[415] Es ist aber nicht erforderlich, die in § 9a ErbbauRG normierten Rechtsbegriffe zu verwenden. Auch wenn die Entwicklung des vereinbarten Maßstabs über das in § 9a ErbbauRG festgelegte Maß hinaus gehen sollte, bleibt die Wertsicherungsklausel rechtsbeständig;[416] also auch zB dann, wenn als Maßstab die 6.175

---

[405] Vgl. RdNr. 6.158 ff.
[406] RGRK/*Räfle* § 9a RdNr. 3.
[407] MünchKomm § 9a RdNr. 5; *Sager/Peters* NJW 1974, 263, 264.
[408] Hartmann DB 1974 Beil. Nr. 22 RdNr. 22, 33.
[409] BGH NJW 1977, 433 = DNotZ 1977, 632; OLG Karlsruhe DB 1979, 934/935.
[410] Vgl. BGH NJW 1977, 433 = DNotZ 1977, 632; *Ingenstau/Hustedt* § 9a RdNr. 10 ff.; MünchKomm § 9a RdNr. 5; *Staudinger/Rapp* § 9a RdNr. 2.
[411] *Ingenstau/Hustedt* § 9a RdNr. 13; *Palandt/Bassenge* § 9a RdNr. 2; RGRK/*Räfle* § 9a RdNr. 10.
[412] *Ingenstau/Hustedt* § 9a RdNr. 14; RGRK/*Räfle* § 9a RdNr. 10; *Staudinger/Rapp* § 9a RdNr. 2; aA MünchKomm § 9a RdNr. 5.
[413] BGHZ 81, 135 = NJW 1981, 2241; BB 1984, 694; 1985, 417; RGRK/*Räfle* § 9a RdNr. 10; vgl. RdNr. 6.128 ff.
[414] S. oben RdNr. 6.141.
[415] Vgl. RdNr. 6.139 ff.
[416] Vgl. RdNr. 6.171; Hartmann DB 1974 Beil. Nr. 22 RdNr. 33.

Entwicklung der Grundstückswerte vereinbart ist, obwohl diese im Rahmen des § 9a ErbbauRG nicht berücksichtigt werden dürfen. Der Erhöhungsanspruch ist dann eben nur in begrenztem Umfang begründet.

6.176   **d) Verstoß gegen § 9a.** Verstößt die vereinbarte Anpassungsverpflichtung gegen § 9a ErbbauRG, so ist sie nicht nichtig oder unwirksam, und zwar weder die Klausel nach §§ 134, 138 BGB noch über § 139 BGB der Erbbaurechtsvertrag.[417] Es ist nicht erforderlich, die in § 9a ErbbauRG enthaltenen Maßstäbe zu verwenden. Auch wenn die Entwicklung des vereinbarten Maßstabs über die in § 9a ErbbauRG festgelegte Grenze hinausgeht, bleibt die Wertsicherungsklausel rechtsgültig; der Erhöhungsanspruch ist dann eben nur in begrenztem Maß begründet.[418] § 9a ErbbauRG beschränkt nur den einzelnen Erhöhungsanspruch seiner Höhe nach, indem er als obere Grenze das Ausmaß der „Änderung der allgemeinen wirtschaftlichen Verhältnisse" (§ 9a Abs. 1 S. 1 bis 4 ErbbauRG) setzt,[419] und dem Zeitpunkt nach, indem er nur alle drei Jahre eine Erhöhung zulässt (§ 9a Abs. 1 S. 5 ErbbauRG).

6.177   Verstößt die auf Grund eines Leistungsvorbehalts[420] getroffene Bestimmung gegen § 9a ErbbauRG, so ist sie unverbindlich im Sinn der §§ 315 ff. BGB. Ein Schiedsgutachten, dessen Ergebnis gegen § 9a ErbbauRG verstößt, ist „offenbar unbillig" im Sinn des § 319 Abs. 1 S. 1 BGB.[421] Überschreitet eine geleistete einzelne Erhöhung das nach § 9a ErbbauRG gestattete Maß, so ist die über den nach § 9a zulässigen Betrag hinausgehende Erhöhung rechtsgrundlos und nach §§ 812 ff. BGB kondizierbar, also nur soweit die Leistung unbillig gemäß § 9a ErbbauRG ist bzw. bei Verletzung der Sperrfrist (§ 9a Abs. 1 S. 5 ErbbauRG) für die ganze Leistung.[422] Erfüllt der Erbbauberechtigte den über das Maß des § 9a ErbbauRG hinausgehenden Erbbauzinsanspruch freiwillig, so ist ein Bereicherungsanspruch ausgeschlossen (§ 814 BGB).[423] Wenn dagegen eingewandt wird, der Wortlaut des § 9a Satz 1 ErbbauRG spreche allein davon, dass eine vertragliche Anpassungsklausel einen Anspruch auf Erhöhung nur im Rahmen der Billigkeit begründe, so dass sprachlich nur der Umkehrschluss gelten könne, dass eine tatsächlich vereinbarte Erhöhung unberührt bleibe,[424] so entspricht dies nicht dem Sinn und Zweck der Vorschrift, nämlich ihrem sozialen Schutzgedanken.

4. Gebäude zu Wohnzwecken

6.178   **a) Wohnzwecke.** § 9a ErbbauRG gilt nur für Bauwerke, die zu Wohnzwecken dienen,[425] d.h. zum nicht nur kurzfristigen Wohngebrauch bestimmt sind. Nebenanlagen, die im Zusammenhang mit Wohngebäuden stehen, wie zB Garagen, Schuppen, Schwimmbecken, Sauna, Klärgrube, sind in den Anwendungsbereich des § 9a ErbbauRG mit einzubeziehen. Gleichgültig ist, ob das Gebäude vom Erbbauberechtigten selbst oder von Mietern bewohnt wird,[426] ob es im sozialen

---

[417] MünchKomm § 9a RdNr. 4.
[418] *Hartmann* DB 1974 Beil. Nr. 22 RdNr. 33.
[419] OLG München MDR 1976, 931.
[420] Vgl. RdNr. 6.158 ff.
[421] RGRK/*Räfle* § 9a RdNr. 3.
[422] BGH NJW 1983, 986, 988; *Ingenstau/Hustedt* § 9a RdNr. 39; MünchKomm § 9a RdNr. 3; *Palandt/Bassenge* § 9a RdNr. 3; RGRK/*Räfle* § 9a RdNr. 3; *Räfle* WPM 1982, 1038, 1046.
[423] *Hartmann* DB 1974 Beil. Nr. 22 RdNr. 22. Die Darlegungs- und Beweislast für die positive Kenntnis trägt der Grundstückseigentümer, BGH NJW 1983, 986, 988.
[424] *Falk* NJW 1992, 540, der hier von einer unvollkommenen Verbindlichkeit spricht; ähnlich *Staudinger/Rapp* § 9a RdNr. 5.
[425] Allg. dazu OLG Köln MDR 1979, 141.
[426] BGHZ 73, 225 = NJW 1979, 1546; BGH NJW 1980, 181 = DNotZ 1980, 312.

VII. Beschränkung des Anpassungsanspruchs nach § 9a

Wohnungsbau errichtet ist oder nicht, ob das Wohnzwecken dienende Gebäude gewerblich betrieben wird, oder ob es sich nur um eine Zweit- oder Ferienwohnung[427] handelt.[428] Auch Luxusgebäude fallen hierunter.

b) Gewerbliche Zwecke. Für Bauwerke, die gewerblichen oder industriellen Zwecken dienen, gilt § 9a ErbbauRG dagegen nicht.[429] Hierunter fallen auch Hotels, Pflegeheime und sonstige gewerblich genützte Bauwerke,[430] ebenso Bauwerke, die der Öffentlichkeit dienen, wie Schulen, Kindergärten, Sportanlagen etc.   **6.179**

c) Gemischte Verwendung. Bei gemischter Verwendung des Bauwerks gilt § 9a Abs. 1 ErbbauRG gemäß Abs. 2 nur für den der Wohnungsnutzung angemessenen Teilbetrag des Erbbauzinses. Die Aufteilung ist nicht immer einfach durchzuführen, da zB eine Aufteilung nach Flächen wegen der unterschiedlichen Werte von Wohn- und Gewerbenutzung in der Regel nicht angemessen ist.[431] Eine nach Mieteinnahmen bemessene Aufteilung ist dagegen in der Regel wertentsprechend und angemessen;[432] dies gilt auch für eine Aufteilung nach Bruttoertragswerten, die aber praktisch schwieriger ist.[433]   **6.180**

d) Abweichende Verwendung. Wird das Bauwerk abweichend von seinem Verwendungszweck und vertragswidrig zum Wohnen genützt, dann kommt es für die Anwendbarkeit des § 9a ErbbauRG nicht auf die tatsächliche Nutzung, sondern auf die Zweckbestimmung des Bauwerks nach dem Erbbaurechtsvertrag an. § 9a ErbbauRG ist nur anzuwenden, wenn der betroffene Vertragsteil oder sein Rechtsvorgänger dem für ihn nachteiligen Fall zugestimmt hat. Für den Grundstückseigentümer ist daher § 9a ErbbauRG in diesem Fall nur anwendbar, wenn das Bauwerk gemäß den Bestimmungen des Bestellungsvertrags oder mit Zustimmung des Eigentümers zu Wohnzwecken verwendet wird.[434]   **6.181**

5. Billigkeit der Erhöhung

Für die Frage, ob eine Erhöhung unbillig ist, ist immer nur der Einzelfall entscheidend. Hiernach kann auch jede Erhöhung zu versagen sein. Als Bemessungsgrundlage für die Erhöhung tritt an Stelle des vereinbarten Maßstabs der vom Gesetz festgelegte Billigkeitsmaßstab. „Billig" ist eine Forderung im Allgemeinen, wenn sie unter Berücksichtigung aller Umstände als angemessen, sachlich begründet und persönlich zumutbar erscheint. Zur Feststellung der Billigkeit sind die Interessen beider Vertragspartner unter Berücksichtigung der Umstände des Einzelfalls im Rahmen der vereinbarten Regelung zu suchen, gegeneinander abzuwägen und zu werten. Vertragsinhalt gewordene Vorstellungen der Parteien von den für die „allgemeine wirtschaftliche Lage" maßgeblichen Kriterien binden das billige Ermessen des Dritten, dem die Anpassung des Erbbauzinses überlassen ist.[435] Nur solche Umstände, die in der Risikosphäre allein einer der Vertragsparteien angesiedelt sind, bleiben außer Betracht.[436] Während also zB die aus der Vermietung des vom   **6.182**

---

[427] Jedoch nicht gewerbsmäßig vermietete Ferienwohnungen, weil hier der nur auf Tourismus angelegte Unternehmenszweck im Vordergrund steht: *Ingenstau/Hustedt* § 9a RdNr. 6; RGRK/*Räfle* § 9a RdNr. 5.
[428] MünchKomm § 9a RdNr. 6; *Palandt/Bassenge* § 9a RdNr. 10; aA für gewerblich betriebene Wohnheime *Ingenstau/Hustedt* § 9a RdNr. 6.
[429] Vgl. dazu BGH NJW 1975, 211 = DNotZ 1975, 156.
[430] *Dürkes* BB 1980, 1609/1611; *Sager/Peters* NJW 1976, 409.
[431] OLG Düsseldorf DB 1978, 2166, 2167; *Odenbreit* NJW 1974, 2273.
[432] OLG Düsseldorf a. a. O.: Bruttomietertrag; *Sager/Peters* NJW 1976, 409/410.
[433] MünchKomm § 9a RdNr. 7; zum Ertragswert s. BGH NJW 1975, 211 = DNotZ 1975, 156.
[434] *Ingenstau/Hustedt* § 9a RdNr. 8; MünchKomm § 9a RdNr. 6; RGRK/*Räfle* § 9a RdNr. 4; *Staudinger/Ring* § 9a RdNr. 1.
[435] BGH NJW 2001, 1928 = DB 2001, 756.
[436] BGHZ 73, 225, 228 = NJW 1979, 1546; NJW 2001, 1930 = DNotZ 2001, 698.

Erbbauberechtigten errichteten Gebäudes erzielbaren Mieten bei der Neufestsetzung des Erbbauzinses aufgrund einer Änderung der allgemeinen wirtschaftlichen Verhältnisse keine Berücksichtigung finden, weil das Risiko wirtschaftlicher Vermietung grundsätzlich der Erbbauberechtigte trägt, darf im Fall der Bestellung des Erbbaurechts zur Errichtung eines Mietshauses im sozialen Wohnungsbau bei der Anpassung nicht unberücksichtigt bleiben, dass die erzielbaren Mieten auf Dauer hinter der Kostenmiete zurückbleiben.[437] Da ein nicht unerheblicher Bewertungsspielraum gegeben ist, ist die in § 9a Abs. 1 S. 2 ErbbauRG enthaltene Obergrenze der „Änderung der allgemeinen wirtschaftlichen Verhältnisse" von zentraler Bedeutung. Die vereinbarte Bemessungsgrundlage kann auf Grund dieser Billigkeitsprüfung bestätigt oder ermäßigt, nie aber erhöht werden.[438]

6.183 **a) Anpassungsvereinbarung als Ausgangspunkt der Prüfung.** Um feststellen zu können, ob die im Erbbaurechtsvertrag niedergelegte Anpassungsklausel der Billigkeit im Sinn des § 9a ErbbauRG entspricht, muss der neue Erbbauzins nach beiden Methoden ermittelt werden; nur so ist ein Vergleich möglich. Die Billigkeitsprüfung kann, wie ausgeführt, das aus der Anpassungsklausel gewonnene Ergebnis bestätigen, ermäßigen, aber nicht erhöhen.

6.184 Auszugehen ist nach § 9a Abs. 1 S. 2 ErbbauRG von der „vereinbarten Bemessungsgrundlage";[439] darunter ist die vertragliche Vereinbarung der Anpassungsklausel zu verstehen, also regelmäßig der Erbbaurechtsvertrag. Wie der BGH ausgeführt hat, ist der Begriff „Vertragsabschluss" in Satz 2 nicht schlechthin gleichbedeutend mit dem Abschluss des ursprünglichen Erbbaurechtsvertrages. Unmittelbarer Anknüpfungspunkt für die Auslegung des Wortes „Vertragsabschluss"[440] ist vielmehr die in § 9a Abs. 1 S. 1 ErbbauRG angesprochene „Vereinbarung, dass eine Änderung des Erbbauzinses verlangt werden kann". Wird eine Anpassungsklausel erst später (nach dem Erbbaurechtsvertrag) vereinbart, kommt es auf den Abschluss dieser Vereinbarung und nicht den Zeitpunkt des Erbbaurechtsvertrages an.[441]

6.185 Dies hat der BGH ausgedehnt auch auf die Änderung einer Erbbauzinsanpassungsklausel; wird die Erbbauzinsanpassungsklausel eines Erbbaurechtsvertrags geändert, so richtet sich nach dieser Änderungsvereinbarung der maßgebende zeitliche Ansatzpunkt für die vorzunehmende Billigkeitsprüfung jedenfalls dann, wenn es sich um eine grundlegende nicht etwa nur Nebenpunkte betreffende Vereinbarung handelt.[442] Dies gilt auch dann, wenn bei Weitergeltung der im Erbbaurechtsvertrag vereinbarten Anpassungsklausel der Erbbauzins dadurch auf eine neue Basis gestellt wird, dass bei nominell gleich bleibendem Erbbauzins das Erbbaurecht auf ein weiteres Grundstück erstreckt wird.[443]

6.186 Maßgeblich ist also die Anpassungsvereinbarung, nicht aber die letzte Erbbauzinserhöhung;[444] bei früheren überhöhten Erhöhungen vor Inkrafttreten des § 9a

---

[437] BGH NJW 2001, 1930 = DNotZ 2001, 698.
[438] BGHZ 75, 279/283 = NJW 1980, 181; *Odenbreit* NJW 1974, 2273; MünchKomm § 9a RdNr. 8; *Palandt/Bassenge* § 9a RdNr. 4; *Staudinger/Rapp* § 9a RdNr. 6.
[439] Nicht aber von der Angemessenheit der Höhe des ursprünglichen Erbbauzinses: BGH NJW 1979, 1546 = DB 1979, 1130.
[440] Vgl. dazu BGH BB 1984, 303 = DB 1984, 610; OLG München MDR 1976, 931.
[441] BGH NJW 1977, 433 = DNotZ 1977, 632; OLG München MDR 1976, 931; OLG Celle WPM 1978, 194 mit ablehnender Anm. *Schubert*.
[442] BGH NJW 1980, 588 = BB 1980, 123; NJW 1981, 2567 = BB 1981, 1602; BB 1984, 303 = DB 1984, 610; OLG Karlsruhe NJW-RR 1988, 332.
[443] BGH NJW-RR 1988, 775 = DNotZ 1989, 353.
[444] Auf Erhöhungen, die vor seinem Inkrafttreten rechtswirksam erfolgt sind, ist § 9a ErbbVO nicht anzuwenden (vgl. RdNr. 6.166), zB wenn die Rechtswirksamkeit oder der Umfang der Leistungspflicht nach dem Stichtag – zu Unrecht – angefochten wird (*Hartmann* DB 1974 Beil. Nr. 22 RdNr. 41.

ErbbVO (23. 1. 1974) kann eine erneute Erhöhung daher auf längere Zeit ausgeschlossen, der derzeitige Erbbauzins also „eingefroren" sein.[445] Nach dem Inkrafttreten des § 9a ErbbVO geltend gemachte Erhöhungsansprüche sind unbillig und damit unbegründet, wenn die nach der vereinbarten Bemessungsgrundlage zu errechnende Erhöhung „über die seit Vertragsabschluss eingetretene Änderung der allgemeinen wirtschaftlichen Verhältnisse hinausgeht".[446] Die Billigkeitsprüfung geht dann von der widerlegbaren Vermutung des § 9a Abs. 1 S. 2, 3 ErbbauRG aus, kann aber nach den Umständen des Einzelfalles (§ 9a Abs. 1 S. 4 ErbbauRG) nach oben korrigiert werden.

b) Entwicklung der allgemeinen wirtschaftlichen Verhältnisse. Nach § 9a Abs. 1 S. 2, 3 ErbbauRG bildet die Entwicklung der allgemeinen wirtschaftlichen Verhältnisse in der Regel den Billigkeitsmaßstab. Da es sich hierbei nicht um Vertrags-, sondern um Gesetzesauslegung handelt, muss sich die Auslegung an allgemeinen, vom Einzelfall unabhängigen Kriterien orientieren. Wie der BGH[447] ausführt, umfassen die „allgemeinen wirtschaftlichen Verhältnisse" allein vom Begriff her gesehen „sämtliche Teilbereiche des Wirtschaftslebens, die von allgemeiner Bedeutung sind".[448] Kraft der ausdrücklichen Vorschrift des § 9a Abs. 1 S. 3 ErbbauRG ist hierbei lediglich die Berücksichtigung der Änderung der Grundstückswertverhältnisse ausgeschlossen.[449] Eine in diesem Sinn umfassende Berücksichtigung sämtlicher Veränderungen, die von Einfluss auf die allgemeinen wirtschaftlichen Verhältnisse sind, liegt jedoch außerhalb des praktisch Möglichen. Der BGH meint, dass selbst eine Erfassung der einschlägigen Teilkomponenten in dem Umfang, wie dies anhand vorhandener statistischer Unterlagen immerhin durchführbar wäre, vom Gesetz nicht verlangt wird. § 9a ErbbauRG soll bei Grundstücken, die Wohnzwecken dienen, einer sozial unerwünschten übermäßigen Anhebung von Erbbauzinsen entgegenwirken, zu der es auf Grund vereinbarter Anpassungsklauseln kommen kann. Unter Berücksichtigung dieser Zielsetzung ist davon auszugehen, dass es dem Sinn und Zweck der Vorschrift entspricht, an diejenigen Daten anzuknüpfen, die „am handgreiflichsten" die allgemeine wirtschaftliche Lage des Durchschnitts der Bevölkerung widerspiegeln.[450] 6.187

Da vom Gesetz eine bestimmte Bemessungsgrundlage nicht festgelegt wurde, wird teilweise die Ansicht vertreten, dass in der Regel der Lebenshaltungskostenindex als die Bemessungsgrundlage angesehen werden kann, die dem § 9a ErbbauRG am meisten entspricht.[451] Eine vorrangige Anknüpfung an die Entwicklung der Einkommensverhältnisse dagegen befürwortet *Hartmann*.[452] Der BGH hat hierzu entschieden, dass bei dieser Billigkeitsprüfung nicht ausschließlich der Lebenshaltungskostenindex als Bemessungsfaktor heranzuziehen sei.[453] Dieser Index stelle zwar hinsichtlich der Veränderung der allgemeinen wirtschaftlichen Verhältnisse einen gewichtigen Faktor dar. Es sei aber auch die Entwicklung der Einkommen der einzelnen Erwerbstätigen und der privaten Haushalte mit heranzuziehen. Nur auf diese Weise werden Einnahmeseite und Ausgabenseite gebührend berücksich- 6.188

---

[445] MünchKomm § 9a RdNr. 8.
[446] *Hartmann* DB 1974 Beil. 22 RdNr. 38; dort auch Beispiel.
[447] BGH NJW 1980, 181 = DNotZ 1980, 312; NJW 1980, 2243 = Rpfleger 1980, 378.
[448] Vgl. *Odenbreit* NJW 1974, 2273.
[449] A. A. OLG Köln MDR 1979, 141, das die „gesamtwirtschaftlichen Grundstücksverhältnisse" bei der Billigkeitsprüfung mitberücksichtigen will, nicht aber eine Werterhöhung des konkreten Erbbaugrundstücks; s. u. RdNr. 6.194 ff.
[450] BGH NJW 1980, 181 = DNotZ 1980, 312; NJW 1980, 2243 = Rpfleger 1980, 378.
[451] *Sager/Peters* NJW 1974, 263/264; 1976, 409/410; *Giese* BB 1974, 583; *Soergel/Baur* § 9a ErbbVO Anm. 8; *Erman/Hagen* § 9a ErbbVO Anm. 6.
[452] BWNotZ 1976, 3 f. unter c; *ders.* DB 1974 Beil. Nr. 22 RdNr. 31.
[453] BGH NJW 1980, 181 = DNotZ 1980, 312.

tigt.⁴⁵⁴ Der BGH hält beide Faktoren, nämlich einerseits die Entwicklung der Lebenshaltungskosten und andererseits die Entwicklung der Einkommensverhältnisse für gleichwertig.⁴⁵⁵

6.189 Die Heranziehung von Daten der volkswirtschaftlichen Gesamtrechnungen wie Bruttosozialprodukt, Nettoinlandprodukt, Volkseinkommen etc. würde dagegen dem genannten Zweck nicht entsprechen; diese Daten sind zwar aussagekräftige Erkenntnismittel für die Gesamtleistung und für die Struktur einer Volkswirtschaft, sie geben jedoch, da sie Nominalwerte zum Gegenstand haben, kein unmittelbares Bild der wirtschaftlichen Lage des Durchschnitts der Bevölkerung. Verschiedentlich wird die Auffassung vertreten, es müsse auch an die Entwicklung derjenigen Teilbereiche des Wirtschaftslebens angeknüpft werden, die einen besonderen Bezug zu Einkünften aus einer Erbbaurechtsbestellung aufweisen; sinnvolle Anknüpfungskriterien seien danach die Entwicklung der Miet- und Pachtzinsen,⁴⁵⁶ der Zinsen der erstrangigen Hypotheken und der Erträge aus dem Erbbaurecht.⁴⁵⁷ Dabei wird jedoch verkannt, dass das Gesetz gerade nicht eine Anknüpfung an sachspezifische Kriterien vorsieht, sondern die Entwicklung der **allgemeinen** wirtschaftlichen Verhältnisse für maßgebend erklärt. Soweit es sich im Übrigen um die Entwicklung der Mietzinsen handelt, sind diese im Rahmen des Lebenshaltungskostenindex miteinbezogen; daher können die aus der Vermietung des vom Erbbauberechtigten errichteten Gebäudes erzielbaren Mieten bei der Neufestsetzung des Erbbauzinses aufgrund einer Änderung der allgemeinen wirtschaftlichen Verhältnisse keine Berücksichtigung finden.⁴⁵⁸

6.190 Die Preisindizes für die Lebenshaltung sind ein unmittelbarer Spiegel der Preisentwicklung; eine Anpassung nach Maßgabe der Änderung der Lebenshaltungskosten bewirkt daher einen Ausgleich des Kaufkraftschwundes der Währungseinheit und stellt auf diese Weise den Realwert des ursprünglich vereinbarten Erbbauzinses sicher. Dabei ist die Wahl des Haushaltstyps nicht von entscheidender Bedeutung für die Höhe des Index;⁴⁵⁹ es erscheint daher nicht erforderlich, alle Haushaltstypen heranzuziehen, für die amtliche statistische Unterlagen erstellt werden. Der BGH sieht es als ausreichend an, auf den – allgemein gebräuchlichsten – Index für einen 4-Personen-Arbeitnehmerhaushalt mit mittlerem Einkommen abzustellen, der eine breite Bevölkerungsschicht umfasst. Maßgebend sind die für die Gesamtbevölkerung der Bundesrepublik veröffentlichten Indizes des Statistischen Bundesamts, nicht regionale, zB nur ein Bundesland betreffende Daten.⁴⁶⁰

6.191 Damit ist aber nur die eine Seite der allgemeinen wirtschaftlichen Verhältnisse berücksichtigt, denn die Entwicklung der Lebenshaltungskosten besagt noch nichts darüber, ob und wie sich das Niveau der Lebenshaltung, der sogenannte Lebensstandard, geändert hat. Aussagekräftig für die allgemeine Verbesserung der Lebenshaltung ist die Veränderung der Einkommensverhältnisse; erst mit der Berücksichtigung auch dieser Komponente wird das Gesamtbild der allgemeinen wirtschaftlichen Verhältnisse zutreffend gekennzeichnet; dabei kann es auch insoweit nicht auf eine lückenlose Erfassung aller einschlägigen Daten ankommen, sondern nur darauf, den

---

[454] *Dürkes* B 335 f.
[455] BGH NJW 1980, 181 = DNotZ 1980, 312; MDR 1980, 1012; NJW 1981, 2567; 1982, 2382; 1983, 2252; OLG Hamm NJW 1978, 1634; OLG Karlsruhe DB 1979, 1792; *Odenbreit* NJW 1974, 2273; MünchKomm § 9a RdNr. 9; *Palandt/Bassenge* § 9a RdNr. 7; *Richter* BWNotZ 1978, 8; *Staudinger/Rapp* § 9a RdNr. 7.
[456] OLG Karlsruhe DB 1979, 934.
[457] *Czerlinsky* NJW 1977, 1228; kritisch dazu *Nordalm* NJW 1977, 1956.
[458] BGH DNotZ 2001, 699: anders im sozialen Wohnungsbau, wenn die erzielbaren Mieten hinter der Kostenmiete zurückbleiben.
[459] *Kunz* NJW 1969, 828.
[460] BGH NJW 1983, 2252 = Rpfleger 1983, 394.

VII. Beschränkung des Anpassungsanspruchs nach § 9a

für einen breiten Teil der Bevölkerung maßgebenden Durchschnitt zu berücksichtigen. Bei den männlichen und weiblichen Industriearbeitern sind die Wochenlöhne, nicht die Stundenlöhne maßgeblich.[461] Der Umstand, dass die Einkommen der Arbeiter und Angestellten erst seit 1957 getrennt ausgewiesen werden, ist unproblematisch, da nur geringe Einkommensdifferenzen bestehen, so dass für den früheren Zeitraum die Angestelltengehälter vernachlässigt werden können.[462]

Der BGH errechnet demgemäss die Entwicklung der allgemeinen wirtschaftlichen Verhältnisse, indem er das arithmetische Mittel beider Indizes zieht. Er geht dabei für die Änderung der Lebenshaltungskosten, wie ausgeführt, vom Index des Statistischen Bundesamts für einen 4-Personen-Arbeitnehmer-Haushalt mit mittlerem Einkommen aus und für die Änderung der Einkommen vom Mittel zwischen Bruttoverdienst der Arbeiter in der Industrie und Bruttoverdienst der Angestellten in Industrie und Handel.[463]   6.192

Die Berechnungsformel lautet demgemäß wie folgt:[464]   6.193

$$\frac{\text{Lebenshaltungskostenanstieg}}{(= \text{4-Personen-Arbeitnehmerhaushalt mit mittlerem Einkommen})} + \frac{\text{Einkommensanstieg}}{(= \text{Brutto-Verdienst der Arbeiter in der Industrie} + \text{Bruttoverdienst der Angestellten in Industrie und Handel}) : 2}$$

$$\div 2$$

c) Wertverhältnisse des Erbbaugrundstücks. Für den Grundstückswert als Bemessungsgrundlage enthält § 9a Abs. 1 S. 3 ErbbauRG eine Sonderregelung. Nach dieser Bestimmung bleiben Änderungen der Grundstücksverhältnisse außer Betracht. Sie dürfen nach S. 3 und 4 nur in die Prüfung einbezogen werden, ob über die Regelgrenze des S. 2 hinausgegangen werden kann.[465] Auch negative Wertentwicklungen des Grundstücks können nicht berücksichtigt werden, da Abs. 1 S. 4 und S. 3 nur Ausnahmen zulässt, die zu einer **Erhöhung** führen.[466] Zur Ausnahme bei Erhöhung des Erbbauzinses infolge Wegfalls der Geschäftsgrundlage, bei der die seit Vertragsabschluss eingetretene Entwicklung des Bodenwerts maßgebend ist, wenn diese hinter der Änderung der allgemeinen wirtschaftlichen Verhältnisse zurückgeblieben ist, siehe unten RdNr. 6.225. Ist in einem vor In-Kraft-Treten des § 9a ErbVO (23. 1. 1974) geschlossenen Erbbaurechtsvertrag die Höhe des Erbbauzinses in der Weise an den Grundstückswert gekoppelt, dass in bestimmten Zeitabständen die Änderung des Erbbauzinses verlangt werden kann, wenn sich der Grundstückswert um einen bestimmten Prozentsatz geändert hat, kann die ergänzende Vertragsauslegung ergeben, dass eine Erhöhung des Erbbauzinses auch dann möglich ist, wenn seit der letzten Erhöhung der Grundstückswert nicht oder nicht in dem vereinbarten Maß gestiegen ist, die vorhergehende Erhöhung jedoch   6.194

---

[461] BGH WPM 1984, 36. Auch die weiblichen Beschäftigten sind einzubeziehen. BGH NJW 1983, 2252 = Rpfleger 1983, 394.
[462] BGH NJW 1980, 2243 = Rpfleger 1980, 378; RGRK/*Räfle* § 9a RdNr. 14.
[463] BGH NJW 1980, 181 = DNotZ 1980, 312; NJW 1980, 2243 = DNotZ 1981, 258; NJW 1980, 2519 = Rpfleger 1980, 379; NJW 1981, 2567; NJW 1982, 2382; *Odenbreit* NJW 1974, 2273; MünchKomm § 9a RdNr. 9.
[464] MünchKomm § 9a RdNr. 9; RGRK/*Räfle* § 9a RdNr. 17; Beispiele bei *Dürkes* BB 1980, 1609/1613; siehe auch *Winkler* Münchener Vertragshandbuch Band 6 Form. VIII 2 Ziffer IV; sowie unten Muster 2 Ziffer III Abs. 3.
[465] A. A. OLG Köln MDR 1979, 141, das die „gesamtwirtschaftlichen Grundstückswertverhältnisse" bei der Billigkeitsprüfung mit berücksichtigen will, nicht aber eine Werterhöhung des konkreten Erbbaugrundstücks.
[466] BGH NJW 1979, 1546; NJW 1980, 181; MünchKomm § 9a RdNr. 12.

wegen der Kappungsgrenze in § 9a Abs. 1 ErbbauRG nicht die nach der Vereinbarung mögliche Höhe erreicht hat.[467]

6.195 Gleichgültig ist dabei, ob die negative Wertentwicklung auf der allgemeinen Marktlage beruht oder die Folge einer konkreten Beeinträchtigung ist, wie zB bei Ansiedlung von Industriebetrieben oder Bau einer Autobahn nahe dem Grundstück.[468] Wenn dagegen eingewandt wird, dass dies mit dem Schutzzweck nicht vereinbar sei,[469] so widerspricht diese Meinung einmal dem Wortlaut des § 9a Abs. 1 S. 3 und 4 ErbbauRG und übersieht, dass der Erbbauberechtigte wie der Grundstückseigentümer das Risiko der Wertverschlechterung des Grundstücks trägt. Der Erbbauberechtigte kann sich gegen eine Erhöhung des Erbbauzinses bei der Formulierung der Anpassungsklausel schützen, zB dadurch, dass eine Anpassung nur bis zu einem bestimmten Prozentsatz des jeweiligen Grundstückswerts zulässig ist.[470]

6.196 Ausnahmsweise können nach § 9a Abs. 1 S. 4 ErbbauRG im Einzelfall bei Berücksichtigung aller Umstände die Wertverhältnisse des Erbbaugrundstücks über die allgemeinen wirtschaftlichen Verhältnisse hinaus zu berücksichtigen sein. Dies gilt einmal, wenn der Grundstückseigentümer in zulässiger Weise werterhöhende Aufwendungen vorgenommen hat (Nr. 1); die Aufwendungen müssen nach dem Inhalt des Erbbaurechtsvertrags erlaubt sein oder der Erbbauberechtigte muss eingewilligt haben. Es darf sich also nicht um eine dem Erbbauberechtigten aufgedrängte Wertverbesserung handeln. Die Werterhöhung muss objektiv vorhanden sein und den Wert des Erbbaurechts beeinflussen. Unerheblich ist, ob der Erbbauberechtigte den Vorteil nutzt oder nutzen kann.[471] In Betracht kommen lediglich werterhöhende Aufwendungen aus der Zeit **nach** Abschluss der Anpassungsvereinbarung, da diese Ausgangspunkt der Billigkeitsprüfung ist. Wertsteigerungen auf Grund Aufwendungen des Eigentümers sind auch solche, die durch frühere Eigentümer verursacht wurden.

6.197 Die zweite Ausnahme sieht das Gesetz für den Fall vor, dass die Vorteile aus der Änderung des Grundstückswertes oder aus den ihr zugrundeliegenden Umständen auch für den Erbbauberechtigten zu Buch schlagen (Nr. 2). Hier handelt es sich um Werterhöhungen, die nicht – wie nach Nr. 1 – vom Eigentümer bewirkt werden, sondern die auf andere Weise entstehen, wie etwa durch Anschluss des Grundstücks an öffentliche Straßen, Kanalisation etc. Es ist streitig, ob es eine Rolle spielt, ob der Erbbauberechtigte diese Vorteile auch tatsächlich ausnützt. Richtigerweise kommt es auch hier nicht darauf an, ob der Erbbauberechtigte den Vorteil tatsächlich nutzt, wenn er nur nutzbar ist. Dies ist etwa nicht der Fall bei einer Änderung des Bebauungsplans, der eine umfangreichere Bauweise zulässt zu einem Zeitpunkt, zu dem das Bauvorhaben schon abgeschlossen ist.[472] Auch der Wegfall eines Preisstops kann zu einer Erhöhung führen.[473] Soweit der Erbbauberechtigte die Kosten der Werterhöhungen selbst getragen hat, etwa weil nach dem Erbbaurechtsvertrag Erschließungskosten allein ihm zur Last fallen, müssen die Werterhöhungen unberücksichtigt bleiben bzw. kann billigerweise nur der sie eventuell übersteigende Wertzuwachs berücksichtigt werden.[474]

---

[467] BGH NJW 2007, 509 = Rpfleger 2007, 68.
[468] BGH NJW 1982, 2382, 2384.
[469] So die Anm. *v. Hoyningen/Huene* NJW 1979, 1546 zu BGH NJW 1979, 1545; *Ingenstau/ Hustedt* § 9a RdNr. 25; *Uibel* NJW 1983, 211; zweifelnd *Palandt/Bassenge* § 9a RdNr. 5.
[470] MünchKomm § 9a RdNr. 12; RGRK/*Räfle* § 9a RdNr. 21.
[471] *Ingenstau/Hustedt* § 9a RdNr. 28; RGRK/*Räfle* § 9a RdNr. 19.
[472] *Palandt/Bassenge* § 9 RdNr. 2; RGRK/*Räfle* § 9a RdNr. 20; *Sager/Peters* NJW 1974, 263, 265; *Staudinger/Rapp* § 9a RdNr. 8; aA MünchKomm § 9a RdNr. 11, der nur auf die tatsächliche Realisierung abstellt.
[473] BGH WPM 1984, 36; aA, RGRK/*Räfle* § 9a RdNr. 22.
[474] RGRK/*Räfle* § 9a RdNr. 20.

VII. Beschränkung des Anpassungsanspruchs nach § 9a

Ist in der Anpassungsklausel, wie regelmäßig der Fall, eine „vereinbarte Bemessungsgrundlage" im Sinn von § 9a Abs. 1 S. 2 ErbbauRG enthalten, so ist sie Auslegungsrichtlinie für den Maßstab der Billigkeit. Zwar kann eine solche Bemessungsgrundlage auch fehlen;[475] wenn sie aber vereinbart wurde, ist sie als Auslegungsrichtlinie für den Maßstab der Billigkeit heranzuziehen. Denn gerade die Parteien selbst können nach § 9a Abs. 1 S. 2 ErbbauRG die Maßstäbe für ihren Vertrag festlegen. Soll etwa ein Lebenshaltungskostenindex maßgebend sein, so sind die Grundstückswertverhältnisse außer Betracht zu lassen.[476]

6.198

d) Sonstige Umstände. Nach § 9a Abs. 1 ErbbauRG sind grundsätzlich alle maßgeblichen Umstände des Einzelfalls zu berücksichtigen; also auch diejenigen des Grundstückseigentümers und des Erbbauberechtigten einschließlich ihrer persönlichen Verhältnisse, wie Alter, Krankheit und schlechte Einkommensverhältnisse.[477] Eine Einschränkung ist dem Wortlaut des § 9a ErbbauRG nicht zu entnehmen. Trotzdem lässt der BGH die persönlichen Verhältnisse außer Betracht, weil ganz persönliche Verhältnisse in den Risikobereich des Betroffenen fielen und daher unbeachtet bleiben müssten, damit die wechselseitigen Rechte und Pflichten von vorneherein möglichst kalkulierbar seien.[478] Mit dieser Behauptung verkennt der BGH den Begriff der Billigkeit im Allgemeinen, unter der die Gerechtigkeit des Einzelfalles zu verstehen ist, und zu deren Feststellung die Interessen beider Vertragspartner unter objektiver Berücksichtigung aller maßgebenden Umstände des Einzelfalls im Rahmen des einschlägigen gesetzlichen Tatbestandes gegeneinander abzuwägen und zu werten sind.[479] Sowohl der Begriff der Billigkeit als auch das ausdrückliche Gebot des § 9a Abs. 1 S. 1 ErbbauRG gebieten die Abwägung aller Umstände. Lediglich der Grundstückswert soll grundsätzlich als Abwägungskriterium außer Betracht (S. 3), in Ausnahmefällen jedoch gleichwohl berücksichtigungsfähig bleiben (S. 4). Weitere Einschränkungen lassen sich nicht feststellen.[480]

6.199

Ist in der Anpassungsklausel, wie regelmäßig der Fall, eine „vereinbarte Bemessungsgrundlage" im Sinn von § 9a Abs. 1 S. 2 ErbbauRG enthalten, so ist sie Auslegungsrichtlinie für den Maßstab der Billigkeit. Zwar kann eine solche Bemessungsgrundlage auch fehlen;[481] wenn sie aber vereinbart wurde, ist sie als Auslegungsrichtlinie für den Maßstab der Billigkeit heranzuziehen. Denn gerade die Parteien selbst können nach § 9a Abs. 1 S. 2 ErbbauRG die Maßstäbe für ihren Vertrag festlegen. Soll etwa ein Lebenshaltungskostenindex maßgebend sein, so sind die persönlichen Verhältnisse des Erbbauberechtigten und/oder des Eigentümers außer Betracht zu lassen.[482]

6.200

6. Beweislast

Die Beweislast für den Ausnahmetatbestand des Entstehens des Erhöhungsanspruchs, nämlich das Vorliegen der „Billigkeit", trägt der Grundstückseigentümer als Anspruchsgläubiger. Diese Beweislastregelung ist gerechtfertigt, weil der Eigentümer den Erhöhungsanspruch geltend macht und im Regelfall eher in der Lage

6.201

---

[475] BGHZ 68, 152 = NJW 1977, 433.
[476] *v. Hoyningen/Huene* NJW 1979, 1547; *Uibel* NJW 1983, 211.
[477] MünchKomm § 9a RdNr. 12; *Palandt/Bassenge* § 9a RdNr. 6; aA *Erman/Hagen* § 9a RdNr. 7; *Freckmann/Frings/Grziwotz* RdNr. 183; *v. Hoyningen/Huene* NJW 1979, 1547; RGRK/*Räfle* § 9a RdNr. 23.
[478] BGH NJW 1979, 1546 mit zust. Anm. *Hoyningen/Huene* = BB 1979, 911; NJW 1981, 2567, 2568.
[479] Vgl. zB BGHZ 41, 271 = NJW 1964, 1617; BGHZ 18, 149 = NJW 1955, 1675; DB 1964, 878; 1973, 567.
[480] *v. Hoyningen/Huene* NJW 1979, 1547.
[481] BGHZ 68, 152 = NJW 1977, 433.
[482] *v. Hoyningen/Huene* NJW 1979, 1547; *Uibel* NJW 1983, 211.

ist, die Voraussetzungen für dessen Billigkeit nachzuweisen, als der Erbbauberechtigte das Gegenteil.[483] Wendet dagegen der Erbbauberechtigte entgegen der Vermutung des § 9a Abs. 1 S. 2 Umstände des Einzelfalls ein, die zu einer niedrigeren Anpassung führen sollen, so ist er beweispflichtig.[484]

7. Änderungszeitraum

6.202   Nach § 9a Abs. 1 S. 5 ErbbauRG darf ein Anspruch auf Erhöhung des Erbbauzinses frühestens nach Ablauf von drei Jahren seit Vertragsabschluss und, wenn eine Erhöhung des Erbbauzinses bereits erfolgt ist, frühestens nach Ablauf von drei Jahren seit der jeweils letzten Erhöhung des Erbbauzinses geltend gemacht werden. Zusätzlich zur Billigkeitsschranke nach Abs. 1 S. 1–4 bezüglich der Änderungshöhe führt Abs. 1 S. 5 eine Sperrfrist für den Erhöhungsanspruch von jeweils drei Jahren ein. Diese Regelung ist zwingend und gilt auch dann, wenn die Anpassungsklausel keine Fristenregelung enthält.[485] Zulässig ist eine Vereinbarung, wonach eine Neufestsetzung von einem bestimmten Zeitpunkt ab eintritt, der nur nicht vor Ablauf der 3-Jahresfrist liegen darf. Einem Erhöhungsanspruch für feste Zeiträume, die mindestens jeweils drei Jahre betragen müssen, steht § 9a ErbbauRG nicht entgegen. Enthält die Anpassungsklausel eine längere als die gesetzliche Frist, so verbleibt es bei der vereinbarten Frist.

6.203   Die Geltendmachung des Erhöhungsanspruchs vor Ablauf der drei Jahre für diesen Zeitpunkt ist jedoch als zulässig anzusehen; der Eigentümer darf die entsprechende Klage schon früher erheben (vgl. § 259 ZPO), kann die erhöhte Leistung aber erst zu dem zulässigen Termin fordern.[486]

6.204   Enthält die Anpassungsklausel eine dem Verbot entgegenstehende Frist, so ist diese Frist unbeachtlich, aber nicht gem. §§ 134, 138, 139 BGB nichtig, wie sich aus dem nur dem Interesse des Erbbauberechtigten dienenden Schutzzweck der Vorschrift ergibt.[487] Eine für den Zeitraum vor Ablauf der Sperrfrist getroffene Erhöhungsvereinbarung ist wirkungslos, eine insoweit geleistete Zahlung kann nach § 812 Abs. 1 S. 1 BGB zurückgefordert werden, soweit nicht der Erbbauberechtigte gem. § 814 BGB freiwillig in Kenntnis der Sperrfrist gezahlt hat;[488] Letzteres müsste der bereicherte Eigentümer beweisen.

VIII. Sicherung der Anpassungsverpflichtung durch Vormerkung bei alten Verträgen

6.205   Eine rückwirkende Erhöhung des Erbbauzinses kann grundsätzlich nicht in das Grundbuch eingetragen werden.[489] Zu einer nachträglichen Erhöhung des Erbbauzinses ist daher eine Einigung des Eigentümers und des Erbbauberechtigten und die Eintragung im Erbbaugrundbuch (§§ 873, 877 BGB) sowie die Zustimmung der gegenüber dem Erbbauzins nachrangigen Berechtigten erforderlich (§ 880 BGB).

---

[483] Hartmann DB 1974, Beil. Nr. 22 RdNr. 23; *Sager/Peters* NJW 1974, 263, 264.
[484] *Ingenstau/Hustedt* § 9a RdNr. 34; MünchKomm § 9a RdNr. 8 RGRK/*Räfle* § 9a RdNr. 25; *Staudinger/Rapp* § 9a RdNr. 10.
[485] BGH NJW 1983, 986, 988; zur Verfassungsmäßigkeit dieser Regelung OLG München OLGZ 1977, 337. Muster 2 Ziffer III.
[486] BGH NJW 1983, 986 = Rpfleger 1982, 417; NJW-RR 1989, 138 = BB 1988, 2277; *Ingenstau/Hustedt* § 9a RdNr. 33; MünchKomm § 9a RdNr. 13; *Palandt/Bassenge* § 9a RdNr. 9; *Staudinger/Rapp* § 9a RdNr. 9.
[487] *Palandt/Bassenge* § 9a RdNr. 3; RGRK/*Räfle* § 9a RdNr. 26; vgl. BGHZ 65, 368, 370; NJW 1980, 2407; 1981, 1204; aA *Ingenstau/Hustedt* § 9a RdNr. 33.
[488] BGH NJW 1983, 986, 988.
[489] OLG Frankfurt Rpfleger 1973, 136.

VIII. Sicherung der Anpassungsverpflichtung durch Vormerkung bei alten Verträgen

Ohne sie kann eine Erhöhung nur an nächstoffener und damit oft für den Eigentümer schlechter Rangstelle als zusätzliches neues Recht eingetragen werden.[490] Für die **vor dem 1. 10. 1994** bestellten Erbbaurechte war als dingliche Sicherungsmöglichkeit für die schuldrechtliche Anpassungsverpflichtung an eine Höchstbetragshypothek oder eine Grundschuld zu denken,[491] die aber nicht gegen eine Inflation schützen. Der Eigentümer ist jedoch mit rangwahrender Wirkung[492] abgesichert, wenn sein Anspruch auf Eintragung durch eine Vormerkung oder durch einen Rangvorbehalt gesichert ist (§ 11 Abs. 1 ErbbauRG iVm. §§ 883, 881 BGB). Die Parteien eines Erbbaurechtsvertrags können bereits in diesem Vertrag die Verpflichtung eingehen, den schuldrechtlich erhöhten Erbbauzins als dingliche Belastung des Erbbaurechts ins Grundbuch einzutragen.[493] Dieser Anspruch auf Änderung des Inhalts der mit einem festen Betrag eingetragenen Reallast wird daher regelmäßig durch eine Vormerkung im Grundbuch abgesichert.

Seit 1. 10. 1994 ist es durch die Änderung des § 9 Abs. 2 ErbbVO auf Grund des Sachenrechtsbereinigungsgesetzes vom 21. 9. 1994 (BGBl. I S. 2457/2489) möglich, Gleitklauseln und Spannungsklauseln als dinglichen Inhalt des Erbbauzinses zu vereinbaren. Die Reallast sichert hier die **jeweilige** Höhe ab. Dadurch ist gewährleistet, dass die Wertsicherung gegenüber jedermann, also Gläubigern oder Rechtsnachfolgern, wirkt. Einer Absicherung des Anspruchs auf Erhöhung durch eine Vormerkung bedarf es daher nicht mehr; sie wäre überflüssig und unzulässig.[494] Die neue Rechtslage ist ausführlich oben RdNr. 6.78 bis 6.85 dargestellt.

Dagegen fehlt es an der Bestimmbarkeit iS des § 9 ErbbVO n. F. (nunmehr Erb- **6.206** bauRG) iVm. § 1105 Abs. 1 Satz 2 BGB bei einem Leistungsvorbehalt, der einen Ermessensspielraum einräumt,[495] oder wenn die auslösenden Faktoren (zB Nutzungsänderung) der Wertsicherungsklausel unbestimmt bleiben. Dies kann weiterhin nicht als Inhalt der Erbbauzinsreallast vereinbart werden. Hier wie auch im Fall des nur schuldrechtlich vereinbarten Erbbauzinses mit Sicherungsreallast bleibt Raum für die Vormerkung auf Erbbauzinserhöhung, die die nur schuldrechtlich mögliche Abänderungsabrede absichert. Zwar setzt auch § 883 BGB hinsichtlich des gesicherten Anspruchs dessen Bestimmbarkeit voraus,[496] die Anforderungen sind insoweit jedoch geringer als hinsichtlich der sachenrechtlichen Bestimmbarkeit des Reallastrechts.[497]

Wird die Wertsicherung **nachträglich** bei vor dem 1. 10. 1994 begründeten **6.207** Erbbaurechten als dinglicher Inhalt des Erbbauzinses vereinbart, so ist die **Zustimmung** der Inhaber gleich- oder nachrangiger dinglicher Rechte am Erbbaurecht erforderlich. § 9 Abs. 2 Satz 3 ErbbVO i. d. F. des Sachenrechtbereinigungsgesetzes sprach zwar nur von den Inhabern dinglicher Rechte allgemein; nach dem Zweck der Vorschrift (vgl. auch Umkehrschluss aus § 9 Abs. 3 Satz 2 ErbbauRG) sowie nach allgemeinen Grundsätzen war und ist aber nur die Zustimmung der Betroffenen erforderlich, d. h. der gleich- und nachrangigen Berechtigten. Nicht erforderlich ist die Zustimmung der dinglich Berechtigten zur Ausübung des Rechts aus der Anpassungsvereinbarung. Die Zustimmung ist in grundbuchmäßiger Form (§ 29 GBO) dem Grundbuchamt oder einem der Beteiligten gegenüber zu erklären und unwiderruflich (§ 880 Abs. 2 Satz 3 BGB).

---

[490] BGH RdL 1958, 7; LG Hamburg Rpfleger 1960, 170.
[491] *Alberty* Rpfleger 1956, 330; *Huber* NJW 1952, 687; *Ripfel* DNotZ 1958, 455, 460; *Wangemann* NJW 1957, 978; aA *Haegele, Kehrer* Rpfleger 1957, 6, 7.
[492] Dazu OLG Düsseldorf DNotZ 1976, 539.
[493] OLG Hamburg NJW-RR 1991, 717.
[494] *Schöner/Stöber* RdNr. 1305.
[495] S. oben RdNr. 6.158.
[496] Vgl. OLG Hamm MittBayNot 1995, 464 und unten RdNr. 6.205 ff.
[497] Vgl. *Schöner/Stöber* RdNr. 1811 c.

1. Zulässigkeit der Vormerkung

6.208 Die Zulässigkeit einer solchen Vormerkung war früher umstritten, ist jedoch seit langem anerkannt[498] und durch die Einführung von § 9a Abs. 3 ErbbVO vom Gesetzgeber endgültig geklärt.[499] Die Zulässigkeit und Wirkung der Vormerkung bestimmt sich ausschließlich nach den allgemeinen Vorschriften der §§ 883f. BGB.

6.209 **a) Vormerkbarer Anspruch.** Ein vormerkbarer Anspruch muss nach § 883 Abs. 1 S. 1 BGB auf dingliche Rechtsänderung gerichtet sein; ein Anspruch, der lediglich darauf geht, dass der Erbbauzins unter bestimmten Voraussetzungen neu festgesetzt werden soll, ist daher als solcher nicht vormerkungsfähig. Der BGH hat mit Urteil v. 18. 4. 1986 daher zu Recht den Wortlaut des § 9a Abs. 3 ErbbVO als unrichtige Wortwahl bezeichnet und entschieden, dass mit der Vormerkung entgegen dem Wortlaut des § 9a Abs. 3 ErbbVO nicht der Anspruch auf Erhöhung des Erbbauzinses, sondern nur der Anspruch auf Erhöhung der Erbbauzinsreallast gesichert werden kann.[500] Notwendig ist, dass der Anspruch auf Eintragung von weiteren der Neufestsetzung entsprechenden Erbbauzins-Reallasten[501] oder auf Eintragung der entsprechenden Änderung der bestehenden Erbbauzins-Reallast gerichtet ist.[502] Ist ein Anspruch auf „Erhöhung des Erbbauzinses" gerichtet, so wird er in der Regel so auszulegen sein.[503]

6.210 **b) künftiger Anspruch.** Der schuldrechtliche Anspruch des Eigentümers auf eine neue Erbbauzins-Reallast entsteht entweder durch spätere Vereinbarung – dann handelt es sich um einen künftigen Anspruch –, oder mit Bedingungseintritt, zB bei vereinbarter Änderung des Wertmaßstabs – dann handelt es sich um einen bedingten Anspruch.[504] Nach § 883 Abs. 1 S. 2 BGB ist die Eintragung einer Vormerkung auch zur Sicherung eines künftigen oder eines bedingten Anspruchs zulässig. Dabei muss in ersterem Fall nach der Rechtsprechung eine vom Verpflichteten, dem Erbbauberechtigten, nicht einseitig zu beseitigende Bindung vorliegen und darf die Entstehung nicht nur oder vorwiegend von ihm abhängen.[505]

6.211 **c) Bestimmbarkeit.** Voraussetzung für die Eintragung einer Vormerkung ist ferner, dass der Anspruch nach Inhalt, Art und Umfang auch für Dritte bestimmbar ist.[506] Maßgebend ist hierbei der Bestimmbarkeitsgrundsatz des § 883 BGB, nicht das strengere Bestimmtheitserfordernis des § 9 Abs. 1 ErbbauRG iVm. § 1105 Abs. 1 Satz 2 BGB.[507] Zu diesem Zweck muss die Vormerkung eine feste Bemessungsgrundlage für die künftige Neufestsetzung des Erbbauzinses enthalten; ein zum Inhalt einer Wertsicherungsklausel gemachter Preisindex für die Lebenshaltung genügt diesen Anforderungen und ist offenkundig im Sinn von § 29 Abs. 1 GBO.[508] Es muss jeweils die ganze Klausel überprüft werden, also nicht nur die auf

---

[498] BGHZ 22, 220, 224 = NJW 1957, 98 = Rpfleger 1957, 12; BGHZ 61, 209, 211 = DNotZ 1974, 90; *Alberty* Rpfleger 1956, 330; *Röll* DNotZ 1962, 243; *Wangemann* NJW 1957, 978; aA *Haegele, Kehrer* Rpfleger 1957, 6.
[499] BayObLG DNotZ 1978, 239; KG Rpfleger 1976, 244; OLG Düsseldorf DNotZ 1976, 539. Muster 1 Ziffer IV Abs. 4, Muster 2 Ziffer IV Abs. 5 je in der 1. Aufl.
[500] BGH NJW-RR 1987, 74 = DNotZ 1987, 360 mit Anm. *Wufka*.
[501] BGH NJW 1957, 98 = DNotZ 1957, 300; OLG Hamm Rpfleger 1964, 343.
[502] OLG Düsseldorf DNotZ 1976, 539; OLG Celle Rpfleger 1981, 398.
[503] BGHZ 22, 220 = NJW 1957, 98; BayObLG Rpfleger 1969, 241.
[504] Vgl. *Bilda* MDR 1973, 537; MünchKomm § 9 RdNr. 48.
[505] BayObLGZ 1976, 297; BayObLG DNotZ 1979, 27; OLG Hamm DNotZ 1978, 356; *Lichtenberger* NJW 1977, 1755; *Palandt/Bassenge* § 883 BGB RdNr. 17.
[506] BGH NJW 1957, 98 = DNotZ 1957, 300 = Rpfleger 1957, 12; OLG Zweibrücken FGPrax 2000, 57.
[507] KG BB 1976, 667; MünchKomm § 9 RdNr. 49; *Schöner/Stöber* RdNr. 1811c; *Staudinger/Rapp* § 9 RdNr. 21; s. oben RdNr. 6.79.
[508] OLG Celle Rpfleger 1984, 462; BGH NJW 1992, 2088 = Rpfleger 1992, 476 zu § 291 ZPO.

VIII. Sicherung der Anpassungsverpflichtung durch Vormerkung bei alten Verträgen

dem Wertmaßstab beruhende Höhe der Anpassung, sondern auch die Voraussetzungen, wann die Anpassung verlangt werden kann, wie zB die Anpassungszeit.[509] Allein die Benennung einer Höchstgrenze reicht nicht aus.[510]

Eine Ausnahme hiervon sieht § 9a Abs. 3 ErbbauRG vor: die Billigkeitsprüfung **6.212** des Erhöhungsanspruchs gem. § 9a Abs. 1 ErbbauRG enthält Elemente, die die tatsächlich zulässige Erhöhung nicht mehr vorhersehbar und damit auch nicht mehr bestimmbar sein lassen; die gem. § 9a Abs. 1 S. 4 ErbbauRG zu berücksichtigenden Entwicklungen der Umstände des Einzelfalls sind bei Vertragsschluss nicht vorhersehbar. § 9a Abs. 3 ErbbauRG stellt demgegenüber klar, dass eine sich im Hinblick auf § 9a ergebende Unbestimmtheit oder mangelnde Bestimmbarkeit die Eintragung einer Vormerkung nicht hindert.[511] Dies bedeutet nicht, dass deshalb auch der vertragliche Anspruch auf Erhöhung des Erbbauzinses nicht der für eine Vormerkung nötigen Bestimmtheit bedarf. So ist etwa die in einem Erbbaurechtsvertrag für die Errichtung von Wohngebäuden getroffene Abrede, dass der auf der Grundlage eines bestimmten Vomhundertsatzes des Bodenverkehrswerts ermittelte ursprüngliche Erbbauzins bei einer Änderung der allgemeinen wirtschaftlichen Verhältnisse angemessen zu erhöhen ist,[512] soweit dies unter Berücksichtigung aller Umstände des Einzelfalles nicht unbillig ist, ausreichend für die bewilligte Eintragung einer Vormerkung für die künftige erhöhte Erbbauzins-Reallast im Grundbuch.[513]

Die Vormerkung wird eingetragen für den schuldrechtlichen Anspruch auf Zah- **6.213** lung eines neu oder zusätzlich festgelegten angepassten Erbbauzinses und demgemäß auf Inhaltsänderung des eingetragenen Erbbauzinses. Bei Eintragung der Vormerkung ist die Übereinstimmung der Vormerkung mit § 9a ErbbauRG nicht zu prüfen, weil diese Vorschrift nicht die Wirksamkeit der Anpassungsklausel berührt, sondern nur den aus der Klausel folgenden Erhöhungsanspruch begrenzt;[514] eine Prüfung ist erst möglich bei der Eintragung der Erhöhung, bei der das Grundbuchamt Nachweise verlangen kann, wenn es Zweifel hat.[515]

Zur Bestimmbarkeit der schuldrechtlichen Anpassungsverpflichtung ist eine Viel- **6.214** zahl von Entscheidungen ergangen; ungenügend sind zB Klauseln, bei denen der Wertmaßstab oder die Anpassungsvoraussetzungen oder die Anpassungszeit fehlen[516] oder die Anpassung jederzeit verlangt werden kann.[517] Es genügt auch nicht, wenn nur eine Höchstgrenze gesetzt ist.[518] Es kommt immer auf die Art der Klausel an: Wenn zB der Wertmaßstab selbst bestimmbar ist, aber im Rahmen eines Leistungsvorbehalts ein echter Ermessensspielraum für Billigkeitserwägungen der Beteiligten besteht, fehlt es an der Bestimmbarkeit.[519] Lässt eine Anpassungsklausel

---

[509] OLG Hamm NJW 1967, 2362; RGRK/*Räfle* § 9 RdNr. 60; vgl. aber OLG Oldenburg NJW 1961, 2261.
[510] OLG Zweibrücken FGPrax 2000, 56 = MittBayNot 2001, 77 mit Anm. *v. Oefele*; Münch-Komm § 9 RdNr. 64.
[511] KG DNotZ 1976, 603 = Rpfleger 1976, 244; LG Flensburg Rpfleger 1975, 132.
[512] Vgl. RdNr. 6.93.
[513] KG a.a.O.
[514] Vgl. RdNr. 6.144; KG a.a.O.; LG Flensburg Rpfleger 1975, 132; MünchKomm § 9a RdNr. 14; *Staudinger/Rapp* § 9a RdNr. 11.
[515] OLG Düsseldorf DNotZ 1976, 539; MünchKomm § 9a RdNr. 14; *Jerschke* DNotZ 1976, 543, der Nachweise nur verlangt, wenn sich mit „ins Auge springender Deutlichkeit" ergibt, dass sich die Beteiligten nicht an den vorgesehenen Maßstab gehalten haben.
[516] Vgl. zB OLG Oldenburg DNotZ 1956, 253; NJW 1961, 2261; OLG Hamm NJW 1967, 2362; HansOLG Hamburg MittBayNot 1971, 85; OLG Karlsruhe BWNotZ 1958, 128.
[517] SchlHOLG SchlHA 1970, 60.
[518] OLG Zweibrücken FGPrax 2000, 56 = MittBayNot 2001, 77 mit Anm. *v. Oefele*; LG Bochum NJW 1960, 153 mit Anm. *Wangemann* und NJW 1960, 634 mit Anm. *Barnstedt*; MünchKomm § 9 RdNr. 64.
[519] HansOLG Hamburg MittBayNot 1971, 85; MünchKomm § 9 RdNr. 49; aA KG Rpfleger 1976, 244.

zwar Raum für die Berücksichtigung der individuellen Verhältnisse der Beteiligten und der wirtschaftlichen Situation des belasteten Grundbesitzes, sind aber sowohl der Höchstbetrag jeder einzelnen Erhöhung als auch der Gesamterhöhungsrahmen von vorneherein bestimmt, so ist Bestimmbarkeit gegeben.[520]

2. Einzelfälle

6.215 Zur dinglichen Sicherung der schuldrechtlichen Anpassungsklausel durch eine Vormerkung sind zahlreiche Entscheidungen ergangen, von denen einige im Folgenden als Beispiele aufgeführt werden:[521]

6.216 a) **Lebenshaltungskostenindex.** Wegen der sicheren und verhältnismäßig einfachen Bestimmung ist dieser Wertmaßstab besonders geeignet und zu empfehlen.[522] Das Statistische Bundesamt und die Landesämter sind auf Gesetz beruhende Behörden, deren Fortbestand mit an Sicherheit grenzender Wahrscheinlichkeit anzunehmen ist.[523]

6.217 b) **Gehälter.** Handwerkerlohn mit genauer Angabe des Bundesmanteltarifs bestimmt.[524] Beamtengehalt ausreichend bestimmt.[525]

6.218 c) **Miet- und Pachtzins.** Pachtzins für gewerbliche Grundstücke „gleicher oder ähnlicher Lage" unbestimmbar, da Pacht nicht nur für die Lage, sondern auch für die Beschaffenheit des Gebäudes bezahlt wird;[526] Reallast, deren Höhe sich nach den jeweiligen Kosten der vom Berechtigten auszuwählenden Mietwohnung richtet, nicht hinreichend bestimmbar, wenn es an objektiven Kriterien für die Ausübung des Auswahlrechts fehlt.[527]

6.219 d) **Grundstückswert.** „Drei Prozent des Werts des Erbbaugrundstücks",[528] bestimmter Prozentsatz des Bodenverkehrswerts[529] oder Abhängigkeit der Erhöhung von einem bestimmten Verhältnis des Erbbauzinses zum Wert des mit dem Erbbaurecht belasteten Grundstücks[530] bestimmbar; Anpassungsvoraussetzung 20 Prozent Änderung des Werts von „Grundstücken gleicher Art und Lage" unbestimmbar.[531] Festsetzung durch Sachverständige ohne bestimmten Wertmaßstab unbestimmbar;[532] Änderung alle fünf Jahre entsprechend dem Wert des Erbbaugrundstücks bestimmbar;[533] Wertmaßstab gemeiner Grundstückswert, aber Festsetzung entsprechend den „wirtschaftlichen Verhältnissen" nicht bestimmbar.[534] Billigkeitsprüfung

---

[520] OLG Düsseldorf DNotZ 1989, 578; vgl. auch BayObLG DNotZ 1993, 743.
[521] Eingehend *Ingenstau/Hustedt* § 9 RdNr. 69 ff.; MünchKomm § 9 RdNr. 50; *Staudinger/Rapp* § 9 RdNr. 22.
[522] OLG Hamm MittBayNot 1973, 273; OLG Celle Rpfleger 1984, 462 mit Anm. *Meyer/Stolte*; LG Kaiserslautern DNotZ 1969, 361; LG Oldenburg DNotZ 1969, 41; *Schmitz/Valckenberg* DNotZ 1968, 429.
[523] BGH NJW 1973, 1838 = BB 1973, 1140; BayObLG Rpfleger 1969, 241; OLG Hamm NJW 1973, 1208; aA OLG Düsseldorf OLGZ 1968, 67 = DNotZ 1968, 428 mit ablehnender Anm. *Schmitz/Valckenberg*.
[524] OLG Oldenburg NJW 1961, 2261 = DNotZ 1962, 250, wo aber der Erhöhungszeitpunkt unbestimmbar war.
[525] OLG Hamm NJW 1963, 1502 = DNotZ 1964, 347 = Rpfleger 1964, 343 mit Anm. *Haegele*; LG Hildesheim MDR 1964, 673; aA OLG Hamm DNotZ 1962, 31.
[526] OLG Düsseldorf DNotZ 1969, 296 = Rpfleger 1969, 51 mit zustimmender Anm. *Haegele*.
[527] KG MDR 1984, 848.
[528] BGH NJW 1957, 98 = Rpfleger 1957, 12 = DNotZ 1957, 300.
[529] KG DNotZ 1976, 603 = Rpfleger 1976, 244.
[530] OLG Oldenburg NJW 1961, 2261 = DNotZ 1962, 250; OLG Hamm NJW 1963, 1502 = DNotZ 1964, 347 = Rpfleger 1964, 343 mit Anm. *Haegele*.
[531] OLG Hamm NJW 1967, 2362 = DNotZ 1968, 244; OLG Düsseldorf Rpfleger 1969, 51.
[532] OLG Hamm NJW 1967, 2362 = DNotZ 1968, 244.
[533] OLG Düsseldorf DNotZ 1976, 539.
[534] OLG Oldenburg DNotZ 1956, 253.

vom KG[535] zu Unrecht als bestimmbar bejaht, das die Unterscheidung zwischen der vereinbarten Anpassungsklausel und der von § 9a ErbbVO (nunmehr ErbbauRG) getroffenen Einzelerhöhung nicht berücksichtigt.[536]

e) Umsatzentwicklung eines auf dem Erbbaugrundstück betriebenen Gewerbebetriebs bestimmbar.[537]   6.220

f) Wesentliche Veränderung der allgemeinen **wirtschaftlichen Verhältnisse,** die sich aus einer Änderung der Lebenshaltungskosten, der Grundstücks- und Baupreise sowie der Löhne und Gehälter ergibt, sind bei einem Erbbaurecht für gewerbliche Zwecke hinreichend bestimmbar.[538]

3. Wirkungen der Vormerkung

Die Wirkungen der Vormerkung zur Sicherung des Anspruchs auf Erhöhung des Erbbauzinses bestimmen sich nach den allgemeinen Regeln. Da auch der durch Vormerkung gesicherte Anspruch auf Erhöhung des Erbbauzinses aus der im schuldrechtlichen Teil des Erbbaurechtsvertrags vereinbarten Wertsicherungsklausel folgt, ist es erforderlich, dass bei Veräußerung des Erbbaurechts der Erwerber nicht nur den dinglichen Inhalt des Erbbaurechts, sondern auch alle Verpflichtungen aus dem schuldrechtlichen Teil übernimmt.[539]   6.221

a) Sicherungswirkung. Gemäß § 883 Abs. 2 BGB ist eine Verfügung, die nach der Eintragung der Vormerkung über das Erbbaurecht getroffen wird, soweit unwirksam, als sie den Anspruch des Grundstückseigentümers vereiteln oder beeinträchtigen würde. Dies gilt auch, wenn die Verfügung im Weg der Zwangsvollstreckung, der Arrestvollziehung oder durch den Insolvenzverwalter erfolgt. Der Erbe des Erbbauberechtigten kann sich gemäß § 884 BGB nicht auf die Beschränkung seiner Haftung berufen. Soweit anderweitige Verfügungen dem Eigentümer gegenüber unwirksam sind, kann er gemäß § 888 BGB die Zustimmung zur Eintragung oder Löschung verlangen, die zur Verwirklichung seines durch die Vormerkung gesicherten Anspruchs erforderlich ist.   6.222

b) Rangwirkung. Zu einer nachträglichen Erhöhung des Erbbauzins sind grundsätzlich eine Einigung des Eigentümers und des Erbbauberechtigten und die Eintragung im Erbbaugrundbuch (§§ 873, 877 BGB) und die Zustimmung der gegenüber dem Erbbauzins nachrangigen Berechtigten erforderlich (§ 880 BGB); ohne sie kann eine Erhöhung nur an nächstoffener und damit für den Eigentümer ungünstigen Rangstelle eingetragen werden.[540] Dieser umständliche und meist nicht gangbare Weg ist unnötig, wenn der Anspruch auf Eintragung mit rangwahrender Wirkung[541] durch eine Vormerkung gesichert ist. Nach der Anpassung bestimmt sich der Rang der neuen Erbbauzins-Reallast bzw. des geänderten Erbbauzinses gemäß § 883 Abs. 3 BGB nach dem Rang der Vormerkung.   6.223

c) Eintragung. Die Eintragung der Erhöhung des Erbbauzinses geschieht in der Veränderungsspalte, räumlich vor den nachstehenden Belastungen (§ 12 Abs. 1b, § 19 Abs. 1 S. 1 Grundbuchverfügung).[542] Die Eintragung kann aber nur erfolgen,   6.224

---

[535] DNotZ 1976, 603 = Rpfleger 1976, 244.
[536] Vgl. MünchKomm § 9a RdNr. 14.
[537] BGH MDR 1973, 1013 = WPM 1973, 999.
[538] OLG Hamm NJW-RR 1999, 1176 = DNotZ 1999, 823 = Rpfleger 1999, 325 = FGPrax 1999, 128.
[539] BGH NJW 1986, 932; BGH NJW-RR 1987, 74 = DNotZ 1987, 360 mit Anm. *Wufka*; s. oben RdNr. 5.88; RdNr. 6.89.
[540] LG Hamburg Rpfleger 1960, 170.
[541] Dazu OLG Düsseldorf DNotZ 1976, 539; LG Marburg Rpfleger 1991, 453; *Wangemann* DNotZ 1959, 174.
[542] Vgl. OLG Frankfurt Rpfleger 1978, 312; AG Mannheim BWNotZ 1979, 124.

wenn die Bewilligung zur Realisierung der Vormerkung keine Haftungserweiterung mit sich bringt, weil ansonsten die nachstehenden Rechte beeinträchtigt und das Grundbuch unrichtig würden. Ob sich die Bewilligung im Rahmen des durch die Vormerkung gesicherten Anspruchs hält, ist anhand der Grundbucheintragung zu messen. Die Eintragung kann daher nur erfolgen, wenn dem Grundbuchamt offenkundig oder in der Form des § 29 GBO nachgewiesen ist, dass die Erhöhung des Erbbauzinses im Rahmen der vorgemerkten Vereinbarung liegt.[543] Bei einer Anpassung entsprechend dem Lebenshaltungskostenindex kann das Grundbuch dies ohne Schwierigkeit selbst feststellen.

6.225 Kann der Nachweis jedoch nicht geführt werden – so können zB öffentliche Urkunden über den Verkehrswert des mit dem Erbbaurecht belasteten Grundstücks und seine Veränderung schwerlich beigebracht werden –, so sind Vorrangeinräumungen der nachrangigen Gläubiger erforderlich; die bloße Einigung der Beteiligten genügt hierzu nicht.[544] Ändert sich später durch schuldrechtliche Vereinbarung die Berechnungsgrundlage für die Änderung des Erbbauzinses, so ist im Grundbuch ein entsprechender Änderungsvermerk bei der Vormerkung einzutragen.[545]

6.226 Die Belastung des Erbbaurechts mit einer weiteren Erbbauzinsreallast bedarf auch im Fall eines Zustimmungsvorbehalts nach § 5 ErbbauRG keiner ausdrücklichen Genehmigung des Grundstückseigentümers. Entweder entnimmt man mit dem LG Bochum[546] dem Erbbaurechtsvertrag, der die Erhöhung des Erbbauzinses und die Eintragung einer weiteren Erbbauzinsreallast vorsieht, dass darin bereits die erforderliche Zustimmung des Grundstückseigentümers enthalten ist, oder man folgt der vom LG Münster[547] und von *v. Oefele*[548] vertretenen Auffassung, dass § 5 Abs. 2 ErbbauRG für diese Fälle teleologisch zu reduzieren ist, weil es Sinn und Zweck der Vereinbarung der Zustimmungsbedürftigkeit zur Belastung des Erbbaurechts ist, den Grundstückseigentümer vor einer übermäßigen Belastung des Erbbaurechts und damit vor Nachteilen im Falle des Heimfalls des Erbbaurechts zu schützen.

6.227 **d) Vormerkung für alle zukünftigen Anpassungen.** Im Gegensatz zu früher ist es seit der Entscheidung des BayObLG v. 7. 4. 1977[549] möglich, **eine** Vormerkung zur Sicherung aller künftigen Anpassungen, also nicht nur der nächsten, zu bestellen. Früher musste ein umständliches Verfahren eingehalten werden, in dem nämlich die Vormerkung auf Erhöhung im Grundbuch in eine Reallast umgeschrieben und erneut eine Vormerkung bestellt wurde.[550] Die erstmalige Umschreibung der Vormerkung in eine Reallast erschöpft ihre Sicherungswirkung für zukünftige Erhöhungen nicht; sie kann also nicht nur durch die erste Anpassung, sondern **stufenweise** umgeschrieben werden, sodass die Eintragung einer neuen Vormerkung weder nötig noch zulässig ist.[551]

---

[543] So auch LG Marburg Rpfleger 1991, 453.
[544] OLG Düsseldorf DNotZ 1976, 539; MünchKomm § 9 RdNr. 55; aA *Staudinger/Rapp* § 9 RdNr. 21, nach dem das Grundbuchamt eintragen muss, wenn keine begründeten Zweifel daran bestehen können, dass sich die Änderung im Rahmen der die Vormerkung begründenden Vereinbarungen hält, und *Jerschke* DNotZ 1976, 543, der eine Ausnahme nur für den Fall gelten lässt, dass sich aus den vorgelegten Unterlagen mit „ins Auge springender Deutlichkeit" ergibt, dass die Beteiligten nicht an den vorgesehenen Maßstab gehalten haben.
[545] LG Hof MittBayNot 1976, 68.
[546] LG Bochum Rpfleger 1990, 453.
[547] Rpfleger 1994, 207; ähnlich *Böttcher* RdNr. 248; *Ingenstau/Hustedt* § 5 RdNr. 12; *Schöner/Stöber* RdNr. 1780.
[548] MünchKomm § 5 RdNr. 10.
[549] DNotZ 1978, 239.
[550] *Dürkes* D 309; *Wangemann* DNotZ 1959, 174.
[551] BayObLG DNotZ 1978, 239; *Ingenstau/Hustedt* § 9 RdNr. 45; MünchKomm § 9 RdNr. 56; *Staudinger/Rapp* § 9 RdNr. 21.

IX. Fehlen einer Anpassungsklausel

Haben die Beteiligten eines Erbbaurechtsvertrages über eine künftige Anpassung des Erbbauzinses an veränderte Verhältnisse nichts vereinbart, so sind die aus § 242 BGB abgeleiteten Grundsätze des Wegfalls der Geschäftsgrundlage anwendbar.[552] Der BGH legt dabei aber wegen des Grundsatzes der Vertragstreue und der Auswirkungen für die Rechtssicherheit einen sehr strengen Maßstab an, so dass eine Anpassung nur unter ganz besonderen Umständen in Frage kommt. 6.228

Der Gesetzgeber hat diese Grundsätze über den Wegfall der Geschäftsgrundlage in dem seit 1. 1. 2002 geltenden, durch das Gesetz zur Modernisierung des Schuldrechts v. 26. 11. 2001[553] eingefügten **§ 313 BGB** niedergelegt, der insbesondere auch auf die vertraglich vorgesehene Risikoverteilung Rücksicht nimmt und den schon bisher anerkannten Grundsatz „Anpassung vor Rücktritt" positiviert.[554]

1. Grundsätze des BGH

Nach den inzwischen in einer Vielzahl von Entscheidungen dargelegten Grundsätzen des BGH[555] kann bei Erbbaurechtsverträgen, die keine Anpassungsklausel enthalten, eine nachträgliche Änderung des vereinbarten Erbbauzinses aus Billigkeitsgesichtspunkten **nur ausnahmsweise** unter besonderen Umständen in Betracht kommen. Insbesondere ist in dem üblichen Fall einer Bestellung des Erbbaurechts auf mehrere Jahrzehnte dann, wenn eine Veränderung des Verhältnisses zwischen Leistung und Gegenleistung (**Äquivalenzstörung**)[556] als Anpassungsgrund geltend gemacht wird, zu berücksichtigen, dass Verträge mit einer so langen Laufzeit immer in die nicht absehbare Zukunft hineinführen. Die bei sonstigen Austauschverträgen im Allgemeinen berechtigte Annahme, dass Leistung und Gegenleistung von den Vertragspartnern als einander gleichwertig angesehen werden, muss daher bei Verträgen mit einer sich über mehrere Jahrzehnte erstreckenden Laufzeit mit der Einschränkung verstanden werden, dass die Vertragsparteien nicht damit rechnen können und als verständige Menschen nicht damit rechnen, diese Gleichwertigkeit werde für die ganze Vertragsdauer erhalten bleiben. Es fällt unter das normale Risiko solcher Verträge, dass sich die den Wert der vereinbarten Leistungen beeinflussenden Verhältnisse während der Vertragsdauer zu Gunsten des einen oder des anderen Vertragspartners ändern. Eine Äquivalenzstörung kann in solchen Fällen ein Anpassungsverlangen nur dann rechtfertigen, wenn das Gleichgewicht zwischen Leistung und Gegenleistung so stark gestört ist, dass die Grenze des übernommenen Risikos überschritten wird und die benachteiligte Vertragspartei in der getroffenen Vereinbarung ihr Interesse nicht mehr auch nur annähernd gewahrt sehen kann.[557] Ein solches Ergebnis sei mit Recht und Gerechtigkeit nicht zu vereinbaren.[558] Die Höhe der Anpassung soll daher auch nur die Folgen der Äquivalenzstörung ausgleichen, nicht aber die Vereinbarung korrigieren.[559] 6.229

---

[552] BGH NJW 1976, 846 = BB 1976, 578; NJW 1980, 2241 = DNotZ 1981, 253; *Dürkes* BB 1980, 1609/1615; *Ingenstau/Hustedt* § 9 RdNr. 57–67; *Richter* BWNotZ 1979, 162; *Sperling* NJW 1979, 1433, 1435.

[553] BGBl. I S. 3138.

[554] *Däubler* NJW 2001, 3729, 3733.

[555] BGH NJW 1980, 2241; NJW 1983, 1309 = DNotZ 1983, 562; NJW 1984, 2212 = DNotZ 1985, 368; NJW 1985, 126 = BB 1984, 1193; NJW 1985, 2524 = Rpfleger 1985, 359; NJW 1986, 2698.

[556] Allgemein dazu *Rothoeft* NJW 1986, 2211, 2215.

[557] BGH DNotZ 1974, 697; MünchKomm § 9 RdNr. 57.

[558] OLG Hamm DNotZ 1976, 534.

[559] BGHZ 90, 227 = NJW 1984, 2212; vgl. *Räfle* WPM 1982, 1038, 1040; *Richter* BWNotZ 1979, 162.

6.230 So hat der BGH trotz der Änderung der Lebenshaltungskosten und des Kaufkraftschwundes von 1954 bis 1970 bzw. von 1957 bis 1972 keine Äquivalenzstörung angenommen, wohl aber bei Änderungen von 1939 bis 1975.[560] Auch bei einem Vertrag mit langer Laufzeit (99 Jahre) ist es nicht möglich, das vom Grundstückseigentümer eingegangene Risiko auf den anderen Vertragsteil abzuwälzen und im Ergebnis den Vertrag so auszulegen, als enthalte er eine konkludente Währungsgleitklausel,[561] und zwar auch dann nicht, wenn die Beteiligten irrig von der Unzulässigkeit einer solchen Klausel ausgegangen sind.[562]

6.231 Der BGH hat u.a. mit Urteilen vom 24. 2. 1984,[563] vom 30. 3. 1984,[564] vom 3. 5. 1985[565] und vom 21. 2. 1986[566] zu der Frage der **„Opfergrenze"** weiter Stellung genommen. Er hat im Urteil vom 24. 2. 1984[567] ausgesprochen, dass bei einer zu berücksichtigenden Steigerung der Lebenshaltungskosten um 150,3%, die einem Geldwertschwund um $3/5$ entspricht, die Grenze des für den Geldgläubiger Tragbaren überschritten ist. Folgerichtig ist eine Überschreitung dieser Grenze auch im Urteil vom 30. 3. 1984[568] bejaht worden, wo es um einen Anstieg der Lebenshaltungskosten um 158,9% und damit um einen Geldwertschwund um 61,37% ging. Der BGH ist der Ansicht, dass im Rahmen der Beurteilung, ob ein ursprünglich in einem festen Geldbetrag vereinbarter Erbbauzins noch als eine wenigstens annähernd ausreichende Gegenleistung für das Erbbaurecht angesehen werden kann, die Grenze grundsätzlich bei einem Anstieg der Lebenshaltungskosten zu ziehen ist, der 150% übersteigt und damit einem Kaufkraftschwund des vereinbarten Entgelts um mehr als 60%, also um mehr als $3/5$ entspricht.[569]

6.232 Bei diesem aus § 242 BGB hergeleiteten Erhöhungsanspruch kann im Ergebnis nichts anderes gelten als im Rahmen der Billigkeitsprüfung nach § 9a Abs. 1 S. 2 ErbbauRG: Für die Höhe der Anpassung ist von dem Mittel aus dem Anstieg der Lebenshaltungskosten und der Einkommen auszugehen.[570] In der Regel ist bei einem Vertrag ohne wertsichernde Klausel für den Umfang der Anpassung des Erbbauzinses die seit Vertragsabschluss eingetretene Steigerung der Lebenshaltungskosten und der Einkommen nach dem Mittelwert aus beiden Komponenten maßgebend, weil sich darin die Entwicklung der allgemeinen wirtschaftlichen Verhältnisse widerspiegelt und der Gesetzgeber in § 9a Abs. 1 S. 2 ErbbauRG zum Ausdruck gebracht hat, dass eine über die Änderung dieser Verhältnisse nicht hinausgehende Erhöhung regelmäßig der Billigkeit entspricht. Den eigentlich sachlich am nächsten liegenden Bezugsmaßstab der Entwicklung des Bodenwerts – nach dessen Höhe sich die Bemessung des Erbbauzinses üblicherweise richtet – hat der Gesetzgeber in § 9a ErbbauRG für Wohnzwecke dienende Erbbaurechte ausgeschlossen, um eine übermäßige, dem steilen Anstieg der Grundstückspreise folgende Anhebung von Erbbauzinsen zu verhindern. Dieser Zweck entfällt jedoch, wenn

---

[560] BGH NJW 1974, 1186; NJW 1976, 846; DB 1976, 2011 = MDR 1977, 128; WPM 1979, 1212; BGHZ 77, 194 = NJW 1980, 2241; vgl. auch OLG Nürnberg OLGZ 1977, 75 = NJW 1976, 1507.
[561] BGH NJW 1974, 1186; 1976, 846; BGHZ 77, 194 = NJW 1980, 2241.
[562] BGHZ 76, 291 = BB 1976, 1046; WPM 1979, 1212.
[563] BGHZ 90, 227 = NJW 1984, 2212.
[564] BGHZ 91, 32 = NJW 1985, 126.
[565] BGHZ 94, 257 = NJW 1985, 2524.
[566] BGHZ 97, 171 = NJW 1986, 2698.
[567] BGHZ 90, 227 = NJW 1984, 2212.
[568] BGHZ 91, 32 = NJW 1985, 126.
[569] Abweichend hiervon nimmt das OLG Hamburg schon für die Zeit von 1956 bis 1970 den Wegfall der Geschäftsgrundlage an und sieht die Opfergrenze schon bei einer Kaufkraftminderung um 39 Prozent als überschritten an (MDR 1973, 851; ähnlich *Richter* BWNotZ 1979, 162, der die Opfergrenze bei ca. 40 Prozent Änderung ansetzt).
[570] Vgl. RdNr. 6.166, 6.167; BGH NJW 1985, 2524.

IX. Fehlen einer Anpassungsklausel

die Entwicklung des Bodenwerts hinter dem Anstieg der allgemeinen wirtschaftlichen Verhältnisse zurückbleibt. Für Verträge mit Anpassungsklausel hat der BGH zwar entschieden, dass im Hinblick auf § 9a Abs. 1 Satz 3 ErbbauRG, wonach Änderungen der Grundstückwertverhältnisse außer Betracht zu lassen sind, auch eine Wertentwicklung, die das Ausmaß der Änderung der allgemeinen wirtschaftlichen Verhältnisse unterschreitet, den in § 9a Abs. 1 S. 2 ErbbauRG gesetzten Billigkeitsmaßstab nicht einschränkt.[571] Dies rechtfertigt sich daraus, dass nach Wortlaut und Sinn des Gesetzes bis zur Grenze der eingetretenen Änderung der allgemeinen wirtschaftlichen Verhältnisse die vereinbarte Anpassungsklausel den Umfang der Erbbauzinserhöhung hinnehmbar bestimmt. Dieser Gesichtspunkt greift aber bei einem ohne Anpassungsklausel geschlossenen Vertrag nicht ein. Dann gibt es keinen triftigen Grund, den Erbbauzins dem Stand der allgemeinen wirtschaftlichen Verhältnisse anzugleichen, wenn sie sich stärker als der Grundstückswert verändert haben und bei Berücksichtigung dieses Werts auch der Kaufkraftverlust abgedeckt ist.[572]

6.233 Bei Vorliegen eines Kaufkraftschwundes in dieser Höhe kann auch grundsätzlich nicht angenommen werden, die Bereitschaft des Erbbaurechtsbestellers zur Übernahme des Risikos der künftigen wirtschaftlichen Entwicklung habe einen Geldwert- und damit Kaufkraftschwund dieses Umfangs umfasst; von einer in diesem Sinn eingeschränkten Risikobereitschaft des Grundstückseigentümers muss auch der Erbbauberechtigte ausgehen.[573] Dabei kann bei einem Erbbauzins mit Versorgungscharakter die Obergrenze niedriger anzusetzen sein.[574] Haben die Vertragsteile aber die spätere Entwicklung bei der Vertragsschließung vorausgesehen und ihr für den Fall ihres Eintritts bei der Ausgestaltung des Vertrags in irgendeiner Weise Rechnung getragen, so kommt eine auf § 242 BGB gestützte Anpassung des Erbbauzinses nicht in Betracht.[575]

2. Zeitraum

6.234 Bei der Beurteilung, ob eine einen Anspruch auf Erbbauzinserhöhung rechtfertigende Äquivalenzverschiebung eingetreten ist, ist der **gesamte Zeitraum** seit Abschluss des schuldrechtlichen Erbbaurechtsvertrags zu berücksichtigen.[576] Der Frage, wie hoch die durchschnittliche jährliche Steigerung der Lebenshaltungskosten war, kommt in diesem Zusammenhang keine Bedeutung zu. Dies verbietet sich deshalb, weil es im Ergebnis zu sehr erheblichen Unterschieden führen kann, wenn etwa im Vergleich zu einem anderen Fall entweder die durchschnittliche jährliche Steigerung der Lebenshaltungskosten oder der Leistungszeitraum differieren, mögen auch, für sich betrachtet, die bei den beiden Komponenten jeweils bestehenden Unterschiede als verhältnismäßig gering erscheinen.[577]

6.235 Bei der Feststellung des seit Vertragsabschluss tatsächlich eingetretenen Umfangs des Kaufkraftschwundes ist nicht auf Jahres-, sondern auf Monatsindizes abzustellen, da sonst unter Umständen die während des Großteils eine Jahres eingetretene wirtschaftliche Entwicklung unberücksichtigt bliebe, was nicht gerechtfertigt ist. Unter diesem Gesichtspunkt kann auch bei einem aus § 242 BGB hergeleiteten Erhöhungsanspruch im Ergebnis nichts anderes gelten als im Rahmen der Billig-

---

[571] BGHZ 73, 225, 228 = NJW 1979, 1546; BGH NJW 1982, 2382, 2384; a.M. *Knothe* S. 252 m.w. Nachw.
[572] BGH NJW 1993, 52 = Rpfleger 1993, 108 in Abgrenzung zu BGHZ 77, 194 = NJW 1980, 2241.
[573] BGHZ 91, 32, 34f. = NJW 1985, 126.
[574] BGH LM Nr. 71 § 242 BGB; OLG Nürnberg OLGZ 1977, 75 = NJW 1976, 1507; MünchKomm § 9 RdNr. 58.
[575] BGH WPM 1973, 869.
[576] BGH NJW 1986, 1333 = Rpfleger 1986, 130; NJW 1986, 2698.
[577] BGHZ 90, 227 = NJW 1984, 2212.

3. Wohn-, gewerbliche Zwecke

6.236   Die vorstehenden Grundsätze gelten sowohl bei Erbbaurechten für wohn- wie für gewerbliche Zwecke. Für die Frage nach dem Umfang des vom Erbbaurechtsbesteller übernommenen Risikos macht es keinen Unterschied, ob das Erbbaurecht für Wohnzwecke oder gewerbliche Zwecke bestellt ist. Für die Frage, ob ein Entgelt noch als einigermaßen tragbar anzusehen ist, erscheint auch bei Erbbaurechten, die zu gewerblichen Zwecken genutzt werden, die Kaufkraft des vereinbarten Entgelts als das geeignete Bezugskriterium und ist ein Kaufkraftschwund bis zu 60% grundsätzlich als noch hinnehmbar anzusehen, bei einem Überschreiten dieser Grenze dagegen grundsätzlich eine Erhöhung als geboten zu erachten.[579]

4. Eintragung in Grundbuch

6.237   Kann eine Erbbauzinserhöhung wegen Wegfalls der Geschäftsgrundlage verlangt werden, so kann der Grundstückseigentümer sofort auf Zahlung und nicht erst auf Feststellung klagen[580] und hat einen **Anspruch** drauf, dass die Eintragung der Erhöhung in das Erbbaugrundbuch bewilligt wird. Der Erhöhungsanspruch selbst ist zwar nur schuldrechtlicher Art, er richtet sich aber auf Erhöhung „des Erbbauzinses".[581] Die Eintragung kann nur an bereiter Rangstelle und mit Wirkung vom Zeitpunkt der Eintragung an verlangt werden.[582]

5. Veräußerung des Grundstücks oder Erbbaurechts

6.238   Bei der Beurteilung, ob eine einen Anspruch auf Erbbauzinserhöhung rechtfertigende Äquivalenzverschiebung eingetreten ist, ist auch dann der gesamte Zeitraum seit Abschluss des schuldrechtlichen Erbbaurechtsvertrags zu berücksichtigen, wenn das mit dem Erbbaurecht belastete Grundstück oder das Erbbaurecht selbst veräußert worden ist, sofern der Erwerber in die sich aus dem Erbbaurechtsvertrag ergebenden Rechte eingetreten ist. Es wurde bereits oben RdNr. 6.65 ff. ausgeführt, dass aus den zwischen den Beteiligten bestehenden dinglichen Rechtsbeziehungen allein ein Erbbauzinserhöhungsanspruch nicht hergeleitet werden kann. Vielmehr ist dies nur möglich aus einer schuldrechtlichen Vereinbarung auf Erhöhung des Erbbauzinses. Für eine Erbbauzinserhöhung auf Grund Wegfalls der Geschäftsgrundlage kann insoweit nichts anderes gelten als in den Fällen, in denen die Parteien des Erbbaurechtsvertrages eine schuldrechtlich wirkende Anpassungsklausel vereinbart haben. Auf eine solche Klausel kann sich ein späterer Grundstückseigentümer, der nicht Gesamtrechtsnachfolger des Erbbaurechtsbesteller ist, auch nur berufen, wenn ihm die Rechte aus dieser Klausel abgetreten worden sind;[583] insbesondere gehen die aus der schuldrechtlichen Anpassungsklausel erwachsenden Rechte nicht in entsprechender Anwendung von § 566 BGB iVm. § 11 Abs. 1 ErbbauRG auf den Erwerber über.[584] Auch nach den Sachenrechtsbereinigungsge-

---

[578] BGHZ 87, 198/201 = NJW 1983, 2252; BGHZ 97, 171 = NJW 1986, 2698.
[579] BGHZ 97, 171 = NJW 1986, 2698.
[580] BGHZ 91, 32 = NJW 1985, 126.
[581] Für die Fälle des Auseinanderfallens zwischen dinglicher Erbbaurechtsverpflichtung und schuldrechtlichem Erhöhungsanspruch vgl. BGH NJW 1972, 198; 1983, 986; OLG Hamm MDR 1974, 931.
[582] BGH NJW 1986, 1333 = Rpfleger 1986, 130.
[583] BGH NJW 1972, 198; NJW 1983, 986.
[584] BGH NJW 1972, 198; 1983, 986/987; NJW-RR 1992, 591 = DNotZ 1992, 364; vgl. RdNr. 6.88.

setz ergibt sich nichts anderes, weil es eben gerade an einer Wertsicherungsklausel fehlt, die Inhalt der Erbbauzinsreallast sein könnte.

Ist der spätere **Grundstückseigentümer** in die Rechte eingetreten, die sich für den Erbbaurechtsbesteller aus dem geschlossenen Vertrag ergaben, dann ist auch die Rechtsposition, die sich auf der Grundlage dieses Vertrags wegen des fortschreitenden Geldwertschwundes für den ursprünglichen Erbbaurechtsbesteller in Richtung auf die Entstehung eines unter Billigkeitsgesichtspunkten zuzusprechenden Erbbauzinserhöhungsanspruchs entwickelte, in vollem Umfang auf den neuen Eigentümer übergegangen. Dies hat die Folge, dass für die Feststellung des Umfangs der eingetretenen Äquivalenzverschiebung der gesamte Zeitraum seit dem Abschluss des Erbbaurechtsvertrags zu berücksichtigen ist.[585]

6.239

Das gleiche gilt, wenn das **Erbbaurecht** veräußert worden ist, dann, wenn der Erwerber nicht nur das Erbbaurecht als dingliches Recht erworben hat, sondern auch in die Rechte und Pflichten eingetreten ist, die sich aus dem schuldrechtlichen Erbbaurechtsbestellungsvertrag ergeben. Bei der Feststellung der eingetretenen Äquivalenzverschiebung ist dann der gesamte Zeitraum seit Abschluss des Erbbaurechtsvertrags unabhängig von der zwischenzeitlichen Veräußerung des Erbbaurechts zu berücksichtigen.[586]

6.240

Im Übrigen berührt die Veräußerung des Erbbaurechts den Anspruch des Grundstückseigentümers gegen den Veräußerer auf Erhöhung des Erbbauzinses wegen Wegfalls der Geschäftsgrundlage nicht.[587] Da die Erbbauzinsanpassungsklausel schuldrechtlicher Natur ist, kann der Erwerber des Erbbaurechts zwar im Veräußerungsvertrag in den schuldrechtlichen Bestellungsvertrag eintreten, eine **schuldbefreiende Wirkung** zugunsten des Veräußerers tritt damit aber nicht ein. Denn auch wenn der Erwerber die Verpflichtungen übernommen hat, so hängt die Befreiung des Veräußerers von der Schuld gemäß § 415 BGB von der Genehmigung des Gläubigers, also des Grundstückseigentümers ab. Einem Gläubiger kann es nicht gleichgültig sein, wer sein Schuldner ist, es kann ihm nicht ohne seinen Willen ein anderer womöglich schlechterer Schuldner bzw. Vertragspartner aufgedrängt werden; dies wäre ein unserem Recht unbekannter Vertrag zulasten Dritter. Die Veräußerung des Erbbaurechts stellt keinen sachlichen Grund dafür dar, dem Grundstückseigentümer das Risiko der Bonität der Käufer des Erbbaurechts, auf deren Auswahl der Eigentümer keinen Einfluss hat, zuzuschieben und ihn womöglich auf die Auseinandersetzung mit einer Mehrzahl von Schuldnern zu verweisen. Verkauft der Erbbauberechtigte sein Erbbaurecht, so kann ihm seinerseits auf Grund ergänzender Auslegung des Kaufvertrages gegen den Käufer ein Anspruch auf Freistellung von dem erhöhten Zins zustehen; ein solcher Freistellungsanspruch kann einem Kaufvertrag über die Veräußerung des Erbbaurechts im Weg der ergänzenden Vertragsauslegung entnommen werden. Die vorstehenden Probleme tauchen relativ selten auf, weil in Erbbaurechtsverträgen gemäß § 5 ErbbauRG als Inhalt des Erbbaurechts regelmäßig vereinbart ist, dass der Erbbauberechtigte zur Veräußerung des Erbbaurechts der Zustimmung des Grundstückseigentümers bedarf. Dadurch kann der Grundstückseigentümer prüfen, ob der Erbbauberechtigte in alle schuldrechtlichen Bestimmungen eingetreten ist und ob die Person des Erwerbers Gewähr für eine ordnungsgemäße Erfüllung der sich aus dem Erbbaurechtsvertrag ergebenden Verpflichtungen bietet (vgl. § 7 ErbbauRG).

6.241

---

[585] BGHZ 96, 371 = NJW 1986, 1333; BGHZ 97, 171 = NJW 1986, 2698.
[586] BGH a.a.O.
[587] BGH NJW 1990, 2620 = DNotZ 1991, 381.

X. Zwangsvollstreckung und Erbbaurecht

1. Zwangsvollstreckung aus dem Erbbauzins in das Erbbaurecht

6.242 Für den eingetragenen Erbbauzins haften das Erbbaurecht und seine Bestandteile. Die Befriedigung des Eigentümers wegen der fälligen Einzelleistung erfolgt gemäß § 9 Abs. 1 S. 1 ErbbauRG, §§ 1107, 1147 BGB durch Zwangsvollstreckung in das Erbbaurecht und die gemäß §§ 1107, 1120 ff. BGB mithaftenden Gegenstände. Dies gilt jedoch nur wegen des **dinglichen** Erbbauzinsanspruchs, nicht dagegen, soweit nur ein **schuldrechtlicher** Anspruch auf Erbbauzinserhöhung besteht, und zwar auch dann nicht, wenn der schuldrechtliche Anspruch durch **Vormerkung** gesichert ist und der Erbbauberechtigte bei Eintritt der Anspruchsvoraussetzung eine weitere Reallast bestellen muss; denn erst mit deren Eintragung entsteht ein dinglicher Erbbauzinsanspruch.[588] Durch die Zwangsversteigerung des Erbbaurechts wegen rückständiger Einzelleistungen kommt das ganze Recht auf den Erbbauzins zum Erlöschen, sofern nicht nach § 59 Abs. 3 ZVG sein Bestehen bleiben als Versteigerungsbedingung vereinbart wird (vgl. § 92 ZVG).[589] Reicht der Versteigerungserlös nicht aus, erhält der Eigentümer Wertersatz in Höhe des kapitalisierten Erbbauzinses (§ 92 Abs. 1 ZVG), wobei sich die Kapitalisierung nach § 111 ZVG richtet.[590] Dies führt dazu, dass der Grundstückseigentümer bei einer Zwangsversteigerung des Erbbaurechts in der Regel einen erheblichen Verlust hat, wenn noch eine längere Zeitdauer des Erbbaurechts gegeben ist. Er kann sich dadurch sichern, dass er seiner Erbbauzinsreallast keinerlei Rechte im Grundbuch vorgehen lässt.

2. Zwangsvollstreckungsunterwerfung

6.243 **a) Dingliche Zwangsvollstreckungsunterwerfung.** Wegen des Erbbauzinses ist die Unterwerfung unter die sofortige Zwangsvollstreckung in das Erbbaurecht nach §§ 794 Abs. 1 Nr. 5, 800 ZPO unzulässig in der Weise, dass sie gegen den jeweiligen Erbbauberechtigten zulässig sein soll. Eine solche Unterwerfung ist nach § 800 ZPO nur in Ansehung einer Hypothek, Grundschuld oder Rentenschuld statthaft. Eine entsprechende Anwendung dieser Vorschrift auf die Reallast ist nicht möglich.[591] Die Erbbauzinsreallast kann daher nur ohne dingliche Zwangsvollstreckungsunterwerfung im Grundbuch eingetragen werden.

6.244 Für die einzelnen wiederkehrenden Erbbauzinsleistungen wird die Unterwerfung gem. § 800 ZPO vereinzelt zugelassen, weil § 1107 BGB die für die Hypothekenzinsen geltenden Vorschriften für entsprechend anwendbar erklärt, also auch § 800 ZPO, und dafür auch ein erhebliches wirtschaftliches Bedürfnis bestünde.[592] Die

---

[588] BGH Rpfleger 1990, 412.
[589] *Winkler* NJW 1985, 940; *ders.* Münchener Vertragshandbuch Bd. 6 Form. VIII 23 Anm. 6; VIII 24 Anm. 7.
[590] *Palandt/Bassenge* § 24; *Steiner/Eickmann* § 92 ZVG RdNr. 19; *Zeller/Stöber* § 92 ZVG RdNr. 6, 9; anders *Streuer* Rpfleger 1997, 141, der den Wert des erlöschenden (§ 92 Abs. 1 ZVG) und des bestehen bleibenden (§ 51 Abs. 2 ZVG) Erbbauzinses nach finanzmathematischen Grundsätzen ermittelt, nicht nach § 111 ZVG, wobei er der Diskontierung einen marktgerechten Zinssatz zugrunde legt und Zinseszinsen nicht berücksichtigt.
[591] BayObLG NJW 1959, 1876 = Rpfleger 1960, 287 mit zust. Anm. *Haegele*; KG DNotZ 1958, 203/207 mit Anm. *Hieber*; *Ingenstau/Hustedt* § 9 RdNr. 82; MünchKomm § 9 RdNr. 14; *Ripfel* DNotZ 1969, 84/91; *Staudinger/Rapp* § 9 RdNr. 6.
[592] *Planck* § 9 ErbbVO Anm. 5.

Anwendung von § 800 ZPO ist aber abzulehnen, da § 800 ZPO im Gegensatz zu § 325 Abs. 3 ZPO die Reallast nicht aufführt.[593]

b) Persönliche Zwangsvollstreckungsunterwerfung

aa) Zulässig ist dagegen, dass sich der Erbbauberechtigte **persönlich** wegen seiner **Zahlungsverpflichtung** gemäß § 794 Abs. 1 Nr. 5 ZPO der sofortigen Zwangsvollstreckung unterwirft. Er kann sich auch verpflichten, bei einer Veräußerung des Erbbaurechts auch seinen Rechtsnachfolger zu einer solchen persönlichen Zwangsvollstreckungsunterwerfung zu veranlassen.[594] Gegen den Erwerber des Erbbaurechts wie auch gegen Gesamtrechtsnachfolger lässt sich die Vollstreckungsklausel nach §§ 727, 795, 797 ZPO umschreiben, sodass sich die persönliche Unterwerfung des ersten Erbbauberechtigten auch gegen die Rechtsnachfolger auswirkt.[595] Die Vereinbarung einer Wertsicherungsklausel steht der Verurteilung zur Zahlung von künftigen Erbbauzinsen nicht entgegen.[596]

6.245

bb) Bestimmtheit. Nach § 794 Abs. 1 Nr. 5 ZPO findet die Zwangsvollstreckung u. a. statt aus den von einem deutschen Notar aufgenommenen Urkunden, „sofern die Urkunde über einen Anspruch errichtet ist, der einer vergleichsweisen Regelung zugänglich, nicht auf Abgabe einer Willenserklärung gerichtet ist, ... und der Schuldner sich in der Urkunde hinsichtlich des zu bezeichnenden Anspruchs der sofortigen Zwangsvollstreckung unterworfen hat". Diese Regelung gilt seit 1. 1. 1999 und wurde eingeführt durch Art. 1 Nr. 12 2. ZwVollstrNov. Vorher hatte § 794 Abs. 1 Nr. 5 ZPO die Zwangsvollstreckungsunterwerfung auf eine „bestimmte" Geldsumme beschränkt. Die zentrale Frage für die Beurteilung der Vollstreckbarkeit war daher die Auslegung des Begriffs der Bestimmtheit. Dabei war streitig, ob die Zwangsvollstreckungsunterwerfung auch wegen der Anpassungsklausel zulässig ist. Der Begriff der Bestimmtheit im Sinn von § 794 Abs. 1 Nr. 5 ZPO wurde dabei vollstreckungsrechtlich betrachtet, nämlich ob die vollstreckbare Urkunde selbst und gegebenenfalls von der in Bezug genommene außerhalb der Urkunde liegende Umstände dem Vollstreckungsorgan eine hinreichend sichere Grundlage für die Vollstreckung bieten. Diese Fragestellung hat sich durch die Neuregelung nicht geändert: Auch wenn § 794 Abs. 1 Nr. 5 ZPO die Vollstreckungsunterwerfung nicht mehr auf eine bestimmte Geldsumme beschränkt, muss sich doch nach allgemeinen Grundsätzen das, was der Schuldner zu leisten hat, allein aus dem Titel bestimmt oder bestimmbar ergeben.[597]

6.246

Der BGH erklärte die Unterwerfung unter die sofortige Zwangsvollstreckung wegen einer Verpflichtung zur Zahlung einer Rente in Höhe der Hälfte der (jeweiligen) Höchstpension eines bayerischen Notars wegen Unbestimmtheit der zu leistenden Geldsumme für unwirksam; die Bezifferung der Geldschuld müsse sich exakt und eindeutig aus der Urkunde selbst ergeben, ohne dass erst noch amtliche Auskünfte oder sonstige Berechnungsfaktoren hinzugezogen würden.[598] Dagegen hat er für den statistischen monatlichen Lebenshaltungskostenindex Offenkundigkeit im Sinne des § 291 ZPO bejaht, weil die Indexentwicklung der Lebenshaltungskosten – nicht auch der Einkommen – regelmäßig in der Fachpresse, zB in

---

[593] BayObLG NJW 1959, 1876 = Rpfleger 1960, 287 mit zust. Anm. *Haegele*; KG DNotZ 1958, 203/207; *Haegele* Rpfleger 1960, 287; *Ingenstau/Hustedt* § 9 RdNr. 82; MünchKomm § 9 RdNr. 14.
[594] BayObLG NJW 1959, 1876; *Staudinger/Rapp* § 9 RdNr. 6.
[595] BayObLG NJW 1959, 1876.
[596] BGH NJW 2007, 294; oben RdNr. 6.164a.
[597] *Thomas/Putzo* Vorb. § 704 ZPO RdNr. 16 sowie § 794 ZPO RdNr. 49.
[598] BGH NJW 1957, 23 = DNotZ 1957, 200; NJW 1980, 1051; OLG Nürnberg NJW 1957, 1286.

der NJW, veröffentlicht wird.⁵⁹⁹ Auch der Zinsbeginn muss bestimmt oder bestimmbar sein.⁶⁰⁰

6.247 Nach überwiegender Meinung ist es ausreichend und im prozessökonomischen Sinn auch geboten, dass die Geldschuld bestimmbar ist, wenn nur die Einholung der einschlägigen Indizes unschwer möglich ist; so hat das OLG Düsseldorf die Bestimmtheit einer Gleitklausel bejaht, wenn sie von einem Lebenshaltungskostenindex abhängig ist, nicht dagegen, wenn sie an der Entwicklung eines bestimmten Beamtengehalts orientiert ist.⁶⁰¹ Bemerkenswert ist in diesem Zusammenhang eine Entscheidung des LG Essen, das die Vollstreckbarkeit bejaht, soweit es sich um die Zahlung der fixen Rente handelt, die nach dem feststellbaren Willen der Beteiligten nicht unterschritten werden soll, nur im Umfang der Wertsicherungsklausel wird die Bestimmtheit der Geldschuld und damit auch ihre Vollstreckungsfähigkeit im Sinn des § 794 Abs. 1 Nr. 5 ZPO verneint.⁶⁰²

6.248 Abzuwägen ist einerseits das prozessökonomische Interesse, überflüssige Prozesse wegen der Erhöhungsbeträge zu vermeiden, andererseits kann dem Gerichtsvollzieher als Vollstreckungsorgan nicht zugemutet werden, dass er vor Beginn der Vollstreckung mathematische Berechnungen anstellt, amtliche Auskünfte erholt oder eine Reihe von gesetzlichen Bestimmungen heranzieht.⁶⁰³

6.249 Richtiger Ansicht nach können nur solche außerhalb der Urkunde liegenden Berechnungsfaktoren berücksichtigt werden, auf die in der Urkunde eindeutig Bezug genommen wird und die dem Vollstreckungsorgan allgemein zugänglich sind, so dass der Betrag der Geldschuld mühelos errechnet werden kann.⁶⁰⁴ Die Vollstreckbarkeit einer Wertsicherungsklausel wird nur dann angenommen werden können, wenn die Veränderung der Rente an einem allgemein veröffentlichten Lebenshaltungskostenindex oder am Grundgehalt eines Bundes- oder Landesbeamten orientiert wird, wobei das Grundgehalt durch Angabe der Besoldungsgruppe und der Dienstaltersstufe näher gekennzeichnet wird. Das Vollstreckungsorgan hat dann lediglich in dem ihm leicht zugänglichen Veröffentlichungsblatt den im Zeitpunkt der Vollstreckung maßgebenden Betrag aus der Tabelle zu entnehmen. Bei allen anderen Sachverhalten wird jedoch die Verpflichtung des Vollstreckungsorgans zum Vollzug zu verneinen sein; dies gilt nicht nur dann, wenn die Bestimmungsfaktoren des Beamtengehalts nicht nur das Grundgehalt, sondern zB auch der Ortszuschlag, Kinderzuschlag etc. sind, sondern auch dann, wenn spezifische Orientierungsdaten zur Bestimmung des adäquaten Beamtengehalts ganz oder teilweise fehlen; dies gilt auch dann, wenn es einer unter Umständen durch Jahre hindurch vorzunehmenden wiederholten Berechnung der prozentualen Veränderung bedarf. Solche individuellen Prüfungen sind mit dem Grundsatz der Klarheit des Vollstreckungsrechts nicht vereinbar und überfordern das Vollstreckungsorgan.⁶⁰⁵

Am Grundsatz der zwangsvollstreckungsrechtlichen Bestimmbarkeit hat die Neufassung des § 9 ErbbVO (nunmehr ErbbauRG) nichts geändert, so dass eine entsprechende Klausel auch dann in den Erbbaurechtsvertrag aufgenommen werden sollte, wenn man der Meinung ist, dass nach § 9 ErbbauRG nunmehr eine automatische Erbbauzinsanpassung eintritt. Will der Eigentümer sicher gehen, dass eine Zwangsvollstreckung problemlos verläuft, so empfiehlt es sich, dass sich der Erbbauberechtigte nicht nur wegen des festen ziffernmäßig bestimmten Erbbauzinses der Zwangs-

---

⁵⁹⁹ BGH NJW 1992, 2088 = Rpfleger 1992, 476.
⁶⁰⁰ BGH NJW-RR 2000, 1358; *Thomas/Putzo* § 794 ZPO RdNr. 49.
⁶⁰¹ NJW 1971, 437.
⁶⁰² NJW 1973, 199 mit Anm. *Pohlmann* = DNotZ 1973, 26.
⁶⁰³ *Mümmler* Rpfleger 1973, 124.
⁶⁰⁴ *Pohlmann* NJW 1973, 199; *Mümmler* Rpfleger 1973, 124.
⁶⁰⁵ *Mümmler* Rpfleger 1973, 124.

vollstreckung unterwirft,⁶⁰⁶ sondern sich auch verpflichtet, bei Erhöhungen des Erbbauzinses sich erneut auf Anfordern der Zwangsvollstreckung zu unterwerfen.⁶⁰⁷

cc) Bauverpflichtung. Seit der Änderung des § 794 Abs. 1 Nr. 5 ZPO, nach der grundsätzlich alle Ansprüche vollstreckungsfähig sind, die einer vergleichsweisen Regelung zugänglich sind, sollte die Zwangsvollstreckungsunterwerfung grundsätzlich wegen aller unterwerfungsfähigen Ansprüche erklärt werden, also auch wegen der Verpflichtung der Erbbauberechtigten zur Errichtung, Unterhaltung, Versicherung der Gebäude etc.⁶⁰⁸

6.250

dd) Eine solche **Klausel** könnte etwa lauten:

6.251

(1) Der Erbbauberechtigte unterwirft sich wegen der Erbbauzinsreallast und der einzelnen Erbbauzinsraten jeweils in ihrer wertgesicherten Form und der in Ziffer ... festgelegten Nutzungsentschädigung sowie wegen der in Ziff. ... festgelegten Verpflichtung zur Errichtung, Unterhaltung und Versicherung der Erbbaurechtsgebäude als Gesamtschuldner der sofortigen Zwangsvollstreckung aus dieser Urkunde in sein gesamtes Vermögen.

(2) Im Fall der Erhöhung des Erbbauzinses durch Neufestsetzung gemäß IV dieser Urkunde ist der Erbbauberechtigte verpflichtet, sich auf Verlangen des Grundstückseigentümers auch wegen des Erhöhungsbetrags in einer notariellen Urkunde der sofortigen Zwangsvollstreckung zu unterwerfen.

(3) Vollstreckbare Ausfertigung ist auf Antrag ohne Fälligkeitsnachweis dem Eigentümer zu erteilen. Eine Umkehr der Beweislast ist damit nicht verbunden.

3. Zwangsversteigerung des Erbbaurechts⁶⁰⁹

a) Erbbaurecht nach früherem Recht

aa) Rechtslage. Für Erbbaurechte nach früherem Recht, bei denen nicht von der durch das Sachenrechtsbereinigungsgesetz v. 21. 9. 1994 (BGBl. I S. 2457/ 2489) mit Wirkung ab 1. 10. 1994 eröffneten Möglichkeit Gebrauch gemacht ist, die Erbbauzinsreallast zwangsversteigerungsfest zu vereinbaren, gilt Folgendes: Bei der Zwangsversteigerung des Erbbaurechts sind hinsichtlich des Erbbauzinses die Vorschriften über die Reallast anzuwenden (§ 9 Abs. 1 ErbbauRG). Lehnt der Grundstückseigentümer einen Rücktritt hinter ein Grundpfandrecht mit seinem Erbbauzins ab, so erhält das Grundpfandrecht Rang nach dem Erbbauzins. Geht der Erbbauzins somit dem betreibendem Gläubiger vor, so fällt er unter die Rechte des § 10 Abs. 1 Nr. 4 ZVG und bleibt als Teil des geringsten Gebots bestehen (§§ 44, 52 Abs. 1 ZVG).⁶¹⁰

6.252

Betreibt dagegen der erbbauzinsberechtigte Eigentümer selbst die Zwangsversteigerung, so fällt der Erbbauzins unter § 10 Abs. 1 Nr. 5 ZVG und erlischt ebenso wie das nachrangige Grundpfandrecht (§ 52 Abs. 1 S. 2 ZVG). Da der Erbbauzins kapitalisiert wird (§ 92 ZVG), besteht die Gefahr, dass schon der Grundstückseigentümer den zur Verteilung stehenden Erlös aufbraucht und der nachrangige Gläubiger leer ausgeht.⁶¹¹ In diesem Fall kann die Vorschrift des § 59 Abs. 1 ZVG über die Abänderung des geringsten Gebots und der Versteigerungs-

6.253

---

⁶⁰⁶ Vgl. LG Essen NJW 1972, 2050 = DNotZ 1973, 26, das die Vollstreckbarkeit bejaht, soweit es sich um die Zahlung der fixen Rente handelt und nur die Vollstreckungsfähigkeit der Gleitklausel verneint; vgl. RdNr. 6.247.
⁶⁰⁷ *Dürkes/Feller* 248; *Winkler* Münchner Vertragshandbuch Bd. 6 Form. VIII 2 Anm. 15; hier im 11. Kap. Muster 1 Ziffer IV, Muster 2 Ziffer V, Muster 12 Ziffer XIII Abs. 2.
⁶⁰⁸ S. unten Muster 1 Ziffer IV und Muster 2 Ziffer IV 2, sowie *Winkler* Münchner Vertragshandbuch Bd. 6 Form VIII 1 Anm. 40; *Winkler* § 17 BeurkG RdNr. 226; § 52 BeurkG RdNr. 16.
⁶⁰⁹ Ausführlich dazu die Monographie von *Handschumacher*.
⁶¹⁰ MünchKomm § 9 RdNr. 17; *Winkler* DNotZ 1970, 390.
⁶¹¹ Ähnlich *Eickmann* S. 29 (II 5.3).

6.254 bedingungen eine für den Grundstückseigentümer als Erbbauzinsberechtigten und den nachrangigen Grundpfandrechtsgläubiger zufrieden stellende Lösung bieten.[612]

Räumt der Grundstückseigentümer dagegen dem Grundpfandrechtsgläubiger den Vorrang ein, so geht der Erbbauzins den Rechten des betreibenden Gläubigers nach und fällt nicht in das geringste Gebot, sondern erlischt vielmehr nach § 91 ZVG, so dass der Ersteher insoweit lastenfrei erwirbt.[613] Der Ersteher tritt nur in den nach § 2 ErbbauRG auch gegen Sonderrechtsnachfolger wirkenden Erbbaurechtsinhalt ein, zu dem jedoch der Erbbauzins gerade nicht gehört, nicht dagegen in schuldrechtliche Vereinbarungen, soweit diese nicht wiederum dinglich gesichert sind.[614] Dies kann, wie in dem vom BGH mit Urteil vom 25. 9. 1981 entschiedenen Fall,[615] dazu führen, dass das auf 99 Jahre bestellte Erbbaurecht bereits nach vier (!) Jahren erlischt, so dass der Eigentümer die restlichen 95 (!) Jahre keinen Erbbauzins mehr erhält.

6.255 Um diesen für den Eigentümer misslichen Zustand eines „Erbbaurechts ohne Erbbauzins"[616] zu verbessern, wurde eine Übernahme des Erbbauzinses durch den Ersteher in der Zwangsversteigerung analog § 52 Abs. 2 ZVG vorgeschlagen.[617] Die Rechtsprechung hat diesen Vorschlag jedoch abgelehnt. Einmal sei die Ausnahmeregelung des § 52 Abs. 2 ZVG einer Analogie nicht zugänglich, zum anderen handele es sich bei der Überbaurente um eine gesetzliche Entschädigung, beim Erbbauzins aber um ein im Weg der Vertragsfreiheit ausgehandeltes Entgelt.[618] Der Grundstückseigentümer habe es in der Hand, bei der Rücktrittserklärung und bei der Zustimmung zur Belastung gem. § 5 Abs. 2 ErbbauRG sein Interesse zu bedenken. Der Gesetzgeber hat durch das Sachenrechtsbereinigungsgesetz die vom Verfasser entwickelte Lösung einer Gleichstellung von Erbbauzins und Überbaurente analog § 52 Abs. 2 ZVG übernommen und die Möglichkeit eröffnet, die Erbbauzinsreallast zwangsversteigerungsfest zu vereinbaren.[619]

6.256 Der Grundstückseigentümer kann den Rücktritt mit seinem Erbbauzins gegenüber dem Gläubiger des Grundpfandrechts davon abhängig machen, dass der Gläubiger vorweg schriftlich erklärt, schon im ersten Termin der Zwangsversteigerung gem. § 59 ZVG zu beantragen, dass der Erbbauzins bestehen bleibt.[620] *Muth* schlägt als Schutz des Grundstückseigentümers gegen Rechtsnachfolger eine Grundschuld am Grundstück vor,[621] *Stakemann* eine Abtretung der Ansprüche des Erbbauberechtigten auf Auszahlung des auf ihn entfallenden Versteigerungserlöses.[622] Diese und andere vom BGH und von der Literatur vorgeschlagenen Sicherungsmöglichkeiten sind in der Praxis kaum tauglich, zumal sich auch die Kreditpraxis hierauf nur selten einlässt.[623]

---

[612] Vgl. RdNr. 6.258 ff.; *Freckmann/Frings/Grziwotz* RdNr. 217; *Streuer* Rpfleger 1997, 141.

[613] BGHZ 81, 358 = NJW 1982, 234; BGHZ 100, 107 = NJW 1987, 1942; OLG Nürnberg MDR 1980, 401; LG Braunschweig Rpfleger 1976, 310; *Ingenstau/Hustedt* § 9 RdNr. 86; MünchKomm § 9 RdNr. 17; *Staudinger/Rapp* § 9 RdNr. 8; *Winkler* DNotZ 1970, 390; ders. NJW 1985, 940.

[614] OLG Hamburg NJW-RR 1991, 658; LG Münster Rpfleger 1991, 330; *Ingenstau/Hustedt* § 9 RdNr. 64; *Winkler* DNotZ 1970, 391; NJW 1985, 940; vgl. RdNr. 4.6–4.17, 4.23–4.30, 6.26.

[615] BGHZ 81, 358 = NJW 1982, 234.

[616] Vgl. *Groth* DNotZ 1983, 652.

[617] *Winkler* DNotZ 1970, 390; zustimmend *Staudinger/Rapp* § 9 RdNr. 8.

[618] BGHZ 81, 358 = NJW 1982, 234; OLG Nürnberg MDR 1980, 401; MünchKomm § 9 RdNr. 17.

[619] Unten RdNr. 6.270.

[620] *Tradt* DNotZ 1984, 370 – Replik auf *Groth* a.a.O.; *Winkler* NJW 1985, 940; vgl. RdNr. 6.258 ff.

[621] JurBüro 1985, 969.

[622] NJW 1984, 962.

[623] RGRK/*Räfle* § 9 RdNr. 16; *Ruland* NJW 1983, 96; *Winkler* NJW 1985, 940.

bb) Sicherungsmöglichkeiten des Eigentümers. Dem Eigentümer ist daher grundsätzlich zu empfehlen, mit seiner Erbbauzinsreallast nicht hinter Grundpfandrechte zurückzutreten. Will er es trotzdem tun, um einer Beleihung des Erbbaurechts nicht im Wege zu stehen, so bleiben ihm nur wenige Möglichkeiten, die im Übrigen wenig wirksam sind, um ihn zu schützen. Zur Lösung des Konflikts wird in der Praxis auf die **Stillhalteerklärung** (auch „Nichtkapitalisierungserklärung" oder „Liegenbelassungsvereinbarung" genannt) zurückgegriffen – und zwar auf zwei verschiedene Arten, je nach dem wer den dinglichen Vorrang hat:[624]

6.257

- Entweder **räumt** der Grundstückseigentümer **dem Grundpfandrecht Vorrang** vor seiner Erbbauzinsreallast (sowie seinen sonstigen Rechten) ein und lässt sich dafür von dem Grundschuldgläubiger eine Stillhalteerklärung geben, wonach im Fall der Zwangsversteigerung dieser beantragt oder zustimmt, dass nach § 59 ZVG abweichende Versteigerungsbedingungen festgesetzt werden, die den Fortbestand der Erbbauzinsreallast vorsehen.
- Davon zu unterscheiden ist der Fall, dass die **Reallast den ersten Rang** behält und der Grundstückseigentümer sich gegenüber einem dem Erbbauzins nachrangigen Grundpfandrechtsgläubiger in der Stillhalteerklärung verpflichtet, bei der Zwangsversteigerung abweichenden Versteigerungsbedingungen dahingehend zuzustimmen, dass der Erbbauzins nicht zu einem Ablösebetrag kapitalisiert wird, sondern nach § 59 bzw. § 91 ZVG fortbesteht.

(1) Abweichende Feststellung des geringsten Gebots (Stillhalteerklärung). Der drohende Verlust des Erbbauzinses durch die Zwangsversteigerung kann durch eine abweichende Feststellung des geringsten Gebotes und der Versteigerungsbedingungen nach § 59 ZVG abgewendet werden. Nach § 59 ZVG kann jeder Beteiligte Versteigerungsbedingungen verlangen, die von den gesetzlichen Vorschriften abweichen; der Grundstückseigentümer kann also den Rücktritt mit seinem Erbbauzins gegenüber dem Gläubiger des Grundpfandrechts davon abhängig machen, dass der Gläubiger vorweg schriftlich erklärt, schon im ersten Termin der Zwangsversteigerung gem. § 59 ZVG zu beantragen, dass der Erbbauzins bestehen bleibt.[625]

6.258

Entsprechendes gilt, wenn der erbbauzinsberechtigte Grundstückseigentümer an erster Rangstelle bleibt und der nachrangige Gläubiger befürchten muss, dass bei Kapitalisierung des Erbbauzinses (§ 92 ZVG) schon der Grundstückseigentümer den zur Verteilung stehenden Erlös aufbraucht, so dass der nachrangige Gläubiger leer ausgeht.[626] Zur Abgabe einer solchen Stillhalteerklärung ist der *Eigentümer nicht verpflichtet*.[627] Es besteht zwar ein berechtigtes Interesse für die Abgabe der Stillhalteerklärung als Kompromiss zwischen der Sicherung des Erbbauzinses und der Gewährleistung einer effektiven Belastung des Erbbaurechts mit Grundpfandrechten. Nach § 7 Abs. 2 ErbbauRG muss der Grundstückseigentümer zwar der Belastung zustimmen; daraus ergibt sich aber nicht, dass er auch verpflichtet wäre, dem zur Eintragung gelangenden Grundpfandrecht den Rang vor der Erbbauzinsreallast einzuräumen. Sinn der Zustimmungspflicht aus § 7 Abs. 2 ErbbauRG ist vielmehr, dass zwar entsprechende Belastungen bestellt werden können, jedoch hierdurch das Erbbaurecht im Rahmen des vereinbarten Zwecks nicht wesentlich beeinträchtigt wird. Die Verpflichtung zur Erklärung eines Rangrücktritts ließe sich hiermit nicht vereinbaren. Soweit der Grundstückseigentümer nicht zum Rangrücktritt verpflichtet ist, ist er entsprechend auch nicht zur Abgabe einer Stillhalteerklärung verpflichtet. Es könnte jedoch in dem Erbbaurechtsvertrag ausdrücklich eine dahingehende Nebenverpflichtung aufgenommen werden, dass der

6.259

---

[624] Ausführlich hierzu DNotI-Rep. 2005, 89.
[625] *Freckmann/Frings/Grziwotz* RdNr. 215; *Tradt* DNotZ 1984, 370; *Winkler* NJW 1985, 940.
[626] Vgl. RdNr. 6.253.
[627] *Dedekind* MittRhNot 1993, 109, 113.

Grundstückseigentümer verpflichtet ist, mit der Erbbauzinsreallast hinter Finanzierungsgrundpfandrechte zurückzutreten bzw. eine Stillhalteerklärung abzugeben.

6.260 In einer solchen Abänderungsverpflichtung, die in der Praxis häufig verwendet wird,[628] erklären sich der Gläubiger des Grundpfandrechts bzw. der Grundstückseigentümer bereit, im Fall der Zwangsversteigerung des Erbbaurechts darin einzuwilligen, dass der Erbbauzins nicht kapitalisiert, sondern sein Fortbestand nach § 59 ZVG vereinbart wird. Dadurch soll erreicht werden, dass der Erbbauzins im Fall der Zwangsversteigerung nicht erlischt und an die Stelle des erloschenen dinglichen Rechts nicht ein aus dem Versteigerungserlös zu befriedigender Ersatzbetrag tritt, der den zur Verteilung stehenden Erlös aufbraucht; vielmehr soll der Erbbauzins, so wie er im Grundbuch eingetragen ist, bestehen bleiben und vom Ersteher während der ferneren Laufzeit des Erbbaurechts entrichtet werden.[629]

6.261 Danach vereinbaren die beiden Parteien:[630]
– Der im Falle der Zwangsversteigerung nicht in das geringste Gebot fallende Erbbauzins bleibt bestehen; entsprechende Anträge nach § 59 ZVG oder Vereinbarungen mit einem Ersteher nach § 91 ZVG[631] sollen zu gegebener Zeit gestellt werden.
– Der Grundstückseigentümer räumt ohne Einverständnis des Gläubigers keinem anderen Gläubiger den Vorrang ein.
– Der Grundstückseigentümer verlangt aus dem zu seinen Gunsten eingetragenen Vorkaufsrecht keinen Wertersatz und verzichtet auf Erlöszuteilung, soweit er keinen rückständigen Erbbauzins zum Verfahren angemeldet hat.
– Der Grundstückseigentümer verpflichtet sich, das Grundstück nur unter der Bedingung zu veräußern, dass der Erwerber die Rechte und Pflichten aus der Stillhalteerklärung mit übernimmt.

6.262 Hierzu ist allerdings die Zustimmung der Beteiligten erforderlich, deren Rechte durch die Abweichung beeinträchtigt werden (§ 59 Abs. 1 S. 2 ZVG). Es wird schwierig sein, die gem. § 59 Abs. 1 S. 2 ZVG erforderliche Zustimmung der anderen Beteiligten sämtlich einzuholen. Häufig wird vom Gericht deshalb gem. § 59 Abs. 2 ZVG auch ein **Doppelausgebot** ausgeführt, nämlich einmal nach den gesetzlichen Vorschriften und im Übrigen nach dem abweichenden Antrag des erstrangigen Gläubigers. Die Zustimmung des Grundstückseigentümers, der gem. § 24 ErbbauRG als Beteiligter im Sinn vom § 9 ZVG gilt, liegt gegebenenfalls in seinem Antrag auf Bestehen bleiben des Erbbauzinses.[632] Auf irgendwelche Erklärungen des Erstehers bzw. Bieters zum Erbbaurechtsvertrag kommt es nicht an.

6.263 Die Stillhalteerklärung wirkt allerdings nicht gegen Sonderrechtsnachfolger; es empfiehlt sich daher, wegen des schuldrechtlichen Charakters der Erklärung zu bestimmen, dass im Fall der Veräußerung des Erbbaugrundstücks durch den Grundstückseigentümer dieser verpflichtet wird, diese Bindung seinem Sonderrechtsnachfolger mit entsprechender Weiterübertragungsverpflichtung aufzuerlegen.[633]

---

[628] *Bertolini* MittBayNot 1983, 112; *Bräuer* Rpfleger 2004, 401; *Dedekind* MittRhNotK 1993, 109; *Fischer* Die Sicherung des Erbbauzinses bei Zwangsversteigerung des Erbbaurechts, Diss. 2002, S. 72 ff.; *Geißel* S. 90, 120 ff.; *Götz* DNotZ 1980, 3/28; *Handschumacher* S. 98 ff.; *Ingenstau/Hustedt* § 9 RdNr. 86; *Mohrbutter* S. 75 ff.; *Muth* JurBüro 1985, 801, 969; WPM 1985, 1281; MünchKomm § 9 RdNr. 18; *Sichtermann/Hennings* 2.64; 2.96; *Sperling* NJW 1984, 2487; *Winkler* NJW 1985, 940; *ders.* Münchner Vertragshandbuch Bd. 6 Form. VIII 21, 22; unten Muster 16 und 17.
[629] *Bertolini* MittBayNot 1983, 112; *Götz* DNotZ 1980, 3/28; *Winkler* NJW 1985, 940.
[630] *Freckmann/Frings/Grziwotz* RdNr. 215; *Sichtermann/Hennings* Nr. 2.64.
[631] Vgl. RdNr. 6.264.
[632] *Karow* NJW 1984, 2670.
[633] *Götz* DNotZ 1980, 3/28, der auch eine Absicherung durch Vormerkung vorschlägt; zustimmend *Ingenstau/Hustedt* § 9 RdNr. 86.

(2) *Vereinbarung des Bestehenbleibens gem. § 91 Abs. 2 ZVG.* Ist eine nach § 59 **6.264**
Abs. 1 S. 2 ZVG erforderliche Zustimmung nicht zu erreichen, so eröffnet § 91
Abs. 2 ZVG die Möglichkeit, die (durch den Zuschlag erloschene) Erbbauzinsreallast durch Vereinbarung zwischen dem Grundstückseigentümer und dem Ersteher bestehen zu lassen. Gem. § 91 Abs. 3 ZVG vermindert sich der durch Zahlung zu berichtigende Teil des Meistgebots um den Betrag, der sonst dem berechtigten Grundstückseigentümer gebühren würde. Hat sich der Grundstückseigentümer im Erbbaurechtsvertrag die Zustimmung zur Veräußerung des Erbbaurechts gem. § 5 Abs. 1 ErbbauRG vorbehalten, so kann er im Zwangsversteigerungsfall die Genehmigung zur Veräußerung von der Übernahme seiner Rechte durch den Ersteher abhängig machen.[634] Dies gilt jedoch nach der Entscheidung des BGH vom 26. 2. 1987 nicht, wenn ein vorrangiger Grundpfandrechtsgläubiger die Zwangsversteigerung betreibt und der Eigentümer die Verweigerung seiner Zustimmung lediglich darauf stützt, dass der Meistbietende nicht bereit ist, in die schuldrechtlichen Verpflichtungen hinsichtlich des Erbbauzinses einzutreten.[635]

(3) *Wirkung gegenüber Sonderrechtsnachfolger.* Trotz der Bezeichnung als „Stillhalte- **6.264a**
erklärung" handelt es sich materiell-rechtlich nicht um eine einseitige Erklärung, sondern um einen einseitig verpflichtenden, schuldrechtlichen Vertrag zwischen Grundstückseigentümer und Grundschuldgläubiger.[636] Dem steht auch nicht entgegen, dass in der Praxis zumeist nur die Erklärung des Grundstückseigentümers schriftlich festgehalten bzw. dessen Unterschrift beglaubigt wird. Diese schuldrechtliche Vereinbarung wirkt nicht gegen Sonderrechtsnachfolger. Gelangt das Eigentum oder das Grundpfandrecht an einen Sonderrechtsnachfolger, der nicht an die Stillhalteerklärung gebunden ist, lebt daher der dargestellte Konflikt zwischen Erbbauzins und Grundschuld wieder auf. Abhilfe hiergegen kann nur durch etwaige **Weiterübertragungsverpflichtungen** für den Fall der Eigentumsübertragung bzw. Abtretung des Grundpfandrechts geschaffen werden. Diese sind aber ebenfalls nur schuldrechtliche Verpflichtungen, so dass ein Verstoß gegen die Weiterübertragungsverpflichtung allenfalls Schadensersatzansprüche auslösen kann, nicht jedoch dingliche Wirkungen zeigt. Bei einer Grundstücksveräußerung müsste die Pflicht daher im notariellen Veräußerungsvertrag vom Erwerber übernommen werden bzw. bei Abtretung der Grundschuld vom Zessionar.[637]

Daher wird in der Literatur teilweise empfohlen, zur Sicherung der aus der Stillhalteerklärung folgenden Rangänderungsverpflichtungen eine **Vormerkung** in das Erbbaugrundbuch einzutragen.[638] Dies ist jedoch zweifelhaft, da eine Nichtkapitalisierungsvereinbarung nicht auf eine dingliche Rechtsänderung zielt, sondern auf eine Änderung der Versteigerungsbedingungen bzw. auf eine abgeänderte Erlöszuteilung.[639] Durch Vormerkung abgesichert werden kann jedoch eine vertraglich begründete Pflicht des Grundstückseigentümers, der Grundschuld ggf. Vorrang einzuräumen, falls er gegen seine Pflicht aus der Stillhalteerklärung verstößt.[640]

(4) *Entstehen relativer Rangverhältnisse.* In der Literatur wird darüber hinaus auch **6.264b**
auf das Risiko hingewiesen, dass der Grundstückseigentümer anderen Kreditgebern den Rang vor seinen Rechten einräumt mit der unerwünschten Folge des Entste-

---

[634] *Groth* DNotZ 1983, 652/655; *Winkler* NJW 1985, 940; *ders.* Münchner Vertragshandbuch Bd. 6 Form. VIII 21 mit Anmerkungen; vgl. RdNr. 4.201 ff.
[635] BGH NJW 1987, 1942 = Rpfleger 1987, 257; ausführlich dazu RdNr. 4.277.
[636] Vgl. *Dedekind* MittRhNotK 1993, 109, 113; *Linde/Richter* RdNr. 267.
[637] DNotI-Rep. 2005, 91.
[638] *Götz* DNotZ 1980, 3; *Staudinger/Rapp* § 9 RdNr. 13.
[639] So insbesondere *Muth* WPM 1985, 1281, 1284.
[640] DNotI-Rep. 2005, 91.

hens relativer Rangverhältnisse (§ 880 Abs. 5 BGB);[641] hiergegen schützt die eben erwähnte Vormerkung nicht. Der Grundpfandrechtsgläubiger kann sich nur schützen, indem er den Grundstückseigentümer schuldrechtlich verpflichtet, dies zu unterlassen bzw. in diesem Fall auch der Grundschuld den Vorrang einzuräumen. Da es sich um eine schuldrechtliche Verpflichtung handelt, wirkt auch diese Abrede nicht gegenüber Rechtsnachfolgern, so dass auch hier eine Weiterübertragungsverpflichtung vereinbart werden sollte. Auch diese Verpflichtung zur Rangänderung bei einem Verstoß gegen die Vereinbarung könnte durch Eintragung einer Vormerkung im Grundbuch gesichert werden.

6.265 (5) *Zustimmung des Grundstückseigentümers zur Veräußerung nach § 5 Abs. 1 ErbbauRG.* Grundstückseigentümer und Erbbauberechtigter können sich im Erbbaurechtsvertrag zur Weitergabe aller schuldrechtlichen Verpflichtungen im Fall der Veräußerung an Dritte verpflichten und gleichzeitig gem. § 5 Abs. 1 ErbbauRG als Inhalt des Erbbaurechts vereinbaren, dass der Erbbauberechtigte zur Veräußerung des Erbbaurechts der Zustimmung des Grundstückeigentümers bedarf. Diese Genehmigungsbedürftigkeit ist Inhalt des Erbbaurechts und im Erbbaugrundbuch einzutragen, so dass sie eine Veräußerungsvoraussetzung darstellt. Gleichzeitig ist sie im Zwangsversteigerungsverfahren gem. § 8 ErbbauRG eine Versteigerungsbedingung für die Erteilung des Zuschlags.[642] Der Zuschlag an den Meistbietenden ohne Einholung der Zustimmung des Grundstückseigentümers würde dessen Recht aus der Vereinbarung nach § 5 Abs. 1 ErbbauRG vereiteln. Der Grundstückseigentümer kann daher seine Zustimmung zum Zuschlag verweigern, wenn der Meistbietende die Übernahme schuldrechtlicher Verpflichtungen aus dem Erbbaurechtsvertrag ablehnt. Eine gerichtliche Ersetzung der Zustimmung nach § 7 Abs. 3 ErbbauRG kommt nach überwiegender Meinung nicht in Betracht, da dem Grundstückseigentümer ein ausreichender Grund zur Verweigerung im Sinn von § 7 Abs. 1 S. 1 ErbbauRG zur Seite steht.[643] Dieser von der Rechtsprechung bisher überwiegend vertretenen Meinung hat der BGH in seinem Beschluss vom 26. 2. 1987[644] widersprochen für den Fall, dass die Zwangsversteigerung aus einem vorrangigen Grundpfandrecht betrieben wird und der Grundstückseigentümer seine Zustimmung lediglich deshalb verweigert, weil der Meistbietende nicht bereit ist, in die schuldrechtlichen Verpflichtungen hinsichtlich des Erbbauzinses einzutreten.[645]

6.266 Durch die Bestimmung des § 5 Abs. 1 ErbbauRG soll der Grundstückseigentümer gesichert sein, dass sowohl der Erbbauberechtigte als auch eventuelle Erwerber des Erbbaurechts während der regelmäßig langen Dauer des Erbbaurechts ihre Verpflichtungen aus dem Erbbaurechtsvertrag erfüllen. Aus der Sicht des Eigentümers ist es unerheblich, ob er einen neuen Erbbauberechtigten auf Grund eines Rechtsgeschäfts mit dem früheren Berechtigten erhält oder durch die Zwangsversteigerung. Ein Meistbietender, der sich entgegen der zwischen dem Eigentümer und dem Erbbauberechtigten getroffenen Vereinbarung weigert, bestimmte Verpflichtungen aus dem Erbbaurechtsvertrag zu übernehmen, hat keinen Anspruch gegenüber dem Grundstückseigentümer, anders behandelt zu werden als ein rechtsgeschäftlicher Erwerber. Nach richtiger Auffassung braucht der Grundstückseigentümer die Zustimmung zur Veräußerung nicht zu erteilen, wenn der Veräußerungsvertrag nicht den Eintritt des Erwerbers in die schuldrechtlichen Verpflichtungen des Rechtsvorgängers enthält, falls diesem die Weitergabe aller schuldrechtlichen Ver-

---

[641] *Götz* DNotZ 1980, 3; *Staudinger/Rapp* § 9 RdNr. 13.
[642] BGHZ 33, 76, 90 = Rpfleger 1961, 192; vgl. RdNr. 4.201 ff., 4.274 ff.
[643] Wegen der Einzelheiten wird auf die Ausführungen oben RdNr. 4.201 ff. verwiesen.
[644] NJW 1987, 1942 = Rpfleger 1987, 257.
[645] Ausführlich dazu oben RdNr. 4.277.

X. Zwangsvollstreckung und Erbbaurecht

pflichtungen vertraglich auferlegt war.[646] Wollte man der Ansicht des BGH folgen, so würde in vielen Fällen in der Zustimmung des Eigentümers zur Belastung des Erbbaurechts mit einem Grundpfandrecht gleichzeitig die Zustimmung zur Veräußerung des Erbbaurechts durch Zuschlag in der Zwangsversteigerung zu erblicken sein – eine Ansicht, die früher vertreten wurde, aber längst, und zwar seit der Entscheidung des BGH vom 8. 7. 1960,[647] aufgegeben ist.[648]

In dem vom OLG Oldenburg entschiedenen Fall war der Grundstückseigentümer mit seinem Erbbauzins hinter die Grundschuld nicht zurückgetreten, aus der die Zwangsversteigerung betrieben wurde, es war aber im Erbbaurechtsvertrag versäumt worden, die schuldrechtliche Verpflichtung auf Zahlung des Erbbauzinses und Erhöhung des Erbbauzinses (Gleitklausel) durch eine Vormerkung dinglich im Grundbuch abzusichern; das Gericht ist zu Recht der Meinung, dass der Meistbietende in der Zwangsversteigerung nicht besser gestellt werden dürfe als der rechtsgeschäftliche Erwerber.[649]

6.267

Wesentlich wichtiger ist die Möglichkeit des Grundstückseigentümers, seine Zustimmung zum Zuschlag zu verweigern, aber dann, wenn er dem betreibenden Grundpfandrechtsgläubiger den **Vorrang** eingeräumt hat und damit für die restliche Laufzeit des Erbbaurechts vollständig mit seinem Erbbauzins ausfallen würde. Der Grundstückseigentümer wird daher die von den Kreditinstituten regelmäßig verlangte vorweggenommene Erteilung einer Veräußerungsgenehmigung ablehnen müssen, damit ihm die Möglichkeit offen bleibt, im Zwangsversteigerungsfall die Genehmigung zur Veräußerung von der Übernahme seiner Rechte durch den Ersteher abhängig zu machen.[650]

6.268

Diese Möglichkeit besteht jedoch seit der Entscheidung des BGH vom 26. 2. 1987[651] nur noch auf dem Papier, nämlich dann, wenn Einwendungen aus der Persönlichkeit des Meistbietenden im Sinn des § 7 Abs. 1 ErbbauRG ersichtlich sind, dieser also ohnehin nicht zahlen kann. Bestehen Einwendungen gegen die Persönlichkeit des Erstehers dagegen nicht, so kann der Eigentümer die Verweigerung seiner Zustimmung nach dieser Entscheidung nicht darauf stützen, dass die Erbbauzinsreallast infolge des Zuschlags erlischt und der Meistbietende nicht bereit ist, in die schuldrechtlichen Verpflichtungen hinsichtlich des Erbbauzinses einzutreten. Der BGH begründet seine Entscheidung damit, dass der Eigentümer die Verfolgung des Zwecks, sich laufende Einkünfte aus dem Grundstück in Form des Erbbauzinses zu verschaffen, selbst einschränkt, wenn er einer Belastung des Erbbaurechts mit einem Grundpfandrecht zustimmt, das den Vorrang gegenüber der Erbbauzinsreallast hat. Diese mit dem Gesetz nicht in Einklang zu bringende Rechtsprechung[652] entwertet das Zustimmungserfordernis und höhlt §§ 5 und 8 ErbbauRG aus. Sie erschwert die Beleihung des Erbbaurechts, da unter diesen Umständen keinem Grundstückseigentümer zu einem Rücktritt seiner Erbbauzinsreallast hinter ein Grundpfandrecht geraten werden kann.

6.269

---

[646] OLG Hamm DNotZ 1976, 534/535 = Rpfleger 1976, 131; DNotZ 1987, 40; OLG Celle Rpfleger 1983, 270 = DNotZ 1984, 387; OLG Oldenburg Rpfleger 1985, 203; *Ingenstau/Hustedt* § 7 RdNr. 9, 13; *Pöschl* BWNotZ 1956, 41; *Staudinger/Rapp* § 5 RdNr. 26; aA *Hagemann* Rpfleger 1985, 203; RGRK/*Räfle* § 7 RdNr. 5.
[647] BGHZ 33, 76 = NJW 1960, 2039.
[648] Ausführlich RdNr. 4.228.
[649] Dazu ausführlich oben RdNr. 4.204.
[650] *Groth* DNotZ 1983, 652/655; *Winkler* NJW 1985, 940; *ders.* Münchner Vertragshandbuch Bd. 6 Form. VIII 21 mit Anmerkungen.
[651] NJW 1987, 1942 = Rpfleger 1987, 257.
[652] Vgl. RdNr. 4.277, 6.266.

b) Sachenrechtsbereinigungsgesetz

6.270 **aa) Allgemeines.** Das Sachenrechtsänderungsgesetz vom 21. 9. 1994 (BGBl. I S. 2457/2489) hat die geltende Rechtslage mit Wirkung zum 1. Oktober 1994 dadurch verändert, dass gemäß dem neu eingefügten § 9 Abs. 3 Nr. 1 ErbbVO (nunmehr ErbbauRG) **vereinbart** werden kann, dass die Reallast abweichend vom § 52 Abs. 1 ZVG mit ihrem Hauptanspruch bestehen bleibt, wenn der Grundstückseigentümer aus der Reallast oder der Inhaber eines vorrangigen oder gleichstehenden Rechts die Zwangsversteigerung des Erbbaurechts betreibt. Der Regierungsentwurf sah zunächst vor, dass die Abrede über die Verpflichtung zur Zahlung der künftig fällig werdenden Erbbauzinsen in einer bestimmten Höhe zum vertragsmäßigen, auch den Rechtsnachfolger verpflichtenden Inhalt des Erbbaurechts selbst vereinbart werden sollte; dieser Lösungsansatz wurde zum einen wegen der Nichtberücksichtigung von Erhöhungsansprüchen und wegen hierdurch aufgeworfener vollstreckungsrechtlicher Zweifelsfragen überwiegend abgelehnt. Der Bundesrat griff daher auf Antrag des Freistaats Bayern in seiner Sitzung am 24. 9. 1993 auf die ursprünglich vom Verfasser bereits im Jahr 1970 entwickelte Lösung einer Gleichstellung von Erbbauzins und Überbaurente analog § 52 Abs. 2 ZVG zurück.[653]

Die nunmehr geltende Neuregelung sieht vor, dass eine Wertsicherung der Reallast und ihr Bestehenbleiben im Fall der Zwangsversteigerung des Erbbaurechts künftig als **Inhalt des Erbbauzinses** vereinbart werden kann. Eine Stillhalteerklärung erübrigt sich bei dieser Gestaltung.[654]

6.271 Seit 1. Oktober 1994 kann also die Begründung einer zwangsversteigerungsfesten und wertgesicherten Erbbauzinsreallast vereinbart werden. Ist eine solche Vereinbarung getroffen, so findet grundsätzlich keine Kapitalisierung des Erbbauzinses mehr statt (§ 19 Abs. 2 Satz 2 ErbbauRG). In der Zwangsversteigerung bleibt der Erbbauzins gemäß § 52 Abs. 2 Satz 2 ZVG und abweichend von § 52 Abs. 1 ZVG auch dann bestehen, wenn er zwar bei der Feststellung des geringsten Gebots nicht berücksichtigt ist, aber nach § 9 Abs. 3 ErbbauRG das Bestehenbleiben des Erbbauzinses als Inhalt der Reallast vereinbart worden und im Grundbuch eingetragen ist.[655] Auch wenn für diese Eintragung die Bezugnahme auf die Eintragungsbewilligung ausreichend ist, sollte aufgrund der Bedeutung dieser Vereinbarung für Dritte ausdrücklich im Grundbuch vermerkt werden, dass eine Vereinbarung i. S. des § 9 Abs. 3 Nr. 1 ErbbauRG getroffen wurde.[656] Die Erbbauzinsreallast bleibt lediglich dann nicht bestehen, sondern ist zu kapitalisieren, wenn aus den Rangklassen 1–3[657] des § 10 Abs. 1 ZVG versteigert wird, insbesondere also aus rückständigen öffentlichen Lasten (zB Erschließungskosten).

6.272 Auch dann, wenn die Erbbauzinsreallast kraft Inhaltsvereinbarung bestehen bleibt, geht der schuldrechtliche Inhalt des Erbbauzinses nicht auf den Ersteher über.[658] Wird etwa eine – schuldrechtliche – Verpflichtung zu seiner Anpassung an veränderte Verhältnisse getroffen, muss entweder eine Vormerkung eingetragen oder zusätzlich die Anpassungsverpflichtung als verdinglichter Inhalt des Erbbauzinses nach § 1105 Abs. 1 Satz 2 BGB iVm. § 9 Abs. 1 ErbbauRG vereinbart werden.

---

[653] *Winkler* DNotZ 1970, 390; vgl. *Freckmann/Frings/Grziwotz* RdNr. 226.
[654] DNotI-Rep. 2005, 91.
[655] Ausführlich hierzu *Bräuer* Rpfleger 2004, 401; *Ingenstau/Hustedt* § 9 RdNr. 86; *Stöber* Rpfleger 1996, 136.
[656] *Ingenstau/Hustedt* § 9 RdNr. 86; *Schöner/Stöber* RdNr. 1806a.
[657] Zu der Sonderregelung für Hausgeldansprüche der Wohnungseigentümergemeinschaft bei der Zwangsversteigerung eines Wohnungserbbaurechts nach dem Gesetz zur Änderung des WEG v. 26. 3. 2007 unten RdNr. 6.283.
[658] *Freckmann/Frings/Grziwotz* RdNr. 283.

bb) Rangverhältnis. Der **Rang** der Reallast ist also nur noch maßgeblich dafür, ob der Anspruch des Grundstückseigentümers auf rückständigen und laufenden Erbbauzins innerhalb der zeitlichen Grenzen nach § 10 Abs. 1 Nr. 4 ZVG (Rückstände maximal aus 2 Jahren vor Beschlagnahme nach § 20 ZVG) im Verfahren auf Anmeldung berücksichtigt werden kann. Geht die **Reallast** dem betreibenden Gläubiger **im Rang vor,** so fällt nur noch der Anspruch auf laufende und rückständige Erbbauzinsen in das geringste Gebot (§ 19 Abs. 2 Satz 2 ErbbauRG n.F. iVm. § 45 ZVG). Geht die Reallast **im Rang nach,** so hat der Grundstückseigentümer hinsichtlich rückständiger Erbbauzinsen einen Anspruch nach § 92 Abs. 1 ZVG; § 92 Abs. 2 ZVG ist unanwendbar.[659]

6.273

Das bedeutet im **Einzelnen:**

(1) Betreibt der **Eigentümer** als Berechtigter der Erbbauzinsreallast die Zwangsversteigerung des Erbbaurechts, so steht seine Reallast nach § 9 Abs. 3 Satz 1 Nr. 1 ErbbauRG in der Zwangsversteigerung gemäß § 52 Abs. 2 Satz 2 ZVG n.F. der Überbaurente gleich.[660] Die Erbbauzinsreallast bleibt mit ihrem Hauptanspruch bestehen. Die laufenden und aus den letzten zwei Jahren rückständigen Erbbauzinsen werden gemäß § 10 Abs. 1 Nr. 4 ZVG an der Rangstelle der Reallast berücksichtigt und bar bezahlt. Ältere Rückstände erleiden den Rangverlust. Der Ersteher hat die Erbbauzinsen gem. § 56 S. 2 ZVG ab Zuschlag zu zahlen.

6.274

(2) Betreibt der Inhaber eines der Erbbauzinsreallast **vor**gehenden oder **gleich**stehenden **dinglichen Rechts** die Zwangsversteigerung des Erbbaurechts, so bleibt die Erbbauzinsreallast mit ihrem Hauptanspruch bestehen. Rückständige Erbbauzinsen fallen nicht ins geringste Gebot, so dass der Grundstückseigentümer nur einen Anspruch nach § 92 Abs. 1 ZVG hat.

6.275

Das betreibende Recht erlischt, so dass die Erbbauzinsreallast im Rang aufrückt. Hierdurch würde dem Ersteher jedoch der Raum für eine erstrangige Finanzierung verloren gehen, was die Beleihbarkeit des Erbbaurechts einschränken kann. Der Grundstückseigentümer würde eine bessere Rechtsposition erhalten, als er sie vor dem Versteigerungsverfahren hatte. Einer solchen erstrangigen Absicherung des Erbbauzinses bedarf der Grundstückseigentümer aber nicht mehr, da die Reallast auch in einer erneuten Zwangsversteigerung des Erbbaurechts bestehen bleibt. Um diese geschilderten nachteiligen Wirkungen zu verhindern, kann gemäß § 9 Abs. 3 Satz 1 Nr. 2 ErbbauRG ein **Rangvorbehalt** zugunsten des jeweiligen Erbbauberechtigten begründet werden, wonach der jeweilige Erbbauberechtigte dem Inhaber der Reallast gegenüber berechtigt ist, das Erbbaurecht in einem bestimmten Umfang mit einer der Reallast im Rang vorgehenden Grundschuld, Hypothek oder Rentenschuld im Erbbaugrundbuch zu belasten. Dadurch wird erreicht, dass dem Ersteher des Erbbaurechts die Möglichkeit zu einer erstrangigen Belastung des Erbbaurechts erhalten bleibt.[661] Dies erleichtert dem Ersteher die Finanzierung seines Meistgebots.[662]

6.276

(3) Betreibt der Inhaber eines der Erbbauzinsreallast im Rang **nach**gehenden Rechts die Zwangsversteigerung des Erbbaurechts, so bleibt die Erbbauzinsreallast bestehen (§ 52 Abs. 1 Satz 1 ZVG). Nach der Neufassung der § 19 Abs. 2 Satz 2 ErbbauRG, § 52 Abs. 2 Satz 2 ZVG fallen nur noch laufende und aus den letzten 2 Jahren rückständige Zinsen gemäß § 10 Abs. 1 Nr. 4 ZVG in das geringste Gebot. Mit dem Zuschlag übernimmt der Ersteher die dingliche Haftung für die nach dem Zuschlag fällig werdenden Erbbauzinsen.

6.277

---

[659] *Vossius* § 52 SachenrechtsänderungsG RdNr. 23–25.
[660] So der Vorschlag des Verfassers bereits 1970: *Winkler* DNotZ 1970, 390.
[661] Ausführlich hierzu oben RdNr. 6.58.
[662] *Freckmann/Frings/Grziwotz* RdNr. 238; *Freckmann* NZM 1998, 852.

6.280 (4) Etwas anderes gilt dann, wenn Gläubiger der Rangklassen des § 10 Abs. 1 Nr. 1, 2,[663] 3 ZVG die Zwangsversteigerung betreiben, insbesondere also aus rückständigen **öffentlichen** Lasten, zB Erschließungskosten. In diesen Fällen bleibt die Erbbauzinsreallast nicht bestehen, sondern erlischt und ist zu kapitalisieren.

6.281 (5) Auch bei der Zwangsversteigerung durch den **Insolvenzverwalter** kann die Erbbauzins-Reallast erlöschen. Bei der Insolvenzverwalter-Zwangsversteigerung ist ein Grundstück oder Erbbaurecht auf Antrag des Verwalters unter den Voraussetzungen des misslungenen neuen § 174a ZVG auch in der Weise auszubieten, dass im Wesentlichen nur noch die Kosten des Verfahrens (§ 109 ZVG) gedeckt sein müssen. Die an dem Grundstück oder Erbbaurecht lastenden Rechte erlöschen damit bei Erteilung des Zuschlags nach diesem Ausgebot. Einen Rechtsverlust mit Erlöschen erleiden selbst eine erstrangige Auflassungsvormerkung und eine nach ihrem Inhalt versteigerungsfeste Erbbauzins-Reallast. Für die Praxis erweist sich diese nicht ausgereifte Regelung mit vielerlei Ungereimtheiten als äußerst fragwürdig.[664]

6.282 (6) Im Fall einer Erbbauzinsreallast mit dem Inhalt gemäß § 9 Abs. 3 Satz 1 Nr. 1 ErbbauRG bedarf es bei der Belastung des Erbbaurechts mit Grundpfandrechten weder eines Rangrücktritts des Reallastberechtigten noch der Abgabe sog. Stillteerklärungen. Eine Kapitalisierung des künftigen Erbbauzinses entfällt mit der Folge einer erheblichen Erhöhung des Finanzierungsrahmens auch bei nachrangiger Beleihung.

6.283 **c) Nachträgliche Änderung.** Wird in einem Erbbaurechtsvertrag, der nach altem Recht vereinbart wurde, nachträglich die neue seit 1. 10. 1994 geltende Regelung eines zwangsversteigerungsfesten Erbbauzinses gemäß § 9 Abs. 3 Nr. 1 ErbbauRG eingeführt, ist folgendes zu beachten:

6.284 **aa) Zustimmung vor- oder gleichrangiger Rechte.** Nach § 9 Abs. 3 S. 2 ErbbauRG ist die Zustimmung der Inhaber der der Erbbauzinsreallast im Rang vorgehenden oder gleichstehenden dinglichen Rechte erforderlich, da ihr Recht durch die Vereinbarung unmittelbar betroffen wird. Bleibt nämlich der Erbbauzins aufgrund einer Vereinbarung gem. § 9 Abs. 3 S. 1 ErbbauRG bestehen, so wird der Bieter den kapitalisierten Wert des Erbbauzinses von einem Bargebot abziehen, da er das Recht zu übernehmen hat. Dies führt dazu, dass vorrangige Berechtigte (insbesondere Grundpfandrechtsgläubiger) teilweise ausfallen. Ohne eine Vereinbarung nach § 9 Abs. 3 S. 1 ErbbauRG erlischt die Erbbauzinsreallast dagegen, so dass sie vom Ersteher nicht zu übernehmen ist. Sein Bargebot würde sich dementsprechend erhöhen, was sich zugunsten der vorrangigen Berechtigten (insbesondere zugunsten der Grundpfandrechtsgläubiger) auswirkt.

6.285 **bb) Wirksamkeit trotz fehlender Zustimmung.** Sofern eine iSv § 9 Abs. 3 S. 2 ErbbauRG erforderliche Zustimmung eines vorrangigen dinglichen Berechtigten fehlt, spricht der Wortlaut der Norm dafür, dass die Vereinbarung beim Fehlen der Zustimmung auch nur einzelner dinglicher Berechtigter insgesamt unwirksam ist. Andererseits ist zu überlegen, dass die Inhaltsänderung nach § 9 Abs. 3 S. 1 ErbbauRG zumindest den Berechtigten vorrangiger dinglicher Rechte gegenüber wirkt, die der Rechtsänderung zugestimmt haben. Es bestünde damit eine Rechtslage ähnlich wie beim lediglich relativen Rangverhältnis. Obwohl diese Auffassung mit dem Wortlaut des § 9 Abs. 3 S. 1 ErbbauRG nicht in Einklang steht, dürfte sie doch unter Berücksichtigung von Sinn und Zweck der Norm gut vertretbar sein.

---

[663] Zu der Sonderregelung für Hausgeldansprüche der Wohnungseigentümergemeinschaft bei der Zwangsversteigerung eines Wohnungserbbaurechts nach dem Gesetz zur Änderung des WEG v. 26. 3. 2007 unten RdNr. 6.283.
[664] Ausführlich hierzu *Stöber* NJW 2000, 3600.

Für die allgemeine Regelung des § 877 BGB ist anerkannt, dass die fehlende Zustimmung gleich- oder nachrangiger Gläubiger die Inhaltsänderung grundsätzlich nicht unwirksam macht, sondern ihr nur Nachrang gegenüber den nicht zustimmenden Rechten gibt.[665] Hat die Inhaltsänderung jedoch keinen Rang, so ist sie ohne Zustimmung insgesamt unwirksam.[666] Unmittelbar kommt der Anwendung von § 52 ZVG zwar kein Rang zu; doch wirkt die Vereinbarung wie eine – teilweise – Rangänderung, da bei einem Vorrang des Erbbauzinses dieser schon nach § 52 Abs. 1 iVm § 44 ZVG bestehen bleiben würde. Es sprechen damit gute Argumente dafür, auch eine nur relative Wirksamkeit der Inhaltsänderung nach § 9 Abs. 3 S. 2 ErbbauRG zuzulassen.[667]

cc) Ersetzung der Zustimmung: § 9 Abs. 3 S. 2 ErbbauRG enthält keine Regelung dazu, dass die Zustimmung anderer dinglich Berechtigter, etwa eines Dienstbarkeitsberechtigten, ersetzt werden könnte. Vereinzelt wird darauf hingewiesen, dass sich im Einzelfall aus § 242 BGB ein Anspruch des Grundstückseigentümers auf Zustimmung zur nachträglichen Vereinbarung eines versteigerungsfesten Erbbauzinses ergeben kann.[668] Dieser Ansicht dürfte zuzustimmen sein. Insbesondere in den Fällen, in denen das Recht des Berechtigten durch die Vereinbarung der Versteigerungsfestigkeit letztlich nicht betroffen wird, dürfte dieser als verpflichtet anzusehen sein, eine Zustimmung nach § 9 Abs. 3 S. 2 ErbbauRG abzugeben. 6.286

dd) Nachrangige Gläubiger müssen, wie sich aus § 9 Abs. 3 S. 2 ErbbauRG ergibt, nicht zustimmen.[669] 6.287

d) Besonderheiten bei Wohnungserbbaurechten 6.288

Durch das Gesetz zur Änderung des WEG vom 26. 3. 2007 (BGBl. I S. 370) wurde eine neue Rangklasse in § 10 Abs. 1 Nr. 2 ZVG eingefügt. Sie gewährt bei Vollstreckung in ein Wohnungserbbaurecht bzw. Teilerbbaurecht (§ 1 Abs. 6, § 30 Abs. 3 Satz 2 WEG) den anderen Wohnungseigentümern ein Vorrecht wegen daraus fälliger Ansprüche auf Zahlung der Beiträge zu den Lasten und Kosten des gemeinschaftlichen Eigentums oder des Sondereigentums, die nach § 16 Abs. 2, § 28 Abs. 2 und 5 WEG geschuldet werden, einschließlich der Vorschüsse und Rückstellungen sowie der Rückgriffsansprüche einzelner Wohnungseigentümer. Das Vorrecht erfasst die laufenden und die rückständigen Beträge aus dem Jahr der Beschlagnahme und den letzten zwei Jahren. Das Vorrecht einschließlich aller Nebenleistungen ist begrenzt auf Beträge in Höhe von nicht mehr als 5% des nach § 74a Abs. 5 ZVG festgesetzten Wertes.[670]

Betreibt also die Wohnungseigentümergemeinschaft die Zwangsversteigerung eines Wohnungserbbaurechts wegen solcher Ansprüche, so führt die Zuschlagserteilung zum Erlöschen der Erbbauzinsreallast, die in Rangklasse 4 von § 10 Abs. 1 ZVG steht. Dies gilt auch dann, wenn eine Vereinbarung nach § 9 Abs. 3 Satz 1 Nr. 1 ErbbauRG in der oben geschilderten Form getroffen wurde, da diese Norm nur auf solche Fälle anwendbar ist, bei denen der Grundstückseigentümer selbst aus der Erbbauzinsreallast oder der Inhaber eines im Rang vorgehenden oder gleichste- 6.289

---

[665] BayObLG NJW 1960, 1155, 1156; OLG Frankfurt Rpfleger 1978, 312; MünchKomm/*Wacke* § 877 BGB RdNr. 9; *Palandt/Bassenge* § 877 BGB RdNr. 6; *Staudinger/Gursky* § 877 BGB RdNr. 61.
[666] RGZ 108, 176, 183; MünchKomm/*Wacke* § 877 BGB RdNr. 9; *Palandt/Bassenge* § 877 BGB RdNr. 6; *Staudinger/Gursky* § 877 BGB RdNr. 61.
[667] Zweifelnd MünchKomm § 9 RdNr. 24.
[668] *Kümpel* WPM 1998, 1057, 1059; *Schöner/Stöber* RdNr. 1806a.
[669] *Klawikowski* Rpfleger 1995, 145, 146; *Mohrbutter* ZIP 1995, 806, 810; *v. Oefele* DNotZ 1995, 643, 645 f.; a. A. *Eichel* MittRhNotK 1995, 193, 199.
[670] *Böhringer/Hintzen* Rpfleger 2007, 353, 357.

6. Kapitel. Gegenleistungen für das Erbbaurecht

henden dinglichen Rechts die Zwangsversteigerung des Erbbaurechts betreibt. Das bedeutet, dass bei einer bisherigen Vereinbarung über das Bestehenbleiben des Erbbauzinses nach § 9 Abs. 3 Satz 1 Nr. 1 ErbbVO (nunmehr ErbbauRG) aus der Zeit von 1994–2007[671] die Zwangsversteigerung eines Wohnungserbbaurechts wegen Wohngeldansprüchen aus der Rangklasse des § 10 Abs. 1 Nr. 2 ZVG zum Untergang der Erbbauzinsreallast führt. Um dies zu verhindern, wurde § 9 Abs. 3 Satz 1 Nr. 1 ErbbVO (nunmehr ErbbauRG) dergestalt erweitert, dass nunmehr ein Untergang des Erbbauzinses am Wohnungserbbaurecht auch dann verhindert werden kann, wenn die Zwangsversteigerung wegen rückständiger Hausgeldansprüche aus Rangklasse 2 des § 10 Abs. 1 ZVG betrieben wird; die Erbbauzinsreallast bleibt dann außerhalb des geringsten Gebotes bestehen (§ 52 Abs. 2 Satz 2 Buchst. a ZVG).[672] Diese neue Regelung gilt jedoch nicht kraft Gesetzes, vielmehr muss sie genauso wie die seinerzeitige Änderungsmöglichkeit gemäß Sachenrechtsbereinigungsgesetz ausdrücklich vereinbart werden.[673]

6.290 Ähnlich wie bei der Bestehenbleibensvereinbarung nach dem Sachenrechtsbereinigungsgesetz[674] kann die Neuregelung sowohl bei der Neubegründung von Wohnungserbbaurechten gemäß § 30 WEG als auch bei bereits bestehenden Wohnungserbbaurechten getroffen werden.[675]

Eine solche Regelung könnte etwa lauten:

„*Als Inhalt des Erbbauzinses wird weiter vereinbart, dass die Erbbauzinsreallast abweichend von § 52 Abs. 1 ZVG mit ihrem Hauptanspruch bestehen bleibt, wenn aus ihr oder aus einem ihr vor- oder gleichrangigen dinglichen Recht oder aus in § 10 Abs. 1 Nr. 2 ZVG genannten Ansprüchen auf Zahlung der Beiträge zu den Lasten und Kosten des Wohnungserbbaurechts die Zwangsversteigerung des Erbbaurechts betrieben wird.*"

4. Zwangsversteigerung des Grundstücks[676]

6.291 Bei einer Veräußerung oder einer Zwangsversteigerung des Grundstücks geht der Anspruch auf die noch nicht fälligen Erbbauzinsen gemäß § 9 Abs. 2 ErbbauRG auf den Erwerber bzw. Ersteher über, da der Erbbauzins nicht für den gegenwärtigen Grundstückseigentümer persönlich, sondern nur für den jeweiligen Eigentümer bestellt werden kann.[677] Wird das Grundstück zwangsweise versteigert, so bleibt das Erbbaurecht auch dann bestehen, wenn es bei der Festlegung des geringsten Gebots nicht berücksichtigt ist (§ 25 ErbbauRG). Bei einer Zwangsversteigerung aus einer Gesamthypothek gemäß § 64 ZVG in das Grundstück ist der Erbbauzins keine abzuziehende Belastung im Sinn von § 64 Abs. 1 ZVG.

---

[671] Oben RdNr. 6.270 ff.
[672] *Böttcher* Rpfleger 2007, 527.
[673] Unten Vertragsmuster 11.2 Ziffer III.
[674] Oben RdNr. 6.270 ff., 6.283 ff.
[675] Einzelheiten *Böttcher* Rpfleger 2007, 527.
[676] Dazu *Helwich* Rpfleger 1989, 389; *Ingenstau/Hustedt* § 9 RdNr. 85.
[677] *Ingenstau/Hustedt* § 9 RdNr. 85; MünchKomm § 9 RdNr. 19.

7. Kapitel. Gebäudeeigentum in den neuen Bundesländern

Wegen des Rückgangs an praktischer Bedeutung
wird auf die 3. Auflage verwiesen.

8. Kapitel. Das Erbbaurecht in der Sachenrechtsbereinigung

Da die Sachenrechtsbereinigung weitgehend abgeschlossen ist, wird von einer erneuten Darstellung der Problematik aus Umfangsgründen abgesehen und auf die 3. Aufl. (2003) verwiesen.

9. Kapitel. Erbbaurecht und Kostenrecht

Schrifttum zu Kapitel 9: *Bengel/Tiedtke,* Kostenrechtsprechung 2006, DNotZ 2007, 418; *Hartmann,* Kostengesetze, 37. Aufl. 2007; *Kahlke,* Kostenrecht, Geschäftswert, DNotZ 1983, 526; *Korintenberg/Lappe/Bengel/Reimann,* Kostenordnung, Kommentar, 16. Aufl. 2005; *Lappe,* Die Entwicklung des Gerichts- und Notarkostenrechts im Jahr 1983, NJW 1984, 1212.

Übersicht

	RdNr.
I. Bestellung des Erbbaurechts	1
II. Änderung und Teilung des Erbbaurechts	13
III. Übertragung des Erbbaurechts	21
IV. Belastung des Erbbaurechts	30
V. Erneuerung des Erbbaurechts	34
VI. Wohnungs- und Teilerbbaurecht	35
VII. Aufhebung des Erbbaurechts	38

I. Die Bestellung des Erbbaurechts

1. Notar

a) **Geschäftswert.** Grundlage für die Wertbestimmung des Erbbaurechts sind §§ 21 Abs. 1, 30 Abs. 1 Kostenordnung. Sind keine Gegenleistungen des Erbbauberechtigten vereinbart, so beläuft sich der Geschäftswert gem. § 21 Abs. 1 KostO auf 80 % des Grundstückswerts, der nach § 19 Abs. 2 KostO zu bestimmen ist. Dabei ist der Wert des gesamten belasteten Grundstücks zugrundezulegen, nicht nur die Fläche, die für das Bauwerk benötigt wird.[1] Wird ein Erbbaurecht an einem Erbbaurecht bestellt, also ein Untererbbaurecht,[2] so muss als Geschäftswert gem. § 21 Abs. 1 KostO 80 % des Werts des (Ober-)Erbbaurechts zugrunde gelegt werden, da dieses Belastungsgegenstand ist.[3] **9.1**

Ist eine **Gegenleistung** vereinbart, dann sind nach § 21 Abs. 1 Kostenordnung gegenüber zu stellen 80 % des Grundstückswerts[4] und der nach § 24 Abs. 1a KostO kapitalisierte Erbbauzins. Der höhere Wert ergibt den Geschäftswert. Mit diesem Wert ist alles erfasst, was zum Inhalt des Erbbaurechts gehört,[5] auch schuldrechtliche Vereinbarungen, zB Bauverpflichtungen, Übernahme der öffentlichen Lasten und Abgaben, künftige Erschließungskosten, Heimfallrecht, Vorrecht auf Erneuerung des Erbbaurechts,[6] Ankaufrecht,[7] Erfordernis der Zustimmung zur Veräußerung und Belastung des Erbbaurechts, ferner das Vorkaufsrecht des Erbbauberechtigten am Erbbaugrundstück.[8] **9.2**

---

[1] BayObLG DNotZ 1977, 688.
[2] Vgl. RdNr. 3.14 ff.
[3] *Ingenstau/Hustedt* Anh. II. RdNr. 3.
[4] Vgl. RdNr. 9.1.
[5] Hierher gehören nicht nur die in § 2 ErbbauRG erfassten Bestimmungen.
[6] OLG Düsseldorf DNotZ 1984, 452.
[7] BayObLGZ 1984, 114 = DB 1984, 1572.
[8] *Korintenberg/Lappe/Bengel/Reimann* § 21 RdNr. 26; aA für Vorkaufsrecht *Ingenstau/Hustedt* Anh. II RdNr. 8 mwN: gesonderte Bewertung.

9.3 Das **Vorkaufsrecht** des Grundstückseigentümers am Erbbaurecht ist getrennt zu bewerten, nicht jedoch das Vorkaufsrecht am Erbbaugrundstück.[9] Grundlage für die Bewertung des Vorkaufsrechts am Erbbaurecht ist der nach § 19 Abs. 2 KostO zu bestimmende **Wert des Erbbaurechts.** Dabei ist nicht nur die künftige Bebauung (Baukosten),[10] sondern auch der Wert des Erbbaurechts vor Errichtung des Bauwerks zu berücksichtigen.[11] Der Wert des Erbbaurechts vor der Bebauung (Bodenwertanteil) ist im Wege der Schätzung nach § 30 Abs. 1 zu ermitteln, ein Wertansatz bis zu 80% des Grundstückswertes entsprechend den Bewertungsgrundsätzen des § 21 Abs. 1 Satz 1 liegt nach BayObLG noch im Ermessensrahmen.[12] Der Geschäftswert des Vorkaufsrechts am Erbbaurecht ist nach § 30 Abs. 1, § 20 Abs. 2 in der Regel mit 50% des Wertes des Erbbaurechts nach Bebauung anzunehmen. Unterschiedliche Auflassungen zur Bewertung eines Vorkaufsrechts am Erbbaurecht bestehen, wenn die Veräußerung des Erbbaurechts von der Zustimmung des Eigentümers abhängt. Inwieweit bei einem Zustimmungsvorbehalt des Grundstückseigentümers zur Veräußerung des Erbbaurechts der Regelwert des § 20 Abs. 2 KostO für das Vorkaufsrecht am Erbbaurecht zu ermäßigen ist, bleibt im Rahmen des § 30 Abs. 1 KostO eine Ermessensfrage. Regelmäßig sollen etwa 10% des Werts des Erbbaurechts in Betracht kommen.[13] Der 1. Zivilsenat des KG[14] hat für den Regelfall einen Betrag von 10% bis 20% des Werts des (bestellten) Erbbaurechts angenommen und 20% als Obergrenze angesehen.[15] Nach OLG München[16] ist bei Identität Grundstückseigentümer/Vorkaufsberechtigter dagegen der Regelwert, also 50% anzusetzen. Begründet wird dies damit, dass es dem Grundstückseigentümer häufig günstiger erscheint, das Vorkaufsrecht auszuüben, als die Zustimmung zu versagen, ferner in der dort vertraglich festgelegten Zustimmungsausnahme (Verkauf an verbundenes Unternehmen). Letzteres ist überhaupt nicht einschlägig, da diese Ausnahme bei einem Konzernunternehmen im Privatbereich etwa dem Verkauf an Familienmitglieder entspricht. Vom faktischen her ist festzustellen, dass die Ausübung des Vorkaufsrechts beim Verkauf eines Erbbaurechts schon ganz allgemein deutlich seltener ist als sonst und dass bei der Kombination der Gestaltungsmöglichkeiten Zustimmung/Vorkaufsrecht die Zustimmung weitaus häufiger zur Interessendurchsetzung verwendet wird, als das Vorkaufsrecht. Schon von daher ist im Normalfall die Wahrscheinlichkeit einer Ausübung des Vorkaufsrechts faktisch und rechtlich so deutlich verringert, dass vom Regelwert abgewichen werden sollte. Schließlich ist zu berücksichtigen, dass bei dem Wertansatz des OLG München, der Wert des Vorkaufsrechts häufig höher sein wird als der Wert des unbebauten Erbbaugrundstücks selbst. Das **Vorkaufsrecht am Erbbaugrundstück** wird allgemein als Inhalt des Erbbaurechts angesehen, also nicht gesondert bewertet.[17]

9.4 Eine im Erbbaurechtsvertrag bereits erteilte **Zustimmung** des Grundstückseigentümers zur Belastung des Erbbaurechts mit bestimmten dinglichen Rechten ist Inhalt des Erbbaurechts und nicht gesondert zu bewerten.[18]

---

[9] OLG München MittBayNot 2006, 531 = ZNotP 2007, 76; *Bengel/Tiedtke* DNotZ 2007, 418, 429.
[10] BayObLG DNotZ 1984, 113.
[11] BayObLG DNotZ 1984, 113 = MittBayNot 1983, 27; *Hartmann* § 20 Rn. 34.
[12] Ähnlich OLG Düsseldorf DNotZ 1975, 434.
[13] BayObLG DNotZ 1984, 113, 115; *Korintenberg/Lappe/Bengel/Reimann* § 21 RdNr. 25.
[14] DNotZ 1969, 437
[15] Ausführlich hierzu *Bengel/Tiedtke* DNotZ 2007, 418, 429; a. A. OLG Celle ZNotP 2002, 323 mit Anm. *Tiedtke;* OLG München MittBayNot 2006, 531 = ZNotP 2007, 76.
[16] OLG München MittBayNot 2006, 531; ähnlich OLG Celle DNotZ 1960, 51.
[17] *Korintenberg/Lappe/Bengel/Reimann* § 21 RdNr. 24.
[18] *Korintenberg/Lappe/Bengel/Reimann* § 21 RdNr. 30.

I. Die Bestellung des Erbbaurechts

Die Vereinbarung einer echten **Wertsicherungsklausel** für den Erbbauzins ist zusätzlich zu bewerten.[19] Dies gilt sowohl für die lediglich schuldrechtlich als auch die gemäß § 9 Abs. 2 ErbbauRG als dinglicher Inhalt des Erbbauzinses vereinbarte Klausel.[20] Es ist in Literatur und Rechtsprechung[21] unbestritten, dass eine echte Wertsicherungsklausel den Wert der Erbbaurechtsbestellung erhöht, wenn die Wertbestimmung gemäß § 21 Abs. 1 KostO nach dem kapitalisierten Erbbauzins erfolgt, weil dieser höher ist als 80% des Grundstückswerts.[22] Dem nach § 24 Abs. 1a KostO kapitalisierten Erbbauzins ist ein Zuschlag von 10% bis 20% dieses Werts hinzuzurechnen. Das OLG *München*[23] lehnt die Auffassung des BayObLG[24] ab, das von einer gegenstandsverschiedenen Vereinbarung ausgeht, und sieht mit der h.M. darin vielmehr eine bedingte Erhöhung der Leistungen des Erbbauberechtigten. Der zuzurechnende Betrag ist nach § 30 Abs. 1 KostO zu bestimmen. Nach Vorschlägen in Rechtsprechung und Schrifttum ist ein Zuschlag von etwa 10% des kapitalisierten Erbbauzinses angemessen und rechtsfehlerfrei. Das OLG *München* hält auch einen Teilwert von 20% für vertretbar.[25]

9.5

b) Gebühren. Aus dem nach § 44 Abs. 2a KostO ermittelten Gesamtwert ist eine doppelte Gebühr gem. § 36 Abs. 2 KostO zu erheben. Die Bestellung des Eigentümererbbaurechts[26] löst eine 10/10-Gebühr nach § 31 Abs. 1 KostO aus dem nach § 21 Abs. 1 zu bestimmenden Wert aus.

9.6

Neben der Beurkundungsgebühr war bis zum 13. 9. 2007 die 5/10-Vollzugsgebühr nach § 146 Abs. 1 KostO zu erheben, wenn die Genehmigung gemäß § 2 PrKV erforderlich war.[27] Der Geschäftswert für die Vollzugsgebühr bestimmte sich nach dem Wert des Erbbaurechtsvertrags ohne den Wert des mitbestellten Vorkaufsrechts am Erbbaurecht.

9.7

Werden der schuldrechtliche Vertrag und die dingliche Einigung gesondert beurkundet, so wird für die Beurkundung der dinglichen Einigung gemäß § 38 Abs. 1 Nr. 6c KostO gesondert ½-Gebühr erhoben.

9.8

c) Bewertungsbeispiel:

9.9

Geschäftswert

(1) Erbbaurechtsbestellung gem. § 21 Abs. 1 KostO: kapitalisierter Erbbauzins
Euro 120 000 × 25 = Euro 3 000 000

(2) Wertsicherungsklausel, 10 % des Kapitalwerts des Erbbauzinses = Euro 300 000

(3) Vorkaufsrecht am Erbbaurecht (§§ 20 Abs. 2, 30 Abs. 1 KostO) 10 % des bebauten Erbbaurechts, zB Euro 500 000

zusammen gem. § 44 Abs. 2a KostO Euro 3 800 000

(4) für Vollzugsgebühr § 146 Abs. 5 KostO Euro 3 300 000

Gebührensatz:
20/10 nach § 36 Abs. 2 KostO aus Geschäftswert (1) bis (3),
5/10 Vollzugsgebühr nach § 146 Abs. 1 KostO aus Geschäftswert (4).

---

[19] BayObLG DNotZ 1975, 750.
[20] S. oben RdNr. 9.6.
[21] Vgl. zuletzt OLG München MittBayNot 2006, 531 = ZNotP 2007, 76.
[22] BayObLG MittBayNot 1975, 185; OLG Hamm DNotZ 1973, 48; *Korintenberg/Lappe/Bengel/Reimann* § 24 RdNr. 25.
[23] OLG München MittBayNot 2006, 531 = RNotP 2007, 76.
[24] MittBayNot 1975, 185.
[25] Eingehend *Bengel/Tiedtke* DNotZ 2007, 418, 429.
[26] Unten Kap. 11 Muster 4.
[27] Oben RdNr. 6.133 ff.

2. Grundbuchamt

9.10 **a) Erbbaurecht.** Für den Wert gilt das in RdNr. 9.1 ff. Ausgeführte. Es wird eine Gebühr aus § 62 Abs. 1 KostO erhoben, womit die Anlegung des Erbbaugrundbuchs (§ 14 ErbbauRG) abgegolten ist.[28]

9.11 **b) Vorkaufsrecht am Erbbaurecht.** Für den Wert gilt das oben RdNr. 9.3 Ausgeführte.[29] Es wird eine Gebühr aus § 62 Abs. 1 KostO erhoben.

9.12 **c) Erbbauzins.** Der Wert der Erbbauzinsreallast bemisst sich nach § 24 Abs. 1 KostO. Es wird eine Gebühr aus § 62 Abs. 1 KostO erhoben. Wird die Erbbauzinsreallast bei dem herrschenden Grundstück gem. § 9 GBO auf einen (formlosen) Antrag hin vermerkt, so wird 1/4-Gebühr nach diesem Wert erhoben (§ 67 Abs. 1 Nr. 3 KostO).

II. Änderung und Teilung des Erbbaurechts

1. Erbbauzinserhöhung

9.13 **a) Notar.** Der Geschäftswert bemisst sich nach § 21 Abs. 1 KostO entsprechend der kapitalisierten Erbbauzinserhöhung (zB Euro 4 800,– × 25). Sonstige Änderungen des ursprünglichen Inhalts des Erbbaurechts werden nach § 30 Abs. 1 oder Abs. 2 KostO bewertet.
Gebührenansatz 10/10 nach § 42 KostO.

9.14 **b) Grundbuch.** Geschäftswert siehe oben RdNr. 9.13. 1/2-Gebühr gem. § 64 KostO.

2. Realteilung des Erbbaurechts

9.15 **a) Notar.** Geschäftswert.
Bei einer Teilung des Erbbaurechts handelt es sich um die Veränderung eines bestehenden Rechtsverhältnisses nach § 39 Abs. 1 S. 2 KostO. Der Geschäftswert für die Teilung des Erbbaurechts ist nach § 30 Abs. 1 KostO zu bestimmen; ein Schätzwert von etwa 20 % bis 30 % des Werts des bebauten Erbbaurechts (= Wert des Erbbaurechts und der Gebäude) erscheint hierfür angemessen.

9.16 Da auch der Erbbauzins verteilt wird, ist der Kapitalwert des Erbbauzinses gem. § 24 Abs. 1a KostO gleichfalls anzusetzen. Die mit der Erbbaurechtsbestellung verbundene Teilung des Erbbaugrundstücks sowie die Änderung der eventuell vorhandenen Vorkaufsrechte sind Durchführungserklärungen zur Teilung des Erbbaurechts, also gegenstandsgleich nach § 44 Abs. 1 KostO und nicht gesondert zu bewerten.

9.17 Wird gleichzeitig der Erbbauzins für eines der geteilten Erbbaurechte erhöht, so ist der Erhöhungsbetrag ebenfalls zu kapitalisieren.

9.18 Die Einholung der zur Teilung von Grundstück und Erbbaurecht erforderlichen Genehmigung nach § 19 BauGB fällt nicht unter § 146 Abs. 1 KostO, da kein Grundstücksveräußerungsgeschäft vorliegt.

9.19 Gebührenansatz 10/10 nach § 42 KostO, da es sich um eine Änderung im Sinn dieser Vorschrift handelt.

9.20 **b) Grundbuchamt.** Bei der Eintragung von Veränderungen bei einem Erbbaurecht wird nach § 64 KostO 1/2-Gebühr erhoben.

---

[28] *Korintenberg/Lappe/Bengel/Reimann* § 62 RdNr. 10.
[29] BayObLG DNotZ 1984, 113.

III. Übertragung

1. Notar

a) Geschäftswert. Handelt es sich bei der Erbbaurechtsübertragung um einen Kaufvertrag, so ist nach § 20 Abs. 1 KostO der Kaufpreis maßgebend. Liegt kein Kaufvertrag vor, so richtet sich der Geschäftswert nach § 19 Abs. 2 KostO, also nach dem Verkehrswert; der Einheitswert ist nur maßgeblich, wenn sich nicht ausreichende Anhaltspunkte für einen höheren Wert ergeben. 9.21

Die Übernahme des Erbbauzinses bleibt bei der Bestimmung des Geschäftswerts außer Ansatz, da es sich um eine dauernde Last handelt;[30] gleiches gilt für die Übernahme des Vorkaufsrechts und der Vormerkung am Erbbaurecht.[31] Unter „vom Käufer übernommene oder ihm sonst infolge der Veräußerung obliegende Leistungen" sind alle Vermögensvorteile zu verstehen, die der Verkäufer außer dem Kaufpreis und den vorbehaltenen Nutzungen auf Grund einer kaufvertraglichen Vereinbarung vom Käufer fordern kann.[32] 9.22

Von einer Leistungsverpflichtung in diesem Sinn, deren Erfüllung der Veräußerer des Erbbaurechts vom Erwerber fordern könnte, kann keine Rede sein, wenn in dem Veräußerungsvertrag von den auf dem Erbbaurecht ruhenden Lasten gesagt wird, sie würden „übernommen"; die Übernahme dieser Rechte stellt nicht mehr als einen wertbildenden Faktor dar, der bereits in der Bemessung der Gegenleistungen enthalten ist. 9.23

Erteilt der Eigentümer des Erbbaugrundstücks im Kaufvertrag seine Zustimmung zur Veräußerung und erklärt, sein Vorkaufsrecht nicht auszuüben, so ist diese Erklärung gegenstandsgleich mit dem Kaufvertrag und nicht gesondert zu bewerten. Wird die Erklärung, wie üblich, gesondert abgegeben, so ist der Geschäftswert hierfür der Wert der Veräußerungsurkunde, also beim Kaufvertrag der Kaufpreis.[33] Handelt es sich um ein Wohnungs- oder Teilerbbaurecht, und ist die Zustimmung des Hausverwalters nach der Teilungserklärung erforderlich, so ist diese Zustimmung, wenn sie im Kaufvertrag gleichzeitig miterklärt wird, gegenstandsgleich mit dem Kaufvertrag und nicht zu bewerten. Wird sie, wie üblich, gesondert abgegeben, so ist der Geschäftswert für die Zustimmung der gleiche wie beim Kaufvertrag. 9.24

b) Gebührenansatz. 20/10 nach § 36 Abs. 2 KostO für den Vertrag. 9.25

Gegebenenfalls Kaufpreisfälligkeitsmitteilung: 5/10-Gebühr nach § 147 Abs. 2 KostO aus 30–50% des Geschäftswerts. 9.26

Eventuell gesondert erklärte Zustimmungen: 5/10-Gebühr nach § 38 Abs. 2 Nr. 1 KostO aus dem Geschäftswert. 9.27

Gegebenenfalls 5/10-Vollzugsgebühr nach näherer Maßgabe des § 146 Abs. 1 KostO. 9.28

Die Einholung der Zustimmungserklärung des Grundstückseigentümers zur Veräußerung des Erbbaurechtes durch den Notar mit einem im Auftrag der Beteiligten gefertigten Entwurf löst die Gebühr nach §§ 145 Abs. 1 S. 1, 38 Abs. 2 Nr. 1 KostO aus und nicht, auch nicht zusätzlich, die Gebühr nach § 146 Abs. 1 S. 1 Halbsatz 1 KostO.[34]

---

[30] OLG Celle DNotZ 1960, 410; *Lappe* NJW 1984, 1215; hL; aA *Kahlke* DNotZ 1983, 526.
[31] OLG Celle DNotZ 1973, 47.
[32] *Korintenberg/Lappe/Bengel/Reimann* § 20 RdNr. 19.
[33] OLG Stuttgart DNotZ 1982, 779.
[34] LG Arnsberg MittBayNot 2004, 177.

2. Grundbuchamt

9.29 Gemäß § 77 Abs. 1 KostO wird das Erbbaurecht bei der Übertragung wie ein Grundstück behandelt. Es gelten die Vorschriften nach §§ 60 ff. KostO entsprechend. Für die Eintragung des Erwerbers wird eine Gebühr nach § 60 KostO erhoben. Die Eintragung der Vormerkung gem. § 883 BGB löst 1/2-Gebühr (§ 66 KostO), deren Löschung 1/4-Gebühr aus (§ 68 KostO).

IV. Belastung des Erbbaurechts

1. Notar

9.30 **a) Geschäftswert.** Der Geschäftswert bestimmt sich gem. § 23 Abs. 2 KostO nach der Höhe der Grundschuld.

9.31 Erteilt der Eigentümer des Erbbaugrundstücks in der Grundschuldbestellung seine Zustimmung zur Belastung und erklärt er gegebenenfalls auch den Rücktritt mit seinen Rechten hinter die Grundschuld, so ist diese Erklärung gegenstandsgleich mit der Grundschuld und nicht gesondert zu bewerten. Wird die Zustimmung, wie üblich, gesondert erteilt, so ist der Geschäftswert gem. § 23 Abs. 2 KostO der Nennbetrag des Grundpfandrechts.[35] Der Grundstückseigentümer kann, wenn nichts anderes vereinbart ist, vom Erbbauberechtigten nicht die Erstattung der Kosten des notariellen Entwurfs der Zustimmung verlangen.[36] Ein eventueller Rangrücktritt ist gem. § 44 Abs. 3 KostO auf das neubestellte Grundpfandrecht zu beziehen; er ist damit gegenstandsgleich mit der Zustimmung und nicht gesondert zu bewerten.[37]

9.32 **b) Gebührenansatz.** 10/10 nach § 36 Abs. 1 KostO, falls nur ein Grundbuchantrag vorliegt ohne Zwangsvollstreckungsunterwerfung und sonstige Erklärungen, beträgt die Gebühr 5/10 nach § 38 Abs. 2 Nr. 5a KostO, bei Entwurfsfertigung i.V.m. § 145 Abs. 1 Satz 1 KostO. Für die Zustimmung fällt eine 5/10-Gebühr nach §§ 145 Abs. 1, 38 Abs. 2 Nr. 1, 5a KostO an.

2. Grundbuchamt

9.33 Für die Eintragung einer Belastung des Erbbaurechts fällt nach § 62 Abs. 1 KostO eine Gebühr an.

Soweit der Grundstückseigentümer einer über die erbbautypische Beleihungsgrenze hinaus gehenden Grundschuldbestellung nur unter der Voraussetzung zustimmt, dass bei dieser Grundschuld eine Löschungsvormerkung und eine Rückübertragungsvormerkung zu seinen Gunsten eingetragen wird (vgl. 11. Kapitel, Muster 13, Abschnitt VIII.), fällt eine 5/10 Gebühr nach § 64 Abs. 1 KostO an. Wenn in der Grundschuld und/oder der Erbbaurechtsurkunde einerseits bestimmt ist, dass damit nur die überhöhte Belastung wieder auf das nach § 7 Abs. 2 ErbbauRG zulässige Maß zurückgeführt werden soll und andererseits der Erbbauberechtigte unterhalb dieser Grenze unter den Voraussetzungen des § 7 Abs. 2 ErbbauRG neu valutieren darf, bezieht sich der Rechtsinhalt des vorgemerkten Anspruchs nur auf den übersteigenden Teil der Grundschuld. So ist zB bei einer Belastung von 90% also die erbbautypische Beleihungsgrenze von 60–65% abzuziehen, sodass nur ein Wertanteil von 25–30% den Geschäftswert bildet (vgl. *Korintenberg/Lappe/Bengel/Reimann* § 64 RdNr. 40: Teilwert bei bedingtem Anspruch).

---

[35] *Korintenberg/Lappe/Bengel/Reimann* § 21 RdNr. 30.
[36] BGH NJW 1994, 1159 (vgl. oben RdNr. 4.233).
[37] OLG Hamm Rpfleger 1966, 92.

V. Erneuerung des Erbbaurechts

Das Erneuerungsrecht wird durch formlose Erklärung des Erbbauberechtigten **9.34** gegenüber dem Grundstückseigentümer ausgeübt. Wird diese Erklärung beurkundet, so ist der Geschäftswert nach § 21 Abs. 1 KostO zu bestimmen, aus dem die volle Gebühr gem. § 36 Abs. 1 KostO erhoben wird.

VI. Aufteilung in Wohnungs- und Teilerbbaurecht

1. Notar

a) Geschäftswert. Der Geschäftswert bestimmt sich nach § 21 Abs. 2 und 3 **9.35** KostO und beträgt die Hälfte des Wohnungserbbaurechts; dieses setzt sich zusammen aus 80 % des Wertes des Grundstücks und den Baukosten in voller Höhe. Mit diesem Wert ist alles erfasst, was zum Inhalt des Wohnungs- bzw. Teilerbbaurechts gehört.[38]

b) Gebühr. Wird die Begründung des Wohnungserbbaurechts einseitig gem. **9.36** § 8 Wohnungseigentumsgesetz vorgenommen, so wird eine 10/10-Gebühr nach § 36 Abs. 1 KostO erhoben. Geschieht die Begründung gem. § 3 WEG in Vertragsform, so wird eine 20/10-Gebühr nach § 36 Abs. 2 KostO erhoben.

2. Grundbuchamt

Für die Eintragung von Wohnungs- bzw. Teilerbbaurechten und die Anlegung **9.37** der Wohnungs- und Teilerbbaugrundbücher gem. §§ 8 bzw. 30 Abs. 2 WEG fällt 1/2-Gebühr nach § 76 Abs. 1 und Abs. 4 KostO an.

VII. Aufhebung des Erbbaurechts

1. Notar

Hier ist regelmäßig zu beachten, dass bei der Aufhebung des Erbbaurechts auch **9.38** die das Erbbaurecht belastenden dinglichen Rechte erlöschen; die Rechte setzen sich nicht von allein am Grundstück fort. Eine „Übertragung" der Rechte auf das Grundstück ist nur durch Neubestellung seitens des Grundstückseigentümers möglich.[39] Da eine Löschung nicht in allen Fällen erreichbar ist, wird die Zustimmung dinglich Berechtigter nicht selten davon abhängig gemacht, dass das Recht am Grundstück weiterbesteht, so dass insoweit eine Pfanderstreckung erforderlich ist. Es wird daher im Folgenden unterschieden zwischen der Pfanderstreckung (a) und der Aufhebung des Erbbaurechts (b).

a) Pfanderstreckung. Es findet ein Wertvergleich nach § 23 Abs. 2, 2. Halb- **9.39** satz KostO zwischen Grundpfandrecht und Wert des nachverpfändeten Grundstücks statt; der geringere Wert ist als Geschäftswert maßgebend. Wird ein Grundstück mehreren Rechten nachverpfändet, so ist dieser Wertvergleich für jedes Recht getrennt vorzunehmen.[40]

Gebührenansatz 10/10 nach § 36 Abs. 1 KostO, wenn mit Unterwerfung, sonst **9.40** 5/10 nach § 38 Abs. 2 Nr. 5a KostO.

---

[38] Vgl. RdNr. 9.2.
[39] BayObLG DNotZ 1985, 372.
[40] *Korintenberg/Lappe/Bengel/Reimann* § 23 RdNr. 14.

9.41 **b) Aufhebung des Erbbaurechts.** Zur Löschung des Erbbaurechts genügt die Bewilligung nach § 19 GBO, deshalb Gebühr 5/10 nach § 38 Abs. 2 Nr. 5a KostO. Sind Grundstückseigentümer und Erbbauberechtigter nicht personengleich, so kommt bei Gewährung einer Abfindung die 20/10-Vertragsgebühr nach § 36 Abs. 2 KostO in Frage, da dann ein Austauschvertrag gemäß § 39 Abs. 2 KostO vorliegt.

Der Geschäftswert für die Löschungsbewilligung richtet sich nach dem Wert des bebauten Erbbaurechts zurzeit der Aufhebung. Die Regelung des § 21 Abs. 1 KostO, wonach bei Bestellung eines Erbbaurechts der Wert 80% des Werts des belasteten Grundstücks beträgt, ist auf den Fall der Aufhebung und Löschung eines Erbbaurechts nicht anwendbar.[41] Kauft der Erbbauberechtigte, der in Ausübung des Erbbaurechts ein Gebäude auf dem Grundstück errichtet hat, später das Grundstück ganz oder teilweise dazu und wird von ihm in dem notariellen Kaufvertrag zugleich die Löschung des Erbbaurechts bewilligt, so bemisst sich gem. § 19 Abs. 2 KostO der Geschäftswert für die Löschung des Erbbaurechts grundsätzlich allein nach dem Wert des errichteten Bauwerks. Der anteilige Wert des Grundstücks ist dagegen nicht zusätzlich zu Grunde zu legen, sondern wird ausschließlich für den Geschäftswert des Kaufvertrags über den Grundbesitz berücksichtigt.

9.42 Mit der Aufhebung des Erbbaurechts werden alle daran bestehenden Belastungen beseitigt, daher keine gesonderte Bewertung der diesbezüglichen Erklärungen. Zusätzlich zu bewerten ist lediglich die Löschungsbewilligung für das am Erbbaugrundstück bestehende Vorkaufsrecht für den Erbbauberechtigten, da dieses Recht ohne eigene Löschungsbewilligung nicht gelöscht würde. Der Wert hierfür kann abweichend von dem Regelwert des § 20 Abs. 2 KostO niedriger angesetzt werden;[42] 10–20 % des Wertes des Grundstücks ohne Bauwerk erscheinen angemessen. Gebührensatz 5/10 nach § 38 Abs. 2 Nr. 5a KostO.

9.43 Die Gebühren sind getrennt zu berechnen, da dies für den Kostenschuldner günstiger ist als bei Zusammenrechnung der Geschäftswerte und Anwendung des höchsten Gebührensatzes gemäß § 44 Abs. 2b letzter Satzteil KostO.

9.44 **c)** Werden gleichzeitig Zustimmungen von dinglich Berechtigten zur Aufhebung des Erbbaurechts gemäß § 876 BGB abgegeben, sind diese gegenstandsgleich nach § 44 Abs. 1 KostO und nicht gesondert zu bewerten. Bei getrennter Zustimmung bestimmt sich der Geschäftswert nach dem Wert des dinglichen Rechts, höchstens jedoch nach dem Wert des aufzuhebenden Erbbaurechts. Gebührensatz hierfür 5/10 nach § 38 Abs. 2 Nr. 1 KostO.

9.45 **d)** Die Einholung der Löschungs- bzw. Freigabeerklärungen durch die dinglich Berechtigten löst je $1/2$ Gebühr gemäß § 147 Abs. 2 KostO aus.

2. Grundbuchamt

9.46 Gemäß § 68 KostO wird die Hälfte der für die Eintragung des Erbbaurechts maßgeblichen Gebühr erhoben, wenn das Erbbaurecht auf dem belasteten Grundstück gelöscht wird. Bei der Schließung des Erbbaugrundbuchs handelt es sich wie bei dessen Anlegung um ein gebührenfreies Nebengeschäft (§ 35 KostO).

---

[41] OLG Celle FGPrax 2005, 84 = Rpfleger 2004, 652 mit Anm. *Bund*.
[42] *Korintenberg/Lappe/Bengel/Reimann* § 21 RdNr. 31.

10. Kapitel. Das Erbbaurecht im Steuerrecht

Schrifttum zu Kapitel 10: *Balmes,* Vorsteuer bei gemischt-genutzten Immobilienobjekten, UR 2000, 13; *Behrens/Meyer/Wirges,* Erbbaurechte im Grunderwerbsteuerrecht, DStR 2006, 1866; *Boruttau,* Grunderwerbsteuergesetz, 16. Aufl. 2007; *Bruschke,* Grunderwerbsteuerliche Behandlung von Erbbaurechten, UVR 2007, 153; *Döllerer,* Zur Bilanzierung dinglicher Rechtsverhältnisse – Dienstbarkeiten, Erbbaurecht, BB 1984, 2034; *Dorner,* Grunderwerbsteuerliche Gegenleistung bei der Bestellung von Erbbaurechten, BB 1982, 490; *Drosdzol,* Die Änderungen der steuerlichen Bedarfsbewertung, insb. der Bewertung in Erbbaurechtsfällen ..., UVR 2007, 119; *Fetsch,* Übersicht über die Rechtsprechung des Bundesfinanzhofs zur Grunderwerbsteuer, DNotZ 1984, 404; *Fritsche,* Vorsteueraufteilung bei Gebäuden nach Fläche oder Umsatz? DStR 2000, 1033; *Giloy,* Verbilligter Erbbauzins als Arbeitslohn, BB 1984, 2181; *Görsching/Stenger,* Bewertungsgesetz, Loseblattkommentar; *Helwich,* Finanzielle Erleichterungen für den Erbbauberechtigten, DNotZ 1986, 467; *Herrmann/Heuer/Raupach,* Einkommensteuer- und Körperschaftsteuergesetz mit Nebengesetzen, Loseblattkommentar; *Hildesheim,* Haus- und Grundbesitz im Steuerrecht, Loseblatthandbuch, letzter Stand 2006; *Horn,* Abzug bei einer Ehegattengemeinschaft, UR 1999, 270; *Kleisel,* Grunderwerbsteuerliche Behandlung von Erbbaurechtsvorgängen, MittBayNot 1973, 187; *Lange,* Vorsteuerabzug von Gemeinschaftern und Gesellschaftern, UR 1999, 17; *Loedtke,* Das Erbbaurecht bei der Vermögensteuer und Gewerbesteuer, BB 1962, 215; *Märkle/Franz/Wacker,* Die steuerliche Behandlung selbst genutzter Wohnung ab 1987, BB 1986 Beilage 8; *Mathiak,* Rechtsprechung zu Bilanzsteuerrecht, DStR 1992, 449; *Meyer/Ball,* Erbbaurechte und Betriebsaufspaltung, DB 2003, 1597; *Moensch/Kien-Hümbert/Weinmann,* Erbschaft- und Schenkungsteuer, Loseblattkommentar; *Niermann,* Steuerliche Behandlung des geldwerten Vorteils aus der Bestellung eines Erbbaurechts durch den Arbeitgeber ..., DB 1985, 256; *Plückebaum/Malitzky/Widmann,* Umsatzsteuer-Mehrwertsteuer, Loseblattkommentar; *Rondorf,* Vorsteuerabzug und Umsatzbesteuerung bei Immobilien, NWB Fach 7, 4943; *ders.,* Vorsteueraufteilung bei gemischt genutzten Grundstücken, Inf 2001, 161; *Rössler/Troll,* Bewertungsgesetz, Loseblattkommentar; *Seifried,* Zur Frage der Verfassungsmäßigkeit der Sonderbestimmungen des § 92 BEWG für Erbbaurechtsverhältnisse, StuW 1984, 340 und 1988, 175; *Sondheimer,* Die Umsatzsteuer bei Gewerbeimmobilien als Problem der Vertragsgestaltung, NJW 1997, 693; *Weinmann,* Grundstücksbewertung für Erbschaftsteuerzwecke unter Berücksichtigung der gleich lautenden Ländererlasse, ZEV 1997, 359.

Übersicht

	RdNr.
I. Vorbemerkung	1
II. Steuerliche Bewertung – Einheitswerte, § 92 BewG	
1. Abgrenzung Einheitswert – Bedarfsbewertung	
a) Getrennte Bewertungssysteme	2
b) Geltungsbereich der Einheitsbewertung	3
2. Grundlage und Vorgang der Einheitsbewertung	
a) Wirtschaftliche Einheiten (§ 92 Abs. 1 S. 1 BewG)	4
b) Gesamtwert	
aa) Grundsatz (§ 92 Abs. 1 S. 2 BewG)	5
bb) Bewertungsmethode (§ 92 Abs. 1 S. 3 BewG)	6
c) Aufteilung des Gesamtwertes	7
3. Regelfall der Aufteilung des Gesamtwertes	
a) Voraussetzungen	8
b) Dauer über 50 Jahre (§ 92 Abs. 2 BewG)	9

10. Kapitel. Das Erbbaurecht im Steuerrecht

	RdNr.
c) Dauer unter 50 Jahren (§ 92 Abs. 3 BewG)	10
d) Berechnungsbeispiele	
1) Sachwertverfahren	12
2) Ertragswertverfahren	13
4. Sonderbewertungen beim Einheitswert	14
a) Ausschluss der Bauwerksentschädigung (§ 92 Abs. 3 S. 3 BewG)	14
b) Abbruchsverpflichtung (§ 92 Abs. 4 BewG)	15
c) Weitere Sonderfälle	16
5. Mindestbewertung (§ 77 BewG)	17
6. Wohnungs-/Teilerbbaurecht (§ 92 Abs. 6 BewG)	18
7. Wertfortschreibungen (§ 92 Abs. 7 BewG)	19
a) Änderung des Verteilungsschlüssels	19
b) Änderung des Gesamtwertes	20
c) Zusammentreffen von Änderungen des Gesamtwertes und des Verteilungsschlüssels	21
8. Bewertung des Erbbauzinses	
a) Bewertungsrechtliche Verselbständigung (§ 92 Abs. 5 BewG)	22
b) Bewertungsrechtliche Zuordnung	23
c) Kapitalisierung des Erbbauzinses (§§ 13 bis 15 BewG)	24
d) Unanwendbarkeit von § 16 BewG	25

III. Bedarfsbewertung, § 148 BewG

1. Anwendungsbereich, Verfassungsmäßigkeit, Neuregelung	26
2. Gesamtwert	27
3. Bewertung des Erbbaugrundstücks vor 1. 1. 2007	
a) Grundstück	28
b) Bauwerk	29
c) Erbbauzins	30
d) Berechnungsformel	31
e) Bewertungsbeispiel	31 a
4. Bewertung des Erbbaurechts vor 1. 1. 2007	
a) Abzugsverfahren	32
b) Bewertungsbeispiel	33
5. Bewertung des Erbbaurechts nach 1. 1. 2007	
a) Konzept	34
b) Regelbewertung	34 a
c) Sonderbewertung bei kurzer Dauer mit Ausschluss Gebäudeentschädigung (§ 148 Abs. 3 S. 2 BewG)	34 b
d) Sonderbewertung bei teilweisem Ausschluss der Entschädigung	34 c
e) Beispiel	34 d
6. Bewertung des Erbbaugrundstücks nach dem 1. 1. 2007	34 e
7. Weitere Bestimmungen nach dem 1. 1. 2007; verfassungskonforme Auslegung	34 f

IV. Grunderwerbsteuer

1. Vorbemerkung	
a) Gültiges Recht	35
b) Erlass, Anwendbarkeit für das Erbbaurecht	36
2. Erbbaurechtsbestellung	
a) Begründung der Steuerpflicht	37
b) Steuerpflichtige Vorgänge	38
c) Art des Erbbaurechts	39
d) Besteuerungsgrundlagen	
aa) Erbbauzins	40
bb) Sonstige Leistungen	42
cc) Fehlen einer Gegenleistung	43
dd) Unbedenklichkeitsbescheinigung	44
3. Übertragung des Erbbaurechts	
a) Steuerpflichtige Vorgänge	45
b) Besteuerungsgrundlage	47

I. Vorbemerkung

RdNr.

4. Heimfall
   a) Steuerpflichtiger Vorgang 48
   b) Besteuerungsgrundlage 50
   c) Übertragung an Dritte 51
   d) Rückgängigmachung einer Erbbaurechtsbestellung wegen Leistungsstörungen 52
5. Verlängerung, Erneuerung
   a) Verlängerung 54
   b) Erneuerung 56
6. Aufhebung
   a) Aufhebung 57
   b) Besteuerungsgrundlage 58
      aa) Bei Entschädigung 58
      bb) Ohne Entschädigung 59
7. Sonstige Fälle des Erlöschens 60
8. Erwerb des Erbbaugrundstücks durch den Erbbauberechtigten
   a) Erwerbsfälle vor 1. 1. 2002 61
   b) Erwerb nach 1. 1. 2002 62
9. Erwerb des Erbbaugrundstücks durch Dritte
   a) Erwerb vor 1. 1. 2002 63
   b) Erwerb nach 1. 1. 2002 .... 63 a
10. Erwerb des Erbbaurechts durch den Grundstückseigentümer 64
11. Gestaltungsmöglichkeiten bei gleichzeitigem Erwerb von Erbbaurecht und Erbbaugrundstück .... 64 a

V. Umsatzsteuer (Mehrwertsteuer)

1. Steuerbefreiung 65
2. Verzicht auf Steuerbefreiung 66

VI. Erbschaftsteuer (Schenkungsteuer)

1. Erwerb des Erbbaurechts 67
2. Erwerb des Erbbaugrundstücks 69

VII. Einkommensteuer

1. Einkommensteuerliche Behandlung beim Grundstückseigentümer
   a) Erbbaugrundstück als Betriebsvermögen 70
      aa) Entnahme aus dem Betriebsvermögen 71
      bb) Bei der Erbbaurechtsbestellung vorhandenes Gebäude 72
      cc) Erbbauzins 75
      dd) Zahlung von Erschließungskosten durch den Erbbauberechtigten 76
   b) Das Erbbaugrundstück als Privatvermögen 77
   c) Erlöschen, Heimfall des Erbbaurechts 78
2. Einkommensteuerrechtliche Behandlung beim Erbbauberechtigten
   a) Nicht zu eigenen Wohnzwecken genutzte Gebäude
      aa) Anschaffungskosten 80
      bb) Erbbauzins, sonstige Werbungskosten 81
      cc) Abschreibung nach § 7 Abs. 1 EStG 82
      dd) Gebäude-AfA (§ 7 Abs. 4, 5 EStG) 83
   b) Zu eigenen Wohnzwecken genutzte Gebäude
      aa) Rechtslage vor 1. 1. 1987 84
      bb) Rechtslage 1987 bis 1. 1. 1996 85
      cc) Rechtslage 1996 bis 31. 12. 2005 86
   c) Spekulationsgeschäft bei Weiterveräußerung des Erbbaurechts 87
   d) Betriebsspaltung im Erbbaurecht 88
3. Bilanzierung von Erbbaurechten 89

VIII. Gewerbesteuer

1. Vorbemerkung 90
2. Beim Erbbauberechtigten 91
3. Beim Grundstückseigentümer 93

10. Kapitel. Das Erbbaurecht im Steuerrecht

RdNr.

IX. Grundsteuer

1. Steuergegenstand 95
2. Steuerschuldner, Steuermessbetrag 96
3. Verfahren 97
4. Grundsteuerbefreiungen bzw. -ermäßigungen 98

X. Vermögensteuer 99

I. Vorbemerkung

10.1 In diesem Kapitel werden die steuerrechtlichen Auswirkungen für das Erbbaurecht und das Erbbaugrundstück dargestellt. Es werden nur steuerrechtliche Aspekte behandelt, soweit beim Erbbaurecht hierzu Besonderheiten bestehen. Dabei soll es sich nur um eine Übersicht handeln, ohne wissenschaftliche Begründung und Darstellung. Entsprechend dem Ziel dieses Handbuches soll es jedoch dem Benutzer ermöglicht werden, sich einerseits einen Überblick zu verschaffen und andererseits durch die Rechtssprechungs- und Schrifttumshinweise einen Zugang zur Lösung von Einzelproblemen zu erhalten.

II. Steuerliche Bewertung – Einheitswerte, § 92 BewG –

1. Abgrenzung Einheits- und Bedarfsbewertung

10.2 **a) Getrennte Bewertungssysteme.** Für die nachfolgenden Ausführungen gilt das **Bewertungsgesetz** (BewG) in der Fassung vom 1. 2. 1991 (BGBl. I S. 230), zuletzt geändert durch Gesetz vom 13. 12. 2006 (BGBl. I S. 2878). Entsprechend dem Zivilrecht wird auch im Bewertungsrecht das Erbbaurecht im wesentlichen **einem Grundstück gleichgestellt,**[1] vgl. § 68 Abs. 1 Nr. 2 BewG. Durch das Jahressteuergesetz 1997 (vom 20. 12. 1996, BGBl. I S. 2049) wurden zwei verschiedene Bewertungssysteme für das Erbbaurecht eingeführt:
– die **Einheitsbewertung,** § 92 BewG: Sie galt früher für alle Steuerarten, gilt aber jetzt nur noch für die Grundsteuer.
– die **Bedarfsbewertung,** § 148 BewG: Sie gilt ab 1. 1. 1996 für die **Erbschaftssteuer** und ab 1. 1. 1997 auch für die **Grunderwerbsteuer** (für Bewertungsfälle vor diesen Zeitpunkten gilt noch der Einheitswert); sie wurde aufgrund verfassungsrechtlicher Bedenken zum 1. 1. 2007 geändert und ist in Abschnitt III (RdNr. 10.26 ff.) dargestellt.

10.3 **b) Geltungsbereich der Einheitsbewertung, § 92 BewG.** Die Einheitsbewertung ist **nun nur noch für die Grundsteuer maßgebend** mit Auswirkung auf die Gewerbesteuer (vgl. RdNr. 10.93), für andere Steuerarten nur noch für Bewertungsfälle vor dem 1. 1. 1996 bzw. 1. 1. 1997. Ist ein Erbbaurecht Teil eines gewerblichen Betriebs, so liegt insoweit ein selbständiges Betriebsgrundstück gemäß § 99 Abs. 1 Nr. 1 BewG vor, für das ein Einheitswert für die Grundsteuer festzustellen ist.[2] Die Einheitsbewertung erfolgt in den alten Ländern nach den Wertverhältnissen zum 1. 1. 1964 und in den neuen Ländern zum 1. 1. 1935. Der **Erbbauzins** ist gemäß § 92 Abs. 5 BewG bzw. § 46 Abs. 4 BewG-DDR weder bei der Bewertung des Grundstücks, noch bei der des Erbbaurechts zu berücksichtigen, sondern gesondert zu bewerten, vgl. RdNr. 10.26 ff.

---

[1] Vgl. BFH BStBl. II 1982, 184 = DB 1982, 1093, *Gürsching/Stenger* Bewertungsgesetz, 9. Aufl. 1992/2006, § 92 RdNr. 2; *Rössler/Troll* Bewertungsgesetz, Loseblattkom. § 92 Anm. 4.
[2] Vgl. *Gürsching/Stenger* § 99 RdNr. 14.

412

2. Grundlage und Vorgang der Einheitsbewertung

a) Wirtschaftliche Einheiten (§ 92 Abs. 1 S. 1 BewG bzw. § 46 RBewDV). 10.4
Durch § 92 Abs. 1 BewG wird eindeutig festgelegt, dass es zwei getrennte Bewertungseinheiten gibt, nämlich sowohl für die **wirtschaftliche Einheit des Erbbaurechts,** das nach § 68 Abs. 1, § 70 Abs. 1 BewG ein selbständiges Grundstück darstellt, als auch für die **wirtschaftliche Einheit des Erbbaugrundstücks.** Für beide Einheiten ist **jeweils ein Einheitswert** festzustellen (§ 92 Abs. 1 S. 1 BewG). Feststellungszeitpunkt für die Bewertung ist der Beginn des Kalenderjahres, das auf die Eintragung des Erbbaurechts im Grundbuch folgt, nicht auf dessen wirtschaftlichen Erwerb, str.[3] Zur bewertungsrechtlichen wirtschaftlichen Einheit bei Bestehen eines Ankaufsrechts vgl. FG Düsseldorf EFG 2005, 1248. Die Bewertung erfolgt grundsätzlich so, dass zunächst der Gesamtwert beider Einheiten zu ermitteln ist (RdNr. 10.4 ff.) und dieser dann auf beide Einheiten aufzuteilen ist (Regelaufteilung RdNr. 10.8 ff., Sonderbewertungen RdNr. 10.14 ff.). Zur Einheitsbewertung 1935 in den neuen Ländern vgl. §§ 129–137.[4]

b) Gesamtwert

aa) Grundsatz (§ 92 Abs. 1 S. 2 BewG bzw. § 46 Abs. 1 BewG-DDR). 10.5
Trotz der beiden getrennten Einheitswerte ist nach § 92 Abs. 1 S. 2 BewG bei der Ermittlung zunächst von einem Gesamtwert auszugehen. Dieser ist aber zunächst nur eine Rechengröße für die Ermittlung beider Einheitswerte. Der Gesamtwert ist für das Erbbaugrundstück, d.h. für Grund und Boden, die darauf errichteten Gebäude und die Außenanlagen so zu ermitteln, **wie wenn die Belastung mit dem Erbbaurecht nicht bestünde.** Es wird also zunächst nur eine einzige wirtschaftliche Einheit unterstellt für den gesamten Bewertungsgegenstand. Dadurch wird sichergestellt, dass die Summe der beiden Einheitswerte für das Erbbaurecht und das Erbbaugrundstück nicht höher ist, als sie ohne eine Erbbaurechtsbestellung wäre.

bb) Bewertungsmethode (§ 92 Abs. 1 S. 3 BewG bzw. § 46 Abs. 1 BewG- 10.6
DDR). Die Bewertungsmethode zur Ermittlung des Gesamtwertes richtet sich **nach der Grundstücksart** (§ 75 BewG), zu der das auf Grund des Erbbaurechts errichtete Gebäude gehört – Mietwohngrundstück, Geschäftsgrundstück, gemischt genutztes Grundstück, Einfamilienhaus etc. Je nach Nutzungsart gilt dann das Ertragswert- oder das Sachwertverfahren (vgl. § 76 BewG). Diese Wertermittlung gilt gemäß § 92 Abs. 1 S. 3 BewG für beide wirtschaftliche Einheiten, also auch für das Erbbaugrundstück, obwohl das Gebäude nur dem Erbbauberechtigten gehört. Handelt es sich also zB um ein Mietshaus, so sind Erbbaurecht und Erbbaugrundstück gemäß § 75 Abs. 1 Nr. 1 BewG als Mietwohngrundstücke zu behandeln. Wertmindernde oder werterhöhende Umstände sind nach § 82 BewG zu berücksichtigen. Bei einem Erbbaurecht an einem Golfplatz ist für § 76 Abs. 2 BewG (Sachwertverfahren) der innerlandwirtschaftliche Verkehrswert als Untergrenze anzusetzen.[5]

Ist zum Bewertungszeitpunkt **noch kein benutzbares Gebäude vorhanden,** was meist im Jahr nach der Erbbaurechtsbestellung der Fall sein wird, so handelt es sich bei beiden wirtschaftlichen Einheiten um „unbebaute Grundstücke" (§ 72 BewG). Der Gesamtwert besteht dann nur aus dem Wert des Grund und Bodens. Erfolgt die Bebauung später, so ist der Einheitswert fortzuschreiben, vgl. RdNr. 10.24. Ist kein Gebäude vorhanden, sondern eine Betriebsvorrichtung (vgl.

---

[3] So FG München EFG 2006, 88; aA *Gürsching/Stenger* § 92 RdNr. 13; *Rössler/Troll* § 92.
[4] *Rössler/Troll* §§ 129 ff. BewG.
[5] BFH/NV 2005, 837.

§ 68 Abs. 2 Nr. 2 BewG) oder nur ein Gebäude von untergeordneter Bedeutung, so gelten gleichfalls beide Einheiten als unbebaute Grundstücke.[6]

10.7 **c) Aufteilung des Gesamtwertes.** Der so ermittelte Gesamtwert ist eine **reine Rechnungsgröße,** die für die Einheitsbewertung auf die wirtschaftlichen Einheiten des Erbbaurechts und des Erbbaugrundstücks aufzuteilen ist, wie in den folgenden Abschnitten dargelegt.

3. Regelfall der Aufteilung des Gesamtwertes

10.8 **a) Voraussetzungen.** Die folgende Darstellung der Aufteilung gilt **ab 1997 nur noch für die Grundsteuer.** Nach § 92 Abs. 2, 3 BewG erfolgt die Aufteilung des Gesamtwertes auf Erbbaurecht und Erbbaugrundstück je nach Dauer des Erbbaurechts. Ist für die Dauer des Erbbaurechts vereinbart, dass der Erbbauberechtigte eine Verlängerung der Laufzeit durch einseitige Erklärung herbeiführen kann (sog. Optionsrecht, vgl. RdNr. 2.143), so ist nach BFH[7] grundsätzlich von der ursprünglich vereinbarten Laufzeit auszugehen. War dagegen eine Laufzeit von 30 Jahren vereinbart, zusätzlich aber eine automatische Verlängerung um 20 Jahre bei Nichtausübung eines Ankaufsrechts, so ist nach BFH[8] von einer 50jährigen Laufzeit auszugehen, war dagegen die Verlängerung an die Ausübung eines Gestaltungsrechts geknüpft, ist sie nicht zu berücksichtigen.[9] § 92 Abs. 3 S. 3ff. und Abs. 4 BewG enthält Ausnahmen von dieser Regelaufteilung für den Fall, dass keine Entschädigung (oder teilweise Entschädigung) für den Zeitablauf iS § 27 ErbbauRG vereinbart ist oder der Erbbauberechtigte sich vertraglich zum Abbruch des Gebäudes verpflichtet hat. Diese Ausnahmen, sowie weitere Sonderfälle werden unter RdNr. 10.14 ff. behandelt.

10.9 **b) Dauer über 50 Jahre (§ 92 Abs. 2 BewG).** Beträgt die Dauer des Erbbaurechts zum Bewertungsstichtag noch **50 Jahre oder mehr,** so entfällt der **volle Gesamtwert** gemäß § 92 Abs. 2 BewG auf die **wirtschaftliche Einheit des Erbbaurechts.** Der Einheitswert des Erbbaugrundstücks ist deshalb auf Null DM festzustellen, und zwar im Wege einer Feststellung nach § 21 bzw. § 23 Abs. 1 Nr. 1 BewG. Nach der amtlichen Begründung liegt der Grund darin, dass bei einer so langen Laufzeit des Erbbaurechts das Eigentum an Grund und Boden soweit ausgehöhlt ist, dass es nicht zu bewerten ist. Eine **Änderung** der Aufteilung ist auf den Stichtag vorzunehmen, in dem die 50-Jahresgrenze erstmals unterschritten wird. Die Änderung erfolgt nach § 92 Abs. 7 S. 3 BewG, vgl. RdNr. 10.23.

10.10 **c) Dauer unter 50 Jahren (§ 92 Abs. 3 BewG).** Beträgt in dem für die Bewertung maßgebenden Zeitpunkt die Dauer des Erbbaurechts weniger als 50 Jahre, so ist der Gesamtwert (RdNr. 10.4ff.) auf die beiden wirtschaftlichen Einheiten aufzuteilen. Hierbei entfallen

aa) auf den Erbbauberechtigten der **Gebäudewert** (einschließlich des Wertes der Außenanlagen gemäß § 92 Abs. 3 S. 8), zuzüglich eines **Anteils am Bodenwert** gemäß § 92 Abs. 3 S. 2 Nr. 1 BewG;

bb) auf den Grundstückseigentümer der **Anteil am Bodenwert,** der nach Abzug des Anteils des Erbbauberechtigten verbleibt (§ 92 Abs. 3 S. 2 Nr. 2 BewG);

10.11 Dem Erbbauberechtigten ist dabei ein Bodenwertanteil zuzuteilen, der je nach Dauer seines Erbbaurechts beträgt:

---

[6] Vgl. *Gürsching/Stenger* § 92 RdNr. 30; *Rössler/Troll* § 92 Anm. 17, 18.
[7] BFH BStBl. II 1971, 481.
[8] BFH/NV 1993, 222; *Gürsching/Stenger* § 92 RdNr. 32.
[9] BFH/NV 1993, 287.

II. Steuerliche Bewertung – Einheitswerte, § 92 BewG –

Dauer des Erbbaurechts:	Bodenwertanteil des Erbbauberechtigten:
unter 50 bis zu 40 Jahren	95 vom Hundert,
unter 40 bis zu 35 Jahren	90 vom Hundert,
unter 35 bis zu 30 Jahren	85 vom Hundert,
unter 30 bis zu 25 Jahren	80 vom Hundert,
unter 25 bis zu 20 Jahren	70 vom Hundert,
unter 20 bis zu 15 Jahren	60 vom Hundert,
unter 15 bis zu 10 Jahren	45 vom Hundert,
unter 10 bis zu 5 Jahren	25 vom Hundert,
unter 5 Jahren	0 vom Hundert;

Von der vorgeschriebenen Aufteilung kann nicht nach der wirtschaftlichen Betrachtungsweise abgewichen werden.[10] Die Ermittlung des Bodenwertanteils macht keine Schwierigkeiten, wenn der Gesamtwert im Sachwertverfahren ermittelt wurde. **Beim Ertragswertverfahren** wird der Gesamtwert durch einen Vervielfältiger auf die Jahresrohmiete ermittelt (vgl. § 78 BewG). Der darin enthaltene Bodenwertanteil wird zur Aufteilung aus der Jahresrohmiete mit folgendem Multiplikator errechnet (aus *Hildesheim*, Haus- und Grundbesitz in Steuerrecht, BewG 20700 RdNr. 83):

Gemeindegröße (Einwohner)	Einfamilienhäuser	Zweifamilienhäuser	Mietwohngrundst.	gemischtgenutzte Grundstücke bis zu 50 v.H. gewerbl. Anteil	gemischtgenutzte Grundstücke über 50 v.H.	Geschäftsgrundst.
bis 10 000	1,11	1,0	0,91	0,83	0,77	1,43
bis 100 000	2,22	2,0	0,91	1,67	1,54	2,14
bis 200 000	2,22	2,0	0,91	1,67	2,31	2,14
bis 500 000	2,22	2,0	0,91	1,67	2,31	2,86
über 500 000	3,33	3,0	1,82	2,49	2,31	2,86

d) Berechnungsbeispiele (aus *Gürsching/Stenger* § 92 RdNr. 61, 62):

1) Sachwertverfahren

Auf Grund eines Erbbaurechts wurde ein nach dem Sachwertverfahren zu bewertendes Lagergebäude errichtet. Das Erbbaurecht wurde auf die Dauer von 60 Jahren bestellt. Seine Laufzeit beträgt am Feststellungszeitpunkt noch 24 Jahre. Der zum Feststellungszeitpunkt ermittelte Bodenwert (§ 84 BewG) beträgt 30 000 €, der Gebäudewert (§ 85 BewG) 200 000 €, der Wert der Außenanlagen (§ 89 BewG) 6 000.

10.12

Es errechnet sich folgender **Gesamtwert:**

Bodenwert	30 000
Gebäudewert	200 000
Wert der Außenanlagen	6 000
Ausgangswert (§ 83 BewG)	236 000
Angleichung an den gemeinen Wert (§ 90 BewG) Wertzahl 80	
Gesamtwert $\dfrac{236\,000 \times 80}{}$	= 188 800

Bei der Laufzeit des Erbbaurechts im Feststellungszeitpunkt von noch 24 Jahren entfallen nach § 92 Abs. 3 Nrn. 1 und 2 BewG vom Bodenwert auf die wirtschaftliche Einheit des Erbbaurechts 70 vH und auf die wirtschaftliche Einheit des belasteten Grundstück 30 vH. Es ergeben sich somit die folgenden **Einheitswerte:**

---

[10] BFH BStBl. III 1963, 202.

10. Kapitel. Das Erbbaurecht im Steuerrecht

Einheitswert für die wirtschaftliche Einheit des Erbbaurechts:

1. Anteil am Bodenwert $\quad 30\,000 \times \dfrac{80 \text{ (Wertzahl)} \times 70}{100 \times 100} \qquad = \quad 16\,800$

2. Gebäudewert $\quad 200\,000 \times \dfrac{80}{100} \qquad\qquad\qquad\qquad = 160\,000$

3. Wert der Außenanlagen $\quad 6\,000 \times \dfrac{80}{100} \qquad\qquad = \quad 4\,800$

Einheitswert $\qquad\qquad\qquad\qquad\qquad\qquad\qquad\qquad\qquad\qquad 181\,600$

Einheitswert für die wirtschaftliche Einheit des belasteten Grundstücks

Anteil am Bodenwert $\quad 30\,000 \times \dfrac{80 \times 30}{100 \times 100} \qquad\qquad\qquad 7\,200$

2) Ertragswertverfahren

10.13 Auf Grund eines Erbbaurechts wurde nach dem 20. 6. 48 in einer Gemeinde mit 70000 Einwohnern (Hauptfeststellungszeitpunkt) ein Einfamilienhaus in Massivbau (Nachkriegsbau) errichtet. Die Dauer des Erbbaurechts beträgt im Feststellungszeitpunkt noch 34 Jahre. Jahresrohmiete 7200 . Nach Anlage 7 zum BewG (vgl. BewG S. A 55) ergibt sich für die in Gemeinden über 50000 bis 100000 Einwohnern errichteten Einfamilienhäuser (Nachkriegsbauten) der Vervielfältiger 11,8. Der Multiplikator zur Ermittlung des Bodenwertanteils ist 2,22 (vgl. § 78 BewG, vgl. obige Tabelle).

Hiernach ergibt sich folgende Berechnung:
Gesamtwert $\quad 7\,200 \times 11,8 \qquad\qquad\qquad\qquad\qquad = \quad 84\,960$
Bodenwertanteil $\quad 7\,200 \times 2,22 \qquad\qquad\qquad\qquad = ./.\ 15\,984$
Gebäudewertanteil $\qquad\qquad\qquad\qquad\qquad\qquad\qquad\qquad 68\,976$

Bei der Laufzeit des Erbbaurechts im Feststellungszeitpunkt von noch 34 Jahren entfallen nach § 92 Abs. 3 BewG vom Bodenwertanteil auf die wirtschaftliche Einheit des Erbbaurechts (Erbbauberechtigten) 85 vH und auf die wirtschaftliche Einheit des belasteten Grundstücks (Erbbauverpflichteten) 15 vH. Es ergeben sich somit die folgenden **Einheitswerte:**

Einheitswert für die wirtschaftliche Einheit des Erbbaurechts

1. Anteil am Bodenwert $\quad 15\,984 \times \dfrac{85}{100} \qquad\qquad\qquad = \quad 13\,586$

2. Gebäudewert $\qquad\qquad\qquad\qquad\qquad\qquad\qquad\qquad + 68\,976$

$\qquad\qquad\qquad\qquad\qquad\qquad\qquad\qquad$ ergibt $\quad 82\,562$

Einheitswert (abgerundet § 30 BewG) $\qquad\qquad\qquad\qquad 82\,500$

Einheitswert für die wirtschaftliche Einheit des belasteten Grundstücks

Anteil am Bodenwert $\quad 15\,984 \times \dfrac{15}{100} \qquad\qquad\qquad = \quad 2\,397$

Einheitswert (abger. § 30 BewG) $\qquad\qquad\qquad\qquad\qquad 2\,300$

4. Sonderbewertungen beim Einheitswert

10.14 Die vorgenannte Regelbewertung gilt jedoch nur dann, wenn keiner der Fälle von § 92 Abs. 3 S. 3ff., Abs. 4 BewG vorliegt. Diese und weitere Sonderfälle werden nachfolgend dargestellt:

a) Ganzer oder teilweiser Ausschluss der Bauwerksentschädigung (§ 92 Abs. 3 S. 3–7 BewG). Gemäß § 27 Abs. 1 S. 2 ErbbauRG kann als dinglicher Inhalt des Erbbaurechts vereinbart werden, dass die Entschädigung für das Bauwerk bei Zeitablauf ausgeschlossen wird oder es kann die Höhe abweichend geregelt werden (vgl. RdNr. 5.213ff.). Bei einer derartigen Vertragsgestaltung wächst der Wert des zum Erbbaurecht gehörigen Gebäudes während der Dauer des Erbbaurechts dem Grundstückseigentümer ohne besondere Gegenleistung zu bzw. teilweise zu. Beträgt daher die Dauer des Erbbaurechts weniger als 50 Jahre, wird gemäß § 92 Abs. 3 S. 3 BewG ein **Anteil am Gebäudewert** bei der wirtschaftlichen Einheit des Erbbaurechts abgezogen und der Einheit des **Erbbaugrundstücks zugerechnet.**

II. Steuerliche Bewertung – Einheitswerte, § 92 BewG –

Die **Aufteilung** hat bei vollem Ausschluss der Entschädigung gemäß § 92 Abs. 3 S. 5 BewG in gleicher Weise zu erfolgen, wie beim Bodenwert. Es ist daher jetzt der Gesamtwert nach § 92 Abs. 3 Nr. 1 und 2 BewG aufzuteilen. Nach RFH[11] gilt dies für ein bei Erbbaurechtsbestellung vorhandenes Gebäude, da der Erbbauberechtigte daran nur ein zeitliches Nutzungsrecht hat. Dies ist jedoch für neue Erbbaurechte nach der ErbbauVO (jetzt ErbbauRG) abzulehnen, da hier der Erbbauberechtigte gemäß § 12 Abs. 1 S. 2 ErbbauRG volles Bauwerkseigentum erwirbt, vgl. RdNr. 2.51,2. Beschränkt sich die Entschädigung für das Bauwerk gemäß § 27 Abs. 1 S. 2 ErbbauRG nur auf einen **Teil des Gebäudewertes,** zB die Hälfte oder zwei Drittel, so ist der zu entschädigende Anteil wie im Regelfall zu behandeln, während für den nicht zu entschädigenden Anteil die vorgenannten Aufteilungsgrundsätze gelten. Vgl. hierzu Berechnungsbeispiele bei *Gürsching/Stenger* § 92 RdNr. 71. Bei der Frage, ob das Gebäude mit oder ohne Entschädigung auf den Grundstückseigentümer übergeht, bleibt eine in der Höhe des Erbbauzinses wirtschaftlich zum Ausdruck kommende Entschädigung gemäß § 92 Abs. 3 S. 7 BewG außer Betracht.

b) Abbruchsverpflichtung (§ 92 Abs. 4 BewG). Hat sich der Erbbauberechtigte (schuldrechtlich, dinglich dagegen nicht möglich) durch Vertrag verpflichtet, das Gebäude bei Beendigung des Erbbaurechts abzubrechen, so ist dem nach § 92 Abs. 4 BewG bei der Bewertung des Gebäudes durch einen **entsprechenden Abschlag** Rechnung zu tragen. Der Abschlag unterbleibt, wenn das Gebäude trotz der formellen Verpflichtung voraussichtlich nicht abgebrochen werden wird (§ 92 Abs. 4 BewG). Dadurch wird der Tatsache Rechnung getragen, dass ein Gebäude, das vor der sonst zu erwartenden Lebensdauer abgebrochen wird, weniger wert ist. Anders als im Fall des § 82 Abs. 1 Nr. 3 BewG kommt es nicht darauf an, ob der Abbruch dann notwendig ist und wann er erfolgt, auch wenn die Laufzeit des Erbbaurechts noch mehr als 50 Jahre beträgt.[12] Entscheidend ist nur eine klare und unbedingte vertragliche Regelung und dass im Feststellungszeitpunkt nicht konkret vorhersehbar ist, dass kein Abbruch erfolgt.[13] Nach BFH[13] gilt § 92 Abs. 4 BewG auch, wenn der Grundstückseigentümer ein Wahlrecht hat, statt des Abbruchs die Gebäude unentgeltlich zu übernehmen. Ein Abschlag kann auch gleichzeitig nach § 92 Abs. 4 BewG (vertragliche Abbruchsvereinbarung) und nach § 82 BewG (zB Abbruchserwartung aus städtebaulichen Gründen) erfolgen.

10.15

Die **Höhe des Abschlags** ist im Gesetz nicht geregelt. Für das **Ertragswertverfahren** hat die Finanzverwaltung (in Ergänzung der Tabelle zu § 82 Abs. 1 Nr. 3 und § 92 Abs. 4, § 94 Abs. 3 S. 3 BewG – Anlage 9 BewRGR) eine Ergänzungstabelle herausgegeben (vgl. Anl. 9a BewRGR = DStZ/E 1968, 122 = StEK BewG 1965, § 92 Nr. 3 und 4). Die Tabellen sind abgedruckt bei *Gürsching/Stenger* unter § 82 RdNr. 8 und § 92 RdNr. 120, wobei dort unter RdNr. 30.1 Berechnungsbeispiele beigefügt sind. Beim **Sachwertverfahren** führen die Ländererlasse vom 8. 10. 1982 (BStBl. I 1982, 771 = StEK BewG 1965 § 88 Nr. 22, abgedruckt unter *Gürsching/Stenger* § 92 RdNr. 125) die Grundsätze einschließlich von Beispielen an. Im übrigen sind die Fortschreibungsrichtlinien zum 2. 12. 1971 (BStBl. I 1971, 638) zu beachten.

c) Weitere Sonderfälle. Der Wert der **Außenanlagen** (vgl. §§ 78, 83, 89 BewG) ist gemäß § 92 Abs. 3 S. 8 BewG wie der Gebäudewert zu behandeln, also sowohl beim Gesamtwert, als auch bei der Aufteilung des Gesamtwertes entsprechend zu berücksichtigen. Für **Fabriken und Werkstätten des Handwerks** besteht eine Abstufung der Wertzahlen nach der VO zur Durchführung des § 90 BewG v. 2. 9. 1966; vgl. hierzu *Gürsching/Stenger* § 92 RdNr. 90. Bezieht sich der Rechts-

10.16

---
[11] RFH RStBl. 1937, 994; *Rössler/Troll* § 92 Anm. 36–38.
[12] FG Baden-Württemberg v. 11. 5. 1989 VIII K 10/86.
[13] BFH DB 1986, 1437; *Gürsching/Stenger* § 92 RdNr. 106; *Rössler/Troll* § 92 Anm. 42 f.

inhalt des Erbbaurechts nur auf einen **Teil des belasteten Erbbaugrundstücks,** so scheidet der real belastete Teil als selbständige wirtschaftliche Einheit aus dem Grundstück aus und ist nach den vorstehenden Grundsätzen zu behandeln.[14] Zur Zusammenfassung mehrerer Erbbaurechte zu einer Einheit vgl. *Gürsching/Stenger* § 92 RdNr. 18. Zur nachträglichen Errichtung vgl. oben RdNr. 10.6, zu dem bei der Erbbaurechtsbestellung bereits vorhandenen Gebäude vgl. RdNr. 10.16.

5. Mindestbewertung (§ 77 BewG)

10.17 Der Mindestwert gemäß § 77 BewG gilt auch für Erbbaugrundstücke; es darf also der für ein bebautes Grundstück anzusetzende Wert nicht geringer sein, als die Hälfte des Werts, mit dem der Grund und Boden allein als unbebautes Grundstück zu bewerten wäre. Der Mindestwert kann dabei sowohl beim Gesamtwert, also auch bei der Aufteilung zu berücksichtigen sein, vgl. hierzu *Gürsching/Stenger* § 92 RdNr. 95 ff. mit Berechnungsbeispielen.

6. Wohnungs-/Teilerbbaurecht (§ 92 Abs. 6 BewG)

10.18 Für jedes Wohnungs-/Teilerbbaurecht ist gemäß § 92 Abs. 6 BewG ein Gesamtwert zu ermitteln. Der Gesamtwert eines jeden Wohnungs-/Teilerbbaurechts wird errechnet, wie wenn es sich um ein Wohnungseigentum oder um ein Teileigentum handeln würde, was in § 93 BewG geregelt ist. Danach erfolgt die Aufteilung des Gesamtwertes wie bei jedem anderen Erbbaurecht.

7. Wertfortschreibungen (§ 92 Abs. 7 BewG)

10.19 Über Wertfortschreibungen für die wirtschaftlichen Einheiten des Erbbaurechts und des Erbbaugrundstücks enthält § 92 Abs. 7 BewG Sonderbestimmungen. Es sind hier folgende Fälle zu unterscheiden:

a) **Änderung des Verteilungsschlüssels.** Ändert sich infolge Zeitablaufs der Verteilungsschlüssel des § 92 Abs. 3 BewG, so sind nach § 92 Abs. 7 S. 3 BewG Wertfortschreibungen bei den wirtschaftlichen Einheiten des Erbbaurechts und des Erbbaugrundstücks durchzuführen. Die **Wertfortschreibungsgrenzen** des § 22 BewG sind dabei **nicht zu beachten**, was § 92 Abs. 7 S. 3 BewG ausdrücklich festlegt. Ist daher infolge Zeitablaufs die Restdauer des Erbbaurechts weniger als 50 Jahre, so ist erstmals die Aufteilung des (unveränderten) Gesamtwertes gemäß § 92 Abs. 3 BewG zwischen dem Erbbauberechtigten und dem Grundstückseigentümer durchzuführen; danach jeweils wieder, wenn die Restdauer unter die jeweils nächste Stufe dieser Vorschrift sinkt.

10.20 b) **Änderung des Gesamtwertes.** Der Gesamtwert (vgl. oben RdNr. 10.4 ff.) kann sich durch **Änderungen des tatsächlichen Zustandes** ändern, also zB wenn auf Grund des Erbbaurechts ein Gebäude errichtet wird oder beim nachfolgenden Anbau, Umbau etc. Gemäß § 92 Abs. 7 S. 1 BewG dürfen hier Wertfortschreibungen nur erfolgen, wenn der Gesamtwert, der sich für den Beginn eines Kalenderjahres ergibt, vom Gesamtwert des letzten Feststellungszeitpunkts um das in **§ 22 Abs. 1 Nr. 1 BewG** bezeichnete Ausmaß abweicht. Der Unterschied liegt dazu darin, dass das Änderungsmaß gemäß § 22 Abs. 1 Nr. 1 BewG beim Gesamtwert vorliegen muss und nicht beim Einheitswert des Erbbaurechts oder des Erbbaugrundstücks. Berechnungsbeispiele vgl. *Gürsching/Stenger* § 92 RdNr. 156.

10.21 c) **Zusammentreffen von Änderungen des Gesamtwertes und des Verteilungsschlüssels.** § 92 BewG regelt dagegen nicht den Fall, dass Änderungen

---

[14] *Gürsching/Stenger* § 92 RdNr. 81.

II. Steuerliche Bewertung – Einheitswerte, § 92 BewG –

des Verteilungsschlüssels mit Änderungen des Gesamtwertes zusammentreffen (Fälle zu a) und b)). Das Verfahren ergibt sich hier aus der Neufassung des § 92 Abs. 7 BewG durch das BewÄndG 1976. Da in § 92 Abs. 7 BewG nur auf den Gesamtwert abgestellt wird, können Änderungen am Gesamtwert durch eine Wertfortschreibung nach § 22 BewG nur dann erfolgen, wenn sie für sich allein die Wertfortschreibungsgrenzen überschreiten. Werden die Fortschreibungsgrenzen nicht überschritten, so hat nur eine neue Verteilung des Gesamtwertes (Abs. a) durch Wertfortschreibung zu erfolgen.[15] Zum **Verfahren** bei der Festsetzung des Einheitswertes und bei der Fortschreibung vgl. *Gürsching/Stenger* RdNr. 176 ff.

8. Bewertung des Erbbauzinses

a) Bewertungsrechtliche Verselbständigung (§ 92 Abs. 5 BewG bzw. § 46 Abs. 4 BewG-DDR). Nach § 9 Abs. 2 S. 2 ErbbauRG kann der Erbbauzins nur als **subjektiv-dingliches Recht** zugunsten des jeweiligen Grundstückseigentümers bestellt werden. Der Erbbauzins ist damit zivilrechtlich ein Bestandteil des Grundstückseigentums gemäß § 96 BGB, und nicht sonderrechtsfähig. Für die Bedarfsbewertung ist deswegen gemäß § 148 Abs. 6 BewG der Erbbauzins weder aktiv, noch passiv gesondert anzusetzen. Soweit diese (noch) nicht anwendbar ist, bestimmt § 92 Abs. 5 BewG, dass für die steuerliche Bewertung der Erbbauzins nicht als Bestandteil des Erbbaugrundstücks zu berücksichtigen ist und umgekehrt die Verpflichtung zur Zahlung des Erbbauzinses nicht bei der Bewertung des Erbbaurechts zu berücksichtigen ist. Damit wird der Erbbauzins bewertungsrechtlich völlig vom Erbbaugrundstück und vom Erbbaurecht getrennt und spielt bei deren Einheitwert keine Rolle. Dadurch wird erreicht, dass der Anspruch auf den Erbbauzins nicht der Grundsteuer unterworfen wird.[16]

10.22

b) Bewertungsrechtliche Zuordnung. Umgekehrt bestimmt § 92 Abs. 5 BewG folgende bewertungsrechtliche Zuordnung: Beim **Grundstückseigentümer** war danach der Erbbauzins bei der Ermittlung des sonstigen Vermögens oder des Betriebsvermögens für Erbschaftsteuerzwecke bis 1995, für Vermögensteuer bis 1996 anzusetzen.[17] Soweit das Recht auf den Erbbauzins zum Betriebsvermögen gehört, ist es nach §§ 13–15 BewG zu kapitalisieren (RdNr. 10.24 ff.). **Beim Erbbauberechtigten** war für die genannten Zeiträume die Verpflichtung zur Zahlung des Erbbauzinses bei der Ermittlung des Gesamtvermögens (Inlandsvermögens) oder des Betriebsvermögens des Erbbauberechtigten abzuziehen. Der Erbbauberechtigte konnte den **Kapitalwert** seiner Erbbauzinsverpflichtung in den vorgenannten Fällen **als Last absetzen.**

10.23

c) Kapitalisierung des Erbbauzinses (§§ 13 bis 15 BewG). Für die Erbschafts- und Schenkungsteuer gilt heute eine besondere eigenständige Regelung, vgl. RdNr. 10.68 ff. Zur Rechtslage davor vgl. Vorauflage. Da diese Kapitalisierung des Erbbauzinses nur noch für die Grunderwerbsteuer gilt, ist sie dort dargestellt, vgl. RdNr. 10.40 ff.

10.24

d) Unanwendbarkeit von § 16 BewG. Zur früheren Rechtslage und zu rechtspolitischen Bedenken[18] vgl. die Vorauflage. Seit dem VStRG 1974 ist § 16 BewG nicht mehr anwendbar.

10.25

---

[15] Vgl. *Gürsching/Stenger* § 92 RdNr. 165 mit Beispielen.
[16] Vgl. RFH RStBl. 1933, 128, BFH BB 1993, 643 und *Gürsching/Stenger* § 92 RdNr. 130.
[17] BFH/NV 1999, 452.
[18] Vgl. *Seifried* StUW 1984, 340 u. 1988, 175.

III. Bedarfsbewertung, § 148 BewG

1. Anwendungsbereich, Verfassungsmäßigkeit, Neuregelung

10.26 Nach § 138 Abs. 5 BewG sind die Grundbesitzwerte gesondert festzustellen, wenn sie ab 1. 1. 1996 für die Erbschaftssteuer und ab 1. 1. 1997 für die Grunderwerbsteuer erforderlich sind (= Bedarfsbewertung). Auch hier geht das Gesetz von zwei wirtschaftlichen Einheiten aus, die zusammen einen Gesamtwert bilden, wie wenn kein Erbbaurecht bestehen würde. Nach dem bis 1. 1. 2007 gültigen § 148 BewG aF erfolgte die Aufteilung nach einem sehr einfachen und in Normalfällen auch praktisch akzeptablen Schlüssel; dieser einfache Schlüssel war überhaupt nicht flexibel und beachtete überhaupt nicht die Dauer des Erbbaurechts sowie besondere Fallgruppen, so dass verfassungsrechtliche Probleme entstanden, die in der Vorauflage dargestellt waren (RdNr. 10.34). Seither ist eine Vielzahl von BFH-Entscheidungen zur verfassungskonformen Auslegung von § 148 BewG aF ergangen,[19] sowie deswegen ein Erlass[20] zur teilweisen Aussetzung der Vollziehung in derartigen Fällen. Deswegen wurde § 148 BewG mit Wirkung ab 1. 1. 2007 vollständig neu gefasst. Die neue Bewertung ähnelt in ihren Elementen (nicht der Formel) § 92 BewG und ist deutlich differenzierter, muss jedoch in besonderen Fällen ebenfalls verfassungskonform ausgelegt werden.

2. Gesamtwert

10.27 Sowohl nach der bisherigen, als auch nach der ab 1. 1. 2007 gültigen Fassung ist zunächst gemäß § 148 Abs. 1 BewG der Gesamtwert des bebauten Grundstücks (also **ohne Berücksichtigung des Erbbaurechts**) gemäß § 146 oder § 147 BewG, also nach den allgemeinen Vorschriften der Grundstücksbewertung, zu ermitteln; diese wurden zwar jeweils geändert, es gelten aber noch folgende Grundsätze:

– **Bebautes Grundstück:** 12,5-fache der durchschnittlichen Jahresmiete der letzten 3 Jahre (kalt) gemäß § 146 Abs. 2 BewG, abzüglich Wertminderung wegen Alters = 0,5% pro Jahr, maximal 25% (§ 146 Abs. 4 BewG), bei Ein-/Zweifamilienhaus zzgl. 20% darauf (§ 146 Abs. 5 BewG). Der Mindestwert ist gemäß § 146 Abs. 6 BewG der des unbebauten Grundstücks (= 80% des zuletzt ermittelten Bodenrichtwerts gem. § 145 Abs. 3 BewG). Bei Industrieobjekten wird nach § 147 BewG bewertet;[21]
– **(noch) unbebautes Grundstück:** Auf § 145 Abs. 3 BewG (= 80% des Bodenrichtwerts) wird zwar nicht verwiesen, nach h. M.[22] gilt die Bestimmung analog;
– bei **Zustand der Bebauung** im Besteuerungszeitpunkt gilt § 149 BewG (= Bodenwert + vorhandene Gebäudesubstanz).[23]

Soweit der Steuerpflichtige einen niedrigeren Verkehrswert nachweist, gilt dieser (nur) für den Gesamtwert (§ 138 Abs. 4 BewG). Hier ist auch eine Abbruchverpflichtung aufgrund Erbbauvertrags wertmindernd zu berücksichtigen (ErbStR R 183 Abs. 3.3.).[24] Der Nachweis kann durch Gutachten eines Grundstückssach-

---

[19] BFH DStR 2004, 1212; NV 2005, 56; NV 2005, 505; NV 2005, 2170; DStRE 2006, 1135.
[20] Erlass oberste Finanzbehörden d. Länder (Bay. St. Min.Fin. Gz. 34 – S 3014 – 037 – 47071/02) MittBayNot 2003, 244.
[21] Zum Mischverfahren bei gemischt genutzten Grundstücken vgl. *Gürsching/Stenger* § 148 RdNr. 84.
[22] ErbStR R183 Abs. 1 S. 2; *Weinmann* ZEV 1997, 359, 367; *Hildesheim* 20710 RdNr. 83; *Gürsching/Stenger* § 148 RdNr. 86; *Drosdzol* UVR 2007, 119, 120.
[23] FG Düsseldorf EFG 2001, 1103; vgl. *Hildesheim* 20710 RdNr. 82.
[24] Vgl. Darstellung *Drosdzol* UVR 2007, 119, 122.

III. Bedarfsbewertung, § 148 BewG

verständigen, des Gutachterausschusses oder zeitnaher Kaufpreise geführt wurden.[25]

3. Bewertung des Erbbaugrundstücks vor 1. 1. 2007, § 148 Abs. 1 S. 1 BewG aF

a) Grundstück. I. d. R. bezieht sich der Inhalt des Erbbaurechts auf das ganze Erbbaugrundstück. Bezieht er sich nur auf einen Teil desselben, so ist nur der faktisch betroffene Grundstücksteil als wirtschaftliche Einheit i. S. § 148 BewG anzusetzen.[26] Das Restgrundstück ist nach den allgemeinen Grundsätzen gesondert zu bewerten. Bezieht sich dagegen das Erbbaurecht auf das ganze Grundstück, befindet sich aber nur ein Teil eines einheitlichen Gebäudes auf diesem, während der andere Teil des Gebäudes sich auf einem Nachbargrundstück befindet (z. B. beim Gesamterbbaurecht oder Nachbarerbbaurecht), so ist das Grundstück und der hierauf befindliche Gebäudeteil gesondert zu bewerten.[26] Auch ein Eigentümererbbaurecht ist in gleicher Weise zu behandeln. 10.28

b) Bauwerk. § 148 Abs. 1 BewG ist auch anzuwenden, wenn noch kein Bauwerk vorhanden ist oder es sich in Bebauung befindet oder das Bauwerk vom Grundstückseigentümer vor der Erbbaurechtsbestellung errichtet wurde (ErbStR R 182 Abs. 4). 10.29

c) Erbbauzins. Hierunter war der vertraglich vereinbarte Erbbauzins zu verstehen, und zwar in der Höhe, wie er zum Besteuerungszeitpunkt zu bezahlen war (ErbStR R 182 Abs. 2 S. 1, 2). Künftige Änderungen aufgrund von Wertsicherungsklauseln waren nicht zu berücksichtigen (ErbStR R 182 Abs. 2 S. 4). Bei Einmalzahlungen, Vorauszahlungen oder einem gestaffelten Erbbauzins war ein Durchschnittswert aus den insgesamt nach dem Besteuerungszeitpunkt zu leistenden Erbbauzinsen – verteilt auf die Restlaufzeit – zu bilden (ErbStR R 182 Abs. 2 S. 3). War kein Erbbauzins zu bezahlen (z. B. beim Eigentümererbbaurecht) so war der Wert des Grundstücks null (ErbStR R 182 Abs. 2 S. 5). Da der Erbbauzins bereits bei der Ermittlung des Grundstückswerts berücksichtigt wurde, war er gemäß § 148 Abs. 1 S 3 BewG aF sonst weder aktiv, noch passiv anzusetzen. 10.30

d) Berechnungsformel: Der so ermittelte Erbbauzins war gemäß § 148 Abs. 1 BewG aF mit dem Faktor 18,6 zu multiplizieren, und zwar gleichgültig, wie lange das Erbbaurecht noch lief (ErbStR R 182 Abs. 3), also auch wenn das Erbbaurecht nur noch ein Jahr lief. Weder der Verkehrswert des Erbbaugrundstücks, noch die Abbruchverpflichtung war hierzu berücksichtigen. 10.31

e) Bewertungsbeispiel: (= ErbStR H 182): 10.31a

B ist Eigentümer eines seit dem 1. 6. 1990 auf die Dauer von 50 Jahren überlassenen Grundstücks. Dieses Grundstück schenkt er am 13. 11. 1998 seiner Tochter. Der jährliche Erbbauzins betrug zum Zeitpunkt der Bestellung des Erbbaurechts 2600 €. Aufgrund einer Wertsicherungsklausel ist im Zeitpunkt der Schenkung ein jährlicher Erbbauzins von 3000 € zu entrichten. Für Zwecke der Schenkungsteuer wird ein Grundstückswert für das mit dem Erbbaurecht belastete Grundstück benötigt.

Jährlicher Erbbauzins im Besteuerungszeitpunkt 3000 €
× Vervielfacher 18,6 =   55 800 €
Wert des belasteten Grundstücks, abgerundet gemäß § 139 BewG   55 000 €

4. Bewertung des Erbbaurechts vor 1. 1. 2007

a) Abzugsverfahren. Der Wert des Erbbaurechts war der nach RdNr. 10.27 ermittelte Gesamtwert abzüglich des (vorstehend dargestellten) Wertes des Erbbau- 10.32

---

[25] *Stöckel* NWB 2007, 3699, mit Beispielen z. Verkehrswertermittlung.
[26] ErbStR R 181 Abs. 3, 4; *Weinmann* ZEV 1997, 359, 360.

grundstücks (§ 148 Abs. 1 S. 2 BewG aF). Eine Möglichkeit, einen niedrigeren Verkehrswert des Grundstücks anzusetzen, bestand (im Unterschied zum Gesamtwert) nicht.[27]

10.33 **b) Bewertungsbeispiel** (= ErbStR H 183):

M überträgt zum 1. 11. 1998 sein Erbbaurecht (jährlicher Erbbauzins im Besteuerungszeitpunkt 5000 €) auf seinen Sohn. Die in den letzten drei Jahren vor dem Erwerbszeitpunkt erzielbare Jahresmiete (§ 146 Abs. 2 Satz 1 BewG aF) für das in Ausübung des Erbbaurechts vor 20 Jahren errichtete Mehrfamilienhaus beträgt 100 000 €.

Jahresmiete von 100 000 € × Vervielfacher 12,5	1 250 000 €
davon Alterswertminderung (20 × 0,5 v. H. = 10 v. H.)	./. 125 000 €
Gesamtwert	1 125 000 €
abzgl. Wert für das belastete Grundstück Erbbauzins von 5000 € × Vervielfaches 18,6	./. 93 000 €
Grundstückswert für das Erbbaurecht	1 032 000 €

5. Bewertung des Erbbaurechts nach dem 1. 1. 2007

10.34 **a) Konzept.** Der ermittelte Gesamtwert (RdNr. 10.27) des bebauten Grundstücks (ohne Berücksichtigung des Erbbaurechts) ist zunächst in Boden- und Gebäudewert aufzuteilen. Bei einem bebauten Grundstück iS § 146 BewG entfällt gem. § 148 Abs. 4 S. 1 BewG fix 20% auf den Grund und 80% auf das Gebäude. Bei Sonderfällen bebauter Grundstücke i. S. § 147 BewG gelten nach § 148 Abs. 4 S. 2 BewG die dort ermittelten Werte. Bei unbebauten Grundstücken i. S. § 145 BewG erfolgt keine Teilung. Ein niedrigerer Verkehrswert ist nur beim Gesamtwert zu berücksichtigen.

10.34a **b) Regelbewertung.** Soweit die Dauer des Erbbaurechts im Berechnungszeitpunkt noch mindestens 40 Jahre beträgt oder soweit zwar die Dauer kürzer ist, jedoch bei Erlöschen des Erbbaurechts durch Zeitablauf das Gebäude zum vollen Wert (= 100%) zu entschädigen ist, entfällt der vorstehend ausgesonderte Gebäudewert nach § 148 Abs. 3 S. 1 BewG allein auf die wirtschaftliche Einheit des Erbbaurechts.

10.34b **c) Sonderbewertung bei kurzer Dauer und Ausschluss Gebäudeentschädigung (§ 148 Abs. 3 S. 2 BewG).** Bei einer Dauer unter 40 Jahren wird der ermittelte Gebäudewert nach folgender zeitlicher Staffelung gemäß § 148 Abs. 3 S. 2 BewG aufgeteilt:

unter 40 bis zu 35 Jahren	90 Prozent
unter 35 bis zu 30 Jahren	85 Prozent
unter 30 bis zu 25 Jahren	80 Prozent
unter 25 bis zu 20 Jahren	70 Prozent
unter 20 bis zu 15 Jahren	60 Prozent
unter 15 bis zu 10 Jahren	50 Prozent
unter 10 bis zu 8 Jahren	40 Prozent
unter 8 bis zu 7 Jahren	35 Prozent
unter 7 bis zu 6 Jahren	30 Prozent
unter 6 bis zu 5 Jahren	25 Prozent
unter 5 bis zu 4 Jahren	20 Prozent
unter 4 bis zu 3 Jahren	15 Prozent
unter 3 bis zu 2 Jahren	10 Prozent
unter 2 Jahren bis zu 1 Jahr	5 Prozent
unter 1 Jahr	0 Prozent.

---

[27] *Weinmann* ZEV 1997, 359, 367; *Drosdzol* UVR 2007, 119, 120.

III. Bedarfsbewertung, § 148 BewG

Nach Satz 1 entfällt aber die Sonderbewertung, wenn der Verkehrswert des Gebäudes bei Zeitablauf voll zu entschädigen ist.[28] Der Grund dafür ist, dass der Wert in diesem Fall eben keinem Verbrauch unterliegt; es bleibt also hier bis zum Zeitablauf bei obiger Regelbewertung.

d) Sonderbewertung bei teilweisem Ausschluss der Entschädigung. 10.34 c
Nach § 148 Abs. 3 S. 5 BewG ist der dem Wert des Erbbaugrundstücks entschädigungslos zufallende Anteil am Gebäudewert entsprechend zu verteilen. So ist z.B. bei einer Entschädigung von 2/3 auch 2/3 der Kürzung beim Erbbaurecht anzusetzen, also bei einer Laufzeit von 40 bis 35 Jahren 90% + 10% × 2/3 = 96,66% und bei 1,5 Jahren 5% + 95 × 2/3% = 68,33%. Nach Satz 6 bleibt eine in der Höhe des Erbbauzinses zum Ausdruck kommende Entschädigung außer Betracht.

e) Beispiel (aus ZEV 1/2007, 14) alte und neue Bewertung[29] 10.34 d

E hat im Januar 2007 von seiner Mutter ein Erbbaurecht erworben, das eine Restlaufzeit von 9 Jahren hat, nach denen das aufstehende Gebäude ohne Entschädigung auf den Eigentümer übergeht. Der Erbbauzins beläuft sich auf 3600 € im Jahr. Das Grundstück mit Gebäude hat nach Berücksichtigung des Erbbaurechts einen Steuerwert von 242 000 €. – Hätte E das Erbbaurecht noch im 2006 erworben, wäre von dem Gesamtwert des Grundstücks der kapitalisierte Erbbauzins i.H. von (3600 € × 18,6 =) 66 960 € abgezogen worden; für das Erbbaurecht wären (abgerundet) 175 000 € angesetzt worden. Beim Erwerb im Jahr 2007 wird E nach der Zeitstaffelung ein Anteil von 40% am Gebäudewert zugerechnet. Er beträgt 80% des Gesamtwerts, mithin 193 600 €. Bemessungsgrundlage der Steuer sind deshalb (abgerundet) 77 000 €.

6. Bewertung des Erbbaugrundstücks nach dem 1. 1. 2007

Gemäß § 148 Abs. 2 BewG entfällt der Grundstückswert (bei § 146 BewG = 10.34 e
20% des Gesamtwerts) immer auf das Erbbaugrundstück. Der Gebäudewert (i.R. 80%) entfällt bei der Regelbewertung voll auf das Erbbaurecht, bei Sonderbewertungen (vgl. RdNr. 10.34 b) bis d)) nach § 148 Abs. 3 S. 4 BewG zum verbleibenden Teil.

7. Weitere Bestimmungen nach dem 1. 1. 2007; verfassungskonforme Auslegung

Gemäß § 148 Abs. 5 BewG gelten die neuen Bewertungsvorschriften auch für 10.34 f
Wohnungs-/Teilerbbaurechte. Nach Absatz 6 spielt der **Erbbauzins** weder bei der Bewertung des Erbbaurechts, noch der des Grundstücks, noch als eigenes Recht aktiv oder passiv eine Rolle; dies gilt nach Abs. 3 S. 6 auch wenn darin der Ausschluss der Gebäudeentschädigung bei Zeitablauf enthalten ist. Dies ist zwar ein konsequenter Systemwechsel gegenüber der bisherigen Bewertung. Da einerseits der Erbbauzins de facto aber sehr wohl in Sonderfällen von großer Bedeutung sein kann (z.B. erbbauzinsloses Erbbaurecht nach Ersteigerung; altes Erbbaurecht mit einem niedrigen Erbbauzins ohne Anpassungsklausel usw.) und andererseits die Teilung Grundstücks-/Gebäudewert (20/80%) sehr holzschnittartig ist, besteht wiederum eine erhebliche Gefahr neuer Wertverzerrungen, die wieder verfassungskonform zu interpretieren wären.[30] Der nun ausdrücklich zugelassenen Nachweis des geringeren gemeinen Werts (§ 138 Abs. 4 BewG) für das gesamte Objekt (Erbbaurecht + Grundstück) ist dagegen ein Vorteil der Neuregelung.[31]

---

[28] *Drosdzol* UVR 2007, 119, 121.
[29] Weitere Bewertungsbeispiele n. altem u. neuem Recht, *Stöckel* NWB 2007, 3699.
[30] Vgl. *Drosdzol* UVR 2007, 119, 122 u. *Stöckel* NWB 2007, 3699.
[31] Zur Verkehrswertermittlung im Einzelnen *Drosdzol* UVR 2007, 119, 122; *Stöckel* NWB 2007, 3699.

IV. Grunderwerbsteuer

1. Vorbemerkung

10.35 **a) Gültiges Recht.** Das Grunderwerbssteuergesetz wurde durch Gesetz vom 17. 12. 1982 (= GrEStG 1983) und nochmals vom 26. 2. 1997neu gefasst (BGBl. I S. 1777 bzw. 418) und zuletzt geändert am 1. 9. 2005 (BGBl. I S. 2676). Gemäß § 23 GrEStG gilt es (von den dort genannten Ausnahmen abgesehen) auf Erwerbsvorgänge, die nach dem 31. Dezember 1982 verwirklicht werden bzw. nach Abs. 2–7 einzelne Bestimmungen ab den dort jeweils genannten Zeitpunkten. Der Steuersatz beträgt gem. § 11 GrEStG 3,5% der jeweiligen Bemessungsgrundlage.

10.36 **b) Erlass, Anwendbarkeit für das Erbbaurecht.** Das Finanzministerium Bayern hat im Einvernehmen mit den obersten Finanzbehörden der anderen Länder am 30. 8. 1994, zuletzt geändert am 25. 2. 2002, ein **„Schreiben betr. Beurteilung von Erbbaurechtsvorgängen"** herausgegeben,[32] das auf der bisherigen BFH-Rechtssprechung beruht und die steuerpflichtigen Vorgänge im Erbbaurecht sowie die Besteuerungsgrundlagen zusammenfasst. Dieser koordinierte Ländererlass ersetzt den Erlass vom 8. 7. 1985.[33] Er wird folgend kurz als „Erlass" bezeichnet. Nach **§ 2 Abs. 2 Nr. 1 GrEStG stehen Erbbaurechte den Grundstücken gleich.** Die auf Grundstücke abgestellten Vorschriften des Grunderwerbssteuerrechts gelten daher für Erbbaurechte und Untererbbaurechte entsprechend (Erlass Nr. 1). Die steuerpflichtigen Rechtsvorgänge werden nachstehend im Einzelnen dargelegt.

2. Erbbaurechtsbestellung

10.37 **a) Begründung der Steuerpflicht.** Ob die Bestellung eines Erbbaurechts grunderwerbsteuerpflichtig ist, wurde bis 1967 nahezu einhellig verneint. Der BFH hat diese Frage im Urteil vom 28. 11. 1967[34] bejaht und dies danach in ständiger Rechtssprechung bestätigt.[35] Dies wird auch im Erlass unter Nr. 1.1.1 bzw. 1.2.1 bestätigt und ist heute unbestritten. Maßgebend ist nicht, dass durch die Erbbaurechtsbestellung das Grundstückseigentum belassen wird, sondern dass gemäß § 2 Abs. 2 Nr. 1 GrEStG das Erbbaurecht dem Grundstückseigentum gleichgestellt wird. Das GrEStG wäre in sich widersprüchlich, wenn zwar der Erwerb jeder anderen auch nur wirtschaftlichen Verwertungsmöglichkeit von Grundbesitz der Grunderwerbsteuer unterläge (vgl. § 1 Abs. 2 GrEStG), nicht aber der Erwerb einer Verwertungsbefugnis in der Form des Erbbaurechts, obwohl diese ausdrücklich in § 2 Abs. 2 Nr. 1 GrEStG den Grundstücken gleichgestellt ist. Besonders offensichtlich ist dies, wenn durch die Erbbaurechtsbestellung der Erbbauberechtigte Eigentum an einem bereits errichteten Gebäude erwirbt (§ 12 Abs. 1 S. 2 ErbbauRG); ein rechtlicher Erwerb des Bauwerkseigentums kann aber nicht steuerfrei bleiben, wenn eine nur wirtschaftliche Verwertungsmöglichkeit steuerpflichtig ist.

10.38 **b) Steuerpflichtige Vorgänge.** Grunderwerbssteuerpflichtig sind sonach folgende Vorgänge: der **schuldrechtliche Erbbaurechtsvertrag** gemäß **§ 1 Abs. 1 Nr. 1** GrEStG;[36] ferner gemäß **§ 1 Abs. 1 Nr. 5** GrEStG ein Rechtsgeschäft, das

---

[32] Steuererlasse § 2/3 600; vgl. DStR 1994, 1665 = StEd 1995, 488.
[33] Fin. Senator Berlin, AZ III – D 11 – S 4500 – 6/82, StZBl. Bln. S. 1336.
[34] BFHE 91, 191 = NJW 1968, 1543 = BStBl. II 1968, 223 aA Kleisl MittBayNot. 1973, 187.
[35] Vgl. BFHE 129, 223, 225 = BStBl. II 1980, 136; *Boruttau* GrEStG, 16. Aufl. 2007, § 2 Rdnr. 146 mit weit. Nachw.
[36] BFHE 91, 191 = NJW 1968, 1543; BFHE 129, 223, 225 = BStBl. II 1980, 136; BFH, BFH/NV 1997, 706; Erlass Nr. 1.1.

den Anspruch auf Abtretung eines Anspruchs auf (dingliche) Erbbaurechtsbestellung begründet,[37] also zB der **Weiterverkauf** eines schuldrechtlich bestellten, aber **noch nicht im Grundbuch eingetragenen Erbbaurechts** oder der Verkauf eines bestellten, aber noch nicht eingetragenen Wohnungs-/Teilerbbaurechts. Gemäß **§ 1 Abs. 1 Nr. 6 GrEStG** gilt dies auch für ein Rechtsgeschäft, das den Anspruch auf Abtretung der Rechte aus einem Angebot begründet, nach dem die Bestellung eines Erbbaurechts verlangt werden kann (Erlass Nr. 1.6); dies wäre zB der Fall, wenn der Grundstückseigentümer einem Dritten das (übertragbare) Angebot zum Abschluss eines Erbbaurechtsbestellungsvertrages gemacht hat, und dieser seinen Anspruch daraus durch Kauf oder Schenkung weiter überträgt. Nach **§ 1 Abs. 1 Nr. 7** GrEStG ist schließlich steuerpflichtig die **Abtretung** der in § 1 Abs. 1 Nr. 5 und 6 GrEStG bezeichneten Rechte, wenn kein entsprechendes (schuldrechtliches) Rechtsgeschäft vorausgegangen ist; hierunter könnte es zB fallen, wenn ein Erbbauberechtigter, an den die Einigung über die Entstehung des Erbbaurechts bereits erklärt, aber noch nicht eingetragen wurde, seine Rechte aus dem Erbbaurechtsvertrag an einen Dritten abtritt und an diesen die Einigung erklärt, obwohl er mit diesem kein schuldrechtliches Kausalgeschäft (Kauf oder Schenkung) wirksam vereinbart hat. Nach **§ 1 Abs. 1 Nr. 2** GrEStG ist schließlich grunderwerbsteuerpflichtig die reine **Einigung** (§ 11 Abs. 1 ErbbauRG, § 873 BGB, vgl. RdNr. 5.42 ff.), wenn kein schuldrechtliches Kausalgeschäft vorausgegangen ist (vgl. Erlass Nr. 1.2.1). Unter **§ 1 Abs. 1 Nr. 3** GrEStG fällt auch die Entstehung des Erbbaurechts durch Buchersitzung (§ 900 Abs. 2 BGB) sowie nach Hoheitsakt im Umlegungs- oder im Enteignungsverfahren (vgl. oben RdNr. 5.79 ff.).[38] Gemäß Koord. Ländererlass vom 17. 9. 1996 (FM Bayern 37 – S 4514 – 18/5 – 52 390 = Steuererlasse § 7/1 600) ist § 7 GrEStG nicht anwendbar auf die Auseinandersetzung dahin, dass ein Gesamthandseigentümer ein nur bestelltes Erbbaurecht und der andere das Erbbaugrundstück erhält. Eine Erbbaurechtsbestellung durch Schenkung unter Lebenden ist gemäß § 3 Nr. 2 S. 1 GrEStG grunderwerbsteuerfrei; hierunter fällt die Erbbaurechtsbestellung einer Kirchengemeinde für die Errichtung eines karitativen Alten-/Pflegeheims bei Verzicht auf Erbbauzins auf die Dauer dieser Verwendung,[39] nicht dagegen wenn dies durch eine Kommune für einen freien Träger der Wohlfahrtspflege erfolgt.[40]

c) Art des Erbbaurechts. Gleichgültig ist dagegen, auf welche Art von Erbbaurecht sich die vorgenannten schuldrechtlichen bzw. dinglichen Rechtsgeschäfte beziehen; steuerpflichtig ist die Bestellung eines **Untererbbaurechts** (soweit zulässig vgl. RdNr. 3.14 ff.), da sie einer Erbbaurechtsbestellung gleichsteht;[41] auch für die Bestellung eines **Gesamterbbaurechts** (vgl. RdNr. 3.37 ff.) oder eines (hier abgelehnten) **Nachbarerbbaurechts** (vgl. RdNr. 3.70 ff.) oder in der **Sachenrechtsbereinigung** kann nichts anderes gelten. Dagegen ist die Bestellung eines **Eigentümererbbaurechts** (der Grundstückseigentümer bestellt also ein Erbbaurecht für sich selbst, vgl. RdNr. 3.8 ff.) nicht grunderwerbsteuerpflichtig;[42] da hier weder ein schuldrechtliches Kausalgeschäft, noch eine Einigung nötig ist, ist die einseitige Erklärung des Eigentümers (vgl. RdNr. 3.10) kein steuerpflichtiger Erwerbsvorgang iS § 1 Abs. 1 GrEStG. Auch § 1 Abs. 2 GrEStG trifft nicht zu, da kein „anderer rechtlich oder wirtschaftlich eine Verwertungsmöglichkeit" erhält. Das gleiche gilt, wenn der Grundstückseigentümer sein Eigentümererbbaurecht

10.39

---

[37] BFH BStBl. II 1968, 222; Erlass Nr. 1.5.
[38] Vgl. f. Bayern BayJMBl. 1984, 204, 205.
[39] BFH DStRE 2006, 1152.
[40] BFH DStRE 2006, 1018.
[41] BFH BStBl. II 1980, 135 = DNotZ 1981, 427; Erlass Nr. 1.
[42] *Ingenstau/Hustedt* Anh. I RdNr. 23.

gemäß §§ 30, 8 WEG in **Wohnungs-/Teilerbbaurecht** aufteilt, da kein Wechsel zwischen verschiedenen Rechtsträgern vorliegt.[43] Bei der Begründung von Wohnungs-/Teilerbbaurecht unter verschiedenen Miterbbauberechtigten gemäß §§ 30, 3 WEG (vgl. RdNr. 3.107) gilt das Gleiche, wie bei der entsprechenden Begründung von Wohnungs-/Teileigentum.[44] Für die Grunderwerbsteuer macht es schließlich keinen Unterschied, ob die Erbbaurechtsbestellung sich auf ein **schon vorhandenes** oder ein erst noch **zu errichtendes Gebäude** bezieht.[45]

d) Besteuerungsgrundlagen

10.40 aa) **Erbbauzins.** In § 9 Abs. 2 Nr. 2 S. 3 GrEStG[46] ist ausdrücklich bestimmt, dass der Erbbauzins **nicht als dauernde Last** gilt und damit zur steuerpflichtigen Gegenleistung gehört. Bei der Erbbaurechtsbestellung ist deshalb der **Kapitalwert** des zu leistenden Erbbauzinses **stets als Teil der Gegenleistungen** zu berücksichtigen (Einführungserlass[47] Nr. 5). Der Kapitalwert der Erbbauzinsverpflichtung wird nach § 13 BewG in Verbindung mit Anlage 9a ermittelt.[47] Bei der Berechnung ist grundsätzlich die gesamte Laufzeit des Erbbauzinses vom Anfangszeitpunkt an (nicht erst ab Eintragung in das Grundbuch) zugrunde zu legen (Einführungserlass[47] Nr. 5). Die Begrenzung des Jahreswerts des Erbbauzinses iSv. § 16 BewG ist für die Grunderwerbssteuer gemäß § 17 Abs. 3 S. 2 BewG ist ohnehin generell ausgeschlossen. Eine Erbbauzinsanpassungsklausel führt wie jede andere Wertsicherungsklausel weder zu einer vorläufigen Veranlagung, noch zu einer Nachforderung nach ihrem Eintritt.[48] Berechnungsbeispiele vgl. *Dorner* BB 1982, 490.

10.41 Der **Kapitalwert** ist nach § 13 Abs. 1 S. 1 BewG aus der Summe der einzelnen Jahreswerte abzüglich der Zwischenzinsen unter Berücksichtigung von Zinseszinsen zu kapitalisieren; ein anderer als der in der Bestimmung vorgesehene Zinssatz von 5,5 v.H. kann nach BFH[49] nicht zugrunde gelegt werden. Zur Ermittlung des gegenwärtigen Kapitalwertes derartiger Renten ist unter Berücksichtigung aller vorgenannten Grundlagen dem § 13 Abs. 1 BewG die Anlage 9a beigegeben, die im Folgenden abgedruckt wird:

Kapitalwert einer wiederkehrenden, zeitlich beschränkten Nutzung oder Leistung im Jahresbetrag von einem Euro

Der Kapitalwert ist unter Berücksichtigung von Zwischenzinsen und Zinseszinsen mit 5,5 vom Hundert errechnet worden. Er ist der Mittelwert zwischen dem Kapitalwert für jährlich vorschüssige und jährlich nachschüssige Zahlungsweise.

Laufzeit in Jahren	Kapitalwert	Laufzeit in Jahren	Kapitalwert
1	0,974	6	5,133
2	1,897	7	5,839
3	2,772	8	6,509
4	3,602	9	7,143
5	4,388	10	7,745

---

[43] *Boruttau* § 2 RdNr. 221, 213.

[44] Vgl. *Boruttau* § 2 RdNr. 221, 212.

[45] BFH BStBl. II 1968, 223; = NJW 1968, 1543; vgl. *Boruttau* § 2 RdNr. 147, 164ff. mit weit. Nachw.

[46] Zum früheren Recht vgl. *Boruttau* § 9 RdNr. 551 mit Nachw.; zur Fortgeltung f. Erwerbe n. altem Recht BFH DNotZ 1985, 263 und *Boruttau* 11. Aufl. (§ 11) RdNr. 281 ff., 331 ff. mit weit. Nachw.

[47] Vom 21. 12. 1982, BStBl. I 968; abgedruckt in Steuererlasse unter 600.

[48] BFH BStBl. II 1968, 43 = DNotZ 1969, 698; *Kleisl* MittBayNot. 1973, 187, 188; vgl. *Boruttau* § 9 RdNr. 554, 81 ff.; aA FinG Rheinland Pfalz DNotZ 1967, 526.

[49] BFH BB 1993, 643.

Laufzeit in Jahren	Kapitalwert	Laufzeit in Jahren	Kapitalwert
11	8,315	57	17,799
12	8,856	58	17,845
13	9,368	59	17,888
14	9,853	60	17,930
15	10,314	61	17,969
16	10,750	62	18,006
17	11,163	63	18,041
18	11,555	64	18,075
19	11,927	65	18,106
20	12,279	66	18,136
21	12,613	67	18,165
22	12,929	68	18,192
23	13,229	69	18,217
24	13,513	70	18,242
25	13,783	71	18,264
26	14,038	72	18,286
27	14,280	73	18,307
28	14,510	74	18,326
29	14,727	75	18,345
30	14,933	76	18,362
31	15,129	77	18,379
32	15,314	78	18,395
33	15,490	79	18,410
34	15,656	80	18,424
35	15,814	81	18,437
36	15,963	82	18,450
37	16,105	83	18,462
38	16,239	84	18,474
39	16,367	85	18,485
40	16,487	86	18,495
41	16,602	87	18,505
42	16,710	88	18,514
43	16,813	89	18,523
44	16,910	90	18,531
45	17,003	91	18,539
46	17,090	92	18,546
47	17,173	93	18,553
48	17,252	94	18,560
49	17,326	95	18,566
50	17,397	96	18,572
51	17,464	97	18,578
52	17,528	98	18,583
53	17,588	99	18,589
54	17,645	100	18,593
55	17,699	101	18,596
56	17,750	mehr als 101	18,600

Die Anlage gilt für vor- und nachschüssige Zahlungen. Berechnungsbeispiel bei Anwendung der aufgehobenen §§ 110, 111 BewG, vgl. Vorauflage.

bb) Sonstige Leistungen. Neben dem zu kapitalisierenden Erbbauzins gehören auch alle sonst etwa vereinbarten Zuzahlungen oder sonstigen Leistungen zur Gegenleistung iS § 9 GrEStG. Dies ist zB der Fall, wenn anstelle oder zusätzlich zum Erbbauzins ein Kaufpreis geleistet wird;[50] das Gleiche gilt bei einer Vergütung bzw. einem Nutzungsentgelt oder einem kapitalisierten Erbbauzins für das von der

10.42

---

[50] BFH BB 1983, 1145.

Erbbaurechtsbestellung umfasste bereits vorhandene Gebäude[51] oder bei einem zugleich abgeschlossenen Bauvertrag, wonach Leistungsgegenstand das Erbbaurecht mit dem vom Grundstückseigentümer oder einem Dritten zu errichtenden Gebäude ist;[52] etwas anderes gilt nur, wenn diese Bauwerke wirtschaftlich dem Grundstückseigentümer zugeordnet bleiben.[53] U.U. kann auch eine Verpflichtung des Erbbauberechtigten zur Restaurierung des vorhandenen Gebäudes Gegenleistung sein.[54] Zur steuerlichen Umgehung durch Bestellung eines Erbbaurechts mit Verpflichtung zu nachfolgender Übereignung des Erbbaugrundstücks vgl. RdNr. 10.63.

10.43 **cc) Fehlen einer Gegenleistung.** Wenn der Vorgang grunderwerbsteuerpflichtig, aber keine Gegenleistung (insbesondere kein Erbbauzins) vorhanden ist, gilt ab dem 1.1.1997 für die Grunderwerbsteuer die Grundbesitzbewertung gemäß § 23 Abs. 4 GrEStG, also die **Bedarfsbewertung** (§ 8 Abs. 2 GrEStG, §§ 138, 148 BewG), vgl. RdNr. 10.26ff. Eine Gegenleistung ist nicht vorhanden bei Rechtsgeschäften nach § 1 Abs. 1 Nr. 6 und 7 GrEStG, also bei Rechtsgeschäften, die den Anspruch auf Abtretung der Rechte aus einem Angebot zur Erbbaurechtsbestellung begründen oder bei entsprechender Abtretung.[55] Die Bedarfsbewertung gilt gemäß § 8 Abs. 2 S. 1 Nr. 2 und 3 GrEStG für Umwandlungen auf Grund eines Bundes- oder Landesgesetzes, insbesondere des Umwandlungsgesetzes (Verschmelzung, Spaltung, Vermögensübertragung, aber nicht Formwechsel), sowie für Einbringungsvorgänge und andere Erwerbsvorgänge auf gesellschaftsvertraglicher Grundlage.

10.44 **dd) Unbedenklichkeitsbescheinigung.** Gemäß § 22 Abs. 1, § 2 Abs. 2 Nr. 1 GrEStG ist zur Eintragung des Erbbauberechtigten, also zum grundbuchamtlichen Vollzug des Erbbaurechts eine Unbedenklichkeitsbescheinigung des zuständigen Finanzamtes nötig.[56] Hierfür gibt es landesrechtliche Ausnahmen,[57] wonach bei Unterschreitung des Freibetrages bzw. bei den dort genannten steuerfreien Vorgängen keine Unbedenklichkeitsbescheinigung nötig ist.

3. Übertragung des Erbbaurechts

10.45 **a) Steuerpflichtige Vorgänge.** Durch die Gleichstellung des Erbbaurechts mit Grundstücken in § 2 Abs. 2 Nr. 1 GrEStG ist unstrittig, dass die Tatbestände des § 1 GrEStG auch für Übertragungen des Erbbaurechts gelten. Sonach ist nach **§ 1 Abs. 1 Nr. 1** GrEStG steuerpflichtig schon der **schuldrechtliche Vertrag** (Kaufvertrag oder sonstiges Rechtsgeschäft), der den Anspruch auf Übertragung des Erbbaurechts begründet;[58] hier entsteht der steuerbegründende Tatbestand schon mit dem Abschluss des schuldrechtlichen Vertrages. Ist ein solches schuldrechtliches Rechtsgeschäft nicht vorangegangen, entsteht die Steuer gemäß **§ 1 Abs. 1 Nr. 2** GrEStG mit der (einer Auflassung iS § 925 BGB entsprechenden) Einigung über die Übertragung des Erbbaurechts (§ 11 Abs. 1 ErbbauRG, § 873 BGB, vgl. RdNr. 5.90) und schließlich gemäß **§ 1 Abs. 1 Nr. 3** GrEStG mit dem Übergang des Erbbaurechts selbst, gleichgültig, ob dieses rechtsgeschäftlich übergegangen ist (§ 873 BGB) oder kraft Gesetzes, zB durch Hoheitsakt. Hinzu kommen die in **§ 1 Abs. 1 Nr. 5 mit 7** GrEStG bezeichneten Rechtsgeschäfte (vgl. im Einzelnen

---

[51] BFH BStBl. III 1960, 234; FG Münster DStRE 2005, 1291.
[52] BFH BFH/NV 1997, 706; BFH DStRE 2006, 1153.
[53] FG Münster DStRE 2005, 1291.
[54] BFH BFH/NV 1996, 578.
[55] Erlass 5.1.; BFH BStBl. II 1969, 595 und BStBl. II 1972, 828.
[56] Vgl. BFH NJW 1968, 1543 u. 1979, 392; Boruttau § 22 RdNr. 12.
[57] Vgl. f. Bayern BayJMBl. 1984, 204, 205.
[58] BFH BStBl. II 1980, 136.

RdNr. 10.38, Erlass Nr. 1.5 mit 7). Die Steuerpflicht entsteht ferner nach § 1 Abs. 1 Nr. 4 GrEStG durch das Meistgebot im **Zwangsversteigerungsverfahren** über ein Erbbaurecht; hier kann der Erwerbsvorgang durch Übertragung der Rechte aus dem Meistgebot an den Erbbaurechtsinhaber rückgängig gemacht werden iS § 16 GrEStG.[59] Erfolgt die Übertragung eines Erbbaurechts auf einen Dritten nach einen vom Grundstückseigentümer geltend gemachten **Heimfall** (§ 3 S. 2 ErbbauRG), so entsteht dadurch keine Steuerpflicht des Grundstückseigentümers (vgl. RdNr. 10.51).[60]

Der Steuerpflicht unterliegt hier die Übertragung eines Erbbaurechts, auch eines Untererbbaurechts (vgl. oben RdNr. 10.39) oder eines Wohnungserbbaurechts[61] oder eines Mitberechtigungsanteils an einem Erbbaurecht[61] oder eines BGB-Gesellschaftsanteils, wenn nach dem Gesellschaftsvertrag mit jedem Gesellschaftsanteil untrennbar ein Wohnungs-/Teilerbbaurecht verbunden ist.[62] Bei einer Weiterveräußerung eines Erbbaurechts, zu dem ein bei der Bestellung schon vorhandenes Gebäude gehört, erfolgt der zivilrechtliche Eigentumserwerb daran und erwirbt der Erwerber die wirtschaftliche Verfügungsmacht über das Gebäude.[63] Hat der Erbbauberechtigte bei der Erbbaurechtsbestellung Gebäude miterworben, ohne Entschädigung dafür und erwirbt er danach das Grundstück unter Ausweisung eines Kaufpreises für diese Gebäude, so ist der Kaufpreis für die Gebäude nach BFH[64] grunderwerbsteuerpflichtig entgegen der zivilrechtlichen Rechtslage, nach der das Eigentum am Gebäude schon mit der Erbbaurechtsbestellung übergegangen war. Wird bei der Übertragung ein schon vorhandenes Gebäude erworben, zu dessen Bau der Erwerber die Mittel zur Verfügung gestellt hatte, kommt es darauf an, wem das Gebäude wirtschaftlich zuzurechnen war.[65] Steuerpflichtig ist auch die Übertragung des Erbbaurechts **an den Grundstückseigentümer** (zum Heimfall vgl. RdNr. 10.48) und nach der Veräußerung eines Grundstücks die Erbbaurechtsbestellung hieran durch den Erwerber für den Veräußerer.[66]

b) Besteuerungsgrundlage. Der Erbbauzins ist in gleicher Weise, wie bei der 10.47 Erbbaurechtsbestellung zu kapitalisieren und gilt als Gegenleistung. Die Kapitalisierung hat jedoch nur vom Beginn der Erbbauzinszahlungspflicht durch den Erwerber an für die Restlaufzeit zu erfolgen. Hierzu und zur Wertsicherungsklausel vgl. RdNr. 10.40. Ferner ist hier ein vereinbarter Kaufpreis und/oder sonstige Leistungen gemäß § 9 Abs. 1, Abs. 2 GrEStG Besteuerungsgrundlage. Liegen keine Gegenleistungen vor, gilt das Gleiche, wie bei der Erbbaurechtsbestellung.

4. Heimfall

a) Steuerpflichtiger Vorgang. Der Heimfall ist gemäß § 2 Nr. 4 ErbbauRG 10.48 Teil des vertraglich festgelegten dinglichen Inhalts des Erbbaurechts und beinhaltet ein bedingtes dingliches Erwerbsrecht. Zu den Voraussetzungen und Rechtswirkungen vgl. RdNr. 4.77 ff. Bei wirksamer Ausübung entsteht ein Anspruch des Grundstückseigentümers auf dingliche Übertragung des Erbbaurechts gemäß § 873 BGB an ihn. Da somit die Einigung über die Übertragung des Erbbaurechts an den Grundstückseigentümer nicht auf einem besonderen Kausalgeschäft beruht, son-

---

[59] BFH BStBl. II 1985, 261 = DNotZ 1986, 214.
[60] BFH BStBl. II 1970, 130; FinG München DNotZ 1965, 442 = EFG 1964, 601.
[61] BFH DNotZ 1955, 663 = BStBl. 1955 III, 53.
[62] BFH BStBl. II 1989, 628.
[63] BFH DNotZ 1961, 106 = BStBl. III 1960, 366.
[64] BFH DNotZ 1961, 70 = BStBl. III 1960, 234.
[65] BFH BStBl. III 1960, 366.
[66] BFH BFH/NV 2002, 71.

dern auf dem vorgenannten dinglichen Erwerbsrecht, entsteht die Steuerpflicht gemäß **§ 1 Abs. 1 Nr. 2**, § 2 Abs. 2 Nr. 1 GrEStG.[67]

10.49   Auf den Heimfall ist grundsätzlich **§ 16 Abs. 2 Nr. 1** GrEStG (Rückgängigmachung des Erwerbsfalls) **nicht anzuwenden**,[68] jedoch mit der anschließend dargestellten Ausnahme von Leistungsstörungen. Zwar bezieht sich der Heimfall häufig auf Vertragsverstöße, jedoch können auch sonstige Gründe vereinbart werden. Ferner ist der Heimfall konstruktiv keine Aufhebung des Erbbaurechtsvertrages, sondern eine Übertragung desselben an den Grundstückseigentümer.

10.50   **b) Besteuerungsgrundlage.** Besteuerungsgrundlage ist die an den Erbbauberechtigten zu bezahlende Vergütung gemäß § 32 ErbbauRG einschließlich etwaiger sonstiger Leistungen; dies wäre zB der Fall, wenn der Grundstückseigentümer gemäß § 33 Abs. 2 ErbbauRG Hypothekenschulden übernehmen muss, allerdings nur, soweit diese die Vergütung gemäß § 32 ErbbauRG übersteigen, da sie sonst auf die Vergütung angerechnet werden, § 33 Abs. 3 ErbbauRG. Die Erbbauzinsverpflichtung erlischt zwar nicht de jure, aber de facto, da der Grundstückseigentümer nunmehr Berechtigter und Verpflichteter derselben wird. Der kapitalisierte Wert der Erbbauzinsverpflichtung gehört daher nicht zur Gegenleistung (Erlass Nr. 4.3). Ist gemäß § 32 Abs. 1 S. 2 ErbbauRG durch dingliche Vereinbarung die Vergütung beim Heimfall ausgeschlossen, so bestimmt sich die Grunderwerbssteuer aus der (ab dem 1. 1. 1997) durchzuführenden Bedarfsbewertung des Erbbaurechts (§ 8 Abs. 2 Nr. 1 GrEStG, §§ 138, 148 BewG), wobei gleichfalls gemäß § 33 ErbbauRG zu übernehmende Hypothekenschulden abzuziehen sind. *Kleist*[69] geht dagegen davon aus, dass in einem derartigen Fall der Erbbauzins niedriger bemessen sein wird und dann ein fiktiver zusätzlicher Erbbauzins Bewertungsgrundlage ist; dem ist aber nicht zu folgen, da idR der Heimfall sich auf Vertragsverletzungen bezieht und also den Erbbauzins idR nicht mindert.

10.51   **c) Übertragung an Dritten.** Gemäß § 3 S. 2 ErbbauRG kann der Grundstückseigentümer bei Ausübung des Heimfalls auch verlangen, dass das Erbbaurecht an einen von ihm zu bezeichnenden Dritten übertragen wird (vgl. RdNr. 4.109). Hierbei übt er jedoch ein gesetzliches Gestaltungsrecht aus, das nur der Wahrung seiner Interessen bei der Erbbaurechtsbestellung dienen soll, so dass ein steuerpflichtiger wirtschaftlicher Zwischenerwerb nicht vorliegt.[70] Der Dritterwerber ist dann nach Erlass Nr. 1.2.4, 4.3 zu behandeln, wie bei der erstmaligen Bestellung eines Erbbaurechts; dies ist jedoch irreführend, da es sich rechtlich und wirtschaftlich nur um den Erwerb eines bereits bestehenden Erbbaurechts handelt; Besteuerunggrundlage ist daher neben der Vergütung gem. § 32 ErbbauRG sowie sonstigen Nebenleistungen nur der kapitalisierte Erbbauzins ab Beginn der Zahlungspflicht durch den Dritterwerber. Die Grunderwerbssteuerpflicht entsteht auch hier gemäß § 1 Abs. 1 Nr. 2 GrEStG erst durch die dingliche Einigung mit dem Dritten. Würde der Grundstückseigentümer beim Vollzug des Heimfalls an einen Dritten für sich selbst eine nicht von § 32 ErbbauRG umfasste zusätzliche Vergütung verlangen, so könnte bei dieser vom Gesetz abweichende Vertragsgestaltung eine Grunderwerbssteuerpflicht für ihn entstehen.

10.52   **d) Rückgängigmachung einer Erbbaurechtsbestellung wegen Leistungsstörungen.** Überträgt der Erbbauberechtigte das Erbbaurecht an den Grundstückseigentümer zurück oder wird das Erbbaurecht deshalb aufgehoben, weil der Erbbauberechtigte eine Bebauungspflicht, die er in der Erbbaurechtsbestellung übernommen hat oder die Geschäftsgrundlage des Vertrages ist, aus wirtschaft-

---

[67] BFH BStBl. II 1970, 130 = DNotZ 1971, 152, und BFH BStBl. II 1975, 418 = DNotZ 1976, 286.
[68] BFH BStBl. II 1975, 418 = DNotZ 1976, 286.
[69] MittBayNot 1973, 187, 190; wie hier *Ingenstau/Hustedt* Anh. I RdNr. 41.
[70] BFH BStBl. II 1970, 130 = DNotZ 1971, 152; FinG München Fn. 22.

IV. Grunderwerbsteuer

lichen Gründen nicht erfüllen kann, so liegt nach BFH[71] ein zur Grunderwerbssteuerbefreiung bzw. -erstattung führender Fall von **§ 16 Abs. 2 Nr. 3** GrEStG vor. Dies ist nach Erlass Nr. 1.2.4. und 3 auch auf einen Heimfall wegen Nichterfüllung von Vertragspflichten anzuwenden, die im schuldrechtlichen Vertrag übernommen wurden und die zivilrechtlich eine Hauptleistung darstellen.

Da der Heimfall jedoch sich idR auf die Verletzung wesentlicher Vertragspflichten durch den Erbbauberechtigten bezieht, ist die **Abgrenzung** schwierig.[72] Es sollte daher unterschieden werden zwischen Leistungsstörungen, die sich auf die **eigentliche Erbbaurechtsbestellung,** also die Begründung des Erbbaurechts selbst beziehen, wie hier bei Unbebaubarkeit oder nicht entsprechender Bebaubarkeit des Grundstücks oder zB Nichteintragungsfähigkeit des Erbbauzinses oder der schuldrechtlichen Anpassungsklausel, Unwirksamkeit einzelner Teile des Erbbaurechtsvertrages, Nichtzahlung einer einmaligen Vergütung für das Erbbaurecht anstelle des Erbbauzinses und dergleichen, und später **nach der „Begründungsphase"** auftretenden Leistungsstörungen. Sollte zB nach einer 20-jährigen Laufzeit des Erbbaurechts der Heimfall wegen Nichtzahlung des Erbbauzinses erfolgen (unter Beachtung von § 9 Abs. 3 ErbbauRG) oder wegen bestimmungswidriger Nutzung des Bauwerks, so kann sinngemäß § 16 GrEStG nicht mehr anwendbar sein. Ein weiterer Unterschied besteht dann, wenn der Erbbauberechtigte bereits sein Bauwerk errichtet hat, da nun der Grundstückseigentümer auch Eigentum an diesem Bauwerk erwirbt, was gleichfalls von der Zielsetzung des § 16 GrEStG nicht umfasst werden kann. 10.53

5. Verlängerung, Erneuerung

a) Verlängerung. Die Verlängerung des Erbbaurechts kann gemäß § 27 Abs. 3 ErbbauRG erfolgen, damit der Grundstückseigentümer seine Verpflichtung zur Zahlung der Entschädigung abwenden kann oder durch freiwillige Vereinbarung. In jedem Fall handelt es sich um eine dingliche Inhaltsänderung des noch bestehenden Erbbaurecht (vgl. hierzu RdNr. 5.223). Unter Änderung seiner bisherigen Rechtsprechung[73, 74] hat der BFH[75] klargestellt, dass die Verlängerung als Rechtsgeschäft i. S. § 1 Abs. 1 Nr. 1, § 2 Abs. 2 Nr. 1 GrEStG ein selbständiger, für sich der Grunderwerbsteuer unterliegender Vorgang ist (ebenso Erlass Nr. 1.1.4). Die analoge Anwendung wird damit begründet, dass das verlängerte Recht im Umfang der Verlängerung eine neue grundstücksgleiche Belastung ist, also der Neubegründung oder Übertragung entspricht. Eine Verlängerung alter Erbbaurechte gem. § 112 SachenRBerG ist nicht grunderwerbssteuerpflichtig, da sie der Wiederherstellung des früheren Rechtszustands dient.[76] 10.54

Mit der Vereinbarung der Verlängerung Erbbaurechts entsteht eine **Grunderwerbsteuer** insoweit, als bei der Verlängerung des Erbbaurechts eine Gegenleistung vereinbart worden ist;[73, 75] für die Besteuerung maßgebend ist die im **Zeitpunkt der Verlängerung geltende Rechtslage** (Erlass Nr. 2).[73, 75] Neben etwaigen sonstigen Gegenleistungen ist der für die Verlängerungszeit vereinbarte Erbbauzins kapitalisiert anzusetzen. Für Verlängerungen nach dem 1. 1. 1983 ist der Kapitalwert der nunmehrigen Erbbauzinsen auf die Verlängerungsdauer abzuzinsen.[77] Eine Beschränkung nach § 16 BewG kommt gemäß § 17 Abs. 3 S. 2 BewG nicht in Betracht. 10.55

---

[71] BFH BStBl. II 1983, 683 = DNotZ 1984, 415 u. BStBl. II 1983, 140.
[72] Vgl. *Fetsch* DNotZ 1984, 404, 417, 418; *Boruttau* § 2 RdNr. 162.
[73] BFH BStBl. II 1982, 625 = DNotZ 1983, 291 = BB 1982, 1226.
[74] BFH BStBl. II 1982, 630 = DNotZ 1983, 291 = BB 1982, 1908.
[75] BGH BStBl. II 1993, 766 = DB 1993, 2063.
[76] *Boruttau* § 2 RdNr. 150.
[77] So BFH BStBl. II 1982, 625 = DNotZ 1983, 291; aA *Dorner* BB 1982, 490, 492, der von dem alten Erbbauzins ohne Berücksichtigung von Erhöhungen durch Wertsicherungsklausel für die gesamte neue Dauer ausgeht.

Kann die Verlängerung aus Zeitgründen nicht mehr vollzogen werden (vgl. RdNr. 5.231) und wird deswegen statt der Verlängerung ein neues Erbbaurecht eingetragen, so ist das Bauwerkseigentum auf den Grundstückseigentümer übergegangen und der Entschädigungsanspruch entstanden; durch die Neubestellung geht das Bauwerkseigentum zurück an den Erbbauberechtigten, der dann aber wieder den Entschädigungsanspruch verliert. Dieser Verlust des Entschädigungsanspruchs (bzw. Verzicht darauf) ist an sich eine sonstige Gegenleistung. Der Rechtsgedanken des § 1 Nr. 7 GrEStG aF sollte hier jedoch analog angewandt werden, da der Entschädigungsanspruch ein Rest des alten und ein Teil des neuen Erbbaurechts ist.

10.56 **b) Erneuerung.** Durch die Erneuerung gemäß § 2 Nr. 6, § 31 ErbbauRG kommt nach dem Erlöschen des alten Erbbaurechts ein völlig neuer Erbbaurechtsvertrag mit dem alten Erbbauberechtigten zustande, und zwar mit dem gleichen Inhalt, den der mit dem Dritten abgeschlossene Vertrag hat (vgl. RdNr. 4.143). Die Erneuerung ist daher grunderwerbsteuerlich als Neubestellung zu behandeln (Erlass Nr. 1.1.3).

6. Aufhebung

10.57 **a) Aufhebung.** Ein Erbbaurecht kann durch rechtsgeschäftliche Aufhebung gemäß §§ 11 Abs. 1, 26 ErbbauRG, § 875 BGB erlöschen, vgl. RdNr. 5.196 ff. Dadurch wird die wirtschaftliche Teilung des Grundstücks in das bebauungsfähige Erbbaurecht und das nicht mehr bebauungsfähige Grundstück (bzw. Grundstücksteil) aufgehoben. Der Grundstückseigentümer erwirbt nunmehr gemäß § 12 Abs. 3 ErbbauRG das Eigentum an den Bauwerken, insbesondere einem Gebäude. Nach BFH[78] ist dieser Vorgang daher nicht anders zu behandeln als der Heimfall und ist somit grunderwerbsteuerpflichtig (Erlass Nr. 1.2.3). Bei einer schuldrechtlichen Aufhebungsvereinbarung gilt § 1 Abs. 1 Nr. 1; § 1 Abs. 1 Nr. 2 GrEStG gilt über § 2 Abs. 2 Nr. 1 GrEStG entsprechend für die dinglichen Aufhebungserklärungen, spätestens § 1 Abs. 1 Nr. 3 GrEStG bei der dafür maßgeblichen Löschung im Grundstücks-Grundbuch.[78] Diese Rechtssprechung gilt nach BFH[78] für alle Fälle der Aufhebung oder „des vertraglich vereinbarten Verzichts", den allerdings die ErbbauRG nicht kennt. Nach Erlass Nr. 3 kann bei einer Aufhebung wegen Nichterfüllung vertraglicher Verpflichtungen ein Fall des § 16 Abs. 2 Nr. 3 GrEStG vorliegen (z. Abgrenzung vgl. RdNr. 10.53). Die Aufhebung eines **Eigentümererbbaurechts** kann dagegen (wie dessen Bestellung) nicht grunderwerbsteuerpflichtig sein.[79]

b) Besteuerungsgrundlage

10.58 **aa) Bei Entschädigung.** Besteuerungsgrundlage ist bei rechtsgeschäftlicher Aufhebung der vertraglich vereinbarte Entschädigungsanspruch, insbesondere für das Bauwerk (vgl. RdNr. 5.203). Hinzu kommen alle sonst etwa noch vereinbarten sonstigen Leistungen, zB wenn eine Hypothek ohne Anrechnung auf die Entschädigung vor Erlöschen des Erbbaurechts auf das Grundstück erstreckt wird und vom Grundstückseigentümer übernommen wird. Der Erbbauzins selbst erlischt kraft Gesetzes mit dem Erbbaurecht, so dass der kapitalisierte Wert der erlöschenden Erbbauzinsverpflichtung nicht zur Gegenleistung gehört (Erlass Nr. 4.2).

10.59 **bb) Ohne Entschädigung.** Ist bei der rechtsgeschäftlichen Aufhebung keine Entschädigung dafür vereinbart, so ist die Steuer gemäß § 8 Abs. 2 Nr. 1 GrEStG, §§ 138, 148 BewG nach der Bedarfsbewertung **des Erbbaurechts** zum Zeitpunkt der Aufhebung zu berechnen.

---

[78] BFH BStBl. II 1976, 470 = NJW 1976, 1424 und BStBl. II 1980, 136 = DNotZ 1981, 420.
[79] FA Bergheim MittRhNotK 1984, 131; FG Schleswig-Holstein EFG 2002, 1629; *Bruschke* UVR 2007, 153, 155; *Ingenstau/Hustedt* Anh. I RdNr. 30.

IV. Grunderwerbsteuer

7. Sonstige Fälle des Erlöschens

Entgegen der früheren Verwaltungsmeinung[80] ist nach der Grundsatzentscheidung des BFH[81] und jetzt hM[82] das **Erlöschen** des Erbbaurechts **durch Zeitablauf kein grunderwerbsteuerpflichtiger Vorgang**. Es liegt kein Übergang einer „Erbbaurechtsberechtigung" iS § 1 Abs. 1 Nr. 3 S. 1 GrEStG vor. Vielmehr erlischt dieses kraft Gesetzes aufgrund der dinglichen zeitlichen Begrenzung seines Inhalts, es ist damit „verbraucht"; dies ist einer auflösenden Bedingung ähnlich. Für den Eigentumsübergang am Bauwerk gilt das Gleiche. Wenn aber kein steuerbarer Rechtsvorgang gegeben ist, löst auch die Entschädigung für das Bauwerk keine Steuerpflicht aus. Die sonstigen Fälle des Erlöschens sind jeweils entsprechend ihrem Rechtscharakter zu behandeln: Das Erlöschen durch Enteignung (vgl. RdNr. 5.194) wie die Aufhebung und die Verjährung eines zu Unrecht gelöschten Erbbaurechts gem. § 901 BGB wie der Zeitablauf.

10.60

8. Erwerb des Erbbaugrundstücks durch den Erbbauberechtigten

a) Erwerb vor 1. 1. 2002 (§ 1 Abs. 7 GrEStG aF). Bis zur Aufhebung der Bestimmung galt: Erwirbt ein Erbbauberechtigter das mit dem Erbbaurecht belastete Grundstück, so wurde gemäß § 1 Abs. 7 GrEStG aF die Steuer nur insoweit erhoben, als die Bemessungsgrundlage für den Erwerb des Grundstücks den Betrag übersteigt, von dem für die Begründung oder den Erwerb des Erbbaurechts, soweit er auf das unbebaute Grundstück entfällt, die Steuer berechnet worden ist.[83] Dadurch soll eine Doppelbesteuerung hinsichtlich des auf den Erwerb des Erbbaugrundstücks entfallenen Teils der Gegenleistung vermieden werden.

10.61

b) Erwerb nach 1. 1. 2002. Durch die Aufhebung von § 1 Abs. 7 aF und die Einfügung von § 2 Abs. 1 Nr. 3 GrEStG ist eindeutig gesetzlich geklärt, dass der Erbbauzinsanspruch grunderwerbsteuerlich nicht als Teil des Grundstücks anzusehen ist. Der bei dem Erwerb des Erbbaugrundstücks auf den Erbbauzinsanspruch entfallende Kaufpreisteil gehört daher nicht zur Gegenleistung.[84] die Finanzverwaltung[85] lässt die Vereinfachung zu, dass der Wert der Gegenleistung um den Kapitalwert des Erbbauzinses gekürzt wird.

10.62

Die Bestellung eines Erbbaurechts gegen Einmalzahlung, verbunden mit dem Abschluss eines Erbvertrages, in dem der Grundstückseigentümer dem Erbbauberechtigten das Erbbaugrundstück vermächtnisweise zuwendet, verbunden mit der Bewilligung einer Auflassungsvormerkung für eine im Erbvertrag (zusätzlich schuldrechtlich) bedingt eingegangene Übereignungsverpflichtung bezüglich dieses Grundstücks ist nach § 42 AO 1977 als Kauf des Grundstücks zur Grunderwerbsteuer heranzuziehen.[86]

9. Erwerb des Erbbaugrundstücks durch Dritte

a) Erwerb vor 1. 1. 2002: Bis dahin galt: Nach BFH[87] unterliegt bei einer Veräußerung des Erbbaugrundstücks an Dritte der Erbbauzinsanspruch nicht der

10.63

---

[80] Vgl. Erlass v. 8. 7. 1985 Nr. 1.3.3.
[81] BFHE 177, 140 = BStBl. II 1995, 334 u. BFH/NV 1995, 728.
[82] *Boruttau* § 2 RdNr. 155 m. weit. Nachw.
[83] Nach Erlass Nr. 7 ist § 1 Abs. 7 nach BFH BStBl. II 2000 S. 433 nur eingeschränkt anwendbar; Berechnungsbeispiel vor 1. 1. 2002 Erlass Nr. 6.
[84] *Boruttau* § 9 RdNr. 575.
[85] Vgl. FinMin. Baden-Württemberg 7. 3. 2002, 3, DStR 2002, 591, 592; *Behrens/Meyer/Wirges* DStR 2006, 1866, 1867.
[86] BFH BStBl II 1983, 165 = DNotZ 1984, 408.
[87] BFH NJW 1991, 3176 = BStBl. II 271 = DStR 1991, 416; BFH BStBl. II 2000 S. 433 u. Erlass Nr. 6; vgl. *Bruschke* UVR 2007, 153, 157.

Grunderwerbsteuer. Zwar ist dieser Anspruch gemäß § 96 BGB Bestandteil des Erbbaugrundstücks. Aus § 1 Abs. 7 aF GrEStG folgt aber, dass der Gesetzgeber mit der Grunderwerbsteuer nicht den Erwerb von Geldforderungen erfassen wollte (vgl. Erlass v. 25. 8. 1994, 600 § 2/2). Außerdem soll keine Doppelbesteuerung (bei Erwerb Erbbaurecht und Erbbaugrundstück) erfolgen. Zur danach nötigen Aufteilung der Gegenleistung auf Grundstück und Erbbauzins vgl. Erlass.[87]

10.63a **b) Erwerb nach 1. 1. 2002.** Es gilt das Gleiche wie beim Erwerb durch den Erbbauberechtigten, RdNr. 10.62.

10. Erwerb des Erbbaurechts durch den Grundstückseigentümer

10.64 Hierzu wurde die Meinung vertreten, dass entsprechend dem Normzweck, aber auch der Rechtsprechung des BFH[88] § 1 Nr. 7 aF GrEStG auch auf den Erwerb des Erbbaurechts durch den Grundstückseigentümer (also den umgekehrten Fall) angewandt werden sollte; der Fall ist wirtschaftlich der Aufhebung ähnlich. Das FG München[89] hat zu einem vorher abgeschlossenen Vertrag entschieden, dass der Erbbauzins in die grunderwerbsteuerpflichtige Gegenleistung einzubeziehen ist und dieser Fall mit der Aufhebung nicht vergleichbar ist. Diese Rechtslage ist durch die Gesetzesänderung zum 1. 1. 2002 nicht betroffen worden.[90]

11. Gestaltungsmöglichkeiten bei gleichzeitigem Erwerb von Erbbaurecht und Erbbaugrundstück

10.64a Wenn ein Käufer K beabsichtigt, das Erbbaugrundstück vom Eigentümer E zum Kaufpreis von 200 000,- Euro und das Erbbaurecht vom Erbbauberechtigten EB um 50 000,- Euro zu erwerben (Erbbauzins jährlich 5000,- Euro) gibt es nach *Behrens/Meyer/Wirges*[90] folgende Gestaltungsmöglichkeiten mit folgenden Steuerfolgen:
  a) Zuerst Aufhebung des Erbbaurechts durch Vertrag E-EB (Bemessungsgrundlage: 50 000,- Euro); danach Erwerb des unbelasteten Grundstücks durch K (250 000,- Euro). Somit Bemessungsgrundlage für die Grunderwerbsteuer 300 000,- Euro.
  b) Zuerst Erwerb des Erbbaurechts durch K von EB (50 000,- Euro + Kapitalwert Erbbauzins [= 5.000,- Euro x 16,487 = 82 435] = 132 435,- Euro); danach Erwerb des Erbbaugrundstücks durch K von E (200 000,- Euro ./. Kapitalwert Erbbauzins = 82 435 = 117 565,- Euro); danach Aufhebung des Eigentümererbbaurechts durch K (grunderwerbsteuerfrei). Summe der Bemessungsgrundlage für die Grunderwerbsteuer = 250 000,- Euro.
  c) Erwerb zuerst des Erbbaugrundstücks durch K von E; danach Erwerb des Erbbaurechts durch K von EB und dann Aufhebung des Eigentümererbbaurechts; Ergebnis wie bei b) = Bemessungsgrundlage 250 000,- Euro.
  d) Erwerb zuerst des Erbbaugrundstücks durch K von E (200 000,- Euro ./. Kapitalwert Erbbauzins = 82 435 = 117 565,- Euro); danach Aufhebung des Erbbaurechts durch Vertrag K/EB (Gegenleistung = Entschädigung 50 000,- Euro), Summe Bemessungsgrundlage 167 565,- Euro.

Aus den Beispielen sieht man die höchst unterschiedlichen Steuerfolgen aus dem zum gleichen Ergebnis führenden Gestaltungsmöglichkeiten.

---

[88] BFH NJW 1991, 3176 = BStBl. II 217 = DStR 1991, 416; BFH BStBl. II 2000 S. 44 u. koord. Ländererlass v. 19. 3. 2001 FM Bayern 36 – S 4500 – 1/126 – 13177.
[89] FG München EFG 2006, 431 u. EFG 2007, 378.
[90] Vgl. *Behrens/Meyer/Wirges* DStR 2006, 1866, 1869.

V. Umsatzsteuer (Mehrwertsteuer)

1. Steuerbefreiung

In § 4 Nr. 12c UStG 1967 war die Bestellung eines Erbbaurechts als steuerfreier 10.65
Vorgang erwähnt, dies ist in § 4 Nr. 12c UStG 1980 (v. 26. 11. 1979) gestrichen
worden. Die Umsatzsteuerbefreiung ergibt sich jetzt ausschließlich aus **§ 4 Nr. 9a)
UStG**. Danach sind alle **Umsätze, die unter das Grunderwerbssteuergesetz
fallen**, steuerfrei. Damit hat der Gesetzgeber sich zu der Grunderwerbsteuerbarkeit der Erbbaurechtsbestellung und Erbbaurechtsübertragung bekannt.[91] Zu den
grunderwerbssteuerpflichtigen Vorgängen im Erbbaurecht vgl. RdNr. 10.35ff.

2. Verzicht auf Steuerbefreiung

Gemäß § 9 Abs. 1, 2 UStG kann auf die Steuerfreiheit verzichtet werden bei der 10.66
Bestellung und Übertragung von Erbbaurechten (§ 4 Nr. 9a UStG), jedoch nur
dann, wenn der Unternehmer nachweist, dass der Leistungsempfänger ein Unternehmer ist und er das Grundstück ausschließlich für Umsätze für dessen Unternehmen verwendet (oder verwenden will). Nach § 9 Abs. 3 S. 2 UStG muss der Verzicht im notariell zu beurkundenden Vertrag erklärt werden. Soweit die Mehrwertsteueroption zulässig[92] ist, bewirkt sie, dass der Erbbauberechtigte seine Vorsteuern
abziehen kann (§ 15 Abs. 1 UStG), insbesondere bezüglich seiner Baukosten.[93] Zur
umsatzsteuerpflichtigen Behandlung des Erbbaurechts als fortgesetzte Duldungsleistung (Dauerleistung) und zur Besteuerung des Erbbauzinses vgl. BFH BStBl. 1972 II
238 u. NJW 1989, 320[94] sowie Erlass vom 14. 5. 1982 DB 1982, 1542. Deswegen
kann der Grundstückseigentümer nicht die Umsatzsteuer für den Erbbauzins auf die
ganze Laufzeit sofort nach Erbbaurechtsbestellung insgesamt in Rechnung stellen,
und der Erbbauberechtigte nicht sofort diese gesamte Vorsteuer abziehen.[95]

VI. Erbschaftsteuer (Schenkungsteuer)

1. Erwerb des Erbbaurechts

Der Erbschaftssteuer (Schenkungsteuer) unterliegt gemäß § 1 ErbStG (in der Fas- 10.67
sung v. 27. 2. 1997, BGBl. I S. 378, zuletzt geändert d. Gesetz v. 29. 12. 2003, BGBl.
I S. 3076) der Erwerb eines Erbbaurechts von Todes wegen oder durch Schenkung
unter Lebenden oder durch Zweckzuwendung. Da es Grundbesitz ist (vgl. §§ 8, 68
Abs. 1 Nr. 2 BewG, vgl. RdNr. 10.2), wird für das Erbbaurecht dabei gemäß § 12
Abs. 3 ErbStG ab 1. 1. 1996 die Bedarfsbewertung nach § 148 BewG durchgeführt
(vgl. RdNr. 10.26 ff.); für Fälle davor wird noch sein **Einheitswert** nach Maßgabe
des Bewertungsgesetzes angesetzt. Gemäß § 12 Abs. 3 ErbStG gilt derjenige Wert,
der auf den Zeitpunkt der Entstehung der Steuer festgestellt wird. Bei einem Verkauf eines Erbbaurechts in der irrigen Annahme, es wäre nur der Gebäudewert

---

[91] Zuerst anerkannt durch BFHE 91, 191 = BStBl. II 1968, 223; vgl. *Plückebaum/Malitzky*
10. Aufl. UStG § 4 Nr. 9 RdNr. 21; Abschn. 71 Abs. 2 UStR.
[92] Vgl. hierzu: *Balmes* UR 2000, 13; *Fritsche* DStR 2000, 1033; *Horn* UR 1999, 270; *Lange*
UR 1999, 17; *Rondorf* NWB Fach 7, 4943; *Rondorf* Inf 2001, 161; *Sontheimer* NJW 1997, 693;
Näheres zu den Einschränkungen des Verzichts auf die Steuerbefreiung bei Vermietung und
Verpachtung siehe Abschn. 148a UStR.
[93] BFH NV 2001, 994.
[94] Vgl. *Plückebaum/Malitzky* § 9 RdNr. 94.
[95] BGH NJW 1989, 320.

und nicht auch der Erbbaurechts(-boden-)wert zu berücksichtigen, liegt keine gemischte Schenkung vor.[96]

10.68 **Die Verpflichtung zur Zahlung des Erbbauzinses** ist gemäß § 92 Abs. 5 BewG bewertungsrechtlich nicht Bestandteil des Erbbaurechts, sondern eine sonstige Schuld des Erbbauberechtigten auf wiederkehrende Leistungen eigener Art; sie ist gemäß § 13 BewG zu kapitalisieren (vgl. hierzu RdNr. 10.29). Der Kapitalwert der Erbbauzinsverpflichtung ist gemäß § 10 Abs. 5 Nr. 1 ErbStG auch hier voll abzuziehen; diese Regelung ist für den Erwerber des Erbbaurechts sehr günstig. Bei **Bedarfsbewertung** (§ 148 BewG), also für Neufälle ab 1996, spielte der Erbbauzins bis zum 31. 12. 2006 nur noch für die Bewertung des Erbbaugrundstücks eine Rolle, gem. § 148 Abs. 1 S. 3 BewG war er nicht mehr gesondert anzusetzen. Bleibt allerdings bei einer Schenkung des Erbbaurechts der Kapitalisierte Wert der Erbbauzinsverpflichtung hinter dem Verkehrswert des Erbbaurechts zurück, so war nach BFH[97] nach den Grundsätzen der gemischten Schenkung zu verfahren. Nach § 148 Abs. 6 BewG nF ist ab 1. 1. 2007 weder das Recht auf den Erbbauzins, noch die Zahlungsverpflichtung hierzu als Bestandteil des Grundstücks bzw. Erbbaurechts oder als gesondertes Recht bzw. gesonderte Pflicht zu berücksichtigen. Zur schenkungsteuerlichen Behandlung einer Erbbaurechtsbestellung gegen einen unangemessen niedrigen Erbbauzins vgl. *Moench/Kien/Humbert/Weinmann* § 7 ErbstG RdNr. 61 b.

2. Erwerb des Erbbaugrundstücks

10.69 Für den Erwerb des Erbbaugrundstücks nach Maßgabe des Erbschaftssteuergesetzes ist gemäß § 12 Abs. 3 ErbStG ab 1. 1. 1996 die Bedarfsbewertung gemäß §§ 145 ff. BewG durchzuführen; zur Einheitsbewertung für Fälle davor vgl. die Vorauflage, ebenso zur Behandlung des Erbbauzinses. Dieser war bis 31. 12. 2006 für die Wertermittlung des Erbbaugrundstücks heranzuziehen (§ 148 Abs. 1 S. 1 BewG aF), was durch die Neuregelung aufgehoben wurde. Nach § 148 Abs. 1 S. 3 BewG aF und nach § 148 Abs. 6 BewG nF ist der Erbbauzins als gesondertes Recht weder aktiv noch passiv anzusetzen, auch nicht nach § 23 ErbStG.[98]

VII. Einkommensteuer

1. Einkommensteuerliche Behandlung beim Grundstückseigentümer

10.70 **a) Erbbaugrundstück als Betriebsvermögen.** Gehört das Erbbaugrundstück zu einem Betriebsvermögen (land- oder forstwirtschaftlichem oder gewerblichem Betrieb), so erfolgt die Versteuerung im Rahmen dieser Einkunftsarten (vgl. § 21 Abs. 3 EStG). Im Einzelnen gibt es hier folgende Besonderheiten:

10.71 **aa) Entnahme aus dem Betriebsvermögen.** Die Belastung eines Betriebsgrundstücks mit einem Erbbaurecht stellt nach BFH[99] grundsätzlich keine Entnahme des Erbbaugrundstücks aus dem Betriebsvermögen (§ 4 Abs. 1 S. 2, § 6 Abs. 1 Nr. 4 EStG) dar. Nach BFH[99] kann die durch die Erbbaurechtsbestellung gegebene Veränderung der tatsächlichen Beziehungen des Erbbaugrundstücks zum Betrieb für sich allein nicht zum Ausscheiden aus dem Betriebsvermögen führen, sondern

---

[96] FG München EFG 2006, 1082 mangels Kenntnis.
[97] BFH v. 11. 2. 2002 – II B 55/00 (NV).
[98] BFH DStR 2003, 1973.
[99] BFH BStBl. II 1970, 419 = BB 1970, 740, m. weit. Nachweisen; vgl. *Wendt* 1971, 533; BFH BStBl. II 1998, 665.

VII. Einkommensteuer

es ist eine besondere **Entnahmehandlung** nötig. Etwas anderes gilt nur dann, wenn der Erbbaurechtsvertrag zivilrechtlich nicht das wirtschaftliche Ergebnis deckt, sondern der Grundstückseigentümer dem Erbbauberechtigten Eigentum am Grundstück verschaffen will. Dies ist zB der Fall, wenn dem Erbbauberechtigten (schuldrechtlich) das Recht eingeräumt wurde, die unentgeltliche Übertragung des Grundstücks zu verlangen; dies ist wirtschaftlich als Kauf anzusehen und aktivierungspflichtig.[100] Nach BFH liegt keine Entnahme vor, bei einer entgeltlichen Erbbaurechtsbestellung zugunsten des Ehegatten oder eines Kindes des Betriebsinhabers[101] oder durch eine Personengesellschaft für einen Gesellschafter[102] je zur Bebauung für eigene Wohnzwecke; dadurch wird das Bauwerk von Anfang an Privatvermögen und ist der **Wertzuwachs am Bauwerk steuerfrei,** was in vielen Fällen sehr vorteilhaft sein wird. Bei einer Erbbaurechtsbestellung an **land- und forstwirtschaftlichen Grundstücken** erfolgt nach dem Erlass[103] bzw. OFD München keine Bodengewinnbesteuerung, wenn das Erbbaugrundstück seine Eigenschaft als „gewillkürtes Betriebsvermögen" im betreffenden land- und forstwirtschaftlichen Betrieb erfüllt. Dies ist der Fall, wenn das Erbbaurecht entgeltlich bestellt wird, es in einem gewissen objektiven Zusammenhang zu dem jeweiligen Betrieb steht (zB frühere betriebliche Nutzung des Grundstücks) und ihn fördert (die vereinbarten Erbbauzinsen werden für den Betrieb verwendet, was auch bei einem Mietshaus möglich ist)[104] sowie dass der Betrieb flächenmäßig und wirtschaftlich überwiegt.[105] Nach BFH[106] führt die Erbbaurechtsbestellung an allen Grundstücken nicht zur **Betriebsaufgabe** bei gewerblichem Grundstückshandel; nach BFH[107] liegt in der Bestellung von Erbbaurechten keine Betriebsaufgabe eines gewerblichen Grundstückshandels. Zur Erbbaurechtsbestellung als Voraussetzung einer Betriebsaufspaltung FG Baden-Württemberg ZEV 2000, 124 (Ls) = DStRE 2000, 195.

bb) Bei der Erbbaurechtsbestellung vorhandenes Gebäude. Bezieht sich die Erbbaurechtsbestellung auf ein bereits vorhandenes Gebäude, so erwirbt der Erbbauberechtigte daran zivilrechtlich gemäß § 12 Abs. 1 ErbbauRG Eigentum, vgl. RdNr. 2.51 ff. Nach der Grundsatzentscheidung des BFH[108] verliert damit steuerrechtlich der Grundstückseigentümer das **wirtschaftliche Eigentum** am Gebäude und der Erbbauberechtigte erlangt die Stellung eines wirtschaftlichen Eigentümers.

10.72

Der Verlust des wirtschaftlichen Eigentums ist für den Grundstückseigentümer eine **Aufwendung** iS des § 9 Abs. 1 S. 1 EStG (Werbungskosten), sofern der Grundstückseigentümer für den Verlust **kein Entgelt** erhält. In diesem Falle (kein Entgelt für das Gebäude) kann die Aufwendung im Jahr des Abflusses gemäß § 11 Abs. 2 S. 1 EStG in voller Höhe abgezogen werden. Der aufgeopferte Vermögenswert entspricht den Anschaffungs- oder Herstellungskosten des Gebäudes, abzüglich des bisher vorgenommenen Abschreibungen.[108]

10.73

Ist ein **Entgelt** für das Gebäude **vereinbart,** so liegt nach BFH hier ein **kaufähnliches Geschäft** vor, während der BFH dies sonst für eine Erbbaurechtsbestellung verneint. Liegt das Entgelt in einer Erhöhung des Erbbauzinses, so ist dieser nach BFH[108] aufzuteilen in den eigentlichen Erbbauzins für die Überlassung des

10.74

---

[100] BFH BStBl. III 1965, 613.
[101] BFH BStBl. II 1988, 490.
[102] BFHE 161, 438.
[103] BayFinMin. v. 8. 9. 1980 und 8. 1. 1981 in MittBayNot. 1981, 164; bzw. nun OFD München Verf. v. 26. 2. 1992 in MittBayNot. 1993, 173.
[104] BayFinMin. v. 11. 4. 1980 in MittBayNot. 1981, 164.
[105] BFH/NV 2000, 713.
[106] DStRE 1998, 1352.
[107] BFH BStBl. II 1998, 665.
[108] BFH BStBl. II 1982, 533 = DB 1982, 1705.

Grund und Bodens und das Entgelt für das Gebäude. Letzteres Entgelt ist dann idR als Verkaufserlös anzusehen.

10.75 **cc) Erbbauzins.** Gehört das Erbbaugrundstück zum Betriebsvermögen, so handelt es sich beim Erbbauzins um betriebliche Einnahmen, die nach Maßgabe der jeweiligen Einkunftsart zu besteuern sind (§ 21 Abs. 3 EStG). Sie sind **grundsätzlich kein Veräußerungsentgelt,** da es sich um keinen Rechtskauf handelt,[109] mit den in vorstehenden Abschnitten genannten Ausnahmen, dass sie teilweise das Entgelt für ein in der Erbbaurechtsbestellung bereits vorhandenes Gebäude darstellen oder dass es sich wirtschaftlich um einen Kauf handelt. Werden bei Vermietung und Verpachtung die Erbbauzinsen in der Form eines Einmalbetrages für mehrere Jahre **vorausbezahlt,** ist dieser Betrag vom Erbbauberechtigten auf die Jahre zu verteilen, auf die er entfällt und als Werbungskosten abzuziehen; beim Grundstückseigentümer sind sie im Jahr des Zuflusses zu erfassen.[110] Nach BFH[111] ist bei Bilanzierung der Einmalbetrag mittels eines passiven Rechnungsabgrenzungspostens auf die Dauer des Erbbaurechts zu verteilen. Dies gilt auch, wenn ein **einmaliges Entgelt** für die ganze Laufzeit des Erbbaurechts im Voraus bezahlt wird, str.[112] Möglicherweise ist die neuere BFH-Entscheidung und die für den Erbbauberechtigten bei derartigen Einmal-/Vorauszahlung zu beachtende Gesetzesänderung zu § 11 Abs. 1 EStG auch hier anzuwenden, vgl. RdNr. 10.79.

10.76 **dd) Zahlung von Erschließungskosten durch den Erbbauberechtigten.** Nach mehreren Urteilen des BFH[113] ist bei **gewerblichen Erbbaurechten** die Übernahme der Erschließungskosten (einschließlich Anliegergebühren und Ergänzungsbeiträgen) als **zusätzliches Entgelt** für die Nutzung des Grundstücks anzusehen. Dabei stellt nach BFH[113] bereits der vertragliche Anspruch des Grundstückseigentümers gegen den Erbbauberechtigten auf Tragung der Erschließungskosten eine im Betriebsvermögensvergleich anzusetzende Vermögensmehrung dar, der ein passiver Rechnungsabgrenzungsposten gegenüberzustellen und über die Dauer des Erbbaurechts verteilt gewinnerhöhend aufzulösen ist. Bei einem sonst gleichen Fall, jedoch Einkünften aus **Vermietung und Verpachtung** hat der BFH[114] dagegen **kein zusätzliches Entgelt** angenommen; da der Grundstückseigentümer von der Erschließung und der damit verbundenen Werterhöhung wegen des Erbbaurechts nichts hat, liegt kein Zufluss vor. Letztere Entscheidung folgt der in der Vorauflage vertretenen Meinung; in einer anderen Entscheidung[115] hat er dagegen die Frage wieder als offen dargestellt und nur wegen der konkreten Formulierung Anschaffungskosten angenommen. Leider hat sich der BFH aber beim gewerblichen Erbbaurecht nicht von seiner der ErbbauRG und der Realität fernen Meinung lösen können.[113] Die Argumentation baut immer noch auf Analogien zu Miet- und Pachtrecht auf und übersieht, dass hier eine Form der Eigentumsspaltung (Grundstücks-/Gebäudeeigentum) vorliegt, bei der die Erschließung funktionell ohnehin weit überwiegend dem Gebäudeeigentum zugeordnet ist. Ferner wird durch die Kostentragungsregelung nach § 2 Nr. 3 ErbbauRG die interne Rechtslage der externen nach § 134

---

[109] BFH BStBl. II 1981, 398.
[110] BMF v. 10. 12. 1996, BStBl. I 1996, 1440; EStR H 161 früher: BayFinMin. v. 15. 9. 1978 (in NWB EN 1848/78).
[111] BFH BStBl. II 1981, 398.
[112] Vgl. hierzu und zu den Auswirkungen *Herrmann/Heuer/Raupach* § 21 Anm. 105 und 300.
[113] BFH BStBl. II 1981, 398 = BB 1981, 827 und BStBl. II 1983, 413 und BStBl. II 1984, 267; BB 1994, 35; BFH/NV 5/1998, 569; BStBl. II 1991, 712 = BB 1991, 1986 zur Behandlung bei nachträglichen Erwerb des Grundstücks; vgl. hierzu *Helwig* DNotZ 1986, 467; *Stracke* FR 1992, 461 und OFD Münster v. 10. 5. 1984, BB 1984, 1080.
[114] BFH BStBl. II 1990, 310 = NJW-RR 1990, 1096; ähnlich FG Münster DB 1986, 149; vgl. BMF v. 19. 12. 1991, BStBl. I S. 1011, Tz. 2.2.
[115] DStRE 8/2000, 397 = BFH/NV 5 2000, 558.

VII. Einkommensteuer

Abs. 1 S. 2 BauGB angepasst, sodass die gewundene Konstruktion mit dem Freistellungsanspruch des ohnehin Zahlungspflichtigen unverständlich ist. Schließlich liegt bei wirtschaftlicher Betrachtungsweise der Wertzuwachs nur beim Erbbauberechtigten. Dies entspricht der zivilrechtlichen Rechtslage, weil der Grundstückseigentümer deswegen keine Erhöhung seines Erbbauzinses verlangen kann, sondern dies allenfalls nach § 9a Abs. 1 S. 4 ErbbauRG berücksichtigt werden kann. Nach Erlöschen des Erbbaurechts wird dagegen idR kaum mehr ein Wertzuwachs vorliegen, weil bei der idR langen Dauer die Funktionsfähigkeit der Erschließungsanlage dann fraglich ist.

b) Das Erbbaugrundstück als Privatvermögen. Gehört das Erbbaugrundstück zum Privatvermögen, so sind die **Erbbauzinsen** als Einkünfte aus Vermietung und Verpachtung iS § 21 Abs. 1 Nr. 1 EStG zu versteuern.[116] Eine Einmalzahlung als Entgelt kann im Wege der AfA als Werbungskosten auf die Laufzeit des Erbbaurechts abgezogen werden.[117] Die Leistung des Grundstückseigentümers besteht hier in der Duldung der Grundstücksnutzung, für die der Erbbauzins das laufende Entgelt bildet. **Entnahmen,** die beim Betriebsvermögen zur Steuerpflicht führen, **gibt es** beim Privatvermögen grundsätzlich **nicht.** Bei einer Erbbaurechtsbestellung an einem vorhandenen Gebäude ist daher das Entgelt hierfür steuerfrei und wenn das Entgelt in der Erhöhung des Erbbauzinses besteht, der darauf entfallende Anteil des Erbbauzinses ebenfalls, vgl. RdNr. 10.74 u. EStR H 6.2.

10.77

Im übrigen gilt für die steuerliche Behandlung des Erbbauzinses das Gleiche, wie bei Erbbaurechten an Betriebsgrundstücken, zur Behandlung von Erschließungskosten vgl. RdNr. 10.76 u. EStR H 6.2.

c) Erlöschen, Heimfall des Erbbaurechts. Beim Erlöschen des Erbbaurechts durch Zeitablauf (§ 27 ErbbauRG) oder durch vertragliche Aufhebung (§ 26 ErbbauRG) erwirbt der Grundstückseigentümer gemäß § 12 Abs. 3 ErbbauRG das Eigentum am Bauwerk. Beim Heimfall (§ 2 Nr. 4, § 32, 33 ErbbauRG) erwirbt der Grundstückseigentümer das Erbbaurecht. Vor Eintritt der vorgenannten Voraussetzungen sind diese Rechte nicht sonderrechtsfähiger Teil des dinglichen Inhalts des Erbbaurechts; sie bewirken daher **während der Laufzeit** des Erbbaurechts keine steuerpflichtige Vermögensmehrung beim Grundstückseigentümer.[118]

10.78

Die Vergütungen für das Bauwerk bzw. Erbbaurecht (vgl. § 27, 28, § 32 ErbbauRG) sind **bei Erlöschen** bzw. Heimfall Anschaffungskosten des Grundstückseigentümers, für die er nach § 7 Abs. 4 und 5 EStG AfA beanspruchen kann, und zwar sowohl bei Privat-, als auch bei Betriebsvermögen. Bei einer Aufhebung des Erbbaurechts, wonach ein Abriss und Neubau durch den Grundstückseigentümer erfolgt, handelt es sich bei der Ablösung um Herstellungskosten.[119] Liegt die Vergütung (zB wegen entsprechender Vereinbarungen nach § 27 Abs. 1 S. 2 ErbbauRG) beim Erlöschen oder beim Heimfall unter dem gemeinen Wert des Gebäudes oder ist die Entschädigung ausgeschlossen, so liegt eine zusätzliche Vergütung für die vorangegangene Nutzungsüberlassung vor und hat der Grundstückseigentümer den gemeinen Wert bzw. die Differenz als Sondervergütung iS § 15 Abs. 1 S. 1 Nr. 2 EStG[120] bzw. (Betriebs-)Einnahme zu versteuern, wenn es sich um Betriebsvermögen handelt. Nach den Entscheidungen des BFH zu Pachtverträgen gemäß § 21 EStG gilt dies wohl auch, wenn es sich um Privatvermögen handelt.[121] Eine Abfin-

10.79

---

[116] BFH BStBl. III 1963, 564 = DB 1963, 1693 und BStBl. II 1981, 398 und BStBl. II 1982, 533 = DB 1982, 1705 mit weiteren Nachweisen und NZM 2007, 222; *Herrmann/Heuer/Raupach* § 21 Anm. 300.
[117] BMF v. 10. 12. 1996, BStBl. I 1996, 1440.
[118] BFH BStBl. II 1972, 850.
[119] BFH Betrieb 2006, 815.
[120] BFH DStR 2004, 447 = NZM 2004, 632.
[121] BFH BStBl. III 1964, 561; zur Pacht u. Ä.: BFH HFR 65, 207; BStBl. 1965, 125; HFR 62, 161.

dungszahlung, die ein Unternehmen dem Berechtigten für die Entlassung aus einem langfristigen, im Ergebnis benachteiligenden Erbbaurechts-Verpflichtungsvertrag leistet, ist nicht aktivierungspflichtig, sondern sofort abzugsfähige Betriebsausgabe.[122]

2. Einkommensteuerrechtliche Behandlung beim Erbbauberechtigten

a) Nicht zu eigenen Wohnzwecken genutzte Gebäude

10.80   **aa) Anschaffungskosten.** Aufwendungen im Zusammenhang mit dem Erwerb eines Erbbaurechts (zB Beurkundungs- und Gerichtskosten, Vermessungskosten, Grunderwerbsteuer usw.) sind beim Erbbauberechtigten Anschaffungskosten.[123] Das gleiche gilt für die Anschaffungskosten für ein bei der Erbbaurechtsbestellung bereits vorhandenes Gebäude (vgl RdNr. 10.72),[124] da es sich insoweit um einen Rechtskauf handelt; ist kein gesondertes Entgelt vereinbart, sondern dafür der Erbbauzins erhöht, so ist der Erbbauzins in einen normalen Erbbauzins (Vergütung für die erbbaurechtliche Überlassung von Grund und Boden) und einen Anteil für den Erwerb des Gebäudes aufzuteilen. Soweit der Erbbauzins auf das Gebäude entfällt, bildet sein Kapitalwert die Anschaffungskosten, die nach § 7 Abs. 4 und 5 EStG abgeschrieben werden können (vgl. RdNr. 10.83). Werden vorhandene Gebäude nur erworben, damit sie abgebrochen und neue Gebäude errichtet werden, dann gehören die Abbruchkosten zu den Anschaffungskosten. Anschaffungskosten liegen ferner vor, wenn die Erbbaurechtsbestellung wirtschaftlich als Kauf anzusehen ist (vgl. RdNr. 10.71) oder wenn man ein einmaliges Entgelt für das Erbbaurecht entgegen *Herrmann/Heuer/Raupach* nicht zu den Einkünften aus Vermietung und Verpachtung rechnet (vgl. RdNr. 10.75). „Entschädigungszahlungen" für die langfristige Bindung aus einem Kaufangebot sind keine Anschaffungskosten, können aber Betriebsausgaben sein.[125]

10.81   **bb) Erbbauzins, sonstige Werbungskosten.** Gehört das Erbbaurecht zum Privatvermögen, so können die Erbbauzinsen wie Schuldzinsen als Werbungskosten bei den Einkünften aus Vermietung und Verpachtung abgesetzt werden; gehört es zu einem Betriebsvermögen, sind die Erbbauzinsen als Betriebsausgabe abzusetzen (§ 21 Abs. 3 EStG). Es muss aber ein ausreichender zeitlicher und wirtschaftlicher Zusammenhang mit der späteren Errichtung des Gebäudes auf dem Erbbaugrundstück bestehen,[126] andernfalls können sie auch nicht als Sonderausgaben (§ 10 Abs. 1 Nr. 1a EStG) abgesetzt werden.[127] Wird der Erbbauzins als **Einmalbetrag** für mehrere Jahre oder die gesamte Laufzeit vorausbezahlt, so hat es sich nach BFH[128] um sofort abziehbare Werbungskosten gehandelt; durch die Neufassung von § 11 Abs. 2 S. 3 EStG sind sie, wenn sie für mehr als 5 Jahre im Voraus geleistet werden, gleichmäßig auf den Zeitraum zu verteilen, für den die Vorauszahlung erfolgt.[129] Werden vom Erbbauberechtigten **Erschließungskosten** für das Grundstück bezahlt, so kann er sie als Werbungskosten gemäß § 11 EStG absetzen, und zwar sofort und in voller Höhe.[130] Wird an dem einem Gesellschafter gehörenden Grundstück ein Erbbaurecht für eine Kapitalgesellschaft bestellt, an der er beteiligt ist, kann in

---

[122] BFH BStBl. II 1972, 34.
[123] BFH BStBl. II 1977, 384; DStR 1991, 1621.
[124] BFH BStBl. II 1982, 533 = DB 1982, 1705 und BFH DB 1982, 1440; vgl. EStR H 32a.
[125] BFH BStBl. II 1977, 384; DStR 1991, 1621.
[126] BFH BStBl. III 1962, 54.
[127] BFH BStBl. II 1990, 13 u. 1991, 175; ähnlich *Friele/Spiegels* DStZ 1980, 473 allerdings für Abzug des Zinsanteils.
[128] BFH DStR 2003, 2107 = NZM 2004, 72.
[129] Verfügung OFD Frankfurt/M 3. 2. 2006, S 2253 A-93-St II.2.04 = BeckVerw. 072910.
[130] BFH BStBl. II 1981, 398 = BB 1981, 827 u. BStBl. II 1983, 413 u. BStBl. II 1984, 267; aA *Herrmann/Heuer/Raupach* § 21 RdNr. 300: Anschaffungskosten.

VII. Einkommensteuer

einem überhöhten Erbbauzins eine **verdeckte Gewinnausschüttung** liegen.[131] Bestellt umgekehrt ein Arbeitgeber für einen Arbeitnehmer ein Erbbaurecht gegen eine unangemessen geringe Vergütung und ist die Verbilligung durch das Dienstverhältnis veranlasst, so erhält dieser Vorteile, die beim Arbeitnehmer zu Einnahmen aus nicht selbständiger Arbeit führen.[132]

cc) Abschreibung nach § 7 Abs. 1 EStG. Anschaffungskosten gemäß RdNr. 10.80, soweit sie sich nicht auf das Gebäude beziehen, sind nach § 7 Abs. 1 EStG abzuschreiben. Sie sind nach BFH[133] zeitanteilig während der ganzen Dauer des Erbbaurechts abzusetzen, ggf. auch vorausgezahlte Erbbauzinsen, vgl. RdNr. 10.81.[134] 10.82

dd) Gebäude – AfA (§ 7 Abs. 4, 5 EStG). Die unter RdNr. 10.80 genannten Anschaffungskosten, soweit sie sich auf ein vor der Erbbaurechtsbestellung bereits vorhandenes Gebäude beziehen, sowie die Herstellungskosten für ein von ihm selbst errichtetes Gebäude unterliegen der Absetzung für Abnutzung (AfA gemäß § 7 Abs. 4, 5 EStG). Voraussetzung ist aber, dass der Erbbauberechtigte zivilrechtliches und **wirtschaftliches Eigentum** erwirbt (für vorhandenes Gebäude vgl. RdNr. 10.72; für errichtetes Gebäude vgl. BFH BStBl. II 1972, 850; NJW-RR 1980, 1096); dies wird zB bei einem Erbbaurecht auf nur 5 Jahre nicht anerkannt.[135] Ist als Inhalt des Erbbaurechts vereinbart (§ 27 Abs. 1 S. 2 ErbbauRG), dass der Erbbauberechtigte beim Erlöschen des Erbbaurechts **keine Entschädigung** für sein Gebäude zu zahlen hat, so sind die Anschaffungs- bzw. Herstellungskosten auf die **Laufzeit des Erbbaurechts aufzuteilen** und in entsprechenden jährlichen Teilbeträgen abzusetzen, so dass ggf. eine höhere als die sonstige übliche AfA in Betracht kommt.[136] Im Falle einer Entschädigung durch den Grundstückseigentümer sind die Anschaffungskosten um diesen Betrag zu kürzen. Für erhöhte Absetzungen oder Sonderabschreibungen gelten im Übrigen die allgemeinen Bestimmungen. 10.83

b) Zu eigenen Wohnzwecken genutzte Gebäude

aa) Rechtslage vor 1. 1. 1987 (§ 7 b EStG aF und Einfamilienhausbesteuerung). Diese Bestimmungen galten nur für vor dem 1. 1. 1987 hergestellte oder angeschaffte Gebäude (zurzeit danach vgl. RdNr. 10.85). Der Erbbauberechtigte konnte als Gebäudeeigentümer auch die Gebäude-AfA nach § 7 b EStG aF in Anspruch nehmen.[137] Vorausgesetzt wurde aber, dass er wirtschaftlicher Eigentümer war (vgl. oben). In der EinfHausVO wurde das Erbbaurecht und der Erbbauzins nicht behandelt. Einfamilienhäuser der Erbbauberechtigten fielen aber hierunter, während der Erbbauzins als Schuldzins iS § 21 a EStG aF und nicht als Sonderausgabe zu behandeln war.[138] 10.84

bb) Rechtslage 1987 bis 1. 1. 1996 (§ 10 e EStG aF). Für ab 1. 1. 1987 angeschaffte oder fertiggestellte selbstgenutzte Wohnungen erfolgte die Förderung durch den **Sonderausgabenabzug nach § 10 e EStG aF;** diese Bestimmung galt letztmalig für eigengenutzte Wohnungen, bei denen vor dem 1. 1. 1996 mit der Herstellung begonnen wurde oder vor dem 1. 1. 1996 der obligatorische Erwerbsvertrag geschlossen wurde. Danach galt nur noch das Eigenheimzulagegesetz. Soweit § 10 e EStG aF anwendbar ist, galt er auch für die Wohnung im eigenen Haus auf Grund Erbbaurechts oder für ein Wohnungserbbaurecht; Voraussetzung war 10.85

---

[131] BFH DB 1981, 2101.
[132] BFH BStBl. II 1983, 642 = BB 1983, 1707; vgl. *Giloy* BB 1984, 2181 (insbes. z. Zeitpunkt des Zuflusses u. nachfolg. Grundst.erwerb); *Niermann* DB 1985, 256.
[133] BFH BStBl. III 1964, 187.
[134] BFH NV 2004, 126; vgl. *Herrmann/Heuer/Raupach* § 7 Anm. 600 m. weit. Nachw.
[135] Vgl. OFD Münster v. 16. 11. 1979, NWB DokSt. Erl. F. 3 §§ 21–21 a EStG R 2 1/80.
[136] BFH BStBl. III 1957, 343 und BStBl. II 1972, 850; *Herrmann/Heuer/Raupach* § 7 Anm. 600.
[137] Vgl. *Herrmann/Heuer/Raupach* § 7 b.
[138] Vgl. *Herrmann/Heuer/Raupach*, Voraufl., § 21 Anm. 23 e (b) m. weit. Nachw.

neben dem bürgerlich-rechtlichen Bauwerkseigentum auch das wirtschaftliche (vgl. oben).[139] § 10e EStG aF unterschied zwischen Anschaffungs-/Herstellungskosten für Gebäude und Anschaffungskosten für Grund und Boden. In den Einzelheiten hierzu vgl. Vorauflage.

10.86 **cc) Rechtslage 1996 – 31. 12. 2005 (Eigenheimzulagegesetz).** Durch dieses Gesetz (idF vom 26. 3. 1997, BGBl. I S. 734, zuletzt geändert am 19. 12. 2000, BGBl. I S. 1810) wurde nun anstelle einer steuerlichen Förderung eine progressionsunabhängige und damit für alle gleich hohe Förderung bar ausbezahlt. Sie galt ab 1. 1. 1996. Für die Tatbestandsmerkmale eigenes Objekt, sowie Herstellungs- und Anschaffungskosten wird weitgehend die Rechtsprechung zu § 10e EStG herangezogen.[140] Das Eigenheimzulagegesetz wurde mit Wirkung ab 1. 1. 2006 abgeschafft, bleibt jedoch gemäß § 19 Abs. 9 noch anwendbar, wenn vorher mit der Herstellung begonnen wurde oder die Anschaffung vorher schuldrechtlich wirksam erfolgte.

10.87 **c) Spekulationsgeschäft bei Weiterveräußerung des Erbbaurechts.** Errichtet der Erbbauberechtigte ein Wohngebäude in Ausübung des ihm bestellten Erbbaurechts und veräußert er dieses mit dem Erbbaurecht innerhalb von zehn Jahren nach dessen Anschaffung, so liegt ein Spekulationsgeschäft (§§ 22 Nr. 2, 23 Abs. 1 Nr. 1 EStG) nur hinsichtlich des Erbbaurechts vor. Bezüglich des Gebäudes fehlt es nach BFH[141] an der erforderlichen Anschaffung, so dass hinsichtlich des Gebäudes keine Besteuerung erfolgt. Dies gilt auch bei Bauerrichtung durch den Erbbauberechtigten, späterem Grundstückserwerb und anschließendem Verkauf des bebauten Grundstücks.[142]

10.88 **d) Betriebsspaltung im Erbbaurecht:** Das Erbbaugrundstück gehört zum Besitzunternehmen, das Erbbaurecht zur Betriebsgesellschaft, vgl. *Meyer/Ball* DB 2003, 1597.

3. Bilanzierung von Erbbaurechten

10.89 Erbbaurechte sind bilanzsteuerlich grundstücksgleiche Rechte; zu Fragen hierzu vgl. *Döllerer,* BB 1984, 2034 und *Mathiak,* DStR 1992, 449, 451, jeweils mit weiteren Nachweisen sowie die Grundsatzentscheidung des BFH vom 20. 1. 1983, DB 1983, 1125; zur Bilanzierung vorausbezahlter Erbbauzinsen vgl. FG Berlin DStRE 2000, 1294.

VIII. Gewerbesteuer

1. Vorbemerkung

10.90 Von der Gewerbesteuer wird das Erbbaurecht nur berührt, wenn es mit einem gewerblichen Betrieb in wirtschaftlichem Zusammenhang steht. Das kann sowohl beim Erbbauberechtigten, als auch beim Grundstückseigentümer der Fall sein. Das Erbbaurecht (einschließl. des hierzu gehörigen Gebäudes) wird hier grundsätzlich wie ein Grundstück behandelt, es ist nach BFH[143] „eigener Grundbesitz" iS des Gesetzes. Das Gewerbesteuerrecht (Gewerbesteuergesetz idF v. 15. 10. 2002, BGBl. I S. 4167, zuletzt geändert am 23. 12. 2006, BGBl. I S. 2878) besteuert nur noch den Gewerbeertrag (§§ 7ff. GewStG). Die Gewerbekapitalsteuer (bisher

---

[139] *Märkle/Wacker/Franz* BB 1986, Beil. 8/1986 S. 5.
[140] *Hildesheim* RdNr. 30040/26, 43, 165.
[141] BFH NJW 1977, 696 (unter Änderung der bisherigen Rechtssprechung).
[142] Vgl. Schreiben BMin. Finanzen v. 5. 10. 2000, AZ IV C 3 – Sx 2256 – 263/00.
[143] BFH BStBl. II 1999, 532 m. weit. Nachw.

§§ 12 ff. GewStG) wurde aufgehoben; zur früheren Rechtslage vgl. 2. Auflage RdNr. 10.94 u. 10.96.

2. Beim Erbbauberechtigten

Gehört das Erbbaurecht zu einem Gewerbebetrieb des Erbbauberechtigten, ist es wie folgt zu berücksichtigen: 10.91

Hier handelt es sich beim **Erbbauzins** nach ständiger Rechtsprechung des BFH[144] nicht um eine Schuld iS des § 8 Nr. 1 GewStG, sondern zu einer dauernden Last iS des § 8 Nr. 2 GewStG; dies ergibt sich daraus, dass das Erbbaurecht nicht wirtschaftlich in die Nähe von Miete oder Pacht gerückt werden darf, also auch nicht die Erbbauzinsen den Mietzinsen gleichzustellen sind. Ist im Gewinn des Gewerbebetriebes gemäß § 7 GewStG der bezahlte Erbbauzins abgesetzt, so ist er deshalb gemäß § 8 Nr. 2 GewStG als dauernde Last wieder hinzuzuziehen, so dass er insoweit steuerlich neutral bleibt. Voraussetzung für die Hinzurechnung gemäß § 8 Nr. 2 GewStG ist aber nach BFH[145] erstens, dass der Erbbauzins wirtschaftlich mit der Gründung oder dem Erwerb eines Betriebs (Teilbetriebs) oder eines Anteils am Betrieb zusammenhängt und zweitens, dass der Erbbauzins nicht beim Empfänger (Grundstückseigentümer) zur Steuer nach dem Gewerbeertrag heranzuziehen ist. Danach ist aber gemäß § 9 Nr. 1 S. 1 GewStG der Gewinn wieder um 1,2% des Einheitswertes des Erbbaurechts zu kürzen. Ist der Erbbauberechtigte eine Grundstücksgesellschaft etc. iS § 9 Nr. 1 S. 2 GewStG, so wird der Gewinn statt des Pauschbetrages gekürzt um den Teil des Gewerbeertrages, der auf die Verwaltung und Nutzung des eigenen Grundbesitzes entfällt; die Verwaltung von ausschließlich eigenem Grundbesitz liegt auch vor, wenn ein vom Erbbauberechtigten errichtetes Gebäude einem anderen zur Nutzung überlassen wird,[143] für die Veräußerung von Wohnungseigentum, Wohneigentum etc. gilt dies gem. § 9 Nr. 1 S. 3, 4 GewStG entsprechend. 10.92

3. Beim Grundstückseigentümer

Bestellt der Grundstückseigentümer an einem gewerblichen Grundstück ein Erbbaurecht und verbleibt das Erbbaugrundstück im Betriebsvermögen, gilt folgendes: 10.93

Hier wirkt sich die Bestellung des Erbbaurechts dahin aus, dass die Kürzung für das bisherige Betriebsgrundstück nach § 9 Nr. 1 S. 1 oder S. 2 GewStG entfällt, da nunmehr anstelle des Grundstücksertrages die bezahlten Erbbauzinsen im Gewinn enthalten sind. Im Ergebnis ist also hier der Grundstückseigentümer nach der Erbbaurechtsbestellung mit der Gewerbeertragssteuer auf den Jahresbetrag des Erbbauzinses belastet.[146] 10.94

IX. Grundsteuer

1. Steuergegenstand

Gegenstand der Grundsteuer (GrStG v. 7. 8. 1973 – BGBl. I. S. 965, zuletzt geändert am 1. 9. 2005, BGBl. I S. 2676), ist gemäß § 2 GrStG Grundbesitz im Sinne des Bewertungsgesetzes, worunter gemäß § 68 Abs. 1 Nr. 2, 3 BewG bzw. § 50 Abs. 2 BewG-DDR auch Erbbaurecht, sowie Wohnungs-/Teilerbbaurecht zählt. Darunter fällt gemäß § 92 Abs. 1 BewG sowohl die wirtschaftliche Einheit des Erbbaurechts, als auch die wirtschaftliche Einheit des Erbbaugrundstücks, für die 10.95

---

[144] DB 1980, 236 und DB 1976, 1077 = BStBl. II 1977, 217 m. weit. Nachw.
[145] DB 1980, 236 u. DB 1976, 1077 = BStBl. II 1977, 217; BStBl. II 1979, 679.
[146] *Luedtke* BB 1962, 215.

jeweils gesonderte Einheitswerte festzustellen sind (vgl. hierzu RdNr. 10.3 ff.). In den **neuen Bundesländern** ist die Bewertung des Erbbaurechts/Erbbaugrundstücks sowie die Aufteilung des Gesamtwerts ähnlich wie in § 92 BewG, aber mit anderen anteiligen Prozentsätzen in § 46 RBewDV geregelt. **Beide Einheiten unterliegen** somit **der Grundsteuer,** nicht dagegen der Erbbauzins.

2. Steuerschuldner, Steuermessbetrag

10.96 Gemäß § 10 Abs. 2 GrStG ist derjenige, dem ein Erbbaurecht oder ein Wohnungs-/Teilerbbaurecht zugerechnet ist, gleichzeitig auch Schuldner der Grundsteuer für die wirtschaftliche Einheit des belasteten Grundstücks. **Der Erbbauberechtigte schuldet damit die gesamte Grundsteuer beider Einheiten** (Erbbaurecht und Erbbaugrundstück). Entgegen dem Wortlaut von § 10 Abs. 1 GrStG haftet deswegen der Grundstückseigentümer für den auf das Erbbaugrundstück entfallenden Steueranteil nicht,[147] so dass nur der Erbbauberechtigte Steuerschuldner ist. Bei der Berechnung des Steuermessbetrags ist deswegen gemäß § 13 Abs. 3 GrStG die **Summe beider Einheitswerte** gemäß § 92 BewG bzw. § 50 Abs. 2 BewG-DDR zugrunde zu legen.

3. Verfahren

10.97 Da für den Erbbauberechtigten also nicht nur der Einheitswert seines Erbbaurechts, sondern auch der des Erbbaugrundstücks Besteuerungsgrundlage ist, muss ihm nach § 179 Abs. 1 AO auch der Feststellungsbescheid über den Einheitswert des Erbbaugrundstücks zugestellt werden. In diesem Bescheid muss dem Erbbauberechtigten ausdrücklich der Einheitswert für die Grundsteuer allein zugerechnet werden (§ 19 Abs. 3 Nr. 2 BewG).[148]

4. Grundsteuerbefreiungen bzw. -ermäßigungen

10.98 Für Grundsteuerbefreiungen bzw. -ermäßigungen gilt beim Erbbaurecht das Gleiche, wie bei Grundstücken, vgl. Erlass vom 13. 11. 1996.[149]

X. Vermögensteuer

10.99 Aufgrund des Beschlusses des Bundesverfassungsgerichts vom 22. 6. 1995 (BGBl. I S. 1191 = BStBl. II S. 655) kann die Vermögensteuer **wegen** ihrer **teilweisen Verfassungswidrigkeit** seit 1997 **nicht erhoben werden.** Sie ist also derzeit suspendiert. Die Aufhebung gemäß Regierungsentwurf (BT-Drs. 13/5951 S. 50) ist nicht Gesetz geworden. Zur Rechtslage davor vgl. 2. Auflage RdNr. 10.103 ff.

---

[147] So *Troll* Grundsteuer § 9 GrStG Anm. 2; *Hildesheim* Nr. 20 500 RdNr. 56; *Gürsching/Stenger* § 92 BewG RdNr. 43.
[148] Vgl. auch Ländererlasse StEK BewG 1965, § 92 Nr. 2; DStZ/E 1967, 354, 366.
[149] FGen Berlin III C 31 – S 3215 – 1/96/S 3219 – 1/96 (Korrd.); BFH BStBl. II 2001, 1201.

11. Kapitel. Vertragsmuster

Übersicht

	Seite
1. Gewerbliches Erbbaurecht mit gleitendem Erbbauzins	445
2. Umfangreicher Erbbaurechtsvertrag mit gleitendem Erbbauzins zur Errichtung von Wohngebäuden mit der Möglichkeit der Aufteilung in Wohnungseigentum	452
3. Erbbaurecht für bestimmte Bevölkerungsschichten, zB Einheimische	473
4. Eigentümererbbaurecht	477
5. Gesamterbbaurecht	478
6. Erbbaurechtsvertrag mit Rangrücktritt und Pfanderstreckung von Belastung in Abt. II des Grundbuchs zur Erlangung der ersten Rangstelle des Erbbaurechts	483
7. Realteilung eines Erbbaurechts in zwei Erbbaurechte vor Vermessung des Grundstücks	486
8. Realteilung eines Erbbaurechts in zwei Erbbaurechte nach Vermessung des Grundstücks	489
9. Realteilung und Veräußerung des Erbbaurechts	492
10. Aufteilung eines Erbbaurechts nach § 8 WEG (Wohnanlage)	497
11. Aufteilung eines Erbbaurechts nach § 8 WEG (zB Doppelhaus)	499
12. Kaufvertrag Erbbaurechtswohnung	501
13. Bestellung einer Buchgrundschuld mit Unterwerfungsklausel und persönlicher Haftung unter Mitwirkung des Verkäufers	508
14. Zustimmungserklärung zur Veräußerung des Erbbaurechts	510
15. Zustimmungserklärung zur Belastung des Erbbaurechts und Rücktritt	511
16. Stillhalteerklärung des Gläubigers, der den Vorrang erhält	511
17. Stillhalteerklärung des erbbauzinsberechtigten Eigentümers, der den Vorrang behält	512
18. Erbbauzinserhöhung	513
19. Aufhebung des Erbbaurechts (Identität von Grundstückseigentümer und Erbbauberechtigtem)	514
20. Vertragliche Aufhebung des Erbbaurechts	517
21. Verlängerung des Erbbaurechts	521
22. Erbbaurechtsvertrag (Sachenrechtsbereinigung)	527
23. Erbbaurechtsvertrag und Begründung von Wohnungserbbaurechten (Sachenrechtsbereinigung)	534

1. Gewerblicher Erbbaurechtsvertrag mit gleitendem Erbbauzins (Kurzfassung)

Heute am ......
sind vor mir, ..., Notar in ...... anwesend:
A ......
B ......
Der Notar fragte die Erschienenen, ob er oder eine der mit ihm beruflich verbundenen Personen in einer Angelegenheit, die Gegenstand dieser Beurkundung ist, außerhalb des Notaramts tätig war oder ist. Eine Vorbefassung wurde von den Beteiligten verneint.
Nach Unterrichtung über den Grundbuchstand beurkunde ich bei gleichzeitiger Anwesenheit der Beteiligten ihren Erklärungen gemäß folgenden

11. Kapitel. Vertragsmuster

Erbbaurechtsvertrag:
I. Grundbuchstand

Im Grundbuch des Amtsgerichts ...... für ...... Band ...... Blatt ...... ist die Stadt A als Eigentümerin des lastenfreien Grundstücks der Gemarkung ...... Flst.Nr. ...... (Beschrieb) ...... zu ...... qm eingetragen.

II. Bestellung des Erbbaurechts

Die Stadt A
      – nachstehend als „Grundstückseigentümer" bezeichnet –
bestellt hiermit zugunsten des
Tennisclubs B e. V.
      – im Folgenden als „Erbbauberechtigter" bezeichnet –
als Alleinberechtigtem
an dem in Ziffer I bezeichneten Grundbesitz ein

Erbbaurecht

im Sinn des Gesetzes über das Erbbaurecht. Dies ist das veräußerliche und vererbliche Recht, auf oder unter der Oberfläche eines Grundstücks ein oder mehrere Bauwerke zu haben.

Die Bestellung des Erbbaurechts erfolgt auf die Dauer von 99 – i. W. neunundneunzig – Jahren, gerechnet vom Tag der Eintragung des Erbbaurechts im Grundbuch an. Für das Erbbaurecht gelten außer dem Gesetz über das Erbbaurecht folgende Bestimmungen:

§ 1 Bauwerk, Nebenflächen

(1) Der Erbbauberechtigte ist berechtigt und verpflichtet, auf dem Erbbaugelände ein Clubheim, Tennisplätze, Parkplätze und dazugehörige Nebenanlagen zu errichten und zu belassen nach Maßgabe eines vom Grundstückseigentümer zu genehmigenden Bauplanes. Das Erbbaurecht erstreckt sich auf den für die Baulichkeiten nicht erforderlichen Teil des Erbbaurechtsgrundbesitzes, wobei das Bauwerk wirtschaftlich die Hauptsache bleibt.

(2) Eine Änderung des in Abs. 1 vereinbarten Verwendungszwecks bedarf der vorherigen schriftlichen Zustimmung des Grundstückseigentümers.

§ 2 Bau- und Unterhaltungsverpflichtung

(1) Der Erbbauberechtigte ist verpflichtet, die in § 1 genannten Bauwerke und baulichen Anlagen nach den allgemein anerkannten Regeln der Technik und nach den Auflagen und Vorschriften der Baubehörden innerhalb von zwei Jahren nach Abschluss dieses Vertrages zu errichten.

(2) Der Erbbauberechtigte hat die Bauwerke und baulichen Anlagen nebst Zubehör und Außenanlagen stets in gutem Zustand zu erhalten. Die zu diesem Zweck erforderlichen Ausbesserungen und Erneuerungen sind jeweils unverzüglich vorzunehmen.

(3) Kommt der Erbbauberechtigte diesen Verpflichtungen trotz Aufforderung innerhalb einer angemessenen Frist nicht oder nur ungenügend nach, so ist der Grundstückseigentümer berechtigt, die Arbeiten auf Kosten des Erbbauberechtigten vornehmen zu lassen.

(4) Sämtliche Gebäude und bauliche Anlagen dürfen nur mit schriftlicher Zustimmung des Grundstückseigentümers abgebrochen oder wesentlich verändert werden.

§ 3 Besichtigungsrecht

Der Grundstückseigentümer ist berechtigt, das Erbbaugrundstück und die Bauwerke nach vorheriger Absprache zu besichtigen oder durch Beauftragte oder Bevollmächtigte besichtigen und auf ihren baulichen Zustand und ihre vertragsgemäße Verwendung prüfen zu lassen.

§ 4 Versicherungen

(1) Der Erbbauberechtigte ist verpflichtet, die auf dem Erbbaugrundstück befindlichen Bauwerke nebst Zubehör und Nebenanlagen zum vollen Wert gegen Brandschaden in der Form einer Neuwertversicherung, ferner gegen Sturm, Hagel und Wasserschaden zu versichern und während der ganzen Laufzeit des Erbbaurechts versichert zu halten. Dem Grundstückseigentümer ist auf Verlangen das Bestehen dieser Versicherung nachzuweisen.

(2) Kommt der Erbbauberechtigte trotz schriftlicher Mahnung dieser Verpflichtung binnen angemessener Frist nicht oder nur ungenügend nach, so ist der Grundstückseigentümer berechtigt, auf Kosten des Erbbauberechtigten für die Versicherung selbst zu sorgen.

(3) Werden die Baulichkeiten ganz oder teilweise zerstört, so ist der Erbbauberechtigte verpflichtet, diese binnen angemessener Zeit wieder herzustellen.

§ 5 Lastentragung

(1) Der Erbbauberechtigte haftet vom Zeitpunkt der Übergabe ab für den verkehrssicheren Zustand des Erbbaugrundstücks einschließlich seines etwaigen Aufwuchses. Er hat den Grundstückseigentümer von etwaigen Schadensersatzansprüchen freizustellen, die wegen Verletzung der genannten Pflichten gegenüber dem Grundstückseigentümer geltend gemacht werden.

(2) Der Erbbauberechtigte hat alle auf das Erbbaugrundstück und das Erbbaurecht entfallenden einmaligen und wiederkehrenden öffentlichen und privatrechtlichen Lasten, Abgaben und Pflichten, die den Grundstücks- oder Gebäudeeigentümer als solchen betreffen, einschließlich der Grundsteuer und etwaiger gemeindlicher Lasten nach dem Kommunalabgabengesetz für die Dauer des Erbbaurechts zu tragen sowie für die Erfüllung aller etwaiger behördlicher Auflagen zu sorgen. Ausgenommen sind alle gegenwärtigen oder künftigen grundbuchmäßigen Belastungen des Grundstücks, soweit für sie nicht eine abweichende Regelung getroffen wird.

(3) Die Erschließungs- und sonstigen Anliegerbeiträge für bis heute fertiggestellte Maßnahmen trägt der Grundstückseigentümer; im Übrigen gehen derartige Beiträge zu Lasten des Erbbauberechtigten. Diese Regelung gilt unabhängig davon, wann und wem der Beitragsbescheid zugestellt wird. Der Eigentümer versichert, dass alle Erschließungs- und sonstigen Anliegerbeiträge für die derzeit bestehenden Anlagen voll beglichen und teilhergestellte Anlagen nicht vorhanden sind.

§ 6 Zustimmung zur Belastung, Veräußerung und Vermietung

(1) Der Erbbauberechtigte bedarf der schriftlichen Zustimmung des Grundstückseigentümers
a) zur Veräußerung des Erbbaurechts oder eines Teils davon; dies gilt nicht für die Erteilung des Zuschlags in einem Zwangsversteigerungsverfahren, das aus einem Grundpfandrecht betrieben wird, das mit Zustimmung des Grundstückseigentümers eingetragen worden ist,
b) zur Belastung des Erbbaurechts mit Grundpfandrechten, Dauerwohn- und Dauernutzungsrechten und Reallasten sowie zur Änderung des Inhalts eines dieser Rechte, wenn die Änderung eine weitere Belastung des Erbbaurechts enthält.

(2) Die Zustimmung kann aus einem § 7 ErbbauRG entsprechenden Grund versagt werden. Sie gilt als erteilt, falls sie nicht innerhalb eines Monats nach Zugang der Anfrage des Erbbauberechtigten unter Angabe von Gründen durch den Grundstückseigentümer verweigert wird.

§ 7 Heimfall

Der Grundstückseigentümer kann die Übertragung des Erbbaurechts an sich oder an einen von ihm zu bezeichnenden Dritten vor Ablauf der vereinbarten Dauer des Erbbaurechts auf Kosten des Erbbauberechtigten verlangen

– Heimfall –,

wenn
a) der Erbbauberechtigte den in Ziffer II §§ 1, 2, 3, 4, 5 und Ziffer VI dieses Vertrags aufgeführten Verpflichtungen trotz Mahnung zuwiderhandelt,
b) die Zwangsversteigerung (nicht die Teilungsversteigerung) oder Zwangsverwaltung des Erbbaurechts ganz oder teilweise angeordnet wird,
c) über das Vermögen des Erbbauberechtigten das Insolvenzverfahren eröffnet oder die Eröffnung mangels Masse abgelehnt wird,
d) der Erbbauberechtigte mit der Zahlung des Erbbauzinses in Höhe von insgesamt 2 Jahresraten im Rückstand ist,
e) wenn der Erbbauberechtigte das Erbbaurecht vor Errichtung des Bauwerks veräußert.

§ 8 Entschädigung bei Heimfall und Zeitablauf

(1) Macht der Grundstückseigentümer von seinem Heimfallanspruch gemäß § 7 Gebrauch oder erlischt das Erbbaurecht durch Zeitablauf, so hat der Grundstückseigentümer dem Erbbauberechtigten eine Entschädigung zu gewähren. Die Entschädigung beträgt $2/3$ des Verkehrswertes der Gebäude und baulichen Anlagen zum Zeitpunkt des Heimfalls bzw. bei Zeitablauf. Bei Bewertung des Erbbaurechts oder der Gebäude sind die vom Erbbauberechtigten aufgewendeten Erschließungskosten mit zu berücksichtigen.

(2) Übernimmt der Grundstückseigentümer gemäß § 33 ErbbauRG Lasten, so sind diese auf die Vergütung anzurechnen. Übersteigen sie die Vergütung, so ist der Erbbauberechtigte verpflichtet, die überschießenden Beträge dem Grundstückseigentümer unverzüglich zu erstatten.

(3) Kommt es über die Höhe des Verkehrswerts zwischen den Beteiligten zu keiner Einigung, so soll diese ein Schiedsgutachter bestimmen, der vom Präsidenten der Industrie- und Handelskammer ...... ernannt wird. Der von diesem festgelegte Betrag gilt als zwischen den Beteiligten vereinbart. Für die Tragung der Kosten des Schiedsgutachtens gilt § 91 ZPO entsprechend.

(4) Für die Fälligkeit der Entschädigung gilt Folgendes:
a) Im Fall des Erlöschens des Erbbaurechts durch Zeitablauf ist die Entschädigung am Tag nach dem Erlöschen zu bezahlen.
b) Beim Heimfall hat die Übertragung des Erbbaurechts zu erfolgen, sobald die Höhe der zu zahlenden Entschädigung feststeht. Die Entschädigung ist bei Beurkundung der Übertragung ohne Zinsbeilage zu bezahlen.

(5) Anstatt der Belassung der Gebäude kann der Grundstückseigentümer auch den Abbruch und die Beseitigung der Gebäude auf Kosten des Erbbauberechtigten verlangen.

§ 9 Vorrecht auf Erneuerung

Nach Ablauf des Erbbaurechts hat der Erbbauberechtigte unter den Voraussetzungen des § 31 ErbbauRG das Vorrecht auf Erneuerung.

III. Erbbauzins

(1) Für die Einräumung des Erbbaurechts hat der Erbbauberechtigte vom Tage der Eintragung des Erbbaurechts im Grundbuch an auf die Dauer des Erbbaurechts einen jährlichen Erbbauzins zu bezahlen. Der Erbbauzins ist in 12 gleichen Teilbeträgen jeweils im Voraus bis spätestens zum Ersten eines jeden Monats an den Grundstückseigentümer zu zahlen, erstmals an dem auf die Eintragung des Erbbaurechts folgenden Monatsersten.

(2) Der jährliche Erbbauzins beträgt pro Quadratmeter
Euro 5,–,
bei einer Fläche des Erbbaugrundstücks von 1000 qm somit
Euro 5 000,–
i. W. fünftausend Euro.

(3) Der Erbbauzins ist auf der Grundlage der Lebenshaltungskosten vereinbart und ist wertgesichert.[1]
a) Ändert sich künftig der vom Statistischen Bundesamt in Wiesbaden ermittelte Verbraucherpreisindex gegenüber dem für den Beurkundungsmonat geltenden Index, so erhöht oder vermindert sich im gleichen Verhältnis die Höhe des monatlich zu zahlenden Erbbauzinses.
b) Eine Änderung bleibt außer Betracht, wenn sich der Verbraucherpreisindex um weniger als 5 Prozent ändert. Der erhöhte oder ermäßigte Erbbauzins ist erstmals für den Monat zu bezahlen, der dem Monat folgt, in dem sich der Verbraucherpreisindex um 5 Prozent erhöht oder vermindert hat. Nach jeder Anpassung des Erbbauzinses auf Grund der vorstehenden Wertsicherungsklausel ändert sich der Erbbauzins erneut bei einer Änderung des Verbraucherpreisindex um 5 Prozent.

(4) Der Erbbauzins samt Anpassungsklausel ist im Grundbuch als Reallast einzutragen. Als dinglicher Inhalt des Erbbauzinses wird vereinbart[1], dass
a) die Reallast abweichend von § 52 Abs. 1 des Gesetzes über die Zwangsversteigerung und die Zwangsverwaltung mit ihrem Hauptanspruch bestehenbleibt, wenn der Grundstückseigentümer aus der Reallast oder der Inhaber eines im Range vorgehenden oder gleichstehenden dinglichen Rechts die Zwangsversteigerung des Erbbaurechts betreibt und[2]
b) der jeweilige Erbbaurechtigte dem jeweiligen Inhaber der Reallast gegenüber berechtigt ist, das Erbbaurecht mit einer der Reallast im Rang vorgehenden Grundschuld oder Hypothek in Höhe von Euro ...... nebst Zinsen bis 20 % jährlich ab Bestellung des vorbehaltenen Rechts und einer einmaligen Nebenleistung in Höhe von bis zu 10 % im Erbbaugrundbuch zu belasten. Eine Zustimmung zur künftigen Beleihung ist damit nicht verbunden. Auf § 33 ErbbauRG hat der Notar hingewiesen.

(5) Vom Besitzübergang bis zur Eintragung des Erbbaurechts im Grundbuch hat der Erbbaurechtigte an den Grundstückseigentümer ein jährliches Nutzungsentgelt in Höhe des vorvereinbarten Erbbauzinses zu leisten. Dieses Nutzungsentgelt ist in 12 gleichen Teilbeträgen jeweils im Voraus bis spätestens zum Ersten eines jeden Monats zu entrichten.

---

[1] Zur alten Rechtslage wird auf die 1. Auflage verwiesen.
[2] Zur Sonderregelung bei Wohnungserbbaurechten oben RdNr. 6.288 sowie Formular 2 Ziffer III 3.

IV. Zwangsvollstreckungsunterwerfung

(1) Der Erbbauberechtigte unterwirft sich wegen der Erbbauzinsreallast und der einzelnen Erbbauzinsraten jeweils in ihrer wertgesicherten Form, der in Ziffer III Abs. 5 festgelegten Nutzungsentschädigung sowie wegen seiner Verpflichtung zur Errichtung, Unterhaltung und Versicherung des Erbbaurechtsgebäudes der sofortigen Zwangsvollstreckung aus dieser Urkunde in sein gesamtes Vermögen mit der Maßgabe, dass es zur Erteilung der vollstreckbaren Ausfertigung des Nachweises der Fälligkeit nicht bedarf. Eine Beweislastumkehr ist damit nicht verbunden.

(2) Im Fall der Erhöhung des Erbbauzinses durch Neufestsetzung gemäß Ziff. III dieser Urkunde ist der Erbbauberechtigte verpflichtet, sich auf Verlangen des Grundstückseigentümers auch wegen des Erhöhungsbetrages in notarieller Urkunde der sofortigen Zwangsvollstreckung zu unterwerfen.

V. Besitzübergang

Die Besitzübergabe erfolgt heute. Nutzen und Lasten sowie die Gefahr eines zufälligen Untergangs oder einer zufälligen Verschlechterung gehen vom gleichen Zeitpunkt auf den Erbbauberechtigten über.

VI. Haftpflichtversicherung

Der Erbbauberechtigte ist neben der Verpflichtung aus Ziff. II § 4 weiter verpflichtet, eine ausreichende Haftpflichtversicherung abzuschließen, die sich zugunsten des Eigentümers auf dessen allgemeine Haftpflicht bezüglich des Grundbesitzes, insbesondere auf dessen Verkehrssicherheit zu erstrecken hat. Nachweise hierüber sind dem Eigentümer auf Verlangen zu erbringen.

Kommt der Erbbauberechtigte der vorstehenden Verpflichtung nicht nach, so kann der Eigentümer auf Kosten des Erbbauberechtigten die Versicherung abschließen. Im Übrigen gilt Ziff. II. § 4 Abs. 2.

VII. Haftung

(1) Der Grundstückseigentümer haftet dafür, dass das Erbbaurecht die erste Rangstelle erhält.

(2) Der Grundstückseigentümer haftet nicht für Sachmängel gleich welcher Art, insbesondere nicht für die Bodenbeschaffenheit, die Richtigkeit des angegebenen Flächenmaßes und für die Ausnutzbarkeit des Erbbaugrundstücks für die Zwecke des Erbbauberechtigten.

(3) Der Grundstückseigentümer garantiert, dass es sich bei dem Vertragsobjekt um ein Baugrundstück handelt, wobei Umfang der Bebaubarkeit jedoch von den baurechtlichen Bestimmungen, insbesondere von den Festsetzungen der gemeindlichen Bauleitplanung abhängt; insoweit übernimmt der Grundstückseigentümer keine Garantie. Die Einholung der Genehmigung der Baubehörde ist Sache des Erbbauberechtigten. Der Grundstückseigentümer garantiert weiter, dass es sich bei dem Vertragsobjekt um eine Nettobauplatzfläche handelt und der Erbbauberechtigte, um die Bebaubarkeit des Vertragsobjekts zu erreichen, Abtretungen für Flächen des öffentlichen Bedarfs, insbesondere Straßen und Gehwege, nicht zu leisten hat.

VIII. Gegenseitiges Vorkaufsrecht

Der Grundstückseigentümer räumt dem jeweiligen Erbbauberechtigten am Erbbaugrundstück, der Erbbauberechtigte dem jeweiligen Eigentümer des Erbbaugrundstücks am Erbbaurecht das dingliche

Vorkaufsrecht für alle Verkaufsfälle ein. Für die Vorkaufsrechte gelten die gesetzlichen Bestimmungen.

IX. Rechtsnachfolge

Soweit die Verpflichtungen dieses Vertrags nicht kraft Gesetzes auf die Rechtsnachfolger übergehen, ist jeder Vertragsteil verpflichtet, seine sämtlichen Verpflichtungen aus diesem Vertrag seinen sämtlichen Sonderrechtsnachfolgern mit der Weiterübertragungsverpflichtung aufzuerlegen. Wenn ein Sonderrechtsnachfolger des Erbbauberechtigten nicht alle Verpflichtungen aus diesem Vertrag übernimmt, ist dies ein Grund, die nach Ziffer II § 6 erforderliche Zustimmung zur Übertragung des Erbbaurechts zu verweigern.

X. Grundbuchanträge

(1) Grundstückseigentümer und Erbbauberechtigter sind darüber einig, dass das Erbbaurecht und die nachfolgenden Rechte bestellt werden. Sie bewilligen und der Erbbauberechtigte beantragt in das Grundbuch einzutragen:
a) das Erbbaurecht mit dem gesetzlichen und dem vertraglichen Inhalt an dem in Ziff. I bezeichneten Grundstück,
b) den Erbbauzins samt Rangvorbehalt am Erbbaurecht im anzulegenden Erbbaugrundbuch,
c) das Vorkaufsrecht am Grundstück im Rang nach dem Erbbaurecht und das Vorkaufsrecht am Erbbaurecht im Rang nach dem Erbbauzins.

(2) Auf die Eintragung einer Vormerkung zur Sicherung des Anspruchs auf Eintragung des Erbbaurechts wird verzichtet.

XI. Zustimmung zur Belastung

Der Eigentümer stimmt schon heute der einmaligen Belastung des Erbbaurechts mit Grundpfandrechten bis zur Höhe von 80 vom Hundert der nachgewiesenen Herstellungskosten samt Zinsen in Höhe von bis zu 20% jährlich und einer einmaligen Nebenleistung in Höhe von bis zu 10% zu, wenn sie
a) zum Zweck der Finanzierung der Baukosten bewilligt werden,
b) mit Rang nach dem Erbbauzins und dem Vorkaufsrecht des Grundstückseigentümers im Grundbuch eingetragen werden,
c) zugunsten von Kreditinstituten bestellt werden, die in der Bundesrepublik Deutschland zum Geschäftsbetrieb befugt sind.

XII. Ermächtigung

Die Vertragsteile beauftragen den Notar, alle Genehmigungen und sämtliche zum Vollzug dieses Vertrags erforderlichen Erklärungen zu erholen. Der Notar wird bevollmächtigt, Genehmigungen, die ohne Bedingungen und Auflagen erteilt werden, für die Vertragsteile entgegenzunehmen, gegenseitig mitzuteilen und diese Mitteilung jeweils in Empfang zu nehmen, die Urkunde zum Teilvollzug vorzulegen, sowie Anträge zurückzunehmen. Alle zu diesem Vertrag erforderlichen Zustimmungserklärungen sollen mit dem Eingang beim Notar den Vertragsteilen als zugegangen gelten und wirksam sein.

XIII. Salvatorische Klausel

Sollte eine Bestimmung dieses Vertrags unwirksam sein oder werden, so ist der übrige Vertrag dennoch gültig. Die Vertragsparteien verpflichten sich zum Abschluss einer neuen Vereinbarung, die dem mit der unwirksamen Bestimmung gewollten Zweck wirtschaftlich am nächsten kommt.

XIV. Kosten

Der Erbbauberechtigte trägt die Kosten dieses Vertrages, seines Vollzugs, die Grunderwerbsteuer, ebenso die Kosten der Gebäudeeinmessung, der Katasterfortführung, des Heimfalls, der Löschung des Erbbaurechts und der Schließung des Erbbaugrundbuchs.

XV. Ausfertigung der Urkunde

Von dieser Urkunde erhalten
jeder Vertragsteil sofort eine beglaubigte Abschrift und nach Vollzug eine Ausfertigung, der Eigentümer auf Verlangen eine vollstreckbare Ausfertigung,
das Grundbuchamt ...... eine Ausfertigung,
das Finanzamt ...... – Grunderwerbsteuerstelle – eine einfache Abschrift,
der Gutachterausschuss ...... eine einfache Abschrift.

XVI. Belehrungen

Die Beteiligten wurden vom Notar u. a. darauf hingewiesen,
a) dass das Erbbaurecht erst mit der Eintragung im Grundbuch entsteht und dass hierzu das Vorliegen der finanzamtlichen Unbedenklichkeitsbescheinigung erforderlich ist,
b) dass das Erbbaurecht nur an ausschließlich erster Rangstelle bestellt werden kann,
c) dass alle Vereinbarungen richtig und vollständig beurkundet sein müssen und alle nicht beurkundeten Abreden nichtig sind und die Wirksamkeit des ganzen Vertrages in Frage stellen,
d) dass zur Bebauung die behördlichen Genehmigungen erforderlich sind,
e) dass die Beteiligten für die Kosten bei Gericht und Notar und die Grunderwerbsteuer als Gesamtschuldner haften,
f) dass die Erbbauzinsreallast in der Zwangsversteigerung des Erbbaurechts grundsätzlich bestehen bleibt.

2. Erbbaurechtsvertrag mit gleitendem Erbbauzins zur Errichtung von Wohngebäuden mit der Möglichkeit der Aufteilung nach dem Wohnungseigentumsgesetz an zu vermessender Teilfläche

Heute, am ......
sind vor mir, ..., Notar in ...... anwesend:
......
Die Frage des Notars nach einer Vorbefassung i. S. des § 3 Abs. 1 Satz 1 Nr. 7 BeurkG wurde von den Beteiligten verneint.
Nach Unterrichtung über den Grundbuchstand beurkunde ich bei gleichzeitiger Anwesenheit der Beteiligten ihren Erklärungen gemäß folgenden

Erbbaurechtsvertrag:

I. Grundbuchstand

Im Grundbuch des Amtsgerichts ...... für ......
Band ...... Blatt ......

sind die Ehegatten A als Miteigentümer je zur Hälfte des Grundbesitzes der Gemarkung ...... eingetragen:
Flst.Nr. ...... (Beschrieb) ...... zu ...... qm,
Flst.Nr. ...... (Beschrieb) ...... zu ...... qm.
Der Grundbesitz ist in Abteilung II belastet mit einer Auflassungsvormerkung für die Stadt ...... wegen einer Teilfläche von ca. 12 m² an Flst.Nr. ...... der Gemarkung ......
In Abteilung III ist eingetragen:
Euro 100 000,– Buchgrundschuld für die ...... Bank.

II. Bestellung des Erbbaurechts

1. Erbbaurecht

Die Ehegatten A

— nachstehend als „Grundstückseigentümer" bezeichnet —

bestellen hiermit den Herren B, C und D als Gesellschaftern bürgerlichen Rechts

— nachstehend als „Erbbauberechtigter" bezeichnet —

an der in Absatz 2 bezeichneten noch zu vermessenden Teilfläche aus dem in Ziffer I genannten Grundstück ein

Erbbaurecht

im Sinn des Gesetzes über das Erbbaurecht. Das Erbbaurecht ist das veräußerliche und vererbliche Recht, auf oder unter der Oberfläche eines Grundstücks ein oder mehrere Bauwerke nach Maßgabe dieses Vertrags zu haben. Das Erbbaurecht erhält den in Abschnitt II bezeichneten dinglichen Inhalt.

2. Vertragsfläche

Die Vertragsfläche ist ca. ...... qm groß und in dem dieser Urkunde als Bestandteil beigefügten amtlichen Lageplan ...... umrandet und den Beteiligten der Form und Lage nach in der Natur genau bekannt. Der Plan wurde vom Notar den Beteiligten vorgelegt und von diesen durchgesehen und genehmigt.

genaue Beschreibung der Vertragsfläche

Bei Abweichungen zwischen der Einzeichnung im Plan und der Flächenangabe ist der Plan maßgeblich.

§ 1 Bauwerk, Nebenflächen, Änderungen

1. Bauwerk

Der Erbbauberechtigte ist berechtigt und verpflichtet, auf der vom Erbbaurecht betroffenen Vertragsfläche auf seine Kosten zu Wohnzwecken (mit gewerblicher/ freiberuflicher Nutzung nur im Rahmen von Abs. 3 und des Bebauungsplanes) dienende Gebäude mit Nebenanlagen (insbesondere Tiefgarage, Garagen einschließlich der Bauwerke der inneren Erschließung, wie Zufahrtswegen usw., oder von Teilen hiervon) zu errichten und dort zu belassen. Zahl und Umfang dieser Gebäude richten sich nach dem in Aufstellung befindlichen Bebauungsplan Nr....... in seiner endgültigen Form, die er nach Rechtskraft erhält. Der Erbbauberechtigte ist verpflichtet, die in der Satzung des Bebauungsplans Nr....... für die Vertragsfläche ggf. vorgesehenen Auflagen auf eigene Kosten zu erfüllen (z.B. Erstellung von Schallschutzwänden, Baumpflanzungen, Gebäudebegründungen, etc.). Der Grundstückseigentümer wird von einer diesbezüglichen Haftung freigestellt.

Der Erbbauberechtigte muß nicht das sich hieraus ergebende Baurecht vollständig ausschöpfen. Vielmehr ist die Verpflichtung gemäß Absatz 1 Satz 1 und 2 erfüllt, wenn das Baurecht in Höhe von 85% – fünfundachtzig vom Hundert – der maximal zulässigen Geschossfläche ausgeschöpft ist. Der genannte Bebauungsplan wird auszugsweise beigefügt; er wurde den Beteiligten vorgelegt und von ihnen genehmigt. Dem Erbbauberechtigten ist bekannt, dass der Bebauungsplan noch nicht rechtskräftig ist. Die textliche Fassung in ihrer jetzigen Form ist dem Erbbauberechtigten genau bekannt; eine Kopie hat er vor Beurkundung erhalten; diese Festsetzungen sind jedoch nicht für den dinglichen Inhalt des Erbbaurechts maßgebend.

Schuldrechtlich wird im Wege des berechtigenden Vertrages zugunsten der Landeshauptstadt München vereinbart:

Der Erbbauberechtigte übernimmt die vorstehende Bauverpflichtung auch gegenüber der Landeshauptstadt München, so dass diese einen eigenständigen Anspruch auf Erfüllung der vorstehenden Bauverpflichtung erwirbt.

2. Nebenfläche

Das Erbbaurecht erstreckt sich auch auf den für die Gebäude nicht erforderlichen Teil des Grundstücks, wobei das Bauwerk wirtschaftlich die Hauptsache bleibt. Diese Fläche darf nur im Zusammenhang mit der Wohnnutzung genutzt werden.

3. Nur als Inhaltsänderung zulässige Änderungen

Spätere tatsächliche bauliche Änderungen an vorhandenen Gebäuden, die eine Erweiterung der nach dem vorgenannten Bebauungsplan gemäß Ziffer 1 in seiner endgültigen Fassung zulässigen Geschossfläche gemäß § 20 BauNVO in seiner jetzigen Fassung für das Erbbaugrundstück um mehr als 10% beinhalten, sowie die Änderung der Nutzung jeder einzelnen Wohnungseinheit, die eine gewerbliche und/oder freiberufliche Nutzung von mehr als 40% der Geschossfläche beinhaltet, werden nach dem hautigen Erbbaurecht nicht zugelassen und sind also nur im Rahmen einer Inhaltsänderung des Erbbaurechts zulässig, wozu der Grundstückseigentümer jedoch keinesfalls verpflichtet ist:

Dem Erbbauberechtigten ist bekannt, dass im Rahmen einer Inhaltsänderung neue Vereinbarungen getroffen werden können, also z.B. der Grundstückseigentümer dann eine grundsätzliche Änderung des Erbbauzinses verlangen kann.

Die vorgenannte Regelung gilt auch im Fall von Teilungen im Sinne von Abschnitt X. Bei Begründung von Wohnungs- und Teilerbbaurechten bezieht sich die Nutzungsänderung auf das einzelne Sondereigentum der einzelnen Einheit, und eine Flächenänderung gleichfalls auf das einzelne Sondereigentum, soweit dieses auch auf die weitere Geschoßfläche erstreckt wird, und sonst auf das gesamte Erbbaurecht.

4. Mit Zustimmung zulässige Änderungen

Folgende Änderungen sind nach vorheriger schriftlicher Zustimmung des Grundstückseigentümers zulässig:

Bauliche Änderungen einschließlich Erweiterungen, Abbruch der derzeitigen Bauwerke und Neubau, sowie Nutzungsänderungen, die jeweils nicht unter Ziff. 3. fallen; durch die Zustimmung soll nur die Einhaltung der Bestimmungen dieser Urkunde kontrolliert werden, für die in diesem Rahmen zulässigen Änderungen kann keine Erhöhung des Erbbauzinses verlangt werden.

§ 2 Bau- und Unterhaltungsverpflichtung

1. Bauerrichtung

Der Erbbauberechtigte ist verpflichtet, die in § 1 genannten Gebäude innerhalb von drei Jahren nach Eintragung des Erbbaurechts bezugsfertig zu errichten; falls die Baugenehmigung sich verzögert aus Gründen, die der Erbbauberechtigte nicht zu vertreten hat, verlängert sich dementsprechend die Frist.

a) Der hierfür erforderliche Baugenehmigungsantrag (einschließlich Planung hierzu) bedarf der Zustimmung des Grundstückseigentümers. Die Zustimmung ist zu erteilen, wenn das beabsichtigte Bauvorhaben den vorstehenden Regelungen unter Abschnitt II § 1 Ziff. 1 der Urkunde entspricht. Nach deren Erteilung sind dem Eigentümer die der Bauausführung zugrunde liegenden Baupläne mit Baubeschreibung samt Baugenehmigung (jeweils in Kopie) zu übergeben. Bei der Ersterrichtung gilt die Zustimmung unter den Voraussetzungen von § 6 Abs. 3 als erteilt.

b) Dies gilt entsprechend bei einem Freistellungsverfahren nach Art. 64 BayBO; hier genügt die Bestätigung des Architekten, dass die Vorgaben des Bebauungsplanes eingehalten sind, sowie die Vorlage der Pläne.

c) Der Grundstückseigentümer muss die Zustimmung erst nach der ortsüblichen Bekanntmachung gemäß § 10 Abs. 3 BauGB erteilen. Schuldrechtlich gilt: Bis dahin darf kein Baugenehmigungsantrag gestellt werden.

2. Bauausführung

a) Die Bauwerke sind unter Verwendung von aus Sicht eines Normalverbrauchers guten und dauerhaften Baustoffen und unter Beachtung der anerkannten Regeln der Baukunst und der Bauvorschriften sowie der im Zeitpunkt des Baugenehmigungs-/Freistellungsantrags gültigen DIN-Normen zu erstellen.

b) Der Eigentümer ist berechtigt, die Baustelle jederzeit zu besichtigen.

3. Instandhaltung

Der Erbbauberechtigte ist verpflichtet, die auf dem Erbbaugrundstück befindlichen Bauwerke einschließlich der Außenanlagen und der besonderen Betriebseinrichtungen in gutem Zustand zu halten und die erforderlichen Reparaturen und Erneuerungen unverzüglich auf eigene Kosten vorzunehmen. Kommt der Erbbauberechtigte diesen Verpflichtungen trotz Aufforderung innerhalb angemessener Frist nicht oder nur ungenügend nach, so ist der Grundstückseigentümers berechtigt, die Arbeiten auf Kosten des Erbbauberechtigten vornehmen zu lassen.

§ 3 Besichtigungsrecht

Der Grundstückseigentümer ist jährlich nach vorheriger Absprache berechtigt, das Grundstück und die Gebäude zu besichtigen oder durch Beauftragte oder Bevollmächtigte besichtigen und auf ihren baulichen Zustand und ihre vertragsgemäße Verwendung prüfen zu lassen. Bei berechtigten Beanstandungen ist der Grundstückseigentümer solange zu mehrfacher Besichtigung berechtigt, bis die Mängel bzw. die vertragswidrige Verwendung behoben sind.

§ 4 Versicherungsverpflichtung

1. Versicherung

Der Erbbauberechtigte ist verpflichtet, die auf dem Erbbaugrundstück befindlichen Bauwerke zum frühest möglichen Zeitpunkt mit dem vollen Wert gegen Brand-, (ggf. Heizöl-), Leitungswasser- sowie Elementarschäden in der Form einer Neuwertversicherung auf eigene Kosten zu versichern, sowie eine Gebäudehaftpflicht einschließlich Gewässerversicherung (Schäden an Boden und Gewässer) abzuschließen. Die Versicherungen sind während der ganzen Laufzeit des Erbbaurechts aufrecht zu erhalten. Dem Grundstückseigentümer ist auf Verlangen das Bestehen der Versicherungen nachzuweisen.

Wegen der Verkehrssicherungspflicht bleibt es beim Gesetz, bzw. gilt schuldrechtlich Abschnitt VI. 3).

2. Ersatzvornahme

Kommt der Erbbauberechtigte trotz schriftlicher Mahnung dieser Verpflichtung binnen angemessener Frist nicht oder nur ungenügend nach, so ist der Grundstückseigentümer berechtigt, auf Kosten des Erbbauberechtigten für die Versicherungen selbst zu sorgen.

3. Wiederaufbau

Der Erbbauberechtigte ist verpflichtet, bei Eintritt des Versicherungsfalles die Bauwerke innerhalb von drei Jahren in dem vorherigen Umfang wiederaufzubauen. Dabei sind die Versicherungs- oder sonstigen Entschädigungsleistungen in vollem Umfang zur Wiederherstellung zu verwenden. Bei vollständigen Zerstörungen, die nicht durch eine Versicherung abgedeckt sind, ist der Erbbauberechtigte zum Wiederaufbau nur verpflichtet, wenn er die Nicht- oder Unterversicherung zu vertreten hat. Für den Wiederaufbau gelten die Zustimmungspflichten nach §§ 1 und 2.

§ 5 Lastentragung

1. Öffentliche Lasten

Der Erbbauberechtigte trägt ab Besitzübergang alle einmaligen und wiederkehrenden öffentlichen Lasten und Abgaben des Grundstücks und des Erbbaurechts, insbesondere die Grund- und Gebäudesteuern, Kanal-, Straßenreinigungs-, Müllabfuhr- und Kaminkehrerkosten.

2. Privatrechtliche Lasten

Der Erbbauberechtigte trägt auch alle privatrechtlichen Lasten des Erbbaugrundstücks und des Erbbaurechts. Ausgenommen sind alle gegenwärtigen und künftigen grundbuchmäßigen Belastungen des Grundstücks, soweit für sie nicht eine abweichende Regelung getroffen wird.

3. Erschließungskosten

Der Erbbauberechtigte hat alle mit der Erschließung zusammenhängenden Kosten sowohl nach dem Baugesetzbuch, als auch nach dem Kommunalabgabengesetz bzw. sonstigen Vorschriften hierzu zu tragen. Hierzu sind schuldrechtliche abweichende Vereinbarungen für die Ersterschließung in Abschn. V. enthalten.

§ 6 Zustimmungserfordernis

1. Zustimmungsvoraussetzung

Der Erbbauberechtigte bedarf der schriftlichen Zustimmung des Grundstückseigentümers
a) Zur **Veräußerung** des Erbbaurechts; ausgenommen hiervon ist
   – nach Aufteilung gemäß WEG der erste Verkauf eines jeden neu gebildeten Wohnungs-/Teilerbbaurechts;
   – nach Teilung des Erbbaurechts in einzelne Erbbaurechte an Teilflächen der erste Verkauf eines jeden durch Teilung entstandenen Erbbaurechts;

- eine Übertragung an Miterbbauberechtigte oder Ehegatten oder Verwandte in gerader Linie des Erbbauberechtigten.

Im Falle einer Veräußerung ohne Zustimmungspflicht ist jedoch dem Eigentümer die Veräußerung durch Übersendung einer beglaubigten Abschrift anzuzeigen.

b) Zur **Belastung** des Erbbaurechts mit Grundpfandrechten, Dauerwohn- und Dauernutzungsrechten und Reallasten sowie zur Änderung des Inhalts eines dieser Rechte, wenn die Änderung eine weitere Belastung des Erbbaurechts enthält.

Zustimmungsfrei sind folgende Belastungen:
- die Belastung des Erbbaurechts mit Globalgrundschulden in beliebiger Höhe zzgl. beliebigen Zinsen und Nebenleistungen durch den jetzigen Erbbauberechtigten (Bauträger) innerhalb von fünf Jahren seit Eintragung des Erbbaurechts im Grundbuch; sowie
- die Belastung durch den Käufer nach der Aufteilung in Wohnungs-/Teilerbbaurechte mit Grundpfandrechten in Höhe von bis zu 85% des Kaufpreises für das Erbbaurecht einschließlich aller Bauwerke und Anlagen zzgl. beliebigen Zinsen und Nebenleistungen zugunsten einer Bank/Kreditinstitut/Versicherung, die der deutschen Kreditaufsicht unterliegt.

Unter Kaufpreis in diesem Sinne sind nicht der Erbbauzins, die Vertrags- und Vollzugskosten sowie anfallende Steuern zu verstehen.

Eine darüber hinausgehende Beleihung ist nicht ausdrücklich ausgeschlossen, sondern bedarf der Zustimmung des Eigentümers nach Maßgabe des § 7 ErbbVO.

Vorstehende Ausnahmen von der Zustimmungspflicht gelten jedoch nur, sofern die in Abschn. XI. Ziff. 1 lit. a) aufgeführten Vereinbarungen in der Bestellungsurkunde enthalten sind; weiter wird schuldrechtlich klargestellt, dass jeweils auch die übrigen Bestimmungen gemäß Abschnitt XI. zu beachten sind;

c) Zur **Errichtung** (§ 2 Abs. 1), zu wesentlichen **Veränderungen** oder zum ganzen oder teilweisen Abbruch der Gebäude im Sinne von § 1 Ziff. 1., 4. und der Nebenanlagen sowie zu den dort genannten Nutzungsänderungen.

2. Zustimmungspflicht

Für Abs. 1 lit. a) und b) gilt § 7 ErbbauRG. Für die übrigen Eigentümerzustimmungen gemäß dieser Urkunde gilt diese Bestimmung entsprechend, soweit nicht ausdrücklich etwas anderes vereinbart ist.

3. Zustimmungsfrist

Die Zustimmung gilt als erteilt, falls sie nicht innerhalb von 1 Monat in den Fällen zu Ziff. 1 a) bis c), bei der Ersterrichtung des Bauwerks (Ziff. 1 c) innerhalb von vierzehn Tagen nach Eingang der Anfrage des Erbbauberechtigten oder sonstiger Antragsberechtigter unter Angabe von Gründen durch den Eigentümer verweigert wird.

Klargestellt wird, dass eine Zustimmung zur Belastung nicht auch eine Zustimmung zu einer Versteigerung beinhaltet.

4. Zustimmungsform

Die Zustimmung zu Abs. 1 a) und b) muss zumindest mit notarieller Beglaubigung erteilt werden, die zu Abs. 1 c) privatschriftlich.

§ 7 Vertragsdauer

Das Erbbaurecht beginnt mit der Eintragung im Grundbuch und endet nach
99 Jahren seit der Eintragung.

Nach Beendigung des Erbbaurechts gehen die Gebäulichkeiten und baulichen Anlagen in das Eigentum des Grundstückseigentümers über. Anfallende Vollzugskosten trägt der Grundstückseigentümer.

§ 8 Heimfall, Vertragsstrafe

1. Heimfallgründe

Der Grundstückseigentümer kann die Übertragung des Erbbaurechts auf sich oder an einen von ihm zu bezeichnenden Dritten auf Kosten des Erbbauberechtigten verlangen

– Heimfall –,

wenn

a) der Erbbauberechtigte den in Abschn. II §§ 1–6 (ohne § 6 Ziff. 1 a) und b)) und Abschnitt VI. Ziff. 3 und 4 dieses Vertrages aufgeführten Verpflichtungen trotz Abmahnung schuldhaft zuwiderhandelt, soweit sie sein Erbbaurecht bzw. bei WEG-Teilung sein Sondereigentum betreffen, oder
b) die Zwangsversteigerung oder Zwangsverwaltung des Erbbaurechts angeordnet und nicht innerhalb von 2 Monaten danach wieder aufgehoben wird, oder
c) über das Vermögen des Erbbauberechtigten das Insolvenzverfahren eröffnet oder die Eröffnung mangels Masse abgelehnt wird, oder
d) der Erbbauberechtigte mit der Zahlung des Erbbauzinses in Höhe von insgesamt 2 Jahresraten im Rückstand ist, oder
e) der Erwerber des Erbbaurechts nicht gemäß Abschnitt IX. Ziff. 1. dieses Vertrages in alle schuldrechtlichen Verpflichtungen aus diesem Erbbaurechtsvertrag mit der Weiterübertragungsverpflichtung eingetreten ist.

Bei wiederholtem Eintritt eines der vorbezeichneten Fälle entsteht der Heimfallanspruch jeweils neu, auch wenn er früher nicht geltend gemacht wurde. Ein entstandener Heimfallanspruch erlischt, wenn der Heimfallgrund vor seiner Geltendmachung entfallen ist.

2. Einschränkung des Heimfallrechts

Sofern am Erbbaurecht Dienstbarkeiten und/oder Reallasten zugunsten der Landeshauptstadt München eingetragen sind, gilt:
Der Heimfall darf nur erklärt werden, wenn sich der Grundstückseigentümer zuvor schriftlich gegenüber der Landeshauptstadt München verpflichtet hat, Dienstbarkeiten und Reallasten zugunsten der Landeshauptstadt München mit dem gleichen Inhalt, wie sie bei Ausübung des Heimfalls am Erbbaurecht lasten, am Erbbaurecht wieder zu bestellen und im Erbbaugrundbuch wieder eintragen zu lassen. Die Ausübung des Heimfalls zugunsten eines Dritten ist nur zulässig, wenn dieser wiederum eine entsprechende Verpflichtung zur Bestellung der vorstehenden Rechte eingegangen ist.

3. Heimfall bei Teilung

Nach einer Teilung des Erbbaurechts nach WEG gilt:
Der Grundstückseigentümer kann
a) die Übertraung des gesamten Erbbaurechts, also nach der Aufteilung gemäß WEG sämtlicher Wohnungs- und Teilerbbaurechte, auf sich oder an einen von ihm zu bezeichnenden Dritten auf Kosten des Erbbauberechtigten (Eigentümergemeinschaft) verlangen

– Heimfall – (= Gesamtheimfall),

wenn die Erbbauberechtigten (Eigentümergemeinschaft) den in Abschnitt II. §§ 1–6 (ohne § 6 Ziff. 1 a) und b)) und Abschnitt VI. Ziffer 3, 4 sowie Abschnitt X. Abs. 3. dieses Vertrages aufgeführten Verpflichtungen bezüglich des gemeinschaftlichen Eigentums trotz Mahnung schuldhaft zuwider handeln.

b) Der Grundstückseigentümer kann, wenn eine der Voraussetzungen gem. § 8 Ziff. 1 lit. a) mit e) nur hinsichtlich eines einzelnen Wohnungs-/Teilerbbaurechts vorliegt, den

– Heimfall –
nur der betroffenen Einheit

verlangen.

Klargestellt wird, dass der Grundstückseigentümer, je nachdem ob die Voraussetzungen zu a) oder b) vorliegen, nur das jeweilige, dort genannte Recht geltend machen kann.

4. Anrechnung auf Vergütung

Übernimmt der Grundstückseigentümer im Rahmen des Heimfalls gemäß § 33 ErbbauRG Lasten, so sind diese auf die nach § 9 zu zahlende Vergütung anzurechnen. Übersteigen diese die Vergütung, so ist der Erbbauberechtigte verpflichtet, die überschießenden Beträge dem Grundstückseigentümer zu erstatten.

5. Bestehende Vormerkungen aus Kaufverträgen

Eine Vormerkung aus einem Kaufvertrag bleibt dann bestehen, wenn zu diesem Kaufvertrag keine Zustimmung des Grundstückseigentümers nötig war, oder diese erteilt wurde, bzw. ist neu zu bestellen; der Kaufvertrag gilt gegenüber dem Grundstückseigentümer weiter. Dieser hat alternativ das Wahlrecht, in den Kaufvertrag einzutreten oder den Heimfall zugunsten des Käufers auszuüben; die Ausübung des Heimfalls darf erst erfolgen, wenn vorher oder gleichzeitig die für die Neueintragung des Vormerkungsberechtigten nötigen Bewilligungen dem Grundbuchamt gegenüber abgegeben werden und die Wahrung des Rangs der bisherigen Vormerkung gesichert ist.

6. Vertragsstrafe

a) Bei Vorliegen eines Heimfallgrundes im Sinne von Abs. 1 (d.h. bei den dort genannten Vertragsverstößen bzw. Vertragsgefährdungen durch den Erbbauberechtigten) kann der Grundstückseigentümer eine Vertragsstrafe gem. § 2 Nr. 5 ErbbauRG verlangen. Die Vertragsstrafe beträgt die Hälfte des Erbbauzinses einschließlich seiner Anpassung bezogen auf die Dauer des Verstoßes. Die Vertragsstrafe ist fällig, sobald der betreffende Heimfallgrund eingetreten ist und die Vertragsstrafe vom Grundstückseigentümer geltend gemacht wurde. Die Vertragsstrafe kann ferner dann verlangt werden, wenn nach Begründung von Wohnungs-/Teilerbbaurechten der Verwalter entgegen der Vereinbarung nach Abschnitt X.3 nicht die Einziehung des von dem Wohnungs-/Teilerbbauberechtigten zu zahlenden Erbbauzinses trotz mindestens zweimaliger Mahnung durchführt. Der Vertragsstrafenanspruch ist bei einem Verstoß gegen Abschnitt X.3 bis zu einer rechtskräftigen Entscheidung gehemmt, sofern die Eigentümergemeinschaft Klage gegen den Verwalter erhoben hat.

Durch die Zahlung der Vertragsstrafe wird der Erbbauberechtigte von der Erfüllung seiner Verbindlichkeiten nicht befreit. Auch bleibt bei Fortsetzung des Vertragsverstoßes die Möglichkeit des Grundstückseigentümers unberührt, den Heimfallanspruch geltend zu machen. Für die Dauer der Geltendmachung der Vertragsstrafe gilt die Verjährung des Heimfallanspruches als gehemmt.

Alle sonstigen Verpflichtungen aus dem Erbbaurechtsvertrag bleiben von vorstehenden Bestimmungen unberührt.
b) Falls der Erbbauberechtigte mit einer Erbbauzinszahlung in Verzug ist, kann für die Zeit des Verzuges als Vertragsstrafe ein Strafzins von 5%-Punkten über dem jeweiligen Basiszinssatz verlangt werden.

§ 9 Entschädigung bei Heimfall und Zeitablauf

1. Entschädigung

Macht der Grundstückseigentümer von seinem Heimfallanspruch Gebrauch oder erlischt das Erbbaurecht durch Zeitablauf, so hat der Grundstückseigentümer dem Erbbauberechtigten eine Entschädigung zu gewähren.

2. Höhe

a) **Erlöschen**

Die Entschädigung beträgt für den Fall des Erlöschens des Erbbaurechts 70% des Verkehrswerts, den die Bauwerke und Anlagen zum Zeitpunkt des Erlöschens des Erbbaurechts haben.

b) **Heimfall gemäß § 8**

Im Falle eines Heimfallgrundes gemäß § 8, also im Falle vertragwidrigen Verhaltens des Erbbauberechtigten, gilt:

Die Entschädigung beträgt innerhalb der ersten drei Jahre der Dauer des Erbbaurechtsvertrages 65% des Verkehrswertes, den die Bauwerke und Anlagen zum Zeitpunkt des Heimfalls des Erbbaurechts haben. In den darauffolgenden zehn Jahren verringert sich der Entschädigungsbetrag jeweils um einen weiteren Prozentpunkt des Verkehrswertes, bis zu einer Untergrenze von 55%.

c) **Bewertungsgrundsätze**

Bei Bewertung der Gebäude bzw. Anlagen sind die vom Erbbauberechtigten aufgewendeten Erschließungskosten mit zu berücksichtigen.

Für folgende Bauwerke sind keine Entschädigungen zu zahlen:
– Bauwerke, die noch nicht bezugsfertig sind und/oder
– Bauwerke oder Bauwerksteile, die ohne Zustimmung des Grundstückseigentümers errichtet wurden und/oder
– Sonderausstattungen wie z. B. Schwimmbad und Sauna.

Klargestellt wird, dass das Erbbaurecht nicht zur Befriedigung des Wohnbedürfnisses minderbemittelter Bevölkerungskreise im Sinne von §§ 27 Abs. 2, 32 Abs. 2 ErbbauRG bestellt wird.

3. Sachverständiger

Einigen sich die Beteiligten über den Verkehrswert nicht, so ist dieser verbindlich durch einen durch den Vorstand der Industrie- und Handelskammer für München zu ernennenden Sachverständigen festzustellen.

Die Kosten aller Schätzungen tragen Grundstückseigentümer und Erbbauberechtigter grundsätzlich je zur Hälfte. Beim Heimfall trägt der Erbbauberechtigte die Kosten aller Schätzungen allein.

4. Fälligkeit

a) Im Fall des Erlöschens des Erbbaurechts durch Zeitablauf ist die Entschädigung innerhalb von drei Monaten nach dem Erlöschen und der Ermittlung des Verkehrswertes im Sinne von Ziffer 3, Zug um Zug gegen Löschung des Erbbaurechts zu bezahlen.

Sofern am Erbbaurecht Dienstbarkeiten und/oder Reallasten zugunsten der Landeshauptstadt München eingetragen sind, gilt weiter:
Die Fälligkeit der Entschädigungsforderung ist aufschiebend bedingt durch die Erklärung des Rangrücktritts des Erbbauberechtigten mit der Entschädigungsforderung hinter die am Erbbaurecht eingetragenen Dienstbarkeiten und Reallasten für die Landeshauptstadt München **und** dessen grundbuchamtlichen Vollzug. Bis zur Erklärung und zum Vollzug des Rangrücktritts ist die Abtretung des Anspruchs auf Entschädigung ausgeschossen.

b) Beim Heimfall hat die Übertragung des Erbbaurechts zu erfolgen, sobald die Höhe der zu zahlenden Entschädigung feststeht und Zug um Zug gegen Bezahlung. Die Entschädigung ist bei Beurkundung der Übertragung ohne Zinsbeilage zu bezahlen.

§ 10 Verlängerung; Vorrecht auf Erneuerung

1. Verlängerung

Auf die Möglichkeit des Eigentümers, die Verpflichtung zur Zahlung der Entschädigung dadurch abzuwenden, dass er dem Erbbauberechtigten die Verlängerung des Erbbaurechts um die voraussichtliche Standzeit des Gebäudes anbietet sowie das Erlöschen des Entschädigungsanspruchs im Falle der Ablehnung des Verlängerungsangebots durch den Erbbauberechtigten (§ 27 Abs. 3 ErbbauRG) wurden die Beteiligten hingewiesen. In diesem Fall entfällt die Erhaltungspflicht des Erbbauberechtigten gemäß Abschnitt II § 2 Ziff. 3 des Vertrages; dafür entfällt auch die Verpflichtung zur Zahlung einer Entschädigung nach Ablauf der Verlängerungsfrist ersatzlos; diese ist also insoweit aufschiebend bedingt abbedungen.

Nach Ablauf der Verlängerung behält sich der Grundstückseigentümer abweichend von § 34 ErbbauRG das Recht vor, beim Erlöschen des Erbbaurechts anstelle der Belassung der Gebäude deren Abbruch und Beseitigung auf Kosten des Erbbauberechtigten zu verlangen, soweit rechtlich zulässig.

2. Vorrecht

Der Grundstückseigentümer räumt dem Erbbauberechtigten ein

Vorrecht

auf Erneuerung des Erbbaurechts nach Ablauf des Erbbaurechts ein. Der Erbbauberechtigte kann demnach sein Vorrecht ausüben, wenn der Grundstückseigentümer mit einem Dritten einen Vertrag über die Bestellung eines Erbbaurechts (also mit dann festzulegenden neuen Konditionen) an dem Vertragsgrundstück geschlossen hat. Das Vorrecht erlischt drei Jahre nach Ablauf der Zeit, für die das heutige Erbbaurecht bestellt war.

3. Wohnungs- und Teilerbbaurechte

Bei Wohnungs- und Teilerbbaurechten stehen die vorstehenden Rechte sämtlichen bei Verlängerung bzw. Erlöschen des Erbbaurechts in den Grundbüchern eingetragenen Erbbauberechtigten entsprechend ihren Bruchteilen zu. Die Verlängerungsmöglichkeit kann nur durch einheitliche Erklärung aller Wohnungs- und Teilerbbauberechtigter angenommen werden. Für das Vorrecht gilt § 472 BGB entsprechend.

III. Erbbauzins

1. Erbbauzins

Der Erbbauberechtigte ist zur Zahlung des folgenden Erbbauzinses verpflichtet:

a) Pauschale Abfindung (kapitalisierter Erbbauzins)
Ein fester Teilbetrag in Höhe von

...... €

(...... Euro)

ist innerhalb von 14 (vierzehn) Tagen zu zahlen,
- aa) nachdem der Notar dem Erbbauberechtigten mitgeteilt hat, dass die Vormerkung auf Eintragung des Erbbaurechts im Grundbuch im Rang nach den in Abschn. I. genannten sowie etwaigen weiteren unter Mitwirkung des Erbbauberechtigten bestellten Rechten eingetragen ist,
- bb) der Bebauungsplan als Satzung beschlossen und gemäß § 10 Abs. 3 BauGB ortsüblich bekannt gemacht wurde; dies ist nicht vom Notar zu bestätigen.

b) Laufender Erbbauzins
Zusätzlich zum kapitalisierten Erbbauzins ist auf die Dauer des Erbbaurechts ein laufender Erbbauzins zu bezahlen.
Dieser beträgt jährlich

...... €

(...... Euro).

Er ist in gleichen Quartalsraten jeweils für das laufende Quartal am 15. 2., 15. 5., 15. 8. und 15. 11. eines jeden Jahres zu bezahlen, erstmals an dem vorgenannten Termin, der auf die Eintragung des Erbbaurechts im Grundbuch folgt.

2. Anpassungsklausel
Der laufende Erbbauzins ist auf der Grundlage der Lebenshaltungskosten vereinbart und wird wertgesichert, wie folgt:

a) Änderungszeitpunkt
Der Erbbauzins ändert sich jeweils nach Ablauf von drei Jahren, wobei der erste Anpassungszeitpunkt der 1. Januar 2009 ist und danach jeweils der Ablauf von weiteren drei Jahren.

b) Wertmaßstab:
Bei Eintritt des jeweiligen Änderungszeitpunkts ändert sich der dingliche Erbbauzins jeweils automatisch in dem gleichen Verhältnis, wie sich der vom Statistischen Bundesamt in Wiesbaden ermittelte Verbraucherpreisindex für Deutschland (VPI) auf der Basis von 2000 = 100 gegenüber dem für den Beurkundungsmonat bzw. dem letzten Änderungszeitpunkt geltenden Index zum Zeitpunkt der Änderung erhöht oder vermindert. Bei einer Umbasierung oder sonstigen Änderung des Wertmaßstabs ist die Anpassung aufgrund der neuen Berechnungsbasis zu ermitteln.

Es ist Sache des jeweiligen Erbbauberechtigten bzw. des Verwalters, für die rechtzeitige Umstellung der Erbbauzinszahlung zu sorgen.

c) Formel:
Die Anpassung des Erbbauzinses jeweils zu dem in lit. a) genannten Zeitpunkt erfolgt nach folgender Formel:

$$\frac{\text{Neuer Erbbauzins}}{\text{bisheriger Erbbauzins}} = \frac{\text{Verbraucherpreiskostenindex gem. b) zum Zeitpunkt d. Erhöhung}}{\text{Verbraucherpreisindex gem. b) zum Zeitpunkt d. letzten Festsetzung}}$$

d) Klarstellung:
§ 9a ErbbauRG bleibt unberührt.

3. Versteigerungsfestigkeit
Im Grundbuch ist eine Erbbauzinsreallast mit folgendem Inhalt einzutragen:

a) Dem Erbbauzins gem. Abs. 1.,
b) der Anpassungsklausel gem. Abs. 2.,
c) der hiermit getroffenen Vereinbarung, dass die Reallast abweichend von § 52 Abs. 1 ZVG mit ihrem Hauptanspruch bestehen bleibt, wenn der Grundstückseigentümer aus der Reallast oder der Inhaber eines im Range vorgehenden oder gleichstehenden dinglichen Rechts oder der Inhaber der in § 10 Abs. 1 Nr. 2 ZVG genannten Ansprüche auf Zahlung der Beiträge zu den Lasten und Kosten des Wohnungs- bzw. Teilerbbaurechts die Zwangsversteigerung des Erbbaurechts betreibt.

4. Nutzungsentschädigung

Schuldrechtlich gilt: Bis zur Eintragung der Erbbaurechte im Grundbuch hat der Erbbauberechtigte unter Abänderung von Ziffer 1 lit. b) an den Grundstückseigentümer von dem auf den Besitzübergang folgenden Monatsersten an eine jährliche Nutzungsentschädigung zu leisten, die sich wie folgt zusammensetzt:
a) bis zur ortsüblichen Bekanntmachung gemäß § 10 Abs. 3 BauGB hinsichtlich des Bebauungsplans Nr. ...... ein Betrag in Höhe von ...... €,
b) ab diesem Zeitpunkt bis zur Eintragung der Erbbaurechte ein Betrag in Höhe des dinglichen Erbbauzinses nach Absatz 1 b),
und zwar zu gleichen Fälligkeitsterminen wie in Absatz 1. b) festgelegt.

5. Einziehungsermächtigung; Dauerauftrag

Der Erbbauberechtigte ist verpflichtet, jeweils sofort nach Aufforderung durch den Grundstückseigentümer diesem für die Zahlung des Erbbauzinses samt Wertsicherungsklausel eine Einziehungsermächtigung oder einen Dauerauftrag zu erteilen.

IV. Gesamtschuldner, Zwangsvollstreckungsunterwerfung

1. Haftung als Gesamtschuldner

Mehrere Erbbauberechtigte haften für alle Verpflichtungen aus diesem Vertrag als Gesamtschuldner. Dies gilt nicht nach der Aufteilung des Erbbaurechts im Verhältnis der Erwerber einzelner Wohnungs- bzw. Teilerbbaurechte bzw. der Erwerber einzelner Erbbaurechte.

2. Vollstreckung

Der Erbbauberechtigte unterwirft sich wegen der pauschalen Abfindung, der Erbbauzinsreallast und der einzelnen Erbbauzinsraten jeweils in ihrer wertgesicherten Form, der in Abschnitt III. Ziff. 4. festgelegten Nutzungsentschädigung sowie wegen seiner Verpflichtung zu Errichtung, Unterhaltung und Versicherung des Erbbaurechtsgebäudes als Gesamtschuldner der sofortigen Zwangsvollstreckung aus dieser Urkunde in sein gesamtes Vermögen. Vollstreckbare Ausfertigung für Leistungen aus abgelaufenen Zeiträumen ist auf Antrag ohne Fälligkeitsnachweis dem Eigentümer zu erteilen. Eine Umkehr der Beweislast ist damit nicht verbunden.

3. Anpassung der Klausel

Im Fall der Erhöhung des Erbbauzinses durch Neufestsetzung gemäß Abschnitt III. oder II. § 1 Ziff. 3 dieser Urkunde ist der Erbbauberechtigte verpflichtet, sich auf Verlangen des jeweiligen Grundstückseigentümers auch wegen des Erhöhungsbetrages in notarieller Urkunde der sofortigen Zwangsvollstreckung zu unterwerfen.

V. Besitzübergang

1. Nutzungsübergang

Der Grundbesitz wird dem Erbbauberechtigten Zug um Zug gegen Zahlung der pauschalen Barabfindung gemäß Abschn. III. Ziff. 1 lit. a) übergeben.

Von diesem Zeitpunkt an gehen Nutzen und Lasten sowie die Gefahr eines zufälligen Untergangs oder einer zufälligen Verschlechterung auf den Erbbauberechtigten über.

2. Vermietung, Verpachtung

Das Vertragsobjekt ist derzeit nicht vermietet und verpachtet.

3. Erschließungskosten

Hinsichtlich Erschließungskosten nach BauGB und nach Kommunalabgabengesetz wird vereinbart, dass der Grundstückseigentümer alle bis zum heutigen Tage durch Bescheid in Rechnung gestellte Erschließungskosten trägt.

Ferner trägt der Grundstückseigentümer auch über den heutigen Tag hinaus alle für die Ersterschließung nötigen Maßnahmen der äußeren Erschließung, d. h. soweit sich die Erschließungsanlage nicht im Erbbaugrundstück, sondern auf öffentlichem Grund befindet, wie z. B. Straßenbeiträge sowie die Ver- und Entsorgung, soweit sie in öffentlichen Straßen verlegt werden; jedoch nicht Hausanschlusskosten; darüber hinaus die Kosten von Erschließungsanlagen auf beliebigen Erbbaugrundstücken (Wege etc.) und die Kosten für Anschlüsse an die öffentliche Erschließung und dergleichen. Im Übrigen gilt Abschn. II § 5 Abs. 3.

Der Grundstückseigentümer stellt klar, dass für entstehendes Baurecht im Rahmen des Bebauungsplanes Nr. .... vom Erbbauberechtigten keine Zahlungen für Ausgleichsflächen erbracht werden müssen. Naturschutzrechtliche Ausgleichsflächen nach BauGB wurden durch den Grundstückseigentümer bereits erbracht.

4. Sofortige Maßnahmen

Der Erbbauberechtigte hat das Recht, auf eigene Kosten ab Besitzübergang – nicht jedoch bevor der Bebauungsplan als Satzung beschlossen und gemäß § 10 Abs. 3 BauGB ortsüblich bekannt gemacht wurde – eine Baugenehmigung für den Vertragsbesitz zu bewirken und dort Boden- und Grundwasseruntersuchungen durchzuführen. Im Fall der Rückabwicklung dieses Vertrages sind sämtliche vorgenommenen Veränderungen vom Erbbauberechtigten auf dessen Kosten zu beseitigen.

VI. Haftung, Mängel

1. Eintragung, Rang

Der Grundstückseigentümer haftet dafür, dass das Erbbaurecht die erste Rangstelle erhält. Die Haftung beschränkt sich darauf, alle möglichen und zumutbaren Schritte zur Erreichung des Rangs auf eigene Kosten durchzuführen. Für den Fall, dass der notwendige erste Rang nicht beschafft werden kann – hiervon ist auszugehen, wenn die Einräumung des Vorranges durch einen dinglich Berechtigten endgültig verweigert wird –, sind beide Vertragsteile zum Rücktritt von den schuldrechtlichen Bestimmungen dieser Urkunde berechtigt; die Geltendmachung weiterer Rechte ist ausgeschlossen. Die Rückabwicklungskosten trägt dann der Grundstückseigentümer, er hat auch dem Erbbauberechtigten die bis dahin bereits angefallenen Notar- und Grundbuchkosten zu erstatten. Eine bereits gezahlte Nutzungsentschädigung gem. Abschnitt III. 4. b) (Erbbauzins) ist zu erstatten, ebenso ein bereits gezahlter pauschaler Erbbauzins gemäß den Vereinbarungen vorstehend in Abschnitt III. 1. a).

2. Sachmängel

Der Grundstückseigentümer garantiert, dass es sich bei dem Vertragsobjekt um ein Baugrundstück handelt. Dem Erbbauberechtigten ist bekannt, dass der Umfang der Bebaubarkeit von den baurechtlichen Bestimmungen, insbesondere von den Festsetzungen der städtischen Bauleitplanung abhängt. Der Grundstückseigentümer übernimmt daher keine Haftung dafür, das das Grundstück für die Errichtung der beabsichtigten Bauwerke und der sonstigen Anlagen geeignet ist und dass die notwendigen behördlichen Genehmigungen erteilt werden.

Er haftet nicht für Sachmängel gleich welcher Art, insbesondere nicht für die Bodenbeschaffenheit und die Richtigkeit des angegebenen Flächenmaßes. Dem Grundstückseigentümer ist nicht (positiv) bekannt, dass Altlasten/Kontaminationen – auch des Grundwassers – in einem für die Nutzung relevanten Umfang bestehen, insbesondere keine frühere Nutzung des Erbbaugrundstücks, die üblicherweise hierzu führen könnte. Ein etwaiger Ausgleichsanspruch nach § 24 Abs. 2 BBodSchG wird abbedungen.

Der Eigentümer hat auf das Vorhandensein vereinzelter Bombenkrater im Planungsgebiet sowie die Möglichkeit archäologischer Ausgrabungen hinzuweisen.

3. Verkehrssicherungspflicht

Der Erbbauberechtigte haftet dem Grundstückseigentümer für alle bei der Ausübung des Erbbaurechts und der mit diesem verbundenen Rechte entstehenden Schäden nach den gesetzlichen Grundlagen, wie etwa durch unzureichende Verkehrssicherung der Bauwerke, unterlassene Schneeräumung etc. Er haftet demnach so wie wenn er selbst Grundstückseigentümer wäre.

Soweit der Eigentümer direkt in Anspruch genommen wird, verpflichtet sich der Erbbauberechtigte, ihn von solchen Ansprüchen freizustellen.

Den Erbbauberechtigten trifft ferner im Verhältnis zum Eigentümer die Verpflichtung, dafür zu sorgen, dass eine vorstehende Haftung nicht entsteht.

4. Haftpflichtversicherung

Zur Abdeckung dieser Haftung hat der Erbbauberechtigte eine Haftpflichtversicherung mit ausreichender Deckungssumme abzuschließen und auf die Dauer des Erbbaurechtsvertrags aufrechtzuerhalten. Im Zweifelsfall ist die Deckungssumme von dem Versicherer in angemessener Höhe festzusetzen. Kommt der Erbbauberechtigte der Versicherungspflicht nicht nach, so kann der Grundstückseigentümer auf Kosten des Erbbauberechtigten für die notwendige Versicherung sorgen.

VII. Gegenseitiges Vorkaufsrecht

1. Vorkaufsrecht

Der jeweilige Grundstückseigentümer räumt dem jeweiligen Erbbauberechtigten am jeweiligen Erbbaugrundstück, der Erbbauberechtigte dem jeweiligen Grundstückseigentümer am jeweiligen Erbbaurecht das dingliche

Vorkaufsrecht für alle Verkaufsfälle

ein. Für die Vorkaufsrechte gelten die gesetzlichen Bestimmungen, sowie die nachfolgenden Ergänzungen/Einschränkungen.

2. Begründung von Wohnungserbbaurecht

Bei Aufteilung des Erbbaurechts steht auch den jeweiligen Inhabern der Wohnungs- und Teilerbbaurechte bzw. den jeweiligen Einzelerbbauberechtigten das oben bezeichnete Vorkaufsrecht entsprechend dem jeweiligen Erbbaurechtsanteil zu; bei Nichtausübung durch einen Berechtigten gilt § 472 BGB. Dem jeweiligen

Grundstückseigentümer steht dann das Vorkaufsrecht an jedem Wohnungs- bzw. Teilerbbaurecht bzw. jedem Einzelerbbaurecht zu.

3. Einschränkung

Das Vorkaufsrecht des jeweiligen Grundstückseigentümers wird dinglich eingeschränkt, so dass es nicht gilt und nicht ausgeübt werden kann:
a) nach Aufteilung gemäß WEG zum ersten Verkauf eines jeden neu gebildeten Wohnungs-/Teilerbbaurechts;
b) nach Teilung des Erbbaurechts in einzelne Erbbaurechte an Teilflächen zum ersten Verkauf eines jeden durch Teilung entstandenen Erbbaurechts;
c) bei einer Übertragung an Miterbbauberechtigte oder Ehegatten oder Verwandte in gerader Linie des Erbbauberechtigten.

Das Vorkaufsrecht des Erbbauberechtigten wird dinglich dahingehend eingeschränkt, dass es nicht gilt und nicht ausgeübt werden kann, wenn das Grundstück übertragen wird
a) an Miteigentümer oder Ehegatten oder Verwandte in gerader Linie des jeweiligen Grundstückseigentümers;
b) auf eine Personen- oder Kapitalgesellschaft, deren Anteilsinhaber mehrheitlich aus jeweiligen Grundstückseigentümern oder dessen Ehegatten oder Verwandten in gerader Linie bestehen.

VIII. Grundbuchanträge

Die Beteiligten sind über die Bestellung der nachfolgenden Rechte

einig

und

bewilligen

und der Erbbauberechtigte

beantragt

1. in das **Grundstücksgrundbuch** hinsichtlich der vom Erbbaurecht betroffenen Vertragsfläche einzutragen:
    a) in Abteilung II an erster Rangstelle das Erbbaurecht gemäß den Bestimmungen dieses Vertrages,
    b) die Vorkaufsrechte gemäß Abschnitt VII. im Rang nach dem jeweiligen Erbbaurecht,
    c) die zur Rangbeschaffung für das Erbbaurecht erforderlichen Erklärungen.

2. für das vereinbarte Erbbaurecht ein **Erbbaugrundbuch** anzulegen und in dieses einzutragen:
    a) das Erbbaurecht mit dem vereinbarten dinglichen Inhalt,
    b) die Reallast für den Erbbauzins gemäß Abschnitt III. zugunsten des jeweiligen Grundstückseigentümers,
    c) das Vorkaufsrecht gemäß Abschnitt VII. im Rang nach dem Erbbauzins.

Der beurkundende Notar wird hiermit einseitig unwiderruflich angewiesen, den Antrag auf Eintragung des Erbbaurechts dem Grundbuchamt nur und erst vorzulegen,
– sobald dem beurkundenden Notar die ortsübliche Bekanntmachung gemäß § 10 Abs. 3 BauGB hinsichtlich des Bebauungsplanes und die Zahlung der pauschalen Abfindung gemäß Abschnitt III 1 a) von einem der Beteiligten nachgewiesen ist, oder
– wenn ihn der Eigentümer hierzu anweist.

Bis dahin dürfen Ausfertigungen und beglaubigte Abschriften nur im Auszug – ohne Abschnitt VIII dieses Vertrages – erteilt werden.

IX. Rechtsnachfolge, Abtretung

1. Rechtsnachfolge

Soweit die Verpflichtungen dieses Vertrages nicht kraft Gesetzes auf die Rechtsnachfolger übergehen, ist jeder Vertragsteil verpflichtet, seine sämtlichen Verpflichtungen aus diesem Vertrag sowie die entsprechende Zwangsvollstreckungsunterwerfung seinen sämtlichen Sonderrechtsnachfolgern mit der Weiterübertragungsverpflichtung aufzuerlegen. Wenn ein Sonderrechtsnachfolger des Erbbauberechtigten nicht alle Verpflichtungen aus diesem Vertrag übernimmt sowie sich nicht der entsprechenden Zwangsvollstreckung unterwirft, so ist dies ein Grund, die nach Abschnitt II. § 6 erforderliche Zustimmung zur Übertragung des Erbbaurechts zu verweigern.

Im Falle der Vermietung muss im Mietvertrag ein Eintritt des Mieters in den dinglichen und schuldrechtlichen Inhalt dieses Vertrages enthalten sein, sofern dieser hiervon betroffen ist, insbesondere hinsichtlich des Besichtigungsrechts und der bestimmungsgemäßen Nutzung der Mietsache.

2. Ausschluss der Abtretung

Die Abtretung aller schuldrechtlichen Rechte des Erbbauberechtigten aus diesem Vertrag wird ausgeschlossen. Ausgenommen ist jedoch die Abtretung des Anspruchs auf Einräumung des Erbbaurechts zugunsten von Banken, Kreditinstituten und Versicherungen mit Niederlassungen in Deutschland bis zur Höhe der zu erwartenden Kosten für die Bebauung der Vertragsfläche. Die Abtretung darf nur bei dem amtierenden Notar, seinem Sozius, deren Vertretern oder Amtsnachfolgern erfolgen.

Die Ansprüche auf Rückgewähr, Erstattung von irgendwelchen Verwendungen und Auslagen und dergleichen, die im Falle der Unwirksamkeit oder Rückabwicklung des Erbbaurechtsvertrages vor Eintragung entstehen, sind ebenfalls zugunsten der vorgenannten Banken usw. abtretbar.

Nach Eintragung können schuldrechtliche Ansprüche nur zusammen mit dem Erbbaurecht übertragen werden.

3. Mitteilungspflicht

Der Erbbauberechtigte ist verpflichtet, bei einem Wohnsitzwechsel dem Eigentümer seine aktuelle Anschrift unverzüglich zu übermitteln.

X. Zustimmung zur Teilung in Wohnungserbbaurechte und zur Realteilung

1. Zustimmung

Der Grundstückseigentümer stimmt schon heute der Aufteilung des Erbbaurechts in Wohnungs- bzw. Teilerbbaurechte bzw. einer Realteilung (= Teilung des Erbbaurechtsgrundstücks durch Vermessung und entsprechender Teilung des Erbbaurechts), der Aufteilung des Erbbauzinses und des Vorkaufsrechts vorbehaltlos zu.

Soweit in diesem Vertrag die Bildung von Wohnungs- und Teilerbbaurechten behandelt wird, gelten diese Regelungen entsprechend für die Realteilung des Erbbaurechts und die dann bestehenden Einzelerbbaurechte. Bei einer Realteilung gelten alle Bestimmungen dieser Urkunde getrennt für das jeweils entstehende einzelne Erbbaurecht.

2. Aufteilung Erbbauzins

Bei der Aufteilung der Erbbaurechte nach WEG und einer Realteilung ist der Erbbauzins nach billigem Ermessen des Erbbauberechtigten aufzuteilen, wobei im Regelfall jedoch von der Höhe der Mitberechtigungsanteile bzw. der Größe der Grundstücksflächen auszugehen ist.

Dem Eigentümer ist jedoch eine beglaubigte Ablichtung der zugrunde liegenden notariellen Urkunde, sowie eine schriftliche Übersicht über den jeweils aufgeteilten Erbbauzins und die einzelnen neugebildeten Einheiten zu übermitteln.

3. Einziehung des Erbbauzinses durch den Verwalter

Im Fall der Aufteilung in Wohnungs- bzw. Teilerbbaurechte hat der jeweilige Verwalter den Erbbauzins auf Kosten des Erbbauberechtigten einzuziehen. Der Gesamterbbauzins ist vom Verwalter an den Grundstückseigentümer oder einen von diesem benannten Dritten abzuliefern.

Der Verwalter ist dem Eigentümer gegenüber verpflichtet, auf dessen Verlangen eine Einzelaufstellung aller an ihn gezahlten Erbbauzinsen für den gewünschten Zeitraum zu übersenden. Bei einem Verstoß gilt Abschnitt II § 8 Ziff. 3 dieses Vertrages. Es ist Sache der Erbbauberechtigten, dafür zu sorgen, dass der Verwalter diese Aufgabe vertragsgemäß abwickelt.

XI. Belastung mit Grundpfandrechten

1. Verpflichtung des Erbbauberechtigten

a) Bei der Belastung mit Grundpfandrechten ist der Erbbauberechtigte rein schuldrechtlich verpflichtet, folgende Vereinbarungen in die Bestellungsurkunde aufzunehmen:

„aa) Der Schuldner verpflichtet sich hiermit gegenüber dem jeweiligen Eigentümer des Erbbaugrundstücks, die vorbestellte Grundschuld löschen zu lassen, wenn sich das Grundpfandrecht mit dem Erbbaurecht in einer Person vereinigt und bewilligt und

beantragt

gleichzeitig mit Eintragung der vorbestellten Grundschuld die Eintragung einer

Löschungsvormerkung gem. § 1179 Abs. 2, § 1163 BGB

in das Grundbuch bei dem vorbestellten Grundpfandrecht zugunsten des jeweiligen Eigentümers des Erbbaugrundstücks.

bb) Der Schuldner tritt weiter seine gegenwärtigen und zukünftigen Ansprüche gegen den jeweiligen Gläubiger auf Rückgewähr, Verzicht oder Löschung der vorbestellten Grundschuld sowie auf Herausgabe des Erlöses, soweit dieser die schuldrechtlichen Forderungen der Grundschuldgläubigerin im Zwangsversteigerungsverfahren oder bei freihändigem Verkauf des Grundbesitzes und im Falle der Verwertung der Grundschuld durch Verkauf oder Versteigerung übersteigt und fällige Ansprüche des Eigentümers aus dem Erbbaurechtsverhältnis gegen den Erbbauberechtigten bestehen, an den jeweiligen Eigentümer des Erbbaugrundstücks ab.

Zur Sicherung des abgetretenen Anspruchs auf Rückgewähr (Abtretung der Löschung) der Grundschuld

bewilligt und beantragt

der Schuldner die Eintragung einer

Vormerkung gem. § 883 BGB

zugunsten des jeweiligen Eigentümers des Erbbaugrundstücks in das Grundbuch, gleichzeitig mit der Eintragung der vorbestellten Grundschuld. Die Vormerkung soll Gleichrang erhalten mit der vorstehend bestellten Löschungsvormerkung."

cc) Im Falle einer erneuten oder weiteren Valutierung der bereits bestellten Grundpfandrechte gilt:
Eine Neuvalutierung bis zu insgesamt 25% des Nennbetrages des Grundpfandrechts ist zustimmungsfrei, die Valutierung ist lediglich dem Grundstückseigentümer anzuzeigen; in diesem Umfang sind schuldrechtlich auch die Vereinbarungen nach Abs. aa) und bb) nicht zu beachten.
Höhere Valutierungen sind nur mit Zustimmung des Grundstückseigentümers möglich; für die Zustimmungserklärung gilt § 7 ErbbauRG entsprechend."[3]

Bei einer Hypothekenbestellung ist nur Abs. aa) mit aufzunehmen.

b) Weiter ist der Erbbauberechtigte gegenüber dem Grundstückseigentümer verpflichtet, dem Grundstückseigentümer den Finanzierungsplan einschließlich Tilgungsplan auf Verlangen vorzulegen, ebenso den jeweiligen Belastungsstand mitzuteilen. Es muss danach die vollständige Tilgung spätestens 3 Jahre vor Erlöschen des Erbbaurechts erfolgt sein.
Der Grundstückseigentümer ist berechtigt, die vorstehenden Auskünfte unmittelbar beim jeweiligen Gläubiger einzuholen, wenn der Erbbauberechtigte dies entgültig verweigert.

c) Soweit der Erbbauberechtigte das Erbbaugrundstück als Bauträger bebauen und verwerten will, ist er bei seiner Finanzierung schuldrechtlich gegenüber dem Grundstückseigentümer verpflichtet, das Darlehen nur objektbezogen und entsprechend der Makler- und Bauträgerverordnung zu verwenden. Die entsprechenden Vereinbarungen gegenüber den Gläubigern sind dem Grundstückseigentümer nachzuweisen.
Diese Voraussetzung ändert nicht die Befreiung von der Zustimmung gemäß Abschnitt II § 6 und ist gegenüber dem Grundbuchamt sowie dem Notar nicht nachzuweisen.

d) Von jeder Grundpfandrechtsbestellung ist dem Grundstückseigentümer eine beglaubigte Abschrift zu übersenden.

2. Verpflichtung gegenüber dem jeweiligen Grundpfandrechtsgläubiger

Die Vertragsteile verpflichten sich gegenüber dem jeweiligen Grundpfandrechtsgläubiger

a) im Falle einer Versteigerung des Erbbaurechts das Vorkaufsrecht stehen zu lassen und keinen Wertersatz hierfür zu verlangen;

b) nicht ohne Zustimmung des Gläubigers anderen Grundpfandrechten den Vorrang oder Gleichrang mit dem Erbbauzins einzuräumen.

c) Der Grundstückseigentümer sichert dem jeweiligen Gläubiger der Grundpfandrechte vorsorglich zu, im Falle einer Zwangsversteigerung des Erbbaurechts die Erbbauzinsreallast hinsichtlich der künftig fällig werdenden Raten mit Wirkung gegen den Ersteher des Erbbaurechts bestehen zu lassen, auch bei einer Versteigerung durch Gläubiger im Sinne von § 10 Nr. 1 bis 3 ZVG (insbesondere Ansprüche des Zwangsverwalters auf Ersatz seiner dort genannten Ausgaben bzw. entsprechende Ansprüche bei Zwangsversteigerung oder Insolvenz, Bewirtschaf-

---

[3] **Variante:**
„Neuvalutierungen sind nur mit Zustimmung des Grundstückseigentümers möglich; für die Zustimmungserklärung gilt § 7 ErbbauRG entsprechend."
Anmerkung: In diesem Falle könnte die Zustimmungspflicht auch in den dinglichen Inhalt nach Abschnitt II. § 6 Abs. 1 integriert werden.

tungskosten bei Land- und Forstwirtschaft sowie Ansprüche aus öffentlichen Lasten des Grundstücks sowie aus wiederkehrenden Leistungen).

Dieses Bestehenbleiben kann zur Vermeidung einer eventuellen Kapitalisierung der Erbbauzinsreallast entweder über § 59 Abs. 1 ZVG oder – sofern der Ersteher damit einverstanden ist – über § 91 Abs. 2 ZVG herbeigeführt werden.

Die laufenden und rückständigen Erbbauzinsraten (wertgesichert) werden nach den Bestimmungen des ZVG befriedigt.

XII. Vormerkung, Vermessung; Vollmacht

1. Vormerkung

Die Vertragsteile

bewilligen

und der Erbbauberechtigte

beantragt

vorerst die Eintragung einer

Vormerkung nach § 883 BGB

zur Sicherung des Anspruchs des Erbbauberechtigten auf Einräumung des Erbbaurechts an dem Stammgrundstück im Grundbuch an nächstoffener Rangstelle zu dem in Abschnitt II. angegebenen Erwerbsverhältnis.

Diese Vormerkung beantragt der Erbbauberechtigte mit Eintragung der Erbbaurechte wieder zu löschen, vorausgesetzt, dass das Erbbaurecht im ersten Rang in das Grundbuch eingetragen wird.

2. Vermessung

Der Messungsantrag wird durch den Erbbauberechtigten unverzüglich selbst gestellt. Die Vertragsteile verpflichten sich gegenseitig, die Vertragsfläche vermessen zu lassen, bei der Vermessung zusammenzuwirken und unverzüglich nach Vorliegen des amtlichen Messungsergebnisses dieses anzuerkennen und alle erforderlichen Erklärungen abzugeben und entgegenzunehmen. Der Notar hat darauf hingewiesen, dass durch die Vermessung kein baurechtswidriger Zustand entstehen darf. Die Vertragsteile werden sich hierzu selbst bei der Baubehörde informieren.

Dem Grundstückseigentümer ist eine Kopie des jeweiligen Fortführungsnachweises zukommen zu lassen.

3. Planungsvollmacht

Der Grundstückseigentümer erteilt hiermit dem Erbbauberechtigten unter Befreiung von den Beschränkungen des § 181 BGB

Vollmacht,

Erklärungen beliebiger Art gegenüber Behörden und Privaten abzugeben und entgegenzunehmen, die für die beabsichtigte Bebauung erforderlich oder zweckdienlich sind, insbesondere einen Vorbescheid sowie Baugenehmigungen zu beantragen, sowie auf dem Grundstück Baugrunduntersuchungen durchzuführen, Vermessungen durchzuführen, sowie sonstige im Zuge der Planung nötigen Schritte vorzunehmen. Ein Antrag auf Vorbescheid bzw. Bauantrag darf jedoch erst nach ortsüblicher Bekanntmachung gemäß § 10 Abs. 3 BauGB hinsichtlich des Bebauungsplans eingereicht werden.

Alle diese Maßnahmen gehen ausschließlich auf Kosten und Risiko des Erbbauberechtigten.

XIII. Vollzug, salvatorische Klausel

1. Vollzug

Der amtierende Notar wird umfassend beauftragt und bevollmächtigt, den Vollzug dieses Vertrages zu betreiben, insbesondere die Beteiligten im Grundbuchverfahren uneingeschränkt zu vertreten und alle Zustimmungs- und Genehmigungserklärungen, Lastenfreistellungserklärungen einzuholen und entgegenzunehmen. Er ist ferner berechtigt, den Teilvollzug hinsichtlich des dinglichen Inhalts des Erbbaurechts zu beantragen, insbesondere einzelne Bestimmungen von der Ersteintragung auszunehmen.

Zu diesem Vertrag sind keine Genehmigungen erforderlich.

Der Erbbauberechtigte erteilt dem Grundstückseigentümer unter Befreiung von § 181 BGB Vollmacht, alle Erklärungen abzugeben und entgegenzunehmen, die erforderlich oder zweckdienlich sind, um Auflagen oder Zwischenverfügungen oder sonstige Beschlüsse des Grundbuchamts im Rahmen der Ersteintragung des Erbbaurechts zu erfüllen.

2. Salvatorische Klausel

Sollte eine Bestimmung dieser Urkunde unwirksam sein oder werden, so sollen die übrigen Bestimmungen wirksam bleiben. In diesem Falle ist die unwirksame Bestimmung durch eine wirksame zu ersetzen, die der unwirksamen Bestimmung wirtschaftlich möglichst entspricht. Das gleiche gilt bei Vorhandensein von Lücken.

XIV. Kosten, Ausfertigungen

1. Kosten

Sämtliche mit dieser Beurkundung verbundenen Kosten und des grundbuchamtlichen Vollzuges sowie der gesamten Vermessung, die Grunderwerbsteuer, die Kosten des Heimfalls, der Löschung des Erbbaurechts und der Schließung des Erbbaugrundbuchs trägt der Erbbauberechtigte.

Die Kosten der Lastenfreistellung trägt der Grundstückseigentümer.

2. Ausfertigungen

Von dieser Urkunde erhalten:
beglaubigte Abschriften:
– jeder Vertragsteil sofort (je 2×),
– das Grundbuchamt,
einfache Abschriften:
– das Finanzamt – Grunderwerbsteuerstelle –,
– der Gutachterausschuss,

XV. Hinweise

Die Beteiligten wurden vom Notar insbesondere darauf hingewiesen, dass
1. das Erbbaurecht erst mit der Eintragung im Grundbuch entsteht,
2. das Erbbaurecht ausschließlich erste Rangstelle im Grundbuch erhalten muss,
3. die Eintragung erst erfolgen kann, wenn die Vermessung durchgeführt und die Messungsanerkennung und dingliche Einigung beurkundet sind und die Unbedenklichkeitsbescheinigung des Finanzamts wegen der Grunderwerbsteuer dem Notar vorliegt,

4. durch die Vermessung kein baurechtswidriger Zustand entstehen darf,
5. alle Vereinbarungen richtig und vollständig beurkundet sein müssen, alle nicht beurkundeten Abreden nichtig sind und die Wirksamkeit des ganzen Vertrages in Frage stellen könnten,
6. die Beteiligten für die Kosten bei Gericht und Notar sowie die Grunderwerbsteuer als Gesamtschuldner haften,
7. zur Bebauung die behördlichen Genehmigungen erforderlich sind,
8. die dingliche Erbbauzinsreallast in der Zwangsversteigerung des Erbbaurechts grundsätzlich bestehen bleibt.

XVI. Rücktrittsrechte

1. Eigentümer und Erbbauberechtigter sind jeweils unabhängig voneinander zum Rücktritt vom schuldrechtlichen Teil dieses Vertrages berechtigt, wenn nicht innerhalb von 24 Monaten, von heute an gerechnet, der Satzungsbeschluss zu dem vorstehend in Abschnitt II § 1 Ziff. 1 bezeichneten Bebauungsplan gemäß § 10 Abs. 1 BauGB gefasst und ortsüblich bekannt gemacht wurde gemäß § 10 Abs. 3 BauGB.
Das Rücktrittsrecht ist innerhalb von vier Wochen auszuüben.
Die Kosten der Beurkundung und der Rückabwicklung tragen Eigentümer und Erbbauberechtigter je zur Hälfte. Sonstige Aufwendungen sind – mit Ausnahme der pauschalen Erbbauzinszahlung – nicht zu erstatten, insbesondere nicht eine gezahlte Nutzungsentschädigung gem. Abschnitt III Ziff. 4 a).
2. Der Grundstückseigentümer ist zum Rücktritt vom schuldrechtlichen Teil dieses Vertrages berechtigt, wenn der Erbbauberechtigte mit der Zahlung des pauschalen Erbbauzinses gemäß Abschnitt III 1 a) mehr als vier Wochen in Rückstand ist oder der Erbbauberechtigte einen Bauantrag vor Inkrafttreten des Bebauungsplans gemäß § 10 Abs. 3 Satz 4 BauGB bei der zuständigen Behörde einreicht. Alle Rückabwicklungskosten trägt dann der Erbbauberechtigte.
3. Der Notar ist berechtigt, die Löschung der Erbbaurechtsübertragungsvormerkung des Erbbauberechtigten zu bewilligen und zu beantragen.
Im Innenverhältnis (dies bedeutet keine Einschränkung der Vollmacht gegenüber Dritten, insbesondere dem Grundbuchamt!) wird der Notar von beiden Vertragsteilen unwiderruflich angewiesen, die Löschung der Auflassungsvormerkung des Erbbauberechtigten nur unter folgenden Voraussetzungen zu veranlassen:
a) Falls der Rücktritt vom Erbbaurechtsberechtigten erklärt wurde, kann die Löschung sofort erfolgen; bei einem Rücktritt durch den Grundstückseigentümer müssen weiter die Voraussetzungen nachstehend in b) bis d) gegeben sein;
b) der Eigentümer übermittelt dem amtierenden Notar eine Kopie einer von ihm, dem Eigentümer, an den Erbbauberechtigten versandten Rücktrittserklärung,
c) der amtierende Notar hat dem Erbbaurechtsberechtigten die Rücktrittserklärung des Eigentümers übersandt und der Erbbaurechtsberechtigte hat dann nicht innerhalb von 4 – vier – Wochen seit Absendung dieser Mitteilung dem amtierenden Notar die ortsübliche Bekanntmachung im Sinne von § 10 Abs. 3 BauGB hinsichtlich des Bebauungsplans bzw. die Bezahlung des pauschalen Erbbauzinses gemäß Abschnitt III 1. a) nachgewiesen oder Klage auf Feststellung der Rechtswirksamkeit des Erbbaurechtsvertrages erhoben und dem Notar dies nachgewiesen.
d) Hat der Erbbaurechtsberechtigte die pauschale Abfindung teilweise bezahlt, darf die Löschung der Erbbaurechtsübertragungsvormerkung nur veranlasst

werden, wenn dem Notar die Rückzahlung der Abfindung nachgewiesen wurde.
4. Mit Vollzug der Erbbaurechtsbestellung im Grundbuch erlischt automatisch das beiderseitige Rücktrittsrecht. Falls dann die in Abs. 1 genannte Frist noch nicht abgelaufen ist und der Rücktrittsgrund noch nicht entfallen ist, besteht anstelle des Rücktrittsrechts das Recht auf Heimfall für den Grundstückseigentümer bzw. der schuldrechtliche Anspruch des Erbbauberechtigten auf Übertragung des Erbbaurechts auf den Grundstückseigentümer (umgekehrter Heimfall).

3. Erbbaurecht für bestimmte Bevölkerungsschichten, zB für Einheimische[4]

Heute, am ......
sind vor mir, ... Notar in ......
anwesend:
1. Herr B ......
hier handelnd für die

Gemeinde G

auf Grund der in Urschrift beigehefteten Vollmacht,
2. Herr A ......
Die Frage des Notars nach einer Vorbefassung iS des § 3 Abs. 1 Satz 1 Nr. 7 BeurkG wurde von den Beteiligten verneint.
Nach Unterrichtung über den Grundbuchstand beurkunde ich bei gleichzeitiger Anwesenheit der Beteiligten ihren Erklärungen gemäß was folgt:

I. Grundbuchstand

......

II. Bestellung eines Erbbaurechts

Die Gemeinde G
– nachstehend als „Grundstückseigentümer" bezeichnet –
bestellt hiermit zugunsten von
Herrn A
– nachstehend als „Erbbauberechtigter" bezeichnet –
an dem in Ziffer I bezeichneten Grundbesitz ein

Erbbaurecht

im Sinn des Gesetzes über das Erbbaurecht. Dies ist das veräußerliche und vererbliche Recht, auf oder unter der Oberfläche eines Grundstücks ein oder mehrere Bauwerke nach Maßgabe dieses Vertrags zu haben. Für das Erbbaurecht gelten außer dem Gesetz über das Erbbaurecht folgende Bestimmungen:

---

[4] Das Muster geht von einem hochwertigen Bauplatzgrundstück aus, das von der öffentlichen Hand im Erbbaurecht zu einem stark verbilligten Erbbauzins vergeben wird, und zwar an einen bestimmten begünstigten Personenkreis. Die relativ strengen Sanktionen und Schutzmechanismen können selbstverständlich auch gemildert werden. Im Übrigen ist an Muster 2 angeknüpft.

§ 1 Bauwerk, Nebenflächen, Zweckbestimmung

1. **Zulässiges Bauwerk:** Der Erbbauberechtigte ist berechtigt, auf dem Erbbaugrundstück ein Ein- oder Zweifamilienhaus mit einer Bruttogeschossfläche von max. .... qm zu bebauen. Die Bruttogeschossfläche wird nach § 20 BauNVO mit Folgebestimmungen ermittelt. Ferner können zusätzlich Nebengebäude wie Garagen (in ortsüblichem Umfang und ortsüblicher Größe) sowie Einfriedungen, Hofflächen und Erschließungsanlagen errichtet werden.

2. **Nebenfläche:** Das Erbbaurecht erstreckt sich auch auf den für die Gebäude nicht erforderlichen Teil des Grundstücks. Dieser Teil kann als Garten und Hof genutzt werden.

3. Folgende Änderungen werden nach dem heutigen Erbbaurecht nicht zugelassen und sind also nur im Rahmen einer **Inhaltsänderung** des Erbbaurechts zulässig, wozu jedoch der Grundstückseigentümer in keiner Weise verpflichtet ist:
   a) Die Errichtung von zusätzlichen selbständigen Gebäuden;
   b) bauliche Änderungen an vorhandenen Gebäuden, die eine Änderung der Grundsart der vorhandenen Gebäude beinhalten, wie insbesondere eine Änderung von Ein- oder Zweifamilienhaus in Mehrfamilienhaus, eine Änderung von Nebengebäude in Einfamilienhaus oder die Änderung von Wohnhaus oder Nebengebäude in gewerbliches Gebäude oder dergl., soweit dadurch auf dem Grundstück mehr als zwei Wohneinheiten entstehen oder mehr als 30% der Gesamtnutzfläche der Gebäude gewerblich (auch freiberuflich) genutzt werden.
   c) Änderungen des Verwendungszwecks, auch dann, wenn mit ihnen keine unter a) oder b) fallende Änderung des Bauwerks einhergeht, wenn dadurch mehr als 30% der Gesamtnutzfläche des Gebäudes gewerblich (auch freiberuflich) genutzt werden.
   d) Dem Erbbauberechtigten ist bekannt, dass im Rahmen einer Inahltsänderung völlig neue Vereinbarungen getroffen werden können, also zB der Grundstückseigentümer dann eine grundsätzliche Änderung des Erbbauzinses verlangen kann.

4. **Mit Zustimmung zulässige Änderungen:** Folgende Änderungen sind nach vorheriger schriftlicher Zustimmung des Grundstückseigentümers zulässig:
   Bauliche Änderungen einschließlich Erweiterungen, Abbruch und Neubau der derzeitigen Bauwerke, die nicht unter Absatz 3 fallen. Die Zustimmung ist dann vom Grundstückseigentümer zu erteilen, wenn im Falle einer irgendwie gearteten Erweiterung der Bebauung eine wirtschaftlich entsprechende Anpassung des Erbbauzinses und eine dingliche Änderung der Erbbauzinsreallast erfolgt, wobei bei der Bemessung des neuen Erbbauzinses für die Erweiterung nebst Umgriff ein zusätzlicher Erbbauzins zu bezahlen ist, für den Abschnitt III Absatz 5 gilt.
   Auch sonst dürfen die Bauwerke nur mit Zustimmung des Grundstückseigentümers ganz oder teilweise abgebrochen oder wesentlich verändert werden.

5. **Änderungen, die lediglich anzeigepflichtig sind:** Das Grundstück darf unter der Voraussetzung, dass der Erbbauberechtigte mit Hauptwohnsitz auf dem Erbbaugrundstück gemeldet ist, auch ohne Zustimmung des Grundstückseigentümers in folgender Weise genutzt werden:
   a) Der Erbbauberechtigte darf in den vorhandenen Gebäuden auf dem Grundstück insgesamt bis zu zwei Wohneinheiten bilden. Bei Nutzungsüberlassung einer Wohneinheit an Dritte sind Abschnitt I § 6 Absätze 2 bis 3 sowie Abschnitt VII zu beachten.
   b) Bis zu 30% der gesamten Nutzfläche der Gebäude dürfen gewerblich (auch freiberuflich) genutzt werden.

Die Schaffung einer zweiten Wohneinheit im Sinne von a) sowie eine Nutzung im Sinne von b) sind dem Grundstückseigentümer anzuzeigen; wenn sich jedoch durch diese Maßnahmen die heutige Bruttogeschossfläche nach Maßgabe der Anlage 1 dieser Urkunde erhöht, gilt stattdessen die Regelung in Absatz 4 (zustimmungspflichtige Maßnahmen).
......

§ 6 Zustimmungserfordernis
1. Der Erbbauberechtigte bedarf der schriftlichen Zustimmung des Grundstückseigentümers
    a) zur Belastung des Erbbaurechts mit Grundpfandrechten, Dauerwohn- und Dauernutzungsrechten und Reallasten sowie zur Änderung des Inhalts eines dieser Rechte, wenn die Änderung eine weitere Belastung des Erbbaurechts enthält,
    b) zur Veräußerung des Erbbaurechts, mit Ausnahme zur Veräußerung an Personen, die nach Maßgabe von § 7 Abs. 1 g) Erbe sein können; in einem derartigen Fall ist jedoch die Veräußerung dem Grundstückseigentümer durch Übersendung einer beglaubigten Abschrift der Urkunde anzuzeigen;
    c) zur baulichen Veränderung oder zum ganzen oder teilweisen Abbruch der Gebäulichkeiten und der Nebenanlagen bzw. Ersatzbebauung (§ 1 Abs. 4).
2. Rein schuldrechtlich bedarf der Erbbauberechtigte ferner der schriftlichen Zustimmung des Eigentümers zu
    a) der Belastung seines Erbbaurechts mit sonstigen dinglichen Rechten,
    b) der Begründung von Wohnungs-/Teilerbbaurechten,
    c) der Vermietung, Verpachtung oder sonstigen Nutzungsüberlassung im Sinne von Abschnitt VII. Nicht zustimmungspflichtig ist jedoch eine Nutzungsüberlassung an Ehegatten, Abkömmlinge oder Eltern. Ebenfalls nicht zustimmungspflichtig ist die Vermietung eines einzigen Raumes zur alleinigen Wohnnutzung innerhalb einer geschlossenen Wohneinheit, ggf. auch bei Mitbenutzung anderer, nicht einzeln mitvermieteter Räume, wie Küche, Bad oder WC.
3. Die Zustimmung kann nur aus wichtigem Grunde versagt werden, soweit nicht in dieser Urkunde andere Zustimmungsvoraussetzungen festgelegt werden. Hierzu wird festgestellt, dass das Erbbaurecht für den in § 7 I g) genannten Personenkreis dient und deswegen der Erbbauzins günstiger bemessen ist.
......

§ 7 Heimfall
1. Der Grundstückseigentümer kann die Übertragung des Erbbaurechts an sich oder an einen von ihm zu bezeichnenden Dritten auf Kosten des Erbbauberechtigten verlangen

– Heimfall –,

wenn
......
    f) ein Mietvertrag über das Erbbaurecht bzw. Teile hiervon abgeschlossen wurde, ohne dass hierzu eine nach diesem Erbbaurechtsvertrag erforderliche Zustimmung des Grundstückseigentümers eingeholt wurde;
    g) der jeweilige Erbbauberechtigte verstorben ist und wenn andere Personen Erben bzw. Vermächtnisnehmer werden, als
        – der Ehegatte,
        – Verwandte in gerader Linie,

– Personen, die folgendem Personenkreis angehören: (hier: Einheimischeneigenschaft oder Einkommensgrenzen usw. festlegen).

Stirbt einer von mehreren Erbbauberechtigten und liegt die Erbberechtigung im Sinne der vorstehenden Bestimmungen nicht vor, so kann der Heimfallanspruch erst dann ausgeübt werden, wenn der letzte Miterbbauberechtigte stirbt und wenn dann die vorstehenden Voraussetzungen nicht vorliegen.

III. Erbbauzins

......

5. Zusätzlicher Erbbauzins für Erweiterungen nach Abschnitt I § 1 Absatz 4.[5]

a) Soweit bei einer Erweiterung des Bauwerks die vereinbarte Bruttogeschossfläche überschritten wird, kann die Zustimmung zu dieser baulichen Änderung von folgender Anpassung des Erbbauzinses abhängig gemacht werden:

$$\text{zukünftiger Erbbauzins} = \frac{\text{zuletzt gezahlter Erbbauzins} \times \text{zukünftige Bruttogeschossfläche}}{\text{bisherige Bruttogeschossfläche}}$$

Für diesen erhöhten Erbbauzins gelten die vorstehenden Bestimmungen entsprechend.

VII. Vermietung

In dieser Urkunde ist unter „Vermietung" auch Verpachtung oder sonstige entgeltliche Nutzungsüberlassung und Untervermietung zu verstehen; ferner gelten die Bestimmungen dieses Vertrags nicht nur für den Abschluss des Mietvertrags, sondern auch für dessen gesamte Dauer. Schuldrechtlich gilt hinsichtlich der zustimmungspflichtigen Vermietung des Erbbaurechts im Sinne von Abschnitt II § 6 Abs. 2 und der hierzu gehörigen Bauwerke und Anlagen, was folgt:

1. Im Fall der Vermietung darf der Erbbauberechtigte als Mietzins nur den von ihm zu zahlenden Erbbauzins, eine angemessene Verzinsung des jeweiligen Gebäudewerts, und eine Pauschale für die zu erwartenden durchschnittlichen Instandhaltungskosten, die nicht auf den Mieter umgelegt werden können, sowie für ihm ggf. entstehende weitere nicht umlagefähige Kosten und Aufwendungen verlangen. Dies gilt auch für alle Mieterhöhungen, gleich in welcher Weise sie erfolgen. Im Fall einer teilweisen Vermietung des ansonsten weiterhin selbstgenutzten Gebäudes ist für die Ermittlung des Mietzinses im Sinne von Satz 1 anteilsmäßig auf das Verhältnis der vermieteten Nutzfläche zur Gesamtnutzfläche des Gebäudes abzustellen. Für die Ermittlung des jeweiligen Gebäudewerts und der Instandhaltungskostenpauschale gilt die Schiedsgutachterklausel gemäß Abschn. II. § 9 Abs. 3[6] in gleicher Weise. Die Schiedsgutachterklausel gilt im Zweifel auch für alle Problemfälle bei der Ermittlung des Zinssatzes für die angemessene Verzinsung des Gebäudewerts ebenso in verbindlicher Weise.

2. Ein anderer Mietzins als der nach Abs. 1 zulässige darf nur mit Zustimmung des Grundstückseigentümers vereinbart werden. Wenn der Erbbauberechtigte der Abführung von 50% des Mehrerlöses, der den Mietzins nach Absatz 1 übersteigt, an den Grundstückseigentümer schriftlich und unwiderruflich zustimmt, ist er

---

[5] Natürlich sind hier andere Formulierungen möglich; insbesondere kann auch der neue Verkehrswert des Grundstücks berücksichtigt werden. Für den Fall, dass es Probleme bei der Ermittlung des neuen Erbbauzinses geben sollte, kann die Schiedsgutachterklausel gemäß Muster 2 Abschn. II § 9 (3) eingefügt werden.
[6] Siehe Muster 2.

berechtigt – Zustimmung des Grundstückseigentümers zum Mietvertrag gemäß Abschnitt II § 6 Abs. 2 vorausgesetzt –, dem Mieter den Mietgegenstand bereits zu überlassen.
3. Die Zustimmung zur Vermietung kann versagt werden, wenn die Vermietung nicht zu Wohnzwecken erfolgt (vgl. Abschn. II § 6 Abs. 3).
......

4. Eigentümererbbaurecht

Heute, den ......
ist vor mir ......, Notar in ......
in meinen Amtsräumen in ......
anwesend:
A. ......
hier *handelnd*
1. im eigenen Namen und
2. vorbehaltlich der nachträglichen Genehmigung, die mit ihrem Zugang beim amtierenden Notar allen Beteiligten als zugegangen und damit rechtswirksam sein soll, für den ersten Erwerber des Erbbaurechts.[7]

......

Die Frage des Notars nach einer Vorbefassung iS des § 3 Abs. 1 Satz 1 Nr. 7 BeurkG wurde von den Beteiligten verneint.
Nach Unterrichtung über den Grundbuchstand beurkunde ich gemäß den Erklärungen des Erschienenen folgende **Erbbaurechtsbestellung:**

I. Grundbuchstand, Geltung schuldrechtlicher Vereinbarungen

1. Grundbuchstand
......

2. Geltung schuldrechtlicher Vereinbarungen

Soweit in dieser Urkunde schuldrechtliche Bestimmungen – gleich welcher Art – enthalten sind, sollen diese erst gelten nach Veräußerung des Erbbaurechts. In der ersten Veräußerung des Erbbaurechts liegt gleichzeitig die Genehmigung zur heutigen Urkunde, sobald auf diese Bezug genommen wird. Maßgebend für das Wirksamwerden der schuldrechtlichen Bestimmungen ist die notarielle Beurkundung des entsprechenden Veräußerungsvertrags mit wirksamer Zustimmung aller Vertragsteile. Alle schuldrechtlichen Bestimmungen sind daher insoweit aufschiebend bedingt; die schuldrechtlichen Bestimmungen in der heutigen Urkunde werden also mit Bedingungseintritt wirksam. Soweit in den nachstehenden Bestimmungen etwas anderes geregelt sein sollte, gilt hinsichtlich aller schuldrechtlichen Teile vorrangig die vorstehende Vereinbarung.

II. Bestellung eines Erbbaurechts

A. ......   – nachstehend als „der Grundstückseigentümer" bezeichnet –

---

[7] Falls eine Veräußerung des Erbbaugrundstücks geplant ist: „... für den ersten Erwerber des Erbbaugrundstücks."

11. Kapitel. Vertragsmuster

für sich selbst, den A. ......
bestellt hiermit
– nachstehend „der Erbbauberechtigte" bezeichnet –
an dem in Ziff. I.1. bezeichneten Grundstück ein

Eigentümererbbaurecht

im Sinne des Gesetzes über das Erbbaurecht.
......
......

III. Erbbauzins[8]

......

5. Gesamterbbaurecht[9]

Heute, den ......
sind vor mir, ... Notar in ......
anwesend:
......

Die Frage des Notars nach einer Vorbefassung iS des § 3 Abs. 1 Satz 1 Nr. 7 BeurkG wurde von den Beteiligten verneint.
Nach Unterrichtung über den Grundbuchstand beurkunde ich bei gleichzeitiger Anwesenheit der Beteiligten ihren Erklärungen gemäß folgenden

Erbbaurechtsvertrag:

I. Grundbuchstand

......

---

[8] Keine Besonderheit, wenn die Anpassungsklausel dinglicher Inhalt der Erbbauzinsreallast ist; falls sie nur schuldrechtlich gelten soll, ist eine Vormerkung bei dieser Formulierung zulässig, vgl. RdNr. 3.12.

[9] Handelt es sich lediglich um *ein* Grundstück, das im Eigentum mehrerer Eigentümer steht, besteht selbstverständlich kein Gesamterbbaurecht. Hier gelten die allgemeinen Regeln.
Ein Gesamterbbaurecht entsteht, wenn einzelne rechtlich selbständige Grundstücke mit einem einheitlichen Erbbaurecht belastet werden. Es entsteht auch durch nachträgliche Teilung eines Grundstücks oder die Erstreckung eines bereits bestehenden Erbbaurechts auf ein weiteres Grundstück (BayObLG DNotZ 1985, 375). Dabei ist es möglich, dass einzelne Grundstücke, die mit einem einheitlichen (Gesamt-)Erbbaurecht belastet sind, im Eigentum verschiedener Personen stehen. Dies kann von vornherein der Fall sein, aber auch nachträglich geschehen. Denn jedes mit dem Gesamterbbaurecht belastete Einzelgrundstück ist frei veräußerlich, da das Verfügungsrecht des Grundstückseigentümers durch das Erbbaurecht nicht eingeschränkt wird (OLG Hamm NJW 1959, 2169). Die Rechte des Grundstückseigentümers gemäß der Erbbaurechtsbestellung stehen allen Grundstückseigentümern grundsätzlich gemeinschaftlich zu. Wie diese Rechte aber im einzelnen Fall auszuüben sind, ist in Rechtsprechung und Literatur kaum behandelt. Einzelheiten siehe oben RdNr. 3.37 – 3.69 sowie Winkler, Münchner Vertragshandbuch Bd. 6 Form. VIII 6 Anm. 13,15. Mehrere Erbbaurechte können auch zu einem Gesamterbbaurecht vereinigt werden; dies ist nur zulässig, wenn die Erbbaurechte die gleiche Laufzeit haben, da diese zum wesentlichen Inhalt eines Erbbaurechts gehört (BayObLGZ 1995, 379). Das folgende Muster enthält nur das Gesamterbbaurecht betreffende Bestimmungen; die anderen Vereinbarungen können den übrigen Textmustern entnommen werden.

II. Bestellung eines Gesamterbbaurechts

A ...... und B ......
– nachstehend als „die Grundstückseigentümer" bezeichnet –
bestellen hiermit für die Firma C
– nachstehend als „Erbbauberechtigter" bezeichnet –
an den in Ziffer I bezeichneten Grundstücken ein

Gesamterbbaurecht

im Sinn des Gesetzes über das Erbbaurecht.
......

§ .. Berechtigungsverhältnis der Grundstückseigentümer

(1) Alle Rechte der Grundstückseigentümer, die sich auf das Erbbaurecht selbst beziehen, stehen grundsätzlich allen Grundstückseigentümern gemeinschaftlich zu. Soweit sich die Rechte der Grundstückseigentümer auf getrennte Leistungen des Erbbauberechtigten beziehen, z.B. Tragung der öffentlichen Lasten gemäß § .., so kann der betreffende Grundstückseigentümer diese Rechte hinsichtlich seines Grundstücks getrennt, also allein geltend machen. Soweit sich die Rechte auf teilbare Leistungen beziehen, kann der Grundstückeigentümer die Leistungen des auf ihn entfallenden Teils an sich getrennt verlangen. Soweit sich die Rechte dagegen auf eine unteilbare Leistung beziehen, kann grundsätzlich die Leistung an alle Grundstückseigentümer nur gemeinschaftlich verlangt werden.

(2) Das Berechtigungsverhältnis der Grundstückseigentümer errechnet sich aus der Nettofläche (also einschließlich zuerworbener Teilfläche jedoch abzüglich veräußerter Fläche) aller Erbbaugrundstücke des betreffenden Grundstückseigentümers, geteilt durch die Summe der Nettoflächen aller Erbbaugrundstücke beider Grundstückseigentümer; diese Nettoflächen sind in Anlage 1 aufgeführt; es ergibt sich sonach für A ein Berechtigungsverhältnis von $^2/_5$ und für B von $^3/_5$.

(3) Die vorstehenden Regelungen gelten nur, soweit gesetzlich zulässig. Sie gelten entsprechend, soweit ein Grundstückseigentümer Verpflichtungen aus dem Inhalt des Erbbaurechts hat.

§ .. Heimfall

(...)
(...)
(...) Die Grundstückseigentümer sind untereinander Berechtigte entspr. §§ 472, 1098 BGB; danach kann der Heimfall nur im Ganzen ausgeübt werden. Übt ein Grundstückseigentümer seinen Heimfallanspruch nicht aus, sind die übrigen Grundstückseigentümer berechtigt, den Heimfallanspruch im Ganzen auszuüben. Für den Heimfall gilt das Berechtigungsverhältnis gemäß § .... Im Innenverhältnis sind die Grundstückseigentümer zur Zahlung der Entschädigung für den Heimfall entsprechend ihrem Mitberechtigungsanteil am Gesamterbbaurecht nach Vollzug des Heimfalls zahlungspflichtig.

III. Erbbauzins

(...)
(...)
(...) Der Erbbauzins steht den Grundstückseigentümern als Gesamtberechtigten gemäß § 428 BGB zu. Das Mitberechtigungsverhältnis richtet sich im Innenverhältnis nach dem Wert ihrer Grundstücke samt Bauwerken. Sollten sich diese Ver-

hältnisse später ändern, kann jeder Grundstückseigentümer die Abänderung im Innenverhältnis verlangen. Das Forderungsrecht jedes Grundstückseigentümers wird auf seinen Anteil am Erbbauzins beschränkt. Entsprechendes gilt für die Anpassungsverpflichtung.

IV. Zwangsvollstreckungsunterwerfung

......

V. Besitzübergang

......

VI. Haftung, Gewährleistung

......

VII. Gegenseitiges Vorkaufsrecht

(1) Jeder Grundstückseigentümer räumt an seinem Erbbaugrundstück das dingliche

Vorkaufsrecht

für alle Verkaufsfälle zugunsten des jeweiligen Inhabers des Gesamterbbaurechts ein.

Es wird also an jedem einzelnen Erbbaugrundstück ein gesondertes Vorkaufsrecht bestellt.

(2) Der Erbbauberechtigte räumt am Gesamterbbaurecht ein einheitliches dingliches

Vorkaufsrecht

für alle Verkaufsfälle zugunsten aller Eigentümer der Erbbaugrundstücke ein.

Der Mitberechtigungsanteil eines jeden Vorkaufsberechtigten ergibt sich aus Anlage 2. Im Übrigen sind die Vorkaufsberechtigten nach §§ 472, 1098 BGB berechtigt.

(3) Im Übrigen gelten für die Vorkaufsrechte jeweils die gesetzlichen Bestimmungen.

VIII. Rechtsnachfolge

......

IX. Grundbuchanträge

Alle Grundstückseigentümer und Erbbauberechtigte sind sich darüber einig, dass das Gesamterbbaurecht mit dem vereinbarten vertraglichen und gesetzlichen Inhalt bestellt wird, sowie ebenso die weiteren nachfolgenden Rechte.
Sie

bewilligen und beantragen

jeweils in das Grundbuch einzutragen:

(1) in die Grundstücksgrundbücher an allen in Anlage 1 und 2 ausgewiesenen Erbbaugrundstücken:
a) in Abteilung II. an erster Rangstelle das Gesamterbbaurecht gemäß den Bestimmungen dieses Vertrages,

b) an jedem einzelnen Erbaugrundstück das Vorkaufsrecht gemäß Ziffer VII. im Rang nach dem Gesamterbaurecht,
c) in jedem einzelnen Grundstücksgrundbuch alle die zur Rangbeschaffung für das Erbbaurecht erforderlichen Erklärungen, denen zugestimmt wird.

(2) für das vereinbarte Erbbaurecht ein **Erbbaugrundbuch** anzulegen und in dieses einzutragen:
a) das Gesamterbbaurecht mit dem vertraglichen und gesetzlichen Inhalt,
b) soweit ein Erbbaugrundstück bei Bestellung des Erbbaurechts mit einer Grunddienstbarkeit oder beschränkten persönlichen Dienstbarkeit belastet sein sollte, wird dessen Rechtsinhalt auf das Gesamterbbaurecht ausgedehnt; wegen des Rechtsinhalts wird auf die jeweilige Bestellungsurkunde Bezug genommen, jedoch mit der Maßgabe, dass diese am Gesamterbbaurecht nur insoweit gilt, als der Inhalt des Gesamterbbaurechts dies zulässt und als andererseits die Befugnisse des Erbbauberechtigten insoweit eingeschränkt werden; soweit mehrere Ausdehnung erfolgen, erhalten die beim gleichen Erbbaugrundstück bisher eingetragenen Rechte untereinander das bisherige Rangverhältnis; soweit derzeit mehrere Rechte an verschiedenen Erbbaugrundstücken bestehen, erhalten sie untereinander Gleichrang;
c) die Reallasten für den Erbbauzins gemäß Ziffer III. zugunsten der jeweiligen Grundstückseigentümer an erster Rangstelle nach dem Recht zu b) und untereinander im Gleichrang,
d) das Vorkaufsrecht gemäß Ziffer VII. für die Grundstückseigentümer im dort angegebenen Anteils- bzw. Gemeinschaftsverhältnis, im Rang nach dem Erbbauzins.

(3) **Teilvollzug.** Soweit das Gesamterbbaurecht an einzelnen Erbbaugrundstücken bei Vorlage des Gesamterbbaurechts an das Grundbuch noch nicht eingetragen werden kann, so ist das Gesamterbbaurecht dinglich an den Erbbaugrundstücken bestellt und einzutragen, an denen der Vollzug zu diesem Zeitpunkt möglich ist. Die Einigung wird über die Bestellung dieses Gesamterbbaurechts erklärt. Gleichzeitig sind Belastungen am Gesamterbbaurecht nur zugunsten dieser Grundstücke einzutragen. Entsprechender Vollzug im Grundbuch und Erbbaugrundbuch wird

bewilligt und beantragt.

(4) **Ausdehnung.** Soweit ein Vollzug des Gesamterbbaurechts an einem bzw. mehreren Erbbaugrundstücken erst nach Vollzug des Gesamterbbaurechts an den übrigen bzw. anderen Grundstücken möglich sein sollte, wird das Gesamterbbaurecht auf dieses bzw. diese weiteren Erbbaugrundstücke ausgedehnt (Rechtsausdehnung) mit dem Inhalt gem. der Urkunde, ebenso gelten dann die Grundbucherklärungen gem. Absatz 1. b.) und c) an dem weiteren Erbbaugrundstück und gelten andererseits die Bestimmungen von Absatz 2. b) (Rechtsausdehnung von Dienstbarkeiten) hinsichtlich des weiteren Erbbaugrundstücks und wird eine Ergänzung der Rechte gem. Absatz 2. c) und d) dahingehend durchgeführt, dass diese Rechte nun auch dem/den weiteren Erbbauberechtigten zustehen; der Vollzug aller vorstehenden Erklärungen im Grundbuch bzw. Erbbaugrundbuch wird

bewilligt und beantragt.

Ebenso erstrecken sich dann alle sonstigen am Gesamterbbaurecht eingetragenen Rechte, ggf. einschließlich der dinglichen Zwangsvollstreckungsunterwerfung, auf die Erweiterung des Gesamterbbaurechts; auch insoweit wird der Vollzug im Grundbuch

bewilligt und beantragt.

X. Zustimmung zur Belastung

......

XI. Salvatorische Klausel

......

XII. Kosten

......

XIII. Ausfertigung der Urkunde

......

XIV. Vereinbarung über die Gebäude der Erbbauberechtigten bei Erlöschen durch Zeitablauf

(1) Rein schuldrechtlich vereinbaren die Grundstückseigentümer untereinander für den Fall des Erlöschens des Gesamterbbaurechts durch Zeitablauf, wobei vom Notar darauf hingewiesen wurde, dass dann nach § 12 Abs. 3 ErbbauRG die Gebäude/Bauwerke jeweils Bestandteile des betreffenden Erbbaugrundstücks werden:

Falls kein Abbruch der Gebäude verlangt wird bzw. falls der Erbbauberechtigte sein Ankaufsrecht bezgl. des Erbbaugrundstücks nicht ausübt, gilt:

(2) Soweit ein Gebäude sich über mehrere Grundstücke verschiedener Eigentümer erstreckt, hat eine Aufgliederung des Gebäudes in wirtschaftlich sinnvolle Einheiten den Vorrang; soweit sich also auf einem Erbbaugrundstück (bzw. auf mehreren Erbbaugrundstücken des gleichen Grundstückseigentümers) selbständige Raumeinheiten befinden, die als solche wirtschaftlich und tatsächlich nutzbar sind, stehen diese im Alleineigentum des betreffenden Grundstückseigentümers.

(3) Soweit eine solche Aufgliederung nicht möglich ist, also bei solchen Raumeinheiten, die von der Grundstücksgrenze verschiedener Grundstückseigentümer durchschnitten werden, steht das entsprechende Gebäude bzw. der entsprechende Gebäudeteil entsprechend dem Verteilungsmodus des § 947 BGB (also entsprechend dem Wertanteil der einzelnen Grundstücke) im Miteigentum der betroffenen Grundstückseigentümer. Im letzten Fall bestimmen sich die Rechtsbeziehungen der betroffenen Grundstückseigentümer insoweit nach den Vorschriften der Bruchteilsgemeinschaft (§§ 741 ff. BGB).

(4) Die Entschädigung für das Gebäude bzw. die Bauwerke ist entsprechend dem jeweiligen anteiligen bzw. alleinigen Eigentumserwerb an den Bauwerken aufzuteilen.

Eine dingliche Sicherung dieser Vereinbarungen wurde derzeit nicht gewünscht. Jeder Grundstückseigentümer verpflichtet sich jedoch, alle seine Rechtsnachfolger in die entsprechenden Vereinbarungen eintreten zu lassen, mit der Verpflichtung, diese Vereinbarung wieder an die Rechtsnachfolger weiterzugeben.

(5) Soweit der Heimfall ausgeübt wird, gelten die vorstehenden Vereinbarungen entsprechend als Verpflichtung zur Aufteilung des Gesamterbbaurechts unter den Grundstückseigentümern.

XV. Vollmacht

Alle Vertragsteile erteilen hiermit dem Erschienenen zu 1., Herrn ...... unter Befreiung von den Beschränkungen des § 181 BGB

Vollmacht

alle Erklärungen abzugeben und entgegenzunehmen, die zum Vollzug des Gesamterbbaurechts im Grundbuch sowie zur Durchführung von Anpassungen und Ausdehnungen im Sinn von Abschnitt IX. dieser Urkunde irgendwie erforderlich oder zweckdienlich sind, insbesondere Rechtsausdehnungen des Gesamterbbaurechts zu erklären, die Einigung zu ändern oder neu zu erklären und entgegenzunehmen oder für einzelne Grundstücke getrennt zu erklären sowie sonstige Rechte am Erbbaugrundstück und Erbbaurecht in beliebiger Weise zu ändern. Die Vollmacht erlischt, sobald das Gesamterbbaurecht am endgültigen Belastungsgegenstand eingetragen ist.

XVI. Ermächtigung des Notars

......

XVII. Belehrungen

......

6. Erbbaurechtsvertrag mit Rangrücktritt und Pfanderstreckung von Belastungen in Abt. II des Grundbuchs zur Erlangung der ersten Rangstelle des Erbbaurechts*

Heute, am ......
sind vor mir, ..., Notar in ...... anwesend
1. Ehegatten A ......
– Grundstückseigentümer –

2. Firma B-GmbH
– Erbbauberechtigte –

Die Frage des Notars nach einer Vorbefassung iS des § 3 Abs. 1 Satz 1 Nr. 7 BeurkG wurde von den Beteiligten verneint.
Nach Unterrichtung über den Grundbuchstand beurkunde ich bei gleichzeitiger Anwesenheit der Beteiligten ihre Erklärungen gemäß folgendem

Erbbaurechtsvertrag:

I. Grundbuchstand

Im Grundbuch des Amtsgerichts ...... für ...... Band ...... Blatt ......
sind die Ehegatten A als Eigentümer je zur Hälfte des folgenden Grundbesitzes der Gemarkung ......

Flst.Nr....... (Beschrieb) ...... zu ...... qm

eingetragen.
Der Grundbesitz ist in Abteilung II belastet mit einem Geh- und Fahrtrecht für den jeweiligen Eigentümer der Flst.Nr. X ......
Abt. III ist lastenfrei.

II. Bestellung des Erbbaurechts

(...)

---

* Vgl. hierzu die Anmerkungen bei *Winkler*, Münchner Vertragshandbuch Bd. 6 Form VIII 5.

§ 7 Heimfall

(...)

(...)

(...) Zwischen dem Grundstückseigentümer und dem Erbbauberechtigten wird ausdrücklich vereinbart, dass der Heimfallanspruch nur unter folgenden Bedingungen ausgeübt werden kann.

Der jeweilige Eigentümer oder der oder die Dritten, auf den oder die das Erbbaurecht beim Heimfall zu übertragen ist, hat bzw. haben dem Eigentümer des Grundstücks Flst. X unverzüglich nach Geltendmachung des Heimfallanspruchs die Neubestellung der derzeit im Grundbuch ...... zu seinen Gunsten eingetragenen Grunddienstbarkeit zu Lasten des Erbbaurechts an der bisherigen, also vor dem Heimfall geltenden Rangstelle anzubieten und gleichzeitig alle hierzu notwendigen Erklärungen, Bewilligungen und Anträge in der erforderlichen Form abzugeben, entgegenzunehmen und zu stellen, die zur Neueintragung dieser Grunddienstbarkeit an der bisherigen Rangstelle erforderlich sind. Diese Erklärungen müssen gegenüber dem Eigentümer des Grundstücks Flst. X in notariell beurkundeter Form abgegeben werden bzw. abgegeben sein. Eine Ausfertigung dieser Erklärung ist dem Eigentümer des Grundstücks Flst. X zu übergeben.

Der Eigentümer bzw. der oder die Dritten, auf den oder die das Erbbaurecht beim Heimfall zu übertragen ist, hat bzw. haben dem Eigentümer des Grundstücks Flst. X die Rangrücktrittserklärung aller Berechtigten aus den nach § 33 Abs. 1 ErbbauRG bestehen bleibenden Rechten, insbesondere aller Grundpfandgläubiger, in grundbuchmäßiger Form (§ 29 GBO) vorzulegen. Dies gilt entsprechend und sinngemäß für alle weiteren etwa zwischenzeitlich eingetragenen Rechte, insbesondere Hypotheken, Grund- und Rentenschulden oder Reallasten, die möglicherweise Rang vor diesen Grunddienstbarkeiten haben.

Da zur Berichtigung des Grundbuchs beim Heimfall des Erbbaurechts im Hinblick auf die Löschung der Grunddienstbarkeit des Eigentümers des Grundstücks Flst. X dessen Berichtigungsbewilligung erforderlich ist, wird vereinbart:

Der Erbbauberechtigte kann die Abgabe einer Berichtigungsbewilligung vom Eigentümer des Grundstücks Flst. X erst dann verlangen, wenn diesem die Bestellung seiner Grunddienstbarkeit am Erbbaurecht an derselben Rangstelle, an der sie nach den Bestimmungen des gegenwärtigen Vertrags einzutragen sind, formgerecht angeboten wurde, und alle zur Beschaffung dieser Rangstelle notwendigen Zustimmungs- oder Rangrücktrittserklärungen Drittberechtigter in grundbuchmäßiger Form (§ 29 GBO) vorliegen.

Die Urschriften bzw. Ausfertigungen dieser Erklärungen müssen dem Berechtigten dieser Dienstbarkeit, das heißt dem Eigentümer des Grundstücks Flst. X, auflagenfrei ausgehändigt sein, ebenso etwaige Rangrücktrittserklärungen aller Berechtigter der nach § 33 ErbbauRG bestehen bleibenden Rechte. Alle diese Erklärungen bedürfen der Form des § 29 GBO.

(...)

§ 8 Entschädigung

(...)

(...)

(...) Der Entschädigungsanspruch gemäß § 27 ErbbauRG kann erst geltend gemacht werden, wenn der Grundstückseigentümer der Grunddienstbarkeit des Grundstücks Flst. X dieselbe Rangstelle verschafft hat, die sie derzeit hat.

XX. Vereinbarungen im Zusammenhang mit dem Geh- und Fahrtrecht des Grundstücks Flst. X

(1) Der Eigentümer verpflichtet sich, unverzüglich auf seine Kosten den Rangrücktritt des in Ziffer I bezeichneten Geh- und Fahrtrechts hinter das Erbbaurecht herbeizuführen.

(2) Der Erbbauberechtigte erstreckt hiermit das am Grundstück eingetragene in Ziffer I bezeichnete Geh- und Fahrtrecht auf das Erbbaurecht im Rang vor dem Erbbauzins und dem Vorkaufsrecht bzw. bestellt dieses Geh- und Fahrtrecht gleichen Inhalts hiermit neu; auf die Grundbucheintragung wird verwiesen.

(3) Der Grundstückseigentümer verpflichtet sich gegenüber dem jeweiligen Eigentümer des Grundstücks Flst. X, diesem jeglichen Schaden zu ersetzen, der diesem daraus entstehen könnte, dass seine Grunddienstbarkeit am Erbbaurechtsgrundstück im Fall des Erlöschens des Erbbaurechts nicht wieder die in diesem Vertrag vereinbarte Rangstelle am Erbbaugrundstück erhalten sollte, oder für den Fall, dass beim Heimfall des Erbbaurechts die Grunddienstbarkeit am Erbbaurecht nicht wieder mit dem Rang im Grundbuch eingetragen werden sollte, den sie zum Zeitpunkt ihres Erlöschens gemäß § 33 ErbbauRG hatte.

(4) Der Erbbauberechtigte bestellt schon heute für den jeweiligen Eigentümer des Grundstücks Flst. X als Drittberechtigtem gemäß § 328 BGB an der Entschädigungsforderung gemäß § 27 ErbbauRG bzw. an dem Vergütungsanspruch nach § 32 ErbbauRG ein aufschiebend bedingtes Pfandrecht zur Sicherung aller Schadensersatzansprüche gemäß Absatz 3. Die Bedingung tritt ein, wenn die Abtretbarkeit der Entschädigungsforderung nach § 27 Abs. 4 ErbbauRG in Verbindung mit der nachfolgenden Bestimmung erstmals gegeben ist.

Die Entschädigungsforderung nach § 27 ErbbauRG wird erst dann zur Zahlung fällig, wenn diejenigen Rangrücktrittserklärungen der Berechtigten aus Hypotheken, Grund- und Rentenschulden oder Reallasten in grundbuchmäßiger Form (§ 29 GBO), die zur Verschaffung der ersten Rangstelle für das in Satz 1 vorgesehene Pfandrecht an der Entschädigungsforderung erforderlich sind, beim Eigentümer des Grundstücks Flst. X vollzugsreif vorliegen. Über die Problematik der Vorschrift des § 27 Abs. 4 ErbbauRG, wonach die Entschädigungsforderung nicht vor ihrer Fälligkeit abgetreten und demzufolge auch nicht verpfändet werden kann, hat der Notar belehrt.

(...)

XXI. Rechtsnachfolgeklausel

(...)

XXII. Grundbuchanträge

Die Beteiligten beantragen die Eintragung
a) des Rangrücktritts des Geh- und Fahrtrechts im Grundbuch des in Ziffer I bezeichneten Grundstücks und
b) der Pfanderstreckung bzw. Neubestellung des Geh- und Fahrtrechts im Erbbaugrundbuch.

Die Eintragung des Rangrücktritts soll nur Zug um Zug gegen Eintragung der Pfanderstreckung erfolgen.

7. Realteilung eines Erbbaurechts in zwei Erbbaurechte vor Vermessung des Grundstücks

Heute, am ......
sind vor mir, ... Notar in ......
anwesend:
1. Ehegatten A ......
— nachstehend als „Grundstückseigentümer" bezeichnet —
2. Firma B-AG ......
— nachstehend als „Erbbauberechtigter" bezeichnet —
Die Frage des Notars nach einer Vorbefassung iS des § 3 Abs. 1 Satz 1 Nr. 7 BeurkG wurde von den Beteiligten verneint.
Nach Unterrichtung über den Grundbuchstand beurkunde ich bei gleichzeitiger Anwesenheit der Beteiligten ihren Erklärungen gemäß folgenden

Nachtrag zum Erbbaurechtsvertrag des Notars ......, URNr....... vom ......:

I. Grundbuchstand

(1) Im Grundbuch des Amtsgerichts ...... für ...... Band ...... Blatt ......
ist die Firma B-AG mit dem Sitz in ......
als Alleinberechtigte des Erbbaurechts an dem Grundstück der Gemarkung ......
Flst.Nr. 137/58 ...... (Beschrieb) ...... zu 0,4212 ha
auf die Dauer bis zum 31. März 2050 eingetragen.
Das Erbbaurecht ist in Abteilung II belastet mit
Vorkaufsrecht für alle Verkaufsfälle,
Erbbauzins von jährlich Euro 19 796,40,
Vormerkung zur Sicherung des Anspruchs des jeweiligen Grundstückseigentümers auf Eintragung einer Reallast-Erhöhung des Erbbauzinses,
je für den jeweiligen Grundstückseigentümer,
Recht zum Errichten, Verlegen und Belassen einer Anschluss- und Übergabeanlage sowie Kabelleitungsrecht und Geh- und Fahrtrecht für die Stadt ......
In Abteilung III ist das Erbbaurecht mit einer Grundschuld zu Euro 100 000,– für die ...... Bank belastet.

(2) Die Ehegatten A sind als Eigentümer je zur Hälfte des mit dem Erbbaurecht belasteten Grundstücks Flst.Nr. 137/58 im Grundbuch des Amtsgerichts ...... für ...... Band ...... Blatt ...... eingetragen.
In Abteilung II ist eingetragen
Erbbaurecht für die B-AG mit dem Sitz in ......,
Vorkaufsrecht für alle Verkaufsfälle für den jeweiligen Berechtigten des Erbbaurechts.
In Abteilung III ist das Grundbuch lastenfrei.

II. Teilung des Erbbaugrundstücks

(1) Der Grundstückseigentümer teilt der Erbbaugrundstück
Flst.Nr. 137/58 zu 0,4212 ha
in zwei selbständige Grundstücke wie folgt:
Auf dem Erbbaugrundstück stehen zwei Hallen, die in Nord-Süd-Richtung durch eine Trennmauer voneinander getrennt sind. Die neu zu errichtende Grenze verläuft in der Mitte dieser Trennmauer mit geradliniger Verlängerung nach Norden und Süden, bis zu den bestehenden Grundstücksgrenzen.

Realteilung vor Vermessung des Grundstücks

(2) Das östliche Erbbaugrundstück wird nach der Teilung einen Flächeninhalt von ca. 2212 qm, das westliche Erbbaugrundstück einen Flächeninhalt von ca. 2000 qm haben. Für die Teilung des Grundstücks ist im Übrigen die dieser Urkunde als Anlage beigefügte Planskizze maßgebend, in der das östliche Erbbaugrundstück rot und das westliche Erbbaugrundstück grün umrandet ist. Die Skizze wurde den Vertragsteilen zur Durchsicht vorgelegt und von ihnen genehmigt; auf sie wird verwiesen.

(3) Die Vermessung des Erbbaugrundstücks wird durch den Erbbauberechtigten veranlasst. Der Notar hat darauf hingewiesen, dass durch die Vermessung kein baurechtswidriger Zustand entstehen darf. Die Vertragsteile werden sich hierzu selbst bei der Baubehörde informieren. Sämtliche hierdurch und durch den Vollzug der Vermessung entstehenden Kosten trägt der Erbbauberechtigte. Beim Abmarkungstermin ist der Eigentümer zu beteiligen.

III. Teilung des Erbbaurechts

(1) Der Erbbauberechtigte teilt hiermit das auf dem Gesamtgrundstück ruhende Erbbaurecht in zwei Erbbaurechte im eigenen Besitz in der Weise auf, dass
a) ein Erbbaurecht auf der im beiliegenden Lageplan rot umrandeten Fläche entsteht (nachfolgend als „Erbbaurecht I" bezeichnet) und
b) ein Erbbaurecht auf der im beliegenden Lageplan grün umrandeten Fläche entsteht (nachfolgend als „Erbbaurecht II" bezeichnet).
Für jedes Erbbaurecht gelten die Bedingungen des Erbbaurechtsvertrags des Notars ...... in ...... vom ......, URNr......., jedoch mit den im Folgenden vereinbarten Änderungen.

(2) Eigentümer und Erbbauberechtigter verpflichten sich, unverzüglich nach Vorliegen des amtlichen Messungsergebnisses in einer Nachtragsurkunde das Messungsergebnis anzuerkennen und die Einigung über die Entstehung der beiden Erbbaurechte an den Teilflächen zu erklären und entgegenzunehmen.

IV. Erbbauzins, Vorkaufsrecht, Vormerkung

(1) Der auf die beiden Erbbaurechte entfallende Erbbauzins in Höhe von Euro 19 796,40 wird auf der Grundlage des Quadratmeter-Satzes von Euro 4,70 pro Jahr wie folgt verteilt:
a) Er beträgt für das Erbbaurecht I   Euro 10 396,40
und
b) für das Erbbaurecht II   Euro 9 400,–
jeweils jährlich und zuzüglich gesetzlicher Mehrwertsteuer.
Nach Vorliegen des Messungsergebnisses wird der Erbbauzins erneut nach der oben angegebenen Grundlage berechnet.

(2) Da sich die in der Vorurkunde enthaltene Wertsicherungsklausel auch auf den Nutzungswert des Grundstücks bezieht und das Hinterliegergrundstück geringer bewertet werden könnte, könnte der Fall eintreten, dass der Erbbauzins für das Erbbaugrundstück I sich nicht im gleichen Umfang erhöht wie der Erbbauzins für das Erbbaugrundstück II. Um dies zu verhindern, verpflichtet sich der Erbbauberechtigte, alle in Zukunft vereinbarten oder rechtswirksam festgesetzten Erbbauzinsveränderungen bezüglich des Erbbaugrundstücks II in gleichem Umfang in Bezug auf das Erbbaugrundstück I mit zu vollziehen, so dass also für das hintere Erbbaugrundstück I stets derselbe Erbbauzins pro Quadratmeter zu zahlen ist wie für das vordere Erbbaugrundstück II, es sei denn, dass der Erbbauzins für das Hinterliegergrundstück I höher vereinbart oder festgesetzt wird als für das Erbbaugrundstück II.

Klargestellt wird, dass die für das Erbbaugrundstück I am Erbbaugrundstück II zu bestellenden Dienstbarkeiten bei Erbbauzinsneufestsetzungen für das Erbbaugrundstück II nicht wertmindernd berücksichtigt werden dürfen.

(3) Die in Ziffer I erwähnten Vorkaufsrechte werden dahingehend geändert, dass dem jeweiligen Erbbauberechtigten des Erbbaurechts I ein Vorkaufsrecht an dem Grundstück I, dem jeweiligen Erbbauberechtigten des Erbbaurechts II ein Vorkaufsrecht an dem Grundstück II, dem jeweilige Eigentümer des Erbbaugrundstücks I ein Vorkaufsrecht am Erbbaurecht I und dem jeweiligen Eigentümer des Erbbaugrundstücks II ein Vorkaufsrecht am Erbbaurecht II zusteht.

(4) Die Vormerkung auf Eintragung einer Reallast bei Erhöhung des Erbbauzinses ist wegen obiger Änderung der zugrunde liegenden Verpflichtung an den beiden entstehenden Erbbaurechten I und II zu bestellen; sie sichert nur den das belastete Erbbaurecht betreffenden Erhöhungsanspruch. Sie wird gleichzeitig wegen der in Abs. 1 enthaltenen Änderung in Bezug auf Erbbauzinsveränderungen in ihrem Inhalt erweitert.

(5) Vorsorglich entlässt der Erbbauberechtigte die von den jeweiligen Erbbaurechten I und II nicht betroffenen Grundstücksflächen aus der Mithaftung. Die Eintragung der Enthaftung wird in der Nachtragsurkunde beantragt.

V. Bewilligungen

(1) Die Eintragung der Teilung des Erbbaugrundstücks gemäß Ziffer II dieser Urkunde und der Teilung des Erbbaurechts gemäß Ziffer III dieser Urkunde im eigenen Besitz wird bewilligt.

(2) Grundstückseigentümer und Erbbauberechtigter sind über die Aufteilung des Erbbaurechts gemäß den Abschnitten II und III und die Teilung des Erbbauzinses einig und bewilligen
den Vollzug im Grundbuch und Erbbaugrundbuch.

(3) Sie
                         bewilligen
in das Grundbuch und Erbbaugrundbuch einzutragen:
a) Die Teilung des Erbbaugrundstücks im eigenen Besitz,
b) die Aufteilung des Erbbaurechts in die Erbbaurechte I und II,
c) die Aufteilung des Erbbauzinses,
d) die Aufteilung der im Erbbaugrundbuch am Erbbaurecht für den Grundstückseigentümer eingetragenen Rechte (Vorkaufsrecht, Reallast, Vormerkung auf Reallasterhöhung) auf die entstehenden Erbbaurechte I und II sowie die Inhaltsänderung der Vormerkung auf Reallasterhöhung gemäß Ziffer IV Abs. 2 am Erbbaurecht I,
e) die Aufteilung des am Erbbaugrundstück eingetragenen Vorkaufsrechts für den jeweiligen Erbbauberechtigten auf das neu gebildete Erbbaugrundstück I zugunsten des jeweiligen Inhabers des Erbbaurechts I einerseits und auf das neu gebildete Erbbaugrundstück II zugunsten des jeweiligen Inhabers des Erbbaurechts II andererseits.

(4) Die Beteiligten verpflichten sich, in der Nachtragsurkunde über die Messungsanerkennung und Einigung die erforderlichen Eintragungsanträge zu stellen und hierbei die betroffenen Grundstücke und Erbbaurechte genau zu bezeichnen.

VI. Kosten, Ausfertigung

(1) Die Kosten dieser Urkunde, etwaiger Genehmigungen, ihres Vollzugs und etwaiger Steuern trägt der Erbbauberechtigte.

(2) Von dieser Urkunde erhalten
die Vertragsteile,
das Amtsgericht ...... – Grundbuchamt –,
die Genehmigungsbehörde gemäß § 19 BauGB,
das Vermessungsamt ...... je beglaubigte Abschriften,
das Finanzamt ...... – Grunderwerbsteuerstelle – einfache Abschrift.

VII. Belehrungen

Die Beteiligten wurden u. a. hingewiesen
1. auf die Voraussetzungen der Teilung des Erbbaurechts, insbesondere das Erfordernis der Vermessung
2. auf das Erfordernis der Zustimmung der Gläubiger der dinglichen Belastungen, nämlich der ...... Bank,
3. auf das Erfordernis der Genehmigung gemäß § 19 Abs. 2 Nr. 1 BBauG,
4. auf die Haftung sämtlicher Beteiligter für Kosten und Steuern,
5. auf das Erfordernis der Beurkundung sämtlicher Vereinbarungen.

VIII. Ermächtigung

Der amtierende Notar wird beauftragt, die zu diesem Vertrag erforderlichen Genehmigungen einzuholen und bevollmächtigt, Erklärungen zur Durchführung des Rechtsgeschäfts abzugeben und entgegenzunehmen, Anträge – auch geteilt und beschränkt – zu stellen, zurückzunehmen, abzuändern und zu ergänzen, ohne Beschränkung auf die gesetzliche Vollmacht (§ 15 GBO).

8. Realteilung eines Erbbaurechts in zwei Erbbaurechte nach Vermessung des Grundstücks

Heute, am ......
sind vor mir, ... Notar in ......
anwesend:
1. Ehegatten A ......
       – nachstehend als „Grundstückseigentümer" bezeichnet –
2. Firma B-AG ......
       – nachstehend als „Erbbauberechtigter" bezeichnet –
Die Frage des Notars nach einer Vorbefassung iS des § 3 Abs. 1 Satz 1 Nr. 7 BeurkG wurde von den Beteiligten verneint.
Nach Unterrichtung über den Grundbuchstand beurkunde ich bei gleichzeitiger Anwesenheit der Beteiligten ihren Erklärungen gemäß folgenden

Nachtrag zum Erbbaurecht des Notars ......, URNr. ...... vom ......:

I. Grundbuchstand

(1) Im Grundbuch des Amtsgerichts ...... für ...... Band ...... Blatt ......
sind die Ehegatten A als Eigentümer je zur Hälfte des Grundstücks
Flst.Nr. 181/2 ...... (Beschrieb) ...... zu 0,5094 ha
eingetragen.
Abteilung II ist mit einem Erbbaurecht für die Firma B-AG mit dem Sitz in ......
und einem Vorkaufsrecht für den jeweiligen Erbbauberechtigten belastet,
Abteilung III ist unbelastet.

(2) Im Erbbaugrundbuch des Amtsgerichts ...... für ...... Band ...... Blatt ...... ist an Flst.Nr. 181/2 ein Erbbaurecht für die Firma B-AG mit dem Sitz in ...... eingetragen.
Abteilung II ist belastet
mit einem Vorkaufsrecht für alle Verkaufsfälle,
mit dem Erbbauzins und
einer Vormerkung auf Reallasteintragung wegen Erhöhung des Erbbauzinses,
je für den jeweiligen Grundstückseigentümer von Flst.Nr. 181/2.
Abteilung III ist belastet mit einer Buchhypothek für die ...... Bank in Höhe von Euro 340 000,–.

II. Vermessung

Gemäß Auszug aus dem Veränderungsnachweis Nr........ des Vermessungsamts ...... Gemarkung ...... wurde die Flst.Nr. 181/2 (alt) aufgeteilt in
Flst.Nr. 181/2 ...... (Beschrieb) ...... zu 0,3320 ha
und
Flst.Nr. 181/5 ...... (Beschrieb) ...... zu 0,1774 ha.
Dieses Messungsergebnis wird von den Beteiligten als richtig und ihrem Willen entsprechend anerkannt.

III. Aufteilung des Erbbaurechts

(1) Grundstückseigentümer und Erbbauberechtigter vereinbaren hiermit, das in Ziffer I bezeichnete Erbbaurecht in der Weise zu teilen, dass in Zukunft je ein selbständiges Erbbaurecht an den Flst.Nr. 181/2 (neu) und 181/5 besteht.

(2) Für jedes Erbbaurecht gelten die Bestimmungen des Erbbaurechtsvertrages vom ......, URNr....... des Notars ...... Es werden jedoch folgende Änderungen vereinbart:
a) Der auf die beiden Erbbaurechte entfallende Erbbauzins wird auf der Grundlage des bisherigen qm-Satzes von Euro 2,40 pro Jahr wie folgt verteilt:
Der Erbbauzins beträgt für das Erbbaurecht an Flst.Nr. 181/2 jährlich
Euro 7968,—
– i. W. siebentausendneunhundertachtundsechzig Euro –,
die monatliche Rate beträgt Euro 664,—
– i. W. sechshundertvierundsechzig Euro –.
Der Erbbauzins für das Erbbaurecht an Flst.Nr. 181/5 beträgt jährlich
Euro 4257,60
– i. W. viertausendzweihundertsiebenundfünfzig Euro 60/100 –,
die monatliche Rate beträgt Euro 354,80
– i. W. dreihundertvierundfünfzig Euro 80/100 –.
Wegen des jeweils fälligen Erbbauzinses unterwirft sich der Erbbauberechtigte der sofortigen Zwangsvollstreckung aus dieser Urkunde in sein gesamtes Vermögen.
b) Die in Ziffer I bezeichneten Vorkaufsrechte werden dahin eingeschränkt, dass dem jeweiligen Erbbauberechtigten von Flst.Nr. 181/2 ein Vorkaufsrecht an diesem Grundstück und dem jeweiligen Erbbauberechtigten von Flst.Nr. 181/5 ein Vorkaufsrecht an diesem Grundstück zusteht. Ebenso steht dem jeweiligen Eigentümer von Flst.Nr 181/2 ein Vorkaufsrecht am entsprechenden Erbbaurecht und dem jeweiligen Eigentümer von Flst.Nr. 181/5 ein Vorkaufsrecht am entsprechenden Erbbaurecht zu.
c) Die Vormerkung auf Eintragung einer Reallast bei Erhöhung wird aufgeteilt und jeweils auf den oben vereinbarten neuen Erbbauzins beschränkt.

d) die Bestimmungen in Ziffer II § 1 des Erbbaurechtsvertrags vom ...... werden wie folgt abgeändert:
Der Erbbauberechtigte ist berechtigt und verpflichtet, auf Flst.Nr. 181/5 unverzüglich auf eigene Kosten Lagerhallen mit Büros im Gesamtkostenaufwand von Euro 320 000,– zu errichten. Die im Erbbaurechtsvertrag genannte Verpflichtung zum Bau von Lagerhallen mit Büros im Gesamtkostenaufwand von Euro 680 000,– gilt nun für Flst.Nr. 181/2.

e) die in Ziffer XI des Erbbaurechtsvertrags vom ...... enthaltene Verpflichtung zur Zustimmung zur Eintragung von Grundpfandrechten wird bezüglich des Erbbaurechts an Flst.Nr. 181/5 dahingehend eingeschränkt, dass sie nur in Höhe von Euro 160 000,– besteht. Hinsichtlich der in Abteilung III des Erbbaugrundbuchs eingetragenen Buchhypothek der ...... Bank in Höhe von Euro 340 000,– wird die Bank das Erbbaurecht an Flst.Nr. 181/5 freigeben. Der Vollzug im Grundbuch wird beantragt.

IV. Einigung, Grundbuchanträge

Grundstückseigentümer und Erbbauberechtigter sind über die vorgenannte Teilung des Erbbaurechts und des Erbbauzinses einig und bewilligen und

beantragen

den Vollzug im Grundbuch.
Es wird beantragt einzutragen
den Vollzug des Veränderungsnachweises,
die Aufteilung des Erbbaurechts und des Erbbauzinses,
ferner, dass die im Erbbaugrundbuch eingetragenen Rechte (Vorkaufsrecht, Reallastvormerkung) und das im Grundbuch eingetragene Vorkaufsrecht nunmehr jeweils die einzelnen Grundstücke bzw. Erbbaurechte betreffen.

V. Allgemeines

Im Übrigen bleibt es bei den Bestimmungen der erwähnten Vorurkunde.

VI. Kosten

Die Kosten dieser Urkunde, des Vollzugs und eventuelle Steuern trägt der Erbbauberechtigte.

VII. Ausfertigung

Von dieser Urkunde erhalten jeder Vertragsteil sofort eine beglaubigte Abschrift und nach Vollzug eine Ausfertigung,
der Eigentümer eine vollstreckbare Ausfertigung,
das Amtsgericht ...... – Grundbuchamt – beglaubigte Abschrift,
das Finanzamt ...... – Grunderwerbsteuerstelle – einfache Abschrift.

VIII. Belehrungen

Die Beteiligten wurden u.a. hingewiesen
1. auf die Voraussetzungen der Teilung des Erbbaurechts, insbesondere dass durch die Teilung kein baurechtswidriger Zustand entstehen darf; der Notar hat den Beteiligten geraten, sich hierzu selbst bei der Baubehörde zu informieren,
2. auf die Haftung sämtlicher Beteiligter für Kosten und Steuern,
3. auf das Erfordernis der Beurkundung sämtlicher Vereinbarungen.

IX. Ermächtigung des Notars

Der amtierende Notar wird beauftragt, die zu diesem Vertrag erforderlichen Genehmigungen einzuholen und bevollmächtigt, Erklärungen zur Durchführung des Rechtsgeschäftes abzugeben und entgegenzunehmen, Anträge – auch geteilt und beschränkt – zu stellen, zurückzunehmen, abzuändern und zu ergänzen, ohne Beschränkung auf die gesetzliche Vollmacht (§ 15 GBO).

9. Realteilung und Veräußerung des Erbbaurechts

Heute, am ......
sind vor mir ......, Notar in ...... anwesend:
1. Die Ehegatten A ......
– nachstehend „Grundstückseigentümer" bezeichnet –
2. A-GmbH ......
– nachstehend „Erbbauberechtigter" bezeichnet –
3. B-AG ......
Die Frage des Notars nach einer Vorbefassung iS des § 3 Abs. 1 Satz 1 Nr. 7 BeurkG wurde von den Beteiligten verneint.
Nach Unterrichtung über den Grundbuchstand beurkunde ich bei gleichzeitiger Anwesenheit der Beteiligten ihren Erklärungen gemäß folgende

Aufteilung und Übertragung eines Erbbaurechts:

I. Grundbuchstand

(1) Im Grundbuch des Amtsgerichts ...... für ...... Band ...... Blatt ......
ist die Firma A-GmbH mit dem Sitz in ...... als Berechtigte des Erbbaurechts an dem Grundstück der Gemarkung ......
Flst.Nr....... (Beschrieb) ...... zu ...... qm
eingetragen.
An dem Erbbaurecht lasten in Abteilung II:
1. Vorkaufsrecht für den jeweiligen Eigentümer der Flst.Nr....... der Gemarkung ......,
2. Erbbauzins von Euro 28 783,20 jährlich,
3. Vormerkung auf Eintragung von Erbbauzinserhöhungen.
Weiter kommt eine Grunddienstbarkeit für die Stadt ...... zur Eintragung (Errichtung einer Anschluss- und Übergabeanlage und Kabelzu- und -fortleitungsrecht).
In Abteilung III ist eine Grundschuld ohne Brief von Euro 180 000,– für die ...... Bank eingetragen.
Das Erbbaurecht wurde bestellt mit Urkunde vom ......, URNr....... des Notars ...... in ......

(2) Das Erbbaugrundstück ist im Grundbuch des Amtsgerichts ...... für ...... Band ...... Blatt ......
eingetragen und steht im Eigentum der Ehegatten A. Es ist in Abteilung II mit dem erwähnten Erbbaurecht und einem Vorkaufsrecht für den jeweiligen Erbbauberechtigten belastet und in Abteilung III lastenfrei.

II. Teilung des Grundstücks und des Erbbaurechts

(1) Der Erbbauberechtigte und der Grundstückseigentümer vereinbaren hiermit, das vorbezeichnete Erbbaurecht und das Grundstück in der Weise zu teilen, dass in Zukunft je ein selbständiges Erbbaurecht an der im beiliegenden Lageplan, auf den verwiesen wird und der dieser Urkunde als Anlage beigefügt ist, rot schraffierten

Fläche von ca. 4000 qm und an der dem Erbbauberechtigten verbleibenden und im beiliegenden Lageplan blau schraffierten Restfläche lasten soll. Der Plan wurde den Vertragsteilen zur Durchsicht vorgelegt.

(2) Der Erbbauberechtigte verpflichtet sich dem Eigentümer gegenüber, umgehend die Vermessung des Grundstücks auf seine Rechnung zu beantragen. Die amtliche Vermessung ist im eigenen Besitz zu vollziehen. Die künftigen Grundstücksgrenzen verlaufen nicht durch ein auf dem Erbbaurechtsgrundstück befindliches Gebäude. Der Notar hat darauf hingewiesen, dass durch die Vermessung kein baurechtswidriger Zustand entstehen darf. Die Vertragsteile werden sich hierzu selbst bei der Baubehörde informieren.

(3) Erbbauberechtigter und Grundstückseigentümer verpflichten sich, in einer Nachtragsurkunde das Messungsergebnis anzuerkennen und die Einigung über die Entstehung der beiden Erbbaurechte an den Teilflächen nach Maßgabe des jetzt bestehenden Erbbaurechtsvertrags und der folgenden Vereinbarungen zu erklären und entgegenzunehmen.

(4) Vorsorglich entlässt der Erbbauberechtigte das neu zu vermessende rot schraffierte Grundstück aus der Haftung für das ursprüngliche Erbbaurecht, soweit dieses nach der Teilung nicht mehr auf diesem Grundstück lasten soll. Die Eintragung der Enthaftung wird in einer Nachtragsurkunde beantragt.

(5) Auf dingliche Sicherung des Aufteilungsanspruchs wird verzichtet.

III. Vorkaufsrecht und Erbbauzins

(1) Das Vorkaufsrecht und die Vormerkung auf Erhöhung des Erbbauzinses beziehen sich nach der Vermessung jeweils auf die neuen Grundstücke bzw. die neuen Erbbaurechte. Die Einschränkung der Rechte wird insoweit in der Nachtragsurkunde beantragt werden.

(2) Der auf das dem Erbbauberechtigten verbleibende Grundstück treffende Erbbauzins wird auf der Grundlage des bisherigen Quadratmetersatzes nach der Vermessung für das dem Erbbauberechtigten verbleibende Erbbaugrundstück festgelegt. Er beträgt auf der Grundlage der angenommenen Fläche von 7993 qm jährlich
Euro 19 183,20
zuzüglich Mehrwertsteuer in Höhe des jeweiligen gesetzlichen Steuersatzes.

(3) Der Erbbauberechtigte und der Eigentümer vereinbaren hiermit, dass der auf das im beiliegenden Lageplan rot schraffierte Grundstück mit einer Fläche von ca. 4000 qm treffende Erbbauzins mit Wirkung ab 1. 9. 2002 nicht mehr wie bisher jährlich Euro 2,40 pro Quadratmeter, sondern Euro 4,70 beträgt. Bei einer angenommenen Fläche von 4000 qm beträgt der Erbbauzins für dieses Grundstück somit nunmehr im Jahr
Euro 18 800,–
zuzüglich Mehrwertsteuer in Höhe des jeweiligen gesetzlichen Steuersatzes.

(4) Der Erbbauberechtigte bestellt für den Mehrbetrag eine Reallast zugunsten des Eigentümers. Der Eigentümer tritt mit seiner Vormerkung auf Erhöhung von Reallasten hinter die erhöhte Reallast zurück. Die erforderlichen Eintragungsanträge werden die Beteiligten in einer Nachtragsurkunde stellen.

(5) Im Übrigen bleiben die Bestimmungen des oben erwähnten Erbbaurechtsvertrags unverändert.

IV. Veräußerung des Erbbaurechts

(1) Die Fa. A-GmbH
– nachstehend „Veräußerer" genannt –

veräußert hiermit das Erbbaurecht an der vorbezeichneten und im beiliegenden Lageplan rot schraffierten Teilfläche
an die Firma B-AG
– nachstehend „Erwerber" genannt –.

(2) Die Beteiligten verpflichten sich, nach durchgeführter Vermessung und Aufteilung des Erbbaurechts im Grundbuch die Einigung zu erklären und entgegenzunehmen.

V. Vormerkung

(1) Der Veräußerer bewilligt, der Erwerber beantragt, im Erbbaugrundbuch für den Erwerber eine

Vormerkung gemäß § 883 BGB

zur Sicherung seines durch Aufteilung und Einigung zwischen dem Eigentümer und dem Veräußerer bedingten Übertragungsanspruchs hinsichtlich des Erbbaurechts an der im beiliegenden Lageplan rot schraffierten Teilfläche einzutragen.

(2) Der Erwerber gibt schon heute das neu entstehende Erbbaurecht, das in dem beiliegenden Lageplan blau schraffiert ist, von seiner Vormerkung frei und bewilligt und beantragt die pfandfreie Abschreibung im Grundbuch.

(3) Schon heute wird bewilligt und beantragt, diese Vormerkung im Grundbuch Zug um Zug mit der Eintragung der Übertragung des Erbbaurechts wieder zu löschen, vorausgesetzt, dass keine den Erwerber beeinträchtigenden Zwischeneintragungen erfolgt sind und keine Eintragungsanträge vorliegen, wodurch seine Rechte beeinträchtigt werden.

VI. Eintritt in den Erbbaurechtsvertrag

Der Erwerber tritt hiermit gegenüber dem Eigentümer in sämtliche Rechte und Pflichten ein, wie sie in dem Erbbaurechtsvertrag vom ......, URNr....... des Notars ......, sowie in Ziffer III dieser Urkunde enthalten sind, mit folgenden Abweichungen

1. zu Ziffer I § 1: Die Verpflichtung zur Errichtung von Gebäuden wird dahin abgeändert, dass die Firma B-AG berechtigt und verpflichtet ist, auf ihrem Erbbaugrundstück unverzüglich auf eigene Kosten eine Lagerhalle und Büroräume nebst den dazu erforderlichen Nebenanlagen mit einem Gesamtkostenaufwand von ca. Euro 1 200 000,– sachgemäß und sorgfältig gemäß den behördlich genehmigten Bauplänen zu errichten und samt Zubehör dauernd in gutem Zustand zu erhalten. Der Erbbauberechtigte hat das Recht, auf dem Erbbaugrundstück folgende Unternehmen zu betreiben: Vertrieb der Erzeugnisse der B-AG sowie von Fremderzeugnissen der gleichen Branche.
2. zu Ziffer III: Die erste Neufestsetzung des Erbbauzinses kann am ...... verlangt werden. Im Übrigen bleibt Ziffer III unverändert.
3. zu Ziffer XI: Die Verpflichtung des Eigentümers, die Zustimmung zur Eintragung von Grundpfandrechten zu erteilen, bezieht sich auf den Betrag von Euro 600 000,–.

VII. Gegenleistungen

Für die Übertragung des Erbbaurechts verpflichtet sich der Erwerber zu folgenden Gegenleistungen:

(1) Der Veräußerer hat für Bereitstellungskosten, Erbbauzinsen, Erschließungs- und Instandhaltungskosten, Kosten für ein Bodengutachten und Maklergebühr etc. insgesamt für sein Erbbaurecht bis zum ...... Euro 168 467,– aufgewendet. Der Erwerber verpflichtet sich, dem Veräußerer den auf die erworbene Teilfläche von 4000 qm entfallenden anteiligen Betrag von Euro 56 189,– zuzüglich Mehrwertsteuer unverzüglich zu erstatten.

(2) Der Veräußerer hat dem Eigentümer als Vorausleistung für Benutzungsentgelt für Kanal, Wasserleitungen etc. ein Darlehen gewährt, dessen Höhe – berechnet auf die Teilfläche von 4000 qm nach dem Schlüssel:
4000 qm × 0,50 × 17 Jahre 4 Monate – per 1. 9. 2001 Euro 34 833,– beträgt. Dieses Darlehen wird insoweit vom Eigentümer dem Veräußerer zurückerstattet. Der Erwerber verpflichtet sich, dem Eigentümer zum 1. 9. 2000 ein entsprechendes Darlehen zum gleichen Zweck in der genannten Höhe von Euro 34 833,– zu gewähren. Das Darlehen ist unverzinslich und läuft bis zum 31. 12. 2010. Es ist in monatlichen Raten zurückzubezahlen.

(3) Die Beteiligten verpflichten sich hinsichtlich der vorstehenden Absätze 1 und 2 Ausgleichsbeträge, die sich aufgrund eines sich aus der Vermessung ergebenden Mehr- oder Mindermaßes gegenüber der in diesem Vertrag angenommenen Fläche von 4000 qm ergeben, unverzüglich nach Beurkundung der Messungsanerkennung bar und kostenfrei und ohne Zinsen gegenseitig auszugleichen.

(4) Sonstige Gegenleistungen werden nicht vereinbart.

VIII. Besitzübergang

Besitz, Nutzen und Lasten hinsichtlich des Erbbaurechts für den Erwerber gehen mit Wirkung ab ......
auf den Erwerber über.

IX. Rechtsmängelhaftung

(1) Der Veräußerer haftet für ungehinderten Besitz- und Rechtsübergang und für Freiheit von Belastungen jeder Art, soweit sie nicht ausdrücklich übernommen werden.

(2) Die in Abteilung II des Grundbuchs eingetragenen in Ziffer I aufgeführten Belastungen sind bekannt und werden zur weiteren Duldung übernommen, ebenfalls die noch zur Eintragung gelangende Dienstbarkeit für die Stadt ......

(3) Der Veräußerer verpflichtet sich zur Freistellung des veräußerten Erbbaurechts von der in Abteilung III des Erbbaugrundbuchs eingetragenen Grundschuld für die ...... Bank in Höhe von Euro 180 000,–.

X. Zustimmung

Der Eigentümer stimmt vorstehenden Vereinbarungen vorbehaltslos zu.

XI. Zwangsvollstreckungsunterwerfung

(1) Der Erwerber unterwirft sich wegen des Erbbauzinses in der derzeitigen Höhe von jährlich Euro 18 800,– sowie wegen des jeweiligen Erhöhungsbetrags zuzüglich der Mehrwertsteuer in Höhe des jeweiligen gesetzlichen Steuersatzes sowie wegen der in Ziffer VII aufgeführten Zahlungsverpflichtungen der sofortigen Zwangsvollstreckung aus dieser Urkunde in sein gesamtes Vermögen.

(2) Im Fall der Erhöhung des Erbbauzinses durch Neufestsetzung gemäß Ziffer III des erwähnten Erbbaurechtsvertrags ist er verpflichtet, sich auch wegen des erhöhten Betrags in einer notariellen Urkunde der sofortigen Zwangsvollstreckung zu unterwerfen.

(3) Vollstreckbare Ausfertigung ist auf Antrag ohne Fälligkeitsnachweis dem Eigentümer zu erteilen. Eine Beweislastumkehr ist damit nicht verbunden.

XII. Weiterveräußerung

Bei einer späteren Weiterveräußerung hat der Erwerber sämtliche Verpflichtungen aus diesem Vertrag sowie aus dem in Ziffer I erwähnten Erbbaurechtsvertrag seinem Sonderrechtsnachfolger mit der Weiterübertragungsverpflichtung aufzuerlegen, soweit sie nicht kraft Gesetzes auf den neuen Erwerber übergehen.

XIII. Kosten

Die Kosten dieses Vertrags, der Nachtragsurkunde, des grundbuchamtlichen Vollzugs, die Grunderwerbsteuer sowie die Kosten der Vermessung trägt der Erwerber.

XIV. Ausfertigungen

Von dieser Urkunde erhalten die Beteiligten sofort je eine beglaubigte Abschrift und nach Vollzug je eine Ausfertigung,
der Eigentümer zusätzlich eine vollstreckbare Ausfertigung,
das Amtsgericht ...... – Grundbuchamt – beglaubigte Abschrift,
das Finanzamt ...... – Grunderwerbsteuerstelle – einfache Abschrift.

XV. Belehrungen

Die Beteiligten wurden u. a. auf Folgendes hingewiesen:
a) darauf, dass das Erbbaurecht auf den Erwerber erst mit Eintragung im Grundbuch übergeht, und dass diese Eintragung erst nach Vorliegen der Unbedenklichkeitsbescheinigung des Finanzamtes wegen der Grunderwerbsteuer möglich ist, ferner erst, wenn die Vermessung durchgeführt und in einer Nachtragsurkunde die Messungsanerkennung und Einigung erklärt ist,
b) auf die Haftung der Vertragsteile als Gesamtschuldner für die Kosten und die Grunderwerbsteuer,
c) auf die Folgen nicht beurkundeter Nebenabreden,
d) auf die Forthaftung des Vertragsbesitzes für Rückstände an öffentlichen Lasten und Abgaben, insbesondere für einen etwaigen Erschließungsbeitrag – hierzu versichert der Veräußerer, dass keine Rückstände bestehen,
e) auf die Forthaftung des Vertragsbesitzes für die im Grundbuch eingetragenen Belastungen bis zur Freistellung durch die Berechtigten.

XVI. Ermächtigung

Der amtierende Notar wird beauftragt, die zu diesem Vertrag erforderlichen Genehmigungen zu beschaffen und bevollmächtigt, Erklärungen zur Durchführung des Rechtsgeschäfts abzugeben und entgegenzunehmen, Anträge – auch geteilt und beschränkt – zu stellen, zurückzunehmen, abzuändern und zu ergänzen, ohne Beschränkung auf die gesetzliche Vollmacht (§ 15 GBO).

10. Aufteilung eines Erbbaurechts nach § 8 WEG (Wohnanlage)

I. Teilungserklärung

§ 1 Vorbemerkung

Herr A und Herr B sind als Gesellschafter des bürgerlichen Rechts als Erbbauberechtigte des im Erbbaugrundbuch des Amtsgerichts ...... für ...... Band ...... Blatt ...... eingetragenen Erbbaurechts an dem Grundstück der Gemarkung ...... Flst.Nr....... (Beschrieb) ...... zu ...... ha
eingetragen.
Im Wege des Erbbaurechts wird auf diesem Grundstück eine Wohnanlage mit 162 Eigentumswohnungen, 11 Hobbyräumen, 1 Lokal, 1 Laden sowie 2 Tiefgaragen mit 180 Kfz-Abstellplätzen und 1 Abstellraum errichtet.

§ 2 Teilung und Verbindung mit Sondereigentum

Die Gesellschaft des bürgerlichen Rechts, bestehend aus Herrn A und Herrn B, teilt hiermit gemäß § 8 Wohnungseigentumsgesetz (WEG) vom 15. 3. 1951 das Erbbaurecht an dem in § 1 näher bezeichneten Grundbesitz in Miterbbaurechtsanteile wie folgt und zwar dergestalt auf, dass mit jedem Anteil das Wohnungserbbaurecht an einer bestimmten Wohnung bzw. das Teilerbbaurecht an nicht zu Wohnzwecken dienenden Räumen verbunden ist. Auf den beiliegenden Aufteilungsplan nebst Abgeschlossenheitsbescheinigung der Stadt ...... vom ...... wird verwiesen.

Das Erbbaurecht wird in folgende mit Sondereigentum bzw. Teileigentum verbundene Miterbbaurechtsanteile aufgeteilt:
1. Miterbbaurechtsanteil von
7,5/1000
verbunden mit dem Sondereigentum an der im Aufteilungsplan mit Nr. 1 bezeichneten Wohnung im Gebäude ...... Straße ...... Erdgeschoss links, bestehend aus Zimmer, Küche, Bad mit WC, Duschbad mit WC, 2 Fluren, Loggia, Kellerteil, mit einer Wohnfläche von ca. ...... qm.
2.......
3.......

§ 3 Begriffsbestimmungen

1. Wohnungserbbaurecht ist das Sondereigentum an einer Wohnung, Teilerbbaurecht das Sondereigentum an nicht zu Wohnzwecken dienenden Räumen, je in Verbindung mit dem Miterbbaurechtsanteil an dem gemeinschaftlichen Erbbaurecht, zu dem es gehört.
2. Gemeinschaftliches Eigentum sind die Teile, Anlagen und Einrichtungen des Gebäudes, die nicht im Sondereigentum oder im Eigentum eines Dritten stehen.
3. Gegenstand des Sondereigentums sind die in § 2 dieser Teilungserklärung bezeichneten Räume sowie die zu diesen Räumen gehörenden Bestandteile des Gebäudes, die verändert, beseitigt oder eingefügt werden können, ohne dass dadurch das gemeinschaftliche Eigentum oder ein auf Sondereigentum beruhendes Recht eines anderen Wohnungsinhabers über das nach § 14 WEG und nach dieser Teilungserklärung zulässige Maß hinaus beeinträchtigt oder die äußere Gestaltung des Gebäudes verändert wird.

II. Bestimmungen über das Verhältnis der Wohnungseigentümer untereinander und über die Verwaltung

Das Verhältnis der Wohnungseigentümer untereinander bestimmt sich nach den Vorschriften der §§ 10 bis 29 des Wohnungseigentumsgesetzes, soweit im Folgenden nicht etwas anderes bestimmt ist.

...... (Gemeinschaftsordnung)

§ 1 Zweckbestimmung

Die Zweckbestimmung des Erbbaurechts gemäß Ziffer II § 1 Erbbaurechtsvertrag gilt auch zwischen den Wohnungserbbauberechtigten. Soweit danach gegenüber dem Grundstückseigentümer eine Änderung der Nutzung zulässig ist, gilt dies grundsätzlich auch zwischen den Wohnungserbbauberechtigten. In einem derartigen Fall können der Hausverwalter bzw. die Eigentümergemeinschaft die Zustimmung nur aus wichtigem Grund verweigern; als wichtiger Grund ist insbesondere anzusehen, wenn die Ausübung eines Gewerbes oder Berufs eine erhebliche Beeinträchtigung der Wohnungs- bzw. Teileigentümer oder eine übermäßige Abnutzung des gemeinschaftlichen Eigentums mit sich bringt.

......

III. Grundbucheinträge

Es wird bewilligt und

beantragt

in das Erbbaugrundbuch einzutragen:
a) die Teilung gemäß Abschnitt I und die Verbindung mit Sondereigentum,
b) als Inhalt des Sondereigentums in Abweichung und Ergänzung von den Bestimmungen des Wohnungseigentumsgesetzes die in Abschnitt II enthaltenen Bestimmungen.

IV. Kosten

Die Kosten dieser Urkunde und ihres Vollzugs trägt der Erbbauberechtigte.

V. Ausfertigung

Von dieser Urkunde erhalten
der Erbbauberechtigte und der Notar zur Urkundensammlung je beglaubigte Abschriften,
das Finanzamt ...... für Grundbesitz und Verkehrssteuern – Grunderwerbsteuerstelle – einfache Abschrift,
Die Urschrift erhält das Grundbuchamt.

VI. Ermächtigung des Notars

Der amtierende Notar wird beauftragt, die zu diesem Rechtsgeschäft erforderlichen Genehmigungen einzuholen und bevollmächtigt, Erklärungen zur Durchführung des Rechtsgeschäfts abzugeben und entgegenzunehmen, Anträge – auch geteilt und beschränkt – zu stellen, zurückzunehmen, abzuändern und zu ergänzen, ohne Beschränkung auf die gesetzliche Vollmacht (§ 15 GBO).

11. Aufteilung eines Erbbaurechts nach § 8 WEG (zB Doppelhaus)[10]

Heute, am ......
ist vor mir, ... Notar in ......
anwesend:
Herr A ......
Die Frage des Notars nach einer Vorbefassung iS des § 3 Abs. 1 Satz 1 Nr. 7 BeurkG wurde von dem Beteiligten verneint.
Nach Unterrichtung über den Grundbuchstand beurkunde ich den Erklärungen des Beteiligten gemäß folgenden

Nachtrag zum Erbbaurechtsvertrag des Notars ......, URNr. ...... vom ......:

I. Grundbuchstand

Im Grundbuch des Amtsgerichts ...... für ......
Band ...... Blatt ......
ist Herr A als Alleinberechtigter des Erbbaurechts an dem Grundstück Flst.Nr. ......
(Beschrieb) ...... zu ...... qm
eingetragen.
Der Erbbauberechtigte hat in Ausübung seines Erbbaurechts auf dem vorbezeichneten Grundbesitz zwei Gebäudekomplexe errichtet.

II. Aufteilung

Der Erbbauberechtigte teilt das Erbbaurecht an dem vorbezeichneten Grundbesitz gemäß §§ 8, 30 Abs. 2 WEG in der Weise auf, dass mit jedem Anteil das Sondereigentum an bestimmten Räumen in den auf dem Grundstück errichteten Gebäuden verbunden ist, und zwar wie folgt:
1. Anteil von $^{500}/_{1000}$
   verbunden mit dem Sondereigentum an den im Aufteilungspläne mit Nr. 1 bezeichneten Räumen,
2. Anteil von $^{500}/_{1000}$
   verbunden mit dem Sondereigentum an den im Aufteilungsplan mit Nr. 2 bezeichneten Räumen.

Die Räume sind in sich im Sinn des § 3 Abs. 2 WEG abgeschlossen und im Aufteilungsplan mit den entsprechenden Nummern bezeichnet. Aufteilungspläne nebst Abgeschlossenheitsbescheinigung des Landratsamtes ...... vom ...... liegen vor und sind dieser Urkunde beigefügt.

III. Verhältnis der Wohnungserbbauberechtigten

Das Verhältnis der Wohnungserbbauberechtigten bestimmt sich nach den Vorschriften der §§ 30 Abs. 3, 10–29 WEG.
In Abweichung und Ergänzung dieser Vorschriften wird jedoch gemäß § 10 Abs. 2 WEG als Inhalt des Sondereigentums bestimmt:
1. Die Zweckbestimmung des Erbbaurechts gemäß Ziffer II § 1 des Erbbaurechtsvertrags gilt auch zwischen den Wohnungserbbauberechtigten. Soweit danach gegenüber dem Grundstückseigentümer eine Änderung der Nutzung zulässig ist,

---

[10] Die Aufteilung nach WEG erfolgt hier, weil die gewollte Realteilung nicht möglich ist (etwa wegen zu geringer Grundstücksgröße).

gilt dies grundsätzlich auch zwischen den Wohnungserbbauberechtigten. In einem solchen Fall kann der andere Wohnungserbbauberechtigte die Zustimmung nur aus wichtigem Grund verweigern. Als wichtiger Grund ist insbesondere anzusehen, wenn die Ausübung eines Gewerbes oder Berufes eine erhebliche Beeinträchtigung der Wohnungs- bzw. Teileigentümer mit sich bringt.

2. Die Benützung des Grundstücks wird in der Weise geregelt, dass je zum ausschließlichen Gebrauch zustehen:
    a) dem jeweiligen Berechtigten der mit Nr. 1 bezeichneten Räume die auf dem beiliegenden Plan durch rote Umrandung gekennzeichnete Fläche,
    b) dem jeweiligen Berechtigten der mit Nr. 2 bezeichneten Räume die auf dem beiliegenden Plan durch blaue Umrandung gekennzeichnete Fläche.

3. Die jeweiligen Eigenheime samt Garagen und die von den jeweiligen Sondernutzungsrechten betroffenen Grundstücksflächen bilden wirtschaftlich getrennte Einheiten. Die jeweiligen Berechtigten der mit Nr. 1 und Nr. 2 bezeichneten Räume sind so zu stellen, dass sie einem Alleinberechtigten möglichst nahe stehen, wie wenn die in Ziffer 1 und 2 bezeichneten Flächen vermessen wären und eigene Flurstücknummern hätten. Demgemäß hat jeder die Kosten und Abgaben, die Reparatur- und Erneuerungskosten, Grundsteuer, Versicherungsprämien etc. auch für die auf der ihm zustehenden Fläche befindlichen gemeinschaftlichen Gebäudeteile zu tragen.

4. Ausgenommen hiervon sind die nicht im Sondereigentum stehenden und nicht von Sondernutzungsrechten betroffenen Gegenstände, die von allen Miteigentümern gemeinsam genutzt werden können. Hierbei handelt es sich insbesondere um Zugangs- und Zufahrtswege – im beigefügten Plan weiß belassen –, gemeinsame Ver- und Entsorgungsleitungen und Zäune u.ä., die Sondernutzungsflächen voneinander abgrenzen.

5. Ein Verwalter wird vorerst nicht bestellt. Seine Bestellung kann jedoch jederzeit verlangt werden (§ 20 Abs. 2 WEG).

6. Auf die Aufstellung eines Wirtschaftsplans und auf die Bildung einer Instandhaltungsrücklage wird vorerst verzichtet.

IV. Grundbuchanträge

Herr A bewilligt und beantragt im Grundbuch einzutragen
a) die Teilung des Erbbaurechts gemäß Ziffer II,
b) die Bestimmungen in Ziffer III als Inhalt des Sondereigentums, sowie die Sondernutzungsrechte

V. Kosten, Ausfertigung

(1) Die Kosten dieser Urkunde und ihres Vollzugs trägt der Erbbauberechtigte.
(2) Von dieser Urkunde erhalten
der Erbbauberechtigte und das Amtsgericht ......
– Grundbuchamt – je eine beglaubigte Abschrift,
das Finanzamt ...... Grunderwerbsteuerstelle – einfache Abschrift.

VI. Ermächtigung des Notars

Der amtierende Notar wird beauftragt, die zu diesem Rechtsgeschäft erforderlichen Genehmigungen einzuholen und bevollmächtigt, Erklärungen zur Durchführung des Rechtsgeschäfts abzugeben und entgegenzunehmen, Anträge – auch geteilt und beschränkt – zu stellen, zurückzunehmen, abzuändern und zu ergänzen, ohne Beschränkung auf die gesetzliche Vollmacht (§ 15 GBO).

12. Kaufvertrag über eine Erbbaurechtswohnung

Heute, am ......
sind vor mir, ... Notar in ......
anwesend:
1. Ehegatten A ......
2. Frau B ......
Die Frage des Notars nach einer Vorbefassung iS des § 3 Abs. 1 Satz 1 Nr. 7 BeurkG wurde von den Beteiligten verneint.
Nach Unterrichtung über den Grundbuchstand beurkunde ich bei gleichzeitiger Anwesenheit der Beteiligten ihren Erklärungen gemäß folgenden
Kaufvertrag:

I. Grundbuchstand

Im Wohnungserbbaugrundbuch des Amtsgerichts ...... für ...... Band ...... Blatt ...... sind die Ehegatten A als Inhaber je zur Hälfte des folgenden Besitztums eingetragen:
$19,98/1000$ Miterbbaurechtsanteil an dem Erbbaurecht an dem Grundstück der Gemarkung ......
Flst. Nr. ...... (Beschrieb) ...... zu ...... qm,
verbunden mit dem Sondereigentum an der im Aufteilungsplan mit Nr. 27 bezeichneten Wohnung.
Das Erbbaurecht ist eingetragen auf die Dauer von 99 Jahren, vom ...... an gerechnet.
Zur Veräußerung und zur Belastung des Wohnungserbbaurechts ist die Zustimmung des Grundstückseigentümers in öffentlich beglaubigter Form erforderlich, zur Veräußerung ferner die Zustimmung des Hausverwalters.
Die vorangeführte Erbbaurechtswohnung ist belastet
in Abteilung II des Grundbuchs:
Verteilter Erbbauzins von Euro 313,21 jährlich,
Vorkaufsrecht für alle Verkaufsfälle,
je für den jeweiligen Eigentümer des Erbbaugrundstücks,
in Abteilung III des Grundbuchs:
Euro 42 000,– Buchgrundschuld für die ...... Bank.
Dem jeweiligen Inhaber des Wohnungserbbaurechts Nr. 27 ist das Sondernutzungsrecht an dem auf dem Parkdeck befindlichen, im Aufteilungsplan mit Nr. 4 bezeichneten Parkplatz eingeräumt.

II. Verkauf

Die Ehegatten A
– nachstehend als „Verkäufer" bezeichnet –
verkaufen
hiermit
an
die Ehegatten B
– nachstehend als „Käufer" bezeichnet –
als Berechtigte je zur Hälfte die in Abschnitt I dieser Urkunde näher bezeichnete Erbbaurechtswohnung mit allen damit verbundenen Rechten und gesetzlichen Bestandteilen, jedoch ohne Zubehör.

III. Einigung über den Rechtsübergang, Aussetzung des Vollzugs, Vormerkung

(1) Die Vertragsteile sind über den Rechtsübergang auf den Käufer, bei mehreren Käufern in dem in Abschnitt II genannten Berechtigungsverhältnis, einig. Diese unbedingte Einigung enthält keine Eintragungsbewilligung und keinen Eintragungsantrag.[11]

Die Beteiligten bevollmächtigen für sich und ihre Erben den amtierenden Notar unwiderruflich und unbedingt, die Eintragungsbewilligung und den Eintragungsantrag zum Grundbuch wegen des Rechtsüberganges abzugeben. Der Notar darf dies im Innenverhältnis erst, wenn ihm der Verkäufer bestätigt hat, dass der Kaufpreis bezahlt wurde oder der Käufer die Zahlung des in Ziffer IV vereinbarten Betrags nachgewiesen hat.

Der Verkäufer verpflichtet sich hiermit, dem Notar den Erhalt des gesamten Kaufpreises unverzüglich schriftlich zu bestätigen.

(2) Zur Sicherung des Anspruchs des Käufers auf Übertragung des Wohnungserbbaurechts bewilligt der Verkäufer und

beantragt

der Käufer die Eintragung einer

Vormerkung gemäß § 883 BGB

für den Käufer am Vertragsobjekt in das Grundbuch, in dem in Abschnitt II genannten Erwerbsverhältnis.

Der Käufer

beantragt

bereits heute die Löschung dieser Vormerkung Zug um Zug mit Eintragung der Einigung über den Rechtsübergang im Grundbuch, vorausgesetzt, dass bei Eintragung der Einigung über den Rechtsübergang keine Zwischeneintragungen bestehen bleiben, denen er nicht zugestimmt hat.

Um Vollzugsnachricht an den Notar auch für die Vertragsteile wird ersucht.

IV. Kaufpreis

Der Kaufpreis beträgt

Euro 150 000,–

– i.W. einhundertfünfzigtausend Euro –.

Er ist zur Zahlung fällig innerhalb von 8 Tagen nach Absendung einer Mitteilung des beurkundenden Notars an den Käufer an dessen letztbekannte Anschrift, dass

1. die Vormerkung auf Übertragung des Wohnungserbbaurechts an dem in Abschnitt I. aufgeführten Grundbesitz für den Käufer im Grundbuch eingetragen ist, im Range unmittelbar nach den in Abschnitt I dieser Urkunde aufgeführten Belastungen und evtl. weiteren Belastungen, die unter Mitwirkung des Käufers zur Kaufpreisfinanzierung bestellt wurden;

2. der Grundstückseigentümer der Veräußerung und der Belastung des Wohnungserbbaurechts mit einer Grundschuld zu Euro 100 000,– samt Zinsen in Höhe von bis zu 20% jährlich ab Bestellung des Rechts und einer einmaligen Nebenleistung von bis zu 10% für einen beliebigen Gläubiger in öffentlich beglaubigter Form zugestimmt hat;

---

[11] Alternativ kann Bewilligung und Antrag in die Urkunde aufgenommen werden und zur Sicherung des Verkäufers der Notar angewiesen werden, bis zum Nachweis der Zahlung Ausfertigungen und beglaubigte Abschriften nur auszugsweise (ohne Auflassung) zu erteilen.

3. der Grundstückseigentümer erklärt hat, dass er von seinem Vorkaufsrecht für diesen Verkaufsfall keinen Gebrauch macht oder die Frist für die Ausübung des Vorkaufsrechts abgelaufen ist;
4. der Hausverwalter der Veräußerung in öffentlich beglaubigter Form zugestimmt hat; der Notar wird beauftragt, die Zustimmung des Verwalters unter Übersendung einer kompletten beglaubigten Abschrift dieses Vertrages einzuholen;
5. ihm Löschungsbewilligung für die in Abschnitt I dieser Urkunde aufgeführte Grundschuld zu Euro 42 000,–, in grundbuchmäßiger Form zur freien Verfügung oder zur Verfügung unter Auflagen vorliegt; im letzteren Fall ist der Käufer berechtigt und verpflichtet, die geforderten Beträge in Anrechnung auf den Kaufpreis unmittelbar an den Grundschuldgläubiger zu zahlen. Klargestellt wird, dass der Käufer keinerlei Zahlungsverpflichtungen des Verkäufers gegenüber dem Gläubiger übernimmt. Die Zahlung des Käufers direkt an den Gläubiger erfolgt lediglich zur Sicherung des Käufers.

V. Verzinsung

Verzug tritt auch ohne Mahnung mit Ablauf der angegebenen Frist ein. Ab diesem Zeitpunkt ist der Kaufpreis mit einem Verzugszins von fünf Prozentpunkten über dem Basiszinssatz jährlich zu verzinsen. Die Zinsen sind spätestens mit dem jeweiligen rückständigen Betrag zu zahlen. Eine Stundung ist damit nicht verbunden.

VI. Zwangsvollstreckungsunterwerfung

1. Der Käufer unterwirft sich wegen der in dieser Urkunde eingegangenen Verpflichtung zur Zahlung des Kaufpreises samt Zinsen in Höhe von 5 Prozentpunkten über Basiszinssatz ab heute der sofortigen Zwangsvollstreckung aus dieser Urkunde in sein gesamtes Vermögen.
2. Der Verkäufer unterwirft sich wegen der in dieser Urkunde eingegangenen Verpflichtung zur Übergabe des Vertragsobjektes der sofortigen Zwangsvollstreckung aus dieser Urkunde.
3. Eine vollstreckbare Ausfertigung kann ohne Nachweis der die Vollstreckbarkeit begründenden Tatsachen ab Fälligkeit jederzeit erteilt werden, ohne dass damit eine Beweislastumkehr verbunden ist. Mehrere Käufer haften als Gesamtschuldner.

VIII. Rücktrittsrechte

(1) Wenn der Kaufpreis nicht spätestens innerhalb von vier Wochen nach Fälligkeit bezahlt ist, ist der Verkäufer berechtigt, vom schuldrechtlichen Teil dieses Vertrages zurückzutreten. Falls das Rücktrittsrecht nicht geltend gemacht wurde, erlischt es mit vollständiger Kaufpreiszahlung und Zahlung etwaiger Zinsen. Schadensersatzansprüche des Verkäufers bleiben unberührt.

(2) Der Käufer und der Verkäufer sind je berechtigt, vom schuldrechtlichen Teil dieses Vertrages zurückzutreten, wenn nicht bis zum Ablauf des ...... die Zustimmung des Grundstückseigentümers zu der in dieser Urkunde enthaltenen Veräußerung dem Notar in grundbuchtauglicher Form vorliegt. Falls das Rücktrittsrecht nicht geltend gemacht wurde, erlischt es mit Vorliegen der grundbuchtauglichen Zustimmung beim Notar. Schadensersatzansprüche der Vertragsteile untereinander sind ausgeschlossen.

(3) Der Käufer ist berechtigt, vom schuldrechtlichen Teil dieses Vertrages zurückzutreten, wenn nicht bis zum Ablauf des ...... die Zustimmung des Grund-

stückseigentümers zu dem in obiger Ziffer IV 2 erwähnten Finanzierungsgrundpfandrecht in grundbuchtauglicher Form vorliegt. Falls das Rücktrittsrecht nicht geltend gemacht wurde, erlischt es mit Vorliegen der grundbuchtauglichen Zustimmung beim Notar. Schadensersatzansprüche der Vertragsteile untereinander sind ausgeschlossen.

(4) Der Verkäufer ist berechtigt, vom schuldrechtlichen Teil dieses Vertrages zurückzutreten, wenn der Eigentümer von seinem Vorkaufsrecht Gebrauch macht. Schadensersatzansprüche der Vertragsteile untereinander sind ausgeschlossen.

(5) Im Falle des Rücktritts hat der Käufer auf seine Kosten die Vormerkung auf Übertragung des Vertragsobjekts und alle auf seine Rechnung eingetragenen Belastungen unverzüglich löschen zu lassen bzw. die Rückübertragung zu erklären. Der Verkäufer ist verpflichtet, die geleisteten Zahlungen ohne Zinsen an den Käufer zurückzuerstatten. Die Kosten dieses Vertrages und seiner Rückabwicklung hat im Falle des Rücktritts nach Abs. (1) bis (3) der Käufer zu bezahlen. Im Falle des Rücktritts nach Abs. (4) hat die Kosten dieses Vertrages der Vorkaufsberechtigte zu bezahlen.

VIII. Besitzübergang

(1) Der Besitzübergang erfolgt Zug um Zug mit vollständiger Kaufpreiszahlung.

(2) Nutzungen und Lasten sowie die Gefahr eines zufälligen Untergangs oder einer zufälligen Verschlechterung gehen vom gleichen Zeitpunkt an auf den Käufer über.

(3) Das Vertragsprojekt ist nicht vermietet und steht leer. Der Verkäufer verpflichtet sich, dem Käufer das Vertragsobjekt bei Besitzübergang geräumt und frei von Mietverhältnissen zu übergeben.

IX. Erschließungskosten

(1) Die Erschließungs- und sonstigen Anliegerbeiträge für bis heute fertiggestellte Maßnahmen trägt der Verkäufer. Der Verkäufer versichert, dass alle Beiträge für die derzeit bestehenden Anlagen voll beglichen und teilhergestellte Anlagen nicht vorhanden sind. Im Übrigen gehen derartige Beiträge zu Lasten des Käufers.

(2) Vom Notar wurde darauf hingewiesen, dass unbeschadet der vorstehenden Regelung der Gemeinde gegenüber im Außenverhältnis der beitragspflichtig ist, der im Zeitpunkt der Zustellung des Bescheides Eigentümer ist.

X. Rechtsmängelhaftung

(1) Der Verkäufer schuldet den lastenfreien Besitz- und Rechtsübergang des Vertragsobjektes, soweit nicht Rechte ausdrücklich in diesem Vertrag übernommen werden; ausgeschlossen werden alle Rechte und Ansprüche des Käufers wegen altrechtlicher Dienstbarkeiten. Der Verkäufer erklärt, dass ihm von solchen nichts bekannt ist.

(2) Der Käufer übernimmt alle in Abteilung II des Grundbuchs eingetragenen Belastungen unter Eintritt in die zugrunde liegenden Verpflichtungen.

(3) Allen Erklärungen, die zur Freistellung des Vertragsobjekts von nicht übernommenen Belastungen erforderlich sind, wird mit dem Antrag auf Vollzug im Grundbuch zugestimmt.

XI. Sachmängelhaftung

Der Käufer hat das Vertragsobjekt genau besichtigt. Der Verkäufer schuldet weder ein bestimmtes Flächenmaß noch die Verwendbarkeit des Objekts für Zwecke des Käufers oder dessen Eignung zur Erreichung steuerlicher Ziele des Käufers.

Alle Ansprüche und Rechte wegen Sachmängeln am Vertragsgegenstand, insbesondere wegen des Zustands von Gebäuden, werden hiermit ausgeschlossen. Der Verkäufer erklärt, dass ihm nicht erkennbare Mängel, insbesondere auch Altlasten, sowie Abstandsflächenübernahmen und Baulasten nicht bekannt sind. Garantien werden nicht abgegeben.

Von der vorstehenden Rechtsbeschränkung ausgenommen ist eine Haftung für Vorsatz oder Arglist.

Mit den Beteiligten wurde der Ausschluss der Mängelrechte des Käufers eingehend erörtert. Der Notar hat den Käufer darüber belehrt, dass ihm aufgrund dieser Vereinbarung bei etwaigen Mängeln des erworbenen Vertragsobjektes keinerlei Ansprüche gegen den Verkäufer zustehen, er also auftretende Mängel auf eigene Kosten beseitigen muss.

XII. Eintritt in die Teilungserklärung

(1) Der Käufer tritt in alle sich aus der Teilungserklärung samt Gemeinschaftsordnung ergebenden Rechte und Pflichten ein. Zahlungsverpflichtungen hieraus und aus dem Verwaltervertrag werden mit Wirkung vom Tag des Besitzübergangs an übernommen. Die angesammelte Instandhaltungsrücklage wird auf den Käufer übertragen, der die Abtretung annimmt.

(2) Der Käufer wurde auf § 10 Abs. 3 WEG hingewiesen, wonach rechtsgültige Beschlüsse der Wohnungseigentümer gegen Sondernachfolger eines Wohnungseigentümers weiter wirken.

(3) Der Käufer verpflichtet sich, bei einer Weiterveräußerung des Vertragsobjekts die Verpflichtungen aus der Teilungserklärung samt Gemeinschaftsordnung dem künftigen Erwerber mit Weiterübertragungsverpflichtung aufzuerlegen.

(4) Vor Besitzübergang beschlossene Reparaturen am Gemeinschaftseigentum, die nicht von der Instandhaltungsrücklage gedeckt sind, gehen noch zu Lasten des Verkäufers, später beschlossene zu Lasten des Käufers.

(5) Soweit nach der Gemeinschaftsordnung zulässig, erteilt der Verkäufer dem Käufer Vollmacht, an künftigen Eigentümerversammlungen für ihn teilzunehmen und abzustimmen.

XIII. Eintritt in den Erbbaurechtsvertrag

(1) Dem Käufer sind sämtliche Bestimmungen des Erbbaurechtsvertrags vom ......, URNr....... des Notars ...... in ......, samt Nachträgen vollinhaltlich bekannt. Er tritt in alle Rechte und Pflichten anstelle des Verkäufers vom Tag des Besitzübergangs an ein, die sich auf Grund des Erbbaurechtsvertrages und seinen Nachträgen samt dinglichem und schuldrechtlichem Inhalt, insbesondere hinsichtlich des Erbbauzinses in seiner jeweiligen Höhe ergeben. Der Käufer verpflichtet sich, den Verkäufer von allen Ansprüchen freizustellen.

Der Käufer verpflichtet sich, alle Verpflichtungen und Bestimmungen, die nicht ohnehin kraft Gesetzes auf den Rechtsnachfolger übergehen, seinen Rechtsnachfolgern mit der Weiterübertragungsverpflichtung aufzuerlegen, so dass stets der jeweilige Erbbauberechtigte gebunden ist.

(2) Der monatliche Erbbauzins beträgt in seiner derzeitigen Höhe nach Angaben Euro 47,60. Der Käufer verpflichtet sich zur Zahlung dieses derzeit bestehenden monatlichen Erbbauzinses sowie künftiger Erhöhungsbeträge.

Der Käufer unterwirft sich wegen seiner Verpflichtung zur Zahlung des Erbbauzinses in Höhe von derzeit Euro 47,60 monatlich und – soweit zulässig – wegen aller künftigen Anpassungen der sofortigen Zwangsvollstreckung aus dieser Urkunde in sein gesamtes Vermögen. Vollstreckbare Ausfertigung soll vom Notar ohne Nachweis der die Vollstreckbarkeit begründenden Tatsachen erteilt werden. Der Käufer verpflichtet sich, sich auf Verlangen des Grundstückseigentümers der sofortigen Zwangsvollstreckung wegen des jeweiligen Erhöhungsbeitrages zu unterwerfen.

XIV. Mitwirkung bei Grundpfandrechtsbestellungen

(1) Der Verkäufer – als derzeitiger Erbbauberechtigter – verpflichtet sich, bei der Bestellung von Grundpfandrechten, die zur Aufbringung des Kaufpreises erforderlich sind, mitzuwirken und die notwendigen Eintragungsanträge beim Grundbuchamt zu stellen.

(2) Eine persönliche Schuldverpflichtung des Verkäufers darf jedoch damit nicht verbunden sein. Sämtliche im Zusammenhang mit der Bestellung und Eintragung dieser Grundpfandrechte anfallenden Kosten trägt der Käufer.

(3) Die Darlehensauszahlungsansprüche werden bis zur Höhe des noch geschuldeten Kaufpreises an den Verkäufer abgetreten, der die Abtretung annimmt. Soweit sie zur Lastenfreistellung erforderlich sind, werden sie an die Freistellungsgläubiger abgetreten.

(4) Vom Verkäufer mitbestellte Grundpfandrechte dürfen bis zur vollständigen Kaufpreiszahlung nur zur Sicherung des vom Gläubiger tatsächlich an den Verkäufer oder dessen Gläubiger, soweit dies wegen der Lastenfreistellung in dieser Urkunde festgehalten ist, ausbezahlten Kaufpreises bzw. -teiles verwendet werden.

(5) Derartige, mit Zustimmung des Käufers bestellte Grundpfandrechte werden bei Erbbaurechtsumschreibung zur weiteren dinglichen Haftung übernommen. Etwa entstandene Eigentümerrechte oder Ansprüche auf Rückübertragung von Grundpfandrechten werden aufschiebend bedingt mit Erbbaurechtsumschreibung auf den Käufer in dem in Ziffer II angegebenen Erwerbsverhältnis übertragen und die Umschreibung im Grundbuch bewilligt.

(6) Der Verkäufer bevollmächtigt den Käufer unter Befreiung von den Beschränkungen des § 181 BGB, ihn bei der Bestellung der vorangeführten Grundpfandrechte bis zur Höhe von Euro 100000,– samt Zinsen in Höhe von bis zu 20% jährlich ab Bestellung des Rechts und einer einmaligen Nebenleistung von bis zu 10% voll und ganz zu vertreten, für ihn die dingliche Zwangsvollstreckungsunterwerfung zu erklären, Lastenfreistellungen und Rangbeschaffungserklärungen abzugeben und solchen zuzustimmen, überhaupt alle Erklärungen abzugeben und Anträge vor Behörden zu stellen, die in diesem Zusammenhang notwendig sind. Die Vollmacht berechtigt nur zur Bestellung von Grundpfandrechten zugunsten von Banken, Sparkassen und Versicherungen mit der Erlaubnis zum Geschäftsbetrieb in der Bundesrepublik Deutschland. Von dieser Vollmacht kann nur vor dem amtierenden Notar, seinem Vertreter oder Nachfolger im Amt Gebrauch gemacht werden.

XV. Kosten

(1) Die Kosten dieser Urkunde, etwaiger Genehmigungen, des Vollzugs, der Zustimmung durch Grundstückseigentümer und Verwalter sowie die Grunderwerbsteuer trägt der Käufer.

(2) Die Lastenfreistellungskosten trägt der Verkäufer.

XVI. Ausfertigung

Von dieser Urkunde erhalten
a) beglaubigte Abschriften
   der Verkäufer
   der Käufer,
   das Amtsgericht ...... – Grundbuchamt –,
   der Hausverwalter ......,
   der Grundstückseigentümer ......,
b) einfache Abschriften
   das Finanzamt ...... – Grunderwerbsteuerstelle –,
   der Gutacherausschuss,
c) vollstreckbare Ausfertigung der Grundstückseigentümer.

XVII. Belehrungen

Die Beteiligten wurden unter anderem auf Folgendes hingewiesen:
a) darauf, dass das Erbbaurecht auf den Käufer erst mit Eintragung des Rechtsüberganges im Grundbuch übergeht, und dass diese Eintragung erst nach Vorliegen der Unbedenklichkeitsbescheinigung des Finanzamtes wegen der Grunderwerbsteuer und etwa notwendiger Genehmigungen möglich ist,
b) auf die Haftung der Vertragsteile für die Kosten und die Grunderwerbsteuer als Gesamtschuldner,
c) auf die Folgen einer unrichtigen Kaufpreisangabe und nicht beurkundeter Nebenabreden; hierzu wird versichert, dass keine Nebenabreden bestehen,
d) auf die Forthaftung des Vertragsbesitzes für Rückstände an öffentlichen Lasten und Abgaben, insbesondere für einen etwaigen Erschließungsbeitrag – hierzu versichert der Verkäufer, dass keine Rückstände bestehen –,
e) auf die Forthaftung des Vertragsbesitzes für die im Grundbuch eingetragenen Belastungen bis zur Freistellung durch die Berechtigten,
f) auf die Bestimmungen nach dem Wohnungsbindungsgesetz – hierzu versichert der Verkäufer, dass der Vertragsbesitz keiner Bindung nach dem Wohnungsbindungsgesetz unterliegt –,
g) darauf, dass zu diesem Vertrag die Zustimmung des Hausverwalters in öffentlich beglaubigter Form erforderlich ist,
h) darauf, dass zu diesem Vertrag wie zur Belastung des Erbbaurechts mit Grundpfandrechten nach dem Erbbaurechtsvertrag die Zustimmung des Grundstückseigentümers in öffentlich beglaubigter Form erforderlich ist und dass diesem ein Vorkaufsrecht zusteht.

XVIII. Ermächtigung des Notars

Der amtierende Notar wird beauftragt, die zu diesem Vertrag erforderlichen Genehmigungen oder Negativerzeugnisse sowie eine Erklärung des Grundstückseigentümers wegen dessen Vorkaufsrechts einzuholen und in Empfang zu nehmen, und bevollmächtigt, Erklärungen zur Durchführung des Rechtsgeschäfts abzugeben und entgegenzunehmen, Anträge – auch geteilt und beschränkt – zu stellen, zurückzunehmen, abzuändern und zu ergänzen, ohne Beschränkung auf die gesetzliche Vollmacht (§ 15 GBO).

13. Bestellung einer Buchgrundschuld mit Unterwerfungsklausel und persönlicher Haftung unter Mitwirkung des Verkäufers*

Heute, am ......
sind vor mir, ..., Notar in ......
anwesend:
1. Ehegatten A ......
                       – nachstehend als Erbbauberechtigte bezeichnet –
2. Ehegatten B ......
                       – nachstehend als Schuldner bezeichnet –

Die Frage des Notars nach einer Vorbefassung iS des § 3 Abs. 1 Satz 1 Nr. 7 BeurkG wurde von den Beteiligten verneint.

Nach Unterrichtung über den Grundbuchstand beurkunde ich bei gleichzeitiger Anwesenheit der Beteiligten ihren Erklärungen gemäß folgende

Buchgrundschuld:

Die Erschienenen erklärten:

I. Grundschuld

(1) Auf dem in Ziffer VI näher beschriebenen Grundbesitz wird für die ...... Bank in ...... eine Grundschuld ohne Brief
in Höhe von Euro 50 000,–
– i. W. fünfzigtausend Euro –
bestellt.

(2) Die Grundschuld ist vom Tage der Eintragung ab mit 18% (achtzehn vom Hundert) jährlich zu verzinsen. Die Zinsen sind jährlich nachträglich zu zahlen.

(3) Die Grundschuld ist fällig.

II. Dingliche Zwangsvollstreckungsunterwerfung

Wegen des Grundschuldbetrages und der Zinsen und Nebenleistungen wird die Unterwerfung unter die sofortige Zwangsvollstreckung in den belasteten Grundbesitz in der Weise erklärt, dass die Zwangsvollstreckung aus dieser Urkunde gegen den jeweiligen Inhaber des belasteten Erbbaurechts zulässig ist.

III. Grundbuchanträge

Es wird bewilligt und beantragt
a) die Grundschuld gemäß den vorstehenden Vereinbarungen und die Unterwerfung unter die sofortige Zwangsvollstreckung gemäß Ziffer II in das Grundbuch einzutragen,
b) die Gläubigerin nach Eintragung der vorstehend bewilligten Grundschuld eine unbeglaubigte Abschrift des Grundbuchblattes zu erteilen.

IV. Abstraktes Schuldversprechen mit Zwangsvollstreckungsunterwerfung

Für die Zahlung eines Geldbetrags in Höhe des Grundschuldbetrages und der Zinsen und Nebenleistungen übernimmt der Schuldner die persönliche Haftung, aus der die Gläubigerin ihn auch ohne vorherige Zwangsvollstreckung in den be-

---

* Im Anschluss an Muster 12.

lasteten Grundbesitz in Anspruch nehmen kann, und unterwirft sich auch wegen dieser persönlichen Haftung der sofortigen Zwangsvollstreckung aus dieser Urkunde in sein gesamtes Vermögen. Mehrere Personen haften als Gesamtschuldner.

V. Notar, Kosten, Ausfertigung

(1) Der Notar wird ermächtigt, von dieser Urkunde zugunsten der Gläubigerin Gebrauch zu machen.

(2) Alle mit dieser Urkunde verbundenen Kosten trägt der Schuldner.

(3) Von dieser Urkunde erhält die Gläubigerin sofort einfache und vollstreckbare Ausfertigung, das Grundbuchamt und die Erschienenen je eine beglaubigte Abschrift.

VI. Grundbuchstand

Der Pfandbesitz ist beschrieben wie folgt:
$^{19,98}/_{1000}$ Miterbbaurechtsanteil an dem Erbbaurecht an dem Grundstück der Gemarkung,
Flst.Nr....... . (Beschrieb) ...... zu ...... ha,
verbunden mit dem Sondereigentum an der im Aufteilungsplan mit Nr. 27 bezeichneten Wohnung, eingetragen im Grundbuch des Amtsgerichts ...... für ...... Band ...... Blatt ......

VII. Sicherung der Kaufpreiszahlung

(1) Die Ehegatten B – nachstehend „Käufer" bezeichnet – haben den Pfandbesitz im Kaufvertrag vom ...... URNr....... des Notars ...... in ......, von den Ehegatten A – nachstehend „Verkäufer" genannt – erworben.

(2) Der Verkäufer aus dem obenbezeichneten Vertrag stimmt als derzeitiger Eigentümer der vorstehenden Grundpfandrechtsbestellung zu, schließt sich allen Eintragungsanträgen an und erklärt auch selbst die dingliche Zwangsvollstreckungsunterwerfung gemäß § 800 ZPO.

(3) Das Grundpfandrecht darf bis zur vollständigen Kaufpreiszahlung nur zur Sicherung des tatsächlich vom Gläubiger finanzierten Kaufpreis verwendet werden. Insoweit gilt die Zweckbestimmung als abgeändert.

(4) Die Darlehensauszahlungsansprüche gegenüber der Gläubigerin wurden vom Käufer bereits in dem vorgenannten Vertrag (Abschnitt XIV) an den Verkäufer bzw. soweit zur Lastenfreistellung erforderlich an die Freistellungsgläubiger abgetreten.

(5) Der Käufer tritt hiermit mit der aufgrund des vorgenannten Vertrages für ihn zur Eintragung gelangenden bzw. bereits eingetragenen Vormerkung im Range hinter das vorbestellte Grundpfandrecht samt Zinsen und Nebenleistungen zurück und bewilligt und

beantragt

die Eintragung des Rangrücktritts im Grundbuch.

VIII. Löschungsvormerkung

Der Schuldner verpflichtet sich hiermit gegenüber dem jeweiligen Eigentümer des mit dem Erbbaurecht belasteten Grundbesitzes, die vorbestellte Grundschuld löschen zu lassen, wenn sich das Grundpfandrecht mit dem Erbbaurecht in einer Person vereinigt und bewilligt und

beantragt
gleichzeitig mit Eintragung der vorbestellten Grundschuld die Eintragung einer Löschungsvormerkung gem. § 1179 Abs. 2, § 1163 BGB in das Grundbuch bei dem vorbestellten Grundpfandrecht zugunsten des jeweiligen Eigentümers des mit dem Erbbaurecht belasteten Grundstücks.

Der Schuldner verpflichtet sich gegenüber dem jeweiligen Grundstückseigentümer des mit dem Erbbaurecht belasteten Grundbesitzes die vorbestellte Grundschuld nach der Erstvalutierung nur mit Zustimmung des jeweiligen Grundstückseigentümers neu oder weiter zu valutieren.

Der Schuldner tritt weiter seine gegenwärtigen und zukünftigen Ansprüche gegen den jeweiligen Gläubiger auf Rückgewähr, Verzicht oder Löschung der vorbestellten Grundschuld sowie auf Herausgabe des Erlöses, soweit dieser die schuldrechtlichen Forderungen der Grundschuldgläubigerin im Zwangsversteigerungsverfahren oder bei freihändigem Verkauf des Grundbesitzes und im Falle der Verwertung der Grundschuld durch Verkauf oder Versteigerung übersteigt, an den Eigentümer des mit dem Erbbaurecht belasteten Grundbesitzes ab.

Zur Sicherung des vorabgetretenen Anspruchs auf Rückgewähr (Abtretung) der Grundschuld bewilligt und beantragt der Schuldner die Eintragung einer

Vormerkung gem. § 883 BGB

zugunsten des jeweiligen Eigentümers des mit dem Erbbaurecht belasteten Grundstücks in das Grundbuch, gleichzeitig mit der Eintragung der vorbestellten Grundschuld.

Die Vormerkung soll Gleichrang erhalten mit der vorstehend bestellten Löschungsvormerkung.

Die vorgemerkten Ansprüche sollen nur eine Rückführung der Belastung auf das nach § 7 Abs. 2 ErbbauRG zulässige Maß sichern, ihr Rechtsinhalt gilt nur insoweit. Unterhalb dieser Grenze ist daher der Grundstückseigentümer verpflichtet, analog § 7 Abs. 2 ErbbauRG der Neuvalutierung zuzustimmen.

IX. Belehrung

Der Notar hat insbesondere auf Folgendes hingewiesen:
a) Zu dieser Grundschuldbestellung ist die Zustimmung des Grundstückseigentümers erforderlich.
b) Grundschuld und Schuldanerkenntnis sind unabhängig von einer Darlehensaufnahme und begründen jederzeit durchsetzbare Ansprüche der Gläubigerin, die durch eine Sicherungsvereinbarung (Zweckbestimmungserklärung) begrenzt werden müssen. Der Kreis der gesicherten Forderungen wird durch die Zweckbestimmungserklärung festgelegt.
c) Es ist mit besonderen Gefahren verbunden, wenn Grundschuld und Schuldanerkenntnis auch Forderungen der Gläubigerin gegen einzelne von mehreren beteiligten Personen oder gegen Dritte sichern sollen. Die formularmäßige Sicherung zukünftiger Verbindlichkeiten kann in diesen Fällen unwirksam sein.

14. Zustimmungserklärung zur Veräußerung des Erbbaurechts

(1) Der Grundstückseigentümer hat Kenntnis vom Inhalt der Urkunde des Notars ...... in ...... URNr....... vom ...... und stimmt der darin erfolgten Veräußerung des Erbbaurechts zu.

(2) Er erklärt, dass er von seinem Vorkaufsrecht für diesen Verkaufsfall keinen Gebrauch macht.

(3) Kosten trägt der Erbbauberechtigte.

......, den ......

15. Zustimmungserklärung zur Belastung des Erbbaurechts und Rangrücktritt

(1) Der Grundstückseigentümer hat Kenntnis vom Inhalt der Urkunde des Notars ...... in ......, URNr....... vom ......, und stimmt der darin erfolgten Belastung des Erbbaurechts mit einem Grundpfandrecht in Höhe von Euro ...... zuzüglich Zinsen in Höhe von ...... jährlich ab Bestellung des Rechts und einer einmaligen Nebenleistung in Höhe von ......% für die ...... Bank zu.

(2) Er tritt weiter mit den für ihn am Erbbaurecht eingetragenen Rechten, nämlich
Erbbauzins,
Vorkaufsrecht,
Vormerkung auf Erbbauzinserhöhung
im Rang hinter das genannte Grundpfandrecht samt Nebenleistungen zurück und bewilligt und beantragt die Eintragung des Rangrücktritts auf Kosten des Erbbauberechtigten im Grundbuch.

(3) Kosten trägt der Erbbauberechtigte.

......, den ......

16. Stillhalteerklärung des Gläubigers, der den Vorrang erhält[12]

(1) Im Grundbuch des Amtsgerichts ...... für ...... Band ...... Blatt ......
sind für den Grundstückseigentümer in Abteilung II eingetragen:

1. Vorkaufsrecht,
2. Erbbauzins,
3. Vormerkung zur Sicherung der Eintragung einer Reallast für künftige Erbbauzinserhöhungen.

Das Erbbaurecht soll mit einem Grundpfandrecht in Höhe von Euro ...... samt Zinsen in Höhe von ......% jährlich ab Bestellung des Rechts und einer einmaligen Nebenleistung in Höhe von ......% für die ...... Bank in ...... belastet werden. Der Eigentümer wird mit seinen oben genannten Rechten im Rang hinter dieses Grundpfandrecht zurücktreten.

(2) Die ...... Bank als Gläubiger der oben genannten Grundschuld sichert dem Grundstückseigentümer zu, im Fall einer Zwangsversteigerung des Erbbaurechts das Vorkaufsrecht, die Erbbauzinsreallast und die Vormerkung zur Sicherung künftiger Erhöhungen des Erbbauzinses zugunsten des Erstehers stehen zu lassen. Dieses Stehenbleiben kann zur Vermeidung einer möglichen Kapitalisierung der genannten Lasten am Erbbaurecht entweder über § 59 Abs. 1 ZVG oder – sofern der Ersteher damit einverstanden ist – über § 91 Abs. 2 ZVG herbeigeführt werden. Der Gläubiger verpflichtet sich, im Zwangsversteigerungsverfahren auf Verlangen des Eigentümers unverzüglich einen entsprechenden Antrag gemäß § 59 ZVG zu stellen und evtl. vom Grundstückseigentümer gestellten Änderungsanträgen zuzu-

---

[12] Stillhalteerklärungen sind insbesondere noch dann von Bedeutung, wenn es sich um Erbbaurechte nach altem Recht handelt, in denen der Erbbauzins nicht zwangsversteigerungsfest vereinbart ist.

stimmen. Im Fall des § 91 Abs. 2 ZVG soll der Ersteher verpflichtet werden, auch in die rein schuldrechtlich wirkenden Verpflichtungen des Erbbaurechtsvertrags einzutreten.

(3) Die ...... Bank als Gläubigerin verpflichtet sich, im Fall der Abtretung ihres Grundpfandrechts, die vorstehende Erklärung allen Sonderrechtsnachfolgern mit der Weiterübertragungspflicht aufzuerlegen.

(4) Die Kosten dieser Erklärung trägt ......

......, den ......

17. Stillhalteerklärung[13] des erbbauzinsberechtigten Eigentümers, der den Vorrang behält

(1) Im Erbbaugrundbuch des Amtsgerichts ...... für ...... Band ...... Blatt ......
ist für den Grundstückseigentümer ...... in Abteilung II eingetragen:
lfd. Nr. 1 Erbbauzins,
lfd. Nr. 2 Vorkaufsrecht,
lfd. Nr. 3 Vormerkung auf Erbbauzinserhöhung.
Das Erbbaurecht wird im Nachrang mit einer Grundschuld von Euro ...... samt Zinsen in Höhe von ......% jährlich ab Bestellung des Rechts und einer einmaligen Nebenleistung in Höhe von ......% für die ...... Bank in ...... belastet.

(2) Der Grundstückseigentümer erklärt
1. hinsichtlich des Vorkaufsrechts:
   In einem eventuellen Zwangsversteigerungsverfahren wird auf Wertersatz für das Vorkaufsrecht verzichtet, sofern dieses nicht bestehen bleiben sollte;
2. hinsichtlich des Erbbauzinses:
   Der Grundstückseigentümer sichert der ...... Bank in ...... als Gläubiger der oben genannten Grundschuld zu, im Fall einer Zwangsversteigerung des Erbbaurechts den Erbbauzins hinsichtlich der künftig fällig werdenden Raten des Erbbauzinses zugunsten des Erstehers stehen zu lassen. Dieses Stehenbleiben kann zur Vermeidung einer möglichen Kapitalisierung des Erbbauzinses entweder über § 59 Abs. 1 Zwangsversteigerungsgesetz oder – sofern der Ersteher damit einverstanden ist – über § 91 Abs. 2 Zwangsversteigerungsgesetz herbeigeführt werden. Im Fall des § 59 Abs. 1 ZVG verpflichtet sich der Eigentümer, einem entsprechenden Antrag des Gläubigers zuzustimmen. Im Fall des § 91 Abs. 2 ZVG soll der Ersteher verpflichtet werden, auch in die rein schuldrechtlich wirkenden Verpflichtungen des Erbbaurechtsvertrags einzutreten. Die laufenden und rückständigen Erbbauzinsraten werden nach den Bestimmungen des Zwangsversteigerungsgesetzes befriedigt;
3. hinsichtlich der Vormerkung zur Sicherung der Eintragung einer Reallast für künftige Erbbauzinserhöhungen gilt vorstehende Ziffer 2.

(3) Der Grundstückseigentümer verpflichtet sich, im Fall der Veräußerung des Erbbaugrundstücks die vorstehende Erklärung seinen Rechtsnachfolgern mit der Weiterübertragungspflicht aufzuerlegen.

(4) Die Kosten dieser Erklärung trägt ......

......, den ......

---

[13] Stillhalteerklärungen sind insbesondere noch dann von Bedeutung, wenn es sich um Erbbaurechte nach altem Recht handelt, in denen der Erbbauzins nicht zwangsversteigerungsfest vereinbart ist.

18. Erbbauzinserhöhung[14]

Heute, am ......
sind vor mir, ..., Notar in ...... anwesend:
1. Ehegatten A ......
2. Firma B-GmbH ......
Die Frage des Notars nach einer Vorbefassung iS des § 3 Abs. 1 Satz 1 Nr. 7 BeurkG wurde von den Beteiligten verneint.
Nach Unterrichtung über den Grundbuchstand beurkunde ich bei gleichzeitiger Anwesenheit der Beteiligten ihren Erklärungen gemäß folgenden

Nachtrag zum Erbbaurechtsvertrag vom ......
URNr. ...... des Notars ......
– nachstehend „Vorurkunde" genannt –:

I. Grundbuchstand

Die Firma B-GmbH ist Inhaberin des im Erbbaugrundbuch des Amtsgerichts ......
für ......
Band ...... Blatt ......
vorgetragenen Erbbaurechts,
eingetragen an dem Grundstück der Gemarkung ......
Flst.Nr. ...... (Betrieb) zu ...... qm.
Das Erbbaurecht wurde in der Vorurkunde begründet.
Das Erbbaurecht ist belastet mit:
In Abteilung II des Grundbuchs:
Vorkaufsrecht,
Erbbauzins von jährlich Euro 120 000,–
Vormerkung auf Eintragung einer Reallast – Erhöhung des Erbbauzinses,
je für den jeweiligen Eigentümer von Flst. Nr. ....
In Abteilung III des Grundbuchs:
......

II. Erbbauzinserhöhung

Nach dem Bericht des Statistischen Bundesamts vom ...... hat sich der Verbraucherpreisindex in Deutschland auf der Basis von 2000 = 100 gegenüber dem für den auf die Beurkundung folgenden Monat geltenden Index um 5 Prozent erhöht. Damit sind die Voraussetzungen gemäß Abschnitt IV der Vorurkunde vom ...... für die Erhöhung des Erbbauzinses eingetreten.
Der Erbbauzins erhöht sich demnach von bisher jährlich
Euro 120 000,–
um
¹Euro 6000,–¹
auf jährlich
Euro 126 000,–
Ab ...... beträgt der monatliche Erbbauzins somit
Euro 10 500,–
Der Erbbauberechtigte bestellt hiermit für den Differenzbetrag zwischen dem bisher im Grundbuch eingetragenen Erbbauzins zu jährlich

---

[14] Bei Erbbaurechten nach altem Recht, bei denen die Erbbauzinsanpassung schuldrechtlich vereinbart ist.

Euro 120 000,–
und dem nunmehrigen Erbbauzins in Höhe von jährlich
Euro 126 000,–
also für den Betrag von jährlich
Euro 6000,–
für den jeweiligen Eigentümer des genannten Grundstücks eine Reallast, wobei der Erhöhungsbetrag ab dem auf die Eintragung der Reallast folgenden Monatsersten dinglich gesichert ist.

III. Grundbuchantrag

Der Erbbauberechtigte bewilligt und

beantragt

die Eintragung dieser Reallast in das Grundbuch im Gleichrang mit der Erbbauzinsreallast.
Der Grundstückseigentümer stimmt dieser Änderung zu und schließt sich dem Antrag an.

IV. Zwangsvollstreckungsunterwerfung

Der Erbbauberechtigte unterwirft sich wegen der in dieser Urkunde eingegangenen Verpflichtung auf Zahlung des Unterschiedsbetrages des Erbbauzines in Höhe von jährlich Euro 6000,– der sofortigen Zwangsvollstreckung aus dieser Urkunde in sein gesamtes Vermögen. Der Notar wird ermächtigt, dem Grundstückseigentümer ohne Nachweis der die Zwangsvollstreckung begründenden Tatsachen eine vollstreckbare Ausfertigung dieser Urkunde zu erteilen.

V. Allgemeines

Im Übrigen bleibt es bei den Bestimmungen der Vorurkunde.

VI. Kosten

Die Kosten dieser Urkunde, ihrer Ausfertigung und ihres grundbuchamtlichen Vollzugs trägt der Erbbauberechtigte.

VII. Ausfertigung

Von dieser Urkunde erhalten:
Der Eigentümer eine vollstreckbare Ausfertigung und eine beglaubigte Abschrift, der Erbbauberechtigte und das Amtsgericht – Grundbuchamt – ...... je eine beglaubigte Abschrift.

19. Aufhebung des Erbbaurechts
(Identität von Grundstückseigentümer und Erbbauberechtigtem)

Heute, am ......
sind vor mir, ... Notar in ......
anwesend:

Ehegatten A
Die Frage des Notars nach einer Vorbefassung iS des § 3 Abs. 1 Satz 1 Nr. 7 BeurkG wurde von den Beteiligten verneint.
Nach Unterrichtung über den Grundbuchstand beurkunde ich bei gleichzeitiger Anwesenheit der Beteiligten ihren Erklärungen gemäß folgende

Aufhebung des Erbbaurechts

Aufhebung eines Erbbaurechts:

I. Grundbuchstand

Die Ehegatten A sind

(1) Inhaber des Erbbaurechts, eingetragen an dem Grundstück der Gemarkung
...... Flst.Nr....... (Beschrieb) ...... zu ...... qm
auf die Dauer von 99 Jahren, gerechnet von dem Tag der Eintragung im Grundbuch, dem ......,
vorgetragen im Erbbaugrundbuch des Amtsgerichts ...... für ...... Band ...... Blatt ......
Das Erbbaurecht ist in Abteilung II des Grundbuchs belastet mit:
Reallast – Heizkraftlieferungsverpflichtung – für den jeweiligen Eigentümer der Flst. Nr.......
Geh- und Fahrtrecht für den jeweiligen Eigentümer der Flst.Nr.......,
Kraftwagenabstellrecht für den jeweiligen Eigentümer der Flst.Nr. ......,
Erbbauzinsreallast für den jeweiligen Eigentümer der Flst.Nr.......,
Vorkaufsrecht für den jeweiligen Eigentümer der Flst.Nr.......
In Abteilung III des Grundbuchs ist das Erbbaurecht belastet mit:
Euro 60 000,– Buchhypothek für die ...... Bank,
Euro 30 000,– Buchgrundschuld für die ...... Bank,
Euro 10 000,– Briefgrundschuld für die ...... Bank.

(2) sowie Eigentümer derselben
Flst.Nr....... (Beschrieb) ...... zu ...... qm,
gelegen in der Gemarkung ...... und vorgetragen im Grundbuch des Amtsgerichts ...... für ......
Band ...... Blatt ......
Der Grundbesitz ist in Abteilung II des Grundbuchs belastet mit:
Erbbaurecht auf die Dauer von 99 Jahren vom Tag der Eintragung im Grundbuch, dem ......, für die Ehegatten A als Berechtigte je zur Hälfte,
Vorkaufsrecht für alle Verkaufsfälle für den jeweiligen Inhaber des Erbbaurechts an Flst.Nr.......
In Abteilung III des Grundbuchs ist der Grundbesitz
unbelastet.

II. Pfanderstreckung

Die Ehegatten A erstrecken hiermit die am Erbbaurecht eingetragenen Rechte, nämlich Reallast – Heizkraftlieferungsverpflichtung –,
Geh- und Fahrtrecht,
Kraftwagenabstellrecht,
Euro 60 000,– Buchhypothek für die ...... Bank mit ...... Jahreszinsen seit ...... und ...... % einmaligen Nebenleistungen,
Euro 30 000,– Buchgrundschuld für die ...... Bank mit ...... Jahreszinsen seit ...... und ...... % einmaligen Nebenleistungen,
Euro 10 000,– Briefgrundschuld für die ...... Bank mit ...... Jahreszinsen seit ...... und ...... % einmaligen Nebenleistungen,
im bisherigen Rangverhältnis auf das Grundstück Flst. Nr....... der Gemarkung ......
Wegen des näheren Inhalts der Rechte wird auf die bisherigen Grundbucheintragungen am Erbbaurecht verwiesen.
Die Ehegatten A unterwerfen sich wegen der Grundpfandrechte samt Zinsen und Nebenleistungen der sofortigen Zwangsvollstreckung aus dieser Urkunde in das Grundstück mit Wirkung gegen den jeweiligen Eigentümer.

III. Aufhebung des Erbbaurechts

Grundstückseigentümer und Erbbauberechtigter erklären, dass das Erbbaurecht an Flst.Nr....... der Gemarkung ...... aufgehoben wird.

IV. Grundbuchanträge

(1) Die Ehegatten A bewilligen und beantragen die Erbbaurechtsaufhebung im Grundbuch einzutragen und das Erbbaugrundbuch zu schließen.

(2) Sie bewilligen und beantragen weiter:
a) am Grundstück Flst.Nr....... .
die Eintragung der Pfänderstreckung der in Ziffer II bezeichneten Rechte im bisherigen Rangverhältnis nebst dinglicher Zwangsvollstreckungsunterwerfung, die Löschung des Erbbaurechts und des Vorkaufsrechts, je samt allen Nebeneintragungen.
b) am Erbbaurecht an Flst.Nr....... .
die Löschung aller in Abteilung II und III des Grundbuchs eingetragenen Rechte und Grundpfandrechte samt allen Nebeneintragungen.

V. Kosten

Die Kosten dieser Urkunde, ihrer Ausfertigung und ihres grundbuchamtlichen Vollzugs sowie etwa anfallende Steuern trägt der Eigentümer.

VI. Ausfertigung

Von dieser Urkunde erhalten
der Eigentümer,
das Amtsgericht ...... – Grundbuchamt – je eine beglaubigte Abschrift,
das Finanzamt ...... – Grunderwerbsteuerstelle – eine Abschrift,
die Grundpfandrechtsgläubiger je eine vollstreckbare Ausfertigung.

VII. Belehrungen

Die Beteiligten wurden u. a. darauf hingewiesen,
a) dass alle Vereinbarungen richtig und vollständig beurkundet sein müssen,
b) dass die Aufhebung des Erbbaurechts erst mit der Eintragung im Grundbuch wirksam wird,
c) dass zur Aufhebung des Erbbaurechts die Zustimmung der dinglich Berechtigten erforderlich ist,
d) dass Grunderwerbsteuer anfallen kann.

VIII. Ermächtigung

Die Vertragsteile beauftragen den Notar, alle Genehmigungen und sämtliche zum Vollzug dieses Vertrags erforderlichen Erklärungen zu erholen. Der Notar wird bevollmächtigt, Genehmigungen, die ohne Bedingungen und Auflagen erteilt werden, für die Vertragsteile entgegenzunehmen, gegenseitig mitzuteilen, und diese Mitteilung jeweils in Empfang zu nehmen, die Urkunde zum Teilvollzug vorzulegen, sowie Anträge zurückzunehmen. Alle zu diesem Vertrag erforderlichen Zustimmungserklärungen sollen mit dem Eingang beim Notar den Vertragsteilen als zugegangen gelten und wirksam sein.

20. Vertragliche Aufhebung des Erbbaurechts

Heute, am ......
sind vor mir, ... Notar in ......,
anwesend:
1. Herr B
 hier handelnd für die

Gemeinde G

 auf Grund der in Urschrift beigehefteten Vollmacht,
2. Ehegatten A

Die Frage des Notars nach einer Vorbefassung iS des § 3 Abs. 1 Satz 1 Nr. 7 BeurkG wurde von den Beteiligten verneint.
Nach Unterrichtung über den Grundbuchstand beurkunde ich bei gleichzeitiger Anwesenheit der Beteiligten ihren Erklärungen gemäß folgende

Aufhebung eines Erbbaurechts:

I. Grundbuchstand

1. Grundbuch

Im Grundbuch des Amtsgerichts ...... für ...... Blatt ......
ist die Gemeinde G als Alleineigentümer des folgenden Grundbesitzes der Gemarkung ...... eingetragen:

FlNr....... .

Das Grundstück ist im Grundbuch belastet wie folgt:
Abteilung II:
Erbbaurecht für Ehegatten A ...... je zur Hälfte
Abteilung III ist lastenfrei.

2. Erbbaugrundbuch

Im Erbbaugrundbuch des Amtsgerichts ...... für ...... Blatt ......
sind die Ehegatten A ...... als Erbbauberechtigte des folgenden Erbbaurechts eingetragen:
Erbbaurecht an dem vorstehend Ziff. I. 1. näher bezeichneten Grundstück,
für die Zeit vom Tag der Eintragung bis zum 31. 12. 2002.
Zur Veräußerung und Belastung des Erbbaurechts ist die Zustimmung des Grundstückseigentümers erforderlich.
Das voraufgeführte Erbbaurecht ist im Grundbuch wie folgt belastet:
Abteilung II:
– Erbbauzins auf die Dauer des Rechtes zu Euro ...... jährlich;
– Vorkaufsrecht für alle Verkaufsfälle;
– Vorgemerkt nach § 883 BGB:
 Anspruch auf Einräumung einer Reallast (Erbbauzinserhöhung);
– teilweise umgeschrieben in eine Reallast (Verpflichtung zur Zahlung eines um ...... Euro jährlich über den Erbbauzins Nr. 1 hinausgehenden Erbbauzinses);
– Reallast (Erbbauzinserhöhung um Euro ...... jährlich).
 Alle vorgenannten Rechte sind für den jeweiligen Eigentümer des in Abschnitt I. 1. bezeichneten Erbbaugrundstücks eingetragen.
 ......

Abteilung III: ......
......

II. Aufhebung des Erbbaurechts, Vormerkung

Die Gemeinde G
— nachstehend als „der Grundstückseigentümer" bezeichnet —

und

Ehegatten A
— nachstehend als „der Erbbauberechtigte" bezeichnet —
vereinbaren hiermit, dass das in vorstehend Ziff. I. 2. näher bezeichnete Erbaurecht aufgehoben wird.

Zur Sicherung des Anspruchs des Grundstückseigentümers auf Aufhebung des vorstehend aufgeführten Erbbaurechts bewilligt und beantragt der Erbbauberechtigte die Eintragung einer Vormerkung gemäß § 883 BGB zugunsten des Grundstückseigentümers am Erbbaurecht an nächstoffener Rangstelle; der Grundstückseigentümer bewilligt und beantragt hiermit die Löschung der Vormerkung Zug um Zug mit der vertragsgemäßen Aufhebung und Löschung des Erbbaurechts im Grundbuch.

III. Aufhebungsentschädigung

1. **Höhe:** Als Entschädigung für das Gebäude und das aufgehobene Erbbaurecht sowie zur Abgleichung sämtlicher hinsichtlich des Erbbaurechtes zwischen den Beteiligten noch offenen Ansprüche verpflichtet sich der Grundstückseigentümer, dem Erbbauberechtigten einen Betrag von
Euro ......
zu bezahlen.
2. **Fälligkeit:** Der Entschädigungsbetrag gemäß Abs. 1 ist – ohne Zinsen bis zur Fälligkeit – in voller Höhe zahlbar binnen 14 Tagen, nachdem der beurkundende Notar dem Grundstückseigentümer schriftlich mitgeteilt hat, dass folgende Voraussetzungen vorliegen:
— die Vormerkung gemäß vorstehender Ziffer II ist für den Grundstückseigentümer im Grundbuch eingetragen.
— Dem Notar liegen alle Zustimmungserklärungen der dinglich Berechtigten sowie alle Unterlagen vor, die erforderlich sind, um das Erbbaurecht von allen gemäß dieser Urkunde zu löschenden Belastungen freizustellen. Diese Erklärungen bzw. Unterlagen liegen auflagenfrei vor oder ausschließlich unter Zahlungsauflagen, zu deren Erfüllung die Aufhebungsentschädigung ausreicht.

Die Zahlungsfrist beginnt mit dem Datum des Notarschreibens. In diesem Schreiben wird der Notar den Beteiligten etwa geforderte Ablösungsbeträge ohne Überprüfung ihrer Richtigkeit mitteilen.

Der Grundstückseigentümer ist bei Fälligkeit berechtigt und verpflichtet, die geforderten Ablösungsbeträge in Anrechnung auf die zu zahlende Aufhebungsentschädigung unmittelbar an die betreffenden Gläubiger zu bezahlen. Klargestellt wird, dass der Grundstückseigentümers keinerlei Zahlungsverpflichtungen des Erbbauberechtigten gegenüber den Gläubigern übernimmt. Die Zahlung des Grundstückseigentümers direkt an die Gläubiger erfolgt lediglich zu seiner Sicherheit.

3. **Verzinsung:** Verzug tritt auch ohne Mahnung mit Ablauf der angegebenen Frist ein. Ab diesem Zeitpunkt ist der Entschädigungsbetrag mit einem Verzugszins von fünf Prozentpunkten über dem Basiszinssatz jährlich zu verzinsen.

4. Eine Unterwerfung des Grundstückseigentümers unter die sofortige Zwangsvollstreckung aus dieser Urkunde hinsichtlich der vorstehenden Zahlungsverpflichtung wird trotz Belehrung nicht gewünscht.

IV. Nutzungsübergang

1. **Besitzübergabe** erfolgt zum ......
Mit dem Tage der Besitzübergabe gehen Nutzungen und Lasten und die Gefahr eines zufälligen Unterganges und einer zufälligen Verschlechterung auf den Grundstückseigentümer über; bis zu diesem Zeitpunkt ist der Erbbauzins noch zu bezahlen.
2. **Vermietung:** Der Erbbauberechtigte versichert, dass das Vertragsobjekt weder vermietet, noch verpachtet ist.
3. **Erschließungskosten:** Erschließungskosten aller Art, insbesondere nach dem Baugesetzbuch und nach dem Kommunalabgabengesetz, gehen für Arbeiten und Anlagen, welche bis zum heutigen Tage vorgenommen bzw. hergestellt wurden, im Rahmen des Erbbaurechtsvertrages zu Lasten des Erbbauberechtigten; soweit sie nach dem heutigen Tage vorgenommen bzw. hergestellt werden, gehen sie zu Lasten des Grundstückseigentümers.

V. Haftung

1. **Rechtsmängel:** Der Erbbauberechtigte haftet für ungehinderten Besitzübergang, für die ungehinderte Aufhebung des Erbbaurechts sowie für die Zustimmung der dinglich Berechtigten samt Freiheit von grundbuchmäßigen Rechten, ausgenommen solche Rechte, die ausdrücklich in dieser Urkunde übernommen werden.
Derartige nicht übernommene Rechte und Bindungen hat der Erbbauberechtigte unverzüglich auf eigene Kosten zu beseitigen. Erforderliche Zustimmungserklärungen sind unverzüglich zu beschaffen.
2. **Sachmängel:** Der Vertragsgegenstand wurde vom Grundstückseigentümer vor Vertragsschluss besichtigt und wird im derzeitigen Zustand übernommen. Der Erbbauberechtigte hat somit den derzeitigen Zustand (ausgenommen gewöhnliche Abnutzung) bis zur Besitzübergabe zu erhalten.
Eine weitere Gewährleistung erfolgt daher nicht, insbesondere nicht für Sachmängel aller Art, Ertragsfähigkeit, Bebaubarkeit und das Flächenmaß. Der Erbbauberechtigte versichert, dass ihm verborgene Mängel nicht bekannt sind.

VI. Pfanderstreckung, Lastenfreistellung

1. **Pfanderstreckung**

Der Grundstückseigentümer erstreckt hiermit die am Erbbaurecht eingetragenen Rechte, nämlich ......, auf das in Abschn. I. 1. näher bezeichnete Grundstück.

Der Eigentümer unterwirft sich wegen der Grundpfandrechte der sofortigen Zwangsvollstreckung in das Grundstück mit Wirkung gegen den jeweiligen Eigentümer.

2. **Lastenfreistellung**

Die sonstigen am Erbbaurecht in Abt. II eingetragenen Rechte sollen erlöschen. Die in Abt. III eingetragenen Rechte sollen gelöscht werden.
Sämtlichen Lastenfreistellungserklärungen wird mit Vollzugsantrag zugestimmt.

VII. Einigung, Grundbuchanträge

1. **Einigung:** Grundstückseigentümer und Erbbauberechtigte sind sich über die Aufhebung des Erbbaurechtes einig.
Sie

bewilligen und beantragen,

die Erbbaurechtsaufhebung im Grundbuch einzutragen und das Erbbaugrundbuch zu schließen.

2. **Grundbuchanträge:**
Sie **bewilligen und beantragen** weiter:
   a) am in Ziff. I. 2. näher bezeichneten Erbbaurecht
   die Löschung aller in Abt. II und III des Grundbuches eingetragenen Rechte und Grundpfandrechte samt allen Nebeneintragungen, insbesondere von Erbbauzinsen, Änderungsvermerken hierzu sowie der Vormerkung auf Einräumung weiterer Reallasten und Vorkaufsrecht für den Grundstückseigentümer, also aller Rechte für den Grundstückseigentümer;
   b) am in Ziff. I. 1. näher bezeichneten Grundstück
      aa) die Löschung des Erbbaurechts samt allen Nebeneintragungen, sowie eines etwaigen Vorkaufsrechts für den jeweiligen Erbbauberechtigten,
      bb) die Eintragung der Pfanderstreckung der in Ziffer VI 1 näher bezeichneten Rechte nebst dinglicher Zwangsvollstreckungsunterwerfung.

VIII. Abgeltungsklausel

Die Vertragsteile sind einig, dass mit der heutigen Urkunde sämtliche aus dem Erbbaurechtsvertrag erwachsenden vermögensrechtlichen Ansprüche zwischen den Vertragspartnern abgegolten und erledigt sind, so dass sie gegeneinander insoweit keinerlei Ansprüche mehr haben außer den in dieser Urkunde festgelegten.

IX. Vollzug

Der amtierende Notar wird beauftragt und bevollmächtigt, den Vollzug dieses Vertrags zu betreiben, insbesondere die Beteiligten im Grundbuchverfahren uneingeschränkt zu vertreten und alle Zustimmungs- und Genehmigungserklärungen sowie Lastenfreistellungserklärungen einzuholen und entgegenzunehmen.

X. Kosten, Abschriften

1. Die Kosten dieser Urkunde und ihres Vollzuges, der Katasterfortschreibung, die Grunderwerbsteuer trägt der Grundstückseigentümer, ebenso die Löschung der für ihn eingetragenen Rechte. Die Kosten erforderlicher Genehmigungen und Zustimmungserklärungen sowie der Freistellung von nichtübernommenen Lasten und Bindungen trägt der Erbbauberechtigte.
2. Von dieser Urkunde erhalten:
   beglaubigte Abschriften:
   – Jeder Vertragsteil vor Vollzug im Grundbuch;
   – das Grundbuchamt;
   einfache Abschriften:
   – das Finanzamt – Grunderwerbsteuerstelle –.

XI. Hinweise

Die Beteiligten wurden vom Notar hingewiesen:

1. auf das Erfordernis der vollständigen und richtigen Aufnahme aller Vertragsbestimmungen in die Urkunde;
2. darauf, dass die Aufhebung des Erbbaurechts erst mit der Eintragung im Grundbuch wirksam wird und dass eine Vorlage an das Grundbuchamt erst erfolgt, nachdem erforderliche Genehmigungen und die Unbedenklichkeitsbescheinigung des Finanzamtes vorliegen;
3. darauf, dass zur Aufhebung des Erbbaurechts die Zustimmung der dinglichen Berechtigten erforderlich ist;
4. auf die gesamtschuldnerische Haftung für die Kosten und die Grunderwerbsteuer.

21. Verlängerung des Erbbaurechts

Heute am ......
sind vor mir, ... Notar in ......
anwesend:
1. Herr B
hier handelnd für die

Gemeinde G

aufgrund der in Urschrift beigehefteten Vollmacht,
2. Ehegatten A
Die Frage des Notars nach einer Vorbefassung iS des § 3 Abs. 1 Satz 1 Nr. 7 BeurkG wurde von den Beteiligten verneint.
Nach Unterrichtung über den Grundbuchstand beurkunde ich bei gleichzeitiger Anwesenheit der Beteiligten ihren Erklärungen gemäß folgende

Verlängerung eines Erbbaurechts:

A. Grundbuchstand

I. Grundstücksgrundbuch

Im Grundbuch des Amtsgerichts ...... für ...... Blatt ......
ist die Gemeinde G als Alleineigentümer des folgenden Grundbesitzes der Gemarkung ...... eingetragen:
FlNr....... .
Das Grundstück ist im Grundbuch belastet wie folgt:
Abteilung II:
Erbbaurecht für Ehegatten A ...... je zur Hälfte
Abteilung III ist lastenfrei

II. Erbbaugrundbuch

Im Erbbaugrundbuch des Amtsgerichts ...... für ...... Blatt ......
sind die Ehegatten A ...... als Erbbauberechtigte des folgenden Erbbaurechts eingetragen:
Erbbaurecht an dem vorstehend Ziff. I. 1. näher bezeichneten Grundstück, für die Zeit vom Tag der Eintragung bis zum 31. 12. 2008.
Zur Veräußerung und Belastung des Erbbaurechts ist die Zustimmung des Grundstückseigentümers erforderlich.

11. Kapitel. Vertragsmuster

Das voraufgeführte Erbbaurecht ist im Grundbuch wie folgt belastet:
Abteilung II:
......

Abteilung III:
......

B. Inhaltsänderung, Neuregelung der Rechtsbeziehungen

I. Inhaltsänderung des Erbbaurechts

Die Gemeinde G ......
– nachstehend als „Grundstückseigentümer" bezeichnet –

und

Ehegatten A ......
– nachstehend als der „Erbbauberechtigte" bezeichnet –
im bisherigen Anteilsverhältnis vereinbaren hiermit die

Inhaltsänderung des Erbbaurechts

wie dies vorstehend bezeichnet ist in der Weise, dass das Erbbaurecht verlängert und der Inhalt des Erbbaurechts vollständig neu gefasst wird. Diese Inhaltsänderung gilt aufschiebend bedingt mit Wirkung ab

31. Dezember 2008.

In gleicher Weise werden alle übrigen bisherigen schuldrechtlichen und dinglichen Rechtsbeziehungen vollständig neu geregelt, so dass auch insoweit vom vereinbarten Stichtag an nur noch die Bestimmungen der heutigen Urkunde gelten, keinerlei Bestimmungen dagegen mehr aus der Vorurkunde samt Nachträgen und bisherigen ergänzenden Vereinbarungen.

Von diesem Zeitpunkt an gelten für den Inhalt des bestehenden Erbbaurechts außer der Verordnung für das Erbbaurecht nur folgende Bestimmungen:

§ 1 Bauwerk, Nebenflächen, Zweckbestimmung

1. Vorhandene Bauwerke: Der Erbbauberechtigte ist Eigentümer der bereits auf dem Erbbaugrundstück vorhandenen Bauwerke, nämlich ......; die vorhandenen Gebäude sind in den beigefügten

Lageplänen

ausgewiesen; die Lagepläne wurden vom Notar den Beteiligten zur Durchsicht vorgelegt, von diesen durchgesehen, ggf. handschriftlich ergänzt und genehmigt. Die Richtigkeit dieser Einzeichnungen in den Lageplänen für den derzeitigen Bestand an Gebäuden wird beiderseits anerkannt. Diese vorhandenen Gebäude verbleiben mit Wirksamkeit der Inhaltsänderung des Erbbaurechts gemäß der heutigen Urkunde für die Dauer der Verlängerung im Eigentum des Erbbauberechtigten und dürfen in ihrem heutigen Bestand nach Maßgabe der heutigen Nutzung erhalten und nur im Rahmen der folgenden Bestimmungen verändert werden.

2. Nebenfläche: Das Erbbaurecht erstreckt sich auch auf den für die Gebäude nicht erforderlichen Teil des Grundstücks. Dieser Teil kann als Garten und Hof genutzt werden.

§§ 2 bis 4 ......

§ 5 Vertragsdauer

Das bereits bestehende Erbbaurecht endet auf Grund der Verlängerung am

31. Dezember 2057

(einunddreißigsten Dezember zweitausendsiebenundfünfzig).

Nach Beendigung des Erbbaurechts gehen die Bauwerke in das Eigentum des Grundstückseigentümers über. Anfallende Vollzugskosten trägt der Grundstückseigentümer.

Der Erbbauberechtigte wurde ausdrücklich darauf hingewiesen, dass weder ein Vorrecht zu seinen Gunsten auf Erneuerung nach dessen Ablauf (§ 2 Nr. 6 ErbbauRG) noch ein Verlängerungsrecht für den Zeitpunkt danach vereinbart oder irgendwie in Aussicht gestellt wurde.

§§ ......

......

II. Erbbauzins

1. Frist für die Weitergeltung des derzeitigen Erbbauzinses.
Der derzeitige Erbbauzins in seiner derzeit geltenden Höhe mit seiner derzeitigen Wertsicherungsklausel und Nebenbestimmungen gilt unverändert bis zum Ablauf des Erbbaurechts laut Vorurkunde, also dem 31. 12. 2008.
Danach gelten jedoch nur noch die folgenden Bestimmungen:
2. neuer Erbbauzins. ......
3. Wertsicherung. ......
4. dingliche Sicherung, Versteigerungssicherheit. ......

III.

......

V. Änderungsstichtag

1. Schuldrechtlich sollen alle Bestimmungen der heutigen Urkunde mit Wirkung ab

1. Januar 2009

gelten
Die sofortige Gültigkeit der dinglichen Erklärung bleibt davon unberührt.

2. Bis zu diesem Änderungsstichtag gelten die Bestimmungen der Vorurkunde unverändert, vom Stichtag an sollen nur noch alle Bestimmungen der heutigen Urkunde gelten, durch die alle bis zum Stichtag gültigen Bestimmungen der Vorurkunde, aller Nachträge sowie aller etwaigen schuldrechtlichen Vereinbarungen vollständig ersetzt und neu geregelt werden.

VI.

......

XI. Grundbuchanträge

Die Beteiligten sind sich über die Inhaltsänderung des Erbbaurechts gemäß Abschnitt B. dieser Urkunde sowie über die Bestellung der nachfolgenden Rechte einig und bewilligen und beantragen in den nachgenannten Grundbüchern einzutragen:

1. **In das Grundstücksgrundbuch (Abschn. A. I.):**
   a) Die Inhaltsänderung des Erbbaurechts gemäß Abschn. I. dieser Urkunde, soweit in das Grundstücksgrundbuch einzutragen (also die neue Dauer);
   b) die zur Rangbeschaffung für die Inhaltsänderung etwa erforderlichen Erklärungen;

2. **in das Erbbaugrundbuch (Abschn. A. II.):**
   a) Inhaltsänderung des Erbbaurechts gemäß Abschn. I., soweit hierfür das Erbbaugrundbuch maßgebend ist;
   b) die Löschung des bisherigen Erbbauzinses samt Vormerkung und Änderungsvermerken hierzu, wobei diese Löschung aufschiebend bedingt bzw. befristet ist in der Weise, dass sie erst nach dem 1. 1. 2009 vollzogen werden kann, ferner die Löschung aller sonst etwa für den Grundstückseigentümer eingetragenen Rechte;
   c) die Eintragung der neuen wertgesicherten und versteigerungsfesten Erbbauzinsreallast gemäß Abschn. II. 4.; der Erbbauzins soll Rang vor den bestehen bleibenden Rechten erhalten;
   d) die Inhaltsänderung aller sonstigen, in Abt. II und III des Erbbaugrundbuches derzeit eingetragenen Rechte dahingehend, dass sich diese Rechte auf das Erbbaurecht in seiner nun geänderten Form beziehen; soweit ein Grundpfandrecht derzeit eingetragen ist, dem das Erbbaurecht der sofortigen Zwangsvollstreckung in dinglicher Hinsicht gemäß § 800 ZPO unterliegt, wird diese Unterwerfung unter die sofortige Zwangsvollstreckung in dinglicher Hinsicht auch für das nun geänderte Erbbaurecht erklärt und vorsorglich entsprechender Vollzug

   bewilligt und beantragt;

   e) den Rangrücktritt der derzeitigen dinglichen Rechte hinter die neue Erbbauzinsreallast;
   f) die Löschung solcher dinglicher Rechte, zu denen Löschungsbewilligung der Berechtigten oder Nachweis des Erlöschens vorgelegt wird.
   Allen vorgenannten Löschungs- und Rangänderungserklärungen stimmen die Vertragsteile zu.

3. Vom Notar wurde auf die Bestimmungen von § 9 Abs. 3 letzter Satz, § 11 Abs. 1 ErbbauRG, §§ 877, 876 Satz 1 BGB hingewiesen. Die Zustimmung der dinglich Berechtigten am Erbbaurecht soll sich auf die Inhaltsänderung des Erbbaurechts beziehen und den Rangrücktritt hinter den neuen Erbbauzins enthalten.

C. Neubestellung des Erbbaurechts

Für den Fall, dass die Inhaltsänderung gemäß Abschnitt B) dieser Urkunde nicht bis zum Ablauf des Erbbaurechtes in das Grundbuch eingetragen wird, gilt Folgendes:

I. Neubestellung

Die Gemeinde G – nachstehend als „Grundstückseigentümer" bezeichnet – bestellt hiermit

Verlängerung des Erbbaurechts

für
den **bisherigen Erbbauberechtigten** im bisherigen Anteilsverhältnis an dem in Abschnitt A). I. bezeichneten Grundstück ein

Erbbaurecht

im Sinne des Gesetzes über das Erbbaurecht. Für das Erbbaurecht gelten außer dem Gesetz über das Erbbaurecht nur noch die Bestimmungen gemäß Abschnitt B) dieser Urkunde, wobei das Erbbaurecht mit der Eintragung im Grundbuch beginnt und mit dem in Abschnitt B) I. § 5 genannten Zeitpunkt endet. Auch alle sonstigen dinglichen und schuldrechtlichen Vereinbarungen gemäß Abschn. B gelten.

II. Nutzungsentschädigung

Vom 1.1. 2009 an bis zur Eintragung des Erbbaurechtes im Grundbuch hat der Erbbauberechtigte an den jeweiligen Grundstückseigentümer eine jährliche Nutzungsentschädigung in Höhe des vereinbarten Erbbauzinses zu leisten, in der gleichen Zahlungsweise und unter Berücksichtigung der Wertsicherungsklausel.

III. Besitzübergabe

Der Grundbesitz samt den derzeitigen Bauwerken des Erbbauberechtigten wird dem Erbbauberechtigten zum Zeitpunkt des Erlöschens des derzeitigen Erbbaurechtes durch Zeitablauf übergeben, also mit Wirkung ab 1. 1. 2008. Von diesem Zeitpunkt an gehen Nutzen und Lasten sowie die Gefahr des zufälligen Untergangs auf den Erbbauberechtigten über. Somit folgt auf die Nutzung auf Grund bisherigen Erbbaurechtes ohne Lücke die Nutzung auf Grund des neuen Erbbaurechtes.

Bis zum 31. 12. 2008 gelten die Bestimmungen des bisherigen Erbbaurechtes unverändert, vom 1. 1. 2009 an sollen nur die Bestimmungen der heutigen Urkunde gelten.

IV. Haftung

Die Vertragsteile verpflichten sich, die Eintragung des neuen Erbbaurechts in den Grundbüchern herbeizuführen und alle hierzu nötigen Erklärungen beizubringen. Der Grundstückseigentümer haftet dabei nicht dafür, dass die Entschädigungsforderung des derzeitigen Erbbauberechtigten gemäß § 28 ErbbauRG sowie die Rechte von Realberechtigten hieran im Sinne von § 29 ErbbauRG gelöscht werden.

Soweit solche Löschungsbewilligungen nötig sind, ist deren Beschaffung allein Sache des Erbbauberechtigten auf dessen Kosten.

Wenn aus einem derartigen Grund ein Grundbuchvollzug nicht zulässig sein sollte, verbleibt es ausschließlich bei der Vorurkunde und der Erbbauberechtigte hat keinerlei Ansprüche gegen den Grundstückseigentümer auf Grund der heutigen Urkunde; den Vertragsteilen ist bekannt, dass die Löschung der Entschädigungsforderung des derzeitigen Erbbauberechtigten und von Rechten hieran im Grundbuch erst nach Erlöschen des Erbbaurechts erfolgen kann, was auch von den Vertragsteilen gewollt wird.

V. Grundbuchanträge

Der Grundstückseigentümer und der Erbbauberechtigte sind sich darüber einig, dass das Erbbaurecht und die nachfolgenden Rechte bestellt werden.

Sie **bewilligen und beantragen** in den nachgenannten Grundbüchern einzutragen:

1. In das Grundstücksgrundbuch (Abschn. A. I.):
a) Sofort nach Erlöschen des Erbbaurechts durch Zeitablauf, also am 1. 1. 2009 oder danach:
  – Die Löschung des derzeitigen Erbbaurechts samt allen etwaigen sonstigen Rechten des Erbbauberechtigten für den jeweiligen Eigentümer des Erbbaugrundstücks,
  – die Löschung der Entschädigungsforderung des Erbbauberechtigten gemäß §§ 27, 28 ErbbVO sowie aller Rechte gemäß § 29 ErbbauRG auf Befriedigung hieraus,
b) in Abteilung II. des Grundstücksgrundbuchs an erster Rangstelle das Erbbaurecht gemäß den Bestimmungen der heutigen Urkunde;
c) die zur Rangbeschaffung für das Erbbaurecht erforderlichen Erklärungen;

2. In das derzeitige Erbbaugrundbuch (Abschn. A. II):
a) Nach Erlöschen des Erbbaurechts durch Zeitablauf die Löschung des Erbbaurechts und die Schließung des Erbbaugrundbuchs sowie die Löschung aller im Erbbaugrundbuch eingetragenen Rechte, insbesondere des Vorkaufsrechts des Grundstückseigentümers;
b) die Löschung des bisherigen Erbbauzinses, wobei diese Löschung aufschiebend bedingt bzw. befristet ist in der Weise, dass sie erst nach dem 1. 1. 2009 vollzogen werden kann, ferner die Löschung aller sonstigen Rechte für den Grundstückseigentümer.

3. Die **Anlegung eines neuen Erbbaugrundbuchs** und dort einzutragen:
a) Das Erbbaurecht gemäß der heutigen Urkunde;
b) die Reallast für den Erbbauzins gemäß Abschnitt B) II. und mit dem Vermerk, dass dieser wertgesichert und versteigerungsfest ist.

VI. Vereinbarung zur Bauwerksentschädigung

Die Vertragsteile vereinbaren, dass der bisherige Erbbauberechtigte auf eine Entschädigungsforderung gemäß §§ 27, 28 ErbbauRG verzichtet im Hinblick darauf, dass ihm das neue Erbbaurecht bestellt wird und bei der Berechnung des Erbbauzinses der Wert seiner Bauwerke nicht berücksichtigt wurde.

VII. Kosten

......

D. Sonstiges

I. Ausfertigung der Urkunde

......

II. Belehrungen

......

22. Erbbaurechtsvertrag[15] (Sachenrechtsbereinigung)

Heute, den
sind vor mir, ... Notar in ......
anwesend: ......
Die Frage des Notars nach einer Vorbefassung iS des § 3 Abs. 1 Satz 1 Nr. 7 BeurkG wurde von den Beteiligten verneint.
Nach Unterrichtung über den Grundbuchstand beurkunde ich bei gleichzeitiger Anwesenheit der Beteiligten ihren Erklärungen gemäß folgenden

Erbbaurechtsvertrag:

I. Sachstand

1. Grundbuchstand

Im Grundbuch des Amtsgerichts ...... für
......
Band ...... Blatt ......
ist ...... als Eigentümer des Grundbesitzes
der Gemarkung ...... eingetragen:
Flst.Nr....... .
......

......
...... zu
...... qm.

Dieser Grundbesitz ist im Grundbuch belastet, wie folgt:
in Abt. II:
Nr. 1)
Geh- und Fahrtrecht für den jeweiligen Eigentümer von Flst. Nr......., gem. Bewilligung vom ......
in Abt. III:
Nr. 1)
...... Aufbaugrundschuld für ......
...... gem. Bewilligung vom ......

2. Nutzungsrecht/Gebäudeeigentum

Mit Bescheid des ...... vom ...... wurde ...... („der Nutzer") ein Nutzungsrecht nach §§ 287, 291 ZGB verliehen bzw. zugewiesen, durch das ihm die Errichtung eines Eigenheims mit Nebengebäude gestattet worden ist. Das Nutzungsrecht erstreckt sich auf das gesamte in Abs. 1 bezeichnete Grundstück.
In Ausübung des Nutzungsrechts hat der Nutzer auf diesem Grundstück in den Jahren ...... bis ...... ein Eigenheim mit Garage und Nebenbauwerken errichtet. Das errichtete Gebäude wird seit Bezugsfertigkeit ohne Unterbrechung als Eigenheim genutzt.
Im Gebäudegrundbuch des vorgenannten Gerichts für
......
Band ...... Blatt ......
ist der Nutzer als Gebäudeeigentümer hierzu vorgetragen.

---

[15] Das Muster enthält nur den vom Gesetz vorgesehenen Mindestinhalt, sowie den Inhalt auf Grund von im Gesetz vorgesehenen Gestaltungsrechten; nur insoweit bestehen Ansprüche auf Grund des Sachenrechtsbereinigungsgesetzes. Es können dem freiwillige Vereinbarungen hinzugefügt werden, die aus übrigen Textmustern genommen werden können.

Im Gebäudegrundbuch sind folgende Belastungen eingetragen:
in Abt. II:
......
in Abt. III:
......

3. Sachenrechtsbereinigung, Vermittlungsverfahren[16]

Der Nutzer hat vom Grundstückseigentümer gem. §§ 32 ff. Sachenrechtsbereinigungsgesetz die Bestellung eines Erbbaurechts verlangt. Hierzu hat ein notarielles Vermittlungsverfahren gem. §§ 87 ff. SachenRBerG beim amtierenden Notar stattgefunden.

Die folgenden Vereinbarungen entsprechen der Einigung im Sinne von § 98 Abs. 2 SachenRBerG; die ausgeübten gesetzlichen Gestaltungsrechte der Beteiligten sind darin enthalten.

II. Bestellung des Erbbaurechts

......
– nachstehend als „Grundstückseigentümer" bezeichnet –
bestellt hiermit für ...
– nachstehend als „Erbbauberechtigter" bezeichnet –
an dem in Ziffer I. bezeichneten Grundbesitz („Erbbaugrundstück") ein

Erbbaurecht.

Das Erbbaurecht hat folgenden dinglichen Inhalt:

§ 1 Bauwerke, Zweckbestimmung, Nebenfläche

(1) Der Erbbauberechtigte ist berechtigt, die auf dem Erbbaugrundstück derzeit vorhandenen Gebäude und Bauwerke zu haben.

(2) Die Nutzung des Gebäudes bzw. Bauwerke erfolgt weiterhin für Wohnzwecke. Auf **Verlangen** des Erbbauberechtigten gemäß § 54 Abs. 2. SachenRBerG wird vereinbart:

Das Gebäude kann auch zur Ausübung einer freiberuflichen Tätigkeit eines Handwerks-, Gewerbe- oder Pensionsbetriebes genutzt werden.

Auf weiteres **Verlangen** des Erbbauberechtigten gem. § 54 Abs. 4 SachenRBerG wird ferner vereinbart:

Es sind weitere Nutzungsänderungen zulässig, die § 54 Abs. 4 SachenRBerG entsprechen. Bei einer derartigen Nutzungsänderung ist der Erbbauzins nach § 47 SachenRBerG anzupassen. Die entsprechende Inhaltsänderung der Erbbauzinsreallast ist vor Beginn der Nutzungsänderung durchzuführen.[17]

(3) Der Erbbauberechtigte ist befugt, das gesamte Grundstück, auch soweit es nicht bebaut ist, allein und ausschließlich zu nutzen. Die Nutzung hat jeweils im Rahmen bzw. im Zusammenhang mit der Gebäudenutzung nach Abs. 2 zu erfolgen.[18]

---

[16] Zu 1. mit 3. muss der Sachverhalt genau ermittelt und wiedergegeben werden; ein anderer Sachverhalt kann ganz andere Rechtsfolgen und einen anderen Inhalt des Erbbaurechts bewirken! Insbesondere ist auf den Fall von § 9 Abs. 1 Nr. 6 zu achten (Kauf eines Gebäudes ohne Bestellung eines Nutzungsrechts und ohne selbständiges Gebäudeeigentum), der besonders häufig ist. Ferner ist zu beachten, dass unter Umständen das Erbbaugrundstück erst nach §§ 21 ff. bestimmt werden muss!

[17] Hier ist gem. § 54 Abs. 1 SachenRBerG zunächst die vertraglich zulässige bauliche Nutzung zu bestimmen und ggf. zu vorgenanntem Sachverhalt zu ergänzen.

[18] Satz 2 entspricht dem Sinn von § 54 Abs. 1 SachenRBerG, sowie der bisherigen Handhabung des Nutzungsrechts.

Erbbaurechtsvertrag (Sachenrechtsbereinigung)

§ 2 Vertragsdauer

Das Erbbaurecht beginnt mit der Eintragung im Grundbuch und endet nach Ablauf von 90 – neunzig – Jahren, von heute an gerechnet.

§ 3 Versicherungsverpflichtung

Auf Verlangen des Grundstückseigentümers (§ 56 Abs. 5 SachenRBerG) wird vereinbart:

Der Erbbauberechtigte hat die auf dem Erbbaugrundstück befindlichen Bauwerke während der gesamten Laufzeit des Erbbaurechts mit dem vollen Wert gegen Brand-, Sturm-, Heizöl- und Leitungswasserschäden auf seine Kosten zu versichern und dem Grundstückseigentümer dies auf Verlangen nachzuweisen.

§ 4 Öffentliche Lasten

Auf **Verlangen** des Grundstückseigentümers (gem. § 58 SachenRBerG) wird vereinbart:

Der Erbbauberechtigte trägt die nach den einschlägigen Rechtsvorschriften anfallenden öffentlichen Lasten sowohl für das Erbbaurecht, als auch für das Erbbaugrundstück.

§ 5 Veräußerungszustimmung

Auf **Verlangen** des Grundstückseigentümers (gem. § 49 SachenRBerG) wird vereinbart:

Die Veräußerung des Erbbaurechts nach § 5 Abs. 1 ErbbauRG bedarf der Zustimmung des Grundstückseigentümers. Der Grundstückseigentümer hat diese zu erteilen, wenn die in § 7 Abs. 1. ErbbauRG sowie zusätzlich die in §§ 47 Abs. 1, (Zinsanpassung an Nutzungsänderungen) § 48 Abs. 1 bis 3 und Abs. 5 SachenRBerG (Zinserhöhung nach Veräußerung) bezeichneten Voraussetzungen erfüllt sind. Weiter muss der Erwerber des Erbbaurechts sämtliche Pflichten aus diesem Vertrag einschließlich der Pflicht zur Weitergabe an den Rechtsnachfolger übernehmen.[19]

§ 6 Zeitablauf

Hinsichtlich des Erlöschens des Erbbaurechts durch Zeitablauf verbleibt es bei den gesetzlichen Bestimmungen des Gesetzes über das Erbbaurecht.

Soweit Rechte in Abt. II. des Grundbuchs dem Erbbaurecht gem. § 35 SachenRBerG den Vorrang einräumen, ist die Zahlung der Entschädigung für die Bauwerke dadurch bedingt, dass die Entschädigungsforderung des Erbbauberechtigten Rang nach diesen Rechten erhält.

§ 7 Ankaufsrecht

Auf **Verlangen** des Erbbauberechtigten (§ 57 Abs. 1 SachenRBerG) wird vereinbart:

1. Der Grundstückseigentümer ist verpflichtet, das Erbbaugrundstück auf Verlangen des jeweiligen Erbbauberechtigten an diesen zu den Bedingungen nach Abs. 2 zu verkaufen.

---

[19] Eine Zustimmungspflicht zur Belastung kann zwar nach dem Gesetz nicht verlangt werden; sie kann jedoch freiwillig vereinbart werden, was anzuraten ist. Dadurch kann sich der Grundstückseigentümer gegen unerwünschte nach § 33 ErbbauRG beim Heimfall bestehen bleibende Belastungen schützen.
Wenn eine Heimfallklausel nach § 56 Abs. 4 vereinbart wird (Erbbaurecht für besondere öffentliche, soziale oder vergleichbare Zwecke), dann entspricht es dem Sinn des Gesetzes, dass eine Zustimmungspflicht zur Belastung aufgenommen wird.

Auf **Verlangen** des Grundstückseigentümers wird vereinbart:
Der Erbbauberechtigte kann das Ankaufsrecht nur innerhalb von 12 Jahren, gerechnet ab heute, durch Erklärung gegenüber dem Grundstückseigentümer geltend machen.

2. Nach Ausübung des Ankaufsrechts gilt:
   a) der Kaufpreis ist der gleiche, wie bei einem Kaufvertrag auf Grund eines Ankaufsrechts nach dem SachenRBerG (§§ 68, 70 bis 72 SachenRBerG). Hierbei ist der Bodenwert auf den Zeitpunkt festzustellen, in dem der Erbbauberechtigte das Ankaufsrecht ausübt.
   Nutzungsänderungen im Sinne von § 70 SachenRBerG sind bis zu diesem Zeitpunkt zu berücksichtigen. Die Grundlagen der Preisbemessung sind dann in den Vertrag aufzunehmen. Für den Fall einer Weiterveräußerung des Erbbaugrundstücks nach dem Ankauf ist § 71 SachenRBerG entsprechend anzuwenden.
   b) Für den weiteren Inhalt des Grundstückskaufs gelten die Bestimmungen über den auf Grund des gesetzlichen Ankaufsrechts nach dem Sachenrechtsbereinigungsgesetz abzuschließenden Kaufvertrag entsprechend; insbesondere gelten die §§ 62 mit 64 SachenRBerG für die Lastenfreistellung.

III. Erbbauzins

1. Regelmäßiger Erbbauzins

a) für Zwecke dieses Vertrags werden folgende Bemessungsgrundlagen vertraglich festgelegt:
Der **Bodenwert** des Erbbaugrundstücks beträgt ...... Euro/qm
Die Fläche des **Erbbaugrundstücks** (lt. Grundbuch = vom Inhalt des Erbbaurechts betroffenen Fläche, sonst § 50!) beträgt ...... qm; die über 500 qm hinausgehende Fläche ist nicht selbständig baulich nutzbar.[20]

b) Der Erbbauzins beträgt sonach jährlich:
...... qm × ...... Euro/qm × 2% = ... Euro
– Euro –.

2. Fälligkeit

a) Der Erbbauzins ist in vier gleichen Raten nachträglich am 31. März, 30. Juni, 30. September und 31. Dezember eines Jahres zu bezahlen.
b) Die Zahlungspflicht beginnt am ...... (Zeitpunkt nach § 44 (2) SachenRBerG einsetzen!). Bis zur Eintragung des Erbbaurechts ist ein Nutzungsentgelt in Höhe des Erbbauzinses zu zahlen. Soweit nach bisheriger Rechtslage ein Entgelt zu leisten war, gilt dies nur bis zum Beginn der nunmehrigen Zahlungspflicht.[21]

3. Eingangsphase

Aufgrund **Geltendmachung** durch den Erbbauberechtigten (§ 51 SachenRBerG) wird für die Eingangsphase folgender ermäßigter Erbbauzins vereinbart:
a) ¼ in den ersten drei Jahren,
b) die Hälfte in den folgenden drei Jahren und
c) ¾ in den darauf folgenden drei Jahren, des sonst zahlbaren Erbbauzinses.[22]
Die Eingangsphase beginnt mit der Zahlungspflicht nach Abs. 2.b), spätestens am 1. Januar 1995.

---

[20] Andernfalls und bei Übersteigung von 1000 qm: andere Variante! (§ 43 Abs. 2 Nr. 1b).
[21] Vgl. Art. 233 § 2a Abs. 1 Nr. 3 EGBGB.
[22] Beträgt der zu verzinsende Bodenwert mehr als 125 000,– Euro, dann jeweils vier Jahre einsetzen.

4. Wertsicherung

Zur Wertsicherung des Erbbauzinses – gleichgültig ob er in Höhe des regelmäßigen Erbbauzinses oder der Änderungen nach Absatz 3, 5 oder 6 zu bezahlen ist – wird vereinbart:

a) **Wertmaßstab**

Der Erbbauzins erhöht oder ermäßigt sich im gleichen Verhältnis, wie das Mittel zwischen der Änderung des Lebenshaltungskostenindex (Verbraucherpreisindex) einerseits und andererseits der Einkommen, diese wiederum berechnet aus dem Mittel zwischen dem Bruttoverdienst der Arbeiter in der Industrie und dem Bruttoverdienst der Angestellten in Industrie und Handel. Maßgebend ist jeweils der vom Statistischen Bundesamt festgelegte Index.

Die Berechnungsformel lautet demgemäß, wie folgt:[23]

$$\frac{\text{Änderung Verbraucherpreisindex} + \text{Änderung Einkommen (= Brutto-Verdienste der Arbeiter in der Industrie + Brutto-Verdienste der Angestellten in Industrie und Handel}) : 2}{2}$$

b) **Anpassungszeitpunkt**

Eine Erhöhung kann frühestens nach Ablauf von 10 Jahren, ab heute, und darauf frühestens jeweils nach Ablauf von 3 Jahren nach der jeweils letzten Änderung verlangt werden; es ist dabei der Wertvergleich zwischen dem jetzigen Monat (bzw. dem Monat der letzten Änderung) und dem Monat des Änderungszeitpunkts anzustellen.

c) **Höchstgrenzen**

Festgestellt wird, dass die Höchstgrenze gem. § 46 Abs. 2 SachenRBerG gilt und die Bestimmungen von § 9a ErbbauRG unberührt bleiben.

5. Anpassung wegen abweichender Grundstücksgröße

Auf Verlangen des ...... (jeder Vertragsteil kann das Verlangen stellen) wird vereinbart:

Ergibt das Ergebnis einer noch durchzuführenden Vermessung Flächenabweichungen im Sinne von § 50 SachenRBerG, so ist der Erbbauzins entsprechend zu ändern.

6. Weitere Anpassungen

Schuldrechtlich gilt:

a) Anpassung bei Nutzungsänderung

Soweit eine Nutzungsänderung nach § 54 Abs. 1 und 4 SachenRBerG erfolgt, ist der Erbbauzins gem. § 47 SachenRBerG anzupassen.

b) **Zinserhöhung nach Veräußerung**

Auf **Verlangen** des Grundstückseigentümers wird vereinbart:

Soweit eine Veräußerung des Erbbaurechts erfolgt und die weiteren im § 48 SachenRBerG genannten Voraussetzungen vorliegen, erhöht sich der Erbbauzins in der dort festgelegten Weise.

---

[23] Vgl. dazu Münchner Vertragshandbuch Band 6 Form. VIII 2 Anm. 10.

7. Dingliche Sicherung

Zur Sicherung der vorstehenden Vereinbarungen – also nicht nur zur Sicherung des Erbbauzinses nach Abs. 1, sondern auch hinsichtlich seiner Anpassung nach Maßgabe von Absätzen 3 mit 5 wird eine

Erbbauzinsreallast

im Sinne von § 9 Abs. 2 Satz 2 und 3 ErbbauRG bestellt. Nach § 9 Abs. 3 ErbbauRG wird als Inhalt des Erbbauzinses vereinbart, dass die Erbbauzinsreallast abweichend von § 52 Abs. 1 des Gesetzes über die Zwangsversteigerung und die Zwangsverwaltung mit ihrem Hauptanspruch bestehen bleibt, wenn der Grundstückseigentümer aus der Reallast oder der Inhaber eines im Rang vorgehenden oder gleichstehenden dinglichen Rechts die Zwangsversteigerung des Erbbaurechts betreibt.

IV. Weitere (schuldrechtliche) Bestimmungen

1. Gewährleistung

Der Grundstückseigentümer haftet nicht für Sachmängel des Erbbaugrundstücks. Für die Verschaffung der ersten Rangstelle des Erbbaurechts gelten die Bestimmungen von §§ 33 ff. SachenRBerG; weitere Verpflichtungen hierzu oder Gewährleistungen werden nicht übernommen.

2. Rechtsnachfolger

Der Erbbauberechtigte hat im Fall der Veräußerung des Erbbaurechts sämtliche Verpflichtungen aus diesem Vertrag seinem Rechtsnachfolger mit Weitergabeverpflichtung aufzuerlegen. Dies gilt insbesondere für die schuldrechtlichen Vereinbarungen zur Anpassung des Erbbauzinses nach Abschnitt III. Abs. 6.

3. Salvatorische Klausel

Sollte eine Bestimmung dieses Vertrages unwirksam sein oder werden, so wird dadurch die Wirksamkeit des Vertrags und des Erbbaurechts im Übrigen nicht berührt. Die Vertragsteile sind dann verpflichtet, den Vertrag durch eine Regelung zu ergänzen, die der unwirksamen Bestimmung wirtschaftlich am nächsten kommt.

4. Kosten, Steuern

Die Kosten dieses Vertrages, seines Vollzugs im Grundbuch, erforderlicher Genehmigungen und der Rangbeschaffung sowie die Grunderwerbsteuer tragen Grundstückseigentümer und Erbbauberechtigter zu gleichen Teilen.

5. Abschriften

Von dieser Urkunde erhalten:
Beglaubigte Abschriften:
– die Vertragsteile,
– das Grundbuchamt,
– das Bundesamt für Wirtschaft und Ausfuhrkontrolle zur Genehmigung der Wertsicherungsklausel,[24]
– die Genehmigungsbehörde nach der GVO,
– zum Rangrücktritt verpflichtete dingliche Berechtigte,
einfache Abschriften:
– Finanzamt – Grunderwerbsteuerstelle –.

---

[24] Nur wenn die Laufzeit des Erbbaurechts unter 30 Jahren liegt (§ 1 Nr. 4 PrKG; s. oben RdNr. 6.142).

Erbbaurechtsvertrag (Sachenrechtsbereinigung)

V. Grundbucherklärungen

Die Beteiligten sind über die Bestellung des Erbbaurechts und der Erbbauzinsreallast einig. Sie

bewilligen und beantragen

1. in das in Abschnitt I. 1. bezeichnete **Grundstücksgrundbuch** einzutragen:
   a) das Erbbaurecht in Abt. II. an erster Rangstelle;
   b) die zur Rangbeschaffung für das Erbbaurecht erforderlichen Erklärungen;
2. für das vereinbarte Erbbaurecht ein **Erbbaugrundbuch** anzulegen und hier einzutragen:
   a) das Erbbaurecht mit dem gesetzlichen und vertraglichen Inhalt nach Abschnitt II;
   b) die Erbbauzinsreallast gem. Abschnitt III.7. zugunsten des jeweiligen Grundstückseigentümers an erster Rangstelle, mit Ausnahme von nach Abs. 3 etwa zur Eintragung kommenden Rechten in Abt. II.
3. in einem etwaigen **bisherigen Gebäudegrundbuch** bzw. **Grundstücksgrundbuch** einzutragen:
   das Erlöschen des bisherigen Gebäudeeigentums bzw. Nutzungsrechts und sonstiger Rechte des Nutzers gem. § 59 SachenRBerG.
4. **Rechtsausdehnungen**
   Die im Gebäudegrundbuch in Abt. II. und III. eingetragenen Belastungen bestehen gem. § 34 Abs. 1 SachenRBerG am Erbbaurecht fort; soweit diese Rechtsfolge nicht ohnehin kraft Gesetzes durch Surrogation eintritt, werden diese Rechte vorsorglich dem gesamten Rechtsinhalt nach unter Bezugnahme auf die seinerzeitigen Bestellungsurkunden bzw. Eintragungsgrundlagen auf das Erbbaurecht ausgedehnt, und zwar im bisherigen Rangverhältnis und die entsprechende Eintragung im Erbbaugrundbuch

bewilligt und beantragt.

Variante, wenn kein selbständiges Gebäudeeigentum besteht, also §§ 35 bis 37 SachenRBerG:

Die nachgenannten Gläubiger haben ihre Rechte nach §§ 35, 36 SachenRBerG geltend gemacht.

Das in Abt. II. unter Nr. 1) eingetragene Geh- und Fahrtrecht wird mit dessen bisherigem Rechtsinhalt unter Bezugnahme auf die Bestellungsurkunde auf das Erbbaurecht ausgedehnt, jedoch mit der Maßgabe, dass dieses Recht am Erbbaurecht nur insoweit gilt, als der Inhalt des Erbbaurechts dies zulässt; andererseits werden die Befugnisse des Erbbauberechtigten insoweit eingeschränkt.[25]

Der Eintragung der vorbestellten Rechte in Abt. II. und III. im bisherigen Rangverhältnis, wie am Erbbaugrundbuch am Erbbaurecht und im Rang vor dem Erbbauzins wird

bewilligt und beantragt.

---

[25] Bezüglich von Rechten in Abt. III. gelten §§ 36, 37; die Gläubiger sind an Vermittlungsverfahren gem. § 92 Abs. 2, § 93 Abs. 4, § 94 Abs. 2 Satz 3 usw. zu beteiligen. Hier ist das Ergebnis der erzielten Regelung einzusetzen.
Im Hinblick auf das komplizierte Ergebnis (teilweise neue Sicherung im Erbbaurecht für den Gläubiger (§ 36) gegen Rücksicherung des Erbbauberechtigten am Erbbaugrundstück gem. § 37) sollten beide Vertragsteile einen Rangrücktritt des Gläubigers ohne Regelung nach § 36 anstreben, also ohne, dass der Gläubiger die Eintragung eines Grundpfandrechts am Erbbaurecht verlangt. Ist der Gläubiger hierzu nicht bereit, sollte eine anteilige Ablösung des Grundpfandrechts erfolgen, es sollte also statt einer anteiligen Neusicherung des Grundpfandrechts am Erbbaurecht insoweit das Grundpfandrecht weggezahlt werden; soweit der Erbbauberechtigte diese Ablösung bezahlt, könnte eine Grundschuld zu seiner Sicherung am Erbbaugrundstück gem. § 37 eingetragen werden.

VI. Hinweise des Notars

Die Beteiligten wurden vom Notar u. a. darüber belehrt, dass
1. das Erbbaurecht erst mit der Eintragung im Grundbuch entsteht,
2. das Erbbaurecht ausschließlich erste Rangstelle im Grundbuch erhalten muss,
3. die Eintragung erst erfolgen kann, wenn die finanzamtliche Unbedenklichkeitsbescheinigung wegen der Grunderwerbsteuer dem Notar vorliegt,
4. alle Vereinbarungen richtig und vollständig beurkundet sein müssen, alle nicht beurkundeten Abreden nichtig sind und die Wirksamkeit des ganzen Vertrages in Frage stellen können,
5. die Beteiligten für die Kosten bei Gericht und Notar sowie die Grunderwerbsteuer als Gesamtschuldner haften,
6. auf die Bedeutung der dinglichen Erbbauzinsreallast und deren Bestehen bleiben in der Zwangsversteigerung,
7. auf das Erfordernis der Genehmigung dieser Urkunde nach der Grundstücksverkehrsordnung.

VII. Ermächtigung des Notars

Der beurkundende Notar wird ermächtigt, die zu diesem Vertrag erforderlichen Genehmigungen zu erholen und entgegenzunehmen, Anträge – auch geteilt – zu stellen, zurückzunehmen und zu ergänzen, ohne Rücksicht auf die gesetzliche Vollmacht. Alle zu diesem Vertrag erforderlichen Zustimmungserklärungen sollen mit dem Eingang beim Notar den Vertragsteilen als zugegangen geltend und rechtswirksam sein.

23. Erbbaurechtsvertrag und Begründung von Wohnungserbbaurechten[26] (Sachenrechtsbereinigung)

Heute ......
sind vor mir, ... Notar ......
anwesend ......
Die Frage des Notars nach einer Vorbefassung iS des § 3 Abs. 1 Satz 1 Nr. 7 BeurkG wurde von den Beteiligten verneint.
Nach Unterrichtung über den Grundbuchstand beurkunde ich bei gleichzeitiger Anwesenheit der Beteiligten ihren Erklärungen gemäß, was folgt:

---

[26] Das folgende Muster enthält nur den vom Gesetz vorgesehenen Mindestinhalt, sowie den Inhalt auf Grund von im Gesetz vorgesehener Gestaltungsrechte; nur insoweit bestehen Ansprüche auf Grund des Sachenrechtsbereinigungsgesetzes. Es können dem freiwillige Vereinbarungen hinzugefügt werden, die aus übrigen Textmustern genommen werden können.
Im Folgenden gleicher Text wie bei Erbbaurechtsvertrag (Muster 22), nur die nötigen Abweichungen sind im folgenden Text enthalten!

Begründung von Wohnungserbbaurechten (Sachenrechtsber.)

A. Erbbaurechtsvertrag

I. Sachstand

1. Grundbuchstand

Im Grundbuch des Amtsgerichts ...... für
......
Band ...... Blatt ......
ist ...... als Eigentümer des Grundbesitzes der Gemarkung ...... eingetragen:
Flst.Nr........

......
......
......
...... zu

...... qm.

Dieser Grundbesitz ist im Grundbuch belastet, wie folgt:
in Abt. II:
Nr. 1)
Geh- und Fahrtrecht für den jeweiligen Eigentümer von Flst. Nr......., gem. Bewilligung vom ......
in Abt. III:
Nr. 1)
...... Aufbaugrundschuld für ......
...... gem. Bewilligung vom ......

2. Nutzungsrecht/Gebäudeeigentum

Mit Bescheid des ...... vom ...... wurde ...... dem A und dem B („der Nutzer") zusammen ein Nutzungsrecht nach §§ 287, 291 ZGB verliehen bzw. zugewiesen, durch das ihnen die Errichtung eines Zwei-Familienhauses mit Doppelgarage gestattet worden ist. Das Nutzungsrecht erstreckt sich auf das gesamte in Abs. 1 bezeichnete Grundstück.
In Ausübung des Nutzungsrechts hat der Nutzer auf diesem Grundstück in den Jahren ...... bis ...... ein Zwei-Familienhaus mit Doppelgarage und Nebenbauwerken errichtet. Das errichtete Gebäude wird seit Bezugsfertigkeit ohne Unterbrechung als Eigentum genutzt.
Im Gebäudegrundbuch des vorgenannten Gerichts für
......
Band ...... Blatt ......
ist der Nutzer als Gebäudeeigentümer hierzu vorgetragen.
Im Gebäudegrundbuch sind folgende Belastungen eingetragen:[27]
in Abt. II:
......
in Abt. III:
......

---

[27] Nach § 40 Abs. 1 sind Wohnungserbbaurecht auch zu bestellen bei zusammenhängenden Siedlungshäusern oder sonstigen Mehrfamilienhäusern oder wenn die Genehmigung zu einer Realteilung des Erbbaugrundstücks versagt wird.

3. Sachenrechtsbereinigung, Vermittlungsverfahren[28]

Der Nutzer hat vom Grundstückseigentümer gem. §§ 32 ff Sachenrechtsbereinigungsgesetz die Bestellung eines Erbbaurechts verlangt. Hierzu hat ein notarielles Vermittlungsverfahren gem. §§ 87 ff SachenRBerG beim amtierenden Notar stattgefunden.

Die folgenden Vereinbarungen entsprechen der Einigung im Sinne von § 98 Abs. 2 SachenRBerG; die ausgeübten gesetzlichen Gestaltungsrechte der Beteiligten sind darin enthalten.

II. Bestellung des Erbbaurechts

......
– nachstehend als „Grundstückseigentümer" bezeichnet – bestellt hiermit für

A und B

als „Mitberechtigte zur Hälfte"[29]
– nachstehend als der „Erbbauberechtigte" bezeichnet –
an dem in Ziffer I bezeichneten Grundbesitz („Erbbaugrundstück") ein

Erbbaurecht.

Das Erbbaurecht hat folgenden dinglichen Inhalt:
Folgender Text ist identisch mit Abschnitt II. Erbbaurechtsvertragsmuster 13!

III. Erbbauzins

Ziffern 1 mit 6 identisch mit Erbbaurechtsvertrag, danach Ergänzung!

7. Teilung des Erbbauzinses

Aufgrund Geltendmachung durch den Erbbauberechtigten bzw. einen Erbbauberechtigten (§ 40 Abs. 3 SachenRBerG) wird vereinbart:
a) Der regelmäßige Erbbauzins gem Abs. 1 wird entsprechend der Größe der Mitberechtigungsanteile am Erbbaurecht geteilt, sodass jeder einzelne Erbbauberechtigte dem Grundstückseigentümer zur Zahlung von folgendem regelmäßigen Erbbauzins verpflichtet ist:
 – der Erbauberechtigte A ...... (regelmäßiger Erbbauzins gem. Abs. 1) × ...... (Mitberechtigungsanteil) = ... Euro,
 – der Erbbauberechtigte B ...... (regelmäßiger Erbbauzins gem. Abs. 1) × ...... (Mitberechtigungsanteil) = ... Euro,
b) alle Bestimmungen gem. Ziff. 2 mit 6 gelten nun für die geteilten Erbbauzinsen. Jeder einzelne Erbbauberechtigte haftet nur für den von ihm zu zahlenden Erbbauzins, nicht für den des anderen Erbbauberechtigten.

---

[28] Zu 1. und 3. muss der Sachverhalt genau ermittelt und wiedergegeben werden; ein anderer Sachverhalt kann ganz andere Rechtsfolgen und einen anderen Inhalt des Erbbaurechts bewirken.
[29] Das Mitberechtigungsverhältnis muss dem Verhältnis der Wohnflächen der Wohnungen bzw. Gebäude der Erbbauberechtigten entsprechen bzw. sonstigen üblichen, angemessenen Wertmaßstäben.

8. Dingliche Sicherung[30]

Zur Sicherung der von jedem einzelnen Erbbauberechtigten zu zahlenden getrennten Erbbauzinsen nach Ziff. 7 sowie zur Sicherung aller sonstigen hierauf bezogenen Vereinbarungen gem. Ziff. 2 mit 5., insbesondere hinsichtlich ihrer Anpassung wird am Erbbaurecht je eine

Erbbauzinsreallast

im Sinne von § 9 Abs. 2 ErbbauRG bestellt. Die beiden Erbbauzinsreallasten erhalten untereinander Gleichrang.
Nach § 9 Abs. 3 ErbbauRG wird als Inhalt des jeweiligen Erbbauzinses vereinbart, dass die jeweilige Erbbauzinsreallast abweichend vom § 52 Abs. 1 ZVG mit ihrem Hauptanspruch bestehen bleibt, wenn der Grundstückseigentümer aus der Reallast oder der Inhaber eines im Rang vorgehenden oder gleichstehenden dinglichen Rechts die Zwangsversteigerung des Erbbauzinsrechts betreibt.

IV. Weitere (schuldrechtliche) Bestimmungen

identisch mit Erbbaurechtsvertragsmuster 13 bis auf Ziffer 4. Ende.

4. Kosten, Steuern

Die Kosten dieses Vertrages, seines Vollzugs im Grundbuch, erforderliche Genehmigungen und der Rangbeschaffung sowie die Grunderwerbsteuer tragen Grundstückseigentümer und Erbbauberechtigter je zur Hälfte. Die von ihnen gemeinsam zu tragende Hälfte der Kosten tragen die Erbbauberechtigten untereinander entsprechend ihren Mitberechtigungsanteilen

V. Grundbucherklärungen

identisch, nur bei 2b) geändert (Mehrzahl)
2. b) die Erbbauzinsreallasten gem. Abschnitt III. 7. zugunsten des jeweiligen Grundstückseigentümers an erster Rangstelle, mit Ausnahme von nach Abs. 3 etwa zur Eintragung kommenden Rechten in Abt. II.

Ziffer VI. und VII. identisch!

B. Begründung von Wohnungserbbaurechten

I. Aufteilungsplan

Mit Vollzug von Abschnitt A dieser Urkunde werden A und B Mitberechtigte zu ...... an dem in Abschnitt A begründeten Erbbaurecht. Wie dort festgestellt, bezieht sich das Erbbaurecht auf ein Zwei-Familienhaus mit einer Doppelgarage.
Hierzu liegt der Aufteilungsplan und die Abgeschlossenheitsbescheinigung je des Landratsamts bzw. der Stadt ...... vom ...... AZ: ...... vor.
Hierauf wird Bezug genommen. Ein Exemplar des Aufteilungsplans wird dieser Urkunde als Bestandteil beigefügt, ist jedoch nicht mitauszufertigen; er wurde den Beteiligten zur Durchsicht vorgelegt und von ihnen genehmigt. Eine Kopie der Abgeschlossenheitsbescheinigung wird der Urkunde als Bestandteil beigefügt.[31]

---

[30] Wenn das Recht auf Teilung des Erbbauzinses nicht ausgeübt wurde gilt Ziffer 7. des Erbbaurechtsvertragsmuster 22; wenn das Teilungsrecht ausgeübt wurde gem. vorstehender Ziff. 7 gilt:
[31] Liegt der Aufteilungsplan noch nicht vor, dann entsprechenden Aufteilungsplanentwurf beifügen und nach Vorliegen des Aufteilungsplans und der Abgeschlossenheitsbescheinigung einen Nachtrag vorsehen!

II. Begründung von Wohnungserbbaurecht gem. §§ 30, 3 WEG

Nach Maßgabe von § 40 des Sachenrechtsbereinigungsgesetzes und §§ 30, 3 WEG räumen sich die Miterbbauberechtigten A und B gegenseitig Sondereigentum ein und beschränken ihr Miteigentum am vorgenannten Gebäude bzw. ihre Mitberechtigung an dem gem. Abschnitt A begründeten Erbbaurecht in der Weise, dass jedem der Miterbbauberechtigten das Sondereigentum an einer bestimmten Wohnung oder nicht zu Wohnzwecken dienenden Räumen in dem in Abschnitt I. bezeichneten Gebäude eingeräumt wird. Danach erhalten im Einzelnen:

1. Der Miterbbauberechtigte A,
verbunden mit seinem Mitberechtigtenanteil zu ...... an dem gem. Abschnitt A begründeten Erbbaurecht, das Sondereigentum an der gesamten Wohnung im Erdgeschoss samt Kelleranteil und dem linken Stellplatz in der Doppelgarage, im Aufteilungsplan jeweils mit Nr. 1 bezeichnet;

2. Der Miterbbauberechtigte B,
verbunden mit seinem Mitberechtigungsanteil zu ...... an dem gem. Abschnitt A begründeten Erbbaurecht, das Sondereigentum an der gesamten Wohnung im 1. Obergeschoss samt Kelleranteil und dem rechten Stellplatz in der Doppelgarage, im Aufteilungsplan jeweils mit Nr. 2 bezeichnet.

III. Gemeinschaftsordnung

Für das Verhältnis der Wohnungsbauberechtigten untereinander gelten vorrangig die Bestimmungen über den dinglichen Inhalt des Erbbaurechts, nachrangig die gesetzlichen Bestimmungen des Wohnungseigentumsgesetzes, soweit nicht nachfolgend abweichende Vereinbarungen getroffen sind.

Der Gebrauch des gemeinschaftlichen Eigentums bzw. der zum Inhalt des Erbbaurechts gehörigen Nutzungsbefugnisse wird gem. §§ 10 Abs. 2, 15 WEG wie folgt geregelt:

§ 1 Zweckbestimmung

Die Zweckbestimmung des Erbbaurechts gem. A II. § 1 Nr. 2 und 3 gilt auch zwischen den Wohnungserbbauberechtigten. Soweit danach gegenüber dem Grundstückseigentümer eine Änderung der Nutzung zulässig ist, gilt dies grundsätzlich auch zwischen den Wohnungserbbauberechtigten. In einem derartigen Fall kann der andere Wohnungserbbauberechtigte die Zustimmung nur aus wichtigen Gründen verweigern; als wichtiger Grund ist insbesondere anzusehen, wenn die Ausübung eines Gewerbes oder Berufes eine ungebührliche Beeinträchtigung der Wohnungs- bzw. Teileigentümer oder eine übermäßige Abnutzung des gemeinschaftlichen Eigentums mit sich bringt.

§ 2 Sondernutzungsrecht

Dieser Urkunde wird weiter ein Lageplan beigefügt, der von den Beteiligten durchgesehen und genehmigt wurde. Entsprechend der bisherigen Nutzung der zum Erbbaurecht gehörigen Freiflächen werden folgende Sondernutzungsrechte (Befugnis auf alleinige und ausschließliche Benutzung) an folgenden Teilflächen begründet:[32]

a) dem jeweiligen Inhaber des Wohnungserbbaurechts Nr. 1 lt. Aufteilungsplan steht das Sondernutzungsrecht an der Grundstücksteilfläche zu, die im vorgenannten Lageplan rot eingezeichnet ist, und

---

[32] Hier sollte zweckmäßig eine genaue Beschreibung dieser Flächen und ihrer Begrenzung erfolgen, da diese Flächen nicht vermessen werden.

b) dem jeweiligen Inhaber des Wohnungserbbaurechts Nr. 2 lt. Aufteilungsplan steht das Sondernutzungsrecht an der Grundstücksfläche zu, die im vorgenannten Lageplan blau eingezeichnet ist.

Die vorgenannten Flächen kann jeder Wohnungserbbauberechtigte als Garten mit allen damit zusammenhängenden Nutzungen benutzen. Er trägt alle auf diese Teilfläche entfallenden Kosten und hat diese auf seine eigene Rechnung instand zu halten und zu unterhalten; er trägt die Verkehrssicherungspflicht hierzu.

§ 3 Verwalterbestellung
Zum ersten Verwalter wird ...... bestellt.[33]

IV. Einigung, Grundbuchanträge

1. Die Miterbbauberechtigten sind sich über die Einräumung des Sondereigentums gem. Abschnitt II. einig.
2. Die Vertragsteile

bewilligen und beantragen

in das Grundbuch einzutragen:
a) die Teilung des Erbbaurechts und die Einräumung von Sondereigentum gem. Abschnitt II. und die vorstehende Einigung mit allen damit verbundenen Rechtsänderungen;
b) als Inhalt des Sondereigentums die Bestimmungen des Abschnitt III., insbesondere die Sondernutzungsrechte;
c) die getrennte Erbbauzinsreallast, die vom Miterbbauberechtigten A zu tragen ist, am Wohnungserbbaurecht Nr. 1 und die getrennte Erbbauzinsreallast, die von B zu tragen ist, am Wohnungserbbaurecht Nr. 2;
der Grundstückseigentümer bewilligt jeweils die lastenfreie Abschreibung der anderen Wohnungserbbaurechtseinheit aus diesen Rechten, und stimmt allen vorstehenden Erklärungen zu;
d) alle etwaigen Lastenfreistellungserklärungen, denen die Vertragsteile mit dem Antrag auf Vollzug im Grundbuch zustimmen.

Teilvollzug ist zulässig, insbesondere kann das Erbbaurecht gem. Abschnitt A vor der Begründung der Wohnungs-/Teilerbbaurechte nach B vollzogen werden.

V. Weitere schuldrechtliche Vereinbarungen

1. Die schuldrechtlichen Bestimmungen gem. Abschnitt A IV. 1 mit 3 und VII. gelten entsprechend und sinngemäß im Verhältnis der Wohnungserbbauberechtigten untereinander.
2. Beide Wohnungserbbauberechtigten sowie die Grundstückseigentümer sind gem. § 40 Abs. 4 SachenRBerG verpflichtet, alles zu tun, damit diese Aufteilung im Grundbuch vollzogen werden kann und die etwa noch nötigen Unterlagen nach § 7 Abs. 4 WEG erwirkt werden.
3. Die durch die Teilung in Wohnungserbbaurechte entstehenden Kosten tragen die Wohnungserbbauberechtigten entsprechend ihren Mitberechtigungsanteilen; eine etwa anfallende Grunderwerbsteuer trägt jeder Wohnungserbbauberechtigte für seinen Erwerb.

---

[33] §§ 1 und 2 sind nicht ausdrücklich im Sachenrechtsbereinigungsgesetz genannt, ergeben sich jedoch aus dessen Sinn und Zielsetzung. Im übrigen ist in der Praxis eine Vielzahl weiterer Vereinbarungen zur Gemeinschaftsordnung üblich. Dies kann freiwillig vereinbart werden, Gestaltungsrechte hierzu sieht das SachenRBerG jedoch nicht vor.

4. Die vorstehenden Wohnungserbbaurechtseinheiten werden entsprechend dem Sachenrechtsbereinigungsgesetz gebildet und entsprechend dem Wert und der Nutzung des bisherigen Rechtsverhältnisse. Kein Wohnungserbbauberechtigter hat daher dem anderen irgendeine Aufzahlung zu leisten.

VI. Hinweise

Die Beteiligten anerkennen, vom Notar insbesondere hingewiesen worden zu sein:

1. auf die Voraussetzungen für den Vollzug des Wohnungserbbaurechts, insbesondere auf das Erfordernis des Vorvollzugs des Erbbaurechts;
2. auf die Möglichkeit, freiwillig im Rahmen der Gemeinschaftordnung weitere Vereinbarungen zu treffen oder sich gegenseitige Vorkaufsrechte einzuräumen; dies wurde jedoch nicht gewünscht.

Variante:

Zusammenhängende (jedoch vertikal getrennte) Siedlungshäuser (vgl. § 40 Abs. 1. Nr. 1) oder getrennte Häuser, bei denen eine Realteilung unzweckmäßig ist (§ 40 Abs. 2).

Bei B Sachverhalt entsprechend ändern, ebenso den Beschrieb des Sondereigentums und Abschnitt III. fassen, wie folgt:

III. Gemeinschaftsordnung

Für das Verhältnis der Wohnungserbbauberechtigten untereinander gelten vorrangig die Bestimmungen über den dinglichen Inhalt des Erbbaurechts, nachrangig die gesetzlichen Bestimmungen des Wohnungseigentumsgesetzes, soweit nicht nachfolgend abweichende Vereinbarungen getroffen sind.

Der Gebrauch des gemeinschaftlichen Eigentums bzw. der zum Inhalt des Erbbaurechts gehörigen Nutzungsbefugnisse wird gem. §§ 10 Abs. 2, 15 WEG wie folgt geregelt:

§ 1 Wirtschaftlich selbständige Einheiten, Sondernutzungsrechte

1. Die gesamten aus einem Doppelhaus bestehende Wohnanlage besteht – wirtschaftlich – aus zwei selbständigen Einheiten.
   Jeder der beiden wirtschaftlichen Einheiten soll so behandelt werden, als stünde sie im Verhältnis zu der anderen Einheit im Alleineigentum bzw. der Alleinberechtigung derjenigen Person, die in dem betreffenden Gebäude eine Sondereigentumseinheit zu Eigentum besitzen.
2. Aufgrund des vorgenannten Sachverhalts wird der Gebrauch des gemeinschaftlichen Eigentums gemäß § 15 WEG wie folgt geregelt:
   a) Dem jeweiligen Wohnungserbbauberechtigten der Wohnungserbbaurechtseinheit Nr. 1 (Nr. 1 laut Aufteilungsplan) steht das Sondernutzungsrecht (Befugnis auf ausschließliche Benutzung) an der Grundstücksteilfläche, die im als Bestandteil beigefügten Lageplan **rot** eingezeichnet ist, sowie an der Grundstücksfläche, die in diesem Lageplan als mit den Baulichkeiten Nr. 1 (Wohnhaus und Garage) überbaut ausgewiesen ist, an den Baulichkeiten auf dieser Grundstücksfläche mit allen darin befindlichen Räumen, soweit diese nicht ohnehin im Sondereigentum stehen, einschließlich insbesondere des Daches, der Fassaden, der Außenwände, der Umfassungsmauern, der Fenster und Türen, der Glasscheiben und dergl., zu.

b) Dem jeweiligen Wohnungserbbauberechtigten der vorstehend gebildeten Wohnungserbbaurechtseinheit Nr. 2 (Nr. 2 laut Aufteilungsplan) steht das Sondernutzungsrecht (Befugnis auf ausschließliche Benutzung) an der Grundstücksfläche, die im Lageplan **blau** eingezeichnet ist, sowie an der Grundstücksfläche, die im Lageplan mit den Baulichkeiten Nr. 2 (Wohnhaus) überbaut ausgewiesen ist, an den Baulichkeiten auf dieser Grundstücksfläche mit allen darin befindlichen Räumen, soweit diese nicht ohnehin im Sondereigentum stehen, einschließlich insbesondere des Daches, der Fassaden, der Außenwände, der Umfassungsmauern, der Fenster und Türen, der Glasscheiben und dergl., zu.

Die Teilungslinie zwischen den vorgenannten Freiflächen wird beschrieben, wie folgt:

......

3. Jeder Sondereigentümer ist berechtigt, die seinem Sondereigentum und Sondernutzungsrecht unterliegenden Gebäude- und Grundstücksteile unter Ausschluss der anderen Sondereigentümer so zu nutzen, wie wenn er Alleineigentümer bzw. Inhaber eines getrennten eigenen Erbbaurechts hieran wäre, soweit nicht zwingende gesetzliche Vorschriften etwas anderes vorsehen.

Die Einheiten 1) und 2) bilden wirtschaftlich getrennte Einheiten und zwar in solcher Weise, wie wenn sie Alleineigentum bzw. völlig getrennte Erbbaurechte wären, so dass wirtschaftlich gesehen zwischen den Einheiten gemeinschaftliches Eigentum nicht vorhanden ist mit Ausnahme der im Lageplan **gelb** angelegten Zufahrts- bzw. Zugangsflächen.[34]

§ 2 Unterhaltspflicht, Kosten und Lasten

1. Jeder Sondereigentümer hat die seinem Sondereigentum und Sondernutzungsrechten unterliegenden Gebäude und Grundstücksteile allein und auf eigene Kosten zu unterhalten, instandzuhalten und instandzusetzen.

2. Jeder Sondereigentümer trägt die auf seinen Haus- und Grundstücksteil treffenden Kosten und Lasten allein. Nur soweit zwingende gemeinschaftliche Kosten anfallen, sind sie nach Mitberechtigungsanteilen aufzuteilen.

3. Für die vorgenannte, im gemeinschaftlichen Eigentum verbleibende Zufahrts- und Zugangsfläche gilt: Sowohl die Unterhaltspflicht gemäß Abs. 1 einschließlich der Verpflichtung zum Räumen und Streuen, als auch die Kosten und Lasten gemäß Abs. 2 sind von den Sondereigentümern je zur Hälfte zu tragen.[35]

4. Soweit gesetzlich zulässig, besteht im Verhältnis der zwei Einheiten zueinander keinerlei Verpflichtung zum Wiederaufbau, zur Instandhaltung und Instandsetzung sowie zur Anschaffung einer Instandhaltungsrücklage.

---

[34] Hier prüfen, welche Gemeinschaftsflächen und Anlagen vorhanden sind und entsprechend ergänzen.

[35] Prüfen!

Sachregister

Die Zahl vor dem Punkt verweist auf das Kapitel, die Zahl nach dem Punkt auf die entsprechende Randnummer dieses Kapitels

Abgrenzung
– Belastungsgegenstand – Rechtsinhalt (bei Nebenfläche) 2.69, 2.91
– Erbbaurecht – andere Rechtsinstitute 1.31 ff.

Abriss des Bauwerkes 4.60, 4.89, 4.114

Abschreibung
– Bestandteilszu-, -abschreibung 5.183
– einkommensteuerliche 10.82 ff.
– Teilfläche Erbbaugrundstück 5.174

Abwendung der Entschädigung durch Verlängerung s. Verlängerung

Änderung des Erbbaurechts s. Inhaltsänderung

AGB s. Allgemeine Geschäftsbedingungen

Allgemeine Geschäftsbedingungen 4.21
– Anpassungsklausel 6.92
– Grundbuchamt 4.22
– Heimfallgrund 4.86
– Kaufzwangklausel 4.171
– Vertragsstrafe 4.133a
– Wertsicherungsklausel 6.92

Altrechtliche Dienstbarkeiten und Rang iSv. § 10 2.113

Amtswiderspruch bei unwirksamer Bestellung 5.74

Anfangszeitpunkt des Erbbaurechts 2.142

Anfechtungsgesetz 4.104

Ankaufsrecht 4.155 ff., s. Verkaufsverpflichtung des Eigentümers

Anpassungsklausel
– Abtretung 6.89
– Äquivalenzstörung 6.229
– Anpassungszeitpunkt 6.115 ff.
– Ausgangspunkt 6.110, 6.115
– Ausgestaltung 6.96 ff.
– Auslegung 6.89, 6.95, 6.126 ff.
– Basisjahr 6.110, 6.132
– Beamtenbezüge 6.111, 6.130
– Beschränkung nach § 9 a ErbbVO 6.165, s. dort
– Bestimmbarkeit 6.68
– Bewertungsmaßstab 6.96, 6.105 ff.
  – abstrakter 6.108
  – Fehlen 6.106
  – konkreter 6.110
– Billigkeitsprüfung 6.98
– dingliche Absicherung 4.8
– Eigentümererbbaurecht 6.91
– Einkommensentwicklung 6.101, 6.109, 6.128
– Einschränkung 6.97
– Einschränkung nach § 9 a ErbbVO 6.165 ff., s. dort
– dinglicher Erbbauzins 6.74, 6.93
– schuldrechtlicher Erbbauzins 6.22
– Ermessen 6.106
– Fehlen 6.228 ff.
  – Billigkeitsprüfung 6.232
  – Geschäftsgrundlage 6.228
  – gewerbliche Zwecke 6.236
  – Grundbucheintragung 6.237
  – Kaufkraftschwund 6.235
  – Opfergrenze 6.231
  – Veräußerung des Erbbaurechts 5.88, 6.250 ff.
  – Veräußerung des Grundstücks 5.104, 6.238
  – Wohnzwecke 6.236
  – Zeitraum 6.234
– Formularvertrag 6.92
– Genehmigung 6.139
– Geschäftsgrundlage 6.228 ff.
– Gleitklausel s. dort
– Grundstückswert 6.98, 6.109, 6.113, 6.155
– Heimfall 6.91
– Inflation 6.129
– Lebenshaltungskosten 6.101
– Mietzinsen 6.113, 6.155
– Nachforderung 6.116
– Naturalien 6.152
– Neufestsetzung der Erbbauzinsen 6.116 ff., 6.122 ff.
– Roggenklausel 6.127
– Rückforderung 6.116
– Sachleistungen s. dort
– Schiedsrichter 6.117
– „schleichende Inflation" 6.129
– schuldrechtliche Natur 6.88, 6.94 ff.
– Sonderrechtsnachfolger 6.89, 6.94
– Verzugszinsen 6.88
– Voraussetzungen
  – abstrakter Maßstab 6.100
  – irrige Bezeichnung 6.131
  – konkreter Maßstab 6.104
– Übernahme
  – Veräußerung Erbbaurecht 5.88, 6.240
  – Veräußerung Grundstück 5.104, 6.238

543

Sachregister

- Vormerkung 4.8, 6.205 ff. s. dort
- Wahlschuldverhältnis s. dort
- Wegfall der Geschäftsgrundlage 6.228 ff.
- Weihnachtsgratifikation 6.112
- Zulässigkeit 6.90

Anschaffungskosten (ESt) 10.80
- nicht zu eigenen Wohnzwecken 10.80
- zu eigenen Wohnzwecken 10.84 ff.

Ansprüche aus Eigentum 2.161

Anwendbarkeit
- der Grundstücksvorschriften 1.30, 2.160 ff., 5.2
- der Rechtsvorschriften 1.30, 2.160, 5.3

Anwendungsbereich des Erbbaurechts 1.16

Arglisteinwand
- Heimfallanspruch 4.127
- Verjährung 4.127

Arrestverfahren 4.290 ff.
- Eigentümerzustimmung 4.285
- einstweilige Verfügung 4.303
- Hypothek 4.290
- Verfügungen 4.290
- Vormerkung 4.303
- Zustimmungserfordernis 4.290

Art der Gebäude
- Bestimmtheit 2.22 ff.

Aufhebung des Erbbaurechts (rechtsgeschäftliche) 5.196 ff.
- Begriff 5.196
- Durchführung 5.198 ff.
- Eigentümererbbaurecht 3.13
- Eintragung 5.202
- Gebühren 9.38
- Grunderwerbssteuer 10.57
- Grundgeschäft 5.197
- Kosten 9.38
- Muster 11.11
- Nachbarerbbaurecht 3.82
- Rechtswirkungen 5.203
- Vormerkung 5.197
- Wohnungserbbaurecht 3.129
- Zustimmung dinglich Berechtigter 5.200, 5.201

Aufhebungsverpflichtung des Erbbaurechts 2.149

Auflösende Bedingung des Erbbaurechts 2.148, s. Bedingung

Aufschiebende Bedingung des Erbbaurechts 2.147, s. Bedingung

Aufteilung in Wohnungserbbaurecht 3.107 ff.
- der Belastung, des Erbbauzinses bei Wohnungserbbaurecht 3.116, 3.120

Auseinandersetzung
- Zustimmungserfordernis 4.186

Auslegung
- Anpassungsklausel 6.89, 6.95, 6.126 ff., 6.200
- Billigkeitsmaßstab 6.200

- Erbbauzins 6.21
- Fehlen der Wertsicherungsklausel 6.149
- Roggenklausel 6.127
- Verkaufsverpflichtung 4.158
- Wertsicherungsklausel 6.89, 6.95, 6.126 ff., 6.200

Außenanlagen 2.79

Ausschluß der Heimfallvergütung 4.116

Aussonderung 4.81

Ausübungsgrenze
- Überbau der 3.87

Bäume auf Nutzungsfläche 2.80

Baracke als Bauwerk 2.8

Bauerwartungsland
- Erbbaurechtsfeststellung 5.10, 5.11

Baugesetzbuch
- Enteignung 5.84
- Erschließung 4.74
- Genehmigung bei Umlegung, Sanierung 5.49, 5.84
- kein gesetzliches Vorkaufsrecht 5.84, 5.98
- Veräußerungspflicht der Gemeinde 5.84

Baulandbeschaffungsgesetz 5.81

Baumaßnahmen 2.62

Bausparkasse 5.143

Bauwerk
- Anforderungen daran 2.5
- Begriff 2.6 ff.
- Beseitigungspflicht 4.89, 4.114
- Besichtigung 4.52
- Besitz 2.61
- Bestandteil des Erbbaurechts 2.38
- Bestimmung 2.18 ff.
- Eigentum bei Erlöschen 5.254
- Eigentum, -serwerb 2.36 ff.
- Einsturz 4.53
- Entschädigung bei Erlöschen 5.207 ff.
- bei Erbbaurechtsbestellung vorhandenes Bauwerk 2.51
- Errichtung 4.39 ff., s. dort
- Erschließung s. dort
- feste Verbindung 2.8
- Haftung 2.60, 5.148
- Heimfall 4.123
- Instandhaltung s. dort
- komplexe Anlagen 2.8, 2.16
- Lastentragung s. dort
- beim Nachbarerbbaurecht 3.75
- Nutzungsänderung 2.62
- auf oder unter der Oberfläche 2.9
- öffentliche Lasten s. dort
- privatrechtliche Lasten s. dort
- Sonderrechtsunfähigkeit 2.58 ff.
- Umbau 2.62
- Umfang der Rechte 2.62
- unbewegliche Sache 2.59
- des Untererbbaurechts 3.29
- Untergang 2.64

- bei Unwirksamkeit des Erbbaurechts 2.53
- Veränderung 4.47
- Vermietung 4.58
- Versicherung s. dort
- Verstöße 4.61 ff.
- Verwendung s. dort
- Wegnahme beim Heimfall 4.123
- Wiederaufbau s. dort
- wirtschaftlicher Vorrang 2.70, 2.71

Bauwert bei Mündelhypothek 5.123
Beamtenbezüge 6.111, 6.130
Bebaubarkeit des Erbbaugrundstücks 5.10 ff.
Bebauungsbefugnis 2.6
- Änderung 2.58, 5.150

Bedarfsbewertung 10.26 ff.
- Abgrenzung zum Einheitswert 10.2
- des Erbbaugrundstücks 10.27
- des Erbbaurechts 10.31

Bedingungen des Erbbaurechts 2.147
- auflösende 2.148
- aufschiebende 2.147
- Bestellung durch nicht befreiten Vorerben 2.150 ff.
- bei Veräußerung des Erbbaurechts 5.91, 5.92
- Verstoß 2.154

Bedingungen des Erbbauzinses 6.27, 6.69
Beeinträchtigung des Erbbaurechtszwecks
- Begriff 4.197
- Persönlichkeit des Erwerbers 4.212
- Wesentlichkeit 4.211
- Zustimmungsverweigerung 4.197
- Zweck s. dort

Beendigung des Erbbaurechts s. Dauer, Erlöschen, Aufhebung

Befristung mit ungewissem Endtermin 2.144 ff.

Begriff
- Bauwerk 2.6
- Eigentümererbbaurecht 3.8
- Erbbaurecht 1.25 ff.
- Gesamterbbaurecht 3.37
- Nachbarerbbaurecht 3.70
- Untererbbaurecht 3.14
- Wohnungs-/Teilerbbaurecht 3.96 ff.

Begründung von Wohnungserbbaurecht 3.107 ff.

Belastung
- Durchführung 5.144 ff.
- des Erbbaurechts 5.105 ff.
- des Gesamterbbaurechts 3.62
- Haftungsgegenstand 5.147, 5.148
- Heimfall 4.81
- überhöhte 5.149a
- des Untererbbaurechts 3.30
- des Wohnungserbbaurechts 3.124

Belastungsgegenstand 2.90 ff.
- Abgrenzung zum Rechtsinhalt 2.61, 2.91

- Ausschluss ideeller Teile 2.90
- Ausschluss von Teilflächen 2.91
- mehrere Grundstücke (Gesamterbbaurecht) 2.90, 3.37 ff.

Beleihung s. Grundpfandrechte
Beleihungsgrenze
- Anrechnung vorgehender Rechte 5.121
- versteigerungsfester Erbbauzins 5.121, 5.139
- nach VAG 5.137
- bei Mündelhypothek 5.120 ff.
- für Sparkasse 5.142

Beleihungswert
- Bauwert 5.123
- Berechnungsbeispiele 5.127
- nach VAG 5.138
- Mietreinertrag 5.125, 5.126
- bei Mündelhypothek 5.122 ff.
- für Sparkassen 5.142

Berechtigter
- Bruchteils- und Gesamthandsberechtigung 2.123
- Eigentümererbbaurecht 2.122, 3.8 ff.
- Gesamtberechtigung iS. § 428 BGB 2.124 ff.
- die Grundstückseigentümer beim Gesamterbbaurecht 3.49 ff.
- subjektiv persönliches Recht 2.121

Bergwerksschacht als Bauwerk 2.9, 2.12
Berichtigung des Grundbuchs
- Entschädigungsforderung 5.238 ff.
- bei Erlöschen 5.204 ff.
- bei inhaltlich unzulässiger Eintragung 5.76
- Rechte an Entschädigungsforderung 5.248
- bei unwirksamer Bestellung 5.73

Beschränkte persönliche Dienstbarkeit s. Dienstbarkeit

Beschränkung auf Gebäudeteile 2.27 ff., s. Gebäudeteil

Beschränkung des Anpassungsanspruchs 6.165 ff.
- abweichende Verwendung des Bauwerks 6.181
- Änderungszeitraum 6.202
- allgemeine wirtschaftliche Verhältnisse 6.187
- Alter 6.199
- Anspruch auf Erhöhung 6.170
- Anwendungsbereich 6.171
- Ausgangspunkt 6.183
- Auslegung 6.200
- Beweislast 6.201
- Billigkeit der Erhöhung 6.182, 6.200
- Bruttosozialprodukt 6.189
- Einkommen 6.191, 6.199
- Erhöhungsanspruch 6.170
- Fehlen einer Bemessungsgrundlage 6.173
- Gebäudeart 6.178 ff.
- gemischte Verwendung 6.180
- gewerbliche Zwecke 6.179

545

- Grundstück 6.194, 6.196
- Lebenshaltungskosten 6.190
- Nettoinlandprodukt 6.189
- Normzweck 6.165
- persönliche Verhältnisse 6.199
- Sachgut 6.174
- Schiedsgutachten 6.177
- schuldrechtlicher Anpassungsanspruch 6.169
- „sonstige Umstände" 6.199
- Übergangsregelung 6.166
- vereinbarte Anpassung 6.170
- Verstoß 6.176
- Volkseinkommen 6.189
- Voraussetzungen 6.169 ff.
- wirtschaftliche Verhältnisse 6.187
- Wohnzwecke 6.178
- zeitliche Geltung 6.166, 6.202
- Zweck des § 9a ErbbVO 6.165

Beseitigungsanspruch 2.161, 4.60, 4.89, 4.114

Besichtigungsrecht 4.52
- Heimfall 4.80

Besitz
- am Bauwerk 2.61
- am Grundstück 2.61
- des Grundstückseigentümers 2.89
- Recht zum 2.161

Besitzrechtsvermerk 8.132

Bestandsverzeichnis 5.57

Bestandteile
- nichtwesentliche Bestandteile s. dort
- wesentliche Bestandteile s. dort

Bestandteilszu-, -abschreibung
- am Erbbaurecht 5.183
- am Grundstück 5.174

Bestandteilszuordnung des Bauwerks 2.58 ff.

Bestellung
- des Eigentümererbbaurechts 3.10
- Gesamterbbaurecht durch Erstreckung 3.57 ff.
- Gesamterbbaurecht von Anfang an 3.45 ff.
- des Nachbarerbbaurechts 3.81
- des Untererbbaurechts 3.28
- des Wohnungs-/Teilerbbaurechts 3.107 ff.

Bestellung des Erbbaurechts 5.4 ff.
- dingliche Bestellung 5.41 ff.
- Einigung 5.42 ff.
- Eintragung 5.268, 5.52 ff.
- Entstehungszeitpunkt 5.60
- Form des schuldrechtlichen Vertrags 5.15 ff.
- und Grunddienstbarkeit 2.68, 4.54.
- Grunderwerbssteuer 10.37 ff.
- gutgläubiger Erwerb 5.75, 5.76
- inhaltlich unzulässige Eintragung 5.64, 5.76
- Nichtigkeitsfolgen 5.72 ff.
- Nichtigkeitsgründe 5.61
- privatrechtliche, behördliche Genehmigungen 5.48 ff.

- Rangbeschaffung 5.51
- Teilnichtigkeit 5.66 ff.
- Unbedenklichkeitsbescheinigung 5.50
- Unwirksamkeit der Einigung 5.62, 5.73
- Verpflichtung zur, Form 5.15
- Vorlage des Vertrags 5.47

Bestimmtheitserfordernis
- Anpassungsverpflichtung 6.205 ff.
- Art der Gebäude 2.22 ff.
- Bauwerk 2.19
- Bebauung 4.40
- Einigung zur Bestellung 5.44
- Erbbaugrundstück 2.90
- Erbbauzins 6.68 ff.
- Grundstücksverkehr 4.18
- Heimfall 4.79, 4.86
- Sachenrecht 4.18
- Strafzins 4.130
- Verstoß 2.26, 5.62 ff., 6.64
- Vormerkung 6.205 ff.
- Zwangsvollstreckungsunterwerfung 6.246

Bestimmungsgemäße Bebauung 2.42
- Voraussetzung für Wohnungserbbaurecht 3.105

Bestimmungswidrige Bebauung 2.43 ff.
- durch Überbau 3.88

Betriebsvermögen (ESt)
- Entnahme 10.71 ff.
- Erbbaugrundstück als 10.70
- Erbbaurecht als 10.80 ff.
- Erbbauzins als 10.75

Bewertung im Steuerrecht 10.2 ff.
- Aufteilung des Gesamtwerts 10.4 ff.
- Bedarfsbewertung 10.26 ff.
- Erbbaurecht vor 1.1.2007 10.32
- Erbbaurecht nach 1.1.2007 10.34
- Erbbauzins 10.29
- Grundstück vor 1.1.2007 10.28
- Grundstück nach 1.1.2007 10.34 c
- Mindestbewertung 10.17
- Sonderbewertung 10.14 ff.
- Wertfortschreibung 10.19 ff.
- wirtschaftliche Einheiten 10.4

Bilanzierung des Erbbaurechts 10.89

Bodenspekulation, Bekämpfung 1.6

Bruchteilsberechtigung am Erbbaurecht 2.123

Brücke als Bauwerk 2.8, 2.10, 2.13

Brunnen als Bauwerk 2.14

Buchersitzung 5.79

Bundesbaugesetz
- Enteignung 5.82
- Genehmigung zur Bestellung 5.49
- gesetzliches Vorkaufsrecht 5.82, 5.98
- Veräußerungspflicht der Gemeinde 5.82

Camping-Naherholungszentrum als Bauwerk 2.11

Sachregister

Dauer des Erbbaurechts 2.138 ff.
– Änderung 5.150 ff.
– Anfangszeitpunkt 2.142
– Bedingungen 2.147 ff.
– Befristung mit ungewissem Endtermin 2.144 ff.
– Bestellung durch nicht befreiten Vorerben 2.150 ff.
– bestimmte Zeitgrenze 2.141
– Einschränkung der Vertragsfreiheit 2.139
– ewiges Erbbaurecht 2.146
– Tod des Erbbauberechtigten, Bestellers 2.144, 2.145
– Verlängerungsklausel 2.143

Dauerwohnrecht
– Abgrenzung von Erbbaurecht 1.34
– am Erbbaurecht 5.114
– Zustimmungserfordernis 4.224

Dienstbarkeit
– Abgrenzung vom Erbbaurecht 1.33
– am Erbbaurecht 5.107 ff.
– Rechtsinhalt 5.109 ff.
– Verhältnis zum Rang i. S. d. § 10 1.100

Dingliche Bestellung s. Bestellung des Erbbaurechts

Dingliche Rechte
– bei Bildung Wohnungserbbaurecht 3.123
– bei Gesamterbbaurecht 3.58, 3.59

Dingliche Übertragung s. Übertragung

Dingliche Wirkung
– absolute Wirkung 4.29
– Auslegung 4.14
– Bestimmtheitsprinzip 4.18
– Haftung 4.27, 4.29 ff.
– Heimfall 4.8, 4.87, 4.94
– Typenzwang 4.14, 4.26
– Vertragsstrafe 4.8
– Vorrecht auf Erneuerung 4.148, 4.149
– Zustimmungserfordernis 4.175

Doppelnatur des Erbbaurechts 1.29
– Folgen 1.30, 5.2 ff.

Drahtseilbahn als Bauwerk 2.13

Eigengrenzüberbau 3.92
Eigenheimzulagegesetz 10.86
Eigentum
– Ansprüche aus 2.161
– am Bauwerk 2.36 ff.
– an Bestandteilen 2.54 ff.
– des Grundstückseigentümers 2.88
– wirtschaftliches (ESt) 10.72, 10.83

Eigentumserwerb am Bauwerk
– bestimmungsgemäße Bebauung 2.42
– bestimmungswidrige Bebauung 2.43 ff.
– bei Erlöschen 5.254
– an nichtwesentlichen Bestandteilen, Zubehör 2.56
– bei Überbau 3.88 ff.

– vorhandenes Bauwerk 2.51
– an wesentlichen Bestandteilen 2.55

Eigentümererbbaurecht 2.122, 3.8 ff.
– Anpassungsklausel 6.91
– Anwendungsbereich 3.9
– Aufgabe 3.13
– Aufhebung 4.108
– Aufteilung in Wohnungserbbaurecht 3.102
– Begriff 3.8
– Entstehung 3.10
– beim Heimfall 4.107
– Inhaltsänderung 3.13
– schuldrechtliche Vereinbarungen 3.11, 3.13
– Sicherungshypothek und Zustimmung iSd. § 5, § 8, 3.13
– Übertragung 3.13
– Verkaufsverpflichtung des Eigentümers 4.160, 4.163
– auf Grund Vorkaufsrecht 6.6
– Vormerkung für Erbbauzinsanpassung 3.12
– Wertsicherungsklausel 6.91
– Zulässigkeit 3.9

Einfamilienhausbesteuerung (ESt) 10.84
Einfriedungen 2.79
Einheitswert s. Bewertung
Einigung
– Bedingungsfeindlichkeit bei Übertragung 5.91, 5.92
– zur Belastung 5.145
– zur Inhaltsänderung 5.155, 5.156
– zur Übertragung des Erbbaurechts 5.90

Einigung zur Erbbaurechtsbestellung 5.42 ff.
– Bestimmtheitsgrundsatz 5.44
– Form 5.42
– Geltung des Formzwangs für spätere Einigung 5.20 ff., 5.42
– Geschäftseinheit mit schuldrechtlicher Bestellung 5.20 ff.
– Inhalt 5.43
– keine „Übertragung" Grunddienstbarkeit 5.44
– Unterschied zur Auflassung 5.26, 5.27
– Unwirksamkeit 5.62 ff.

Einkommensteuer 10.70 ff.
– Abschreibung 10.82 ff.
– Anschaffungskosten des Erbbaurechts 10.80
– Bilanzierung 10.89
– Entnahme aus Betriebsvermögen 10.71
– Erbbauzins 10.75, 10.77, 10.81
– Erlöschen, Heimfall 10.78 ff.
– Erschließungskostenzahlung durch Erbbauberechtigten 10.76
– Gebäude zu eigenen Wohnzwecken 10.84 ff.
– Grundstück als Privatvermögen 10.77
– Spekulationsgeschäfte 10.87
– Werbungskosten 10.81
– wirtschaftliches Eigentum 10.72, 10.83

547

einstweilige Verfügung
– Arrestverfahren s. dort
– Vormerkung 4.303
Eintragung
– Aufhebung 5.202
– von Belastungen 5.146
– Entschädigungsforderung 5.237, 5.238
– Erbbaurechtsbestellung 5.52 ff.
– des Erbbaurechtserwerbers 5.100
– Erlöschen 5.205, 5.206
– Gesamterbbaurecht 3.51, 3.57
– inhaltlich unzulässige Eintragung 5.64 ff.
– Inhaltsänderung 5.159
– Inhaltsvereinbarungen 5.52
– Prüfungspflicht des Grundbuchamtes 5.25
– der Rechte nach § 29 5.246
– Untererbbaurecht 3.29
Endtermin des Erbbaurechts s. Dauer
Enteignung
– Entstehung durch 5.80 ff.
– Erlöschen durch 5.83 ff.
Entnahme aus Betriebsvermögen (ESt) 10.71 ff.
Entschädigung für Bauwerk bei Erlöschen 5.207 ff.
– Abwendung durch Verlängerung 5.220 ff.
– Anwendung der Reallastvorschriften 5.241
– Berechtigter, Verpflichteter 5.210, 5.211
– Eintragungsfähigkeit 5.237, 5.238
– Haftung für Grundpfandrechte 5.242 ff., s. Haftung
– bei Grunderwerbssteuer 10.59 ff.
– Haftung am Grundstück 5.236 ff.
– Höhe bei Vereinbarung 5.214
– Höhe nach Gesetz 5.212
– Rechtsnatur 5.208, 5.209
– vereinbarter Entschädigungsanspruch 5.213 ff.
– Vorrecht auf Erneuerung 4.152
Entsorgungsleitung 2.15
Entstehung des Erbbaurechts s. Bestellung
– weitere Entstehungsgründe 5.79 ff.
Entstehungsgeschichte des Erbbaurechts 1.1 ff.
Erbauseinandersetzung
– Zustimmungserfordernis 4.186
Erbbaugrundbuch
– Anlage bei Bestellung 5.55 ff., 5.272
– Bestandsverzeichnis 5.57
– Eintragung des Erwerbers 5.100, 5.271
– konstitutive Wirkung 5.55, 5.271
– Wirkungen, Widersprüche 5.59, 5.274
– Zustimmung nach § 5 5.275
Erbbaugrundstück s. Grundstück
Erbbaurechtsbestellung s. Bestellung, schuldrechtlicher Vertrag
Erbbaurechtsspekulation 1.23
Erbbauvertrag, s. Bestellung; schuldrechtliche Vereinbarungen

– Abgrenzung zur Grunddienstbarkeit 2.68, 4.54
– Elemente 5.4 ff.
Erbbauzins
– Abtretung 6.24, 6.25
– Änderung 6.27, 6.60 ff.
– Angemessenheit 6.65
– Anpassungsklausel s. dort
– Aufhebung 6.63
– Aufteilung bei Wohnungserbbaurecht 3.120, 6.62
– Auslegung 6.21
– bebautes Grundstück 6.14
– Bedarfsbewertung 10.26 ff.
– Bedingung 6.27, 6.69
– Begriff 6.14
– Belastung 6.26, 6.27
– bei Beleihungsgrenze 5.121, 5.138, 5.139, 5.142
– Bestehen bleiben des 6.28, 6.264
– Bestimmbarkeit 6.68, 6.73, 6.78
– Bestimmtheit 6.68 ff.
– Bewertung, steuerliche 10.26 ff.
– Dauernutzungsrecht 6.11
– dinglicher 6.13, 6.86
– dingliche Zwangsvollstreckungsunterwerfung 6.242
– Einkommensteuer 10.75, 10.77, 10.81
– Eintragung 6.29
– Entstehung 6.29
– Erbschaftsteuer 10.67, 10.69
– Erhöhung 6.40, 8.94
– Muster 11.4
– nicht Erbbaurechtsinhalt 4.16, 4.28, 6.26
– Fälligkeit 6.25, 6.109
– Feingoldmark 6.11
– Festsetzung durch Dritte 6.75
– Fristbestimmung 6.69
– Gebühren 9.2, 9.11
– Gesamterbbaurecht 3.54, 6.23
– Getreidelieferung 6.11
– Gewerbesteuer 10.93, 10.94
– Grunderwerbsteuer 10.40 ff.
– Grundstück bebaut 6.14
– Grundstücksbestandteil 6.24
– „aus dem Grundstück" 6.9
– Heimfall 4.81, 4.88, 6.37
– Höhe 6.65, 6.71
– Inhalt 6.53
– Kapitalisierung 6.241
– Klage auf Künftigen 6.164 a
– Klarstellung 6.21
– Kosten 9.2, 9.11
– Künftiger Erbbauzins 6.164 a
– Löschungsvormerkung 6.50
– Nachforderung 6.116
– Neufestsetzung 6.116 ff., 6.122 ff.
– Nutzholz 6.11
– Nutzungsentgelt 6.30 ff.

548

- persönliche Zwangsvollstreckungsunterwerfung 6.245
- Pfändung 6.24, 6.25
- Prozesszinsen 6.15
- Rang 6.34, 6.35, 6.273
- Rangänderung 6.52, 6.283
- Rangrücktritt 6.41 ff.
  - Muster 11.8
- Rangvorbehalt 6.52
- Reallast 6.68, 6.134, 6.138, 6.224 ff.
- reallastartiges Recht 6.14 ff.
- Roggenlieferung 6.11
- Rückforderung 6.116
- Rücktritt 6.41 ff.
- Sachleistung 6.11, s. dort
- schuldrechtlicher 6.13, 6.87 ff.
- Sonderrechtsnachfolger 4.29, 6.26, 6,264 a
- Staffelung 6.71
- Stammrecht 6.20, 6.24
- steuerliche Bewertung 10.22 ff.
- Strafzinsen 6.16
- subjektiv-dingliches Recht 6.19
- Teilung 6.62
- Unterwerfung unter die Zwangsvollstreckung 6.242 ff.
- unzulässiger 6.21, 6.73 ff.
- Verjährung 6.15, 6.111
- Verpfändung 6.25
- Verstoß 6.77
- Vertragsstrafe 6.16, 6.43
- Verwirkung 6.121
- Verzicht 6.64
- Verzugsschaden 6.16
- Verzugszinsen 6.15
- vor Erbbaurechtseintragung 6.30 ff.
- Wahlschuldverhältnis s. dort
- Weitere Reallast 4.220, 6.224 ff.
- Weizenlieferung 6.11
- Wertsicherung 6.36, 6.79 ff., 6.206
- Wertsicherungsklausel s. dort
- wiederkehrende Leistung 6.10
- Wirkung gegenüber Dritten 4.28, 6.26
- Wohnungserbbaurecht 3.119 ff.
- Zinseszinsen 6.15
- Zwangsversteigerung des Erbbaurechts 6. 28, 6.36, 6.270 ff.
- Zwangsvollstreckung 6.241 ff.
- Zwangsvollstreckungsunterwerfung 6.242 ff.
- zwingendes Recht 6.18

Erbfolge
- Ausschluss, Einschränkungen 2.134 ff.
- Erwerb durch 2.136, 5.103

Erbpacht 1.36

Erbschaftsteuer 10.67 ff.
- Anspruch auf Erbbauzins 10.69
- Erbbauzinsverpflichtung 10.68
- Erwerb Erbbaurecht 10.67
- Erwerb Grundstück 10.69 ff.

Erlass der ErbbVO 1.3

Erlöschen durch Zeitablauf 5.204 ff.
- Bauwerkseigentum 5.254
- Berichtigung des Grundbuchs 5.204 ff., 5.270
- Bestandteile, Zubehör 5.254, 5.255
- in Einkommensteuer 10.78
- Entschädigung für Bauwerk 5.207 ff.
- Erneuerungsvorrecht 5.266
- beim Gesamterbbaurecht 3.48, 3.65 ff.
- Grunddienstbarkeit 5.256
- Grunderwerbsteuer 10.60 ff.
- Miete, Pacht 5.259 ff.
- beim Nachbarerbbaurecht 3.82
- Surrogation des Entschädigungsanspruchs 5.204
- des Unter- und Obererbbaurechts 3.35, 3.36
- Verlängerung 5.220 ff.
- vertragliche Vereinbarungen zum Bauwerk bei Gesamterbbaurecht 3.68
- Voraussetzungen 5.204
- kein Wegnahmerecht 5.258
- des Wohnungserbbaurechts 3.128 ff.

Erlöschensgründe 5.194

Erneuerung
- Grunderwerbsteuer 10.56 ff.
- Rechte an Entschädigung 5.252

Erneuerungsvorrecht s. Vorrecht

Errichtung des Bauwerks 4.39 ff.
- auf anderem Grundstück 4.45
- Bauvorschriften 4.44
- Beseitigungsanspruch 4.62
- Bestimmtheit 4.40
- Einzelheiten 4.40
- Erfüllungsanspruch 4.61
- als Erbbaurechtsinhalt 4.16, 4.39 ff.
- Erschließung s. dort
- Frist 4.39
- Heimfall 4.80
- Pflicht zur – 4.39
- Rechtzeitigkeit 4.136
- Recht zur – 4.39, 4.43
- Sanktionen 4.63
- Unterlassungsanspruch 4.62
- Veränderung 4.47
- Verstoß 4.61 ff.
- Vertragsstrafe 4.136

Erschließung
- Begriff 4.46
- Inhalt des Erbbaurechts 4.46
- Kosten s. Erschließungskosten

Erschließungsanlage
- als Bauwerk 2.15
- auf Nutzungsfläche 2.76 ff.

Erschließungskosten
- Abgrenzung 4.73
- Beitragspflicht 4.74
- Einkommensteuer 10.76
- Fälligkeit 4.74
- Zustellung 4.74

Ersetzung der Zustimmung
- Antragsgegner 4.247
- Antragsrecht 4.245
  Abtretung 4.245
  Pfändung 4.246
  Prozessstandschaft 4.246
- ausreichender Grund 4.238
- Beschwerde 4.251, 4.253
- Einleitung 4.245, 4.249
- Entscheidung 4.251
- Ermächtigung 4.246
- Inhaltsänderung 4.240
- Konkurs 4.293
- nachträgliche 4.244
- Pfändung 4.294
- Rechtskraft 4.251
- schuldrechtlicher Vertrag 4.239
- Sicherungshypothek 4.295
- Teilung des Erbbaurechts 4.240
- Untersuchungsgrundsatz 4.250
- Verfahren 4.248 ff.
- Voraussetzungen 4.238 ff.
- vorherige 4.244
- weitere Beschwerde 4.254
- Wirksamkeit 4.252
- Zuständigkeit 4.248
- Zwangsversteigerung 4.293
- Zwangsvollstreckung 4.293

Erste Rangstelle des Erbbaurechts s. Rang
Erstreckung auf Nebenfläche s. Nutzungsfläche
Erwerb des Erbbaurechts s. Übertragung
Erwerbsverpflichtung bei Erbbaurechtsbestellung
- Form 5.16

Euro 6.9
Ewiges Erbbaurecht 2.146

Fabrik als Bauwerk 2.11
Feste Verbindung des Bauwerks 2.8
Feuerversicherung 2.66, 4.65
Flusswehr als Bauwerk 2.14
Förderung der Beleihbarkeit als Ziel der ErbbVO 1.10
Förderung des Wohnungsbaues als Ziel der ErbbVO 1.5
Form
- Änderungen, Aufhebung der Erbbaurechtsbestellung 5.31 ff.
- Aufhebung 5.197
- Aufteilung in Wohnungserbbaurecht 3.108
- Bildung von Gesamterbbaurecht durch Erstreckung 3.57
- Einigung zur Erbbaurechtsbestellung 5.20 ff., 5.42
- Erbbaurechtsbestellung, Verpflichtung, Vorvertrag 5.15 ff.
- Erbbaurechtsteilung 5.168

- Geschäftseinheit mit weiteren Vereinbarungen 5.18
- Inhaltsänderung 5.153, 5.154
- Nebenabreden 5.17
- Verlängerungsangebot 5.225

Formmangel der Erbbaurechtsbestellung
- Folgen 5.34 ff.
- Heilung 5.38 ff.

Fremdwährung 6.9
Fungibler Charakter des Erbbaurechts 1.14
Fußballplatz als Bauwerk 2.16

Gärtnerische Anlagen 2.80
Garage als Bauwerk 2.11
Garten kein Bauwerk 2.17
Gastank als Bauwerk 2.8, 2.12
Gebäude s. Bauwerk
- Abschreibung (Einkommensteuer) 10.82 ff.
- Anforderungen bei Wohnungserbbaurecht 3.105, 3.106
- bei Beendigung des Gesamterbbaurechts 3.65 ff.
- Begriff 2.7
- Einzelfälle 2.11
- bei Heimfall des Gesamterbbaurechts 3.63

Gebäudeeigentum 7.0
Gebäudeeinheit 2.27 ff.
- Ausschluss unselbständiger Teile 2.32 ff.
- beim Nachbarerbbaurecht 3.78

Gebäudeteil
- Ausschluss des Erbbaurechts 3.32
- beim Nachbarerbbaurecht 3.78
- beim Überbau 3.86, 3.90

Gebühren
- Änderung des Erbbaurechts 9.13 ff.
- Anpassungsklausel 9.6
- Aufhebung des Erbbaurechts 9.38
- Aufteilung nach WEG 9.35
- Belastung 9.30 ff.
- Bestellung des Erbbaurechts 9.1
- Erbbauzins 9.2, 9.11
- Erbbauzinserhöhung 9.13
- Erneuerung 9.34
- Gegenleistung 9.2
- Pfanderstreckung 9.39
- Realteilung des Erbbaurechts 9.15 ff.
- Übertragung 9.21 ff.
- Vorkaufsrecht des Erbbauberechtigten 6.4, 9.2
- Vorkaufsrecht des Grundstückseigentümers 9.3, 9.11
- Wertsicherungsklausel 9.6
- Wohnungseigentum 9.35

Gefährdung des Erbbauzwecks
- Begriff 4.197
- Persönlichkeit des Erwerbers 4.212
- Zustimmungsverweigerung 4.197
- Zweck s. dort

Gefahrenübergang bei Erbbaurechtsbestellung 5.9, Muster 1 Ziffer VI, Muster 2 Ziffer VII
Gegenleistung
- Ablösungssumme 6.2
- Erbbauzins s. dort
- Sicherung 6.3
- Umsatzbeteiligung 6.2
- Vertragsfreiheit 6.1
- Vorkaufsrecht s. dort
- wiederkehrende Leistungen 6.2

Genehmigung
- behördliche zur Bestellung 5.49
- § 1365 BGB 5.48
- vormundschaftsgerichtliche zur Bestellung 5.14, 5.48
- zur Veräußerung 5.97

Gesamtberechtigung iS § 428 BGB am Erbbaurecht 2.124 ff.

Gesamterbbaurecht 3.37 ff.
- Anwendungsbereich 3.38
- Aufteilung in Wohnungserbbaurecht 3.103
- Beendigung 3.48, 3.65 ff.
- Begriff 3.37
- Belastung 3.62
- Berechtigungsverhältnis der Grundstückseigentümer 3.45 ff.
- anfängliche Bestellung 3.45 ff.
- dingliche Bestellung 3.43
- Eintragung 3.51
- Erbbauzins 3.49, 6.23
- durch nachträgliche Erstreckung 3.57
- nachträgliche Erstreckung – Wirkung auf dingliche Rechte 3.58, 3.59
- Grunderwerbsteuer 10.39
- schuldrechtliches Grundgeschäft 3.42
- Heimfall 3.51, 3.63 ff.
- Inhalt 3.44 ff.
- Nähe der Erbaugrundstücke (§ 6 a GBO) 3.41
- Veräußerung des Grundstücks und des Gesamterbbaurechts 3.61
- durch Vereinigung von Erbbaurechten 3.40
- vertragliche Vereinbarungen zum Gebäudeeigentum bei Erlöschen 3.68
- Vorkaufsrechte 3.49
- Zulässigkeit 3.39

Gesamthandsberechtigung am Erbbaurecht 2.123

Gesamtrechtsnachfolge
- Bindung 4.9

Gesamtwert (BewG) 10.27

Geschäftsbedingungen s. Allgemeine Geschäftsbedingungen

Geschäftseinheit
- mit weiteren Vereinbarungen 5.18
- mit Einigung 5.20 ff.

Geschäftsgrundlage 6.228 ff.

- Billigkeitsprüfung 6.232
- Fehlen einer Anpassungsklausel 6.228
- Kaufkraftschwund 6.235
- Opfergrenze 6.231
- Zeitraum 6.234

Geschäftshaus als Bauwerk 2.11

Geschichtliche Entwicklung des Erbbaurechts 1.1 ff.

Gesetzesverstoß
- Heimfall 4.84

Gesetzlicher Inhalt des Erbbaurechts 2.3, 3.1 ff.
- Änderung vgl. Inhaltsänderung 5.150 ff.
- Bestimmung bei der Einigung 5.43

„Gespaltene" Eigentümerzustimmung 5.87

Gestaltungsformen des Erbbaurechts 3.1 ff.

Gewerbeertragsteuer 10.91, 10.93

Gewerbekapitalsteuer 10.90

Gewerbesteuer 10.90
- beim Erbbauberechtigten 10.91 ff.
- beim Grundstückseigentümer 10.93 ff.

Gleisanlage als Bauwerk 2.13

Gleitklausel 6.135 ff. s. auch Wertsicherungsklausel
- Auslegung 6.149
- Automatik 6.135 f.
- Begriff 6.135
- Beschränkung nach § 9 a ErbbVO 6.165 ff., s. dort
- Einkommen 6.144
- Einschränkung nach § 9 a ErbbVO 6.165 ff., s. dort
- ergänzende Vertragsauslegung 6.149
- Ersatzklausel 6.150
- Fehlen 6.228 ff.
- Fehlen der Genehmigung 6.147
- Genehmigung nach § 3 WährG 6.139
- Lebenshaltungskosten 6.144
- Mischklausel 6.143
- Muster 6.137
- Naturalien 6.152
- Negativzeugnis 6.147
- Sachleistung 6.152
- schwebende Unwirksamkeit 6.146
- Teilnichtigkeit 6.148
- Unwirksamkeit 6.147
- Voraussetzungen 6.142 ff.
- Vormerkung 6.205 ff. s. dort

Golfplatz
- als Bauwerk 2.16
- Nutzungsbefugnis 2.76

Grab, Grabstein als Bauwerk 2.17

Grenzmauer 3.94

Grenzüberschreitende Bebauung
s. Gesamterbbaurecht, Nachbarerbbaurecht, Überbau

Grundbuch 5.267 ff., auch Erbbaugrundbuch; Grundstücksgrundbuch

551

Sachregister

- Bekanntmachungen 5.276
- Berichtigung bei unwirksamem Erbbaurecht 5.73
- Erlöschen 5.202
- formelles Konsensprinzip 4.22
- Prüfungsrecht 4.22
- Widersprüche der Grundbücher 5.59
- bei Wohnungserbbaurecht 3.117

Grundbucheintragung
- Bestimmtheitsprinzip 4.18
- Bewilligung 4.18
- Bindung 4.9
- Einigung 4.15, 4.18
- Entstehung des Erbbaurechts 4.15
- Erbbauzins 6.29
- Heimfallrecht 4.97
- Verfügungsbeschränkung 4.232
- Zustimmungspflicht 4.176

Grunddienstbarkeit s. Dienstbarkeit
- Abgrenzung zum Erbbaurecht 2.68, 4.54
- am Erbbaurecht 5.107 ff.
- bei Erlöschen 5.256
- keine „Übertragung" bei Bestellung 5.45
- Versorgungsleitungen 5.110
- zulässiger Inhalt 5.109

Grunderwerbsteuer
- Aufhebung 10.57
- Erbbaurechtsbestellung 10.37 ff.
- Erlöschen 10.60
- Erneuerung 10.56
- Erwerb Erbbaugrundstück 10.61 ff.
- gleichzeitiger Erwerb Erbbaurecht u. Grundstück 10.64 a
- Heimfall 10.48 ff.
- Übertragung des Erbaurechts 10.45 ff.
- Verlängerung, Erneuerung 10.54 ff.

Grundpfandrechte
- bei Aufhebung 5.200, 5.201
- Bausparkasse 5.143
- am Erbbaurecht 5.116
- bei Erlöschen des Erbbaurechts 5.242 ff.
- Folgen bei nichtigem Erbbaurecht 5.75, 5.77
- bei Heimfall und Erlöschen des Untererbbaurechts 3.36 ff.
- Hypothekenbanken, Versicherungsunternehmen 5.136 ff.
- als Mündelhypothek 5.117 ff.
- Sparkassen 5.142

Grundschuld
- Abtretung 4.229
- Erbbauzinsrücktritt 6.45
- Heimfall 4.81, 4.117 ff.
- Inhaltsänderung 4.230
- Muster 11.6
- Rückgewähransprüche 6.46
- Sicherungsvertrag 6.47
- Umwandlung 4.258
- Vorrecht auf Erneuerung 4.150

- Zustimmungspflicht 4.175 ff., 4.220 ff.
- Zwangsvollstreckungsunterwerfung 4.229

Grundsteuer 10.95 ff.

Grundstück 2.90
- Grundstücksteil als Belastungsgegenstand 2.91
- mehrere als Belastungsgegenstand 2.90
- als Betriebsvermögen (ESt) 10.70 ff.
- Erbbauzins als Bestandteil 6.24
- Grundpfandrechte 6.24, 6.291
- als Privatvermögen (ESt) 10.77
- Vereinigung mit Erbbaurecht 5.178 ff.
- Versteigerung 6.24, 6.291

Grundstückseigentümer s. Mitwirkung und Zustimmung

Grundstücksfläche (ohne bebaute Fläche) s. Nutzungsfläche

Grundstücksgleiches Recht
- Auslegung 4.14

Grundstücks-Grundbuch
- Änderung der Dauer 5.269
- Eintragung bei Bestellung 5.53, 5.54, 5.268
- Entschädigungsforderung 5.238 ff.
- Erlöschen 5.202, 5.205, 5.206, 5.270
- Erwerber des Erbbaurechts 5.100, 5.269
- Konstitutive Wirkung für Entstehung und Weiterbestand 5.53, 5.268, 5.269, 5.274
- spätere Eintragung 5.269, 5.270
- Widersprüche 5.59

Grundstücksverkehrsgesetz 5.49

Grundstücksvorschriften
- Anwendbarkeit 2.160 ff., 5.2

gute Sitten
- Heimfall 4.84
- Kaufzwangklausel 4.164 ff.
- Vertragsstrafe 4.129

Gutgläubiger Erwerb
- Erbbaurechtsinhalt 4.37
- nichtiges Erbbaurecht 5.75, 5.76, 5.146

Hafenanlage als Bauwerk 2.13

Haftpflichtversicherung 4.67
- Heimfall 4.80

Haftung
- Gegenstand der Belastung 5.147, 5.148

Haftung der Entschädigungsforderung am Grundstück 5.236 ff.

Haftung der Entschädigungsforderung für Grundpfandrechte 5.242 ff.
- Befriedigung 5.250
- Berechtigter 5.243
- Eintragung 5.246 ff.
- Erneuerung 5.252
- Rechtsnatur 5.244, 5.245
- Verfügungen 5.249

Heilung des Formmangels
- bei Erbbaurechtsbestellung 5.38 ff.
- Wirkung 5.39

552

Heimfall
- Abtretung 4.87, 4.91
- allgemeine Geschäftsbedingungen 4.86
- Anpassungsklausel 6.91
- Anspruch 4.87
- Anspruchsgegner 4.92, 4.93
- Ausschluß der Vergütung 4.116
- Aussonderung 487 a, 4.94
- Ausübung 4.90 ff., 4.103
- Ausübungsermächtigung 4.95
- Bauwerkswegnahme 4.123
- Begriff 4.77
- Belastungen 4.117 ff.
- Bestandteil des Grundstücks 4.96
- bestehen bleibende Rechte 4.118 ff.
- Bestimmtheit 4.79, 4.86
- dingliche Sicherung 4.8
- als Entgeltsicherung 6.3
- Erbbauzinsrückstand 4.88
- Einkommensteuer 10.78
- als Erbbaurechtsinhalt 4.16
- Erbschaftssteuer 10.69
- erlöschende Rechte 4.119
- gegenüber Erwerber 4.92, 4.93
- Gesamterbbaurecht 3.46, 3.63, 4.111
- Gesetzesverstoß 4.84
- Gründe 4.77 ff.
- Grundbuchvermerk 4.97
- Grunderwerbsteuer 10.48 ff.
- und Grundstück 4.87
- günstigere Nutzung 4.79
- gute Sitten 4.84
- Haftung 4.31, 4.106
- Insolvenz 4.81
- Mietvertrag 4.124
- und Nachbarerbbaurecht 3.82
- Nutzung 4.79
- des Obererbbaurechts 3.32 ff.
- Pachtvertrag 4.124
- Pfändung 4.87, 4.91
- Rechtsmissbrauch 4.82, 4.90, 4.98 ff.
- Rechtsnatur 4.94
- Religionszugehörigkeit 4.84
- anstelle gesetzlichen Rücktrittsrechts 2.159
- Schuldner 4.92, 4.93
- Schuldübernahme 4.121
- Tod des Erbbauberechtigten 4.81, 4.85
- Tod des Grundstückseigentümers 4.85
- Übermaßverbot 4.98
- Übertragungsanspruch 4.87
- Übertragung des Erbbaurechts 4.101 ff., s. dort
- unbestimmter Rechtsbegriff 4.79
- des Untererbbaurechts 3.32 ff.
- Veräußerung 4.85
- Vergütung 4.113 ff s. dort
- Verjährung 4.125
- Verpfändung 4.87, 4.91
- und Vertragsstrafe 4.134
- Verwirkung 4.127
- und Vorkaufsrecht 6.7
- Wegnahme des Bauwerks 4.123
- Wertsicherungsklausel 6.91
- wichtiger Grund 4.86
- beim Wohnungserbbaurecht 3.126 ff.
- Zeitpunkt 4.21
- Zusammenhang mit Erbbaurecht 4.83
- Zustimmungserfordernis 4.81, 4.89, 4.99, 4.194, 4.304
- Zweck 2.159, 4.77

Heimstätte (Erbbau-Heimstätte) 2.164, 2.165
- Aufhebungsgesetz 2.165
- Heimfall 2.164
- Rang 2.108, 2.164
- Vollstreckung 2.164
- Vorrecht auf Erneuerung 4.143
- Zustimmung zur Belastung 2.164
- Zustimmung zu Verfügung 4.174

Heimstättenvermerk
- Rang iSd. § 10 2.108

Herausgabeanspruch §§ 985 ff. BGB 2.161

Höfeordnung 2.167 ff.
- Ausscheiden des Erbbaurechts 2.167
- Erbbaurechtsbestellung als Veräußerung 2.169
- Höfeeigenschaft des Erbbaugrundstücks 2.168

Horizontale Teilung des Bauwerks 2.32

Hypothek
- Abtretung 4.229
- Arresthypothek 4.290
- Erbbauzinsrücktritt 6.49
- Forderungsauswechselung 4.229
- Heimfall 4.81, 4.117 ff.
- Hypothekenbanken 5.136 ff.
- Inhaltsänderung 4.230
- Umwandlung 4.229
- Versicherungen 5.136 ff.
- Vorrecht auf Erneuerung 4.150
- Zustimmungspflicht 4.175 ff., 4.220 ff.
- Zwangsvollstreckungsunterwerfung 4.229

Hypotheken für Versicherungsunternehmen 5.136 ff.

Hypothekengewinnabgabe und Rang iSd. § 10 2.115

Ideeller Grundstücksanteil
- Unzulässigkeit der Belastung 2.90

Indexklausel s. Wertsicherungsklausel

Inhalt des Erbbaurechts
- Änderung 4.33 ff., s. Inhaltsänderung
- Einigung zur Bestellung 5.43
- gesetzlicher s. dort
- Rechtsinhalt s. dort
- Religionszugehörigkeit 4.59, 4.84, 4.200
- vertraglicher s. dort

Inhaltsänderung des Erbbaurechts 4.33 ff., 5.150 ff.

- Abgrenzung 5.150, 5.154
- Änderung der Baubefugnis 2.58, 5.150
- Änderung der Nutzungsfläche 2.87, 5.150
- Begriff 4.33
- Begriff 5.150, 5.154
- bei Eigentümererbbaurecht 3.13
- dinglicher Vollzug 4.35, 5.155 ff.
- durch nachträgliche Bildung eines Gesamterbbaurechts 3.57
- Eintragung 5.159
- Form 4.34
- Form, Grundgeschäft 5.153
- am gesetzlichen, vertraglichen Inhalt 5.150
- Gläubiger 4.36
- Grundgeschäft 4.34, 5.152 ff.
- schuldrechtliches Grundgeschäft 4.34, 5.152 ff.
- Unterbaurecht 3.31
- Verlängerung 5.223 ff.
- Vormerkung 5.152
- Wohnungseigentum 3.125
- Zustimmung 4.36
- Zustimmung Berechtigter 5.157, 5.158

Insolvenz
- Ankaufsrecht 4.161
- Aussonderung 4.81, 4.87 a
- Eigentümerzustimmung 4.285
- des Erbbauberechtigten 4.81, 5.193
- Ersetzung der Zustimmung 4.293 ff.
- Heimfallgrund 4.81, 4.87 a
- Keine Kündigung des Erbbaurechts 2.157
- Veräußerung 4.291
- Verfügungen 4.291
- Verkaufsverpflichtung 4.161, 4.290
- Vertragsstrafe 4.140
- Zustimmungserfordernis 4.187, 4.285, 4.291 ff.
- Zwangsversteigerung 5.193

Instandhaltung des Bauwerks
- Anlagen des Erbbaugrundstücks 4.50
- Besichtigungsrecht 4.52
- Einsturz 4.53
- Erbbaugrundstück 4.49
- als Erbbaurechtsinhalt 4.16
- Erfüllungsanspruch 4.61
- Haftpflicht 4.48, 4.67
- Heimfall 4.80
- Pflicht 4.48
- Sanktionen 4.63
- Schadensersatzpflicht 4.53
- Umfang 4.51
- Verstoß 4.61 ff.

Interessen
- des Erbbauberechtigten 1.12
- des Grundstückseigentümers 1.13

Kabel kein Bauwerk 2.14
Kanal als Bauwerk 2.13, 2.15

Kapitalisierung des Erbbauzinses
- bei Ermittlung Beleihungsgrenze 5.121, 5.127, 5.139
- keine bei versteigerungsfestem Erbbauzins 5.139
- bei steuerlicher Bewertung 10.30 ff.
- bei Zwangsversteigerung 6.260

Kauf des Erbbaurechts 11.5
- Belastung 11.6
- Zustimmung s. Zustimmung zur Veräußerung

Kaufähnlicher Vertrag
- Einkommensteuer 10.74
- Erbbaurechtsbestellung 5.6

Kaufhaus als Bauwerk 2.11

Kaufverpflichtung des Erbbauberechtigten s. Kaufzwangklausel

Kaufzwangklausel
- AGB-Gesetz 4.171
- Ausübung 4.162
- Bindungsdauer 4.167
- als Erbbaurechtsinhalt 4.16
- Fälligkeit 4.170
- gute Sitten 4.164 ff.
- umgekehrte (Heimfall z. besseren Verwertung) 2.149
- Unzeit 4.162
- Zahlungsfrist 4.170
- Zulässigkeit 4.165

Keller als Bauwerk 2.9, 2.11
Kindergarten als Bauwerk 2.11
Kinderspielplatz als Bauwerk 2.16
Kirche als Bauwerk 2.11
Kommunmauer 3.93
Komplexe Doppelnatur des Erbbaurechts 1.29, 5.2 ff.
Konkurs s. Insolvenz
Kontamination im Grundstück 5.12

Kosten
- Änderung des Erbbaurechts 9.13 ff.
- Anpassungsklausel 9.6
- Aufhebung des Erbbaurechts 9.38
- Aufteilung nach WEG 9.35
- Belastung 9.30 ff.
- Bestellung des Erbbaurechts 9.1
- Erbbauzins 9.2, 9.11
- Erbbauzinserhöhung 9.13
- Erneuerung 9.34
- Gegenleistung 9.2
- Pfanderstreckung 9.39
- Realteilung des Erbbaurechts 9.15 ff.
- Übertragung 9.21 ff.
- Vorkaufsrecht des Erbbauberechtigten 6.4, 9.2
- Vorkaufsrecht des Grundstückseigentümers 9.3, 9.11
- Wertsicherungsklausel 9.6
- Wohnungseigentum 9.35

Kredite s. Grundpfandrechte
Kreditpraxis 5.143

Kündigung von Dauerschuldverhältnissen
– Unanwendbarkeit 2.156 ff., 5.13
Kündigungsrecht der Miete bei Erlöschen 5.262 ff.

Laderampe als Bauwerk 2.13
Lagerhalle als Bauwerk 2.11
Lagerplatz auf Nutzungsfläche 2.79
Landesrechtlicher Vorbehalt
– für Mündelhypothek 5.134
– für Rang i. S. d. § 10 2.116
Landwirtschaftliches Gebäude als Bauwerk 2.11
Lastentragung
– als Erbbaurechtsinhalt 4.16, 4.76
– Erschließungskosten s. dort
– öffentliche Lasten s. dort
– privatrechtliche Lasten s. dort
Lebenshaltungskostenindex 6.101, 6.144, 6.190
– vormerkbare Ansprüche 6.216
– Vormerkung 6.216
Leistungsvorbehalt 6.158 ff.
– Begriff 6.158
– Beschränkung nach § 9a ErbbVO 6.165 ff. s. dort
– Einschränkung nach § 9a ErbbVO 6.165 ff. s. dort
– Ermessensspielraum 6.158
– Fehlen 6.228 ff.
– Genehmigung 6.141
– Muster 6.135, 6.165
– Vormerkung 6.205 ff. s. dort.
Leitungsmasten als Bauwerk 2.14
Liegenbelassungsvereinbarung s. Stillhalteerklärung
Löschung des Erbbaurechts
– bei Aufhebung 5.202
– bei Zeitablauf 5.205, 6
Löschungsvormerkung
– für Erbbauzins 5.116, 6.50
– Erbbauzinsrücktritt 6.50
– Heimfall 4.81
– bei überhöhten Belastungen 5.149 b

Maschinenanlage als Bauwerk 2.12
Mauer als Bauwerk 2.17
Mehrere Erbbaurechte am gleichen Grundstück 2.104
mehrere selbständige Gebäude 2.31
Mehrwertsteuer s. Umsatzsteuer
Miete
– Anwendbarkeit der Grundstücksvorschriften 2.162
– Ausnahmekündigungsrecht 5.262 ff.
– bei Erlöschen 5.260 ff.
– Eintritt bei Veräußerung etc. 5.259
– Fernhalten von Konkurrenz 2.162
– Mitspracherecht des Eigentümers 4.58

Mietreinertrag bei Mündelhypothek 5.124
Mietshaus
– als Bauwerk 2.11
– Mindestbestimmtheit 2.25
Minderbemittelte Bevölkerungskreise
– Entschädigung 4.116, 5.215, 5.216
Mindestbestimmtheit des Bauwerks 2.22 ff.
– Verstoß 2.26
Miteigentumsanteil
– Unzulässigkeit der Belastung 2.90
Mitwirkung des Grundstückseigentümers, s. Zustimmung
– bei Aufteilung in Wohnungserbbaurecht 3.110 ff.
– bei Untererbbaurechtsbestellung 3.28
Monument als Bauwerk 2.8
Mündelhypothek 5.117 ff.
– Begriff 5.118 f.
– Beleihungsgrenze 5.120, 5.121
– Beleihungswert 5.122 ff.
– Berechnungsbeispiel 5.127
– inhaltliche Anforderungen 5.128 ff.
– landesrechtlicher Vorbehalt 5.134

Nachbar iS des Baurechts
– Erbbauberechtiger 2.166
Nachbarerbbaurecht 3.70 ff.
– keine Aufteilung in Wohnungserbbaurecht 3.104
– einheitliches Bauwerkseigentum 3.75 ff.
– Begriff, Anwendungsbereich 3.70
– Beleihung 3.83
– Bestellung 3.81
– Erlöschen 3.82
– Heimfall 3.82
– nach dem SachenrechtsbereinigungsG 8.31
– praktische Notwendigkeit 3.80 ff.
– Rechtsfolgen 3.85
– Umdeutung in Gesamterbbaurecht 3.85
– Zulässigkeit 3.71 ff.
Nachbarrechtliche Ansprüche des Erbbauberechtigten 2.161
Nacherbenvermerk
– Rang iSd. § 10 2.109
– bei Gesamthandsanteil 2.153 a
Nebenabreden bei Erbbaurechtsbestellung 5.17
Nebenfläche s. Nutzungsfläche
Nebengebäude 2.11
Negativattest
– Wertsicherungsklausel 6.144
Negative Erstreckung 2.73
Nichtkapitalisierungserklärung s. Stillhalteerklärung
Nicht rangfähige Rechte iSd. § 10 2.106
Nicht wesentliche Bestandteile 2.56
– Erlöschen 5.255
– Haftung 5.148

555

Nichtigkeitsgründe für Erbbaurecht 5.61 ff.
Nießbrauch am Erbbaurecht 5.113
Normalfall des Erbbaurechts 3.1 ff.
Normzweck
– des Erbbaurechts 1.4 ff.
Notwegrente
– des Erbbauberechtigten 2.161
– Rang iSd. § 10 2.112
– Zustimmungserfordernis 4.226
Nutzungsänderung des Bauwerks 2.62
Nutzungsbefugnis
– an Nebenfläche s. Nutzungsfläche
Nutzungsberechtigte
– Überbau durch 3.95
Nutzungsfläche (Erstreckung auf)
– Abgrenzung zum Belastungsgegenstand 2.69
– Änderungen 2.87, 5.150
– Bauwerke auf 2.15, 2.68
– Begriff 2.67, 8
– Erschließungsanlagen 2.76 ff.
– als Inhalt des Erbbaurechts 2.72
– negative Erstreckung 2.73 ff.
– Rechtsnatur 2.68
– Vorrang des Bauwerks 2.70

Obererbbaurecht s. Untererbbaurecht
Oberfläche
– Bauwerk auf oder unter der 2.9
Öffentliche Lasten
– Begriff 4.71
– Erschließungskosten s. dort
– Heimfall 4.80
– Rang i. S. d. § 10 2.115
Opfergrenze (Fehlen der Gleitkausel) 6.231
Ordnungmäßige Wirtschaft
– Begriff 4.234
– Existenzsicherung 4.235
– Interessenabwägung 4.235

Pacht s. Miete
Parkhaus als Bauwerk 2.11
– Bestimmtheit 2.25
Parkplatz 2.13, 2.15, 2.79
Pfändung
– nicht bezüglich Bauwerk 2.59
– Entschädigungsforderung 5.241
– Heimfallrecht 4.87, 4.91
Pfandrecht
– nicht bezüglich Erbbaurecht 5.116
– an Entschädigungsforderung 5.245, 5.250
Pflanzungen
– auf Nutzungsfläche 2.80
– kein Bauwerk 2.17
Praktische Bedeutung des Erbbaurechts 1.15 ff.
Preisangaben- und Preisklauselgesetz 6.140 ff

Preisklauselgesetz 2007 6.133, 6.151 a
privatrechtliche Lasten
– Begriff 4.75
– Haftung 4.75, 4.76
– Heimfall 4.80
– Lastentragung 4.76
Prozessstandschaft
– Ansprüche auf Zustimmung 4.196, 4.233
– Ersatzanspruch 4.246, 4.294
– Zustimmungsanspruch 4.196
Prüfungspflicht des Grundbuchamtes 5.52

Rang des Erbbaurechts 2.93 ff.
– Ausnahmen 2.111 ff.
– Bereinigung einer Rangverletzung 2.119
– Beschaffung bei Bestellung 5.51
– Folgen des Verstoßes 5.63, 5.65
– Heimstättenvermerk 2.108
– Landesrechtlicher Vorbehalt 2.116
– Nacherbenvermerk 2.109
– nicht rangfähige Rechte 2.106
– Normzweck 2.93 ff.
– Rangänderung 2.110
– rangfähige Rechte 2.97 ff.
– Rangvorbehalt 2.105
– Verfügungsbeschränkungen 2.107
– Versteigerung aus vorrangigem Recht 2.117
– Verstoß gegen § 10 2.118 ff.
– Zeitpunkt 2.96
Rangrücktritt
– (Anspruch auf) wegen § 10/2.100
– Unzulässigkeit wegen § 10/2.110
Rangverschlechterung kraft Gesetzes 2.110
Rangvorbehalt 6.58, 6.276
Rangvorbehalt und Rang, iSd. § 10/ 2.105
Realer Grundstücksteil
– Unzulässigkeit der Belastung 2.91
Reallast
– am Erbbaurecht 5.115
– Erbbauzins 6.14
– Stammrecht 6.20, 6.24
– subjektiv-dingliches Recht 6.19
– subjektiv-persönliches Recht 6.19
– Unterlassungsanspruch 6.17
– Verzugszins 6.15
Rechtseinheit am Gebäude s. Gebäudeeinheit
Rechtsinhalt
– Abgrenzung zum Belastungsgegenstand 2.69, 2.91
– Gesamterbbaurecht 3.44 ff.
– Untererbbaurecht 3.27, 3.30
– Wohnungserbbaurecht 3.118
Rechtskauf
– Ähnlichkeit der Erbbaurechtsbestellung 5.6
– bei Übertragung 5.87
Rechtsmängel der Erbbaurechtsbestellung 5.11

Sachregister

Rechtsmissbrauch
- Heimfall 4.82, 4.90, 4.98 ff.
- Kaufzwangklausel 4.167 ff.

Rechtsnachfolger 4.20

Rechtspolitik
- Beleihungsprobleme 1.19
- Bevorzugung des Volleigentums 1.20
- Hindernisse für den Bauwilligen 1.18 ff.
- Hindernisse für den Erbbaurechtsausgeber 1.22
- Verbesserung des Anwendungsbereichs 1.17

Rechtsvorschriften, Anwendbarkeit 1.30, 5.3

Rechtswirkungen des Erbbaurechts (§ 11 Abs. 1 Satz 1) 2.160 ff.

Reichsheimstätte
- Zustimmungserfordernis 4.174

Religionszugehörigkeit
- Heimfallgrund 4.84
- Inhalt 4.59
- Veräußerung 4.200
- Zustimmungsverweigerung 4.200

Rentengut 1.36

Roggenklausel 6.127

Rohrleitung als Bauwerk 2.8, 2.14

rückständige Leistungen 4.20

Rücktrittsrecht vom Erbbauvertrag
- gesetzliches 2.157, 2.158, 5.13
- Heimfall anstelle gesetzliches Rücktrittsrecht 2.159
- vertragliches 2.156, 5.13

Sachenrechtsbereinigung 8.0

SachenrechtsbereinigungsG 4.28 a, 6.28, 6.36, 6.53, 6.68, 6.78 ff., 6.91, 6.134, 6.138, 6.156, 6.160, 6.206 ff., 6.255, 6.270 ff.

Sachleistung 6.11
- Dauernutzungsrecht 6.11
- Genehmigungspflicht 6.12
- Getreidelieferung 6.11
- Gleitklausel 6.152
- Nutzholz 6.11
- Roggenlieferung 6.11
- Wahlschuldverhältnis 6.11, 6.72, s. dort
- Weizenlieferung 6.11

Sachmängel bei Erbbaurechtsbestellung 5.12

Sanierungsverfahren 5.49

Schacht, Schachtanlagen 2.8, 2.12, 2.14

Scheinbestandteile 2.57

Schenkungsteuer s. Erbschaftsteuer

Schiedsgutachter 6.96, 6.117, 6.125

Schießstand als Bauwerk 2.16

Schuldübernahme
- Heimfall 4.121

Schuldrechtliches Grundgeschäft
- zur Aufhebung 5.197
- zur Aufteilung in Wohnungserbbaurecht 3.108
- zur Belastung 5.144
- zur Erbbaurechtsteilung 5.168
- zur Inhaltsänderung 5.152 ff.

Schuldrechtliches Grundgeschäft zur Erbbaurechtsbestellung 5.5 ff.
- Anwendbare Vorschriften 5.8 ff.
- Folgen des Formmangels, der Unwirksamkeit 5.34 ff., 5.78
- Form 5.15 ff.
- Form von Änderungen, Aufhebung 5.31 ff.
- Gesamterbbaurecht 3.42, 3.45
- Heilung des Formmangels 5.38 ff.
- Rechtsnatur 5.6 ff.

Schuldrechtliches Grundgeschäft zur Übertragung 5.85 ff.
- anwendbare Vorschriften 5.87
- Form 5.85, 5.86

Schuldrechtliche Vereinbarungen
- Anpassungsklausel zum Erbbauzins s. Anpassungsklausel
- beim Eigentümererbbaurecht 3.11–13
- zum Entschädigungsanspruch 5.218
- zum Erlöschen des Gesamterbbaurechts 3.68, 9
- Übernahme bei Übertragung des Erbbaurechts 5.88
- bei Veräußerung des Erbbaugrundstücks 5.104
- Wertsicherungsklausel beim Erbbauzins s. Wertsicherungsklausel
- bei Zwangsversteigerung 5.190, 192

Schule als Bauwerk 2.11

Schwimmbecken als Bauwerk 2.16
- auf Nutzungsfläche 2.79

Seilbahn als Bauwerk 2.10, 2.13

Selbständiges Gebäude 2.27 ff.
- mehrere 2.31
- Voraussetzungen 2.29

Sicherung
- des Grundstückseigentümers bei überhöhter Belastung 5.149 a
- von Verwertungsrechten bei Erlöschen s. Haftung

Sicherungshypothek
- Bauhandwerkerhypothek 4.223, 4.272
- Eigentümererbbaurecht 3.13
- Fehlen der Zustimmung 4.292
- ordnungsmäßige Wirtschaft 4.295
- Verpfändung der Vormerkung 4.223 a
- Zustimmungserfordernis 4.223, 4.270
- Zwangsvollstreckung 4.270

Sonderrechtsnachfolge
- Bindung 4.9, 4.26 ff., 6.43, 6.88
- Heimfall 4.81
- Klausel 4.11

Soziale Zielsetzung des Erbbaurechts 1.4

Spannungsklausel 6.153 ff.
- Begriff 6.153

557

- Beschränkung nach § 9 a ErbbVO 6.165 ff., s. dort
- Einschränkung nach § 9 a ErbbVO 6.165 ff., s. dort
- Fehlen 6.228 ff.
- Genehmigungsvorbehalt 6.141
- Grundstückswertverhältnisse 6.155
- Mietzinsen 6.154
- Muster 6.157
- Untererbbaurecht 6.154
- Vormerkung 6.204 ff. s. dort.

Sparkasse, Beleihung durch 5.142

Spekulation
- Bekämpfung der 1.6, 4.208 ff.
- Erbbaurechts- 1.23
- Zustimmungserfordernis 4.208 ff.

Spekulationsgeschäft (ESt) 10.87

Sportanlage, -platz als Bauwerk 2.16

Städtische Bauleihe, Bodenleihe 1.1

Steuerliche Bewertung s. Bewertung

Stillhalteerklärung
- abweichende Feststellung des geringsten Gebots 6.258
- Begriff 6.258
- Doppelausgebot 6.262
- geringstes Gebot 6.258
- Inhalt 6.261, 11.9, 11.10
- Sonderrechtsnachfolger 6.263
- Zustimmung der Beteiligten 6.262
- bei versteigerungsfesten Erbbauzins 5.149 d

Strafzins
- Erbbauzins 6.16
- Verjährung 6.16
- Vertragsstrafe 4.130
- Zinseszinsverbot 4.130

Straße als Bauwerk 2.13, 2.15

Stromleitung als Bauwerksteil 2.15

Subjektiv-dingliches Recht
- Erbbauzins 6.19
- Rang iS. § 10/2.100 ff.
- Unzulässigkeit des Erbbaurechts als 2.121

Subjektiv-persönliches Recht
- Erbbaurecht als 2.121
- Erbbauzins als 6.19, 6,21

superficies des römischen Rechts 1.1

Surrogation
- Entschädigung bei Erlöschen 5.36, 5.204, 5.209
- beim Erlöschen des Untererbbaurechts 3.36
- Grundbuchberichtigung 5.206
- Grundpfandrechte an Entschädigung 5.242, 5.248

Tank als Bauwerk 2.12, 2.79

Tankstelle als Bauwerk 2.12

Teilaufhebung 5.151 ff., s. Inhaltsänderung

Teilbarkeit des Erbbaurechts 5.163 ff.

Teilerbbaurecht s. Wohnungserbbaurecht

Teilfläche
- Abschreibung 5.174
- Unzulässigkeit der Belastung 2.90

Teilneubestellung 5.151 ff., s. Inhaltsänderung

Teilnichtigkeit 5.66 ff.

Teilung des Bauwerks 2.34
- Ausschluss vertikaler und horizontaler 2.32 ff.

Teilung des Erbbaurechts 5.161 ff.
- Durchführung 5.165 ff., 5.170 ff.
- Grundgeschäft 5.168
- Teilbarkeit des Rechtsinhalts 5.163 ff.
- Voraussetzungen, Begriff 5.161
- Zustimmung des Grundstückseigentümers 5.167, 5.170
- Zustimmung dinglich Berechtigter 5.171, 5.172

Teilung des Erbbauzinses bei Wohnungserbbaurecht 3.116, 3.120, 6.49

Teilung des Grundstücks 5.160

Teilungsanordnung
- Zustimmungserfordernis 4.186

Teilungserklärung nach WEG, s. auch Teilung des Erbbaurechts
- Erbbauzinsteilung 3.116, 3.120, 6.62
- Realteilung 6.62
- Zustimmungserfordernis 4.286, 6.62

Tennisplatz als Bauwerk 2.16

Tiefgarage als Bauwerk 2.9, 2.11

Tilgungshypothek als Mündelhypothek 5.119

Tod des Erbbauberechtigten
- Beendigungsgrund 2.145
- Heimfallgrund 4.81, 4.85

Tod des Grundstückseigentümers
- Beendigungsgrund 2.144
- Heimfallgrund 4.85

Treu und Glauben
- Gleitklausel 6.145
- Heimfall 4.90, 4.98 ff.
- Kaufzwangklausel 4.166 ff.

Überbau 2.50, 3.86 ff.
- Anwendbarkeit der Überbauvorschriften 3.86
- der Ausübungsgrenze 3.87
- bestimmungswidrige Bebauung 3.88
- Eigengrenzüberbau 3.92
- Kommunmauer, Grenzmauer 3.93
- durch Nutzungsberechtigte 3.95
- rechtmäßiger 3.88–90
- unentschuldigter 3.91
- Verstoß gegen § 1 Abs. 3 ErbauVO 3.86, 3.90

Überbaurente
- des Erbbauberechtigten 2.161
- und Rang i. S. d. § 10/2.112
- Zustimmungserfordernis 4.226

Übergang kraft Gesetzes 5.103
Überlassungsverträge
– nach dem SachenrechtsbereinigungsG 8.109 ff.
Übermaßverbot
– Heimfallrecht 4.98
Überschreitung der zulässigen Bebauung 2.46 ff.
– der zu bebauenden Flächen 2.48
Übertragbarkeit
– als gesetzlicher Inhalt des Erbbaurechts 2.130 ff.
Übertragung des Erbbaugrundstücks 5.104
– Erbschaftsteuer 10.69
– Grunderwerbsteuer 10.63, 10.64
– Wirkung auf schuldrechtliche Vereinbarungen 5.104
Übertragung des Erbbaurechts 5.85 ff.
– Bedingungsfeindlichkeit der Einigung 5.91, 5.92
– Einigung 5.90 ff.
– Eintragung 5.100
– Erbschaftsteuer 10.67
– Form 5.85
– gesetzliche Vorkaufsrechte 5.98
– Grunderwerbsteuer 10.45 ff., 10.64
– Heimfall s. Übertragung des Erbbaurechts bei Heimfall
– Rechtswirkungen 5.101, 5.102
– schuldrechtliches Grundgeschäft 5.85 ff.
– Übergang schuldrechtlicher Vereinbarungen 5.88, 6.89, 6.221
– Unbedenklichkeitsbescheinigung 5.99
– Vollzugsvoraussetzungen 5.93 ff.
– Zustimmung des Grundstückseigentümers 5.95
Übertragung des Erbbaurechts beim Heimfall
– Anfechtung 4.104
– Bauwerkswegnahme 4.123
– Belastungen 4.117 ff.
– bestehen bleibende Rechte 4.118
– Bezeichnung eines Dritten 4.102
– auf Dritte 4.102, 4.109
– auf Eigentümer 4.107
– Eigentümererbbaurecht 4.107
– erlöschende Rechte 4.119
– Gesamterbbaurecht 4.111
– Klage 4.105
– Mietvertrag 4.124
– Rechtsfolgen 4.107 ff.
– Schuldübernahme 4.121
– Vergütung 4.112 ff., s. dort
– Wegnahme des Bauwerks, 4.123
Umlegungsgebiet
– Enteignung 5.82
– Genehmigung der Bestellung 5.49
Umsatzsteuer 10.65 f.

Unbedenklichkeitsbescheinigung
– zur Bestellung 5.50, 10.44
– zur Übertragung 5.99
unbestimmter Rechtsbegriff
– Heimfallgrund 4.79, 4.86
Unmöglichkeit der Erbbaurechtsbestellung 5.10
Untererbbaurecht 3.14 ff., 5.106
– Anpassungsklausel 6.154
– Anwendungsbereich 3.6, 3.15
– Anpassungsklausel 6.154
– Aufteilung in Wohnungserbbaurecht 3.102
– Bauwerkseigentum 3.29
– Begriff 3.14
– Bestellung 3.28
– Einschränkungen der Zulässigkeit 3.26, 3.27
– Eintragung 3.29
– Erbbauzins 3.31
– Erlöschen 3.35, 3.36
– Gebühren 9.1
– Geschäftswert 9.1
– Grunderwerbsteuer 10.39
– Grundpfandrechte bei Heimfall, Erlöschen 3.33–3.36
– Heimfall 3.32 ff.
– Inhaltsänderung 3.31
– Kosten 9.1
– Mitwirkung des Grundstückseigentümers 3.28
– Rechtsinhalt 3.27, 3.31
– Spannungsklausel 6.154
– als Veräußerung 4.186
– Verfügungen 3.30
– Wertsicherungsklausel 6.154
– Zulässigkeit 3.17 ff.
– Zustimmungspflicht 4.174, 4.186, 4.225
Untergang des Bauwerks 2.64 ff.
Unterlassungsanspruch 2.161
Unterwerfung unter sofortige Zwangsvollstreckung s. Zwangsvollstreckungsunterwerfung
Unwirksamkeit der Erbbaurechtsbestellung
– Einigung 5.62 ff.
– Folge für Bauwerkseigentum 2.53

Veränderung des Bauwerks
– Beseitigungsanspruch 4.62
– als Erbbaurechtsinhalt 4.47
– Heimfall 4.80, 4.99
– Sanktionen 4.63
– Treu und Glauben 4.47
– Unterlassungsanspruch 4.47
– Verhältnismäßigkeit 4.64
– Verstoß 4.61 ff.
– Zustimmungserfordernis 4.47, 4.64
– Zweckbestimmung 4.54 ff.
Veräußerung
– Erbbauzinsanpassung 6.241

559

- des Gesamterbbaurechts 3.61
- des Grundstücks beim Gesamterbbaurecht 3.61
- als Heimfallgrund 4.85
- schuldrechtliche Vereinbarungen 6.241
- Spekulationsgeschäft (ESt) 10.87
- des Wohnungserbbaurechts 3.124

Veräußerlichkeit
- Beschränkungsmöglichkeiten 3.132 ff.
- als gesetzlicher Inhalt des Erbbaurechts 2.131 ff.
- Unzulässigkeit des Ausschlusses 2.131

Veräußerung des Erbbaurechts s. Übertragung

Veräußerungsverbot
- schuldrechtliches 2.133, 4.178
- Zustimmungserfordernis s. dort

Verbraucherpreisindex 6.132 a

Vereinbarter Entschädigungsanspruch 5.213 ff.

Vereinigung 5.175 ff.
- am Erbbaugrundstück 5.175 ff.
- Erbbaurechte untereinander 5.181 ff.
- Grundstück und Erbbaurecht 5.178 ff.

Vererblichkeit 2.134 ff.
- Erbfolge 2.136
- Unzulässigkeit des Ausschlusses, Einschränkungen 2.134, 2.135

Verfügungsbeschränkungen
- bezüglich Erbbaurecht 5.113
- Rang iSd. § 10 2.107

Vergleich
- Heimfallgrund 4.81

Vergütung beim Heimfall
- Abtretung 4.113
- Ausschluß 4.116
- gesetzliche Entschädigung 4.113
- Höhe 4.115
- Verjährung 4.113
- Vorrecht auf Erneuerung 4.152

Verjährung
- Erbbauzins 6.15, 6.120
- Heimfallanspruch 4.125
- Heimfallvergütung 4.113
- Vergütung 4.113
- Verlängerung 4.126
- Vertragsstrafe 4.137

Verkaufsverpflichtung des Eigentümers
- Abtretung 4.159
- Ausübung 4.160
- Eigentümererbbaurecht 4.160, 4.163
- Gestaltungsrecht 4.157
- Inhalt des Erbbaurechts 4.155
- Übertragung 4.159
- Vertragsfreiheit 4.157
- Vormerkung 4.162
- Wirkungen 4.160

Verkehrssicherungspflicht 4.67

Verlängerung zur Abwendung der Entschädigung 5.220 ff.
- Ablehnung 5.229
- Angebot, Annahme 5.224 ff.
- Ausschluss 5.222
- Grunderwerbsteuer 10.54 ff.
- Inhaltsänderung 5.223
- Rechtsnatur 5.221
- Scheitern der Einigung 5.231
- wiederholte Verlängerung 5.235
- Zustimmung dinglich Berechtigter 5.230

Verlängerungsrecht
- und Vorrecht auf Erneuerung 4.143, 4.153

Verlängerungsklausel 2.143

Vermächtniserfüllung
- Zustimmungserfordernis 4.186

Vermietung s. Miete

Vermögensteuer 10.99 ff.

Verpfändung
- Heimfallrecht 4.87, 4.91
- Pfändung s. dort
- Vormerkung 4.223 a

Versicherung des Bauwerks
- Einzelheiten 4.66
- als Erbbaurechtsinhalt 4.16
- Feuerversicherung 2.66, 4.65
- Haftpflichtversicherung 4.67
- Heimfall 4.80
- Personenschäden 4.65
- Sachschäden 4.65
- Verstoß 4.68
- Wiederaufbau s. dort

Versicherungsunternehmen, Hypotheken von 5.136 ff.

Versorgungsanlagen, -leitungen als Bauwerk 2.13

Versteigerung s. Zwangsversteigerung

Versteuerungsfester Erbbauzins
- kein Abzug v. Beleihungsgrenze 5.121, 5.127, 5.129
- Zwangsversteigerung Erbbaurecht 5.190

Verstöße
- Beseitigungsanspruch 4.62
- gegen Bestimmtheitsgrundsatz zum Bauwerk 2.26
- Erfüllungsanspruch 4.61
- Folgen 5.61 ff.
- gegen § 1 Absatz 4 (Bedingung) 2.154
- als Heimfallgrund 4.80, 4.98
- Rang i. S. d. § 10 2.118 ff.
- Rechtsmissbrauch 4.64
- Sanktionen 4.63
- Schadensersatzanspruch 4.61
- bei unselbständigen Gebäudeteilen 2.35, 2.378, 2.390
- Unterlassungsanspruch 4.62
- Verhältnismäßigkeit 4.64
- gegen Versicherungspflicht 4.68

Vertikale Teilung des Bauwerks
- Ausschluss 2.33
- beim Nachbarerbbaurecht 3.78
- beim Überbau 3.86, 90

Vertrag s. schuldrechtliche Vereinbarungen, Bestellung

Vertragliche Inhaltsregelungen
- Abgrenzung zum gesetzlichen Inhalt 2.4, 4.5 ff.

Vertraglicher Inhalt des Erbbaurechts 4.1 ff.
- Abgrenzung zum gesetzlichen Inhalt 2.4, 4.5 ff.
- absolute Wirkung 4.27
- Änderung 4.17, 4.33 ff., 5.150 ff., s. Inhaltsänderung
- allgemeine Geschäftsbedingungen 4.20
- Auslegung 4.14
- Bestimmtheit 4.18
- Bestimmung in der Einigung 5.43
- dingliche Wirkung 4.8
- Dritte 4.26 ff.
- Erbbauzins 4.16, 4.28, 6.26
- Fehlende Eintragung 4.15
- Gesamtrechtsnachfolge 4.9
- und gesetzlicher Inhalt 2.4, 4.5 ff.
- Grundbucheintragung 4.15
- gutgläubiger Erwerb 4.37
- Inhaltsänderung 4.17, 4.33 ff.
- Mindesterfordernis 4.5
- schuldrechtlich 4.3, 4.6
- Sonderrechtsnachfolge 4.26 ff.
- Umdeutung 4.15
- Umfang 4.16
- Vertragsfreiheit 4.7
- Wirkungen 4.23 ff.
- Zwangsversteigerung 4.9, 4.13, 4.27

Vertragsfreiheit
- Anpassungsklausel 6.96
- Einschränkung 6.141
- Gegenleistung 6.1 ff.
- Heimfall 4.78, 4.81
- Höhe des Erbbauzinses 6.65
- Rang des Erbbauzinses 6.34
- Verkaufsverpflichtung 4.157
- Vertragsstrafe 4.129 ff.
- Wertsicherungsklausel 6.96
- Zustimmungserfordernis 4.189

Vertragsstrafe
- absolute Wirkung 4.30
- Allgemeine Geschäftsbedingungen 4.133 a
- Arglisteinwand 4.137
- dingliche Sicherung 4.8, 4.32, 4.139
- als Entgeltsicherung 6.3
- als Erbbaurechtsinhalt 4.16
- Fälligkeit 4.137
- Geld 4.131
- Haftung 4.30, 4.139 ff.
- und Heimfall 4.134

- Herabsetzung 4.132
- Höhe 4.129
- Konkurs 4.140
- Muster 4.133
- Rechtsnachfolger 4.140
- Strafschuldner 4.139
- Strafzins 4.130, 6.16
- Verjährung 4.137
- Vertragsfreiheit 4.129 ff.
- Verwirkung 4.138
- Voraussetzungen 4.129

Verwendung des Bauwerks
- Begriff 4.55, 4.58
- Beseitigungsanspruch 4.62
- und Bestimmung 4.54
- Erbbaugrundstück 4.59
- als Erbbaurechtsinhalt 4.16
- Erfüllungsanspruch 4.61
- gesetzliche Regel 4.54
- Heimfall 4.80, 4.98
- ideeller Zweck 4.59
- Sanktionen 4.63
- sozialer Zweck 4.56
- Unterlassungsanspruch 4.62
- Vermietung 4.58
- Verstoß 4.61 ff.
- wirtschaftlicher Zweck 4.57

Verwirkung
- Erbbauzins 6.99
- Heimfallanspruch 4.127
- Vertragsstrafe 4.138

Verzugszinsen
- Anpassungsklausel 6.88
- Erbbauzins 6.15
- Wertsicherungsklausel 6.88

Viadukt als Bauwerk 2.8, 2.13

Vorerbe
- Bestellung durch nicht befreiten 2.150 ff.

Vorkaufsrecht
- Bestellung 5.86
- Eigentümererbbaurecht 6.6
- am Erbbaurecht 5.113
- Gebühren 6.4, 9.3
- als Gegenleistung 6.4
- beim Gesamterbbaurecht 3.50
- gesetzliches bei Veräußerung 5.98
- gesetzliches und Rang iSd. § 10 2.114
- und Heimfall 6.7
- Kostenrecht 6.4, 9.3
- Rang 2.101, 6.8
- subjektiv-dingliches 6.5
- subjektiv-persönliches 6.5
- und Vorrecht auf Erneuerung 4.143, 6.7
- beim Wohnungserbbaurecht 3.132

Vormerkung
- Ankaufsrecht 4.162
- für Anpassungsverpflichtung 6.205
- alle Anpassungen 6.227
- Anspruch 6.209

- Bestimmbarkeit 6.211
- Billigkeitsprüfung 6.212
- Eigentümererbbaurecht 3.12
- Eintragung 6.224
- Gehälter 6.214
- Grundbucheintragung 6.224
- Grundstückswert 6.219
- künftiger Anspruch 6.210
- Lebenshaltungskosten 6.216
- Mietzins 6.218
- Pachtzins 6.218
- Rangwirkung 6.223
- Sicherungswirkung 6.222
- Umsatzentwicklung 6.220
- Wirkungen 6.221
- zukünftige Anpassungen 6.227
- Zulässigkeit 6.208
- auf Aufhebung des Erbbaurechts 5.197
- nicht bezüglich Bauwerk 2.59
- auf Grund einstweiliger Verfügung 4.303
- am Erbbaurecht 5.113
- Heimfallanspruch 4.87
- auf Inhaltsänderung des Erbbaurechts 5.152
- als ranghinderndes Recht iSd. § 10 2.103
- schwebend unwirksamer Vertrag 4.302
- bei schuldrechtlichem Veräußerungsverbot 2.133
- Verkaufsverpflichtungen 4.162
- Verpfändung 4.223a
- Vorrecht auf Erneuerung 4.148
- Wirkungen 6.221
- Zustimmungserfordernis 4.225, 4.302

Vormundschaftsgerichtliche Genehmigung
- Erbbaurechtsbestellung 5.14
- Erbbauzinsrücktritt 6.41
- Zustimmung 4.183
- Zustimmung zur Veräußerung 4.179

Vorrang
- des Bauwerks 2.70
- ranghindernde Rechte, s. Rang

Vorratsteilung in Wohnungserbbaurecht 3.109

Vorrecht auf Erneuerung
- Abschluss eines Erbbaurechtsvertrags 4.145
- Abtretung 4.144
- Ausschluss 4.147
- Ausübung 4.145 ff.
- Ausübungsfrist 4.146
- Begriff 4.142
- dinglicher Inhalt 4.149
- und Entschädigungsforderung 4.152
- beim Erlöschen 5.266
- Frist 4.142
- Gebühren 9.34
- und Grundpfandrechte 4.150
- Inhalt des Erbbaurechts 4.16, 4.149
- Kosten 9.34
- Mitteilungspflicht 4.146

- Reichsheimstätte 4.143
- Teilgrundstück 4.145
- Übertragung 4.144
- Vererblichkeit 4.144
- Verlängerungsrecht 4.143, 4.153
- Voraussetzungen 4.145
- und Vorkaufsrecht 4.143, 6.7
- Vormerkung 4.148
- Wirkungen 4.148 ff.
- beim Wohnungserbbaurecht 3.131

Vorvertrag zur Erbbaurechtsbestellung, Form 5.16

Wahlschuldverhältnis
- Erbbauzins 6.11, 6.72
- Gleitklausel 6.152
- Sachleistung s. dort
- unzulässiges 6.76

Währungsgesetz 6.139

Wegnahmerecht
- Ausschluss 5.258

Weizenklausel 6.128

Werbungskosten (ESt) 10.81

Wertfortschreibung, steuerliche 10.19 ff.

Wertermittlung für Beleihung 5.138, 5143

Wertsicherungsklausel
- Abtretung 6.89
- Äquivalenzstörung 6.229
- Anpassungszeitpunkt 6.115 ff.
- Ausgangspunkt 6.110, 6.115
- Ausgestaltung 6.96 ff.
- Auslegung 6.89, 6.95, 6.126 ff.
- Basisjahr 6.110, 6.132
- Beamtenbezüge 6.111, 6.130
- Beschränkung nach § 9a ErbbVO 6.165 ff., s. dort
- Bestimmbarkeit 6.68
- Bewertungsmaßstab 6.96, 6.105 ff.
  - abstrakter 6.108
  - Fehlen 6.106
  - konkreter 6.110
- Billigkeitsprüfung 6.98
- dingliche Absicherung 4.8
- Bodenwert s. Grundstückswert
- Eigentümererbbaurecht 6.91
- Einkommensentwicklung 6.101, 6.109, 6.128
- Einschränkung 6.97
- Einschränkung nach § 9a ErbbVO 6.165 ff., s. dort
- dinglicher Erbbauzins 6.74, 6.93, 6.206
- schuldrechtlicher Erbbauzins 6.22
- Ermessen 6.106
- Fehlen 6.228 ff.
  - Billigkeitsprüfung 6.232
  - Geschäftsgrundlage 6.228
  - gewerbliche Zwecke 6.236
  - Grundbucheintragung 6.237
  - Kaufkraftschwund 6.235
  - Opfergrenze 6.231

- Veräußerung des Erbbaurechts 5.88, 6.240 ff.
- Veräußerung des Grundstücks 5.104, 6.238
- Wohnzwecke 6.236
- Zeitraum 6.234
- Formularvertrag 6.92
- Genehmigung 6.139
- Geschäftsgrundlage 6.228 ff.
- Gleitklausel s. dort
- Grundstückswert 6.98, 6.109, 6.113, 6.155, 6.232
- Heimfall 6.91
- Indexierung 6.132 a
- Inflation 6.129
- Klage auf künftigen Erbbauzins 6.164 a
- Lebenshaltungskosten 6.101
- Mietzinsen 6.113, 6.155
- Nachforderung 6.116
- Naturalien 6.152
- Negativoffert 6.144
- Neufestsetzung der Erbbauzinsen 6.116 ff., 6.122 ff
- Roggenklausel 6.127
- Rückforderung 6.116
- Sachleistungen s. dort
- Schiedsrichter 6.117
- „schleichende Inflation" 6.129
- schuldrechtliche Natur 6.88, 6.94 ff.
- Sonderrechtsnachfolger 6.89, 6.94
- Verzugszinsen 6.88
- Voraussetzungen
  abstrakter Maßstab 6.100
  irrige Bezeichnung 6.131
  konkreter Maßstab 6.104
- Übernahme
  Veräußerung Erbbaurecht 5.88, 6.240
  Veräußerung Grundstück 5.104, 6.238
- Verbraucherpreisindex 6.132 a
- Vormerkung 4.8, 6.205 ff. s. dort
- Wahlschuldverhältnis s. dort
- Wegfall der Geschäftsgrundlage 6.228 ff.
- Weihnachtsgratifikation 6.112
- Zulässigkeit 6.90

Wesentliche Bestandteile
- Bauwerk 2.38
- des Bauwerks und Erbbaurechts 2.55
- bei Erlöschen 5.254
- Haftung 5.148

wichtiger Grund
- Heimfall 4.86

Wiederaufbau des Bauwerks
- als Erbbaurechtsinhalt 4.16
- Grund 4.69
- Heimfall 4.80
- Pflicht 4.70
- Recht 2.65
- Treu und Glauben 4.70
- Versicherungsfall 4.69

Wiederkaufsrecht
- Abgrenzung vom Erbbaurecht 1.35

Widerspruch
- bezüglich Erbbaurecht 5.113
- bei nichtigem Erbbaurecht 5.74
- Rang iSd. § 10 2.107
- zwischen den Grundbüchern 5.59

Windkraftanlage 2.14, 2.70

Wirtschaftliches Eigentum (ESt) 10.72, 10.83

Wochenendhaus
- Bestimmtheit 2.25

Wohnhaus
- als Bauwerk 2.11
- Bestimmtheit 2.25

Wohnungs-/Teileigentum
- Abgrenzung vom Erbbaurecht 1.32
- kein Belastungsgegenstand 2.90

Wohnungs-/Teilerbbaurecht 3.96 ff.
- Anforderungen an Gebäude 3.105, 6
- anwendbare Vorschriften 3.100
- Anwendungsbereich 3.101
- Aufteilung des Erbbauzinses 3.116, 120 ff.
- Auswirkungen auf Erbbauzins 3.419
- Auswirkungen auf sonstige Rechte 3.123
- Begriff 3.96 ff.
- Begründung durch Vorratsteilung 3.109
- Begründung durch Vertrag 3.107, 8
- am Eigentümererbbaurecht 3.102
- Eigentümerzustimmung 4.186, 6.62
- Erbbauzinseinteilung 3.116, 3.120, 6.62
- Erlöschen 3.128, 9
- am Gesamterbbaurecht 3.103
- „Gesamtheimfall" 3.127
- Grundbücher 3.117
- Grunderwerbsteuer 10.39
- Heimfall 3.126
- Inhalt 3.118
- am Nachbarerbbaurecht 3.104
- Rangklasse 6.288
- schuldrechtlicher Vertrag 3.108
- steuerliche Bewertung 10.21
- Teilung des Erbbaurechts s. dort
- Teilung des Erbbauzinses s. dort
- am Untererbbaurecht 3.102
- Umwandlung in Wohnungseigentum 3.130
- Veräußerungsbeschränkungen 3.124
- Versteigerung aus rückständigen Wohngeldern 3.124
- Vorrecht 3.131
- Zustimmung des Eigentümers 3.110 ff., 4.186, 6.62
- Zustimmung sonstiger Berechtigter 3.110 ff.
- Zustimmungserfordernis 3.110 ff., 4.186, 6.62
- Zwangsversteigerung 3.124, 6.291
- Zwangsvollstreckung 6.288

Zahl der Bauwerke
- Bestimmtheit 2.22

– bei Erlöschen 5.255
– Haftung 5.148
Zeitablauf s. Erlöschen
Zeitdauer des Erbbaurechts s. Dauer
Zinseszinsverlust 6.15
Zubehör
– des Erbbaurechts 2.56
– bei Übergang des Erbbaurechts 5.102
Zufahrt als Bauwerk 2.15
Zuschlag
– Zustimmungserfordernis 4.187, 4.282 ff.
Zustimmung zu baulichen Veränderungen
– Anspruch auf – 4.64
– Rechtsmissbrauch 4.64
– Verhältnismäßigkeit 4.64
– zur Vermietung 4.58
Zustimmung dinglich Berechtigter
– zur Ablehnung der Verlängerung 5.230
– zur Aufhebung 5.200, 5.201
– zur Bildung von Wohnungserbbaurechten 3.115
– zur Inhaltsänderung 5.157, 5.158
– zur Löschung 5.247
– zur Teilung 5.171, 5.172
– zu Verfügungen über Entschädigung 5.249
Zustimmung des Grundstückseigentümers
– zur Aufhebung 5.199
– zur Aufteilung in Wohnungserbbaurecht 3.110 ff., 4.186, 6.62
– zur Belastung 5.145
– zur Eintragung Zwangshypothek am Eigentümererbbaurecht 3.13
– zur Teilung 5.167, 170
– zur Veräußerung und Belastung des Wohnungserbbaurechts 3.124
– zur Veräußerung des Erbbaurechts 5.95, 6
– zur Verpfändung 4.223 a
– zur Versteigerung 5.187
– zur Vormerkung 4.302
Zustimmung zur Belastung nach § 5
– Anspruch auf Zustimmung 4.233 ff.
  Beeinträchtigung des Erbbaurechts 4.237
  Belastungsgrenze 4.236
  Gefährdung des Erbbaurechts 4.237
  ordnungsmäßige Wirtschaft 4.234
  Pfändung 4.233
  Prozessstandschaft 4.233
  zwingendes Recht 4.233
– Belastungsgrenze 4.236
– Dauerwohnrecht 4.224
– Dienstbarkeit 4.225
– Einschränkung 4.231
– Ersetzung s. dort
– Fehlen 4.296 ff.
– Gegenstand 4.220 ff.
– Grundbucheintragung 4.232

– Grundschuld 4.220
– und Heimfall 4.89, 4.304
– Hypothek 4.220
– Inhaltsänderung 4.229
– Muster 11.8
– Nießbrauch 4.225
– Notwegrente 4.226
– obligatorischer Vertrag 4.227
– Reallast 4.220
– Rentenschuld 4.220
– schuldrechtlicher Vertrag 4.239
– Sicherungshypothek 4.223
– Überbaurente 4.226
– Vermietung 4.227
– Verpfändung 4.223 a
– und Versteigerung 4.281, 4.282
– Vormerkung 4.225
– weitere Reallast 4.220, 6.226
– Zwangsversteigerung 4.228, 4.255 ff.
Zustimmung zur Veräußerung nach § 5
– Anspruch 4.190 ff.
  Abtretung 4.196
  Ermessen 4.194
  Erweiterung 4.218
  Informationsrecht 4.192
  Nachprüfungsrecht 4.190
  Pfändung 4.196
  Prozessstandschaft 4.196
  zwingendes Recht 4.193
– Auseinandersetzung 4.186
– Ausnahmen 4.188
– Beeinträchtigung des Erbbaurechts 4.197, s. dort
– Begriff der Veräußerung 4.185
– Berechtigung 4.179
– bestimmter Personenkreis 4.188
– Einschränkung 4.188
– Erbauseinandersetzung 4.186
– Erbteilsübertragung 4.185
– Ersetzung 4.190, s. dort
– Fehlen 4.296 ff.
– Gefährdung des Erbbaurechts 4.197, s. dort
– Grundstückseigentümer 4.179
– und Heimfall 4.89, 4.304
– Minderjähriger 4.179
– Muster 10.7
– schuldrechtlicher Vertrag 4.239
– Teilungsanordnung 4.189
– Teilungserklärung nach WEG 4.186
– Veräußerung 4.184
– Veräußerungsverbot 4.188, 4.190
– Vermächtniserfüllung 4.186
– und Versteigerung 4.280
– Verweigerung 4.197 ff.
– vorherige Zustimmung 4.183, 4.189
– vormundschaftsgerichtliche Genehmigung 4.179
– Widerruf 4.189
– Zwangsversteigerung 4.255 ff., 6.265 ff.

Sachregister

- Zweck 4.172, 4.197 ff., s. dort
- Zweckentfremdung 4.199

Zustimmungserfordernis
- Anspruch auf Zustimmung 4.190 ff.
- Belastung 4.220 ff., s. Zustimmung zur Belastung
- Berechtigung 4.179, s. Zustimmungsberechtigung
- dingliche Wirkung 4.175, 4.176
- Einschränkung 4.188, 4.218
- Entstehung 4.176
- Erklärung 4.182, s. Zustimmungserklärung
- Fehlen der Zustimmung 4.296 ff.
- Grundsatz der Veräußerlichkeit 4.173, 4.190
- und Heimfall 4.89, 4.99, 4.94, 4.304
- Heimstätte 4.174
- schuldrechtliche Abrede 4.178
- Sonderrechtsnachfolger 4.175
- Untererbbaurecht 4.174
- Veräußerung 4.184 ff., s. Zustimmung zur Veräußerung
- Veräußerungsverbot 4.188
- Vereinbarung 4.175 ff.
- Verpfändung 4.223 a
- Versteigerung s. Zwangsversteigerung
- Vertragsfreiheit 4.189
- Wirkungen 4.176
- Zeitpunkt 4.283
- Zwangsversteigerung s. Zwangsversteigerung
- Zweck 4.172, 4.197 ff. s. dort

Zustimmungserklärung
- dingliches Geschäft 4.298
- Fehlen 4.296 ff.
  Sicherung durch Vormerkung 4.302
- Form 4.182
- und Heimfall 4.89, 4.304
- Kausalgeschäft 4.300
- Minderjähriger 4.183
- nachträgliche 4.183
- Nachweis 4.299
- Negativattest 4.299
- Rückwirkung 4.183
- schuldrechtliches Geschäft 4.300
- vorherige 4.183, 4.189
- vormundschaftliche Genehmigung 4.183
- Widerruf 4.183
- Wirksamkeit 4.182
- Zwangsversteigerung 4.279, 6.236 ff.

Zwangshypothek 5.185

Zwangsversteigerung
- Beitritt 4.287
- Belastungszustimmung 4.281
- Bestehen bleiben des Erbbauzinses 6.264
- Bindung 4.9
- Durchführung 4.287
- Eigentümerzustimmung 4.279, 4.286
- Einleitung 4.287
- des Erbbaurechts 5.186 ff., 6.241, 6.252 ff.
- des Erbrechts 6.28, 6.35
- Ersetzung der Zustimmung 4.277, 4.293, s. dort
- Fehlen der Zustimmung 4.296 ff.
- Gleichstellung mit Rechtsgeschäft 4.275
- Grunderwerbsteuer 10.45
- des Grundstücks 6.291
- Grundstückseigentümerstellung 4.286
- Heimfallgrund 4.81
- Rang des Zwangsversteigerungsvermerks 2.107
- SachenrechtsbereinigungsG 6.270 ff.
- Sicherungsmöglichkeiten 6.257
- Stillhalteerklärung s. dort
- Übergang des Erbbaurechts 5.103
- Veräußerungszustimmung 4.280
- Versteigerungsgrund 4.278
- am vorrangigen Recht 2.117
- Zeitpunkt der Zustimmung 4.283
- vorherige Zustimmung 4.282, 4.288
- Zustimmungserfordernis 4.187, 4.228, 4.274 ff.
- Zustimmung des Eigentümers 4.279, 6.265 ff.

Zwangsversteigerungsvermerk
- Rang iSd. § 10 2.107

Zwangsverwaltung 5.185
- Heimfallgrund 4.81
- Zulässigkeit 4.289
- Zustimmungserfordernis 4.289

Zwangsvollstreckung
- Bauhandwerkerhypothek 4.272
- in Erbbaurecht 5.184 ff, 6.241
- aus Erbbauzins 6.241
- in Grundstück 5.191, 6.282
- Sicherungshypothek 4.270
- Unterwerfung s. Zwangsvollstreckungsunterwerfung
- Verfügungen 4.258
- Voraussetzungen 4.256 ff.
- Wohnungserbbaurechte 6.288
- Zustimmungserfordernis 4.255 ff.
- Zwangsversteigerung s. dort
- Zwangsverwaltung s. dort

Zwangsvollstreckungsunterwerfung
- Bauverpflichtung 6.250
- Bestimmtheit 6.246
- dingliche 6.242
- Klausel 6.251
- Muster 6.251
- nachträgliche 4.229
- persönliche 6.245
- Rechtsnachfolger 6.245
- Zahlungsverpflichtung 6.245
- Zustimmungserfordernis 4.229

Zweck des Erbbaurechts
- Ausnutzung 4.208
- Bauwerk 4.200, 4.207
- Beeinträchtigung 4.197, 4.211
- Erbbaurechtsinhalt 4.198

565

Sachregister

- Gefährdung 4.197
- Missbrauch 4.210
- praktische Bedeutung 1.15 ff.
- schuldrechtliche Verpflichtungen 4.201
- Spekulation 4.208
- wirtschaftlicher Zweck 4.203
- Zustimmungserfordernis 4.197 ff.
- Zweckentfremdung 4.199